D1695217

# Hallesche Beiträge
# zur Europäischen Aufklärung 50

Schriftenreihe des Interdisziplinären Zentrums
für die Erforschung der Europäischen Aufklärung
Martin-Luther-Universität Halle-Wittenberg

# *Aufklärung und Esoterik: Wege in die Moderne*

Herausgegeben von Monika Neugebauer-Wölk,
Renko Geffarth und Markus Meumann

De Gruyter

Herausgeber:
Daniel Fulda, Ulrich Barth, Harald Bluhm, Robert Fajen, Wolfgang Hirschmann, Andreas Pečar, Jürgen Stolzenberg, Heinz Thoma, Sabine Volk-Birke

Wissenschaftlicher Beirat:
Wolfgang Adam, Roger Bartlett, Gunnar Berg, Reinhard Brandt, Lorraine Daston, Laurenz Lütteken, Jean Mondot, Alberto Postigliola, Paul Raabe, Peter Hanns Reill

Redaktion: Bianca Pick
Satz: Kornelia Grün

ISBN 978-3-11-029778-2
e-ISBN 978-3-11-029783-6
ISSN 0948-6070

*Library of Congress Cataloging-in-Publication Data*

A CIP catalog record for this book has been applied for at the Library of Congress.

*Bibliografische Information der Deutschen Nationalbibliothek*

Die Deutsche Nationalbibliothek verzeichnet diese Publikation in der Deutschen Nationalbibliografie; detaillierte bibliografische Daten sind im Internet über http://dnb.dnb.de abrufbar.

© 2013 Walter de Gruyter GmbH, Berlin/Boston
Druck: Hubert & Co. GmbH & Co. KG, Göttingen
∞ Gedruckt auf säurefreiem Papier
Printed in Germany
www.degruyter.com

# Inhalt

MONIKA NEUGEBAUER-WÖLK UND MARKUS MEUMANN
Aufklärung – Esoterik – Moderne.
Konzeptionelle Überlegungen zur Einführung .................... 1

## Zur Konzeptualisierung von Esoterik

MONIKA NEUGEBAUER-WÖLK
Historische Esoterikforschung, oder:
Der lange Weg der Esoterik zur Moderne ....................... 37

WOUTER J. HANEGRAAFF
The Notion of 'Occult Sciences' in the Wake of the Enlightenment ...... 73

KOCKU VON STUCKRAD
Überlegungen zur Transformation des esoterischen Diskursfeldes
seit der Aufklärung ........................................ 96

HELMUT ZANDER
Das Konzept der ‚Esoterik' im Bermudadreieck von Gegenstands-
orientierung, Diskurstheorie und Wissenschaftspolitik. Mit Überlegungen
zur konstitutiven Bedeutung des identitätsphilosophischen Denkens ...... 113

DIETHARD SAWICKI
„Dirty Thinking". Moderne Esoterik als theoretische und methodische
Herausforderung .......................................... 136

## Empirische Studien

### I Erkenntnis

MARTIN HENSE
„Aber der menschliche Verstand [...] siehet Gestalten, nicht wandernde,
sich emporarbeitende Seelen". Von der erkenntnistheoretischen Bedeutung
einer esoterischen Figur von Locke und Leibniz bis zu Bonnet .......... 159

VI

MARTIN MULSOW
Eine unwahrscheinliche Begegnung. Sigmund Ferdinand Weißmüller
trifft Christian Wolff in Marburg .................................. 183

GREGORY R. JOHNSON
Kant, Swedenborg & Rousseau. The Synthesis of Enlightenment and
Esotericism in *Dreams of a Spirit-Seer* ........................... 208

GLENN ALEXANDER MAGEE
"The Speculative is the Mystical". Hegel's Marriage of Reason and
Unreason in the Age of Enlightenment ............................ 224

ESTEBAN LAW
Die alten Theologen und das neue Licht vom Osten. Zum Traditionsbegriff
bei Antoine Fabre d'Olivet ....................................... 237

FRANZ WINTER
Indische Philosophie und Religion als Vollendung der abendländischen
Weisheit im *Oupnek'hat* des Abraham H. Anquetil-Duperron .......... 259

SHLOMO S. GLEIBMAN
Buber's Theories of Subjectivity and Relation in the Context of
Jewish Mysticism and German Enlightenment ..................... 278

WERNER NELL
Traditionsbezüge der Esoterik und die *Dialektik der Aufklärung*.
Zum Stellenwert und zur Strahlkraft esoterischen Wissens bei
Theodor W. Adorno und in der Kritischen Theorie ................. 291

II Wissenschaft

KLAUS VONDUNG
Apokalyptisch-esoterische Grundierungen des Strebens nach einer
Universalwissenschaft – Bengel, Oetinger, Schelling ............... 311

ANNETTE GRACZYK
Lavaters Neubegründung der Physiognomik zwischen Aufklärung,
christlicher Religion und Esoterik ................................ 322

FRIEDEMANN STENGEL
Lebensgeister – Nervensaft. Cartesianer, Mediziner, Spiritisten ......... 340

HANNS-PETER NEUMANN
Moderne Monaden. Monadologische Physiognomien in der Soziologie und
Kriminologie Gabriel Tardes ............................... 378

KARL BAIER
Der Magnetismus der Versenkung. Mesmeristisches Denken in
Meditationsbewegungen des 19. und 20. Jahrhunderts ............... 407

RENKO GEFFARTH
Äther, Urlicht, Relativität. Weltformel und ‚wahre Erkenntnis' um 1900 ... 440

ROBERT MATTHIAS ERDBEER
Paläopoiesis / Paleofiction. Kognitionspoetik und ‚Erlebenswissenschaft'
bei Laßwitz und Hörbiger ..................................... 461

III Ästhetik

KRISTINE HANNAK
Die Weisheit auf den Gassen, oder: Theosophie, Ironie und Ästhetik
bei Karl Philipp Moritz ....................................... 507

MANFRED BEETZ
Magie und Esoterik in Goethes *Faust I* ......................... 528

JÜRGEN STOLZENBERG
Esoterik in der Musik der Moderne. Alexander N. Skrjabin ........... 553

RAPHAEL ROSENBERG
Die Kartographie der Aura aus dem Geist der Wirkungsästhetik.
Synästhesie und das Verhältnis von Kunst und Esoterik um 1900 ....... 583

WOLF-DIETER ERNST
„Worttonsprechen". Aufklärung und Esoterik
in der Theaterreform um 1900 ................................. 605

VIII

LINDA SIMONIS
Der Weg des Erwachens. Aspekte buddhistischer Esoterik in
Alain Nadauds *Le passage du col* .............................. 620

## IV Gesellschaft

MARKUS MEUMANN
Die Geister, die ich rief – oder wie aus ‚Geisterphilosophie' ‚Aufklärung'
werden kann. Eine diskursgeschichtliche Rekontextualisierung von
Christian Thomasius' *De crimine magiae* ....................... 645

KATRIN MOELLER
Aufgeklärter Hexenglaube? Schadenszauber und dämonische Magie
nach der Hexenverfolgung ...................................... 681

TATIANA ARTEMYEVA
Robert Fludd and the Hermetic Tradition in Russia in the Enlightenment .. 710

THEODOR HARMSEN
Fiction or a much stranger Truth. Sources and Reception of the
*Geheime Figuren der Rosenkreuzer* – Secret Symbols of the
Rosicrucians in the 18th, 19th and 20th Centuries ................ 726

FRANK HATJE UND FRANK EISERMANN
Kosmologisch-metaphysische Vorstellungen im hansestädtischen
Bürgertum des späten 18. und frühen 19. Jahrhunderts ............ 753

MERET FEHLMANN
Die Argumentation mit dem Matriarchat im Spannungsfeld
zwischen Aufklärung und Esoterik ............................... 785

Register ...................................................... 806

Danksagung .................................................... 823

Autorenverzeichnis ............................................ 825

MONIKA NEUGEBAUER-WÖLK UND MARKUS MEUMANN

## Aufklärung – Esoterik – Moderne.
## Konzeptionelle Überlegungen zur Einführung

Mit dem Band *Aufklärung und Esoterik – Wege in die Moderne* legt die DFG-Forschergruppe „Die Aufklärung im Bezugsfeld neuzeitlicher Esoterik" die Ergebnisse ihrer Abschlusstagung vor, die vom 9. bis 12. März 2010 am Interdisziplinären Zentrum für die Erforschung der Europäischen Aufklärung der Martin-Luther-Universität Halle-Wittenberg stattgefunden hat.[1] Zugleich ist dies der dritte in einer Reihe von Bänden, die sich – in jeweils unterschiedlicher Schwerpunktsetzung – mit der Beziehung von Aufklärung und Esoterik auseinandersetzen. Der erste Band, 1999 unter dem schlichten Titel *Aufklärung und Esoterik* in den *Studien zum achtzehnten Jahrhundert* im Felix-Meiner-Verlag erschienen, stellt eine Art erste Sondierung eines damals noch weitgehend unerschlossenen Forschungsgebietes dar. Demgegenüber nimmt der zweite Band, der die Beiträge einer Tagung der seit 2004 bestehenden halleschen Forschergruppe versammelt, eine deutlich systematischere Perspektive ein: Er richtet den Blick aus dem 18. Jahrhundert zurück auf die esoterischen Texte und Strömungen der Frühen Neuzeit und ihre Anverwandlung in solchen Diskurszusammenhängen, die gemeinhin als ‚Aufklärung' apostrophiert werden.[2] Gewissermaßen als Pendant wie auch als inhaltliche und systematische Weiterführung dieses Ansatzes wendet der hier vorliegende dritte und abschließende Band die Blickrichtung nunmehr voraus auf die Moderne und fokussiert damit die Wirkung, die von der wechselseitigen Beeinflussung von Aufklärung und Esoterik im 18. Jahrhundert auf das 19. und 20. Jahrhundert ausgeht.

Die Erforschung der Beziehungen zwischen Aufklärung und Esoterik hat sich über die Spanne von rund anderthalb Jahrzehnten von einer ebenso neuen wie kontroversen Perspektive zu einem mit einer Reihe von empirischen Studien unterfütterten Forschungsansatz entwickelt. So war zum Zeitpunkt der ersten, bereits 1997 abgehaltenen Tagung zu diesem Thema der Grundansatz, Aufklärung und Esoterik aufeinander zu beziehen, mitnichten etabliert oder auch nur in breiteren interdisziplinären Kontexten akzeptiert, fehlte es dafür doch weitgehend an einer empirischen Grundlage. Eine solche durch die Bündelung der bis dahin eher disparaten Ansätze zu schaffen, war daher ein wesentliches Ziel der Konferenz und der anschließenden Publikation der Beiträge. Im Vergleich dazu war es bei Erscheinen

---

[1] Vgl. Markus Meumann, Renko Geffarth: Tagungsbericht ‚Aufklärung und Esoterik – Wege in die Moderne'. In: AHF-Information Nr. 138 vom 20.07.2010 (URL: http://www.ahf-muenchen. de/ Tagungsberichte/Berichte/pdf/2010/138-10.pdf [25.08.2012]).
[2] Aufklärung und Esoterik. Rezeption – Integration – Konfrontation. Hg. v. Monika Neugebauer-Wölk unter Mitarb. v. Andre Rudolph. Tübingen 2008 (Hallesche Beiträge zur Europäischen Aufklärung 37).

des zweiten Bandes im Jahr 2008 schon nicht mehr ganz so ungewöhnlich, Aufklärung und Esoterik zusammenzudenken, wozu nicht zuletzt die Bewilligung der Forschergruppe durch die Deutsche Forschungsgemeinschaft und die daraus resultierende Wirkung auf die Fachöffentlichkeit beigetragen haben dürften. Die zahlreichen Vortragsangebote, die auf den wenig später publizierten *Call for Papers* für die hier dokumentierte Abschlusstagung eingingen, zeigten dann, auf welch breites Interesse dieses Thema inzwischen stößt. Darüber hinaus hat sich parallel zu den halleschen Aktivitäten eine internationale Esoterikforschung etabliert, und Esoterik ist, das darf man wohl so feststellen, inzwischen zu einem weithin anerkannten Forschungsgegenstand geworden.[3]

Dessen ungeachtet erscheint es außerhalb der engeren Diskurse von 18. Jahrhundert- und Esoterikforschung in gewisser Weise noch immer gewöhnungsbedürftig oder ruft sogar Ablehnung hervor, ausgerechnet *Aufklärung* mit Esoterik in einem Atemzug zu nennen. Gerade aus der Perspektive einer sich selbst als aufgeklärt verstehenden westlichen Moderne muss die Engführung von Aufklärung und Esoterik als Provokation erscheinen, sind doch beide Begriffe und Bedeutungszusammenhänge auf den ersten Blick zu ungleichgewichtig und zu konträr, um widerspruchslos aufeinander bezogen werden zu können.

I

Der Einfluss der Aufklärung auf die Moderne wurde dagegen unzählige Male postuliert und steht allein schon insoweit außer Frage, als er integraler Bestandteil moderner Selbstvergewisserung ist. Die Bezugnahme auf die Aufklärung erscheint dabei allerdings nicht gleichförmig oder gar statisch; im Gegenteil ist sie sowohl hinsichtlich ihrer Art und Weise als auch hinsichtlich ihrer Intensität immer wieder erheblichen Schwankungen und Richtungswechseln unterworfen gewesen, wie allein das Beispiel der letzten Jahrzehnte zeigt. Nach 1945 zunächst von vielen als positiver Bezugs- und Anknüpfungspunkt für eine demokratische Tradition nach der NS-Diktatur hochgeschätzt, wurde die Aufklärung seit der kulturellen Revolution von ‚Achtundsechzig' in Anknüpfung an Max Horkheimers und Theodor W. Adornos *Dialektik der Aufklärung*[4] zunehmend für die Schattenseiten der Moderne

---

[3] Vgl. dazu die Internetplattform der 2005 gegründeten European Society for the Study of Western Esotericism (URL: http://www.esswe.org/ [25.08.2012]) sowie Wouter J. Hanegraaff: The Birth of a Discipline. In: Western Esotericism and the Science of Religion. Hg. v. Antoine Faivre u. Wouter J. Hanegraaff. Leuven 1998, S. VII–XVII.

[4] Die erstmals 1944/47 publizierte *Dialektik der Aufklärung* kursierte in den 1960er Jahren zunächst nur als vielbeachteter Raubdruck. 1969 erschien dann eine Neuausgabe im S. Fischer Verlag in Frankfurt a.M. Zur Wirkungsgeschichte vgl. Gerhard Schweppenhäuser: Am Ende der bürgerlichen Geschichtsphilosophie. Max Horkheimer/Theodor W. Adorno: ‚Dialektik der Aufklärung' (1947). In: Jahrhundertbücher. Große Theorien von Freud bis Luhmann. Hg. v. Walter Erhard u. Herbert Jaumann. München 2000, S. 184–205, bes. S. 202ff.

*Konzeptionelle Überlegungen zur Einführung* 3

verantwortlich gemacht und in den siebziger und achtziger Jahren des 20. Jahrhunderts unter dem Einfluss der aufkommenden Umweltbewegung gern als kalter, einseitiger Rationalismus geschmäht. Drei Jahrzehnte später wiederum scheint diese Kritik nahezu spurlos verhallt zu sein: Unter dem Eindruck der Herausforderungen durch den politischen Islamismus erstrahlt die Aufklärung gegenwärtig heller denn je als affirmativer Bezugspunkt politisch-gesellschaftlicher Selbstvergewisserung und wird als unverzichtbare Grundlage einer modernen, laizistisch-demokratischen Zivilgesellschaft nach westlichem Vorbild – und damit als Grundlage einer ‚Moderne' westlichen Zuschnitts – beschworen.[5]

Die erneute, oder besser vielleicht: *erneuerte* Wertschätzung der Aufklärung gilt indessen nicht allein für den politisch-medialen Diskurs, sondern dieser strahlt unverkennbar auf die historisch orientierten Wissenschaften aus, die sich mit der Aufklärung professionell befassen.[6] So setzt sich nach dem Ende des Absolutismus-Paradigmas derzeit ‚Aufklärung' auffallend dynamisch als Epochenbezeichnung für das sogenannte ‚lange 18. Jahrhundert' durch,[7] was sicher nicht zufällig mit der postulierten Relevanz der Aufklärung für die Moderne bzw. deren Wert-

---

[5] Vgl. exemplarisch den Leitartikel *Der Islam bedarf der Aufklärung* von Wolfgang Günter Lerch in der *Frankfurter Allgemeinen Zeitung* vom 17.08.2007 (URL: http://www.faz.net/aktuell/politik/leitartikel-der-islam-bedarf-der-aufklaerung-1458560.html [25.08.2012]) oder das Interview mit dem CDU-Politiker Volker Kauder in der *Welt am Sonntag* vom 07.08.2011 (URL: http://www.welt.de/politik/deutschland/article13530967/Die-Modernitaet-der-Aufklaerung-fehlt-dem-Islam-noch.html [25.08.2012]). Die Vorstellung, andere Kulturen bzw. Weltregionen bedürften zu ihrer Demokratisierung einer der westlichen vergleichbaren Aufklärung, ist indes nicht allein auf die Auseinandersetzung mit religiösen Fundamentalismen beschränkt, sondern findet sich auch im Umgang mit anderen nicht westlich-demokratischen Gesellschaften. Exemplarisch dafür steht die Ausstellung *Die Kunst der Aufklärung*, die von April 2011 bis März 2012 in Peking gezeigt wurde. Vgl. dazu den Ausstellungskatalog: Die Kunst der Aufklärung. Beijing 2011.

[6] Vgl. u.a. Günther Lottes: Die Geburt der europäischen Moderne aus dem Geist der Aufklärung. In: Die Kunst der Aufklärung (wie Anm. 5), S. 20–30, hier S. 20: „Das Zeitalter der Aufklärung ist die Gründungsepoche der Moderne, in der die europäische Weltanschauung, Wertvorstellungen und Denkweise von Grund auf neu bestimmt wurden." Auch der in Princeton forschende Historiker Jonathan Israel vertritt in seiner kontrovers aufgenommenen dreibändigen Gesamtdarstellung der Aufklärung (Radical Enlightenment. Philosophy and the Making of Modernity 1650–1750. Oxford 2001; Enlightenment Contested. Philosophy, Modernity, and the Emancipation of Man 1670–1752. Oxford 2006; Democratic Enlightenment. Philosophy, Revolution, and Human Rights 1750–1790. Oxford 2011) einen stark an deren Wirkung auf die Moderne orientierten Aufklärungsbegriff. Vgl. dazu u.a. Israel: Enlightenment Contested, S. 11.

[7] Dies gilt insbesondere für die Geschichtswissenschaften, aber auch für ‚Nachbarfächer' wie die Literatur- oder die Kirchengeschichte. Vgl. u.a. Barbara Stollberg-Rilinger: Europa im Jahrhundert der Aufklärung. Stuttgart 2000; Angela Borgstedt: Das Zeitalter der Aufklärung. Darmstadt 2004; Werner Schneiders: Das Zeitalter der Aufklärung. 3. Aufl. München 2005; Esther-Beate Körber: Die Zeit der Aufklärung. Eine Geschichte des 18. Jahrhunderts. Darmstadt 2006; Iwan-Michelangelo D'Aprile, Winfried Siebers: Das 18. Jahrhundert. Zeitalter der Aufklärung. Berlin 2008 (Akademie Studienbücher: Literaturwissenschaft); Albrecht Beutel: Kirchengeschichte im Zeitalter der Aufklärung. Ein Kompendium. Göttingen 2009; Annette Meyer: Die Epoche der Aufklärung. Berlin 2010 (Akademie Studienbücher: Geschichte).

schätzung in der Öffentlichkeit konvergiert, auch wenn dieser Zusammenhang nur selten so explizit formuliert wird wie bei dem Jenaer Historiker Georg Schmidt:

> All dies [die Probleme und Lösungsansätze der Aufklärer] wurde zur Grundlage der westlich geprägten Moderne. Das Ringen um die Einheit in der Vielheit, um die Bewahrung der von Fundamentalismen bedrängten aufklärerischen Werte und Denkhaltungen sowie um stabile Balancen und Rahmenordnungen verbindet das 18. mit dem 21. Jahrhundert.[8]

Diese Erfolgsgeschichte überdeckt indessen nur vordergründig die Tatsache – bzw. trägt ihrerseits vermutlich nicht unerheblichen Anteil daran –, dass ‚Aufklärung' im politisch-medialen Diskurs ebenso wie in den historischen Wissenschaften letztlich kaum mehr als ein Label ist, das als affirmativer Bezugspunkt fungiert. D.h. man bezieht sich auf ‚Aufklärung', um den eigenen Argumenten bzw. Forschungen eine positiv besetzte historische Dimension respektive eine höhere Gegenwartsrelevanz zu verleihen, ohne dass jedoch explizit gemacht oder auch nur als klärungsbedürftig angesehen würde, was unter ‚Aufklärung' verstanden werden soll – ganz so als ob nicht eben darum schon seit dem späten 18. Jahrhundert immer wieder erbittert gestritten worden wäre.[9]

Dies trifft zu weiten Teilen auch auf die institutionalisierte Aufklärungsforschung zu, die sich unter diesem positiv konnotierten Label versammelt, zugleich aber, so ließe sich etwas zugespitzt formulieren, weniger denn je einen Begriff von ihrem Gegenstand hat. Mehr noch: Oft scheint es so, als habe die internationale *community* der Aufklärungsforscher inzwischen aus dem Blick verloren, dass ‚Aufklärung' auch heute keineswegs ein unumstrittener Begriff ist, über dessen historisch-semantischen Gehalt und wissenschaftliches Deutungspotential breiter Konsens herrschte,[10] sondern in erster Linie nach wie vor ein historisches Explanandum. Diese Unbestimmtheit betrifft das Profil oder Programm der Aufklärung – dieses wird meist in einer Art stiller Übereinkunft als etwas mehr oder weniger Feststehendes oder zumindest nicht weiter zu Hinterfragendes vorausgesetzt. Dabei

---

[8] Georg Schmidt: Wandel durch Vernunft. Deutsche Geschichte im 18. Jahrhundert. München 2009, S. 394.
[9] Am bekanntesten ist hier sicher die Diskussion in der *Berlinischen Monatsschrift* 1783/84, an der sich u.a. Immanuel Kant und Moses Mendelssohn beteiligten. Vgl. dazu Was ist Aufklärung? Beiträge aus der Berlinischen Monatsschrift. Hg. v. Norbert Hinske in Zusammenarb. mit Michael Albrecht. 3. Aufl. Darmstadt 1981; Was ist Aufklärung? Thesen und Definitionen. Hg. v. Ehrhard Bahr. Stuttgart 1990. Allerdings stellte diese „quantitativ nur einen kleinen Ausschnitt aus der viel breiteren Debatte dar". Rudolf Vierhaus: Aufklärung als Emanzipation. In: Aufklärung und Haskala in jüdischer und nichtjüdischer Sicht. Hg. v. Karlfried Gründer u. Nathan Rotenstreich. Heidelberg 1990 (Wolfenbütteler Studien zur Aufklärung 14), S. 161–171, hier S. 163. Zu den bereits im späteren 18. Jahrhundert unternommenen Versuchen, den Aufklärungsbegriff näher zu bestimmen, vgl. ebd., S. 163ff., sowie Gerrit Walther u.a.: Art. Aufklärung. In: Enzyklopädie der Neuzeit. Bd. 1. Stuttgart, Weimar 2005, Sp. 791–830, hier Sp. 792.
[10] Die diesbezüglichen Diskussionen der 1980er und 1990er Jahre sind zusammengefasst bei Carsten Zelle: Was ist und was war Aufklärung? In: Mehr Licht. Europa um 1700. Die bildende Kunst der Aufklärung. München 1999, S. 449–459.

*Konzeptionelle Überlegungen zur Einführung* 5

spielt sicher der Umstand eine Rolle, dass die für die Aufklärungsforschung bis in die 1980er Jahre hinein kennzeichnende Frage nach dem ‚Wesen' der Aufklärung im Zuge der kulturwissenschaftlichen Wende zunehmend *grundsätzlich* als illegitim empfunden wird, was zugleich der impliziten Persistenz eines primär inhaltlichen Verständnisses von Aufklärung nicht im Wege steht. Dieselbe Unbestimmtheit gilt *grosso modo* aber auch für die zeitliche, geographische, soziale und intellektuelle Reichweite der Aufklärung, die doch gerade für eine Epochensignatur im Sinne eines *genius saeculi* – also der Bezeichnung des 18. Jahrhunderts als ‚Jahrhundert der Aufklärung' – von besonderer Bedeutung sein müsste. Gleichwohl gibt es keinen breiten Konsens darüber, wann und womit die Aufklärung begann, noch, wann sie endete, wobei letzteres Problem dank der Französischen Revolution etwas weniger offensichtlich ist als ersteres.[11] Zugleich muss letztlich jeder Versuch, die Frage nach dem Beginn oder auch dem Ende der Aufklärung zu beantworten, von vornherein als aussichtslos erscheinen, wenn nicht zugleich reflektiert wird, welche Kriterien für das Vorhandensein von ‚Aufklärung' gelten sollen.[12] Dann bleibt eben nur die Sprachregelung, dass es sich dabei um eine historische Bewegung handele, welche zeitlich mehr oder weniger mit dem 18. Jahrhundert zusammenfällt.[13]

Die sich aktuell durchsetzende Bezeichnung des 18. Jahrhunderts als ‚Jahrhundert der Aufklärung' erweist sich somit vor allem als historiographische Konvention, die letztlich auf das Bemühen der frühneuzeitlichen *Historia literaria* zurückgeht, einen spezifischen Charakter jeglicher Epoche auszumachen bzw. einer jeden Epoche einen solchen zuzuschreiben, und deren Akzeptanz sich ganz entscheidend dem Umstand verdankt, dass die sich zur Wissenschaft formierende Historiographie des 18. Jahrhunderts selbst eine solche Qualifizierung von Zeitabschnitten zum Grundprinzip historischer Darstellung machte und damit in die Moderne tra-

---

[11] Vgl. dazu Theo Jung, Franz Leander Fillafer: Enlightenment from Beginning to End [*Call for Papers* für eine Sektion beim Internationalen 18.-Jahrhundert-Kongress in Graz 2011]. In: H-Soz-u-Kult vom 13.10.2010 (URL: http://hsozkult.geschichte.hu-berlin.de/termine/id=14879 [25.08.2012]).
[12] Anders als die meisten deutschen Aufklärungsforscher plädiert z.B. der amerikanische Historiker Robert Darnton dafür, nur die französischen Enzyklopädisten (*philosophes*) als Aufklärer zu bezeichnen, indem er Aufklärung eher sozial bzw. als Habitus begreift denn als inhaltliche Bewegung (George Washingtons falsche Zähne oder noch einmal: Was ist Aufklärung? München 1996). Zur Kritik an einer solchen ‚Verschlankung' des Aufklärungsbegriffs aus Sicht der deutschen Aufklärung vgl. Zelle: Was ist und was war Aufklärung? (wie Anm. 10), S. 452ff. Inzwischen ist in einer Art Gegenbewegung eher die umstandslose Ausdehnung des Aufklärungsbegriffs auf andere Bewegungen wie den Pietismus zu verzeichnen; vgl. dazu Beutel: Aufklärung (wie Anm. 7), S. 93, sowie Ian Hunter: Multiple Enlightenments. Rival *Aufklärer* at the University of Halle, 1690–1730. In: The Enlightenment World. Hg. v. Martin Fitzpatrick u.a. London 2004, S. 576–595.
[13] Vgl. etwa Rudolf Vierhaus: Was war Aufklärung. Göttingen 1995; Stollberg-Rilinger: Europa (wie Anm. 7), S. 16.

diert hat.[14] Die Rede vom ‚Aufklärungsjahrhundert' knüpft mithin unmittelbar an die Selbstwahrnehmung des 18. als ‚philosophisches Jahrhundert' und ‚Zeitalter der Aufklärung' bzw. ‚Siècle des Lumières' an.[15] Damit stellten sich die Zeitgenossen über die vorhergegangenen Epochen und verstanden ihre Zeit als jeglicher Vergangenheit überlegene Hochblüte der Kultur.[16] Diese – der diskursiven Grenzziehung dienende und insoweit natürlich stark interessengeleitete – Selbstcharakterisierung des 18. Jahrhunderts wurde in der Rede vom ‚Jahrhundert der Aufklärung' bzw. vom ‚Zeitalter der Vernunft' von der nachfolgenden Historiographie übernommen. Und so wirkt sie bis heute nach.

II

Nun ist die Gleichsetzung eines ganzen Jahrhunderts mit einer ‚Bewegung' oder ‚Strömung', sei erstere noch so etabliert und letztere noch so folgenreich, gleich aus mehreren Gründen problematisch.[17] Zum einen – dabei handelt es sich um eine sozialgeschichtliche Binsenweisheit – geht das 18. Jahrhundert keineswegs in der Aufklärung auf, ja müssen die meisten seiner Lebensbereiche, die weitab von philosophischen Debatten, Zeitschriften und gelehrten oder bürgerlichen Zirkeln stattfanden, über weite Strecken sogar als unabhängig von bzw. unverbunden mit der Aufklärung gelten; darauf hat Rudolf Vierhaus im Übrigen bereits 1995 hingewiesen.[18] Zum anderen, dies dürfte ebenso außer Frage stehen, erschöpft sich auch die intellektuelle oder ‚Ideengeschichte' des 18. Jahrhunderts nicht in ‚Aufklärung' oder ist gar mit der ‚Durchsetzung der Vernunft' gleichzusetzen. Vielmehr nimmt im 18. Jahrhundert zugleich mit der Aufklärung eine ganze Reihe von Diskursen

---

[14] Vgl. dazu Markus Meumann: Der Zeitgeist vor dem Zeitgeist. ‚Genius Saeculi' als historiographisches, mnemonisches und gegenwartsdiagnostisches Konzept im 17. und 18. Jahrhundert. In: Frühe Neue Zeiten. Zeitwissen zwischen Reformation und Revolution. Hg. v. Achim Landwehr. Bielefeld 2012, S. 283–318.

[15] Vgl. dazu Zelle: Was ist und was war Aufklärung? (wie Anm. 10), S. 453f., sowie ausführlich Claudia Schröder: ‚Siècle de Frédéric II' und ‚Zeitalter der Aufklärung'. Epochenbegriffe im geschichtlichen Selbstverständnis der Aufklärung. Berlin 2002 (Quellen und Forschungen zur Brandenburgischen und Preußischen Geschichte 21).

[16] Dies war das Ergebnis der *Querelle des anciens et des modernes* um 1700, in der um den Vorrang der Kulturen gestritten wurde und in die *Modernes* letztlich den Sieg davongetragen hatten. Vgl. dazu ebd. S. 101ff.

[17] Dies ist den meisten Autoren der in Anm. 7 genannten Überblicksdarstellungen durchaus bewusst – vgl. etwa Stollberg-Rilinger: Europa (wie Anm. 7), S. 16f.; Schneiders: Zeitalter (wie Anm. 7), S. 16–18; Meyer: Epoche (wie Anm. 7), S. 11. Die Subsumierung einer Epoche unter einen *genius saeculi* beinhaltet aber dessen ungeachtet immer die Tendenz, sich zu verselbstständigen und ‚Realität' zu schaffen.

[18] Vierhaus: Was war Aufklärung? (wie Anm. 13). Vgl. mit ähnlicher Stoßrichtung auch Walther u.a.: Art. Aufklärung (wie Anm. 9), Sp. 792f.

*Konzeptionelle Überlegungen zur Einführung* 7

und Entwicklungen ihren Ausgang, die in ganz anderer Weise auf das 19. und 20. Jahrhundert gewirkt haben.[19]

Die offenkundigen Ambivalenzen des 18. Jahrhunderts sind bereits den Zeitgenossen nicht verborgen geblieben. Die sogenannte Spätaufklärung hat auf dieses Phänomen – und zugleich auf die schon damals immer weiter ausufernde Rede von der Aufklärung[20] – mit diskursiven Grenzziehungen in Form der bekannten Definitionsversuche durch Kant, Mendelssohn u.a. reagiert, um so festzustellen, was denn eigentlich „wahre Aufklärung" sei.[21] Diese Abgrenzungsversuche führten zwangsläufig zu diskursiven Exklusionsmechanismen, infolge derer Texte von Autoren, die sich selbst durchaus als Aufklärer verstanden, als ‚falsche' Aufklärung klassifiziert wurden. Das heißt: In der Spätaufklärung selbst beginnt nicht nur die generelle Stilisierung der eigenen Denk- und Lebenshaltung zum Inbegriff vernünftiger Zivilisation, sondern auch das Bemühen darum, dies explizit systematisch zu begründen, indem man der eigenen Rationalität die Irrationalität des Anderen, von Vorurteilsdenken, Aberglauben und Schwärmerei, gegenüberstellte.[22]

Auch die Aufklärungsforschung hat lange Zeit versucht, die Ambivalenzen des 18. Jahrhunderts vor allem mittels dualistischer Modelle in den Griff zu bekommen. Als folgenreich erwies sich dabei das in den 1920er Jahren entwickelte Konzept philosophischer ‚Denkformen', die – idealtypisch gefasst – anderen ‚Denkformen' gegenübergestellt werden konnten. Ernst Cassirer hatte diesen Begriff im Zuge der Entwicklung seiner ‚Philosophie der symbolischen Formen' wohl erstmals 1921 in die Debatte seiner Zeit eingeführt – in einem Vortrag vor dem Hamburger Warburg-Kreis.[23] 1928 stellte der Leipziger Philosoph Hans Leisegang die Denkformen in den Mittelpunkt einer Monographie,[24] und 1932 wendete Cassirer

---

[19] Vgl. dazu u.a. Ambivalenzen der Aufklärung. Festschrift für Ernst Wangermann. Hg. v. Gerhard Ammerer u. Hanns Haas. Wien 1997; Stollberg-Rilinger: Europa (wie Anm. 7), S. 251–279; Winfried Müller: Die Aufklärung. München 2002 (Enzyklopädie deutscher Geschichte 62), S. 94ff. u. 133ff.; dort auch weitere Literatur.

[20] So stellte Johann Georg Heinzmann 1795 fest: „Alles spricht von Aufklärung. Die Mode kam unter gewisse Leute und Stände, mit Aufklärung zu paradieren, wie man mit einer neuen Tapezerei die alten Mauern behängt." Zit. nach Voßhaus: Aufklärung als Emanzipation? (wie Anm. 9), S. 163. Vgl. auch Walther u.a.: Art. Aufklärung (wie Anm. 9), Sp. 792.

[21] Vgl. Werner Schneiders: Die wahre Aufklärung. Zum Selbstverständnis der deutschen Aufklärung. Freiburg, München 1974.

[22] Paradigmatisch dafür Johann Christoph Adelung: Geschichte der menschlichen Narrheit. Lebensbeschreibungen berühmter Schwarzkünstler, Goldmacher, Teufelsbanner, Zeichen- und Liniendeuter, Schwärmer, Wahrsager, und anderer philosophischer Unholden. 7 Bde. Leipzig 1785–1789.

[23] Ernst Cassirer: Der Begriff der symbolischen Form im Aufbau der Geisteswissenschaften. In: Vorträge der Bibliothek Warburg. Hg. v. Fritz Saxl. Bd. 1. Leipzig 1923, S. 11–39. Hier ging es um die ‚Denkform des modernen Idealismus', vgl. dazu Martin Jesinghausen-Lauster: Die Suche nach der symbolischen Form. Der Kreis um die kulturwissenschaftliche Bibliothek Warburg. Baden-Baden 1985, S. 87.

[24] Hans Leisegang: Denkformen. Berlin 1928 (siehe dazu genauer unten S. 14). Vgl. auch Ludwik Flecks wenige Jahre später veröffentlichtes, der ‚Denkform' ähnliches Konzept des ‚Denkstils' (Entstehung und Entwicklung einer wissenschaftlichen Tatsache. Einführung in die Lehre vom

das Konzept dann selbst auf die Aufklärung an.²⁵ Die Denkform ‚Aufklärung' herauszuarbeiten, bedeutete für ihn, nicht die Geschichte einzelner Denker und ihrer Lehren zu schreiben, sondern eine „reine Geschichte der Ideen der Aufklärungszeit zu geben", die zeigen sollte, das diese „von wenigen großen Haupt- und Grundgedanken beherrscht wird".²⁶

Dieses theoretische Programm wurde in den frühen 1980er Jahren von dem Philosophiehistoriker Norbert Hinske aus einer allgemeinen Darstellung in eine Typologie ‚aufgeklärten' Denkens überführt. Für einen Lexikonartikel zum Lemma *Aufklärung* arbeitete er einen Katalog von „Programmideen" und „Basisideen" der Aufklärung aus, die sich um das Selbstdenken, das Streben nach Perfektibilität, das Postulat allgemeiner Menschenvernunft und Forderungen nach Öffentlichkeit und Toleranz gruppierten.²⁷ Dem stellte er „Kampfideen" gegenüber, die sich auf die Gegnerschaft zu Vorurteilen, Aberglauben und Schwärmerei bezogen.²⁸ Dass der Nutzen solcher Konstrukte für die Moderne auch hier schon eine wichtige Rolle spielte, zeigt der Schlusssatz der erweiterten Fassung von 1990: „Für unsere eigene Gegenwart bedeutet das wohl auch: Sie wird diese Werte auf Dauer nur verteidigen können, wenn sie sich auf die sie tragenden Grundideen und Überzeugungen zurückbesinnt."²⁹

---

Denkstil und Denkkollektiv, Basel 1935). Insbesondere bei letzterem handelt es sich im Grundsatz um eine Wiederaufnahme der bereits seit dem frühen 17. Jahrhundert diskutierten Frage nach dem ‚Geist' einer Epoche im Sinne der Übereinstimmung der Kulturbereiche. Vgl. dazu Meumann: Der Zeitgeist vor dem Zeitgeist (wie Anm. 14).

[25] Ernst Cassirer: Die Philosophie der Aufklärung. Tübingen 1932. Im Folgenden zit. nach der Ausg.: Ernst Cassirer: Die Philosophie der Aufklärung. Bearb. v. Claus Rosenkranz. Hamburg 2007, S. 1–36 („Die Denkform des Zeitalters der Aufklärung"). Das Verständnis der Aufklärung als *der* Denkform des 18. Jahrhunderts wirkt bis heute nach. Vgl. den Artikel zum Lemma Aufklärung in der Enzyklopädie der Neuzeit (2005) (wie Anm. 9), Sp. 793. „Tatsächlich war [die Aufklärung] weder eine Philosophie noch eine Partei, sondern eher eine Zeitideen, eine kultureller Stil, eine ‚Denkform' bzw. eine Diskursform [...]."

[26] Cassirer: Philosophie der Aufklärung (wie Anm. 25), S. IX–XVI, Zitat S. XIV. Zur Auseinandersetzung mit Cassirers Konzept vgl. Panajotis Kondylis: Die Aufklärung im Rahmen des neuzeitlichen Rationalismus. München 1986 [zuerst 1981], S. 21 Anm. 21: „S. vor allem Dieckmanns fundierte Kritik an den Arbeiten von [Paul] Hazard und Cassirer, welche ein möglichst geschlossenes geistiges Bild von der Aufklärung haben herausarbeiten wollen, wobei sie sehr oft Tatsachen und Texte verschweigen und übergehen mußten [...], sowie Prices gute Bemerkungen zum abstrakt-fiktiven Zug der Cassirerschen ‚Denkform der Aufklärung'." (Kondylis bezieht sich hier auf Herbert Dieckmann: Studien zur Europäischen Aufklärung. München 1974, S. 218–233, sowie Kingsley Blake Price: Ernst Cassirer and the Enlightenment. In: Journal of the History of Ideas 18 [1957], S. 101–112, bes. S. 103–107). Demgegenüber schließt der französische Epistemologe Georges Gusdorf in seinem Werk *Les principes de la pensée au siècle des lumières* (Paris 1971) unmittelbar an Cassirer an, wenn er im dritten Teil einen Katalog der „valeurs dominantes au XVIIIᵉ siècle" aufstellt.

[27] Norbert Hinske: Art. Aufklärung. In: Staatslexikon. Hg. v. der Görres-Gesellschaft. 7. Aufl. Bd. 1. Freiburg, Basel u. Wien 1985, Sp. 390–400, passim.

[28] Ebd., Sp. 395–397. Vgl. auch ders.: Die Aufklärung und die Schwärmer – Sinn und Funktionen einer Kampfidee. In: Die Aufklärung und die Schwärmer. Hg. v. dems. Hamburg 1988, S. 3–6.

[29] Norbert Hinske: Die tragenden Grundideen der deutschen Aufklärung. Versuch einer Typologie. In: Die Philosophie der deutschen Aufklärung. Texte und Darstellung. Hg. v.

## Konzeptionelle Überlegungen zur Einführung

‚Aufklärung' ist in dieser Perspektive nicht unmittelbar identisch mit dem nach ihr benannten Zeitalter, sondern sie wird als spezifische ‚Denkform' begriffen, die in einer prinzipiellen Auseinandersetzung steht, welche etwa an der zeitgenössischen Metapher von Licht versus Dunkel ablesbar erscheint.[30] Aufklärung als Zeitalter ist in diesem Verständnis eine Epoche der Konfrontation, ein „Kampf gegen die dunklen und verworrenen Vorstellungen",[31] was in der dichotomischen Gegenüberstellung von ‚Aufklärung' und ‚Gegenaufklärung' seinen Ausdruck findet.[32] Die Verfechter dieses Ansatzes erkennen also durchaus die Resistenz und Persistenz derjenigen Kräfte, die sie als der Vernunft entgegengesetzt verstehen. So werden im dualistischen Aufklärungsmodell Aufklärung und Gegenaufklärung als komplementär begriffen, und die Aufklärung muss sich dieser Herausforderung stellen. Im Rahmen der zu dieser Zeit florierenden Sozialgeschichte wurde dieser Ansatz dann auch auf ‚Aufklärung' als gesellschaftliche Bewegung übertragen.[33]

Zugleich wurden – zunächst nur schwach, dann vernehmbarer – aber auch grundlegende Zweifel an einer emphatischen Begründung von ‚Aufklärung' laut: Zweifel, die ebenfalls auf einem dualistischen Modell beruhten. Dieses war jedoch völlig anders gewichtet. Zwar wurde auch aus dieser Sicht ‚Aufklärung' als Kampf begriffen, und das Andere der Aufklärung ist auch hier ihr nicht-vernünftiger Gegensatz. Die Durchsetzung der Vernunft ist nun aber nicht mehr der direkte Weg in die positiv aufgeklärte Moderne, sondern, im Gegenteil, der falsche Weg, der eine Verlustgeschichte des ‚Anderen' mit bis heute unabsehbar schwerwiegenden Folgen beschreibt. In Anknüpfung u.a. an die frühen Arbeiten Michel Foucaults wird die Etablierung vernünftigen Denkens im 18. Jahrhundert hier mit der Durchsetzung einer neuen Ideologie der Herrschaft verbunden, die neue Macht- und Unterdrückungspotentiale hervorgebracht habe.[34] Dieses zweite dualistisch operierende Modell begreift Aufklärung also vor allem als Defizit.[35] Gemeinsam ist beiden

---

Raffaele Ciafardone. Stuttgart 1990, S. 407–439, Zitat S. 439. Der Aufsatz ist parallel erschienen in: Aufklärung und Haskala (wie Anm. 9), S. 67–100.

[30] Vgl. Rolf Reichardt: Lumières versus Ténèbres. Politisierung und Visualisierung aufklärerischer Schlüsselwörter in Frankreich vom XVII. zum XIX. Jahrhundert. In: Aufklärung und Historische Semantik. Hg. v. dems. Berlin 1998, S. 83–170.

[31] Hinske: Grundideen (wie Anm. 29), S. 427.

[32] Vgl. etwa Jochen Schmidt: Aufklärung und Gegenaufklärung in der europäischen Literatur, Philosophie und Politik von der Antike bis zur Gegenwart. Darmstadt 1989.

[33] Vgl. u.a. Michael W. Fischer: Die Aufklärung und ihr Gegenteil. Die Rolle der Geheimbünde in Wissenschaft und Politik. Berlin 1982 (Schriften zur Rechtstheorie 97); Von „Obscuranten" und „Eudämonisten". Gegenaufklärerische, konservative und antirevolutionäre Publizisten im späten 18. Jahrhundert. Hg. v. Chistoph Weiß in Zusammenarb. mit Wolfgang Albrecht. St. Ingbert 1997.

[34] Michel Foucault: Histoire de la folie à l'âge classique – Folie et déraison. Paris 1961; Ders.: Les mots et les choses. Paris 1966.

[35] Dazu paradigmatisch Hartmut u. Gernot Böhme: Das Andere der Vernunft. Zur Entwicklung von Rationalitätsstrukturen am Beispiel Kants. Frankfurt a.M. 1985.

Modellen indes, dass sich die Gegensätze, also die Vernunft und ihr ‚Anderes', unversöhnlich gegenüberstehen.

Um diesen Antagonismus zu überwinden und den unverkennbaren Ambivalenzen der Aufklärung besser gerecht zu werden, wurde seit den 1990er Jahren zunehmend ein integrativer Aufklärungsbegriff diskutiert.[36] Der anthropologischen Wende in den kulturwissenschaftlichen Fächern zu dieser Zeit entsprechend ging es dabei zunächst um anthropologische Themen, etwa die Physiologie der Empfindungen, die Kritik der Sinne oder die Aufwertung der Leidenschaften – also Fragen von Körperlichkeit, Physis und Psychologie. Aber schon im Konzept der großen Tagung zum Thema des ‚Ganzen Menschen', die 1992 in Wolfenbüttel stattfand und als Auftaktveranstaltung dieser neuen Richtung der Aufklärungsforschung gelten kann, verband sich der Blick auf die Anthropologie mit dem Interesse an esoterischen Strömungen. Hans-Jürgen Schings, Hartmut Böhme und Wilhelm Schmidt-Biggemann formulierten im Ausschreibungstext:

> Entschlossen nimmt die neue Anthropologie Tendenzen der Aufklärung auf: Rückgang auf die Empirie, Naturalisierung des Menschen, ‚Rehabilitation der Sinnlichkeit'. Aber auch spekulativ-hermetische Traditionen kommen ins Spiel.[37]

Umgesetzt wurde dieses Programm in Untersuchungen zu theosophischem und neuplatonischem Denken im 18. Jahrhundert, zum Fortbestehen von Elementen frühneuzeitlicher Hermetik wie dem Mikrokosmos-Makrokosmos-Modell, dem Analogiedenken, Vorstellungen von der Kette der Wesen, Schwärmerei und Geisterseherei, Physiognomik und Mesmerismus, um nur einige Schlagworte anzusprechen.[38] Allerdings wurden diese Elemente zumeist isoliert und nicht als Teil eines

---

[36] Vgl. zum Vorlauf dieses Ansatzes die bahnbrechende Arbeit von Panajotis Kondylis, der die „Rehabilitation der Sinnlichkeit" in den Mittelpunkt seines Verständnisses von Aufklärung im 18. Jahrhundert gestellt hat (Kondylis: Aufklärung [wie Anm. 26], S. 19).

[37] Vgl. den auszugsweise abgedruckten *Call for Papers* in: Der ganze Mensch. Anthropologie und Literatur im 18. Jahrhundert (DFG-Symposion 1992). Hg. v. Hans-Jürgen Schings. Stuttgart, Weimar 1994, S. 1.

[38] Siehe im Besonderen den Aufriss der zweiten und dritten Sektion (ebd., S. 3f.), aber auch Publikationen außerhalb dieser Tagung, etwa Rudolf Schlögl: Die Moderne auf der Nachtseite der Aufklärung. Zum Verhältnis von Freimaurerei und Naturphilosophie. In: Das achtzehnte Jahrhundert 21 (1997), S. 33–60; Anne Conrad: ‚Wir verplauderten die Zeit recht angenehm, sprachen von Geistersehen, Ahnungen und dergleichen'. Religion als Thema aufklärerischer Geselligkeit. In: Ordnung, Politik und Gesellschaft der Geschlechter im 18. Jahrhundert. Hg. v. Ulrike Weckel u.a. Göttingen 1998, S. 203–226; Martin Mulsow: Pythagoreer und Wolffianer. Zu den Formationsbedingungen vernünftiger Hermetik und gelehrter Esoterik im 18. Jahrhundert. In: Antike Weisheit und kulturelle Praxis. Hermetismus in der Frühen Neuzeit. Hg. v. Anne-Charlott Trepp u. Hartmut Lehmann. Göttingen 2001, S. 337–395; Peter Hanns Reill: Religion, Theology, and the Hermetic Imagination in the late German Enlightenment: The Case of Johann Salomo Semler. In: Ebd., S. 219–233; Michael Oberhausen: Dunkle Vorstellungen als Thema von Kants Anthropologie und A. G. Baumgartens Psychologie. In: Aufklärung. Interdisziplinäres Jahrbuch zur Erforschung des 18. Jahrhunderts und seiner Wirkungsgeschichte 14 (2002), S. 123–146; Christian Soboth: Die Alchemie auf dem Abtritt. Johann Salomo Semler und die hermetische Kehrseite der Neologie. In: Hermetik. Literarische

größeren Rezeptionszusammenhangs betrachtet; sie blieben damit in der Regel unscharf und hinsichtlich ihrer philosophie- und religionsgeschichtlichen Bezüge allenfalls unvollständig kontextualisiert. Hartmut und Gernot Böhme haben diesen Sachverhalt schon 1985 treffend formuliert: „Was Vernunft ist, definiert sich selbst – das ist das Programm der kritischen Philosophie –, das Andere ist nur das Andere, das Irrationale, ein wolkiges Gemisch [...]."[39]

## III

Die anthropologische Wende in der Dixhuitiémistik hatte das Arbeitsprogramm der halleschen Forschergruppe überhaupt erst möglich gemacht: Aufklärung und hermetisch-esoterische Strömungen konnten jetzt miteinander in eine substanzielle Beziehung gesetzt werden, und daran knüpften wir an. Im Konzept eines wissenschaftlich verstandenen Esoterikbegriffs sahen wir zugleich die Chance, das ‚Andere der Aufklärung' genauer zu fassen und gerade nicht als wolkiges Gemisch, sondern systematisch, in seinen historischen Kontexten, zu beschreiben. Die Brückenfunktion der Anthropologie kann dabei interessante Themenfelder für die Beobachtung und Analyse der Beziehungen zwischen Aufklärung und Esoterik eröffnen, etwa beim Problem des Zusammenhangs zwischen Körper, Geist und Seele, bei den neuen Tendenzen von Psychologie und Erfahrungsseelenkunde oder der in der Spätaufklärung modischen Physiognomik. Gerade mit solchen Bezügen muss Esoterikforschung allerdings auch vorsichtig umgehen, denn eine unhinterfragt anthropologiegeleitete Forschungsstrategie kann in die Nähe eines esoterischen Selbstverständnisses führen, Esoterik also eine über- oder ahistorische Dimension verleihen, was im Rahmen eines methodisch kontrollierten wissenschaftlichen Zugangs aber natürlich zu vermeiden ist.

Die wissenschaftliche Esoterikforschung war zu Beginn der 1990er Jahre aus einem programmatischen Text des französischen Literatur- und Religionswissenschaftlers Antoine Faivre hervorgegangen. Faivre hatte sich als Inhaber des Pariser Lehrstuhls für die Geschichte der esoterischen Strömungen in Europa seit längerer Zeit darum bemüht, ein Konzept zu entwickeln, das der Bearbeitung dieses thematischen Feldes eine Grundstruktur geben könnte.[40] Sein Kollege, der Pariser Religionssoziologe Emile Poulat, hatte diesen Prozess mit Interesse verfolgt und seiner-

---

Figurationen zwischen Babylon und Cyberspace. Hg. v. Nicola Kaminski u.a. Tübingen 2002, S. 67–99.

[39] Böhme: Das Andere der Vernunft (wie Anm. 35), S. 247.

[40] Zu ersten Ergebnissen siehe Antoine Faivre: Accès de l'ésotérisme occidental. Paris 1986. Das Vorwort beginnt mit den Sätzen: „Le passant qui s'attarde au rayon ‚ésotérisme' d'une grande librairie ou explore un magasin spécialisé peut être surpris par la diversité, et s'interroger. Quel fil relie entre eux tant d'éléments hétéroclites?" Vgl. auch den Beitrag Neugebauer-Wölk im Anschluss an diese Einführung S. 44ff.

seits auf die Notwendigkeit einer Begrenzung des Untersuchungsgebiets und der Entwicklung einer angemessenen Methode hingewiesen.[41] 1991 stellte Faivre sein Rahmenkonzept erstmals dem akademischen Publikum vor.[42] Dabei bezeichnete er *Esoterik* als eine bestimmte Geisteshaltung *(attitude d'esprit)*,[43] worauf Poulat mit einem Gegenvorschlag reagierte:

> Esoterik (verstanden in ihrem neuzeitlich-historischen Kontext) ist eine *Denkform* (deren intellektuelle Verfahrensweise man analysieren kann – Sie tun das), die sich von anderen Denkformen unterscheidet [...]. Jede Denkform bestimmt sich nach den Verfahrens- und Vorgehensweisen, mit denen sie arbeitet, und dem Referenzkorpus, das sie auf diese Weise erzeugt. Die Wissenschaft hat ihres. Die Theologie hat ihres. Das esoterische Korpus bezieht sich auf ein immenses Feld, das von allen anderen vernachlässigt wird.[44]

Ein Jahr später ergänzte Poulat, dass er sich mit seiner Anregung, Esoterik als Denkform zu verstehen, auf Ernst Cassirer bezog.[45] Cassirer hatte es im Vorwort zum ersten Band seiner *Philosophie der symbolischen Formen* (1923) als Ziel seiner Arbeit bezeichnet,

> die verschiedenen Grundformen des ‚Verstehens' der Welt bestimmt gegeneinander abzugrenzen und jede von ihnen so scharf als möglich in ihrer eigentümlichen Tendenz und ihrer eigentümlichen geistigen Form zu erfassen.[46]

1925 war der zweite Band erschienen, der dem mythischen Denken gewidmet war, einer „speziellen] Phänomenologie des Mythos",[47] die den „Mythos als Denkform" entschlüsseln sollte.[48] *Mythos* war dabei für Cassirer austauschbar mit *Magie* – beide Begriffe erscheinen in seinem Text synonym. Er versucht einen

---

[41] Dazu Antoine Faivre: Emile Poulat et notre domaine. In: Un objet de science, le catholicisme. Réflexions autour de l'œuvre d'Emile Poulat. Hg. v. Valentine Zuber. Paris 2001, S. 209–213, bes. S. 210. Vgl. den Hinweis auf diesen Text bei Wouter J. Hanegraaff: Esotericism and the Academy. Rejected Knowledge in Western Culture. Cambridge 2012, S. 353, Anm. 363.

[42] Vortrag an der *Ecole Pratique des Hautes Etudes*, 29. Januar 1991. Dazu Antoine Faivre: From Paris to Amsterdam and Beyond. Origins and Development of a Collaboration. In: Hermes in the Academy. Ten Year's Study of Western Esotericism at the University Amsterdam. Hg. v. Wouter J. Hanegraaff u. Joyce Pijnenburg. Amsterdam 2009, S. 123–127, hier S. 124.

[43] Vgl. Faivre: Emile Poulat (wie Anm. 41), S. 212.

[44] Persönliches Schreiben Poulats an Faivre vom 9. September 1991. Zit. nach Faivre: Emile Poulat (wie Anm. 41), S. 212: „L'ésotérisme (entendu dans son contexte historique moderne) est une forme de pensée (dont on peut analyser la démarche intellectuelle, vous le faites) s'opposant à d'autres formes de pensée [...] Chaque formé de pensée se construit par les démarches et procédures qu'elle met en œuvre, et par le corpus de références qui se constitue ainsi. La science a le sien. La théologie a le sien. Celui de l'ésotérisme cultive un immense patrimoine délaissé par tous les autres". (Übersetzung durch die Autoren).

[45] Emile Poulat: Préface. In: Jean-Pierre Laurant: L'ésotérisme chrétien en France au XIX$^e$ siècle. Paris 1992, S. 11–16, hier S. 12.

[46] Ernst Cassirer: Philosophie der symbolischen Formen. Erster Teil: Die Sprache. Bearb. v. Claus Rosenkranz. Hamburg 2010, S. VII.

[47] Ernst Cassirer: Philosophie der symbolischen Formen. Zweiter Teil: Das mythische Denken. Bearb. v. Claus Rosenkranz. Hamburg 2010, S. 44.

[48] Ebd., Erster Abschnitt: Der Mythos als Denkform, S. 35–86.

*Konzeptionelle Überlegungen zur Einführung* 13

bestimmten „Typus" dieser Zugangsweise zur Erkenntnis der Welt herauszuarbeiten, in dem die „Einzelkategorien des mythischen Denkens" zusammengefasst sind.[49] Darunter versteht er Merkmale wie die Koinzidenz und die Partizipation aller Kräfte im Kosmos sowie einen spezifischen Kausalbegriff:

> Wie man sich die Eigenart des mythischen Kausalbegriffs vielleicht am klarsten am Aufbau der Astrologie vergegenwärtigen kann, so tritt die besondere Tendenz des mythischen Eigenschaftsbegriffs am deutlichsten heraus, wenn man die Struktur der Alchimie ins Auge fasst. Die Verwandtschaft zwischen Alchimie und Astrologie, die durch ihre ganze Geschichte hindurch zu verfolgen ist, findet hier ihre systematische Erklärung; sie beruht zuletzt darauf, dass beide nur zwei verschiedene Ausprägungen derselben Denkform, des mystisch-substantiellen Identitätsdenkens sind.[50]

Die Abgrenzung der mythischen von der logischen Denkform (wie Cassirer sie wenig später für die Aufklärung postulieren wird)[51] funktioniert schließlich wesentlich über die Kategorie der „Ähnlichkeit", die die mythische Denkform prägt: „In jedem sogenannten Analogiezauber bekundet sich diese mythische Grundanschauung."[52]

Deutlich tritt der Einfluss des Warburgkreises, speziell von Aby Warburgs Arbeiten zur Astrologie, auf dieses Verständnis des mythisch-magischen Denkens hervor. Cassirer war 1919 nach Hamburg berufen worden,[53] und im Vorwort des Bandes dankt er den Kollegen an der Bibliothek Warburg.[54] Die Vertreibung der jüdischen Gelehrten aus Deutschland seit 1933 verhinderte jedoch eine zeitnahe Rezeption von Cassirers Schriften, und dies galt auch lange Zeit nach 1945.[55] In Frankreich war das anders. Hier hatte eine der Zentralgestalten der Pariser Intellektuellenszene, Maurice Merleau-Ponty, 1945 eine *Phénoménologie de la perception* veröffentlicht, in der er ausdrücklich an Cassirer anschloss.[56] Entscheidend für die Cassirer-Rezeption durch Emile Poulat und seinen Rat an Faivre, das Denkformen-Modell zu rezipieren, dürfte aber die internationale Cassirer-Renaissance der achtziger Jahre gewesen sein, in der dieser Autor zu einem der Vorläufer der mo-

---

[49] Ebd., Erster Abschnitt, Kap. II: Einzelkategorien des mythischen Denkens (S. 74–86, zum Typus S. 75).
[50] Ebd., S. 81.
[51] Siehe in diesem Beitrag weiter oben, S. 7f.
[52] Cassirer: Philosophie der symbolischen Formen II (wie Anm. 47), S. 83–85, Zitat S. 83.
[53] Dazu Heinz Paetzold: Ernst Cassirer – von Marburg nach New York. Eine philosophische Biographie. Darmstadt 1995, Kap. 4: Der Durchbruch Ernst Cassirers zur Kulturphilosophie in Hamburg (1919–1933).
[54] Cassirer: Philosophie der symbolischen Formen I (wie Anm. 46), S. XIII. Vgl. Jesinghausen-Lauster: Die Suche (wie Anm. 23). Hier das Kap. zu Cassirer S. 57–104.
[55] Vgl. Gerhild Tesak: Art. Cassirer, Ernst. In: UTB Online-Wörterbuch Philosophie. (URL: http://www.philosophie-woerterbuch.de [25.08.2012]).
[56] Vgl. ebd. Merleau-Ponty wirkte nach Jahren im Schuldienst und als *répetiteur* an der Ecole normale superieure (ENS) seit 1949 an der Sorbonne, 1952 erhielt er den Lehrstuhl für Philosophie am Collège de France. Sein Nachfolger als *répetiteur* an der ENS, Georges Gusdorf, wiederum griff in seinen *Principes de la pensée au siècle des lumières* von 1971 Cassirers ‚Denkform Aufklärung' auf (vgl. dazu Anm. 26).

dernen Kulturwissenschaft wurde, eine Anknüpfung, die Cassirers eigene Absicht spiegelt, „Prolegomena zu einer künftigen Kulturphilosophie" bereitzustellen.[57]

Faivre folgte dem Rat Poulats und ersetzte die *attitude d'esprit* durch die *forme de pensée*: In seinem programmatischen Überblicksbändchen *L'ésotérisme* konstruierte er 1992 den Gegenstand der Esoterikforschung als Denkform.[58] Er hatte die Schriften einzelner Autoren untersucht, die er den Strömungen eines „Esoterischen Corpus" aus Texten zu Magie, Astrologie und Alchemie, des Renaissancehermetismus und der Christlichen Kabbala, des Paracelsismus, von Theosophie und Rosenkreuzertum zurechnete.[59] Daraus hatte er vier Komponenten abstrahiert, die sich seiner Analyse nach bei all diesen Autoren gleichermaßen auffinden lassen. Er fasste diese übergreifenden Komponenten mit den Stichworten des Denkens in Entsprechungen – also der Analogie –, der Vorstellung einer durchgängig lebenden Natur, von Einbildungskraft und Vermittlungen und schließlich der Erfahrung der Transmutation.[60] Damit hatte Faivre – völlig unabhängig von Norbert Hinskes Typologie der „Grundideen" der Aufklärung, dieser aber nicht unähnlich[61] – gleichsam Basisideen des esoterischen Denkens formuliert.

Mit dem Ansatz der Phänomenologie verschiedener Denkformen der Welterkenntnis hatte Faivre auch den Anspruch übernommen, die einzelnen Kriterien bzw. Komponenten seiner Typologie als gleichsam gesetzmäßig verbindlich zu verstehen.[62] Dies fand sich auch keineswegs nur bei Cassirer. Hans Leisegang hatte 1928 in seiner Studie über die *Denkformen*[63] noch deutlicher formuliert: „Unter einer Denkform verstehe ich das in sich zusammenhängende Ganze der Gesetzmäßigkeiten des Denkens, das sich aus der Analyse von schriftlich ausgedrückten Gedanken eines Individuums ergibt und sich als derselbe Komplex bei andern ebenfalls auffinden läßt."[64] Mit entsprechender Strenge forderte Faivre die Nachweisbarkeit seiner vier Komponenten, um von der *Denkform Esoterik* überhaupt sprechen zu können.[65]

---

[57] Ernst Cassirer: Zur Logik des Symbolbegriffs. In: Ders.: Wesen und Wirkung des Symbolbegriffs. 8. Aufl. Darmstadt 1994, S. 201–230, Zitat S. 229.

[58] Antoine Faivre: L'ésotérisme. Paris 1992. Hier zit. nach der 2. korr. Aufl. Paris 1993. Zur Denkform Esoterik siehe S. 14–22.

[59] Ebd., S. 8–14. Vgl. die deutsche Ausgabe: Antoine Faivre: Esoterik im Überblick. Freiburg, Basel u. Wien 2001, S. 15–24: „Die Ausbildung eines grundlegenden Corpus in der Renaissance."

[60] Faivre: L'ésotérisme (wie Anm. 58), S. 14–20.

[61] Vgl. in dieser Einführung weiter oben, S. 8.

[62] Siehe dazu das Cassirer-Zitat weiter oben, S. 12.

[63] Vgl. Anm. 24.

[64] Zit. nach der Ausg. Hans Leisegang: Denkformen. 2. Aufl. Berlin 1951, S. 15.

[65] Die entscheidende Passage lautet in der deutschsprachigen Ausgabe: „Im Abendland bezeichnen wir als Esoterik eine Denkform, die durch das Auftreten von sechs Eigenschaften oder Komponenten zu bestimmen ist, welche in unterschiedlichster ‚Dosierung' innerhalb ihres weiten historischen und real greifbaren Kontextes nachzuweisen sind. *Vier davon sind ‚wesentlich', und zwar in dem Sinn, daß ihr gleichzeitiges Auftreten eine notwendige und hinreichende*

*Konzeptionelle Überlegungen zur Einführung* 15

Die Pointe an dieser Adaption des Denkformenmodells durch Antoine Faivre ist freilich, dass letzterer keineswegs so konsequent ahistorisch zu Werke ging, wie es ihm später häufig vorgehalten wurde.[66] Während Cassirer mit großer Beliebigkeit durch die Zeiten und Kulturen wanderte, um seine Kriteriologie des mythischen Denkens zu begründen,[67] setzte Faivre einen klaren Rahmen von Ort und Zeit, indem er sein Modell ausdrücklich auf den europäisch-abendländischen Raum und die Jahrhunderte seit der Renaissance einschränkte.[68] Die ‚Gesetzmäßigkeit' seiner esoterischen Denkform galt nur innerhalb dieses konkreten Rahmens. Dies war entscheidend, um die Esoterikforschung aus dem Denken moderner Esoteriker herauszuführen, die ihrer eigenen Weltwahrnehmung überzeitliche und kulturübergreifende Gültigkeit zuschrieben.[69] Und es war gerade diese Historizität, die Faivres Text überhaupt zum Gründungstext einer wissenschaftlichen Esoterikforschung machen konnte.

## IV

Die Esoterikforschung seit 1992 steht in vielfachem Bezug zu Faivres Basismodell; mit zunehmender Distanz zu den Traditionen der Phänomenologie erhoben sich aber auch kritische Stimmen: Die Vorstellung, es könnte überhaupt eine definitorische Festschreibung dessen geben, was unter Esoterik zu verstehen sei, wurde – selbst in den von Faivre gesetzten Grenzen – als ahistorisch und essentialistisch abgelehnt.[70] Auch unsere Forschergruppe führte diese Auseinandersetzung.[71] Für das Rahmenthema der Gruppenarbeit wie auch dieses Bandes ist dabei natürlich

---

*Bedingung dafür darstellt, daß ein gegebenes Untersuchungsmaterial zur Esoterik zu rechnen ist.*" (Faivre: Esoterik im Überblick [wie Anm. 59], S. 24. Hervorh. durch die Autoren).

[66] Zur Kritik an Faivre siehe weiter unten.
[67] Vgl. Jesinghausen-Lauster: Die Suche (wie Anm. 23), S. 82: „*Die Philosophie der symbolischen Formen* insistiert geradezu auf der Ort- und Geschichtslosigkeit des Systems, das sie konstituiert."
[68] Vgl. Faivre: L'ésotérisme (wie Anm. 58), S. 8: „l'Occident latin depuis la fin du XV$^e$ siècle".
[69] Siehe zu diesem Prozess der Distanzierung Faivres aus den Traditionen des Esoterikverständnisses der „Religionisten" ausführlich Hanegraaff: Esotericism and the Academy (wie Anm. 41), S. 334–355.
[70] Siehe den Beitrag von Monika Neugebauer-Wölk in diesem Band, bes. die Passage S. 46f. Vgl. auch die Reaktion Faivres auf diese Kritik in der englischen, neu bearbeiteten Fassung seiner Arbeit: Antoine Faivre: Western Esotericism. A Concise History. Albany 2010, S. 11–15.
[71] Die Auseinandersetzung mit dem Faivreschen Esoterikmodell und dessen Weiterentwicklung beschäftigten die Gruppe v.a. während der ersten Förderphase intensiv; die Ergebnisse dieser Diskussion flossen dementsprechend auch in den Fortsetzungsantrag ein und sind auf den Internetseiten der Forschergruppe im Abschnitt „Methodische Orientierungen in der Forschergruppe" dokumentiert. (URL: http://webdoc2.urz.uni-halle.de/izea/cms/de/forschung-publikationen/dfg-forschergruppe/kurzpraesentation/methodik.html, [25.08.2012]). Vgl. darüber hinaus Michael Bergunder: Was ist Esoterik? Religionswissenschaftliche Überlegungen zum Gegenstand der Esoterikforschung. In: Aufklärung und Esoterik (wie Anm. 2), S. 477–507; dazu näher der Beitrag von Monika Neugebauer-Wölk, S. 47–49.

von besonderem Interesse, wie sich die verschiedenen methodischen Zugänge in der Esoterikforschung auf die Wahrnehmung des Verhältnisses zwischen Aufklärung und Esoterik auswirkten. Denn es ist ja nicht nur eine virulente Frage, wie *Aufklärungsforscher* mit dem ‚Dunklen' und ‚Anderen', der ‚Nachtseite' der Aufklärung umgehen. Für Esoterikforscher ist die Umkehrung dieser Frage durchaus eine vergleichbare Herausforderung: In welchem Verhältnis steht denn *Esoterik* zur Aufklärung? Und was resultiert daraus für das Verständnis der Moderne?

In der Esoterikforschung wurden zwei grundlegende Positionen entwickelt, mit diesem Thema umzugehen. Antoine Faivre leitet seine Sichtweise logisch aus seinem Grundmodell ab. Er sieht durchaus eine reiche Geschichte des Esoterischen im 18. Jahrhundert, aber sie steht für sich selbst, entwickelt spezifische Ausprägungen der esoterischen Denkform, ohne in einer Beziehung zur Denkform der Aufklärung zu stehen, die das Jahrhundert prägt. Esoterik steht bei Faivre deshalb „im Schatten der Aufklärung"[72] in einem insgesamt klar dualistisch geprägten Rahmenverständnis.

1998 publizierte der Berliner Philosophiehistoriker Wilhelm Schmidt-Biggemann seine Geschichte der *Philosophia perennis*.[73] Man kann dieses Standardwerk auch als eine Geschichte des esoterischen Denkens lesen, denn das Schlagwort der ‚Philosophia perennis' ist ein frühneuzeitlicher Integrationsbegriff für Texte des Esoterischen Corpus. Auch bei diesem Autor gibt es keine Beziehung zur Aufklärung, ja mehr noch, das 18. Jahrhundert wird geradezu zur Leerstelle der Entwicklung. Die Darstellung springt vom 17. Jahrhundert und „Johann Heinrich Alstedts apokalyptischer Universalwissenschaft" unmittelbar zu „Schellings Weltaltern".[74] Das ist bemerkenswert, denn Schmidt-Biggemann hatte ja sechs Jahre zuvor zu der Gruppe gehört, die das Thema ‚Aufklärung und Hermetismus' für das Symposion zum Konzept des ‚Ganzen Menschen' auf die Tagesordnung gesetzt hatte.[75] In seiner späteren Untersuchung zu Saint-Martin, De Maistre, Kleuker und Baader wird das Denken dieser Protagonisten (prä-)romantischer ‚Esoterik' dann sogar explizit zur ‚Gegenaufklärung', gerichtet gegen die Tendenzen des revolutionären Zeitalters.[76] Diese Terminologie übernimmt Nicholas Goodrick-Clarke in seinem Einführungswerk zu den *Western Esoteric Traditions* von 2008, wenn er „Theosophical Sects and Illuminist Societies" als „Counter-Enlightenment" qualifiziert.[77] Gemeinsam ist diesen sonst durchaus unterschiedlich verfahrenden Autoren also

---

[72] Faivre: L'ésotérisme (wie Anm. 58), S. 62–77: „L'ésotérisme à l'ombre des lumières." Unverändert in der englischen Neufassung (wie Anm. 48), S. 53–68: „Esotericism in the Shadow of the Enlightenment."
[73] Wilhelm Schmidt-Biggemann: Philosophia perennis. Historische Umrisse abendländischer Spiritualität in Antike, Mittelalter und Früher Neuzeit. Frankfurt a.M. 1998.
[74] Ebd. Übergang vom IX. zum X. Kapitel.
[75] Siehe dazu S. 10.
[76] Wilhelm Schmidt-Biggemann: Politische Theologie der Gegenaufklärung. Berlin 2004.
[77] Nicholas Goodrick-Clarke: The Western Esoteric Traditions. A Historical Introduction. Oxford 2008, vgl. S. 137ff.

ein dualistisches Verständnis von Aufklärung und Esoterik. Zugleich setzen sie damit eine paradigmatische Kontinuität oder Tradition esoterischen Denkens von der Frühen Neuzeit in die Moderne voraus. Die *Aufklärung* hat mit dieser Entwicklung wenig oder gar nichts zu tun.

Die alternative Position der Esoterikforschung zur Grundfrage des Verhältnisses zwischen Esoterik und Aufklärung setzte 1996 mit der Dissertation von Wouter J. Hanegraaff ein,[78] der drei Jahre später den neugegründeten Lehrstuhl für Hermetikforschung in Amsterdam übernahm.[79] Hanegraaff kritisiert das Konzept der Entgegensetzung von Aufklärung und Gegenaufklärung – explizit am Beispiel eines Aufsatzes von Isaiah Berlin[80] – als zu statisch, ja ahistorisch, und verweist darauf, dass Esoterik von der Aufklärung sehr wohl beeinflusst wird, dass sie von ihr den Angriff auf das Christentum übernimmt, dass Esoterik eine Nähe aufweist zum aufgeklärten Universalismus. Wolle man dabei bleiben, Esoterik als Gegenaufklärung zu verstehen, so Hanegraaff, dann nur unter der Voraussetzung, dass beide, Aufklärung *und* Gegenaufklärung, zum Prozess der Säkularisierung, also zur Entwicklung der Moderne, beigetragen haben.[81] Der Religionswissenschaftler Olav Hammer hat diesen Ansatz in seiner 2001 erschienenen Dissertation über die esoterische Wissenskonzeption der Moderne für deren Vorlauf im 18. Jahrhundert radikalisiert und gänzlich aus dem Spannungsverhältnis zwischen Aufklärung und Gegenaufklärung gelöst.[82] In fünf Punkten sieht er esoterisches Denken von aufgeklärten Positionen zutiefst beeinflusst: In der Orientierung an der Sprache der Wissenschaft, im Fortschrittsdenken, auf religiösem Feld, im gesellschaftlichen Bereich und mit dem Durchbruch zur Psychologisierung der eigenen Lehre.[83]

Esoterik ist bei den Autoren dieser zweiten Gruppe also keineswegs eine geschlossene Denkform, und sie problematisieren auch das Konzept von Tradition und Kontinuität: Die Modernisierung des esoterischen Denkens, die sich in der Romantik als Reaktion auf die Herausforderungen der Aufklärung vollziehe, wird hier als fundamental verstanden. Die Verbindung zwischen Esoterik der Moderne und entsprechenden Strömungen der Frühen Neuzeit sei deshalb – so Hammer – eine Illusion.[84] Ganz so weit geht Wouter Hanegraaff auch in seinen neuesten Publikationen nicht. Der Kosmotheismus des esoterischen Weltbildes als Alternative zur ‚Entzauberung der Welt' und die tiefe Überzeugung, dass die, die sich darum bemühen, Wissen von den letzten Dingen erreichen können, bleibt für ihn

---

[78] Wouter J. Hanegraaff: New Age Religion and Western Culture. Esotericism in the Mirror of Secular Thought. Leiden, New York u. Köln 1996.
[79] Vgl. Hermes in the Academy (wie Anm. 42).
[80] Isaiah Berlin: The Counter-Enlightenment. In: Ders.: Against the Current. Essays in the History of Ideas. New York 1979, S. 1–24.
[81] Hanegraaff: New Age Religion (wie Anm. 55), S. 411–415.
[82] Olav Hammer: Claiming Knowledge. Strategies of Epistemology from Theosophy to the New Age. Leiden, Boston 2004 [zuerst 2001], S. 51f.
[83] Ebd., S. 48–50.
[84] Ebd., S. 49.

eine Brücke zwischen Tradition und Moderne, aber die Tendenzen der *Neu*formierung von Esoterik unter dem Einfluss der Aufklärung sind auch für Hanegraaff dominant.[85]

Esoterik und Aufklärung stehen sich hier also nicht dualistisch gegenüber. Esoterik wird vielmehr tiefgreifend von Aufklärung affiziert, *Aufklärung aber nicht von Esoterik* – diesbezüglich stimmt die Sichtweise von Faivre und Schmidt-Biggemann, von Goodrick-Clarke, Hanegraaff und Hammer weitgehend überein. Für aufgeklärtes Denken sind und bleiben die esoterischen Strömungen Aberglauben – zwar nicht mehr Sünde oder Häresie wie zu Zeiten der Dominanz der christlichen Kirchen, aber intellektuelle Fehlleistung. Mit der Aufklärung habe sich im westlich orientierten Kulturraum ein Denken durchgesetzt, dessen Grundprinzipien einen krassen Gegensatz zu den esoterischen Strömungen der Frühen Neuzeit bildeten: Dementsprechend lande, so Hanegraaff, esoterisches Denken im 18. Jahrhundert im Papierkorb für Wissen, das als solches nicht mehr akzeptiert wird.[86]

## V

Unsere Forschergruppe hat sich in intensiven Diskussionen kritisch mit den voraufgehend skizzierten Ansätzen der Esoterikforschung wie der Aufklärungsforschung auseinandergesetzt.[87] Die Arbeit mit geschlossenen und konkurrierenden ‚Denkformen' ließen wir dabei weitgehend hinter uns und versuchten stattdessen zu zeigen, dass das Verhältnis zwischen Aufklärung und Esoterik, Esoterik und Aufklärung nur als eine sehr komplexe Interdependenz beschrieben werden kann. Im *Call for Papers* zu der in diesem Band dokumentierten Tagung war daher von der „*wechselseitige[n]* Beeinflussung von Aufklärung und Esoterik im 18. Jahrhundert" und den „daraus resultierenden Transformationen" die Rede.[88] Es ist unbestritten, dass sich dieser Prozess auch in gegenläufigen Bezügen vollzog, dass Widerständigkeiten entstanden, die zu krassen Gegensätzen führten. Deshalb lautete der Untertitel des Tagungsbandes von 2008 *Rezeption – Integration – Konfrontation*, und deshalb geht es auch nicht um Gleichsetzung, sondern um Interdependenz – eine Interdependenz, die sich vor allem auch in diskursiven Bezügen realisiert.

Das heißt: Schon in ihrer Formationsphase baut die Frühaufklärung auf Topoi, Themen und Verfahrensweisen frühneuzeitlicher Esoterik auf. So übernimmt Esoterik Angriffe auf das Christentum keineswegs erst von der Aufklärung; vielmehr

---

[85] Hanegraaff: Esotericism and the Academy (wie Anm. 41), S. 372.
[86] Ebd., S. 230: Esoterik wird in der Aberglaubenskritik zur „waste-basket category of ‚rejected knowledge'".
[87] Vgl. dazu ausführlich den sich anschließenden Beitrag von Monika Neugebauer-Wölk, S. 47–50.
[88] Call for Papers vom 14.09.2008, (URL: http://hsozkult.geschichte.hu-berlin.de/termine/id=9869 [06.08.2012]).

*Konzeptionelle Überlegungen zur Einführung* 19

ist die aufklärerische Kirchenkritik des späten 17. Jahrhunderts ohne den Vorlauf der Kirchenkritik von Hermetikern und Theosophen oder auch christlichen Kabbalisten kaum denkbar. Deismus und aufklärerische Toleranzkonzepte schließen an esoterische Entwürfe einer allen Menschen gemeinsamen Urreligion an.[89] Das Perfektibilitätsdenken, Grundlage des aufgeklärten Entwicklungsoptimismus, basiert auch auf dem Konzept von der Möglichkeit eines höheren Menschentums. Esoterische Themen und Motive sind damit von vornherein in die Aufklärung strukturell eingeschrieben. Gleichzeitig werden sie im Rahmen der neuen Debatten verändert, verbinden sich mit neuen und anderen Argumentationsmustern und wirken damit ihrerseits auf Esoterik in ihrer traditionellen Form zurück. Das bedeutet weiter, dass sich auch über allgemeine Schnittmengen hinaus und über den Gesamtverlauf des 18. Jahrhunderts hinweg Interdependenzen von Aufklärung und Esoterik belegen lassen. Dies gilt für zahlreiche Texte und Autoren, es ist aber sicher am deutlichsten, wenn es an den Kronzeugen der Aufklärungsphilosophie demonstriert wird – etwa durch die diskursgeschichtliche Verortung von Christian Thomasius als Vertreter einer vitalistischen Natur- bzw. Geistphilosophie.[90] Bei Christian Wolff finden sich Ansprüche auf die Deutungshoheit über sein Werk von Seiten hermetisch-esoterisch orientierter Autoren und Belege dafür, dass er darauf reagiert.[91] Denis Diderot erweitert den Kunstdiskurs um den Hieroglyphenbegriff und übernimmt damit auch dessen esoterischen Hintergrund.[92] Kant wiederum reagiert auf Swedenborg, und dessen Einfluss schreibt sich in seinen Werken zur Moralphilosophie und Religionslehre fort.[93] Und auch die neologische Theologie besitzt in Johann Salomo Semler einen herausragenden Exponenten, der sich im Diskurs über die Dämonen bewegt und Interesse hat für Hermetik und Alchemie.[94]

---

[89] Alles das kann hier nur angedeutet, nicht vertieft werden. Vgl. dazu weitergehend Monika Neugebauer-Wölk: Aufklärung und Esoterik. Anmerkungen zu einem komplexen Verhältnis. Erscheint in: Epoche und Projekt. Perspektiven der Aufklärungsforschung. Hg. v. Stefanie Stockhorst. Göttingen 2013.
[90] Vgl. dazu den Beitrag von Markus Meumann in diesem Band.
[91] Hanns-Peter Neumann: Christian Wolff als Hermes Trismegistos der Aufklärung? Vortrag im Rahmen eines Kolloquiums in Halle am 11. Mai 2012 (MS). Siehe auch ders.: Monaden im Diskurs. Monas, Monaden, Monadologien (1600–1770). Stuttgart 2013 (Studia leibnitiana. Supplementa 37), hier bes. 2. Teil, Kap. 2: Christian Wolff und die Monaden. Vgl. auch den Beitrag von Martin Mulsow im vorliegenden Band: Eine unwahrscheinliche Begegnung: Sigmund Ferdinand Weißmüller trifft Christian Wolff in Marburg.
[92] Annette Graczyk: Anfänge des Menschlichen – Reste des Göttlichen. Hieroglyphik zwischen Aufklärung und Esoterik. MS Halle 2012. Erscheint in den *Halleschen Beiträgen zur Europäischen Aufklärung* voraussichtlich 2013.
[93] Kant und Swedenborg. Zugänge zu einem umstrittenen Verhältnis. Hg. v. Friedemann Stengel. Tübingen 2008. Vgl. ergänzend Friedemann Stengel: Aufklärung bis zum Himmel. Emanuel Swedenborg im Kontext der Theologie und Philosophie des 18. Jahrhunderts. Tübingen 2011, S. 636–721: Swedenborgs Theologie im Diskurs: Immanuel Kant.
[94] Renko Geffarth: Von Geistern und Begeisterten. Semler und die ‚Dämonen'. In: Aufklärung und Esoterik (wie Anm. 2), S. 115–130, sowie Markus Meumann: Hermetik als Privatreligion? Johann Salomo Semler und die esoterische Tradition. In: Atlantic Understandings. Essays on

Es geht also darum zu zeigen, dass es das historische Gesamtbild nicht abdeckt, Esoterik im 18. Jahrhundert als eine Unterströmung zu verstehen, die im Schatten der Aufklärung fortwirkt. Es reicht auch nicht aus, nur die Wirkung des Aufklärungsdenkens auf die frühneuzeitliche Esoterik zu untersuchen und dies als eindimensionale Beziehung zu verstehen. Es handelt sich vielmehr um verschiedenste Formen der Interaktion, die sich dann auch zu Konfrontationen zuspitzen können. Aber die Konfrontation *allein* ist nicht das Schlüsselmodell für die Beziehung zwischen Aufklärung und Esoterik.

Und das gilt nicht nur für den ‚Höhenkamm' von Aufklärungsphilosophie und Literatur, es gilt vergleichbar für soziale Verhaltensweisen. Die breite Entwicklung der Aufklärungsgesellschaften hat ihren historischen Vorlauf in esoterikaffinen Gelehrtenzirkeln seit dem 15. Jahrhundert, die Logen der Freimaurer können bis in die Zeit um 1600 zurückverfolgt werden. Der Habitus und die esoterische Logik ihrer Initiationen entwickeln sich als Grundmodell noch vor der Frühaufklärung; im 18. Jahrhundert werden sie im Spannungsverhältnis von Geheimnis und Öffentlichkeit weiter ausgebaut.[95] Kein Geheimbund des 18. Jahrhunderts wird so einhellig als Aufklärungsgesellschaft verstanden wie der Orden der Illuminaten. Und doch verbinden die Texte zur Einweihung in seine höchsten Grade – verfasst vom Ordensgründer Adam Weishaupt – Vorstellungen sensualistischer Philosophie mit Elementen esoterischer Imagination.[96] Logenarbeit von Personen, die als ‚Aufklärer' profiliert waren, wurde schon immer als Kuriosum notiert, bestenfalls als Ausdruck aufklärerischer Soziabilität verstanden. Erst in einem Aufklärung und Esoterik integrierenden Ansatz aber wird es möglich, die historischen Akteure in ihren Verhaltensweisen und Motiven ernstzunehmen.

Angesichts dieses Plädoyers für die Wahrnehmung der wechselseitigen Interdependenzen von Aufklärung und Esoterik könnte der Eindruck entstehen, dass wir Esoterik gleichsam in die Aufklärung einschmuggeln wollten – etwa um die Akzeptanz unseres Forschungsthemas zu erhöhen. Es ging uns jedoch zu keiner Zeit darum, Esoterik als „glaubwürdiges Mitglied der aufgeklärten Familie" zu etablieren.[97] Hinter unserer Rede von den Interdependenzen steht nämlich keineswegs die Absicht, Esoterik schlichtweg in Aufklärung zu überführen. Denn dies würde ja

---

European and American History in Honor of Hermann Wellenreuther. Hg. v. Claudia Schnurmann u. Hartmut Lehmann. Hamburg 2006, S. 185–199.

[95] Monika Neugebauer-Wölk: '[…] you shall not reveal any pairt of what you shall hear or see […]' Geheimnis und Öffentlichkeit in masonischen Systemen des 18. Jahrhunderts. In: Esoterik und Christentum. Religionsgeschichtliche und theologische Perspektiven. Hg. v. Michael Bergunder u. Daniel Cyranka. Leipzig 2005, S. 11–29.

[96] Dazu Monika Neugebauer-Wölk: Esoterische Bünde und Bürgerliche Gesellschaft. Entwicklungslinien zur modernen Welt im Geheimbundwesen des 18. Jahrhunderts. Göttingen 1995, S. 55–59, sowie Martin Mulsow: ‚Steige also, wenn du kannst, höher und höher zu uns herauf'. Adam Weishaupt als Philosoph. In: Die Weimarer Klassik und ihre Geheimbünde. Hg. v. Walter Müller-Seidel u. Wolfgang Riedel. Würzburg 2002, S. 27–66.

[97] Vgl. die Rezension zu unserem Tagungsband von 2008 (wie Anm. 2) von Wouter J. Hanegraaff. In: Aries 12 (2012), S. 181–185, Zitat S. 184.

bedeuten, dass wir Aufklärung nach wie vor als klar definierte Denkform verstehen – als Wegbereiterin des gesellschaftlichen Fortschritts, religiöser Toleranz und wissenschaftlicher Rationalität in der Kultur der westlichen Moderne. Und all das würde dann auch für Esoterik gelten.

Nein, die Skepsis gegenüber typologisierend konstruierten Denkformen kann ja nicht auf die Esoterikforschung beschränkt bleiben. Vielmehr ist dies ein epistemologischer und methodologischer Grundsatz, der essentialistische und ahistorische Verfahrensweisen in den Kulturwissenschaften allgemein ablehnt. Die Kritik daran gilt also generell – nicht nur für die Erforschung von Esoterik, sondern genauso für die Erforschung der Aufklärung.[98] Mit fortschreitender Einsicht in die Berührungspunkte zwischen Aufklärung und Esoterik ändert sich eben auch unser Bild der Aufklärung. Wir werden noch aufmerksamer auf deren Ambivalenzen, und wir können diese Ambivalenzen genauer fassen, wenn wir esoterische Themen und Strategien in aufklärerischen Diskursen identifizieren, Probleme und Denkweisen der Aufklärung in esoterischen Diskursen, oder besser gesagt: wenn wir die Debatten des 18. Jahrhunderts in ihrer gesamten Komplexität wahrnehmen und sie entsprechend kontextualisieren. Natürlich gilt auch für dieses Forschungskonzept – wie für seine Vorgänger –, dass man nicht alle offenen Probleme damit lösen kann. Jenseits unserer Fragestellung werden neue Herausforderungen und Innovationen auf die Aufklärungsforschung wie auf die Esoterikforschung warten und wird es neue Ansätze geben. In unserer Arbeit ging es vor allem darum, die lange diskutierte Frage nach dem ‚Anderen der Vernunft' und dem ‚Dunklen in der Aufklärung' unter Einsatz des Esoterikbegriffs wissenschaftlich zu konkretisieren und gleichzeitig Vorschläge zur Lösung der methodischen Grundfragen zu machen, die entstehen, wenn man diese Kategorien in ein integratives Modell überführt.

Während Interdependenzen von Aufklärung und Esoterik im 18. Jahrhundert also zumindest vom Grundsatz her als dokumentiert gelten können und deren Erfassung methodisch kontrolliert erfolgt, hat der Anspruch, die Auswirkungen dieser komplexen Beziehung auf das 19. und 20. Jahrhundert zu behandeln, noch eine eher vorläufige Qualität. Der vorliegende Band versucht wohl erstmals, dem Verhältnis von Aufklärung, Esoterik und Moderne auf verschiedenen Gebieten nachzuspüren. Von zentraler Bedeutung ist dabei das Beharren auf dem historischen Ort von Aufklärung im 18. Jahrhundert. Es kann nicht darum gehen, *die* Wege *der* Aufklärung bis heute nachzuzeichnen, um ihre anhaltende Bedeutung für die Gegenwart deutlich zu machen – für alle historisch arbeitenden Fächer ist der Prozess der Aufklärung um 1800 abgeschlossen. Dasselbe gilt für die Historizität aller Formen von Esoterik im 18. Jahrhundert. *Wege in die Moderne* meint also nicht die

---

[98] Vgl. dazu u.a. Friedemann Stengel: Diskurstheorie und Aufklärung. In: Ordnungen des Wissens – Ordnungen des Streitens. Gelehrte Debatten des 17. und 18. Jahrhunderts in diskursgeschichtlicher Perspektive. Hg. v. Markus Meumann. Berlin 2013; Markus Meumann: Diskursive Formationen zwischen Esoterik, Pietismus und Aufklärung. Halle um 1700. In: Aufklärung und Esoterik (wie Anm. 2), S. 77–114, bes. S. 78–83.

Wege eines festgeschriebenen Verhältnisses bis in die heutige Zeit, sondern die Untersuchung der Rezeptions- und Wirkungsgeschichte von Entwicklungen des 18. Jahrhunderts im Kontext der Moderne. Unter diesem Fragehorizont ist es dann freilich von entscheidender Bedeutung, von welchem Verständnis der Debatten des 18. Jahrhunderts man ausgeht, von einem Gegensatzmodell von Aufklärung und Aberglauben oder von einer diskursiven Interdependenz von Aufklärung und Esoterik. Folgt man letzterem, so ist es eben nicht erst die Romantik, die esoterische Motive und Traditionen in der Rede von Mythos und Magie mit neuer Wucht und in neuer Gestalt präsentiert, frühneuzeitliche Esoterik nach ihrem Abwandern in den intellektuellen Untergrund wieder auf die Tagesordnung setzt und auf die Ebene hochkultureller Akzeptanz zurückholt. Diese Vorstellung gehört zu den Konstruktionen, mit denen die Romantik sich gegen die Aufklärung inszeniert.[99] Auch die ‚Gesellschaft der Aufklärer' transportierte Elemente frühneuzeitlicher Esoterik, allerdings mit dem ihr eigenen Interesse und in den ihr eigenen Debatten, die sich von denen des 19. Jahrhunderts deutlich unterscheiden.

Es ist uns also keinesfalls darum zu tun, auf eine anhaltende Gleichförmigkeit der Beziehungsgeschichte hier relevanter Wissenselemente und Topoi vom späten 17. bis ins frühe 21. Jahrhundert zu verweisen. Vielmehr ist die jeweilige zeitgebundene Spezifik von Interdependenzen herauszuarbeiten. Darüber Genaueres zu wissen, wäre z.B. entscheidend für das Verständnis des Übergangs zwischen dem esoterischen Wissenskonzept der frühneuzeitlichen ‚Philosophia perennis' und der Wissenschaftsmethodik seit dem 19. Jahrhundert. Es ist unübersehbar, dass die akademische Arbeit auch nach 1800 nicht völlig frei ist von esoterischen Implikationen. Dies gilt ebenso für Soziologie[100] und Religionswissenschaft[101] wie für bestimmte Themenbereiche in der Kulturgeschichte.[102] Und nicht nur die Geistes-

---

[99] Diese Mechanismen sind inzwischen gut bekannt und vielfach analysiert. Hier sei nur beispielhaft auf den Topos des unhistorischen Denkens verwiesen, den die Romantiker ihren Vorläufern zuschrieben, um sie dann dafür zu kritisieren. Vgl. Borgstedt: Zeitalter der Aufklärung (wie Anm. 7) S. 80ff. oder Horst Möller: Vernunft und Kritik. Deutsche Aufklärung im 17. und 18. Jahrhundert. Frankfurt a.M. 1986, S. 144ff.

[100] Ein besonders deutliches Beispiel ist das aus der Geheimgesellschaft ‚Acéphale' hervorgegangene *Collège de Sociologie*, dessen Wirkungen bis Foucault und Derrida neuerdings mehrfach untersucht worden sind. Vgl. Stephan Moebius: Die Zauberlehrlinge. Soziologiegeschichte des Collège de Sociologie (1937–1939). Konstanz 2006 und Rita Bischof: ‚Tragisches Lachen'. Die Geschichte von Acéphale. Berlin 2010.

[101] Als besonders eindrückliches Beispiel sei hier auf das umfangreiche Werk von Mircea Eliade verwiesen (siehe Florin Turcanu: Mircea Eliade. Der Philosoph des Heiligen oder Im Gefängnis der Geschichte. Eine Biographie [zuerst frz. Paris 2003]. Schnellroda 2006). Vgl. auch die vielfältigen Verbindungen im Eranoskreis (Hans Thomas Hakl: Der verborgene Geist von Eranos. Unbekannte Begegnungen von Wissenschaft und Esoterik. Bretten 2001).

[102] Hier ist vor allem an die Anfänge der Kulturgeschichte in Deutschland zu denken. Vgl. etwa zu Karl Lamprechts ‚Kulturgeschichte' Monika Neugebauer-Wölk: Tradition in zwei Gestalten? Wissenschaftlicher Traditionsbegriff und esoterische Traditionslinien in der deutschen Geschichtsschreibung des 19. Jahrhunderts. In: Constructing Tradition. Means and Myths of Transmission in Western Esotericism. Hg. v. Andreas B. Kilcher. Leiden, Boston 2010, S. 179–216. Aber auch die ‚Hexenforschung' der 1970er bis 1990er Jahre ist vom Hexenglauben der

*Konzeptionelle Überlegungen zur Einführung*

und Sozialwissenschaften stehen hier in Rede; man denke nur an die Nähe mancher moderner Physiker und Astronomen zu einem esoterischen Kosmotheismus[103] oder an die Bedeutung ‚alternativer' Heilmethoden in der Medizin der Gegenwart. Geht die Möglichkeit solcher Überlagerungen auf die Persistenz von Esoterik in den Diskursen der Aufklärung zurück, oder gehört dies zur Wirkungsgeschichte erst der Romantik?[104] Der Mesmerismus, der hier eine wichtige Rolle spielt,[105] gehört jedenfalls in seinem Ursprung zu Problemstellungen des 18. Jahrhunderts und setzt sich bereits in der Soziabilität der Aufklärung durch.[106]

Auch die Geschichte der Beziehungen zwischen Literatur, Philosophie und Freimaurerei im 19. und 20. Jahrhundert ist noch nicht geschrieben. Dass sich hier die spezifische Verbindung, die Aufklärung und Esoterik in den Logen eingegangen sind, immer wieder neu konfiguriert, ist eine begründete Hypothese, von der eine solche Untersuchung ausgehen kann. Wie für das 18. Jahrhundert werden sich auch für die Moderne Beziehungen ermitteln lassen, die erst mit dem Blick auf die Arkansphäre deutlich werden. Wenn Max Horkheimer 1950, wenige Jahre nach Publikation der *Dialektik der Aufklärung*, der jüdischen Loge B'nai B'rith beitrat,[107] dann war das offenbar mit seiner Sicht auf das *Enlightenment* und seine Probleme kompatibel. Dass er seinen Schüler Alfred Schmidt, der 1972 als Nachfolger von Jürgen Habermas den Lehrstuhl Horkheimers besetzen sollte, später ebenfalls an die Freimaurerei heranführte, zeigt, dass diese Entscheidung durchaus nachhaltig war. Schmidt trat der Frankfurter Loge *Zur Einigkeit* bei und machte masonische Karriere bis zum 33. Grad eines Hochgradsystems.[108]

---

modernen Esoterik nicht ganz frei. Siehe dazu dies.: Wege aus dem Dschungel. Betrachtungen zur Hexenforschung. In: Geschichte und Gesellschaft 29 (2003), S. 316–347.
[103] Vgl. etwa Burkhard Gladigow: Pantheismus als ‚Religion' von Naturwissenschaftlern. In: Die Religion von Oberschichten. Hg. v. Peter Antes u. Donate Pahnke. Marburg 1989, S. 219–239.
[104] Zu Letzterem siehe den instruktiven Überblick über die Bezüge moderner Psychologie und Religionsgeschichte zu esoterischen Tendenzen der Romantik bei Hanegraaff: Esotericism and the Academy (wie Anm. 41), S. 257–313.
[105] Vgl. dazu ebd., S. 260–276, sowie die Beiträge von Friedemann Stengel und Karl Baier in diesem Band.
[106] Dazu die klassische Studie von Robert Darnton: Der Mesmerismus und das Ende der Aufklärung in Frankreich. Frankfurt a.M., Berlin 1986, S. 13–49. Zum Mesmerismus der 1780er Jahre. S. 44: „Kurz, der Mesmerismus entsprach den Neigungen der Wissenschaft wie der ‚höheren Wissenschaft' während des Jahrzehnts vor der Revolution, und er schien dem Geist der Aufklärung nicht zu widersprechen."
[107] In der Zeit, in der er das Institut für Sozialforschung in Frankfurt am Main neu eröffnete. Vgl. Micha Brumlik: Art. Max Horkheimer. In: Metzler Lexikon jüdischer Philosophen. Hg. v. Andreas B. Kilcher u. Otfried Fraisse. Stuttgart, Weimar 2003, S. 385–387, hier S. 385. Zum Unabhängigen Orden B'nai B'rith siehe Jacob Katz: Jews and Freemasons in Europe 1723–1939. Cambridge, MA 1970, S. 164f.
[108] Interview mit Alfred Schmidt in der *Frankfurter Allgemeinen Zeitung* v. 14.09.2011 (URL: http://www.faz.net/aktuell/rhein-main/frankfurt/im-gespraech-alfred-schmidt-genoetigt-scharf-zu-denken-11166324.html [25.08.2012]); Lorenz Jäger: Begriffene Natur. Zum Tod des Frankfurter Philosophen Alfred Schmidt. In: Ebd., v. 30.08.2012 (URL: http://www.faz.net/aktuell/feuilleton/zum-tode-von-alfred-schmidt-begriffene-natur-11872209.html [30.08.2012]).

Beobachtungen dieser Art sind, bei aller Aussagekraft, vorläufig. Es bleibt zukünftiger Entwicklung überlassen, wie weit der Ansatz trägt, die Interdependenzen von Aufklärung und Esoterik in ihrer Wirkung auf die Moderne zu untersuchen, und ob er noch klarer und genauer konturiert werden kann, als es heute schon möglich ist. Hier wird es noch vieles zu entdecken geben, nicht zuletzt in diesem Band.

## VI

Bei der Planung der hier dokumentierten Tagung wurde auf jede Engführung der Zugangsweise verzichtet. Die voraufgehend skizzierten konzeptionellen Überlegungen und Entscheidungen innerhalb unserer Forschergruppe wurden also nicht zur Richtlinie der Auswahl der Referate gemacht. Damit eröffnete sich in der Summe aller Vorträge ein weites Feld an Fragestellungen und Untersuchungsgegenständen, mit denen die Rahmenthematik konkretisiert wurde. Wir haben bewusst sehr verschiedenen, teilweise kontroversen Zugangsweisen ein Forum geboten, wie es auch in den voraufgehenden Bänden bereits der Fall war.

Anders allerdings als noch im Vorlauf der Tagung von 2006 hatte es diesmal zusätzlich zu einzelnen empirischen Studien ein Angebot an Grundsatzreferaten gegeben, mehrere Beiträge zur Debatte um die Esoterikforschung. Das reflektiert einerseits die Tatsache, dass dieses Forschungsfeld ja immer noch als relativ neu gelten muss, neu vor allem im Vergleich zur Aufklärungsforschung, die sich seit vielen Jahrzehnten etabliert hat. Andererseits zeigt es, wie sich derzeit die Debatte um das Grundverständnis, die Strategien und Methoden der Esoterikforschung intensiviert. Dem haben wir Rechnung getragen und der Reihe der Einzelstudien einen eigenständigen Block von Beiträgen zur *Konzeptualisierung von Esoterik* vorangestellt. Dies repräsentiert keinen Sonderweg gegenüber den *Wegen in die Moderne*. Denn für die Entwicklung von Methodik und Verfahrensweise der Esoterikforschung ist ja die Frage zentral, ob es eine Verbindung gibt zwischen der ‚Philosophia perennis' oder den ‚Occult Sciences' der Frühen Neuzeit und der Esoterik und dem Okkultismus der Moderne. Ist es also, bei aller diskursiven Differenzierung, legitim, Esoterik von der Renaissance bis heute zu untersuchen? Wie auch immer man diese Frage beantwortet – das 18. Jahrhundert ist die entscheidende Gelenkstelle.

Die elementarste Frage, die man in diesem Zusammenhang stellen kann, ist die nach der Historischen Semantik. Jeder, der sich den vergangenen Jahren mit Themen der Esoterikgeschichte vor 1800 befasste, sah sich durch den Hinweis herausgefordert, dass es das Wort ‚Esoterik' als Quellenbegriff vor der Moderne nicht gebe, dass es also schon aus diesem Grunde eine unzulässige Konstruktion sei, den Weg des Esoterischen aus dem 18. Jahrhundert heraus zu untersuchen. Der Eröffnungsbeitrag von MONIKA NEUGEBAUER-WÖLK geht dieser Frage erstmals systematisch nach und deckt eine lange und komplexe Begriffsbildung auf, die in den Jahrzehnten der Spätaufklärung mit den Wortschöpfungen Esoterismus/Esoterik ihren Abschluss findet und sich schwerpunktmäßig in der Philosophiehistorie (dort im Pythagoreismus) und in der Religionsphilosophie (im Diskurs über antike und moderne Mysterien) entwickelt. Die Blockade einer Historischen Esoterikforschung durch das begriffsgeschichtliche Argument darf damit als aufgebrochen gelten.

Dabei beansprucht dieser Ansatz selbstverständlich nicht, die Gesamtproblematik von Tradition und Kontinuität in der Geschichte der Esoterik einer Lösung zuzuführen. Es geht um nicht mehr und nicht weniger als die Basisfrage nach dem Arbeitsbegriff. Als Ergänzung sei der Leser auf die letzten Seiten des Beitrags von HANNS-PETER NEUMANN in diesem Band hingewiesen, der auf die Bedeutung der Differenzierung *innerhalb* dieses Arbeitsbegriffs zwischen Quellen- und Forschungsbegriff hinweist: Sachverhalte, die de facto mit Varianten des esoterischen Wortfeldes bezeichnet worden sind, sind sorgsam zu unterscheiden von ‚Esoterik' als modernem Forschungsbegriff, der auch historische Gegenstände umfasst, die zeitgenössisch nicht so bezeichnet wurden. Eine scharfe methodische Trennlinie zwischen diesen beiden Varianten der Wortbedeutung ist deshalb bei der Untersuchung der *Wege in die Moderne* besonders wichtig, weil auch im 19. und 20. Jahrhundert die Verwendung des Begriffs in den Quellen und der Forschungsbegriff ‚Esoterik' nicht notwendig deckungsgleich sind. Das bedeutet, dass ein frühneuzeitlicher Gegenstand von Esoterikforschung nicht notwendig in moderne Esoterik münden muss. Neumann resümiert: Die Geschichte des esoterischen Wortfeldes hat mit dem Forschungsbegriff ‚Esoterik' letztlich wenig zu tun. Sie gehört vielmehr zu den Gegenständen von Esoterik*forschung*.

Einen ähnlichen Ansatz verfolgt die Studie von WOUTER J. HANEGRAAFF, der sich mit neueren Tendenzen der Alchemie-, Magie- und Astrologieforschung befasst, die dafür plädieren, diese Disziplinen einer ‚alten Wissenschaft' aus dem Rahmenbegriff der ‚Occult Sciences' herauszulösen, da sie sich weitgehend unabhängig voneinander entwickelt hätten. Als zusätzliches Argument dafür wird angeführt, der Sammelbegriff ‚Occult Sciences' sei eine Erfindung des Okkultismus der Moderne, genauer des 19. Jahrhunderts, die nicht auf die Frühe Neuzeit rückprojiziert werden dürfe. Hanegraaff weist diese These zurück. Die Vorstellung miteinander korrespondierender okkulter Wissenschaften sei vor allem ein Konzept des 16. Jahrhunderts – und das macht die Sache nun im Kontext dieses Bandes spannend: Nur weil dieses Rahmenkonzept bereits frühneuzeitlich existierte, konnte die Aufklärung diese ‚alten Wissenschaften' als Gesamtkorpus entsorgen, ohne im Einzelnen argumentieren zu müssen. Es genügte eine klare Grenzlinie, die vor allem von zwei Kriterien bestimmt wurde: Legitime Wissenschaft musste sich aus dem Geheimnisdiskurs lösen, und sie durfte sich nicht mehr in Bezug setzen zum Renaissancediskurs der Alten Weisheit, letzteres vorbereitet durch die protestantische Attacke auf den Paganismus, die Ehregott Daniel Colberg und andere bereits vor 1700 geführt hatten. Können und sollten wir diese Terminologie vor diesem Hintergrund als Wissenschaftler beibehalten? Für Hanegraaff sollte der Begriff der ‚Occult Sciences' Gegenstand historischer Studien sein – von der Frühen Neuzeit bis in die Moderne –, jedoch kein Konzept, das man nutzt, um Alchemie, Astrologie oder Magie zu erforschen.

Über die prinzipielle Wirkung makrohistorischer Prozesse, die den Ort des Religiösen und damit des Esoterischen nach 1800 neu bestimmt haben, ist sich die Forschung heute weitgehend einig, auch wenn dies mit unterschiedlichen Schlagworten belegt wird. Im Beitrag KOCKU VON STUCKRADs werden vier Perspektiven auf die Rekonfigurierung religiöser Diskursfelder im 18. Jahrhundert eröffnet, in denen sich die esoterischen Diskurse – für Stuckrad „Diskurse absoluten Wissens" – neu formieren: neue Formen der Vergemeinschaftung, die Verwissenschaftlichung religiöser Deutungen, ihre Ästhetisierung und eine neue Formierung von Öffentlichkeit.

Keineswegs einig ist man sich dagegen bei dem anhaltenden Methodenstreit, den man auf die Formel ‚typologisches Denken' versus ‚Diskurstheorie' bringen kann. Im Kern geht es bei diesem Streit um die Konstruktion der Großen Begriffe, um die Legitimität der Großen Erzählungen: Ist es möglich und sinnvoll, mit idealtypischen Definitionen zu operieren, oder realisieren sich entsprechende große Zusammenhänge in der Reaktion von Texten aufeinander immer wieder anders und immer wieder neu? Die Diskussion der letzten Jahre hat bekanntlich zu einer zunehmenden Distanzierung von inhaltsbezogen-idealtypischen Modellen geführt. HELMUT ZANDER will die Fronten überwinden. Er wagt einen „materialen Definitionsvorschlag": Esoterik repräsentiert identitätsphilosophisches Denken, einen Monismus in neuplatonischer Tradition. Gleichzeitig sieht er das ‚monistische Paradigma' nicht als *Essenz* von Esoterik, sondern als eine *Potenz*, deren jeweilige Aktualisierung kontextabhängig erfolgt. Das heißt, mit der materialen Definition ist die historiographische Konstruktion untrennbar verbunden. Esoterik wird zu einem Produkt dynamischer Konstellationsprozesse verschiedener Elemente, in dem das Merkmal des identitätsphilosophischen Denkens nur eines, aber das grundlegende ist: „Ein solches Modell sprengt [...] den binären Antagonismus zwischen materialen und diskursiven Deutungsmodellen, weil es die Notwendigkeit beider behauptet."

DIETHARD SAWICKI schließlich sieht die Wege in die Moderne durch strukturelle Differenzierungen präformiert, die im Prozess der Aufklärung ausgebildet werden. Wie schon bei Hanegraaff geht es um das Ziehen von Grenzlinien, bei Sawicki Linien zwischen dem Transzendenten, dem Reich des Verfügbaren und der Sphäre von Fiktion und Spiel. Aus der neuerlichen Vermischung dieser Bereiche in der Esoterik der Moderne entsteht für Sawicki ‚Dirty thinking', eine Bezeichnung für Entdifferenzierungsphänomene, die er aus der sozialanthropologischen Literatur übernimmt, – „etwa wenn Religion als Religionswissenschaft auftritt, Naturwissenschaft metaphysische Fragen beantworten will, technologische

Zukunftsentwürfe auf Transzendenz zielen oder literarische Fiktion als Offenbarung präsentiert wird". Moderne Esoterik formuliert derartige Hybridisierungen im Modus der Rationalität und passt sich so dem Druck zur Verwissenschaftlichung an, während Technik und Wissenschaft der Moderne ihrerseits Berührungspunkte zu esoterischem Denken haben können: Sawicki verweist auf die Pionierzeit der Raumfahrt und das Verhältnis des Okkultismus zu Chemie und Kernphysik.

Auch diese Vorschläge werden nicht die letzten sein in der Reihe engagierter Wortmeldungen zur Konzeption des Grundansatzes wissenschaftlicher Esoterikforschung. Und dieser Band insgesamt wird die Diskussion zum Verhältnis von Aufklärung, Esoterik und Moderne sicher nicht erschöpfen. Aus unserer Sicht hat sich die Arbeit indes schon gelohnt, wenn bei der Lektüre die verschiedenen Positionen deutlicher werden, von denen aus eine solche Diskussion sinnvoll geführt werden kann.

## VII

Zur Präsentation der empirischen Studien dieses Bandes, die einzelnen Themen gewidmet sind, haben sich die Herausgeber dafür entschieden, diese zu vier thematischen Blöcken mit jeweils sechs bis acht Beiträgen zusammenzustellen, die sich unter ein gemeinsames Schlagwort fassen lassen, das aus unserer Sicht paradigmatisch für die Wechselwirkungen von Aufklärung und Esoterik und die daraus resultierenden Wirkungen auf die Moderne steht: die Ebene nämlich von Epistemologie und Episteme, also der Erkenntnis- und Wissenslehre im übergeordneten Sinne und der Entwicklung der Wissenschaften und des akademischen Selbstverständnisses im Besonderen, Ästhetik und Kunst in all ihren Ausprägungen und schließlich die gesellschaftliche Interaktionsebene mit ihren vielfältigen Bezugsformen zwischen privater Geselligkeit und öffentlichen Repräsentationen oder Aktionsräumen.

Eine solche Grobgliederung ist sicher geeignet, einen ersten Überblick zu geben; man wird aber weidlich darüber streiten können, ob denn die einzelnen Beiträge richtig zugeordnet sind. In hoffentlich vielen Fällen wird unsere Auswahl die Leserinnen und Leser überzeugen, an manch anderen Beispielen wird man den Sinn solcher Aufteilung eher in Frage stellen. Natürlich betrifft das vor allem die Grenzgänger unter den Autoren, die etwa Philosophiegeschichte im gesellschaftlichen Kontext schreiben, in der Literaturinterpretation Wissensgeschichte behandeln oder Denkmodelle in ihrer öffentlichen Wahrnehmung untersuchen. Diese Komplexität soll hier nicht auf Eindimensionales heruntergebrochen werden, vielmehr ergeben sich so Chancen auch für das Querlesen und eine Gesamtwahrnehmung des Ertrags der Tagung. Innerhalb der vier Gruppen orientiert sich die Reihenfolge der Beiträge dann an der Entwicklung vom 18. ins 20., in Einzelfällen bis ins 21. Jahrhundert. Auch diese Zuordnung kann natürlich nicht ganz widerspruchsfrei oder immer überzeugend sein. Aber die hier versammelten Studien haben ja nicht nur eine Funktion im Ganzen, sondern stehen zunächst einmal für sich selbst. Die große Vielfalt der Aspekte und Zugangsweisen kann daher abschließend nur in kurzen Überblicken angedeutet werden.

Wenn der erste der vier großen Blöcke, in die die Einzelstudien zusammengefasst sind, mit *Erkenntnis* überschrieben ist, dann reflektiert dies die zentrale Bedeutung, die der Anspruch auf ‚höheres Wissen' in esoterischen Diskursen einnimmt. MARTIN HENSE, MARTIN MULSOW und GREGORY R. JOHNSON befassen sich am Beispiel verschiedener Autoren des 18. Jahrhunderts mit dem Spannungsverhältnis und den Möglichkeiten der Synthese, die dieser Anspruch generiert, wenn er auf aufgeklärtes Denken trifft – im Wortsinne vorgeführt in dem von Mulsow rekonstruierten Treffen zwischen Christian Wolff und Sigmund Ferdinand Weißmüller im Sommer 1737. Sie zeigen auch, wie der vorkantische Rationalismus durchaus noch mit ‚esoterischen Figuren' wie denen der Seelenwanderung arbeitet und sie für „fundamentale erkenntnistheoretische Überlegungen" heranzieht (Hense), und wie der vorkritische Kant selbst noch an der Debatte über Swedenborgs Wissen um den Himmel beteiligt ist. GLENN ALEXANDER MAGEE verortet dann *Hegel's Marriage of Reason and Unreason* noch im Zeitalter der Aufklärung, schlägt aber gleichzeitig die Brücke zum 19. Jahrhundert und in die Romantik.

Wenn daran Beiträge zu zwei weiteren Protagonisten dieses Übergangs anschließen – ESTEBAN LAW über Antoine Fabre d'Olivet (1767–1825) und FRANZ WINTER über Abraham H. Anquetil-Duperron (1731–1805) –, so in diesen Fällen weniger deren persönlicher Bedeutung wegen als aufgrund ihres Stellenwerts für eine Erweiterung der Erkenntnisbasis im esoterischen Gesamtkonzept. Die Weisheit des Fernen Ostens ist zwar durchaus hier und da schon Thema frühneuzeitlicher Esoterik. Die Nahtstelle zwischen Aufklärung und Moderne darf aber wohl als eigentlicher Take-off dieser kulturellen Orientierung gelten, die über den traditionellen Blick auf Ägypten, Griechenland, vielleicht noch Persien, hinausgreift. Indische oder chinesische Philosophie und Religion werden nun als „Vollendung der abendländischen Weisheit" (Winter) verstanden. Die enorme Bedeutung dieser Erweiterung des epistemischen Paradigmas realisiert sich im Konzept der Theosophischen Gesellschaft seit den achtziger Jahren des 19. Jahrhunderts und ist bis in die Esoterik der Gegenwart nicht zu übersehen.

Die Beiträge von SHLOMO S. GLEIBMAN und WERNER NELL führen ins 20. Jahrhundert und zurück zu zentralen Figuren der in diesem Band behandelten Debatten. In der Person Martin Bubers sind die Trends von „Jewish Enlightenment" und „Jewish mysticism" miteinander verbunden, und Gleibman setzt dies in Beziehung zu Kant, vor allem zu dessen *Grundlegung zur Metaphysik der Sitten* von 1785. Von der Schlüsselstellung von Adornos Texten zur Dialektik der Aufklärung war schon im ersten Abschnitt dieser Einführung die Rede, dort nämlich, wo es um die Entwicklung des Aufklärungsparadigmas ging. Diese Zuordnung ist offenkundig.

Dass das Werk Adornos darüber hinaus eine durchaus ambivalente Auseinandersetzung mit ‚esoterischem Wissen' aufweist, wurde bisher eher weniger beachtet und ist völlig unterschätzt. Nell unternimmt hier den Versuch, den kulturwissenschaftlichen Kontext dieser Referenzen nachzuzeichnen, die sich nicht in Adornos bekanntem Diktum vom Okkultismus als der „Metaphysik der dummen Kerle" erschöpfen. Er führt damit an Fragen heran, die bis heute im Raum stehen und von der Erkenntnisbegründung und Erkenntniskritik zur Perspektive auf Wissenschaft und Wissenschaften im engeren Sinne überleiten.

Frühneuzeitliche *Esoterik als Wissenskonzeption* stand seit ihren Anfängen im 15. Jahrhundert in enger Verbindung mit Natur- und Welterkenntnis, und dieser Zusammenhang wirkte noch bei der Herausbildung wissenschaftssystematischer Vorstellungen im späten 18. Jahrhundert, wie die Beiträge von KLAUS VONDUNG und ANNETTE GRACZYK deutlich machen. Während Vondung in den Entwürfen einer holistisch verstandenen ‚Universalwissenschaft', wie sie bei Bengel, Oetinger und Schelling anzutreffen sind, nicht nur esoterische, sondern auch apokalyptische Bezüge nachweist, arbeitet Graczyk den Zusammenhang von Aufklärung, christlicher Religion und Esoterik in der Physiognomik Johann Caspar Lavaters heraus. Hier wird in exemplarischer Weise die Interaktion dreier Strömungen deutlich, die das 18. Jahrhundert in unterschiedlicher Weise, aber eben nicht nur neben-, sondern auch mit- und gegeneinander prägten: Lavater gründete seine Wissenschaft ebenso auf Empirie wie auf esoterische Vorstellungen, so z.B. die ‚Stufenleiter der Wesen'.

Der Beitrag von FRIEDEMANN STENGEL nimmt dann bereits Entwicklungen in den Blick, die von der Mitte des 18. bis weit ins 19. Jahrhundert reichen, und zeigt an Medizinern, Cartesianern und Spiritisten den Einfluss „kosmisch-anthropologischer Fluidaltheorien", die auf Franz Anton Mesmer und Emanuel Swedenborg zurückgingen, auf den medizinischen und theologischen Diskurs über Körper, Geist und Seele bis in die Gegenwart. Daran anschließend macht KARL BAIER deutlich, dass die fernöstlichen, vor allem indischen Meditationslehren, wie sie im 19. und 20. Jahrhundert im Westen wahrgenommen wurden, vor allem eine Konstruktion mesmeristischer Theoretiker sind. Die Verbindung mit dem Mesmerismus diente dabei im Rahmen der Theosophie Helena Blavatskys nicht zuletzt als Ausweis der Wissenschaftlichkeit solcher Meditationslehren.

Abseits solcher offensichtlich esoterischer Strömungen erhellt der Beitrag von HANNS-PETER NEUMANN anhand französischer Gesellschaftstheorien des späten 19. Jahrhunderts die Komplexität, mit der die Rezeption heute als esoterisch wahrgenommener Theorien der Frühen Neuzeit verlief: Während der Soziologe und Kriminologe Gabriel Tarde eine „monadologische Soziologie" entwickelte, die auf der Leibnizschen Monadologie beruhte, deren pythagoreische und neuplatonische Implikationen von Tarde aber wohl nicht erkannt oder nicht wahrgenommen wurden, kam es im „soziologischen *ésotérisme*" von Gérard Encausse und François-

Charles Barlet im Sinne des von ihnen vertretenen Esoterik-Konzepts sogar zu einer „Ent-Esoterisierung" der Monadologie.

Hatten all diese Entwürfe von Lavater über Blavatsky bis hin zu Tarde noch ihre mittel- oder unmittelbaren Anknüpfungspunkte an esoterisches Gedankengut der Frühen Neuzeit, so koppelten sich die Welterklärer der Zeit um 1900 davon ab: Der Schweizer Chemiker und Propagandist einer „Universellen Weltformel" Johann Heinrich Ziegler beruft sich nicht mehr auf die Philosophen, Magier und Alchemisten seit der Renaissance, sondern ruft einerseits einen eklektischen, neuheidnischen Götterhimmel auf, andererseits die zeitgenössischen Autoritäten der Physik wie Albert Einstein. RENKO GEFFARTH spürt in Zieglers mit wissenschaftlichem Anspruch vorgetragener Welterklärung dennoch eben jene esoterischen Bezüge auf, die, obgleich sie nicht explizit gemacht werden, doch unverkennbar vorhanden sind. Demgegenüber verweist die ‚Paläopoiesis' in der ‚Glazialkosmogonie' des österreichischen Ingenieurs Hanns Hörbiger, die, so ROBERT MATTHIAS ERDBEER, eine „eilige Entschleunigung" der Moderne unter kulturkritischen Vorzeichen zum Gegenstand hat, auf die vormoderne Naturphilosophie und die Vorstellung einer „Kontinuität des Menschen von der Urzeit in die Gegenwart", mithin auf die esoterisch affizierte Debatte über Ursprung und Uranfang des menschlichen Geschlechts und das esoterisch tradierte Urwissen.

Von Wissen und Wissenschaft zur *Ästhetik* ist ein gewagter Sprung – im Allgemeinen. Im Besonderen unseres Themas ist es eine der logischen Konsequenzen des Anspruchs auf *höheres* Wissen, den Esoterik grundsätzlich erhebt. Denn die imaginative, künstlerische Umsetzung dieses Anspruchs ist unter dem Rationalisierungsdruck des 18. und 19. Jahrhunderts der Königsweg, um derartige Steigerungsformen auf weiterhin hohem oder zumindest akzeptablem kulturellen Niveau ‚realisieren' zu können: Erleuchtung und Offenbarung durch ästhetisches Erleben. Gleichzeitig erlaubt das Spielerische künstlerischer Möglichkeiten auch die ironische Brechung solcher Erlebnisse und schafft damit eine neue Form intellektueller Akzeptanz für ein altes Modell.

So versammelt der dritte Abschnitt unserer Studien Autoren aus der Literaturwissenschaft, der Kunstgeschichte, Musikgeschichte und Theaterwissenschaft. KRISTINE HANNAK beginnt mit Karl Philipp Moritz (1756–1793) und stellt ihre Interpretation seines Werks unter das Motto eines Dreiklangs, der die genannten Beziehungen auf den Punkt bringt: Theosophie, Ironie und Ästhetik. Der zeitliche Bogen spannt sich dann bis zum Beitrag von LINDA SIMONIS, die mit Alain Nadaud einen noch lebenden Autor behandelt. Geradezu paradigmatisch ist bei Nadaud die Übernahme der Konstruktion fernöstlicher Esoterik für den Roman zu besichtigen und die Umsetzung des esoterischen Wissensanspruchs auf dem *Weg des Erwachens*.

Die magischen Bilder in Goethes Faust waren schon häufig Gegenstand literaturwissenschaftlicher Untersuchung. MANFRED BEETZ versucht, dem Leser einen Überblick über die einschlägigen Ansätze zu geben und die meist nur assoziativ eingesetzten Magiebezüge an ein esoterisches Modell anzubinden. Warum mutet

Goethe einem Publikum nach 1800 noch ‚abergläubische' Denk- und Handlungsweisen zu, die historisch auf Weltbilder der Renaissance zurückgehen? Das ist die Schlüsselfrage dieses Beitrags, an deren Beantwortung Beetz mit akribischer Werkanalyse herangeht.

Drei faszinierende Texte zur Zeit um 1900 schließen sich an: JÜRGEN STOLZENBERG hat den Abendvortrag, den er während der Tagung zur Musik Alexander Skrjabins (1872–1915) gehalten hat, in eine Druckfassung mit Notenbeispielen und Illustrationen umgesetzt. Der Beitrag zeigt einerseits die Nähe dieses Komponisten der klassischen Moderne zu Fichte und Schopenhauer, andererseits Nähe und Distanz zur Geheimlehre Helena Blavatskys. Der Charakter des Einflusses der theosophischen Bewegungen auf die moderne Malerei ist dann in besonderem Maße Gegenstand des Beitrags von RAPHAEL ROSENBERG. Er unterzieht die heute etablierte ‚Meistererzählung' von der Geburt der Abstraktion aus dem Geist der Esoterik einer kritischen Prüfung. Ohne die Nähe von Esoterik und Kunst um 1900 grundsätzlich bestreiten zu wollen, entwickelt der Autor auf der Basis genauer Quellenlektüre die These von einer gegenseitigen Beeinflussung. Vor allem aber führt er die wirkungsästhetischen Grundlagen der abstrakten Kunst auf ihre Wurzeln im 18. Jahrhundert zurück – eine überraschende Anknüpfung, die das Generalthema des Bandes nochmal in neuem Licht erscheinen lässt. Dies gilt genauso für die Thematik, die WOLF-DIETER ERNST präsentiert: Im Zentrum seiner Abhandlung steht das Problem der Sprechbühnen um 1900, nach welchem das Projekt eines ‚Theaters der Aufklärung' von Lessing bis Goethe in die Krise gekommen war. Das Düsseldorfer Reformtheater versuchte den Neuanfang auf der Basis einer ‚esoterischen Sprachvorstellung': Der Sprachklang sollte so gestaltet werden, dass man die Regeln einer Ursprache zu Gehör bekommt. Die Düsseldorfer Schauspielschule nahm darüber Züge einer esoterischen Gemeinschaft an.

Mit den Wirkungen esoterischer Glaubens- und Wissenskonzeptionen auf die *Gesellschaft* des 18. Jahrhunderts wie auch der Moderne beschäftigt sich schließlich die letzte Gruppe von Beiträgen. Diese konzentrieren sich dabei – mit Ausnahme des letzten – überwiegend auf das ‚lange' 18. Jahrhundert; die in Gang gesetzten gesellschaftlichen Prozesse wirken aber weit in die Moderne, ja bis in die Gegenwart hinein. So zeigt MARKUS MEUMANN in seinem Beitrag über Christian Thomasius' berühmte Disputation *De Crimine Magiae / Vom Laster der Zauberey*, die maßgeblich dessen Ruf als ‚Vater der Aufklärung' begründete, dass sich diese ‚Abrechnung mit dem Hexenglauben' keineswegs lange gehegten Zweifeln am Teufelsglauben und wohl auch weniger dem Unbehagen des halleschen Juristen an den Hexenprozessen verdankte, wie es in der Literatur meist zu finden ist. Vielmehr dürfte die Tatsache ausschlaggebend gewesen sein, dass sich Thomasius im Zuge seiner vehementen, durch naturphilosophische Überzeugungen motivierten Parteinahme gegen den Cartesianismus diskursiv in der Nähe der hartnäckigsten Verfechter der Hexenprozesse positioniert hatte und dagegen nun eine wirksame Abgrenzung vornehmen musste. Dass trotz dieser von Thomasius wesentlich geprägten Debatte und der vielen vorgebrachten Argumente gegen den Hexenglauben dieser im Zeitalter der Aufklärung keineswegs verschwand, legt KATRIN MOELLER dar. Sie macht darüber hinaus deutlich, dass es grundsätzlich keine einfachen Erklärungsansätze für den Rückgang und schließlich das Schwinden der Hexenverfolgungen gibt und diese jedenfalls nicht allein infolge ‚aufgeklärter' Argumente endeten.

Esoterische Glaubens- und Wissenskonzeptionen entfalteten jedoch nicht nur gesellschaftliche Wirkung, sondern sie vergesellschafteten sich (im Wortsinn) selbst – und zwar in den für die ‚Gesellschaft der Aufklärer' so charakteristischen Sozietäten, Freimaurerlogen und Geheimbünden, deren Bedeutung für die Ausbildung der modernen Gesellschaft von der Forschung vielfach betont wurde. TATIANA ARTEMYEVA zeichnet nach, wie sich durch die Rezeption der Werke Robert Fludds und Roger Bacons durch die vorwiegend von adligen Logenmitgliedern getragene russische Spätaufklärung am Ende des 18. Jahrhunderts hermetisches Gedankengut der Frühen Neuzeit in Russland verbreitete, dessen Spuren sich bis in die Kunst des 20. Jahrhunderts verfolgen lassen. THEODOR HARMSEN rekonstruiert in seinem Beitrag die Entstehungs- und Rezeptionsgeschichte der im späten 18. Jahrhundert erstmals gedruckten und bis ins 20. Jahrhundert vielfach rezipierten *Geheimen Figuren der Rosenkreuzer*, einer Sammlung alchemistischer und kabbalistischer Allegorien und Tafeln, die zusammen mit einigen alchemistischen Texten des 17. und 18. Jahrhunderts 1785 in Hamburg gedruckt wurde, aber auf deutlich ältere Manuskripte vom Ende des 17. Jahrhunderts zurückgeht.

Dass solche Vorstellungen und Glaubenskonzeptionen nicht auf intellektuelle Zirkel beschränkt blieben, sondern auch im hanseatischen Bürgertum eine erhebliche Rolle spielten, zeigen FRANK HATJE und FRANK EISERMANN am Beispiel des Hamburger Juristen Ferdinand Beneke (1774–1848). Dieser bildete in der Auseinandersetzung mit Magnetismus, Physikotheologie und Freimaurerei sowie mit Autoren wie Mesmer, Lavater und Swedenborg mehrere, einander widersprechende religiöse Positionen aus, die zugleich als wechselnde oder sich überlappende religiöse Identitäten begriffen werden können. Eine Brücke vom 19. bis ins späte 20. Jahrhundert schlägt schließlich der Beitrag von MERET FEHLMANN, die sich mit der im feministischen Diskurs des 20. Jahrhunderts geläufigen Behauptung auseinandersetzt, es habe ein vorchristliches Matriarchat im Sinne einer klassenlosen, gewaltfreien Gesellschaft gegeben. Diese Vorstellung, so Fehlmann, ist nicht nur in der modernen Esoterik lebendig, sondern wurde im Rahmen des „kulturellen Evolutionismus" bis etwa 1920 auch akademisch diskutiert und anschließend im Nationalsozialismus ideologisch vereinnahmt, was ihrer Wiederbelebung nach 1945 indes keinen Abbruch tat.

Bei aller Unterschiedlichkeit zeigen die Beiträge des Bandes in ihrer Gesamtheit, dass die im 18. Jahrhundert in Gang gesetzten Diskurse und Prozesse der wechselseitigen Beeinflussung von Aufklärung und Esoterik bis in die klassische Moderne um 1900 und darüber hinaus in unsere Gegenwart führen – eine Gegen-

*Konzeptionelle Überlegungen zur Einführung* 33

wart, deren Affinität zur Esoterik unübersehbar ist, die sich aber in ihrer Selbstwahrnehmung vornehmlich auf die Denkweisen und Werte der Aufklärung im Sinne eines ‚Zeitalters der Vernunft' beruft. Anders als in den heutigen Debatten meist transportiert, handelt es sich bei beiden Traditionssträngen aber gerade nicht um zwei völlig getrennte oder gar grundsätzlich entgegengesetzte Diskurse oder gar ‚Denkformen'. Es gab und gibt vielfältige Überschneidungen und Schnittmengen, gemeinsame Themen und Selbstrepräsentationen. Dabei kann und soll es nicht darum gehen, die Aufklärung abzuwerten und Esoterik zu rehabilitieren. Es geht vielmehr darum, Strategien und Kontexte der hier relevanten Diskurse des 18. Jahrhunderts genauer zu verstehen – aus historisch-wissenschaftlichem Interesse, aber letztlich auch, um die unverkennbar existierenden Probleme und Ambivalenzen der westlichen Moderne angemessener analysieren zu können.

*Zur Konzeptualisierung von Esoterik*

Monika Neugebauer-Wölk

# Historische Esoterikforschung, oder:
# Der lange Weg der Esoterik zur Moderne

Die Abschlusstagung unserer halleschen Forschergruppe ist die dritte und letzte in einer Reihe von Veranstaltungen, die dem Generalthema der Interdependenzen zwischen Aufklärung und Esoterik gewidmet waren.[1] Dabei hat es über die gesamte Zeit hinweg nicht an Interesse und Resonanz gefehlt. Zugleich war aber immer auch deutlich – und das hatte sich gerade in den Diskussionen während der Tagungen gezeigt –, dass die Thematik selbst in einer sehr grundsätzlichen Weise in Frage stand. Denn es ist nach wie vor umstritten, ob es sinnvoll und methodisch legitim ist, den Esoterikbegriff auf die Zeit vor der Epochenwende um 1800 anzuwenden. Der am häufigsten gehörte Einwand war: Darf man ein genuin modernes Schlagwort rückdatieren und damit historisieren, ohne dass es zur Quellensprache des 18. Jahrhunderts oder gar der gesamten Frühen Neuzeit gehört? Transportiert man damit nicht automatisch und unkontrolliert Assoziationen und Bedeutungen aus dem modernen Sprachgebrauch in Zeiten, die diesen Sprachgebrauch nicht kannten?

Anne-Charlott Trepp hat dieses Bedenken 2001 in der Einleitung zu einem Göttinger Tagungsband auf den Punkt gebracht, wenn sie mit Bezug auf meinen Forschungsansatz schreibt:

> Dabei subsumiert [Neugebauer-Wölk] die neuzeitliche Rezeption antiker Weisheitslehren unter dem Begriff der ‚Esoterik', den die Herausgeber dieses Bandes allerdings bewußt nicht verwenden; zum einen, weil er in der Frühen Neuzeit nicht gebräuchlich war, und zum anderen, weil er nur allzu leicht Assoziationen mit der ‚New Age'-Bewegung unserer Tage weckt.[2]

Kann es also eine *Historische Esoterikforschung*, wie wir sie mit dem Blick auf das Zeitalter der Aufklärung als wissenschaftlichen Zugang für uns in Anspruch nehmen, überhaupt geben?

Auch in der Forschergruppe ist über die gesamte Zeit der Zusammenarbeit hinweg immer wieder über diese Frage diskutiert worden. Bei der Vorbereitung für die hier dokumentierte Tagung spielte dieses Problem allerdings zunächst kaum eine Rolle, denn das spezifische Thema, das wir uns diesmal gestellt hatten – die Untersuchung der *Wege in die Moderne* – richtet das Augenmerk vornehmlich auf

---

[1] Siehe dazu die Einführung zum vorliegenden Band. Ich danke Markus Meumann und Renko Geffarth für die engagierte Lektüre und Kritik der Manuskriptfassung dieses Beitrags.
[2] Anne-Charlott Trepp: Hermetismus oder zur Pluralisierung von Religiositäts- und Wissensformen in der Frühen Neuzeit. Einleitende Bemerkungen. In: Antike Weisheit und kulturelle Praxis. Hermetismus in der Frühen Neuzeit. Hg. v. ders. u. Hartmut Lehmann. Göttingen 2001, S. 8–15, Zitat S. 10.

diejenige Epoche, für die diese Problematik zunehmend nicht mehr relevant ist. Es war dann eine der gänzlich ungeplanten Entwicklungen, wie sie die Forschungsgeschichte manchmal bereithält, dass sich gerade jetzt Perspektiven einer Lösung auftaten, ohne dass sie überhaupt gesucht worden waren. Dieser Prozess entwickelte sich mit einer bemerkenswerten Dynamik; die Forschergruppe wurde zur Werkstatt, in der weit über die Tagung hinaus in Kooperation und Diskussion an dieser Frage gearbeitet wurde. Der folgende Beitrag vollzieht diesen Weg noch einmal nach und stellt die Ergebnisse vor, soweit sie bis heute erkennbar sind.

Alles begann damit, dass ich mir für meinen Einführungsvortrag ein Thema wählte, das ganz und gar in die Moderne führte und das mich schon seit einiger Zeit beschäftigt hatte. Mir war nämlich aufgefallen, dass die Forschung zum Lexem *Esoterik* – oder präziser: die Untersuchung der Substantivbildung zum bis in die Antike zurückreichenden adjektivischen Wortstamm in den großen europäischen Nationalsprachen – ganz ohne den Blick auf das Deutsche auskam. Das liegt natürlich daran, dass sich eine einschlägige deutschsprachige Forschung, die das Wort *Esoterik* als ihren Arbeitsbegriff verstand, erst sehr zögerlich herausgebildet hat. Warum sollten Franzosen, Engländer oder Amerikaner einschließlich all jener Autoren, die englisch schreiben, auch wenn das nicht ihre Muttersprache ist, sich auch um die deutsche Wortgeschichte kümmern? Wouter J. Hanegraaff hat diesen Forschungsstand 2005 im Artikel *Esotericism* seines *Dictionary* nach Ausführungen zur frühen Entwicklung der adjektivischen Formen resümiert: „The substantive is of much more recent date: it first appears in French (l'ésotérisme) in Jacques Matter's *Histoire critique du gnosticisme et de son influence* published in 1828."[3]

Entdeckt hatte diese Quelle Jean-Pierre Laurant während der Arbeit an seiner *Thèse* zum Thema der christlichen Esoterik im Frankreich des 19. Jahrhunderts, die er 1990 in Paris verteidigt hat.[4] In der Druckfassung der Dissertation findet sich die Ersterwähnung.[5] Breit rezipiert wurde dieser Fund dann über das Überblicksbändchen mit dem Titel *L'ésotérisme*, das derselbe Autor 1993 publizierte.[6] In diesen Texten verweist Laurant auf die Wortprägung *ésotérisme* bei dem elsässischen Altertumskundler Jacques Matter, Professor am Theologischen Seminar in Straßburg,[7] der im Jahr 1828 eine Geschichte der Gnosis in zwei Bänden vorgelegt hat.[8]

---

[3] Wouter J. Hanegraaff: Art. Esotericism. In: Dictionary of Gnosis & Western Esotericism. Hg. v. dems. Leiden 2005, S. 336–340, hier S. 337.
[4] Siehe dazu das Vorwort zur Festschrift Laurants: Emile Poulat: Avant-propos. In: Etudes d'histoire de l'ésotérisme. Mélanges offerts à Jean-Pierre Laurant pour son soixante-dixième anniversaire. Hg. v. Jean-Pierre Brach u. Jérôme Rousse-Lacordaire. Paris 2007, S. 7–16, hier S. 9.
[5] Jean-Pierre Laurant: L'ésotérisme chrétien en France au XIXe siècle. Paris 1992, S. 19. Siehe auch die Literaturhinweise bei Hanegraaff: Art. Esotericism (wie Anm. 3), S. 340.
[6] Jean-Pierre Laurant: L'Esotérisme. Paris 1993, siehe hier S. 40f.
[7] Vgl. Art. Jacques Matter. In: Meyers Großes Konversations=Lexikon. Bd. 13. 6. Aufl. Leipzig, Wien 1906, S. 441.
[8] Jacques Matter: Histoire critique du gnosticisme et de son influence sur les sectes religieuses et philosophiques des six premiers siècles de l'ère chrétienne. Ouvrage couronné par l'Académie

*Historische Esoterikforschung* 39

Der Begriff des *ésotérisme* begegnet erst im zweiten Band,⁹ dort dann gleich an zwei Stellen. Laurant verweist darauf, wie Matter die antike Gnosis auf den Pythagoreismus bezogen habe und diesem Einweihungsgrade und ein geheimes Vorbereitungssystem zuschrieb. Dann zitiert er: „Ces épreuves et cet ésotérisme existaient d'ailleurs dans toute l'antiquité."¹⁰ Dieser Satz ist nicht nur als bisher frühester Beleg für das Substantiv im Französischen interessant. Er zeigt auch, dass Jacques Matter, der der romantisch-theosophischen Szenerie des Elsass und dem Umfeld der Straßburger Hochgradfreimaurer angehörte,¹¹ die Gnosis in eine tendenziell ahistorische, die alten Zeiten insgesamt durchdringende esoterische Kultur einbauen wollte. Matter war aber auch Wissenschaftler genug, um offenzulegen, dass die dem frühen 19. Jahrhundert zur Verfügung stehenden Quellen eine so weitreichende These gar nicht hergaben. Beleg dafür ist die zweite einschlägige Fundstelle in seiner Gnosisschrift: „Le culte, l'organisation religieuse; les institutions disciplinaires, en général l'ésotérisme pratique des partisans de la gnose, nous sont peu connus, par suite de la proscription de leurs ouvrages."¹²

Die Priorität Matters und des französischen Wortgebrauchs wurde durch die englischsprachige Literatur nicht in Frage gestellt. Das *Oxford English Dictionary* nennt einen Text aus dem Jahr 1835 als ersten Beleg für das Wort *esoterism*,¹³ worauf Pierre A. Riffard 1990 erstmals hingewiesen hat.¹⁴ Laurant fasste den Kenntnisstand zum Französischen und Englischen 1998 in einem Lexikonartikel zusammen.¹⁵ Dieser Befund wurde dann gleichsam kanonisch.

Bei Laurant kann man auch lesen, dass Jacques Matters umfangreiche Gnosisschrift einen deutschen Übersetzer gefunden hatte,¹⁶ erstaunlich zeitnah sogar zur Pariser Erstausgabe. 1833 publizierte der Heilbronner Gymnasialprofessor Christian Heinrich Dörner seine Übertragung unter dem Titel *Dr. Jacob Matter's kritische Geschichte des Gnosticismus und seines Einflusses auf die religiösen und philosophischen Sekten der sechs ersten Jahrhunderte der christlichen Zeitrechnung*.¹⁷ Für mich lag es nun nahe zu prüfen, wie der Übersetzer mit dem Schlag-

---

royale des inscriptions et belles-lettres. 2 Bde. Paris 1828. Zur Einordnung von Matters Arbeit in die Entwicklung der Gnosisforschung vgl. Kurt Rudolph: Die Gnosis. Wesen und Geschichte einer spätantiken Religion. 3. durchges. u. erg. Aufl. Göttingen 1990, S. 35f.
[9] Das wird bei Laurant noch nicht klar, der die Bände nicht voneinander unterscheidet (Laurant: L'ésotérisme chrétien [wie Anm. 5], S. 19 u. 42).
[10] Matter: Histoire critique (wie Anm. 8). Bd. 2, S. 83. Bei Laurant: L'ésotérisme chrétien (wie Anm. 5), S. 19; Laurant: L'Èsotérisme (wie Anm. 6), S. 41.
[11] Dazu Laurant: L'ésotérisme chrétien (wie Anm. 5), S. 42, Anm. 1.
[12] Matter: Histoire critique (wie Anm. 8). Bd. 2, S. 489.
[13] The Oxford English Dictionary. Bd. 5. 2. Aufl. Oxford 1989, S. 394.
[14] Pierre A. Riffard: L'ésotérisme. Qu'est-ce que l'ésotérisme? Anthologie de l'ésotérisme occidental. Paris 1990, 4. Aufl. 1996, S. 77.
[15] Jean-Pierre Laurant: Art. Esotérisme (Histoire du mot). In: Dictionnaire critique de l'ésotérisme. Hg. v. Jean Servier. Paris 1998, S. 481f., hier S. 481.
[16] Laurant: L'ésotérisme chrétien (wie Anm. 5), S. 42, Anm. 1.
[17] Dr. Jakob Matter's kritische Geschichte des Gnosticismus. 2 Bde. in einem. Heilbronn 1833.

wort des *ésotérisme* umgegangen war, ob er die französische Fassung als Fremdwort übernommen hatte, oder ob er zu einer eigenen deutschen Formulierung gekommen war. Tatsächlich fand sich eine Wortprägung, die der französischen Form entsprach, sie aber eindeutschte. So las man bei Dörner zu den geheimen Einweihungsriten der Gnostiker: „Diese Prüfungen und dieser *Esoterismus* fanden sich überdieß im ganzen Alterthum [...]."[18] Und am Schluss hieß es: „Der Cultus, die Religionsverfassung, die Zuchtanstalten, überhaupt der praktische *Esoterismus* der Gnostiker sind uns, in Folge der Aechtung ihrer Schriften, nur wenig bekannt."[19]

Das bedeutete, dass es eine deutschsprachige Substantivform zum esoterischen Wortfeld[20] noch vor dem Englischen gab – allerdings nicht eigenständig, sondern als Übersetzungsphänomen. Auf dieser Entdeckung wollte ich nun meinen Einführungsvortrag aufbauen und die weitere Entwicklung in die Moderne hinein zu skizzieren versuchen, womöglich auch noch einen frühen und eigenständigen Beleg – nahe 1833 – für die Wortvariante *Esoterik* finden, die sich ja schließlich durchgesetzt hatte. Damit hätte ich die Forschung *in esotericis* immerhin ein wenig vorangebracht.

Als ich gerade mit der Formulierung des Vortragstextes begonnen hatte, erlebte ich allerdings eine ernüchternde Überraschung. Ich las nämlich zur Orientierung für die Zeit um 1900 die Einleitung zu Helmut Zanders großer Monographie über die Anthroposophie in Deutschland und entdeckte dort, dass er mir zuvorgekommen war. Es hieß hier im Kontext eines wortgeschichtlichen Kurzüberblicks schon 2007: „Die frühe Geschichte des Begriffs Esoterik in Deutschland ist ungeklärt. Das Substantiv *Esoterismus* ist bislang erstmalig in der Übersetzung von Matters *Histoire critique du gnosticisme* 1844 nachweisbar [...]."[21]

Zwar hatte Zander wohl nicht bemerkt, dass er die *zweite* Auflage von Dörners Übertragung benutzt hatte, dass sein Fund also nicht von 1844, sondern von 1833 stammte – trotzdem konnte ich nun nichts wirklich Neues mehr bieten. So ging das Tagungsprogramm in Druck, ohne dass ich ein Thema für meinen Vortrag angeben konnte. Es war schlicht nur vermerkt, dass ich den Eröffnungsvortrag halten würde. An dieser Stelle aber wendete sich das Blatt völlig.

---

[18] Ebd., Bd. 2, S. 54 [Hervorh. M. N.-W.].
[19] Ebd., S. 322 [Hervorh. M. N.-W.].
[20] Unter *Wortfeld* verstehe ich im Anschluss an Forschungen zur Historischen Semantik eine lexikalisch zusammenhängende Wortgruppe, also nicht nur Substantive, sondern auch verbale und adjektivische Varianten sowie Komposita. Vgl. dazu den Abschnitt IV in diesem Beitrag mit der dort angegebenen Literatur.
[21] Helmut Zander: Anthroposophie in Deutschland. Theosophische Weltanschauung und gesellschaftliche Praxis 1884–1945. 2 Bde. Göttingen 2007, hier Bd. 1, S. 46.

## I  Der Esoteriker und die Esoterik (1772/1792)

Ich hatte nämlich mit Hanns-Peter Neumann, einem Mitglied unserer Forschergruppe, gesprochen und dabei den prekären Einbruch meiner Recherchen erwähnt. Neumann wies mich darauf hin, dass es doch heute die Möglichkeit der automatischen Begriffssuche im Internet gebe – bezogen auf diejenigen Werke, die bereits als Volltext eingestellt sind. Innerhalb kürzester Zeit fanden wir über diesen Zugang das, was ich so lange gesucht hatte: einen frühen Beleg für *Esoterik*. Und die eigentliche Überraschung war, dass diese Stelle nicht in Abhängigkeit zu Matters Substantivbildung in Frankreich stand – nicht dazu stehen konnte, weil sie zeitlich deutlich davor lag: In einem Text von 1792 fand sich das Stichwort *Esoterik* in seiner deutschen Sprachform.

Dieser Fund war völlig unerwartet, und ich begann sofort damit, den Kontext zu erarbeiten. Zwischen 1790 und 1793 war eine mehrbändige Arbeit des Göttinger Professors für Orientalische Sprachen Johann Gottfried Eichhorn (1752–1827) mit dem Titel *Urgeschichte* erschienen.[22] Deren erste Fassung von 1775/79 war noch anonym herausgekommen,[23] zu Beginn der neunziger Jahre hatte dann sein Schüler Johann Philipp Gabler (1753–1826) das Werk unter dem Namen Eichhorns neu ediert und mit aktualisierenden Annotationen versehen.[24] In einer dieser neuen Anmerkungen liest man von der „Esoterik des Ordens" der antiken Pythagoreer.[25] Dies ist der früheste Beleg für das deutsche Wort *Esoterik*, der uns bis heute bekannt ist. Auch in den anderthalb Jahren zwischen seiner Entdeckung und der Niederschrift dieses Beitrags für den Tagungsband fand sich kein noch weiter zurückliegendes Zitat.

Damit hatte sich die Fragestellung in dramatischer Weise verschoben. Ich hatte nach dem ersten *deutschsprachigen* Beleg für das Substantiv im esoterischen Wortfeld gesucht, und gefunden hatten wir den ersten bisher bekannten Beleg überhaupt. Gleichzeitig änderte sich der Epochenbezug. Bisher gehörte die Thematik ausschließlich zur Moderne. Jetzt eröffnete sich eine hinter das 19. Jahrhundert zurückführende Perspektive.

Diese Wahrnehmung verstärkte sich noch, als die elektronische Textrecherche ein zweites Ergebnis zu Tage förderte: einen Fundort zum Stichwort *Esoteriker*,

---

[22] Vgl. Siegfried: Art. Johann Gottfried Eichhorn. In: Allgemeine Deutsche Biographie. Hg. durch die Historische Commission bei der Königl. Akademie der Wissenschaften. Bd. 5. Leipzig 1877, S. 731–737.

[23] Ebd., S. 731f.

[24] Johann Gottfried Eichhorns, Hofraths und Professors zu Göttingen, Urgeschichte. Hg. mit Einl. u. Anm. v. D. Johann Philipp Gabler, ord. Prof. d. Theologie zu Altdorf. 2 Theile in 3 Bdn. Altdorf, Nürnberg 1790–1793. Vgl. zu Person und Werk des Herausgebers: Johann Philipp Gabler 1753–1826 zum 250. Geb. Hg. v. Karl-Wilhelm Niebuhr u. Christfried Böttrich. Leipzig 2003.

[25] Fußnote Gablers zu Eichhorn: Urgeschichte (wie Anm. 24). Bd. 1 des 2. Teiles. Altdorf, Nürnberg 1792, S. 327.

der noch weiter ins 18. Jahrhundert zurückreichte als das sachbezogene Substantiv. Diesmal war Christoph Meiners (1747–1810) der Autor. In noch jungen Jahren hatte der spätere Göttinger Professor eine anspruchsvolle Schrift anonym drucken lassen, 1772 bei Johann Christian Dieterich in Göttingen und Gotha. Der Titel lautete *Revision der Philosophie*, alleine die Kurzübersicht des Inhalts nach Gliederungspunkten umfasste für den ersten Band fünfzehn Seiten.[26] Und gleich zu Beginn dieser Übersicht wird deutlich, dass der Blick auf esoterische Kategorien wichtig war: für Abschnitt 2 erwähnt das Resümee die *esoterische Logik*, für Abschnitt 4 steht die Frage am Anfang, „was man jetzo esoterische Philosophie nennen kann?"[27] In diesem Kapitel, das mit längeren Ausführungen über die „Pythagoräischen Gesellschaften" und ihre „esoterische Philosophie" beginnt,[28] hat dann auch der *Esoteriker* seinen Auftritt. Meiners schreibt:

> Die Sonne erwärmt den Erdkreis auch dann, wann sie hinter den Wolken verborgen ist: eben so kann die Art zu denken und zu urteilen das Publicum aufklären, wenn der *Esoteriker* gleich die ersten Principia, auf welche er sich gründet, nicht sehen läßt.[29]

Interessant ist, dass Meiners an dieser Stelle bereits die Antike verlassen hat und über die eigene Zeit schreibt. Dabei ging es implizit auch um die Mitglieder masonischer Orden. Der Esoteriker wurde als Philosoph und Freimaurer präsentiert.

Diese Fundstelle machte eines klar: die Frage nach der Geschichte der Substantivbildung im esoterischen Wortfeld sollte sich nicht nur – wie bisher üblich – auf das Abstraktum beziehen. Es gibt auch eine personenbezogene Variante, deren Ursprung und Verbreitung Beachtung verdient. Schließlich fand sich noch ein Beleg, der leicht früher liegt als der Gebrauch bei Meiners: 1770 bezeichnete ein Anonymus in einer Rezension deutlich ironisierend die Anhänger Voltaires als *Esoteriker*.[30] Da es sich dabei um die Besprechung eines französischsprachigen Titels handelt, ist es durchaus möglich, dass man dort die französische Wortform findet. Wie es nun überhaupt sehr unwahrscheinlich geworden ist, dass die französische Literatur erst nach 1800 zum *ésotérisme* gefunden haben soll.

Ich hielt also im März 2010 meinen Eröffnungsvortrag zur Tagung auf der Basis der bis hierher skizzierten Recherche und mit weiteren Angaben zur Durchsetzung und Popularisierung von Esoterik im deutschen Sprachraum des 19. und 20. Jahrhunderts. Schon während ich sprach, spürte ich eine bemerkenswerte Aufmerksamkeit des Publikums, eine Resonanz, die ich bei diesem doch eher trockenen und

---

[26] Christoph Meiners: Revision der Philosophie. 2 Teile. Göttingen, Gotha 1772. Inhaltübersicht zum 1. Teil S. 15–30.
[27] Ebd., 1. Teil, S. 15f. u. 17.
[28] Ebd., 1. Teil, § 4: Exoterische und esoterische Philosophie, S. 91–135, Zitate S. 102f. [Hervorh. M. N.-W.].
[29] Ebd., 1. Teil, S. 131f.
[30] [Rezension zu] Contant Dorville: Les Fastes de la Grande Bretagne […]. Paris 1769. In: Betrachtungen über die neuesten historischen Schriften. Zweyten Theils erster Abschnitt. Altenburg 1770, S. 192–200, bes. S. 194.

kleinteiligen Thema nicht erwartet hatte. Das bestätigte sich, als mich in der anschließenden Kaffeepause Reinhard Markner ansprach (mit dem ich bei der Herausgabe der Illuminatenkorrespondenz kooperierte) und mich fragte, ob ich Interesse am Abdruck einer Zusammenfassung des Vortrags in der *Frankfurter Allgemeinen Zeitung* hätte. Das ermutigte mich dazu, meinerseits Wouter J. Hanegraaff zu fragen, ob er im Herausgeberkreis eine Vorabpublikation meiner Ergebnisse im *Journal for the Study of Western Esotericism* vorschlagen würde. So erschien im April 2010 eine von Markner pressetauglich redigierte Kurzversion des Vortrags unter der Überschrift *Aufklärung als Einweihung. Alles begann mit der Pythagoras-Rezeption: Esoterik als Begriff hat eine Geschichte, die von der Freimaurerei des achtzehnten Jahrhunderts in die New-Age-Spiritualität der sechziger Jahre reicht.*[31] Nachdem auch Hanegraaff grünes Licht gegeben hatte, machte ich mich daran, eine erste Druckfassung herzustellen, die noch in den schon laufenden Redaktionsgang des zweiten Heftes 2010 von *Aries* aufgenommen wurde: *Der Esoteriker und die Esoterik: Wie das Esoterische im 18. Jahrhundert zum Begriff wird und seinen Weg in die Moderne findet.*[32] Und ein Drittes schloss sich an: Als Mitherausgeber von *Aries* hatte Antoine Faivre das Manuskript dieses Textes zur Durchsicht erhalten. Daraufhin schickte er der bereits zum Druck freigegebenen englischsprachigen Neuausgabe seines Standardwerkes zum *ésotérisme*[33] eine Letztkorrektur hinterher, die dem zukünftigen Leser die Neudatierung im ersten Satz der Einleitung anzeigte.[34]

## II Relevanz der Recherche. Zur Bedeutung der Begriffsbildung für die Esoterikforschung

Von der Intensität dieser Resonanz war ich vollständig überrascht. Das konnte ja kaum an einer Begeisterung für Begriffsgeschichte *per se* liegen, jedenfalls nicht in der doch recht simplen Weise, wie sie hier präsentiert wurde. Es war evident, dass es um die besondere Thematik der Esoterikforschung ging, um die Legitimität der Verwendung des Sachworts *Esoterik* und seinen Geltungsbereich im akademischen

---

[31] Frankfurter Allgemeine Zeitung vom 28. April 2010, Nr. 98, S. N3.
[32] Monika Neugebauer-Wölk: Der Esoteriker und die Esoterik. Wie das Esoterische im 18. Jahrhundert zum Begriff wird und seinen Weg in die Moderne findet. In: Aries. Journal for the Study of Western Esotericism 10 (2010), S. 217–231. (Hier findet sich S. 219–227 eine ausführliche Abhandlung zu den historisch-literarischen Kontexten der Fundstellen zu *Esoteriker/Esoterik* bei Meiners und Gabler, die ich hier deshalb nicht mehr dargestellt habe.) Für diesen konkurrenzlos schnellen Abdruck meines Textes danke ich nächst Wouter J. Hanegraaff dem Editor-in-chief von *Aries*, Peter J. Forshaw.
[33] Erstausg.: Antoine Faivre: L'ésotérisme. Paris 1992 (Schreiben Faivres an die Autorin vom 1. April 2010).
[34] Antoine Faivre: Western Esotericism. A Concise History. New York 2010, S. 1.

Feld. Offenbar konnte eine zunächst einmal ganz einfache Recherche dazu etwas beitragen. Ich fing an, mir über diesen Zusammenhang Gedanken zu machen.

Dies führte mich zunächst noch einmal an den Anfang des Ganzen, zu Jean-Pierre Laurant. In seinem Überblicksbändchen *L'ésotérisme* hatte er seinen Fund in Matters Gnosiswerk von 1828 unter der Überschrift „Un mot nouveau, au XIXe siècle, pour des idées anciennes"[35] präsentiert, also: ein neues Wort im 19. Jahrhundert für alte Vorstellungen. Dies ist keine beliebige Formulierung. Sie verweist vielmehr auf den spezifischen Ansatz der Begründung der Esoterikforschung, wie sie sich gerade in der Phase um 1990 an der *Ecole Pratique des Hautes Etudes* in Paris vollzog. Laurant hatte nach seiner Promotion den Sprung auf eine Dozentur an deren fünfte Abteilung geschafft, die *Section des Sciences religieuses*.[36] Es wurde bereits viel darüber geschrieben, dass an eben dieser Hohen Schule der französischen Elitebildung 1964 der erste Lehrstuhl für Esoterikforschung eingerichtet worden war.[37] Seit 1979, als Antoine Faivre dessen Inhaber wurde, lautete die Denomination „Histoire des courants ésotériques et mystiques dans l'Europe moderne et contemporaine", der Epochenbezug umfasste also – entsprechend der Bedeutung des französischen Adjektivs *moderne* – die gesamte Neuzeit seit der Renaissance und erstreckte sich bis zur Gegenwart.[38]

Diese Aufgabenbestimmung setzte voraus, dass es vor 1800 esoterische Strömungen gab, die zur genuinen Geschichte der Esoterik des 19. und 20. Jahrhunderts gehören. Dieser Anspruch auf Tradition und Kontinuität wurde erhoben, obwohl man 1979 und noch lange danach davon ausging, dass das Sachwort des *ésotérisme* sogar erst aus der Zeit um 1900 stammte. 1986 hatte Faivre seine programmatische Aufsatzsammlung *Accès de l'ésotérisme occidental* mit einem Text zu dieser Frage eröffnet, und der erste Satz hatte noch festgestellt: „Le mot ‚ésotérisme' n'apparut pas en Europe avant *la fin* du XIXe siècle."[39] Dies wurde zwar durch den Fund Laurants 1990 korrigiert, aber das Problem der scharfen

---

[35] Laurant: L'Esotérisme (wie Anm. 6), S. 15. In seiner Dissertation hatte er ein Jahr zuvor noch die Begriffe ‚ésotérisme' und ‚occultisme' zusammengefasst. Die Kapitelüberschrift lautete hier dementsprechend „Un autre XIXe siècle. 1. La mutation des mystères: deux mots nouveaux" (Laurant: L'ésotérisme chrétien [wie Anm. 5], S. 19).

[36] Vgl. die Rückseite des Buchumschlags von L'Esotérisme (wie Anm. 6). Siehe auch die Jahresberichte der Sektion, z.B.: E.P.H.E. Section des Sciences religieuses. Programme des conférences. Année 1999–2000. En Sorbonne. Paris 1999, S. 30.

[37] Vgl. z.B. Wouter J. Hanegraaff: Beyond the Yates Paradigm. The Study of Western Esotericism between Counterculture and New Complexity. In: Aries. Journal for the Study of Western Esotericism 1 (2001), S. 5–37, hier S. 21f.

[38] Ein neues Feld europäischer Religionsgeschichte. Antoine Faivre gibt Auskunft zur Esoterikforschung. In: Religionsgeschichte der Neuzeit. Profile und Perspektiven. Hg. v. Monika Neugebauer-Wölk. In: zeitenblicke. Onlinejournal für die Geschichtswissenschaften 5 (2006), Nr. 1 (URL: http://www.zeitblicke.de/2006/1/Interview/index_html, URN: urn:nbn:de:0009-9-2713 [27.02.2012]), Abs. 1–3.

[39] In: Antoine Faivre: Accès de l'ésotérisme occidental. 2 Bde. Bd. 1. Paris 1986, S. 15–47, Zitat S. 15. Faivre trug den Fund Laurants in der 2. überarb. Aufl. Paris 1996 nach (siehe Bd. 1, S. 367).

Zäsur zwischen Früher Neuzeit und Moderne war auch durch diese Entdeckung nicht aus der Welt. So blieb zunächst nur, die Identität zwischen moderner Vokabel und vormodernen Denkweisen einfach vorauszusetzen. Das war der Hintergrund für die Überschrift, die Laurant seinem einschlägigen Kapitel gegeben hatte: Ein neues Wort für alte Vorstellungen. Auch Faivre hatte seinen gerade zitierten Satz von 1986 entsprechend unterfüttert:

> Le mot ‚ésotérisme' n'apparut pas en Europe avant la fin du XIXe siècle [...]. Jusqu'alors, et depuis la Renaissance, des expressions telles que ‚philosophia occulta', ou ‚philosophia perennis', bien que chargées chacune de connotations spécifiques, faisaient presque aussi bien l'affaire.[40]

Das bedeutet also, in der Frühen Neuzeit hießen die entsprechenden Denkweisen *Philosophia occulta* oder *Philosophia perennis*, gemeint sei damit aber nahezu dasselbe wie später mit dem Schlagwort *Esoterik*.

Anders als bei Laurant blieb dies bei Faivre aber nicht nur Postulat. Seit den achtziger Jahren hatte er daran gearbeitet, eine derartige Entscheidung konzeptionell zu begründen. Der erste Ansatz, den er dafür vorschlug, lief darauf hinaus, diejenigen Strömungen zusammenzufassen, die seiner Auffassung nach innerhalb der frühneuzeitlichen Entwicklung die Referenzgrundlage der modernen Esoterik bildeten:

> Ainsi s'est constitué assez vite un *corpus référentiel*, fait, d'une part, de ces textes retrouvés et réinterprétés, et d'autre part, des œuvres nouvelles que ceux-ci venaient ainsi d'inspirer. Ce *corpus* est encore la référence de la plupart des courants ésotériques occidentaux actuels. Il est la trace laissée par plusieurs tendances ou courants apparus à cette époque, comme Hermétisme néo-alexandrin, Kabbale chrétienne, mais aussi – en marge de l'humanisme et de l'érudition – une Philosophie de la Nature de type paracelsien. Il s'est enrichi ensuite, au début du XVII siècle, des courants théosophique et rosicrucien.[41]

Es habe sich also in der Vormoderne ein Textcorpus entwickelt, dessen Einzeltitel sich aufeinander bezogen hätten. Dazu gehörten die Hermetik, die christliche Kabbala, die paracelsistische Naturphilosophie, Strömungen der Theosophie und der Rosenkreuzer. Die Passage endete mit der Erklärung: „Dans son sens académique, universitaire, strict, le mot *ésotérisme* est employé pour désigner l'ensemble de ces courants."[42] Dieses Konzept ging als *Esoterisches Corpus* in die Forschung ein.[43]

Auch dies war allerdings zunächst einmal nur eine Behauptung. Um diese These systematisch zu begründen, entwarf Faivre das Modell einer *esoterischen Denkform*, die allen diesen Strömungen gemeinsam sein sollte, und die es daher legitimierte, sie zu einem kohärenten Corpus zusammenzufassen. Diese Matrix aus

---

[40] Faivre: Accès (wie Anm. 39). Bd. 1, S. 15.
[41] Ebd., Bd. 1, S. 16.
[42] Ebd.
[43] Siehe Monika Neugebauer-Wölk: Art. Esoterisches Corpus. In: Enzyklopädie der Neuzeit. Hg. v. Friedrich Jaeger. Bd. 3. Stuttgart, Weimar 2006, Sp. 552–554.

mehreren Komponenten stellte er 1991 und 1992 auf Konferenzen in Paris und Lyon vor und publizierte sie schließlich in einem Überblicksbändchen zum *Esotérisme* in der endgültigen Fassung.[44] Damit etablierte er die Esoterikforschung, indem er das moderne Schlagwort *Esoterik* zum Begriff erhob, zu einem inhaltlich und konzeptionell konnotierten Leitwort, das in seinem Grundverständnis festgelegt war und damit auch für die Vormoderne anwendbar wurde. Dementsprechend hatte schon die Pionierstudie von 1986 den Titel *Réflexions sur la notion d'ésotérisme* getragen, also der Überlegungen zum Esoterik*begriff*.[45]

Diese Konstituierung der Esoterikforschung auf der Basis eines idealtypischen Modells traf in den neunziger Jahren auf eine Religionswissenschaft, die gerade dabei war, sich von jeglicher Methodik dieser Art zu verabschieden – vor dem Hintergrund der Kritik an älteren essentialistischen und religionsphänomenologischen Ansätzen des eigenen Fachs, in denen auf religiös motivierter Basis das *Wesen* einzelner Religionen oder des Heiligen allgemein festgeschrieben worden war.[46] Aus der französischen Diskurstheorie kommend,[47] stand dem auch das Konzept der Diskursanalyse entgegen, das in der internationalen Kulturgeschichtsschreibung zunehmend Beachtung fand.[48] So galt Faivre zwar – zusammen mit Wouter J. Hanegraaff[49] – als Zentralfigur bei der nun beginnenden Institutionalisierung einer akademischen Esoterikforschung, sein wissenschaftlicher Entwurf zur Begründung ihres Gegenstandes war jedoch nahezu von Beginn an in der Kritik und von allgemeiner Akzeptanz weit entfernt.[50] Es war interessant zu beobachten,

---

[44] Faivre: L'ésotérisme (wie Anm. 33), S. 14–22. Siehe jetzt dazu die eingehend recherchierte Ursprungsgeschichte dieses Konzepts bei Wouter J. Hanegraaff: Esotericism and the Academy. Rejected Knowledge in Western Culture. Cambridge 2012, S. 339–355.

[45] Faivre: Accès (wie Anm. 39). Bd. 1, S. 15.

[46] Dies kann hier nicht im Einzelnen ausgeführt werden. Hingewiesen sei auf den Sammelband The Pragmatics of Defining Religion. Contexts, Concepts and Contests. Hg. v. Jan G. Platvoet u. Arie L. Molendijk. Leiden, Boston u. Köln 1999, der zahlreiche Beiträge enthält, die sich systematisch mit dem Problem der Erforschung von Religionen auseinandersetzen.

[47] Als Ausgangspunkt sind hier natürlich die Arbeiten von Foucault zu nennen, zunächst seine Antrittsvorlesung von 1970. Vgl. Michel Foucault: Die Ordnung des Diskurses. Mit einem Essay von Ralf Konersmann. 9. Aufl. Frankfurt a.M. 2003.

[48] Vgl. Achim Landwehr: Geschichte des Sagbaren. Einführung in die historische Diskursanalyse. Tübingen 2001.

[49] Hanegraaff kooperierte eng mit Faivre bei der institutionellen Entwicklung des Forschungsfeldes, schlug methodisch jedoch einen eigenständigen Weg ein, der einem konsequent historisch verfahrenden Zugriff verpflichtet ist.

[50] Die Kritik an Faivres Konzept wies einen gewissen Entwicklungsprozess auf und verstärkte sich zunehmend. Man kann das gut beobachten an der Auseinandersetzung von Stuckrad mit Faivres Positionen. Referierte er Faivres ‚esoterische Denkform' 2003 noch weitgehend affirmativ (Hans G. Kippenberg, Kocku v. Stuckrad: Einführung in die Religionswissenschaft. Gegenstände und Begriffe. München 2003, S. 73–75), so war die Kritik ein Jahr später schon viel deutlicher: Kocku v. Stuckrad: Was ist Esoterik? Kleine Geschichte des geheimen Wissens. München 2004, S. 12–15 mit Anm. 8, S. 239f. Stuckrad unterschied in dieser Anmerkung zwischen einem idealtypischen und einem essentialistischen Ansatz, was aber letztlich nichts an der Zurückweisung des Modells von Faivre änderte, die jetzt klar vollzogen war. Daher auch die Reaktion: Antoine Faivre: Kocku von Stuckrad et la notion d'ésotérisme. In: Aries.

dass diese Situation dem Erfolg dieser Initiativen keinerlei Abbruch tat. Das Konzept des *Esoterischen Corpus*, also die Zusammenschau bestimmter ideengeschichtlicher Strömungen der europäischen Neuzeit, reichte aus, um das neue Forschungsfeld als kohärent zu verstehen.[51] Das änderte allerdings nichts daran, dass der Anschluss dieses Ensembles frühneuzeitlicher Strömungen an den Esoterikbegriff der Moderne ohne die *Denkform* Faivres nicht begründbar war.[52]

Auch innerhalb unserer Forschergruppe war die Matrixbildung von Anfang an in der Diskussion und die Positionen dazu waren durchaus kontrovers.[53] Meiner Auffassung nach war der Vorschlag Faivres zwar insofern korrekturbedürftig, als er zu wenig flexibel war. An der Notwendigkeit typologisch verfahrender Modellbildung hielt ich jedoch fest und versuchte sie aus religionsgeschichtlicher Sicht zu ergänzen.[54] Die meisten Mitglieder der Gruppe lehnten jedoch jede Matrixbildung mit dem Hinweis auf deren essentialistische Implikationen grundsätzlich ab und bevorzugten es, mit diskurstheoretischen Ansätzen zu arbeiten,[55] wobei mir wiederum nicht klar war, wie man esoterische Diskurse identifiziert, wenn man nicht sagen kann, was Esoterik ist.

Es ist sicher kein Zufall, dass sich das Teilprojekt zu *Emanuel Swedenborgs Stellung innerhalb der aufklärerischen und esoterischen Diskurse des 18. Jahrhunderts* in besonderem Maße zur Befassung mit diesen methodischen Grundsatzfragen herausgefordert sah. Der schwedische Naturphilosoph Emanuel von Swedenborg (1688–1772) kann als eine Schlüsselfigur für wichtige Tendenzen von Spiritismus und New Age verstanden werden; hier stellt sich geradezu paradigmatisch die Frage nach der Kontinuität zwischen einer frühneuzeitlichen Esoterik und der

---

Journal for the Study of Western Esotericism 6 (2006), S. 205–214. Siehe zu dieser Kontroverse innerhalb der Esoterikforschung auch Monika Neugebauer-Wölk: Art. Esoterik. In: Enzyklopädie der Neuzeit (wie Anm. 43), Sp. 544–552, bes. Sp. 551.

[51] Vgl. ganz in diesem Sinne Wouter J. Hanegraaff in seinem Artikel ‚Esotericism' (wie Anm. 3): „According to *historical* constructs, *esotericism* is understood not as a type of religion or a structural dimension of it, but as a general label for certain specific currents in Western culture that display certain similarities and are historically related. For this reason, and in order to avoid confusion with typological usage, most scholars now prefer to speak of *Western* esotericism. Although there is considerable debate about the precise definition and demarcation as well as the historical scope of Western esotericism, there exists widespread consensus about the main currents that form its core domain" (ebd., S. 337f.).

[52] Kritisch zum Konzept des Esoterischen Corpus vor allem Kocku v. Stuckrad: Western Esotericism. Towards an integrative model of interpretation. In: Religion 35 (2005), S. 78–97, hier S. 79.

[53] Vgl. dazu die „Methodischen Orientierungen in der Forschergruppe" auf unserer Internetseite (URL: http://webdoc2.urz.uni-halle.de/izea/cms/de/forschung-publikationen/dfg-forschergruppe/kurzpraesentation/methodik.html [27.02.2012]).

[54] Monika Neugebauer-Wölk: Esoterik und Christentum vor 1800. Prolegomena zu einer Bestimmung ihrer Differenz. In: Aries. Journal for the Study of Western Esotericism 3 (2003), S. 127–165, hier bes. S. 134–143.

[55] Vgl. dazu die Beiträge von Markus Meumann, Hanns-Peter Neumann u. Friedemann Stengel in: Ordnungen des Wissens – Ordnungen des Streitens. Gelehrte Debatten des 17. und 18. Jahrhunderts in diskursgeschichtlicher Perspektive. Hg. v. Markus Meumann. Berlin 2013.

Esoterik der Moderne – über das Jahrhundert der Aufklärung hinweg.[56] Es hatte sich schon bald abgezeichnet, dass Friedemann Stengel, der Bearbeiter des Swedenborgthemas innerhalb unserer Gruppe, in der Traditionsfrage zu einem negativen Ergebnis kommen würde: Die Theologie Swedenborgs speiste sich nach seiner Auffassung *nicht* aus Quellen, die den Strömungen des Esoterischen Corpus zuzurechnen waren, sondern in erster Linie aus der Literatur des philosophischen Rationalismus und der zeitgenössischen Naturphilosophie.[57] Damit stellte er auch das Esoterische Corpus als Bezugsbasis einer Übertragung des Esoterikbegriffs aus der Moderne in die Jahrhunderte vor 1800 in Frage.[58]

Michael Bergunder, Projektleiter der Untersuchung zu Swedenborg, hielt im Rahmen der Forschergruppentagung 2006 einen Vortrag, der sich dieser Problemlage in grundsätzlicher Weise annahm. 2008 wurde der Tagungsband publiziert und mit ihm der ausgearbeitete Text unter dem Titel *Was ist Esoterik? Religionswissenschaftliche Überlegungen zum Gegenstand der Esoterikforschung*.[59] Bergunder explizit in diesem Beitrag eine kulturwissenschaftlich-diskursanalytische Strategie, um einen Weg aus der Sackgasse zu weisen. Er schlägt vor, die Verwendung des Begriffs *Esoterik* als „eine Form der Identitätsmarkierung" zu verstehen, die kein *Wesen*, sondern eine *Positionierung* indiziert.[60] Die kulturwissenschaftliche Bestimmung von *Esoterik* sei „auf keiner vorgängigen inhaltlichen Definition des Gegenstandes" aufzubauen, sondern man müsse weitgehend formal vorgehen[61] und *Esoterik* als eine Identitätspositionierung verstehen, die ihren Ort in einem Diskursfeld hat.[62] Dabei vollzieht sich die Identifikation des esoterischen Diskurses zuallererst über die Repräsentanz dieses Schlüsselwortes: „In diesem Sinne könnte auch *Esoterik* formal als ein Name angesehen werden, den die ‚Menschen' (Esoteriker wie Esoterikforscher) einem bestimmten Diskurs über Religion und Wissen-

---

[56] Zur Wirkungsgeschichte Swedenborgs und seiner Bedeutung für das Verständnis einschlägiger religiöser Bewegungen der Moderne siehe Christoph Bochinger: ‚New Age' und moderne Religion. Religionswissenschaftliche Analysen. 2. Aufl. Gütersloh 1995, S. 267–280. Vgl. dazu den instruktiven Überblick bei Wouter J. Hanegraaff: New Age Religion and Western Culture. Esotericism in the Mirror of Secular Thought. Leiden, New York u. Köln 1996, S. 424–429.

[57] Dazu Friedemann Stengel: Emanuel Swedenborg – ein visionärer Rationalist? In: Esoterik und Christentum. Religionsgeschichtliche und theologische Perspektiven. Hg. v. Michael Bergunder u. Daniel Cyranka. Leipzig 2005, S. 58–97, sowie ders.: Swedenborg als Rationalist. In: Aufklärung und Esoterik. Rezeption – Integration – Konfrontation. Hg. v. Monika Neugebauer-Wölk unter Mitarb. v. Andre Rudolph. Tübingen 2008 (Hallesche Beiträge zur Europäischen Aufklärung 37), S. 149–204.

[58] Siehe zu dieser Diskussion insgesamt Friedemann Stengel: Aufklärung bis zum Himmel. Emanuel Swedenborg im Kontext der Theologie und Philosophie des 18. Jahrhunderts. Tübingen 2011, S. 724–728.

[59] Michael Bergunder: Was ist Esoterik? In: Aufklärung und Esoterik (wie Anm. 57), S. 477–507.

[60] Ebd., S. 492.

[61] Ebd.

[62] Ebd., S. 498–500.

schaft geben."⁶³ Da diese Namensgebung – nach dem Kenntnisstand von 2008 – erst in der Moderne erfolgte, ist also von dieser Zeitlage auszugehen. Bergunder resümiert:

> Diese an sich nicht besonders spektakuläre Vorgehensweise unterscheidet sich deutlich von der bisher üblichen Konstruktion einer Geschichte der Esoterik, die ihren Einstiegspunkt am Anfang der vermeintlichen Tradition sucht, die sie dann bis in die Gegenwart fortschreibt. In diesem Falle bleibt Esoterik immer ein ‚Konstrukt' und keine historische Rekonstruktion, wie sie hier vorgeschlagen wird. Ist Esoterik aber ein bloßes Konstrukt der Esoterikforscher, dann hat sie strenggenommen keine historische Existenz, und es entsteht die anfangs bereits diskutierte Frage, warum ein solcher Gegenstand überhaupt konstruiert werden soll.⁶⁴

In einer sehr abwägenden Argumentation eröffnete Bergunder darüber hinaus die Möglichkeit, in streng rezeptionsgeschichtlich verfahrenden Netzwerkanalysen hinter die Zeit der Begriffsbildung zurückzugehen, um so die Herkunft von Argumenten und Themenfeldern historisch offenzulegen.⁶⁵ Skeptisch blieb er aber doch, ob es sinnvoll sein kann, vor dem 19. Jahrhundert von Esoterik zu sprechen: „Zum gegenwärtigen Zeitpunkt bleiben hier nur die Ergebnisse der weiteren Forschungen zur Esoterik im 18. Jahrhundert [...] abzuwarten, bevor weitere Schlüsse gezogen werden können."⁶⁶

Ein Jahr nach dem Beitrag von Bergunder veröffentlichte der Berliner Religionswissenschaftler Hartmut Zinser seinerseits ein Resümee esoterikgeschichtlicher und esoteriktheoretischer Arbeit: *Esoterik. Eine Einführung*. Das Buch Zinsers beginnt mit den Worten: „Esoterik und Okkultismus sind umstrittene, sogar umkämpfte Begriffe. Eine Verwendung als Substantiv lässt sich erst in der ersten Hälfte des 19. Jahrhunderts nachweisen."⁶⁷ Natürlich ist das der Verweis auf Jacques Matter, und hier dient diese auch 2009 eben noch als unumstößlich geltende Datierung nun dazu, einen umstandslos klaren Strich zu ziehen zwischen einer wissenschaftlich legitimen Esoterikforschung, die die Moderne behandelt und einer illegitimen Esoterikforschung, die historisch zurückführt:

> Es war sicher nicht zufällig, dass der Begriff Esoterik erst in den Zeiten gebildet wurde, als Esoterik [auf dem Markt der Religionen und Weltanschauungen, M. N.-W.] eine gewisse Selbständigkeit erlangte. Gegenüber ‚imaginierten Traditionen' und geschichtlichen Konstruktionen ist es erforderlich, das zu untersuchen, was heutige Esoteriker und Okkultisten tatsächlich praktizieren und welche Lehren und Vorstellungen sie damit verbinden.⁶⁸

---

⁶³ Ebd., S. 491 nach der Arbeit von Terry Eagleton.
⁶⁴ Ebd., S. 503. Vgl. die Formulierung von Kocku v. Stuckrad: „*Esoterik* als Gegenstand gibt es nicht. *Esoterik* existiert nur in den Köpfen von Wissenschaftlern, die Gegenstände in einer Weise ordnen, die ihnen sinnvoll erscheint, um Prozesse europäischer Kulturgeschichte zu analysieren" (Stuckrad: Was ist Esoterik? [wie Anm. 50], S. 20).
⁶⁵ Bergunder: Was ist Esoterik? (wie Anm. 59), S. 502–506.
⁶⁶ Ebd., S. 505; Zitat S. 506.
⁶⁷ Hartmut Zinser: Esoterik. Eine Einführung. München 2009, S. 7.
⁶⁸ Ebd., S. 9.

Manche Esoterikforscher – so Zinser – glauben, „auf eine lange Geschichte verweisen zu können":[69]

> Bisweilen wissen sie noch, dass es sich nicht um eine historische Kontinuität, sondern um eine „imaginierte Tradition" handelt. Doch nehmen sie diese „Vorläufer" zu Unrecht für sich und die Esoterik in Anspruch, da die Vertreter der ausgegrenzten Lehren und Praktiken diese selber nicht als Esoterik verstanden haben.[70]

So dient hier das wortgeschichtliche Argument als Grundlage für eine entschiedene Kritik an jeder historisch verfahrenden Esoterikforschung. Autoren, die frühneuzeitliche Themen einschließlich des 18. Jahrhunderts unter dem Stichwort ‚Esoterik' behandeln, gelten Zinser als sektenähnliche Gruppe („Faivre und seine Anhänger"),[71] deren Vorschlag, Esoterik als ‚Denkform' anzusehen, seinerseits das Denken in esoterischen Traditionen bedient.[72]

Man könnte über diese Polemik hinweggehen, müsste man nicht konzedieren, dass der Befund der Wortgeschichte wie eine Barriere vor der Lösung des Problems lag, Traditionskonstruktion als *Esoterik*forschung zu begründen. Es ist ja nicht falsch, darauf hinzuweisen, dass sich Historische Esoterikforschung tatsächlich deutlich und zweifelsfrei von esoterisch postulierten Traditionsketten abgrenzen muss. Die konsequente Recherche zum Schlagwort *Esoterik* ist offenbar nützlich, um überhaupt erst einmal Bewegung in die festgefahrene Diskussion zu bringen. Man kann jetzt mit Bergunder einen esoterischen Diskurs zunächst als eine Debatte verstehen, die mit den Substantiven *Esoterik, Esoterismus* oder *Esoteriker* als Stichworten arbeitet, ohne dass diese Wörter durch vorherige inhaltliche Festlegung zu Begriffen gemacht werden. Die ungewöhnlich engagierte Aufmerksamkeit, die meine Tagungseröffnung mit ihren einschlägigen Befunden hervorgerufen hatte, muss in diesen Problemhorizont eingeordnet werden, um sie überhaupt nachvollziehen zu können.

Die Tatsache, dass es die Substantivierung, den *Esoteriker* und die *Esoterik* nun schon seit 1770/72 respektive 1792 gab, war zwar im rein quantitativen Abstand der Jahre bis 1828 nur ein kleiner Schritt. Dieser Schritt hatte aber eine größere symbolische Bedeutung, denn er signalisierte die Möglichkeit der historischen Rückführung solcher Diskurse über die Epochengrenze zur Moderne hinweg ins Zeitalter der Aufklärung. Mit diesen ersten Funden war eine Tür aufgestoßen, und niemand konnte wissen, ob und wann der Weg hindurch noch weiter zurückführen würde.

---

[69] Ebd., S. 8.
[70] Ebd., S. 8f.
[71] Ebd., S. 113.
[72] Ebd., S. 113–115.

## III Meiners – Starck – Hamann: Esoterismus 1779

Tatsächlich dauerte es nur wenige Wochen bis zur nächsten Entdeckung. Andreas Kleinert, Wissenschaftshistoriker an der Universität Halle, der bei der Tagungseröffnung im Auditorium gesessen hatte, hatte sich seinerseits auf die Suche begeben und eine etwas andere Methode angewendet. Anstatt mit der Google-Gesamtrecherche *alle* bereits im Bestand befindlichen Volltexte des 18. Jahrhunderts auf *Esoterik* oder *Esoterismus* hin zu durchsuchen, hatte er zuvor eine Auswahl von Autoren getroffen, bei denen man mehr als bei anderen eine derartige Begrifflichkeit vermuten konnte. Dies schloss zwar Zufallsergebnisse aus, ermöglichte aber größere Präzision bei der Abfrage. Bei Johann Georg Hamann (1730–1788) wurde er fündig und dies vor allem deshalb, weil er auch die modernen Werkausgaben der frühneuzeitlichen Autoren einbezog, deren Schrifttypen für die automatische Wortsuche besser lesbar waren. So fand sich in *Hamann's Schriften* von 1824 die entscheidende Stelle: „Versteht man zweitens unter Mysterien ‚gewisse auf die Religion eines Volks sich beziehende Lehren': so verschwindet die ganze neu aufgerichtete Scheidewand des Ex- und Esoterismus."[73] Ein Vergleich mit dem Original von 1779 belegte die Authentizität des Zitats.[74] Das Substantiv *Esoterismus* gibt es also seit dem Ende der siebziger Jahre des 18. Jahrhunderts, weitere dreizehn Jahre früher als der bisher erste bekannte Beleg für die Wortform *Esoterik*. Es ist auch keine Übertragung aus dem Französischen ins Deutsche. Oder besser: Wir wissen nicht, in welcher der europäischen Nationalsprachen *diese* Form des Sachworts zuerst entstand. Im Augenblick ist der deutschsprachige Beleg der früheste.

Die Fundstelle stammt aus dem *Konxompax*, einer von Hamanns sogenannten Mysterienschriften;[75] sie gehört zum zeitgenössischen Diskurs über die Mysterien des Altertums. Zwei der einschlägigen Texte haben die Schrift Hamanns unmittelbar veranlasst,[76] nämlich erstens die 1776 erschienene Studie von Christoph Meiners *Ueber die Mysterien der Alten*, in deren Mittelpunkt der Kult von Eleusis stand,[77] und zweitens Johann August Starcks *Apologie des Ordens der Frey=*

---

[73] ΚΟΓΞΟΜΠΑΞ. Fragmente einer apokryphischen Sibylle über apokalyptische Mysterien. 1779. In: Hamann's Schriften. Hg. v. Friedrich Roth. Sechster Theil. Berlin 1824, S. 8.
[74] Anonym [Johann Georg Hamann]: ΚΟΓΞΟΜΠΑΞ. Fragmente einer apokryphischen Sibylle über apokalyptische Mysterien. O.O. [Weimar] o.J. [Frühjahrsmesse 1779], S. 8.
[75] E[vert] Jansen Schoonhoven: Konxompax Erklärt. In: Johann Georg Hamanns Hauptschriften erklärt. Bd. 5: Mysterienschriften. Gütersloh 1962, S. 165–262. Die Forschungsliteratur zu Hamann transkribiert das auf dem Titelblatt in griechischer Schrift gedruckte Stichwort der Arbeit aus mir unbekannten Gründen als ‚Konxompax', obwohl es ‚Kogxompax' heißt (vgl. die Anm. 73 u. 74). Ich schließe mich im Folgenden der konsensualen Lesart an, da diese Frage in unserem Zusammenhang nicht von Bedeutung ist.
[76] Vgl. Josef Nadler: Johann Georg Hamann 1730–1788. Der Zeuge des Corpus mysticum. Salzburg 1949, S. 322f.
[77] Christoph Meiners: Ueber die Mysterien der Alten, besonders über die Eleusinischen Geheimnisse. In: Ders.: Vermischte Philosophische Schriften. Bd. 3. Leipzig 1776, S. 164–342. Vgl.

*Maurer*, die zuerst 1770 erschien, 1778 dann in wesentlich erweiterter Fassung neu herauskam und in der Starck die Arkansphäre der Freimaurerei mit den antiken Mysterien in Beziehung setzt.[78]

Der studierte Orientalist Johann August Starck (1741–1816) war eines der bedeutendsten Logenmitglieder seiner Zeit.[79] 1772 gelang es ihm, der *Strikten Observanz,* dem beherrschenden Hochgradsystem in Deutschland, ein sogenanntes Klerikat der Tempelherren als innerste Arkansphäre zu implantieren.[80] Hamann, der zu Meiners keinen persönlichen Kontakt hatte, kannte Starck gut, der 1769 außerordentlicher Professor der morgenländischen Sprachen in Hamanns Wohnort Königsberg geworden war. 1770 hatte Starck die Stelle des zweiten Hofpredigers erhalten, 1772 wurde er Mitglied der Theologischen Fakultät.[81] Gleichzeitig hatte er versucht, die Königsberger Loge im Sinne seines *Klerikats* – einer Art masonischem Priesterstand – zu reformieren. Dieses Übergreifen eines bekannten Freimaurers und Fachfremden in den kirchlich-theologischen Raum (Starck wurde erst 1773 zum Doktor der Theologie promoviert) irritierte zumindest einige seiner Kollegen deutlich.[82] Hamann dagegen begegnete Starck mit einer Mischung aus Interesse und Ironie. Einen Brief *An den geheimen Ausschuß der G(erechten) u V(ollkommenen) Frey Mäurer Loge zu Königsberg* durchsetzte er mit spöttisch eingestreuten Zitaten aus der Erstauflage von Starcks *Apologie*.[83] Gleichzeitig akzeptierte er den Hofprediger als seinen Beichtvater.[84] Der Widerstand aus Geistlichkeit und Theologischer Fakultät war dagegen eindeutig.[85] Starck räumte seine Königsberger Position und ging auf eine Stelle als Gymnasialprofessor für Philo-

---

Hans Kloft: Mysterienkulte der Antike. Götter, Menschen, Rituale. 3. Aufl. München 2006, S. 17–25.

[78] Anonym [Johann August Starck]: Apologie des Ordens der Frey=Mäurer. Von dem Bruder ****, Mitgliede der ** Schottischen Loge zu P. *. Philadelphia im Jahr 5651 d.i. 3882 (Königsberg 1770). 2. Aufl. 1772. – Anonym [Johann August Starck]: Apologie des Ordens der Frey-Mäurer. Von dem Bruder ****, Mitgliede der ** schottischen Loge zu P. *. Neue ganz umgearbeitete und einzig authentische Ausgabe. Philadelphia, im Jahr 3882. d.i. 1778. Berlin 1778, hier S. 196–220 der 14. Abschnitt mit der Überschrift „Vergleichung der Mysterien der Alten mit den Geheimnissen der Freymäurer".

[79] Art. Starck, Johann August. In: Eugen Lennhoff, Oskar Posner: Internationales Freimaurerlexikon. Zürich, Leipzig u. Wien 1932, Sp. 1501f.

[80] Ebd., Sp. 1501. Vgl. ausführlich René Le Forestier: Die templerische und okkultistische Freimaurerei im 18. und 19. Jahrhundert. 1. Buch: Die Strikte Observanz. Leimen 1987, bes. S. 223–248.

[81] P. Tschackert: Art. Starck, Johann August. In: Allgemeine Deutsche Biographie. Bd. 35. Leipzig 1893, S. 465f., hier S. 465.

[82] Ebd.

[83] Vgl. allg. das Kapitel zu Starck in Ingemarie Manegold: Johann Georg Hamanns Schrift ,Konxompax'. Fragmente einer apokryphischen Sibylle über apokalyptische Mysterien. Text, Entstehung und Bedeutung. Heidelberg 1963, S. 78–112; zum Brief Hamanns an die Loge S. 42. Das Schreiben datiert vom 13. Oktober 1772.

[84] Ebd., S. 78.

[85] Das Konsistorium reichte 1775 in Berlin eine Klage wegen Heterodoxie gegen Starck ein (Schoonhoven: Konxompax Erklärt [wie Anm. 75], S. 175). Sie blieb zwar erfolglos, dies änderte aber nichts an der problematischen Situation in Königsberg.

sophie ins kurländische Mitau.[86] Von hier gab er dann seine Freimaurerapologie stark verändert und erweitert 1778 neu heraus.[87] Jetzt reagierte Hamann mit seiner Gegenschrift.

Wissen wir im Allgemeinen, dass Arbeiten von Meiners und Starck Anlass und Motivation zu Hamanns *Konxompax* geboten haben,[88] so wissen wir es bei der Fundstelle zum *Esoterismus*-Begriff auch im Besonderen. Das liegt daran, dass Hamann die Gewohnheit hatte, zu den Druckfassungen seiner Werke handschriftliche Randglossen zu machen, in denen er die Quellen vermerkt.[89] Durch einen solchen Hinweis erfahren wir, dass die Stelle über den Ex- und Esoterismus sich auf die Seite 208 in Meiners' *Mysterien der Alten* bezieht.[90] Hier hatte Meiners davon gesprochen, dass den Mysterien vieler Völker eine Zweiteilung gemeinsam sei, die das religiöse Wissen der Priester von der Volksreligion trennte, also zwei verschiedene Mysterienstufen entstehen ließ: „Auf diese Art muß man die unter so vielen Völkern aufgenommene Eintheilung der Religion in die der Weisen, und des Pöbels, in die exoterische und esoterische erklären […]"[91] An den Mysterien von Eleusis explizierte Meiners diese Sicht auf die antike Geheimsphäre, indem er *Kleine Mysterien* den *Großen Mysterien* gegenüberstellte.[92] Die Kleinen Mysterien, zu denen prinzipiell jedermann Zugang hatte, repräsentierten die *exo*terische Religion als Volksreligion, die Großen Mysterien vermittelten die *eso*terische Religion: „In diesen großen Geheimnissen nun sah man nicht blos, sondern man wurde unterrichtet, und zwar in Grundsätzen, die die ganze Religion des Volks übern Haufen warfen."[93] Diese Grundsätze basierten nach Meiners auf dem philosophischen Monotheismus, den Plato dem herkömmlich-staatstragenden Polytheismus der öffentlichen Religion entgegengestellt habe:[94]

> Man nahm aber in den großen Mysterien nicht blos, sondern man gab auch wieder, man riß nicht blos ein altes Gebäude von Irrthümern um, sondern bauete auch ein neues herrliches von

---

[86] Tschackert: Art. Starck (wie Anm. 81), S. 465.
[87] Vgl. Anm. 78. Zur Gesamtgeschichte der Auflagen dieser Schrift siehe August Wolfstieg: Bibliographie der freimaurerischen Literatur. Bd. 2. Burg bei Magdeburg 1912. 2. ND Hildesheim, Zürich u. New York 1992, S. 178. Zur Drucklegung vom Standort Mitau: Schoonhoven: Konxompax Erklärt (wie Anm. 75), S. 176.
[88] Besonders Schoonhoven stellt ergänzend zu Nadler: Hamann (wie Anm. 76) weitere Schriften in den Kontext des ‚Konxompax', z.B. Lessings *Ernst und Falk*. Darauf sei an dieser Stelle nur hingewiesen (Schoonhoven: Konxompax Erklärt [wie Anm. 75], z.B. S. 170–174).
[89] Manegold: ‚Konxompax' (wie Anm. 83), S. 57.
[90] Dazu die Neuedition des ‚Konxompax' mit Entwürfen und Marginalien ebd., S. I–LIX, hier S. XIII.
[91] Meiners: Mysterien der Alten (wie Anm. 77), S. 208.
[92] Ebd., S. 225–291: Kleine Mysterien, S. 291–323: Große Mysterien.
[93] Ebd., S. 292.
[94] Ebd., S. 299. Der religiös-konzeptionelle Inhalt der Mysterienreligionen kann (ebenso wie ihre Ritualsphäre allgemein) bis heute nicht vollständig entschlüsselt werden. Zutreffend ist wohl, dass philosophische Spekulationen in der Zeit Platos auf die Kulte einwirkten. Von Belegen für eine Gliederung in Kleine und Große Mysterien oder gar der Zuordnung von Poly- und Monotheismus kann jedoch keine Rede sein. Vgl. Kloft: Mysterienkulte (wie Anm. 77), S. 22.

heilsamen Wahrheiten auf, von welchem das ganze Alterthum glaubte, daß der große Haufe sie zu fassen aus Sinnesblödigkeit schlechterdings unfähig wäre. Man verkündigte in ihnen die Lehre von einem einzigen Gott, lehrte die wahre Natur der Geister, oder Dämonen, und zeigte zugleich den Adel, die Glückseligkeit, und zukünftige Bestimmung unserer menschlichen Seelen.[95]

Über Platos Lehre, nach der „die Seelen der Menschen ehemals Dämonen waren",[96] kommt Meiners zum Pythagorasschüler Philolaos,[97] dann zu Orpheus, der „deswegen so groß, und berühmt geworden [sei, M. N.-W.], weil man ihn für den Erfinder der Mysterien gehalten habe".[98] Schließlich bindet er das gesamte Inventar der Lehre von den alten Theologen aus der Philosophia perennis der Renaissance über den spätantiken Neuplatonismus an die Arkansphäre der Großen Mysterien an:

Plutarch [...] und sein Schüler Proklus [...] besaßen einen großen Vorrath von Orphischen Hymnen, die sie wie die Sybillinischen Orakel und Chaldäischen Schriften, wie die Werke des Hermes und Zoroasters, für einen Schatz uralter Weisheit ansahen, aus denen sie die wahre Theurgie, oder die Kunst sich mit der Gottheit zu vereinigen, und durch diese Vereinigung Wunder zu tun, lernen könnten.[99]

Damit hatte Meiners den gesamten Gedankenkreis der Großen Mysterien von Eleusis – wie er ihn verstand – abgeschritten. Dies war die *esoterische Religion*, und er machte keinen Hehl daraus, dass er die Notwendigkeit ihrer Geheimhaltung verstand, und dass er die ursprüngliche platonische Konzeption außerordentlich schätzte. Die von ihm unterstellte neuplatonische Fortentwicklung aber sah er mit Skepsis und begriff sie als Korrumpierung einer großen Idee.

Johann August Starck muss von der Lektüre der Meiners-Schrift beeindruckt gewesen sein. 1776/77 war ja genau die Zeit, in der er die Erstfassung seiner *Apologie* des Freimaurerordens überarbeitete, und so schrieb er das Mysterienkapitel entsprechend um: In einem neu angefügten Abschnitt begegnen wir nun der Einteilung in die Kleineren und Größeren Mysterien, die in der Erstauflage noch keine Rolle gespielt hatte.[100] Auch die Erklärung ihrer religiösen Botschaft entsprach im Prinzip der von Meiners – die Kleinen Mysterien waren „der Volksreligion ange-

---

[95] Meiners: Mysterien der Alten (wie Anm. 77), S. 298f.
[96] Ebd., S. 304.
[97] Ebd., S. 305.
[98] Ebd., S. 313.
[99] Ebd., S. 315. Zum Konzept der Traditionskette der Alten Theologen siehe die aus Proclos weiterentwickelte Fassung im Vorwort von Marsilio Ficinos Übersetzung des Corpus Hermeticum (1463): Magic, Alchemy and Science. 15th–18th Centuries. The Influence of Hermes Trismegistus. 2 Bde. Hg. v. Carlos Gilly u. Cis van Heertum. Florenz, Amsterdam 2002, hier Bd. 2, S. 36. Hermes und Zoroaster spielen bei Proclos noch keine Rolle. Diese Konfiguration stellt erst die Renaissance her (Sebastiano Gentile: Ficino and Hermes. In: Marsilio Ficino and the Return of Hermes Trismegistus. Hg. v. dems. u. Carlos Gilly. Florenz 1999, S. 27–34, hier S. 28 u. 30).
[100] Apologie des Ordens der Frey-Mäurer [1778] (wie Anm. 78), S. 183. Hier ist auch in der Fußnote auf S. 186 belegt, dass Starck Meiners gelesen hat.

messen", in den Großen Mysterien „ward der ganze Vorhang aufgezogen, und die nackte Wahrheit ward so, wie sie ist, den Augen der Eingeweihten vorgestellt".[101] Auch bei Starck war das der platonische Monotheismus einschließlich seiner dämonischen Zwischenwesen. Schließlich schloss er analog zu Meiners mit der Theurgie – dem neuplatonisch inspirierten Seelenaufstieg des Menschen, der in der Spätantike den Großen Mysterien inkorporiert worden sei.

Starck befand sich bei seiner Rezeption der Mysterienkulte allerdings in einer völlig anderen Situation als Meiners. Meiners handelte nur über die Antike. Den auf die arkane Welt der eigenen Zeit bezogenen Subtext konnte das Publikum zwar mitlesen; diese Assoziationen hatte Meiners aber nicht zu vertreten. Bei Starck war das anders. Bei seiner Darstellung ging es nicht um die Antike, sondern explizit um die Logen der Gegenwart. Starck hatte seine Verteidigung der Freimaurer gegen Urteile und Vorurteile aus dem Publikum so angelegt, dass er über die griechischen Mysterien gleichsam ersatzweise und als Analogie zu den Logen sprach, deren Geheimnisse er ja nicht verraten durfte. So hatte er in der Erstauflage geschrieben:

> Ich will eben nicht behaupten, daß ein genaues Parallel unter den Mysterien der Alten und den Geheimnissen der Frey=Maurerei anzustellen sey [...]; dennoch findet sich hie und da eine gewisse Aehnlichkeit, deren ich mich mit einigem Vortheil werde bedienen können.[102]

Diese Taktik wurde jetzt prekär, denn Meiners hatte mit seiner Deutung der esoterischen Religion von Eleusis eine Lesart ermöglicht, die das Christentum, die öffentlich herrschende Religion, als *Vorstufe* von Wahrheit und Erkenntnis diskreditierte und die platonische Religion der Weisen als höchstes Geheimnis der Freimaurer und Überwindung des Christentums anbot. Starck entschied sich dafür, das Problem offen anzusprechen. Mitten in den eben zitierten Gedankengang über die Parallele zwischen Mysterien und Maurerei setzte er für die Neuauflage den apodiktischen Satz: „Die Freymäurerey beschäftigt sich nicht mit der Religion."[103] Und dann wird er noch deutlicher: „Das Christenthum, zu dem wir uns allesamt bekennen, hat keine irrige Volks=Religion, die man bey uns widerlegen und dagegen eine andere, und der Wahrheit angemessenere einführen dürfe."[104] Dann erst wird die Formulierung aus der Erstauflage weitergeführt, und es heißt auch hier: „Dennoch findet sich hier und da eine gewisse Aehnlichkeit [...]."[105] Ganz kam er nicht heraus aus der Falle und wollte es wohl auch nicht, denn was hätte er sonst anzubieten gehabt, um die Geheimnisse der Maurer dem Publikum plausibel zu machen? Die Parallele zwischen den Mysterien der Antike und der Freimaurerei sollte aber so undeutlich wie möglich bleiben: „Sie in ein näheres Verhältnis zu

---

[101] Ebd., S. 188f.
[102] Apologie des Ordens der Frey=Maurer [1770] (wie Anm. 78), S. 38f.
[103] Apologie des Ordens der Frey-Mäurer [1778] (wie Anm. 78), S. 196.
[104] Ebd., S. 196f.
[105] Ebd., S. 197.

setzen, ist noch nicht Zeit".[106] Evert Jansen Schoonhoven hat dazu notiert: „Diesen Satz wird Hamann sich gemerkt haben."[107]

Johann Georg Hamann schaltete sich in die Debatte um die Mysterien im Frühjahr 1779 ein. Sein *Konxompax* hatte den Titel vom Schlussruf des Oberpriesters von Eleusis, mit dem er die Initiierten verabschiedete.[108] Mit diesem Signal also meldete sich Hamann zu Wort und erhob sofort den Anspruch auf die Behandlung der Materie in ihrem gesamten Spannungsbogen von den alten Zeiten bis zur Gegenwart: „Da es nun bis auf den heutigen Tag des Herren, an dem ich schreibe, weder an Heiden noch Geheimnissen fehlt: so haben wir [...] mehr als einen Rosenkranz ‚entfallner Worte' [...],"[109] erklärte er selbstbewusst. Der Schluss der Bemerkung bezog sich auf Starcks Einschränkung, er könne nur bedingt etwas über die Mysterien der Alten sagen, da es nur „entfallene Worte sind, die wir davon antreffen".[110] Hamann sieht das für sich und die Gegenwart ganz anders: Er kann mitreden, obwohl er kein Freimaurer ist.

Auf diesen Auftakt folgt die Passage, die uns hier vor allem interessiert. Sie bezieht sich auf die Konstruktion der Kleinen und Großen Mysterien, aber Hamann benutzt zwei neue Begriffe, er spricht von *Exoterismus* und *Esoterismus*, und wir wissen noch nicht, ob er diese Substantive erstmals prägt, oder ob er sie aus einem anderen Vorläufertext aufgreift. Eine Marginalie, die den Quellenhintergrund dokumentiert, gibt es hierzu jedenfalls nicht. Er schreibt: „Versteht man [...] unter Mysterien ‚gewisse auf die Religion eines Volks sich beziehende Lehren': so verschwindet die ganze neu aufgerichtete Scheidewand des Ex= und Esoterismus."[111] Hamann kann und will also die Trennung zwischen der Volksreligion und der esoterischen Religion für die Elite der Mysten nicht nachvollziehen, er will die Scheidewand wieder einreißen. Und er begründet das damit, dass die entsprechende Beweisführung logisch nicht stimmig sei. Man habe auch im Polytheismus der Kleinen Mysterien schon einen obersten Gott gehabt, den Jupiter Maximus, und die Einbeziehung der Dämonenlehre in die Großen Mysterien widerstreite der These vom Monotheismus als dem großen Geheimnis.[112] Auf die Gegenwart bezogen hieß das, das Christentum steht nicht zur Disposition; es gibt keine geheime höhere Religion. Das hatte Starck zwar auch erklärt, aber er hatte trotzdem an der

---

[106] Ebd., S. 202.
[107] Schoonhoven: Konxompax Erklärt (wie Anm. 75), S. 179.
[108] Der Hierophanten-Ruf findet sich bei Meiners: Mysterien der Alten (wie Anm. 77), S. 282; bei Starck: Apologie des Ordens der Frey-Mäurer [1778] (wie Anm. 78), S. 180. Zur Erläuterung des Titels siehe Manegold: ‚Konxompax' (wie Anm. 83), S. 110f. und 111, sowie Schoonhoven: Konxompax Erklärt (wie Anm. 75), S. 189. Vgl. die frühneuzeitliche Literaturtradition zu diesem Wort bei Marco Pasi: Aux origines du mystère des mystères. Konx Om Pax. In: Etudes d'histoire de l'ésotérisme (wie Anm. 4), S. 219–233, bes. S. 225–229.
[109] [Hamann]: ΚΟΓΞΟΜΠΑΞ (wie Anm. 74), S. 8.
[110] Starck: Apologie des Ordens der Frey-Mäurer [1778] (wie Anm. 78), S. 173.
[111] [Hamann:] ΚΟΓΞΟΜΠΑΞ [wie Anm. 74), S. 10f.
[112] Ebd., S. 11. Vgl. dazu eingehend Nadler: Hamann (wie Anm. 76), S. 327f.; Schoonhoven: Konxompax Erklärt (wie Anm. 75), S. 210f.; Manegold: ‚Konxompax' (wie Anm. 83), S. 138f.

*Scheidewand* festgehalten. Starck gefiel die Analogie zwischen den Geheimnissen der Freimaurerei und der höchsten Form religiöser Wahrheit. Für Hamann ist dies die Anmaßung aufgeklärter ebenso wie schwärmerischer Vernunft. „Der Geist des Heidentums [sei, M. N.-W.] in die Grundwahrheiten einer natürlichen Religion [...] aufgelöst worden", hatte er in einem Entwurf zur Anfangspassage des Traktats geschrieben.[113] Aber die Prediger der natürlichen Religion sind selbst abergläubisch, sie nehmen die Dämonenlehre in ihre höchsten Mysterien auf.[114] Hamann will nicht den (Neu)Platonismus über das Christentum setzen – er will „die älteren Geheimnisse gegen die späteren Mystifikationen [...] wahren", wie Ingemarie Manegold es formuliert hat.[115] Für Hamann ist das Mysterium ein ungeteiltes Ganzes, es ist „das Geheimniß des Himmelreichs von seiner Genesis an bis zur Apokalypse".[116]

Der Begriff des *Esoterismus* wird hier also eingeführt, um eine Religiositätsform des 18. Jahrhunderts zu bezeichnen, deren Spektrum sich vom Vernunftglauben bis zur neuplatonischen Theurgie erstreckt, und die sich hinter den Geheimnissen der Freimaurerei verbirgt. Das Wort bekommt seinen Platz im Diskurs um die Mysterien der Alten und ihre moderne Inszenierung als Schlagwort für die Anmaßungen der esoterischen Religion, wie Hamann sie versteht. Hamann lehnt damit – so könnte man formulieren – die *Esoterische Unterscheidung* ab, die den einschlägigen Diskurs der Vormoderne beherrscht. Immer trat das Esoterische in der Dualität auf: der Esoteriker mit dem Exoteriker, die esoterische mit der exoterischen Lehre usw. Das reflektierte den Ursprung dieser Denkfigur in der Konstruktion einer exoterischen und einer esoterischen Schule des Pythagoras.[117] Hamann wollte diese Unterscheidung für den religiösen Raum nicht anerkennen. Seine Formulierung vom Ex- und Esoterismus folgte zwar noch dem üblichen Muster, aber nur als Beschreibung des Anderen aus polemischer Distanz.

Der Weg, den dieser Text nimmt, ist bemerkenswert; wir sind gut darüber unterrichtet. Herder hatte den Druck in Weimar besorgt, am 16. Mai 1779 hatte Hamann die ersten Exemplare erhalten und war von der Akkuratesse des Satzes begeistert.[118] Stolz ließ er Belegexemplare versenden: an Matthias Claudius, an Friedrich Carl von Moser, an Lessing, Klopstock und Mendelssohn, an Johann Friedrich Kleuker, an Lavater und andere.[119] Wenn Herder selbst die Schrift gefallen würde, so sollte er Goethe ein Exemplar geben, was der auch tat. So hatte eine bemerkenswerte Auswahl der wichtigsten Multiplikatoren deutschsprachiger Literatur

---
[113] Gedruckt bei Manegold: ‚Konxompax' (wie Anm. 83), S. XXXV.
[114] [Hamann:] ΚΟΓΞΟΜΠΑΞ (wie Anm. 74), S. 15. Vgl. Manegold: ‚Konxompax' (wie Anm. 83), S. 141.
[115] Manegold: ‚Konxompax' (wie Anm. 83), S. 138f.
[116] [Hamann:] ΚΟΓΞΟΜΠΑΞ (wie Anm. 74), S. 28f.
[117] Vgl. Neugebauer-Wölk: Der Esoteriker und die Esoterik (wie Anm. 32), S. 220.
[118] Schoonhoven: Konxompax Erklärt (wie Anm. 75), S. 182.
[119] Ebd., S. 182f. Hier auch das Folgende. Eine erweiterte Liste mit späteren Rezipienten bei Manegold: ‚Konxompax' (wie Anm. 83), S. 14f.

der Zeit einen Text in der Hand, in dem das Substantiv *Esoterismus* zwar nur einmal vorkam, an dieser Stelle aber eine Schlüsselrolle spielte.

## IV Das unterschätzte Adjektiv: Pythagoras als Hauptfigur

Soweit das Ergebnis unserer Jagd nach Substantiven im esoterischen Wortfeld vor 1800. Mit dem Fund aus dem Jahr 1779 ist endgültig belegt, dass die einschlägige Entwicklung ihren Weg von der Aufklärung zur Moderne nimmt. Es gibt keinen Urknall am Anfang des 19. Jahrhunderts. Die anhaltende Beschäftigung mit diesem Thema, die inzwischen weit über die ursprüngliche Motivation hinausgegangen war, hatte mich allerdings zu grundsätzlichen Zweifeln an der gesamten Stoßrichtung dieser Recherche geführt. Diese Zweifel betrafen vor allem die rigorose Privilegierung des Substantivs gegenüber dem Adjektiv. Es ist zwar keineswegs so, dass dessen Entwicklung überhaupt nicht beachtet wurde. Wir werden sehen, dass auch zu diesem Faktor des esoterischen Wortfeldes immer wieder Angaben gemacht worden sind.[120] Aber seine Bedeutung wurde unterschätzt. Die gesamte Rechercheanordnung ging ja davon aus, dass es einen prinzipiellen Unterschied gibt zwischen Adjektiv und Substantiv. Nur die substantivische, und das meinte ja: die *begriffs*geschichtliche Entwicklung, ist für die Konzeption eines wissenschaftlich legitimen Ansatzes von Interesse, die Entwicklungsgeschichte des Adjektivs dagegen ohne prinzipielle Bedeutung. Esoterikforschung trägt *dann* diesen Namen zu Recht, wenn sie sich auf ein Substantiv *Esoterik* in ihren Quellen beziehen kann.[121] Ich fragte mich, ob diese krasse Unterscheidung sinnvoll ist. Markus Meumann machte mich dann darauf aufmerksam, dass dies auch nicht mehr *State of the Art* war.[122] Die ältere Begriffsgeschichte sei schon seit längerem von einer Historischen Semantik abgelöst worden, die – wie es Rolf Reichardt formuliert hat – davon absehe, „einzelne Wörter zu abstrakten Begriffs-Entitäten" zu isolieren, was der „vergangenen sprachlichen Wirklichkeit kaum entspreche".[123] An die

---

[120] Vgl. die zusammenfassende Übersicht bei Hanegraaff: Art. Esotericism (wie Anm. 3), S. 336.
[121] So auch noch meine Auffassung in der ersten Druckfassung des Vortrags zur Tagungseröffnung: Neugebauer-Wölk: Der Esoteriker und die Esoterik (wie Anm. 32), S. 225f.
[122] Vgl. mit Günther Lottes: ‚The State of the Art'. Stand und Perspektiven der ‚intellectual history'. In: Neue Wege der Ideengeschichte. Hg. v. Frank-Lothar Kroll. Paderborn 1996, S. 27–45, einen der wichtigen deutschen Beiträge zu dieser Debatte, die sich vor allem als Kritik am Ansatz von Reinhart Kosellecks großem Lexikonunternehmen der ‚Geschichtlichen Grundbegriffe' verstand. Lottes hob darauf ab, dass „durch die Fixierung auf Leitbegriffe die Begriffsentstehungsgeschichte nicht genügend herausgearbeitet werden kann" (Raingard Eßer: Historische Semantik. In: Kompass der Geschichtswissenschaft. Ein Handbuch. Hg. v. Joachim Eibach u. Günther Lottes. Göttingen 2002, S. 281–292, Zitat S. 287).
[123] Rolf Reichardt: Historische Semantik zwischen lexicométrie und New Cultural History. Einführende Bemerkungen zur Standortbestimmung. In: Aufklärung und Historische Semantik. Interdisziplinäre Beiträge zur westeuropäischen Kulturgeschichte. Hg. v. dems. Berlin 1998,

*Historische Esoterikforschung* 59

Stelle von Einzelwortstudien war die Analyse von Wortfeldern getreten, die Lexeme jeder Art, also auch Adjektive umfassen, ebenso wie Komposita aus adjektivischen und substantivischen Komponenten.[124]

Die Relevanz einer so erweiterten Recherche war mir schon durch den inzwischen stark vergrößerten Quellenbezug deutlich geworden. Ein Adjektiv steht ja nie für sich allein. Es wird entweder adverbial, d.h. in Korrespondenz zu einem Tätigkeitswort gebraucht, oder attributiv, d.h. es steht mit einem Substantiv in unmittelbarer Verbindung. Die Kombination mit einem Substantiv lässt aber auch so etwas wie einen – zusammengesetzten – Begriff entstehen. Man kann das sehr schön an der Entwicklung von Meiners zu Hamann zeigen: Meiners spricht 1776 von exoterischer und *esoterischer Religion*, und Hamann reagiert darauf mit der Formel vom Ex- und *Esoterismus*. Es besteht also eine gewisse Korrespondenz zwischen beiden Formulierungen. Adjektivische Formulierungen können eine vorbereitende – und auslösende! – Funktion für die Begriffsbildung haben.

Für das Wortfeld des Esoterischen ist dies seit 1987/90 bekannt, es ist nachlesbar in der 25-seitigen Untersuchung *Le mot en occident* im Rahmen der Doktorarbeit von Pierre A. Riffard. Riffard war 1987 an der Sorbonne zum Thema *L'idée d'ésotérisme* promoviert worden. Seine Dissertation publizierte er 1990 in stark erweiterter Form.[125] Hier finden sich Hinweise auf eine frühe Verbindung des Adjektivs aus der esoterischen Wortgruppe mit dem Substantiv aus einem anderen Wortfeld zu einem für die Begriffsentstehung relevanten Kompositum. Gemeint ist der Verweis auf eine Schrift von Thomas Stanley und die bisher früheste Belegstelle zum Adjektiv in der englischen Literatur.[126]

Stanley (1625–1678), Privatgelehrter, Poet und Übersetzer, Gründungsmitglied der Royal Society, ausgestattet mit einem Philologiestudium in Cambridge, publizierte 1655 bis 1660 die erste Philosophiegeschichte in englischer Sprache.[127] Hier interessiert der dritte Band: *The History of Philosophy. The Third and Last Volume, In Five Parts. By Thomas Stanley. London 1660.* Seite 43 liest man:

> The Auditors of *Pythagoras* [...] were of two sorts, *Exoterick* and *Esoterick*: The *Exotericks* were those who were under probation, which if they well performed, they were admitted to be *Esotericks*. For, of those who came to *Pythagoras*, he admitted not every one, but only those whom he liked: first, upon choice, and next, by tryal.[128]

---

S. 7–28, hier S. 11 auf der Basis der Arbeit von Dietrich Busse: Historische Semantik. Analyse eines Programms. Stuttgart 1987.

[124] Vgl. dazu Hans-Jürgen Lüsebrink: Begriffsgeschichte, Diskursanalyse und Narrativität. In: Aufklärung und Historische Semantik (wie Anm. 123), S. 29–44, bes. S. 23f.

[125] Riffard: L'ésotérisme (wie Anm. 14).

[126] Ebd., S. 77. Vgl. den Art. esoteric. In: The Oxford English Dictionary (wie Anm. 13), S. 393.

[127] Herbert Jaumann: Handbuch Gelehrtenkultur der Frühen Neuzeit. Bd. 1: Biblio-biographisches Repertorium. Berlin, New York 2004, S. 632.

[128] Thomas Stanley: The History of Philosophy. Containing The Lives, Opinions, Actions and Discourses of the Philosophers of every Sect. 3 Bde. London, Bd. 1: 1655, Bd. 2: 1656, Bd. 3: 1660. Riffard hatte offenbar keinen Zugang zu dieser ersten Ausgabe und zitierte deshalb die 2.

Dieser Beleg zeigt in besonders eindrücklicher Weise die begriffsbildende Funktion attributiver Formulierungen: Aus den Hörern des Pythagoras von der esoterischen Art werden im nächsten Satz die *Esotericks*, die Esoteriker. Hier bestätigt sich auch, dass zuerst die Esoteriker den Schauplatz betreten. Nur tun sie das im Englischen mehr als ein Jahrhundert früher als im Deutschen: 1660 statt 1770.[129]

Diese Stelle ist aber nicht nur begriffsgeschichtlich von Interesse, sondern vor allem im Kontext des historischen Diskurses, dem sie zuzuordnen ist. Und damit sind wir wieder bei der Arbeit unserer Forschergruppe. Hanns-Peter Neumann hat nämlich im Rahmen seines Projekts zur Philosophiegeschichte herausgearbeitet, dass die Mitte des 17. Jahrhunderts für die Entwicklung der Philosophia perennis eine Zäsur bringt, die eine wichtige Neuorientierung auslöst: „Pythagoras ersetzt Hermes."[130] Das Diktum rekurriert zunächst einmal auf die frühneuzeitliche Ausgangskonstellation der Philosophia perennis. Hermes Trismegistos stand – teils zusammen mit Zoroaster – an erster Stelle in der Reihe der alten Theologen. Diese Position war um 1600 erschüttert worden, zuletzt 1614 durch die historisch-philologische Kritik an der Vorstellung von der uralten ägyptischen Weisheit des Corpus Hermeticum durch Isaac Casaubon.[131] Als Reaktion auf diese Infragestellung des gesamten Konzepts verschiebt sich der Schwerpunkt in der Orientierung auf die Philosophia perennis vom Anfang in die Mitte der Kette der Weisen: Pythagoras, zunächst nur die Vermittlungsfigur zwischen ägyptischer Urweisheit und griechischer Philosophie, tritt nun ins Zentrum der Aufmerksamkeit. Das bedeutet nicht, dass sich der Pythagoreismus von der Hermetik abkoppelt – sie bleibt vielmehr in ihm aufgehoben, eine Strategie, „die den Hermetismus nominell ausblendet und unter dem Deckmantel des Pythagoreismus transportiert".[132] Wichtiger Schauplatz dieser Entwicklung ist England mit den *Cambridge Platonists*, besonders Ralph Cudworth, und eben mit Thomas Stanley.[133] Stanley feiert Pythagoras bereits in der Vorrede seiner Philosophiegeschichte als ersten und wichtigsten der Philosophen; seine Weisheit kreise um die Annäherung an das Göttliche.[134] Es gibt

---

Auflage von 1687. Trotzdem bezog er seine Fundstelle auf das Jahr 1655, also das erste Erscheinen von Bd. 1. Dem folgte Hanegraaff verständlicherweise nicht und datierte daher den ersten Beleg auf 1687 (vgl. Riffard: L'ésotérisme [wie Anm. 14], S. 77 Anm. 1; Hanegraaff: Esotericism [wie Anm. 3], S. 336). Tatsächlich stammt der Beleg also von 1660.

[129] Vgl. Neugebauer-Wölk: Der Esoteriker und die Esoterik (wie Anm. 32), S. 219 u. 222.
[130] Hanns-Peter Neumann: Monaden im Diskurs. Monas, Monaden, Monadologien (1600–1770). Stuttgart 2013 (Studia leibnitiana. Supplementa 37), S. 17f.
[131] Siehe insgesamt dazu: Das Ende des Hermetismus. Historische Kritik und neue Naturphilosophie in der Spätrenaissance. Hg. v. Martin Mulsow. Tübingen 2002.
[132] Neumann: Monaden im Diskurs (wie Anm. 130), S. 30.
[133] Vgl. zu den einschlägigen Autoren insgesamt Hanns-Peter Neumann: Atome, Sonnenstäubchen, Monaden. Zum Pythagoreismus im 17. und 18. Jahrhundert. In: Aufklärung und Esoterik (wie Anm. 57), S. 205–282, bes. S. 210–218.
[134] Ebd., S. 225.

*Historische Esoterikforschung* 61

ein großes Kapitel unter der Überschrift *The Discipline and Doctrine of Pythagoras*.[135] „Es mutet gelegentlich an", so Neumann,

> als ob nach der historisch-kritischen Destruktion des Hermetismus durch Isaac Casaubon ein verstärktes Ausweichen auf alternative antike Weisheitslehren einsetzt, derer man sich erst einmal philologisch und historisch versicherte, um auf einer derart abgesicherten Basis eine verlässliche Variante der philosophia perennis gründen zu können.[136]

Philosophiegeschichte überhaupt war „seit der Renaissance mit der Leitvorstellung der Philosophia perennis verbunden", hat Wilhelm Schmidt-Biggemann formuliert.[137] Und das Konstrukt der Philosophie des Pythagoras war mit der Vorstellung von einer exoterischen und einer esoterischen Schule dieses Denkens verknüpft.[138] Indem die Philosophie des Pythagoras nun in den Mittelpunkt der Philosophia perennis rücken konnte, wurde die Opposition von esoterischer und exoterischer Lehre, von Esoterikern und Exoterikern, zu einem der Leitgedanken einschlägiger Literatur. Seit dem späten 17. Jahrhundert entsteht ein Diskurs, der mit der Vorstellung des Esoterischen arbeitet, deren Terminologie nutzt und zunehmend ausdifferenziert. In derselben Zeit fasst die Logenbewegung in England endgültig Fuß.[139] Die Freimaurerei tritt in ihr entscheidendes Formationsstadium. Damit wird die weitere Entwicklung des esoterischen Wortfeldes ebenso von arkaner Gesellschaftsbildung bestimmt wie von Intertextualität. Der erste Autor, an dessen Werk diese Verbindung gezeigt werden kann, ist John Toland (1670–1722), Philosoph, radikaler Whig-Politiker und international agierender Protagonist der Szenerie diskreter Sozietäten mit ihrer verdeckt kursierenden Literatur.[140]

Toland war maßgeblich von Giordano Bruno beeinflusst. 1696, am Ende seiner Studienzeit in Oxford, hatte er ein Manuskript von Brunos *Spaccio della bestia trionfante* entdeckt,[141] einen Text aus der Reihe der Londoner Dialoge von 1584.[142]

---

[135] Stanley: History of philosophy (wie Anm. 128). Bd. 3, S. 42ff.
[136] Neumann: Atome (wie Anm. 133), S. 210. Genau diese Suche nach Alternativen ist bei Stanley zu beobachten. Nach der dreibändigen Philosophiegeschichte veröffentlichte er noch eine Arbeit, die man als vierten Band dazuzählen kann, die aber unter einem gesonderten Titel erschien. Dieses Buch befasst sich mit den Möglichkeiten des Zoroaster-Bezuges. Thomas Stanley: The History of the Chaldeic Philosophy, and The Chaldeic Oracles of Zoroaster and his Followers. London 1662. Dazu Michael Stausberg: Faszination Zarathushtra. Zoroaster und die Europäische Religionsgeschichte der Frühen Neuzeit. Berlin, New York 1998, S. 387–389, 604–612.
[137] Wilhelm Schmidt-Biggemann: Jacob Bruckers philosophiegeschichtliches Konzept. In: Jacob Brucker (1696–1770). Philosoph und Historiker der europäischen Aufklärung. Hg. v. dems. u. Theo Stammen. Berlin 1998, S. 113–134, Zitat S. 115.
[138] Siehe dazu weiter unten im folgenden Abschnitt.
[139] John Hamill: The Craft. A History of English Freemasonry. Wellingborough 1986, S. 34–40.
[140] Biographischer Überblick: Art. Toland, John. In: Encyclopedia of the Enlightenment. Hg. v. Peter Hanns Reill u. Ellen Judy Wilson. New York 1996, S. 420f.
[141] Dazu Robert Rees Evans: Pantheisticon. The Career of John Toland. New York u.a. 1991, S. 212 u. 229, Anm. 51.
[142] Deutsche Übersetzung: Giordano Bruno: Die Vertreibung der triumphierenden Bestie. In: Ders.: Gesammelte Werke. Bd. 2. Hg. v. Ludwig Kuhlenbeck. Leipzig 1904.

Bruno hatte hier in verschlüsselter Form die Herrschaft des Christentums als Triumph einer falschen Religion vorgeführt und dem die Weisheit der ägyptischen Religion mit langen Zitaten aus dem Corpus Hermeticum gegenübergestellt; er hatte dazu aufgerufen, die hermetische Religion zu erneuern.[143] Der junge Toland verfasste eine Biographie Brunos und fertigte eine englische Übersetzung seines Textes an: *The Expulsion of the Triumphant Beast*, clandestine Manuskripte, die er auf seinen Reisen in die Niederlande und nach Deutschland unter der Hand verteilte.[144] Während seines Aufenthalts in Holland 1708 bis 1711 agierte Toland in geheimen Zirkeln vor allem in Den Haag.[145]

Den Hinweis auf die Bedeutung Tolands für meine Recherchen verdanke ich Bianca Pick, die sich als Studentische Mitarbeiterin in der Forschergruppe auf die Suche nach weiteren Belegen für das englische Adjektiv gemacht hatte und bei Toland fündig geworden war. Nach seiner Rückkehr nach England hatte der in London einen Sammelband von vier Schriften publiziert,[146] deren zweite die hier entscheidende ist: *Clidophorus; or of the Exoteric and Esoteric Philosophy, that is, of the External and Internal Doctrine of the antients.*[147] Das Adjektiv *esoteric* verbindet sich hier ganz wie bei Stanley mit der Philosophie, und die *Esoteric Philosophy* rekurriert auch immer noch auf die Schule des Pythagoras als deren Matrix,[148] aber nur, um sie dann zu einem Grundprinzip der Philosophie der Alten überhaupt zu erheben: „Nor was such silence and reserve peculiar to the Pythagoreans [...] All PLATO's books are so full of the *Exoteric and Esoteric distinction,* which is the true key to his works."[149] Und dann wird die *Esoterische Unterscheidung* zu einem Grundprinzip der Wahrheitssuche überhaupt, die den etablierten Religionen gegenübergestellt ist.[150] Der Gedanke ist nicht neu; er begleitet die Philosophia perennis seit ihrer Entstehung.[151] Aber jetzt löst das esoterische Wortfeld die ältere Terminologie dafür ab und wird sie langfristig verdrängen. Im Begriff der *Esoterischen Philosophie* wird die Vorstellung einer arkanen Schule für

---

[143] Vgl. Frances Yates: Giordano Bruno and the Hermetic Tradition. Chicago, London 1964, S. 211–216.
[144] Dazu Evans: Career of John Toland (wie Anm. 141), S. 212. Gedruckt wurde die Bruno-Übersetzung erst 1713 unter dem Namen von Tolands Schwager (S. 229, Anm. 49).
[145] Zahlreiche Verweise dazu im Register von Margaret C. Jacob: The Radical Enlightenment. Pantheists, Freemasons and Republicans. London 1981.
[146] Tetradymus. By Mr. Toland. London MDCCXX [1720].
[147] Clidophorus; or Of the Exoteric and Esoteric Philosophy, that is, Of the External and Internal Doctrine of the antients: The one open and public, accommodated to popular prejudices and the RELIGIONS establish'd by Law; the other private and secret, wherein, to the few capable and discrete, was taught the real TRUTH stript of all disguises. London, Printed in the Year 1720.
[148] Ebd., S. 73. (Der Pythagoras-Bezug steht auf den ersten Seiten der Schrift – die Seitenzahlen der *Tetradymus*-Texte sind durchgezählt.)
[149] Ebd., S. 74 u. 75.
[150] Siehe den kompletten Titel des Clidophorus (wie Anm. 147).
[151] Vgl. zu dem größeren Zusammenhang David Berman: Deism, Immortality, and the Art of Theological Lying. In: Deism, Masonry, and the Enlightenment. Essays Honoring Alfred Owen Aldridge. Hg. v. Joseph A. Leo Lemay. London, Toronto 1987, S. 61–78, hier S. 62–64.

die geistige Elite überblendet mit einer Vorstellung vom Konzept der wahren Religion und des wahren Wissens. Es ist der Glaube an die reine Urreligion,[152] deren Umrisse in Martin Mulsows Toland-Interpretation in die Formel „hermetische Vernunftreligion als Esoterik"[153] gefasst werden:

> Im späten 17. und frühen 18. Jahrhundert kommen der libertine Strang und der ‚prisca theologia'-Strang im Sinne einer als prisca theologia interpretierten deistischen Naturreligion zusammen, etwa bei John Toland: Clidophorus. Or the Exoteric and Esoteric Philosophy [...].[154]

Diese Konstellation der Zeit um 1700 ist also der Hintergrund für das Jugendwerk von Christoph Meiners zur *Revision der Philosophie* mit seiner wichtigen Funktion für den Beginn unserer Untersuchung, denn hier hatten wir zuerst den ‚deutschen Esoteriker' gefunden. In der *Revision der Philosophie* hatte Meiners 1772 die Unterscheidung zwischen esoterischer und exoterischer Philosophie geradezu zum Leitfaden seiner Darstellung gemacht.[155] Das Werk von Meiners, in dem sich die Verbindungen des Adjektivs ‚esoterisch' mit zahlreichen variierenden Substantiven durchgesetzt hat, ist ohne Toland nicht denkbar. Soweit ich sehe, bezieht sich Meiners allerdings nicht explizit auf den Engländer – es ist also möglich, dass es noch ein oder mehrere Zwischenglieder der Rezeption gibt. Hier würde eine weitere Suche vielleicht noch interessante Referenzketten zu Tage fördern.

Der bisher früheste Beleg für das *französischsprachige* Adjektiv findet sich wiederum bei Laurant. Gefunden hatte er es in einer Publikation aus dem Jahre 1742.[156] Autor war Louis François Marquis de La Tierce (1699–1782), ein hugenottischer Flüchtling, der 1724 zunächst nach Holland, dann nach England gegangen war.[157] Selbst Freimaurer, erhielt er – wahrscheinlich von den Mitgliedern der *Loge Française* in London – den Auftrag, das Konstitutionenbuch der englischen Großloge von 1723 ins Französische zu übersetzen.[158] Im Ergebnis wurde daraus weniger eine Übersetzung als eine freie Übertragung. So fügte er in den Originaltext der maurerischen Geschichtserzählung, die den Auftakt der sogenannten Andersonschen Konstitutionen bildete, einen Zusatzabschnitt ein, der sich

---

[152] Dazu Henning Graf Reventlow: Das Arsenal der Bibelkritik des Reimarus. Die Auslegung der Bibel, insbesondere des Alten Testaments bei den englischen Deisten. In: Hermann Samuel Reimarus (1694–1768). Ein ‚bekannter Unbekannter' der Aufklärung in Hamburg. Göttingen 1973, S. 44–65, hier S. 51.
[153] Martin Mulsow: Moderne aus dem Untergrund. Radikale Frühaufklärung in Deutschland 1680–1720. Hamburg 2002, S. 105. Vgl. auch S. 253.
[154] Ebd., S. 105, Anm. 60.
[155] Vgl. Neugebauer-Wölk: Der Esoteriker und die Esoterik (wie Anm. 32), S. 219–222.
[156] Laurant: L'ésotérisme chrétien (wie Anm. 5), S. 18, Anm. 1. Er korrigierte damit die Quellenangabe bei Riffard: L'ésotérisme (wie Anm. 14), S. 77, der noch eine Stelle von 1752 nennt.
[157] Art. La Tierce. In: Dictionnaire de la Franc-Maçonnerie. Hg. v. Daniel Ligou. Paris 1987, S. 691.
[158] Ebd.

mit den ‚Logen' im alten Griechenland befasste. Sie hätten aufgrund der Verfolgungen, die Pythagoras und Sokrates erlitten, eine doppelte Lehrart eingeführt:

> Il faut observer seulement que les anciennes Loges de la Grece [...] ne revinrent jamais bien de la fraieur, que leur avoit causée le triste sort de Pythagore & de Socrate. Pour s'en garantir, l'usage s'y introduisit d'enseigner deux sortes de Doctrines, dont ils appelloient l'une exotérique, qu'on pouvoit communiquer aux Etrangers, & l'autre ésotérique ou secrete, qui étoit réservée aux Membres des Loges.[159]

Danach ging La Tierce nach Deutschland, wo er zu den frühesten Mitgliedern der Loge *L'Union* in Frankfurt am Main gehörte. Hier veröffentlichte er im Jahr nach der Gründung dieser Loge bei Varrentrapp seine Version der Konstitutionen,[160] und es ist dieser Druck, nach dem Laurant das Adjektiv *ésotérique* auf 1742 datiert. Aus freimaurerischen Akten wissen wir jedoch, dass der Text tatsächlich ein Jahrzehnt älter war. La Tierce hatte den Übersetzungsauftrag wohl 1732 erhalten;[161] das druckfertige Manuskript lag jedenfalls 1733 vor und war von der Londoner Großloge autorisiert worden.[162]

So wird hier aus der esoterischen Philosophie eine esoterische Doktrin (*Doctrine ésotérique*), gleichsam offizielle Bezeichnung für die interne Gedankenwelt der Logen. Die räumliche und zeitliche Nähe zu John Toland ist in diesem Falle eklatant: Toland und La Tierce gehören zum niederländischen Exilantenmilieu des frühen 18. Jahrhunderts, um 1730 lebt La Tierce in London, wo Toland 1720 seinen *Clidophorus* veröffentlicht hatte, und wo er 1722 gestorben war. Beide gehören zum zeitgenössischen Diskurs des westeuropäischen Deismus, wie er gerade auch in den geheimen Gesellschaften stattfand.

Aus dem Jahr 1733 stammt auch der bisher früheste Beleg für das *deutsche* Adjektiv *esoterisch*. Bianca Pick hat die Stelle bei Jacob Brucker gefunden, im vierten Teil seiner *Kurtze[n] Fragen aus der philosophischen Historie*, dem deutschsprachigen Vorlauf zu seiner berühmten Philosophiegeschichte, der *Historia critica Philosophiae*, mit der er für das 18. Jahrhundert Standards setzte.[163] Mit Autoren wie Toland konnte Brucker nichts anfangen. Er stand im Gelehrtenstreit um die Legitimität des Christentums und die wahre Religion auf der Gegenseite.[164]

---

[159] Histoire, obligations et statuts de la très vénérable confraternité des Francs-Macons, tirez de leurs archives et conformes aux traditions les plus anciennes [...]. A Francfort sur le Meyn. Chez François Varrentrapp 1742, S. 38.
[160] Ebd.
[161] Art. La Tierce (wie Anm. 157).
[162] Art. La Tierce. In: Lennhoff, Posner: Freimaurerlexikon (wie Anm. 79), Sp. 902. Die Approbation ist auf dem Titelblatt vermerkt (wie Anm. 159). Vgl. auch Klaus C. F. Feddersen: Constitutionen. Statuten und Ordensregeln der Freimaurer in England, Frankreich, Deutschland und Skandinavien. Hg. v. der freimaurerischen ‚Forschungsvereinigung Frederik' der Großen Landesloge der Freimaurer von Deutschland. Husum 1989, S. 226.
[163] Vgl. insgesamt Schmidt-Biggemann: Brucker (wie Anm. 137), bes. Teil II: Die Konzeption der Philosophiegeschichte und deren Wirkung, S. 113–258.
[164] Dazu Mario Longo: Geistige Anregungen und Quellen der Bruckerschen Historiographie. In: Ebd., S. 159–186, bes. S. 178.

Bruckers Auffassung von Philosophiegeschichte knüpfte an Thomas Stanley an, auch seine Darstellung des Pythagoreismus unterscheidet sich kaum von der Stanleys. Nur kritisiert er – anders als sein englisches Vorbild – dessen neuplatonische Überformung.[165] Hier haben wir also nicht die Aufhebung und Einhegung der Hermetik in der esoterischen Philosophie des Pythagoras, sondern deren Kritik, das Aufdecken dieses Zusammenhangs: Die phythagoreische Theologie ist pantheistisch.[166] In seiner Entschlossenheit zur Entlarvung aller Strömungen, die wir heute als Elemente des Esoterischen Corpus bezeichnen würden, befasst sich Brucker eingehend mit dem Spektrum dieser Denkweisen.[167] Es ist die Kabbala, bei der er den inneren Zusammenhang der Philosophia perennis mit dem Christentum zurückweist, sie stattdessen mit dem Heidentum assoziiert. Brucker spricht über die Gelehrten,

> welche, da sie gesehen daß in der Cabbala [...] viel unreines und aus den Pfützen der Heydnischen Philosophie offenbar enthalten seye, und doch in der Meynung standen, sie hätten vieles darinnen gefunden, das zur Bekräftigung der Christlichen Lehre dienlich, und ein Überbleibsel einer höhern und fernern GOttes=Lehre wäre, auf diese *Distinction* gefallen sind, daß sie behauptet, es seye ehedessen eine geheime, acroamatische oder *esoterische Lehre* gewesen, welche die Geheimnisse von GOtt, Christo und dessen Reich, u.s.w. deutlicher und aufgedeckter vorgetragen, und welche sodann von den Jüden durch Einmischung Heydnischer Grillenfängereyen und schädlicher Irrthümer verderbet worden [...].[168]

Die ‚Esoterische Unterscheidung' zwischen einer exoterischen und einer esoterischen Lehre ist hier weit mehr als nur ein technisches Verfahren der Ein- und Ausgrenzung, die Bezeichnung zweier Gruppen in einer Philosophenschule. Diese *Distinction* – wie Brucker schreibt – wird zu einem Systematisierungs- und Klassifizierungsmerkmal in den religionspolitischen Diskursen der Zeit.

## V Gelehrtensprache und Nationalsprachen

Es ist nirgendwo explizit begründet, aber die bisherige Behandlung des Begriffsproblems in der Esoterikforschung lebt auch vom Gegensatz zwischen Gelehrtensprache und Nationalsprachen. Die Standardfrage lautet: Wann begegnet das Substantiv (oder Adjektiv) zuerst im Französischen, im Englischen, im Deutschen? Die Verbreitung in der Gelehrtensprache der Neuzeit, dem Lateinischen also, wird dagegen nicht erfragt und bleibt damit irrelevant.

Dieser Voraussetzung bin ich ebenfalls lange gefolgt und habe dies sozusagen erst auf den letzten Metern der Untersuchung für diesen Tagungsband in Frage

---

[165] Dazu eingehend Neumann: Monaden im Diskurs (wie Anm. 130), z.B. S. 115–119, 161f.
[166] Ebd., S. 148.
[167] Vgl. auch Hanegraaff: Art. Esotericism (wie Anm. 3), S. 338.
[168] Jacob Bruckers Kurtze Fragen Aus der Philosophischen Historie. Von der Geburt Christi Biß auf Unsere Zeiten [...]. Vierter Theil. Ulm 1733, S. 685 [Hervorh. M. N.-W.].

gestellt. Ursächlich dafür war natürlich, dass sich der Blick auf das Problem von der Moderne immer stärker auf das 18. Jahrhundert und die Frühe Neuzeit insgesamt zurückverlagert hat. In vormodernen Zeiten gibt es bei derart bildungselitären Themen aber keinen prinzipiellen Unterschied zwischen lateinischen und volkssprachlichen Texten. Sie bilden keine getrennten Diskurse, sondern reagieren aufeinander und haben Rezipientenkreise, die sich weitgehend überschneiden. Nur im freimaurerischen Milieu dürfte es erste Ansätze einer Auseinanderentwicklung gegeben haben, wie sie dann die Moderne allgemein kennzeichnet. Dies wäre extra zu untersuchen. Grundsätzlich aber gilt: lateinische und nationalsprachliche Texte gehören in einen gemeinsamen akademisch geprägten Diskurs, wie die volkssprachlichen Texte ohnehin häufig Übersetzungen des lateinischen Originals sind – oder sogar umgekehrt volkssprachliche Originale ins Lateinische übersetzt werden, um sie international besser rezipierbar zu machen.

Natürlich ist dies gut bekannt und keine besondere Entdeckung. Dass die Bezüge zwischen lateinischer und volkssprachlicher Textentwicklung trotzdem nicht interessierten, lag eben auch daran, dass das Diktum galt: Das Substantiv im esoterischen Wortfeld entwickelt sich erst in den Nationalsprachen, die klassischen Sprachen der Antike kannten nur das Adjektiv. Lateinischsprachige Texte waren damit ausgeschieden, obwohl natürlich klar ist, dass das neuzeitliche Latein gegenüber der Antike über einen erweiterten Sprachschatz verfügt.

Den letzten Anstoß dafür, die Trennung zwischen Gelehrtensprache und Volkssprachen über Bord zu werfen, gab dann eine Entdeckung, die gar keine war, besser: die Wiederentdeckung eines längst gemachten Fundes. Im Prinzip war seit 1990 bekannt (aber nicht rezipiert), dass es auch in der Antike schon Substantive im esoterischen Wortfeld gegeben hatte. Pierre Riffard hatte nämlich Clemens von Alexandrien gelesen, der – zu Ende des 2. Jahrhunderts n. Chr. – das Adjektiv ἐσωτερικός als erster mit einem okkulten Sinn ausgestattet hatte.[169] Riffard verweist daran anschließend auf eine Stelle bei Clemens, die ins Deutsche übersetzt folgendermaßen lautet: „Und die Anhänger des Aristoteles sagten auch, dass einige von ihren Schriften *Esoterika* seien, die anderen aber allgemein zugänglich und *Exoterika*."[170] „Texte fondamental", ruft Riffard aus:

> Man liest erstmals Esoterika (ἐσωτερικά), als Adjektiv oder vielleicht als Substantiv, sagen wir als Quasi-Substantiv, gebildet ganz in der Art wie Hermetika, Magika, Mithraika, Orphika,

---

[169] Titus Flavius Clemens, geb. um 150 n. Chr. vermutlich in Athen; gest. vor 215 n. Chr. vermutlich in Kappadokien. Er lebte und wirkte über viele Jahre in Alexandria. Vgl. Metzler Lexikon antiker Autoren. Hg. v. Oliver Schütze. Stuttgart, Weimar 1997, S. 179–181. Clemens war einer der Hauptvertreter der Überlagerung von Christentum und Platonismus. Riffard: L'ésotérisme (wie Anm. 14), S. 71.
[170] Riffard: L'ésotérisme (wie Anm. 14), S. 71, Übers. M. N.-W. („Et les Aristotéliciens disaient aussi que parmi leurs ouvrages les uns sont ésotériques, les autres communs et exotériques." Riffard zitiert anschließend das griechische Original, um den substantivischen Charakter der Wortformen ἐσωτερικά und ἐξωτερικά deutlich zu machen, was im Französischen so nicht funktioniert).

usw. *Esoterika* meint [...] esoterische Recherchen, esoterische Werke, am häufigsten aber esoterische Materien – Themen, Ideen, Praktiken, Vorgehensweisen, Namen, Figuren, Szenarien, Bilder, Symbole, Motive [...].[171]

Es gibt also das Sachwort der *Esoterika* seit der Antike.[172] Aber auch das personale Substantiv ist bereits da: Es findet sich bei dem Neuplatoniker Jamblichos, und zwar in seiner Schrift über das pythagoreische Leben aus der Zeit um 300 n. Chr. Hier spricht er von den ἐσωτερικοί unter den Schülern des Pythagoras, die den Meister bei seinem Vortrag zu Gesicht bekamen, während die anderen hinter einem Vorhang nur zuhören durften.[173] Den Begriff gab es allerdings wohl nur im Plural. Ein Beleg für den Esoteriker als Einzelperson ist mir aus dem Altgriechischen bislang nicht bekannt.

Die antike Geschichte des esoterischen Wortfeldes ist eine rein griechische Veranstaltung. Es ist also die interessante Feststellung zu machen, dass es diese Wortfamilie im klassisch-antiken Latein nicht gibt – weder als Adjektiv noch als Substantiv. Die einzige Stelle, die der *Thesaurus linguae latinae* ausweist, ist ein Brief an Augustinus aus dem Jahr 412. Die Lesart ist aber umstritten – es gibt mehrere Varianten.[174] Die lateinische Literatur des Mittelalters wurde meines Wissens bisher nicht auf unsere Fragestellung hin untersucht. Derzeit gilt also: Die griechische esoterische Wortfamilie gelangt in der Zeit der Renaissance ins Lateinische. Aber auch wenn entsprechende lateinische Formen noch für das Mittelalter nachweisbar sein sollten – den entscheidenden Schub für deren Rezeption dürften die zahlreichen erstmaligen Übersetzungen griechischsprachiger Schriften seit dem 15. Jahrhundert gegeben haben. Auch die Art der Übertragung wurde in dieser Zeit endgültig festgeschrieben: Die griechischen Worte wurden nicht durch inhaltlich entsprechende genuin lateinische übersetzt, sondern als Fremdworte übernommen und nur formal latinisiert. Diese Adaption wird sich in den Nationalsprachen wiederholen: Die esoterische Terminologie bleibt bis in die Moderne hinein in allen

---

[171] Ebd., Übers. M. N.-W. („On lit pour la première fois esôterica ἐσωτερικά, comme adjectif ou peut-être comme substantif, comme quasi-substantif disons, formé à la façon de *hermetica, magica, mithraica, orphica*, etc. *Esôterica* désignera [...] soit des recherches ésotériques soit des ouvrages ésotériques, soit, le plus souvent, des matières ésotériques – thèmes, idées, pratiques, procédés, noms, figures, scénarios, images, symboles, motifs [...]").
[172] Rezipiert wurde das – soweit ich sehe – bisher nur bei dem Faivre-Schüler Jean-Paul Corsetti: Histoire de l'ésotérisme et des sciences occultes. Paris 1992, S. 8. In der heutigen Forschung spielt Riffard, der noch in methodisch unkontrolliertem Zugang als ‚Esoteriker' schrieb, kaum eine Rolle. Dieser nachvollziehbare Vorbehalt gegenüber seiner Arbeit kann sich jedoch nicht auf seine Wortfelduntersuchung beziehen, die ja in Gänze überprüfbar ist.
[173] Riffard: L'ésotérisme (wie Anm. 14), S. 73.
[174] S. Aureli Augustini Hipponensis episcopi epistulae. Recensuit et commentario critico instruxit Al. Goldbacher. Bd. 3. Wien, Leipzig 1904, S. 90. Vgl. Jean Borella: Lumières de la théologie mystique. Lausanne 2002, S. 164, sowie Christian Tornau: Zwischen Rhetorik und Philosophie. Berlin 2006, S. 61f. Für Hinweise in dieser Frage danke ich Andreas Kleinert. Siehe auch Riffard: L'ésotérisme (wie Anm. 14), S. 76.

europäischen Sprachen ein Komplex an Fremdwörtern griechischen Ursprungs. Auch wenn dies heute nicht mehr so empfunden wird.[175]

Das bedeutet nicht, dass keine Weiterentwicklung stattfand. So wird aus den griechisch im Plural begegnenden Esoterikern 1514 bei Guillaume Budé der *homo esotericus*,[176] aus dem sich der Esoteriker in der Einzahl entwickeln kann. Und in einer Galen-Übersetzung findet sich 1535 die Formulierung „internum scilicet, atque ut ipsi appellant, *esotericum* atque arcanum quiddam" („als Inneres freilich, oder wie sie selbst es nennen, als Esoterisches und gleichsam Arkanes").[177] Das plurale griechische Sachwort der *Esoterika* wird also hier zum *Esotericum* singularisiert, als Inbegriff eines geheimen Wissens.

Es gibt einen Hinweis darauf, dass die *Esoterika* zuerst im Englischen in einen nationalsprachlichen Text eingehen. 1763 findet sich bei Abraham Tucker (1705–1774) der Satz „the antients, delivering their lectures by word of mouth, could adept their subjects to their audience, reserving their *esoteries* for adepts, and dealing out *exoteries* only to the vulgar".[178] Mit dem *Oxford English Dictionary* ist anzunehmen, dass es sich bei der Wortform esoteries/exoteries um einen Druckfehler handelt,[179] falsch gelesen aus dem Manuskript, das von *esoterics* und *exoterics* sprach, also von Esoterika und Exoterika. Aber auch unabhängig von einer solchen Korrektur bleibt, dass es sich bei diesem Zitat um den bisher frühesten Beleg für ein englischsprachiges Substantiv des esoterischen Wortfeldes handelt.

Für die deutschsprachige Literatur hat Bianca Pick das *Exotericum* in Johann Heinrich Zedlers Lexikon gefunden, in einem Artikel von 1749.[180] Das dazugehörige *Esotericum* ist hier als Kompositum gefasst, als *esoterische Lehre*, innerstes Geheimnis einer chinesischen Sekte, die ihre Wurzeln im Alten Ägypten hat.[181] Es ist also sehr wahrscheinlich, dass auch das Esotericum in deutschsprachigen Texten der Mitte des 18. Jahrhunderts bereits existiert. Wir müssen es nur finden. Dann ergäbe sich die Reihung *Esotericum* (um 1750), esoteries [esoterics?] (1763), Esoterismus (1779), Esoterik (1790). Man wird sehen.

Die gesamte bis 1800 ausgebildete Begrifflichkeit wandert aus der Aufklärung heraus in die Moderne. 1817 haben die *Esoterika* ihren ersten Auftritt in einem

---

[175] Der Begriff ‚Esoterik' wurde 1967 in den *Großen Duden* als Wörterbuch der deutschen Sprache übernommen. Das änderte nichts an seinem Eintrag im *Duden-Fremdwörterbuch*. Vgl. z.B. dessen 6. Aufl. Mannheim u.a. 1997, S. 236.

[176] Guillaume Budé: De asse et partibus eius. O.O. o.J. [Paris 1514], Liber V, fol. 164. Zur Person Budés: Jaumann: Handbuch Gelehrtenkultur (wie Anm. 127), S. 140.

[177] Claudii Galeni pergameni de Hippocratis et Platonis decretis [...]. Übers. v. Johannes Bernardus Felicianus. Basel 1535, S. 26. Die Passage gehört zum 3. Teil dieser Sammlung. Für die Hinweise auf Budé und die Galen-Übersetzung danke ich Andreas Kleinert.

[178] Edward Search [Pseud. für Abraham Tucker]: Freewill. Foreknowledge and Fate. A Fragment. London 1763, S. 172, Anmerkung [Hervorh. M. N.-W.].

[179] Art. Esotery. In: The Oxford English Dictionary (wie Anm. 13), S. 394.

[180] Grosses vollständiges Universal Lexicon aller Wissenschaften und Künste [...]. Bd. 60. Leipzig, Halle 1749. Verlegts Johann Heinrich Zedler, Sp. 584.

[181] Ebd.

*Historische Esoterikforschung* 69

deutschsprachigen Text – nach heutigem Wissensstand. Und sie stehen gleich in einem Buchtitel: *Esoterika. Oder Ansichten der Verhältnisse des Menschen zu Gott. Nebst neuen Erörterungen unserer heiligen Urkunde der Geschichte der Menschheit. Nur für die heiligen Statthalter Gottes auf Erden und human denkenden Gelehrten, keineswegs aber für das Volk.*[182] Der Autor ist nicht auf dem Titelblatt, wohl aber am Schluss des Vorworts angegeben. Es handelt sich um einen preußischen Professor, das Mitglied zahlreicher Gelehrter Gesellschaften, Christian Ernst Wünsch,[183] zum Zeitpunkt des Erscheinens bereits 73 Jahre alt und emeritiert.[184] Wünsch kam also aus den Diskursen der Aufklärung, er war 1776 in Leipzig promoviert worden und führte den Doktortitel der Philosophie und Medizin.[185] Wie in dieser Zeit immer noch üblich, wirkte er über die Fächergrenzen hinweg, publizierte zu naturwissenschaftlichen und philosophischen Themen gleichermaßen und erhob als Freimaurer, der er bereits während seines Studiums geworden war,[186] Anspruch auf Kompetenz in religiös-theologischen Themen. 1783 hatte er einen einschlägigen Text publiziert, der überregional Skandal machte: *Horus oder Astrognostisches Endurtheil über die Offenbarung Johannis und über die Weissagungen auf den Messias wie auch über Jesum und seine Jünger*, erschienen – wie der anonyme Verfasser angab – in Ebenezer im Vernunfthaus, tatsächlich jedoch in Halle bei dem Verlag Gebauer.[187] Wünsch ließ darin die Religion der Juden aus schlecht verstandener Aufnahme ägyptischer Weisheit hervorgehen: Horus, der Sohn von Isis und Osiris, sei das Vorbild des Messias, Jesus habe sich dann in die Messiasidee derart „verfitzt", dass er sich schließlich selbst dafür gehalten habe.[188] Während der Leipziger Magistrat alle ihm erreichbaren Exemplare hatte beschlagnahmen und eins davon öffentlich hatte verbrennen lassen,[189] erschien 1784 im preußischen Halle eine zweite Auflage.[190] Karl Abraham von Zedlitz, für die Universitäten zuständiger Minister Friedrichs II., berief

---

[182] Esoterika […]. 2 Teile. Berlin 1817. Für Recherchen zu diesem Titel danke ich Markus Meumann.
[183] Ebd., Teil 1, S. XVI. Dieses Vorwort ist auf den 20. November 1815 datiert.
[184] Vgl. G. Frank: Art. Christian Ernst Wünsch. In: Allgemeine deutsche Biographie. Bd. 44. Leipzig 1898, S. 317–320.
[185] Esoterika (wie Anm. 182), Teil 1, S. XVI. Dazu Frank: Art. Wünsch (wie Anm. 184), S. 318.
[186] Am 15.08.1774 in der Leipziger Loge Minerva zu den drei Palmen. Dazu Karlheinz Gerlach: Die Freimaurer im Alten Preußen 1738–1806. Die Logen zwischen mittlerer Oder und Niederrhein. Teil 1. Innsbruck u.a. 2007, S. 167.
[187] Wolfstieg: Freimaurerische Literatur (wie Anm. 87). Bd. 1, S. 241, Nr. 4864. Der Untertitel lautete: Mit einem Anhang von Europens neuern Aufklärung und von der Bestimmung des Menschen durch Gott. Ein Lesebuch zur Erholung für die Gelehrten und ein Denkzeddel für Freimaurer.
[188] Inhaltswiedergaben bei Frank: Art. Wünsch (wie Anm. 184), S. 318f. und Paul Schwartz: Der erste Kulturkampf in Preußen um Kirche und Schule (1788–1798). Berlin 1925, S. 84.
[189] Schwartz: Kulturkampf (wie Anm. 188), S. 84.
[190] Wolfstieg: Freimaurerische Literatur (wie Anm. 87). Bd. 1, S. 241, Nr. 4864.

Wünsch im gleichen Jahr zum Professor der Mathematik und Physik in Frankfurt an der Oder.[191]

Als Wünsch seine *Esoterika* druckfertig machte, im November 1815,[192] herrschte ein anderes geistiges Klima. Zwar waren die arkanen Konnexionen auch unter Friedrich Wilhelm III., der selbst kein Logenmitglied war, in der Staatsführung nach wie vor lebendig – Hardenberg war Freimaurer.[193] Aber die im September diesen Jahres geschlossene Heilige Allianz hatte ihre geistigen Wurzeln in einer Esoterik, die eher den religiösen Grundsätzen der Gold- und Rosenkreuzer nahestand als deistischer Vernunftreligion.[194] Das Christentum *öffentlicher* Destruktion zu unterziehen, war nicht mehr ratsam. So ließ Wünsch sein religionspolitisches Alterswerk im anhaltischen Zerbst erscheinen und schrieb eine einleitende Apologie, die um den Gedanken kreiste, sein Werk müsse „ein esoterisches Buch" bleiben, „folglich durchaus nicht gemein werden".[195] „Denn nur Wenige sind berufen, in den Werken der Gottheit und in den heiligen Urkunden der Geschichte der Menschheit nach Heilslehren zu forschen."[196] Wünschs *Esoterika* waren also seine Texte über eine aus den Traditionen der Philosophia perennis entwickelte Menschheitsreligion. Er publizierte sie als Geheimnisse für die Elite.

Die „heilige Urkunde der Geschichte der Menschheit", in der Wünsch laut Titel nach Heilslehren forschte, war die Bibel, und die Formulierung bezog sich auf Johann Gottfried Herders 1774 erschienene *Älteste Urkunde des Menschengeschlechts*, einen Kommentar zum Alten Testament, in dem dieser die Genesis einer hermetisch zugespitzten Interpretation unterzogen hatte.[197] Wünsch konzedierte, dass auch er einer „besonderen Bibelauslegungsmethode" folgte, trotzdem überzeugt sei, das „wahre Christentum" gefunden zu haben, und dass er bereit sei, dies historisch zu beweisen.[198] Der Philosoph Johann Jakob Wagner kommentierte 1819 ungehalten, Wünsch habe „die geschichtliche Hülle des Christenthums als Son-

---

[191] Schwartz: Kulturkampf (wie Anm. 188), S. 84. Vgl. auch Günter Mühlpfordt: Die Oder-Universität 1506–1811. In: Die Oder-Universität Frankfurt. Beiträge zu ihrer Geschichte. Hg. v. Günther Haase u. Joachim Winkler. Weimar 1983, S. 19–72, hier S. 62.

[192] Siehe das Datum des Vorworts zum 1. Teil: Esoterika (wie Anm. 182), S. XVI.

[193] Lennhoff, Posner: Freimaurerlexikon (wie Anm. 79), Sp. 671.

[194] Vgl. dazu Erich Donnert: Die Freimaurerei in Rußland. Von den Anfängen bis zum Verbot 1822. Innsbruck u.a. 2003, bes. S. 126–131. Volker Schäfer: Art. Heilige Allianz. In: Lexikon der deutschen Geschichte. Hg. v. Gerhard Taddey. 2. überarb. Aufl. Stuttgart 1983, S. 515f. Zum Esoterischen Christentum der Gold- und Rosenkreuzer zur Zeit Friedrich Wilhelms II. siehe Renko D. Geffarth: Religion und arkane Hierarchie. Der Orden der Gold- und Rosenkreuzer als Geheime Kirche im 18. Jahrhundert. Leiden, Boston 2007, bes. S. 179–290.

[195] Esoterika (wie Anm. 182), S. IX–XVI: Vorbericht zum ersten Theil; Zitate S. XI.

[196] Ebd., S. XIII.

[197] Vgl. dazu Hugh Barr Nisbet: Die naturphilosophische Bedeutung von Herders ‚Aeltester Urkunde des Menschengeschlechts'. In: Bückeburger Gespräche über Johann Gottfried Herder 1988. Älteste Urkunde des Menschengeschlechts. Hg. v. Brigitte Poschmann. Rinteln 1989, S. 210–226, bes. S. 214–216.

[198] Esoterika (wie Anm. 182), Vorbericht zum zweiten Theil, S. V–XIV, hier S. IX u. XIII.

nen= und Stern=Mythus" erklärt.[199] Die Tradition der Debattenkontexte, in denen das Wortfeld des Esoterischen in der Neuzeit begegnet, bewegt sich in den positiv bis negativ bewerteten Auslegungen der Philosophia perennis, wie sie um 1500 in ihrer Basiskonzeption entstand. Das ist keine esoterische Konstruktion, sondern eine empirisch abgesicherte Feststellung.

## VI Historische Esoterikforschung. Ein Resümee

Der Versuch, die Entwicklungsgeschichte des esoterischen Wortfeldes nachzuvollziehen, ist kein Spiel mit Worten. Es geht vielmehr darum, Esoterikforschung in einer historischen Perspektive zu legitimieren, ohne *Esoterik* über eine Begriffsdefinition vorab inhaltlich festzuschreiben. Damit kann auch dem Verdacht entgegengewirkt werden, Historische Esoterikforschung sei grundsätzlich Traditionskonstruktion aus esoterischer Wurzel.

Dass das hier vorgeschlagene Verfahren nicht den einzigen Weg darstellt, Esoterikforschung für die Frühe Neuzeit zu begründen, versteht sich von selbst. Es ist vielmehr *ein* möglicher Ansatz, der durch andere Verfahrensweisen zu ergänzen ist.

Für den wortgeschichtlichen Zugang hat die voraufgehende Untersuchung den bisherigen Kenntnisstand in zweierlei Hinsicht auf eine neue Grundlage gestellt. Sie hat erstens die Fundstellen zur Substantivbildung in deutschsprachigen Texten über die Epochengrenze von 1800 zurückverfolgt, und sie hat zweitens die Fragen, die an das Textmaterial zu stellen sind, neu strukturiert. Denn es ist nicht sinnvoll, die Entwicklung der Substantive von der Entwicklung des Adjektivs zu trennen; beides trägt zur Begriffsbildung bei. Und es ist nicht sinnvoll, die Entwicklung in den Nationalsprachen von der Gelehrtensprache zu trennen. Beides greift ineinander. Im Ergebnis wird die historische Entwicklung des esoterischen Wortfeldes in ersten, noch ganz vorläufigen Dimensionen erkennbar.

Dieser Untersuchungsstand legt folgende Hypothesen nahe: Das esoterische Wortfeld gelangt durch die Rezeption griechischer Schriften in der Renaissance spätestens um 1500 ins Lateinische. Durch die *Pythagoreische Wende* in der Mitte des 17. Jahrhunderts gelangt die lateinische Adaption in die Nationalsprachen und wird dort formal an die jeweilige Sprache angepasst.

Hat man die Fundstellen der Worte, so kann man untersuchen, was die Worte zu Begriffen macht, d.h. dem jeweiligen Sprachgebrauch die damit bezeichneten Inhalte zuordnen. Denn mit einer Wortfindungsstrategie alleine ist es nicht getan. Man hätte damit zwar die Klippe des Essentialismus umschifft, wäre aber auf den trügerischen Grund eines abstrakten Nominalismus aufgelaufen. Historische Kontextualisierung ist die zwingende Folge Historischer Semantik. Dabei lässt bereits

---
[199] Johann Jakob Wagner: Religion, Wissenschaft, Kunst und Staat in ihren gegenseitigen Verhältnissen betrachtet. Erlangen 1819, S. 161.

das hier präsentierte überschaubare Material erkennen, dass der rein formale Kontext der einfachen *Esoterischen Unterscheidung*, nämlich der Trennung einer Schülerschaft in eine äußere exoterische Gruppe und einen privilegierten esoterischen Kreis, schon seit der Antike mit Aussagen über die im inneren Kreis vermittelte Lehre angereichert wurde.

Die Zeit der Aufklärung ist diejenige Epoche, in der sich die Rede von der esoterischen Lehre, dem esoterischen Wissen, der esoterischen Religion usw. immer weiter ausbreitet – und mit ihr verschiedene Varianten der Philosophia perennis, die so transportiert werden. Die Einhegung der Hermetik in einen neuzeitlichen Pythagoreismus wirkt dabei förderlich, wenn nicht grundlegend. So geht es eben nicht nur um das nominelle Auftreten verschiedener Ausprägungen des esoterischen Wortfeldes. Es geht um deren Stellenwert und die damit verbundenen Konzepte in den entsprechenden Debatten, etwa im Diskurs um die Frage nach der ‚wahren' und allen Menschen gemeinsamen Religion, oder im Diskurs um die Mysterienkulte der Antike, der gleichzeitig als Debatte über die Freimaurerei lesbar ist.

Die Geschichte esoterischer Begriffsbildung hatte also schon einen langen Weg zurückgelegt, als sie schließlich die Epochengrenze von der Aufklärung in die Moderne übersprang. Anders als man bisher angenommen hat, waren zu dieser Zeit bereits alle Varianten des esoterischen Wortfeldes ausgeprägt: das Adjektiv mit zahlreichen Komposita, die Substantive Esoterika, Esoteriker, Esoterismus, Esoterik. Der Weg in die Moderne war für diese Lexeme und Wortverbindungen dann vor allem ein Weg in ganz neue Dimensionen der Verbreitung und öffentlichen Wahrnehmung. Die Grundlage dafür bilden die allmähliche Durchsetzung der Religionsfreiheit im Laufe des 19. Jahrhunderts und der so entstehende Markt der Religionen.

Für die Forschung hatte sich das Schlagwort des *ésotérisme* als weithin bekanntes Label angeboten, als um 1990 die Entscheidung für eine übergreifende Terminologie fiel, und dieser moderne Integrationsbegriff wurde mit dem Anspruch eines heuristischen Instruments in die Vormoderne rückdatiert. Nun zeigt sich, dass diese Rückdatierung keine reine Konstruktion ist. Ein Grundverständnis von ‚Esoterik' ist auch historisch unter diesem Begriff dokumentierbar – allerdings nicht im Sinne eines durchgängig mit sich selbst identischen Konzepts, sondern mit einem je spezifischen Profil in den Debattenkontexten der jeweiligen Zeit. *Historische* Forschung unter dem Stichwort ‚Esoterik' ist so *prinzipiell* legitimiert. Damit gewinnt die Frage nach den Wegen in die Moderne auch in dieser Perspektive eine quellenorientierte Grundlage.

WOUTER J. HANEGRAAFF

# The Notion of 'Occult Sciences' in the Wake of the Enlightenment

Modern scholars in the study of Western esotericism often use the notion of 'occult sciences' as a convenient umbrella category that covers at least magic, astrology and alchemy, and is often expanded to also include various arts of divination and even witchcraft. However, the terminology is not uncontested. In an important recent volume edited by two of the most influential contemporary scholars in the study of alchemy and astrology, William R. Newman and Anthony Grafton, the concept of 'occult sciences' has been criticised as a misleading 19th-century invention that causes us to neglect the relative autonomy of astrology and alchemy through most of their histories. Newman and Grafton attribute the idea of a close coherence between alchemy, astrology and magic to the influence of the Renaissance concept of *philosophia occulta*, but emphasise that, in fact, "even during the heyday of Renaissance neoplatonism, astrology and alchemy lived independent lives, despite the vast inkwells devoted to the rhetorical embellishment of occult philosophy".[1] In his study *Promethean Ambitions* of 2004, Newman goes even a step further, claiming that "the hackneyed modern view that automatically equates alchemy with witchcraft, necromancy and a potpourri of other practices and theories loosely labeled 'the occult' has little historical validity before the 19th century".[2]

This criticism is part of a larger argument that is central to the so-called 'new historiography' of alchemy. Generally speaking, specialists like William Newman and Lawrence Principe are fighting against a double legacy that derives from the 19th century. On the one hand, they reject the idea (popularised by 19th-century occultism and by Carl Gustav Jung and his school) that alchemy is not really science but rather a 'spiritual' discipline; and on the other hand, they reject the positivist idea that alchemy is not science but pseudo-science or superstition. Both traditional approaches deny any scientific status to alchemy. In sharp contrast, Newman and Principe argue that alchemy in the early modern period was a per-

---

[1] William R. Newman, Anthony Grafton: Introduction. The Problematic Status of Astrology and Alchemy in Premodern Europe. In: Secrets of Nature: Astrology and Alchemy in Early Modern Europe. Ed. by William R. Newman and Anthony Grafton. Cambridge, MA, London 2001, pp. 1–37, here p. 26.
[2] William R. Newman: Promethean Ambitions. Alchemy and the Quest to Perfect Nature. Chicago, London 2004, p. 54.

fectly acceptable part of current scientific discourse and practice, and should not be set apart from 'normal science' by putting it in a special 'occult' category.[3]

Regarding the history of astrology, one finds very similar defenses of its 'scientific' character by specialists from Lynn Thorndike to David Pingree, who emphasise that classical astrology was grounded in a concept of universal, immutable natural law. In Pingree's formulation, astrology was

> the supreme attempt made in antiquity to create in a rigorous form a causal model of the *kosmos*, one in which the eternally repeating rotations of the celestial bodies, together with their varying but periodically recurring interrelationships, produce all changes in the sublunar world [...] Ancient Greek astrology in its strictest interpretation was the most comprehensive scientific theory of antiquity, providing through the application of the mathematical models appropriate to it predictions of all changes that take place in the world of cause and effect.[4]

What these modern approaches to alchemy and astrology have in common is not just their emphasis on science, but also an insistence on understanding phenomena like astrology or alchemy from a strictly historical perspective by studying the sources within their own context. They react against the 'whiggish' drift of 19th-century positivist historiography rooted in Enlightenment ideologies, which commit the anachronistic fallacy of projecting modern concepts back into previous periods. In the case of alchemy, they also react against 19th-century occultist perspectives that see alchemy as concerned mainly with the 'spiritual', and particularly against the development of that idea in the approaches inspired by Carl Gustav Jung, that became extremely influential in the study of alchemy after World War II.

The notion of 'occult sciences' has clearly become a contentious matter in the wake of Newman and Grafton; and because we are dealing here with a central concept in the study of Western esotericism, it is important to clarify the issue. In this contribution I will first go back into history to explore the origins of the terminology. Next I will discuss how traditional understandings of 'occult sciences' were reconceptualised in the period of the Enlightenment. And finally, against those backgrounds, I will come back to the present, focusing in particular on the very recent debate between William R. Newman and the most vocal contemporary defender of the notion of 'occult sciences', Brian Vickers.

---

[3] For the details of these debates, see Wouter J. Hanegraaff: Esotericism and the Academy. Rejected Knowledge in Western Culture. Cambridge 2012, Chapter Three. The present article is based upon this monograph.

[4] David Pingree: Hellenophilia versus the History of Science. In: Isis 83/4 (1992), pp. 554–563, here p. 560. This does not mean that Pingree believes astrology is true: "on the contrary, I believe it to be totally false" (ibid., p. 559).

## History of the Terminology

The concept of 'occult sciences' can only be understood if we begin with the notion that magic is a kind of 'science', that is to say: with the concept of *magia naturalis*. In the ancient Greek context, *mageia* could originally have a positive connotation as "worship of the gods", but it rapidly acquired negative connotations.[5] In Christian culture up to the 13th century, the notion of magic was dominated entirely by its negative connotations with the sinister or threatening, demon-ridden or simply fraudulent practices attributed to 'others'. As summarised by Richard Kieckhefer:

> Up through the twelfth century, if you asked a theologian what magic was you were likely to hear that demons began it and were always involved in it. You would also be likely to get a catalogue of different forms of magic, and most of the varieties would be species of divination.[6]

Astrology was, of course, one of the main disciplines that were seen as belonging to the latter category. As a divinatory art and as a practice linked to traditional understandings of the heavenly bodies as living and divine beings, it was usually seen, as early as Roman antiquity, as falling under the negative umbrellas of *magia* and *superstitio*, and more specifically, that of *superstitio observationis*.[7] Patristic polemics against astrology largely focused on fatalism, which was seen as incompatible with the notion of free will, and this would remain an important issue through the middle ages.[8] But already in Tertullian's *De idolatria*, astrology was presented as a species falling under the more general genus of magic, and con-

---

[5] Albert de Jong: Traditions of the Magi: Zoroastrianism in Greek and Latin Literature. Leiden, New York, Köln 1997, pp. 387–394, here pp. 387f.; and, in more detail, idem: The Contribution of the Magi. In: Birth of the Persian Empire. Ed. by Vesta Sarkhosh Curtis, Sarah Stewart. Vol. 1. London, New York 2005, pp. 85–97, here pp. 85–88. See also Fritz Graf: Gottesnähe und Schadenzauber. Die Magie in der griechisch-römischen Antike. München 1996, pp. 24f.; Jan N. Bremmer: The Birth of the Term "Magic". In: Zeitschrift für Papyrologie und Epigraphik 126 (1999), pp. 1–12; and the updated version: Persian Magoi and the Birth of the Term "Magic". In: Jan N. Bremmer: Greek Religion and Culture, the Bible and the Ancient Near East. Leiden, Boston 2008, pp. 235–247, plus separate appendix "Magic and Religion" in the same volume, pp. 347–352. A particularly useful discussion of early Greek terminologies is Matthew W. Dickie: Magic and Magicians in the Greco-Roman World. London, New York 2001, pp. 12–16, who emphasises that persons called "goetes", "epodoi", "magoi" and "pharmakeis" may originally have pursued distinct callings, but the terms had become wholly interchangeable by the 5th century BCE.
[6] Richard Kieckhefer: Magic in the Middle Ages. Cambridge 1989, pp. 10f.
[7] Dieter Harmening: Superstitio. Überlieferungs- und theoriegeschichtliche Untersuchungen zur kirchlich-theologischen Aberglaubensliteratur des Mittelalters. Berlin 1979.
[8] Kocku von Stuckrad: Das Ringen um die Astrologie. Jüdische und christliche Beiträge zum antiken Zeitverständnis. Berlin, New York 2000, pp. 771–782; M. L. W. Laistner: The Western Church and Astrology during the Middle Ages. In: Harvard Theological Review 34/4 (1941), pp. 312–343.

demned as an idolatrous practice invented by the fallen angels.[9] From the fourth century on, with the establishment of Christianity as the official religion of the Empire, these understandings of astrology as a form of superstition and idolatrous magic became dominant, at least in the Latin West.[10] One often reads that astrology was hardly ever condemned during the middle ages, but this is misleading: in fact, it was very often condemned indirectly, as part of the larger rubric of superstition.

The decisive change in these traditional understandings of magic and astrology, which would eventually affect alchemy as well, occurred around the 13th century, with the emergence of the concept of *magia naturalis*. When late medieval intellectuals began to rediscover the treasures of ancient science from the Islamic libraries, they naturally needed to find a way to legitimate the serious study of such subjects in spite of their common association with superstition and demonic magic. Fortunately for them, they could profit from a terminological loophole that had been opened by Isidore of Sevilla in his extremely authoritative *Etymologiae*. Although Isidore, too, had ranged the various kinds of divination under "magic" and condemned all of them as involving contact with demons,[11] in his section on "astronomy" he had also distinguished between *astrologia superstitiosa* and an acceptable *astrologia naturalis*.[12] Only a very small step was required to apply a similar distinction to the category of magic as a whole, and argue that the demon-ridden and idolatrous practices known under that name should not be confused with the legitimate study of the workings of nature: *magia naturalis*. This new term should therefore *not* be understood as an attempt to present magic as scientific! On the contrary, *magia naturalis* was an apologetic concept intended to protect the study of the ancient sciences against theological censure.

---

[9] Tertullian: De idolatria 9.1–2 and especially 7–8.

[10] For the suppression of astrology by the Christian church, see von Stuckrad: Das Ringen (see note 8), pp. 767–800 (and for the association of astrology with magic, esp. pp. 782–787, 791, 794–797). For the period from Constantine to the end of the 9th century, see Laistner: Western Church and Astrology (see note 8). Against the traditional thesis that Christianity was hostile to astrology from the very beginning (Wilhelm Gundel, Hans Georg Gundel: Astrologumena. Die astrologische Literatur in der Antike und ihre Geschichte. Wiesbaden 1966, p. 332; Dieter Blume: Regenten des Himmels. Astrologische Bilder in Mittelalter und Renaissance. Berlin 2000, p. 8; cf. von Stuckrad: Das Ringen [see note 8], p. 767) von Stuckrad emphasises the plurality of Christianities before Constantine, concentrating on astrology in Gnostic and Manichaean contexts (implicitly confirming the wholly negative attitude among what eventually became mainstream or "centrist" Christianity). Thorndike's thesis that during the Middle Ages "even the most educated men believed in astrology" (Lynn Thorndike: The Place of Magic in the Intellectual History of Europe. New York 1905, p. 5) is mildly misleading since the revival of astrology happened only with the translations from Arabic sources in the later middle ages (cf. Lynn Thorndike: A History of Magic and Experimental Science. New York 1923. Vol. 1, pp. 551–782).

[11] Isidore of Sevilla: Etymologiae 8. 9; cf. Kieckhefer: Magic in the Middle Ages (see note 6), p. 11.

[12] Isidore of Sevilla: Etymologiae 3. 27; cf. Jim Tester: A History of Western Astrology. Rochester 1987, pp. 124ff.; von Stuckrad: Geschichte der Astrologie. Von den Anfängen bis zur Gegenwart. München 2003, pp. 187f.

Now, to understand this new concept of *magia naturalis*, we need to take a closer look at the concept of 'occult qualities', and here too, the first step is to go back to its roots in antiquity. At the very origin of the terminology, we find the common recognition that there are certain forces and connections in nature that remain invisible or 'hidden', and are bound to strike us as mysterious because they are hard to account for in rational terms. In Greek antiquity, such 'hidden' forces were discussed notably in terms of the concepts of δυναμις and ἐνέργεια (to which we owe our 'dynamics' and 'energy'), συμπάθεια and ἀντιπάθεια (sympathy and antipathy), and the peculiar notion of ἰδιότητες ἄρρητοι (literally meaning 'unspeakable qualities').[13] This notion seems to have been used more exclusively than the other terms for forces in nature that we would nowadays tend to see as 'occult'; and it was probably as a translation of this specific terminology that the crucial medieval concept of *qualitates occultae* (occult qualities) emerged in a scholastic context during the middle ages, closely connected with the peripatetic concept of "substantial form".[14]

The key importance of 'occult qualities' to the history of science has been clearly demonstrated in recent scholarship, and almost every contributor has warned against anachronistic confusion with modern ideas about 'the occult' or 'occultism'.[15] In the medieval reception of Aristotelian natural philosophy, a

---

[13] The indispensable reference, with copious quotations for all the relevant terms, remains Julius Röhr: Der okkulte Kraftbegriff im Altertum. Philologus Supplementband 17, Heft 1. Leipzig 1923.

[14] Röhr: Der okkulte Kraftbegriff (see note 13), p. 96, 105 (notwithstanding Röhr's careful distinctions between 'qualitas', 'potentia', and 'proprietas occulta'). See Brian P. Copenhaver (The Occultist Tradition and its Critics. In: The Cambridge History of Seventeenth-Century Philosophy. Ed. by Daniel Garber, Michael Ayers. Vol. 1. Cambridge 1998, pp. 454–512, here p. 459) for how the concepts of ἰδιότητες ἄρρητοι and 'substantial form' came to be connected by Galen and his followers. On Thomas Aquinas and substantial form, cf. Paul Richard Blum: Qualitates occultae: Zur philosophischen Vorgeschichte eines Schlüsselbegriffs zwischen Okkultismus und Wissenschaft. In: Die okkulten Wissenschaften in der Renaissance. Ed. by August Buck. Wiesbaden 1992, pp. 45–64, here pp. 50f.

[15] As observed by Ignaz Wild in his pioneering article of 1906 (mostly consisting of quotations from Latin sources), "in the 18$^{th}$ century [...] the true meaning of the expression [qualitates occultae] was no longer known, and misguided opinions are still reflected in current historiography" (Ignaz Wild: Zur Geschichte der Qualitates Occultae. In: Jahrbuch für Philosophie und spekulative Theologie 20 [1906], pp. 307–345, here p. 344). Few specialists of scholasticism even knew the expression, except as a "scientific term of abuse" (ibid., pp. 307f.). Although Lynn Thorndike discussed the role of "occult virtues" in all the eight volumes of his *magnum opus*, they were put back on the agenda due to a provocative article by Keith Hutchison in 1982 (Keith Hutchison: What happened to Occult Qualities in the Scientific Revolution? In: Isis 73 [1982], pp. 233–253), followed by John Henry in 1986 (John Henry: Occult Qualities and the Experimental Philosophy: Active Principles in Pre-Newtonian Matter Theory. In: History of Science 24 [1986], pp. 335–381), both focused on the scientific revolution. Fundamental for the medieval context are two articles by Paul Richard Blum published in 1989 and 1992 (Paul Richard Blum: Qualitas occulta. In: Historisches Wörterbuch der Philosophie. Ed. by Joachim Ritter and Karlfried Gründer. Vol. 7. Darmstadt 1989, pp. 1743–1748; and idem: Qualitates occultae [see note 14]). Important recent contributions are Christoph Meinel: Okkulte und exakte Wissenschaften. In: Buck (ed.): Wissenschaften (see note 14), pp. 21–43; Ron Millen: The

distinction was made between the manifest, directly observable qualities of things (such as colors or tastes), and their occult qualities, which were not directly observable and therefore could not be accounted for in terms of the four elements. Many important natural effects of which the reality was not in doubt – such as magnetic and electrostatic attraction, the curative virtues of specific herbal, animal or mineral substances, or the influences of the sun and moon – were impossible to account for in terms of the primary elemental qualities (moist/dry, warm/cold) and their mixtures or combinations. Their efficient cause therefore had to be some 'hidden' (occult) quality: hidden not only because the senses could not perceive it, but even more importantly, because it was beyond the reach of scientific investigation altogether. By definition, occult qualities could not be scientifically accessed: they could only be studied indirectly through their effects, but not directly as causes, as required by medieval *scientia*. This made them into the black box of scholastic science: a necessary part of the technical apparatus, but also a reminder that God had set limits to man's curiosity.[16]

Now, the concept of *qualitas occulta* came to play a key role in the project of emancipating the ancient sciences from the domain of *superstitio*, and legitimating them as *magia naturalis*. The reason is that it provided a cogent scientific argument for claiming that many 'wondrous' or 'marvellous' phenomena of nature, which the common people tended to attribute to demonic or supernatural agency, were in fact purely natural. Again: far from suggesting an 'occultist' worldview according to modern understandings of that term, the notion of *qualitas occulta* was therefore originally an instrument for disenchantment, used to withdraw the realm of the marvellous from theological control and make it available for scientific study. However, to theological critics the concept might look like a Trojan horse. It could

---

Manifestation of Occult Qualities in the Scientific Revolution. In: Religion, Science, and Worldview: Essays in Honor of Richard S. Westfall. Ed. by Margaret J. Osler and Paul Lawrence Farber. Cambridge 1985, pp. 185–216; and Copenhaver: The Occultist Tradition (see note 14). For a general overview of the terminological problematics, see Wouter J. Hanegraaff: Occult/Occultism. In: Dictionary of Gnosis and Western Esotericism. Ed. by Wouter J. Hanegraaff in collaboration with Antoine Faivre, Roelof van den Broek and Jean-Pierre Brach. Leiden, Boston 2005, pp. 884–889. A parallel and previously neglected alchemical tradition concerning occult/manifest is analysed in William R. Newman: The Occult and the Manifest among the Alchemists. In: Tradition, Transmission, Transformation. Proceedings of Two Conferences on Pre-Modern Science held at the University of Oklahoma. Ed. by F. Jamil Ragep, Sally P. Ragep. Leiden, New York, Köln 1996, pp. 173–198.

[16] In his seminal article of 1982 (What happened to Occult Qualities [see note 15]), Keith Hutchison argued that not the concept of *qualitates occultae* as such, but their banishment into the category of the unknowable by definition, i.e. their confinement in an "asylum of ignorance", as famously formulated by Julius Caesar Scaliger in 1557 and often repeated since then; see Blum: Qualitates occultae (see note 14), p. 58 and note 44f., was unacceptable to the new science of the 17th century. Far from rejecting occult qualities, as has traditionally been assumed by historians of science, philosophers and scientists in the wake of Descartes were arguing that they could and should be made into an object of research, and sought to account for them in mechanical terms. Even more than that, they rejected 'manifest qualities' and argued that *all* qualities were occult, but nevertheless knowable!

account for unquestionable realities in nature, such as magnetic attraction or the connection between the moon and the tides, but it could be used quite as easily to legitimate more questionable influences, such as those emanating from the stars – not to mention an enormous range of other 'occult' powers, such as the evil eye, monstrous births caused by the influence of the mother's imagination on the fetus, or 'sympathetic' cures at distance, like the famous weapon salve.[17] In principle, by referring to the notion of 'occult qualities', all these strange and marvellous phenomena could now be seen as legitimate parts of natural science, and they did indeed become a major preoccupation of scientists in the early modern period.

The emergence of the concepts of 'occult philosophy' and the 'occult sciences' during the 16<sup>th</sup> century becomes not just understandable, but almost predictable against these backgrounds. In the wake of the Platonic revival, the original concept of *magia naturalis* was expanded and transformed into a much more all-encompassing and explicitly religious *prisca magia*, with Agrippa's great compendium as the paradigmatic example. From that perspective, magic was understood as neither demonic nor purely natural, but as the ancient religious wisdom that had been proclaimed by its inventor Zoroaster. Furthermore, particularly under the influence of Pico della Mirandola and his Christian kabbalah, references to secrecy and concealment became increasingly prominent within the same discourse of ancient wisdom, culminating, again, in Agrippa's notion of *occulta philosophia*:[18] the hidden philosophy of the ancients, now revealed to the Christian world. And finally, Pico was at the origin of a strong Renaissance revival of 'correlative think-

---

[17] For a provocative discussion of Renaissance magic focused particularly on these dimensions, see Ioan P. Couliano: Eros and Magic in the Renaissance. Chicago, London 1987. On the powers attributed to the imaginatio, see Marieke van den Doel, Wouter J. Hanegraaff: Imagination. In: Dictionary of Gnosis (see note 15), pp. 606–616. For the 'sympathetic' cure and its remarkable tenacity in serious medical debate, see e.g. Juliette van den Elsen: The Rotterdam Sympathy Case (1696–1697). A Window on the Late Seventeenth-Century Philosophical Discourse. In: Aries. Journal for the Study of Western Esotericism 2/1 (2002), pp. 34–56. The most famous example of sympathetic treatment was the weapon salve, e.g. the belief that wounds could be cured at distance by treating the weapon that had caused them; but it could take many other forms, as in the controversy of 1696–1697 (analysed by van den Elsen) around Henricus Georgius Reddewitz, who claimed to have cured patients in their absence, by stirring a 'secret powder' in their urine. See especially the extremely popular book by Kenelm Digby: Discours fait en une célèbre assemblée par le chevalier Digby touchant la guerison des playes par la poudre de sympathie où sa composition est enseignée, & plusieurs autres merveilles de la nature sont développées. Paris 1658 (twenty-nine editions in five languages; cf. Thorndike: History [see note 10]. Vol. 7, pp. 498–512; Copenhaver: The Occultist Tradition [see note 14], pp. 480ff.).

[18] The term 'occulta philosophia' was picked up by various authors later in the 16<sup>th</sup> century: a pseudo-Paracelsian *Occulta philosophia* was printed in 1570, followed by several other works under that title, and by 1600 the term was also commonly used as a synonym for alchemy (Joachim Telle: Astrologie und Alchemie im 16. Jahrhundert. Zu den astralchemischen Lehrdichtungen von Christoph von Hirschenberg und Basilius Valentinus. In: Die okkulten Wissenschaften [see note 14], pp. 227–243, here pp. 242f., with note 64). It also appears e.g. in the subtitle of Campanella's *De sensu rerum et magia*.

ing', focusing on the notion of hidden non-causal correspondences between all parts of reality.[19] It was practically inevitable that the traditional notion of mysterious 'hidden' powers that are somehow 'secretly' at work in nature would now be expanded and transformed, together with the original notion of *magia naturalis*, so that from the black box of scholastic naturalism, the 'occult qualities' became the privileged sanctuary of divine mystery in the world.

This subtle but important process of conceptual transformation amounted, in other words, to a re-enchantment of *magia naturalis*. How the term 'occult' could transmute from technical scholastic terminology into something closer to current understandings of the word may be illustrated at many examples. For instance, Giovanni della Porta, in his books on *Magia Naturalis*, discussed the occult qualities as follows:

> They are occult and hidden because they cannot be known with certainty by way of demonstration. This is why the ancient sages considered it good to establish a certain limit, beyond which one cannot pass in researching the reasons of things. In Nature there are many inner sanctuaries, hidden and full of energy, whose causes the conjecture of the human mind can neither search out nor understand. For Nature is obscure and full of a hidden majesty, which one should better admire rather than wish to penetrate.[20]

Even more instructive is the work of a minor but representative 16th-century poet, mythographer, cryptographer, Christian kabbalist, and alchemist, Blaise de Vigenère (1523–1596). Throughout his *Traicté des chiffres* (1586), the term 'occult' is used according to its normal dictionary sense, whenever de Vigenère is referring to his main topic, 'secret writing' by means of codes or ciphers. However, he also uses it to refer to *qualitates occultae*, and more generally to the "most occult and intimate secrets of nature."[21] In using that formulation, he was merely

---

[19] Concepts of 'occult causality' assume the existence of some kind of hidden medium by which influences are transmitted from cause to effect (for example al-Kindi's "rays"), whereas concepts of 'correspondence' assume that things can be connected by some kind of pre-established harmony, without a need for mediating forces (see e.g. Plotinus: Ennead 4.4.41–42). Already in Ficino's De Vita Coelitus Comparanda we find mixtures between the two concepts (Carol V. Kaske, John R. Clark: Introduction. In: Marsilio Ficino: Three Books on Life. A Critical Edition and Translation with Introduction and Notes. Binghamton 1989, pp. 3–90, here pp. 48f.), and 'correlative thinking' became a fundamental notion in the 'occulta philosophia' since Pico della Mirandola (Steven A. Farmer: Syncretism in the West. Pico's 900 Theses [1486]. The Evolution of Traditional Religious and Philosophical Systems. Tempe 1998, pp. 18–29, 91–96; cf. Jean-Pierre Brach, Wouter J. Hanegraaff: Correspondences. In: Dictionary of Gnosis (see note 15), pp. 275–279. Of particular importance in that context was the Renaissance revival of arithmology started by Pico and Reuchlin (Jean-Pierre Brach: Mathematical Esotericism. In: Hermes in the Academy. Ten Years' Study of Western Esotericism at the University of Amsterdam. Ed. by Wouter J. Hanegraaff, Joyce Pijnenburg. Amsterdam 2009, pp. 75–89; and idem.: Number Symbolism. In: Dictionary of Gnosis [see note 15], pp. 874–883).

[20] Io. Baptista Porta: Magia naturalis, sive de miraculis rerum naturalium, Libri IIII. Antwerp 1560, pp. 7f. Here and in the rest of the article, all translations from foreign languages are by the author.

[21] Blaise de Vigenère: Traicté des Chiffres, ou secretes manieres d'escrire. Paris 1586, fol. 7v (the "occulte proprieté" of magnetism as an analogy for family cohesion), 17v, 27r–v, referring to a

repeating the common medieval topos of *secretae naturae*;[22] but of considerable importance is the fact that de Vigenère may well have been the first author to refer to sciences concerned with those secrets of nature explicitly as *"occult sciences"*.[23] He does this within a more general context entirely dominated by the ancient wisdom narrative of the Renaissance and its central authors; and under the explicit influence of Agrippa's *De occulta philosophia*, the term 'occult' now suggested religious mysteries hidden from the vulgar but revealed to the wise as "higher knowledge".[24] From that perspective, kabbalah, magic, and alchemy were presented by de Vigenère as the three "occult and secret sciences" (occasionally also "mystical sciences"),[25] and he was evidently thinking of them in terms of Agrippa's "three worlds":

> May nobody be scandalised by these appellations, which have such a bad reputation everywhere, and are so much abused. Rather, I will give them other names: that of the elemental science, the celestial one, and the super-mundane or intelligible one.[26]

A similar process of re-enchantment took place in alchemy, again focused on the notion of occult qualities. As shown by Barbara Obrist, the very fact that the *qualitates occultae* were considered inaccessible to the human intellect led to the idea, as early as the second half of the 13<sup>th</sup> century, that they could be accessed by means of other and 'higher' faculties for gaining knowledge: those of direct intui-

---

quotation in Giorgi da Veneto about a "very occult and hidden [caché] spirit" by which metals are connected to a superior force of "life", 66v, 106r–v (alchemical), 143v.

[22] William Eamon: Science and the Secrets of Nature. Books of Secrets in Medieval and Early Modern Culture. Princeton 1994; apart from the technical term *qualitas occulta*, "occultus" according to its normal dictionary meaning was used along with equivalent terms such as *arcanum*, *secretum* et cetera.

[23] De Vigenère: Traicté des Chiffres (see note 21), fol. 18v ("the occult and secret sciences, buried [ensevelies] at present"), 77r (on "the three worlds, of which the three occult sciences are the key"), 112r ("one must turn to the Prophets to encounter the true sources of all the philosophies and occult sciences"), 340r (reference to Antonio de Fantis as a "person of high renown in all the occult sciences"). That the term "occult sciences" originated with de Vigenère is suggested, although not explicitly stated, by François Secret: De "De occulta philosophia" à l'occultisme du XIX<sup>e</sup> siècle. In: Charis. Archives de l'Unicorne 1 (1988), pp. 5–30, here p. 7.

[24] De Vigenère: Traicté des Chiffres (see note 21), fol. 37v, 39r, 45r, 59v. The term "occult philosophy" is used regularly, evidently in Agrippa's sense.

[25] In line with original connections of 'mystical' with 'secret': see Louis Bouyer: Mysticism. An Essay on the History of the Word. In: Understanding Mysticism. Ed. by Richard Woods. Garden City, NY 1980, pp. 42–55, here p. 43.

[26] De Vigenère: Traicté des Chiffres (see note 21), fol. 19r. De Vigenère is a sloppy writer, and evidently the order of the three sciences is meant to be reversed: alchemy belongs to the world of the elements, "magic" is understood here as pertaining to the celestial world, and kabbalah to the supercelestial world. On 128v, De Vigenère defends his use of the term "magic" for the celestial world, describing it as "the natural and licit occult philosophy: definitely not that detestable acquaintance and commerce of evil spirits that one has wanted to colour with the name of magic, where there are only shadows and confusion."

tion or divine revelation.[27] To have any chance at achieving certain knowledge in the domain of alchemy, one needed to submit oneself to the divine truth by means of faith. The new status of alchemy from such a perspective, as explained by Obrist, is shown exemplarily in Petrus Bonus of Ferrara's *Pretiosa margarita novella* (The New Pearl of Great Price) from the first part of the 14th century, which states explicitly that alchemy is "partly natural and partly divine or supernatural" and speaks of an invisible "divine hidden stone" (lapis divinus occultus) that is indispensable for completing the Great Work. This stone cannot be apprehended by the human intellect but can only be known through divine inspiration or revelation, and is what enabled the ancient sages to prophesy.[28]

Religious interpretations of 'occult qualities' therefore existed already by the 14th century, and the notion of occult sciences is not a 19th-century invention. It emerged in the specific context of the Renaissance discourse of ancient wisdom, and reflected the project of a synthetic *occulta philosophia* more in particular. It is of critical importance to understand that, in this framework, it was much more than just a pragmatic umbrella category for covering a range of otherwise diverse and relatively autonomous sciences. On the contrary: from the outset, the term implied an underlying, 'hidden' unity and coherence, ultimately grounded in the 'ancient wisdom' (of Hermes Trismegistus in particular). Seen merely 'from the outside', the domains of magic, astrology, kabbalah, and alchemy might look like relatively distinct disciplines; however, referring to them as 'occult sciences' carried the deliberate suggestion that they were unified at a deeper level, because they reflected one and the same, comprehensive, hidden, but universal knowledge about the true nature of reality. A particularly clear example of this perspective comes from the Paracelsian Gérard Dorn (1584):

> Adam was the first inventor of the *artes*, because he possessed knowledge of all things, both before and after the Flood. [...] His successors drew up two stone tablets, on which they inscribed all the natural arts, in hieroglyphic characters. [...] After the Flood, Noah [...] found one of these tablets under mount Ararat. It showed the course of the superior firmament, and of the inferior globe, and of the planets. Finally, being divided into different parts, this universal knowledge was diminished in power, and as an effect of this separation, one [person] became an astronomer, another a magus, yet another one a kabbalist, and the fourth an alchemist. [...] The monarchy of the true *artes* was divided up into diverse and various democracies, that is, into astronomy, magic, kabbalah, alchemy, etcetera. But in their perfect form they all came from one single fountain of truth, and from the knowledge of the two lights, natural and supernatural.[29]

---

[27] Barbara Obrist: Les rapports d'analogie entre philosophie et alchimie médiévales. In: Alchimie et philosophie à la Renaissance. Ed. by Jean-Claude Margolin and Sylvain Matton. Paris 1993, pp. 43–64, here pp. 52ff. Of course, this is another example of the 're-enchantment' of the *qualitates occultae* discussed earlier.

[28] Petrus Bonus: Pretiosa Margarita Novella de thesauro, ac pretiotissimo philosophorum lapide. Venice 1557, pp. 38r–39r; and Obrist: Les rapports (see note 27), pp. 56f.

[29] Gérard Dorn: In Theophrasti Paracelsi Aurorum philosophorum, Thesauram, & Mineralem Oeconomiam, Commentaria, et quibusdam Argumentis. Frankfurt a.M. 1584, pp. 10f., 16;

## The Enlightenment

Enlightenment understandings of the 'occult sciences' were derived straight from such Renaissance concepts, and precisely the *unifying perspective* is the key to understanding their eventual rejection. The concept of 'occult sciences' as one integrated unity made it possible for rationalists to oppose them wholesale against the 'real' sciences. In this argument, 'magic' usually became an equivalent of 'occult science' and was opposed to real science and physics; astrology stood against astronomy; and alchemy against chemistry.

The well-known success of this line of argumentation in intellectual and academic discussion since the end of the 17$^{th}$ century has, however, much less to do with strict scientific arguments than is usually assumed. For example, scientists seldom bothered to refute astrology at all. Historians of astrology are sometimes puzzled by this fact, and find it a mystery that astrology got so universally rejected without ever having been refuted; but their puzzlement may well have to do with an 'internalist' focus that tends to overlook external factors. Much more important than strictly scientific argumentation was the success of a largely Protestant polemics against paganism, which had gathered steam during the 17$^{th}$ century and specifically targeted the Renaissance belief in an ancient wisdom rooted in the pre-Christian Oriental cultures such as Egypt, Mesopotamia or Persia.[30] In the domain of history of philosophy, this polemic ended up discrediting any type of discourse that used such references to pagan antiquity to legitimate itself. This anti-pagan polemic culminated in the work of the Enlightenment pioneers of the history of philosophy Christoph August Heumann and Jacob Brucker. Heumann's formulations in his *Acta Philosophorum* in 1715 are fully representative of the new attitude: in tones of utter contempt and ridicule, he states that

> the philosophy the priests studied in paganism, and which is known as *philosophiam barbaricam*, is necessarily a false and fake philosophy. So adieu, dear *Philosophia Chaldaeorum, Persarum, Aegyptiorum*, &c, that one usually makes such a fuss about, out of blind veneration of antiquity.[31]

---

Jean-Marc Mandosio: La place de l'alchimie dans les classifications des sciences et des arts à la Renaissance. In: Chrysopoeia 4: 1990–1991 (1993), pp. 199–282, here pp. 280f.

[30] On this development, see Hanegraaff: Esotericism and the Academy (see note 3), Chapter Two.

[31] Christoph August Heumann: Von denen Kennzeichen der falschen und unächten Philosophie. In: Acta Philosophorum 2 (1715), pp. 179–236, here p. 209 („daß diejenige Philosophie, welche die Pfaffen im Heydenthum getrieben haben, und die man Philosophiam barbaricam nennet, nothwendig eine falsche und unächte Philosophie sey. Adieu demnach, du liebe Philosophia Chaldaeorum, Persarum, Aegyptiorum, etc. davon man insgemein aus blinder veneration der Antiquität so ein grosses Wesen machet"). Cf. idem.: Von der Barbarey, where he splits up "religious barbarism" into "pagan barbarism" (consisting in "tasteless ceremonies, veneration of lifeless creatures, and other irrational and godless things"), "mohammedan barbarism", and "papist barbarism". We have been liberated from all this by Luther, the "great *Antibarbarum*" (Acta Philosophorum 8 [1717], pp. 204–253, here pp. 229f.).

Brucker still devoted detailed discussions to all the currents in question (which we nowadays study under the rubric of Western esotericism), but only to refute their status as 'real' philosophy;[32] and accordingly, historians after him saw no more reason to discuss them at any great length in their histories of philosophy. In this manner, academic discourse ended up excluding them as unworthy of serious discussion, and as a result, the field came to be dominated almost entirely by amateur scholars throughout the 19th century. They, too, accepted the thesis of the 'occult sciences' as an integrated unity, opposed against the unity of official science. But from their perspective, the latter could then be dismissed as consisting of relatively superficial pursuits concerned merely with the external surface of things, but blind to their deeper spiritual essence. In this manner, we get the basic 19th-century opposition between positivists legitimating science by pitting it against 'the occult', and esotericists legitimating the occult sciences by pitting them against mainstream science. In both cases, we are essentially dealing with the dualistic logic of identity politics: "my perspective is right, for look how wrong its opposite is!"[33]

That the exclusion of the 'occult sciences' did not essentially happen on the basis of scientific argumentation can be shown with particular clarity in the case of alchemy. Newman and Principe have recently reminded us that our terminological distinction between 'chemistry' and 'alchemy' simply did not exist in the 17th century, and for this reason they propose to use the term 'chymistry' as a general term that covers the whole.[34] But why then did the polemical opposition of 'alchemy versus chemistry' emerge in the 18th century, and why did it become so singularly successful? Attempts to answer this question have been surprisingly scarce: if scholars of alchemy refer to it at all, it is usually clear that their thinking stands under the spell of the 'magic versus science' dualism, and hence they seldom suggest much more than that alchemy was separated from chemistry due to the rise of experimental science.[35] But clearly that will not do. If alchemy did not

---

[32] Wouter J. Hanegraaff: Philosophy's Shadow. Jacob Brucker and the History of Thought. In: The Making of the Humanities. Ed. by Rens Bod, Jaap Maat and Thijs Weststeijn. Vol. 1: Early Modern Europe. Amsterdam 2010, pp. 367–384.

[33] Gerd Baumann: Grammars of Identity/Alterity. A Structural Approach. In: Grammars of Identity/Alterity. A Structural Approach. Ed. by idem., Andre Gingrich. New York, Oxford 2004, pp. 18–50; and Hanegraaff: Esotericism and the Academy (see note 3), Conclusions.

[34] Alan J. Rocke: Agricola, Paracelsus, and "Chymia". In: Ambix 32/1 (1985), pp. 38–45; Jean-Marc Mandosio: Quelques aspects de l'alchimie dans les classifications des sciences et des arts au XVIIe siècle. In: Aspects de la tradition alchimique au XVIIe siècle. Ed. by Frank Greiner. Paris, Milan 1998, pp. 19–61; William R. Newman, Lawrence M. Principe: Alchemy vs. Chemistry: The Etymological Origins of a Historiographic Mistake. In: Early Science and Medicine 3 (1998), pp. 32–65. Ferdinando Abbri: Alchemy and Chemistry. Chemical Discourses in the Seventeenth Century. In: Alchemy and Hermeticism. Ed. by Michela Pereira. (Special issue of Early Science and Medicine 5/2 [2000]), pp. 214–226; Robert Halleux: Les textes alchimiques. Turnhout 1979, pp. 47ff.

[35] See e.g. the section on "the separation between chemistry and alchemy" in Halleux: Textes alchimiques (see note 34), pp. 47ff. Newman and Principe note that "in the early eighteenth century, the domain of 'alchemy' was for the first time widely restricted to gold making" (Law-

exist apart from chemistry, even terminologically, then there *was* no such entity for scientists to reject in the first place! A much more convincing solution has been suggested, almost in passing, by Allen G. Debus in 1985. Discussing the controversy between the anti-paracelsian Hermann Conring and his opponent Olaus Borrichius – which was given wide publicity in the world of science and learning through the *Journal des Sçavans* and the *Philosophical Transactions* of the Royal Society in the 1660s and 1670s[36] – Debus argued that whereas the French chemical textbooks of the 17<sup>th</sup> century paid scant attention to the historical backgrounds of their discipline, other currents of *chymistry*, notably the Paracelsians, were marked by a strong interest in presenting themselves as the inheritors of an ancient and venerable tradition going back to Hermes Trismegistus, if not all the way to Adam.[37] The approach that would generally come to be known as "alchemy" has been nicely described by M.J. Ehrard in the early 1960s: "When the *chymist* is not at his furnace and his flasks, he is collationing, with a passion full of respect, the precious texts of the Ancients: his ambition is less that of making science progress than that of recovering a lost *secret*."[38]

---

rence M. Principe, William R. Newman: Some Problems with the Historiography of Alchemy. In: Secrets of Nature [see note 1], pp. 385–434, here p. 386), but this seems to be an effect of the polemical distinction rather than its fundamental cause.

[36] Philosophical Transactions 3 (1668), pp. 779–788; ibid. 10 (1675), pp. 296–301. Journal des sçavans 3 (1675), pp. 209-211.

[37] Allen G. Debus: The Significance of Chemical History. In: Ambix 32/1 (1985), pp. 1–14, here p. 3. For suggestions that point into a similar direction, see W. Ganzenmüller: Wandlungen in der geschichtlichen Betrachtung der Alchemie. In: Chymia 3 (1950), pp. 143–154, here p. 152; Halleux: Les Textes alchimiques (see note 34), pp. 50f.; Mandosio: Quelques aspects (see note 34), pp. 21f.; Abbri: Alchemy and Chemistry (see note 34), esp. pp. 218–221, 224. The historiographical tradition begins with the Paracelsian R. Bostocke: The difference between the aunciente Phisicke (etc.). London 1585 (see Allen G. Debus: An Elizabethan History of Medical Chemistry. In: Annals of Science 18/1 [1962]; idem.: The Chemical Promise. Paracelsian Science and Medicine in the Sixteenth and Seventeenth Centuries. New York 1977, pp. 219–228). The criticism of such historiographies seems to have begun in 1661 with Ursinus (Ganzenmüller: Wandlungen, p. 145), but the confrontation between Conring and Borrichius has been more important historically. See Halleux (La controverse sur les origines de la chimie, de Paracelsus à Borrichius. In: Acta Conventus Neo-Latini Turonensis. Ed. by Jean-Claude Margolin. Vol. 2. Paris 1980, pp. 807–819, here pp. 812f.) on the initially surprising focus on ancient Hermetic origins even among the followers of Paracelsus, known for his rejection of ancient authorities like Aristotle, Galen or Avicenna. In practice, Paracelsians do not seem to have seen any contradiction: their discipline was considered at least as ancient as whatever could be claimed by their Aristotelian and Galenic rivals, but superior precisely because of its method of studying nature directly instead of learning about it from books.

[38] M. Jean Ehrard: Matérialisme et naturalisme. Les sources occultes de la pensée de Diderot. In: Cahiers de l'association internationale des études françaises 13/1 (1961), pp. 189–201, here p. 197. The same point was made very recently by Robert Halleux: "First of all, the alchemist is a man alone in front of a book. The book affirms that the Ancients have realised the magisterium (*expertum*), and the alchemist believes it. But the alchemist does not understand how." (Robert Halleux: Le savoir de la main. Savants et artisans dans l'Europe pré-industrielle. Paris 2009, p. 137).

The search for the historical origins of 'chymistry' became systematic in the 16th and 17th centuries.[39] However, in the wake of Isaac Casaubon and the general decline of belief in the *prisca theologia*, such attitudes of antiquarian scholarship grounded in historiographies of ancient wisdom seem to have turned into a serious liability for Paracelsians and, more generally, for chymists who understood themselves as *Filii Hermetis* (sons of Hermes). If there was certainly no clear distinction between *chymia* and *alchymia* in the early modern period, then, it may be useful to draw a distinction along a different axis: between chymists who thought of themselves primarily as belonging to a learned *tradition* whose forgotten secrets they tried to recover from the texts and test in the laboratory, and those who saw themselves primarily as experimental scientists and could therefore dispense with a historical pedigree. Both were doing science, but they looked differently at what they were doing, and were perceived differently. The distinction is reminiscent of what would become known, in the terms of C.P. Snow, as the 'two cultures' of humanities and sciences in the modern academy: one primarily historical and hermeneutical, the other primarily concerned with direct experimental study of the natural world. It would seem that, by and large, the former trend was discredited along with the general decline of the ancient wisdom narrative of the Renaissance, and was eventually rejected under the label of 'alchemy', while the latter trend developed into what we now recognise as 'chemistry'.

That alchemy got separated from chemistry not because of its scientific backwardness but because of its association with ancient genealogies becomes even clearer if we look at what had happened to the discourse of 'secrecy' during the 17th century. Newman and Principe have emphasised that the strange symbols and mythological images in alchemical literature are often no more than codes (Decknamen) for technical recipes.[40] However, this does not exhaust the topic, for alchemists since the 15th century also began to interpret ancient monuments, myths and biblical stories as alchemical allegories:[41] in such cases, we are dealing not with coded recipes, but with an alchemical hermeneutics of architecture and mythology inspired by the search for 'ancient wisdom'. And furthermore, during the baroque era, alchemical games of dissimulation often became an end in themselves.[42] The enormous emphasis on secrecy led to a distinction between two basic

---

[39] Halleux: La controverse (see note 37), p. 807 and passim.

[40] See William R. Newman: Decknamen or Pseudochemical Language? Eirenaeus Philalethes and Carl Jung. In: Revue d'Histoire des Sciences 49/2–3 (1996), pp. 159–188; Lawrence M. Principe: Revealing Analogies. The Descriptive and Deceptive Roles of Sexuality and Gender in Latin Alchemy. In: Hidden Intercourse. Eros and Sexuality in the History of Western Esotericism. Ed. by Wouter J. Hanegraaff and Jeffrey J. Kripal. Leiden, Boston 2008, pp. 209–229.

[41] Robert Halleux: Le mythe de Nicolas Flamel, ou les mécanismes de la pseudépigraphie alchimique. In: Archives internationales d'histoire des sciences 33/3 (1983), pp. 234–255, here p. 237; idem: La controverse (see note 37), pp. 811f.

[42] For many examples, see Frank Greiner: Art du feu, art du secret. Obscurité et ésotérisme dans les textes alchimiques de l'âge baroque. In: Greiner: Aspects (see note 34), pp. 207–231.

styles of writing in chymical literature, and this distinction is much earlier than the terminological separation between alchemy and chemistry. An excellent example is David de Planis Campy's *Opening of the School of Metallic Transmutational Philosophy* (1633), devoted specifically to this question, where we read the following:

> Those who have discussed the Arts & Sciences have taken care to give them a very clear & intelligible order, beginning with general matters so as to end with special ones. But in this Art [of metallic transmutation] one does the complete opposite, for sometimes one has begun at the end & ended at the beginning, & all that with so little order that, not at all having determined what it is, they have driven their readers into despair about never understanding nothing of it.[43]

In sum: texts that presented chymistry as concerned with recovering ancient secrets – typically concealed by obscure language, enigmatic symbolism, or other techniques of dissimulation – became perceived as 'alchemy'. In contrast, texts that used clear and sober language to speak about experimental science became 'chemistry'. Even in the domain of natural science, then, it was not, as so often assumed, the perceived irrationality, unscientific attitude, factual incorrectness, or superstitiousness of certain disciplines in the 'chymical' study of nature that functioned as the mark of 'otherness' by which acceptable discourses were demarcated from unacceptable ones. Rather, this demarcation was based upon the rejection of the Renaissance narrative of ancient pagan wisdom and its concern with recovering the forgotten secrets of the past.

## The Contemporary Debate

On the basis of Enlightenment concepts, modern scholars have adopted the concept of 'occult sciences' as a convenient shorthand category for astrology, alchemy, and natural magic, occasionally expanded so as to include witchcraft. And with that, we return to Newman and Grafton's criticism: should we, as scholars, maintain this terminology?

It is important to emphasise first of all that, whether intentionally or not, any usage of the term 'occult sciences' still implies the unifying perspective inherited from the Renaissance project of *occulta philosophia*: after all, these sciences or practices are classed together only because all of them are seen as 'occult'. This, of course, begs the question of what that means for modern scholars. How convincing is the assumption of unity? What are its underlying assumptions? And what are its effects on our ways of studying the phenomena in question? It is fair to say that

---

[43] David de Planis Campy: L'ouverture de l'escolle de philosophie transmutatoire metallique, ou, La plus saine et veritable explication & conciliation de tous les Stiles desquels les Philosophes anciens se sont servis en traictant de l'oeuvre Physique, sont amplement declarées. Paris 1633, pp. 8f. An interesting example from a few decades later (1672) is J.M.D.R. (Jean Maugin de Richebourg): Bibliothèque des philosophes chimiques (Lenglet du Fresnoy [ed.]). Vol. 1. Paris 1741, pp. CVI–CXLIV ("On the Obscurity of the Chemical Philosophers").

prior to Newman and Grafton, modern scholars and critics have very rarely asked themselves these questions, let alone answered them. Rather, they have tended to take the category for granted, usually on the basis of an implicit (often unconscious) acceptance of 'magic' as a universal category *sui generis*. A classic example is Keith Thomas' celebrated *Religion and the Decline of Magic* (1971), which made a point of emphasising 'the unity of magical beliefs' such as astrology, alchemy, witchcraft, natural magic, and the various divinatory arts.[44] In a truly extreme form, the modernist bias underlying that perspective can be studied in Wayne Shumaker's much-quoted study *The Occult Sciences in the Renaissance* (1972).[45] But by far the most explicit and sustained defense of the "unity of the occult sciences", understood as the essentially irrational and superstitious counterpart to reason and science, comes from a contemporary scholar of English literature and history of science, Brian Vickers. As formulated by him in 1988:

> There are sufficient internal resemblances among astrology, alchemy, numerology, iatromathematics, and natural magic for one to be able to describe the occult sciences as forming a unified system. They all invoke a distinction between the visible and invisible worlds; they all depend on the designation of symbols relating to this dichotomy; they all make great use of analogies, correspondences, and relations among apparently discrete elements in man and the universe. As a system the occult sciences were imported into Greece from various oriental cultures, and were systematically codified in the Hellenistic period, following the death of Alexander in 323 B.C. Once codified they retained their essential assumptions and methodology through the Middle Ages, into the Renaissance, and beyond – indeed, one of the most remarkable features of the occult tradition is its static nature, its resistance to change.[46]

---

[44] Keith Thomas: Religion and the Decline of Magic. Studies in Popular Beliefs in Sixteenth- and Seventeenth-Century England (1971). London 1973, pp. 755–761 (and cf. p. 767 for the motifs of 'closed system' and 'resistance to change': "Such systems of belief possess a resilience which makes them virtually immune to external argument").

[45] It is hard to find a scholar who expresses his contempt for anything "occult" as explicitly as Shumaker. If Keith Thomas famously claimed in his foreword that "Astrology, witchcraft, magical healing, divination, ancient prophecies, ghosts and fairies, are now all rightly disdained by intelligent persons" (Religion and the Decline of Magic [see note 44], p. ix), Shumaker went as far as stating that anyone holding such beliefs today was "the victim of some special psychological need" (The Occult Sciences in the Renaissance. A Study in Intellectual Patterns. Berkeley, Los Angeles, London 1972, p. xiv, 7), and kept emphasising their status as "delusions", the prominence of which in early modern thinking had "shocked" him (ibid., cf. p. 198). Shumaker's study must be seen against the background of his moral concerns about the contemporary "crisis" of society and the resurgence of the occult among his students, reflective of the 1960s counterculture (ibid., p. xiii, xv). That Shumaker's perspective remained essentially unchanged is clear from the extreme whiggishness and anachronistic reasoning that pervades his Natural Magic and Modern Science: Four Treatises 1590–1657. Binghamton, New York 1989.

[46] Brian Vickers: On the Function of Analogy in the Occult. In: Hermeticism and the Renaissance: Intellectual History and the Occult in Early Modern Europe. Ed. by Ingrid Merkel and Allen G. Debus. Washington, London, Toronto 1988, p. 265. On the same page, see Vickers' emphasis on the "fundamental homogeneity and continuity" of the occult sciences. Vickers' two other major statements on the topic were published four years earlier in his edited volume *Occult and Scientific Mentalities* (Introduction. In: Occult and Scientific Mentalities in the Re-

In its essence, 'the occult' according to Vickers is not a historical phenomenon at all, but a universal tendency of the human mind. In all his publications on the subject, he argues that the fundamental unity, homogeneity, continuity, and 'resistance to change' of the occult sciences is based upon a basic 'mentality', which they share with non-scriptural cultures studied by anthropologists. Thus, the occult sciences are grounded not in experimentation, explanatory theories, or even just ideas, but in abiding pre-rational mental habits that are structurally similar to those of 'primitive' peoples. This is why they are not supposed to change and develop, as science does. Vickers' approach is based essentially on E.B. Tylor's Victorian concept of 'magic' and Lucien Lévy-Bruhl's theory of 'participation' versus 'causality'.[47] In sharp contrast with the instrumental causality basic to rational science, the 'occult sciences' have their foundation, according to Vickers, in the *reification of symbols and analogies*: that is to say, the tendency of the human mind to project mere mental connections into the real world, and confuse linguistic signs with their signified objects.[48] The result is a view of the world as permeated by non-causal correspondences (reified analogies), in sharp contrast with the instrumental causality basic to science.[49] Accordingly, Vickers concludes, there can be no question of any historical influence of the 'occult sciences' on the development of real science:[50] on the contrary, science is based upon 'the rejection of occult symbolism'.

---

naissance. Ed. by idem. Cambridge et al. 1984, pp. 1–55; Analogy versus Identity: The Rejection of Occult Symbolism, 1580–1680. In: ibid., pp. 95–163).

[47] Patrick Curry: Revisions of Science and Magic. In: History of Science 23 (1985), pp. 299–325, here p. 307. For Vickers' anthropological references, see Vickers: Introduction (see note 46), pp. 32–43, with long discussions of Robin Horton and Ernest Gellner. Vickers refers to Robin Horton for describing science and the occult as respectively 'open' and 'closed' systems, but as pointed out by Curry (ibid., p. 306; referring to Robin Horton: Patterns of Thought in Africa and the West. Essays on Magic, Religion and Science. Cambridge 1993, p. 319), Horton himself has eventually rejected that dichotomy as "ripe for the scrap heap". Vickers' reception of Lévy-Bruhl's theories seems mostly indirect, through authors such as Stanley Tambiah (Vickers: Analogy versus Identity [see note 46], pp. 96f.; idem.: On the Function of Analogy [see note 46], p. 280). Note that the notion of "resistance to change" is an anthropological cliché so common as to be shared even by Lévy-Bruhl's opponent Malinowski: "Follow one rite, study one spell, grasp the principles of magical belief, art and sociology in one case, and [...] adding a variant here or there, you will be able to settle as a magical practitioner in any part of the world" (Bronislaw Malinowski: Magic, Science and Religion. In: Magic, Science and Religion and Other Essays (1948), Prospect Heights, IL 1992, p. 70).

[48] For the collapse of analogy into identity, see especially Vickers: Analogy versus Identity (see note 46), pp. 118, 122, 125ff. (quoting Paracelsus as the example *par excellence*, cf. ibid., p. 131); idem.: On the Function of Analogy (see note 46), pp. 276f., 283f., 289. For the confusion of signifier and signified, with reference to De Saussure, see Vickers: Introduction (see note 46), p. 97; idem.: On the Function of Analogy, p. 277.

[49] On correspondences, see Vickers: Analogy versus Identity (see note 46), pp. 120, 122; idem.: On the Function of Analogy, passim.

[50] Vickers: Introduction (see note 46), pp. 31, 44 ("The error [...] lies in arguing that the occult sciences in the Renaissance were productive of ideas, theories, and techniques in the new sciences"); idem.: On the Function of Analogy (see note 46), p. 288 ("I cannot see that any constructive borrowing took place").

This stringent application of the traditional 'magic versus science' argument to the historiography of science has been sharply attacked by representatives of the 'new historiography' in these fields,[51] who reject it, very convincingly in my opinion, as a fundamentally anachronistic and unhistorical perspective out of touch with current scholarship.[52] If the 'occult sciences' are really a homogeneous unity, there would seem to be no point in seeking to differentiate between its various manifestations or studying their historical development in detail (because there *can* be no such development). But scholars like Newman, Principe or Grafton seem to be right that, to the contrary, the residual influence of the unifying Renaissance concept of *occulta philosophia* has caused a sort of blindness with regard to the relative independence and autonomy of disciplines such as astrology and magic;[53] and they are undoubtedly right in pointing out that, far from being uniform and static, each discipline has gone through highly complex processes of change, trans-

---

[51] Curry: Revisions of Science and Magic (see note 47); William R. Newman: Brian Vickers on Alchemy and the Occult. A Response. In: Perspectives on Science 17/4 (2009), pp. 482–506. For some less trenchant criticisms, see e.g. Rivka Feldhay: Critical Reactions to the Occult. A Comment. In: The Scientific Enterprise. The Bar-Hillel Colloquium. Studies in History, Philosophy, and Sociology of Science. Ed. by Edna Ullmann-Margalit. Vol. 4. Dordrecht, Boston, London 1992, pp. 93–99; Kaspar von Greyerz: Alchemie, Hermetismus und Magie. Zur Frage der Kontinuitäten in der wissenschaftlichen Revolution. In: Im Zeichen der Krise. Religiosität im Europa des 17. Jahrhunderts. Ed. by Hartmut Lehmann and Anne-Charlott Trepp. Göttingen 1999, pp. 415–432, here pp. 423–427. The "new historiography of alchemy" (Lawrence M. Principe: Reflections on Newton's Alchemy in Light of the New Historiography of Alchemy. In: Newton and Newtonianism. Ed. by James E. Force, Sarah Hutton. New Studies. Dordrecht, Boston, London 2004, pp. 205–219; Brian Vickers: The "New Historiography" and the Limits of Alchemy. In: Annals of Science 65/1 [2008], pp. 127–156) is representative of a wider phenomenon, and the notion is therefore expanded here so as to include new approaches to the study of astrology (see e.g. Newman and Grafton: Secrets of Nature [see note 1]) and natural magic. It represents an important "paradigm change" in the historiography of science, as reflected emblematically in the removal, in 2002, of the category "pseudosciences" from the classification scheme of the famous "Current Bibliography of the History of Science" in the leading scholarly journal for the history of science *Isis* (Stephen P. Weldon: Table of Contents and Introduction to Isis Current Bibliography of the History of Science and its Cultural Influences. In: Isis 93 (2002), p. i–ix). The new scheme has separate categories for "Occult sciences and magic", "Astrology", and "Alchemy".

[52] Newman: Brian Vickers (see note 51), p. 483 ("To read Vickers' essay review is to find oneself suddenly back in the world of Rupert Hall and E. J. Dijksterhuis in the 1960s") and p. 502 ("It is time, in short, for scholarship to move on"). Vickers's defense against the charge of anachronistic "Whig" reasoning can be found in the final paragraph of an article published in German in 1988 (Brian Vickers: Kritische Reaktionen auf die okkulten Wissenschaften in der Renaissance. In: Zwischen Wahn, Glaube und Wissenschaft. Magie, Astrologie, Alchemie und Wissenschaftsgeschichte. Ed. by Jean-François Bergier. Zürich 1988, pp. 167–239, here pp. 226–229) but deleted from the English version in 1992 (Brian Vickers: Critical Reactions to the Occult Sciences during the Renaissance. In: The Scientific Enterprise [see note 51], pp. 43–92).

[53] Newman and Grafton: Introduction (see note 1), p. 26; Newman: Promethean Ambitions (see note 2), p. 54; idem.: Brian Vickers (see note 51), pp. 488–491, 502; Didier Kahn: Alchimie et Paracelsisme en France (1567–1625). Genève 2007, pp. 2, 8f., 11. For a detailed analysis, see Telle: Astrologie und Alchemie (see note 18); and cf. Jacques Halbronn: Les résurgences du savoir astrologique au sein des textes alchimiques dans la France du XVII$^e$ siècle. In: Aspects de la tradition alchimique au XVII$^e$ siècle. Paris, Milan 1998, pp. 193–205.

formation, and innovation over time. Again, if the specificity of the 'occult sciences' according to Vickers resides in a basic mentality typical of 'primitive thought', not in any rational attempt at studying and understanding the natural world, and if this mentality is merely the result of conceptual confusion and delusionary mental projections, then they cannot possibly be seen as relevant to the history of science: they will never be more than 'proto-scientific' dead ends, or 'pseudo-sciences' pure and simple. But the 'new historiography' points out again and again that, contrary to popular assumptions, each of the disciplines in question (astrology, alchemy, *magia naturalis*) has been deeply and centrally concerned with rational models of causality and empirical study of the natural world, and that they have made significant contributions to the history of what we consider as science today.[54]

The criticism of Vickers' approach seems perfectly convincing. Authors in the wake of Blaise de Vigenère may have spoken of 'occult sciences', but this concept should better not be used as etic terminology by modern scholars. The notion of 'occult sciences' forces very different historical phenomena into the straitjacket of an artificial and reductive *sui generis* concept, thereby causing us to lose sight of their actual complexity and development over time. It falsely suggests that the disciplines in question have no interest in empirical observation or experimentation, and that they refuse to recognise causal connections because their deep involvement in pre-rational, 'primitive' modes of thought allegedly makes them blind to any genuinely scientific concerns.[55] In short: by calling them 'occult sciences', scholars inevitably end up endorsing an argumentative logic that, against

---

[54] Representative are the many recent studies by Newman and Principe (e.g. William R. Newman: Gehennical Fire. The Lives of George Starkey, an American Alchemist in the Scientific Revolution. Cambridge, MA, London 1994; idem.: Promethean Ambitions (see note 2); William R. Newman, Lawrence M. Principe: Alchemy Tried in the Fire. Starkey, Boyle, and the Fate of Helmontian Chymistry. Chicago, London 2002; Lawrence M. Principe: The Aspiring Adept. Robert Boyle and his Alchemical Quest. Princeton 1998). For the criticism of Vickers' concept of 'occult sciences' from this perspective, see Newman: Brian Vickers (see note 51), esp. pp. 485–497 (focusing on the elements of 'unity', reified analogy and symbolism, and 'resistance to change').

[55] The mistake is identical with the one committed by Malinowski in his famous critique of Lévy-Bruhl, who was supposed to have claimed that "primitive man has no sober moods at all, that he is hopelessly and completely immersed in a mystical frame of mind. Incapable of dispassionate and consistent observation, devoid of the power of abstraction, hampered by 'a decided aversion towards reasoning' [...] unable to draw any benefit from experience, to construct or comprehend even the most elementary laws of nature" (Malinowski: Magic, Science and Religion [see note 47], p. 25). Malinowski's refutation of that thesis, by demonstrating that the Trobriand islanders showed an acute understanding of natural law while fishing or hunting, was directed against a straw man, for the summary is a caricature of Lévy-Bruhl's work, and 'instrumental causality' and 'participation' are not mutually exclusive but can easily coexist (see discussion in Wouter J. Hanegraaff: How Magic Survived the Disenchantment of the World. In: Religion 33/4 [2003], pp. 371–378).

the weight of historical evidence, is designed to exclude them from the history of science.[56]

Nevertheless, as happens so often in the heat of 'scientific revolutions', there is always a risk of throwing out some babies with the bathwater. In their zeal to get fields like astrology and alchemy back on the core agenda of history of science, the 'new historians' do sometimes overshoot the mark. In Newman and Grafton's defense for the independence of astrology and alchemy, one cannot help noticing a certain degree of impatience with the 'occult philosophy' of the Renaissance, held responsible for the 'hackneyed' thesis of a 'unity of the occult sciences', and constantly evoked by scholars of 'the Hermetic Tradition' since Frances Yates in the 1960s.[57] One understands the irritation of contemporary specialists about how that perspective still dominates any discussion in the field, even when it comes to medieval astrology or alchemy.[58] Nevertheless, it remains an irrefutable fact that there *was* a very widespread concern in the 16th and 17th centuries with integrating astrology, alchemy, and natural magic, along with such fields as kabbalah and number symbolism, as parts of one unified worldview grounded in correspondences and occult forces,[59] and Renaissance adherents of *philosophia occulta* can hardly be blamed for what rationalists and occultists (not to mention 20th-century historians) did with that idea two centuries later. In a historiography that wishes to avoid essentialism, the *occulta philosophia* project of the Renaissance just cannot be dismissed as marginal to what astrology or alchemy were 'really' all about: rather, it must be studied as an important historical phenomenon that resulted in creative and extremely influential new *religious* ways of understanding these disci-

---

[56] Vickers could respond with a variation on Tylor's view of magic as proto-science: "the very reason why magic is almost all bad is because when any of it becomes good it ceases to be magic" (Edward Burnett Tylor: Magic. In: Encyclopaedia Britannica. 9th ed. Vol. 15. Edinburgh 1883, pp. 199–206, here p. 206; for the importance of this neglected article, see Wouter J. Hanegraaff: The Emergence of the Academic Science of Magic. The Occult Philosophy in Tylor and Frazer. In: Religion in the Making. The Emergence of the Sciences of Religion. Ed. by Arie L. Molendijk and Peter Pels. Leiden, Boston, Köln 1998, pp. 253–275, 262–265): the occult sciences would then be not scientific, because when anything in them becomes scientific, it automatically ceases to be occult. But this would not save Vickers' argument, for if so, we are no longer dealing with 'occult sciences' as an umbrella concept: instead, 'occult' becomes a simple synonym for 'unscientific', resulting in an empty tautology.

[57] Newman, Grafton: Introduction (see note 1), pp. 21, 26; Newman: Promethean Ambitions (see note 2), pp. 44, 54.

[58] William R. Newman: Technology and Alchemical Debate in the Late Middle Ages. In: Isis 80/3 (1989), pp. 423–445, here p. 425: medieval alchemy was "a perfectly reasonable and sober offshoot of Aristotle's theory of matter", as opposed to "the eclectic, Neoplatonic alchemy of the Renaissance, suffused with theosophy and cabalism".

[59] This is correctly pointed out not only by Vickers (The "New Historiography" [see note 51], p. 130) but even by Newman and Grafton themselves: they trace the 'unifying' perspective to authors like Ficino, Agrippa, and Elias Ashmole (Newman and Grafton: Introduction [see note 1], pp. 24ff.), thereby contradicting Newman's own thesis that it is a modern 19th-century invention.

plines and their relationship to one another.[60] If this somewhat blurs their fresh scientific image in the context of the 'new historiography', so be it.

Finally, if Vickers' central notion of 'analogical thinking'[61] cannot be used to define a unified concept of 'occult sciences', what then is its relation to the fields of astrology, alchemy and natural magic? Nobody denies that they do have their roots in an ancient Hellenistic culture permeated by belief in hidden correspondences and analogies; as "textually cumulative disciplines"[62] they clearly retained those dimensions as a vital part of their theoretical apparatus; and there is no doubt at all that such analogical modes of thought experienced an enormous boost in the wake – again – of the Platonising tendencies of the Renaissance *occulta philosophia*. Although the 'new historiography' does not deny these facts, it does have a tendency to marginalize them, by very much putting the emphasis on those aspects of alchemy that are more clearly in line with what we consider sound rational and scientific thinking.

However, the delicate task for historians consists precisely in recognising and analysing these dimensions as integral to much of pre-modern thinking, and to the

---

[60] At issue here is the risk of an implicit essentialism even among strong and explicit defenders of strictly historical research: see discussion, with reference to a different but strictly comparable field of research, in Wouter J. Hanegraaff: The Beginnings of Occultist Kabbalah. Adolphe Franc and Eliphas Lévi. In: Kabbalah and Modernity. Interpretations, Transformations, Adaptations. Ed. by Boaz Huss, Marco Pasi and Kocku von Stuckrad. Leiden, Boston 2010, pp. 107–128. Gershom Scholem's refusal to take the study of occultist and contemporary kabbalah seriously (Boaz Huss: Ask No Questions. Gershom Scholem and the Study of Contemporary Jewish Mysticism. In: Modern Judaism 25/2 [2005], pp. 141–158) stood in sharp conflict with his explicit historical methodology.

[61] There is no agreement even about basic terminological conventions in this extremely complex domain of overlapping concepts, speculative systems, worldviews, and mental habits. Alternative terms are e.g. "correspondences" (see overview in Jean-Pierre Brach and Wouter J. Hanegraaff: Correspondences. In: Dictionary of Gnosis and Western Esotericism [see note 15], pp. 275–279), "correlative thinking" (Joseph Needham: Science and Civilization in China. Vol. 2: History of Scientific Thought. Cambridge 1956; Steve Farmer, John B. Henderson and Michael Witzel: Neurobiology, Layered Texts, and Correlative Cosmologies. A Cross-Cultural Framework for Premodern History. In: Bulletin of the Museum of Far Eastern Antiquities 72 [2002], pp. 48–90), "ressemblance" (Michel Foucault: Les mots et les choses. Une archéologie des sciences humaines. Paris 1966), "participation" (Lucien Lévy-Bruhl: Les fonctions mentales dans les sociétés inférieures. Paris 1951; idem.: Carnets. Paris 1998; cf. Stanley Jeyaraja Tambiah: Magic, Science, Religion and the Scope of Rationality. Cambridge 1990, pp. 84–110) and in all cases there is a close interwovenness with traditional concepts such as sympathy/antipathy, micro/macrocosm, ἐνέργεια, and the ἰδιότητες ἄρρητοι mentioned above (e.g. Röhr: Der okkulte Kraftbegriff [see note 13]; George Perrigo Conger: Theories of Macrocosms and Microcosms in the History of Philosophy. New York 1922; Rudolf Allers: Microcosmus. From Anaximander to Paracelsus. In: Traditio 2 [1944], pp. 319–407).

[62] The formulation is taken from Vickers: The "New Historiography" (see note 51), p. 132. See similar emphasis in Ehrard: Matérialisme et naturalisme (see note 38), p. 197; Newman: "Decknamen" (see note 40), pp. 164f.

Renaissance *philosophia occulta* more in particular,[63] and yet to do so without falling prey to the bad dualistic habit (inherited from the Enlightenment) of playing them out against 'science'. What makes this task so difficult is the fact – keenly perceived by Vickers, and not to be underestimated – that 'analogical thinking' can, indeed, take forms that violate our most basic canons of logic and common sense. For example, think of the pervasive fascination with a 'natural language' of 'real symbols' (highly relevant to astrology and talismanic magic) in which signs are treated as *being* what they signify, so that names or images do not just 'refer' to persons or things, but are assumed to somehow contain their very essence.[64] Among many other instances, one might mention the peculiar non-linear logic that informs Agrippa's elaborate tables of correspondences, systematically linked to elaborate numerical systems and 'magical squares', talismanic images, and angelic and demonic hierarchies.[65] One might also think of the deliberate paradoxes of kabbalistic speculation, the coincidence of opposites in Cusanian metaphysics, or Paracelsus' tendencies to radicalise the theory of microcosm and macrocosm to a point where the former seems to contain the latter in which it is itself contained.[66]

---

[63] It can be argued that if understood as spontaneous tendencies of the human mind, they are integral to *all* cultures and societies, including our own (Hanegraaff: How Magic Survived [see note 55], pp. 373–376), but the implications do not need to concern us here.

[64] Apart from Vickers, see e.g. Allison P. Coudert: Some Theories of a Natural Language from the Renaissance to the Seventeenth Century. In: Magia Naturalis und die Entstehung der modernen Naturwissenschaften. Ed. by Albert Heinekamp and Dieter Mettler. Wiesbaden 1978, pp. 56–113 (with a helpful overview of examples from Plato's Cratylus to Franciscus Mercurius van Helmont's Alphabet of Nature) or the classic article by Ernst H. Gombrich: Icones Symbolicae. The Visual Image in Neoplatonic Thought. In: Journal of the Warburg and Courtauld Institute 11 (1948), pp. 163–192, esp. 175ff. The *Cratylus* discusses "real symbolism" at length but ends up rejecting it. However, as pointed out by Coudert, "In the following centuries many people forgot Socrates' conclusion. What impressed them most was the suggestion that a language which mirrored nature would be the most perfect" (Coudert: Some Theories, p. 65).

[65] Cornelius Agrippa: De occulta philosophia libri tres. Ed. by V. Perrone Compagni. Leiden, New York, Köln 1992, II.4–14; and cf. Christopher Lehrich: The Language of Demons and Angels. Cornelius Agrippa's Occult Philosophy. Leiden, Boston 2003, pp. 98–146; Karl Anton Nowotny: The Construction of Certain Seals and Characters in the Work of Agrippa of Nettesheim. In: Journal of the Warburg and Courtauld Institutes 12 (1949), pp. 46–57.

[66] For the centrality of paradox in Jewish kabbalah, see especially Elliot R. Wolfson: Language, Eros, Being. Kabbalistic Hermeneutics and Poetic Imagination. New York 2005. For paradox and analogy in Cusanus, see Werner Schulze: Zahl, Proportion, Analogie. Eine Untersuchung zur Metaphysik und Wissenschaftshaltung des Nikolaus von Kues. Münster 1978; and for his influence and relevance to the ancient wisdom discourse, Stephan Meier-Oeser: Die Präsenz des Vergessenen. Zur Rezeption der Philosophie des Nicolaus Cusanus vom 15. bis zum 18. Jahrhundert. Münster 1989. On Paracelsus, see Conger: Theories of Macrocosms and Microcosms (see note 61), pp. 55–60; Vickers: Analogy versus Identity (see note 46), pp. 126–132 (relying heavily on Alexandre Koyré: Paracelse. In: Mystiques, spirituels, alchimistes du XVIe siècle allemand. Paris 1971); Wolf-Dieter Müller-Jahncke: Makrokosmos und Mikrokosmos bei Paracelsus. In: Paracelsus. Das Werk – die Rezeption. Ed. by Volker Zimmermann. Stuttgart 1995, pp. 59–66; Katharine Weder: "das jenig das am subtilesten und am besten gewesen ist." Zur Makrokosmos-Mikrokosmosbeziehung bei Paracelsus. In: Nova Acta Paracelsica: Beiträge zur Paracelsus-Forschung, Neue Folge 13 (1999), pp. 3–47.

The list could go on. The fact is that such concepts were proclaimed, not just as a frivolous afterthought but deliberately and persistently, by highly educated intellectuals. Even allowing for the power of traditional authority, it therefore makes no sense to dismiss them as instances of irrationality, lack of logical competence, primitive thinking, or plain stupidity. Nor are they representative of some 'occult' subculture out of touch with mainstream intellectual discourse, as popular clichés would have it. Rather, they are the reflection of intellectual traditions that have become unfamiliar to us, and of basic modes of thinking that are grounded in sets of priorities (metaphysical rather than physical) entirely different from those of modern science and philosophy. Both frameworks are equally capable of rejecting the other as fundamentally false and misleading.[67] There is no reason, then, to continue the habit of calling early modern ones 'occult', except as an admission of ignorance on our part: if they have become a closed book to most of us, that is because we have forgotten its language.

## Conclusion

I have been making some larger and smaller points in this article, but its most important conclusions are the following. First, the concepts of 'natural magic' and 'occult qualities' have gone through complicated processes of disenchantment and re-enchantment, in which both science and religion play a crucial role. Only an interdisciplinary approach is therefore capable of making sense of them. Second, the separation between 'occult' and 'normal' sciences and the separation between 'alchemy' and 'chemistry' in the Enlightenment had far less to do with scientific argumentation than with the decline of the Renaissance discourse of pagan wisdom under the influence of the Protestant attack on paganism. And finally, the notion of 'occult sciences' is grounded in the unifying perspectives of the Renaissance (not, as sometimes assumed, in the 19th century); but applying it as a general scholarly second-order concept to the domains of magic, alchemy and astrology leads to anachronisms and hence to historical distortions. In short: the notion of 'occult sciences' should be an object *of* historical study, not a concept used *for* studying alchemy, magic, astrology, or other currents in the field of Western esotericism.

---

[67] On this point, see Wouter J. Hanegraaff: Under the Mantle of Love. The Mystical Eroticisms of Marsilio Ficino and Giordano Bruno. In: Hidden Intercourse (see note 40), pp. 175–207, here p. 177 (here illustrated at the example of Ficino's metaphysics of eros as opposed to modern psychoanalysis).

KOCKU VON STUCKRAD

# Überlegungen zur Transformation des esoterischen Diskursfeldes seit der Aufklärung

Die Fragestellung des vorliegenden Bandes berührt Diskussionen, die in den Religions-, Kultur- und Geschichtswissenschaften seit langem kontrovers geführt werden. Dabei geht es nicht nur um die Frage, was mit ‚Esoterik' gemeint ist, sondern auch um das Verhältnis von Religion und Modernisierung im ‚Westen' einerseits und im globalen Vergleich andererseits.[1] Der folgende Beitrag präsentiert Überlegungen zum besseren Verständnis des Ortes und der Funktion von Religion und Esoterik im heutigen Europa. Im Anschluss an meine früheren Beiträge zur diskurstheoretisch fundierten Analyse von Esoterik[2] stelle ich einen Deutungsansatz zur Diskussion, der Religion, Säkularismus und Esoterik in ihrer Wechselwirkung in europäischen und nordamerikanischen Diskursfeldern verortet. Dieser theoretische Ansatz geht von der Dynamik eines ‚doppelten Pluralismus' aus, welcher die europäische Religionsgeschichte charakterisiert: ein religiöser Pluralismus einerseits und ein Pluralismus von gesellschaftlichen Systemen andererseits.[3] Innerhalb dieser pluralistischen Dynamik können wir Diskurse absoluten Wissens sowie die Dynamik des Enthüllens verborgenen Wissens als ‚esoterische Diskurse' ansprechen. Dabei haben wir es nicht zuletzt mit der Genealogie moderner Identitäten in einem pluralistischen Wettstreit von Wissensansprüchen zu tun.[4]

---

[1] Zur Problematisierung von ‚Moderne' und zum Konzept der *multiple modernities* siehe Shmuel N. Eisenstadt: Comparative Civilizations and Multiple Modernities. 2 Bde. Leiden 2003; Multiple Modernities. Hg. v. dems. New Brunswick 2002. M.E. sollte man von diesem Konzept noch einen Schritt weitergehen und die Existenz von *multiple modernities* nicht nur im interkulturellen Vergleich, sondern auch innerhalb des europäischen Kulturraumes als gegeben betrachten.

[2] Kocku von Stuckrad: Western Esotericism: Towards an Integrative Model of Interpretation. In: Religion 35 (2005), S. 78–97; vgl. zuletzt von dems.: Locations of Knowledge in Medieval and Early Modern Europe. Esoteric Discourse and Western Identities. Leiden, Boston 2010. Siehe allgemein zum diskursiven Zusammenhang zwischen Religion und Modernisierungsprozessen Kocku von Stuckrad: Secular Religion. A Discourse-Historical Approach to Religion in Contemporary Western Europe. In: Journal of Contemporary Religion 28 (2013), S. 1–14.

[3] Stuckrad: Locations of Knowledge (wie Anm. 2), S. 7–23; Europäische Religionsgeschichte. Ein mehrfacher Pluralismus. 2 Bde. Hg. v. Hans G. Kippenberg, Jörg Rüpke u. Kocku von Stuckrad. Göttingen 2009; vgl. auch Monika Neugebauer-Wölk: Magieglaube und Esoterik. Brauchen wir eine neue europäische Religionsgeschichte? In: Zauber und Magie. Hg. v. Thomas Pfeiffer. Heidelberg 2010, S. 131–161. Zur notwendigen Verbindung zwischen Geschichtswissenschaft und Religionswissenschaft, gerade im Hinblick auf die Esoterik als Teil der europäischen Religionsgeschichte, vgl. dies.: Religion als Thema der Geschichtswissenschaft. In: Religion(en) deuten. Transformationen der Religionsforschung. Hg. v. Friedrich Wilhelm Graf, Friedemann Voigt. Berlin, New York 2010, S. 259–280.

[4] Stuckrad: Locations of Knowledge (wie Anm. 2), S. 43–64.

Um die diskursiven Veränderungen sichtbar zu machen, die sich in Europa seit dem Aufkommen des Säkularismus im 18. Jahrhundert vollzogen haben, werde ich nach einer kurzen Diskussion der Säkularisierungsthese vier Perspektiven auf die Rekonfigurierung religiöser Diskursfelder vorstellen, die auch der Esoterik einen neuen kulturellen Ort verliehen haben. Im letzten Abschnitt werde ich die diskutierten Deutungsinstrumente am Beispiel der modernen Naturwissenschaft veranschaulichen.

## I  Nach dem Scheitern der allgemeinen Säkularisierungsthese

Zahllose Bücher und tausende Artikel haben sich seit den ‚langen 1960er Jahren'[5] der Frage gewidmet, ob der Prozess der Säkularisierung, der in Westeuropa im 18. Jahrhundert begann, unweigerlich zum Verschwinden von Religion in Europa und in der westlichen Welt führen würde. Dies ist nicht der Ort, um die komplexe Diskussion über die allgemeine Säkularisierungsthese und ihre unzähligen Varianten zu führen.[6] Ich beschränke mich daher auf einige Grundaspekte, die in der gegenwärtigen Debatte von den meisten Wissenschaftlerinnen und Wissenschaftlern geteilt werden.

Heute herrscht Konsens darüber, dass die allgemeine Säkularisierungsthese mit der Erwartung eines unaufhaltbaren Niedergangs der Rolle von Religion in modernen Gesellschaften durch die tatsächlichen Entwicklungen seit dem Ende des 20. Jahrhunderts falsifiziert worden ist. Schaut man sich differenziertere oder angepasste Versionen der Säkularisierungsthese an, so gewinnt man indes einen anderen Eindruck.[7] Das Konzept der Säkularisierung kann dann auf unterschiedliche Weise verwendet werden: abnehmende Teilnahme an Kirchenaktivitäten; Übertragung von Kircheneigentum in Staatseigentum; Trennung von Kirche und Staat in modernen Verfassungen; abnehmender Einfluss der institutionalisierten Religionsgemeinschaften in der modernen Kultur oder auch religiöse Indifferenz. Es hängt vom jeweiligen Zuschnitt der Fragestellung ab, ob wir einen Prozess von Säkularisierung konstatieren und ob wir für die Entwicklung in Europa alle Charakteristika oder nur einige von ihnen als gegeben interpretieren.

In jüngeren Diskussionen wird deutlich, dass der Begriff der Säkularisierung selbst eher *explanandum* als *explanans* ist. Die Säkularisierungsthese kann das

---

[5]  Callum G. Brown: The Death of Christian Britain. London 2001.
[6]  Vgl. dazu etwa José Casanova: Public Religions in the Modern World. Chicago 1994; David Herbert: Religion and Civil Society. Rethinking Public Religion in the Contemporary World. Aldershot 2003, S. 29–61; The Secularization Debate. Hg. v. William H. Jr. Swatos, Daniel V. A. Olson. Lanham 2000.
[7]  Wichtiger Vertreter dieser komplexen Interpretationslinie ist David Martin, vgl. ders.: Secularization. Towards a Revised General Theory. Aldershot 2005. Siehe jetzt auch Steve Bruce: Secularization. In Defence of an Unfashionable Theory. Oxford 2011.

Verhältnis von Religion und Modernisierung nicht hinreichend erklären; vielmehr ist die These selbst Bestandteil der Genealogie moderner westlicher Identitäten und Narrative. Darum ist es sinnvoll, bei der Analyse von Prozessen religiösen Wandels die ‚Formierung des Säkularen'[8] direkt an die neue ‚Formierung des Religiösen' in der modernen Welt zu koppeln. Dabei können wir uns der Terminologie José Casanovas anschließen, der eine „grundsätzliche analytische Unterscheidung" vorschlägt „between ‚the secular' as a central modern epistemic category, ‚secularization' as an analytical conceptualization of modern world-historical processes, and ‚secularism' as a worldview".[9] Nähert man sich dem Phänomen aus dieser Richtung, so erkennt man, dass der Säkularismus keineswegs das Ende der Religion mit sich gebracht hat; vielmehr haben die kulturellen Prozesse, welche den Säkularismus hervorbrachten, auch dem Religiösen einen neuen Ort im kulturellen Diskurs gegeben.

In ähnlicher Weise notiert auch David Herbert, dass das Verhältnis von Religion und Moderne anders formuliert werden sollte, als es die Säkularisierungsthese vorgibt. Auch wenn Modernisierung „tends to weaken the power of traditional religious institutions because of the diversification of channels and forms of communication in modernity",[10] führt doch die Mediatisierung moderner Kommunikation nicht zwangsläufig zu Säkularisierung.

> Rather, religion as discourse can become the central medium of public communication. And even in cases where religion does not become the dominant language of protest [...] religious discourses and practices can still thrive alongside advanced technology, mass literacy and urbanization. Thus, in both cases, and to borrow Foucault's [...] metaphor derived from the French Revolution, cutting off the head of the king does not destroy power but disperses it more widely through the system. Indeed, it may even intensify its disciplinary effects. So with religion, whose modern discursive power may even exceed its traditional institutionalized power.[11]

Mit dem Begriff des Diskurses ist ein Hinweis gegeben, wie wir die Schwierigkeiten der Säkularisierungsthese möglicherweise vermeiden können. Ich habe an anderer Stelle dafür geworben, eine *diskursive Religionswissenschaft* zu erarbeiten, die Religion als Kommunikation betrachtet, die in diskursiven Prozessen und in religi-

---

[8] Der Ausdruck verweist auf Talal Asad: Formations of the Secular. Christianity, Islam, Modernity. Stanford 2003. Zu Asads wichtigen Diskussionsbeiträgen siehe Powers of the Secular Modern. Talal Asad and His Interlocutors. Hg. v. David Scott, Charles Hirschkind. Stanford 2006. Zur Formierung des Säkularismus siehe ferner Charles Taylor: A Secular Age. Cambridge 2007; sowie als jüngste Beiträge The Power of Religion in the Public Sphere. Judith Butler u.a. Hg. v. Eduardo Mendieta, Jonathan van Antwerpen. New York 2011; Rethinking Secularism. Hg. v. Craig Calhoun, Mark Juergensmeyer u. Jonathan Van Antwerpen. Oxford 2011.
[9] José Casanova: The Secular and Secularisms. In: Social Research 76/4 (2009), S. 1049–1066, hier S. 1049.
[10] Herbert: Religion and Civil Society (wie Anm. 6), S. 58.
[11] Ebd., S. 58f.

ösen Feldern Deutungen hervorbringt und legitimiert.[12] Bei den kulturellen und politischen Veränderungen seit dem 18. Jahrhundert in Europa haben wir es aus dieser Sicht mit einem dialektischen Prozess der Umformung des säkularen *und* religiösen Diskursfeldes zu tun, nicht jedoch mit einer unaufhaltbaren Säkularisierung.

Die Kritik an gängigen Säkularisierungstheorien hat noch nicht zu einem Konsens geführt über ein Modell, das den Zusammenhang von Religion und Moderne besser abbilden würde. Manche sprechen von einer „Rückkehr der Religion" (als wenn ‚Religion' eine Zeit lang verschwunden gewesen wäre), andere von „Entsäkularisierung" oder vom „Postsäkularen" (als wenn Säkularisierung stattgefunden habe, aber nun durch etwas anderes abgelöst werde). Es gilt abzuwarten, welches theoretische Modell sich in Zukunft wird etablieren können. Im folgenden Abschnitt werde ich einige Überlegungen präsentieren, wie die Transformation des religiösen und säkularen Diskursfeldes konkret gedacht werden kann. Dies hat direkte Auswirkung auf den Ort von Esoterik in modernen westlichen Gesellschaften.

## II Die Umformung religiöser und säkularer Diskursfelder: Vier Perspektiven

Betrachtet man Religion als ein sich ständig wandelndes Diskursfeld, dessen Dynamik den Ort und die Funktion von Religion in der modernen Welt bestimmt, so stellt sich die Frage, wie man die Transformation dieses Diskursfeldes im Laufe der letzten dreihundert Jahre begrifflich fassen und analysieren kann. Um diese Frage zu klären, werde ich im Folgenden vier „Perspektiven religiösen Wandels" diskutieren, welche nicht nur die Wege und Formen diskursiver Veränderung benennen, sondern auch die wichtigsten kulturellen Systeme identifizieren, in denen sich jene Veränderungen materialisieren und sichtbar werden. In diesen Systemen ist dann auch das Datenmaterial zu suchen, mit dem die diskursiven Veränderungen beschrieben werden können. Meine These ist, dass die religiöse Landschaft in Europa seit der Aufklärung eine Neustrukturierung erfahren hat durch (a) neue

---

[12] Vgl. dazu Kocku von Stuckrad: Discursive Study of Religion. From States of the Mind to Communication and Action. In: Method & Theory in the Study of Religion 15 (2003), S. 255–271; sowie ders.: Reflections on the Limits of Reflection. An Invitation to Discursive Study of Religion. In: Method and Theory in the Study of Religion 22 (2010), S. 156–169. Dieser Ansatz lässt sich ohne weiteres kombinieren mit neueren Überlegungen zur Dispositivanalyse; siehe Andrea D. Bührmann, Werner Schneider: Vom Diskurs zum Dispositiv. Bielefeld 2008; Siegfried Jäger, Florentine Maier: Theoretical and Methodological Aspects of Foucauldian Critical Discourse Analysis and Dispositive Analysis. In: Methods of Critical Discourse Analysis. Hg. v. Ruth Wodak, Michael Meyer. 2. Aufl. London 2010, S. 34–61. Zur Diskurstheorie in der Geschichtswissenschaft siehe insb. Philipp Sarasin: Geschichtswissenschaft und Diskursanalyse. Frankfurt a.M. 2003, sowie Achim Landwehr: Historische Diskursanalyse. 2. Aufl. Frankfurt a.M., New York 2009.

Formen von Vergemeinschaftung, (b) die Verwissenschaftlichung religiöser Deutungen, (c) neue Formen ästhetischer Repräsentation und (d) die Herausbildung von neuen öffentlichen Räumen, welche die Neutralität des demokratischen Verfassungsstaates im 20. und 21. Jahrhundert herausfordern. Die den vier Perspektiven unterliegenden Prozesse können als Vergemeinschaftung, Verwissenschaftlichung, Ästhetisierung und Formierung von Öffentlichkeit beschrieben werden.

1 Vergemeinschaftung

Um das Verhältnis von öffentlichen und privaten Räumen in modernen westlichen Gesellschaften zu verstehen, müssen wir zunächst einen Blick auf die Formen von Gemeinschaft werfen, wie sie seit der Aufklärung entstanden sind. Diesen Prozess als ‚Vergemeinschaftung' zu beschreiben schließt an bei der einflussreichen soziologischen Unterscheidung zwischen primären und sekundären Gruppenverbänden. Einer der ersten, der diese konzeptionelle Abgrenzung vornahm, war Ferdinand Tönnies.[13] Er unterschied die ‚Gemeinschaft', vergleichbar mit der primären Gruppenbindung vormoderner Gesellschaften, von der ‚Gesellschaft', welche im Grunde mit den unpersönlichen Gruppenbindungen korrespondiert, wie sie die modernen Stadtgesellschaften ausgebildet haben. 1890 nahm Georg Simmel diese Unterscheidung auf und führte zwei Grundtypen von Gruppen ein – einerseits jene Gruppen, in denen persönliche Eigenschaften die Verhältnisse bestimmen (Freundschaft, Verwandtschaft etc.), andererseits jene Gruppen, die durch die offizielle Position eines Individuums beherrscht werden.[14]

Max Weber war es, der das heutige soziologische Verständnis dieser Begriffe etablierte. Er definierte ‚Vergemeinschaftung' als „eine soziale Beziehung [...], wenn und soweit die Einstellung des sozialen Handelns – im Einzelfall oder im Durchschnitt oder im reinen Typus – auf subjektiv *gefühlter* (affektueller oder traditionaler) *Zusammengehörigkeit* der Beteiligten beruht".[15] Hiervon grenzte er den Begriff ‚Vergesellschaftung' folgendermaßen ab: „‚Vergesellschaftung' soll eine soziale Beziehung heißen, wenn und soweit die Einstellung des sozialen Handelns auf rational (wert- oder zweckrational) motiviertem Interessen*ausgleich* oder auf ebenso motivierter Interessen*verbindung* beruht."[16] Mit dieser idealtypischen Beschreibung der Organisation sozialen Handelns lassen sich auch neue Formen

---

[13] Ferdinand Tönnies: Gemeinschaft und Gesellschaft. Leipzig 1887.
[14] Georg Simmel: Über sociale Differenzierung. In: Georg Simmel: Gesamtausgabe. Bd. 2. Hg. v. Heinz-Jürgen Dahme. Frankfurt a.M. 1989.
[15] Max Weber: Wirtschaft und Gesellschaft. Tübingen 1922, S. 21; siehe auch Martin Riesebrodt: Religiöse Vergemeinschaftungen. In: Max Webers ‚Religionssystematik'. Hg. v. Hans G. Kippenberg, Martin Riesebrodt. Tübingen 2001, S. 101–117.
[16] Ebd.; Weber weist darauf hin, dass „[d]ie große Mehrzahl sozialer Beziehungen aber [...] *teils* den Charakter der Vergemeinschaftung, *teils* den der Vergesellschaftung" hat (Weber: Wirtschaft und Gesellschaft [wie Anm. 15], S. 22).

der Vergemeinschaftung analysieren, wie sie sich im Laufe des 20. Jahrhunderts herausgebildet haben.

Ein Weiteres kommt hinzu: In der soziologischen Diskussion über die Entstehung moderner westlicher Sozialformen spielt der Begriff der Individualisierung eine entscheidende Rolle. Wir haben es hier mit einem Paradox zu tun, denn auf der einen Seite will es das gängige Narrativ, dass Modernisierung zu einer erhöhten Individualisierung und zu einer Hinwendung zum inneren Selbst als Quelle religiöser Erfahrung geführt habe. Charles Taylor und Anthony Giddens halten dieses *disembedding* für ein Grundmerkmal von Modernisierung. Giddens definiert *disembedding* als „the ‚lifting out' of social relations from local contexts of interaction and their restructuring across indefinite spans of time-space".[17] Auf der anderen Seite ist die These der Individualisierung schwer in Einklang zu bringen mit der These, dass Religionen im 20. Jahrhundert massiv die öffentlichen Räume beherrschen.[18] Vielleicht lässt sich der Widerspruch auflösen, wenn man bedenkt, dass ‚entbettete' religiöse Identitäten nicht notwendigerweise privat sein müssen. Die These der Individualisierung ist selbst Teil einer Verlusterzählung von Moderne als ‚Ende von Gemeinschaft und Sinn'. Wir sollten demgegenüber in Rechnung stellen, dass auf diskursiven Feldern neue Akteure auftreten können, die Zugang zu symbolischen Formen von Kapital suchen, einschließlich Akteuren mit einer individualistischen Botschaft.

Nicht selten können wir beobachten, dass Individualisierung gerade nicht zu solipsistischen Formen religiöser Erfahrung geführt hat, sondern – wie Emile Durkheim schon vor hundert Jahren prognostizierte – zu einer Ideologie des Individuums und zu neuen Gemeinschaften, welche Individualität propagieren. Das vielleicht beste Beispiel hierfür ist die so genannte New-Age-Bewegung, in der die religiöse Suche hochgradig individualisiert ist und gleichsam von den Mitgliedern erwartet wird. Zugleich ist jedoch das Spektrum von Texten und Erfahrungen für die Teilnehmer durchaus beschränkt und geradezu kanonisiert – ein Phänonomen, das Olav Hammer den „individualistischen Imperativ" nennt.[19] Auch andere, neue Formen von Gemeinschaft stehen den individualisierten Sinnsuchern zur Verfügung, einschließlich Lesegemeinschaften (von popularisierter Wissenschaft bis hin

---

[17] Anthony Giddens: Consequences of Modernity. Stanford 1990, S. 21. Zum Phänomen eines ‚globalisierten' *disembedding* siehe William A. Stahl: Religious Opposition to Globalization. In: Religion, Globalization, and Culture. Hg. v. Peter Beyer, Lori Beaman. Leiden, Boston 2007, S. 335–353, hier S. 345f.

[18] Als einflussreichen Essay mit der dahinterstehenden These des Öffentlich-Werdens von Religion siehe Casanova: Public Religions in the Modern World (wie Anm. 6).

[19] Olav Hammer: I Did It My Way? Individual Choice and Social Conformity in New Age Religion. In: Religions of Modernity. Relocating the Sacred to the Self and the Digital. Hg. v. Stef Aupers, Dick Houtman. Leiden, Boston 2010, S. 49–67. Zu Prozessen von Gemeinschaftsbildung im Neopaganismus siehe auch Sarah M. Pike: Earthly Bodies, Magical Selves. Contemporary Pagans and the Search for Community. Berkeley 2001.

zur Harry-Potter-Serie)[20] und virtuelle Gemeinschaften, die im Zuge der Internetrevolution entstanden sind.[21]

## 2 Verwissenschaftlichung

Eine zweite Perspektive auf die Umformung des religiösen Diskursfeldes besteht im Prozess der Verwissenschaftlichung. In diesem vielschichtigen Prozess stehen Konzepte von zugeschriebenem und legitimiertem Wissen im Mittelpunkt. Wichtig ist zunächst, dass im Laufe der letzten einhundertfünfzig Jahre die Religionswissenschaft als akademische Disziplin an westeuropäischen Universitäten etabliert worden ist. Dies führte zu einer Professionalisierung von Religionswissen und zu einer interdisziplinären Behandlung des Themas in Anthropologie (Ethnologie), Soziologie, Geschichtswissenschaft (zunächst vor allem Altertumswissenschaft) und Vergleichender Religionswissenschaft. Ein enormer Zuwachs an Quellenmaterial durch kritische Editionen – sowohl für Fachleute als für Laien – ist seit dem 19. Jahrhundert ein weiteres Merkmal der hier beschriebenen Dynamik.[22]

Clifford Geertz, Hayden White und andere haben darauf hingewiesen, dass Religionswissenschaftler immer auch *Autoren* sind, deren Werk Einfluss ausübt auf ihren Forschungsgegenstand.[23] Mit anderen Worten: Im Zuge des *linguistic turn* und der *writing-culture*-Debatte hat die Religionswissenschaft ihre imaginierte Rolle als schlichte Beobachterin eingebüßt, und Wissenschaftler betraten religiöse Diskursfelder als Akteure mit eigenen Interessen. Sie standardisieren, normieren und verbreiten Wissensbestände über Religion in einem so hohen Maße, dass sie bisweilen geradezu als Religionsstifter anzusprechen sind. Dies gilt insbesondere

---

[20] Zu früheren Formen von Lesegemeinschaften siehe Stephen Colclough: Consuming Texts. Readers and Reading Communities, 1695–1860. Basingstoke 2007. Zu popularisierter Wissenschaft, die einen großen Einfluss auf die moderne Esoterik ausübt, siehe Peter J. Bowler: Science for All. The Popularization of Science in Early Twentieth-Century Britain. Chicago 2009; Jane Gregory, Steve Miller: Science in Public. Communication, Culture, and Credibility. London 1998; Mary Midgley: Science as Salvation. A Modern Myth and its Meaning. London 1992 und vor allem Elizabeth Leane: Reading Popular Physics. Disciplinary Skirmishes and Textual Strategies. Aldershot 2007.

[21] Siehe dazu etwa Felicia Wu Song: Virtual Communities. Bowling Alone, Online Together. New York 2009; Virtual Social Networks. Mediated, Massive and Multiplayer Sites. Hg. v. Niki Panteli. Basingstoke 2009; Dongyoung Sohn: Social Network Structures and the Internet. Collective Dynamics in Virtual Communities. Amherst 2008; Religions of Modernity. Relocating the Sacred to the Self and the Digital. Hg. v. Stef Aupers, Dick Houtman. Leiden, Boston 2010.

[22] Ausführlich dazu Hans G. Kippenberg: Die Entdeckung der Religionsgeschichte. Religionswissenschaft und Moderne. München 1997.

[23] Clifford Geertz: Works and Lives. The Anthropologist as Author. Cambridge 1989; Hayden White: Metahistory. The Historical Imagination in Nineteenth-Century Europe. Baltimore 1973; siehe auch Friedrich H. Tenbruck: Die Religion im Maelstrom der Reflexion. In: Religion und Kultur: Sonderheft der Kölner Zeitschrift für Soziologie und Sozialpsychologie 33 (1993), S. 31–67.

*Transformation des esoterischen Diskursfeldes*

für die Theosophische Gesellschaft, die moderne Hexenbewegung, den Neopaganismus, den modernen westlichen Schamanismus und andere kulturelle Milieus im Kontext der New-Age-Bewegung. Diese Gruppen und Bewegungen sind durch historische Theorien zur nichtchristlichen Geschichte europäischer Kultur maßgeblich beeinflusst worden.[24]

Der Prozess der Verwissenschaftlichung hat jedoch noch eine andere wichtige Dimension. Seit dem 18. Jahrhundert ist eine Episteme (im Sinne Foucaults) entstanden, welche die Methoden und Theorien der Naturwissenschaft als das einzige legitime Wissen über die Welt anerkennt. In einer Bewegung, die ich ‚polemische Disjunktion' nenne, sind Wissenskulturen, die noch in der frühen Neuzeit eng zusammen gehörten, polemisch gegeneinander in Stellung gebracht worden und galten fortan als sich ausschließende Gegensätze: Astrologie gegen Astronomie, Alchemie gegen Chemie oder Magie gegen Naturwissenschaft. Zugleich jedoch stellen wir fest, dass religiöse und metaphysische Elemente früherer Naturforschung noch immer Teil des metaphorischen und funktionalen Arsenals moderner Naturwissenschaft sind, eine Bewegung, die ich ‚subkutane Kontinuität' nenne.[25] Wie ich noch erläutern werde, können Naturwissenschaftler auf religiösen Diskursfeldern als Interpreten der ‚letzten Dinge' auftreten und damit religiöse Sinnzuschreibungen liefern, welche die Grenzen wissenschaftlicher Argumentation deutlich überschreiten.

Die neue Episteme führte auch dazu, dass religiöse Akteure nun zu naturwissenschaftlichen Erklärungen greifen müssen, um ihre Wissensansprüche zu legitimieren. Erneut ist das Diskursfeld ‚Esoterik' ein ausgesprochen gutes Beispiel hierfür, von der Theosophischen Gesellschaft bis hin zum New Age.[26] Doch der Zwang zur wissenschaftlichen Begründung ist auch in anderen religiösen Kontexten sichtbar. Die Römisch-Katholische Kirche ist selbst Akteur auf diesem Feld, etwa wenn sie behauptet, es gäbe wissenschaftliche Beweise für die Unwirksamkeit von Kondomen gegen HIV/AIDS.[27] Die päpstliche Akademie der Wissenschaften organisiert regelmäßig Konferenzen, die eine Brücke schlagen zwischen religiösen Interessen

---

[24] Ich habe dies am Beispiel des Schamanismus erörtert in: Kocku von Stuckrad: Schamanismus und Esoterik. Kultur- und wissenschaftsgeschichtliche Betrachtungen. Leuven 2003, S. 279–284; z.B. des Neopaganismus und der modernen Hexenreligion siehe Ronald Hutton: The Triumph of the Moon. A History of Modern Pagan Witchcraft. Oxford 1999, sowie jüngst ders.: Writing the History of Witchcraft. A Personal View. In: The Pomegranate. The International Journal of Pagan Studies 12 (2010), S. 239–262.
[25] Siehe Kocku von Stuckrad: „Zo zijn we niet getrouwd". Religie, natuurwetenschap en de radicalisering van de moderniteit. Antrittsvorlesung für den Lehrstuhl Religionswissenschaft, Universität von Groningen. Groningen 2010.
[26] Zum New Age siehe Olav Hammer: Claiming Knowledge. Strategies of Epistemology from Theosophy to the New Age. Leiden, Boston 2001, S. 201–330 (Kap. „Scientism as a Language of Faith").
[27] Siehe Gustavo Benavides: Western Religion and the Self-Canceling of Modernity. In: Journal of Religion in Europe 1 (2008), S. 85–115, hier S. 104f.

und naturwissenschaftlicher Erklärung. Ein repräsentatives Beispiel ist die „Studienwoche zur Astrobiologie" im Jahr 2009. Im Programmheft heißt es:

> Astrobiology is the study of life's relationship to the rest of the cosmos: its major themes include the origin of life and its precursor materials, the evolution of life on Earth, its future prospects on and off the Earth, and the occurrence of life elsewhere. Behind each of these themes is a multidisciplinary set of questions involving physics, chemistry, biology, geology, astronomy, planetology, and other fields, each of which connects more or less strongly to the central questions of astrobiology.[28]

Dieses Beispiel zeigt nicht nur die Dynamik von Verwissenschaftlichung. Es macht auch deutlich, dass die modernen esoterischen Diskursfelder – in diesem Fall die ‚mystische Astronomie' – auf allen Seiten offen sind und keineswegs nur durch marginale Akteure bevölkert werden.

## 3 Ästhetisierung

Die dritte hier zu behandelnde Perspekive auf religiösen Wandel durch die Verschränkung von religiösen und säkularen Diskursfeldern nenne ich Ästhetisierung. Als Ergebnis des *cultural turn* wurde Ästhetik als analytisches Konzept eingeführt, das sich deutlich von der dominanten Philosophie von Kunst und Schönheit unterschied. Der Begriff geht auf Aristoteles' Konzept von *aisthesis* zurück, welches sich auf den Prozess von Sinneswahrnehmung und der Zuschreibung von Bedeutung an Wahrnehmungen bezieht.[29] Als ein theoretisches Konzept in der Religions- und Kulturwissenschaft stellt der Begriff der Religionsästhetik eine kritische Reaktion dar auf (protestantische) Konzeptionalisierungen von Religion als Text, Glaube, sowie Bezugnahmen auf ‚körperlose' persönliche Bewusstseinszustände. Das Forschungsfeld hat sich in direkter Nähe zu Theorien der Performanz, materieller Kultur und Körperlichkeit entwickelt, doch auch zur Anthropologie der Sinne, historischer Anthropologie und Medienwissenschaft. Ästhetische Zugangsweisen analysieren die Rolle der Sinne und des Körpers in religiösen Diskursen, und sie rekonstruieren die Geschichte ästhetischer Formen ebenso wie die Beziehung zwischen Religion und Kunst.[30]

---

[28] The Pontifical Academy of Sciences. Study Week on Astrobiology, 6–10 November 2009, Casino Pio IV. Vatican City: The Pontifical Academy of Sciences, 2009, S. 3. Online zugänglich unter URL: http://www.vatican.va/roman_curia/pontifical_academies/acdscien/2009/booklet_astrobiology_17.pdf [02.10.2010].

[29] Die Literatur ist umfangreich. Siehe etwa Gernot Böhme: Aisthetik. Vorlesungen über Ästhestik als allgemeine Wahrnehmungslehre. München 2001; Horst Bredekamp: Theorie des Bildakts. Berlin 2010; Übersicht in Birgit Meyer, Jojada Verrips: Aesthetics. In: Keywords in Religion. Media and Culture. Hg. v. David Morgan. London 2008, S. 20–30.

[30] Hubert Cancik, Hubert Mohr: Religionsästhetik. In: Handbuch religionswissenschaftlicher Grundbegriffe. Hg. v. Hubert Cancik, Burkhard Gladigow u. Matthias Laubscher. Bd. 1. Stuttgart 1988, S. 121–156; Susanne Lanwerd: Religionsästhetik. Studien zum Verhältnis von Symbol und Sinnlichkeit. Würzburg 2002; Alexandra Grieser: Aesthetics. In: Vocabulary for the

Theoretiker der Moderne haben darauf hingewiesen, dass Ästhetisierung ein entscheidendes Element des Modernisierungsprozesses ist. Sie beziehen sich dabei auf eine Zunahme von Stilisierung, Design und ‚Künstlichkeit' in allen Lebensbereichen. Wissenschaftler haben dies für die Alltagswelt und die „ästhetische Reflexivität" in der Postmoderne untersucht,[31] für die politische Bedeutung von Ästhetik, oder auch für die geänderte Subjektivität und die „Technologien des Selbst" in der Moderne.[32]

Doch die zentrale Verbindung zwischen *Religion* und ästhetischen Aspekten von Modernisierung ist nur selten in den Blick genommen worden. Es war sicher kein Zufall, dass das 18. Jahrhundert die Ästhetik in doppelter Weise etablierte – als akademische Disziplin und als ein Kunstideal. Die Verbindung zwischen religiösen und säkularen Diskursfeldern in der Moderne steht also in der Tradition von Aufklärung und romantischer Ästhetik. Friedrich Schleiermachers Neudefinition von Religion in ästhetischen Begriffen kam in diesem Prozess eine hohe Bedeutung zu. Durch seine radikale Ästhetisierung von Religion als Erfahrung lieferte Schleiermacher die Vorlage für religionswissenschaftliche Definitionen von Religion, doch auch für romantische Diskussionen über Kunst, Natur und Wissenschaft.[33]

Als Referenzrahmen kann Religionsästhetik uns helfen, den Ort von Religion in säkularen Diskursen besser zu verstehen. Im 20. Jahrhundert war Kunst noch weniger als zuvor Trägerin von Schönheit, sondern vor allem auch Trägerin von Wahrheit und Bedeutung, und in dieser Eigenschaft übernahm sie Funktionen, die davor mit dem religiösen Feld assoziiert waren. Ein hervorragendes Beispiel hierfür sind die diskursiven Transfers und Neukonfigurationen zwischen Naturwissenschaft, Okkultismus und Kunst in der Avantgarde zu Beginn des 20. Jahrhunderts. Um 1900 wurden wissenschaftliche Entdeckungen wie n-Dimensionalität, Röntgenstrahlen und Elektromagnetismus in okkultistischen Diskursen aufgenommen und durch Künstler der Avantgarde als ‚okkulte vierte Dimension', ‚hellsichtige Röntgen-Vision' oder ‚Gedankenvibration' in ihren Werken verarbeitet.[34]

---

Study of Religion. Hg. v. Robert Segal, Kocku von Stuckrad. 3 Bde. Leiden, Boston 2013 [im Erscheinen].

[31] Ulrich Beck, Anthony Giddens u. Scott Lash: Reflexive Modernization. Politics, Tradition and Aesthetics in the Modern Social Order. Cambridge 1994.

[32] Michel Foucault: Aesthetics, Method, and Epistemology. In: Essential Works of Foucault, 1954–1984. Bd. 2. Hg. v. James D. Faubion. London 2000.

[33] Siehe dazu Interpreting Religion. The Significance of Friedrich Schleiermacher's ‚Reden über die Religion' for Religious Studies and Theology. Hg. v. Dietrich Korsch, Amber L. Griffioen. Tübingen 2011. Zur Ästhetik der Romantik und ihrem Verhältnis zur Esoterik siehe auch Linda Simonis: Die Kunst des Geheimen. Esoterische Kommunikation und ästhetische Darstellung im 18. Jahrhundert. Heidelberg 2002.

[34] Tessel M. Bauduin: Science, Occultism and the Art of the Avant-Garde in the Early Twentieth Century. In: Journal of Religion in Europe 5/1 (2012) [im Druck]; siehe auch Trancemedien und Neue Medien um 1900. Ein anderer Blick auf die Moderne. Hg. v. Marcus Hahn, Erhard Schüttpelz. Bielefeld 2009.

## 4 Die Herausbildung von neuen öffentlichen Räumen

Eines der zentralen Elemente des dominanten Säkularisierungsnarrativs ist die Überzeugung, dass Säkularismus und Aufklärung eine Antwort waren auf die verheerenden Religionskriege im Gefolge der Reformation. Natürlich stimmt es, dass wichtige Vertreter der Aufklärung wie Jean-Jacques Rousseau und Immanuel Kant ihre Religionskritik auf eben jenes Konfliktpotenzial des religiösen Irrationalismus gründeten. Sie wollten den Einfluss von Religion begrenzen, doch zugleich hielten sie an einer *religion civile* oder einer Vernunftreligion als einem notwendigen sozialen Band in zukünftigen demokratischen Verfassungen fest. Eine ‚gute Religion' dient demnach den Idealen des modernen säkularen Staates.

Auch wenn die Verfassungen europäischer Staaten keineswegs einheitlich sind, wenn es um das Verhältnis von Religion und Staat geht,[35] können wir doch allgemein festhalten, dass diese Verfassungen um einen Ausgleich zwischen Freiheit *von* Religion und Freiheit *der* Religion bemüht sind. Dem Staat und seiner Legislative wurde dabei die Rolle des neutralen Beobachters und Schiedsrichters in religiösen Angelegenheiten zugewiesen. Dieses verfassungsrechtliche Ideal wurde sehr bald in eine Meistererzählung mit beinahe mythischen Ausmaßen verwandelt, etwa im Kampfbegriff der „radikalen Aufklärung".[36] Dieses wirkmächtige Verständnis von Religion und Staat hat die tatsächliche Verstrickung von religiösen und säkularen Diskursen in Politik und Recht der Moderne verschleiert. Von einem diskursiven Ansatz her ist die juristische Regulierung von Religion eine Materialisierung und Fortsetzung europäischer Ideen über Religion, deren Genealogie bis ins römische Recht und die Ursprünge christlicher Staatsmacht zurückreichen. Modernes Verfassungsrecht „created a model of religious plurality in which the idea of the right religion, as a shared societal property, lived on".[37] Die Annahme, Religion diene dem Allgemeinwohl, ist eine Konstante europäischer Religionsgeschichte. Die damit eng verbundene Frage, ob Religion öffentlich oder privat sei, hat deren politische und rechtliche Regulierung gleichfalls beeinflusst, von der römischen Antike bis heute.

Ein weiterer Aspekt ist in diesem Zusammenhang wichtig: Die Frage der Herausbildung des öffentlichen Raumes hat die soziologische und philosophische Diskussion des 20. Jahrhunderts wiederholt beschäftigt.[38] Denker wie Jürgen

---

[35] Christian Walter: Religionsverfassungsrecht in vergleichender und internationaler Perspektive. Tübingen 2006; Sabine Riedel: Models of Church-State Relations in European Democracies. In: Journal of Religion in Europe 1 (2008), S. 251–272.
[36] Ein Beispiel hierfür ist Jonathan Israel: A Revolution of the Mind. Radical Enlightenment and the Intellectual Origins of Modern Democracy. Princeton 2010.
[37] Hans G. Kippenberg: Europe. Arena of Pluralization and Diversification of Religions. In: Journal of Religion in Europe 1 (2008), S. 133–155, hier S. 143.
[38] Wichtige Beiträge sind Jürgen Habermas: Strukturwandel der Öffentlichkeit. Neuwied 1962; Casanova: Public Religions in the Modern World (wie Anm. 6); Taylor: A Secular Age (wie Anm. 8); Butler u.a.: The Power of Religion in the Public Sphere (wie Anm. 8).

Habermas betrachten das 18. Jahrhundert als den Geburtsort des öffentlichen Raumes, in dem demokratische zivile Gesellschaften gedeihen können. Dieses Verständnis eines einheitlichen öffentlichen Raumes wurde durch andere Wissenschaftler in Zweifel gezogen. Das Konzept sollte denn auch durch ein Modell ersetzt werden, das von einer Vielfalt mitunter konfligierender öffentlicher Räume ausgeht.[39] Doch auch wenn die Eigenschaften öffentlicher Räume, welche die modernen westlichen Gesellschaften beherrschen, noch einer genaueren Analyse harren, besteht unter heutigen Wissenschaftlern zumindestens Einverständnis darüber, dass die letzten dreihundert Jahre eine neue Form von öffentlichen Räumen hervorgebracht haben, die davor so nicht zu beobachten war.

Der diese Entwicklung vorantreibende Prozess des in neuen Formen *Öffentlich-Werdens* auch von Religion hat soziale Arenen geschaffen, welche die verfassungsrechtliche Trennung von Religion und Staat zunehmend in Frage stellen. Neue rechtliche Formen ermöglichen es privaten Religionen, öffentliche Räume zu besetzen,[40] beispielsweise durch ziviles Engagement in *non-governmental organizations* (NGO's) oder durch radikale öffentliche Handlungen und Forderungen. Die neue öffentliche Präsenz von Religion hat ein völlig anderes Gesicht als die traditionelle Staatsreligion. Heute wird der öffentliche Status von Religion in Parlamenten und Gerichtssälen neu verhandelt. Neue Akteure betreten die diskursiven Felder und streiten um den Zugang zu sozialem und symbolischem Kapital, wobei Politiker und Wissenschaftler nicht selten Allianzen schmieden oder einander diametral gegenüber stehen. Wenn Richter Definitionen von Religion anwenden oder die öffentliche Sichtbarkeit von Religion (Schleier, Kruzifixe) beurteilen müssen und damit aktiv in die Ausbalancierung konfligierender Freiheitsrechte eingreifen, ist die Trennung von Religion und Staat zur bloßen Fassade geworden.[41] Erneut können wir konstatieren, dass der Säkularismus – zweifellos eines der wichtigsten ideologischen Fundamente des modernen Verfassungsstaates – nicht zu einer Kontrolle von Religion geführt hat, sondern zu einer Neuordnung des religiösen Diskursfeldes.

Die von mir vorgestellten vier Perspektiven geben uns einen Referenzrahmen an die Hand, mit dessen Hilfe wir den Ort von Religion in modernen westlichen Gesellschaften besser analysieren können. Im letzten Abschnitt dieses Beitrags möchte ich das entwickelte Deutungsinstrument auf ein Thema des heutigen esoterischen Diskurses anwenden. Mein Beispiel kann ich hier keineswegs erschöpfend

---

[39] Siehe dazu Herbert: Religion and Civil Society (wie Anm. 6), S. 96–103.
[40] José Casanova nennt dies die „Entprivatisierung von Religion" (Casanova: Public Religions in the Modern World [wie Anm. 6], S. 5f).
[41] Siehe dazu Die verrechtlichte Religion. Der Öffentlichkeitsstatus von Religionsgemeinschaften. Hg. v. Hans G. Kippenberg, Gunnar Folke Schuppert. Tübingen 2005; Astrid Reuter: Charting the Boundaries of the Religious Field. Legal Conflicts over Religion as Struggles over Blurring Borders. In: Journal of Religion in Europe 2 (2009), S. 1–20; After Secular Law. Hg. v. Winnifred Fallers Sullivan u.a. Stanford 2011.

behandeln; vielmehr geht es mir darum, schlaglichtartig zu zeigen, wie die verschiedenen Dynamiken diskursiver Transformation zugleich auftreten konnten und wie dadurch die frühneuzeitliche Esoterik im 20. und 21. Jahrhundert in neuer Form weiterlebte.

## III Beispiele diskursiver Transformation: Esoterik und Genforschung

Fragen zur ‚Tiefenstruktur des Kosmos' haben esoterische Diskurse seit der Antike immer wieder beschäftigt. Diese konnten sich auf Vorstellungen von der sprachlichen Kodierung des Universums beziehen, von der schöpferischen Kraft des Göttlichen, oder auf die Erfahrungsdimension unseres Wissens von Natur und Welt. Die damit einhergehenden Debatten hatten seit dem Mittelalter und der frühen Neuzeit maßgeblichen Einfluss auf die Ausformung moderner Identitäten im Westen. Zentrale philosophische und wissenschaftliche Alternativen wurden in diesem Zusammenhang formuliert, wobei der jüdischen und christlichen Kabbalah eine oftmals unterschätzte Bedeutung zukam.[42]

Dass der Kosmos aus Buchstaben und Zahlen aufgebaut ist, dass die Kabbalah ‚Torah' als Gewebe von ontologisch bedeutsamen Trägern von Wahrheit betrachtete, und dass der ‚Code' des Lebens nicht nur entziffert, sondern auch magisch verändert werden kann, ist die Grundüberzeugung einflussreicher religiöser, philosophischer und wissenschaftlicher Strömungen der europäischen Geistesgeschichte. Interessant für unseren Zusammenhang hier ist die Beobachtung, dass auch die Lebenswissenschaften – *life sciences* – des 20. und 21. Jahrhunderts in diese *longue durée* gehören. Aus kulturwissenschaftlicher Sicht sind die Lebenswissenschaften, in denen es unter anderem um die Entzifferung des menschlichen Genoms geht, Beispiele für das Lesen und Schreiben des Buches der Natur.[43] Metaphern der Kodierung und Dekodierung prägen die öffentlichen Debatten über den Fortschritt der Biologie und die in Aussicht gestellte Möglichkeit der Schöpfung von Leben. Wir sollten dabei nicht vergessen, dass wissenschaftliche Metaphern – wie Philipp Sarasin auf der Grundlage von Ludwik Flecks Wissenssoziologie zu Recht argumentiert – keineswegs ‚nur Metaphern' sind. Vielmehr zeigen Metaphern, wie eine Gesellschaft Realität und anerkanntes Wissen strukturiert.[44] Ich

---

[42] Stuckrad: Locations of Knowledge (wie Anm. 2).
[43] Siehe dazu Kocku von Stuckrad: Rewriting the Book of Nature. Kabbalah and the Metaphors of Contemporary Life-Sciences. In: Journal for the Study of Religion, Nature, and Culture 2 (2008), S. 419–442; Lily E. Kay: In the Beginning was the Word? The Genetic Code and the Book of Life. In: The Science Study Reader. Hg. v. Mario Biagioli. London 1999, S. 224–233.
[44] Philipp Sarasin: Infizierte Körper, kontaminierte Sprachen. Metaphern als Gegenstand der Wissenschaftsgeschichte. In: Ders.: Geschichtswissenschaft und Diskursanalyse. Frankfurt a.M. 2003, S. 191–230. Siehe auch die klassische Studie von George Lakoff, Mark Johnson: Metaphors We Live By. 2. überarb. Aufl. Chicago 2003 [zuerst 1980].

will dies anhand von zwei wissenschaftlichen Ereignissen illustrieren, die in den letzten Jahren eine breite Öffentlichkeit erreichten.

## 1  Das *Human Genome Project* und die Sprache Gottes

Am 26. Juni 2000 feierte das Weiße Haus in Washington in einer Pressekonferenz den Abschluss der ersten Phase des *Human Genome Project* und damit die vollständige Entzifferung des menschlichen Genoms. Auf der Pressekonferenz sprachen der damalige amerikanische Präsident Bill Clinton, der Direktor des *Human Genome Project*, Dr. Francis C. Collins sowie Dr. J. Craig Venter, Direktor der Celera Genomics, einer Firma, die am Wettlauf um die Entzifferung des Genoms ebenfalls beteiligt war. Der damalige britische Premierminister Tony Blair nahm über eine Konferenzschaltung an der Veranstaltung teil. Bill Clintons Darstellung der wissenschaftlichen Leistung des Projektes ist aufschlussreich:

> Today's announcement represents more than just an epoch-making triumph of science and reason. After all, when Galileo discovered he could use the tools of mathematics and mechanics to understand the motion of celestial bodies, he felt, in the words of one eminent researcher, that he had learned the language in which God created the universe. – Today we are learning the language in which God created life. We are gaining ever more awe for the complexity, the beauty, the wonder of God's most divine and sacred gift.[45]

Trotz des überschwänglichen Pathos in dieser Aussage ist Clinton sich durchaus der Tatsache bewusst, dass das *Human Genome Project* möglicherweise theologisch und ethisch definierte Grenzen überschreiten könnte. Wenn Menschen die Sprache Gottes lernen, können sie sie auch schreiben. Deshalb warnt er seine Zuhörer:

> The third horizon that lies before us is one that science cannot approach alone. It is the horizon that represents the ethical, moral and spiritual dimension of the power we now possess. We must not shrink from exploring that far frontier of science. But as we consider how to use new discoveries, we must also not retreat from our oldest and most cherished human values.[46]

Francis S. Collins ist sich über das Potenzial seines Unternehmens ebenfalls im Klaren. In seiner Rede am selben Ort bringt er die Sache auf den Punkt: „Alexander Pope wrote: ‚Know then, thyself. Presume not God to scan. The proper study of mankind is man.' What more powerful form of study of mankind could there be than to read our own instruction book?"[47] Man darf natürlich bezweifeln, ob Alexander Popes Ermahnung ein Mittel gegen die befürchteten Auswüchse des

---

[45] Anonym: Reading the Book of Life. White House Remarks On Decoding of Genome. In: The New York Times online, 27.06.2000 (URL: http://www.nytimes.com/2000/06/27/science/reading-the-book-of-life-white-house-remarks-on-decoding-of-genome.html?pagewanted=all [23.02.2011]).
[46] Ebd.
[47] Ebd.

Genomprojektes ist, doch Collins' Sorgen treten hier deutlich zu Tage. Er fährt fort: „Today we celebrate the revelation of the first draft of the human book of life." Doch erneut plagen ihn Zweifel, und er fügt schnell hinzu: „It is humbling for me and awe-inspiring to realize that we have caught the first glimpse of our own instruction book, previously known only to God. What a profound responsibility it is to do this work. Historians will consider this a turning point."[48] Das werden sie ganz sicher, doch der Wendepunkt ist ein anderer, als Collins es beschreibt: Was wir hier sehen, ist das vorläufig letzte Kapitel der langen Geschichte einer Suche nach dem „Scan Gottes", wie Alexander Pope es formulierte.

## 2 Synthetische Biologie und der Mensch als Schöpfer

Ich komme damit zu einem weiteren wichtigen Ereignis der jüngsten Wissenschaftsgeschichte, diesmal eng verbunden mit J. Craig Venter als Vertreter der Forschungsrichtung ‚synthetische Biologie'. Nach seinem Engagement in der Entzifferung des menschlichen Genoms (wenn auch in Konkurrenz zu Collins) wandte sich Venter verschiedenen neuen Unternehmungen zu. Mit einem Budget von 100 Millionen US-Dollar von Celera und anderen Investoren startete er ein *non-profit*-Unternehmen, die *J. Craig Venter Science Foundation*. Diese Stiftung erlaubte ihm das freie Verfolgen seiner wissenschaftlichen Visionen und Ziele, ohne Rücksicht auf universitäre oder ökonomische Begrenzungen. Im Jahr 2002 gründete die Stiftung das *Institute for Biological Energy Alternatives* in Rockville, Maryland. Im Mai 2010 gelang es Venters Team, erstmals eine vollständig synthetische Zelle zu schaffen und damit eine neue Lebensform. In der New York Times heißt es dazu:

> At a press conference Thursday, Dr. Venter described the converted cell as „the first self-replicating species we've had on the planet whose parent is a computer." „This is a philosophical advance as much as a technical advance", he said, suggesting that the „synthetic cell" raised new questions about the nature of life. [...] „It's very powerful to be able to reconstruct and own every letter in a genome because that means you can put in different genes", said Gerald Joyce, a biologist at the Scripps Research Institute in La Jolla, Calif. In response to the scientific report, President Obama asked the White House bioethics commission on Thursday to complete a study of the issues raised by synthetic biology within six months and report back to him on its findings. He said the new development raised „genuine concerns", though he did not specify them further.[49]

In dieser kleinen Geschichte steckt indes noch mehr aufschlussreiches Material für unsere Analyse. Als sie die Zelle synthetisierten, schleusten Venter und sein Team nämlich mehrere Erkennungsmerkmale in das Genom ein. Diese *markers* produzieren keine Proteine, vielmehr enthalten sie die Namen der 46 am Projekt beteiligten

---

[48] Ebd.
[49] Nicholas Wade: Researchers Say They Created a ‚Synthetic Cell'. In: The New York Times online, 20.05.2010 (URL: http://www.nytimes.com/2010/05/21/science/21cell.html?ref=science [23.02.2011]).

Wissenschaftler sowie eine Reihe von Zitaten, geschrieben in einem geheimen Code. Auch der Schlüssel zur Entzifferung des Codes ist enthalten. Man muss den Code knacken, um die Botschaften zu verstehen. Doch Venter lüftet den Schleier des Geheimnisses schon ein wenig und nennt die folgenden Zitate: „To live, to err, to fall, to triumph, to recreate life out of life" aus James Joyces *A Portrait of the Artist as a Young Man*; „See things not as they are but as they might be", entnommen der Biographie des Kernphysikers Robert Oppenheimer mit dem Titel *American Prometheus*; und schließlich die berühmten Worte des Physikers Richard Feynman: „What I cannot build I cannot understand."[50]

Kodierung und Dekodierung, das Lesen und Schreiben des Buches der Natur und des Buches des Lebens, das Motiv des Menschen als Schöpfer, die Herstellung des Golems und die damit verbundenen ethischen Fragen – all dies ist Teil der Geistes-, Religions-, Wissenschafts- und Kulturgeschichte Europas. Es ist dieses Erbe, auf welchem Venter, Collins und andere, bewusst oder unbewusst, aufbauen. Venter selbst bestreitet dabei, Leben geschaffen zu haben. „We've created the first synthetic cell", hält er fest. „We definitely have not created life from scratch because we used a recipient cell to boot up the synthetic chromosome."[51] Der *New Scientist* kommentiert dies folgendermaßen:

> Whether you agree or not is a philosophical question, not a scientific one as there is no biological difference between synthetic bacteria and the real thing, says Andy Ellington, a synthetic biologist at the University of Texas in Austin. „The bacteria didn't have a soul, and there wasn't some animistic property of the bacteria that changed", he says.[52]

Nun ist es also ein vages Konzept von ‚Seele', das die Wissenschaftler beschwören, um die theologische Legitimität ihres Projektes sicherzustellen. Die Beantwortung der „philosophischen Frage" können sie dann getrost anderen überlassen.

Doch es würde zu weit führen, wollte ich diesen Faden weiter verfolgen. Stattdessen gilt es nun, die Ergebnisse der diskutierten Beispiele festzuhalten. Die Forschungen der Lebenswissenschaften und der synthetischen Biologie machen deutlich, wie die vier von mir genannten Dynamiken diskursiver Transformation gemeinsam und in gegenseitiger Abhängigkeit ihre Wirkung entfalten. Die Beispiele zeigen auf mehreren Ebenen den Prozess der Verwissenschaftlichung; sie offenbaren jedoch auch, wie unser Wissen von der Natur ästhetisch präsentiert und kommuniziert wird. Zudem finden die Debatten in einem öffentlichen Raum statt, in dem Politiker, Naturwissenschaftler und ein großes interessiertes Publikum die Bedeutung von popularisierten Wissensbeständen und deren religiös-ethische Implikationen aushandeln. Die hiermit einhergehenden Wissensansprüche über-

---

[50] Siehe Ewen Callaway: Immaculate Creation: Birth of the First Synthetic Cell. In: New Scientist, 20.05.2010 (URL: http://www.newscientist.com/article/dn18942-immaculate-creation-birth-of-the-first-synthetic-cell.html [23.02.2011]).
[51] Ebd.
[52] Ebd.

schreiten dabei ganz deutlich die Grenzen empirischen Modelldenkens in den Naturwissenschaften, womit sie sich einreihen in die lange Geschichte esoterischer Suche nach dem zentralen Schlüssel zu den letzten Geheimnissen des Kosmos und der Geschichte der Menschheit.

Zum Schluss möchte ich auf einen weiteren Denker verweisen, der in der heutigen Diskussion über die Deutung des Kosmos geradezu Kultstatus hat. Stephen W. Hawking, gefeierter Physiker und Autor popularisierender wissenschaftlicher Bücher, hat sich nämlich auf dieselbe wissenschaftliche Reise begeben wie J. Craig Venter und Francis S. Collins. Auch Hawking überschreitet die Grenzen wissenschaftlicher Argumentation und übernimmt gelegentlich die Rolle des religiösen Experten und esoterischen Lehrers:

> Ever since the dawn of civilization, people have not been content to see events as unconnected and inexplicable. They have craved an understanding of the underlying order in the world. Today we still yearn to know why we are here and where we have come from. Humanity's deepest desire for knowledge is justification enough for our continuing quest. And our goal is nothing less then a complete description of the universe we live in.[53]

Hawking knüpft hier wörtlich an gnostische Erkenntnis- und Erlösungsszenarien an, womit die Dynamik esoterischer Diskurse in der heutigen westlichen Kultur erneut sichtbar wird. Kein Wunder also, dass er sein Ziel ganz unbescheiden formuliert: „A complete, consistent, unified theory is only the first step: our goal is a complete understanding of the events around us, and of our own existence."[54]

---

[53] Stephen W. Hawking: A Brief History of Time. From the Big Bang to Black Holes. London 1988, S. 15.
[54] Ebd., S. 187.

HELMUT ZANDER

# Das Konzept der ‚Esoterik' im Bermudadreieck von Gegenstandsorientierung, Diskurstheorie und Wissenschaftspolitik. Mit Überlegungen zur konstitutiven Bedeutung des identitätsphilosophischen Denkens

## I Epistemologie: Materiale oder diskursive Definition der Esoterik?

Als Antoine Faivre 1979 auf den Lehrstuhl für die Geschichte „esoterischer und mystischer Strömungen" an der Pariser Sorbonne berufen wurde, war dies ein leiser, nur von wenigen wahrgenommener Paukenschlag: die Etablierung einer wissenschaftlichen ‚Esoterik'-Forschung. Die fluide Beschreibung des Forschungsgegenstandes in der Denomination des Lehrstuhls dokumentierte dabei ein Problembewusstsein hinsichtlich des Forschungsgegenstandes ‚Esoterik' und generierte in den folgenden Jahren eine produktive Selbstverunsicherung der Forscher und Forscherinnen hinsichtlich des Begriffs und seines Inhaltes. Dabei haben sich zwei Fraktionen herausgebildet: eine, die den Schwerpunkt auf die inhaltliche Bestimmung des ‚Esoterik'-Begriffs legt und gegenstandsbezogen arbeitet, und eine zweite, die den Schwerpunkt auf eine diskursive Konstruktion eines Gegenstandes namens ‚Esoterik' legt und insofern diskurstheoretisch ausgerichtet ist. Die beiden Optionen können, müssen aber nicht als sich wechselseitig ausschließende Konzepte konstruiert werden.

Die erste, eine inhaltliche Bestimmung, stammt von Antoine Faivre. 1992 postulierte er ‚Esoterik' als „Denkform" mit vier „notwendigen und hinreichenden Komponenten":[1]

- die Deutung von Zusammenhängen als „Entsprechungen" [„correspondences"],
- die Vorstellung einer „lebenden Natur",
- Erkenntnis durch „Imagination" und „Mediation" (also Vermittlung) und
- die Veränderung des Menschen als ‚erleuchtete' „Transmutation" [„l'expérience de la transmutation"].

Als mögliche zusätzliche Komponenten betrachtete er darüber hinaus die Bildung einer „Konkordanz" aller religiösen Traditionen und die „Transmission" von Er-

---

Für eine kritische Lektüre des Textes und Anregungen danke ich dem Redaktionskreis dieses Bandes, insbesondere Monika Neugebauer-Wölk und Markus Meumann, sowie Raphael Rosenberg.

[1] Antoine Faivre: Esoterik im Überblick. Geheime Geschichte des abendländischen Denkens, Freiburg i.Br. 2001, S. 24–33. In eckigen Klammern die teilweise präziseren Formulierungen aus dem französischen Original: L'ésotérisme. Paris 1992, S. 13–21.

kenntnissen in einem Meister-Schüler-Verhältnis. Die Bedeutung dieses Vorschlags für die Geschichte der Esoterikforschung ist hoch anzusetzen, denn Faivre bot in einem Feld, in dem normative Konstruktionen praktizierender ‚Esoteriker' die Szene beherrschten und Wissenschaftler weitgehend ohne konzeptionellen Rahmen einzelne Gegenstände der ‚Esoterik' erforschten, ein gut begründetes Set von Kriterien, welches es erlaubte, ‚Esoterik' als distinktes Forschungsfeld einzugrenzen. Faivres Theorie fußte auf breiten Forschungen, die er mit seinen Arbeiten zur frühneuzeitlichen Theosophie und mit einem bis heute grundlegenden Aufsatzband vorgelegt hatte.[2]

Gleichwohl artikulierte sich sehr bald Kritik an Faivres Definition, weil er spezifische Merkmale frühneuzeitlicher Traditionen unzulässig generalisiert habe; der Begriff der Transmutation etwa entstammt der Alchemie und lässt sich außerhalb ihrer nur mit beträchtlichen Adaptionen verwenden. Diese zutreffende Kritik betrifft allerdings auch andere Definitionsverfahren, denn die Generalisierung spezifischer Termini ist ein üblicher und legitimer Weg zur Bildung von Metabegriffen. Deren Kernfunktion ist es, Grenzen zu ziehen und damit ähnliche Phänomene voneinander abzugrenzen, um einen Gegenstand für die Forschung zu operationalisieren. Dabei wird mit jeder Erhöhung der Abstraktionsebene von Metabegriffen der Vergleichshorizont größer, wobei zugleich die gegenstandsbezogene Erklärungsleistung abnimmt. Schwerer wiegt der Verdacht, Faivre habe mit seiner Historiografie eine Geschichte der ‚Esoterik' postuliert, deren Traditionsmodell (beispielsweise im Lehrer-Schüler Verhältnis oder im Konzept einer gegenkulturellen Strömung) er letztlich esoterischen Geschichtskonstruktionen entnommen habe.[3] Auch eine solche Übertragung ist nicht prinzipiell unzulässig, aber als konstitutives Merkmal lässt sich dieses Geschichtsmodell in ‚esoterischen' Konzepten nicht durchgängig nachweisen.

Schließlich entzündete sich Kritik an Faivres Konzept an konkreten ‚esoterischen' Phänomenen: Sollen die Rosenkreuzer des frühen 17. Jahrhunderts, die mit ihren alchemistischen Metaphern oder in dem Konzept einer Bruderschaft einige Merkmale von Faivres Konzept besitzen, sich aber als protestantische Reformatoren verstanden, zur ‚Esoterik' hinzugezählt werden? Oder der Spiritismus des 19. Jahrhunderts, der heute vielfach in einem Atemzug mit esoterischen Gruppen genannt wird, aber kaum eines von Faivres Kriterien erfüllt? Was ist mit dem Kriterium des Geheimnisses, das bei Faivre keine Rolle spielt, aber im Selbstverständnis von ‚Esoterikern' zentral ist? Oder, um ein letztes Detailproblem aufzugreifen: Wie soll man mit hybriden Vorstellungen und insbesondere Biografien umgehen,

---

[2] Antoine Faivre: Accès de l'ésotérisme occidental. 2 Bde. 2. Aufl. Paris 1996 [Bd. 1 zuerst 1986. Bezeichnenderweise fehlte hier noch eine Definition der Esoterik].

[3] Dazu prinzipiell kritisch Wouter J. Hanegraaff: Beyond the Yates Paradigm. The Study of Western Esotericism between Counterculture and New Complexity. In: Aries. Journal for the Study of Western Esotericism 1 (2001), S. 5–37.

*Das Konzept der ‚Esoterik'* 115

in denen Faivres Kriterien nur teilweise und oft in synkretistischen Amalgamen vorliegen?[4]

Die Probleme von Faivres bahnbrechendem Vorschlag haben 2004 zu einem Gegenvorschlag Kocku von Stuckrads geführt, der „das Esoterische" (im Singular) unter Grundlegung von vier Kriterien bestimmte, die aber nicht mehr in den ‚esoterischen' Gegenständen, sondern in den über sie geführten Diskursen gründen sollten:

– Ansprüche auf „absolutes Wissen",
– „Dialektik von Verborgenem und Offenbartem",
– „‚Alterität' oder ‚Devianz'" und
– „holistische oder monistische [...] Motive".[5]

‚Esoterik' (diesen Kollektivsingular nutzt von Stuckrad weiterhin) als diskursives Produkt besitzt einen evidenten Vorteil: Es legt die Bindung an inhaltliche Kriterien, die zu eng oder zu weit sein können, ab und wehrt einer essenzialistischen Konstruktion von ‚Esoterik'. Aber diese diskurstheoretische Konstruktion von ‚Esoterik' hat das Potenzial zu einem gravierenden Nachteil: Sofern sie die Bindung an Inhalte auflöst, ist in ihr, salopp gesagt, fast jede Konstruktion denkbar, gerade weil sie die inhaltliche Festlegung als unangemessene Fixierung begreift. So „existiert" für von Stuckrad „,Esoterik' [...] nur in den Köpfen von Wissenschaftlern".[6] Schaut man sich von Stuckrads Umsetzung an, wird das Problem

---

4 Monika Neugebauer-Wölk: Esoterik und Christentum vor 1800. Prolegomena zu einer Bestimmung ihrer Differenz. In: Aries. Journal for the Study of Western Esotericism 3 (2003), S. 127–165, hier S. 143.
5 Kocku von Stuckrad: Was ist Esoterik? Kleine Geschichte des geheimen Wissens. München 2004, S. 20–22.
6 Ebd., S. 20. Von Stuckrad hat diese Position vertieft in: Locations of Knowledge in Medieval and Early Modern Europe. Leiden, Boston 2010. M.E. droht die gleiche Gefahr, wenn man den ‚Esoterik'-Begriff als „leeren Signifikanten" begreift: Michael Bergunder: Was ist Esoterik? Religionswissenschaftliche Überlegungen zum Gegenstand der Esoterikforschung. In: Aufklärung und Esoterik. Rezeption – Integration – Konfrontation. Hg. v. Monika Neugebauer-Wölk unter Mitarb. v. Andre Rudolph. Tübingen 2008 (Hallesche Beiträge zur Europäischen Aufklärung 37), S. 477–507. Überarbeitete Version: What is Esotericism? Cultural Studies Approaches and the Problems of Definitions in Religious Studies. In: Method and Theory in the Study of Religion 22 (2010), S. 9–36. Bergunder schlägt vor, wenn ich ihn recht verstehe, mit der Einführung eines „empty signifier" (nach Ernesto Laclau) diskursive Verfahren anzuwenden, die von Stuckrads radikalen Konstruktivismus vermeiden sollen. Dabei sieht er eine diskursive Konstruktion von Gegenständen – hier: der Esoterik – nicht nur bei Wissenschaftlern, sondern zusätzlich bei zeitgleich (Bergunder: „synchron") handelnden Akteuren, die den leeren Signifikanten füllen. Dieser Ansatz löst aber m.e. das Problem eines arbiträren Konstruktivismus nicht, weil die historischen Objekte als eigenständige und natürlich gleichwohl diskursiv konstituierte Größen, die einen solchen Konstruktivismus unterlaufen könnten, nicht auftauchen. Zwar deutet Bergunder an, dass es einen „Rückgriff auf die konkrete Interpretation der jeweiligen historischen Quelle" geben müsse (S. 502 / englische Fassung: S. 28), aber es bleibt bei einer beiläufigen Bemerkung. Genau dieser „Rückgriff" müsste m.E. aber eine zentrale Rolle bei der Vermeidung einer möglichen Beliebigkeit der diskursiven Konstruktion von historischen Gegenständen spielen. Weil diese zentrale Widerständigkeit der Quellen fehlt, läuft

dieses Ansatzes deutlich, denn seine prinzipielle In-Frage-Stellung von Faivres Modell bleibt in der Ordnung des Materials fast folgenlos: In seiner Geschichte der ‚Esoterik' gibt es hinsichtlich der Gegenstände keinen kategorialen Unterschied zu Faivres Darstellung, bei beiden tauchen *grosso modo* die gleichen Gruppen auf, allerdings mit einer signifikanten Erweiterung bei von Stuckrad, der die Esoterikgeschichte bis in die Antike hinein verlängert. Das dürfte auch einen Grund in von Stuckrads wissenschaftlicher Biografie haben: Er ist gelernter Althistoriker und seine Konzeption eine Anwendungsoption des diskurstheoretischen Ansatzes, der genau diese zeitliche Entgrenzung ermöglicht. Wenn aber beide mit antagonistischen Methoden zu einem ähnlichen Ergebnis kommen, darf man annehmen, dass von Stuckrads Kriterien „des Esoterischen", wie auch diejenigen Faivres, Bestimmungen nichtbeliebiger inhaltlicher Merkmale sind. Damit wird von Stuckrads Ansatz nicht überflüssig, weil er das konstruktive Element einer jeden Esoterikdefinition zu diskutieren nötigt. Letztlich ist der wechselseitigen Bedingtheit diskurs- und inhaltsbezogener Dimensionen nicht auszuweichen. Deshalb stehen die Ansätze Faivres und von Stuckrads hier nur paradigmatisch für antagonistische Modelle, die den Weg zwischen Skylla und Charybdis markieren und beide in der Gefahr stehen, forschungspragmatisch inhaltliche oder diskursanalytische Entitäten zu konstruieren, die historisch nicht existieren. Ein gravierendes Problem scheint mir dabei die Konstruktion einer Gegentradition von der frühen Neuzeit ins 20. Jahrhundert unter dem Stichwort ‚Esoterik' zu sein, bei der zumindest drei Probleme unterbewertet werden: Zum einen die historisch fast durchgängig vorherrschenden Hybridisierungen von ‚esoterischen' und nicht-‚esoterischen' Traditionen, die die Trennung beider Sphären in der Mehrzahl der Fälle zu einem arbiträren und forschungspragmatischen Konstrukt macht. Zum anderen die tiefgreifenden Transformationen, die sich in diesem Feld finden. Nur ein Beispiel dafür ist die sich als naturwissenschaftskompatibel verstehende ‚Esoterik' seit dem 18. und insbesondere im 19. Jahrhundert, hinter der ein Paradigmenwechsel im Wissenschaftsbegriff[7] und eine empiristische Neubestimmung von ‚Esoterik' stehen.

Ein besonderes Problem betrifft schließlich das Geheimnis als ein Kennzeichen von ‚Esoterik'. Sowohl bei Faivre als auch bei von Stuckrad ist es kein Definitionsmerkmal – zu Recht, wie im nächsten Abschnitt zu zeigen ist. Damit wenden sie sich gegen den Wortsinn ihres Begriffs ἐσωτερικός (innen, innerlich, dann auch: verborgen, geheim), entgegen einer in der Wissenschaft verbreiteten Definitionstradition von ‚Esoterik'. Aber das Merkmal des Geheimnisses verdankt seine hohe Bedeutung zwei problematischen Quellen. Zum einen einer theologischen

---

die Einführung eines „empty signifier" dann doch auf einen radikalen diskursiven Konstruktivismus hinaus, der demjenigen von Stuckrads gleicht.

[7] Helmut Zander: Esoterische Wissenschaft um 1900. ‚Pseudowissenschaft' als Ergebnis ehemals ‚hochkultureller' Praxis. In: Pseudowissenschaft. Konzeptionen von Nichtwissenschaftlichkeit in der Wissenschaftsgeschichte. Hg. v. Dirk Rupnow u.a. Frankfurt a.M. 2008, S. 77–99.

*Das Konzept der ‚Esoterik'*

Ausgrenzungsgeschichte, denn das Geheimnis als organisierte oder gar institutionalisierte Größe besitzt entscheidende Wurzeln in der Diskursivierung von ‚Esoterik' im 17. Jahrhundert (s.u. Abschnitt 2). Zum anderen gründet es in alternativreligiösen Konzepten, namentlich in einem transkulturellen Esoterikkonzept, das im 19. Jahrhundert entwickelt wurde und mit Konzepten einer *philosophia perennis* verwandt ist. In dieser Tradition hat sich etwa in der Indologie der Begriff des „Esoterischen Buddhismus" eingebürgert, der seine Wurzeln in der Adyar-Theosophie haben dürfte.[8] Derartige Transfers sind möglich und legitim, generieren aber eigene Probleme. So wären die Unschärfen eines äquivoken Begriffsgebrauchs zu reflektieren, etwa zwischen dem epistemologischen Konzept des prinzipiell unzugänglichen Geheimnisses und dem sozial konstruierten verborgenen, aber prinzipiell zugänglichen Geheimnis (im Englischen in der Differenzierung zwischen *secret* und *concealed*). Vor allem zahlt man, wenn man das Kriterium der Geheimhaltung zum *tertium comparationis* macht und damit das Abstraktionsniveau für das erweiterte Phänomenfeld der Begriffsbildung anhebt, auch hier den Preis mit einer abnehmenden Präzision in der Identifikation eines Gegenstandes namens ‚Esoterik'. Konkret: Alles, was mit Geheimnis zu tun hat, ist damit potentiell ‚Esoterik'. Jedoch erfasst man damit die Spezifika der okzidentalen Entwicklungen des esoterischen Feldes nicht.

Diese Problemlage hat zu einer Paralyse in der Definition von ‚Esoterik' geführt, die sich signifikant im gegenwärtigen Standardwerk der Esoterikforschung, dem *Dictionary of Gnosis and Western Esotericism*, zeigt. Der Hauptherausgeber Wouter J. Hanegraaff, als Inhaber des Lehrstuhls für die Geschichte der Esoterik an der Universität Amsterdam eine zentrale Figur im Netz der Esoterikforschung, verzichtete auf eine Definition, weil es unter Forschern ohnehin keinen Konsens darüber gebe.[9] Gleichwohl hat niemand die Konsequenz gezogen, den Esoterikbegriff aufzugeben, und das dürfte zwei Gründe haben: Zum einen hat der Begriff die wissenschaftspolitische Funktion erhalten, ein in der *scientific community* stigmatisiertes und in der Folge ausgegrenztes Forschungsfeld zu legitimieren, zum anderen spielt der implizite Konsens eine Rolle, dass es Gemeinsamkeiten gebe, die die Rede von der ‚Esoterik', fast immer als Kollektivsingular und fast immer ohne Anführungszeichen, rechtfertigten.

Eine begriffshistorische Annäherung hilft an diesem Punkt nicht weiter, im Gegenteil. Das Substantiv ‚Esoterik' ist, wie wir seit Neuestem wissen,[10] ein Kind des späten 18. Jahrhunderts. Seine populäre Karriere begann dann in der zweiten Hälfte des 19. Jahrhunderts, befördert durch praktizierende ‚Esoteriker' (vermutlich nicht zuletzt aus der Theosophie), nicht aber durch Wissenschaftler. Letztlich

---

[8] Alfred Percy Sinnett: Esoteric Buddhism. London 1883.
[9] Wouter J. Hanegraaff: Introduction. In: Dictionary of Gnosis and Western Esotericism. 2 Bde. Hg. v. dems. u.a. Leiden, Boston 2005. Bd. 1, S. VII–XIII, XI.
[10] Vgl. den Aufsatz von Monika Neugebauer-Wölk in diesem Band.

wurde der Begriff ‚Esoterik' erst mit der Denomination von Faivres Lehrstuhl (*Chaire d'Histoire des courants ésotériques et mystiques dans l'Europe moderne et contemporaine*) und durch seine wissenschaftlichen Arbeiten auf breiter Ebene akzeptiert. Als historiographischer Begriff bleibt ‚Esoterik' gleichwohl problematisch. Das liegt nicht nur am Transfer eines objektsprachlichen in einen metasprachlichen Begriff – damit kann Wissenschaft im Rahmen ihrer Definitionskompetenz umgehen –, sondern auch daran, dass man sich über die Heterogenität des ‚esoterischen' Feldes und die Konstruktivität der wissenschaftlichen Theorieproduktion zu wenig Rechenschaft ablegt. Die diskurstheoretische Kritik scheint gegenüber diesem Konstruktivismus zu verpuffen. Der Königsweg zur Lösung dieses Problems wäre wohl, etablierte Begriffe, die insbesondere frühneuzeitliche Entwicklungen präziser auf den Begriff bringen, an Stelle des zeitfremden Begriffs ‚Esoterik' im Rahmen der Frühneuzeitforschung zu benutzen, etwa die Begriffe ‚Hermetik' oder ‚Hermetismus'.[11] Diesen Weg ist man jedoch nur in einzelnen Forschungstraditionen gegangen. Das Festhalten am Esoterikbegriff hat zum einen inhaltliche Gründe, weil der Begriff ‚Hermetik' enge Grenzen besitzt, zum anderen aber auch pragmatische, weil sich ein ohnehin kleiner Forschungsbereich atomisieren würde. Schließlich bietet ein chronologisch breiter Esoterikbegriff einen nicht zu unterschätzenden heuristischen Vorteil, weil er die Frage nach möglichen Gemeinsamkeiten dieses Feldes über im Prinzip arbiträre chronologische Zäsuren hinaus, von der Antike oder der Renaissance bis in die Gegenwart, offen hält.

In dieser Situation mache ich einen Vorschlag zur Bestimmung von ‚Esoterik', dem der Charme eines radikalen Profils fehlt und der weder eindeutig inhaltlich noch eindeutig diskurstheoretisch ausgerichtet ist. Ich schlage vor, beide Dimensionen, die inhaltliche und die diskurstheoretische, in die Konstruktion eines Begriffs von ‚Esoterik' einzubeziehen. Denn meines Erachtens gibt es inhaltliche Elemente, die man sinnvoll in Anschlag bringen kann, aber zugleich ist der Konstruktivität dieser wie einer jeden Definition nicht auszuweichen. Ich plädiere dafür, die Zuweisung inhaltlicher Merkmale als diskursive Konstruktion zu betrachten, zugleich aber, wie es klassische diskursanalytische Ansätze in der Nachfolge Foucaults tun, zu realisieren, dass diskursive Prägungen nicht beliebig sind, da viele Definitionselemente nicht im Diskurs konstruiert oder gar erfunden, sondern positioniert werden. Dahinter steht die Überzeugung, dass jede Theoriebildung von materialen Gegebenheiten ihren Ausgang zu nehmen hat, unbeschadet der Tatsache, dass jede Materialwahrnehmung schon theoriegeleitet ist und die

---

[11] Vgl. exemplarisch: Antike Weisheit und kulturelle Praxis. Hermetismus in der Frühen Neuzeit. Hg. v. Anne-Charlott Trepp u. Hartmut Lehmann. Göttingen 2001; darin: Wilhelm Kühlmann: Paracelsismus und Hermetismus. Doxographische und soziale Positionen alternativer Wissenschaft im postreformatorischen Deutschland, S. 17–39; Das Ende des Hermetismus. Historische Kritik und neue Naturphilosophie in der Spätrenaissance. Dokumentation und Analyse der Debatte um die Datierung der hermetischen Schriften von Genebrard bis Casaubon (1567–1614). Hg. v. Martin Mulsow. Tübingen 2002.

dann folgende Materialselektion (wie jede inhaltliche Bestimmung) in einer abduktiven Oszillation zwischen theoriegesteuerter Wahrnehmung und erneutem Materialbezug mit dem „Vetorecht der Quellen" (Reinhard Koselleck) stattfinden muss – in einem unabschließbaren Prozess. Denn dem Diskurs ohne Material droht Beliebigkeit, dem Material ohne Diskurs dogmatische Essenzialisierung. Anders gesagt: Inhaltliche Merkmale gibt es nur in diskursiven Zusammenhängen oder, im hermeneutischen Konzept, es gibt sie nur als gedeutete Gegenstände. Dies ist sowohl eine Absage an esoterische Universalien als auch an eine arbiträre Konstruktion von ‚Esoterik' im Diskurs. Die Achillesferse dieses Konzeptes ist die inhaltliche Dimension, die im Folgenden zu diskutieren ist.

## II Materialer Definitionsvorschlag: Monismus in neuplatonischer Tradition

Ich schlage vor, ein monistisches, identitätsphilosophisches Denken als ein zentrales inhaltliches Kennzeichen der ‚Esoterik' zu betrachten. Dies bedeutet, Faivres sehr viel engmaschigere Kriterien vorerst einzuklammern und von den diskursiven Kriterien von Stuckrads eines, das monistische, ins Zentrum zu stellen. Die Frage, wie sich dieses Kriterium zu möglichen anderen Definitionsmerkmalen verhält, ist im abschließenden, vierten Abschnitt zu diskutieren.

Unter einem monistischen Denken verstehe ich eine Konzeption, in der eine Trennung binärer Größen, etwa in der europäischen Tradition von Geist und Materie (oder von Gott und Welt), zugunsten einer identitätsphilosophischen Position bestritten wird, in der also Geist und Materie letztlich identisch sind und nur als unterschiedliche Aggregatzustände eines monistischen ‚Einen' erscheinen. Ein solcher Monismus kann materialistisch gedacht werden, wenn er von der Materie ausgeht und das Geistige nur als abhängiges Epiphänomen betrachtet, oder spiritualistisch, wenn der Geist als Ursprung der Materie gilt, die dann nur als sekundäres Transformationsprodukt des Geistes erscheint. In der europäischen Neuzeit sind im semantischen Feld dieses Begriffes eine Reihe von Substantiven gebildet worden, etwa neben dem hier benutzten Begriff ‚Monismus' die teilweise normativ noch stärker aufgeladenen Begriffe ‚Pantheismus', ‚Holismus', ‚Alleinheit' oder ‚Ganzheitlichkeit'.

In der europäischen Religionsgeschichte hat dieses identitätsphilosophische Denken einen relativ präzise benennbaren systematischen Ort: Es war ein Alternativmodell zur Kosmologie (respektive Gotteslehre) und zur Anthropologie der jüdischen und der später christlich dominierten Traditionen und damit der Nukleus einer minoritären Tradition.

Die antagonistischen Konstruktionslogiken differenz- und identitätsphilosophischer Konzepte lassen sich in typologischer Reduktion folgendermaßen skizzieren:

– Kosmologie: Das Christentum ging in der Rezeption der jüdischen Mythologie von einer Trennung von Gott und Welt, von Gott und ‚Schöpfung' aus. Darin sah man die Eigenständigkeit der materiellen Welt und die Freiheit des Menschen grundgelegt. Monistische Positionen betrachteten demgegenüber Gott und Welt als nur unterschiedliche Ausdrucksformen eines meist geistig verstandenen ‚Einen' und stellen der Bedrohung oder dem Verlust der Eigenständigkeit den Gewinn der Ganzheit respektive Einheit gegenüber.
– Anthropologie: Wenn Gott und Welt getrennt werden, wie in der christlichen Position, wird auch der Mensch als Teil der Welt von Gott getrennt. Dessen Freiheit gegenüber Gott wird darin begründet gesehen. Der Geist des Menschen gilt dabei meist als geschaffener Geist, der die kategoriale Trennung von Mensch und Gott nicht infrage stellt. In monistischen Positionen hingegen wird der Mensch göttlich gedacht, zumindest in seinem seelischen oder geistigen Kern. Hier gilt die letztliche Identität von Göttlichem und Menschlichem als Gewinn der Ganzheit gegenüber der Relativierung oder Aufhebung der Eigenständigkeit.
– Als Konsequenz gilt: In der christlichen Theologie wird der Mensch von Gott erlöst. Wenn der Mensch jedoch, wie in identitätsphilosophischen Vorstellungen, in seinem Innersten göttlich gedacht wird, braucht er keinen externen Gott mehr für seine Erlösung, er kann und muss sich selbst erlösen. Dazu wurden unterschiedliche Optionen entwickelt. Ein Weg war die Vergöttlichung im alchemistischen Prozess, ein anderer die Metempsychose, die im deutschen Sprachraum um 1690 herum den Begriff ‚Seelenwanderung' und im frankophonen Raum in den 1860er Jahren den Begriff *réincarnation* erhielt.

Diese monistische (hier, es sei nochmals betont, auf ein typologisches Gerüst reduzierte) Vorstellung wurde in reiner Form praktisch nie umgesetzt. Vielmehr waren Hybridisierungen zwischen identitäts- und differenztheoretischen Vorstellungen historische Normalität. Das kann bedeuten, Elemente aus unterschiedlichen Traditionen miteinander zu verbinden oder nebeneinander zu benutzen oder eine Tradition im Lichte der anderen zu lesen und so hierarchisch zuzuordnen, um nur drei Zuordnungsoptionen zu nennen. Zudem setzt jedes Identitätsdenken logisch eine (zu überwindende) Differenz voraus und muss die ausgeschiedene Alternative immer mit thematisieren; umgekehrt gilt für differenztheoretische Konzepte das Gleiche.

Die Gegenüberstellung beider Optionen findet sich bereits in der antiken christlichen Literatur, wo man auf weitreichende Ablehnung einer monistischen Position stößt. In der Kosmologie wurde die Schöpfungstheologie zu einem Modell, das etwa Emanationskosmologien entgegenstand. Der *spiritus rector* des Neuplatonismus, Plotin (205–270), hatte in einem *locus classicus* eine monistische Kosmologie und Anthropologie mit der Lehre von der „Emanation" des Göttlichen niedergelegt: „Da Jenes von vollkommener Reife ist [...], so ist es gleichsam über-

*Das Konzept der ‚Esoterik'* 121

geflossen und seine Überfülle hat ein Anderes hervorgebracht."[12] Mit dieser Metapher des Überfließens beanspruchte Plotin, die Differenz der gegenständlichen Welt gegenüber dem Geistigen in einem monistischen Modell zu begründen. Zugleich war damit die Göttlichkeit des Menschen zumindest in seinem Kern postuliert.

Zentrale Elemente der neuzeitlichen Hermetik, auch viele Kriterien Faivres und von Stuckrads, lassen sich als Traditionsprodukte (oder als strukturanaloge Konzepte) dieses identitätsphilosophischen Denkens verstehen: In Faivres Konzept der „lebenden Natur" ist die Trennung von organischer und anorganischer Welt aufgehoben, in seiner Vorstellung der „Transmutation" geht es um die Verwandlung des materiellen in einen geistigen Menschen, in der Alchemie oft um die Spiritualisierung der Materie. Der Anspruch auf „absolutes Wissen", den von Stuckrad hervorhebt, gründet nicht zuletzt in der göttlichen Identität des Menschen im Rahmen ‚monistischer Motive'.

An dieser Stelle geht es nicht darum, eine Geschichte der identitätsphilosophischen Vorstellungen zu schreiben, nicht einmal eine Traditionsgeschichte des neuplatonischen Denkens. Die Rezeptionsgeschichte dieser neuplatonischen Monismen vollzog sich in einem langen und komplexen Prozess von Texttradierungen und Textverlusten und von teilweise gravierenden Umdeutungen durch die interpretierende Rezeption. *Grosso modo* gilt, dass im lateinischen Europa die Kenntnis neuplatonischer Texte und Vorstellungen nach der Antike weitgehend verloren ging (Ausnahmen waren etwa Texte des Dionysius Areopagita [um 500] und die bei den antiken Christen überlieferten Fragmente), bis im Hochmittelalter wieder einzelne Texte über Byzanz bekannt wurden (etwa einige Werke des Proklos in der Übersetzung durch Wilhelm von Moerbeke im 13. Jahrhundert), einiges auch über den Islam, ehe im 14. und 15. Jahrhundert neuplatonische Werke über Byzanz in großem Stil präsent und ins Lateinische übersetzt wurden. Eine zentrale und namengebende Rolle spielte dabei das *Corpus hermeticum*, das in der Hoffnung, die ‚Philosophia perennis' zu tradieren, von Marsilio Ficino im Auftrag Cosimo de' Medicis übersetzt und 1471 teilweise gedruckt wurde, ehe Isaak Casaubon 1614 seine spätantike Entstehung plausibel machte und damit der Hoffnung den Boden entzog, man habe das Dokument einer uranfänglichen Philosophie gefunden. Diese Übersetzungstätigkeit und Leserenaissance neuplatonischer Texte kann man als einen Ausgangspunkt für das betrachten, was heute als europäische ‚Esoterik' gilt.

Im Rahmen der Neuplatonismus-Rezeption war das 16. Jahrhundert dasjenige Jahrhundert, in dem die großen ‚kanonischen' Autoren ‚esoterischer' Werke lebten: Johannes Reuchlin (1455–1523), Agrippa von Nettesheim (1486–1535), John Dee (1527–1608), Heinrich Khunrath (um 1560–1605), Michael Maier (1569–

---

[12] Plotin: Enneaden V.2.2 (= Plotins Schriften, übers. v. Richard Harder. Neubearb. mit griech. Lesetext u. Anmerkungen v. Rudolf Beutler u. Willy Theiler. 6 Bde. in 11 Teilen. Bd. 1. Hamburg 1956, S. 239).

1622), Robert Fludd (1574–1637). Bei allen findet man die Rezeption neuplatonischer Vorstellungen, häufig (auch) über die Kabbala vermittelt und immer mit dem Anspruch, monistische Motive im Rahmen der christlichen Tradition zu interpretieren. Diese Autoren hatten allerdings nicht das Selbstverständnis, ein ‚esoterisches' Corpus zu bilden; ein solches wird auch nicht durch das Bewusstsein inhaltlicher Gemeinsamkeiten konstituiert.

Solche Namenslisten sind von der Wissenschaft ins 17. und 18. Jahrhundert fortgeschrieben worden, etwa bei Faivre und von Stuckrad oder, durch eine alphabetische Auflistung entschärft, im *Dictionary of Gnosis and Western Esotericism*. Allerdings findet sich diese Auswahl nicht eigens begründet, und auch in umfangreicheren Anthologien ist dieses Problem nicht gelöst.[13] Auch bei diesen ‚esoterischen' Autoren stellt sich die Frage nach der Trennbarkeit ‚esoterischer' und nicht ‚esoterischer' Traditionen, also nach Hybridisierungen: Wie etwa soll man Isaak Newton einordnen, der mit dem Gravitationsbegriff auf hermetische, näherhin kabbalistische und damit neuplatonische Traditionen zurückgriff? Oder die ‚esoterische' Freimaurerei, die in ihren Hochgraden, etwa bei den Illuminaten mit ihrer Seelenwanderungsvorstellung, neuplatonisches Denken rezipierte und sich als geheime, aber nicht zwingend als hermetische oder esoterische Gesellschaft begriff.[14]

Ich unterbreche an dieser Stelle die Debatte um inhaltliche Kriterien, um den diskursiven Umgang mit diesen Gegenständen in der Frühen Neuzeit einzubeziehen. Hier trifft man auf die meines Erachtens sehr wichtige Konstruktion einer Grenze (1659–1698) zwischen Orthodoxie und Heterodoxie durch großkirchliche Theologen, bei der es nicht zuletzt um die Ausgrenzung neuplatonischer Vorstellungen ging. Ein möglicherweise zentrales Werk ist dafür Ehregott Daniel Colbergs *Platonisch-Hermetisches Christentum* aus dem Jahr 1690/91. Dieses Werk gehört in eine längere Geschichte der Kritik an ‚hermetischen', insbesondere kabbalistischen Traditionen durch einzelne großkirchliche Theologen, deren Bedeutung für die Formierung dieser diskursiven Ausgrenzung allerdings noch kaum erforscht ist.[15]

---

[13] Pierre A. Riffard: L'Esotérisme. Qu'est que l'Esotérisme? Anthologie de l'Esotérisme occidental. 3. Aufl. Paris 1993; Hermann E. Stockinger: Die hermetisch-esoterische Tradition. Unter besonderer Berücksichtigung der Einflüsse auf das Denken Johann Christian Edelmanns (1698–1767). Hildesheim u.a. 2004.

[14] Siehe dazu den Aufsatz von Monika Neugebauer-Wölk in diesem Band.

[15] Wouter J. Hanegraaff: Esotericism and the Academy. Rejected Knowledge in Western Culture, Cambridge 2012, S. 77–107, kartiert dieses Gelände. Ob die zentrale Rolle, in der Hanegraaff und Colberg sehen, in weiteren Forschungen bestätigt wird, muss sich zeigen. Dabei wäre die bei Hanegraaff unterbelichtete Vorgeschichte im Protestantismus zu untersuchen. Vgl. etwa den Nachweis der Rezeption kabbalistischer Vorstellungen in der täuferischen Bewegung und der entsprechenden Kritik noch in der ersten Hälfte des 16. Jahrhunderts bei Anselm Schubert: Täufertum und Kabbalah. Augustin Bader und die Grenzen der Radikalen Reformation. Heidelberg 2008. Vermutlich aber müsste man zwei Konfessionsgeschichten des Umgangs mit hermetischen Vorstellungen schreiben. Im altkirchlich/katholischen Bereich stieße man auf die möglicherweise diskursbildende Rolle von Autoren wie dem Anti(neo)platonisten Giovanni Baptista Crispo (*De ethnicis philosophis caute legendis*, Rom 1594). Dieser präsentiert das Material und die Logik einer hermetikkritischen Argumentation schon 100 Jahre vor Colberg.

*Das Konzept der ‚Esoterik'*

Das Buch dieses lutherischen Theologen war ein systematischer Versuch, das identitätsphilosophische Denken als konsistente Strömung zu fassen und aus der christlichen, näherhin lutherischen Orthodoxie auszugrenzen. Colberg betrachtete etwa Weigelianer, Jakob Böhme, Spiritualisten, die Kabbala, Franciscus Mercurius van Helmont, Antoinette Bourignon, die Quäker, Labadisten, Rosenkreuzer, Wiedertäufer, Quietisten, Christian Hoburg oder die Remonstranten als Gegner der „Orthodoxia Christiana", wie es auf dem Frontispiz heißt. Für Colberg, und hier verschränken sich diskursive und inhaltliche Kriterien, besaßen diese Gruppen oder Autor(inn)en gemeinsame Merkmale, vornehmlich die „Vermengung der Philosophischen Lehren und des Worts Gottes",[16] also dogmatische Hybridisierungen, und die Infragestellung des theologischen Monopols auf Offenbarungstheologie, indem sie die Ergründung von Geheimnissen, die Gott nicht geoffenbart habe, durch Philosophie postulierten.[17] Präzise identifizierte Colberg die identitätsphilosophische Pointe in der Anthropologie, da in den Augen seiner Gegner der Mensch „aus dem Wesen GOttes erschaffen" sei.[18] Die „Seele" steige bei den Plato-Hermetikern „durch eine Einkehr in sich selbsten und finde daselbst das verlohrne Göttliche Licht wieder".[19] Folglich sei für die platonischen Christen „der alte äußere Historische Buchstabe [...] nur Schein= und Schatten=Werk"[20] – und eine Schrift benötigt ja der göttliche oder göttlich inspirierte Mensch konzeptionell auch nicht.

Dabei fallen zwei Aspekte auf: Zum einen konstituiert Colberg keine eigene Gruppe von „Esoterikern", sondern identifiziert – inwieweit zu Recht oder zu Unrecht, bleibe dahingestellt, meines Erachtens aber mit einem Gespür für Gemeinsamkeiten – Spiritualisten und „Platoniker" (wir würden heute sagen: Neuplatoniker) gemeinsam als „hermetisch-platonische" Christen. Mit diesem analytischen Werkzeug war Colberg ein Akteur in einem Prozess von theologisch motivierter Pluralisierung durch Differenzierung und Exklusion. Zudem steht er für einen spezifisch protestantischen Prozess[21] der externen Segmentierung durch die

---

Ausgrenzungen, wie Colberg sie vornimmt, scheinen im katholischen Bereich im 17. Jahrhundert und auch später zu fehlen.
16 Ehregott Daniel Colberg: Das Platonisch-Hermetisches [sic] Christenthum. Begreiffend Die Historische Erzehlung vom Ursprung und vielerley Secten der heutigen Fanatischen Theologie, unterm Namen der Paracelsisten, Weigelianer, Rosencreutzer, Quäcker, Böhmisten, Wiedertäuffer, Bourignisten, Labadisten und Quieristen [sic]. 2 Bde. Frankfurt 1690/91, hier nach der Ausgabe Leipzig 1710. Bd. 1, S. 2.
17 Ebd., Bd. 1, S. 5.
18 Ebd., Bd. 2, S. 141.
19 Ebd., S. 233.
20 Ebd., S. 453.
21 Gottfried Arnold: Unparteyische Kirchen- und Ketzer-Historie. Von Anfang des Neuen Testaments biß auff das Jahr Christi 1688. 2 Bde. Frankfurt a.M. 1699–1700; Johann Friedrich Corvinus: Anabapticum Et Enthusiasticum Pantheon, Und Geistliches Rüst-Hauß. Wider die Alten Quacker, Und Neuen Frey-Geister, Welche die Kirche Gottes zeithero verunruhiget, und bestürmet, auch treue Lehrer und Prediger Göttlichen Worts, verachtet, verleumdet, gelästert und verfolgt haben, mit vielen zur Sache dienlichen und nützlichen Kupffern, bloß zu Gottes Ehre und Erhaltung seiner Christlichen Kirchen, Auch Den Geistlichen, Weltlichen und Haus-

Konstruktion eigenständiger Gruppen anstelle einer internen Differenzierung, wie sie sich zeitgleich in der katholischen Kirche vollzog. Im katholischen Milieu finden sich kaum vergleichbare Publikationen zu derjenigen Colbergs, sodass sich – aber dies ist eine noch kaum erforschte Geschichte – die Adaption neuplatonischer Vorstellungen weniger konfliktreich und deshalb weniger sichtbar vollzog.[22] Mit derartigen Prozessen im protestantischen Raum beginnt die Geschichte einer Konstruktion von ‚Esoterik' als einer eigenständigen weltanschaulichen Größe, die am Ende des 18. Jahrhunderts einen eigenen Begriff und erst im 19. Jahrhundert auch eigenständige Organisationen unter diesem Namen erhielt.[23]

Möglicherweise, und auch dies wäre weiter zu erforschen, begann erst jetzt die Karriere einer Konjunktion von monistischem (neuplatonischem) Denken und Geheimnis, weil erst jetzt im protestantischen Raum eine scharfe Distinktion und damit ein scharfes Verbot eingezogen wurden.[24] Eine solche These der Genesis der ‚Esoterik'-Geschichte aus dem Geist der Kontroverstheologie würde all denjenigen Forscherinnen und Forschern Recht geben, die das Geheimnis als konstitutives Kriterium der europäischen ‚Esoterik' abgelehnt haben: Geheimhaltung wäre dann ein Ergebnis diskursiver Ausgrenzung, theologisch gesprochen einer Häretisierung. Die ‚kanonischen' ‚Esoteriker' des 16. und 17. Jahrhunderts jedenfalls sahen keinen Grund, ihre Verbindung von Christentum und Neuplatonismus im Geheimen vorzunehmen, und im katholischen Milieu könnte das noch länger so geblieben sein.[25]

Ganz so leicht ist das Geheimnis als konstitutives Merkmal von ‚Esoterik' allerdings nicht aus der Welt, weil frühneuzeitliche Rezipienten des Neuplatonismus auch schon vor Colberg den Umgang mit dem „Mysterium" pflegten und dessen „Offenbarung" propagierten. Allerdings ist diese Spannung für sehr viele religiöse Felder, vielleicht für jede Religion grundlegend. Mir scheint, dass in diesem Feld die zuerst intellektuelle, dann institutionelle Ausgrenzung des Geheimnisses, wie

---

stande zur Nachricht, Nutz und besten zusammen getragen und auffgerichtet. o.O. 1702; Johann Christoph Adelung: Geschichte der menschlichen Narrheit, oder Lebensbeschreibungen berühmter Schwarzkünstler, Teufelsbanner, Zeichen- und Liniendeuter, Schwärmer, Wahrsager, und anderer philosophischer Unholde. 8 Bde. Leipzig 1785–1799.

[22] Ein Beispiel für die eher integrative katholische Tradition ist Athanasius Kircher (1602–1680); vgl. aber zu den auch hier vorfindlichen Ausgrenzungsversuchen Crispo: De ethnicis (wie Anm. 15), das aber m.W. keine den protestantischen Apologien vergleichbare Wirkungsgeschichte besaß.

[23] Im Sommer 2011 stellten Wouter J. Hanegraaff und ich in einem Gespräch fest, dass wir die gleichen Fragen in ganz ähnlicher Richtung bedenken. Vgl. seine Überlegungen zur theologiegesteuerten Konstruktionsgeschichte von Esoterik durch einen Theologen wie Colberg in: Hanegraaff: Esotericism and the Academy (wie Anm. 15), S. 107–114.

[24] Vgl. dazu als Parallelphänomen die Ausgrenzung der ‚Geister' im 17. Jahrhundert bei Miriam Rieger: Der Teufel im Pfarrhaus. Gespenster, Geisterglaube und Besessenheit im Luthertum der Frühen Neuzeit. Stuttgart 2011.

[25] Siehe dazu Anm. 15.

sie im Umfeld von Colberg sichtbar wird, einen Einschnitt bedeutete, der für das Selbst- und Fremdverständnis von ‚Esoterik' zentral wurde.

Eine weitere historische Lücke kann an dieser Stelle nicht mehr gefüllt werden, nämlich die Geschichte von Konstruktionen einer ‚esoterischen' Tradition seit dem späten 17. bis in das 20. Jahrhundert hinein. Es ist klar, dass es dabei beträchtliche Veränderungen in der Außenwahrnehmung und im Selbstverständnis gab. Die Popularisierung des Begriffs ‚Esoterik' im späteren 19. Jahrhundert ist Ausdruck von Modifikationen oder Innovationen, etwa durch die Interpretation von Esoterik im Deutungsrahmen der ‚new science' (für die der Begriff ‚Okkultismus' steht und die verkürzend oft ‚Verwissenschaftlichung' heißt) oder durch den Verlust der akademischen Reputation, wodurch die Esoterik in außerakademische Deutungskulturen abgedrängt wurde, oder durch die Erweiterungen des Begriffsinhalts im 20. Jahrhundert, bei denen der Bezug auf neuplatonische Traditionen kein Referenzkriterium mehr bildete. Eine Vermutung halte ich dabei gleichwohl bis zum Erweis des Gegenteils für plausibel: Bis in das 20. Jahrhundert blieb der Bezug auf monistisches Denken ein zentrales Kriterium der ‚Esoterik'. Eine detaillierte Traditionsgeschichte kann ich hier nicht bieten. Allerdings versuche ich exemplarisch am Beispiel des Motivs der Selbsterlösung zwischen dem 17. und frühen 20. Jahrhundert, die Tragfähigkeit dieses Modells zu erkunden.

## III Beispiel: Selbsterlösung

### 1   Frühe Neuzeit

Die Vorstellung einer Selbsterlösung ist, wie im ersten Abschnitt skizziert, mit monistischen Anthropologien eng verbunden. Der mit dem Göttlichen in seinem Innersten identische Mensch kann aufgrund dieser Eigenschaft entweder vollständig oder zumindest in zentralen Bereichen als für seine Erlösung selbst verantwortlich gedacht werden.[26] Dabei kann es zwei unterschiedliche Wege der Generierung von Selbsterlösungsvorstellungen geben. Es kann sich um eine tradierte Vorstellung handeln, wie dies bei der Rezeption des neuplatonischen Gedankengutes der Fall ist. Sie kann allerdings auch situativ entstehen, als logische Alternative zu heteronomen, gnadentheologischen Erlösungsvorstellungen, was nicht ausschließt, sich dann tradierter historischer Argumente zu bedienen; insofern kann eine christliche Gnadenlehre die Lehre der Selbsterlösung als ihre logische Alternative produzieren. Wie beide Optionen in der Geschichte neuzeitlicher Selbsterlösungstheorien aufeinander gewirkt haben, kann an dieser Stelle nicht beantwortet werden.

---

[26] Die Geschichte dieses Topos ist weitgehend unerforscht. Erste Überlegungen bei Helmut Zander: Selbsterlösung. Erkundungen im europäischen Untergrund. In: Reformatio. Zeitschrift für Kultur Politik Religion 51 (2002), S. 136–141.

Lexik und Semantik von Selbsterlösungsvorstellungen haben in der Neuzeit eine noch nicht aufgeklärte Geschichte, wobei das Lexem Selbsterlösung ein Produkt des 19. Jahrhunderts sein dürfte. Diese Geschichte ist hier wiederum nicht *en détail* zu rekonstruieren: Sie hätte im lateinischen Europa die christliche Gnadenlehre und ihren Diskursraum zu berücksichtigen, wo unter dem Stichwort des ‚Pelagianismus' die Reichweite eines göttlichen Gnadenwirkens diskutiert und reale oder zugeschriebene Positionen von Selbsterlösung oder auch nur kooperativer Erlösung als ‚Häresien' identifiziert respektive konstruiert wurden. Mit der Reformation wurde die teilweise deterministisch verstandene augustinische Gnadenlehre in vielen Gebieten Europas in der theologischen Elite hegemonial. Möglicherweise erklärt sich aus dieser Konstellation teilweise die sehr viel engagiertere Gegnerschaft protestantischer Theologen zu ‚esoterischen' Konzepten, wie sie oben an Colberg sichtbar wurde. Diese Konfliktlinie dürfte auch ein Grund für die vielen Belege für Selbsterlösungskonzepte bei protestantischen Autoren sein, die damit Gegenkonzepte zur lutherischen und calvinistischen Orthodoxie vorlegten.

Derartige Selbsterlösungsvorstellungen tauchten gerne im Umfeld von Seelenwanderungslehren auf, da diese wiederholte Verkörperungen als Folge früheren Fehlverhaltens betrachteten, das selbsttätig und im Extremfall ohne göttliche Hilfe und insofern selbsterlösend durch eine neue Verkörperung abgearbeitet werden sollte. Allerdings, und hier zeigt sich die begrenzte Reichweite dieser inhaltlichen Konstruktion von ‚Esoterik', ist die Verbindung von Seelenwanderung und Neuplatonismus nicht zwingend. Es gab diese Konjunktion, etwa bei Giordano Bruno (1548–1600), doch die in Abschnitt II für das 16. Jahrhundert genannten ‚kanonischen' Autoren vertraten keine Seelenwanderungsvorstellungen. Im Hintergrund stand eine Uminterpretation der antiken Seelenwanderungslehren in der Renaissance im Rahmen der Rezeption spätantiker Neoplatonismen; die Übersetzer der neuplatonischen Schriften im 15. Jahrhundert hatten die Vorstellung der Metempsychose metaphorisch interpretiert.[27] Selbsterlösungslehren konnten allerdings auch Wurzeln außerhalb des Neuplatonismus besitzen, beispielsweise im aristotelischen Materialismus, der in antiidealistischer Perspektive monistische Vorstellungen ausprägen konnte[28] und damit im Prinzip für Selbsterlösungslehren offen war. Letztlich waren wohl weite Teile der philosophischen Individualitätsdebatte, in der die Rolle von Subjekten auch hinsichtlich einer religiösen Erlösung gestärkt wurde,[29] ein Denkraum für die Entstehung von Selbsterlösungskonzepten. Im deutschen Sprachraum mündete diese Subjektivitätsfokussierung in den Jahrzehnten um 1800 in die Kreation einer Vielzahl von Komposita mit ‚Selbst': von „Selbstabbildung" (Novalis) über „Selbstabgötterei" (Hamann) und „Selbstabtötung"

---

[27] Helmut Zander: Geschichte der Seelenwanderung in Europa. Alternative religiöse Traditionen von der Antike bis heute. Darmstadt 1999, S. 237–239.
[28] Für den Hinweis danke ich Martin Mulsow.
[29] Charles Taylor: Sources of the Self. The Making of the Modern Identity. Cambridge, MA u.a. 1989.

*Das Konzept der ‚Esoterik'*

(Campe) bis zu „Selbstzwang" (Kant), „Selbstzweck" (Fichte) und „Selbstzwist" (Jean Paul).[30] Selbsterlösung ist im Reigen dieser Begriffe möglicherweise eine vergleichsweise späte Begriffsbildung, sie kommt in Grimms Wörterbuch nicht vor. Die drei gleich folgenden Beispiele dokumentieren allerdings den Vorlauf der Semantik vor der Lexik.

Das erste Beispiel stammt aus der spirituellen Alchemie. Hier spielte die Herstellung des Steins der Weisen, des *lapis philosophorum*, eine zentrale Rolle, zu dessen Herstellung die Erlösung des daran arbeitenden Alchemisten gehören konnte. In diesem Kontext schrieb der anonyme Verfasser der *Apokalypsis hermetis* aus dem Jahr 1603: „Es were nichts das den zerstörlichen Leib vom Todt erledigte aber ein ding were wol das die verderbung hinweg thet die Jugent ernewerte."[31]

Offenbar zielt die theologische Botschaft hinter der Rede von der erneuerten Jugend auf die Vorstellung vom ewigen Leben mit Hilfe der Alchemie. Wer das Geheimnis des Steins der Weisen kenne, sei mithin erlöst. Der Begriff Selbsterlösung fällt hier nicht, aber wenn der Alchemist über das Wissen zur Herstellung des erlösenden Steines der Weisen verfügt, ist *de facto* genau dies impliziert.

Ein zweites Beispiel entnehme ich der Schilderung der Londoner Radikalpietistin Jane Leade in ihrem *Fountain of Gardens* von 1697, in einer deutschen Ausgabe drei Jahre später erschienen:

> Irdene Schlacken er trefflich tingiret
> Daß sie bekommen der Perlenen Glantz
> Menschlichen Leimen er herrlich mutiret
> Daß er zu Golde wird lauter und gantz
> Beyde zusammen
> Durch seine Flammen
> Machet er völlig zu Gottes Substantz.
> Da Sie / von finsteren Schatten errettet
> Klarheit der Sonnen und Sternen umgibt
> Da Sie an Seelen und Leibe vergöttet
> Herzlich vom höchsten Drey-Einen geliebt.[32]

In diesem Text ist die monistische Einheit von Geist und Materie zentral, wenngleich Leade Christus („er") als den „kosmischen Alchimisten" deutet[33] und insofern die Selbsterlösung in eine christologische Agenda einbindet. Der Prozess der

---

30 Deutsches Wörterbuch. Hg. v. Jakob u. Wilhelm Grimm. Bd. 10/I. Leipzig 1905, S. 457–506.
31 Zit. nach Florian Ebeling: ‚Geheimnis' und ‚Geheimhaltung' in den Hermetica der Frühen Neuzeit. In: Antike Weisheit und kulturelle Praxis (wie Anm. 11), S. 63–80, 70.
32 Jane Leade: Des Garten-Brunns Anderer Theil. Gewässert durch die Ströhme der göttlichen Lustbarkeit/ und hervorgrünend in mannichfaltigen Unterschiede geistlicher Pflanzen: die durch reinen Anhauch zu einem Paradiese Aufgeblasen / und nunmehro ihren anmuthig süssen Geschmack und starcken Geruch zur Seelen-Erquickung von sich geben. oder Ein rechtes Diarium und ausführliches Tag-Verzeichnis alles desjenigen / was sich mit dieser theuren Autorin / [...] vom Jahre 1670 her / zugetragen /. Amsterdam 1697 [erschienen 1698], S. 57f.
33 Burkhard Dohm: ‚Götter der Erden'. Alchimistische Erlösungsvisionen in radikalpietistischer Poesie. In: Antike Weisheit und kulturelle Praxis (wie Anm. 11), S. 189–204, hier S. 196; Dohm verdanke ich den Hinweis auf Jane Leade.

Transmutation führt aber zur substanziellen Identität mit Gott und zur Vergöttlichung von Leib und Seele und so zu einem göttlichen Individuum. Diese ‚Vergötterung' kommt bei Leade aus der Begegnung mit hermetischem Denken, aber sie hätte das Konzept der *Deificatio* auch in der christlichen Tradition kennenlernen können, nämlich im Spiritualismus (eine Beziehung, die Colberg identifiziert hatte). In der spiritualistischen Pneumatologie ist jedenfalls der mit dem göttlichen Geist begabte Mensch schnell in der Nähe einer Position, in der er der göttliche *homo (auto-)faber* ist. Dass sich dabei Vorstellungen der *Deificatio* bis zu der seit dem 18. Jahrhundert pantheistisch genannten Konsequenz besonders leicht ergeben, hat Hermann Geyer am Beispiel des wohl meistgelesenen spirituellen protestantischen Schriftstellers der frühen Neuzeit, an Johann Arndt, dokumentiert.[34]

Ein drittes, nochmals späteres Beispiel. Es handelt sich um ein undatiertes „Bekenntnis" von Johann Christian Edelmann (1698–1767), der vom radikalen Pietisten zum Deisten konvertierte. Er postulierte, dass der göttliche Mensch auch göttliche Erlösungsleistungen vollbringen müsse. Für ihn hieß dies Seelenwanderung:

> Die Welt ist ewig; Alle Geschöpfe sind Arten und Modifikationen von Gott, Theile von ihm und Glieder seines Leibes. Besonders ist die Seele des Menschen im ausnehmendsten Verstande ein Theil von Gott, und folglich unsterblich. Allein diese Unsterblichkeit besteht darin, daß sie aus einem Körper in den anderen wandert.[35]

Der Begriff ‚Selbsterlösung' fällt auch hier nicht, aber wenn der Mensch in der Seelenwanderung die Möglichkeit besitzt, an seiner Vervollkommnung zu arbeiten, braucht er keinen Gott mehr. Die orthodoxen Theologen haben diese Konsequenz gesehen und scharf kritisiert.[36]

## 2 Das 19. Jahrhundert und Rudolf Steiner

Erst im 19. Jahrhundert kommt meines Wissens der Begriff ‚Selbsterlösung' auf. Die begriffsgeschichtliche Forschung der letzten Jahrzehnte (Reinhart Koselleck, Lucian Hölscher) hat deutlich gemacht, dass die Erfindung von Substantiven ein relativ verlässlicher Indikator für Veränderungen im intellektuellen Haushalt einer Gesellschaft ist. Eine genauere chronologische Eingrenzung ist in unserem Fall

---

[34] Hermann Geyer: Verborgene Weisheit. Johann Arndts ‚Vier Bücher vom Wahren Christentum' als Programm einer spiritualistisch-hermetischen Theologie. 3 Teile in 2 Bden. Berlin, New York 2001. Zu ähnlichen Tendenzen bei Hinrich Brockes siehe Hans-Georg Kemper: Aufgeklärter Hermetismus. Brockes' ‚Irdisches Vergnügen in Gott' im Spiegel seiner Bibliothek. In: Aufklärung und Esoterik. Hg. v. Monika Neugebauer-Wölk unter Mitarb. v. Holger Zaunstöck. Hamburg 1999 (Studien zum achtzehnten Jahrhundert 24), S. 140–178.

[35] Zit. nach Adelung: Geschichte der menschlichen Narrheit (wie Anm. 20). Bd. 1. Leipzig 1785, S. 66.

[36] Emanuel Hirsch: Geschichte der neuern evangelischen Theologie im Zusammenhang mit den allgemeinen Bewegungen des europäischen Denkens. Bd. 2. Gütersloh 1951, S. 411f.; Annegret Schaper: Ein langer Abschied vom Christentum. Johann Christian Edelmann (1698–1767) und die deutsche Frühaufklärung. Marburg 1996, S. 175–188.

allerdings schwierig. Die großen sprachhistorischen Lexika des Deutschen, Französischen und Englischen kennen den Begriff der Selbsterlösung bis heute nicht. Aber schon diese Fehlstelle ist ein bemerkenswerter Befund, weil er darauf hindeuten könnte, wie jung und damit: wie fremd oder vielleicht auch anstößig dieses Konzept für eine christlich geprägte Kultur war.

Die ersten mir bekannten Belege für den Begriff ‚Selbsterlösung' im Deutschen stammen aus den 1880er Jahren des 19. Jahrhunderts. Sie finden sich nicht in der okkultistischen oder esoterischen Szene, sondern erneut, wie schon bei Colberg, in theologischen Veröffentlichungen, hier in der protestantischen Missionsliteratur, in der Theologen das Verhältnis des Christentums zu anderen Religionen bestimmten. Der folgende Beleg stammt von Gustav Adolf Warneck (1834–1910), einem protestantischen Vordenker einer Missionswissenschaft. 1883 schrieb er einen kleinen Programmaufsatz, in dem er den Buddhismus als eine Religion, die kein personales Gottesbild wie das Christentum besitze und in der der Mensch durch meditative Erleuchtung und durch die Arbeit am Karma für seine Erlösung sorge, charakterisierte. Bei diesen Überlegungen fiel der hier interessierende Begriff: Der Buddhismus sei dem „principiellen Fehler der Selbsterlösung" verfallen. Das Christentum hingegen – und nur es allein – sei durch die Grundlage des „Glaubens" die Religion der Zukunft, wohingegen die übrige „Menschheit sich *völlig erschöpft hat* in ihren eignen auf Selbsterlösung hinauslaufenden Religionsversuchen".[37] Selbsterlösung wird also im Feld interreligiöser Kontakte operationalisiert, vielleicht sogar, wenn es sich hier wirklich um den ersten Beleg handeln sollte, geprägt. Aber selbst wenn es frühere Belege gibt, spricht eine gewisse Wahrscheinlichkeit dafür, dass die Popularisierung und die Schärfung des Begriffs im Feld religiöser Kontroversen und nicht in der esoterischen Szene erfolgte. Der dortige Rezeptionsprozess liegt augenblicklich noch im Dunkeln,[38] aber um 1900 finden sich in lebensreformerischen und alternativreligiösen Milieus nicht nur semantische, sondern auch lexikalische Belege. So zogen etwa die Literaten der „Neuen Gemeinschaft" nach Schlachtensee vor den Toren Berlins, in der Absicht, am 26. Dezember 1903, also zu Weihnachten, „Das Fest der Selbsterlösung" zu feiern.[39]

In diesem Umfeld hat auch Rudolf Steiner, Theosoph seit 1902 (seit 1912 Anthroposoph), das Konzept sowie das Lexem ‚Selbsterlösung' benutzt und positiv besetzt. Sein Ausgangspunkt war eine Kosmologie, die er *expressis verbis* als monistisch verstand und in der er die Identität von Geist und Materie unter dem Primat des Geistigen postulierte: Für den „geschulten Forscher", so Steiner 1909, „sind alle Umwandlungen in dem Stofflichen des Erdenplaneten Offenbarungen geistiger Kräfte, die hinter dem Stofflichen liegen. [...] Es entwickelt sich dieses

---

[37] Gustav Warneck: Zur apologetischen Bedeutung der Heidenmission. In: Allgemeine Missionszeitschrift 10 (1883), S. 145–169, 161–169.
[38] Vgl. aber dazu in diesem Band den Beitrag von Kristine Hannak zu Karl Philipp Moritz.
[39] Zit. nach: Zurück, o Mensch, zur Mutter Erde. Landkommunen in Deutschland 1890–1933. Hg. v. Ulrich Linse. München 1983, S. 73.

Stoffliche aus dem Geistigen heraus [...]".⁴⁰ In diese auf die Theosophie zurückgehende Vorstellung hat Steiner seit 1902 die Konzeption von Reinkarnation und Selbsterlösung eingebaut. Schon 1902 verlangte er vom antiken Mysten, daß er seine „Vollendung" „selbst übernehmen" müsse. 1904/5 verfasste Steiner einen Schulungsweg unter dem Titel „Wie erlangt man Erkenntnisse der höheren Welten", worin er berichtete, dass der Mensch im Tod eine „erhabene Lichtgestalt", den „größeren" „Hüter der Schwelle" treffe,⁴¹ der ihm verheiße, einem Boddhisattva ähnlich unter Voraussetzung seiner Selbsterlösung an der Erlösung anderer mitarbeiten zu können:

> Nun aber muß für dich eine Zeit beginnen, in welcher die befreiten Kräfte weiter an dieser Sinnenwelt arbeiten. Bisher hast du nur dich selbst erlöst, nun kannst du als ein Befreiter alle deine Genossen in der Sinnenwelt mitbefreien.⁴²

Diese Äußerungen fallen in eine Phase, in der Steiner der Gestalt „des Christus", der eine Selbsterlösung eliminieren oder zumindest relativieren könnte, noch keine besondere Rolle zugewiesen hatte, er war für ihn zu diesem Zeitpunkt ein Eingeweihter unter vielen. Mit der Christologisierung seiner Theosophie seit 1906 begann er, auch „dem Christus" eine Rolle im Rahmen der Selbsterlösungsvorstellung zuzuweisen. 1909 behauptete er, man könne seit der Erscheinung „des Christus" lehren, „was man die Kraft der Selbsterlösung des menschlichen Ichs nennt".⁴³ Am 13. Oktober 1911 konzipierte Steiner – vermutlich erstmals – eine Arbeitsteilung zwischen dem Individuum und „dem Christus". Dieser vollziehe eine „objektive Erlösung" für kosmische Schuldfolgen, welche die Leistungsfähigkeit des Individuums überschritten; zugleich aber hielt er an der Selbsterlösungsfähigkeit und Selbsterlösungsnotwendigkeit des Individuums hinsichtlich seiner persönlichen Schuld fest. Dies sei Ausdruck seiner Freiheit, denn es könne

> vor der Auffassung der menschlichen Freiheit gar nicht der Wunsch entstehen, es solle uns irgendwelche Sünde vergeben werden. So hat es mit dem Karma durchaus seine Richtigkeit, daß uns gewissermaßen kein Heller nachgelassen wird, daß wir alles bezahlen müssen.⁴⁴

Zu einer besonders prägnanten Positionierung im Verhältnis zur großkirchlichen Theologie war Steiner im Jahr 1921 genötigt, als er als *spiritus rector* einer anthroposophisch inspirierten Kirche, der Christengemeinschaft, fungierte. Während des Gründungsprozesses stellte der altkatholische Theologe Constantin Neuhaus im-

---

⁴⁰ Rudolf Steiner: Die Geheimwissenschaft im Umriss. Dornach 1977 (Gesamtausgabe. Hg. v. der Rudolf Steiner-Nachlassverwaltung. Dornach 1955ff., Bd. 13), S. 139f.
⁴¹ Rudolf Steiner: Wie erlangt man Erkenntnisse der höheren Welten? Dornach 1961 (Gesamtausgabe [wie Anm. 40], Bd. 10), S. 210.
⁴² Ebd., S. 211.
⁴³ Rudolf Steiner: Das Prinzip der spirituellen Ökonomie im Zusammenhang mit Wiederverkörperungsfragen. Ein Aspekt der geistigen Führung der Menschheit. Dornach 1979 (Gesamtausgabe [wie Anm. 40], Bd. 109–111), S. 100.
⁴⁴ Rudolf Steiner: Christus und die menschliche Seele. Dornach 1982 (Gesamtausgabe [wie Anm. 40], Bd. 155), S. 182f.

mer wieder die Frage nach der Beziehung der Selbsterlösung zu Gnade und Vergebung. Steiner legte sich in aller Klarheit fest: „Erlösung oder Selbsterlösung, das ist das aut aut, das eben auftritt."⁴⁵ Sündenvergebung spreche nur die „Feigheit der Menschen" an.⁴⁶ Die Rolle „des Christus" bestimmte Steiner erneut in der Linie der Festlegung von 1911: Die „objektive" Sünde übernehme „der Christus", aber „die persönliche Sünde [...] muß in Selbsterlösung abgetragen werden".⁴⁷

Hier ist nicht zu diskutieren, in welchem Ausmaß Steiner, der nur schwache Kenntnisse christlicher Theologien besaß, begriffen hat, warum Theologen von den hegemonialen Kirchen bis zur übergroßen Mehrheit der dissentierenden christlichen Gruppen meinten, Selbsterlösung sei unvereinbar mit dem Christentum. Interessant ist vielmehr, dass Steiner versuchte, die unterschiedliche, teilweise kontradiktorische Logik von Gnadentheologie und Selbsterlösungslehre zu hybridisieren und dabei auf beiden Seiten Kompromisse einging: Die Selbsterlösungslehre wurde beschnitten, weil auch „der Christus" mit der kosmischen Erlösung eine Rolle zugewiesen bekam, die Steiner nun wiederum als Gnadenhandeln „des Christus" verstand. Aber auch die Rolle „des Christus" wurde relativiert, weil Steiner Selbsterlösung als unabdingbaren Bestandteil persönlicher Autonomie beibehielt. Die 1921 anwesenden Theologen betrachteten diesen Kompromiss gleichwohl als Entkernung eines zentralen christlichen Theologumenons; Constantin Neuhaus etwa schloss sich Steiner nicht an.

Steiner ist in doppelter Hinsicht für die Fragestellungen dieses Aufsatzes interessant: Er vertritt eine monistische Weltanschauung bis in die Konsequenz einer Selbsterlösungsvorstellung hinein, und er gehört zu den wichtigen Popularisatoren des Konzeptes der ‚Esoterik', für das er in seinem Textkorpus eine Vielzahl der um 1900 immer noch leidlich seltenen Belege bringt. Zugleich macht er die Problematik eines allzu simplen genetischen Ansatzes deutlich, da er nicht unmittelbar auf neuplatonische oder frühneuzeitliche Texte zurückgriff, sondern diese Vorstellungen über philosophische Texte des späten 19. Jahrhunderts und vor allem über theosophische Texte rezipierte.

## IV ‚Esoterik' in Potenzen und Aktualisierungen: ein historiographischer Konstruktionsvorschlag

Das monistische Paradigma ermöglicht es, eine Traditionsgeschichte der ‚Esoterik' zu schreiben: ausgehend von der Renaissance über die Invention des Begriffs ‚Esoterik' am Ende des 18. Jahrhunderts bis zu dessen Popularisierung im 19. und

---

[45] Rudolf Steiner: Vorträge und Kurse über christlich-religiöses Wirken II: Spirituelles Erkennen, Religiöses Empfinden, Kultisches Handeln. Dornach 1993 (Gesamtausgabe [wie Anm. 40], Bd. 343), S. 334.
[46] Ebd., S. 333.
[47] Ebd., S. 640.

20. Jahrhundert, wohlwissend um die bereits genannten, teilweise massiven Veränderungen des Verständnisses von ‚Esoterik' im 19. Jahrhundert. Das Zentrum bilden in meinem Vorschlag identitätsphilosophische Konzepte, die eine eigenständige Tradition gegenüber den differenztheologischen Kosmologien und Anthropologien der jüdischen und christlichen Theologien darstellen und die vor allem durch die protestantische Kontroverstheologie des 17. Jahrhunderts als spiritualistisch-neuplatonische Theologien etikettiert und ausgeschlossen wurden. Dieses Programm habe ich am Beispiel der Selbsterlösung exemplarisch zu explizieren versucht, in der das monistische Konzept eines göttlichen Kerns des Menschen die Grundlage einer alternativen Soteriologie bildet. Die Rede von einer eigenständigen Tradition ist allerdings nicht als Konzept einer eigenständigen Religion missverstehen, vielmehr betritt man ein Feld religionskultureller Verflechtungen. Dies impliziert eine grundsätzliche Kritik an traditionellen Rekonstruktionen (religions-)historischer Prozesse: Religiöse Entitäten existieren nie als isolierte Phänomene, Containern gleich, sondern in Austauschprozessen und in kulturellen Bedingungsgefügen, die Netzen ähneln.

Aber ein Konzept lebt nicht nur von seinen Plausibilitäten, sondern mehr noch von seiner Fähigkeit, Gegenargumente auszuhalten oder gar zu widerlegen. Eines lautet, dass sich zumindest die Vorstellung der Selbsterlösung nicht in allen ‚esoterischen', schon gar nicht in allen monistischen Konzepten findet. Das aber ist insofern kein belastbares Argument, als sich weltanschauliche Systeme nicht wie Autos verhalten, die nicht mehr fahren, wenn der Motor oder die Räder fehlen, sondern eher wie ein Blumenstrauß, bei dem Knospen aufbrechen oder Blüten abfallen können, ohne dass seine ‚Identität' als Strauß in Frage gestellt wäre. Weniger metaphorisch gesagt: Konkretionen wie die Selbsterlösung sind mögliche, aber keine notwendigen ‚Emanationen'. Sie können, müssen sich aber nicht ausbilden. Wenn sie entstehen, geschieht dies immer im Rahmen von kulturellen Bedingungsgefügen. In einer dominant christlichen Kultur kann es mithin sein, dass sich das Konzept einer Selbsterlösung seltener oder auch weniger radikal – nämlich heterosoteriologisch eingefärbt – ausprägt, wie sich am Beispiel Steiners ablesen lässt, oder eben überhaupt nicht, wie mehrheitlich in der hermetischen Literatur der Frühen Neuzeit.

Hinter dieser Überlegung steht ein historiographisches Modell, das potenzielle und aktualisierte Traditionen postuliert[48] und in dem kulturelle Wissensbestände, die etwa in ungelesenen Manuskripten oder unzugänglichen Büchern latent vorhanden sind, wieder in die aktuelle Kommunikation einer Kultur eingespeist wer-

---

[48] Vergleichbar sind Konzepte der sozialen Gedächtnistheorie in der Nachfolge von Maurice Halbwachs, die zwischen aktiver und passiver, kommunikativer und latenter oder funktionaler und gespeicherter Erinnerung unterscheiden. Vgl. z.B. Aleida Assmann: Funktionsgedächtnis und Speichergedächtnis. Zwei Modi der Erinnerung. In: Generation und Gedächtnis. Erinnerungen und kollektive Identitäten. Hg. v. Kristin Platt u. Mihran Dagab. Opladen 1995, S. 169–185.

den können. Selbsterlösung ist in diesem Modell in monistischen Konzeptionen ‚eingelagert' und kann unter bestimmten Bedingungen (re-)aktiviert werden – muss es aber nicht. Die Realisierung einer Option (hier: Selbsterlösung im Rahmen eines identitätsphilosophischen Konzeptes) wird dann zu einer möglichen, aber nicht notwendigen Folge. Eine ‚Essenz' von Religion oder ‚Esoterik' gibt es in diesem Konzept nicht, nur eine ‚Potenz', deren Aktualisierung (im Sinne der Realisierung einer Option) kontextabhängig erfolgen kann.

Diese Einsicht nötigt zu einem veränderten Konzept des Ablaufs historischer Prozesse: zu einer Abkehr von linearen oder gar evolutionären Theorien der Geschichte, weil die Aktualisierung von Potentialitäten diskontinuierlich verläuft; und zu einer Abkehr von essenzialisierten Religionen und institutionalisierten Akteuren, weil diese Modelle Vernetzungen oder Hybridisierungen nicht oder nur unzureichend erfassen.

In dieser Perspektive verliert ein ‚Problem' vieler Publikationen zur ‚Esoterik' an Schärfe: Wenn man bei vielen Veröffentlichungen, die zum Besten gehören, was in der ‚Esoterik'-Forschung vorgelegt wurde, nicht weiß, warum nun bestimmte Beiträge in das Feld ‚Esoterik' gehören sollen,[49] liegt dies nicht nur (aber auch) an der oft fehlenden Definition des Gegenstandes, sondern ebenso an dieser dynamischen Konstitution [50] religiöser ‚Gegenstände', in der in der Regel nicht die Frage interessant ist, ob ein Element oder ein Definitionsmerkmal potentialiter vorhanden ist, sondern in welchem Ausmaß eine Aktualisierung besteht.

In dieses Modell der Aktualisierung von Potenzen schlage ich vor, auch die Geschichte neuplatonisch eingefärbter Traditionen einzulesen. Martin Mulsow hat etwa am Beispiel des Hermetismus der Frühen Neuzeit deutlich gemacht, dass hermetisches Denken in alchemistischen oder philosophischen Milieus rezipiert werden konnte, in Eliten- und Volkskulturen seinen Niederschlag fand und oft eine existenzielle, auf Authentizität ausgerichtete Form der Anverwandlung ausbildete, die sich von philosophischen Destruktionen der hermetischen Grundlagen (berühmt ist die Datierung des vermeintlich aus Uranfängen stammenden Corpus hermeticum in die Spätantike durch Isaak Casaubon im Jahr 1614) nicht sonderlich beeindrucken ließ.[51] In derartigen Segmenten aktualisierten sich Hermetismen

---

[49] Aufklärung und Esoterik (wie Anm. 34); Esotérisme, gnoses & imaginaire symbolique. Mélanges offerts à Antoine Faivre. Hg. v. Richard Caron u.a. Löwen 2001; Hidden Intercourse. Eros and Sexuality in the History of Western Esotericism. Hg. Wouter J. Hanegraaff u. Jeffrey J. Kripal. Leiden, Boston 2008; Aufklärung und Esoterik. Rezeption – Integration – Konfrontation (wie Anm. 6); Polemical Encounters. Esoteric discourse and its others. Hg. v. Olav Hammer u.a. Leiden, Boston 2007. Frühneuzeit-Forscherinnen und -Forscher sind mit der Benutzung des Begriffs Hermetik / Hermetismus oft vorsichtiger; siehe Antike Weisheit und kulturelle Praxis (wie Anm. 11); Das Ende des Hermetismus (wie Anm. 11).
[50] Zum Konzept einer ‚dynamischen' Religionsgeschichte vgl. das Forschungsprogramm des von Volkhard Krech initiierten Käte-Hamburger-Kollegs „Dynamiken der Religionsgeschichte zwischen Asien und Europa" an der Universität Bochum.
[51] Martin Mulsow: Epilog. Das schnelle und das langsame Ende des Hermetismus. In: Das Ende des Hermetismus (wie Anm. 11), S. 305–310.

kontextabhängig und in unterschiedlichen Formen, deren gemeinsamer Ursprung nicht unmittelbar erkennbar sein musste.[52]

Ein weiterer Modus der Aktualisierung ‚esoterischer' Potenzen sind hybridartige Amalgame, in denen ‚esoterische' Merkmale auftreten können. Ein Beispiel dafür ist der Szientismus, wie er bei Rudolf Steiner und stärker noch im Mutterboden der Theosophie, dem Spiritismus, vorliegt. Monismus und Wissenschaftsgläubigkeit konnten soweit ineinandergreifen, fast verschmelzen, dass sie sich, wie bei Steiner, nur noch analytisch unterscheiden lassen. Sie konnten sich zudem, wie beim Spiritismus, in verschiedenen Phasen unterschiedlich stark ausprägen. So ist der Spiritismus in seinen frühen Varianten mit der Dichotomie von Diesseits und Jenseits im Geisterverkehr nachgerade dualistisch konstruiert, wohingegen der spätere Spiritismus mit seiner „animistischen" Konzeption, die gegen Ende der zweiten Hälfte des 19. Jahrhunderts immer stärker wurde, eine Art monistisches Gegenprogramm zum frühen Spiritismus war.

Doch zurück zu den Gegenargumenten. Dazu gehören auch Versuche, ‚Esoterik' von einem archimedischen Punkt aus zu konstruieren, der nicht Identitätsphilosophie heißt. Ein allererster Kandidat ist dabei das ‚Geheimnis', von dessen mangelnder Eignung wegen der stark diskursiven Konstruktion (sowohl von Seiten der historischen Akteure als auch durch Wissenschaftler) und dessen fehlender Spezifität für ein Konzept von ‚Esoterik' allerdings oben schon die Rede war. Einen anderen Gegenvorschlag eines archimedischen Punktes hat jüngst Andreas Kilcher vorgelegt, der von enzyklopädischen Vorstellungen aus – „das esoterische Wissen strebt ... zur Enzyklopädie"[53] – ‚Esoterik' zu verstehen versucht. Er trifft damit einen wichtigen Punkt, insoweit Allwissenheitsvorstellungen in ‚esoterischen' Konzepten ubiquitär verbreitet waren, doch bleibt die Begründung dieser Allwissenheit offen. Ich würde nun Allwissenheit nicht als fundierendes, sondern als abgeleitetes Merkmal betrachten und dann auch den Grund des Anspruchs auf eine ‚esoterische' Enzyklopädik angeben: Das totale Wissen gründet im monistischen Konzept der Göttlichkeit des Menschen, der das Prädikat göttlicher Allwissenheit vom theologischen Gottesbegriff überschrieben bekommt.

In meinem Konzept müsste man die alternativen archimedischen Punkte von Esoterikkonzepten nicht widerlegen, sondern man müsste das Feld von Erklärungen nur neu konstellieren. Dann würde ‚Esoterik' zu einem Produkt dynamischer Konstellationsprozesse verschiedener Elemente werden, in dem ein Merkmal wie

---

[52] Auf ein teilweise strukturanaloges Beispiel hat Lawrence Principe hinsichtlich der Alchemie verwiesen, die nur in einem, möglicherweise minoritären, Segment neuplatonische Vorstellungen aktualisierte; Lawrence M. Principe: Alchemy I. Introduction. In: Dictionary of Gnosis and Western Esotericism (wie Anm. 9). Bd. 1, S. 12–16.

[53] Andreas B. Kilcher: Das absolute Buch. Die enzyklopädische Form des esoterischen Wissens. In: Die Enzyklopädik der Esoterik. Allwissenheitsmythen und universalwissenschaftliche Modelle in der Esoterik der Neuzeit. Hg. v. dems. u. Philipp Theisohn. München 2010, S. 55–89, hier S. 55.

identitätsphilosophisches Denken nur eines, aber das grundlegende bildet. Ein solches ‚esoterisches' Syndrom kann sich dann mit unterschiedlichen Aktualisierungen und Ausprägungen im Rahmen je spezifischer kultureller Kontexte und Bedingungen entwickeln, beispielsweise im Rahmen einer ‚Häretisierung', wie Colberg sie unternommen hat, oder im Rahmen von Schwerpunktsetzungen, bei denen dann Selbsterlösung oder Szientismus oder eben auch der Anspruch auf Allwissenheit in unterschiedlichem Ausmaß ausgeprägt werden können. Ein identitätsphilosophisches Denken ist insofern eine (hinsichtlich der Potentialität ‚esoterischer' Entwicklungen) notwendige, aber hinsichtlich der Aktualisierung einer ‚esoterischen' Position keine hinreichende Bedingung.

Ein solches Modell sprengt zudem den binären Antagonismus zwischen materialen und diskursiven Deutungsmodellen, weil es die Notwendigkeit beider behauptet. Darin ist konzediert, dass wir in der Wissenschaft nichts als diskursive Verfahren besitzen, die aber gegenstandsgebunden bleiben, insofern sie sich auf historisches Material beziehen, das man meines Erachtens nicht beliebig zu neuen Diskursen zusammenstellen kann. Insofern schlage ich vor, monistisches Denken als konstitutives Element im Rahmen okzidentaler, neuzeitlicher Esoterik zu betrachten.

Derartige Konstruktionsgeschichten einer ‚Esoterik' gehören schließlich in einen wissenssoziologischen Rahmen. Der Aufstieg des Kollektivsingulars ‚Esoterik' verdankt sich nicht nur seiner Benutzung durch ‚esoterische' Praktiker oder der seit der Renaissance belegten Verwendung von Adjektiven und Substantiven aus dem Wortfeld ‚Esoterik', sondern auch akademischen, mithin diskursorientierten Interessen. Es war und ist disziplinpolitisch sinnvoll, einen als ‚Esoterik' identifizierbaren Gegenstandsbereich, der sich auch antragstechnisch gegenüber anderen Fächern abgrenzen lässt und der im besten Fall die Umschreibung eigener Lehrstühle ermöglicht, auszuweisen. Damit lässt sich in der Wissenschaft ein Terrain gut besetzen, jedenfalls besser als mit vielen nur in kleinen Forschungsfeldern anwendbaren Begriffen (wie der sehr viel präzisere Begriff ‚Hermetismus' für die Frühe Neuzeit). Genau diese produktive Definition eines Gegenstandsbereiches und dann eines Faches ‚Esoterikforschung' ereignete sich erfolgreich seit den 1970er Jahren, ausgehend von der Gründung des Lehrstuhls von Antoine Faivre. Die Förderung der Erforschung ‚esoterischer' Vorstellungen auch außerhalb von derartigen Lehrstühlen bleibt aber eine wissenschaftspolitische Aufgabe.

DIETHARD SAWICKI

# „Dirty Thinking". Moderne Esoterik als theoretische und methodische Herausforderung

I

1960 erschien bei Gallimard der 512 Seiten starke Band *Le Matin des Magiciens. Introduction au réalisme fantastique*, verfasst von dem belgischen Journalisten Louis Pauwels (1920–1997) und dem französischen Chemiker, Ex-Geheimagenten und Schriftsteller Jacques Bergier (1912–1978). Das Buch wurde zum Erfolgstitel und in den Folgejahren in zahlreiche Sprachen übersetzt. Harper & Row in New York brachte sogar eine Adaption für die universitäre Lehre. Die Rezeption hält bis heute an.[1] Die zunächst bei Scherz publizierte deutsche Ausgabe von 1962 wurde 1965 als Mitgliederausgabe der *Deutschen Buchgemeinschaft* aufgelegt sowie 1976/79 bei Heyne und 1986 bei Goldmann als Taschenbuch publiziert. In Frankreich war das Interesse an den von Pauwels / Bergier präsentierten Themen und deren spezifischer Aufbereitung so groß, dass die beiden die Zeitschrift *Planète* (41 Hefte 1961–1968) und deren Nachfolgerin *Le nouveau planète* (25 Hefte 1968–1971) gründeten, die in *Le Matin des Magiciens* angesprochene Themen weiterverfolgten und Texte namhafter Persönlichkeiten der wissenschaftlichen und intellektuellen Debatte wie Robert Jungk und Werner Heisenberg abdruckten. Zwischen 1969 und 1971 erschienen zudem acht Nummern einer deutschen Ausgabe.[2] An den Erfolg ihres Bestsellers anknüpfend, legten Pauwels / Bergier 1970 *L'homme éternel* als Fortsetzung vor.[3]

*Le Matin des Magiciens* präsentiert sich als Groß-Essay mit drei Hauptteilen: Der erste – *Vergangene Zukunft* überschrieben – konstatiert den Bankrott einer im

---

Der vorliegende Text wäre ohne die intensiven und anregenden Diskussionen mit Eva Johach und Robert Matthias Erdbeer in dieser Form nicht möglich gewesen. Ihnen sei an dieser Stelle herzlich gedankt.

[1] Übersetzungen: El retorno de los brujos. Barcelona 1961; Aufbruch ins dritte Jahrtausend. Von der Zukunft der phantastischen Vernunft. Bern, Stuttgart 1962; The Dawn of Magic. London 1963; Il mattino dei maghi. Mailand 1963; Den fantastiske virkelighed. 2 Bde. Kopenhagen 1963; Le matin des magiciens. Edition universitaire abrégée et annotée avec questions et sujets d'exposés et de dissertations par Yvonne Lenard avec Monica Faulkner. New York 1967; Vår fantastiska vårl. Stockholm 1969; The Morning of the Magicians. London 1971; O despertar dos mágicos. Amadora 1980; Fortiden som forsvant. Oslo 1990; Jitro kouzelníků. Prag 2009.

[2] Als *Planet Magazin* der Edition Planet München. Einen Überblick über Konzeption und Inhalte der Zeitschriften bietet Grégory Gutierez: Le discours du réalisme fantastique: la revue Planète. Paris 1998 (Maîtrise Université Sorbonne Paris IV) – online unter URL : http://greguti. free.fr/ litt/gutierez-planete.PDF [16.09.2011].

[3] Dt.: Die Entdeckung des ewigen Menschen. Die Umwertung der Menschheitsgeschichte durch die phantastische Vernunft. Bern, Stuttgart 1971.

19. Jahrhundert wurzelnden naturwissenschaftlichen Weltsicht: Die technischen Möglichkeiten der Gegenwart und die Erkenntnisse der modernen Physik zeigten an, dass sie überholt sei. Allerorten stoße man auf merkwürdige Fakten zur Natur- und Vorgeschichte, die nicht in unser Weltbild passten, insbesondere Hinweise auf ungeheuerliche technische Errungenschaften bei den frühen Hochkulturen. Verzerrte und missverstandene Widerspiegelungen dieser Technologien seien in den Geheimlehren der Vergangenheit zu finden:

> Wir sträuben uns nicht gegen die Annahme von Besuchern aus anderen Welten, von spurlos untergegangenen Kulturen mit atomwissenschaftlichen Kenntnissen, von Etappen der Menschheitsgeschichte, die über Erkenntnisse und Techniken verfügten, welche sich mit den unseren vergleichen lassen, von Spuren verschollener Wissenschaften, die sich unter verschiedenen sogenannten esoterischen Formen erhalten haben [...].[4]

Das Nahen einer neuen Weltsicht zeichne sich ab, in der uralte Mystik mit Wissenschaft und Technik eins würden, wobei die hochspezialisierten Forscher und Ingenieure, die über immense Naturkräfte verfügen und sich nur noch unter ihresgleichen fachlich verständlich machen können, zwangsläufig in die Rolle einer die Weltgeschicke steuernden Geheimgesellschaft gerieten.

Teil II mit dem Titel *Einige Jahre im absoluten Anderswo* ist der Bedeutung von Atlantismythos, Hohlwelttheorie und Welteislehre für Aufstieg und Forschungspolitik des Nationalsozialismus gewidmet und stellt Verbindungen zwischen den okkultistischen Geheimgesellschaften der Zeit um 1900 (explizit *The Golden Dawn*) und dem NS her. Es wird spekuliert, ob es im Dritten Reich gelungen sein könnte, über die Aktivierung alten Wissens entscheidend auf dem Weg zur Erschließung nuklearer Energie vorangekommen zu sein: „Der Auftrieb der okkulten Kräfte in Deutschland war es, der den Amerikanern die Atomenergie bescherte."[5]

Im dritten Teil – *Der unendliche Mensch* – wird die Wandlung der Gattung Mensch zu einem Geschlecht von Überwesen thematisiert: Die in Teil I erwähnten Relikte prähistorischer Technologien dienen als Rechtfertigung einer Prognose der Entwicklungsmöglichkeiten des Menschen. Schon jetzt gebe es Hinweise auf sprunghaft wachsende Intelligenzleistungen; einzelne Genies seien Vorzeichen dafür, dass durch gesteuerte Mutation (letztlich ein Euphemismus für ein eugenisches Zuchtprogramm) Höchstleistungen des menschlichen Geistes bis ins Parapsychologische zu regelmäßigen Eigenschaften der Menschen werden könnten. Es eröffne sich die Perspektive einer Welt, in der ungeahnte Möglichkeiten einer neuen Technologie und Wissenschaft zusammenfallen mit einer biologisch-psychologischen Revolution des Menschseins, das zumindest als Zwischenstation in einem noch weitergehenden Prozess zur Aufhebung aller Persönlichkeit in einem planetarischen Kollektivwesen führe.

---

[4] Bergier, Pauwels: Aufbruch (wie Anm. 1), S. 219.
[5] Ebd., S. 363.

Zu den auffälligsten Merkmalen von *Le matin des magiciens* gehören der zentrale Platz, der technologischen Entwicklungen und den Fortschritten der Naturwissenschaft im Rahmen der Argumentation zugewiesen wird sowie die Aufhebung der gedanklichen Trennung von Immanenz und Transzendenz: Hatte das klassische erkenntnistheoretische Modell der Esoterik des 19. Jahrhunderts darin bestanden, durch visionäre Überwindung der die Wahrnehmung beschränkenden Kategorien Raum und Zeit Kenntnisse über das Jenseits und ferne Welten, Vergangenheit und Zukunft zu erlangen, mithin in ein Gebiet der Transzendenz vorzudringen, bedarf es laut Pauwels / Bergier keines besonderen mentalen Zustandes und keiner besonderen mentalen Qualitäten, um Zugang zu überwältigenden und phantastisch erscheinenden Perspektiven von den zukünftigen Möglichkeiten des Menschen zu erlangen. Es komme nur darauf an, sich von durch gesellschaftliche Konvention fixierten Sichtweisen freizumachen:

> Unserer Ansicht nach entdeckt der menschliche Geist [...] das Phantastische mitten im Herzen der Realität, und dieses Phantastische drängt uns nicht etwa von der Wirklichkeit ab, sondern fesselt uns im Gegenteil noch stärker an sie. [...] Das Phantastische ist [...] eine Manifestation der Naturgesetze, das Ergebnis eines Kontakts mit der Realität, sofern diese direkt erfaßt und nicht nur durch den Schleier des intellektuellen Schlummers, der Gewohnheiten, der Vorurteile, der Konformismen sichtbar wird.[6]

Die beiden Autoren sprechen von der „Schule des phantastischen Realismus", die sie aufgebaut hätten. Die Nähe zur Forderung der Surrealisten nach einer Rehabilitation der „rêverie scientifique" wie überhaupt die Ähnlichkeit der Diktion mit der von Manifesten und programmatischen Selbstbezeichnungen von Künstlervereinigungen verweist bereits darauf, dass das Programm des „phantastischen Realismus" mit einem spezifisch rhetorisch-literarischen Kompositions- und Stilprinzip verbunden ist, das in diesem Fall auf dem Spiel mit Paradoxien und Spekulationen gründet:

> Dieses Buch ist kein Roman, obgleich seine Absicht romanhaft sein mag. Es gehört auch nicht zur Gattung Science-Fiction, obgleich gewisse Mythen, aus denen diese Gattung ihre Stoffe bezieht, darin gestreift werden. Es ist keine Sammlung bizarrer Tatsachen, obgleich der Poesche ‚Engel des Bizarren' sich zwischen seinen Seiten recht zu Hause fühlen mag, [...] Wie in den Schiffstagebüchern der Renaissance mischen sich auch in ihm Märchen und Wahrheit, kühne Spekulation und exakte Beobachtung. [...] Wir können nur Hypothesen aufstellen und Skizzen von den Verbindungswegen zwischen den einzelnen Gebieten anfertigen.[7]

Die Proklamation des „phantastischen Realismus" wurde in der frankophonen Literaten- und Intellektuellenszene der frühen 1960er Jahre durchaus wahrgenommen und von den Vertretern des Surrealismus, die in Nuklearwaffen und Weltraumfahrt die Resultate einer in die Irre gegangenen wissenschaftlichen Revolution sahen, höchst kritisch beurteilt – zumal sich Pauwels und Bergier mehrfach auf

---

[6] Ebd., S. 29.
[7] Ebd., S. 32f.

André Breton, immerhin eine der Gründergestalten des Surrealismus, bezogen.[8] Das Zurücknehmen, Andeuten und Relativieren, das sie auch programmatisch formulieren, kennzeichnet *Le matin des magiciens* durchgängig – so etwa wenn Bergier / Pauwels die Ratlosigkeit der Historiker angesichts der Ereignisse des 20. Jahrhunderts konstatieren und fordern, sie mögen sich vom cartesianischen Denksystem lösen und der Realität des Phantastischen zuwenden, um dann folgen zu lassen:

> Es ist nun keineswegs unsere Absicht, die Umwandlung der historischen Methode, die wir ihr wünschen, selbst vorzunehmen; aber wir meinen doch, daß die kleine Skizze, die wir unseren Lesern vorlegen wollen, zukünftigen Historikern einen gewissen Dienst erweisen könnte. Wenn wir als Gegenstand unserer Untersuchung einen bestimmten Aspekt Deutschlands zur Hitlerzeit wählten, so wollten wir damit nur ungefähr eine Richtung andeuten, die auch bei der Erforschung anderer Gegenstände gültig sein mag. Wir haben die Bäume markiert, die in unserer Reichweite standen, aber wir behaupten nicht, wir hätten damit den ganzen Wald zugänglich gemacht.[9]

Diese spezielle Rhetorik soll der Ausgangspunkt für die Überlegungen auf den folgenden Seiten sein, die darlegen, warum *Le matin des magiciens* als exemplarischer Schlüsseltext der modernen Esoterik angesehen werden kann. Die Breitenwirkung des Buches und seiner Folgepublikationen wurde bereits skizziert; die nachstehenden Ausführungen konzentrieren sich indessen auf die inneren Merkmale des Textes und zeigen auf, wie sich anhand dieser Quelle maßgebliche Charakteristika von Esoterik in der Moderne exemplifizieren lassen. Dazu wird es notwendig, den Betrachtungshorizont über die spezielle Perspektive der Esoterikforschung hinaus zu weiten, weil die Frage nach Esoterik in der Moderne nicht ohne eine parallel laufende Auseinandersetzung mit der Frage nach den Merkmalen von Neuzeit und Moderne beantwortet werden kann – ein unterkomplexer Modernebegriff führt auch zu unterkomplexen Diagnosen zur Esoterik (in) der Moderne. Theoretische Erwägungen von Hans Blumenberg, Michel Foucault, Ernst Cassirer und Claude Lévi-Strauss haben sich in dieser Hinsicht als hilfreich erwiesen, um den Eigenheiten der Moderne als besonderem Zeitraum innerhalb der Neuzeit auf die Spur zu kommen und Esoterik *in* der Moderne als Phänomen *der* Moderne zu erkennen.

---

[8] Ebd., S. 28, 177, 503, 521; Emilie Frémond: La connaissance d'après nature. Aspects de l'épistémologie surréaliste après 1945. In: Le surréalisme et la science. Hg. v. Henri Béhar. Lausanne 2007 (Mélusine XXVII), S. 155–168. Zu Bergier, Pauwels: Aufbruch (wie Anm. 1), S. 158.

[9] Bergier, Pauwels: Aufbruch (wie Anm. 1), S. 272.

## II

Angewendet werden in *Le matin des magiciens* Verfahren des suggestiven Assoziierens, der Anspielung, des immer neuen Infragestellens von Gesagtem, der Unterordnung erwähnter wissenschaftlicher Befunde unter eine narrative Dramaturgie – Verfahren der Literarisierung, des Einsatzes rhetorischer Mittel. Hans Blumenberg hat die spezifische Bedeutung rhetorischer Verfahren in den Gesellschaften der Neuzeit umrissen, wenn es darum geht, weitreichende, lebensweltlich hochrelevante Aussagen zu treffen und Wissensansprüche zu formulieren. Er hat dabei Themen im Blick wie die Frage, ob der Mensch von Natur aus gut oder schlecht sei, durch seine Anlagen oder seine Umwelt bestimmt werde, ob er Faktor oder Faktum seiner Geschichte sei – Fragen mithin, die „ihrem theoretischen Status nach vielleicht für immer auf unzureichender Begründung beruhen oder gar erweislich nicht verifizierbar sind".[10] Solchermaßen existenzielle Fragen soll ja auch das Wissen der Esoterik beantworten, wenn man es allgemein unter der Formel fasst, die Frage nach der Bestimmung wie Selbstbestimmung des Menschen stehe dabei im Zentrum. Da die positivistische Forderung nach einem grundsätzlichen Verzicht auf derartig problematische Fragestellungen laut Blumenberg illusorisch ist, weil aus den Antworten weitreichende Konsequenzen für die Lebenspraxis abgeleitet werden, wird diese Leerstelle durch die Übernahme theoretischer Verallgemeinerungen aus unterschiedlichen Wissensgebieten und eine spezifische Rhetorik gefüllt, bei welcher die Rationalität der Aussageform in keiner Beziehung zum realistischen Gehalt des Ausgesagten mehr stehe: „Rhetorik hat es nicht mit Fakten zu tun, sondern mit Erwartungen."[11] Tatsächlich ist *Le matin des magiciens* ein Text, den eine Rhetorik der Erwartung prägt: Das Zukünftige, jetzt erst Erahnbare, anstehende Enthüllungen und wunderbare Entdeckungen stehen im Zentrum, und die anspielungsreichen, nie ganz konkreten Hinweise auf das Zukünftige sollen den Leser in gespannte Erwartung versetzen.[12]

Wie aber wird diese Rhetorik der Erwartung bei Bergier und Pauwels auf der Ebene größerer Sinnabschnitte realisiert? Der Leser wird durch eine alle Zeiten und Wissensgebiete umfassende Wunderkammer geführt, als deren negatives Gegenbild eine dogmatisch-verengte Wissenschaft präsentiert wird, die dem 19. Jahrhundert verhaftet sei und das Alltagsbewusstsein dominiere. Den Text kennzeichnet ein Moment des Spielerischen; er verweigert sich den Ansprüchen einer auf Argumentationsstringenz und Quellenkritik abhebenden Diskussion durch einen visionären Gestus und setzt auf die Überwältigungswirkung durch Sensationelles, durch die Kumulation von Ähnlichkeiten und Assoziationen. Es handelt

---

[10] Hans Blumenberg: Wirklichkeiten in denen wir leben. Stuttgart 1981, S. 126.
[11] Blumenberg: Wirklichkeiten (wie Anm. 10), S. 126.
[12] Der Bedeutung von Literarisierung und Poetisierung für die Esoterik der Moderne geht nach: Robert Matthias Erdbeer: Die Signatur des Kosmos. Epistemische Poetik und die Genealogie der Esoterischen Moderne. Berlin, New York 2010.

sich dabei um eine rhetorische Strategie, die immer berücksichtigt, dass sich der Text an eine Leserschaft wendet, die über eine aufgeklärt-kritische Reflexionsfähigkeit verfügt, die sie auch angesichts der Faszination durch das Spektakuläre und Abseitige berücksichtigt zu sehen erwartet. Die spezifische Rhetorik von *Le matin des magiciens* bedient diese Rezipientenhaltung, indem der tentative, das Angesprochene immer wieder relativierende und teilweise auch zurücknehmende Stil dem Leser Rückzugsräume bietet, die den Erhalt einer Minimaldistanz, einer letzten *reservatio mentalis* gegenüber den präsentierten Thesen ermöglichen und dennoch das Interesse fesseln sollen.

Diese Eigenschaften von Bergiers und Pauwels' Text sind weder Ausdruck einer postmodernen Geisteshaltung, die nicht zwischen Fakt und Fiktion unterscheiden will, noch Widerspiegelung eines verzweifelten Bestrebens zur Wiederverzauberung in einer entzauberten Moderne.[13] Es handelt sich vielmehr um eine charakteristisch *moderne* Darreichungsform von Esoterik, weil sie die modern-reflektierte Lesehaltung der Rezipienten als Prämisse setzt. Auch die Kombination von Elementen der Mainstream-Naturwissenschaft – etwa zu Erkenntnissen der Evolutionsbiologie – mit Ausführungen zu Atlantis und der ehrfurchtgebietenden Technologie früher Hochkulturen dienen diesem Anliegen: Die esoterischen Inhalte verleihen den Mainstream-Thematiken ein faszinierendes ‚Plus' und legitimieren gleichzeitig das Esoterische durch seine augenscheinliche Kompatibilität mit dem sich abzeichnenden Erkenntnisstand des wissenschaftlichen Mainstreams. Die so entstehende eigentümliche Textgattung des esoterischen Sachbuchs oder Groß-Essays, die wie bei Pauwels / Bergier oder im Fall des britischen Pendant-Bestsellers *The Occult* von Colin Wilson durch routinierte Literaten-Journalisten oder andere medienkompetente Protagonisten (etwa Erich von Däniken) gestaltet wurde, erweist sich als regelrechtes *Powerhouse* der modernen Esoterik.[14]

---

[13] Vgl. den programmatischen Titel des Themenheftes Aries 7 (2007), Special Issue: Esotericism and Fiction. The Horror of Disenchantment.

[14] Diesem Genre nur den Status intellektueller Papierkörbe voller Reste zuzusprechen, birgt die Gefahr, wesentliche Merkmale des Wissensfeldes *Esoterik in der Moderne* zu verkennen. Vgl. Dictionary of Gnosis & Western Esotericism. Hg. v. Wouter J. Hanegraaff. Leiden 2006, S. 888 über Colin Wilsons *The Occult* als „an intellectual waste-basket filled with left-overs". Hierher gehört auch die von Faivre formulierte Prämisse, es gebe eine durch ihren besonderen intellektuellen Anspruch gekennzeichnete Esoterik und Esoterikforschung, deren Erkennen Nicht-Spezialisten durch die lebensweltliche Präsenz anspruchsloser populärer Esoterik-Derivate erschwert werde und sie gar zur Ironie gegenüber dem Thema verleiten könne: „Still some of these currents (e.g. the neo-Guénonian or traditionalist and the Frithjof Schuon school in its continuation), derivative as they may be, appear quite respectable on an intellectual level. It is not the same for many a suspect or hodgepodge discourse proffered in our days by people convinced that they hold the truth, who co-opt a shameless appropriation of the word ‚esotericism'. We thus witness a perversion in a caricatural or paranoid vein of the most humanely valuable legacies of the esoteric traditions. How can we then be astonished when serious minds, somewhat uninformed on the complexity of the problems, have trouble assessing the situation and are often inclined to view the objects of our discipline with suspicion or irony?" (Antoine Faivre: Access to Western Esotericism. Albany 1994, S. 18). Siehe auch sein Urteil über *Le matin des*

## III

Der – autobiographische – Bezug auf die Esoterik des frühen 20. Jahrhunderts erfolgt in *Le matin des magiciens* schon ganz am Anfang durch die Widmung an den Stiefvater von Louis Pauwels, einen Schuster, der einer aus vielerlei Lesefrüchten selbstgeschaffenen schwärmerischen Weltanschauung anhing, die auf den ersten Seiten des Buches umrissen wird.[15] Durch diesen Kunstgriff docken die Verfasser ihre Thematik trotz deren spezifischer technophiler Akzentuierung an ältere Kerntexte und Kernthemen des esoterischen Feldes an, spinnen die Motive aber frei fort: Die scharlatanesken Schwächen und die Stärken der Protagonisten der Vätergeneration werden abgewogen und der Anspruch einer Esoterik höherer Ordnung erhoben, die die ‚alte' Esoterik überwindet: Deren Auftreten als Geheimlehre erscheint als Ausdruck des ungünstigen Hangs zur Mystifikation, ihre Inhalte stellen sich als verballhornte und fehlinterpretierte Erinnerungen an vergangene Hochtechnologien dar. Der charismatische griechisch-armenische Esoteriker Georg I. Gurdjew (1866?–1949) taucht als Symbolgestalt dieser alten Form von Esoterik mehrfach auf. Pauwels, der als abtrünniger Schüler Gurdjews eine kritische Biographie seines einstigen Meisters verfasste, sieht ihn auf dem falschen Weg.[16] Das Geheimnis, das er als Anhänger Gurdjews zu besitzen glaubte, sei nur eine Illusion gewesen. Gurdjews Bedürfnis zu lehren, sich einen Schülerkreis zu schaffen und seine Adepten von ihrer Nichtigkeit zu überzeugen, wird durch das angebliche Diktum eines Alchimisten von heute als Zeichen mangelnder spiritueller Reife gedeutet. Andernorts im Text wird moniert, Gurdjew habe seine Schüler gelehrt, das 20. Jahrhundert zu verachten, obwohl gerade die äußerste Modernität doch den Menschen zu Überlegungen über die Existenz eines anderen Bewusstseinszustandes führen könne.[17] Das Erzählinventar der neuzeitlichen Esoterik wird von Bergier / Pauwels so weiterhin verwendet, aber spezifisch neu, spezifisch modern codiert: Ihr Wahrheitsanspruch soll dadurch untermauert werden, dass man die Lehren und Protagonisten der Vergangenheit historischer Kritik unterzieht.[18] Es entwickelt sich ein paradoxes Wechselspiel: Die deklariert kritische Position gegenüber der überkommenen Esoterik und deren Protagonisten wird eben nicht mit dem Ziel eingenommen, den unversehrten Kern einer ‚Philosophia perennis' zu bergen. Vielmehr ist die ‚alte' Esoterik ein versponnenes, araberkes Missverständnis, hinter dem eine ganz positive technische Realität aufzufinden ist. Die Figur der

---

*magiciens*: „a masterpiece of confusionism" (Faivre: Access, S. 105). Zum Genre des Sachbuchs in diesem Zusammenhang auch: Robert Matthias Erdbeer: Vom Sach-Buch zur Science-Fiction. Hörbigers „Glacial-Kosmogonie" als epistemische Fiktion. In: Sachbuch und populäres Wissen im 20. Jahrhundert. Hg. v. Andy Hahnemann u. David Oels. Frankfurt a.M. 2008, S. 221–245.

[15] Bergier, Pauwels: Aufbruch (wie Anm. 1), S. 5, 15–22.
[16] Louis Pauwels: Gurdjew der Magier. München 1956 [zuerst 1954].
[17] Bergier, Pauwels: Aufbruch (wie Anm. 1), S. 18f., 124, 459.
[18] Ebd., S. 34, 87.

Kritik dient somit bei Bergier / Pauwels nicht dazu, spekulative Möglichkeiten zu reduzieren, sondern diese zu vervielfachen, nur eben im Immanenten, nicht im Transzendenten: Die historisch-kritische Distanzierung wird von ihnen eingesetzt, um argumentative Freiräume für ganz neue Phantasmen zu schaffen, die nur noch gezielt und selektiv an vorgefundene Motive der Esoterik angeknüpft werden.

Im Zusammenhang mit kritischer Historisierung esoterischen Wissens in der Moderne ist auch ein Blick auf die mit Namen wie René Guénon, Henry Corbin, Mircea Eliade, Frithjof Schuon bis hin zu Julius Evola verbundene Traditionalistische Schule geboten.[19] Dort geht es – anders als bei Bergier / Pauwels – nicht um die Erweiterung spekulativer Möglichkeiten durch Kritik, sondern um die Sicherung eines überzeitlich stabilen, von den Kontingenzen und Kontaminationen der Geschichte gereinigten Kerns von Esoterik. Die Protagonisten des Traditionalismus wandten allerdings nicht die Methoden der Religionsgeschichte und Religionsphilosophie auf Esoterik an, sondern ordneten sie ihr letztlich unter. Im Falle des Traditionalismus handelt es sich um eine Erscheinungsform des *dirty thinking*, hier auftretend als hochproduktives Vermischungsphänomen von Esoterik und Religionsforschung. Mit dem Begriff des *dirty thinking*, der sich von der durch Mary Douglas berühmt gemachten Definition von „dirt as matter out of place" herleitet, soll ein maßgebliches Charakteristikum von Esoterik in der Moderne terminologisch eingefangen werden, das sich gleichsam leitmotivisch durch den vorliegenden Text zieht:[20] Sie manifestiert sich in Vermischungs- bzw. Entdifferenzierungsphänomenen, etwa wenn Religion als Religionswissenschaft auftritt, Naturwissenschaft metaphysische Fragen beantworten will, technologische Zukunftsentwürfe auf Transzendenz zielen oder literarische Fiktion als Offenbarung präsentiert wird (siehe dazu auch Abschnitt VI).

---

[19] Wenn es so etwas wie einen ‚Sündenfall der Esoterikforschung' gegeben hat, dann ist er dokumentiert in der unentschiedenen Position gegenüber dem Traditionalismus, die sich in Antoine Faivres programmatischer Synthese *Access to Western Esotericism* dokumentiert: Es bleibt letztlich unklar, ob er die Protagonisten dieser esoterischen Schule als Gegenstand der Forschung oder als Vorläufer auf dem Gebiet der Esoterikforschung betrachtet. Das letzte Unterkapitel von Part One – III): „Reflections on ‚Tradition', or The Three Paths of Esotericism Today" – mündet in ein Plädoyer für Esoterik als Erkenntnisform. Auf der gleichen Buchseite werden Gelehrsamkeit und kritisches Vermögen von Coomaraswamy, Eliade, Corbin und Seyyed H. Nasr gelobt und das Denken Stéphane Lupascos herausgestellt, während Aristoteles, Marx, der Dialektik („of the Hegelian-Marxist variety") und Lévi-Strauss bescheinigt wird, dem Monismus, dem Dualismus bzw. einer schlichten Ökonomie struktureller Antagonismen („a simple order of things making up an economy of structural antagonisms") verhaftet zu sein (Faivre: Access [wie Anm. 15], S. 44). Diese äquivoke Positionierung Faivres zur Esoterik ist nicht ohne konzeptionelle Folgen für eine zentrale Argumentationsfigur der Debatte um Esoterik geblieben: Seine Kennzeichnung von Esoterik als eine durch bestimmte Merkmale über Jahrhunderte hinweg identifizierbare „Denkform" erscheint zwar wie ein heuristisches Instrumentarium, trägt aber ein essentialistisches Element als traditionalistisches Erbe in sich – Forschung schreibt sich in den zu untersuchenden Diskurs ein. Die immer noch nicht abgeschlossene Debatte über Inhalt und Grenzen des Forschungsfeldes *Esoterik* generiert sich auch aus dieser Uneindeutigkeit einer der verwendeten Kardinaldefinitionen.

[20] Mary Douglas: Reinheit und Gefährdung. Frankfurt a.M. 1988, S. 52.

Eine Annäherung an das somit vexierbildhafter denn je erscheinende Verhältnis von Persistenz und Wandelbarkeit in der Esoterik könnte gelingen, wenn Esoterik in der Moderne nicht als ideengeschichtliches Erbe einer aus hermetischen Traditionen erwachsenen esoterischen „Denkform" (Faivre) verstanden wird. Zwar erscheint es möglich, dass die vor allem im Hinblick auf ein frühneuzeitliches Textuniversum destillierten Merkmale der esoterischen „Denkform" im 16. und 17. Jahrhundert in der Tat einen solchen epistemologischen Status innehatten. Doch die esoterische „Denkform" veränderte ebendiesen epistemologischen Status im Zuge der Formierung neuer hegemonialer Diskurse, durch Wandlungen in anderen Wissensfeldern und die Genese einer zunächst bürgerlich-räsonierenden, später populär-kommerziellen Medienöffentlichkeit: Die Charakteristika der hermetischen „Denkform" fungierten unter diesen Bedingungen nunmehr als argumentative *Wildcards*, die sich zur rhetorisch wirksamen Bekräftigung von Wissensansprüchen eigneten. Die Protagonisten der modernen Esoterik greifen selektiv und frei kombinierend auf das Repertoire überlieferter Motive und Narrative zurück; sie setzen spezifische rhetorische Strategien ein, um sich den aktuell geltenden Intersubjektivitätsstandards zu entziehen und den unvergleichlich größeren Erkenntnisgewinn, den ihre Sichtweise bieten soll, glaubhaft zu machen. Die Wissensansprüche der modernen Esoterik werden in den Genres des Populären erhoben und adressieren existentielle Fragestellungen, Allgemeinmenschliches. Diese Rede erfolgt von einer spezifischen, vom Diskurs der Religion unterschiedenen Position aus, die rhetorisch zwischen unpersönlichem Wissen und subjektbezogenem Glauben vermittelt.

Für ein vertieftes Verständnis der in der Moderne veränderten Position des Esoterischen im Zusammenspiel der Wissensfelder kann die von Hans Blumenberg für den christlichen Glauben in der Neuzeit konstatierte Veränderung seiner Rahmenbedingungen weitere Hinweise geben: Der westliche Mensch der Neuzeit sehe sich der Kluft zwischen der Endlichkeit der eigenen Lebenszeit und der Unendlichkeit von Weltall und Weltzeit ausgesetzt, während die Redeweisen und Symbole des Religiösen durch die Erkenntnisse der Wissenschaft delegitimiert seien. Die so entstandene Leerstelle werde aber nicht einfach durch eine Säkularisierung ehedem religiöser Konzepte gefüllt (etwa, indem Eschatologie in Modelle historisch-politischen Fortschritts transponiert würde), sondern durch eine immens wachsende Bedeutung von Rhetorik und Technik (letztere als Argument wie als lebensweltliches Phänomen). Beide stellen sprachliche und praktische Überlebenstechniken zur Verfügung, die funktional ausreichend sind, die Gestalt der Rationalität haben, aber den Standards von Wissenschaft nicht folgen. Solch eine Sichtweise schärft den Blick für die Voraussetzungen des Erfolgs von Esoterik in der Moderne: Esoterik ist das Wissensfeld, in dem es möglich ist, auf die existenziellen Fragen des neuzeitlichen Menschen Antworten zu geben, die im Modus der Rationalität formuliert sind, gegenüber der akademischen Wissenschaft aber den Zusatzwert eines epistemologischen Überschusses ins Unendliche bieten. Im Gegensatz zur Religion weist Esoterik dabei Technik und Rationalität als sicher verfügbaren Werkzeugen der Selbstüberschreitung eine legitime und signifikante Rolle zu.[21] Esoterik in der Moderne geht in dieser Definition nicht restlos auf, aber so wird vielleicht augenfällig, was Esoterik in der Moderne von Esoterik in der Vormoderne unterscheidet.[22]

## IV

Dass Pauwels / Bergier in ihrem Buch mit dem ‚phantastischen Realismus' ein zwischen literarischem Stil und deklarierter Erkenntnismethode changierendes Programm formulieren, deckt sich mit Blumenbergs Sichtweise hinsichtlich der wachsenden Bedeutung des Rhetorischen ebenso, wie die zentrale Rolle, die der Technik in *Le matin des magiciens* zugewiesen wird, seiner These entspricht. Mehr noch: An diesem esoterischen Schlüsseltext wird augenfällig, dass Technik und Naturwissenschaft in der Moderne als neue Felder von *Hierophanie* virulent werden – wenn man den von Eliade geprägten Terminus im Sinne Stefan Breuers neu interpretiert: Die Dynamik der technischen Entwicklung und ihre imaginären Überschüsse verweisen ambivalent ebenso auf ihr katastrophisches Potential wie auf Möglichkeiten, die sich nur noch mit den Sprachregistern der Metaphysik beschreiben lassen.[23] Bei Pauwels / Bergier steht dafür *pars pro toto* die Nuklearenergie, die ebenso zerstörerisch wie heilsam eingesetzt werden kann und möglicherweise prähistorischen Zivilisationen zur Verfügung gestanden habe. Dass die *Science Fiction* über den Einzelfall Bergier / Pauwels hinaus einen medialen Raum für die Verhandlung esoterischer Inhalte in der Moderne bietet, ist von der einschlägigen Forschung bereits vermerkt worden.[24] Bergier / Pauwels laden diese Beziehung

---

[21] In diesem Grenzgebiet florieren als Vermischungsphänomen auch Parawissenschaften – Robert Matthias Erdbeer, Christina Wessely: Kosmische Resonanzen. Theorie und Körper in der Esoterischen Moderne. In: Resonanz. Potentiale einer akustischen Figur. Hg. v. Karsten Lichau u.a. München 2009, S. 143–176, hier bes. S. 170–176.
[22] Dieser Absatz kondensiert Überlegungen aus mehreren Schriften Blumenbergs, die hier für eine Bestimmung esoterischen Denkens herangezogen werden: Hans Blumenberg: Lebenswelt und Technisierung unter Aspekten der Phänomenologie (1963). In: Blumenberg: Wirklichkeiten (wie Anm. 10), S. 7–54; ders.: ‚Säkularisation'. Kritik einer Kategorie historischer Illegitimität. In: Die Philosophie und die Frage nach dem Fortschritt. Hg. v. Helmut Kuhn u. Franz Wiedmann. München 1964, S. 240–265 und Diskussion S. 333–338; ders.: Anthropologische Annäherung an die Rhetorik (1971). In: Blumenberg: Wirklichkeiten (wie Anm. 10), S. 104–136; ders.: Lebenszeit und Weltzeit. Frankfurt a.M. 1986; ders.: Die Legitimität der Neuzeit. 2. Aufl. Frankfurt a.M. 1988, bes. S. 114–134, 150–158. Ein Dank geht an Henning Siekmann für die Hinweise auf die kürzeren Blumenberg-Texte.
[23] Stefan Breuer: Technik und Wissenschaft als Hierophanie. In: Ders.: Die Gesellschaft des Verschwindens. Von der Selbstzerstörung der technischen Zivilisation. 2. Aufl. Hamburg 1993, S. 157–172.
[24] Kocku von Stuckrad: Was ist Esoterik? Kleine Geschichte des Geheimen Wissens. München 2004, S. 226f.

sogar programmatisch auf, indem sie behaupten, die phantastischen Wahrheiten und Perspektiven der Menschheit hätten angesichts einer noch in den Fesseln einer dem 19. Jahrhundert verhafteten Weltsicht liegenden akademischen Wissenschaft keinen anderen Artikulationsort als dieses populäre Genre: „Das Kinderjäckchen einer ‚Science Fiction' ist die Hülle, unter der sich die echten Wahrheiten dieser Stunde verbergen."[25] In diesem kurzen Zitat sind meines Erachtens zwei weitere Charakteristika von Esoterik in der Moderne auf eine Formel gebracht: Sie artikuliert sich vornehmlich in der Populärkultur (etwa in der *Science Fiction*), und das Element des Arkanen taucht in ihr lediglich in der rhetorischen Figur des Entbergens von andernorts nicht zugelassenen Wahrheiten auf.[26]

Die Verbindung von Technikfaszination, Science Fiction und Esoterik ist keineswegs kontingent und auch kein Ausdruck einer modernen, säkularisierten Kostümierung eines esoterischen Ideenkerns. Wenn wir die Vorstellung, der Mensch könne durch ein höheres Wissen zur Selbstüberschreitung, Selbstvollendung oder Selbsterlösung gelangen, als ein zentrales Element westlicher Esoterik voraussetzen, wäre es verfehlt, dieses emanzipatorische Fünklein im hellen Strahlen einer ausschließlich religiös-spirituellen Deutung von Esoterik untergehen zu lassen und die Bedeutung der technisch-praktischen Dimension menschlicher Weltaneignung im esoterischen Diskurs auszublenden. Ernst Cassirer hat darauf hingewiesen, dass sich – nicht in einem gnostisch-metaphysischen, sondern in einem konkret anthropologischen Sinne – im platonischen Konzept des Demiurgen ausdrückt, wie die Bewältigung der Wirklichkeit durch den Menschen in einem doppelten Akt des Erfassens begründet ist: dem Begreifen im sprachlich-theoretischen Denken und dem praktischen Wirken mittels Technik. Theoretische und technische Betätigung seien im Kern ihrer Produktivität verwandt. Anders als die Naturwissenschaften, die sich der Aufdeckung und der Beschreibung tatsächlicher Naturvorgänge zuwendeten, sei technisches Schaffen niemals an solch reine Faktizität gebunden. Es stehe unter dem Gesetz einer Vorwegnahme, „einer vorausschauenden Sicht, die in die Zukunft vorausgreift und eine neue Zukunft heraufführt".[27] Oft sei das technische Schaffen naturwissenschaftlichen Entdeckungen vorgängig gewesen bzw. nicht voneinander zu trennen.

In dieser Perspektive tritt die Relevanz von Technik und Technoutopien für die Geschichte der Esoterik klar zutage und wird durch den Band von Pauwels / Bergier eindrücklich illustriert. Ihre These von der Bedeutung des Ingenieurs vor dem

---

[25] Bergier, Pauwels: Aufbruch (wie Anm. 1), S. 466.
[26] Jedenfalls ist die komplexe Thematik des Verhältnisses von Öffentlichkeit und Geheimnis in der Esoterik bei weitem nicht durch die Wendung von Stuckrads erschöpft „the dialectic of concealment and revelation is a structural element of secretive discourses" (Kocku von Stuckrad: Locations of Knowledge in Medieval and Early Modern Europe. Esoteric Discourse and Western Identities. Leiden 2010, S. 56).
[27] Ernst Cassirer: Form und Technik (1930). In: Ders.: Aufsätze und kleinere Schriften (1927–1931). Hamburg 2004 (Gesammelte Werke. Hamburger Ausgabe, Bd. 17), S. 139–183, Zitat S. 177.

Wissenschaftler für die Fortentwicklung der Menschheit kann als Beleg für die Notwendigkeit angeführt werden, der Rolle von Technik als Argument im esoterischen Diskurs der Moderne besondere Aufmerksamkeit zu widmen.[28] Selbst der subjektbezogene Bereich der visionären Erfahrung, der Trance, der Meditation, der mystischen Ekstase, der veränderten Bewusstseinszustände, lässt sich über den von Michel Foucault geprägten Begriff der *Technologien des Selbst* in diesen Betrachtungshorizont moderner Esoterik integrieren: Die Anwendung des Begriffs der Technik bzw. Technologie als Verfahren des Einwirkens nicht nur auf die äußere materielle Welt, sondern auch auf das Selbst erfolgt bei Foucault keineswegs polemisch-pejorativ, sondern unter Rückgriff auf den ursprünglichen, neutralen Bedeutungsgehalt des griechischen τέχνη als Kunst / Kunstfertigkeit: Den Technologien des Selbst kommt nach Foucault bei der Konstituierung des Subjekts die gleiche kategoriale Bedeutung zu wie den Technologien der Produktion, der Zeichensysteme und der Macht. Technologien des Selbst ermöglichen es dem Einzelnen, „aus eigener Kraft oder mit Hilfe anderer eine Reihe von Operationen an seinem Körper oder seiner Seele, seinem Denken, seinem Verhalten und seiner Existenzweise vorzunehmen, mit dem Ziel, sich so zu verändern, dass er einen gewissen Zustand des Glücks, der Reinheit, der Weisheit, der Vollkommenheit oder der Unsterblichkeit erlangt".[29] Dabei geht es nicht nur um die Erlangung geistiger Haltungen, sondern auch um Selbststilisierung und „Ästhetiken der Existenz".[30] Über die solchermaßen auf Inneres wie Äußerliches bezogene Kategorie der Technologien des Selbst erschließt sich auch der Zusammenhang zwischen dem nach innen gerichteten Anspruch von Esoterik, seelische Läuterung und höheres Wissen zu bieten und der Selbstdarstellung ihrer Protagonisten, die sich in der Moderne oftmals als Legierung der Gestalt des Dandys mit der des Propheten präsentieren. Die charismatische Selbststilisierung und Selbst-Ästhetisierung soll die Außerordentlichkeit des eigenen Wissensanspruchs augenfällig machen.[31]

---

[28] Bergier, Pauwels: Aufbruch (wie Anm. 1), S. 89–93. Die Ausführungen dort lesen sich z.T. wie ein Echo der oben zitierten Ausführungen Cassirers: „Die Technik ist unserer Ansicht nach keineswegs die praktische Anwendung der Wissenschaft. Im Gegenteil, sie entwickelt sich oft gegen sie. […] Die Wissenschaft stellt Barrieren der Unmöglichkeit auf. Der Ingenieur durchbricht, genau wie der Magier unter den Augen des kartesianischen Forschers, diese Schranken" (Cassirer: Form [wie Anm. 28], S. 90).
[29] Michel Foucault: Dits et Ecrits. Schriften. Bd. 4. 1980–1988. Frankfurt a.M. 2005, Nr. 363, S. 986.
[30] Michel Foucault: Der Gebrauch der Lüste. 2. Aufl. Frankfurt a.M. 1991, S. 18.
[31] Der hermeneutische Gewinn einer solchen Sichtweise, die dem Technischen die Qualität der Überschreitung des unmittelbar Gegebenen zuschreibt und es als sowohl auf die Außenwelt als auch auf das Subjekt richtbar versteht, wird beispielsweise beim Blick auf die Alchemie einsichtig, um die noch immer eine Debatte stattfindet, ob sie eher als angewandte Protochemie oder als spirituelle Praxis einzuschätzen bzw. welches Element überwiegend zum Tragen gekommen sei. Denn letztlich sind beide Dimensionen in ihr angelegt. Vgl. zuletzt: Stuckrad: Localities (wie Anm. 27), S. 145–151.

## V

Mit dem Aspekt Technik / Technologie ist auch eine Schnittstelle benannt, über die Esoterik auf wissenschaftliche, wirtschaftliche und politische Entwicklungen des 20. Jahrhunderts Einfluss ausüben konnte – abseits von und weit über das Feld einer neuen, nicht kirchlich gebundenen Spiritualität hinaus. Ein Phänomen wie *Scientology* beispielsweise erschließt sich adäquat erst als Komplex einer spezifisch modernen Esoterik, die aus Motiven populärer *Science Fiction* Technologien des Selbst ableitet und eine ganz eigene Organisationsform entwickelt.[32] Die anhand von Bergier / Pauwels dargestellten Szenarien einer gewaltigen Steigerung menschlicher Möglichkeiten, u.a. durch Verfahren gezielt induzierter Mutationen führt auf die Spur des Transhumanismus der 1990er und frühen 2000er Jahre, der abseits der religiösen esoterischen Subkulturen als technikaffine Avantgarde-Philosophie wirtschaftsnaher *think tanks* reüssierte.[33] Die Verflechtungen zwischen okkultistischen Interessen, u.a. für Hörbigers Welteislehre, und „Astrofuturismus" (Alexander Geppert) bei Pionieren der Weltraumfahrt wie Max Valier, Hermann Oberth oder Willy Ley geraten erst neuerdings in den Blick; ihre Bedeutung für die Anfänge der Raumfahrt ist noch nicht ausgelotet.[34] Ähnliches gilt für das Verhältnis von Okkultismus, Chemie und Kernphysik im 20. Jahrhundert.[35]

Der Einbezug technoutopischer Aspekte moderner Esoterik in den Horizont der Forschung bietet ein heuristisches Instrument, um die gesellschaftspolitischen Gegenwartsdiagnosen, die Geschichtsbilder und Zukunftsentwürfe esoterischer

---

[32] Die Verflechtung von *Scientology* und *Science Fiction* hat ein Theologe im Detail analysiert: Linus Hauser: Kritik der neomythischen Vernunft. Bd. 2. Paderborn 2009, S. 555–670.

[33] Max More: Technological self-transformation. Expanding personal extropy – URL: http://maxmore.com/selftrns.htm [16.09.2011]; ders.: Transhumanism. Towards a futurist philosophy – URL: http:// www.maxmore.com/transhum.htm [16.09.2011]. Die nächste Stufe ist aktuell der ‚Posthumanismus', innerhalb dessen Martin Kurthen z.B. versucht, in dialektischer Absetzung vom Transhumanismus das Wesen des anbrechenden posthumanistischen Zeitalters zu beschreiben – als Synthese aus Hermetik, Lacan und Žižek: Martin Kurthen: Weißer und schwarzer Posthumanismus. Nach dem Bewusstsein und dem Unbewussten. München 2011 (HFG Forschung 1).

[34] Zur Welteislehre siehe auch den Beitrag Robert Matthias Erdbeers in diesem Band sowie Christina Wessely: Karriere einer Weltanschauung. Die Welteislehre 1894–1945. In: Zeitgeschichte 33 (2006), S. 25–39. Speziell zu Max Valier bislang nur Ilse Essers: Max Valier. Ein Pionier der Raumfahrt. Bozen 1980. Hermann Oberth: Gibt es UFOs? Gespräch mit H. Oberth zur UFO-Frage. In: Physikalische Blätter 17 (1961), S. 100–103; ders.: Katechismus der Uraniden. Haben unsere Religionen eine Zukunft? Wiesbaden 1966; ders.: Parapsychologie – Schlüssel zur Welt von Morgen. Kleinjörl 1976. Siehe auch den – allerdings okkultismuskritischen – Artikel Willy Leys, in dem er seine Korrespondenz mit Hanns Hörbiger über Raketentechnik erwähnt: Willy Ley: Pseudoscience in Naziland. In: Astounding Science Fiction 39 (1947), S. 90–98. Eine erste Auseinandersetzung mit Dänikens Präastronautik erfolgte schon in den 1970er Jahren: Waren die Götter Astronauten? Wissenschaftler diskutieren die Thesen Erich von Dänikens. Hg. v. Ernst von Khuon. Düsseldorf, Wien 1970. An einer umfassenden Studie zur Präastronautik arbeitet Jonas Richter (Göttingen).

[35] Mark S. Morrisson: Modern Alchemy. Occultism and the Emergence of Atomic Theory. Oxford, New York 2007.

Strömungen und ihre Rezeptionsgeschichte zum integralen Bestandteil der Analyse zu machen und diesbezügliche Fraktionen innerhalb der Esoterik der Moderne zu identifizieren: Auf der einen Seite wären antimodernistische, technikfeindliche, auf der anderen technikaffine Richtungen zu verzeichnen, von denen einige die Zukunft der Menschheit durch eugenische bzw. neuromedizinische Optimierungsmaßnahmen und die großtechnische Erschließung unerschöpflicher Energiequellen verbunden sehen. Andere Strömungen wiederum vertreten die Variante einer *Radical Technology*, bei der es um eine Welt der ‚sanften' neuen Energieformen, um Nachhaltigkeit, allseitige Vernetzung und dezentrale Subsistenzstrukturen geht.[36]

# VI

Esoterik in der Moderne erschließt sich in ihrer Komplexität erst durch einen Zugriff, der neben den religiösen bzw. individualistisch-spirituellen Inhalten von Esoterik auch deren mediale Verbreitungsformen in den Blick nimmt, ihre Präsentationsrhetorik und ihre auf das Diesseits und das Gesellschaftliche gerichteten Elemente analysiert, namentlich die Rolle, die der Technik und der technologischen Utopie zugewiesen wird. Es käme darauf an, Esoterik im Rahmen einer Geschichte von Wissensfeldern und Partialöffentlichkeiten zu betrachten: wie sie sich konstituiert, wie sie sich positioniert durch Austausch mit und Abgrenzung von weiteren Wissensfeldern in einem jeweils gegebenen Epochenraum, und wie sie mit dem Aufsteigen neuer Wissensordnungen jeweils ausgerichtet und codiert wird. Dabei wären die charakteristischen Mixturen aus Persistenz und Wandelbarkeit ihrer Bestandteile zu ermitteln.

Für die Esoterik der Neuzeit im Übergang zur Moderne und in der Moderne selbst wäre dann davon auszugehen, dass sich Esoterik heuristisch fassen lässt als ein Phänomen, das sich in einer Zone der Überschneidung von Elementen dreier für westliche Gesellschaften hochrelevanter Handlungs- und Wissensfelder konstituiert, die ab Mitte des 18. Jahrhunderts nach und nach sozial und medial getrennt institutionalisiert werden:

---

[36] Während das Werk von Bergier und Pauwels für erstere Richtung als Beispiel dienen kann, repräsentieren die Gegenströmung: Peter Harper, Godfrey Boyle: Radical Technology. London 1976 und die Zeitschrift *Undercurrents. The Magazine of Radical Science and Alternative Technology* (1972–1984). Noch ungeklärt ist, ob sich gerade in den technikaffinen Richtungen des New Age zwischen den 1960er und 1980er Jahren hochrelevante Dynamiken zwischen Alternativkultur, akademischer Wissenschaft und militärisch-industriellem Komplex ergeben haben, die über ein gemeinsames Interesse an Kybernetik und Netzwerken zur Lösung sozialer und politischer Probleme möglich wurden – und zur Entstehung der heutigen Internetkultur beitrugen. Lutz Dammbeck hat in seinem Dokumentarfilm *Das Netz* (2005), der den Fall des ‚UNA-Bombers' Ted Kaczinsky behandelt, diese Deutung nahegelegt – eine kontroverse These die samt ihrem angedeuteten verschwörungstheoretischen Gehalt zu überprüfen wäre.

*Das Transzendente*:
Religion, kollektive Utopien
*Das Reich des Verfügbaren*:
(Natur-)Wissenschaft / Technik / Technologien des Selbst
*Fiktion / Spiel*:
Literatur / Kunst / Inszenierungen des Selbst

Das Charakteristikum von Esoterik ab Ende des 18. Jahrhunderts wäre dieser Sichtweise zufolge, dass sie diese epochenspezifische Entmischung zunehmend unterläuft: Neuzeitliche Esoterik ist demnach kein Wissensbestand, der als fix definiert betrachtet und dann nach seiner Bedeutung für religiöses Leben, Wissenschaft, Literatur usw. befragt werden kann. Die Esoterik der Moderne ist dort zu finden, wo Vermischungen von Wissenschaft / Technik, Literatur / Kunst und Religion / Utopie stattfinden. Es geht um produktive Kontaminationen, um das bereits angesprochene *dirty thinking* im Sinne des Eintragens von etwas, das an diesem Ort eigentlich Fehl am Platze ist. Diese Vermischungsvorgänge sind nicht als eine Säkularisierung ehemals religiöser Inhalte zu verstehen, sondern als ein Legieren annähernd gleichgewichtiger Anteile aus allen drei Bereichen. Und je weiter die Entmischung diskursiv und institutionell fortschreitet, um so deutlicher kann Esoterik ihren Anspruch formulieren, durch Vermischung Antworten zu liefern, die mehr versprechen als die Antworten, die in den jeweils entmischten Feldern gegeben werden.[37]

Hervorzuheben ist, dass Rhetorik, Fiktion und Spiel auf dem Weg in die Moderne verschärft im Habitus der Praktiker und Propagandisten von Esoterik sichtbar werden: Die Selbstinszenierung des Adepten, sei es als charismatischer Seher, als geschmeidiger *gentilhomme* oder byronesker Dandy, die hochstaplerhafte Anmaßung, die Förderung der Legendenbildung um die eigene Person ist spätestens seit dem 18. Jahrhundert ein Charakteristikum von Esoterik – Casanova als ägyptischer Magus und Cagliostro, G. F. Gugomos und der Graf von St. Germain repräsentieren bereits im *Ancien Régime* eine Spielart dieses Typus.[38] Außer dem

---

[37] Eva Johach hat anhand der Schriften Fouriers dargelegt, welche Bedeutung die Kombination von theoretisierender Rede mit literarischen Verfahren für die Konstitution esoterischer Entwürfe hat: Eva Johach: Fourier'sche Transformationen. Zur generativen Funktion esoterischen Wissens in Charles Fouriers *Théorie des quatre mouvements*. In: Michael Bies, Michael Gamper (Hg.): Literatur und Nichtwissen. Historische Konstellationen 1730–1930. Zürich 2012, S. 237–261.

[38] Giacomo Casanova: Geschichte meines Lebens. 12 Bde. Hg. v. Günter u. Barbara Albrecht. Bd. 7. München 1984 ff., S. 335. Zu Cagliostro immer noch: Alessandro di Cagliostro: Dokumente zu Aufklärung und Okkultismus. Hg. v. Klaus H. Kiefer. Leipzig, Weimar 1991 sowie Iain McCalman: Der letzte Alchemist. Die Geschichte des Grafen Cagliostro. Frankfurt a.M. 2004. Jetzt wieder aufgelegt: Der Graf von Saint-Germain. Das Leben des Alchimisten nach großenteils unveröffentlichten Urkunden. Hg. v. Gustav Berthold Volz. Berlin 2009. Zu Gugomos: Gustav Lang: Aus dem Ordensleben des 18. Jahrhunderts. Typische Vertreter der Strikten Observanz. Heilbronn 1929, bes. S. 35–76.

schon erwähnten Georg I. Gurdjew können Aleister Crowley, Alfred Schuler oder Rudolf Steiner exemplarisch für die gerade zu Beginn des 20. Jahrhunderts zu konstatierende Relevanz eines solchen Habitus angeführt werden.[39] Das künstlerisch-literarische Feld erweist sich in allen drei Fällen als höchst relevant, nicht weil sein *Einfluss* auf die rhetorisch-ästhetische Gestaltung esoterischer Gehalte zu konstatieren wäre, sondern weil esoterischer *Gehalt* und *Habitus* seines Verkünders gar nicht davon getrennt werden können: Ohne Arthur Machen sind Crowleys Okkultismus, ohne den George-Wolfskehl-Kreis Schulers Visionieren und ohne den bis ans Parodistische grenzenden Nachvollzug der Diktion und Motivik Goethes ist Steiners Anthroposophie nicht konstituierbar. Mehr noch: Der auf Motive aus Howard Phillips Lovecrafts Horrorgeschichten zurückgehende Cthulhu-Mythos ist das Beispiel dafür, dass sich die literarische Fiktion eines sich selbst als Atheisten und Materialisten deklarierenden Schriftstellers zu einem von anderen Autoren kollektiv weitergesponnenen esoterischen Narrativ entwickeln kann, das zunächst in *pulp fiction*-Magazinen kursiert, dann in der Netz- und Gaming-Kultur fortgeschrieben wird und letztlich eigene Vergesellschaftungsformen eines *Cult of Cthulhu* findet. Den Produzenten-Anhängern eignet eine spielerisch-ernste Haltung, die immer eine letzte *reservatio mentalis* gegenüber dem eigenen Tun zulässt.[40]

## VII

Wenn die gesellschaftlich-politische und wissensgeschichtliche Relevanz von Esoterik in der Moderne Gegenstand von Forschung sein soll, ist zu berücksichtigen, dass sich spätestens ab Ende des 18. Jahrhunderts auch die Protagonisten esoterischen Denkens zu der im Zuge der Aufklärung virulent gewordenen Auffassung vom Lauf der Geschichte als dynamischer und zukunftsoffener Prozess affirmativ oder distanzierend positionieren mussten.[41] Genau an dieser systematischen Stelle, der Geschichtsauffassung, setzte Claude Lévi-Strauss an, als er eine Unterscheidung von „kalten" und „heißen" Gesellschaften versuchte. Mit dieser Differenzierung wollte er idealtypisch zwei Formen des Umgangs der Erfahrung von Kontingenz und historischem Wandel in Gesellschaften erfassen, wie sie sich dem

---

[39] Lawrence Sutin: Do what Thou Wilt. A Life of Aleister Crowley. New York 2000. Zu Crowley jetzt auch Marco Pasi: Aleister Crowley und die Versuchung der Politik. Graz 2005; Baal Müller: Kosmik. Prozeßontologie und temporale Poetik bei Ludwig Klages und Alfred Schuler. München 2007; Helmut Zander: Rudolf Steiner. Die Biographie. München 2011.
[40] Jason Colavito: The Cult of Alien Gods. H. P. Lovecraft and Extraterrestial Pop Culture. Amherst 2005. Zur dazugehörigen Haltung des spielerischen, halb-ironischen Glaubens / Nichtglaubens jetzt Annie Dorothea Zandbergen: New Edge. Technology and Spirituality in the San Francisco Bay Area. Diss. Leiden 2011, S. 89, 138, 139, 154, 155–157, 159. URL: https://openaccess.leidenuniv.nl/handle/1887/17671 [05.02.2012].
[41] Lucian Hölscher: Die Entdeckung der Zukunft. Frankfurt a.M. 1999, S. 49–65.

Blick des Ethnologen darstellen: Die kalten Gesellschaften nehmen die Erfahrung des geschichtlichen Wandels nicht an bzw. messen demselben keine Relevanz zu. Zwar gibt es in dieser Sichtweise ein Vorher und ein Nachher, aber sie spiegeln sich nur gegenseitig; das Handeln in der Gegenwart reproduziert nur, was schon immer praktiziert wurde. Anciennität und Kontinuität sind die Grundlagen der Legitimität in solchermaßen kalten Gesellschaften. Die heißen Gesellschaften hingegen, zu denen die technisierten der westlichen Moderne gehören, „interiorisieren entschlossen das historische Werden, um es zum Motor ihrer Entwicklung zu machen".[42] Kondensiert man aus dieser Charakterisierung zwei grundsätzliche Möglichkeiten, sich als Individuum oder Gruppe zum Problem der Geschichtlichkeit zu verhalten, können die Kategorien „kalt" und „heiß" auch zur Differenzierung esoterischer Wissensbestände dienen. Speziell für die Esoterik der Moderne würde dies bedeuten, dass die heiße Esoterik den historischen Prozess und die Spezifität der Epoche, den technologischen Fortschritt und die revolutionierenden physikalisch-kosmologischen Erkenntnisse zentral und affirmativ in ihre Denkmodelle einbezieht; die Zukunft der Menschheit wird linear aufsteigend und offen gedacht. Kalte Esoterik wäre hingegen antimodernistisch und technophob codiert, würde zyklische Geschichtsmodelle oder in ihrem Verlauf bereits festgelegte Stufenmodelle vertreten; es geht um die Einsicht in und das Einstimmen auf ein bereits fixiertes, nur noch anzunehmendes Wissen um das Eigentliche der Weltordnung. Das Element des Spielerischen, der Literarisierung, des ironischen Vorbehalts, die bewusst gehaltene Spannung zwischen Skepsis und Glauben wären hingegen wichtige Merkmale heißer Esoterik. Über ihre Affinität zu Naturwissenschaft und Technik avancieren bestimmte Varianten heißer Esoterik in der Moderne zu Sinngebungsangeboten, die bei den technokratischen Funktionseliten als attraktiv und anregend für die eigene professionelle Tätigkeit angesehen werden. Diesem Tun können sie eine gleichermaßen rechtfertigende wie motivierende Perspektive liefern. Kalte Esoterik dagegen bietet Gegenentwürfe zu einer als fehlgeleitet und materialistisch kontaminiert verstandenen Mehrheitsgesellschaft. Als kalte Esoterik wären demnach beispielsweise einzustufen: die Anthroposophie, die okkulten Gruppierungen wie Golden Dawn, Ordo Templi Orientis oder Fraternitas Saturni und auch die Spielarten des Traditionalismus.[43] Als heiße Esoterik

---

[42] Claude Lévi-Strauss: Das wilde Denken. 10. Aufl. Frankfurt a.M. 1997, S. 270–273, Zitat S. 270.

[43] Helmut Zander: Anthroposophie in Deutschland. 2 Bde. 2. Aufl. Göttingen 2008; dort auch gute Einstiegsinformationen und Literaturhinweise zum O.T.O. auf S. 975, Anm. 76, S. 977–981. Zu *Golden Dawn* in historischer Kontextualisierung Alison Butler: Victorian Occultism and the Making of Modern Magic. Invoking Tradition. Basingstoke 2011. Zur Fraternitas Saturni siehe den entsprechenden Artikel von Hans Thomas Hakl in: Hanegraaff: Dictionary (wie Anm. 15), S. 379–382. Dort wird allerdings nicht auf die Selbstmord-Affäre um Karl Wedler und Jürgen Gisselmann eingegangen, die in den 1980er Jahren der Presse desillusionierende Einblicke in das wenig sublime Logenleben der Fraternitas ermöglichte und sogar einen erfolgreichen Regionalkrimi mit Schlüsselroman-Elementen inspirierte. Dazu Werner Schmitz:

könnten UFO-Religionen wie Raëlianer und Aetherius Society, prä-astronautische und transhumanistische Konzeptionen oder die ‚cybergnostischen' Richtungen des *New Edge*, die sich in den letzten zwanzig Jahren entwickelt haben, genannt werden.[44] Möglicherweise ließe sich dieses polare Modell zu einer Matrix erweitern, in der auch die von reaktionär-elitären bis zu sozialutopisch-egalitären Imaginationen reichenden Programmatiken esoterischer Strömungen systematische Berücksichtigung fänden.

Zusammenfassend: Esoterik in der Moderne ist allen Komplikationen und Brechungen ihrer Epoche unterworfen. Der Einbezug technischer Innovationen, das Auftreten neuer Textgattungen vom Sachbuch bis zur Science Fiction sowie starke rhetorische Überformungen, häufig durch Redeweisen der Distanzierung und Relativierung, avancieren im 20. Jahrhundert zu ihren zeittypischen Merkmalen. Diese Kategorien könnten es erleichtern, der unübersichtlichen Vielfalt, die der Untersuchungsgegenstand bietet, mit einem strukturierenden statt einem antiquarisch sammelnden Erkenntnisinteresse gegenüberzutreten und Sensibilität dafür zu wecken, dass Esoterik nicht nur eine Sache des heiligen, sondern auch des spielerischen Ernstes ist – und erst in letzterem, nicht in ersterem soll der Mensch ja ganz er selbst sein.[45]

---

Auf Teufel komm raus. Köln 1987; Werner Schmitz, Leo P. Ard: Der Tod des Satanspriesters. Schwarze Messen an der Ruhr. Ein Satanist kommt in den Himmel. In: Dies.: Stückwerk. 24 Reportagen von der Ruhr mit Fotos von Thomas Range. Köln 1988, S. 95–103; Mark Sedgwick: Against the Modern World. Traditionalism and the Secret Intellectual History of the Twentieth Century. Oxford 2004.

[44] Susan J. Palmer: Aliens Adored. Raël's UFO Religion. New Brunswick u.a. 2004; John A. Saliba: The Earth is a Dangerous Place – The Worldview of the Aetherius Society. In: Marburg Journal of Religion 4/2 (1999). URL: http://www.uni-marburg.de/fb03/ivk/mjr/pdfs/1999/articles/saliba1999.pdf [21.10.2011]. Zum Transhumanismus: siehe Anm. 34. Zur Präastronautik siehe Anm. 35. Zum *New Edge* Zandbergen: New Edge (wie Anm. 41).

[45] Die Anspielung auf Schillers 15. und 27. Brief *Über die ästhetische Erziehung des Menschen* lag zu nahe, um sie zu unterlassen.

*Empirische Studien*

I Erkenntnis

MARTIN HENSE

# „Aber der menschliche Verstand [...] siehet Gestalten, nicht wandernde, sich emporarbeitende Seelen." Von der erkenntnistheoretischen Bedeutung einer esoterischen Figur von Locke und Leibniz bis zu Bonnet

> Suppose a Christian *Platonist* or *Pythagorean*, should [...] think his Soul hath existed ever since; and should imagine it has revolved in several Humane Bodies, [...] would any one say, that he, being not conscious of any of *Socrates*'s Actions or Thoughts, could be the same Person with *Socrates*?[1]

John Locke greift in diesem Zitat auf die Figur der Seelenwanderung zurück, und er verwendet sie hier offensichtlich zur Veranschaulichung eines identitätstheoretischen Problems. Obwohl vielleicht zu vermuten wäre, dass die Seelenwanderungsfigur für die Position einer dualistischen Trennung von Körper und Seele einsteht und Identität mit ihr an rein geistige, körperunabhängige Kriterien geknüpft wird, geht die tatsächliche Verwendung und Bedeutung der Figur bei Locke und darüber hinaus in eine überraschend andere Richtung.

Ausgehend von Locke möchte ich in diesem Beitrag zeigen, dass die Seelenwanderungsfigur im 18. Jahrhundert nicht primär auf eschatologische Glaubensvorstellungen abzielt, die ein Wiederkommen der Person nach dem Tode betreffen, sondern dass sie auch für fundamentale erkenntnistheoretische Überlegungen herangezogen wird, die das Verhältnis von Wesen und Erscheinung und die Möglichkeit eines Transfers von Eigenschaften betreffen. So wie die Konzepte der Seele und des Körpers in diesem Zeitraum ständigen Reflexionen und grundlegenden Wandlungen unterworfen sind, so finden die Figur und der Begriff der Seelenwanderung einen beachtlichen Eingang in wissenschaftliche Gegenstandsbereiche, bei denen Leben und Tod, das Einzelne und das Gemeinsame, körperliche und geistige Funktionen in neue Zusammenhänge treten. Forschungen zur näheren wissens- und besonders zur wissenschaftsgeschichtlichen Bedeutung der Seelenwanderung im 18. Jahrhundert sind weiterhin rar: Während die zwei umfangreichen und überwiegend ideengeschichtlichen Gesamtdarstellungen zur europäischen Geschichte dieser Vorstellung – von Helmut Zander und von Helmut Obst – bereits eindrucksvoll aufzeigen, welch populären Status sie in der europäischen Moderne erlangt, haben vor allem Daniel Cyranka, Martin Mulsow und Yvonne Wübben detaillierte Analysen zum Seelenwanderungsdiskurs und zu seinen Funktionen um einzelne Personengruppen im 18. Jahrhundert (und darüber hinaus) vorgelegt.[2] Mit

---

[1] John Locke: An Essay concerning Human Understanding. Hg. mit einem Vorw. v. Peter H. Nidditch. Oxford 1979, S. 339.
[2] Vgl. Helmut Zander: Geschichte der Seelenwanderung in Europa. Alternative religiöse Traditionen von der Antike bis heute. Darmstadt 1999; Helmut Obst: Reinkarnation. Weltgeschichte

der in diesem Beitrag anvisierten Perspektive auf die Seelenwanderung knüpfe ich an Martin Mulsows Untersuchungen an, der bereits eine Verwissenschaftlichung und erkenntnistheoretische Einfärbung der Metempsychoselehre in den Geheimgesellschaften der Aufklärung aufgezeigt hat. Seelenwanderung erscheint in diesem historischen Kontext als eine deistisch reformulierte esoterische Glaubensalternative zum orthodoxen Christentum im Sinne einer ‚vernünftigen Hermetik', die nur den Initiierten verfügbar ist, als Teil einer ‚Philosophia perennis' gilt und auf rationaler Basis die Vervollkommnung der Person im Leben nach dem Tode verspricht.[3] Im Unterschied zu Mulsow möchte ich hier eine andere Linie der Verwissenschaftlichung in öffentlichen Diskursen hervorheben, wie sie bei Manfred Beetz und Helmut Zander angedeutet ist: Beetz verweist auf direkte Zusammenhänge zwischen dem aufklärerischen Seelenwanderungsdiskurs und den naturphilosophischen Evolutionsmodellen der (menschlichen) Natur, und Zander beobachtet bei den „vitalistischen (Reinkarnations-)Theorien" am Ende der Frühen Neuzeit „ein bemerkenswertes [...] Phänomen: Sie wurden durchgängig von naturwissenschaftlich arbeitenden oder naturphilosophisch argumentierenden Diskutanten konzipiert".[4]

Anhand von John Lockes Identitätsphilosophie führt der Beitrag zunächst in den identitätstheoretischen Gegenstandsbereich der Seelenwanderungsfigur ein und zeigt, wie mit ihrer Hilfe von einer substanzontologischen Begründung des Selbst Abstand genommen wird zugunsten anderer, an der dynamischen Körperstruktur von Lebewesen orientierten Identitätskriterien. Ganz ähnlich versteht auch Leibniz die Fortsetzung von Individuen nicht primär als den Erhalt spezifischer Substanzen, sondern als den Erhalt einer spezifischen organismischen Substanzstruktur im steten Austausch von Substanzen. Diese dynamische Selbsterhaltung von Individuen stellt Leibniz als eine nichtdualistische Form von Seelenwanderung dar. Mit Beispielen bis hin zu Charles Bonnet soll dann gezeigt werden, dass derlei frühe Vorstellungen von einem organismischen Prinzip der Erhaltung des Selbst nach Art des Stoff- und Formwechsels zu einem spezifischen Element der modernen Seelenwanderungsfigur werden. In Bezug auf diesen Rahmen steht der Seelenwan-

---

einer Idee. München 2009; Martin Mulsow: Vernünftige Metempsychosis. Über Monadenlehre, Esoterik und geheime Aufklärungsgesellschaften im 18. Jahrhundert. In: Aufklärung und Esoterik. Hg. v. Monika Neugebauer-Wölk unter Mitarb. v. Holger Zaunstöck. Hamburg 1999 (Studien zum achtzehnten Jahrhundert 24), S. 211–273; Daniel Cyranka: Lessing im Reinkarnationsdiskurs. Eine Untersuchung zu Kontext und Wirkung mit G. E. Lessings Texten zur Seelenwanderung. Göttingen 2005 (Kirche – Konfession – Religion 49); Yvonne Wübben: Gespenster und Gelehrte. Die ästhetische Lehrprosa G. F. Meiers (1718–1777). Tübingen 2007 (Hallesche Beiträge zur Europäischen Aufklärung 34), S. 257–303.

[3] Mulsow: Vernünftige Metempsychosis (wie Anm. 2), S. 220, vgl. S. 211f., 219f., 227, 263f., 271f.

[4] Manfred Beetz: Lessings vernünftige Palingenesie. In: Aufklärung und Esoterik. Rezeption – Integration – Konfrontation. Hg. v. Monika Neugebauer-Wölk unter Mitarb. v. Andre Rudolph. Tübingen 2009 (Hallesche Beiträge zur Europäischen Aufklärung 37), S. 131–147, hier S. 145f.; Zander: Geschichte der Seelenwanderung (wie Anm. 2), S. 340.

derungsbegriff zum Ende des 18. Jahrhunderts für Universalprinzipien einer periodischen Assimilation, Höherverarbeitung, Reproduktion und Vererbung ein, die Phänomene in Natur und Kultur gleichermaßen betreffen.[5] Abschließend wird die Frage erörtert, ob sich diese ausdifferenzierten Seelenwanderungskonzepte unter einem allgemeinen Oberbegriff vereinen lassen und inwiefern deren einseitige Verortung innerhalb oder außerhalb der Esoterik die Gefahr einer Verkürzung ihrer historischen Bedeutungen und Funktionen in sich birgt.

## I John Lockes Gedankenexperimente zur Erhaltung und Wanderung von Identität

John Locke kommt in einem der berühmtesten Kapitel seines zentralen *Essay concerning Human Understanding* (1690) mehrmals auf Seelenwanderung zu sprechen. In diesem 27. Kapitel des zweiten Buches geht er die Kategorien der Individualität und der Identität systematisch im Rahmen einer empiristischen Erkenntnistheorie an. Seine primäre Argumentation zielt darauf ab, klarzustellen, dass die Identität und das Wesen von Dingen niemals absolut und also ontologisch bestimmt werden können, sondern immer nur relativ in Abhängigkeit von den jeweils subjektiv verwendeten Ideen und Begriffen, die den Dingen zugrunde gelegt werden. Für den Empiristen Locke ist das grundlegende Kriterium für die Identität der Dinge deren Erscheinen in der Zeit. Damit ein Ding als identisch mit sich selbst gelten kann, muss es durch die Zeit hindurch als dasselbe Ding mit den gleichen konstitutiven begrifflichen Eigenschaften erscheinen, mit denen es bereits zu einem früheren Zeitpunkt erschien.[6] Danach lassen sich für ihn drei Identitätsklassen von Individuen unterscheiden: erstens die Identität von unbelebten Dingen mit unveränderten, statischen Körpern, die auf dem kontinuierlichen Vorhandensein derselben Körperteilchen beruht, und zweitens die Identität von sich verändernden individuellen Lebewesen, die auf dem kontinuierlichen Vorhandensein der für dieses Wesen notwendigen dynamischen Körperstruktur basiert. Auf der Seite eines Subjekts unterscheidet er drittens die Identität eines Individuums als denkende Person, die sich durch das Vorhandensein eines Bewusstseins mit Erinnerungen an eine frühere Existenz desselben Bewusstseins auszeichnet.[7]

---

[5] Die Ergebnisse dieses Beitrags gehen aus einer Untersuchung der poetologischen und mediologischen Funktion der Seelenwanderungsfigur um 1800 hervor und sind Teil des DFG-geförderten, wissens- und diskursgeschichtlichen Forschungsprojekts *Seelenwanderung und literarische Kommunikation* unter der Leitung von Prof. Dr. Jutta Müller-Tamm an der Freien Universität Berlin.
[6] Vgl. Locke: Human Understanding (wie Anm. 1), S. 328 u. 332.
[7] Vgl. Locke: Human Understanding (wie Anm. 1), S. 330ff., 335, 340f., 344. Auf die Erläuterung von Lockes Definition der Individuation, von seiner Unterscheidung allgemeiner Substanzen und von der Relativität der menschlichen Identitätsformen wird an dieser Stelle verzichtet. Für alle weiterführenden Überlegungen in Lockes Identitätstheorie sei verwiesen auf

Während der Erläuterung dieser Theorie bezieht sich Locke an mehreren Stellen auf die Seelenwanderung: Zum einen verweist er mehr oder weniger explizit auf die Lehre von der Metempsychose in ihrer philosophiegeschichtlich überlieferten Form;[8] zum anderen stellt er weitere indirekte Bezüge zu ihr her durch Gedankenexperimente, die Transfer und Tausch, Mehrfachbesetzung und Aufteilung von Körpern, Seelen und Bewusstseinsinstanzen in etlichen Konstellationen betreffen. In allen diesen Fällen geht es Locke nicht um die tatsächliche Möglichkeit solcher Abläufe, sondern um die Überprüfung der identitätstheoretischen Konsequenzen, die sich aus verschiedenen ontologischen und anthropologischen Vorannahmen ergeben würden: Ihn interessiert weiterhin die Frage, woran sich die Identität der Dinge am brauchbarsten festmachen lässt. Das Durchspielen von Seelenwanderungsszenarien mit imaginierten Voraussetzungen und Effekten bietet Locke ganz konkret eine Gelegenheit, verschiedene mögliche Identitätsträger – Seelen- und Körperteilchen, Bewusstsein und substanzielle Strukturen – hypothetisch durch Zeit und Raum wandern zu lassen und auf ihre pragmatische Eignung zu prüfen.

Es ist bezeichnend, dass Locke an der Stelle, an der er den Begriff der Seelenwanderung zum ersten Mal verwendet, argumentativ noch gar nicht vollständig beim Konzept der bewusstseinsbasierten personalen Identität angelangt ist. Es geht ihm zunächst noch um die Erläuterung dessen, was die Identität eines Menschen als ein sich dynamisch veränderndes, stoffliches Ganzes ausmacht. Weil sich die Teilchen eines lebenden Körpers in einem stetigen Fluss befinden, wird die Identität eines jeden Lebewesens für Locke garantiert durch die Kontinuität der selbsterhaltenden konstitutiven Struktur des jeweiligen Leibes. Denn jeder lebendige Leib besitzt für ihn eine Organisation nach Art einer vollkommenen Maschine, deren Zweck es ist, selbst für ihr Fortbestehen und ihre Erhaltung durch den dynamischen Austausch ihrer vergänglichen Teile zu sorgen.[9] Solange diese konstitutive Struktur dynamisch erhalten bleibt, behält das Lebewesen seine Identität. Dieses empirische, strukturbasierte Identitätskonzept, das nach Locke für Pflanzen, Tiere und Menschen gleichermaßen gelten soll, stellt er nun mit Hilfe der Seelenwanderungsfigur dem klassischen substanzbasierten Identitätskonzept gegenüber. Nach der scholastischen Theorie ist die Identität jedes menschlichen Subjekts durch die reale Existenz einer individuellen Substanz oder substanziellen Form bestimmt, welche die Eigenschaften dieses spezifischen Subjekts trägt. Die substanzielle Form ist demnach buchstäblich das Wesen, die Essenz, die Seele dieses individuel-

---

Udo Thiel: Individuation und Identität. In: John Locke. Essay über den menschlichen Verstand. Hg. v. dems. Berlin 1997 (Klassiker Auslegen 6), S. 149–168.

[8] Für einen Leser um 1700 finden sich deutliche Hinweise auf die Seelenwanderungslehre allein schon in Locke: Human Understanding (wie Anm. 1), S. 332, 337, 338–340, 347.

[9] „If we would suppose this Machine one continued Body, all whose organized Parts were repair'd, increas'd or diminish'd, by a constant Addition or Separation of insensible Parts, with one Common Life, we should have something very much like the Body of an Animal, with this difference, That in an Animal [...] the Motion coming from within; but in Machines the force, coming sensibly from without [...]" (Locke: Human Understanding [wie Anm. 1], S. 331).

len Seins. Noch Descartes definiert den individuellen Menschen als die Einheit der veränderlichen körperlichen Substanz mit einer unveränderlichen immateriellen Seelensubstanz. Die Kontinuität des essentiellen Selbst des Menschen, sein Ich und seine Person, liegen für Descartes in der Unveränderlichkeit der immateriellen Seelensubstanz begründet, unabhängig vom Wandel des Körpers und der Gedanken.[10] Für Locke dagegen ist die reale Essenz eines Dinges, d.h. seine wirkliche innere Beschaffenheit, auf der seine Eigenschaften beruhen, der menschlichen Erfahrung aber unzugänglich; nicht wahrnehmbare Essenzen oder Substanzen können für ihn daher nicht zur empirischen Bestimmung der Identität herangezogen werden.[11] Er postuliert daher, dass die wahrnehmbaren und teilweise radikal unterschiedlichen Daseinsformen eines sich individuell verändernden Lebewesens – als Beispiel nennt er einen Menschen im embryonalen und im ausgewachsenen Zustand sowie einen mal geistig klaren und mal geistig verwirrten Menschen – kaum anders zu einer kontinuierlichen, mit sich selbst identischen Einheit erklärt werden können, als auf der Grundlage der stets vorhandenen körperlichen Selbsterhaltungsstruktur dieses Lebewesens. Würde man stattdessen hypothetisch eine Seele als unveränderlichen Identitätsträger hinter den wechselnden Gestalten annehmen, so führt er an, dann ließe sich dadurch jede zeitliche Folge von völlig beliebigen Gestalten zu einem mit sich selbst identischen Dasein erklären:

> He that shall place the *Identity* of Man in anything else, [...] will find it hard to make an embryo, one of years, mad and sober, the same man [...]. For if the *Identity* of Soul alone makes the same Man; and there be nothing in the Nature of Matter why the same individual Spirit may not be united to different Bodies, it will be possible, that those Men [Seth, Ismael, Socrates, Pilate, St. Austin, and Caesar Borgia], living in distant Ages, and of different Tempers, may have been the same Man: Which way of speaking must be from a very strange use of the Word *Man* [...].[12]

Das Zitat beschreibt offensichtlich eine Form der Seelenwanderung, aber nicht im traditionellen Sinne. Eine Seele ist für Locke eine (unbestimmbar materielle oder immaterielle) Substanz, welche die potentielle Kraft zu denken besitzt; und Substanzen sind ihm wiederum alle distinkten und selbstständig bestehenden Einzeldinge.[13] Dieser Begriff der Seele wird von Locke ausdrücklich unterschieden vom

---

[10] Zur Abgrenzung Lockes von der scholastischen und cartesianischen Identitätsauffassung vgl. Thiel: Individuation und Identität (wie Anm. 7), S. 163, passim. Zu Descartes' Seelenbegriff im Identitätskontext vgl. Udo Thiel: Personal Identity. In: The Cambridge History of Seventeenth-Century Philosophy. Hg. v. Daniel Garber u. Michael Ayers. Cambridge 2003, S. 868–912, hier S. 873f.; ders.: Individuation. In: Ebd., S. 212–262, hier S. 224.
[11] Vgl. Locke: Human Understanding (wie Anm. 1), S. 417f.
[12] Ebd., S. 332.
[13] Zum Begriff der Seele bei Locke vgl. ebd., S. 108f. sowie 540–543; zum Begriff der Substanz vgl. ebd., S. 165f.

Begriff der Person als Ich-Instanz mit Bewusstsein und Erinnerung.[14] Es kann an der angeführten Stelle also nicht um den Transfer von personalem Bewusstsein (und einem individuellen Denken) durch verschiedene Menschen gehen, zudem der Begriff der Person erst in den folgenden Paragraphen eingeführt wird. Die zitierte Passage erklärt: Wenn man die Identität von Wesen allein an der Existenz einer individuellen Seelensubstanz festmacht und diese Substanz als abstraktes Kennzeichen und als ontologischen Identitätskern eines individuellen Dings von der einen zur anderen körperlichen Gestalt wandern lässt, dann lassen sich dadurch zwar der embryonale und der ausgewachsene Mensch zu einer Einheit verbinden, aber theoretisch auch Männer, die in Ort, Zeitalter, Gestalt und Charakter völlig verschieden voneinander sind. Abgesehen von dieser nicht wahrnehmbaren Substanz wären diese Männer dann durch keine individuellen empirischen Gemeinsamkeiten mehr verbunden. Auch das seelensubstanzbasierte Vermögen zu denken ist ein allgemeines Vermögen, das theoretisch durch jede beliebige Seelensubstanz zur Verfügung gestellt werden kann. Auf der Basis einer durch verschiedene Gestalten wandernden Seeleneinheit von einem individuellen Menschen zu sprechen, wäre also absurd.

> And that way of speaking would agree yet worse with the Notions of those Philosophers who allow of Transmigration, and are of Opinion that the Souls of Men may, for their Miscarriages, be detruded into the Bodies of Beasts, as fit Habitations, with Organs suited to the satisfaction of their Brutal Inclinations. But yet I think no body, could he be sure that the Soul of *Heliogabalus* were in one of his Hogs, would yet say that Hog were a *Man* or *Heliogabalus*.[15]

Die Auffassung von einer substanziell existenten Seele als ontologischem Identitätskennzeichen wäre in einem Szenario der klassischen Seelenwanderungsvorstellung also noch weniger brauchbar. Denn in der zeitgenössisch überlieferten Form dieser Lehre, die Locke anführt, wird die Seele eines Menschen gerade deshalb zur Strafe in einen Tierleib herabgesetzt, weil sie dort explizit auch als der Träger des moralischen, seiner selbst bewussten Subjekts begriffen wird, das für sein sittliches Handeln verantwortlich ist und bleibt. Abgesehen von einer nicht wahrnehmbaren Seeleninstanz müssen also empirische körperliche oder personale Eigenschaften durch Zeit und Raum übertragen werden, damit die Vorstellung eines mit sich selbst identischen menschlichen Wesens Sinn macht. Nach Locke würde niemand ein Hausschwein als Mensch bezeichnen oder es gar als identisch mit Heliogabalus (als moralisches bzw. personales Subjekt) betrachten, nur weil in dem Schwein die Seelensubstanz des historischen Menschen Heliogabalus steckt – selbst Seelenwanderungsanhänger würden dies nicht tun.

---

[14] Locke wiederholt in jedem der Paragraphen auf S. 338–342, dass das personale Selbst nicht von der Seelensubstanz abhängt, sondern von der Einheit des individuellen Bewusstseins. Zum Unterschied zwischen Seele und Person bei Locke siehe auch Thiel: Individuation und Identität (wie Anm. 7), S. 162f.

[15] Locke: Human Understanding (wie Anm. 1), S. 332.

Zwei verschiedene Vorstellungen von Seelenwanderung sind bis zu diesem Punkt bereits zu unterscheiden. Weil Identität für ihn grundsätzlich auf dem Vorhandensein einer wahrnehmbaren Entität mit konstanten Eigenschaften durch Zeit und Raum basiert, kommt Locke bereits aus derlei identitätsphilosophischen Grundüberlegungen heraus zu der substanzontologischen Wanderung einer Seele. Als konstante Entität benutzt er zunächst rein hypothetisch das metaphysische Konzept der immateriellen Seelensubstanz – reduziert auf eine stets mit sich selbst identische Einheit und das allgemeine Vermögen zu denken – und lässt diese Einheit durch verschiedenste Gestalten wandern. Diese substanzontologische Variante einer wandernden Seele als Identitätsträger vergleicht er dann zweitens mit der geschichtlich überlieferten Seelenwanderungslehre, und kommt dabei zu dem Schluss, dass der Transfer einer ontologischen Seelensubstanz in Zeit und Raum allein nicht ausreicht, um von der leiblichen oder moralischen Identität eines menschlichen Lebewesens zu sprechen. Selbst noch die Seelenwanderungsanhänger müssen demnach von weiteren Prämissen ausgehen.

Als gläubiger Christ will Locke mit dieser identitätstheoretischen Versuchsanordnung keinesfalls die Existenz der Seele leugnen. Es geht ihm ausschließlich darum, dass die metaphysische Existenz eines Wesenskerns bzw. einer ontologischen Substanz an sich kein ausreichendes Identifikationskriterium darstellt. Damit ein Wesen identisch mit sich heißen kann, müssen zusätzlich empirische Eigenschaften von diesem Wesen getragen werden, die über Zeit und Raum hinweg konstant dieselben bleiben. Locke tangiert mit diesem ontologischen Seelenwanderungsszenario also auch die Frage, ob ein Wesen und dessen Eigenschaften (respektive die Seele und ihre körperlichen Gestalten) potentiell unabhängig voneinander existieren und wandern bzw. weitergegeben werden können. Das sind Fragen, die bis zum Ende der Frühen Neuzeit noch diskutiert werden als ein ungewisses Bedingungsverhältnis zwischen den Substanzen und den sogenannten absoluten Akzidenzien, das auch den Universalienstreit betrifft.[16] Wie sich zeigen wird, impliziert Locke am Lebewesen tatsächlich eine Wanderung der Qualitäten von Substanz zu Substanz; und auch Leibniz verwendet die Seelenwanderungsfigur innerhalb dieses substanzontologischen Kontexts.

Auch im weiteren Verlauf des Lockeschen Textes haben die Bezugnahmen auf Seelenwanderungsvorstellungen und die entsprechenden hypothetischen Beispiele und Gedankenexperimente die Funktion, auf die logischen und pragmatischen Unzulänglichkeiten hinzuweisen, die sich aus einem substanzbasierten Identitätsbegriff ergeben. Das gilt auch für das eingangs angeführte Zitat, mit dem Locke seinen Begriff der personalen Identität erläutert:

---

[16] Vgl. Carl F. Gethmann: Art. Universalien u. Universalienstreit. In: Enzyklopädie Philosophie und Wissenschaftstheorie. Hg. v. Jürgen Mittelstraß. Bd. 4. Stuttgart, Weimar 1996, S. 406–411 u. 411f. Zu Lockes Position in diesem Streit vgl. Thiel: Individuation und Identität (wie Anm. 7), S. 152, passim.

> Suppose a Christian *Platonist* or a *Pythagorean*, should [...] think his Soul hath existed ever since; and should imagine it has revolved in several Human Bodies, as I once met one, who was perswaded [sic] his had been the Soul of *Socrates* [...] would any one say, that he, being not conscious of any of *Socrates*'s Actions or Thoughts, could be the same person with *Socrates*?[17]

Analog zum Beispiel für die Identität eines menschlichen Lebewesens wird auch in diesem Fall betont, dass nicht die Wanderung der Seele allein ausreicht, um tatsächlich von derselben personalen Identität eines Menschen in der Zeit zu sprechen, sondern dass dafür primär das Vorhandensein von Bewusstsein und Erinnerungen an die vergangene Existenz desselben Bewusstseins nötig ist. Diese Bedingung gilt auch für das wohl bekannteste Gedankenexperiment bei Locke, bei dem ein Transfer von individuellem Bewusstsein mittels der Wanderung einer Prinzenseele in den Körper eines Schusters dargestellt wird:

> But yet the Soul alone, in the change of Bodies, would scarce to any one, but to him that makes the Soul the *Man*, be enough to make the same *Man*. For should the Soul of a Prince, carrying with it the consciousness of the Prince's past Life, enter and inform the Body of a Cobler as soon as deserted by his own Soul, every one sees, he would be the same Person with the Prince, accountable only for the Prince's Actions: but who would say it was the same Man? [...] he would be the same Cobler to every one besides himself.[18]

Locke verdeutlicht damit den begrifflichen Unterschied zwischen der Identität als Person und der Identität als Mensch im Sinne eines individuellen menschlichen Lebewesens (*Man*). Die Identität als Mensch wird in diesem rein hypothetischen Geschehen weder durch die Wanderung derselben Seele noch durch die Wanderung desselben Bewusstseins aufrechterhalten. Damit der Prinz nach der Seelenwanderung als derselbe Mensch gelten könne, müsste auch die Kontinuität seiner körperlichen Organisationsstruktur gewahrt bleiben: „The body too goes to the making of the man."[19] Aber auch im Hinblick auf die Vermittlung personaler Identität ist die Seele an sich nicht ausreichend, sondern nur, wenn sie wie hier gleichzeitig als Trägerin und Behälter des moralischen Subjekts verstanden wird, das Bewusstsein und Erinnerungen an die eigenen Handlungen aufweist.

Trotz dieser Darstellung eines hypothetischen Bewusstseinstransfers durch die Seelensubstanz als Behälter betont Locke immer wieder, dass Bewusstsein nicht zwingend an ein statisch-konstantes und singuläres Trägerteilchen gekoppelt sein muss, also an eine materielle oder immaterielle Substanz. Er orientiert sich für diese Argumentation ausdrücklich an den Lebewesen, deren individuelles (strukturelles) Selbst er ja gerade in dem stetigen Wechsel und Austausch der Teile innerhalb der dynamischen Organisationsform erhalten sieht. Selbst bei der Annahme existierender immaterieller und denkender Substanzen müsse daher gefragt

---

[17] Locke: Human Understanding (wie Anm. 1), S. 339.
[18] Ebd., S. 340.
[19] Ebd.

werden, „why personal Identity cannot be preserved in the change of immaterial Substances [...], as well as animal Identity is preserved in the change of material Substances, or [in the, M. H.] variety of particular Bodies".[20] Demnach ist das Bewusstsein (*personal Identity*) wie auch der Organismus (*animal Identity*) nicht ein spezifischer Punkt oder eine spezifische Substanz im Raum, um die herum sich die dafür notwendigen Teile lagern, sondern beide bestehen gerade in der Kontinuität und Kohäsion der sich funktional abwechselnden Teile. Es war für Locke schon bei seiner Definition der Identität eines Lebewesens wesentlich, dass hier „that [same, M. H.] Life be communicated to new Particles of Matter",[21] wie er nun wiederholt von der analogen Möglichkeit spricht, dass auch „the same consciousness [...] [of past Actions, M. H.] can be tranferr'd from one thinking Substance to another".[22] Es wird also nahegelegt, das Selbst einer Person könne wie das Selbst eines Lebewesens genau in jenem funktionalen Fluss der organisierten Teile bestehen und im Übertragungsvorgang überdauern, und die individuellen Eigenschaften würden sich im Austausch der Substanzen und damit in einer ‚variety of particular Bodies' erhalten.

In dieser Darstellung Lockes kündigt sich eine weitere, dritte Variante der Seelenwanderungsfigur neben der philosophiegeschichtlich tradierten Seelenwanderungslehre und neben der substanzontologischen Wanderung einer Seelen- und Identitätseinheit an, die im 18. Jahrhundert populär werden wird: Locke entwirft hier das naturphilosophische Bild von einem beständigen, dynamischen Transfer des ganzen, leibseelischen Selbst auf neue Körperteilchen und von einem natürlichen Wechsel des Körpers im Austausch der Teilchen. Dieser Transfer von individuellem Leben und individuellem Bewusstsein auf neue Teilchen stellt keinen temporären Ausnahmezustand dar und findet nicht erst nach dem Tode statt, sondern er bildet nach Locke überhaupt erst die Grundvoraussetzung für die spezifische Seinsweise jedes lebendigen Daseins. Der natürliche Transfer des Selbst ist der konstitutive Bestandteil jenes vollkommen organisierten leiblichen Mechanismus', der eigenständig für das Fortbestehen seiner körperlichen und geistigen Funktionen und Strukturen im dynamischen Austausch seiner Teile mit der Umgebung sorgt. Locke operiert an dieser Stelle zwar nicht mit einem Seelenwanderungsterminus, aber semantisch und kontextuell liegt die Rede von der Kommunikation des organischen und bewussten Selbst auf neue Partikel (bzw. von dem dynamischen Transfer der individuellen Eigenschaften von Substanz zu Substanz) sehr nah an dieser Figur. Die Übernahme zweier Paradigmen ist für diese Auffassung von Seelenwanderung notwendig: Einerseits verwendet Locke die im 17. Jahrhundert populäre und am epikureischen Atomismus orientierte Korpuskulartheorie, wonach die einheitliche Materie aller Körper aus kleinen, distinkten und

---

[20] Ebd., S. 337.
[21] Ebd., S. 331.
[22] Ebd., S. 338.

teilbaren Teilchen besteht, die nur in Gestalt und Umfang verschieden voneinander sind und dadurch erst in ihrer jeweiligen Gesamtkonstellation die Eigenschaften der Körper bestimmen.[23] Andererseits sind in seiner Beschreibung von Lebewesen auch bereits wesentliche Elemente des Organismus-Paradigmas enthalten, das von bis in alle Teile funktional zweckmäßigen, hierarchisch gegliederten und dynamischen Einheiten in der Natur ausgeht, bei der sämtliche heterogenen und für sich selbstständigen Elemente auf die Funktion und Erhaltung des Ganzen ausgerichtet sind, welche sich wiederum erst im Zusammenwirken der Elemente ergibt.[24] Einerseits löst sich das vormals substanzielle Selbst bei Locke in viele kleine, für sich eigenschaftslose Partikel auf, andererseits wird es gerade bestimmt und getragen durch das selbsterhaltende dynamische Gefüge des Ganzen,[25] das für die funktionale Integration aller sonst losen und für sich austauschbaren Partikel sorgt.[26] Diese Seelenwanderung besteht folglich nicht mehr im Fortbestehen von individuellen Substanzen, sondern im stetigen Transfer von individuellen organismischen Funktions- und Struktureigenschaften, der gerade im Wechsel der austauschbaren Substanzen stattfindet. Von solchen Überlegungen ausgehend gerät die Seelenwanderungsfigur im 18. Jahrhundert zu einer beliebten epistemischen Konstellation, mit der eine ganze Reihe von konkreten Beobachtungen zu den Prozessen der Aufrechterhaltung und Fortentwicklung organismischer Strukturen erfasst und versammelt werden, noch bevor sich für dieses Gegenstandsfeld (proto-)biologische und moderne physiologische Begriffe wie Reproduktion, Regeneration, Stoff- oder Energiewechsel etablieren. Beispielsweise schreibt Jean Paul noch über hundert Jahre später:

> Eigentlich macht jeder eine Seelenwanderung schon vor dem Tode durch seinen eignen Leib, der sich alle drei Jahre von Zeit zu Zeit in einen andern verwandelt; vom Körper aus der Kindheit ist[s] zum Körper im Hochalter vielleicht eben so weit als von beiden in einen Thierleib.[27]

---

[23] Zur identitätstheoretischen Übernahme der Korpuskulartheorie durch Locke vgl. Thiel: Individuation und Identität (wie Anm. 7), S. 152.

[24] Zur semantischen Bestimmung des Organismusbegriffs vgl. Kristian Köchy: Ganzheit und Wissenschaft. Das historische Fallbeispiel der romantischen Naturforschung. Würzburg 1997 (Epistemata, Würzburger wissenschaftliche Schriften. Philosophie 180), S. 38–40; zur Begriffsgeschichte vgl. Theodor Ballauff: Art. Organismus I (biol.). In: Historisches Wörterbuch der Philosophie. Hg. v. Joachim Ritter u. Karlfried Gründer. Bd. 6. Darmstadt 1984, Sp. 1330–1336. Zur Tragweite von Lockes Konzept des Organismus innerhalb seiner Identitätstheorie vgl. z.B. Michael Quante: Person. Berlin, New York 2007 (Grundthemen Philosophie 11), S. 40ff. Quante historisiert den Organismusbegriff allerdings nicht, sondern verwendet ihn synonym zu Lockes Begriff des Lebewesens.

[25] Vgl. zur besonderen, funktional vollkommenen Struktur der animalischen Maschine das Zitat in Anm. 9.

[26] Zur assimilierenden Dynamik des sich stets auf andere Substanzen und Zustände fortsetzenden Selbst schreibt Locke, bei einem ganzen Menschen handele es sich um „[d]ifferent Substances, by the same consciousness (where they do partake in it) being united into one Person; as well as different Bodies, by the same Life are united into one Animal, whose *Identity* is preserved in that change of Substances, by the unity of one continued Life" (Locke: Human Understanding [wie Anm. 1], S. 336).

[27] Jean Paul: Selina, oder über die Unsterblichkeit. Bd. 1. Stuttgart, Tübingen 1827, S. 93.

## II Seelenwanderung als substanzieller Transfer von Eigenschaften bei Leibniz

Leibniz kommentiert Lockes Text 1704 in seinen *Neuen Abhandlungen über den menschlichen Verstand* und reflektiert die oben genannten Überlegungen zur Identität aus seiner eigenen metaphysischen Position heraus. Wie Locke greift auch er die Seelenwanderung auf, um ihr erkenntnis- und identitätstheoretisches Potential als Denkfigur innerhalb seines spezifischen philosophischen Modells auszuschöpfen, und nicht primär, um eine Position zur tradierten Lehre von der Seelenwanderung zu beziehen. Alle seine Hinweise auf Seelenwanderung beziehen sich daher auf spezifisch monadologische Sachverhalte.

> Indessen gibt es keine *Seelenwanderung*, in der die Seele ihren Körper gänzlich verläßt, um in einen anderen überzugehen. Sie behält immer, selbst im Tode, einen organisierten Leib, einen Teil des früheren, obgleich das, was sie behält, stets der Möglichkeit ausgesetzt ist, [...] zu gewisser Zeit eine große Veränderung zu erleiden. So findet also statt einer Seelenwanderung eine Umbildung, Ein- oder Auswickelung, kurz ein steter Fluß des Körpers dieser Seele statt. [...] Wenn die Seelenwanderung nicht im strengen Sinne genommen wird, d.h. wenn jemand glaubte, daß die in demselben feinen Körper bleibenden Seelen nur den gröberen Körper wechseln, so würde sie möglich sein, sogar bis zum Übergange derselben Seele in einen Körper anderer Art [...].²⁸

Auf drei Gemeinsamkeiten mit Locke sei bereits an dieser Stelle verwiesen: Erstens geht auch Leibniz hier – und noch fundamentaler als Locke mit seiner hypothetisch bleibenden Annahme – von einem konkreten ontologischen Seelenkonzept aus, d.h. von real existierenden Seelen-Entitäten, Entelechien bzw. Monaden. Seine Variante der Seelenwanderung stellt daher nicht etwa nur eine übertragene, bildliche oder symbolische Form dessen dar, was demgegenüber vielleicht als eine eigentliche Seelenwanderung gelten mag. Leibniz übersetzt mit ihr die stete Wanderung und Transformation von Monadenkonglomeraten auf einer anschaulichen Ebene in die Rede von Seelen und Körpern, ohne dass sich diese Kategorien monadologisch tatsächlich voneinander unterscheiden ließen.

Zweitens wird die Rede von der Seelenwanderung durch die Körper auch hier nicht vorrangig zur Klärung eschatologischer Fragen verwendet, sondern zur gezielten Auseinandersetzung mit den erkenntnistheoretischen Konsequenzen, die sich aus der Annahme von ontologischen Seelen- bzw. Identitätseinheiten hinter allen körperlichen Erscheinungen ergeben. Locke und Leibniz verhandeln mit der Seelenwanderungsfigur beiderseits elementarontologische Probleme wie die Frage nach einem absoluten, metaphysischen Kennzeichen oder Wesen der Dinge und die Frage nach einer Unabhängigkeit der Eigenschaften von ihren Trägern. Trotz der sehr unterschiedlichen epistemologischen Ansätze – Locke ist aus pragmatisch-

---

²⁸ Gottfried Wilhelm Leibniz: Neue Abhandlungen über den menschlichen Verstand. Übers., eingel. u. erl. v. Ernst Cassirer. Hamburg 1971 [unveränderter ND der 3. Aufl. 1915] (Philosophische Bibliothek 69), S. 244.

sensualistischen Gründen bemüht, Aussagen zur Existenz solcher immateriellen, buchstäblich okkulten Identitätsträger zu vermeiden, Leibniz postuliert sie demgegenüber ausdrücklich – kommen beide zu sehr ähnlichen Ergebnissen, was das wechselseitige Bedingungsverhältnis von Körperlichem und Seelischem bzw. wahrnehmbarer Erscheinung und verborgenem Wesen betrifft, und was damit auch ein modernes Verständnis von Seelenwanderung angeht: Für beide kommt eine streng dualistische Position nicht in Betracht. Für Locke ist die Unabhängigkeit von Körper und Geist nicht möglich, weil sich alle geistigen Ideen in seiner empiristischen Perspektive eben aus den körperlichen Sinneseindrücken herleiten; und bei Leibniz ist jeder Körper grundsätzlich nur die physische Erscheinung einer realen geistigen Entität bzw. einer Monade. Aus dieser monistischen Sicht ist nun auch eine vollständig *substanzgelöste* Wanderung von Eigenschaften von einer Substanz zur anderen ausgeschlossen, wie Leibniz andernorts klarstellt:

> Die Monaden haben keine Fenster, durch die etwas hinein- oder heraustreten kann. Die Akzidenzen können sich nicht von den Substanzen loslösen und außerhalb ihrer herumspazieren, wie es ehemals die species sensibiles der Scholastiker taten. Also kann weder Substanz noch Akzidenz von außen in eine Monade hineinkommen [...].[29]

Wie Locke wird auch Leibniz durch diese Vorstellung von einer ontologisch eigenständigen Wanderung der Substanzen oder ihrer Qualitäten an die Seelenwanderung erinnert. Er erklärt daher im gleichen Kontext: Dass die unzerstörbaren, elementaren Monaden oder Seelen ewig fortbestehen, „muß den Zweifel erwecken, ob sie nicht von Körper zu Körper übergehen, was eine *Seelenwanderung* wäre, fast wie einige Philosophen sich die Übertragung der Bewegung und die der Spezies [sensibiles, M. H.] vorgestellt haben".[30] Was bei diesen Philosophen aber als physikalische Wanderung der Bewegungseigenschaft im Zusammenprall der Körper erscheinen mag oder als Ablösung und Wanderung von Sinnesbildern (*Species sensibiles*) aus den Objekten in die wahrnehmenden Subjekte, ist für Leibniz keine echte Wanderung von Eigenschaften, Substanzen oder Seelen – „[e]s gibt keinen solchen Übergang"[31] –, sondern in Wirklichkeit nur die vollkommen synchrone Abstimmung aller monadischen Innenzustände aufeinander, die prästabilierte Harmonie zwischen allen Monaden. Eine ontologische Ablösung der Seelensubstanzen von ihren Erscheinungen und Eigenschaften und mithin eine Seelenwanderung ohne Körper gibt es weder für Locke noch für Leibniz.

Aus dieser notwendigen Einheit von Seele und Körper, Wesen und Erscheinung bzw. Idee und Sache gehen nun bei Leibniz und Locke drittens einander sehr ähn-

---

[29] Gottfried Wilhelm Leibniz: Monadologie. Neu übers., eingel. u. erl. v. Hermann Glockner. Durchges. u. erw. Ausg. Stuttgart 1979 (Universal-Bibliothek 7853), S. 14.
[30] Gottfried Wilhelm Leibniz: Neues System der Natur und des Verkehrs der Substanzen sowie der Verbindung, die es zwischen Seele und Körper gibt [1695]. In: Ders.: Opuscules metaphysiques. Kleine Schriften zur Metaphysik. Zweisprachige Ausg. Darmstadt 1965, S. 191–320, hier S. 209.
[31] Ebd.

liche Körper- bzw. Naturmodelle hervor, die einen dynamischen Selbsterhalt der substanziellen, körperlichen Organisationsstrukturen im Austausch ihrer Teile feststellen.[32] Analog zu dem dynamischen Überfließen des individuellen Lebens und des Bewusstseins auf stets neu hinzukommende Partikel im Organismus, das Locke andeutet, spricht Leibniz in Bezug auf die dynamische monadische Struktur der Leiber von einem „stete[n] Fluß des Körpers dieser Seele" – der selbst wiederum nur aus weiteren Monaden besteht. Diese fließenden Selbsterhaltungsprozesse, bei denen sich der Leib bezogen auf seine Substanzen stückweise transformiert, werden auf beiden Seiten mehr oder weniger deutlich als eine natürliche Seelenwanderung beschrieben, ohne dabei auf eine dualistische Ablösung von Seele und Leib hinauszuwollen. Denn die Seele „behält immer [...] einen organisierten Leib"[33] nach Leibniz' metaphysischer Korpuskular- oder Monadentheorie, d.h. jede Monade herrscht stets organisatorisch über eine Struktur von weiteren Monaden. Locke beschränkt seine Beschreibung der organismischen Transformation, Erhaltung und Wanderung des Selbst allerdings aus empiristischen Gründen auf die sichtbaren Strukturen des individuellen und artspezifischen Lebens, die folglich mit dem körperlichen Zerfall im Tode enden. Für Leibniz sind jene wahrnehmbaren Selbsterhaltungsprozesse dagegen nur die körperlichen Erscheinungen absoluter, metaphysischer Organisationsprinzipien hinter allen Dingen, die niemals enden können. „[S]elbst im Tode" geht für ihn daher die permanent fließende Reorganisation und Neuzusammensetzung von Monadengruppen im Austausch mit der Umwelt weiter, in diesem Fall bloß mit einer sehr „große[n] Veränderung" und „Umbildung" verbunden. Keine einzelne Monade, keine Eigenschaft und kein Körperpartikel wird dabei jemals endgültig isoliert und geht verloren, sondern bleibt in der Gesamtorganisation der Welt stets als Teil und Eigenschaft von größeren Systemen erhalten – in diesem Sinne finden zwangsläufig auch „Überg[ä]nge derselben Seele in einen Körper anderer Art" statt. Aber auch dabei geht es Leibniz um eine grundsätzliche ontologische Beschreibung und Bestimmung des universellen Selbsterhalts von Monaden und deren Strukturen überhaupt und noch nicht primär um eine Erhaltung personaler Identität. Über diese spekuliert er erst gesondert im Hinblick auf die Vorsehung und das Jüngste Gericht.[34]

---

[32] Lockes Modell ist explizit an einer funktionalen Selbsterhaltungsstruktur von Lebewesen orientiert, die bis zur (nicht unmittelbar sichtbaren) Korpuskularebene herabreicht; und auch Leibniz beschreibt alle natürlichen Körper ausdrücklich als vollkommene, bis in die kleinsten Teile selbsterhaltende Maschinen (vgl. Locke: Human Understanding [wie Anm. 1], S. 331; vgl. Leibniz: Monadologie [wie Anm. 29], S. 28f.).
[33] Leibniz: Neue Abhandlungen (wie Anm. 28), S. 244.
[34] Alle Zitate ebd. Leibniz wägt den Erhalt personaler Eigenschaften nach dem Tode gesondert von substanzontologischen Fragen ab und zwar zunächst rein kognitions- und erinnerungsbasiert, in Übereinstimmung mit Locke, und dann erst in eschatologischer Hinsicht: „Die Frage jedoch, ob in dem Falle, daß eine solche Seelenwanderung wirklich stattfände, Kain, Ham und Ismael [...] derselbe Mensch genannt zu werden verdienten, ist nur ein Wortstreit [...]. Die Identität der Substanz würde hierbei stattfinden; wenn aber kein Zusammenhang der Erinnerung [...] bestünde, so wäre die *moralische Identität* nicht genügend gewahrt, um von ein und

## III Seelen- und Körperwanderung in der Beschreibung universeller Verarbeitungsprozesse

Dieser Einsatz von Seelenwanderungsfiguren zur Beschreibung von Stoff- und Formwechselvorgängen als Grundlage einer reproduktiven Selbsterhaltung aller organisierten Dinge setzt sich das gesamte 18. Jahrhundert hindurch fort und zielt zunehmend auf die theoretische Begründung von Vervollkommnungsvorgängen ab. Der kosmologische Denkrahmen, der die Modellierung solcher Prozesse mittels der Seelenwanderungsfigur erlaubt hat, kann hier nur angedeutet werden. Im Zusammenhang mit der organismischen und korpuskularen Konzipierung des Kosmos ist eine paracelsistisch geprägte Chemophilosophie aus dem Umkreis von Johann Baptist van Helmont entscheidend, in der sich spirituelle, naturmystische, iatrochemische und mechanistische Vorstellungen ergänzen, um die Verwandlung von Nahrung in höhere, geistigere Stoffe zu beschreiben.[35]

> Neben dem Ordnungssystem Mikro-/Makrokosmos spielt die Theorie eines den Substanzen innewohnenden psychisch anmutenden „Selbst" eine wichtige Rolle […]. Eine solche unbewusste Körperseele bzw. Seelensubstanz eröffnet Möglichkeiten einer Debatte zur Wahrnehmungsfähigkeit von Substanzen und damit zu der Vorstellung einer „Kommunikation" unter Stoffen […]. Eine solche Theorie des Stoffwechsels führt zu einem dynamischen Prozessverständnis […][36]

– das sich selbst noch in Lockes identitätstheoretischer Bestimmung der Lebewesen niederschlägt, wie hier ergänzt werden muss. Diese Kosmologie verbindet stoische, gnostische, neuplatonische und kabbalistische Schöpfungsmythen und erklärt die Welt zu einer stufenartigen Hierarchie bzw. Scala naturae aus jenen geisthaften Körpereinheiten – bei van Helmont sogenannte Archeen, bei Leibniz später Monaden –, die zugleich als Mittlerinstanzen „zwischen den himmlischen Sphären und der elementaren Welt" dienen und als geistige Akteure hinter jeder stofflichen Interaktion stehen.[37] Das Wesen der einzelnen Dinge wird durch den

---

derselben *Person* reden zu können." Die strukturelle bzw. „*physische und reelle* Identität" bleibe in jedem Fall erhalten; „was aber den Menschen betrifft, so entspricht es den Regeln der göttlichen Vorsehung, daß seine Seele zudem noch die moralische Identität […] bewahrt, […] die fähig ist, die Strafen und Belohnungen zu empfinden" (ebd., S. 244f. u. 247; vgl. auch ders.: Système nouveau [wie Anm. 30], S. 211).

[35] Vgl. Jochen Büchel: Psychologie der Materie. Vorstellungen und Bildmuster von der Assimilation von Nahrung im 17. und 18. Jahrhundert unter besonderer Berücksichtigung des Paracelsismus. Würzburg 2005 (Epistemata. Würzburger wissenschaftliche Schriften. Philosophie 375), S. 13 und passim. Büchel bezieht die Seelenwanderungsfigur nicht in seine Untersuchung mit ein. Zum Einfluss auf Leibniz vgl. Allison P. Coudert: Leibniz and the Kabbalah. Dordrecht 1995 (Archives internationales d'histoire des idées 142); zum Einfluss des neuplatonischen Denkens auf Locke vgl. John William Yolton: Thinking Matter. Materialism in eighteenth-century Britain. Oxford 1983.

[36] Büchel: Psychologie der Materie (wie Anm. 35), S. 15.

[37] Ebd.; zu van Helmont vgl. S. 88f.; zu Leibniz' Rezeption vgl. S. 126–128, 130–133. Zur chemischen Tradierung des Konzepts der Archeenwanderung im 18. Jahrhundert vgl. auch

Vollkommenheitsgrad der zugrundeliegenden geistigen Substanzen bestimmt und repräsentiert sich zugleich in der Stufe der stofflichen Organisation. Wenn die materiellen und geistigen Dinge aber nicht substanziell, sondern nur im strukturellen Aufbau verschieden voneinander sind, dann wird auch die Möglichkeit eines graduellen Auf- und Abstiegs aller leibseelischen Einheiten der Welt denkbar; die Dinge sind dann letztlich über eine strukturelle leibseelische Transformation ineinander überführbar, über die Zerlegung und Assimilation der Dinge und ihrer Eigenschaften. So spricht auch Theodor Ludwig Lau 1717 von dem kosmischen Umlauf aller Dinge, der hinter der „Migratio Animarum" als eine gemeinsame Transmigration und Transformation aller Körper und Seelen stattfindet: „Es gibt keinen Untergang, kein Zu-Nichts-Werden. [...] Das Leben der Dinge ist ein ewiges. Die Wanderung der Seelen hört nie auf. Die Umwandlung der Körper vollzieht sich ununterbrochen. [...] Ich werde ein Stern, ein Engel, ein Dämon [...]."[38] Und auch Georg Christoph Brendel macht 1727 deutlich:

> Im Mineralischen Reiche wittern die Metallischen Dämpfe aus / und schlagen sich anderswo ein / [...] Aller Kräuter Geruch zeiget an / daß die Kräfften derselben aus denen Kräutern in die Lufft transmigriren. Die Wurtzel der meisten Kräuter deuten [...] an / daß ihre Kräfften aus ihnen (denen Wurtzeln) in die Stämme / Zweige / Blätter / Blüthen und Saamen transmigriren [...] Ist dieses aber nicht Metempsychosis vegetabilis? [...] Transmigriren nicht die Kräfften der Vegetabilien durch Speiß und Tranck der Nahrung in die menschlichen und thierischen Leiber / und werden sie nicht allda in menschlich und thierisch Fleisch und Blut verwandelt? [...] Summa / es ist die ganze Natur nichts anderst / als eine continuirliche und perpetua Metempsychosis, Transmigratio & Revolutio, [...] und zwar nicht nur der Geister und Kräfften / sondern auch der Leiber selbst [...].[39]

Bei Georg Schade kehrt dieses Prinzip eines mikro- und makrokosmischen Form- und Stoffwechsels bzw. einer organismischen Aufbereitung der Dinge, die sich vom mineralischen bis über das menschliche System hinaus erstreckt, als Teil einer arkanen Lehre von der „vernünftige[n] Metempsychosis oder Archäen- und Seelenwanderung"[40] wieder – „die Theorie [gab sich, M. H.] als Fundament eines

---

Martin Mulsow: Monadenlehre, Hermetik und Deismus. Georg Schades geheime Aufklärungsgesellschaft 1747–1760. Hamburg 1998 (Studien zum 18. Jahrhundert 22), S. 151.

[38] Theodor Ludwig Lau: Meditationes philosophicae de Deo, Mundo, Homine [1717] (Philosophische Betrachtung über Gott, die Welt und den Menschen). In: Materialisten der Leibniz-Zeit. Ausgewählte Texte. Hg. v. Gottfried Stiehler. Berlin 1966, S. 81–108, hier S. 100f.

[39] Polycarpus Chrysostomus [d.i. Georg Christoph Brendel]: Zueignungs-Schrifft. In: Christian Democritus [d. i. Johann Konrad Dippel]: Die Kranckheit und Artzney Des Thierisch-Sinnlichen Lebens. Übers. v. Polycarpus Chrysostomus. Frankfurt a.M., Leipzig 1727, Zueignung separat paginiert: S. 11–16.

[40] [Georg Schade]: Die vernünftige Metempsychosis oder Archäen- und Seelenwanderung als das wahre innere und allgemeine Gesetz der Natur [...]. Beilage in: [Georg Schade]: Einleitung in die höhere Weltweisheit, der allgemeinen Gesellschaft der Wissenschaften zweyter Versuch [...]. Aufs neue durchgesehen und verbessert [...]. Altona 1760, zit. nach Mulsow: Monadenlehre (wie Anm. 37), S. 278f.

Verständnisses biologischer Vorgänge" pointiert Mulsow hier.[41] Vor dem gleichen Hintergrund erklärt auch Herder noch 1785 *Ueber die Seelenwanderung*:

> Alles Leben der Natur, alle Arten und Gattungen der beseelten Schöpfung, was sind sie, als Funken der Gottheit [...]. O Freund, würde uns ein Auge gegeben, den glänzenden Gang dieser Gottesfunken zu sehen! wie Leben zu Leben fließt, und immer geläutert, in allen Adern der Schöpfung umher getrieben, zu höherm, reinern Leben hinaufquillt [...] Von dem ersten Atom, dem unfruchtbarsten Staube, [...] durch alle Arten der Organisation hinauf bis zum kleinen Universum von *allerlei* Leben, dem Menschen, welch ein glänzendes Labyrinth! Aber der menschliche Verstand [...] siehet nur die Dinge von außen: er siehet Gestalten, nicht wandernde, sich emporarbeitende Seelen. [...] In meinen Adern [...] wallen diese zu höherm Leben hinauf [...]. Ich bereite sie weiter, wie alles sie *zu mir* bereitete: keine Zerstörung, kein Tod ist in der Schöpfung, sondern Auflösung, Entbindung, Läuterung.[42]

Wie die Fortsetzung von Lebewesen bei Locke und Leibniz auf der beständigen Wiederherstellung ihrer Organisationsstruktur im Austausch der Teile beruht, so ist auch die Transformierbarkeit der Dinge ineinander in der alchemistischen Vorstellung nur deshalb zu erklären, weil jede organisierte Form aus austauschbaren Grundbestandteilen zusammengesetzt ist, in die sie zersetzt werden kann und aus denen sich wiederum auch anders strukturierte Dinge zusammensetzen können. Genau an diese Vorstellung schließt auch der alchemistische Begriff der ‚Palingenesie' an, der die wechselweise Überführung von komplexen stofflichen Strukturen in lose Bestandteile und zurück in komplexere Organisationsformen im Sinne eines naturinhärenten Wiederherstellungsprinzips beschreibt.[43]

Im Verlauf des 18. Jahrhunderts differenzieren sich die Anwendungsbereiche dieser naturalisierten Seelenwanderungs- und Palingenesiefiguren weiter aus.[44] Sie beschreiben zunehmend auch geistige bzw. kulturelle Fortsetzungs-, Wiederherstellungs- und Höherverarbeitungsprozesse – bis hin zur geschichtlichen Übermittlung und Veränderung geistiger Güter, Ideen und Institutionen im Verkehr zwischen einzelnen Individuen und ganzen Völkern –, ohne ihre Orientierung an physiologischen Stofftransformations- und Austauschvorgängen zu verlieren. In diesem Sinne findet nicht nur für Herder mit Hilfe der Sprachen „eine ewige Mitteilung der Eigenschaften, eine Palingenesie und Metempsychose ehemals eigner,

---

[41] Mulsow: Monadenlehre (wie Anm. 37), S. 64, vgl. S. 63–67, 116f., 149–152, 158–162 u. passim.

[42] Johann Gottfried Herder: Ueber die Seelenwandrung [sic]. Drei Gespräche [1785]. In: Ders.: Sämmtliche Werke. Hg. v. Bernhard Suphan. Bd. 15. Berlin 1888, S. 243–303, hier S. 289f.

[43] Auch hinter der alchemistischen Palingenesie steht die Beobachtung natürlicher Reorganisationsvorgänge, wie die Entstehung pflanzenartiger Strukturen bei der Kristallisation von Metallen und Flüssigkeiten und die Neuentstehung von Pflanzen aus der Asche verbrannter Pflanzen. Zur historischen Perspektive auf die Palingenesie-Phänomene vgl. z.B. Pierre-Joseph-Antoine Dumonchaux: Medicinische Anecdoten. 1. Theil. Frankfurt a.M., Leipzig 1767, S. 146–159.

[44] Vgl. die in Anm. 2 bis 4 genannte jüngere Forschung; vgl. außerdem Lieselotte E. Kurth-Voigt: Continued Existence. Reincarnation and the Power of Sympathy in Classical Weimar. Rochester 1999; Kelly Barry: Natural Palingenesis. Childhood, Memory, and Self-Experience in Herder and Jean Paul. In: Goethe Yearbook 14 (2007), S. 1–25.

jetzt fremder, ehemals fremder, jetzt eigner Gedanken, Gemütsneigungen und Triebe" unter allen menschlichen Subjekten statt, auch jenseits bewusster Einflussnahme.[45] Auch Lessing verwendet noch diese Seelenwanderungsfigur, wenn er schreibt: „Jede Monade von Wahrheit wandert aus einem ungestalteten Körper von Meinungen in den andern, belebt den einen mehr, den andern weniger; den kürzer, den länger".[46] Im Modell korpuskularer, stets im stofflichen Austausch begriffener Körper erlangen selbst Ideen ein organismisches Eigenleben.

## IV Natürliche Überschreitung von Geistes-, Gesellschafts- und Artgrenzen bei Bonnet

Auch die naturphilosophische und zugleich eschatologische Vision von der erdgeschichtlichen Höherentwicklung aller Wesen, die der Naturforscher Charles Bonnet in seiner *Philosophischen Palingenesie* 1769 beschreibt, steht in der Tradition der naturalisierten, an den Selbsterhaltungsmechanismen der Lebewesen orientierten Seelenwanderungs- bzw. Palingenesiefigur; und er geht explizit von jenem nichtdualistischen Modell der fließenden Monadenwanderung und -transformation bei Leibniz aus.[47] Die Gesetze des Fortbestehens, der Vervielfältigung und Erneuerung von organischen Strukturen im Mikro- wie im Makrokosmos bilden das Zentrum der Abhandlung. Bonnets aufgeklärte, naturwissenschaftlich und christlich fundierte, eben *Philosophische Palingenesie* soll nach eigenem Verständnis keine metaphysische Spekulationen betreiben, sondern beschreibt unter diesem Begriff vielmehr ein Prinzip der ständigen Reproduktion und Evolution aller Gattungen im Verbund mit dem gesamten Kosmos, das sich hinter und in den Variationen der Einzelwesen vollzieht: die „*zukünftige Wiederherstellung* und *Vervollkommnung* aller organisirter und beseelter Wesen".[48] Die Natur ziele darauf, „den *Gattungen* eine Unsterblichkeit zu geben, deren die *einzel[n]en* lebenden Wesen nicht fähig

---

[45] Johann Gottfried Herder: Über die menschliche Unsterblichkeit. Eine Vorlesung [1791]. In: Ders.: Werke in 10 Bden. Hg. v. Günter Arnold u.a. Bd. 8: Schriften zu Literatur und Philosophie 1792–1800. Hg. v. Hans Dietrich Irmscher. Frankfurt a.M. 1998, S. 203–219, hier S. 209. Eine mediologische Untersuchung der Bedeutung des Seelenwanderungsbegriffs bei Herder findet sich bei: Martin Hense: ‚Embryonen von Begriffen'. Anmerkungen zur Herausbildung von Herders Konzept medienbasierter Kulturtransfers. In: Herder Jahrbuch/Yearbook 10 (2010), S. 113–141.
[46] Gotthold Ephraim Lessing: Über die Elpistiker. In: Ders.: Werke. 8 Bde. Hg. v. Herbert G. Göpfert. Bd. 8: Theologiekritische Schriften III. Philosophische Schriften. München 1979, S. 519–533, hier S. 528. Vgl. Beetz: Lessings vernünftige Palingenesie (wie Anm. 4), S. 147.
[47] Vgl. Charles Bonnet: Philosophische Palingenesie. Oder Gedanken über den vergangenen und künftigen Zustand lebender Wesen. Als ein Anhang zu den letztern Schriften des Verfassers [...]. Aus dem Frz. übers. u. mit Anm. hg. v. Johann Caspar Lavater. Erster Theil. Zürich 1770, S. 352, wo Bonnet seine Palingenesie auf dem oben genannten Modell bei Leibniz aufbaut: „Hiemit giebt es, statt einer [klassisch-dualistischen, M. H.] Wanderung der Seele, wohl eine Verwandelung [...], und endlich gar eine Fluxion des Körpers dieser Seele."
[48] Ebd., S. 357f.; vgl. Kap. 1, S. 194–214.

sind".⁴⁹ Es ist zwar die Rede davon, dass die „*persönliche Identität*" jedes Lebewesens gegenüber dem Zerfall des groben Körpers in einem unsterblichen „Gedächtniß" erhalten bleibt, aber Bonnet spricht hier ausdrücklich vom Mechanismus des Fortbestehens individueller körperlicher Eigenschaften – und nicht von einer Kontinuität individuellen Bewusstseins und individueller Vorstellungen.⁵⁰

Ähnlich wie bei Locke ist für Bonnet als Sensualisten nicht mehr die Seele das entscheidende Unterscheidungs- und Identitätsmerkmal der Wesen, sondern allein die jeweilige körperliche Organisationsstruktur – auch wenn er gleichfalls an der Existenz der Seele in Verbindung mit dem Körper festhält. Dieser strukturelle Blick auf die Dinge zusammen mit der Seelenwanderungsfigur hebt die klassischen Seins- und Wissensordnungen auf oder macht ihre Grenzen zumindest durchlässig. Einerseits dynamisiert Bonnets Beschreibung kosmischer Revolutionen und Palingenesien die ehemals statisch aufgefasste Naturgeschichte, andererseits wird die Vorstellung einer festen linearen Strukturhierarchie in der Natur trotzdem bewahrt, da sich alle Gattungen und Einzeldinge nun stets zusammen reorganisieren und synchron höherentwickeln.⁵¹ Aber diese Übergängigkeit aller Dinge hat eben nicht nur Konsequenzen für die Bereiche der Naturgeschichte. Schon für Locke war ein konzeptioneller Effekt aus der strukturellen Bestimmung der Identität, dass seine experimentelle Seelenwanderung vom Prinzen in den Schuster auch die natürliche Hierarchie der Stände problemlos unterlaufen konnte. Das Vorhandensein eines höheren Geistes war in diesem Fall nicht von Nutzen, weder identitätspragmatisch, noch für den Prinzen selbst. Denn seine Seele im Körper des Schusters, „with all its princely thoughts about it",⁵² bleibt für alle anderen dennoch derselbe Schuster. Die körperliche Struktur bestimmt die Identität des Menschen. Bonnet wiederholt dieses identitätstheoretische Gedankenexperiment zur Veranschaulichung der sensualistisch-strukturalen Bestimmung des Menschen; er versetzt nun aber sogar die Seele eines beliebigen wilden Indianers in das Gehirn des großen Denkers Montesquieu. Da für Bonnet ausschließlich die körperliche und vor allem die neuronale Struktur Ursache der individuellen kognitiven Leistungen ist, so gilt für ihn auch nach jenem Seelentransfer:

> Der plötzlich in einen tiefsinnigen Philosophen verwandelte Huron würde sich dieser Verwandlung nicht bewußt seyn. [...] Er würde sich der ganzen Reihe eines Lebens erinnern, welches des Montesquieu seines wäre, und das er für sein eigenes halten würde. Auf einmal, gleichsam wie durch Eingebung ein Gelehrter geworden, würde er es nicht daran fehlen lassen, die Untersuchungen des grossen Mannes zu verfolgen, an dessen Stelle er gesetzt wäre [...] Er würde, wie dieser, die Welt erleuchten, den unsinngen Aberglauben [...] bestreiten, und Montesquieu [würde, M. H.] annoch leben.⁵³

---

⁴⁹ Ebd., S. 214.
⁵⁰ Ebd., S. 230. Vgl. die Unterscheidung von „zwey Arten der *Persönlichkeit*" auf S. 311f.
⁵¹ Vgl. ebd., Kap. 3, S. 227–245.
⁵² Locke: Human Understanding (wie Anm. 1), S. 340.
⁵³ Bonnet: Palingenesie (wie Anm. 47), S. 50f.

Die Herkunft und individuelle Art des Geistes spielt hier überhaupt keine Rolle mehr. In der Figur der Seelenwanderung wird nicht nur die Standesgrenze, sondern es werden sämtliche Grenzen zwischen niederen und höheren Naturen unterlaufen. Potentiell sind hier alle Wesen gleich. Nicht mehr das Vorhandensein besonderer Seelensubstanzen und exklusiver geistiger Dispositionen trennt die Seinsbereiche der Wesen voneinander, wie noch bei Descartes, sondern allein der Grad der körperlichen Wahrnehmungsstruktur sowie der funktionalen Organisation – und dieser wird nun individuell wie auch auf die Geschichte der jeweiligen Gattung bezogen entwicklungs- und weiterbildungsfähig. Schon Bonnets Übersetzer Lavater kommentiert an dieser Stelle entrüstet, dass die geistige Eingebung, die zuvor allein dem Genie von oben geschenkt war, damit als bloßer Effekt niederer physiologischer Prozesse veräußert wird.[54] Jenseits der körperlichen Strukturen und Funktionen wird hier durch die Seele in der Tat nichts mehr transportiert: kein Gedächtnis, keine personalen Eigenschaften, keine geistige Individualität; die Seele steht – wie schon bei Locke – allein für das allgemeine Potential höherer, geistiger Lebensfunktionen, die ein lebendig organisierter Körper entwickeln kann. Für jede Fortsetzung individuellen Lebens sind deshalb auch nach Bonnets *Palingenesie* ausschließlich naturinhärente Prinzipien entscheidend, die für die unentwegte Selbsterhaltung bestehender natürlicher Strukturen sorgen.

## V Überlegungen zum Begriff der Seelenwanderung als einer esoterischen Figur

Im Hinblick auf abschließende methodische Überlegungen sei nochmals darauf hingewiesen, dass sich mindestens drei verschiedene Varianten der Seelenwanderungsfigur innerhalb eines langen 18. Jahrhunderts unterscheiden lassen, die sogar nebeneinander und scheinbar widersprüchlich im selben Text auftauchen können. Erstens existiert eine philosophiegeschichtlich tradierte Idee von der körperbefreiten Wanderung der Seele und von ihrer Wiederverkörperung als einem moralisch identischen Subjekt nach dem Tode, die in der frühneuzeitlichen Rezeption als Glauben antiker und zeitgenössischer ‚roher' Kulturen verstanden wird. Zu dieser Vorstellung verhält man sich aus der christlichen Position heraus zunächst überwiegend ablehnend oder satirisch spottend, bis sich mit dem Ende der Frühen Neuzeit eine historisierende Perspektive auf die diachrone und kulturelle Weiterent-

---

[54] „Aus dieser Behauptung des scharfsinnigen Verfassers ließe sich, so viel ich einsehe, die Folgerung herleiten, daß es, um ein grosses Genie zu sein, *ganz und gar nicht* auf die individuelle Beschaffenheit der *Seele*, sondern *allein* auf die individuelle Beschaffenheit des *Gehirns* [...] ankomme; daß folglich der individuelle Unterschied der Seelen als Seelen vollkommen überflüßig, und es also gar nicht ungereimt wäre, eine völlige Gleichheit derselben anzunehmen. [...] Ist dies philosophisch gedacht?" (Anm. Johann Caspar Lavaters, ebd., S. 51).

wicklung von Ideen durchsetzt und folglich auch verschiedene ältere und neuere sowie irrtümliche und richtigere Seelenwanderungsideen unterschieden werden.

Dazwischen kommt es zweitens zu einer von den überlieferten historischen Inhalten weitestgehend befreiten Anwendung der Seelenwanderungsfigur, die nun zur Erprobung unterschiedlicher Übertragungs- und Erhaltungskonzepte in ontologischen, identitäts- und wahrnehmungstheoretischen Zusammenhängen dienen kann. In erkenntnistheoretischen Gedankenexperimenten und Modellen beschreibt und veranschaulicht diese Figur dann dualistische oder nichtdualistische, substanzielle oder relationale Kontinuitätsverhältnisse von Wesen und Erscheinung, Körper und Seele, Sache und Begriff, Substanz und Akzidenz, ohne dass es sich dabei um einen übertragenen, bildlichen Einsatz handelt. Mit dem Wechsel von den substanzbasierten zu struktur- und eigenschaftsbasierten Konzepten der Seele und des Seelischen verlagert sich auch der Fokus der Seelenwanderungsfiguren insgesamt weg von einem dualistisch gedachten Transfer einzelner, immaterieller Substanzen zu empirischen Phänomenen, die die Erhaltung und Fortpflanzung von körperlichen Strukturen und körperstrukturierenden Prozessen betreffen. Auch wenn weiterhin von Seelen und Seelenwanderungen die Rede ist, rücken Seele und Körper als Kategorien tendenziell näher zusammen.

Drittens entwickelt sich im 18. Jahrhundert aus den an der Struktur, Chemie und Funktion von Organismen orientierten Korpuskularmodellen der Natur ein gezielter Anwendungsbereich der Seelenwanderungsfigur zur Beschreibung stoffwechselartiger Assimilations-, Reproduktions- und Weiterentwicklungsprozesse an komplex organisierten Gebilden. Auch in diesem Kontext ist die Figur intensiv mit Fragen der Identitätsbildung und -bewahrung befasst, hebt aber zunehmend auf entwicklungsgeschichtliche Abläufe ab. Die nun als Seelenwanderung und Palingenesie beschriebenen Phänomene und Prinzipien reichen von der Assimilation und Verdauung von Nahrung über die Bildung lebendiger körperlicher, geistiger und sozialer Kollektive bis zur Verbreitung, Wiederhervorbringung und Höherentwicklung von kulturellen Gütern in der Geschichte, und sie gelten als die ‚höhere' Bedeutung hinter der Seelenwanderungsidee.

Ich möchte nun behaupten, dass es sich bei der dargestellten Verwissenschaftlichung der Seelenwanderungsfigur weniger um historische Versuche handelt, eine naturalisierte, wissenschaftliche Begründung für den klassisch-metaphysischen Seelenwanderungsglauben zu finden, als um Versuche, neue, sich erst langsam herausbildende und ausdifferenzierende Wissensgegenstände mit Hilfe der Seelenwanderungsfigur beschreib- und denkbar zu machen. Daher lassen sich innerhalb dieser seelenwanderungsaffinen Diskurse meist auch zunächst paradox erscheinende Abgrenzungen gegenüber der (traditionellen) Metempsychoselehre feststellen.[55] Seelenwanderungsaffine Begriffe und Figuren werden zum Ende der

---

[55] Vgl. Leibniz: Neue Abhandlungen (wie Anm. 28), S. 244; vgl. auch Baumgartens und Schades Abgrenzung einer „vernünftigen" gegenüber der „rohen" Palingenesie bzw. Metempsychose

*Erkenntnistheoretische Bedeutung einer esoterischen Figur* 179

Frühen Neuzeit also nicht nur populär, weil sie sich als alternative Glaubensinhalte zur christlichen Eschatologie anbieten, sondern gerade auch deshalb, weil sie sich an eine Reihe nachhaltiger wissenschaftlicher, diesseitsbezogener Konzept- und Paradigmenwechsel anschließen, die die Dynamisierung der Natur und Kultur unter mehreren Perspektiven betreffen. Natürlich lässt sich die konzeptionelle Beschreibung empirischer Naturprinzipien im 18. Jahrhundert nicht trennen von darüber hinausgehenden, spekulativen Glaubensinhalten. Aber selbst diese spekulativen Inhalte betreffen bei der Seelenwanderungsfigur nicht zwangsläufig einen festen Kern von religiösen oder esoterischen Vorstellungen, wie etwa ein Weiterleben der individuellen Person nach dem Tode oder die Trennung der Seele vom Körper.

Angesichts der geschilderten Vervielfältigungen, Wandlungen und Ausdifferenzierungen historischer Seelenwanderungsfiguren, -termini und ihrer Bedeutungen muss die bereits von Daniel Cyranka aufgeworfene Frage mit Nachdruck gestellt werden, inwiefern sich solch ein komplexes und heterogenes Untersuchungsfeld mit einem historisch übergreifenden Begriff wie „der Seelenwanderung" oder „der Reinkarnation" überhaupt noch hinreichend erfassen lässt?[56] Daran schließt die Frage an, ob man diesem Untersuchungsfeld retrospektiv gerecht werden kann, wenn man es von vornherein als einen Bestandteil spezifischer Diskurse betrachtet, denen bestimmte inhaltliche oder strukturelle Attribute zugeschrieben werden? Wenn man Figuren wie die der Seelenwanderung a priori als Elemente eines alternativreligiösen oder esoterischen Diskurses betrachtet, läuft man zumindest Gefahr, andere Kontexte, Gegenstandsbereiche und Diskurse zu übersehen, die fundamental für die historische Bedeutung und Funktion dieser Figuren sind, aber zu sehr am Rand oder außerhalb des (disziplinären und methodischen) Blickfelds liegen. In diesem spezifischen Fall drohen insbesondere erkenntnis- und wahrneh-

---

nach Mulsow: Monadenlehre (wie Anm. 37), S. 149f. Herder grenzt seine affirmativ verwendeten Palingenesie- und Metempsychosebegriffe ebenfalls ab von „der Metempsychose des Pythagoras" als historisch überkommener Seelenwanderungslehre (vgl. Herders Schreiben an Mendelssohn, April 1769, in: Herders Briefe. Ausgew., eingel. u. erläut. v. Wilhelm Dobbek. Weimar 1959, S. 28–36, hier S. 35; ders.: Ueber die Seelenwandrung [wie Anm. 42], passim; ders.: Palingenesie. Vom Wiederkommen menschlicher Seelen. Mit einigen erläuternden Belegen. In: Ders.: Werke. Bd. 8 [wie Anm. 45], S. 257–282 u. passim). Bei Bonnet heißt es entsprechend, „die *Metempsychose* habe nur von Menschen angenommen werden können, welche sich mit dem *Psychologischen vermischten Wesen* nicht abgegeben hatten" – demgegenüber will seine *Philosophische Palingenesie* eine reifere Variante dieser Idee präsentieren (Bonnet: Palingenesie [wie Anm. 47], S. 232). Noch die anonymen „Beyträge zur Lehre von der Seelenwanderung" von 1785 unterscheiden eine „grobe Seelenwanderung, wie sie sich der grosse Hauffen dachte", von einer Seelenwanderungsvorstellung der „Klügern", die von den genannten spezifisch modernen Naturgegenständen ihren Ausgangspunkt nimmt: von „successive[n] Veredlungen" und „Reproduktionen", von Prinzipien der „Versetzung" und des „Fortleben[s]", von „der Zurückkehr der Substanzen in andere Formen" und von explizit beschriebenen Nährstoffkreisläufen (Anon.: Beyträge zur Lehre von der Seelenwanderung. Leipzig 1785, S. 89–91 u. 93; vgl. S. 135–137).

56  Vgl. Cyranka: Lessing im Reinkarnationsdiskurs (wie Anm. 2), S. 189.

mungstheoretische, anthropologische, ästhetische und protobiologische Aspekte der Seelenwanderungsfigur aus dem Blick zu geraten, die weniger religiösen als wissenschaftlichen Diskursen der Aufklärung zugehören.

Noch in der jüngeren Forschung zur Seelenwanderungsfigur sind beide Herangehensweisen auszumachen, die in Kombination miteinander zu einer ungewollten retrospektiven Verengung auf esoterische Lesarten beitragen. Der gebotenen Kürze wegen soll dies hier anhand von Zanders und Obsts Arbeiten verdeutlicht werden, ohne die sehr wichtigen Leistungen und Ergebnisse dieser und anderer der genannten Untersuchungen grundsätzlich in Frage stellen zu wollen. Selbstverständlich müssen immer Kompromisse gefunden werden zwischen einer zu offenen, unscharfen und einer zu isolierten, nicht weiter anschlussfähigen Einordnung des zu untersuchenden Gegenstandes, und so kommt auch der vorliegende Beitrag nicht aus ohne die Annahme einer gewissen inhaltlich-thematischen Kontinuität und Vergleichbarkeit von Seelenwanderungsfiguren zwischen verschiedenen historischen Autoren, und er muss sich seinerseits mit der Konstruktion eines stark verallgemeinernden Begriffs von „der Seelenwanderungsfigur" behelfen.

In dem Bemühen, die Verbreitung und Relevanz von Seelenwanderungsfiguren in der europäischen Moderne aufzudecken, tendiert die Forschung zu einem weder einheitlichen noch konsequent historisierenden Gebrauch der seelenwanderungsaffinen Termini. Begriffe wie Reinkarnation, Seelenwanderung, Palingenesie und Wiedergeburt werden weitestgehend synonym füreinander verwendet oder markieren verschiedene typologische Unterscheidungen des Materials auf der Basis von systematischen Kriterien, die sich ebenfalls über spezifische historische und kulturelle Gebrauchsweisen hinwegsetzen.[57] Aber schon allein die strikte Unterscheidung zwischen „Palingenese (die Erneuerung des Körpers)" und „Metempsychose (mit einem neuen Körper)"[58] beispielsweise wird im 18. Jahrhundert gerade hinfällig und in palingenetischen Begriffen der Seelenwanderung aufgehoben, weil – wie oben gezeigt – Körper nicht mehr als statische und substanziell voneinander ver-

---

[57] Vgl. exemplarisch Andreas Grünschloss: Diskurse um ‚Wiedergeburt' zwischen Reinkarnation, Transmigration und Transformation der Person. Versuch einer systematisch-religionswissenschaftlichen Orientierung. In: Wiedergeburt. Hg. v. Reinhard Feldmeier. Göttingen 2005 (Biblisch-theologische Schwerpunkte 25), S. 11–44. Unter Berufung auf Systematisierungsansätze wie bei Zander unterscheidet Grünschloss die interkulturelle „Verwendung des Wortfeldes ‚Wiedergeburt'" dreifach: erstens als „[p]ostmortale Reinkarnation" der „Personsubstanz, Seele" im Sinne einer wörtlichen Wiederverkörperung, zweitens als „[i]ntramundane, Transformation'" der Person im Sinne einer metaphorischen Bezeichnung eines neuen Lebensabschnitts und drittens kosmologisch als „Neugeburt/Neuschöpfung der gesamten Welt". Die erste Kategorie wird neben der direkten Reinkarnation als Mensch weiter unterteilt in „Säuglingsreinkarnation", in „Ahnenreinkarnation" und in die „Transmigration" in nichtmenschliche Daseinsbereiche (alle Zitate S. 18–20, passim). Vgl. auch Beetz: Lessings vernünftige Palingenesie (wie Anm. 4), der im Hinblick auf die begriffliche Systematik bei Zander, Cyranka und Herder zum einen Auf- und Abstiegsvarianten differenziert, zum anderen „die Erneuerung des Körpers" als „Palingenesie" von der „Wanderung der Seele durch verschiedene Körper" als „Metempsychose" unterscheidet (ebd., S. 133).

[58] Zander: Geschichte der Seelenwanderung (wie Anm. 2), S. 310.

schiedene Dinge aufgefasst werden, sondern als dynamische Systeme oder „Organismen" im steten Austausch ihrer Bestandteile. Die Erneuerung des bestehenden Körpers und das Weiterleben in einem neuen Körper können in diesem Sinne als ein und derselbe natürliche Vorgang aufgefasst werden, der schon zu Lebzeiten stattthat.

Zander stellt zwar einleitend fest: „Eine lineare Geschichte der Reinkarnationsvorstellung, gar eine Entwicklungsgeschichte, kann ich nicht entdecken, nur eine Pluralität von Entwürfen und Systemen";[59] und auch Obst statuiert entsprechend: „*die* Lehre von der Wiedergeburt gibt es nicht".[60] Dennoch befragen beide die untersuchten Quellen primär nach individuellen Glaubensformen und nach sympathisierenden oder ablehnenden Haltungen historischer Personen gegenüber etwaigen Seelenwanderungsvorstellungen.[61] Für Zander geht es darum, „Themen und Traditionen marginaler Religiosität wahrzunehmen und zusammenzustellen",[62] und Obst gibt ebenfalls religionswissenschaftliche Interessen an:

> Die Tatsache, dass wir es beim Reinkarnationsglauben mit einer transreligiösen Erfolgsidee [...] zu tun haben, die dazu neigt, sich in unterschiedlichen Religionen und Weltanschauungen zu ‚reinkarnieren', zwingt zu einer Bestandsaufnahme [...].[63]

Andere historische Anwendungsszenarien und Konstitutionsbedingungen geraten dabei in den Hintergrund. Nicht nur bei sehr umfangreich angelegten Darstellungen, die eine „Geschichte der Seelenwanderung in Europa" oder gar eine „Weltgeschichte einer Idee" vorlegen,[64] drängt sich so gewissermaßen die (populär-)esote-

---

[59] Ebd., S. 12.
[60] Obst: Reinkarnation (wie Anm. 2), S. 7.
[61] In Anbetracht des langen 18. Jahrhunderts sprechen Zander und Obst durchgängig von einer (literarischen) „Seelenwanderungs"- und „Reinkarnationsdebatte", von der „Reinkarnationsdiskussion" und „Reinkarnationsidee" (Zander: Geschichte der Seelenwanderung [wie Anm. 2], S. 323, 331, 337, 341, 356, 368, 386, 394, 395, 397 u. passim; Obst: Reinkarnation [wie Anm. 2], S. 119, 120, 152 u. passim). Nachträglich ist häufig von „Seelenwanderungsglauben" und „Seelenwanderungsvorstellungen" individueller Personen die Rede (Zander, ebd., S. 321, 336, 372, 386, 402 passim; Obst, ebd., S. 115, 121, 122, 130, 139, 153, 154 u. passim), von „Bekenntnis[sen]" und „Hoffnung[en] auf Seelenwanderung", „Seelenwanderungsplädoyer[s]", „Reinkarnations"- oder „Seelenwanderungsspekulation[en]" (Zander, ebd., S. 368, 373, 391, 398; Obst, ebd., S. 112, 122), von persönlichem „Eintreten für die Seelenwanderung", „[p]ersönliche[r] Zustimmung zum Wiederverkörperungsglauben" oder „Überzeugung" (Obst, ebd., S. 118, 121, 135), von „Reinkarnationsvertreter[n]", „Reinkarnationsbefürworter[n]" und von „Anhängern, Distanzierten und Gegnern" (Zander, ebd., S. 329, 338, 395; Obst, ebd., S. 115).
[62] Zander: Geschichte der Seelenwanderung (wie Anm. 2), S. 13.
[63] Obst: Reinkarnation (wie Anm. 2), S. 10. Dabei verweist die Vorstellung „einer transreligiösen Erfolgsidee", die sich durch Kulturen und Geschichte hindurch „‚reinkarnier[t]'" – sei sie metaphorisch intendiert oder nicht –, ihrerseits auf die oben aufgezeigte epistemologische Relevanz von Seelenwanderungsfiguren, gerade auch für die Geschichtswissenschaften, wenn es um Konzepte der Identität, Übertragung, Vererbung und Wiederkehr von Entitäten oder Strukturen geht, und sie verweist auf einen platonischen Idealismus hinter Obsts Religionsmodell.
[64] Vgl. die Titel bei Zander: Geschichte der Seelenwanderung; Obst: Reinkarnation (wie Anm. 2).

rische Lesart auf, trotz aller unterschiedlichen Aussagen existiere ein dahinter verborgener, überzeitlicher und transkultureller Kern der Reinkarnationsidee(n), an die seit der Antike von einer Unmenge bekannter und weniger bekannter europäischer Geistesgrößen geglaubt worden sei und die als solche von diesen weitergegeben und autorisiert werde. Es gibt zwar durchaus historische Anschlüsse und Überschneidungen zwischen den Metempsychose-, Seelenwanderungs-, Palingenesie- und Reinkarnationsbegriffen – selbst hinter scheinbaren Kontinuitäten auf der Ausdrucks- oder Bezeichnerseite finden aber essenzielle semantische Verschiebungen auf der Konzept- oder Bedeutungsseite statt, die in einer terminologischen Bestimmung durchgehend berücksichtigt werden und enthalten sein sollten. Eine dualistische Folie der Seelenwanderung, wonach „[e]ine leiblose Seele und deren Verbindung mit immer wieder neuen Körpern, [als] die elementare Konstitutionsbedingung europäischer Reinkarnationssysteme"[65] zu betrachten ist, gilt allenfalls bis zum Beginn der Aufklärung mit der *Querelle des Anciens et des Modernes*. Spätestens dann setzen sich offenbar neue, palingenetische, monadologische bzw. organische Seelenwanderungsbegriffe durch.

Natürlich gilt die Gefahr einer retrospektiven Verkürzung des Gegenstandes ebenso in der anderen Richtung: Auch eine einseitige Fokussierung auf die wissenschaftliche Relevanz aufklärerischer Diskurse und Begriffe kann schnell dazu führen, dass entscheidende Paradigmen, Konzepte, Motivationen und Differenzierungen esoterischer Strömungen ausgeblendet werden. Diese jedoch – so zeigt es der vorliegende Band – existieren immer schon in einer beachtlichen und offenbar konstitutiven Verschränkung mit dem aufklärerischen Denken der Moderne. Entsprechend schöpfen auch die historischen Seelenwanderungsbezüge gerade aus dem semantischen und konzeptionellen Potenzial, das sich erst aus der produktiven Verbindung der jeweiligen religiösen und esoterischen ‚Traditionsbestände' der Figur (seien sie neuplatonischer, kabbalistischer, alchemistischer, deistischer oder anderer Herkunft) mit den Möglichkeiten einer zeitgenössischen wissenschaftlichen bzw. philosophischen Interpretation ergibt – und dies gilt offenbar unabhängig davon, ob solche Interpretationen dann aus esoterischen oder eher esoterikfernen Kreisen heraus erfolgt sind.

---

[65] Zander: Geschichte der Seelenwanderung (wie Anm. 2), S. 269.

MARTIN MULSOW

## Eine unwahrscheinliche Begegnung. Sigmund Ferdinand Weißmüller trifft Christian Wolff in Marburg

Es gibt in der Philosophie gleichsam unwahrscheinliche Zusammentreffen: etwa das von Cassirer und Heidegger im Davos des Jahres 1929, oder das von Comenius und Descartes in Endegeest 1637.[1] Das sind Treffen von Denkern, deren Weltsichten windschief zueinander stehen – so fremd, dass eine wirkliche Auseinandersetzung, ein Austausch von Argumenten oder gar Widerlegungen nicht möglich scheint. Ein solches Treffen hat es auch zu Beginn der Hochphase der deutschen Aufklärung gegeben: Ein ‚Esoteriker', Sigmund Ferdinand Weißmüller, trifft auf den ‚Aufklärer' par excellence, Christian Wolff. Ort des Treffens ist Marburg, Zeitpunkt Ende Juli oder Anfang August 1737.[2] Wir wissen davon durch einen Brief von Weißmüller an die Philosophische Fakultät der Universität Leipzig, der bisher unbeachtet im Bestand des Gottsched-Briefwechsels geschlummert hat.[3] Dieser Brief bildet die Grundlage für meine folgenden Rekonstruktionen. Die Rekonstruktionen werden deutlich machen, dass wir von einer Kontinuität der platonisch-pythagoreischen Tradition in die Moderne hinein ausgehen müssen, die dichter und komplexer ist, als wir es bisher angenommen haben. Vor allem wenn

---

[1] Michael Friedmann: Carnap, Heidegger, Cassirer. Geteilte Wege. Frankfurt a.M. 2004; Pavel Floss: Comenius und Descartes. In: Zeitschrift für Philosophische Forschung 26 (1972), S. 231–253. – Ich danke für Hilfe beim vorliegenden Aufsatz Michael Schlott von der Gottsched-Edition der Sächsischen Akademie der Wissenschaften, der mir großzügigerweise seine Transkription von Weißmüllers Brief an die Philosophische Fakultät der Universität Leipzig (vgl. Anm. 3) sowie seine Paraphrase dazu zur Verfügung gestellt hat; ich konnte die Transkription dann mit meiner eigenen abgleichen. Ich danke weiterhin Karin Hartbecke, die mir ihre Abschrift von Weißmüllers Briefdissertation an Wolff (vgl. Anm. 17) zur Verfügung gestellt hat.

[2] Ich setze hier die Reihe von Studien über Weißmüller fort, die ich 2001 begonnen habe. Martin Mulsow: Pythagoreer und Wolffianer. Zu den Formationsbedingungen vernünftiger Hermetik und gelehrter ‚Esoterik' im 18. Jahrhundert. In: Antike Weisheit und kulturelle Praxis. Hermetismus in der frühen Neuzeit. Hg. v. Anne-Charlott Trepp u. Hartmut Lehmann. Göttingen 2001, S. 337–395; ders.: Aufklärung versus Esoterik? Vermessung des intellektuellen Feldes anhand einer Kabale zwischen Weißmüller, Ludovici und den Gottscheds. In: Aufklärung und Esoterik. Rezeption – Integration – Konfrontation. Hg. v. Monika Neugebauer-Wölk unter Mitarb. v. Andre Rudolph. Tübingen 2008 (Hallesche Beiträge zur Europäischen Aufklärung 37), S. 299–316; vgl. jetzt auch zum Kontext Hanns-Peter Neumann: Monaden im Diskurs. Monas, Monaden, Monadologien (1600 bis 1770). Stuttgart 2013 (Studia leibnitiana. Supplementa 37); Der Monadenbegriff zwischen Spätrenaissance und Frühaufklärung. Hg. v. dems. Berlin 2009.

[3] Weißmüller an die Philosophische Fakultät der Universität Leipzig, Wassertrüdingen 28.09.1737 (UB Leipzig, Ms. 0342 [Gottsched-Briefwechsel] IV, fol. 195r–198v). Inzwischen veröffentlicht in Gottsched: Briefwechsel. Historisch-kritische Ausgabe. Bd. 4. Hg. v. Detlef Döring, Rüdiger Otto u. Michael Schlott unter Mitarb. v. Franziska Menzel. Berlin 2010, S. 453–460.

man, wie hier vorgeführt wird, Inhalte von Gesprächen und mündlichem Austausch erschließt, um eine tradierte Philosophiegeschichtsschreibung zu korrigieren und zu ergänzen, ergeben sich ungewohnte Blickwinkel.[4]

## I Vorspiel: Besuch bei Johann Lorenz Schmidt

Im Vorfeld von Weißmüllers Besuch in Marburg gab es noch ein weiteres unwahrscheinliches Treffen, von dem wir erst durch den neugefundenen Brief wissen: Das des Ansbacher ‚Esoterikers' Weißmüller mit einem ‚Freidenker': Johann Lorenz Schmidt, berüchtigter Bibelübersetzer, der 1735 die sogenannte Wertheimer Bibel unter der Protektion seiner gräflichen Gönner herausgebracht hatte. Darin war der Pentateuch in einem wolffschen, rationalistischen Geist übersetzt worden. Schmidt hatte damit den Zorn der Theologen auf sich gezogen, und eine Klage beim Reichshofrat wegen Religionsspötterei hatte bewirkt, dass die Exemplare der Bibelübersetzung konfisziert wurden und Schmidt seit Februar 1737 in Wertheim – trotz weiter bestehender Protektion – in Untersuchungshaft saß.[5]

Aber warum in aller Welt besuchte Weißmüller, ein hochideosynkratischer Philosoph und Theologe, der über die Quadratur des Kreises, die Tetraktys und die Lichtmetaphysik der alten Chaldäer spekulierte, den deistischen Aufklärer Schmidt? Sind nicht größere Gegensätze kaum denkbar? Die Antwort kann an dem Umstand ansetzen, dass beide, Schmidt wie Weißmüller, in gewisser Weise theologische Wolffianer oder zumindest Wolff-Schüler gewesen sind, Weißmüller unmittelbar, Schmidt vermittelt durch Wolffianer in Jena. Doch das reicht als Grund für einen Kontakt kaum aus, zumal sich vor allem Weißmüller stark von den Ansichten seines Lehrers, bei dem er achtzehn Jahre zuvor promoviert worden war, entfernt hatte.

So liegt die eigentliche Antwort denn auch in den politischen Umständen. Ansbach war in den Fall Schmidt involviert, seit der Fürstbischof von Bamberg im April 1737 den Markgrafen von Ansbach aufgefordert hatte, gemeinsam mit den katholischen Fürsten von Löwenstein-Wertheim um die Überführung Schmidts nach Bamberg zu ersuchen, wo er vor Gericht gestellt werden sollte. Ansbach lehnte das ab, denn der Wertheimer Kammerrat Johann Wilhelm Höflein hatte einen Bruder am Ansbacher Hof, der dort Kanzleisekretär war.[6] Über ihn hat er auch erwirkt, dass Markgraf Karl Wilhelm Friedrich standhaft blieb – trotz des Umstandes, dass am 12. Juli der Reichshofrat explizit Befehl an die kreisausschrei-

---

[4] Vgl. Konstellationsforschung. Hg. v. Martin Mulsow u. Marcelo Stamm. Frankfurt a.M. 2005.
[5] Zu Johann Lorenz Schmidt vgl. Paul Spalding: Seize the Book, Jail the Author. Johann Lorenz Schmidt and Censorship in Eighteenth-Century Germany. West Lafayette, IN 1998, sowie Ursula Goldenbaum: Appell an das Publikum. Die öffentliche Debatte in der deutschen Aufklärung 1687–1796. Berlin 2004.
[6] Goldenbaum: Appell an das Publikum (wie Anm. 5), S. 214f.

benden Fürsten von Bamberg und Ansbach erlassen hatte, Schmidt nun endlich an den Ort des Gerichtsprozesses zu überführen.

Höflein war nach dem Urteil von Ursula Goldenbaum das Vorbild für Schmidt und der Motor hinter seiner Bibelübersetzung, darüber hinaus der Stratege der öffentlichen Debatte, die für und wider die Publikation losgebrochen war. Ich nehme daher an, dass Weißmüller von Johann Friedrich Höflein, dem Bruder des Wertheimer Politikers, mit einer Botschaft ausgestattet worden ist, die er in Wertheim zu überbringen hatte. Es ist also eher wahrscheinlich, dass Weißmüller im Kontext der politischen Affäre bei Schmidt haltgemacht hat, als dass er aus rein privaten Gründen dort logierte. Er wäre wohl auch kaum ins Gefängnis vorgelassen worden.

Aber darüber hinaus war er möglicherweise schon vorher mit Schmidt bekannt. Denn als Weißmüller sich nach seiner Promotion in Halle 1719 eine Zeit lang in Jena aufgehalten hatte, war der zwei Jahre jüngere Schmidt dort – seit 1720 – Theologiestudent. Hier könnte man sich, zumal über die gemeinsame Begeisterung für Wolffs Philosophie, kennengelernt haben.

Die Reise Weißmüllers muss kurz nach dem Befehl des Reichshofsrats vom 12. Juli 1737 begonnen haben. Der etwa 120 Kilometer weite Weg von Ansbach, wo Weißmüller als Dechant angestellt war, nach Wertheim führte ihn entlang der Tauber über Rothenburg, Bad Mergentheim und Tauber-Bischofsheim. Schmidt war im Haus des katholischen Fürsten unterhalb der Stadtkirche untergebracht, das in diesem Fall als Untersuchungsgefängnis fungierte. Was mögen die beiden ‚Wolffianer' dort beredet haben? Als der Austausch über die misslichen politischen Dinge, die Verwicklungen zwischen Wertheim, Bamberg, Ansbach und Wien, die Erörterungen über künftiges Vorgehen und taktische Maßnahmen beendet waren, konnten auch gemeinsame philosophische Themen besprochen werden. Weißmüller erzählte Schmidt von der Reise zu Wolff, auf der er sich befand, und von der Kritik, die er an Wolffs Philosophie übte. Dabei ging es um Probleme wie das Wesen des menschlichen Geistes. Schmidts Kenntnisse waren keineswegs auf die Theologie beschränkt; schon in Jena hatte er sich intensiv mit Mathematik, Naturwissenschaft und Philosophie beschäftigt. Daher konnte man mit ihm über generelle philosophische Fragen reden. In Weißmüllers Brief an die Leipziger heißt es:

Wir haben den menschlichen Geist eine Maschine genannt, aber wer, frage ich, hat einen Hinweis darauf gegeben, welcher Art die Veränderung der Räder, wenn ich so sagen darf, mit einem beliebigen Gedanken, einem beliebigen Affekt oder einer Empfindung verbunden ist?[7]

---

[7] Weißmüller an die Philosophische Fakultät der Universität Leipzig (wie Anm. 3): „Machinam nominavimus mentem humanam, sed cum cogitatione qualibet, cum affectu quolibet et sensu qualis rotarum, ut ita dicam, variatio connexa sit, quis quaeso indicavit?" Zu den nachcartesischen Debatten vgl. Rainer Specht: Commercium mentis et corporis. Über Kausalvorstellungen im Cartesianismus. Stuttgart 1966.

Man weiß, es ist im nachcartesischen Denken üblich gewesen, über die Parallelität von *cogitationes* und Bewegungen im Bereich der *extensio* zu spekulieren. Doch in der Tat ist selten genauer expliziert worden, wie dieses Verhältnis zu denken ist, besonders wenn man von irgendeiner Art von *influxus* ausging. Das aber bedeutet für Weißmüller: die ganze Maschinenvorstellung ist brüchig und eine potentielle Sackgasse. „Diesen auffallenden Mangel unseres Wissens", heißt es im Brief weiter, „hat auch der höchst scharfsinnige und hochberüchtigte Bibelübersetzer Schmidt anerkannt, von dem ich, als ich ihn auf der Durchreise grüßte, auf der Stelle die Bekräftigung mitbekam, dass Wolff mir nicht anders als dankbar sein könne, da er sich doch bemühe, die Grenzen der Wissenschaft auszudehnen".[8] Weißmüller setzt, das sieht auch Schmidt so, an den Problemstellen des Wolffschen Systems an und gibt dort Lösungen vor, die in andere Richtungen führen. „Seele und Körper begrüßt Du als eine doppelte Maschine", resümiert Weißmüller später im Anschluss an sein Gespräch mit Wolff, wo er in der Tat diese Kritik vorbrachte und an diesen adressierte.

> Das ist in Ordnung, wenn Du jede von beiden Maschinen [...] richtig erklärst. Es sei also unser Geist nichts anderes als eine lichtartige Maschine, aber [...] sich selbst bestimmend, eine Entelechie, d.h. einen Begriff ihrer Grenzen in sich habend und bestimmte Figuren, das sind: Gedanken, mit denen sie sich ihrer bewußt ist, aus eigener Spontaneität hervorbringend, so oft sie frei agiert. Die Maschine sei ein Körper, aber fort mit den absolut notwendigen Bewegungsgesetzen! Mittels der Elastizität von hochfeiner Luft, hochfeinem Wasser und hochfeinem Feuer, und diese nicht ohne jede innere Bestimmung in Kreisen ausgeübt, bewirkt diese ätherische Kraft, die den die Lebensfunktionen betreffenden Bewegungen vorsteht und sie regiert, indem die grobe Materie des Körpers in sich zusammenzieht, abstößt und bestimmt, daß Du die Natur des Menschen zu recht vegetativ nennen wirst, sobald es eine überbrückende Verbindung und eine genaue Harmonie des lichtartigen und des elastischen Prinzips zu konstatieren gibt. Und genau diese luft-feuer-wasserartige Elastizität (das ist es!) wickelt den lichtartigen Geist in so viele Dunkelheiten ein, daß er, des Denkvermögens beraubt, aufseufzt, solange er als Gefangener mit dem Körper eines Sterblichen vereint bleibt.[9]

---

[8] Weißmüller an die Philosophische Fakultät der Universität Leipzig (wie Anm. 3): „Agnovit hunc defectum insignem eruditionis nostrae acutissimus ille et famigeratissimus Bibliorum interpres Wertheimensium Schmidius, a quo in transitu salutato illico id reportavi solaminis, me Wolfio non posse non esse gratum, utpote provehendorum scientiae limitum studiosum."

[9] Weißmüller: De eo quod pulchrum est (vgl. unten Anm. 17), § 7: „*Animam & corpus* duplicem *machina* salutas. Sat bene, si utramque *machinam* (in verbis quippe simus faciles!) rite explicatam dederis. Sit ergo *mens* nostra, nihil aliud, quam *machina luminosa*, sed [...] *se* ipsam *determinans*, ἐντελέχεια, i.e. *rationem finium suorum* in se habens, *figuras* quaslibet, hoc est, *cogitationes*, quibus sibi conscia est, ex sua *spontaneitate*, quoties libere *agit*, pruducens. *Machina* sit *corpus*, sed apage *leges motus* tantum non absolute necessarias! Mediante subtilissima aëris, aquae & ignis *elasticitate*, eaque non sine omni *determinatione intrinseca* in circulos acta, *vis* illa *aetherea*, motuum vitalium praeses & regina, crassam hanc corporis materiam ita se *contrahendo, protrahendo & determinando* moderatur, ut *naturam* hominis *vegetam* merito dixeris, ubi *principii luminosi atque elastici nexum arctum harmoniamque accuratam* deprehendere datur. Eaque ipsa *elasticitas* aëro-igneo-aquea tantis, heu! *mentem luminosam* tenebris involvit, ut *facultate* semet ipsam *contemplandi* privata ingemiscat, quoad *caduco* mortalium *corpori* unita manet." Weißmüller fährt fort: „Non desunt tamen probe attendenti *scintillae*, in cerebro per densissimas noctes *lucidae*, ut experimenta altioris indaginis in prae-

Weißmüller bezieht sich auf die pythagoreisch-platonische Vorstellung von der Gefangenschaft der Seele im Körper, um zu erklären, warum es Unklarheit und Dunkelheit im Denken geben kann; zugleich treibt er das Leib-Seele-Problem in eine sehr spezifische Richtung: Es stellt sich nun als die zu erreichende Harmonie zwischen lichtartigem und elastischem Prinzip dar.

Weißmüller und Schmidt haben sich also, gleichsam als Präludium zu Weißmüllers geplantem Gipfeltreffen mit Wolff, über das Leib-Seele-Problem unterhalten, bei dem Weißmüller ansetzen wollte, um Wolff zu korrigieren und zu ergänzen. Die Lichtartigkeit des Geistes ist dabei der eine Lösungsvorschlag Weißmüllers – eine Formulierung Wolffs in der *Deutschen Metaphysik* ausbauend[10] –, die Betonung der Spontaneität das andere Element, das ihm wichtig ist. Beides ist fundamental in seiner Philosophie, die Elemente der Chaldäischen Orakel ‚Zoroasters' aufnimmt – wie auch christliche Theologumena von der Freiheit Gottes –, um das Verhältnis von Geist und Materie enger zu knüpfen, als Wolff dies tun konnte.

## II Physica divina

Es scheint zunächst erstaunlich, dass der ‚Esoteriker' und der ‚Freidenker' sich auf dieser Ebene verständigen konnten. Doch über den Gemeinsamkeiten zweier theologischer Wolffianer kommt ansatzweise eine Strömung in den Blick, die bisher von der Philosophie- und Theologiegeschichte vernachlässigt und nicht einmal in ihren Konturen erforscht worden ist: die der *mathesis christiana,* oder *physica divina*, die sich zugleich als natürliche Theologie versteht. Schaut man in die Publikationen oder Vorlesungsverzeichnisse vieler Akademiker des frühen 18. Jahrhunderts, sieht man, wie verbreitet eine solche Denkweise war. „Theologia gentilium purior" hat Tobias Pfanner im späten 17. Jahrhundert diejenigen Lehren antiker, auch orientalischer Denker genannt, die nicht als idolatrisch abqualifiziert werden dürften, sondern wertvolle Vernunfteinsichten enthielten und insofern als Teil einer universellen ‚Philosophia perennis' gelten könnten. Solche Lehren stimmten automatisch mit der Offenbarung der Heiligen Schrift überein, sie bestätigten christliche Dogmen wie die Trinität und die Auferstehung.[11]

Schmidts und Weißmüllers Lehrer in Jena, der Hamberger-Nachfolger Johann Bernhard Wiedeburg (1687–1766), war ein typischer Vertreter einer solchen *physica divina*: Er verband Leibnizsche Infinitesimalrechnung und analytische Geometrie mit biblischer Mathematik und theologischer Lehre – und war dabei noch ein Wolff-Anhänger. 1721 etwa ließ er *De luce primigenia* disputieren, als Erläute-

---

senti taceam: *Septum* etiam *luminosum,* vel in *cadaveribus* obvium, quis eruditorum facile ignorat?"
[10] Vgl. unten Anm. 40.
[11] Tobias Pfanner: Systema theologiae gentilis purioris. Basel 1679.

rung zu Genesis I, 3–5.[12] Wie Weißmüller in seiner Dissertation beschäftigte er sich mit der Unendlichkeit Gottes und mit dem Zustand von Körpern im ewigen Leben.[13] Bei solchen Lehrern scheinen die Wurzeln zu liegen für die philosophische Sprache, in der sich Weißmüller und Schmidt über die Grenzen des Wolffschen Paradigmas unterhielten.

## III Weißmüller erklärt sich

Von Wertheim aus waren bis Marburg noch fast zweihundert weitere Kilometer zurückzulegen: den Main entlang über Aschaffenburg und Hanau, und dann nach Norden in Richtung Gießen und Marburg. In der Universitätsstadt an der Lahn angekommen, wird Weißmüller Wolffs Haus am Markt aufgesucht haben,[14] und er hat sich dort offenbar mehrere Tage aufgehalten und mit seinem alten Lehrer konferiert. Zweimal hatte Wolff Weißmüllers öffentliche und recht aufdringliche Einladungen zu einem Streitgespräch vor Publikum in Frankfurt bereits ausgeschlagen. Das war auch kein Wunder, denn Wolff hatte sich verpflichten müssen, nicht mehr *coram publico* über bestimmte Grundfragen zu räsonieren. Noch im April 1737 hatte es im Brief von Wolff an Weißmüller dementsprechend geheißen: „Ich habe mich schon An. 1731 in der Vorrede über die Cosmologie öffentlich erkläret, daß ich niemandem antworten würde, der deswegen [über die Monadenlehre, M. M.] mit mir hadern wollte."[15] In Ludovicis – parteiischer – Darstellung

---

[12] Johann Bernhard Wiedeburg (praes.), Georg Christoph Meyer (auctor et resp.): De luce primigenia ad illustrationem loci Gen. I. 3–5. Jena 1721. Meyer beruft sich dabei auf Francesco Patrizi (1529–1597) und Neuplatoniker wie Jamblich und Simplicius, vermittelt nicht zuletzt (S. 8ff.) durch das Werk von Ismaël Boulliau (Bullialdus): De natura lucis (1638); Boulliau hat 1643 den Neuplatoniker Theon von Smyrna ins Lateinische übersetzt: Expositio rerum mathematicarum ad legendum Platonem utilium. Vgl. H.J.M. Nellen: Ismaël Boulliau (1605–1694), astronome, épistolier, nouvelliste et intermédiaire scientifique. Amsterdam 1994. Hier einige weitere Titel von Wiedeburg: De pondere planetarum ad solem tendentium, subjectis cogitationibus mechanicis et physicis de statu corporis humani in vita aeterna. Jena 1719; Oratio Panegyrica de in fluxu siderum in temperamentum hominis Wiedeburg, Johann Bernhard. Jena 1720; Demonstratio mathematica infinitatis dei oder von der Unendlichkeit Gottes. Jena 1729; Mathesis biblica (sieben Specimina). Jena 1730; zu Wiedeburg vgl. Allgemeine Deutsche Biographie. Bd. 42. Leipzig 1897, S. 379f.

[13] Vgl. Christian Wolff (praes.), Siegmund Ferdinand Weißmüller (resp.): Specimen physicum, ad theologiam naturalem adplicatae, sistens notionem intellectus divini, per opera naturae illustratam. Halle 1719.

[14] Die Adresse Wolffs in Marburg ist kontrovers. Bisher ging man davon aus, er habe in der Marktgasse 17 gewohnt, doch Eckhardt argumentiert für den Markt Nr. 23, da nur dort ein hörsaaltauglicher Raum vorhanden gewesen sei: Wilhelm A. Eckhardt: Legende und Wirklichkeit. Christian Wolffs Wohnhaus in Marburg. In: Christian Wolff und die hessischen Universitäten. Hg. v. dems. u. Gerhard Menk. Marburg 2004, S. 39–46. Ich danke Winfried Schröder für den Hinweis.

[15] Die Herausforderungen: Wolff an Weißmüller. In: Carl Günter Ludovici: Sammlung und Auszüge der sämmtlichen Streitschriften wegen der Wolffischen Philosophie. Bd. 1. Leipzig 1738, S. 284–288 (vom 06.09.1736); S. 288–294 („anderweitige Herausforderung" in Vers-

musste dies so wirken, als habe Wolff endgültig die Tür zu jedem Dialog zugeschlagen.[16]

Doch wie wir sehen werden, haben sich die Dinge anders entwickelt. Im Frühsommer 1737 scheint sich nach den anfänglichen Schwierigkeiten doch noch ein intensiverer Briefwechsel zwischen Schüler und Lehrer ergeben zu haben, und Wolff hat schließlich eingewilligt, ein privates Gespräch mit seinem abtrünnigen Schüler zu führen. Weißmüller hat dann offenbar die Erfüllung dieses Herzenswunsches mit der politischen Mission nach Wertheim verbinden können.

Von Weißmüllers Gespräch mit Wolff haben wir zwei Zeugnisse. Zum einen hat Weißmüller, kaum dass er zuhause war, am 15. August eine an Wolff gerichtete Briefdissertation in Druck gegeben – sicher in kleinster Auflage, zum Privatgebrauch und für Freunde – in der er sich überschwänglich für den Austausch bedankt und auf wenigen Seiten Bemerkungen zu philosophischen Punkten nachträgt, die im Gespräch berührt worden waren.[17] Zum anderen schreibt er sechs Wochen später, am 28. September, einen langen triumphierenden Brief an die Philosophische Fakultät der Universität Leipzig, in dem er vom Gespräch mit Wolff berichtet und seine eigene Philosophie in ihren Grundzügen darlegt.[18] Offenbar durchwirkten ihn immer noch die Begeisterung über die Begegnung mit dem alten Lehrer und der Stolz, in seinen Theorien, die doch dem Zeitgeist eher entgegenstanden, anerkannt und ernstgenommen worden zu sein. Es trieb ihn geradezu, diesen Umstand öffentlich zu machen.

Die Briefdissertation verrät einiges von der Atmosphäre der Begegnung mit Wolff. Sie beginnt mit einem langen Satz:

> Nachdem dem höchsten Wesen der schuldige Dank abgerichtet ist, nachdem ich dem Gnädigen Fürsten den Grund für meine unternommene Reise willfährig dargelegt habe, nachdem ich die Anteile meiner Dienstpflichten, die für den Zeitraum einiger Wochen aufgeschoben werden mußten, für meine Person erfüllt habe, bleibt mir, vom glücklichsten Ort an den heimischen Herd zurückgekehrt, nichts vorrangiger zu tun, nichts angelegentlicher, als daß ich mich für die erneuerten Zeichen Deines so alten Wohlwollens mir gegenüber, berühmter Herr, für die gute Laune, die einem bedeutenden Philosophen würdig ist, für den Verlauf des so überaus freundschaftlichen Gespräches, aus allem, was die Welt umfaßt, zuhöchst öffentlich bedanke und dies offen ausdrücke und bekenne. Dadurch möge die ganze gelehrte Welt erkennen, daß die Billigkeit eines so großen Mannes denen, die maßvoll anderer Meinung sind als er und die klar den-

---

form, aus der Dedikation von Weißmüllers Ramsay-Übersetzung: Die Gespräche des Cyrus mit dem Pythagoras und des Pythagoras mit dem Anaximander. Nürnberg 1737). Die Antwort von Christian Wolff an Weißmüller: 15.04.1737. In: Ludovici: Sammlung, S. 295–297.

[16] Ludovici in seinen Fußnoten ebd. Vgl. auch Carl Günter Ludovici: Ausführlicher Entwurff einer vollständigen Historie der Wolffschen Philosophie. Leipzig 1737, Bd. 2, § 696, 710, 747, 749; Bd. 3, § 171 (Biographie Weißmüllers in ironischem Ton).

[17] Viro illustri / longeque celeberrimo / Christiano / Wolfio, / Sacrae Sueciae Majestatis […] pro receptione amica & auditione benevola / *debitas habet gratias*, / & / Dissertatione hac Epistolica / de eo, quod pulchrum est in Philosophia / Platonico-Pythagorica, / breviter differens / eandem, ex composito, in justum systema, DEO clementer / annuente, quamprimum redigendam orbi erudite / nunciat, / Sigismund. Ferd. Weismullerus. / S.S. Theol. Lic. Wassertrudingensis Dioeceseos Decanus, / oppidique Pastor primarius. / Norimbergae. 1737.

[18] Ebd.

ken, zugesteht, einen erwiesenen Seitenweg zu verfolgen – die gelehrte Welt, die, bis daß man Deinen Rat, bis daß man Deinen Befehl als beschwerliche Last schwachen Schultern aufgeladen hat, es wohlwollend unterlassen wird, unsere Kreise mit unzeitigen Urteilen zu stören [...].[19]

Die letzten Zeilen dieser überlangen, in wohlerwogenen Worten komponierten Sentenz reflektieren eine Defensivsituation Weißmüllers, die ich an anderer Stelle rekonstruiert habe.[20] Weißmüller war, seit er 1736 selbstbewusst als pythagoreischer Philosoph und Leibniz-Kritiker aufgetreten war, Zielscheibe des Spottes und von Angriffen geworden, die vor allem Leipziger Wolffianer unter Führung von Carl Günter Ludovici und Wolf Balthasar von Steinwehr gegen ihn lancierten.[21] Gegen diesen Spott, der sich in den nächsten Jahren noch steigern sollte, war der Umstand, dass Wolff ihn, Weißmüller, voller Wärme empfangen hatte, eine Genugtuung und ein Triumph. Im Brief, den er im September an die Leipziger direkt schreibt, heißt es dementsprechend: „Ihr wundert euch, berühmte Philosophen, daß er [Wolff, M.M.] sich mir gegenüber wie ein Vater, nicht nur wie ein Lehrer verhält?"[22] Ein solches persönliches Verhältnis zum Meister konnten die wenigsten selbsternannten Wolffianer für sich reklamieren.

Bemerkenswert an Weißmüllers begeistertem Dank an Wolff ist der Eindruck von extremer philosophischer Toleranz, den die Passage vermittelt. Wolff hat

---

[19] De eo quod pulchrum est (wie Anm. 17), unpaginiert, Beginn: „Post [!] debitas *supremo Numini* gratias habitas, post rationem suscepti itineris *Serenissimo Principi* obsequiose redditam, post officii partes, quae in aliquot hebdomadum spatium differendae fuerant, pro virili expletas, nihil merito prius mihi debuit esse, nihil antiquius, a felicissimo ad domesticos focos reditu, quam ut perveteris TUAE in me benevolentiae, VIR ILLUSTRIS! indicia renovata, comitatem summo *Philosopho* dignam, colloquii amicissimi momentum, ex omnibus, quae orbis forte capit, maximum publice gratus & exponam & profitear, quo, quid aequitas *Tanti Viri* modeste a se dissentientibus, tramitemque monstratum sequendo clariora meditantibus largiatur, orbis eruditus omnis pervideat, qui, dum consilium Tuum, dum jussa Tua arduum inbecillibus humeris onus imposuerunt, circulos nostros intempestivis judiciis turbare, Temet [!] vel ipso deprecante, benevole supersedebit."

[20] Mulsow: Aufklärung versus Esoterik? (wie Anm. 2).

[21] Ludovici: Ausführlicher Entwurff (wie Anm. 16), S. 601: „Da dieser starck seyn wollende und erbärmlich scharff denckende Weltweise in einem Frantzösischen Kleide auf die Schaubühne der philosophischen Welt getreten ist; so hat ihm auch der gelehrte Hr. Verfasser der Leipziger neuen Zeitungen von gelehrten Sachen auf das Jahr 1736, im 75. Stücke nach Frantzösischem Gebrauch eine Priese Schnupftoback dargereichet, welche wegen des darunter gemengten Indianischen Pfeffers ihm Kitzeln in der Nasen und endlich gar den Schnupffen verursachet hat." Bis August 1736 war Friedrich Wilhelm Stübner der Redakteur der von Friedrich Otto Menke edierten *Neuen gelehrten Zeitungen*, nach seinem plötzlichen Tod trat Wolf Balthasar Steinwehr – bis zu seiner Berufung nach Göttingen im Jahr 1738 – an seine Stelle. Da die *Analyse* erst im Herbst 1736 erschienen war, scheint Steinwehr der Verfasser des Verrisses gewesen zu sein. Zu ihm vgl. Detlef Döring: Beiträge zur Geschichte der Gesellschaft der Alethophilen in Leipzig. In: Gelehrte Gesellschaften im mitteldeutschen Raum (1650–1820). Hg. v. dems. u. Kurt Nowak. Teil 1. Stuttgart, Leipzig 2000, S. 95–150.

[22] Weißmüller an die Philosophische Fakultät der Universität Leipzig (wie Anm. 3): „Mirabimi-nine, Philosophi celeberrimi, quod ille ad me patris instar et praeceptoris? Germanos nostros, id quod exigua cum nostra Gloria conjunctum est, tam abstrusas veritates vix capturas, vel se capere, nescio quare, saltem dissimulaturos monuit vir summus."

offenbar nicht nur seinem Schüler in dessen Darlegungen geduldig zugehört, sondern er hat sich an dessen Stelle gesetzt, dessen Argumente mitgedacht und sogar noch stärker konturiert.

Was im Marburger Treffen von Weißmüllers Seite anstand, war klar: Er musste aus seiner ‚esoterischen' Pose der Verrätselung heraustreten und Wolff gegenüber sein System wirklich erklären. Das stellt uns vor die Herausforderung, aus Weißmüllers Briefen und den überlieferten Systemskizzen zu rekonstruieren, was Weißmüller mit seinem Lehrer beredet hat. Diese Systemskizzen sind (1) die *Analyse des etres simples* von 1736, (2) das *Specimen philosophiae pythagoricae* von 1736, (3) die Briefdissertation *De eo quod pulchrum est in Philosophia Platonico-Pythagorea* von 1737, schließlich, nach (4) den Erläuterungen vom Brief an die Leipziger Fakultät von 1737, (5) das *Speculum Dei* von 1742 sowie (6) die handschriftliche *Brevis explicatio* vom Mai 1747, als er sich Cromwell Mortimer, dem Sekretär der Royal Society, verständlich zu machen versuchte.[23] Zusätzlich können auch die handschriftlichen Skizzen und Rechnungen helfen, die Weißmüller zu diesem Anlass über eine ‚Quadratura circuli' angefertigt hat.[24] In der Handschrift wird Weißmüllers mathematische Praxis so deutlich wie sonst nie, und gerade die durchgestrichenen Passagen vermitteln einen Eindruck davon, wie er auch an Wolffs Tisch mit Stift und Papier agiert haben mag.

## IV Kräfte und Geister

Das Gespräch scheint mit einer Erörterung darüber begonnen zu haben, was denn Kraft als Grund von Veränderung eigentlich sei.[25] Weißmüller wies auf Andrew Michael Ramsay hin – für ihn in vielerlei Hinsicht ein Vorbild[26] –, der konstatiert habe, dass man noch keine wahre Definition für Kraft gefunden habe; und Wolff konnte nur zustimmen.[27] Für Weißmüller zeigt sich Kraft immer nur in der Aktion:

---

[23] L'analyse des etres simples et reels, ou la Monadologie de feu Msr. Baron de Leibnitz demasquée et l'idealisme renversé […]. Nürnberg 1736; Specimen definitionum Philosophiae Pythagoricae vere Geometricae […]. Frankfurt 1736; De eo quod pulchrum est (wie Anm. 17); Speculum Dei mundum fabricantis in septenario, ad mentem Philonis de opificio mundi pag. 20. sqq., tribus radicibus 2. & 5., 3. & 4., 1. & 6. terna circulorum genesi retegit proportionemque diametri ad peripheriam 729 ad 2291 […]. o.O. 1742; Brevis explicatio; British Library Ms. 4438, fol. 31r–33v.

[24] Ebd. fol. 8r–31r.

[25] Ich lese den Brief an die Leipziger Fakultät als mehr oder weniger direktes Gesprächsprotokoll Weißmüllers; ich gleiche es ab mit der unmittelbar nach dem Gespräch verfassten Briefabhandlung De eo quod pulchrum est (wie Anm. 17).

[26] Zu Ramsay vgl. Georg Eckert: ‚True, Noble, Christian Freethinking'. Leben und Werk Andrew Michael Ramsays (1686–1743). Münster 2009.

[27] Weißmüller an die Philosophische Fakultät der Universität Leipzig (wie Anm. 3): „Vim fontem variationis definivimus, sed in principali qualiscunque cognitionis definitione metaphoram adhibere, descriptione vix dignam, nonne piget? Variationes, scilicet cancellos rerum per novam metaphoram, quomodocumque possibili accident, tacuisse, none taedet? Quod Ramsayus in

Sie ist eine gerade Linie, die sich in sich zusammenzieht oder sich ausdehnt.[28] Das Definiens ‚gerade Linie' blieb zunächst ausgespart – jetzt ging es erstmal um die pulsierende Bewegung. Diese sei, so argumentierte Weißmüller, in Lebensvollzügen sichtbar, etwa der Lunge oder des Herzens, die entsprechende Bewegungen ausführten.[29] Da sind wir schon bei der Charakteristik der vitalen Prozesse, die Weißmüller im Gespräch mit Schmidt schon hatte anklingen lassen, und die den Kraftbegriff mitten in das Leib-Seele-Problem hineinführen. An dieser Stelle zählte Weißmüller eine Reihe pythagoreisierender oder platonisierender Denker auf, von Bessarion und Ficino über Johann Baptist van Helmont bis Henry More, die ähnliche vitalistische Pulsationen gekannt hatten – nur die Deutschen, so versuchte er Wolff bei den gemeinsamen nationalen Interessen zu packen, hätten dieses Denkmodell nie wirklich aufgenommen.[30]

Nachdem soweit Konsens vorhanden war, kam Weißmüller langsam seinem Grundgedanken näher, der Lichtartigkeit von Kraft und Welt. Denn die vitalistischen Pulsationen sind für ihn solche des Spiritus, also jenes dünnstofflichen, ätherischen Geistes, von dessen Existenz Ficino, van Helmont und More ausgegangen waren. Der Spiritus vermittelt im Menschen zwischen Körper und Intellekt.[31] Hier wird Wolff sicherlich skeptisch zugehört haben.[32] Weißmüller aber konnte weiter dozieren, dass der Spiritus von lichtartiger Natur sei und daher geometrische Strahlengesetze für ihn gelten würden. Auch das ließ sich im Prinzip bei Ficino (und seinem Gewährsmann Plotin) nachlesen.[33]

---

discursu Mythologico, Cyri itineribus adjecto fassus est ingénue, veram virium definitionem nos adhuc latuisse, non abnuere sustinuit Summus Marburgensium Philosophus."

[28] Specimen definitionum Philosophiae Pythagoricae vere Geometricae (wie Anm. 23), Cap. 1, Def. 1: „Vis est linea recta vel in se contrahens, vel extra se producens."

[29] Weißmüller an die Philosophische Fakultät der Universität Leipzig (wie Anm. 3): „Ens quodlibet, se in se contrahens vel extra se producens, vel pulmonum et cordis motu reciprocante teste, experientia qualibet possibili, consentiente, vim nobis in actu monstrare, non ivit inficias."

[30] Ebd.: „Post Bessarionem Cardinalem, Marsilium Ficinum, Helmontium et Henricum Morum, Platonis atque Pythagorae placita, tanquam per praeiudicium justissimum proscripta stultitiaeque damnata, nullius unquam inter Germanos in se convertisse attentionem, equidem valde miror." Vgl. Marsilio Ficino: Opera Omnia. Basel 1576; Johan Baptist van Helmont: Ortus Medicinae. Amsterdam 1648; Henry More: Opera. London 1674–1679.

[31] Ebd.: „Reddatur tandem homini homo, Spiritu et anima et corpore constans. Spiritui puro si radios luminosos, i.e. intellectum, determinationem liberam ad angulos quoslibet possibiles, i.e. voluntatem, cum facultate se protrahendi vel contrahendi, figurasque quaslibet vel formandi vel recipiendi, interna teste experientiali, tribuamus, firmo Psychologia sane talo stabit." Zum frühneuzeitlichen Spiritus-Begriff vgl. Michaela Boenke: Körper, Spiritus, Geist. Psychologie vor Descartes. München 2005.

[32] Zur Seelenlehre bei Wolff: Sonja Carboncini: Transzendentale Wahrheit und Traum. Christian Wolffs Antwort auf die Herausforderung durch den cartesianischen Zweifel. Stuttgart 1991; Die Psychologie Christian Wolffs. Systematische und historische Untersuchungen, hg. v. Oliver-Pierre Rudolph, Jean-Francois Goubet. Tübingen 2004 (Hallesche Beiträge zur Europäischen Aufklärung 22).

[33] Vgl. Tamara Albertini: Marsilio Ficino. Das Problem der Vermittlung von Denken und Welt in einer Metaphysik der Einfachheit. München 1997.

Nun wurde es mathematisch. Weißmüller sprach von Winkeln, Dreiecken und Rechtecken.³⁴ Er hatte im *Specimen* den Wolffschen Begriff der Bestimmung (*determinatio*) so benutzt, dass die Bestimmung von Linien und Winkeln als Selbstbestimmung des Geistes zu fassen war. Dabei griff er – wie auch jetzt im Gespräch – auf alexandrinische Platoniker wie Philo und Synesius zurück, die eine Art anthropomorphe und theomorphe Geometrie vertreten hatten: Das Dreieck entspricht dem Menschen, das Rechteck Gott und stumpfe oder spitze Winkel einem Laster wie der Lüge.³⁵ War das im 18. Jahrhundert zeitgemäß? Konnte man wirklich noch eine Geometrie des menschlichen Spiritus entwerfen, aus der nicht nur die Seelenkräfte, sondern auch richtiges und falsches Verhalten abzuleiten waren? Man muss wohl die Begeisterung für die neuen Spekulationen zu Elastizität, Adhäsion und Elektrizität im Anschluss an die Newtonsche Physik in Rechnung stellen, die Naturforscher dazu verleiteten, über eine direkte Korrelation zwischen Lichtgesetzen und körperlich-geistigen Eigenschaften zu spekulieren.³⁶

---

34 Weißmüller an die Philosophische Fakultät der Universität Leipzig (wie Anm. 3): „Synesius certe de Daemonibus p: 50 B. edit. Ald. Triangulo aequicrurio genus humanum uti, cum rectangulum divinitati sit proprium, rotunde fassus est, quod nimirum per vires adhaesionis, electricitatis et attractionis memoriae, ingenii et judicii intime junctum caput illustrat. Determinationem ad angulos obtusos et acutos mendacium parere clare satis indicavit Philo de mundi opif. p. 22. A. edit. Francof. Spiritus vim elasticam, quam vocamus, superbiam parere haud obscure inuit l. de praem. Et poenis p. 917. D." Vgl. Specimen definitionum Philosophiae Pythagoricae vere Geometricae (wie Anm. 23), Cap. II., Def. I: „Spiritus malus est congeries linearum, secundum angulos obtusos sive acutos semet ipsum ad curvas determinans, viribus primitivis praeditus, spatio definitus." De eo quod pulchrum est (wie Anm. 17), § 7. Dazu Mulsow: Aufklärung versus Esoterik? (wie Anm. 2), S. 357–363.
35 Vgl. Philo: De opificio mundi. In: Ders.: Quae extant opera Omnia. Frankfurt 1691; Synesius konnte man lesen in: Iamblichus: De mysteriis Aegyptiorum, Chaldaeorum, Assyriorum (Tr: Marsilius Ficinus). Add: Proclus: In Platonicum Alcibiadem; De sacrificio et magia. Porphyrius: De divinis et daemonibus. Synesius: De Somniis. Psellus: De daemonibus. Priscianus et Marsilius Ficinus: In Theophrastum De sensu […] ; Alcinous: De doctrina Platonis. Speusippus: De Platonis definitionibus. Pythagoras: Aurea verba et symbola. Xenocrates: De morte. Marsilius Ficinus: De Voluptate. Venedig 1497 [u.ö.].
36 Und Weißmüller kam in Fahrt, konnte sich kaum noch stoppen: leibliche Auferstehung von Toten bis hin zu Vampyren! Weißmüller an die Philosophische Fakultät der Universität Leipzig (wie Anm. 3): „En pervetustam ipsius poëtarum principis Theosophiam! Hercules ipse in campis Elysiis, Heben nactus conjugem, nectare gaudet et Ambrosia; hoc est, Spiritus purus, lumini primigenio in regione aetherea junctus, primae originis decore radians, infinita perfunditur voluptate. *Eidolon* est, principium elasticum, heroum in aëre numero adscriptum, ibi suos patitur manes. Corporis exusti crassae reliquiae terrae mandantur. Principiumque illud luminosum, remanente in corporibus elastico, in suum locum si abire posse statuamus, Vampyriorum et prodeuntium et tumulis Podoliensium phaenomena nonis plana faciet, cujus generis exemplum stupendum, forte per tabulas patriae publicas veritati asserendum, legere licet in Schelwigii cynosura conscientiae sive Leitstern des Gewissens p. 561-587. Risu excipere historias, nasoque suspendere adunco, quae non capimus, res est longe facillima; Sed rationem eorum reddere sufficientem, utut in profundo, cum veritate, puteo latentem, hoc opus, hic labor est. Quid quo ipsummet principium elasticum, veri priscorum manes, si nonnisi paulatim aërem subire ponamus, miracula, quae cum Garmanno vocant, mortuorum, ideas eruditorum claras non superabunt." Vgl. Samuel Schelwig: Cynosura conscientiae. Frankfurt, Leipzig 1692; Christian Friedrich Garmann: De miraculis mortuorum libri tres. Leipzig 1670. Weißmüller schaltet sich hier

Wolff war sicherlich kein solcher Spekulierer. Er konnte allenfalls wieder aufhorchen, als Weißmüller ankündigte, von dieser Geisttheorie her eine neue Definition des Denkens (*cogitatio*) aufzustellen. Denken, so Weißmüller, sei eine beliebige lichtartige Figur, die entweder im Geist spontan hervorgebracht oder mittels eines äußeren Lichtes erzeugt werde.[37] Das hatte er aus dem Begriff von der Kraft als gerader Linie extrapoliert. In Weißmüllers streng monistischer Philosophie sind Kräfte und Gedanken nur graduell unterschieden, so wie auch die Deutlichkeit der Gedanken eine Frage der Intensität des Lichtes ist. Das Entscheidende freilich ist die Spontaneität der Hervorbringung, denn Weißmüllers Lehre ist dezidiert nicht deterministisch.[38]

Wie fern standen Wolff, für den *cogitatio* zunächst nur als Veränderung in der Seele, deren diese sich bewusst ist, bestimmt ist, diese Überlegungen?[39] Immerhin hatte er metaphorisch vom „Licht in der Seele" gesprochen, wo es um Klarheit ging,[40] und immerhin hatte er sich auf den Leibnizschen Begriff der Monade eingelassen, einen Begriff, der stark pythagoreisch geprägt und durch die Plotinische und nachplotinische Lichtphilosophie vermittelt war.[41] Wie Hanns-Peter Neumann

---

in die aktuelle Debatte zum Vampirismus ein. Vgl. Klaus Hamberger: Mortuus non mordet. Dokumente zum Vampirismus 1689–1791. Wien 1992; Anja Lauper: Die ‚phantastische Seuche'. Episoden des Vampirismus im 18. Jahrhundert. Karlsruhe 2011. 1732 war von „W.S.G.E." erschienen: Acten-mäßige und Umständliche Relation von denen Vampiren oder Menschen-Saugern, Welche sich in diesem und vorigen Jahren, im Königreich Servien herfürgethan. August Martini. Leipzig 1732; danach schloss sich eine intensive Debatte an, an der u.a. Gottlob Heinrich Vogt (*Kurtzes Bedencken Von denen Acten-maeßigen Relationen Wegen derer Vampiren, Oder Menschen- Und Vieh-Aussaugern*, 1732), Johann Christoph Harenberg (*Vernünftige und Christliche Gedancken über die Vampirs*, 1733) und Michael Ranft (*Tractat von dem Kauen und Schmatzen der Todten in Gräbern*, 1728/1734) teilnahmen.

[37] Weißmüller an die Philosophische Fakultät der Universität Leipzig (wie Anm. 3): „Quid quaeso comprehensu facilius, quam definitio cogitationis, quod sit figura quaelibet luminosa sive in mente, sua sponte, producta, sive extrinsice per sensus, mediante lumine extero, illata? Lucis diversi gradus claram, confusam, distinctam et adaequatam notionem intuitive nobis explicatas sistent."

[38] Das kann man als eine Reaktion auf die Vorwürfe sehen, die Wolff von Seiten Joachim Langes gemacht worden waren. Vgl. dazu Bruno Bianco: Freiheit gegen Fatalismus. Zu Joachim Langes Kritik an Wolff. In: Zentren der Aufklärung I. Halle. Hg. v. Norbert Hinske. Heidelberg 1989, S. 111–155.

[39] Vgl. z.B. Christian Wolff: Deutsche Metaphysik. Vernünftige Gedanken von Gott, der Welt und der Seele des Menschen, neue Auflage. Halle 1751, § 194.

[40] Wolff benutzt die Lichtmetaphorik und spricht in Bezug auf Klarheit und Dunkelheit von Gedanken von Licht; ebd., § 203: „Wenn unsere Gedancken klar sind, so sagen wir, es sey lichte oder helle in unserer Seele. Gleichwie wir aber sonst das Licht in der Welt zu nennen pflegen, was die umstehenden Cörper sichtbar machet, daß wir sie nehmlich sehen und durch ihren Unterschied von einander erkennen können; so nennen wir auch dasjenige in unserer Seele ein Licht, welches machet, daß unsere Gedancken klar sind und wir durch ihren Unterscheid einen vor dem andern erkennen können, das ist, welches uns des Unterschiedes vergewissert."

[41] Vgl. immer noch Clemens Baeumker: Witelo. Ein Philosoph und Naturforscher des 13. Jahrhunderts. Münster 1908; Dietrich Mahnke: Unendliche Sphäre und Allmittelpunkt. Halle 1937.

gezeigt hat, kam dabei eine mathematische Sprache von Neuplatonikern und Neupythagoreern wie Nikomachos von Gerasa und Theon von Smyrna zum Einsatz, die dabei half, den Übergang von der immateriellen Zahl als Aggregat von Einheiten zur Geometrie figürlicher und kontinuierlicher Ausdehnung erklärbar zu machen.[42] Dennoch: Auch von dort ist es noch ein großer Schritt, sich auf eine *Identifizierung* von Geist und Licht einzulassen. Vielleicht war es die zweifelnde Reaktion Wolffs, die Weißmüller darauf beharren ließ, dass es apologetisch gegen die Atomisten doch nötig sei, in einer pythagoreisch-monadologischen Richtung zu denken.[43] Auch der ‚Idealismus' von Leibniz – darunter verstand man damals pejorativ die Leugnung der realen Existenz der Welt und der Körper –, der aus der Annahme einer unendlichen Teilbarkeit der Materie folge, sei mit seinen Monaden keine Lösung.[44] Nur Weißmüllers Konzeption einer Lichtwelt könne die apologetische Herausforderung annehmen. Um aber zu verstehen, wie sich Weißmüller diese Lichtwelt denkt, ist es nötig, die mathematischen Hintergründe seiner Theorie zu verstehen.

## V Progressionen

Der Kern von Weißmüllers System ist seine Theorie der Progression als Formel für die Berechnung des Kreisumfangs. Karin Hartbecke hat gezeigt, wie diese Formel von Leibniz' Vorschlag von 1682 inspiriert ist, den Wert von π/4 als unendliche Reihe von rationalen Zahlen darzustellen, und zwar als harmonische Progression:

---

[42] Hanns-Peter Neumann: Monaden im Diskurs (wie Anm. 2), S. 464–488.
[43] Weißmüller an die Philosophische Fakultät der Universität Leipzig (wie Anm. 3): „Facessant vel tandem ex orbe Christiano atomi istae Leucippi, Demokriti, Epicuri et Anaximandri, ut monadem in thesi restituamus Pythagoream, id est, quemlibet numerum 1, cujus aliqua dari potest in mente repraesentatio, *proton aistheton*, ut Philo loquitur. Numerorum distantia spatium erit. Ens simplex voco lumen continuum per vires primitivas artissime unitum p ex quibus, *ek me phenomenon*, post tristem in DEUM rebellionem, igne vindice, materia, suo tempore, post longas revolutions, in lucem, igne reparante, reducenda, in mundi hujus tenebricosi chao primum apparuit." Weißmüller sieht sich also wie Cudworth im Kampf gegen den atomistischen Atheismus. Vgl. Specimen definitionum Philosophiae Pythagoricae vere Geometricae (wie Anm. 23), Cap. II, Def. XI. Zu den „rebelles" vgl. Mulsow: Pythagoreer (wie Anm. 2), S. 382ff.; ders: Aufklärung versus Esoterik? (wie Anm. 2), S. 360ff.
[44] Weißmüller an die Philosophische Fakultät der Universität Leipzig (wie Anm. 3): „Divisibilitas materiae in infinitum, a doctissimo apud Gallos mathematico haud ita pridem strenue impugnata, Idealismum nobis, ne quid dicam pejus, monstroso partu enixa fuit. Monades illae, quae loco Cartesianorum vorticum immensum inter orbes aspectabiles spatium caliginosa admodum idea impleverunt, mundo denique illi luminoso locum concedant, qui Spiritum nostrum, nubes calcaturum et aërem, beato *ton pneumaton ton teteleiomenonchoro*, exantlatas exilii aerumnas, in aethere puro iterum conjuget, cujus infinito suo gaudio, notionem claram, per felicem reminiscentiam, Platone in Timaeo teste, sibi formare poterit Spiritus finitus, sed enixis ad DEUM precibus ad hanc perfectorum sapientiam, cum profundissima elasticitatis demissione, per serias meditations praeparandus."

1 − 1/3 + 1/5 − 1/7 + 1/9 usw.[45] Auch Weißmüller wollte mit Progressionen operieren, doch man versteht seinen Ansatz nur, wenn man begreift, dass das progressive Moment bei ihm nicht innerhalb einer Formel für den Kreisumfang gesetzt ist, sondern im Verhältnis der Formeln bei zunehmender Größe des Kreisdurchmessers zueinander.

Das hat damit zu tun, dass Weißmüllers Licht- und Strahlenwelt eine ist, die sich konstituiert, indem sie sich zugleich ausbreitet und zusammenzieht. Die Welt ist gleichsam ein unendliches Pulsieren von Licht; damit werden die einzelnen Naturkräfte und der Raum erst hervorgebracht, nicht durch Monaden. Gefragt ist daher ein Bildungsgesetz für eine Kreisartigkeit, die gleichsam ständig in Bewegung ist. Weißmüller bietet dafür eine komplizierte Formel an, die horizontal aus Brüchen mit den Nennern 3, 6 und 9 besteht (alles Vielfache der ternaren Grundbestimmung 3) sowie aus einem Total-Bruch, wie ich ihn nennen möchte, der aus Potenzen von 3 besteht, z.B. für den Kreisdurchmesser 1 die Potenz 81 (als 9-Quadrat oder 3 hoch 4) im Zähler und die Potenz 729 im Nenner (als 9-Kubik oder 3 hoch sechs). Später bevorzugte er noch die Zahl 2291 als eine Art Abschlusszahl, denn sie kommt als Wert des Kreisumfangs zustande, wenn der Durchmesser selbst 729 (oder 9-Kubik) ist. Das ist in gewisser Wese die höchste denkbare Reflexivität: das Ergebnis einer Operation, bei der der Grundternar, der in sich reflektiert ist (3 mal 3) einer dreifachen Potenzierung unterworfen ist (Kubik) und auf eine Kreislinie abgebildet wird.[46]

Dass das Ergebnis solcher Brüche nicht genau den Wert von π ergab, hat Weißmüller nicht so sehr gestört. Ihm kam es darauf an, dass das Bildungsgesetz der Weltkonstitution die ternare Grundstruktur der Welt widerspiegelte, und dass von der horizontalen Formel aus nun eine vertikale Reihe gebildet werden konnte, bei der das Fortschreiten des Kreisdurchmessers auf den Wert 2, 3, 4, 5 usw. anwächst. Da sich der Kreis ausbreitet (und wieder zusammenzieht), ist das eigentliche Progressionsmoment nicht in der Formel für die Umfangsberechnung eines einzelnen, bestimmten Kreises enthalten, sondern in der für den zunehmenden Radius.

Wolff wird Augen gemacht haben, falls Weißmüller ihm diese Dinge mit Stift und Papier vorgeführt hat. Doch er hat sich scheinbar – wenn man Weißmüllers Bericht glauben darf – nicht über die krude Mathematik mokiert, sondern die spekulative Tiefe in dem Entwurf erkannt und offenbar in gewissem Maße gebilligt. Weißmüller ging es darum, die Kraft – im Sinne einer sich zusammenziehenden und wieder ausbreitenden Linie – mathematisch bestimmen zu können. „Bestim-

---

[45] Gottfried Wilhelm Leibniz: De vera proportione circuli. In: Acta eruditorum. Febr. 1682, S. 41–46. Leibnizens mathematische Schriften. Hg. v. Carl I. Gerhardt. Bd. 5. Halle 1858, S. 118–122. Vgl. Karin Hartbecke: ‚Ein evangelischer Theologe und Platonischer Philosophe' – Siegmund Ferdinand Weißmüller und die pythagoreische Tetraktys. In: Aufklärung und Esoterik. Rezeption – Integration – Konfrontation. Hg. v. Monika Neugebauer-Wölk unter Mitarb. v. Andre Rudolph. Tübingen 2008, S. 283–298.

[46] Weißmüller an Mortimer: De quadratura circuli (wie Anm. 24).

mung", heißt es im *Specimen definitionum philosophiae pythagoricae*, „ist die Hervorbringung einer geraden Linie aus sich heraus in beliebige mögliche Richtungen, oder eine binäre Zahl nach den Proportionen der kürzlich entdeckten mittleren Progression 1+2+3+4+5 usw. ins Unendliche".[47] Weißmüller verband also Progressions-Lehren mit ursprünglichen pythagoreischen Intentionen – neuere arithmetische Entwicklungen mit alter Weisheit – und entwarf dabei eine Welt, die durch eine Art beständiges Pulsieren gekennzeichnet ist, eine Art göttlichen Tonus, der sie erfüllt. Dieses Pulsieren drückt Weißmüller mit seiner Wendung „aus sich heraus und in sich zurückkehrend" aus – es geht um Schwingungen in einer bestimmten Frequenz, wie bei Klang oder Licht. Albert von Thimus hat um 1870 im Anschluss an die physikalischen Experimente von Helmholtz zur Akustik in ähnlicher Weise die Rückbindung an altes pythagoreisches Denken gesucht.[48] Und schon Weißmüller war sich der Nähe zur Musik bewusst. Er stand mit Lorenz Christoph Mizler in Leipzig in Kontakt, einem fränkischen Bach-Schüler, der eine pythagoreische Musiklehre verfasst hat.[49]

Schon in seiner Dissertation bei Wolff im Jahr 1715 war Weißmüller fast besessen von der Idee, das Verhältnis der göttlichen Unendlichkeit zur Welt in Zahlen zu fassen.[50] Später hat er im Anschluss an die Berechnungen von John Keill (1671–1721) und Georg Albrecht Hamberger (1662–1716) zur Gravitation und magnetischen Anziehung Neigungen von Linien zueinander als Adhäsionskraft bezeichnet und über seine Progressions-Überlegungen – scheinbar – mathematisch grundgelegt. Ähnlich verfuhr er mit elektrischer Kraft und Anziehungskraft.

Weißmüller ging es bei alldem nicht primär darum, ein formell mathematisches Problem zu lösen, sondern im gesuchten Verhältnis von Radius und Kreisumfang so etwas wie eine philosophische Herleitung zu geben, eine Deduktion der derivativen Kräfte aus der *vis primitiva*, um mit Leibniz zu sprechen. Mit seiner Progressionsformel hoffte er, das Gesetz zur Beschreibung der Pulsationen gefunden zu

---

[47] Specimen definitionum Philosophiae Pythagoricae vere Geometricae (wie Anm. 23), Cap. I, Def. II: „Determinatio est lineae rectae extra se secundum quoslibet angulos possibiles productio, sive numerus binarius, per proportiones progressionis mediae nuper detectae 1+2+3+4+5 &c. in infinitum."
[48] Albert Freiherr von Thimus: Die harmonikale Symbolik des Alterthums. 2 Bde. Köln 1868 u. 1876. Vgl. Rudolf Haase: Geschichte des harmonikalen Pythagoreismus. Wien 1969.
[49] Vgl. Franz Wöhlke: Lorenz Christoph Mizler. Ein Beitrag zur musikalischen Gelehrtengeschichte des 18. Jahrhunderts. Würzburg 1940; Joachim Birke: Christian Wolffs Metaphysik und die zeitgenössische Literatur- und Musiktheorie. Gottsched, Scheibe, Mizler. Berlin 1966. Für Informationen zu Mizler danke ich Lutz Felbick, der an einer Monographie über ihn arbeitet. Danach verteidigte Mizler in Leipzig Pythagoras und seine Schüler vehement gegen den Vorwurf, es handele sich bei diesem nur um eine „heidnische" Sekte. Zur Debatte um Wolff und den Pythagoreismus trug maßgeblich bei: Johann Gottfried Walther: Eröffnete Eleatische Gräber oder Gründliche Untersuchung der Leibnizschen und Wolffischen Gründe der Welt-Weisheit. 3. Aufl. Magdeburg, Leipzig 1737.
[50] Christian Wolff (praes.) / Siegmund Ferdinand Weißmüller (resp.): Specimen physicum, ad theologiam naturalem (wie Anm. 13).

haben, die die Grundbewegungen in der Natur darstellen – nicht zuletzt im Funktionieren der ‚lichtartigen Maschine' des Geistes im Körper.

## VI Stereometrische Körper

Dabei war ihm als Pythagoreer immer das Problem der Entwicklung der Vielheit aus der Einheit bewusst. Die Progression von Zahlen sah er als Erscheinungsform der Progression der Zweiheit, Dreiheit usw. aus der Einheit an, mit der Figur der Tetraktys als Lösung der Herleitung der Vielheit. Wenn Vielheit aus Einheit entsteht, dann entsteht auch der Raum: „Die Zwischenräume des Lichts zwischen Triade und Tetrade zum Offenbaren der Kräfte der Hervorbringung und des Zusammenziehens konstituieren den Raum."[51] Weißmüller konstruiert also Pyramiden und sie umgebende Würfel, um so etwas wie Schöpfung begreifen zu können. Dabei wird sichtbar, dass sein Pythagoreismus ein christlicher (oder zumindest monotheistischer) ist, geschult an Philos Rezeption pythagoreischer Numerologie.

Diese Orientierung an Philos Interpretation des Sechstagewerks hat Weißmüller 1742 unter Beweis gestellt, als er die Theorie einer Pyramide veröffentlichte, die „das Feuer der sichtbaren Welt als ihr Prinzip" hervorbringe, sowie die Theorie eines „Cubus Platonicus".[52] Es ging also um die Progression der stereometrischen

---

[51] Specimen definitionum Philosophiae Pythagoricae vere Geometricae (wie Anm. 23), Cap. I, Def. IX: „Luminis interstitia inter triadem et tetradem pro exserendis viribus productionis et contractionis spatium constituunt."

[52] Cubus Platonicus in Malas Harmonias degenerans, quae exitum afferunt ex V & II. In: Speculum Dei (wie Anm. 23). Den Kubus stellt sich Weißmüller in der Brevis explicatio (Anm. 23), § 13, so vor: „Cubus Platonicus in diagrammate Philonico ad undecim quadratula excrescente, astutiae Daemoniacae specimen stupendum, in prima progressione quadratum adhuc monstrat mere spirituale sed ad protractionem cubicam suis proportionibus jam dispositum = 64. Quomodo cubus in progressione omnes figuras possibiles contineat monstrat spectaculo quavis expectatione superiori progressio secunda 2.3 scilicet in progressione quinta tristissimo quinario illo modo omni possibili, Platone teste, abusus est Lucifer. Cubum ipsum monstrat 3.3 Parallelogrammata pro prismatum basi suppediat 4.2 = 428. Triangula pro prismate absolvendo monstrat 4.3 = 972. Pentagona, Octogona, Decagona ad utrumque. cubi scisci labus disponenda suadet 5.2 x 160. Pentagonum minus jani stereometricum explicat 5.3 = 1215 = Parallelogrammata hiatum prismatis utriusque replentia vides in 6.2 = 192. Hexagonum minus metitur 6.3 = 486. NB quiescente septenario nuperi cubui duplo. Spatium inter prismata et petagonum diagonali mediae superimpositum parallelopidelis et triangulis mixtis replet 7.2 = 224. Haxagoni petagono superimpositi lineas cum basi reciprocat ad Dodecaëdra et Icosaëdra omnesque figuras possibiles 7.3 = 1701 = 1215 x 486. Numeri ad excrescentiam machinae cylindricae, cujus axis peripheriae claudendae aequalis est, facientes lineola infra ducta distincti apparent. Sed quod oretenus intra diei spatium fieri potest, vel centrum foliis vix satis calamus explicabit mysteria Figurae aeri incidendae, sed per leges doctrinae arcani nonnisi cum summis coniuricandae ingeniis, ad manus nondum sunt. Lapidis philosophici hic latere inventionem Cabbala indicat jam plane denudata, Kadmea enim […] hoc additum habet Nota bene: Computa et ditesce! SZ!" Zu den platonischen Körpern vgl. Paul Adam, Arnold Wyss: Platonische und Archimedische Körper, ihre Sternformen und polaren Gebilde. Stuttgart 1994.

Körper, allerdings nicht in einer einfachen Abfolge von der Monas bis zum Dodekaeder, sondern in sehr spezifischen Schritten.

Im Einzelnen bleibt diese komplizierte Theorie noch mathematikhistorisch zu rekonstruieren. Hier können nur einige Grundzüge angedeutet werden. Die letzte uns überlieferte Fassung von Weißmüllers System ist die handschriftliche Skizze *Brevis explicatio*, die Weißmüller 1747 als Erläuterung für seine an Cromwell Mortimer geschickten Traktate angefertigt hat.[53] In ihr ist die stereometrische Deduktion zu großer Komplexität angewachsen und enthält zentral die Theorie eines Zylinders, in dem sich wiederum Weißmüllers Zahlen 729 und 2291 abbilden, sodass auch hier das Verhältnis von Durchmesser und Kreisumfang bei Einbeziehung der Herleitung aus der Monas und der pulsierenden Natur der Linie gewahrt ist.[54] In diese stereometrische Figurenlehre ist intrinsisch Weißmüllers Geistlehre eingearbeitet, da sie ja von Beginn an geometrisch gefasst ist, in einer Art ‚Begriffsschrift'. In § 10 der *Brevis explicatio* heißt es etwa:

> Nachdem sie vom göttlichen Licht zu sehr angezogen worden ist, hat sich gleichsam trunken eine große Menge Geister aus der spirituellen Ebene in einen Würfel erhoben und ist dann schließlich durch den Abstand des Würfels zum Pentagon, zu den Prismata, Oktogona und Hexagona bis zum richtigen stereometrischen Maß des Zylinders angewachsen [...].[55]

Man denkt bei solchen Spekulationen an Johannes Kepler und sein *Mysterium cosmographicum* wie auch an andere Versuche, Physik und Philosophie in geometrischer Sprache auszudrücken.[56] Bei Weißmüller ist dies kombiniert mit einer Lichtphilosophie, die er vor allem aus Thomas Stanleys Rekonstruktion einer *Phi-*

---

[53] Brevis explicatio (wie Anm. 23.)
[54] Ebd., § 7: „Monados infinitas extra essentiam suam infinitam spatium vago cursu replentes, ad lineas et figuras rectas determinavit Ens a se, pater luminam iden.. et spiritum in Quadrato infinito, mundo luminoso primigenio, Tetracty Pythagorae omnium animarum patria. Sed ex nihilo nihil fit."
[55] Ebd.: „Lumine divino nimium attracto quasi ebria magna spirituum multitudo ex plano spirituali in cubuminse elevavit, tandem per hiatum cubis ad pentagonum, ad prismata, octogona et hexagona usque ad justam cylindri mensuram stereometricam excrescens, quibus planis convolutis et circa axem rotatis tandem extitit circulus, cujus diameter si sit 729, peripheria, radiis nativis plenissima, erit = 2291, si quod revera est, sit cubus 729, cylinder erit = 2291. En rationem circularum, cubo 4 et cylindros ad se invicem inbuitivum." Diese erstaunliche Theorie erinnert nicht nur an Philo, sondern darüber hinaus an die Theorie des Kosmos, die von Anaximander bekannt ist. Vgl. die Fragmente DK 12 A 10 und DK 12 A 11, wo Anaximander davon spricht, die Erde sei „einem steinernen Säulensegment ähnlich." (Hermann Diels, Walther Kranz: Die Fragmente der Vorsokratiker. 6. Aufl. Hildesheim 1951/52). Robert Hahn hat diese Aussagen mit den zeitgenössischen architektonischen Praktiken des Tempelbaus in Ionien zusammengebracht und rekonstruiert, wie mathematische Berechnungen zwischen Durchmesser und Umfang dabei eine Rolle gespielt haben. Dies scheint die Basis für die Ähnlichkeit zu Weißmüllers Überlegungen zu sein. Vgl. Robert Hahn: Anaximander and the Architects. The Contributions of Egyptian and Greek Architectural Technologies to the Origins of Greek Philosophy. Albany 2001.
[56] Johannes Kepler: Mysterium cosmographicum [1596]. De stella nova. Gesammelte Werke. Bd. 1. Hg. v. Max Caspar. 2. Aufl. München 1993.

*losophia orientalis* bezogen hat.[57] Diese nach Ansicht von Zeitgenossen aus Urzeiten stammende ‚orientalische Philosophie' stellte man sich als Philosophie Zoroasters vor und glaubte ein Zeugnis davon in den – eigentlich viel späteren – *Oracula chaldaica* vor sich zu haben.[58] Diese philosophischen Orakel breiteten eine Lehre von Licht und Feuer aus, die in Wirklichkeit mittel- und neuplatonisch geformt war, unter Anregungen aus persischen Traditionen.

Wie weit Weißmüller seine stereometrischen Theorien der 1740er Jahre bei der Begegnung mit Wolff schon entwickelt hatte, wissen wir nicht, doch er wird in Marburg mit Stift und Zettel versucht haben, Wolff von seinen Ideen zu überzeugen. Er wird ihm vorgerechnet haben, wie man zur Zahl 729 komme und warum diese Zahl von so großem philosophischen Interesse sei. Man kann aus den handschriftlichen Rechnungen, die Weißmüller bei der Kontaktaufnahme mit dem Sekretär der Royal Society, Cromwell Mortimer, mitgeschickt hat, einen Eindruck von dem gewinnen, was Weißmüller Wolff vorgelegt hat.[59]

## VII Christlicher Chaldäismus und Eschatologie

Solche Denkformen, ein solcher – wie auch immer modern transformierter – Chaldäismus oder Zoroastrismus, waren im Deutschland des frühen 18. Jahrhunderts im Anschluss an Stanleys *Historia philosophiae orientalis* keineswegs selten. Doch im Allgemeinen blieben sie wie bei Weißmüller eher verdeckt und wurden als private Spielerei gepflegt. Man legte den Finger auf den Mund und teilte sich nur Gleichgesinnten mit. Ich habe das an anderer Stelle ‚Harpokratismus' genannt.[60] Ein Beispiel für eine solche verdeckte Form bietet Johann Albert Fabricius in Hamburg, der bekannte Gräzist und ‚Litterärhistoriker'. In handschriftlicher Form, als Randnotizen in seinem Exemplar von Jamblichs Pythagoras-Vita, hat er eine abenteuerliche Spekulation entfaltet, die an gedanklicher Kraft und philologischer Raffinesse ihresgleichen sucht.[61] Fabricius hielt mit Ficino – und wie Weißmüller – die Chaldäischen Orakel, die damals Zoroaster zugeschrieben wurden, für uralte, wenn auch in Unordnung geratene Weisheit, legte den astrologischen Ma-

---

[57] Thomas Stanley: Historia philosophiae orientalis. Leipzig 1690.
[58] Michael Stausberg: Faszination Zarathushtra. Zoroaster und die Europäische Religionsgeschichte der Frühen Neuzeit. 2 Bde. Berlin 1998. Udo Reinhold Jeck: Platonica Orientalia. Aufdeckung einer philosophischen Tradition. Frankfurt a.M. 2004.
[59] British Library Ms. 4438, fol. 36ff.
[60] Martin Mulsow: Harpocratism. Gestures of Retreat in Early Modern Germany. In: Common Knowledge 16 (2010), S. 110–127.
[61] Det Kongelige Bibliotek Kopenhagen, Ms. Fabr. 32, 4°. Vgl. Ralph Häfner: Götter im Exil. Frühneuzeitliches Dichtungsverständnis im Spannungsfeld christlicher Apologetik und philologischer Kritik (ca. 1590–1736). Tübingen 2003. Vgl. zum Folgenden auch Martin Mulsow: Entwicklung einer Tatsachenkultur. Die Hamburger Gelehrten und ihre Praktiken 1650–1750. In: Hamburg. Eine Metropolregion zwischen Früher Neuzeit und Aufklärung. Hg. v. Johann Anselm Steiger u. Sandra Richter. Berlin 2012, S. 45–63.

nethon daneben und versuchte, diese Art Zoroastrismus-Pythagoreismus mit Keplers Weltharmonik, antiker Mythologie und der Mosaischen Genesis zusammenzubringen. Heraus kam eine Kosmogonie, bei der das Sonnensystem zunächst Saturn als Mittelpunkt hatte, der dann aber beim Fall dieses ‚Luzifer' durch die Sonne ersetzt wurde, während Saturn an den Rand, in die Kälte verbannt worden war. Das Sechstagewerk Gottes entpuppte sich als eine schrittweise Erschaffung der stereometrischen Körper wie Pyramide, Dodekaeder und Kubus, die die Planetensphären festlegen. Wie viel arabische Geschichtsastrologie *à la* Abu Mashar dabei hereinspielte, zeigt die Aufmerksamkeit, die Fabricius dem Teil der Henoch-Apokalypse widmete, die man *Buch der Wächter* nennt. Für die Araber ist Henoch mit Idris und mit Hermes Trismegistos gleichgesetzt, und weil Henoch in der Bibel kein Sterbedatum hat und daher als zu Gott entrückt galt, spekulierte man – davon berichten etwa die Verfasser der *Rasā'il Ihwān as-safā'* –, dass er bis zur Sphäre des Saturn aufgestiegen und dreißig Jahre mit ihm umgelaufen sei, bis er herabstieg und die Menschen die Astrologie gelehrt habe.[62] Für Fabricius gibt die Henoch-Apokalypse den chronologischen Wink, wann der Fall innerhalb des Weltenbaus stattgefunden habe – nach dem ‚Millenarius sanctus' der unschuldigen Zeit –, wonach die ‚schiefe' Zeit der Präzession des Zodiakalkreises begonnen habe. Nach 6000 Jahren werde dann der Weltenbrand oder zumindest eine grundlegende Änderung der Religion eintreten.

Ob nun Weißmüller, Fabricius oder andere ‚harpokratische' Denker: die genaue Verbindung von biblischer Schöpfungslehre, Pythagoreismus und Kosmologie war jeweils unterschiedlich, aber die Ingredienzen dieselben. Dass man die Progression der regelmäßigen stereometrischen Körper als fortschreitende Weltschöpfung begriff, die als Ausbreitung eines ursprünglichen Lichts vorzustellen war, konnte als Konsens gelten. Und man ging sogar noch weiter, denn die Spekulation musste nicht nur den Weltbeginn betreffen, sie konnte auch auf das Weltende zielen.

Denn Weißmüller und Fabricius ähneln sich nicht nur in der Verbindung von Kepler, Philo und den *Oracula Chaldaica*, sondern auch in der Präsenz eines eschatologischen Momentes. Während für Fabricius allerdings der Weltenbrand noch fern war, lebte Weißmüller in einer Naherwartung.[63] Er glaubte, dass das Lichtreich – angezeigt durch die Nordlichterscheinungen, die 1736/37 deutlich zu sehen waren und zahlreiche Deutungsversuche hervorriefen – schon bald eintreten werde, und er neigte wie Fabricius zur Spekulation, dass die Positionen im Sonnensystem sich verändern könnten. Die zunehmenden Sonnenflecken, so Weißmüller im Gespräch mit Wolff, seien ein gewisses Indiz dafür, dass die Sonne wieder ein Planet werde.[64]

---

[62] Vgl. Kevin van Bladel: The Arabic Hermes. From Pagan Sage to Prophet of Science. Oxford 2009.
[63] Vgl. dazu näher Mulsow: Aufklärung versus Esoterik? (wie Anm. 2), S. 350–352, S. 360ff.
[64] Weißmüller an die Philosophische Fakultät der Universität Leipzig (wie Anm. 3): „Auroras equidem boreales, quae abhinc viginti, et quod excurrit, annos tenebras insueto lumine passim

## VIII Wolffs Reaktion

So endete also Weißmüllers Marburger Gespräch mit Wolff mit großen Aussichten und gewagten Gedanken. Wolffs abschließende Reaktion kennen wir zunächst nur über den Bericht Weißmüllers. Daher müssen wir sehr genau abwägen, wie viel Ernst und möglicherweise wie viel Ironie in Wolffs Reaktion enthalten gewesen ist, ob Weißmüller dies nun wahrgenommen hat oder nicht. Sehen wir uns Weißmüllers Schilderung im Brief an die Leipziger an:

> Scheine ich euch mit Paulus nicht völlig wahnsinnig zu sein?[65] So scheine ich in der Tat einigen in unserem Vaterland vorzukommen – nach dem immer wiederkehrenden Schicksal, das die Philosophen trifft –, und so bin ich auch Wolff selbst am Anfang unseres Briefwechsels vorgekommen, verehrte Männer![66]

Weißmüller spielt wieder auf die Verspottungen an, die er zu ertragen hatte. Dann fährt er fort: „Aber er [Wolff, M. M.] ist in allen anderen Bereichen gänzlich aufgegangen, von wo aus er seine göttliche Urteilsschärfe auf das angewendet hat, dem tiefer nachzudenken war." Dieser Satz („Sed in alia omnia abiit, ex quo divinum judicii acumen ad haec profundius meditanda applicuit") ist in der Tat erstaunlich: Wolff scheint, wenn man dem Satz glauben will, sich tief auf Weißmüllers Gedankenführungen eingelassen zu haben und in seinem, Weißmüllers, Sinne versucht zu haben, dessen argumentative Linien noch klarer herauszuarbeiten. Das ist weit mehr, als man vom großen Marburger Rationalisten hätte erwarten können. Es hat nicht nur einen ‚esoterischen Wolffianismus' gegeben, wenn man ihn so nennen will, nein, Wolff selbst hat auch noch mitgeholfen, ihn zu konturieren.

„Wundert ihr euch nicht, berühmte Philosophen, daß er zu mir ist wie ein Vater, nicht nur wie ein Lehrer?", fragt Weißmüller die Leipziger.

> Unsere Deutschen, bemängelte dieser hochbedeutende Mann, seien – und das sei keineswegs ein Ruhmesblatt - kaum fähig, so verborgene Wahrheiten zu begreifen, oder sie begriffen sie, er wisse nicht warum, lediglich, indem sie dies verhehlten.[67]

In Weißmüllers Bericht erscheint Wolff als ein Philosoph, der ohne weiteres in der Lage war, auch spekulatives Denken zu würdigen und nachzuvollziehen, auch wenn er selbst einen anderen Stil praktizierte. Er mokiert sich über eine gewisse Flachheit vieler Rationalisten – und das muss seine eigene Schule, die Wolffianer

---

in diem plane convertunt, vires aethereas sine haesitatione assevero, quae, profligatis locumque cedentibus aereis, visui se nostro exponere incipiunt, ut, quo lumine hemisphaerium nostrum boreale sit gavisurum, Sol ubi per maculas augescentes in planetam abierit, laetissimo nos Evangelio doceant in irrisorum aevi nostri confusionem, qui: ubi manet promisso adventus sui? non sine sarcasmis jam dudum interrogaverunt."

[65] Vgl. Apostelgeschichte 26,24.
[66] Weißmüller an die Philosophische Fakultät der Universität Leipzig (wie Anm. 3): „Furerene vobis cum Paulo forte videor? Ita sane aliquibus in patria, fato Philosophis admodum solemni, videor, ita in commercii litterarii initio ipsi visus fui Wolfio, viri honoratissimi!"
[67] Ebd.

meinen! – und erkennt die spekulativen Traditionen anderer Nationen an. Er ist sich sogar der Notwendigkeit mancher Theoretiker in Deutschland bewusst, zu dissimulieren, wenn sie „abstrusas veritates" ins Zentrum ihres Denkens stellten (und ‚abstrusus' ist damals noch kein despektierlicher Ausdruck, sondern bedeutet ‚verborgen'). Man mag an Johann Albert Fabricius denken und seine Sorge, in die pietistischen Streitigkeiten, in das Verdikt eines Colberg gegen das „platonisch-hermetische Christentum" der Schwärmer hineingezogen zu werden.[68] Weißmüller fährt fort im Bericht über die Reaktion Wolffs auf seine Thesen: „Er schärfte mir ein, mein System so bald wie möglich auszuarbeiten, aber dann im Ausland, in England drucken zu lassen und den englischen Gelehrten zu empfehlen, auf die sich die letzten Worte meiner Briefabhandlung beziehen."[69] Mit der „Briefabhandlung" ist hier wohl das *Specimen philosophiae pythagoricae* gemeint, an dessen Ende es heißt: „Sapientibus satis, aliis forte nimium!"[70]

Man kann nun fragen: hat Weißmüller die Lage völlig verkannt? Hat Wolff sich nur gutwillig auf ihn eingelassen, um ihn dann loszuwerden? Hat er ihn an die Engländer verwiesen, weil er einfach nichts mit ihm anfangen konnte und die Aussichten, mit Systementwürfen Weißmüllers überhäuft zu werden, auf andere abwälzen wollte? Das scheint zum Teil der Fall zu sein. Denn wir haben eine Quelle, die, wenn auch etwas verspätet, Licht auf die Wahrnehmung Wolffs wirft. Es ist ein Brief Wolffs an seinen engen Vertrauten Ernst Christoph Graf von Manteuffel vom Mai 1738, also knapp ein Jahr nach dem Treffen. Darin berichtet Wolff von Bestrebungen gegen seine Philosophie und erwähnt auch den „Decan zu Waßer Trüdingen, der vor diesem in Halle unter mir studirt, nach diesem aber aus Hochmuth dahin verfallen, daß er ein Chef von einer neuen Secte seyn will". Schon diese Einführung zeigt deutlich die Distanz, mit der Wolff auf seinen ehemaligen Schüler blickt. Er wirft ihm Hochmut, also eine falsche und zu hohe Selbsteinschätzung, vor und hat sogar den Eindruck, dass Weißmüller eine eigene philosophische Richtung begründen wolle. Letzteres ist in den Selbstaussagen Weißmüllers nicht zu erkennen, aber von der Sache her – des Chaldäismus – nicht völlig von der Hand zu weisen. Wolff fährt fort:

---

[68] Zum Hamburger Kontext vgl. Mulsow: Tatsachenkultur (wie Anm. 61); Martin Gierl: Pietismus und Aufklärung. Theologische Polemik und die Kommunikationsreform der Wissenschaft am Ende des 17. Jahrhunderts. Göttingen 1997; Daniel Bellingradt: Flugpublizistik und Öffentlichkeit um 1700. Dynamiken, Akteure und Strukturen im urbanen Raum des Alten Reiches. Stuttgart 2011, S. 131–258. Zu Colberg vgl. Sicco Lehmann-Brauns: Weisheit in der Weltgeschichte. Philosophiegeschichte zwischen Barock und Aufklärung. Tübingen 2004, S. 112–186. Neben dem Hermetismus war v.a. der Chiliasmus eine von der Orthodoxie bitter bekämpfte Lehre. Der Lüneburger Superintendent Johann Wilhelm Petersen etwa wurde 1692 deshalb seines Postens enthoben.

[69] Weißmüller an die Philosophische Fakultät der Universität Leipzig (wie Anm. 3): „Systema quamprimum elaborandum inculcavit, sed trans mare Britannicis typis exscribendum, Anglorumque eruditis commendandum, quo ultima dissertationis epistolicae verba spectant."

[70] Specimen definitionum Philosophiae Pythagoricae vere Geometricae (wie Anm. 23), fol. B2v.

> Er hat *definitione Philosophiae Pythagorica* drucken laßen und vorher einen französischen Tractat unter dem Titul *Analyse des Etres simples* darinnen er von Leibnitz und mir den Untergang drohet. Ich habe bisher in Brieffen viel mit diesem Manne zu schaffen gehabt, in denen er prätendiret, ich sollte meine Philosophie verwerffen als den Grund des Verderbens, dem Gott nicht länger zu sehen könte, noch wollte und würde, und seine principia annehmen und defendiren, darauf er durch ein höheres Licht geführt worden. Ich habe noch nie was duncklers und ungereimteres als dieses Mannes Gedancken gesehen, auch in der Religion nichts so extravagantes als er in Brieffen geschrieben.[71]

Das ist ein Verdikt, das an Klarheit nichts zu wünschen übrig lässt und diametral gegen Weißmüllers Einschätzung des Treffens steht. Die Passage macht den Eindruck, dass der Briefwechsel zwischen Weißmüller und Wolff größer gewesen ist als die wenigen erhaltenen Stücke vermuten lassen. Weißmüllers Drängen, Wolff möge seine Philosophie verwerfen, kann durchaus mit seiner eschatologischen Naherwartung zusammenhängen, die eine Art Missionierung seines Lehrers dringlich machte.

Wir haben also zwei sich völlig widersprechende Einschätzungen. Nach Weißmüllers Bericht scheint sich Wolff mit großem Elan und großer Toleranz auf seinen alten Schüler eingelassen zu haben; mit einer Bereitschaft, andere Denkwege zu erkunden, die nur große Geister sich leisten können. Insofern wäre das Gelingen dieser ‚unwahrscheinlichen Begegnung', deren Scheitern doch geradezu vorbestimmt zu sein schien, Wolff anzurechnen. Auf der anderen Seite steht Wolffs briefliche Aussage von der Dunkelheit, Hochmütigkeit und Extravaganz seines Schülers. Die Aussage bezieht sich allerdings explizit nur auf den brieflichen Austausch mit Weißmüller; das Treffen erwähnt sie nicht, vielleicht weil Wolff sich dort wirklich auf seinen Schüler eingelassen hat – und sei es nur, um ihn loszuwerden.

In jedem Fall: Weißmüller hat den Rufmord, den Steinwehr, Ludovici und Luise Gottsched an ihm begangen haben, philosophisch nicht überlebt.[72] Die Kenntnis des – wenn auch hochambivalenten – Umgangs Christian Wolffs mit ihm bietet nun aber Anlass, diesen Rufmord teilweise zu revidieren und zumindest eine neutrale Einschätzung zu versuchen. Ob dies eine Rehabilitation nach sich zieht, ist zweifelhaft; zumindest aber kann man Wolffs Vorwurf der „Dunkelheit" nachgehen und ihn als Aufforderung begreifen, Weißmüllers Theorien in größtmöglicher Explizitheit nachzuzeichnen. Natürlich ist zu konstatieren, dass Weißmüller – vielleicht in Überkompensation seines Außenseitertums – dazu neigte, Philosophie im Habitus des Rätsellösers zu betreiben, im Habitus dessen, der nach langem Grübeln und mathematischen Versuchen die Lösung der uralten Welträtsel gefunden hat. Dieser Gestus war einer kritischen Reflexion der eigenen Gedanken abträglich und hat dazu beigetragen, dass Weißmüller in den Augen Wolffs zu einem

---

[71] Christian Wolff an Ernst Graf von Manteuffel, 28.05.1738, Universitätsbibliothek Leipzig, Ms 0345, Bl. 6br–v. Ich danke Hanns-Peter Neumann, der mich auf diesen Brief aufmerksam gemacht und mir seine Transkription übermittelt hat.

[72] Mulsow: Aufklärung versus Esoterik (wie Anm. 2).

philosophischen Sektengründer und den Zeitgenossen als ‚Esoteriker' zur Zielscheibe des Spottes wurde. Aber auf der anderen Seite muss man zugestehen, dass Weißmüller eine ungewöhnlich tiefe Bildung im Bereich der philosophischen Tradition besaß – von griechischen Texten wie dem Timaios-Kommentar des Proklos bis zu im 18. Jahrhundert nur noch selten gelesenen Renaissance-Autoren wie Ficino und Scaliger – und dass er diese Bildung mit neuesten Entwicklungen der Mathematik und Physik zu verbinden wusste. Die unselige Verstrickung von ‚aufklärerischem' Spott auf der einen Seite und ‚harpokratischem' Rückzug ins Esoterische auf der anderen Seite ist insofern aufzulösen in eine sachliche Anerkennung einer nur schwer erkennbaren philosophischen Tradition in Deutschland, die man – wie erläutert – *Christlicher Chaldäismus* nennen könnte, und für die Weißmüllers System als Indikator gelten kann.

## IX  Vom Chaldäismus zur idealistischen Naturphilosophie

Dieser Chaldäismus der Aufklärung im Spannungsfeld zwischen Kepler und Newton steht in nahtloser Kontinuität mit der Naturphilosophie des Deutschen Idealismus und der Romantik. Neuere Forschungen vor allem von Michael Franz zum Tübinger philosophischen Milieu, aus dem Hölderlin, Hegel und vor allem Schelling stammen, weisen auf Debatten hin, die um 1790 immer noch im Rahmen von natürlicher Theologie, Trinitätsspekulation und Platonismus der Kirchenväter situiert waren.[73] Die Rekonstruktion dieser Debatten steckt noch in den Anfängen und wird von wenigen Orten wie Tübingen oder Jena aus den 1790er Jahren nach rückwärts betrieben. Um an die 1730er Jahre anzuschließen und zugleich flächendeckend zu sein und etwa auch Altdorf, Ansbach oder Straßburg mit zu umfassen, wird noch viel Arbeit nötig sein.

Fest steht jedenfalls, dass Weißmüllers System die komplexeste und anspruchsvollste philosophische Formulierung des Chaldäismus darstellt, die sich in Deutschland vor Schelling findet.[74] Für Schelling hat es seine frühe theologische Bildung im Bereich gnostischer Systeme leichter als für andere gemacht, philosophische Spekulation in einer Sprache der Kosmogonie auszudrücken. Damit stellt er gleichsam eine Brücke zu den kosmogonischen Entwürfen des frühen und mittleren 18. Jahrhunderts dar. Diese Kontinuität mag es erlauben, einige Begrifflichkeiten Schellings zur besseren Verständlichkeit auf Weißmüllers System zurück zu projizieren. Adhäsion, Elektrizität und Attraktion können in diesem Sinne nämlich

---

[73] Michael Franz: Schellings Tübinger Platon-Studien. Göttingen 1996. Vgl. auch Tanja Gloyna: Kosmos und System. Stuttgart 2002.
[74] Der Chaldäismus wäre jetzt auch in die Entwicklungsgeschichte des nachmechanistischen Denkens einzutragen, die Stephen Gaukroger etwas anglozentrisch erzählt: The Collaps of Mechanism and the Rise of Sensibility. Science and the Shaping of Modernity, 1680–1760. Oxford 2011.

als verschiedene Potenzen derselben Grundbestimmung begriffen werden: Adhäsion ist die Neigung von geraden Linien und damit von Kräften. Elektrizität ist die Neigung der Bestimmung zur Kraft. Bestimmung aber war wiederum als Hervorbringung von einer geraden Linie definiert worden. Also ist Elektrizität sozusagen Adhäsion in zweiter Potenz, nämlich die Neigung der Hervorbringung von geraden Linien. Und Attraktion ist die Adhäsion in dritter Potenz, nämlich die Neigung der Hervorbringung der Hervorbringung von geraden Linien. Denn sie ist als Bewegung zur Kraft definiert, und Bewegung ist die Hervorbringung einer Bestimmung. Nicht völlig zu unrecht ist man hier an die Schellingsche Potenzenlehre erinnert. Nach Schelling entstehen die besonderen Eigenschaften der Materie durch eine „Potenzierung" der ersten Konstruktion, der Konstitution von Materie und die Wechselwirkung von Attraktion und Repulsion.[75] Die Wiederholung dieser Prozesse der ersten Ordnung löst eine neue Stufenfolge von Prozessen aus, deren Momente Magnetismus (also Adhäsion), Elektrizität und der chemische Prozess sind. Die Potenzen innerhalb der Natur beruhen auf dem unterschiedlichen Verhältnis von Schwerkraft und Licht. Licht ist die alles Sein durchdringende und potenzierende Kraft, ein Herausstrahlen und in sich Zurückbeugen von Strahlen oder Linien.[76] Auch Hegels frühe Naturphilosophie, die über das „Dreieck der Dreiecke" spekuliert und zwischen Kepler und Newton zu vermitteln sucht, atmet den Geist solcher Spekulationen.[77]

All dies lässt sich fast identisch von Weißmüllers Naturauffassung sagen, die mehr als sechzig Jahre vor Schelling entwickelt worden ist, aus demselben Chaldäismus und christlichen Platonismus heraus wie der Entwurf des deutschen Idealisten. Bei Schelling liegt natürlich eine komplexe Form der ‚Übertragung' dieses Chaldäismus auf nachkantische Verhältnisse vor: eine von der *Kritik der Urteilskraft* und ihres Organismus-Begriffes ausgehende Konzeptualisierung von Natur, die immer zugleich transzendentale Strukturen des Subjektes betrifft. Natur ist immer auch Geistkonstitution. Aber gerade damit konnten Idealisten wie Schelling an neuplatonische (und damit auch ‚chaldäische') Traditionen anknüpfen.

Bei Weißmüller ist die ‚Potenzierung' eine von ternaren Grundstrukturen, die zugleich Kraft- und Geiststrukturen sind. Er hat diesen Umstand anders als Schel-

---

[75] Vgl. Friedrich Wilhelm Joseph Schelling: Allgemeine Deduktion des dynamischen Prozesses oder der Kategorie der Physik (1800). In: Zeitschrift für spekulative Physik. Bd. 1. Jena, Leipzig 1800 (AA I,8; SW IV). Vgl. Martin Blumentritt: Begriff und Metaphorik des Lebendigen. Schellings Metaphysik des Lebens 1792–1809. Würzburg 2007.

[76] Zu Schellings Naturphilosophie dieser Jahre vgl. Manfred Durner, Francesco Moisi u. Jörg Jantzen: Wissenschaftshistorischer Bericht zu Schellings naturphilosophischen Schriften 1799–1800 (= Schelling: Historisch-kritische Ausgabe. Hg. v. Hans-Michael Baumgartner u.a., Reihe I: Werke. Ergänzungsband zu Bd. 5 bis 9). Stuttgart 1994.

[77] Georg Wilhelm Friedrich Hegel: Fragment vom Dreieck der Dreiecke. In: Gesammelte Werke. Bd. 5: Schriften und Entwürfe (1799–1808). Hg. von Manfred Baum, Kurt R. Meist. Hamburg 1998, S. 477–482; vgl. ebd. auch die Anmerkungen von Kurt R. Meist, S. 706–708. Zum Spekulativen bei Hegel vgl. auch den Beitrag von Glenn A. Magee in diesem Band.

ling in der Sprache seiner mathematischen Progressionen ausgedrückt. Alle Grundformeln der Progressionen sind Potenzen der Trinität, indem sie Quadrate und Kuben der Zahl Drei sind. Die innerste Struktur der Wirklichkeit ist also die Zahl, genauer: die Zahl in Bewegung, in Progression. Darin ist Weißmüller Pythagoreer.

Die ‚Esoterik' Weißmüllers ist – das habe ich in meiner vorherigen Studie gezeigt – eine im philosophischen Feld: bedingt durch Gesten, Positionierungen und Rückzug gegenüber Spott und Verleumdung.[78] Der philosophische Kern seiner Theorie hingegen ist Pythagoreismus und Chaldäismus: eine Traditionsaneignung, die um 1730 zwar gegen den rationalistischen Mainstream stand, aber von der offenen Debattenlage in der Physik wie auch in der Rekonstruktion östlicher antiker Lehren her ein möglicher Zug im intellektuellen Spiel war.[79] Das genau hat Christian Wolff anerkannt. Von dieser Form der ‚Esoterik' gab es in der Tat einen Weg in die Moderne: einen Weg innerhalb der „Continuity of the Platonic Tradition", wie Raymond Klibansky es genannt hat.[80] Dass diese Kontinuität von Timaios-Kommentierung, natürlicher Theologie und Trinitätsspekulation über Ansbach führte, hat man bisher nicht gewusst. Doch Weißmüllers teilweise ernstzunehmende, weil spekulativ begründete, nicht einfach falsche und abseitige Theorie, die so anspruchsvoll war, dass sie unverstanden verlacht wurde, ist nur *ein* Symptom von noch wenig bekannten Instanzen des Chaldäismus in der Mitte des 18. Jahrhunderts, lange vor Schelling, Hegel und Baader. Wolff mag in seiner Beobachtung recht gehabt haben, dass spekulative Denker in dieser Tradition in Deutschland zu dissimulieren hatten – also sich bedeckt hielten. Umso mehr ist es Sache der Forschung, diesen dissimulierten Theoriestrang wieder ans Licht zu heben.

---

[78] Mulsow: Aufklärung versus Esoterik? (wie Anm. 2).
[79] Interessant wäre es, nicht nur Weißmüller mit Schelling zu korrelieren, sondern auch mit einem Protagonisten der Rekonstruktion „östlicher" Lichtmetaphysik und Lichtreligion wie Othmar Frank. Vgl. ders.: Das Licht vom Orient. Nürnberg, Leipzig 1808.
[80] Raymond Klibansky: The Continuity of the Platonic Tradition during the Middle Ages. London 1939.

GREGORY R. JOHNSON

# Kant, Swedenborg & Rousseau. The Synthesis of Enlightenment and Esotericism in *Dreams of a Spirit-Seer*

> Metaphysics is the finding of bad reasons for what we believe upon instinct, but to find these reasons is no less an instinct.
> Francis Herbert Bradley, *Appearance and Reality*[1]

I argue that the Swedish seer Emanuel Swedenborg strongly influenced the central doctrines of Immanuel Kant's critical philosophy.[2] In 1762, Kant carried out extensive investigations of Swedenborg's reputation as a clairvoyant. In the fall of 1763, Kant began reading Swedenborg's eight volume *Arcana Coelestia* (*Secrets of Heaven*). At the end of 1765, Kant published his *Dreams of a Spirit-Seer (Träume eines Geistersehers)*, in which the outlines of the critical philosophy first appear, while he systematically dissembles his debts to Swedenborg behind a mask of ridicule and irony.[3]

But in order to argue that Swedenborg influenced Kant, one must take into account the influence of another thinker who deeply impressed Kant at the same time he was reading Swedenborg: Jean-Jacques Rousseau. In 1762, Rousseau published *Emile, or On Education* (*Émile, ou de l'éducation*) and *On the Social*

---

[1] Francis Herbert Bradley: Appearance and Reality. A Metaphysical Essay. 2nd ed. Oxford 1897, p. x.

[2] See also Gregory R. Johnson: A Commentary on Kant's 'Dreams of a Spirit-Seer'. Ph. D. Diss. Washington, D.C. 2001; idem: Kant on Swedenborg in the 'Lectures on Metaphysics'. The 1760s and 1770s. In: Studia Swedenborgiana 10/1 (1996), pp. 1–38; idem: Kant on Swedenborg in the 'Lectures on Metaphysics'. The 1780s and 1790s. In: Studia Swedenborgiana 10/2 (1997), pp. 1–26; idem: Kant's Early Metaphysics and the Origins of the Critical Philosophy. In: Studia Swedenborgiana 11/2 (1999), pp. 29–54; idem: The Kinship of Kant and Swedenborg. In: The New Philosophy 99 (1996), pp. 407–423; idem: 'Swedenborg's Positive' Influence on the Development of Kant's Mature Moral Philosophy. In: On the True Philosopher and the True Philosophy. Essays on Swedenborg. Ed. by Stephen McNeilly. London 2002, pp. 21–38; idem: The Tree of Melancholy. Kant on Philosophy and Enthusiasm. In: Kant and the New Philosophy of Religion. Ed. by Chris L. Firestone, Stephen R. Palmquist. Bloomington 2006, pp. 43–61; idem: 'Träume eines Geistersehers'–Polemik gegen die Metaphysik oder Parodie der Popularphilosophie. In: Kant und Swedenborg. Zugänge zu einem umstrittenen Verhältnis. Ed. by Friedemann Stengel. Tübingen 2008, pp. 99–122; and idem: From Swedenborg's Spirit World to Kant's Kingdom of Ends. In: Aries. Journal for the Study of Western Esotericism 9/1 (2009), pp. 83–99.

[3] Immanuel Kant: Träume eines Geistersehers, erläutert durch Träume der Metaphysik. In: Immanuel Kants gesammelte Schriften. Ed. by Preussische Akademie der Wissenschaften. Vol. 2. Vorkritische Schriften II: 1757–1777. Berlin 1905, henceforth cited as *AK2* followed by the page number. In English: Immanuel Kant: Dreams of a Spirit-Seer and Other Writings. Ed. by Gregory R. Johnson. Trans. by Gregory R. Johnson, Glenn Alexander Magee. Westchester, PA 2002. Cf. Gregory Johnson: Did Kant Dissemble His Interest in Swedenborg? In: The New Philosophy 102 (1999), pp. 529–560.

*Contract, or Principles of Political Right (Du contrat social, ou Principes du droit politique),*[4] and by 1764, Kant was intensely engaged with Rousseau's thought. In his famous *Remarks* (*Bemerkungen*) of 1764-1765, Kant claimed flatly that Rousseau revolutionized his thinking.[5]

Rousseau's influence on the formation of the critical philosophy has long been widely accepted by Kant scholars. Indeed, the figure of Rousseau looms so large in Kant's intellectual development that there hardly seems room for another major influence like Swedenborg. Therefore, to make a persuasive case that Swedenborg influenced Kant, one must simultaneously discuss the influence of Rousseau on Kant and demarcate their separate contributions.

I argue that Rousseau, in the "Profession of Faith of a Savoyard Vicar" ("Profession de foi du vicaire savoyard") in *Emile*, IV,[6] made possible Kant's appropriation of Swedenborg by reconfiguring the very notion of Enlightenment to make it critically receptive to belief in a Providential God, freedom of the will, and immortality of the soul. I argue that the method of *Dreams of a Spirit-Seer* is Rousseauian, while the doctrinal contents are Swedenborgian.[7]

## I   Beyond Dogmatism and Skepticism

I have argued elsewhere that *Dreams of a Spirit-Seer* is a kind of dialogue between three authorial personas: an "ironic metaphysician", an "enlightened skeptic", and a "pragmatic metaphysician".[8] *Dreams* part I, chapters 1 and 2 are the work of the ironic metaphysician. *Dreams* part I, chapter 1 is dedicated to raising the question to which Swedenborg is the answer: How do we account for the existence of living beings, particularly free and rational beings, in the mechanistic and materialistic cosmos of Newtonian science? The ironic metaphysician's philosophy of nature is that of Kant himself, before his transformative encounter with Rousseau.

After reading Rousseau, it was incumbent upon Kant to reconcile his mechanistic philosophy of nature with Rousseau's commitment to human freedom. Hence the question of *Dreams* part I, chapter 1, which I characterize as: "How can one be

---

[4]   Jean-Jacques Rousseau: Émile, ou de l'éducation. Ed. by Michel Launay. Paris 1966. In English: Jean-Jacques Rousseau: Emile, or On Education. Trans. by Allan Bloom. New York 1979; idem: Du contrat social, ou Principes du droit politique. Amsterdam 1762. In English: On the Social Contract, or Principles of Political Right. London 1764.
[5]   Immanuel Kant: Bemerkungen in den Beobachtungen über das Gefühl des Schönen und Erhabenen. Ed. by Marie Rischmüller. Hamburg 1991.
[6]   Rousseau: Émile (see note 4), pp. 345–409. In English: Rousseau: Emile (see note 4), pp. 266–313.
[7]   Beyond that, I would argue that Rousseau did not merely prepare the methodological groundwork of Kant's appropriation of Swedenborg, but also sketched some of the Swedenborgian teachings on the nature of the soul that Kant found compelling.
[8]   Johnson: 'Träume eines Geistersehers' – Polemik gegen die Metaphysik oder Parodie der Popularphilosophie (see note 2), pp. 99–122.

a Newtonian and a Rousseauian at the same time?" *Dreams* part I, chapter 2 answers this question by setting forth a philosophical reconstruction of Swedenborg's dualistic vision of the cosmos, a vision expansive enough to find room for both Newtonian mechanism and Rousseauian freedom.

*Dreams* part I, chapter 3 marks the emergence of a new, skeptical authorial persona who offers a loosely Epicurean critique of the spirit world of *Dreams* part I, chapter 2. Taken together, *Dreams* part I, chapters 1 and 2 offer a dualistic ontology and anthropology, whereas *Dreams* part I, chapter 3 offers a materialistic and reductionistic ontology and anthropology.

Because these two teachings are mutually contradictory, they cannot both represent Kant's considered judgment. Kant's own position is represented by the 'pragmatic' perspective introduced in *Dreams*, part I, chapter 4, which Richard Velkley describes thusly:

> Kant now introduces a mode of argument characteristic of his 'critical' thought: moral experience points to a realm of hypotheses that elude theoretical validation, but that also transcend theoretical confutation, as theory itself stringently can show. Thus morality opens up the possibility of a metaphysics of a new sort, concerned with objects produced by or implied by the activity of a free will ('noumenal' objects) and transcending the whole realm of sense ('phenomena') to which theoretical science is limited.[9]

The pragmatic perspective on the spirit world is the *final* perspective in the book. Furthermore, it is the first sketch of Kant's mature critical philosophy.

## II The Rousseauian Origins of Kant's Dialectic

The argument structure of *Dreams* is dialectical. Its form of dialectic is both a descendant of Pyrrhonian skepticism and the grandfather of Hegelian dialectic. Its most immediate offspring, however, is the argument structure of the Transcendental Dialectic of the *Critique of Pure Reason (Kritik der reinen Vernunft)*.[10] And its most immediate ancestor is Rousseau's "Profession of Faith of a Savoyard Vicar."

The classical Pyrrhonian pattern of argument is to match every positive argument for a given philosophical position with a negative counter-argument, every thesis with an antithesis.[11] The purpose of this activity is not, however, to lay the groundwork for a speculative philosophical synthesis, but rather to induce a skepti-

---

[9] Richard Velkley: Freedom and the End of Reason. On the Moral Foundations of Kant's Critical Philosophy. Chicago 1989, p. 108. Velkley is referring specifically to the moral arguments of the second part of *Dreams* I.2, but his remarks apply to the whole sweep of *Dreams* I, and particularly to its final conclusion in *Dreams* I.4.

[10] Immanuel Kant: Kritik der reinen Vernunft. Ed. by Raymund Schmidt. Hamburg 1956. In English: Critique of Pure Reason. Trans. by Norman Kemp Smith. New York 1929.

[11] For a useful discussion of Pyrrhonism and its influence on modern philosophy, see Richard H. Popkin: The History of Skepticism from Erasmus to Spinoza. Berkeley 1979.

cal suspension of judgment, the *epoche*, which is supposed to be followed by *ataraxia* – peace of mind. In Rousseau's "Profession", the Savoyard Vicar describes how fate gave him a Pyrrhonian education:

> A few such experiences lead a reflective mind a long way. Seeing the ideas that I had of the just, the decent, and all the duties of man overturned by gloomy observations, I lost each day one of the opinions I had received. Since those opinions that remained were no longer sufficient to constitute together a self-sustaining body, I felt the obviousness of the principles gradually becoming dimmer in my mind. And finally [I was, G.R.J.] reduced to no longer knowing what to think.[12]

When he turned to the works of the philosophers for enlightenment, all he found were arguments and counter-arguments set forth by ignorant dogmatists and all-knowing skeptics, all of them displaying more vanity than wisdom, leading him to the Pyrrhonian conclusion that, "Insoluble objections are common to all [systems, G.R.J.] [...]".[13]

Unlike the Pyrrhonians, however, the Vicar did not find the skeptical *epoche* a source of inner peace, but instead found himself plunged into despair. Unlike Pyrrho, but like Descartes, he came to regard skepticism not as the cessation of philosophical inquiry, but as a motivation to begin it: "I was in that frame of mind of uncertainty and doubt that Descartes demands for the quest for truth. This state is hardly made to last. It is disturbing and painful. It is only the self-interest of vice or the laziness of soul which leaves us in it."[14] And further:

> Although I have often experienced greater evils, I have never led a life so constantly disagreeable as during those times of perplexity and anxiety, when I ceaselessly wandered from doubt to doubt and brought back from my long meditations only uncertainty, obscurity, and contradiction about the cause of my being and the principle of my duties.
>
> How can one systematically and in good faith be a skeptic? I cannot understand it. These skeptic philosophers either do not exist or are the unhappiest of men. Doubt about the things it is important for us to know is too violent a state for the human mind, which does not hold out in

---

[12] Rousseau: Emile, or On Education (see note 5), p. 267. "Peu d'expériences pareilles mènent loin un esprit qui réfléchit. Voyant par de tristes observations renverser les idées que j'avais du juste, de l'honnête, et de tous les devoirs de l'homme, je perdais chaque jour quelqu'une des opinions que j'avais reçues; celles qui me restaient ne suffisant plus pour faire ensemble un corps qui pût se soutenir par lui-même, je sentis peu à peu s'obscurcir dans mon esprit l'évidence des principes, et, réduit enfin à ne savoir plus que penser" (French ed. [see note 5], p. 346). The Vicar explicitly refers to his crisis as a state of Pyrrhonism (French ed., p. 407/Bloom trans., [see note 5], p. 311).

[13] Ibid., p. 269. "Les objections insolubles sont communes à tous, parce que l'esprit de l'homme est trop borné pour les résoudre; elles ne prouvent donc contre aucun par préférence: mais quelle différence entre les preuves directes! celui-là seul qui explique tout ne doit-il pas être préféré quand il n'a pas plus de difficulté que les autres?" (French ed. [see note 5], p. 349).

[14] Ibid., p. 267. "J'étais dans ces dispositions d'incertitude et de doute que Descartes exige pour la recherche de la vérité. Cet état est peu fait pour durer, il est inquiétant et pénible; il n'y a que l'intérêt du vice ou la paresse de l'âme qui nous y laisse" (French ed. [see note 5], p. 347).

this state for long. It decides in spite of itself one way or the other and prefers to be deceived rather than to believe nothing.[15]

The Vicar resolves, therefore, to seek a philosophical position beyond the clash between both dogmatism and skepticism. The first conclusion he draws from the strife of systems is that the "prodigious diversity" ("prodigieuse diversité") of philosophical sentiments has two causes: "the insufficiency of the human mind" ("l'insuffisance de l'esprit humain") and "pride" ("orgueil").[16] Of the insufficiency of the mind, he writes:

> We do not have the measurements of this immense machine [the cosmos, G.R.J.]; we cannot calculate its relations; we know neither its first laws nor its final cause. We do not know ourselves; we know neither our nature nor our active principle. We hardly know if man is a simple or a compound being. Impenetrable mysteries surround us on all sides.[17]

Our pride is evidenced by the fact that,

> we want to penetrate everything, to know everything. [...] The only thing we do not know is how to be ignorant of what we cannot know. We are a small part of a great whole whose limits escape us and whose Author delivers us to our mad disputes; but we are vain enough to want to decide what this whole is in itself and what we are in relation to it.[18]

The first thing a philosophy must do to escape the oscillation between dogmatism and skepticism is set aside our proud attempt to know the secrets of heaven and have the humility to confess what we do not and cannot know. Genuine philosophy begins with a Socratic knowledge of our own ignorance.[19] Philosophy must begin

---

[15] Ibid., p. 268. "Quoique j'aie souvent éprouvé de plus grands maux, je n'ai jamais mené une vie aussi constamment désagréable que dans ces temps de trouble et d'anxiété, où, sans cesse errant de doute en doute, je ne rapportais de mes longues méditations qu'incertitude, obscurité, contradictions sur la cause de mon être et sur la règle de mes devoirs."
"Comment peut-on être sceptique par système et de bonne foi? je ne saurais le comprendre. Ces philosophes, ou n'existent pas, ou sont les plus malheureux des hommes. Le doute sur les choses qu'il nous importe de connaître est un état trop violent pour l'esprit humain: il n'y résiste pas longtemps; il se décide malgré lui de manière ou d'autre, et il aime mieux se tromper que ne rien croire" (French ed. [see note 5], p. 347).

[16] Ibid., p. 268; French ed. (see note 5), p. 348.

[17] Ibid., p. 268. "Nous n'avons point la mesure de cette machine immense, nous n'en pouvons calculer les rapports; nous n'en connaissons ni les premières lois ni la cause finale; nous nous ignorons nous-mêmes; nous ne connaissons ni notre nature ni notre principe actif; à peine savons-nous si l'homme est un être simple ou composé: des mystères impénétrables nous environnent de toutes parts [...]." (French ed. [see note 5], p. 348).

[18] Ibid. "[N]ous voulons tout pénétrer, tout connaître. La seule chose que nous ne savons point, est d'ignorer ce que nous ne pouvons savoir. Nous aimons mieux nous déterminer au hasard, et croire ce qui n'est pas, que d'avouer qu'aucun de nous ne peut voir ce qui est. Petite partie d'un grand tout dont les bornes nous échappent, et que son auteur livre à nos folles disputes, nous sommes assez vains pour vouloir décider ce qu'est ce tout en lui-même, et ce que nous sommes par rapport à lui" (French ed. [see note 5], p. 348).

[19] I refer, specifically, to a genuine, not a feigned or dissimulated or "ironic" knowledge of one's own ignorance. Kant explicitly mentions Socrates in *Dreams* part II, chapter 3 (Kant: Dreams of a Spirit-seer and Other Writings [see note 3], p. 59; AK2 [see note 3], p. 369).

with self-knowledge, with a reflective turn to the subject to determine both its powers and the limits beyond which its powers cannot extend:

> Who am I? What right do I have to judge things, and what determines my judgments? [...] Thus my glance must first be turned toward myself in order to know the instrument I wish to use and how far I can trust its use.[20]

Second, the Vicar claims that the "first fruit" of self-knowledge is, "to learn to limit my researches to what was immediately related to my interest, to leave myself in profound ignorance of the rest, and to worry myself to the point of doubt only about things it was important for me to know".[21] This is not a counsel of vulgar pragmatism, of non-intellectual self-gratification. Instead, he is advocating a new type of philosophical inquiry that takes its bearings from the practical realm. Philosophical dogmatism seeks to unveil what truly is by means of theoretical reason. Once we recognize that this task is futile and that the attempt only leaves reason vulnerable to skepticism, the primacy of theoretical reason must give way to the primacy of practical reason. Theoretical apprehension of the True must be subordinated to the practical apprehension of the Good. The highest wisdom philosophy seeks is *phronesis*, not *sophia*. The realm in which *phronesis* reveals the good is the realm of practice.

Third, the faculty by which the Vicar proposes to know the Good is not theoretical or technical-instrumental reason, but is instead variously described as "good sense" ("bon sens") and "the simplicity of my heart" ("la simplicité de mon coeur"), "the inner light" ("la lumière intérieure"), and "conscience" ("conscience"), which is "the voice of the soul" ("la voix de l'âme").[22]

> Too often reason deceives us. We have acquired only too much right to challenge it. But conscience never deceives; it is man's true guide. It is to the soul what instinct is to the body; he who follows conscience obeys nature and does not fear being led astray.[23]

Rousseau distinguishes conscience not only from reason, but also from passions and instincts, just as Kant distinguishes practical reason from both pure reason and

---

[20] Rousseau: Emile, or On Education (see note 5), p. 270. "Mais qui suis-je? quel droit ai-je de juger les choses? et qu'est-ce qui détermine mes jugements? S'ils sont entraînés, forcés par les impressions que je reçois, je me fatigue en vain à ces recherches, elles ne se feront point, ou se feront d'elles-mêmes sans que je me mêle de les diriger. Il faut donc tourner d'abord mes regards sur moi pour connaître l'instrument dont je veux me servir, et jusqu'à quel point je puis me fier à son usage" (French ed. [see note 5], p. 350).

[21] Ibid., p. 269. "Le premier fruit que je tirai de ces réflexions fut d'apprendre à borner mes recherches à ce qui m'intéressait immédiatement, à me reposer dans une profonde ignorance sur tout le reste, et à ne m'inquiéter, jusqu'au doute, que des choses qu'il m'importait de savoir" (French ed. [see note 5], pp. 348f.).

[22] Ibid., pp. 266, 269, 286; French ed. (see note 5), pp. 345, 349, 372.

[23] Ibid., pp. 286f. "Trop souvent la raison nous trompe, nous n'avons que trop acquis le droit de la récuser; mais la conscience ne trompe jamais; elle est le vrai guide de l'homme: elle est à l'âme ce que l'instinct est au corps; qui la suit obéit à la nature, et ne craint point de s'égarer" (French ed. [see note 5], pp. 372f.).

from the incentives of the body. Rousseau's conscience and Kant's practical reason are equivalent to Plato's *thymos*, the middle part of the soul in the *Republic*, the part of the soul which responds to values and is therefore the locus of self-love (Rousseau's *amour de soi-même*); it is also the locus of honor and the partial and parochial attachments we form toward what is our own (Rousseau's *amour propre*); finally, if properly cultivated (or sufficiently uncorrupted) it is the locus of our attachments to cosmopolitan, universal, and objective goods – and even to the Good itself.

Having established conscience as the oracle of the good, the Vicar then adopts the following philosophical method:

> I am resolved to accept as evident all knowledge to which in the sincerity of my heart I cannot refuse my consent; to accept as true all that which appears to me to have a necessary connection with this first knowledge; and to leave all the rest in uncertainty without rejecting it or accepting it and without tormenting myself to clarify it if it leads to nothing useful for practice.[24]

According to the Vicar, self-knowledge shows us that we can have no certain, theoretical knowledge of the existence of a benevolent God who providentially orders the world; of man's exalted place in the cosmos between beast and God and the appropriateness of religious veneration; or of the freedom of the will and the immateriality and immortality of the soul. (Note the overlap with Kant's three objects of ultimate concern: God, freedom, and immortality.)[25] Self-knowledge also reveals, however, that we can have no certain, theoretical knowledge of the non-existence of God, freedom, immortality, etc. We are free, therefore, to determine our beliefs on these matters by means other than theoretical reason.

Furthermore, a survey of what is important to us, a catalog of the needful things, shows us that we must come to a decision on these matters, because whatever decision we adopt will have dramatic implications for how we lead our lives. We are, therefore, licensed to *risk believing* in God, freedom, immortality, etc. – not on the grounds of apodictic theoretical reason, but on the grounds of practical reason, of fallible, imperfect, but humanly indispensable *moral faith*.

It is by means of this essentially pragmatic reconfiguration of philosophy that the Vicar wards off the atheistic, Epicurean materialism of his day. The Vicar's dualistic and theistic worldview, which had fallen into ruin when its foundations in faith had been sapped by world-weary cynicism and its foundations in theoretical

---

[24] Ibid., pp. 269f. "[J]e reprends sur cette règle l'examen des connaissances qui m'intéressent, résolu d'admettre pour évidentes toutes celles auxquelles, dans la sincérité de mon coeur, je ne pourrai refuser mon consentement, pour vraies toutes celles qui me paraîtront avoir une liaison nécessaire avec ces premières, et de laisser toutes les autres dans l'incertitude, sans les rejeter ni les admettre, et sans me tourmenter à les éclaircir quand elles ne mènent à rien d'utile pour la pratique" (French ed., p. 350).

[25] Kant: Kritik der reinen Vernunft (see note 10), p. 29 (B xxxii–xxxiii). In English: Critique of Pure Reason (see note 10), p. 31.

reason had been destroyed by philosophical skepticism, rises again on the foundation of practical reason.

We find essentially the same pattern of argument in *Dreams*. The ironic metaphysician of *Dreams* I.1 and I.2 sets forth the thesis: a dualistic, theistic worldview derived from Swedenborg. The enlightened skeptic of *Dreams* I.3 sets forth the antithesis: a skeptical, deflationary Epicurean materialism, which, in spite of its self-subverting rhetoric and question-begging arguments, somehow saps the foundations of Kant's Swedenborgian metaphysical system. The pragmatic metaphysician of *Dreams* I.4, who expresses Kant's most considered judgments, then sets forth the synthesis: presupposing the essential validity of the *content* of the ironic metaphysician's Swedenborgian vision, he grants the force of the skeptical critique of the allegedly dogmatic *form* of the metaphysician's arguments, then he proposes to reconstruct the metaphysician's Swedenborgian vision on the grounds of practical rather than theoretical reason.[26]

What is most revealing about the argument structure of *Dreams* is the fact that Kant's Swedenborgian metaphysical vision does not collapse when its dogmatic foundations are removed. It remains suspended in mid-air, so to speak, while he inserts new foundations beneath it. This levitation act clearly indicates that Kant's Swedenborgian vision was not merely the conclusion of a philosophical argument, but a 'core conviction', a tenet of what Lewis White Beck called Kant's "personal philosophy".[27] To support his personal philosophy, Kant adopted and discarded

---

[26] The Pyrrhonian pattern of opposing arguments and counter-arguments is found in the Transcendental Dialectic of the *Critique of Pure Reason,* where Kant does not, however, propose a synthesis on the grounds of practical reason, but instead employs the distinction between the phenomenal and noumenal realms first sketched in *Dreams* to explain the insolubility of the antinomies. In the *Critique of Pure Reason,* as well as in the *Critique of Practical Reason,* Kant does, however, argue that although theoretical reason provides no grounds for *knowledge* of God, freedom, and immortality, practical reason provides grounds for a moral *faith* in them.

[27] Lewis White Beck: General Introduction to Kant's Latin Writings. Translations, Commentaries, and Notes. 2nd rev. ed. Ed. and trans. by Lewis White Beck with Mary J. Gregor, Ralf Meerbote and John A. Reuscher. New York 1992, pp. 3f.: "[In Kant, G. R. J.] we must distinguish between philosophical principles he was prepared to elaborate and publicly defend in lectures and publications (his 'official philosophy') and philosophical opinions which had become almost second-nature and which were seldom brought into the open and publicly defended before his students and the learned world (his 'personal philosophy'). In Kant this distinction is quite marked, because much of his official philosophy is explicitly directed against *arguments* for positions in his personal philosophy, but not against these positions themselves. Even in his pre-critical period, when the arguments and the beliefs were in greater harmony, he wrote at the end of a long and complex argument for the existence of God, 'It is thoroughly necessary that one be convinced of God's existence; but it is not nearly so necessary that it be demonstrated.' His personal philosophy survived even the Copernican Revolution which destroyed arguments for its tenets. Some of them appeared as regulative principles of theoretical reason, some as postulates of pure practical reason and objects of 'rational faith'; still other parts of his personal philosophy are presented in his essays on political and historical topics which were rather independent of the epistemology of the official philosophy, and some of it can be found here and there in his unpublished notes, letters, and table-talk. It has been argued,

numerous arguments, but he never discarded the core convictions that guided him. Kant did not measure his core convictions by his arguments, but his arguments by his core convictions.

## III Theoretical Agnosticism

Dreams I.4 consists of only five relatively short paragraphs. Paragraph one begins by justifying the very peculiar strategy of countering the first two chapters with the third. We first encounter the image of the "scales of understanding" ("Verstandeswaage"). This image immediately brings to mind the Pyrrhonian attempt to offset arguments with equal yet opposite counter-arguments in order to induce the epoche, the state of balance, equanimity, and indifference.[28] To reach this state of balance, however, we must be assured that the scales are honest. To determine the honesty of the scales used in trade, all we need to do is make the wares and weights change pans. If the results are the same, then we know that the scales are honest. If the results are different, then we know that one arm of the scale has an unfair mechanical advantage over the other.

To determine the honesty of the scales of the understanding is a more complex matter, and the presentation is somewhat jumbled. First, Kant claims: "I have purified my soul of prejudices; I have destroyed every blind attachment that ever crept in to secure safe passage for the host of bogus knowledge [...]."[29] Second, he asserts, come what may, that, "nothing is important to me, nothing venerable, but what through the path of probity takes its place in a tranquil soul open to all arguments".[30] These two claims presumably state the purpose of countering chapters one and two with chapter three: to purify the soul of prejudice, to produce a tranquil and balanced mind. The goal of this Pyrrhonian epoche is not, however, the peace of mind and the cessation of philosophical inquiry, but the creation of a new starting point for inquiry: a mind purified of prejudice, a judgment determined solely by reason and reality. But if the skeptic is correct to deny that theoretical

---

for instance, that Kant privately held a belief in a 'spirit world' (not just the *mundus intelligibilis* of the *Inaugural Dissertation*) even after he had attacked Swedenborg in his *Dreams of a Spirit-Seer*."

[28] Kant makes similar use of the image of scales twice in the *Critique of Pure Reason*, first at A 589 = B 617 (Kritik der reinen Vernunft, p. 565; Critique of Pure Reason, p. 499); second at A 767 = B 795 (Kritik der reinen Vernunft, p. 700; Critique of Pure Reason, p. 611).

[29] Kant: Dreams of a Spirit-Seer and Other Writings (see note 3), p. 37. "Ich habe meine Seele von Vorurteilen gereinigt, ich habe eine jede blinde Ergebenheit vertilgt, welche sich jemals einschlich, um manchem eingebildeten Wissen in mir Eingang zu verschaffen" (AK2 [see note 3], p. 349).

[30] Kant: Dreams of a Spirit-Seer and Other Writings (see note 3), p. 37. "Jetzo ist mir nichts angelegen, nichts ehrwürdig, als was durch den Weg der Aufrichtigkeit in einem ruhigen und vor alle Gründe zugänglichem Gemüte Platz nimmt" (AK2 [see note 3], p. 349).

reason has the power to answer the question of the spirit world, then the only reason we can count on is practical reason.

Third, Kant resolves to adopt as his own any position that refutes one of his own convictions: "The judgment of one who refutes my arguments is my judgment, after I first have weighed it against the pan of self-love, and, afterwards, in the pan of self-love against my presumed arguments and found it to have a greater merit".[31] Kant's attitude toward self-love is ambiguous. On the one hand, the fact that substantive reasons outweigh self-love clearly indicates the primacy of objective cognition over subjective motives and is consistent with the Rousseauian concern with the power of vanity to distort philosophical judgment. On the other hand, the fact that Kant is willing to weigh other people's opinions against his self-love in the first place, and to weigh them against his self-love before he weighs them against his own opinions, prefigures the primacy of practical reason which he develops later in the chapter. Practical reason does not, of course, appeal to base vanity and self-love, but as we shall see, it does appeal to the noble soul's esteem for itself as a basis for affirming belief in an afterlife.

Fourth, Kant appeals to the idea of 'sensus communis', describing it in much the same terms as the *Critique of Judgment* (*Kritik der Urteilskraft*):

> Formerly, I regarded the universal human understanding [*allgemeinen menschlichen Verstand*] only from the standpoint of my own: now I put myself into the position of a foreign and external reason and observe my judgments, together with their most secret motives, from viewpoints of others. The comparison of both observations presents stark parallaxes [*Parallaxen*], but it is the only means to prevent optical deception and to place concepts in the true position in which they stand with respect to the cognitive faculty of human nature.[32]

A parallax is a merely apparent displacement of an object due to the change of the observer's position; it is an optical illusion, but it is apparently less serious than the illusions to which one is prone when confined to only one viewpoint. This is how to avoid the danger of vanity and open the mind to reason.[33]

---

[31] Ibid. "Das Urteil desjenigen, der meine Gründe widerlegt, ist mein Urteil, nachdem ich es vorerst *gegen* die Schale der Selbstliebe und nachher in derselben gegen meine vermeintliche Gründe abgewogen und in ihm einen größeren Gehalt gefunden habe" (AK2 [see note 3], p. 349).

[32] Ibid. "Sonst betrachtete ich den allgemeinen menschlichen Verstand bloß aus dem Standpunkte des meinigen: jetzt setze ich mich in die Stelle einer fremden und äußeren Vernunft und beobachte meine Urteile samt ihren geheimsten Anlässen aus dem Gesichtspunkte anderer. Die Vergleichung beider Beobachtungen gibt zwar starke Parallaxen, aber sie ist auch das einzige Mittel, den optischen Betrug zu verhüten und die Begriffe an die wahre Stellen zu setzen, darin sie in Ansehung der Erkenntnisvermögen der menschlichen Natur stehen" (AK2 [see note 3], p. 349).

[33] Kant uses similar language in his letter to Marcus Herz of June 7, 1771: "You know very well that I am inclined not only to try to refute intelligent criticisms but that I always weave them together with my judgments and give them the right to overthrow all my previously cherished opinions. I hope that in that way I can achieve an unpartisan perspective, seeing my judgments from the standpoint of others, so that a third opinion may emerge, superior to my previous ones" (Immanuel Kant: Correspondence. Ed. and trans. by Arnulf Zweig. Cambridge 1999,

The opening sentences of the first paragraph clearly refer to the skeptical interlude of *Dreams* I.3, in which the ironic metaphysician himself dons the persona and assumes the perspective of "a foreign and external reason", namely the enlightened skeptic, in order to view his theory of the spirit world from an external point of view.[34] And, although the arguments of the enlightened skeptic seem question-begging and rhetorically self-subverting, the ironic metaphysician seems prepared to abandon the dogmatic groundwork of his vision of the spirit world – but not his vision itself – emerging instead as a pragmatic metaphysician. This is the clearest evidence that the skeptical arguments of *Dreams* I.3 are not Kant's own arguments; they are the arguments of an assumed persona.

## IV Practical Faith

After a brief apology for treating the matter of spirits in a serious and solemn fashion, paragraph one continues with a startling admission. The attempt to balance the scales of the understanding by countering dogmatic arguments with equally weighty skeptical arguments has failed. It has failed because the scales of the understanding are not, from the point of view of strict rational probity, entirely honest:

> I do not find that any attachment or other inclination insinuated prior to examination has robbed my mind of its readiness to be guided by any kind of arguments, except one. The scale of reason is not, after all, wholly impartial, and one of its arms, which bears the inscription: "Hope for the Future", has a mechanical advantage, that causes even weak arguments that fall into the pan belonging to it to lift up the speculations that have a greater weight on the other side. This is the only inaccuracy that I cannot easily remove and that in fact I never want to remove.[35]

---

p. 126). In German: "Daß vernünftige Einwürfe von mir nicht blos von der Seite angesehen werden wie sie zu wiederlegen seyn könten sondern daß ich sie iederzeit beym Nachdenken unter meine Urtheile webe und ihnen das Recht lasse alle vorgefaßte Meinungen die ich sonst beliebt hatte über den Haufen zu werfen, das wissen sie. Ich hoffe immer dadurch daß ich meine Urtheile aus dem Standpunkte anderer unpartheyisch ansehe etwas drittes herauszubekommen was besser ist als mein vorigtes" (Kant's gesammelte Schriften [see note 3]. Vol. 10. Zweite Abteilung: Briefwechsel I: 1747–1788. 2nd ed. Berlin 1922, p. 116f.).

[34] Kant: Dreams of a Spirit-Seer and Other Writings (see note 3), p. 37. "[E]iner fremden und äußeren Vernunft" (AK2 [see note 3], p. 349).

[35] Ibid., p. 38. "Ich finde nicht, daß irgendeine Anhänglichkeit, oder sonst eine vor der Prüfung eingeschlichene Neigung meinem Gemüte die Lenksamkeit nach allerlei Gründen vor oder dawider benehme, eine einzige ausgenommen. Die Verstandeswage ist doch nicht ganz unparteiisch, und der eine Arm derselben, der die Aufschrift führt: *Hoffnung der Zukunft*, hat einen mechanischen Vorteil, welcher macht, daß auch leichte Gründe, welche in die ihm angehörige Schale fallen, die Spekulationen von an sich größeren Gewichte auf der andern Seite in die Höhe ziehen. Dieses ist die einzige Unrichtigkeit, die ich nicht wohl heben kann, und die ich in der Tat auch niemals heben will" (AK2 [see note 3], p. 349f.).

"Hope for the future" refers, of course, to hope for a future life, hope that the soul is immortal. The scale of judgment is biased in favor of this hope, so that any arguments that support it are weightier and command more credence than even more logically rigorous arguments against the immortality of the soul. The paragraph then continues with the observation that:

> all stories about apparitions of departed souls or about spirit influxes and all theories about the presumptive nature of spiritual beings and their connection with us, only weigh appreciably in the pan of hope, while in that of speculation they appear to consist of mere air.[36]

Paragraph one ends and paragraph two begins with the observation that hope for a future life is the chief cause of belief in ghost stories, and when the light is poor, hope often causes us to mistake ambiguous phenomena for ghosts. Hope for the future is also the basis for the philosophers' rational conceptions of spirits, which they incorporate into their systems. The author then admits that, "One also probably notices that my pretentious doctrine of spirit community takes the very same direction followed by common inclination".[37] Here Kant admits that he is (or was) the ironic metaphysician of *Dreams* I.1–2, that the ironic metaphysician's theory of the spirit world is his own theory. (Contrast this with his claim in the previous paragraph that the skeptical arguments of *Dreams* I.3 are merely a "foreign and external" point of view which he has adopted in order to test his own arguments.)

Kant then goes on to show how systematically his theory is biased in favor of hope for the future. He notes that his theory explains only "how the human spirit *leaves* this world; in other words, our state after death".[38] But he offers no treatment of how spirits come into the world, i.e., how they are generated. Nor does he discuss how spirits are present in the world through their connection to the body. The "very good reason" for this is simply the fact that, "I do not understand this at all, and consequently I might as well have been content to be just as ignorant in regard to the future state, had not partiality toward a pet opinion served as a recommendation for the arguments that offered themselves, as weak as they may be".[39] This *Lieblingsmeinung* is, of course, our hope for a future life. The pressing

---

[36] Ibid. "[A]lle Erzählungen vom Erscheinen abgeschiedener Seelen oder von Geistereinflüssen und alle Theorien von der mutmaßlichen Natur geistiger Wesen und ihrer Verknüpfung mit uns nur in der Schale der Hoffnung merklich wiegen; dagegen in der der Spekulation aus lauter Luft zu bestehen scheinen" (AK2 [see note 3], p. 349f.).

[37] Ibid. "Man sieht es auch wohl meinem anmaßlichen Lehrbegriff von der Geistergemeinschaft an, daß er ebendieselbe Richtung nehme, in den die gemeine Neigung einschlägt" (AK2 [see note 3], p. 350).

[38] Ibid., p. 38f. "Denn die Sätze vereinbaren sich sehr merklich nur dahin, um einen Begriff zu geben, wie der Geist des Menschen aus dieser Welt herausgehe, d.i. vom Zustande nach dem Tode; wie er aber hineinkomme, d.i. von der Zeugung und Fortpflanzung, davon erwähne ich nichts [...]." (AK2 [see note 3], p. 350).

[39] Ibid. "Denn die Sätze vereinbaren sich sehr merklich nur dahin, um einen Begriff zu geben, wie der Geist des Menschen aus dieser Welt *herausgehe*, d.i. vom Zustande nach dem Tode; wie er aber *hineinkomme*, d.i. von der Zeugung und Fortpflanzung, davon erwähne ich nichts;

moral importance of this belief encourages Kant to engage his poetic faculties, to venture risky and speculative arguments for the immortality of the soul, the kinds of arguments that he would not venture on topics of lesser moral significance.

Such a method does, however, seem to invite the charge of self-deception or wishful thinking, especially from the point of view of a rigorously rational conception of intellectual probity. In the footnote to the paragraph, Kant counters this charge with a strikingly Rousseauian argument:

> The emblem of the ancient Egyptians for the soul was a butterfly, and the Greek name signifies the same.[40] One can easily see that the hope, which makes death only a transformation, has occasioned such an idea together with its symbol. But this does not at all invalidate the confidence that the concepts arising from this are right.[41]

Even if hope for the future does urge the idea of immortality upon us, this tells us only of the origin of the concept. It says nothing about the concept's truth, which is determined not by its origins, but by its relationship to reality. To deny the truth of a concept because its conception is not logically immaculate is simply a case of what was later to be dubbed 'the genetic fallacy'.

Then comes the Rousseauian assertion that, "Our inner feeling [*innere Empfindung*] and the judgments of *what is analogous to reason* grounded thereupon lead, provided they are uncorrupted, precisely where reason would lead, if it were

---

ja sogar nicht einmal, wie er in dieser Welt *gegenwärtig* sei, d.i. wie eine immaterielle Natur in einem Körper und durch denselben wirksam sein könne; alles um einer sehr gültigen Ursache willen, welche diese ist, daß ich hievon insgesamt nichts verstehe und folglich mich wohl hätte bescheiden können, ebenso unwissend in Ansehung des künftigen Zustandes zu sein, wofern nicht die Parteilichkeit einer Lieblingsmeinung denen Gründen, die sich darboten, so schwach sie auch sein mochten, zur Empfehlung gedienet hätte" (AK2 [see note 3], pp. 250f.).

[40] In *Metaphysik K₂* (early 1790s), Kant states, "*Psyche* means *papillon*. In this naming of the soul there lies an analogy with a butterfly, which is hidden pre-formed in the caterpillar, which is nothing more than its husk. This teaches that in this world dying is nothing more than regeneration." (Immanuel Kant: Lectures on Metaphysics. Ed. by Karl Ameriks. Trans. by Karl Ameriks, Steve Naragon. Cambridge 1997, p. 395). "ψυχη heisst Papillon. Es liegt also in dieser Benennung der Seele eine Analogie mit einem Schmetterling, der präformiert in der Raupe steckt, die nichts weiter als der Balg desselben ist. Dies lehrt, dass das Sterben diesseits nichts weiter als Regeneration ist" (Immanuel Kants gesammelte Schriften [see note 3]. Vol. 28/2,1: Vorlesungen über Metaphysik und Rationaltheologie. Berlin 1970, p. 753). Kant's claim about the Greek etymology of *psyche* is correct. See Aristotle: Historia animalium (551a, 14); Theophrastos: Historia plantarum (II, iv, 4); and Plutarch: Moralia (2.636c). Swedenborg also speaks of the soul as a butterfly which, upon death, emerges from the cocoon of the body (Emanuel Swedenborg: Arcana Coelestia. 8 vols. Vol. 7. 3rd ed. London 1949–1973, no. 8848, p. 216).

[41] Kant: Dreams of a Spirit-Seer and Other Writings (see note 3), pp. 38f., note. "Das Sinnbild der alten Ägypter vor die Seele war ein Papillon, und die griechische Benennung bedeutete ebendasselbe. Man siehet leicht, daß die Hoffnung, welche aus dem Tode nur eine Verwandlung macht, eine solche Idee samt ihren Zeichen veranlaßt habe. Indessen hebt dieses keinesweges das Zutrauen zu der Richtigkeit der hieraus entsprungenen Begriffe" (AK2 [see note 3], p. 351, note).

more enlightened and more extensive".⁴² Following Rousseau, Kant posits a third cognitive faculty that is as distinct from pure reason as it is from merely corporeal feeling. This faculty is described as "inner" feeling to distinguish it from gross bodily feeling. The judgments grounded upon inner feeling are characterized as "analogous to reason" to distinguish them from the judgments of reason proper, i.e., pure reason, theoretical reason. This new faculty is also distinguished from theoretical reason by being more enlightened and expansive, meaning that it can know truths that lie beyond the boundaries of pure theoretical reason.

Since this faculty takes its bearings by such morally and practically-oriented "inner feelings" as hope for the future, it is not unreasonable to call it practical reason. Whereas theoretical reason reaches an agnostic deadlock on the question of the immortality of this soul, revealing its inherent incapacity to reach beyond the bounds of experience, practical reason, motivated by the moral hope in a future life, can give us new grounds for believing in the immortality of the soul. Here we see sketched such important teachings of the *Critique of Practical Reason* (*Kritik der praktischen Vernunft*) as the feeling of respect for the moral law, which is characterized as a non-corporeal feeling that reveals our obligation to live by the noumenal moral laws in our phenomenal life, and the moral argument for belief in the immortality of the soul.

In paragraph two, Kant claims that his ignorance of the soul's entrance into and presence in the world prevents him from wholly dismissing ghost stories. He then adds that, while he is skeptical of each ghost story individually, he ascribes credence to all of them taken together. Then he refers to *Dreams* I.2, saying that, "as far as I am concerned at least, the scales are tipped far enough to the side of the arguments of the second chapter to make me serious and undecided in giving a hearing to the many strange stories of this kind".⁴³ The tone of this suggests a change of attitude toward the arguments of *Dreams* I.2. At first their plausibility rested upon the strength of their admittedly suppositious arguments. Now they seem plausible because theoretical reason, having reached an agnostic deadlock has nothing to say against them, whereas moral hope for the future finds them quite satisfying.

---

⁴² Ibid. "Unsere innere Empfindung und die darauf gegründete Urteile des *Vernunftähnlichen* führen, solange sie unverdorbt sind, ebendahin, wo die Vernunft hinleiten würde, wenn sie erleuchteter und ausgebreiteter ware" (AK2 [see note 3], p. 351, note).

⁴³ Ibid., p. 39. "Ebendieselbe Unwissenheit macht auch, daß ich mich nicht unterstehe, so gänzlich alle Wahrheit an den mancherlei Geistererzählungen abzuleugnen, doch mit dem gewöhnlichen, obgleich wunderlichen Vorbehalt, eine jede einzelne derselben in Zweifel zu ziehen, allen zusammengenommen aber einigen Glauben beizumessen. Dem Leser bleibt das Urteil frei; was mich aber anlangt, so ist zum wenigsten der Ausschlag auf die Seite der Gründe des zweiten Hauptstücks bei mir groß gnug, mich bei Anhörung der mancherlei befremdlichen Erzählungen dieser Art ernsthaft und unentschieden zu erhalten" (AK2 [see note 3], p. 351).

## V Conclusion

Paragraphs three and four state the overall conclusions of *Dreams* part I. First is the claim that, "this reflection, if properly used by the reader, completes all philosophical insight about such beings [spirits, G.R.J.] [...]".[44] The claim to have completed any line of inquiry invites the charge of hubris. Kant explains, however, that while it is impossible to complete any empirical inquiry, because it is impossible to anticipate what will emerge as experience unfolds, it is nevertheless possible to complete a rational or philosophical line of inquiry:

> But with the philosophical concept of spiritual being it is completely different. It can be completed, but understood *negatively*, namely by fixing securely the limits of our insight and convincing us that the various appearances of *life* in nature and their laws are all that is granted to us to know, but the principle of this life, i.e., spiritual nature, which one cannot know but rather suppose, can never be positively thought, since no data can be found in the whole of our sensations and that one must make use of negations in order to think of something so very different from all sensuous things, but even the possibility of such negations rests neither upon experience nor on inferences, but rather rests upon fiction, in which reason divested of all means of help takes its refuge. On this basis the pneumatology of mankind can be called a doctrine of our necessary ignorance with respect to a supposed kind of being and as such is easily adequate for its task.[45]

Here we have, in outline, the critical pneumatology of the *Critique of Pure Reason*, Second Division, Book 2, Chapter 1, "On the Paralogisms of Pure Reason" ("Von den Paralogismen der reinen Vernunft"). Rational pneumatology has been brought to completion not by an exhaustive investigation of its subject matter, but by a propaedeutic reflection on the power of reason to carry out the task. Such reflection reveals that reason is capable of empirically investigating the appearances of life and soul in nature, but it is incapable of passing beyond empirical phenomena to investigate the spiritual beings that may lie behind such appearances, because such beings are so very distinct from everything sensuous.

---

[44] Ibid. "Da ich mich jetzt beim Schlusse der Theorie von Geistern befinde, so unterstehe ich mir noch zu sagen, daß diese Betrachtung, wenn sie von dem Leser gehörig genutzt wird, alle philosophische Einsicht von dergleichen Wesen vollende, und daß man davon vielleicht künftighin noch allerlei *meinen*, niemals aber mehr *wissen* könne" (AK2 [see note 3], p. 351).

[45] Ibid., pp. 39f. "Allein mit dem philosophischen Lehrbegriff von geistigen Wesen ist es ganz anders bewandt. Er kann vollendet sein, aber im *negativen* Verstande, indem er nämlich die Grenzen unserer Einsicht mit Sicherheit festsetzt und uns überzeugt, daß die verschiedene Erscheinungen des *Lebens* in der Natur und deren Gesetze alles seien, was uns zu erkennen vergönnet ist, das Principium dieses Lebens aber, d.i. die geistige Natur, welche man nicht kennet, sondern vermutet, niemals positiv könne gedacht werden, weil keine Data hiezu in unseren gesamten Empfindungen anzutreffen seien, und daß man sich mit Verneinungen behelfen müsse, um etwas von allem Sinnlichen so sehr Unterschiedenes zu denken, daß aber selbst die Möglichkeit solcher Verneinungen weder auf Erfahrung, noch auf Schlüssen, sondern auf einer Erdichtung beruhe, zu der eine von allen Hülfsmitteln entblößte Vernunft ihre Zuflucht nimmt. Auf diesen Fuß kann die Pneumatologie der Menschen ein Lehrbegriff ihrer notwendigen Unwissenheit in Absicht auf eine vermutete Art Wesen genannt werden und als ein solcher der Aufgabe leichtlich adaequat sein" (AK2 [see note 3], pp. 351f.).

Because of our lack of empirical data, we can speak of spiritual beings only hypothetically, and the only predicates we can apply to them are negative ones, i.e., 'not determined', 'not material', etc. Furthermore, these negative predicates are based neither upon experience nor upon inferences, but upon our poetic-fictive faculty. Rational pneumatology is, therefore, not a positive body of doctrine, but rather a negative doctrine of the limits of reason and the necessity of ignorance when dealing with spiritual beings that supposedly transcend experience.

There is, however, a positive side to this doctrine: "that henceforth one can have all kinds of *opinions* but no more *knowledge* of [spirits, G. R. J.]."[46] Stripped of the aids of experience and inference and denied all knowledge of spirits, but impelled by practical necessities, we are entitled to take refuge in the realm of opinion and to make use of our poetic-fictive faculty to affirm the immortality of the soul. Thus Kant's resolution to set aside the whole of rational psychology and turn his attention to practical matters does not imply a lack of interest in psychology as such; instead, it implies the search for practical grounds for the investigation of the soul. Thus Kant, having abandoned the dogmatic perimeter, falls back, retrenches, and offers a renewed defense of his Swedenborgian vision of the spirit world on moral-practical grounds. This remarkable synthesis of Rousseau and Swedenborg – of enlightenment and esotericism – is the foundation of Kant's critical philosophy.

---

[46] Ibid., p. 39. "[U]nd daß man davon vielleicht künftighin noch allerlei *meinen*, niemals aber mehr *wissen* könne" (AK2 [see note 3], p. 351).

GLENN ALEXANDER MAGEE

# "The Speculative is the Mystical". Hegel's Marriage of Reason and Unreason in the Age of Enlightenment

## I Introduction

In a remark appended to a paragraph in the *Enzyklopädie der Philosophischen Wissenschaften* (1830), Hegel states that

> [i]t should also be mentioned here that the meaning of the speculative is to be understood as being the same as what used in earlier times to be called 'the mystical', especially with regard to the religious consciousness and its content.[1]

This is a striking assertion, because in fact speculation (*Spekulation, spekulative Philosophie*) is the term Hegel uses to describe his own philosophy, and in the passage just quoted he seems to be identifying speculation with mysticism. As I shall explain in a moment, Hegel defines speculation as the "positive moment" of reason (*Vernunft*) itself, the "negative moment" being dialectic.

Now, as everyone knows, Hegel is the philosopher who saw history itself is the story of the march of reason; of the gradual achievement by human beings of freedom, rationality, and self-awareness. Hegel is notorious as the great philosophical systematizer, who claimed to have rationally comprehended the whole of existence. And Hegel is especially notorious for having proclaimed that "What is rational is actual; and what is actual is rational" (*Was vernünftig ist, das ist wirklich; und was wirklich ist, das ist vernünftig*).[2] These facts about Hegel have created the impression that he is not just a philosopher of the Enlightenment, but perhaps the most extreme champion of Enlightenment rationalism that ever lived.

But the lines I quoted earlier should give us pause. If Hegel's conception of 'reason' is bound up with a form of thinking that he himself aligns with mysticism, then what sort of 'reason' and 'Enlightenment' is really being championed here?

---

[1] The Encyclopedia Logic. Trans. by T.F. Geraets et al. [henceforth Geraets]. Albany 1991, p. 133. "Hinsichtlich der Bedeutung des Spekulativen ist hier noch zu erwähnen, daß man darunter dasselbe zu verstehen hat, was früher, zumal in Beziehung auf das religiöse Bewußtsein und dessen Inhalt, als das *Mystische* bezeichnet zu werden pflegte" (Georg Wilhelm Friedrich Hegel: G.W.F. Hegels Werke [henceforth *Werke*]. 20 vols. Ed. by Eva Moldenhauer, Karl Markus Michel. Vol. 8. Frankfurt a.M. 1986, p. 178 [Hegel's paragraph #82, *Zusatz*]). Hegel scholars are wary of relying upon the *Zusätze* to his work, since these were compiled from student notes. However, Hegel makes similar statements in other works, especially the Vorlesungen über die Philosophie der Religion. 3 vols. Vol. 1. Ed. by Walter Jaeschke. Hamburg 1983–1987, p. 333 and ibid., vol. 3, p. 125.

[2] G.W.F. Hegel: Grundlinien der Philosophie des Rechts (1820). Ed. by Hermann Klenner. Berlin 1981, p. 25.

Hegel's 'rationalism' and his relationship to the Enlightenment now seem far more problematic and ambiguous than is often thought. I shall argue, in fact, that Hegel appropriates the language of the Enlightenment only in order to subvert it. Indeed, he reconfigures terms like 'reason' to mean almost the opposite of what they meant for most advocates of Enlightenment. Furthermore, this is conscious and deliberate on Hegel's part. He argues that the Enlightenment's conception of reason is fundamentally flawed and is ultimately sublated (*aufgehoben*) in a more adequate conception of philosophical thought: one which, in fact, constitutes a kind of synthesis of modern rationalism, and the 'irrationalism' – the mysticism and esotericism – that modernity ultimately set itself in opposition to.

## II Hegel's Critique of the Enlightenment

Hegel's early life shows signs of ardent support for Enlightenment principles. This was especially the case during the years in which he studied at the Tübingen theological seminary, where he and Schelling and Hölderlin were passionate supporters of the French Revolution, and passionate opponents of the traditionalism they found embodied in the seminary itself.[3] Nevertheless, by the time he wrote the *Phänomenologie des Geistes*, published in 1807, Hegel seems to have developed a critical distance from the Enlightenment, a distance that increased over time. In the *Phänomenologie* Hegel discusses the mindset of Enlightenment as a sub-type of what he calls "Self-Estranged Spirit" (*der sich entfremdete Geist*).[4] This is a type of mentality profoundly alienated from both nature and society, which feels itself called to remake these in order to 'perfect' them and to remove their opposition.

Hegel sees Enlightenment as putting itself in opposition to religious faith, offering instead what he calls the 'pure insight' (*reine Einsicht*) of reason. In typical, dialectical fashion, however, Hegel perceives an underlying identity between these two. Both seek an 'absolute unity' beyond appearances. Religious faith conceives this absolute unity as God, inconceivable to the understanding. 'Pure insight' uses reason to seek some kind of ultimate principle behind all things, or ultimate explanation for why things are as they are. 'Pure insight', of course, attacks and ridicules religion, but Hegel sees both as involved in metaphysical aspirations which are virtually indistinguishable. For example, the materialism championed by some Enlightenment thinkers attributes everything to an abstraction called 'matter',

---

[3] On the subject of Hegel and Schelling's school days, see Terry Pinkard: Hegel. A Biography. Cambridge 2000, pp. 19–44.

[4] Hegel's discussion of "Self-Estranged Spirit" in the *Phänomenologie* is lengthy and occupies an entire division of the section on "Geist": "Der Sich Entfremdete Geist; die Bildung." A general overview of the meaning of the concept is to be found at the beginning of the section. See G.W.F. Hegel: Phänomenologie des Geistes. Ed. by Hans-Friedrich Wessels, Heinrich Clairmont. Hamburg 1988, pp. 320–323.

which is ultimately just as mysterious as the abstraction called 'God'. In fact, the materialism and implicit atheism of Enlightenment soon become dogma, and Enlightenment turns into a substitute religion. Hegel argues that Enlightenment finally results in an utterly mundane view of the world, one in which everything is seen in terms of utility. Having eliminated the idea that things have some value or significance in reference to a 'beyond', Enlightenment defines the value of things entirely in terms of their use. This inevitably results in seeing human beings themselves in terms of utility – in other words, in an inhuman ideology. Hegel maintains that it is but a short step from here to "the Terror" of the French Revolution.[5]

However, Hegel argues throughout his writings that there need be no conflict between faith and reason, if both are understood properly. Faith and reason do seem utterly opposed, since religious faith requires that we believe certain things without evidence – things which scientific reason declares impossible. Nonetheless, Hegel argues that they can be reconciled. The root of the problem is that Hegel saw the typical mindset of the Enlightenment as one which viewed reason as investigating a world of finite, contingent, and externally-related particulars. Reason (so the Enlightenment conception holds) cognizes these particulars by classifying them according to abstract universals, to which the particulars are also related externally. Any sense of wholeness, any sense that all of these particulars might be organically-related in some larger whole is banished from the realm of reason and consigned to faith. However, Hegel argues that the Enlightenment's perspective on reason is inadequate. According to him, true reason must involve the recognition that the particular things studied by empirical science all are contained as moments within a larger whole, which in fact corresponds to the God that is the object of religious faith. Therefore, reason (properly understood) and faith have the exact same content – the Absolute or God – and there is consequently no real conflict between them.[6]

The foregoing is a sketch of Hegel's response to the Enlightenment and to the Enlightenment's conception of reason. In what follows I will discuss Hegel's new conception of reason in greater detail, so that we may see just how and why he links it to mysticism.

---

[5] These arguments are to be found in the section of the *Phänomenologie* entitled "Der Glauben und die reine Einsicht." See Hegel: Phänomenologie des Geistes (see note 4), pp. 348–355.
[6] This is, arguably, one of the central points of Hegel's entire philosophical system. The groundwork for it is laid in the *Phänomenologie*, in the section just discussed ("Der Glauben und die reine Einsicht"), and in Hegel's earlier essay *Glauben und Wissen* (1802). However, the principal text in which Hegel makes good on his claim regarding faith and reason having the same content is *Wissenschaft der Logik* (1812–1816), which lays the groundwork for conceiving all of reality as a systematic whole identical with God.

## III Speculation and Mysticism

Throughout his works, Hegel continually inveighs against an intellectual standpoint he dubs 'the understanding' (*Verstand*), which he regards as inferior to reason. The understanding is chiefly characterized by a kind of 'either-or' mentality which insists on taking certain distinctions as fixed and absolute. Ordinary people tend to think in this way, and Hegel understands 'commonsense' (*gesunder Menschenverstand*) as a kind of lower level version of the understanding. Commonsense is a form of thought which fails to think beyond the ordinary conceptions of things, especially when these are expressed as conceptual either-ors. It also tends to pull ideas out of the larger context from which they derive their meaning and to declare them unchallengeable absolutes. The trouble is that it is not only ordinary people who think this way; Hegel claims most philosophers and scientists do so as well.[7]

Indeed, Hegel's critique of the Enlightenment's conception of reason consists essentially in claiming that it is identical with the inferior level of the understanding. The understanding fails to see the interconnections between things and ideas, and to grasp the larger whole to which they belong. The result is that it issues in a mechanistic materialism which sees the world, again, as a collection of finite, contingent, and externally-related bodies. Further, it results in a conception of society which sees it similarly: as a collection of atomic individuals who have banded together in order to secure their self-interest, and who relate to each other through the assertion of 'rights'. In short, the typical political philosophy of the Enlightenment is a product of the understanding as well.

To the understanding, Hegel opposes his own conception of reason which, as noted earlier, has two moments or aspects.[8] The negative aspect is called dialectic, which sets concepts in opposition to each other. Consider as examples the first two concepts dealt with in Hegel's Logic: being (*Sein*) and nothing (*Nichts*). The understanding would regard these concepts as utterly opposed. Most philosophers, and ordinary people, would say that being and nothing are complete opposites; that one is the contradiction of the other. Dialectic, however, reveals otherwise. As Hegel famously argues in the Logic, being is an absolutely empty, contentless category – and thus it emerges, in fact, as indistinguishable from nothing. The English translation of these concepts can be helpful to us here, for it is obvious that being is *no thing* in particular at all. At this point, Hegel says that the mind becomes caught in this seeming paradox of the identity of being and nothing. Thinking through being, we realize it is indistinguishable from nothing – but the mind resists

---

[7] Hegel discusses *Verstand* and its pitfalls throughout his work. However, perhaps his clearest treatment of it is in the "Logic" portion of the Enzyklopädie der Philosophischen Wissenschaften. In: Werke (see note 1). Vol. 8, pp. 67–393, esp. pp. 169–172 (Section #80 and *Zusatz*).
[8] See esp. Hegel: Enzyklopädie der Philosophischen Wissenschaften (see note 7), pp. 172–176.

this, insisting that nothing must be something very different indeed from being. But thinking through being once more, we are again led to nothing, and so on. Then we realize, however, that this *movement* back and forth between being and nothing is something else entirely. And thus a third concept emerges which is the reconciliation of the first two: becoming (*Werden*). Becoming is the movement from being to nothing, or vice versa. To put it very simply, to become is to go from being X to not-being it, to losing that property; or to go from not being X to being it.[9]

The emergence of the third, reconciling term here is the positive, *speculative* moment in reason. Thus, speculation for Hegel reconciles opposed ideas or moments in a larger whole. The understanding, by contrast, is unable to go beyond opposition. Because the understanding absolutizes the conceptual oppositions to which it has grown accustomed, it regards speculative reason as sheer nonsense.

To take another example, Hegel argues for a distinction between genuine infinity (*wahrhafte Unendlichkeit*) and spurious or bad infinity (*schlechte Unendlichkeit*). 'Bad infinity' is what we normally think of as the infinite: that which simply goes on and on and on; an unending series of distinct, finite items which succeed one another without end. Infinity is just the not finite, the unending. This infinity, Hegel argues, is fundamentally false. If the infinite is conceived simply as the not-finite, standing in opposition to the finite, then in fact it is *limited* by its opposition to the finite. But if the infinite is limited, it cannot truly be infinite! This means that the only way for the infinite to be truly infinite would be for the opposition (or separation) between finite and infinite to be eliminated. The understanding finds this outrageous, and declares it impossible. But for Hegel there is a simple, speculative solution: the infinite can retain its infinity if, in effect, it absorbs the finite as its internal moments or internal differentiation. The true infinite is infinite, then, not because it goes on and on, but because it *contains* finitude and is thus not limited, restricted, or defined by anything outside of itself. Here again we see speculation reconciling opposition in a larger whole.[10] Ultimately, Hegel will characterize the Absolute or God – which is *the* whole – as precisely such an infinite which contains the finite within itself as its internal *self*-differentiation.

Now that we have a clearer idea of what Hegel means by speculation, we must turn to the question of why he identifies this with "what used in earlier times to be called 'the mystical'".[11] I think this may be quite obvious at this point. Hegel has essentially identified the principle of the 'coincidence of opposites' (*coincidentia*

---

[9] Hegel's well-known discussion of the dialectic of being, nothing, and becoming is in both versions of his "Logic". See G.W.F. Hegel: Wissenschaft der Logik: Die Lehre vom Sein (1832). Ed. by Hans-Jürgen Gawoll. Hamburg 1990, pp. 71–81. See also Hegel: Enzyklopädie der Philosophischen Wissenschaften (see note 7), pp. 182–193.

[10] For Hegel's discussion of the true and false infinite see Hegel: Wissenschaft der Logik (see note 9), pp. 135–151; see also idem: Enzyklopädie der Philosophischen Wissenschaften (see note 7), pp. 198–203.

[11] See note 1.

*oppositorum*) as essential to mystical thought. To be more specific, Hegel is asserting that mysticism involves a form of thinking which is dialectical and speculative. It puts the understanding into confusion by exposing the ways in which opposites involve one another, even to the point of becoming identical, and overcomes their opposition through recognizing their unity in a greater whole – or their cancellation in something which exists 'beyond' them. Further along in the passage quoted earlier from the *Enzyklopädie*, Hegel states that "when it is regarded as synonymous with the speculative, the mystical is the concrete unity of just those determinations that count as true for the understanding only in their separation and opposition".[12] Hegel's identification of his own form of philosophical thought with mysticism in the *Enzyklopädie* displays his profound insight into the nature of mysticism – for indeed we do find exactly this sort of thinking running throughout its entire history. John Scotus Eriugena, Meister Eckhart, Nicholas of Cusa, Jacob Boehme, the Sufis, the Kabbalists, and many others all exhibit precisely the thought pattern Hegel dubs 'speculative'.

A few brief, and probably familiar examples will suffice to support this contention. For Eckhart (ca. 1260 – ca. 1328), God is ineffable, but through paradox we may at least approach him. Essentially, this amounts to employing what Hegel would call the dyadic categories of the understanding in order to show that they are inadequate for knowing God, and that we must somehow leave them behind. So, for example, Eckhart argues that God is both distinct and indistinct and therefore, in a way, neither. Likewise God is both transcendent and immanent, and neither.[13] Nicholas of Cusa (1401–1464), who was influenced by Eckhart (and was, incidentally, the first author to refer to God as *Absolutum*), takes a similar approach. He states that God is both maximum and minimum. Since being maximum means being everything in the greatest sense, God must also be minimum.[14] We cannot reconcile such paradoxes through conventional reason, and must understand God to be an ineffable mystery lying on the other side of them.

My final example is perhaps the most interesting. Recall Hegel's argument that the 'true infinite' could only be that which contains the finite – a true infinite that ultimately he identifies as God. We find a strikingly similar argument in the thought of the sixteenth-century Kabbalist Isaac Luria (1534–1572). Luria reasons that if God is truly infinite the world could not exist, since God's infinity would

---

[12] Geraets: Encyclopedia Logic (see note 1), p. 133. "Das Mystische [ist, G. A. M.] aber (als gleichbedeutend mit dem Spekulativen) die konkrete Einheit derjenigen Bestimmungen […], welche dem Verstand nur in ihrer Trennung und Entgegensetzung für wahr gelten" (Hegel: Werke [see note 1], vol. 8, p. 179).

[13] See especially Eckhart's (German) sermon VII: Meister Eckhart: Deutsche Predigten und Traktate. Ed. by Josef Quint. Munich 1969, pp. 182–187. See also Magistri Echardi Expositio sancti evangelii secundum Johannem. In: Die lateinischen Werke. Ed. by Karl Christ, Josef Koch. Vol. 3. Stuttgart 1936, p. 43.

[14] Nicolaus of Cusa: De Docta Ignorantia. Liber Primus (Lateinisch-deutsch). Ed. by Paul Wilpert. Berlin 1964, pp. 17–20.

leave no room for it. Yet, manifestly, the world does exist. To put the problem, as it were, from the other end: the existence of the world would seem to cancel or limit God's infinity (an argument we find, interestingly enough, in Spinoza). Luria's solution to this problem is for God to contain creation – in other words, for the infinite to contain the finite. According to Luria's cosmogony, God thus created the world by making a space within himself and then injecting the world into that space.[15]

## IV Hegel's Reconfiguration of Reason

From the foregoing, we can see that what Hegel has done is to radically alter the idea of reason, to make it more or less identical with a form of thought that the typical Enlightenment rationalist would probably have regarded as wooly-headed irrationalism. This kind of subversion of the vocabulary and ideals of Enlightenment is actually found throughout Hegel's philosophy. I will offer a few brief examples to illustrate this pattern.

Hegel not only tells us that reason is immanent within history, he also tells us that history is the story of mankind's progressive achievement of freedom. Further, the achievement of freedom is simultaneously the achievement of self-consciousness: mankind coming to shed its illusions and to understand itself as it truly is. Any champion of Enlightenment would cheer such claims. But Hegel's arguments for them in *Phänomenologie des Geistes*, *Vorlesungen über die Philosophie der Geschichte*, and *Philosophie des Rechts* are, again, deeply subversive. First of all, we have seen Hegel arguing in the *Phänomenologie* that the 'pure insight' of Enlightenment is merely a stage on the way to the achievement of true freedom, and a self-defeating one at that. True freedom, for Hegel, is not had through the autonomous rationality of individuals setting themselves up as critics of the existing order. No, as Hegel argues in *Philosophie des Rechts*, true freedom consists in recognizing that "What is rational is actual; and what is actual is rational".[16] Furthermore, true freedom consists in 'willing our determination': affirming the social conditions and institutions that make possible who and what we are, and which open up for us determinate spheres in which we may exercise our freedom. George Orwell, of course, lampooned this Hegelian notion of freedom in *Nineteen Eighty-Four*, with the slogan "Freedom is Slavery" – thus nicely highlighting what I have already characterized as Hegel's tendency to subvert certain ideals to mean just their opposite.[17]

---

[15] Because Luria himself wrote very little, our main sources for his ideas are the works of his followers. For an overview of Luria's ideas, textual sources, and secondary literature, see Gershom Scholem: Kabbalah. New York 1974. See esp. pp. 128–143, 420–428.
[16] See note 2.
[17] George Orwell: Nineteen Eighty-Four. New York 1949, p. 5.

Hegel argues in his *Philosophie des Rechts* and *Philosophie der Geschichte* that true freedom is had through membership in the modern state. If we look more closely at his conception of that state (as described in detail in *Philosophie des Rechts*) we find that it is a constitutional monarchy. This in itself is unremarkable: not all the apostles of Enlightenment were radical anti-monarchists. But the constitution of Hegel's constitutional monarchy is curious. Again, superficially it appears to affirm the typical Enlightenment ideology of social justice. For example, Hegel advocates open legislative sessions, and public trials. But the reasons he gives for advocating these are unusual. In the words of one commentator, open legislative sessions are useful in Hegel's view "because they further the *Bildung* of ordinary people, proving to them that the legislators are wiser and more competent than they are and hence forestalling any vain overestimation of their own political acumen".[18] Public trials are necessary, in Hegel's view, to familiarize the citizens with the law and to overcome the sense that the law is something strange and mysterious. Hegel's parliament at least superficially seems to give the people a voice – but in fact its lower house is made up of representatives appointed by various guilds, unions, and professional associations, while its upper house is the landed aristocracy. Hegel opposes the democratic election of government officials, saying "[t]o know what one wills, and even more, to know what the will which has being in and for itself – i.e., reason – wills, is the fruit of profound cognition and insight, and this is the very thing which 'the people' lack."[19]

I will offer one final, important example, of this subversion of modern ideals. I noted earlier that for Hegel the achievement of freedom in history means the achievement of human self-consciousness. Again, this sounds like Enlightenment idealism, and of course something very much like this was said by Immanuel Kant in his classic essay *Was ist Aufklärung?* (1784). Hegel argues, however, that the achievement of human self-consciousness is the actualization of God in the world. Absolute Spirit is self-knowing Spirit, and it is the realization in time of the Absolute Idea, which Hegel conceives as God *an sich*. Hegel understands all of nature as a great chain of being approximating to human self-awareness. And our self-awareness, our knowledge of who we are and what our place is in the scheme of things, is achieved precisely through recognizing this. Thus, our self-awareness is God's self-awareness, and the self-awareness of existence itself.[20]

---

[18] Lewis P. Hinchman: Hegel's Critique of the Enlightenment. Gainesville, Florida 1984, p. 245.
[19] G.W.F. Hegel: Elements of the Philosophy of Right. Trans. by H.B. Nisbet. Cambridge 1991, p. 340. "Zu wissen, was man will, und noch mehr was der an und für sich seiende Wille, die Vernunft, will, ist die Frucht tiefer Erkenntnis und Einsicht, welche eben nicht die Sache des Volks ist" (Hegel: Grundlinien der Philosophie des Rechts [see note 2], pp. 346f.).
[20] The foregoing is a sketch of the main ideas of the Hegelian system itself. The only text in which Hegel expounded his entire system is the Enzyklopädie der Philosophischen Wissenschaften (see note 7) from 1830.

This is Hegel's 'big idea', the final result of speculative reason, and the ultimate reconciliation of reason with faith. Thus, not only is reason itself conceived by Hegel along the lines of mystical thought, it issues in a philosophical conception that generations of scholars have felt moved to call 'mystical'. To take one such example, the well-known British Hegel scholar G.R.G. Mure wrote in the last century that Hegel's philosophy is

> a strenuous and uncompromising effort, which has no serious parallel, to rationalize and bring into the light the mystical union of God and man proclaimed by such men as Meister Eckhart and Jacob Boehme, to reveal it as union through distinction for which the whole world is evidence.[21]

Mure then quotes the passage from Meister Eckhart used by Hegel in his *Vorlesungen über die Philosophie der Religion*: "The eye with which God sees me is the same eye by which I see him, my eye and his eye are one. In righteousness I am weighed in God and he in me. If God did not exist nor would I; if I did not exist nor would he."[22]

There is in fact a great deal to be said about Hegel's knowledge of mysticism, and also of what we call today esotericism. His identification of the speculative with the mystical merely scratches the surface. This is a subject to which I have devoted an entire book,[23] and here I will just offer a few facts. Hegel's writings contain numerous, and mostly approving references to figures such as Eckhart, Paracelsus, Bruno, and Boehme, and to such esoteric movements as Kabbalism, Freemasonry, and Rosicrucianism. His library included writings by Agrippa, Boehme, Bruno, and Paracelsus. His interests included Mesmerism, psychic phenomena, and dowsing. He attended mesmeric sittings in Heidelberg and corresponded with colleagues about the nature of magic. In Jena, from 1801–1807, Hegel lectured at length, and approvingly, on Boehme and Bruno. He composed several works, preserved only in fragmentary form, employing esoteric language and symbolism. His lectures on the Philosophy of Nature also display a knowledge of alchemy.[24]

---

[21] G.R.G. Mure: The Philosophy of Hegel. Oxford 1965, p. 103.
[22] Translation G.A.M. ("Das Auge, mit dem mich Gott sieht, ist das Auge, mit dem ich ihn sehe; mein Auge und sein Auge ist eins. In der Gerechtigkeit werde ich in Gott gewogen und er in mir. Wenn Gott nicht wäre, wäre ich nicht; wenn ich nicht wäre, so wäre er nicht." Hegel: Werke [see note 1]. Vol. 16, p. 209). This is actually a composite quotation, built out of lines from several of Eckhart's writings.
[23] Glenn Alexander Magee: Hegel and the Hermetic Tradition. Ithaca, New York 2001; rev. ed. 2008.
[24] Ibid., esp. pp. 1–4. For Hegel and Eckhart see pp. 23–26; for Paracelsus, alchemy, and the philosophy of nature see pp. 187–222; for Boehme see pp. 36–50, 138–145, 157–165; for Hegel and the Kabbalah see pp. 150–186, 227–236; for Hegel and Freemasonry see pp. 74–76, 130 f.; for Hegel and Rosicrucianism see pp. 247–255; for Hegel and Mesmerism see pp. 213–222.

During the last years of Hegel's life, his interest in mysticism seemed to become more intense and more openly acknowledged. It was during these years that Hegel developed his friendship with Franz von Baader, expressing his admiration for the well-known esotericist in print. In the winter of 1823–24 Hegel studied Eckhart with Baader and subsequently produced a lecture on religion which Baader took to be a statement of Eckhartian mysticism. During these years, Hegel also began to acknowledge his mystical and esoteric interests more explicitly in his writings and lectures. The Preface to the 1827 edition of the *Encyclopedia of the Philosophical Sciences in Outline* makes prominent mention of Boehme and Baader.[25] The 1827 *Lectures on the Philosophy of Religion* introduce a doctrine of the 'immanent Trinity' clearly inspired by Boehme's initial triad of 'source-spirits'. In the section on *Qualität* in the posthumous 1832 revised edition of the first part of the *Science of Logic*, Hegel makes an explicit reference to Boehme where the first edition has merely an allusion.[26]

It is relatively easy, in fact, to argue that Hegel had an interest in mysticism and esotericism – but more difficult and controversial to argue that it positively influenced him (though I have made that case as well). The picture that emerges of Hegel by no means makes him seem unique or peculiar for his time. Other scholars have exposed the mystical and esoteric interests of figures like Schelling, and even Kant, as well as earlier champions of reason such as Leibniz.[27] Of course, this might lead one to formulate an objection to the argument I have given thus far in this essay. Because it is so easy to establish that many individuals often labeled as 'Enlightenment figures' were interested in matters mystical and esoteric, we are mistaken to suppose that a firm line was drawn in this period between what we think of as rationalism and irrationalism. Indeed, our conception of Enlightenment reason as decisively excluding such things as alchemy, astrology, Mesmerism, and so forth, is in fact something that developed over time. In other words, what is actually happening is that we are reading *our* conception of the 'rational' back into the Age of Enlightenment, thereby distorting our understanding of the period. This is certainly a valid point. And based on this one might object to my argument by saying that it is misguided to think that if Hegel sees reason as aligned with mysticism, then he has somehow recast or subverted the Enlightenment conception of reason. There was in fact no firm, universally agreed upon conception of reason in the Enlightenment – at least not one that would decisively exclude mysticism.

---

[25] Geraets: Encyclopedia Logic (see note 1), pp. 13–16 (Hegel: Werke, Vol. 8 [see note 1], pp. 24–30).
[26] Hegel: Wissenschaft der Logik (see note 9), p. 109.
[27] See, e.g.: Ernst Benz: The Mystical Sources of German Romantic Philosophy. Allison Park, PA 1983, which deals in the main with Schelling; Gregory R. Johnson: A Commentary on Kant's 'Dreams of a Spirit-Seer'. Ph. D. Diss. Washington, D.C. 2001; Allison Coudert: Leibniz and the Kabbalah. Boston 1995.

This objection will not stand, however, partly because it simply underestimates Hegel. It is indeed true that Enlightenment figures were, to our eyes, inconsistent in embracing both elements of what *we* would call the rational and the irrational. But what is crucial here is that Hegel in effect sees the same inconsistency. When Hegel critiques the Enlightenment he is dealing with what he believes to be the movement's *essential nature*. This should have been obvious from my earlier discussion of how Hegel understands the Enlightenment in *Phänomenologie des Geistes*. Recall that he identifies Enlightenment with the mindset of what he calls 'pure insight' and sees it as diametrically opposed to religious faith. Further, this is because he sees Enlightenment reason as lacking any insight into the greater whole to which things belong; as conceiving the world as a collection of contingent, material particulars shuttled about by external forces. This is, in fact, what most people think of *today* as a 'scientific outlook'.

From the standpoint of the Hegelian historian what has happened in the last two hundred years is simply that the internal contradictions inherent in the interests of Enlightenment figures were eventually overcome. Alchemy, for example, was eventually banished permanently to the realm of 'pseudo-science', along with astrology and spirit-seeing.[28] Enlightenment became more true to its inner essence, which was in fact incompatible with mysticism and esotericism. This process was going on in Hegel's time, and it has bequeathed to us, as I have said, the conception most people carry around today of what it means to be 'rational': a rational person is a sceptic, a materialist, an atheist, someone who distrusts grand narratives and syntheses of knowledge, and who thinks that fact and value are separated by a vast chasm. This is the distilled essence of Enlightenment for Hegel, with everything accidental and incompatible – including mysticism and esotericism – cooked away in the great crucible of history.

Thus, Hegel's conception of speculative reason is very much one formulated in conscious opposition to what he saw as the true nature of Enlightenment reason. And Hegel's speculative reason can plausibly be seen as one that overcomes the deficient nature of Enlightenment reason precisely by finding a way to "synthesize" the seemingly incompatible interests of the 'Enlightened' men of his time. Hegelian reason is a synthesis of what we today would sharply distinguish as the rational and the irrational, the scientific and the mystical.

---

[28] See Lawrence M. Principe: Alchemy. In: The Cambridge Handbook of Western Mysticism and Esotericism. Ed. by Glenn Alexander Magee. Cambridge (forthcoming).

## V Hegel's Sublation of Mysticism and Enlightenment

What I have said so far, however, only tells part of the story. It is in the nature of Hegelian dialectic that that which is transcended or cancelled is also at the same time 'taken up' in some fashion and 'preserved'. Indeed all of these acts – to cancel, to take up, and to preserve – are, as Hegel points out, part of the meaning of the German verb *aufheben*, which he constantly employs to describe the movement of the dialectic.[29] Accordingly, we should expect that while Hegel's new 'mystical' conception of reason cancels Enlightenment reason, it also somehow preserves something of it at the same time. This is, indeed, what we do find.

In order to see this, we must look once more at the passage I quoted at the beginning of this essay, the one where Hegel says that the speculative is what used to be called the mystical. Just after he makes this claim, he states:

> When we speak of the 'mystical' nowadays, it is taken as a rule to be synonymous with what is mysterious and incomprehensible; and, depending on the ways their culture and mentality vary in other respects, some people treat the mysterious and incomprehensible as what is authentic and genuine, whilst others regard it as belonging to the domain of superstition and deception. About this we must remark first that 'the mystical' is certainly something mysterious, but only for the understanding, and then only because abstract identity is the principle of the understanding. But when it is regarded as synonymous with the speculative, the mystical is the concrete unity of just those determinations that count as true for the understanding only in their separation and opposition.[30]

Hegel's speculation may be remarkably similar to mysticism, but what has been expunged from it is mystery.

Though the mysticism of Eckhart, Cusa, and the others I discussed earlier does seem to be, in a fashion, dialectical and speculative, there is a crucial difference between their view of the Absolute (or God) and Hegel's. Typically, for the mystics the Absolute is that which lies *beyond* the opposites. They put opposites into dialectical conflict, revealing their paradoxical interpenetration, only to argue that God cannot ultimately be characterized by these opposites; that he is *Brahman* (as in the *Upanishads*), or *Ein-Sof* (as in the Kabbalah), or *Abgrund* (as in Eckhart), or *Ungrund* (as in Boehme), etc., and thus an ineffable mystery.[31] Hegel's Absolute,

---

[29] See Hegel: Enzyklopädie der Philosophischen Wissenschaften (see note 7), pp. 204f.
[30] Geraets: Encyclopedia Logic (see note 1), p. 133. "Wenn heutzutage vom Mystischen die Rede ist, so gilt dies in der Regel als gleichbedeutend mit dem Geheimnisvollen und Unbegreiflichen, und dies Geheimnisvolle und Unbegreifliche wird dann, je nach Verschiedenheit der sonstigen Bildung und Sinnesweise, von den einen als das Eigentliche und Wahrhafte, von den anderen aber als das dem Aberglauben und der Täuschung Angehörige betrachtet. Hierüber ist zunächst zu bemerken, daß das Mystische allerdings ein Geheimnisvolles ist, jedoch nur für den Verstand, und zwar einfach nur deswillen, weil die abstrakte Identität das Prinzip des Verstandes, das Mystische aber [als gleichbedeutend mit dem Spekulativen] die konkrete Einheit derjenigen Bestimmungen ist, welche dem Verstand nur in ihrer Trennung und Entgegensetzung für wahr gelten" (Hegel: Werke [see note 1]. Vol. 8, pp. 178f.).
[31] On the *Upanishads*, cf. the article by Franz Winter in the present volume.

however, is not something that exists beyond opposites or beyond appearances: it is the whole. Hegel's dialectic displays the true, paradoxical nature of our conceptual scheme – just as mystical thought does. But Hegelian speculation argues that the whole of that conceptual scheme constitutes an organic system of categories that is God *an sich*, continually displaying itself in the form of nature, and coming to consciousness of itself in humanity.[32] Thus, dialectic in Hegel does not simply function to put the understanding into confusion and to make it acknowledge its own impotence, nor does speculation consist in pointing us towards an ineffable beyond.

The Absolute is not a mysterious beyond, it is right here – spread upon the earth, though neither the mystics nor the Enlightened men of the understanding see it. Dialectic displays the strife of opposites, reconciled by a speculation which points us towards the whole that contains, unifies, and reconciles all opposition. Hegel, furthermore does not simply promise us that all opposition is reconciled in the Absolute, he shows how this is the case through the argument of his Logic. Throughout his work, in fact, Hegel continually asserts that the truth can be made fully explicit and fully knowable. The passage from the *Encyclopedia Logic* concludes as follows: "everything rational can equally be called 'mystical', but this only amounts to saying that it transcends the understanding. It does not at all imply that what is so spoken of must be considered inaccessible to thinking and incomprehensible."[33] Furthermore, mystics sometimes claim that their knowledge is inexpressible because it involves a non-rational, non-verbal *experience* of the Absolute. Hegel rejects this as well. Though Hegel sees mysticism as a precursor to speculation, he rejects *mystification*. As is the case with everything else Hegel discusses, he sees mysticism as coming close to the truth – very close indeed – but inherently flawed at the same time.

Hegel's speculation, in short, is the modern descendent of mystical thought – with the difference, however, that Hegel believes he has discovered a way to demonstrate that the Absolute is fully knowable. Hegelian speculation is mysticism without mystery. And this is precisely how the Apollonian mindset of Enlightenment – which seeks to bring all things and all men into the light – is sublated (*aufgehoben*) in Hegel's new conception of reason.

---

[32] See *Wissenschaft der Logik* (1812–1816), and the entirety of *Enzyklopädie der Philosophischen Wissenschaften* (1830).
[33] Geraets: Encyclopedia Logic (see note 1), p. 133. "Alles Vernünftige ist somit zugleich als mystisch zu bezeichnen, womit jedoch nur so viel gesagt ist, daß dasselbe über den Verstand hinausgeht, und keineswegs, daß dasselbe überhaupt als dem Denken unzugänglich und unbegreiflich zu betrachten sei" (Hegel: Werke [see note 1]. Vol. 8, p. 179).

ESTEBAN LAW

# Die alten Theologen und das neue Licht vom Osten.
## Zum Traditionsbegriff bei Antoine Fabre d'Olivet

### I  Religionsgeschichtliche Hinführung zum Thema

Die Wende von der Aufklärung zur Romantik ist eine von religiösem Pluralismus tief geprägte Epoche. Wegbereitend wirken die Glaubensauseinandersetzungen, die im Zuge der Entstehung und Entwicklung des europäischen Protestantismus seit dem 16. Jahrhundert ganz Europa erschüttern. Sie haben nach und nach zu einem bis heute irreversiblen Zustand institutionalisierter Spaltung innerhalb des abendländischen Christentums geführt, von dem in der zweiten Hälfte des 18. Jahrhunderts die meisten europäischen Länder betroffen sind.[1] Eine besondere Situation ist in Frankreich festzustellen, wo der Katholizismus erst infolge eines einschneidenden Ereignisses – der französischen Revolution – seine Vormachtstellung verliert. Durch den seit dem frühen 18. Jahrhundert wachsenden Einfluss theosophischer, okkultistischer und freimaurerischer Strömungen sprengt der religiöse Pluralismus in Frankreich die überkommenen Grenzen christlicher Konfessionalität geradezu.[2] Diese Strömungen wirken mit an dem fortschreitenden Prozess der Säkularisierung des Christentums, der mit der französischen Revolution und dem Aufkommen der modernen Nationalstaaten im 19. Jahrhundert einen Höhepunkt erreicht.

Hand in Hand mit dieser Entwicklung geht im 18. Jahrhundert die Erweiterung des Wissenshorizonts über orientalische und fernöstliche Religionen und Kulturen in einem Ausmaß wie nie zuvor. Die Herausgabe und Übersetzung von Quellentexten persischer, indischer und chinesischer Religiosität (auch wenn zunächst teilweise nur aus zweiter Hand) sowie das Bemühen um ein genaueres Verständnis der fremden Sitten und Gebräuche treten allmählich an die Stelle der im allgemeinen wenig tief dringenden Reiseberichte des 17. Jahrhunderts.[3] Kulturpolitisch

---

[1] Anne Marie Mercier Faivre: Protestantismus und Aufklärung. In: Die Wende von der Aufklärung zur Romantik (1760–1820). Epoche im Überblick. Hg. v. Horst Albert Glaser u. György M. Vajda. Amsterdam 2001 (A Comparative history of literatures in European languages 15), S. 209–217, hier S. 209.

[2] Grundlegend Auguste Viatte: Les sources occultes du romantisme: Illuminisme – Theosophie. 1770–1820. Bd. 1: Le préromantisme. Paris 1965 [ND der Ausg. 1927]. Ders.: Les sources occultes du romantisme. Illuminisme – Theosophie 1770–1820. Bd. 2: La génération de l'empire. Paris 1965 [ND der Ausg. 1928]. Ferner René Le Forestier: La Franc-Maçonnerie templière et occultiste aux XVIIIᵉ et XIXᵉ siècles. Hg. v. Antoine Faivre. Paris 1970; Antoine Faivre: L'Esotérisme au XVIIIe siècle en France et en Allemagne. Paris 1973.

[3] Siehe Ernst Windisch: Geschichte der Sanskrit-Philologie und indischen Altertumskunde. Erster Teil. Strassburg 1917 (Grundriss der indo-arischen Philologie und Altertumskunde. Bd. I. Heft I, B), S. 4–22.

eingeleitet wurde dies insbesondere durch die 1716 erfolgte Neugründung der *Académie royale des Inscriptions et Belles-Lettres* und durch die Gründung der *Asiatic Society of Calcutta* gegen Ende des 18. Jahrhunderts.[4] Hinzu kommen die Forschungen einzelner Privatreisender wie Abraham Anquetil-Duperron (1731–1805)[5] und die Berichte von Missionaren wie des in China tätigen Jesuitenpaters Jean Baptiste Du Halde (1674–1743), dessen monumentales Werk *Description géographique, historique, chronologique, politique, et physique de l'empire de la Chin et de la Tartarie chinoise* (4 Bände. Den Haag 1736) im Frankreich des 18. Jahrhunderts und darüber hinaus zum Standardwerk über China avancierte.

Der bedeutende hiermit einhergehende Zuwachs an Wissen über die religiösen Vorstellungen alter Schriftkulturen brachte einen enormen Aufschwung philologisch-historischer Studien nicht nur in Frankreich, sondern in ganz Europa mit sich und lenkte allenthalben die Aufmerksamkeit auf bisher völlig unbekannte Denkmäler außereuropäischer Geisteskultur. Das Interesse europäischer Philosophen, Theologen und Gelehrter an den Religionen und Philosophien des Ostens nimmt seit der Mitte des 18. Jahrhunderts stetig zu. Die ‚indo-arischen' Altkulturen Indiens und Persiens genießen hierbei die größte Aufmerksamkeit.[6] Das Staunen über die geniale Andersartigkeit des fremden Denkens, von dem man dankbar wesentliche Anregungen aufgriff, der früh einsetzende Vergleich vor allem indischer mit westlichen Traditionen[7] und der vermeintliche Nachweis gemeinsamer Denkstrukturen, die weit mehr als das zu verraten schienen, was man aus den bis dahin

---

[4] Näheres bei Windisch: Sanskrit-Philologie (wie Anm. 3), S. 22–26.
[5] Zu Anquetil vgl. den Beitrag von Franz Winter im vorliegenden Band.
[6] Über den Zoroaster-Diskurs im 18. Jahrhundert, der, was die Kenntnis der altpersischen Religion angeht, mit Abraham Anquetil-Duperrons 1771 erschienener Übersetzung des Zend-Avesta einen ersten Höhepunkt erreicht, siehe Michael Stausberg: Faszination Zarathushtra. Zoroaster und die Europäische Religionsgeschichte der Frühen Neuzeit. Bd. II. Berlin, New York 1998, S. 723–946, bes. S. 790–813. Den Einfluss Indiens auf die deutsche Geisteswelt des 18. und 19. Jahrhunderts behandelt eingehend Paul Th. Hoffmann: Der indische und der deutsche Geist von Herder bis zur Romantik. Eine literarhistorische Darstellung. Tübingen 1915; ferner Windisch: Sanskrit-Philologie (wie Anm. 3), S. 55ff.
[7] So trat etwa bereits William Jones als vergleichender Mythologe auf und verglich die indischen mit den antiken und ägyptischen Göttern. Horace H. Wilson stellt das indische Drama neben das griechische: Windisch: Sanskrit-Philologie (wie Anm. 3), S. 40. Johann Gottfried Herder ist u.a. durch Abbildungen indischer Skulpturen bei Niebuhr zu der Auffassung inspiriert, in der Kunst Indiens ein neues Hellas zu finden. Der Herder-Anhänger Friedrich Majer, Verfasser einer *Kulturgeschichte der Völker* (1798) behauptet in Bezug auf die indische Seelenwanderungslehre: „Es wird nicht mehr zweifelhaft bleiben, dass die Priester Aegyptens und die Weisen Griechenlands aus dem indischen Urborn geschöpft haben [...]." Zitiert bei Hoffmann: Der indische und der deutsche Geist (wie Anm. 6), S. 56. Friedrich Schlegel stellt nicht nur vergleichende Betrachtungen in der Philosophie an, sondern hebt die Bedeutung der indischen Religion für die Menschheit überhaupt hervor. Abraham Anquetil-Duperron vergleicht anlässlich seiner viel beachteten Übersetzung der Upanischaden (Oupnekhat) die Lehren der Inder mit den Lehren der Kirchenväter (Synesius) und denen griechischer Philosophen; siehe Windisch: Sanskrit-Philologie (wie Anm. 3), S. 25, 40, 49, 57; Hoffmann: Der indische und der deutsche Geist (wie Anm. 6), S. 17, 56, 76. Vgl. hierzu auch den Beitrag von Franz Winter im vorliegenden Band.

vorliegenden Nachrichten seit antiker Zeit je hätte schließen können, bestärkte viele in der Anschauung, man habe es mit philosophischen oder religiösen Hochkulturen zu tun, die dem christlich-abendländischen Kulturkreis an Bedeutung, wenn nicht sogar an Alter, ebenbürtig seien. So kam es, dass die neuen Überlieferungen in den Kreis geschichtsphilosophischer Betrachtung traten, die seit der Renaissance allein der christlich-abendländischen Tradition gegolten hatte. Eine derartige Motivation steckt bereits hinter dem Versuch des französischen Jesuiten Joachim Bouvet (1656–1730), den Konfuzianismus – angesichts der neueren Entdeckungen der Gesellschaft Jesu im fernen Osten – in die Perspektive der (christlichen) ‚Prisca theologia' einzubeziehen,[8] auch wenn dies nicht zum Postulat einer Unabhängigkeit der chinesischen von der christlichen Überlieferung führen konnte.

Mehr Eigenständigkeit in den neuen Traditionen wollten in Frankreich dagegen andere sehen, die nach ihrem metaphysisch-religiösen Gehalt fragend gern das Wort ‚Theosophie' verwendeten und sich damit implizit an einer religionsgeschichtlichen Entwicklung orientierten, die im Frankreich des 18. Jahrhunderts wesentlich in Verbindung mit der Rezeption der Theosophie Jacob Böhmes gestanden hatte. Durch die allgemeine Distanzierung vom Christentum in einer Zeit auf dem direkten Weg zur endgültigen Trennung von Staat und Kirche war diese Richtung von der bisherigen Ausschließlichkeit christlicher Vorstellungswelten abgekommen und befand sich stattdessen auf der Suche nach einem universellen, überchristlichen Sinn von ‚Theosophie'. In den neu entdeckten Quellen, die reich aus dem Osten flossen, sah man etwas Passendes für dieses Vorhaben. Ja, es hat sogar den Anschein, als sei das Bekanntwerden dieser Quellen der Auftakt zu einem neuen Sinn für religiöse Tradition, der seine Legitimation, mitten in den ersten Folgejahren nach der französischen Revolution, in der Unabhängigkeit und Freiheit des ‚neuen Menschen' von der christlichen Religion sah und dessen abendländische Ahnherren daher in den nicht-christlichen Strömungen des klassischen Griechenlands sowie in der – bereits um die Religiosität des Ostens werbenden – Welt des griechisch-römischen Heidentums gefunden zu haben glaubte. Altertum und Gegenwart, Ost und West, sollten durch eine geschichtsmetaphysisch übergreifende Lehre in einem neu geträumten Europa von der Wahrheit der vermeintlich einen Theosophie Zeugnis ablegen. Auf diese Weise wurden die alten im Verein mit den neuen Traditionen zu wesentlichen Quellen einer Inspiration, für die Theosophie den Erwerb von Wissen über göttliche Geheimnisse durch sittliche Reinigung und Initiation bedeutete – ein im Grunde von der christlichen Theosophie nicht weit entfernter Gedanke, den man aber nunmehr aus einem höheren

---

[8] Dazu Daniel P. Walker: The Ancient Theology. Studies in Christian Platonism from the Fifteenth to the Eighteenth Century. London 1972, S. 220–230; David Mungello: How Central to Leibniz's Philosophy was China? In: Das Neueste über China. G. W. Leibnizens Novissima Sinica von 1697. Hg. v. Wenchao Li u. Hans Poser. Stuttgart 2000 (Studia Leibnitiana. Supplementa 33), S. 57–67, hier S. 60f.

Grund herleiten wollte, da die christliche Theosophie nur eine von vielen Manifestationen dieses Zusammenhangs sei.

Eine geschichtsphilosophische, vom bisherigen christlichen Zentrum wegführende Akzentverschiebung in der Frage nach den Wurzeln historischer Religiosität, nach der ältesten Tradition also, war damit unausweichlich. Das Ergebnis sollte in Frankreich um die Wende vom 18. zum 19. Jahrhundert als nicht-christliche Alternative zu den Spätausläufern der in Agonie befindlichen Geschichtsphilosophie bzw. Wissenstheologie der Prisca theologia[9] treten und in eben demselben Bereich der weiteren religionsgeschichtlichen Entwicklung bis ins moderne Europa den Weg weisen. Diese Akzentverschiebung vermittelte dem 19. und 20. Jahrhundert eine Sichtweise von Tradition, die zur Wurzel der modernen theosophischen Bewegung wurde. Sie bedeutete für den bis dahin maßgeblichen Traditionsbegriff eine Sprengung der alten Symbiose von christlichem und antik-paganem Denken, für die eine Epoche, die sich von der Führerschaft der christlichen Religion als ältester Weisheitslehre losgesagt hatte, eine neue und, wie man meinte, zeitgemäße Deutung forderte.

## II Antoine Fabre d'Olivet: Zu Leben und Werk

Antoine Fabre d'Olivet (1767–1825), wohl der wichtigste nicht-christliche Theosoph im Frankreich des 18. Jahrhunderts,[10] scheint in dieser Zeit des Übergangs der erste gewesen zu sein, der die neu entdeckte Religiosität des Ostens in die durchdachte Perspektive einer ältesten, nicht-christlichen Tradition integrierte, für die er in seinem *Les Vers dorés de Pythagore* ein Konzept gemäß der eben beschriebenen Weise vorlegte. Fabre d'Olivet, der im 18. Jahrhundert tief verwurzelt ist, jedoch neue Wege bahnt, unternimmt anlässlich einer detaillierten quellenmäßigen Darstellung und Kommentierung der antiken Überlieferung zu den ‚Goldenen Versen' (ein ethische Maximen enthaltendes und aus 71 Hexametern bestehendes Gedicht, das man auf Pythagoras von Samos zurückführte)[11] den Versuch, die Universalität einer ‚tradition théosophique' zu beweisen, welche die Völker von Orient und Okzident im Gewande einer Symbiose von Pythagoreismus, Hermetismus und

---

[9] Dazu ausführlich Walker: Ancient Theology (wie Anm. 8), S. 194–230.
[10] Grundlegend Léon Cellier: Fabre d'Olivet. Contribution a l'étude des aspects religieux du romantisme. Avec une introduction de J.-C. Richard et une bibliographie complète des oeuvres de Léon Cellier par R. Bourgeois. Genève 1998 [ND der Ausg. Paris 1953]; Ferner Faivre: L'Esoterisme (wie Anm. 2), S. 126–131. Arthur McCalla: Art. Fabre d'Olivet, Antoine. In: Dictionary of Gnosis & Western Esotericism. Hg. v. Wouter J. Hanegraaff in collaboration with Antoine Faivre, Roelof van den Broek and Jean-Pierre Brach. Leiden, Boston 2006, S. 350–354.
[11] Griechischer Text mit engl. Übersetzung, Forschungsgeschichte und Kommentar: Johan C. Thom: The Pythagorean Golden Verses. With Introduction and Commentary. Leiden, New York u. Köln 1995 (Religions in the Graeco-Roman World 123).

östlicher Religiosität seit Urzeiten verbunden haben soll. Fabre d'Olivet wird dadurch in besonderer Weise zum Urheber eines Topos, der seinen Weg bis in die Moderne fand.

Geboren in Ganges am 8. Dezember 1767 im Schoße einer vermögenden protestantischen Familie kam Antoine als Zwölfjähriger nach Paris.[12] Dem väterlichen Wunsch, den kaufmännischen Beruf zu wählen, entsprach er nicht, dafür wandte er sich bereits 1789 der Literatur zu. Um etwa 1790 frequentierte er den Kreis der Jakobiner, freilich ohne klare politische Ziele. Es sind revolutionäre Texte aus dieser Zeit bekannt.[13] Seinen philosophischen Hang zum Deismus entdeckte Fabre um das Jahr 1795 anlässlich der Lektüre von *La Philosophie de la Nature* (Erstauflage in drei Bänden 1770), einem Werk des Deisten Delisle de Sales (1741–1816), das bei ihm Begeisterung auslöste.[14] Delisles Werk gehört mit Antoine Court de Gébelins (1719–1784) mehrbändigem *Le monde primitif analysé et comparé avec le monde moderne* zur Gattung ‚philosophischer' Ursprungsgeschichten, die in Frankreich ab den sechziger Jahren des 18. Jahrhunderts als Gegenmodell zu Jean-Jacques Rousseaus Ursprungsgeschichte im zweiten *Discours* von 1755 bzw. zur Naturzustandshypothese der Naturrechtstradition in Umlauf waren.[15] Nach Delisle de Sales und Court de Gébelin dürfen die biblischen Ursprungsgeschichten nicht als die durch göttliche Inspiration verbürgte Beschreibung des Urzustands der Menschheitsgeschichte angesehen werden. Denn am Anfang der Geschichte stünde nicht die Wahrheit biblischer Mythen – ja gar keine biblische Vorgabe –, sondern die Wahrheit vernünftiger Fakten. Gleichwohl können aber die biblischen Überlieferungen ebenso wie das profane Wissen antiker Mythen mit Hilfe der philosophischen Vernunft, d.h. im Lichte der ‚Denkmäler der Natur' – naturgeschichtliches Wissen ist vor allem gemeint – zur Rekonstruktion der sich hinter ihnen verbergenden Vorwelt dienen, auf die sie als ‚fabelhafte' *survivals* zurückverweisen.[16]

Der von Delisle de Sales und Court de Gébelin vertretene Ansatz spielt in der Entwicklung von Fabre d'Olivets Denken eine wegweisende Rolle. Viel entscheidender für diese Entwicklung dürfte jedoch eine innere Krise sein, die er 1800–1805 durchlebt und die sein literarisches Selbstverständnis nachhaltig bestimmen wird. Wir kennen die Phasen dieser Krise nicht,[17] wissen jedoch von einem zentralen Ereignis darin: der Geistererscheinung einer verstorbenen geliebten Frau (Julia Marcel), die den Literaten in eine religiöse Sinnkrise stürzt. Die Wandlung, die er nach eigenem Zeugnis dabei durchmacht, mündet jedoch in keinen praktischen oder marktschreierischen Mystizismus, der den Weg zum Seelenheil kennen und

---

[12] Siehe im Folgenden Cellier: Fabre d'Olivet (wie Anm. 10), S. 21ff.
[13] Näheres ebd., S. 33ff.
[14] Ebd., S. 54 f.
[15] Helmut Zedelmaier: Der Anfang der Geschichte. Studien zur Ursprungsdebatte im 18. Jahrhundert. Hamburg 2003 (Studien zum achtzehnten Jahrhundert 27), S. 238f.
[16] Zitate nach Zedelmaier: Der Anfang der Geschichte (wie Anm. 15), S. 237ff.
[17] Cellier: Fabre d'Olivet (wie Anm. 10), S. 103.

anderen vermitteln will. Sie betrifft, formal betrachtet, eigentlich mehr den *homme de lettres*, als die Person im öffentlichen Leben. Immerhin wissen wir von einer in dieser Zeit neu entflammten Leidenschaft für die seelisch-okkulte Dimension des Magnetismus. Diese treibt er so weit, dass er der Überzeugung ist, als Magnetiseur Taubstumme heilen zu können.[18] Ein Bekenntnis zu einer okkulten oder religiösen Bewegung hat Fabre d'Olivet damit freilich nicht verbinden müssen, da der Magnetismus im Frankreich des 18. Jahrhunderts eine gesellschaftlich weit verbreitete Mode und nicht allein Sache von Freimaurern oder christlichen Theosophen war.[19] Dieser Umstand steht symptomatisch für die Schwierigkeit, Fabre d'Olivets neues religiöses Anliegen vor dem Hintergrund zeitgenössischer Religionsgeschichte klar einzuordnen. Denn wenn er zwar auf der einen Seite Kontakt zu den Schülern (nicht jedoch zur Person) Louis-Claude de Saint-Martins aufnimmt und pflegt,[20] so behauptet er auf der anderen Seite, kein Anhänger einer Sekte zu sein.[21] Fabre lehnt den Revolutionskult der Theophilanthropen ab,[22] bezieht jedoch klar Stellung gegen die Versuche einer katholischen Restauration. Dabei predigt er das Ideal eines rechtschaffenen und toleranten Bürgertums, das dem Deismus zuneigt und Philosophie treibt.[23] Als ein biographischer Fixpunkt ist immerhin die Eheschließung mit Marie Warin im April 1805 in der *Eglise Réformée Consistoriale de Paris* festzuhalten,[24] was Fabre als einen Christen protestantischer Konfession ausweisen würde. Nun macht aber die faktische Unterordnung christlicher Positionen in Fabre d'Olivets Denken – eigentlich dienen sie nur der Illustration eines nicht-christlichen Standpunktes – klar, dass die Bedeutung dieses Ereignisses für seine Privatreligion kaum hoch anzuschlagen ist.

Dass ein innerer Wandel oder eine geistige Umorientierung tatsächlich stattgefunden hat, wird auf jeden Fall in literarischer Hinsicht deutlich. Denn die Anregungen und Einsichten, die Fabre aus seiner Sinnkrise offenbar mitnimmt, schlagen sich in aller Breite in einem religiös-spekulativen Intellektualismus nieder, der sich in der Art einer ‚politischen Theosophie' in die visionäre Betrachtung großer welt- und religionsgeschichtlicher Ereignisse und Prozesse ergießt. Fabre d'Olivet will – in der Weise eines Propheten, der sich von der göttlichen Vorsehung dazu beauftragt fühlt – das Ergebnis seiner weltgeschichtlichen Forschungen der

---

[18] Faivre: L'Esotérisme au XVIII$^e$ siècle (wie Anm. 2), S. 126.
[19] Dazu Robert Darnton: Der Mesmerismus und das Ende der Aufklärung in Frankreich. München 1983.
[20] Cellier: Fabre d'Olivet (wie Anm. 10), S. 115.
[21] Ebd., S. 113.
[22] Ebd., S. 105. Die Theophilanthropen waren eine „deistische Religionsgesellschaft in Frankreich, die sich 1796 unter Lareveillère-Lepeaux in Paris mit einem Kultus der natürlichen Religion bildete und vom Direktorium zehn Pfarrkirchen eingeräumt erhielt, aber schon 1802 erlosch und 1829 vergeblich wieder angeregt wurde" (Meyers Großes Konversations-Lexikon. Bd. 19. Leipzig 1909, S. 471. Näheres bei Grégoire: Geschichte des Theophilanthropismus. Hannover 1806).
[23] Cellier: Fabre d'Olivet (wie Anm. 10), S. 109.
[24] Ebd., S. 125.

Menschheit als gültige Erkenntnis verkünden. Für dieses Metier muss er den bisher gepflegten *genre romanesque* gegen den *genre historique* tauschen. Charles Fourier (1772–1837) und Henri de Saint-Simon (1760–1825) weisen ihm dabei den Weg.[25] Das neue Programm findet seinen Ausdruck in einer Tetralogie, die von den *Lettres à Sophie sur l'histoire* (2 Bände. 1801) – eine Geschichte kosmogonischer Systeme nebst einer Geschichte der Zivilisation – eröffnet wird. Es folgen *La Langue hébraïque restituée, et le véritable sens des mots hébreux rétabli et prouvé par leur analyse radicale* (1810 vollendet, aber erst 1815–16 in zwei Bänden erschienen), ferner *Les Vers Dorés de Pythagore expliqués et traduits pour la première fois en vers eumolpiques français, précédés d'un discours sur l'essence et la forme de la poésie* (1813) und schließlich *De l'Etat Social de l'Homme; ou vues philosophiques sur l'histoire du genre humain* (2 Bände, 1822. 2. Auflage unter dem Titel *Histoire Philosophique du Genre Humain*, 1824 erschienen).[26] 1825 stirbt Fabre d'Olivet in Paris, nicht ohne seine Geschichtstheosophie als visionäre Wohltat der göttlichen Vorsehung hinzustellen, derer er dankbar gedenken müsse.

## III Der Ur-Tradition auf der Spur

Im Folgenden gilt unsere Aufmerksamkeit einem wesentlichen und schon angedeuteten Aspekt in Fabre d'Olivets Denken, der im Werdeprozess seiner neuen, inneren Berufung eine zentrale Stellung einnimmt. Es ist die vermeintliche Entdeckung einer Ur-Tradition, welche Wesen und Geschichte der westlichen und östlichen Religionen seit Urzeiten begründen soll. Der Weg dahin führt für Fabre d'Olivet, der seine *vocation intellectuelle* als eine *vocation scientifique* auffasst, in den Jahren während und nach der Krise über die Hinwendung zu philologischen Studien (das erinnert erneut an Court de Gébelin). Fabre d'Olivet beherrschte mehrere Sprachen, eine Reihe moderner sowie die klassischen einschließlich des Hebräischen. Beim Studium des Chinesischen und des Sanskrit ist er jedoch über die Anfangsgründe nicht hinausgekommen.[27] Wie Joseph Marie De Maistre (1753–1821), Louis-Gabriel-Ambroise de Bonald (1754–1840) und andere wähnt er sich im Besitz des *génie étymologique* und pflegt – wie Cellier es ausdrückt – die „alchimie verbale".[28] Diese Studien führen Fabre zu einer intensiven Beschäftigung mit der hebräischen Bibel. Ein Ergebnis hiervon ist *La Langue hébraïque resti-*

---

[25] Ebd., S. 119.
[26] Neben dieser Tetralogie kommen für diesen Zusammenhang weitere Texte in Frage, insb. *Cain de Byron traduit en vers français: et réfuté dans une suite de remarques philosophiques et critiques, précédé d'une lettre adressée à Lord Byron* (1823) und die *Théodoxie Universelle*, erschienen posthum in der Zeitschrift *L'Initiation* (Jg. 1912); Cellier: Fabre d'Olivet (wie Anm. 10), S. 425.
[27] Cellier: Fabre d'Olivet (wie Anm. 10), S. 120f.
[28] Ebd., S. 121.

*tuéel,*²⁹ ein Werk, das vom Ursprung der Sprache handelt. Fabre d'Olivet fühlte sich dazu berufen, mit Hilfe dynamistischer Vorstellungen das Bibelhebräische von geschichtlichen ‚Verunreinigungen', die auf die Zeit der babylonischen Gefangenschaft zurückgingen, zu befreien und den ursprünglichen Sinn des Ur-Hebräischen, das Moses nur mündlich weitergegeben habe, zu rekonstruieren. Dies kam für Fabre einer Wiederentdeckung des religiösen Sinns der Sprache gleich.³⁰ Durch die Vielzahl historischer und pseudo-historischer Angaben, die diesen kühnen Versuch begleiten, befinden wir uns hier zwar bereits mitten in der Thematik von Fabre d'Olivets Ur-Tradition; dennoch ist es nicht *La Langue hébraïque restituée*, wo das Konzept einer *tradition théosophique* in aller Breite thematisiert wird. Dies findet erstmalig energischen Ausdruck im zweiten Teil seiner geschichtstheosophischen Tetralogie, die mit dem nunmehr zu erläuternden Text *Les Vers Dorés de Pythagore* zusammenfällt.³¹

## IV *Les Vers Dorés de Pythagore* und die *tradition théosophique*

Der eigentlichen Darstellung wird ein umfangreicher *Discours sur l'essence et la forme de la poésie* vorangestellt.³² Darin finden wir ein Loblieb auf die altindische Kultur und Religion. Die theosophische Weisheit der Griechen oder – wie Fabre selbst es ausdrückt – die griechischen ‚Mysterien' (mystères), ahmen die ägyptischen nach, die ägyptischen wiederum gingen auf indische Priester zurück: „Ces cérémonies mystiques, copiées sur celles qui avaient lieu dans la célébration des mystères égyptiens, avaient été apportées en Egypte par les prêtres indiens à l'époque très-reculée où l'empire de l'Indostan s'étendait sur cette contrée."³³ Für Fabre d'Olivet belegt dies die neue Orientalistik: „Cette communication qui s'est faite d'un peuple à l'autre a été démontrée jusqu'à l'évidence par les savantes recherches des académiciens de Calcutta, Jones, Wilford et Wilkin [...]."³⁴ Gerne beruft sich Fabre auf William Jones:

> Selon ce judicieux écrivain, l'Inde primitive doit être considérée comme une sorte de foyer lumineux, qui, concentrant à une époque très-reculée, les connaissances acquises par un peuple antérieur, les a réfléchies, et en a dispersé les rayons sur les nations voisines. Elle a été la source de la théogonie égyptienne, grecque et latine; elle a fourni les dogmes philosophiques

---

[29] Siehe die voraufgehende Seite im Text.
[30] Faivre: L'Esotérisme au XVIIIᵉ siècle (wie Anm. 2), S. 127.
[31] Ich zitiere nach der Erstausg., im Folgenden: (Antoine) Fabre-d'Olivet: Les vers dorés de Pythagore, expliqués, et traduits pour la première fois en vers eumolpiques français; précédés d'un discours sur l'essence et la forme de la poésie, chez les principaux peuples de la terre. Adressé à la classe de la Langue et de la Littérature françaises, et à celle d'Histoire et de Littérature ancienne de l'Institut impérial de France. Paris 1813.
[32] Ebd., S. 1–175.
[33] Ebd., S. 75f.
[34] Ebd., S. 76.

que les premiers poètes de la Thrace et de l'Ionie ont orné des beautés de l'Eumolpée et de l'Epopée [...].[35]

Wichtig ist, dass Fabre d'Olivet die Lehre der ‚ägyptischen Mysterien' in den Traktaten des *Corpus Hermeticum* zu finden glaubt.[36] Dies entspricht dem Stand der Ägyptologie am Vorabend der großen historischen Entdeckungen, die Champollions Entzifferung der Hieroglyphen einleiten sollte. Dabei wird der (christliche) Hermetismus des Mittelalters und der frühen Neuzeit komplett ausgeblendet, was kaum auf Unkenntnis dieser Traditionen zurückgeführt werden kann.[37]

Da Fabre d'Olivet Sanskrit für die vollkommenste Sprache hält, die je von Menschenzungen gesprochen wurde,[38] müsse Indien, so Fabre, als die Wiege aller Religionen gelten. Dieser theosophische Kulturtransfer werde durch die neuen Entdeckungen europäischer Forscher in Indien bewiesen.[39] Raymond Schwab pflichtet Auguste Viatte bei, der behauptet hatte, bei Fabre d'Olivet werde der Mittelpunkt der Geschichte und der menschlichen Weisheit nach Asien verlegt.[40] Ähnlich bemerkte schon Leon Cellier, für Fabre d'Olivet seien „die Kulturen und Wissenschaften Asiens und Nordafrikas" den europäischen überlegen.[41] Diese Verehrung der indischen ‚Theosophie' macht aus dem Verfasser von *Les Vers Dorés* allerdings keinen *indianisant*.[42] Fabre d'Olivets Vorliebe gilt den Eingeweihten von Memphis und den Geistesbrüdern des Hermes Trismegistos: Pythagoras, Orpheus und Moses. Trotzdem sind es weder die Traktate und Fragmente des Corpus Hermeticum, noch die neuen aus Indien bekannt gewordenen Schriften, sondern die griechische Überlieferung steht in *Les Vers Dorés* im Vordergrund und dient als Grundlage von Fabre d'Olivets Rekonstruktion einer theosophischen Ur-Tradition. Die Erklärung für dieses Vorgehen mag aus seiner Sicht gerechtfertigt erscheinen: Sobald der Theosoph die Einheit der Tradition erkannt hat, spielt überhaupt keine Rolle, welchem Glied derselben er sich zuwendet, denn Memphis, Benares und Samos stimmen alle von vornherein miteinander überein.[43]

---

35  Ebd., S. 120f. Mit dem Hinweis auf William Jones: Asiatic Researches. Bd. I. 5th ed. London 1806, S. 425, 430.
36  Fabre-d'Olivet: Les vers dorés (wie Anm. 31), S. 189–190; 204f., 217, 242, 247; 270; 337; von der *Tabula Smaragdina* – ein einziges Mal erwähnt (ebd., S. 369) – heißt es, sie werde Hermes zugeschrieben („qui lui est attribuée"). Gewährsmann ist auch Iamblichus (*De Mysteriis Aegyptiorum*); Fabre-d'Olivet: Les vers dorés (wie Anm. 31), S. 270, 370, 403.
37  So wird etwa Athanasius Kirchers *Oedipus Aegyptiacus* bei Fabre d'Olivet: Les vers dorés (wie Anm. 31), S. 240 u. 275 zitiert.
38  „[L]a langue savante des Indiens, le sanscrit [...] c'est la langue la plus parfaite que les hommes aient jamais parlée" (Fabre-d'Olivet [wie Anm. 30], S. 121). Vgl. Cellier: Fabre d'Olivet (wie Anm. 10), S. 144.
39  Oben Anm. 31; Cellier: Fabre d'Olivet (wie Anm. 10), S. 123.
40  Raymond Schwab: La Renaissance orientale. Paris 1950, S. 253.
41  Cellier: Fabre d'Olivet (wie Anm. 10), S. 124.
42  Ebd., S. 123.
43  Ebd., S. 124.

## V Bemerkungen zur Religionssystematik

„Die Alten wissen das Wahre, wenn wir dieses fänden, dann brauchten wir uns um Menschenmeinungen nicht zu kümmern."[44] Diese Worte Platons drücken gewissermaßen den theoretischen Anspruch aus, den Fabre d'Olivet mit seinem Traditionsverständnis verbunden wissen will. Dies impliziert Kritik am Neuen, an den ‚Menschenmeinungen', die Fabre d'Olivet überall dort in der neuzeitlichen Philosophie am Werke sieht, wo er mit seiner Theosophie nicht zu Rande kommt. Die Weisheitslehren der alten Völker, seien es Griechen, Ägypter, Skandinavier, Inder, Perser oder Chinesen, sind das unvergangene Aktuelle, sie leben, sie bilden Fabre d'Olivets Ideal, dem er aus der zerrissenen Zeit der französischen Revolution mit Sehnsucht zustrebt.[45] Der Kulturtransfer hat inmitten einer vom europäischen Kolonialismus geprägten Epoche drastisch zugenommen. Was europäische Orientalisten als ihr Verständnis außereuropäischer Geisteskultur formulieren, hat in Fabre d'Olivets Wahrnehmung verblüffende Parallelen zum Altbekannten. Wäre hier die Urreligion wie beim Florentiner Marsilio Ficino immer noch die jüdisch-christliche, so hätten wir es hier unter Umständen mit einer erweiterten Prisca theologia, vielleicht sogar mit etwas zu tun, was auf Pater Wilhelm Schmidts später berühmt gewordenes Werk *Der Ursprung der Gottesidee* (1912) ansatzweise vorausweisen würde. Doch für den Protestantensohn, der den christlichen Glauben ablehnt, gleichwohl aber allgemein-strukturell am Traditionsmodell der Prisca sapientia festhält, muss der Ursprung ein anderer sein und die Phänomenologie der geschichtlichen Prozessualität anders erklärt werden.

Für Fabre d'Olivet verehren alle Völker ein und denselben Gott, der sich jedweder kulturell-partikularen Färbung entzieht, gleichwohl aber jede Religion prägt, der unerschaffen, einzig und von unergründlicher Allgemeinheit ist, der über aller menschlichen Erkenntnis steht und in diese Welt über die Vorsehung eingreifen kann.[46] Dies scheint kein philosophischer Gott nach deistischer Vorlage zu sein, denn für Fabre d'Olivet sind die (Hoch-)Religionen da, sie sind wahr und bedürfen keiner theoretischen Rechtfertigung. Als ihr gemeinsamer Nenner gilt in seinen Augen die ‚Theosophie', in deren Besitz er sich selbst als großer Hierophant wähnt. Theosophie bestehe darin, die Existenz der Tugend nicht zu leugnen, sondern nach ihr zu streben. Tugend wiederum ebne den Weg für geistige Kontemplation, Inspiration, Gefühlsbeweise und Analogien. Theosophie lasse nicht zu, dass man die göttliche Vorsehung und die Grundwahrheiten der Religion anzweifle, die freie Wahl menschlicher Handlungen, den Einfluss des Willens auf seine Leidenschaften. Nur die theosophische Tradition („la seule tradition théosophique"),

---

[44] Zit. nach Josef Pieper: Über den Begriff der Tradition. Köln, Opladen 1958 (Arbeitsgemeinschaft für Forschung des Landes Nordrhein-Westfalen. Geisteswissenschaften 72), S. 21.
[45] Fabre d'Olivet: Die Goldenen Verse des Pythagoras. Hg. v. Baronin Wolff. München-Planegg 1926, S. 16.
[46] Fabre-d'Olivet: Les vers dorés (wie Anm. 31), S. 192, 195, 232f., 345, passim.

meint Fabre d'Olivet, sei in der Lage, die Freiheit des Menschen aufrecht zu erhalten.[47]

In den Dienst seiner Theosophie stellt Fabre d'Olivet den antiken Polytheismus, die monotheistischen und die orientalischen Religionen. Diese moderne Unterscheidung hält er allerdings für rein willkürlich. Denn im Grunde sei der Monotheismus die einzig wahre Form der Religion. Tatsächlich aber mache sich überall (mit Ausnahme der ‚mosaischen' Religionen) der Eindruck eines Polytheismus geltend: In Ägypten, im klassischen Altertum, in Indien, China, Burma usw. Dabei seien die vielen Götter nur Partikularisierungen, Attribute oder Personifizierungen des höchsten Wesens, das die Theosophen dieser Völker allerdings nicht nennen durften.[48]

## VI   Der ‚Mythos' vom Monotheismus

Fabre d'Olivet betreibt die ‚Freilegung' einer – wie er glaubt – geschichtlich verborgenen Spur im Zentrum der Hochreligionen und des antiken Heidentums. Demnach bedeutet Monotheismus die Teilhabe an einem Mysterium von der menschlichen Natur, das mit Rücksicht auf metaphysische Grundkräfte (vgl. dazu Abschnitt X) den freien Willen sichere; Polytheismus sei dagegen das absichtliche Verbergen dieses Mysteriums vor der Masse hinter der Maske der Vielgötterei.

Denn die Theosophen aller Völker hätten die Einheit Gottes nicht öffentlich gelehrt, um die Erklärung vom Ursprung des Bösen nicht abgeben zu müssen („‚l'explication qu'il aurait fallu donner de l'origine du bien et du mal"), denn ohne diese Erklärung wäre das Dogma unverständlich gewesen („car sans cette explication, le dogme en lui-même aurait été incompréhensible").[49] Zu dieser Erklärung, deren Geheimhaltung das gemeine Volk vor großen Gefahren habe schützen sollen, gehöre wesentlich, dass der Mensch auf die Konsequenzen eines ihm vorgegebenen Schicksals mit seiner Willenskraft und unter der Obhut der göttlichen Vorsehung Einfluss nehmen könne. Dies hält Fabre für eine ganz zentrale Lehre der theosophischen Tradition, wie neben Pythagoras ebenso Platon, Jesus, Konfuzius, Krishna und schließlich auch Jacob Böhme bezeugten.[50] Dies sei die Grundlage menschlicher Freiheit, mit der – in der Konsequenz falschen Handelns – der Ursprung des Bösen verbunden sei. Denn „c'est toujours en demandant quelle est l'origine du Bien et du Mal, qu'on a fait irrésistiblement crouler tous les systèmes de ce genre [...] la solution du problème sur le libre arbitre dépend de la connaissance préalable de l'origine du mal".[51] Moses habe die Einheit Gottes als erster

---

[47] Ebd., S. 300, 234, 236.
[48] Ebd., S. 195.
[49] Ebd., S. 231f.
[50] Ebd., S. 254–256.
[51] Ebd., S. 230f.

gelehrt, die vor ihm im Schatten der Sanktuarien verborgen gehalten wurde, hätte sich aber bezeichnenderweise trotzdem keine Definition und keine Reflektion über Wesen und Natur dieses einzigen Wesens öffentlich gestatten wollen. Denn dies zu begreifen, hielt er die Masse nicht für fähig, sondern allein die Weisen.[52] Darum habe sich Moses nur zur reinigenden Seite der Religion geäußert, zur einigenden jedoch nicht (oder nur in Andeutungen). Denn nirgends habe er von der Unsterblichkeit gesprochen, die mit dem Einheitsaspekt der Religion eng zusammenhänge und seine Folge sei.[53] Er habe sich damit begnügt, seinem Volk den Genuss irdischer Güter zu versprechen und habe dabei ein langes Leben an vorderste Stelle gesetzt.[54] Indes, mit der Verkündung der Einheit Gottes hatte sich Moses dazu verpflichtet, den Ursprung des Bösen zu erklären. Die Natur des gefährlichen Geheimnisses habe ihn jedoch dazu genötigt, diese Erklärung mit dem dichten Schleier des Mythos vom Sündenfall zu umgeben. Daher sei dieser Punkt für alle Uneingeweihten ein dunkler geblieben. Die Anhänger der *tradition théosophique*, etwa die Sekten der Pharisäer, hätten dies allegorisch aufgefasst und dadurch die Freiheit des Willens aufrecht erhalten. Andere dagegen, wie die Sekte der Sadduzäer, verwarfen diese Freiheit, indem sie ein unentrinnbares Schicksal annahmen, dem alles unterworfen sei. Strenggläubige unter den Hebräern, welche diesen Mythos in volkstümlicher Weise verstanden hätten, seien noch weiter gegangen und hätten sich dazu ermächtigt gefühlt, Gott den Ursprung des Bösen zuzuschreiben. Im institutionellen Christentum und Islam habe sich diese zweite Richtung in der Lehre von der Prädestination durchgesetzt. Sie entspreche der antiken Lehre vom Geschick. Eine Ausnahme innerhalb der christlichen Tradition sei Origenes, der die Lehre von der Prädestination allegorisiert und Pelagius, der sie ganz verworfen habe.[55]

---

[52] „Moyse [...] ne se permit aucune définition, aucune réflexion, ni sur l'essence, ni sur la nature de cet Être unique; ce qui est très remarquable [...] l'unité de Dieu réside dans son essence, que le vulgaire ne peut jamais, en aucune manière, ni concevoir, ni connaître" (Fabre-d'Olivet: Les vers dorés [wie Anm. 31], S. 194f.).

[53] „Or, il faut remarquer que Moyse, s'étant contenté de renfermer dans sa doctrine la seule partie purgative, ne jugeant point sans doute son peuple en état de supporter la partie unitive, ne lui parle nulle part de l'immortalité qui en est la conséquence" (Fabre-d'Olivet: Les vers dorés [wie Anm. 31], S. 211).

[54] „Le législateur théocratique des Hébreux, en faisant ce commandement, place la récompense à côté du précepte: il déclare formellement que l'exercice de la piété filiale entraînera avec soi une longue existence [...] ne lui parle nulle part de l'immortalité qui en est la conséquence; se contentant de promettre la jouissance des biens temporels, parmi lesquels il a soin de mettre au premier rang une longue vie" (Fabre-d'Olivet: Les vers dorés [wie Anm. 31], S. 210f.).

[55] „Moyse fonda son culte sur l'unité de Dieu, et il expliqua l'origine du mal; mais il se trouva forcé, par la nature même de ce redoutable mystère, d'envelopper son explication d'un tel voile, qu'il resta impénétrable pour tous ceux qui n'en reçurent pas la révélation traditionnelle; en sorte que la liberté de l'homme ne subsista dans son culte qu'à la faveur de la tradition théosophique, et qu'elle s'y affaiblit et en disparut entièrement avec cette même tradition: c'est ce que prouvent les deux sectes opposées des Pharisiens et des Saducéens qui la divisèrent. Les premiers, attachés à la tradition et allégorisant le téxte du Sepher, admettaient le libre arbitre; les autres, la rejetant au contraire, et suivant le sens littéral, établissaient un destin irrésistible

## VII Ein uralter Antagonismus: Theosophen und Physiker

Fabre d'Olivets Abneigung gegen das institutionelle Christentum beruht im Wesentlichen auf der Unterstellung „que l'homme fût nécessairement déterminé au Mal ou au Bien, et prédestiné de tout temps au vice ou à la vertu, au malheur ou au bonheur éternel". Dies sei – so Fabre – eine „fatalité cruelle".[56] Diesen Fatalismus führt Fabre auf einen uralten Bruch mit der theosophischen Tradition zurück, der auf das Konto des phönizischen Philosophen Moschus gehe. Denn Moschus, nach dem Zeugnis des Strabo aus der Zeit vor dem Trojanischen Krieg, habe sich von der damals allein bestehenden Theosophie abgewandt und als erster nach dem Grund der Dinge in den Dingen selbst gesucht. Darum könne er als der eigentliche Begründer der Physik oder des Atomismus gelten.[57] Moschus' Lehren hätten später Leukipp, Demokrit, Epikur und Lukrez vertreten und weitergeführt, und diese Tradition reiche bis zu Leibnizens Monadenlehre und Spinoza.[58] Eine zweite Welle dieser Geisteshaltung gehe auf die Stoiker und ihre Anhänger sowie auf die eleatische Philosophie zurück. Diese hätten das göttliche Prinzip wieder einmal vergegenständlicht und es zwar nicht mit Atomen, dafür aber mit einer einzigen, gleichen und geistigen Substanz gleichgesetzt, dem Geist. Diese Richtung habe schließlich bis in die neuzeitlichen Systeme des Idealismus, bis Berkeley und Kant nachgewirkt.[59]

Der fundamentale Vorwurf von Fabre d'Olivet an die ‚Physiker' – Atomisten wie Eleaten – ist die Entmachtung der göttlichen Vorsehung durch die Hypostasierung des Urprinzips in eine materielle resp. geisthafte Substanz,[60] auf die dann der Ursprung des Bösen zurückgeführt wurde. Dies habe einen absoluten Fatalismus und damit die schlagartige Abkopplung der göttlichen Vorsehung vom freien Willen zur Folge gehabt. Die Theosophen Pythagoras, Sokrates und Platon hätten dann die Physiker mit „la cause du mal physique et du mal moral"[61] konfrontiert und

---

auquel tout était soumis. Les Hébreux les plus orthodoxes, et ceux-mêmes qui passaient pour les Voyans ou les prophètes de la nation, ne faisaient aucune difficulté d'attribuer à Dieu la cause du Mal. Ils y étaient évidemment autorisés par l'histoire de la chute du premier homme, et par le dogme du péché original, qu'ils prenaient selon le sens que le vulgaire y attachait. Aussi est-il arrivé, après l'établissement du christianisme et de l'islamisme, que ce dogme, reçu par l'un et l'autre culte, dans toute son étendue et dans toute son obscurité littérale, y a nécessairement amené la prédestination, qui n'est, sous un autre mot, que la fatalité des anciens [...] Il est vrai que quelques docteurs chrétiens, lorsqu'ils ont été capables d'en sentir les conséquences, ont nié cette prédestination, et ont voulu, soit en allégorisant le dogme du péché originel, comme Origène, soit en le rejetant tout-à-fait, comme Pélage, établir le libre arbitre et la puissance de la volonté [...]" (Fabre-d'Olivet: Les vers dorés [wie Anm. 31], S. 237–239).

[56] Fabre-d'Olivet: Les vers dorés (wie Anm. 31), S. 226.
[57] Ebd., S. 226f.
[58] Ebd., S. 227, 230f.
[59] Ebd., S. 228–231.
[60] Ebd., S. 234.
[61] Ebd., S. 235.

> leur prouvèrent qu'ils la déduisaient de leur système, ils ne pouvaient éviter d'établir une fatalité absolue, destructive de la liberté de l'homme, laquelle, en ôtant la moralité des actions, en confondant le vice et la vertu, l'ignorance et la sagesse, ne fait plus de l'Univers qu'un épouvantable chaos.[62]

Denn:

> Voilà les dogmes au moyen desquels Pythagore établissait la nécessité du Destin, sans nuire à la puissance de la Volonté, et laissait à la Providence son empire universel, sans être obligé, ou de lui attribuer l'origine du mal, comme ceux qui n'admettaient qu'un principe des choses, ou de donner au Mal une existence absolue, comme ceux qui admettaient deux principes.[63]

Auf diese Weise konstruiert Fabre d'Olivet eine Genealogie westlicher Philosophie, die teils den Grundsätzen der Theosophie, teils denen ‚fatalistischer' Physik und des Skeptizismus gefolgt sei. Denn das Geheimnis des freien Willens, die *raison d'être* in Fabres Denken, ist die Erklärung, woher das Böse stamme. Diese Erklärung sei aber von den ‚Physikern' und den geistverwandten Philosophen nicht zu erwarten:

> Toutes les fois qu'on a prétendu et qu'on prétendra fonder l'Univers sur l'existence d'une seule nature matérielle ou spirituelle, et faire découler de cette seule nature l'explication de tous les phénomènes, on s'est exposé à des difficultés insurmontables, et on s'y exposera. C'est toujours en demandant quelle est l'origine du Bien et du Mal, qu'on a fait irrésistiblement crouler tous les systèmes de ce genre, depuis Moschus, Leucippe et Epicure, jusqu'à Spinosa et Leibnitz; depuis Parménide, Zénon d'Elée et Chrysippe, jusqu'à Berkley et Kant. Car, qu'on ne s'y trompe point, la solution du problème sur le libre arbitre dépend de la connaissance préalable de l'origine du mal, tant qu'on ne pourra point répondre nettement à cette question: d'où vient le Mal? On ne pourra pas non plus répondre à celle-ci: l'homme est-il libre?[64]

Die Lehre von der Erbsünde, die die Grundlage aller christlichen Dogmen bilde („l'établissement du christianisme et l'admission du péché originel, comme dogme fondamental de la religion"),[65] sei letztlich den Traditionen der ‚Physiker' bzw. des Skeptizismus verpflichtet. Denn der Atomismus sei der Inbegriff des Fatalismus: „Il n'y a point assurément de système d'où la nécessité fatale de toutes choses sorte plus inévitablement que de celui des atomes."[66] Das Christentum stelle auch deshalb eine grundlegende Wende dar, weil kein Religionsstifter und kein Philosoph vor Einführung des Christentums die Freiheit des Willens ausdrücklich abgeleugnet habe („aucun fondateur de secte, aucun philosophe célèbre n'avait nié positivement le libre arbitre").[67] Im Gegensatz dazu hätten die Theosophen bzw. die Religionsstifter (Hermes, Moses, Jesus, Krishna usw.) keine Notwendigkeit im

---

[62] Ebd.
[63] Ebd., S. 252.
[64] Ebd., S. 230f.
[65] Ebd., S. 226.
[66] Ebd., S. 226f.
[67] Ebd., S. 226.

Weltgeschehen gelehrt, sondern alles der Macht der göttlichen Vorsehung zugeschrieben.

## VIII Die Geheimhaltung und der Pythagoreismus

Auf diese Weise ergibt sich, dass die Religion in ihren Erscheinungsformen auf der Ungleichheit aller Menschen gründet. Darin läge wohl auch die Rechtfertigung für das Phänomen der Geheimhaltung, das allen Religionen gemeinsam sei. Denn bei den Theosophen aller Nationen vor Moses und nach ihm

> excepté en Judée où plus d'un nuage offusquait encore l'idée de l'Unité divine, jusqu'à l'établissement du christianisme, la Divinité fut considérée par les théosophes de toutes les nations sous deux rapports: premièrement comme unique, réservée sous le sceau du secret à la contemplation, à la méditation des sages; comme infinie, livrés à la vénération, à l'invocation du peuple.[68]

Neben der Einheit Gottes habe die Homogenität der Natur („l'homogénéité de la Nature"), worunter Fabre d'Olivet eine einheitliche, im ganzen Kosmos durchwaltende Sympathie versteht, zu jenen Fundamentallehrsätzen gehört, die nur Eingeweihten mitgeteilt wurden. Auf diesem Homogenitätsgedanken basierten die sogenannten okkulten Wissenschaften („toutes les sciences appelées occultes"), vor allem die Viererheit der Theurgie, Astrologie, Magie und Alchemie („Chimie"). Dafür beruft sich Fabre d'Olivet auf das *Corpus Hermeticum* und die *Tabula Smaragdina*.[69]

Besonders ausgeprägt findet Fabre d'Olivet die Geheimhaltung im antiken Pythagoreismus. Die Lehren der *Akousmata*, mündlich überlieferte Sprüche rätselhafter Natur, galten ihm als unfehlbares Indiz einer geheimen theosophischen Tradition, als symbolische Vorschriften, hinter deren äußerem Wortlaut ein tieferer Sinn verborgen liege. Diese Kunst der doppelsinnigen Ausdrucksweise sei natürlich in Ägypten besonders ausgebildet gewesen und Moses derjenige, der diese wunderbare Kunst zu ihrer höchsten Vollendung gebracht habe.[70] Als Modell für die *tradition théosophique* eignet sich der Pythagoreismus in den Augen Fabre d'Olivets aus einer Reihe weiterer Gründe: durch die selbstverständliche Verflechtung mit dem griechischen Götterkult, die Toleranz und den Kosmopolitismus als Grundlage der Religion,[71] die Seelenwanderung, schließlich durch den inneren Aufbau des *Carmen Aureum* (wohlgemerkt in der Fassung des Kommentators Hierokles), dem Fabre d'Olivet die drei fundamentalen Schritte einer Initiation

---

[68] Ebd., S. 194f.
[69] Ebd., S. 370.
[70] Ebd., S. 404.
[71] Ebd., S. 191.

nach dem Vorbild der antiken Mysterienreligiosität entnimmt: Vorbereitung, Reinigung und Vervollkommnung.⁷²

## IX Die Hermetik und die *tradition théosophique*

In all diesen Punkten standen freilich die Lehren des Hermes Trismegistos bzw. die Lehre der ‚Ägypter' dem Pythagoreismus kaum nach: Polytheismus, mysterienhafte Religiosität, Geheimhaltung, Initiation, Seelenwanderung, Macht der Vernunft über das Schicksal, Rolle der Vorsehung usw. – all diese Motive kommen in dem hermetischen Schriftencorpus, aus dem Fabre d'Olivet des öfteren zitiert, ebenso vor.⁷³ In der Tat stammt ja die pythagoreische und die mosaische Weisheit nach Fabre d'Olivets Auffassung aus Ägypten. Moses, Pythagoras und Orpheus seien Schüler der Ägypter,⁷⁴ Moses und Pythagoras seien in Memphis oder Theben ‚ausgebildet' worden und hätten dort die theosophischen Traditionen kennengelernt.⁷⁵ Fabre d'Olivet wird nicht müde, die grundlegende Abhängigkeit des Pythagoras von den Ägyptern immer wieder zu betonen. So verdanke Pythagoras den ägyptischen Priestern u.a. die Beachtung von Esoterik und Exoterik,⁷⁶ die Lehre von der Unsterblichkeit der Seele,⁷⁷ die Symbolik der Zwölfzahl,⁷⁸ die Homogenität der Natur,⁷⁹ die Einkleidung religiöser Vorschriften in Gleichnisse und Allegorien.⁸⁰ Stellvertretend für die Lehre der ägyptischen Priester steht das *Corpus Hermeticum*. Dies wird besonders deutlich an der für Fabres Theosophie ganz zentralen Lehre vom Willen (*volonté*) und der Notwendigkeit (*nécessité*), für

---

⁷² Ebd., S. 179–185.
⁷³ Siehe Anm. 34. Zur Überlieferung der ‚unendlich vielen' Bücher des Hermes siehe Fabre-d'Olivet: Les vers dorés (wie Anm. 31), S. 189f. Zum ‚polytheistischen' Ansatz siehe bes. Asclepius 19. Für mysterienhafte Religiosität, Geheimhaltung und Initiation steht beispielhaft der ganze Traktat CH XIII. Zur Thematik der Seelenwanderung siehe am besten die Stobaios-Exzerpte XXIV–XXVI. Zum Topos der Macht des Geistes über das Schicksal siehe etwa CH XII.7: „Und allen Menschen widerfährt das, was vom Schicksal bestimmt ist; den Vernünftigen, die, wie wir sagten, der Geist beherrscht, widerfährt es nicht in gleicher Weise wie den anderen, sondern befreit von der Schlechtigkeit, erfahren sie es, ohne schlecht zu sein" u. passim. Zur Rolle der Vorsehung siehe CH I.19; XI.5; XII.14; XII.2 u. passim. Für die Texte des Corpus Hermeticum siehe: Das Corpus Hermeticum Deutsch. Im Auftrag der Heidelberger Akademie der Wissenschaften bearbeitet und herausgegeben von Carsten Colpe und Jens Holzhausen. Teil 1: Die griechischen Traktate und der lateinische ‚Asclepius'. Teil 2: Exzerpte, Nag-Hammadi-Texte, Testimonien. Übers. u. eingel. v. Jens Holzhausen. Stuttgart-Bad Cannstatt 1997.
⁷⁴ Fabre-d'Olivet: Les vers dorés (wie Anm. 31), S. 194, 404.
⁷⁵ Ebd., S. 326, 351, 404.
⁷⁶ Ebd., S. 191.
⁷⁷ Ebd., S. 217.
⁷⁸ Ebd., S. 200.
⁷⁹ Ebd., S. 369.
⁸⁰ Ebd., S. 403.

die er sich auf CH I,15 beruft.[81] Allerdings ist im hermetischen Text nur von der Macht vernünftigen Handelns und nicht von der Willenskraft die Rede. Dies bleibt Fabre d'Olivets Interpretation, denn der tatsächliche (menschliche oder philosophische) Voluntarismus ist als Theorie (und nicht als psychologische Tatsache) im *Corpus Hermeticum* kaum ausgeprägt. In dieser fundamentalen Hinsicht erweist sich Fabre d'Olivet als ein Kind seiner Zeit.[82]

Wichtig ist, dass Fabre d'Olivets Ägyptologie trotz seiner erklärten kritischen Ansprüche kaum den philologischen und literargeschichtlichen Standards genügt, die für den Anfang des 19. Jahrhunderts gelten.[83] Denn hier fällt eine merkwürdige Diskrepanz auf: Fabre d'Olivet zeigt sich mit der gelehrten Erforschung der ‚Goldenen Verse' gut vertraut, mit der Diskussion über Wesen und Alter der hermetischen Schriften jedoch kaum. Vielleicht darf man mutmaßen, dass ihn der nur griechisch überlieferte Inhalt des *Corpus Hermeticum* nicht so recht ägyptisch anmutete; eine eingehende Auseinandersetzung mit diesen Texten findet jedenfalls nicht statt. Diese erfüllen im Grunde, auch wenn sie hin und wieder zitiert werden, eine Platzhalter-Funktion für die ‚Lehre der Ägypter', ohne dass die Frage nach ihrem gegenseitigen Verhältnis im Geringsten formuliert wird. Mag sein, dass Fabre d'Olivets (pythagorisierter) Hermetismus an die von Ralph Cudworth inaugurierte Tradition anknüpft, die Isaac Causaubons Herabdatierung des griechischen Corpus Hermeticum zwar akzeptiert hatte, an der ägyptischen Ancienität einzelner, darin befindlicher Theologumena jedoch festhielt.[84] Allein von diesen Dingen hören wir nichts.

Indes steckt Fabre d'Olivets Hermetismus voller Anachronismen, wie aus der Idee seiner *tradition théosophique* klar hervorgeht: Traditionen von Weisen, die, indem sie voneinander lernen, aufeinander folgen und die ‚Lehre' weiter tragen,

---

[81] Ebd., S. 217.
[82] Zum Voluntarismus in der Neuzeit: Philosophien des Willens. Böhme, Schelling, Schopenhauer. Hg. v. Günther Bonheim u. Thomas Regehly im Auftrag des Internationalen Jacob-Böhme-Instituts u. der Schopenhauer-Gesellschaft e.V. Berlin 2008 (Böhme-Studien 2).
[83] Vgl. etwa Paul E. Jablonski: Pantheon Aegyptiorum I–III. Frankfurt a.d.O. 1750–1752; Christoph Meiners: Versuch über die Religionsgeschichte der ältesten Völker besonders der Egyptier. Göttingen 1775; Baron de Sainte-Croix: Mémoires pour servir à l'histoire de la religion secrete des anciens peuples ou Recherches historiques et critiques sur les mystères du paganisme. Paris 1784; Hermann Witsius: Aegyptiaca et Dekaphylon. Sive, De Aegyptiacorum sacrorum cum hebraicis collatione libri tres. Amsterdam 1696. Auch die Diskussion über die hermetischen Schriften in Johann A. Fabricius: Bibliotheca Graeca I. Editio tertia. Hamburg 1720, S. 46ff. bleibt völlig außer Acht.
[84] Zu Cudworth und dem Hermetismus siehe Jan Assman: Hen kai pan. Ralph Cudworth und die Rehabilitierung der hermetischen Tradition. In: Aufklärung und Esoterik. Hg. v. Monika Neugebauer-Wölk unter Mitarb. v. Holger Zaunstöck. Hamburg 1999 (Studien zum achtzehnten Jahrhundert 24), S. 38–52; Martin Mulsow: Epilog: Das schnelle und das langsame Ende des Hermetismus. In: Das Ende des Hermetismus. Historische Kritik und neue Naturphilosophie in der Spätrenaissance. Dokumentation und Analyse der Debatte um die Datierung der hermetischen Schriften von Genebrard bis Casaubon (1567–1614). Hg. v. Martin Mulsow. Tübingen 2002 (Religion und Aufklärung 9), S. 308.

jedoch nicht in der (passiven) Weise einer ‚Philosophia perennis' oder einer *translatio sapientiae,* sondern nach Art eines Wissenserwerbs, der einen aktiven Zugang zum Offenbarungsgrund voraussetzt. Ich habe bereits gezeigt, wie diese zwei Modelle von Tradition bereits in Marsilio Ficino angelegt sind.[85] So weist Fabre d'Olivets Vorstellung einer *tradition théosophique* strukturell auf eine Variante in Ficinos Modell einer Prisca theologia zurück, die der Florentiner im Vorwort seiner lateinischen Übersetzung von *Corpus Hermeticum* I–XIV (editio princeps Treviso 1471) erstmalig ausführt.

Trotz dieser strukturellen Gemeinsamkeiten haben wir in Fabre d'Olivets Modell von Tradition gleichwohl etwas völlig Neues. Dies zeigt sich in dreierlei Hinsicht: a) Integration der orientalischen und fernöstlichen Traditionen mit Indien als Urquell der *tradition théosophique*;[86] b) keine Bevorzugung, sondern eher Diskriminierung des historischen Christentums; c) Primat der Lehre der Ägypter vor allen anderen, von ihr abhängigen abendländischen Traditionen, die mit Moses beginnend bis zu Orpheus und Pythagoras reichen, nicht mehr jedoch (anders als in Ficinos Modell) in Platons Philosophie gipfeln.

## X Die metaphysische Triade

In einem zentralen Punkt der Lehre wird jedoch Fabre d'Olivets Entscheidung für den Pythagoreismus klar deutlich: in einer dem Pythagoras zugeschriebenen Zahlentheorie, der zufolge Welt und Mensch von der Macht dreier Prinzipien beherrscht werden, die wiederum von einem vierten überwölbt seien. Die menschlichen Verhältnisse würden von Notwendigkeit oder Schicksal, Wille und Vorsehung bestimmt. Der Wille und die Notwendigkeit des Geschicks bezögen ihre Kräfte aus einer höheren Ursache, der göttlichen Vorsehung.[87] Auf diese Weise herrsche, so Fabre über Pythagoras, die Freiheit des Willens über das Zukünftige, die Notwendigkeit über das Vergangene und die Vorsehung über das Gegenwärtige.[88] Als Lehrmeister des Pythagoras in diesem Punkt nennt Fabre d'Olivet wieder einmal die Ägypter.[89] Er bleibt hier allerdings sehr summarisch und führt nur CH I,15 an, obwohl im *Corpus Hermeticum* von den Mächten Vorsehung, Not-

---

[85] Vgl. Esteban Law: Die hermetische Tradition. Wissensgenealogien in der alchemischen Literatur. In: Konzepte des Hermetismus in der Literatur der Frühen Neuzeit. Hg. v. Peter-André Alt u. Volkhard Wels. Göttingen 2010, S. 23–70, hier S. 26–33.
[86] Dazu in diesem Beitrag S. 244f.; ferner Fabre-d'Olivet: Les vers dorés (wie Anm. 31), S. 247 (Inder als Lehrmeister der Ägypter in der Moral) u. S. 354f. (die implizite Abfolge: Ägypter, Moses, Zoroaster usw.).
[87] Ebd., S. 248, 213.
[88] Ebd., S. 248.
[89] Ebd., S. 217.

wendigkeit und Schicksal oder Ordnung ständig die Rede ist.[90] Dies hat, wie es scheint, zwei entscheidende Gründe: a) der von Fabre d'Olivet so hoch gepriesene menschliche Wille spielt im *Corpus Hermeticum* in diesem Zusammenhang begrifflich so gut wie keine Rolle (siehe Abschnitt IX); b) Fabre d'Olivet ist stärker an Pythagoras' ‚Weiterentwicklung' dieser Lehre interessiert. Denn die drei Urprinzipien gingen in der absoluten Einheit des Menschen auf und ergäben dadurch ein Viertes, was Fabre d'Olivet in Anlehnung an ein altpythagoreisches Symbolon als ‚Tetraktys' bezeichnet.[91] „Rien de ce qui existe n'arrive par hasard, mais par l'union de la loi fondamentale et providentielle avec la volonté humaine qui la suit ou la transgresse, en opérant sur la nécessité."[92]

Demselben metaphysischen Dreiteilungsprinzip, dem sich ein Viertes in der Art der pythagoreischen Tetraktys zugesellen könne, unterstehe vieles Andere in Mensch und Kosmos: die Kosmogonie, die Zusammensetzung des Alls aus drei Welten (Götter, verklärte Helden, irdische Dämonen),[93] der Götterkult,[94] die seelische Dreiteilung von Instinkt, Tugendkraft und Weisheit, die allesamt mit dem Willen verkettet seien, ferner die Trias von Empfindsamkeit, Gefühl und Zustimmung oder Intelligenz, die nacheinander mit Körper, Seele und Geist zusammenhingen.[95] Diese würden die Menschentypen bestimmen. So habe nach diesem Schema Immanuel Kant zuviel Vernunft und wenig Intelligenz oder Inspirationskraft, Jacob Böhme dagegen zuviel Inspirationskraft und wenig Vernunft besessen.[96] Bei Mohammed habe die Einbildungskraft die Urteilskraft überwogen.[97]

Solche Triaden sind die metaphysischen Grundkräfte, welche nach Fabre d'Olivets Vorstellungen die ganze Menschheitsgeschichte und somit den Fortgang der theosophischen Tradition bestimmen. Da im Grunde alles Menschliche von Anbeginn stets von der Macht der Trias Schicksal, Wille und Vorsehung abhängig sei, macht die Vorstellung eines Goldenen Zeitalters, auf das immer schlechter werdende folgten, für Fabre d'Olivet keinen Sinn. Die Geschichte verlaufe niemals in festgelegten oder geordneten Bahnen. Selbst an der Geschichte von Adam und Eva, heißt es in einem späteren Werk (*Histoire philosophique du genre humain*, 1822–1824; siehe Abschnitt II), offenbare sich die metaphysische Macht der Triade.[98] Allerdings berge diese Entwicklung die Gefahr in sich, dass die gesamte

---

[90] Vorsehung: CH I.19; XI.5; XII.14; XII.21. Notwendigkeit: III.1; XI.5; XII.14; XII.21; XVI.16; Ascl. 5; Ascl. 8; Ascl. 22. Schicksal: I,9; I,15; I,19; XII,5; XII,6; XII,7; XII,9; XVI,11; XVI,16; Ascl. 19. Alle drei (mit Ordnung): Ascl. 39–40, passim. Ich sehe hierbei gänzlich von den Stobaios-Exzerpten und den übrigen Fragmenten ab.
[91] Fabre-d'Olivet: Les vers dorés (wie Anm. 31), S. 206, 308, 240f.
[92] Ebd., S. 249.
[93] Ebd., S. 205f.
[94] Ebd., S. 361ff.
[95] Ebd., S. 308f., 314, 322.
[96] Ebd., S. 341.
[97] Ebd., S. 238.
[98] Ebd., S. 128f.

Menschheit vom Weg abkomme. An solchen Wendepunkten, und nur an solchen, meint er andernorts, komme die Vorsehung den Menschen zu Hilfe, indem sie göttliche Wesen – gemeint sind Moses, Hermes, Rama, Buddha, Krishna, Jesu usw. – entsendet, um die Ordnung auf Erden wieder herzustellen.[99]

## XI Die Herrschaft des Willensprinzips

Der Optimist Fabre d'Olivet blickt vom Vorgegebenen aus stets nach vorn, in die Zukunft, in den Entfaltungsbereich des Willens, der ihm als die edelste aller seelischen Kräfte gilt. Ihm kommt es auf das Vervollkommnungspotential des Menschen an auf dem Weg zu einer göttergleichen Natur nach dem Vorbild der alten Theosophen, nicht auf seine Reintegration oder auf eine mystische Rückkehr in einen paradiesischen Urzustand. Sein Ideal liegt darum in der Herrschaft des Willens über das Schicksal im Einklang mit der göttlichen Vorsehung, die der Mensch durch den Willen beeinflussen könne.[100] Auf das, was ihm als Individuum schlechthin vorgegeben ist, das Ergebnis von Seelenwanderung und Universalastrologie, habe der Mensch freilich keinen Einfluss. Dies ist die Vorgabe, an der sein Wille scheitere oder über die er den Sieg davon trage, je nachdem, ob er Gutes oder Böses hervorzubringen verstehe. Fabre d'Olivet deutet auf diese Weise einen Spruch des Sehers Teiresias: „Ce que je vois arrivera, ou n'arrivera pas; c'est-à-dire: L'événement que je vois est dans la Nécessité du destin, et il arrivera; à moins que la Puissance de la volonté ne le change: auquel cas, il n'arrivera pas."[101] So habe der Mensch die Macht, sich auf- oder abwärts zu bewegen.[102] Dagegen seien selbst die Gestirne machtlos. Das Gute und das Böse seien zwei von Geschichtlichkeit entscheidend geprägte Vorgänge. Sie resultierten aus dem triadischen Geflecht von Schicksal, Wille und Vorsehung, in dessen Mittelpunkt der Mensch als geschichtlich agierendes Wesen stehe.

Daraus zieht Fabre d'Olivet den Schluss, dass wir der theosophischen Tradition folgen müssten, wenn uns an der richtigen Entfaltung des Willensprinzips mit Hilfe der göttlichen Vorsehung liege. Fabre d'Olivet erwähnt mahnend, Francis Bacon habe trotz seines lobenswerten Kampfes gegen die ‚finstere Scholastik' eine abgrundtiefe Verachtung gegen all das aus der Weisheit der Alten gehegt, was nicht durch Erfahrung überprüfbar sei, und habe darum den Bereich der Notwendigkeit verworfen und dadurch der Theosophie das Rückgrat gebrochen.[103] Umgekehrt

---

[99] Faivre: L'Esotérisme (wie Anm. 2), S. 129.
[100] „[L]a Volonté de l'homme peut influer sur la Providence, lorsque, agissant dans une âme forte, elle est assistée du secours du Ciel, et opère avec lui" (Fabre-d'Olivet: Les vers dorés [wie Anm. 31], S. 254f.).
[101] Ebd., S. 278.
[102] Ebd., S. 385.
[103] Ebd., S. 266f.

habe Konfuzius durch übertriebenen Ahnenkult seine Willenskraft gelähmt und darum die Zukunft aus den Augen verloren.[104]

## XII Bilanz: Die *tradition théosophique*

Aus Fabre d'Olivets Angaben dürften hiermit Nähe und Distanz zu den einflussreichen Traditionsparadigmen seit der europäischen Renaissance – ‚Prisca theologia' und ‚Philosophia perennis' – klar geworden sein. Es gibt nur eine Tradition, die der *tradition théosophique*. Sie sei als metaphysisches Urprinzip und als Werkzeug göttlicher Vorsehung nirgends entstanden, sondern hafte der Menschheitsgeschichte seit kosmogonischen Zeiten an. Sie wird für ihn fassbar als Abstraktion aus den Annalen der Religionsgeschichte aller Völker und Zeiten. Mit der Vorstellung einer ‚Philosophia perennis' verbindet sie, dass die Prinzipien ihrer geschichtlichen Formen sich stets durch alle Zeiten gleich blieben. Auch der Wissenstransfer geschieht zuweilen nach demselben Prinzip der *translatio sapientiae*: dieser oder jener theosophische Lehrsatz sei von den Chinesen zu den Burmanen und dann zu den Indern, Ägyptern, Persern, Griechen, Christen bis zu den Muslimen weiter gereicht worden. Von einer adamitischen Herkunft des Wissens und von der dominanten Rolle christlicher Tradition kann allerdings hierbei kaum die Rede sein. Jesus sei nur einer von vielen menschheitsgeschichtlich prominenten Gestalten, die in die Mysterien der einen Tradition eingeweiht gewesen seien. Daran knüpfen die Gemeinsamkeiten der theosophischen Tradition mit der ‚Prisca theologia': keine Religion gleiche der anderen, auch wenn alle in den Urprinzipien übereinstimmen würden, keine setze im strengen Sinne die andere voraus, jede stelle eine immer wieder neue Umsetzung der metaphysischen Triade in einen von Fall zu Fall verschiedenen raumzeitlichen Zusammenhang von Erkenntnis und Tradition. Dies alles obliegt, wenn man es so formulieren will, den *prisci theosophi*: Buddha, Mani, Mohamed, Konfuzius, Hermes, Pythagoras, Christus usw. „Je n'ai pas besoin, je pense, de dire que ces deux sages" – stellt Fabre d'Olivet für Konfuzius und Pythagoras exemplarisch fest – „ne se sont point copiés. L'assentiment qu'ils donnaient à la même idée, prenait sa source ailleurs que dans une stérile imitation."[105] Gleichwohl aber machten alle die gleiche Schule durch. In den esoterischen Sanktuarien der Völker würden die theosophischen Geheimnisse denen vermittelt werden, die durch Selbsterkenntnis zur Wahrheitserkenntnis, d.h. zum Empfang göttlicher Offenbarungen, fähig seien.

---

[104] Ebd., S. 266.
[105] Ebd., S. 329.

## XIII Nachgeschichte

Viel spricht also dafür, dass innerhalb der religionsgeschichtlichen Landschaft Frankreichs des späten 18. Jahrhunderts und zu Beginn des 19. Jahrhunderts im herkömmlichen Traditionsverständnis von ‚Prisca theologia' oder ‚Prisca sapientia' eine Wende vollzogen wurde. Der Nachgeschichte von Fabre d'Olivets *tradition théosophique* im 19. und 20. Jahrhundert nachzugehen, ist hier nicht der Ort. Fabre d'Olivets Einfluss in Frankreich war jedenfalls beträchtlich, vor allem über die mystische Schule von Lyon (Ballanche), daneben Étienne Pivert de Senancour (1770–1846) und Charles Fourier (1772–1837). Zu nennen wäre auch Joseph Marie De Maistre (1753–1821). Josef Hoëné Wronski (1776–1853) übernimmt den triadischen Topos. Alexandre Saint-Yves d'Alveydre (1842–1909) kopiert Fabre d'Olivet und sorgt dadurch indirekt für eine Weiterverbreitung seiner pythagorisierenden Lehren. Unter seinem Einfluss stehen ferner Paul Sédir (eig. Yvan Leloup, 1871–1926), Stanislas de Guaita (1861–1897) und Papus (eig. Gérard Analect Vincent Encausse, 1865–1916).[106] Über die Grenzen Frankreichs hinaus bekannt wird Fabre d'Olivet allerdings erst ab 1889 durch das Werk *Les Grands Initiés* des Édouard Schuré (1841–1929), der ihn über alle Maßen verehrt. Der Weg zu einer Rezeption von Fabre d'Olivets Verständnis von Tradition im Theosophismus des späten 19. und des 20. Jahrhunderts war damit vorgezeichnet. Nicht unerwähnt bleiben darf jedoch eine andere Spur, die bisher wenig Beachtung gefunden hat: die Rolle von Fabre d'Olivet im Traditionalismus des René Guénon (1886–1951). In *La Grande Triade* (Paris 1946) jedenfalls verdankt Guénon Fabre d'Olivet wesentliche Anregungen.

---

[106] Faivre: L'Esotérisme (wie Anm. 2), S. 130f.

FRANZ WINTER

# Indische Philosophie und Religion als Vollendung der abendländischen Weisheit im *Oupnek'hat* des Abraham H. Anquetil-Duperron

## I Der Ausgangspunkt

Die Geschichte der Neuzeit ist zu einem guten Teil durch eine Erweiterung der Erkenntnisse und Einsichten geprägt, die die Auseinandersetzung mit außereuropäischen Kulturen mit sich brachte. Diese Begegnungen konfrontierten das europäische Abendland seit dem 16. Jahrhundert mit einer Fülle an Fremdem und zwangen zu einer neuen Positionierung. Dabei kam es zu ausgeprägten Einordnungsprozessen, d.h. zum Versuch einer Integration des Neuen in die bereits bekannten Kontexte. Der vorliegende Beitrag hat zum Ziel, an einem konkreten Beispiel aus der Rezeptionsgeschichte Indiens diese Einordnung vorzustellen. Dabei steht die detaillierte Auseinandersetzung mit dem weltanschaulichen und intellektuellen Bezugsrahmen, in den das bislang weitgehend fremde Indien eingepasst wurde, im Vordergrund. Dies steht hier im Zusammenhang mit der Vermittlung eines konkreten Textes in Form seiner Übersetzung in eine europäische Sprache. Dazu ist anzumerken, dass dieser Zugang zu bislang unbekannten Kulturbereichen grundsätzlich neben vielen anderen Quellen steht, wie die verschiedenen Reise- und (anfänglich vor allem) Missionarsberichte, Protokolle von diversen Begegnungen und Konferenzen oder geographische Werke unterschiedlicher Provenienz. Doch vermitteln tatsächliche oder vorgebliche Originaltexte eine um vieles höhere Genuinität und Unmittelbarkeit, weil damit der Eindruck entsteht, einen direkten Zugang erlangen zu können. Interkulturelle Vermittlungsprozesse sind somit zu einem guten Teil auch geprägt vom realen Austausch von schriftlichen Erzeugnissen. Doch ist selbstredend das Vorhandensein eines Textes völlig unbedeutend, wenn nicht das Moment der Interpretation und – vorgeordnet – der Übersetzung mitberücksichtigt wird. Damit sind insbesondere Übertragungen zentraler Texte wichtige Etappen in der Wahrnehmungsgeschichte.

Im vorliegenden Beitrag soll die hohe Bedeutung einer so gearteten Wahrnehmung des Fremden herausgearbeitet werden, die immer unter spezifischen Prämissen und Vorentscheidungen entsteht. Das, was der bedeutende Orientforscher, Philologe und Weltreisende Abraham Hyacinthe Anquetil-Duperron[1] (1731–1805)

---

Ich bedanke mich eingangs bei Prof. Monika Neugebauer-Wölk und Dr. Renko Geffarth für die vielen Hinweise, die sie im Zuge der Redaktion dieses Bandes meinem Artikel zugutekommen ließen. Wertvolle Hinweise konnte auch Prof. Karl Baier geben, mit dem ich einige Male die Gelegenheit hatte, das Material durchzusprechen.

in seinem *Oupnek'hat* als Quintessenz indischer Philosophie- und Religionsgeschichte herausarbeitet, ist zuallererst und zutiefst innerhalb der Entwicklungen der neuzeitlichen europäischen Religionsgeschichte zu verorten. Dabei geht es vor allem um den Rahmen, in den Anquetil seinen Entwurf hineinstellt. Dieser ist auf weite Strecken verstehbar als Konstruktion einer Art ‚Philosophia perennis', d.h. eines transhistorisch interpretierten Weisheitsstroms, an dem alle bedeutenden religiösen und philosophischen Systementwürfe partizipieren,[2] und die nun um die indische Religions- und Geistesgeschichte erweitert bzw. auf diese fokussiert wird. Äußerst interessant ist dabei die Auseinandersetzung mit den Gewährsleuten dieser Tradition, die eine interessante Mischung aus verschiedenen für Anquetil relevanten Autoren ergibt. Dazu kommt eine ganz spezifische Rezeptionsgeschichte des bei diesem Vermittlungsprozess entstandenen Textes, die diesen Ansatz noch fortführt. Damit ist hier auch die höchst interessante Beschäftigung mit dem Phänomen der spezifischen Weiterdeutung einer Übersetzung bis hin zu ihrer Verwendung als ‚magisches Buch' ein faszinierendes Zusatzmoment.

## II Die Konkretisierung: die lateinische Upaniṣaden-Übersetzung des Abraham H. Anquetil

Das in diesem Beitrag näher betrachtete Buch präsentiert sich von seinem Selbstverständnis her als die erste Übersetzung der gemeinhin als „Upaniṣaden" bezeichneten Gruppe von bedeutenden indischen religiös-philosophischen Texten in eine europäische Sprache, näherhin ins Lateinische. Gefertigt wurde sie als Alterswerk, ja als eine Art Lebens-*Summa* des Abraham H. Anquetil-Duperron. In den Jahren 1801/1802 erschienen in Straßburg die beiden voluminösen Bände mit dem vielversprechenden Titel *Oupnek'hat, (id est Secretum tegendum)*, die den Zusatz *Philosophia et Theologia Indica* trugen.[3] Die hohe Bedeutung dieses französischen

---

[1] Der Familienname ist „Anquetil"; „Duperron" ist ein Territorialzusatz, der der Unterscheidung dient.

[2] Der Begriff ‚Philosophia perennis' wurde durch den vatikanischen Bibliothekar Agostino Steucho geprägt, der 1540 ein gleichnamiges Buch veröffentlichte. Vgl. Charles B. Schmitt: Perennial Philosophy. From Agostino Steuco to Leibniz. In: Journal of the History of Ideas 27 (1966), S. 505–532, hier S. 515–524; Daniel P. Walker: The Ancient Theology. Studies in Christian Platonism from the Fifteenth to the Eighteenth Century. London 1972. Für den größeren Rahmen vgl. die Ausführungen bei Wilhelm Schmidt-Biggemann: Philosophia perennis. Historische Umrisse abendländischer Spiritualität in Antike, Mittelalter und Früher Neuzeit. Frankfurt a.M. 1998, S. 49–63; zusammenfassend auch Allison Coudert: The Impact of the Kabbalah in the Seventeenth Century. The Life and Thought of Francis Mercury van Helmont (1614–1698). Leiden 1999 (Brill's Series in Jewish Studies IX), S. 109, mit weiteren Literaturhinweisen.

[3] Der vollständige Titel lautet: Oupnek'hat (id est, Secretum tegendum). Opus ipsa in India rarissimum, continens antiquam et arcanam, seu Theologicam et Philosophicam, doctrinam, è quattuor sacris Indorum Libris, Rak Beid, Djedjr Beid, Sam Beid, Athrban Beid, excerptam; Ad verbum, è Persico idiomate, Samskreticis Vocabulis intermixto, in Latinum conversum; Dis-

Gelehrten, dem neben dem eben zitierten Buch insbesondere die Erschließung der altiranischen Religion mit der französischen Übersetzung des Avesta und bedeutende kultur- und wirtschaftsgeschichtliche Untersuchungen zu Fragen der Orient-Europa-Beziehungen zu verdanken sind, wurde immer wieder betont.[4] Die durch ihn initiierte, auch einmal als „zweite Renaissance" bezeichnete Öffnung auf bislang unbekannte kulturelle Horizonte[5] kann durchaus als der Beginn einer eigenständigen Periode der europäischen Religionsgeschichte bezeichnet werden. Einen besonders hohen Bekanntheitsgrad, der nicht unbedingt mit einer ausgeprägten Lektürefrequenz einhergehen muss, hat sein *Oupnek'hat* zudem bis heute durch die vielen Bezugnahmen im Werk des deutschen Philosophen Arthur Schopenhauer (1788–1860).[6] Für ihn war dieses Buch der maßgebliche Bezugspunkt seiner Indienkenntnisse, dem er auch nach dem Erscheinen neuerer und besserer Übersetzungen treu blieb.[7] Doch spiegelt gerade das zitierte *Oupnek'hat* auch die grundsätzliche Problematik wider, die so gearteten Pionierarbeiten oft gemein ist. In der heutigen Beurteilung gilt diese Arbeit als Paradebeispiel für ein schlecht gemachtes, allen philologischen Arbeitstechniken zuwiderlaufendes Werk. Das hat zum einen mit dem Ausgangstext zu tun: Anquetil übersetzte nicht den altindischen Originaltext, sondern eine persische Übertragung, die ihre Entstehung dem spezifischen religiösen Umfeld des nordindischen islamischen Moghulreiches nach Akbar dem Großen (1542–1605) verdankte.[8] Dazu kommt seine eigenwillige Darbietung des Textes, die unter Verwendung unterschiedlicher Schriftschnitte, griechischer Artikel und einer möglichst wörtlichen, an interlineare Übersetzungen gemahnenden Arbeitstechnik, streckenweise ein höchst unverständliches Latein ergab. Schon Anquetils Schüler Jean-Denis Lanjuinais urteilte – trotz seiner Bewunderung für

---

sertationibus et Annotationibus, difficiliora explanantibus, illustratum: studio et opere Anquetil Duperron, Indicopleustae. 2 Bde. Strasbourg 1801–1802. Ich zitierte nachfolgend unter Angabe des Bandes und der Seitenzahlen.

[4] Vgl. z.B. Edward W. Said: Orientalism. New York 1978, S. 22 u. 76; Raymond Schwab: Vie d'Anquetil-Duperron, suivie des usages civils et religieux des Parses par Anquetil-Duperron. Avec une préface de Sylvain Lévi et deux essais du Jivanji Jamshedi Modi. Paris 1934, S. V, mit einem Zitat des französischen Indologen Sylvain Lévi; seine hohe Bedeutung für die Indienrezeption arbeitet auch Wilhelm Halbfass heraus: Indien und Europa. Perspektiven ihrer geistigen Begegnung. Basel, Stuttgart 1981, S. 80–85.

[5] Hans G. Kippenberg: Die Entdeckung der Religionsgeschichte. Religionswissenschaft und Moderne. München 1997, S. 44f., der Bemerkungen in der Lebensbeschreibung Anquetils bei Schwab: Vie d'Anquetil-Duperron (wie Anm. 4), S. 10, aufnimmt.

[6] Lakshmi Kapani: Schopenhauer et l'Inde. In: Journal Asiatique 290 (2002), S. 163–292.

[7] Vgl. Urs W. Meyer: Europäische Rezeption indischer Philosophie und Religion, dargestellt am Beispiel von Arthur Schopenhauer. Bern 1994, S. 116.

[8] Auf diese höchst interessante Transmissionsgeschichte kann hier nicht näher eingegangen werden. Vgl. zusammenfassend Franz Winter: Eine summa orientalis systematis: A.H. Anquetil-Duperron und der Entwurf einer indischen Urphilosophie im Vorwort seiner Upanishaden-Übersetzung. In: Wiener Zeitschrift für die Kunde Südasiens 49 (2005), S. 71–105, hier S. 73f.; zur Wertung der Ausgangsbedingungen, innerhalb derer dieser Text entstand vgl. Carl W. Ernst: Muslim Studies of Hinduism? A Reconsideration of Arabic and Persian Translations from Indian Languages. In: Iranian Studies 26 (2003), S. 173–195, hier S. 183–187.

seinen Lehrer – über das *Oupnek'hat* mit den Worten: „Son travail était barbare et inintelligible."[9]

In meiner Darstellung soll es im Folgenden nicht so sehr um die Übersetzung selbst gehen, sondern um die von Anquetil vorangestellte umfangreiche Einleitung in das Buch, die sich mit dem Titel vorstellt: „Abhandlung, in der aus den Schriften der Juden, der Kirchenlehrer, und sowohl der katholischen als auch der nichtkatholischen Theologen, eine systematische Zusammenfassung des orientalischen Lehrsystems ergründet wird"[10] (*Dissertatio, in qua e Judaeorum, Ecclesiae Doctorum, et tam Catholicorum, quam Acatholicorum Theologorum scriptis, summa Orientalis Systematis inquiritur*).[11] Diese Einleitung stellt nichts anderes als den Versuch dar, eine Art „Urlehre" systematisch aufzuarbeiten, die sich gleichermaßen aus den Weisheiten des Ostens und Westens speist und in den Upaniṣaden in reiner Form erkennbar ist. Mit großem Selbstbewusstsein spricht der Autor davon, ein monumentales Werk zu schaffen: Es handelt sich um nichts weniger als das Unterfangen, „ganz Europa" mit der indischen Philosophie vertraut zu machen.[12] Dabei steht für ihn völlig außer Zweifel, dass es sich um dasjenige System handelt, das auch allen anderen religiösen Systemen zugrunde liegt: „Dieselbe Doktrin" werde man auch finden, wenn man andere Texte dieser Traditionen beizieht, denn mit ihnen kann man sich auf die Suche nach dem *unicum principium spirituale* begeben:

> Mit derselben Freiheit des Geistes möge man die Bücher Salomons, die alten Schriften der Chinesen, die Texte der Inder, das Zend-Avesta der Perser durchlesen: Man wird dieselbe Grundlehre, dieselbe Quelle der Universalität, dasselbe spirituelle Prinzip finden; in jenen klar und deutlich, wie es einer Wahrheitsquelle zukommt, in diesen durch falsche Gedankengänge der Menschen und durch emotional bedingte Verwirrungen – wie von Schmutz und Rost – überdeckt.[13]

---

[9] Jean-Denis Lanjuinais: La Religion des Indoux, selon les Vedah ou Analyse de l'Oupnek'hat. Paris 1823, S. 10.

[10] Alle Übersetzungen aus dem Lateinischen ins Deutsche in diesem Beitrag stammen, wenn nicht anders angegeben, vom Verfasser. Es gibt eine deutsche Übertragung des *Oupnek'hat* von Franz Mischel, die 1882 unter dem Titel *Das Oupnek'hat. Die aus den Veden zusammengefaßte Lehre von den Brahm. Aus der sanskrit-persischen Übersetzung des Fürsten Mohammed Daraschekoh [...] ins Deutsche übertragen*, erschien; dazu kommt eine Auswahlübersetzung aus dem *Oupnek'hat* von dem Philosophiehistoriker Thaddae Anselm Rixner, die bereits 1808 unter dem Titel *Versuch einer neuen Darstellung der uralten indischen All-Eins-Lehre* erschien. Beide bieten aber nur einen Teil der übersetzten Upaniṣadentexte und übergehen die einleitende *dissertatio*.

[11] Oupnek'hat (wie Anm. 3), 1/XXIII–CXI.

[12] Dies wird besonders deutlich gemacht im Oupnek'hat (wie Anm. 3), 1/XXV: „nicht nur der französischen Republik allein, sondern ganz Europa" („non Reipublicae Galliae solum, sed toti Europae") reiche er die indische Philosophie gleichsam wie ein Geschenk dar.

[13] Oupnek'hat (wie Anm. 3), 1/VIII: „Eadem animi libertate fruens, Libros Salomonis, antiquos Sinarum Kims, sacros Indorum Beids, Persarum Zend-avesta perlegas, idem dogma, unicum Universitatis parentem, unicum principium spirituale invenies, in illis clare et pellucide, uti ve-

Bei näherer Betrachtung erweist sich dies nun als Zusammenstellung, in der eine interessante Linie der Einpassung vorgegeben ist, die von ganz spezifischen geistesgeschichtlichen Traditionen geprägt ist. Diese wiederum sollten die weitere Rezeptionsgeschichte der Upaniṣaden in Europa, aber auch Indiens, maßgeblich prägen.

## III Zur einleitenden *dissertatio*

Anquetil geht nun in der Darstellung der von ihm propagierten *summa* systematisch vor: Eingangs wird das zugrundeliegende System in Form von vier *articuli* festgelegt, in denen die Quintessenz des Lehrgebäudes zusammengefasst wird. Diese vier Punkte sind sodann in den folgenden Abschnitten Gegenstand der eingehenden Behandlung. Der Grund, warum dieses Schema so wichtig ist und warum es an den Beginn der Übersetzung gestellt wird, liegt nicht zuletzt auch darin, dass die Upaniṣaden selbst keine Systematik erkennen lassen. Zwar steht für Anquetil die Einheitlichkeit der Lehre der von ihm präsentierten Texte außer Frage, jedoch muss diese erst durch ein Schema erkennbar gemacht werden. Das hängt mit dem Wesen indischer Philosophie zusammen, wie Anquetil meint:

> Das wahre Lehrsystem der Inder ist nicht in einer einheitlichen Ordnung, wie es bei Gelehrten üblich ist, in ihren Büchern präsentiert. Gewisse Dinge sind direkt, andere angedeutet, andere wiederum metaphorisch oder in Bildern […] dargestellt; nicht alles gleichzeitig, sondern in Teilen, indem auf Fragen geantwortet wird. Daraus ergibt sich, daß, wenn auch vieles oftmals wiederholt wird, trotzdem der größere Sinn dahinter nicht (sofort) klar hervortritt.[14]

Aus diesem Grund benötigt man auch das vorliegende Schema zum besseren Verständnis.[15] Die einzelnen Punkte der Ur-Theologie sind nun folgende:[16]

1. Das höchste Wesen, seine Natur und seine Eigenschaften (*ens supremum, ejus natura et proprietates*).
2. Die Hervorbringung der Dinge, (entweder) durch Emanation oder durch Schöpfung (*rerum productio, per emanationem aut creationem*).
3. Die Existenz einer übernatürlichen Welt, die erkennbar ist und um vieles älter als die (von uns) wahrgenommene Welt (*existentia mundi supernaturalis, intellegibilis, hoc mundo sensibili longe antiquioris*).

---

ritatis fonti convenit, traditum; in his, falsis hominum rationamentis, et affectionum deliramentis, quasi faece vel rubigine obductum."
[14] Ebd., I/XCII: „Verum Indorum systema, non uno ordine, ut scholasticorum mos est, in eorum libris exhibetur. Quaedam expresse, quaedam quasi perfunctorie; alia emblematice, figurative […] tradunter; non omnia simul, sed per partes, questionibus respondendo. Quo fit, ut, licet pluries idem repetatur, major inde lux plerumque non affulgeat."
[15] Ebd.
[16] Ebd., I/XXIII.

4. Die Einflüsse des Himmels bzw. der Sterne auf die Erde und die Körper (*coeli seu astrorum in terram et corpora influxus*).

In den nun folgenden Kapiteln der *dissertatio* werden diese Punkte einer näheren Betrachtung unterzogen. Es muss aber grundsätzlich angemerkt werden, dass Anquetil seinen eigenen Anspruch einer Systematik nicht erfüllt. Das hat vor allem mit der mangelnden Konsequenz des Duktus zu tun, den seine Schriften prägen, was auch am vorliegenden Beispiel deutlich entgegentritt. Es kann also hier nicht von einer ausgearbeiteten, theoretisch ausreichend begründeten Rekonstruktion einer ‚Philosophia perennis' die Rede sein, sondern nur von einem Einordnungsversuch. Dieser bezieht sich auf höchst interessante Gewährsleute, die es näher zu betrachten gilt: Spezifische Vertreter der europäischen philosophischen und religiösen Traditionen werden als Zeugen für den Inhalt und die Breite der indischen Philosophie herangezogen.

## 1 Die Natur des höchsten Wesens

Der erste Punkt behandelt die Natur des *ens supremum*, dessen wichtigste Charakteristik von Anquetil als Einheit und Einzigkeit bestimmt wird.[17] Diese erste Bestimmung wird nun mit dem Schrifttum des spätantiken Philosophen und Dichters Synesios von Kyrene (um 370–nach 412) verglichen, dessen neun Hymnen zu den interessantesten Vermittlungsversuchen zwischen dem antiken Platonismus und dem noch jungen Christentum zählen. Der Bezug auf diesen Autor erscheint wie eine programmatische Festlegung am Beginn der Ausführungen.[18] Synesios wurde besonders seit dem 15. Jahrhundert durch die Übersetzungen des Renaissancephilosophen Marsilio Ficino (1433–1499) bekannt, der ihn zu einem wichtigen Gewährsmann einer christlich-platonisierenden Einheitstheologie machte.[19] Seine – in der damals weithin akzeptierten Interpretation – christliche Lehre gilt als Paradebeispiel für eine möglichst weitgreifende, aber trotzdem orthodoxe Lehre. Dies ist für Anquetil insofern von großer Bedeutung, als er von seinem Selbstverständnis her eine genuin *christliche* Lehre mit seinem Programm vertreten wollte.[20]

Die Hymnen des Synesios, die Anquetil jeweils aus dem griechischen Text und der lateinischen Übersetzung der Ausgabe des Dionysius Petavius (1612) zitiert,

---

[17] Ebd., I/XXVI–XLVIII.
[18] Vgl. zu dieser Rezeption des Synesios Halbfass: Indien und Europa (wie Anm. 4), S. 33: „Es ist charakteristisch, dass Anquetil Hymnen des Bischofs Synesios von Kyrene […], die die spätantiken Harmonisierungs- und Synkretisierungsmotive exemplarisch ausdrücken, mottohaft an den Anfang seines *Oupnek'hat* […] stellt, eines für die Ausbildung des modernen religiösen und philosophischen Indienbewußtseins sehr bedeutsamen Werkes."
[19] Vgl. Tassilo Schmitt: Die Bekehrung des Synesios von Kyrene. München, Leipzig 2001 (Beiträge zur Altertumskunde 146), S. 41 mit Anm. 106; Daniel Pickering Walker: Spiritual and Demonic Magic. From Ficino to Campanella. London 2000, S. 39 mit Anm. 1.
[20] Mehr dazu in den Bemerkungen am Schluss des Beitrags.

bieten die Grundlage seiner näheren Auseinandersetzung. Diese Texte werden als genuine Beispiele für die in den Upaniṣaden gebotenen Lehren angesehen. Die Ausführungen gestalten sich dabei über weite Strecken als Wiedergabe der Hymnen mit einer Art ergänzender Upaniṣaden-Kommentierung durch Anquetil. Er interpretiert gleichsam Synesios auf dem Hintergrund der indischen Philosophie und kann auf unzählige Entsprechungen eingehen: So führt er die Betonung der Einheit der Gottheit, die in der ersten Hymne bei Synesios in Gegenüberstellung zur „Vielheit" begegnet, als erstes wichtiges Beispiel an.[21] Doch findet er dort auch die „indische" Idee der Wiedergeburt,[22] oder die ebenfalls als typisch indisch ausgewiesene Betonung des „Schweigens" als notwendige Vorbedingung für jeglichen spirituellen Fortschritt.[23] Auffällig ist bei diesem Versuch die immer wieder anzutreffende Durchmischung der „abendländischen" Terminologie des Synesios mit Upaniṣaden-Äquivalenten. So steht für Anquetil fest, dass die in der dritten Hymne begegnende Auffassung von der „trügerischen Natur" (*fallax natura* / δολοέσσα Φύσις) die „maïa" der Inder sei.[24] Er isoliert zudem Metaphern, die ihm als indisches und „westliches" Gemeingut erscheinen. So wird beispielsweise das Synesios-Bild vom himmlischen „Tropfen", der auf die Erde ausfließt (*gutta caelestis* / λιβὰς οὐρανία), als indisch ausgewiesen: „In derselben Weise drückt auch bei den Indern das Wort Tropfen die Entstehung der Dinge aus."[25] Die zu konstatierende Nähe zwischen indischer Philosophie und den Hymnen des Synesios geht dabei sogar so weit, dass die jeweiligen Texte über die religiösen Traditionen hinweg austauschbar werden. So meint Anquetil, dass sich die gesamte dritte Hymne des Synesios, in der vom Aufsteigen zum Vater und zur Quelle allen Lichts die Rede ist, direkt von einem indischen Asketen bei der Anrufung des „Einen" verwenden ließe.[26] Dasselbe konstatiert Anquetil auch im Zusammenhang mit einer Passage aus der vierten Hymne, wo Synesios die Hervorbringung des Wortes und des Heiligen Geistes mit zahlreichen Metaphern beschreibt – u.a. auch im Verhältnis einer Mutter zu ihrer Tochter oder zwei Schwestern. Die Parallelisierung zwi-

---

[21] Vgl. bes. die im Oupnek'hat (wie Anm. 3),1/XXVIf. zitierte Stelle aus der ersten Hymne, die die Gottheit als die „heilige Eins der Einzigkeiten" (ἑνοτήτων ἑνὰς ἀγνή) oder als „erste und Einheit der Einheiten" (μονάδων μονάς τε πρώτη) bezeichnet; auch Oupnek'hat 1/XXVII. In ähnlicher Weise wird auch Oupnek'hat 1/XXXV verstanden. Besonders stark ist die Betonung der *unitas* (= μονάς) in der vierten Hymne des Synesios, was von Anquetil ebenfalls zustimmend übernommen wird (ebd., 1/XXXIXf.).
[22] Oupnek'hat (wie Anm. 3), 1/XXIX, mit der Definition des indischen Verständnisses der Transmigration als „die Rückkehr desselben *ātma* zum höchsten Urheber" („eijusdem ātma ad summum parentem reversio").
[23] Ebd., 1/XXVII mit der Bemerkung: „Idem in libris Indicis, de primo Ente et rerum productarum cum eo ratione, silentium praescribitur" („In derselben Weise wird das Schweigen in den indischen Büchern in Bezug auf das erste Wesen und die Art, wie die Dinge mit ihm entstehen, vorgeschrieben").
[24] Ebd., 1/XXXVI.
[25] Ebd., 1/XXXVIII: „Idem, apud Indos, verbum gutta rerum generationem exprimit."
[26] Ebd., 1/XXXIX.

schen christlich-platonischer Theologie und indischer Upaniṣaden-Lehre begegnet auch bei Grundfragen der Weltentstehung. So ist die ausführliche Huldigung an den „Sohn" als Quelle und Grundlage des Kosmos, die Synesios in der vierten Hymne gibt, Anlass, diese Vorstellungen auch als *indica dogmata* auszuweisen:

> Das sind indische Lehren: der Sohn Gottes als Ursprung der Welt, Körper, die gemäß der Vorstellungen des Verstandes geformt sind, die mit dem Körper verbundene Universalseele in der Erde verteilt und wieder mit seinem Ursprung verbunden, die Notwendigkeit des Todes aufgehoben.[27]

Ein auffallender Punkt, der auch in den folgenden Kapiteln immer wieder begegnet, ist die ausführliche Kritik Anquetils an einer zu traditionsverhafteten, kirchlich-dogmatischen Interpretation der von ihm zitierten Autoren. Deutlich weist er auf die Missverständnisse bezüglich des Synesios von Kyrene hin.[28] Erst jetzt ist man – über den Umweg der Entdeckung der indischen Weisheit – wieder in der Lage, diese Werke richtig zu lesen:

> So kommt auf uns nun eine – zeitlich und geographisch so entlegene – Quelle von Ansichten, die, wenn sie richtig verstanden werden, den katholischen Glauben nicht bekämpfen oder schwächen, sondern ihm Kraft geben in Bezug auf eine schwierige und mit dem Verstand schwer zu durchschauende Materie, nämlich den einen Ursprung der Dinge; diese (Ansichten) weisen zudem eine durchgängige auf der ganzen Erde präsente Tradition in Bezug auf diese Dinge nach.[29]

Die Entdeckung der indischen Philosophie ermöglicht somit eine *relecture* der christlichen theologischen Tradition, die sich als Teil eines Zeiten und Kulturen überspannenden Wissensstroms erweisen soll.

## 2 Die Entstehung der Dinge

Der Rückgriff auf den spätantiken Philosophen Synesios von Kyrene ist das *prooimion* für eine auch in den folgenden Kapiteln anzutreffende weitere Einpassung der *theologia et philosophia indica* in den für Anquetil relevanten weltanschaulichen und intellektuellen Bezugsrahmen. Im zweiten *articulus* beschäftigt sich Anquetil mit der „Hervorbringung der Dinge", d.h. der Entstehung der Welt und der Frage, ob sich diese durch *Emanation* oder durch *Kreation* vollzieht (*rerum productio, per emanationem aut per creationem*). Im Vordergrund steht in diesem Abschnitt der Versuch, eine positive Interpretation des Begriffs der Ema-

---

[27] Ebd., 1/XLIV: „Indica dogmata, Dei filius mundi origo; corpora ad intellectuales formas fabricata; Djiw ātmā circa terram divisus, rursus fonti suo conjunctus; mortis necessitas abolita."
[28] Ebd., 1/XLVI.
[29] Ebd.: „Et sic ad nos usque pervenit fons, temporum et locorum intervallo longe dissitus, opinionum, quae, jedum catholicam fidem impugnent, aut labefactent, recte intellectae, ei robur addunt in materia perobscura et mentis oculis vix pervia, unico rerum principio; constantem, ea de re, toto orbe traditionem statuendo."

nation herauszuarbeiten, der für Anquetil die Essenz auch der indischen Tradition enthält. Gegenübergestellt wird dies der Konzeption der *creatio*, die für Anquetil schon aus logischen Überlegungen nicht annehmbar erscheint.[30] Zur Darstellung dieses Problems wird nun aber interessanterweise gegenüber dem ersten Punkt völlig divergentes Material verwendet: Anquetil rekurriert hier ausführlich auf das Gedankengut der sogenannten christlichen Kabbala, d.h. das, was im Rahmen der frühneuzeitlichen Interpretation dieser bedeutenden jüdischen Tradition wahrgenommen wurde.[31] Die einschlägige Quelle stellt für ihn die Darstellung durch Johann Franz Budde (1667–1729) dar, aus dessen 1702 erschienener *Introductio ad historiam philosophiae Ebraeorum* er ausführlich zitiert.[32] Johann Franz Budde zählt zusammen mit Christoph Matthäus Pfaff (1686–1760)[33] und Siegmund Jakob Baumgarten (1706–1757) zu den Bahnbrechern der theologischen Aufklärung im deutschen Protestantismus[34] und erwarb sich durch einige monographische Darstellungen große Verdienste um die wissenschaftliche Erforschung der jüdischen Tradition. Zudem verstand er sich auch als Verteidiger der christlichen Kabbalisten der damaligen Zeit und bemühte sich um die Fruchtbarmachung kabbalistischer Ideen für die christliche Theologie.[35] Weitere Quellen der Interpretation Anquetils bieten sodann auch explizit als „kabbalistisch" interpretierte frühneuzeitliche Texte wie die unter dem Titel *Cabbala denudata seu doctrina Hebraeorum transcendentalis* 1677–1684 erschiene Textsammlung des Christian Knorr von Rosenroth (1636–1689), die zu einem der wichtigsten Werke der Rezeption und spezifischen Interpretation der kabbalistischen Tradition zählt,[36] oder Abschnitte aus der von Johann Christoph Wolff (1683–1739) herausgegebenen *Bibliotheca hebraea*, die ebenfalls für die Kabbala-Rezeption und -Interpretation der frühen Neuzeit maßgeblich wurde.[37] Anquetil rekurriert damit in der Bestimmung des zweiten *articulus* auf

---

30 Vgl. die Angaben im Oupnek'hat (wie Anm. 3), 1/XLVIIIf.
31 Zu diesem Problemkreis vgl. die zusammenfassenden Ausführungen bei Joseph Dan: Die Kabbala. Eine kleine Einführung. Stuttgart 2007, S. 83–93.
32 Oupnek'hat (wie Anm. 3), 1/XLVIII–L.
33 Zur Bedeutung des Tübinger Theologen Christoph Matthäus Pfaff vgl. die Angaben bei Matthias J. Fritsch: Religiöse Toleranz im Zeitalter der Aufklärung. Naturrechtliche Begründung – konfessionelle Differenzen. Hamburg 2004 (Studien zum achtzehnten Jahrhundert 28), S. 213–215 (dort auch weitere Literatur); Albrecht Beutel: Aufklärung in Deutschland. Göttingen 2006, S. 237–240.
34 Dazu vgl. Fritsch: Religiöse Toleranz (wie Anm. 33), S. 214f.
35 Zusammenfassend dazu Allison Coudert: The Kabbala Denudata. Converting Jews or Seducing Christians. In: Jewish Christians and Christian Jews. Hg. v. Richard H. Popkin u. Gordon M. Weiner. Dordrecht 1994, S. 73–96.
36 Vgl. Coudert: The Impact of the Kabbalah (wie Anm. 2), S. 100–136.
37 Explizit Bezug nimmt Anquetil auf das im 4. Bd. enthaltene *Supplementum* [...] *de Cabbala judaica*. Die kabbalistische Theorie zur Weltentstehung wird von Anquetil zudem auch aus der *Telluris Theoria Sacra* des Thomas Burnet (1635–1715) zitiert. Bei diesem 1681 erschienenen und viele Male wiederaufgelegten und übersetzten Buch handelt es sich um eine im 18. Jh. vielgelesene Darstellung der Entstehung der Welt und ihres geologischen Aufbaus. Thomas Burnet war es ein wichtiges Anliegen, die Angaben der Bibel mit den Erkenntnissen der da-

eine Diskussion, die insbesondere seit dem Beginn des 18. Jahrhunderts um die Frage der Wertung und Interpretation der *emanatio* geführt wurde, wofür die Vorstellungen der christlichen Kabbala fruchtbar gemacht wurden.[38] Er reiht sich somit in eine spezifische Interpretationsgeschichte ein, die seit dem 17. Jahrhundert in Europa gerade in Bezug auf Theorien zu Fragen der Weltentstehung eine bedeutende Rolle spielte.[39] Die indische Tradition ist für Anquetil ein weiteres Indiz für die Richtigkeit dieser Theoriebildung. Darin erkennt er nämlich einen bedeutenden Reflex dieser Überlegungen.[40] Das, was in den diversen Upaniṣaden-Texten über die Entstehung der Welt geschrieben steht, entspreche voll und ganz den Beschreibungen der Entstehung aller Dinge aus dem *En Soph* bei den Kabbalisten: „Das ist eine echte Lehre der Inder, beinahe mit denselben Worten in deren Büchern überliefert."[41] Zusätzlich zur Kabbala bezieht Anquetil auch aus der frühchristlichen Tradition Ansatzpunkte dieser „richtigen" Erfassung des Weltentstehungsvorgangs. So unternimmt er den Versuch, das unter dem Namen Dionysios Areopagita überlieferte Corpus in dem oben genannten Sinne als Ausfluss einer Emanationstheologie zu interpretieren. Zu diesem Zwecke muss er die ihm zuwiderlaufende Interpretation durch den Dogmenhistoriker Dionysius Petavius zurückweisen, der seiner Meinung nach diese Notion völlig falsch, weil zu sehr orientiert an der *creatio*-Tradition interpretiert habe.[42] Für die christliche Tradition wird sodann auch Origenes als wichtiger Gewährsmann zitiert: Auch ihm wird eine richtige Erfassung des Emanationsbegriffs unterstellt, was bislang fälschlich interpretiert worden sei.[43]

3  Die übernatürliche Welt und ihre Charakteristiken

Der dritte *articulus* setzt sich mit der Existenz eines *mundus supernaturalis* auseinander, dessen Charakteristik darin besteht, (grundsätzlich) *erkennbar* und *älter* als die irdische Welt zu sein (*existentia mundi supernaturalis, intellegibilis, hoc mundo sensibili longe antiquioris*). Zur Bestätigung und zur Illustration dieser Doktrin wird auf die religiösen Traditionen zur Existenz von Engeln, sowohl in der jüdisch-christlichen Religion,[44] als auch in der antiken Religionsgeschichte, eingegangen.[45] Insgesamt ist dieser dritte *articulus* der kürzeste; er besteht in erster Linie

---

    mals entstehenden Naturwissenschaften zu versöhnen, wobei Bezüge auf die Kabbala unterstützend eingesetzt wurden.

[38] Vgl. Wilhelm Schmidt-Biggemann: Philosophia perennis (wie Anm. 2), S. 432–438.
[39] Vgl. Coudert: The Impact of the Kabbalah (wie Anm. 2), S. 120–122.
[40] Vgl. bes. Oupnek'hat (wie Anm. 3), 1/LII.
[41] Ebd., 1/LIII: „Haec est genuina Indorum doctrina, ipsis eorum librorum ferme verbis tradita."
[42] Ausführlich in ebd., 1/LIII–LX.
[43] Ebd., 1/LXIII–LXV.
[44] Ebd., 1/LXVI. Als Beleg werden Verweise auf die Existenz von Engeln insbesondere aus den biblischen Prophezeiungen des Daniel zitiert.
[45] Ebd., 1/LXVII.

aus einer Aufzählung von Parallelen zu diesem Gedanken eines nichtirdischen Bereichs, des von Anquetil sogenannten *imperium angelorum*.[46] Dabei ist es besonders interessant, die Interpretation des Origenes (185–253 n. Chr.), des bedeutendsten Vertreters einer Anbindung des Christentums an die platonische Tradition in frühchristlicher Zeit und ersten christlichen systematischen Dogmatikers, näher zu betrachten. Denn in dessen Werk findet sich für Anquetil viel genuin Indisches, so beispielsweise der Gedanke eines steten Kreislaufs von Welten oder des strafweisen Abstiegs der Seelen in die Körper:

> Denselben Kreislauf der Welten nimmt er wie auch die Brahmanen an. Diese behaupten nach dem (vollendeten) Leben des *Brahma* eine neue Hervorbringung der Welt und der Dinge, und dies bis in alle Ewigkeit fortgesetzt. Auch Origenes lehrt einen Abstieg der Seelen, die gefehlt haben, in die Körper, die wie Gefängnisse und Fesseln empfunden werden, durch die sie gereinigt werden.[47]

Der revolutionäre Status dieser Ideen des Origenes, die innerhalb der Kirche auf heftige Ablehnung stießen und 553 auf dem 5. Ökumenischen Konzil in Konstantinopel sogar offiziell verurteilt wurden,[48] ist für Anquetil zu erklären als direkter Reflex indischer Philosophie: „Diese (Lehren) sind unverfälschte Grundsätze der Brahmanen."[49]

## 4 Der Einfluss der Himmelskörper auf die Erde

In ähnlicher Weise wie bei der Darstellung des zweiten *articulus* begegnet auch beim vierten Punkt der Versuch, aktuelle Diskussionen für die Interpretation der veranschlagten Urphilosophie geltend zu machen. Es geht hier um die Frage des Einflusses des Himmels, näherhin der Sterne, auf die Erde und die auf ihr befindlichen Körper, und insbesondere um das Problem, vermittels welcher Kraft dieser Einfluss zustande kommt. Ausgangspunkt ist dabei folgende Feststellung: „Die Himmelskörper sind von Gott als so angelegt anzunehmen, dass sie nach einer festgelegten Ordnung, die freilich schwer (sinnlich) wahrnehmbar ist, über ein Geistprinzip oder etwas Leichtflüssiges auf die irdischen Körper einwirken."[50]

---

[46] Ebd., 1/LXVI.
[47] Ebd., 1/LXX: „mundorum vero circulum cum iisdem (sc. den Brahmanen) admittit; qui quidem post vitam τοῦ Brahma novam perhibent mundi et entium productionem, et sic deinceps perpetuo futuram. Tradit etiam Origenes delinquentium animarum descensum in corpora, tanquam in carceres et repagula, quibus purgentur."
[48] Vgl. ebd.
[49] Ebd. „illae (sc. doctrinae) sunt mera Brachmanum placita." Auch andere christliche Autoren werden genannt: So finden sich Zitate aus Clemens von Alexandrien, Photios und Basilius dem Großen. Bei letzterem und bei Origenes will Anquetil die Lehre von der Entstehung von immer neuen Welten gefunden haben, die auch von den indischen Philosophen geteilt wird (ebd., 1/LXX–LXXIV).
[50] Ebd., 1/LXXIII: „Res supponuntur a Deo ista dispositae, ut ordine fixo, licet minus sensibili, corpora coelestia, mediante aliquo spiritu vel fluido, in terrestria agant."

Anquetil nimmt nun in seinen Ausführungen explizit die Theoriebildung des *tierischen Magnetismus* auf, die er in der indischen Philosophie bestätigt findet. Dabei rekurriert er interessanterweise nicht so sehr auf den wichtigsten Denker und eigentlichen Begründer dieser Richtung, Franz A. Mesmer,[51] sondern bezieht sich ausführlicher auf Werke, die eine Art Vorbereitung dieser Theorie bilden. So zitiert Anquetil extensiv aus dem 1609 erschienenen *Tractatus de magnetica curatione vulneris citra ullam et superstitionem et dolorem et remedii applicationem* des deutschen Mediziners und Physikers Rudolf Goclenius (des Jüngeren; 1572–1621).[52] Dieser kann mit seinem Werk neben Pietro Pomponazzi (1462–1525), Athanasius Kircher (1602–1680) oder Johan Baptista van Helmont (1580–1644) als Vordenker des ‚tierischen Magnetismus' angesehen werden.[53]

Tragend war dabei der Gedanke eines gleichsam „sympathetischen" Zusammenspiels zwischen den irdischen Körpern (und zwar der Menschen, Tiere, Pflanzen, einschließlich der unbelebten Gegenstände) und den Himmelskörpern, wie Goclenius feststellt:

> Wer weiß nämlich nicht, dass vieles aus einem (großen) Abstand heraus seine Wirkung ausübt, was direkt auf keine Weise in Verbindung steht und nichtsdestotrotz dennoch gleichzeitig in Verbindung steht, wie beispielsweise die Sonne und der menschliche Körper, die beide nicht direkt miteinander verbunden werden können, aber über die Strahlen dazwischen verbunden sind.[54]

Dieses Zusammenwirken der verschiedenen Körper wurde durch eine Kraft bewirkt, nach der im Rahmen dieser frühen naturwissenschaftlichen Forschung ge-

---

[51] So wird in Oupnek'hat (wie Anm. 3), 1/C, auf das *Système raisonné du magnetisme universel, d'après les principes de M. Mesmer* (1786) verwiesen, eine zusammenfassende Darstellung des Magnetismus mit Ausführungen auch über die wichtigsten Nachfolger und Epigonen Mesmers. Ebenfalls nur hingewiesen wird auf die grundlegende Schrift Mesmers, die *Mémoire de la découverte du magnétisme animal* von 1779, wo die dort angeführten naturphilosophischen Prinzipien, die der Theoriebildung zugrunde liegen, herausgearbeitet werden. Zum Mesmerismus vgl. auch den Beitrag von Karl Baier im vorliegenden Band.

[52] Zur Bedeutung des Rudolph Goclenius vgl. die Angaben bei Paul F. Mottelay: Bibliographical History of Electricity and Magnetism. Chronologically Arranged. London 1922, S. 27, 245 u. 552. Die Zitate aus dem Werk *De magnetica curatione* (aus S. 149–154) finden sich im Oupnek'hat (wie Anm. 3), 1/LXXXIII–XCII.

[53] In der Forschung wird heute vielfach die Theoriebildung des „tierischen Magnetismus" ausschließlich mit Franz A. Mesmer assoziiert; jedoch gibt es wichtige Vordenker, deren Wirkung bislang zu wenig herausgearbeitet wurde. Die Bedeutung Goclenius' wird insb. in älteren Gesamtdarstellungen der Magnetismus-Theorie herausgearbeitet, so z.B. bei Jules Du Potet de Sennevoy: An Introduction to the Study of Animal Magnetism. London 1838, S. 5 u. 312f.; Albert Moll: Hypnotism. London 2004 [zuerst 1889], S. 4f.; als „wichtigsten Vorläufer" Mesmers bezeichnet ihn auch Ernst Benz: Franz Anton Mesmer und die philosophischen Grundlagen des animalischen Magnetismus. Mainz 1977, S. 13f.

[54] Rodolphus Goclenius: Tractatus de magnetica curatione vulneris citra ullam et superstitionem et dolorem et remedii applicationem. Marburg 1609, S. 156: „Quis enim nescit multa ex intervallo exercere actionem suam, quorum scilicet superficies nullo modo conjungi possunt, & et nihilominus sunt simul, ut Sol & hominis corpus, quae superficiebus licet conjungi non possunt, radijs tamen indermedijs conjunguntur."

sucht wurde. Goclenius spricht im von Anquetil zitierten *Tractatus* von einem *medians Spiritus intercedens*, d.h. einem „dazwischen wirkenden, vermittelnden Geist(-prinzip)".[55] Eine nähere wissenschaftliche Untersuchung dieses Prinzips würde die Möglichkeit eröffnen, direkt in dieses Wechselspiel der Kräfte einzugreifen und damit Naturvorgänge zu beeinflussen. Im 17. und 18. Jahrhundert wurde nun das Phänomen des Magnetismus als eben dieses Prinzip angesehen. Der in der Theoriebildung enthaltene Gedanke eines allumfassenden Zusammenhangs zwischen den Teilen der belebten und unbelebten Welt und eines grundsätzlichen Zusammenhangs zwischen den Ereignissen des Universums wird nun von Anquetil besonders hervorgehoben. Dieses Zusammenspiel ist letztendlich auf das Wirken einer Gottheit zurückzuführen, die in der Lenkung der Welt durch die Himmelskörper indirekt auf die Lebewesen wirkt.[56] Besonders wichtig ist für Anquetil dabei der Gedanke des Einflusses dieser göttlichen Kräfte der Himmelskörper auf die unmittelbare Welt oder den Menschen, den er in den Upaniṣaden-Texten belegt sieht: „Die verschiedenen Einflüsse der Gestirne auf die Elemente und die Körper, deren Abstufungen und (verschiedene) Arten, kann man überall im *Oupnek'hat* erkennen."[57] Diese dabei wirkenden Kräfte, die zwischen den verschiedenen Körpern vermittelnd wirken, werden in den von Anquetil übersetzten Texten direkt thematisiert und zwar konkret an einem Prinzip, das er – im Anschluss an Goclenius – als den *lucidus intercedens vector spiritus* bezeichnet: Dieser „deutlich erkennbare (zwischen den verschiedenen Körpern) wirkende Träger des Geistprinzips" wird von ihm direkt mit dem indischen Begriff *prāṇa* verglichen.[58] Dieser zwischen den Körpern wirkende Kraftträger muss als wichtiges Wirkprinzip in der Welt verstanden werden, als eine Art Mittler zwischen Materie und Geist,[59] wobei eine genaue Definition und eine Einsicht in seine Beschaffenheit aber ausbleiben.[60]

---

[55] Vgl. Goclenius: Tractatus (wie Anm. 54), S. 156f.: „So beeinflussen sich nämlich alle diese Körper, zwischen denen es Sympathie und Antipathie gibt, gegenseitig und sie üben aufeinander Einfluss aus: Diese (gegenseitigen) Einwirkungen vollziehen sich ohne jeglichen erkennbaren direkten Kontakt, das heißt, die Kraft des einen (Körpers) wird auf den anderen übertragen durch die Wirkung eines dazwischen wirkenden, vermittelnden Geistes / Geistprinzips, und zwar so, dass dieser – wenn der Abstand (sc. zwischen den beiden Körpern) auch noch so groß ist – weder durch Winde zerstreut, noch durch feuchte oder kalte Luft gestört oder aufgehoben werden kann, sondern aufgrund der natürlichen Gemeinschaft, der Ähnlichkeit und der Verbindung (sc. zwischen den beiden Körpern) erhalten und beständig aufrecht bleibt" („Sic enim omnia illa corpora, inter quae est sympathia et antipathia, mutuo se afficiunt, exercentque; operationes suas citra ullum visibilem contactum, id est, unius virtus defertur ad alterum mediante Spiritu intercedente, ita, ut licet spatium sit maximum, citra tamen ullam alterationem, nec ventis dissipetur, nec etiam aere vasto, humido, frigidove rapiatur, atque discutiatur, sed propter naturalem communionem, similitudinem nexumque conserveter atque continuetur.")
[56] Oupnek'hat (wie Anm. 3), 1/XCIII.
[57] Ebd., 1/XCII. Vgl. bes. deutlich: „Diversos influxus astrorum in elementa et corpora gradus et species, passim in Oupnek'hat videre est" (ebd.).
[58] Ebd., 1/XCIV.
[59] Ebd., 1/XCVIII.
[60] Vgl. ebd.: „[D]er Grund und die Art der Tätigkeit (sc. zwischen den Körpern in Form dieser Kraft) bleiben unklar." („[C]ausa et verus actionis modus tenebris involvuntur.")

Sehr zu Hilfe kommt Anquetil in diesem Zusammenhang auch das frühneuzeitliche, stark von der hermetischen Tradition beeinflusste Werk *Harmonia coelestium corporum et humanorum astronomice et medice* des französischen Philosophen Antoine Mizauld (1510–1578). Es handelt sich bei dieser – in platonisierender Tradition in Dialogform gehaltenen – Schrift um ein frühes Beispiel des Versuchs, eine Art Synthese aus Astrologie, hermetischer Philosophie und zeitgenössischer Naturwissenschaft durchzuführen. Dabei stehen Themen im Vordergrund wie die allumfassende Harmonie zwischen Mikro- und Makrokosmos und die Möglichkeiten, aus diesen Analogien Nutzen zu ziehen.[61] Die von Anquetil explizit zitierte Passage daraus verweist auf die Bezüglichkeit der Organe des menschlichen Körpers auf die naturdurchwirkenden Kräfte der Gestirne.[62] Auch in diesem bei Mizauld beschriebenen wunderbaren *coeli, astrorum ordo* und der *motus ad humani corporis oeconomia* sieht Anquetil eine bedeutende Parallele zur indischen Religion.[63]

## IV Zur Wirkungsgeschichte des *Oupnek'hat*

Im Anschluss an die Darstellung der *dissertatio* soll im Folgenden eine Skizze wichtiger Aspekte der Wirkungsgeschichte des *Oupnek'hat* bzw. einiger Ideen aus der einleitenden *dissertatio* versucht werden. Ich unterscheide hier Bezugnahmen im Rahmen der Philosophiegeschichtsschreibung, die vor allem den Gedanken eines Einflusses Indiens auf die Entwicklung der abendländischen Philosophie- und Religionsgeschichte seit den Griechen und Römern postulierten, von einem zweiten Zweig der Rezeption, der das *Oupnek'hat* in einem immer größeren Ausmaß als ein im Sinne geheimen Wissens zu interpretierendes und zu verwendendes Buch verstand.

Für den ersten Aspekt sind Anquetils Rekonstruktionsversuche einer orientalischen Urphilosophie Anlass, sich die Frage nach einer möglichen historischen Beziehung zur „westlichen" Tradition zu stellen. Dabei wird früh schon der Ge-

---

[61] Dem Werk des Antoine Mizauld (latinisiert: Antonius Mizaldus / Misaldus Monslucianus) war keine übermäßige Wirkungsgeschichte beschieden. Vgl. Lynn Thorndike: A History of Magic and Experimental Science. Bd. 5: The Sixteenth Century. 2. Aufl. New York 1951 (History of Science Society Publications. New Series IV), S. 299–301; zusammenfassend auch Mottelay: Electricity and Magnetism (wie Anm. 52), S. 125f. Noch deutlicher als in dem von Anquetil zitierten Werk hat Antoine Mizauld diese Theoriebildung in seinem Werk *Planetologia* 1551 ausgeführt; vgl. dazu mit neuer Literatur Nandini Das: A New Source for Robert Greene's Planetomachia. In: Notes and Queries 53 (2006), S. 436–440.
[62] Antonius Mizaldus: Harmonia coelestium corporum et humanorum dialogis undecim astronomice et medice per Antonium Mizaldum Monlucianum elaborata et demonstrata. Paris 1555, S. 16. Es ist dort explizit von einem mit dem Wirken der Sonne verbundenen *spiritus* die Rede, der das eigentliche Lebensprinzip darstellt, den *spiritus vitalis*, der in verschiedenen Regionen des Körpers jeweils unterschiedlich wirkt (und deshalb auch unterschiedlich bezeichnet wird).
[63] Oupnek'hat (wie Anm. 3), 1/C.

danke einer direkten Übermittlung und Filiation postuliert, die bei Anquetil in einigen Bemerkungen in seiner *dissertatio* zumindest schon angedeutet wurden.[64] Diese Ansätze wurden vom deutschen Philosophiehistoriker Thaddä Anselm Rixner (1766–1838) als wesentliches Ergebnis der Ausführungen Anquetils in dem 1822–1823 veröffentlichten *Handbuch der Geschichte der Philosophie* präsentiert.[65] Rixner sieht Indien überhaupt als den Ursprungsort der philosophischen Tradition. So formuliert er programmatisch am Beginn:

> Da das Streben nach der Wissenschaft des Wissens, und das Forschen nach der Erkenntnis des Seyns aller Dinge nach der Wahrheit schon ursprünglich im Charakter des Menschen selbst gelegen ist, so konnte auch die Philosophie als Aeusserung des Vernunft-Instinkts keinem Volke ganz fremd bleiben, [...] und wir werden daher ihren Ursprung dort finden, wo wir überhaupt die Wiege unseres Geschlechts zu suchen haben, nämlich in Indien.[66]

Insbesondere seine Rekonstruktion der „Urphilosophie" speist sich sehr stark aus Gedankengängen, die wir auch bei Anquetil finden.[67] Dabei kommt dem Übersetzungswerk deshalb eine überragende Bedeutung zu, weil sich gerade in den Upanišaden diese indische Lehre zusammengefasst findet.[68] Von dem Gedanken einer „indischen Urweisheit" war im Übrigen auch Arthur Schopenhauer überzeugt,[69] doch fand sie auch eine wichtige Fortsetzung im 20. Jahrhundert. So können beispielsweise bei modernen Interpretationen einiger spätantiker Philosophen und Theologen (wie Plotin oder Origenes) Muster aufgearbeitet werden, die von einem indischen Einfluss ausgehen und in Anquetils' Werk einen wichtigen Archegeten haben. Dieser wird zwar nicht mehr direkt zitiert, jedoch bleiben auch diese Ansätze mittelbar in einer Linie, die durch ihn ihre Begründung erfahren hat.[70]

---

[64] Ebd., 1/XVIII; auch 1/CIX.
[65] Vgl. auch dessen 1808 veröffentlichten *Versuch einer neuen Darstellung der uralten indischen All-Eins-Lehre*, worauf Halbfass: Indien und Europa (wie Anm. 4), S. 59, Bezug nimmt.
[66] Thaddä Anselm Rixner: Handbuch der Geschichte der Philosophie, zum Gebrauche seiner Vorlesungen. Bd. 1. Sulzbach 1822, S. 17. Vgl. auch ebd., S. 36–38, über den Ursprung der griechischen Philosophie ebenfalls in Indien. Dabei bedient sich Rixner eines historischen Konstruktes und vermeint in den Ureinwohnern Griechenlands, den Pelasgern, die möglichen Träger der indischen Urphilosophie erkennen zu können.
[67] Besonders deutlich in der zusammenfassenden Darstellung bei Rixner: Geschichte der Philosophie (wie Anm. 66), S. 17f.
[68] Zwar distanziert sich Rixner vom Gedanken der Einheitlichkeit der Lehren der Upanišaden, jedoch unterlegt er ihnen zumindest eine vereinheitlichende Tendenz, wie aus Rixner: Geschichte der Philosophie (wie Anm. 66), S. 21, hervorgeht: „[I]st [...] zu bemerken, dass die in den Oupnek-hat's befindlichen Aufsätze ganz offenbar weder alle demselben Verfasser oder auch nur demselben Zeitalter ursprünglich angehören mögen: wiewohl sie alle im wesentlichen einen und denselben Geist athmen; eine und dieselbe Lehre, obschon auf verschiedene Weise aussprechen, und eine Ur-Ansicht des Seyns und Bestehens aller Dinge in Gott und Gottes in allen Dingen enthalten."
[69] Vgl. Meyer: Europäische Rezeption (wie Anm. 7), S. 124–128; Kapani: Schopenhauer (wie Anm. 6), S. 163–292.
[70] Das Beispiel der Plotininterpretation des französischen Philosophiehistorikers Emile Bréhier (1876–1952) und dessen Rückgriff auf „indischen Einfluss" als maßgebliches Erklärungsmo-

Zusätzlich zu diesem ersten Rezeptionszweig des *Oupnek'hat* kann aber auf eine weitere, sehr spezifische Aufnahme dieses Werkes hingewiesen werden, die es in einem anderen Licht erscheinen ließ. Dabei ist anzumerken, dass dieser Zweig der Interpretation spätestens seit der zweiten Hälfte des 19. Jahrhunderts der eigentlich dominante wurde. Dies hat viel damit zu tun, dass mit dem Erscheinen neuerer Übertragungen der Upaniṣaden das *Oupnek'hat* nicht mehr als Übersetzung von wissenschaftlicher Gültigkeit angesehen werden konnte. Umso größer wurde jedoch seine Attraktivität in anderen Bereichen. Dabei ist interessant, wie spezifische Ansätze Anquetils in der Interpretation der indischen Religion besonderes Interesse hervorriefen. So wurde seine Interpretation der Meditationstechniken unter Bezug auf die ‚Magnetismus'-Theorien beispielsweise von Josef Görres (1776–1848) ausführlich zitiert und als genuine Interpretation präsentiert.[71] Ausgehend von Görres spielte dieser Bezug dann eine große Rolle bei weiteren Theoretikern des Magnetismus wie Joseph Ennemoser (1787–1854), Johann Carl Passavant (1790–1857) oder Carl Joseph H. Windischmann (1775–1839). Diese benutzten zwar, wenn sie sich auf Indien bezogen, schon bald bessere Übersetzungen, waren aber zutiefst von diesem spezifischen Interpretationsansatz angetan.[72] In vergleichbarer Weise bezieht sich auch der bedeutende französische Okkultist Eliphas Levi in seiner *Histoire de la Magie* 1859 auf Anquetil. Mit ihm ist eine neue Notion in der Wahrnehmung des *Oupnek'hat* verbunden, wenn er im Kapitel über „magie dans l'Inde" das *Oupnek'hat* als den bedeutendsten Ausdruck indischen magischen Denkens interpretiert. Dabei begegnet die Definition dieses Buches als „livre de l'occultisme indien", ja als „grand rituel magique" der Brahmanen.[73] Damit eröffnete sich auch eine eigentümliche Karriere dieses Textes als Praxisanleitung,[74] als welches er beispielsweise in der 1920 erschienenen *Encyclopedia of Occultism* von Lewis Spence (1874–1955) eine Präsentation erfährt,[75] bis hin zu einer einschlägigen Definition des *Oupnek'hat* als „a Sanskrit book on ma-

---

dell habe ich an anderer Stelle ausführlicher dargestellt: Franz Winter: summa orientalis systematis (wie Anm. 8), S. 97–99.

[71] Joseph Görres: Mythengeschichte der asiatischen Welt. Bd. 1: Hinterasiatische Mythen. Heidelberg 1810, S. 113f. Insgesamt wird das *Oupnek'hat* von Görres sehr ausführlich behandelt und als eine wichtige Quelle für die indische Religionsgeschichte interpretiert (ebd., S. 70–121). Auffälligerweise orientiert sich Görres hier terminologisch auch ganz am *Oupnek'hat*, wenn er den persischen Ausdruck *mashgouli* (als Äquivalent für *meditatio*) verwendet (ebd., S. 113f.; dazu Karl Baier: Meditation und Moderne. Bd. 1. Würzburg 2009, S. 204f.).

[72] Baier: Meditation (wie Anm. 71), S. 209–246.

[73] Eliphas Lévi: Histoire de la Magie. Paris 1860, S. 70; auch: „Le livre de l'Oupnek'hat est l'ancêtre de tous les grimoires, et c'est le monument le plus curieux des antiquités de goétie" (ebd.).

[74] Interessanterweise begegnet hier wieder der Bezug auf die „Magnetismus"-Theorie als besonderer Aspekt der Interpretation. Vgl.: „Nous recommandons aux magnétistes l'étude approfondie des mystères de l'Oupnek'hat" (Lévi: Histoire [wie Anm. 73], S. 74).

[75] Lewis Spence: An Encyclopaedia of Occultism. New York 2006 [ND der Ausg. London 1920], S. 312.

gic ritual" in einer *New Age Encyclopedia* im World Wide Web.[76] Zwar ist wenig bis nichts über eine wirkliche Verwendung des Buches in den genannten Kontexten bekannt, jedoch spiegelt sich darin eine interessante Bedeutungsverschiebung wider: von seinem ursprünglichen Selbstverständnis als wissenschaftliche Ersterschließung eines bislang fremden Kulturraumes zu einer Verwendung als religiöser Text, als ein rituelles Anleitungsbuch. Dies bezeugt somit auch die rege Interaktion, die zwischen wissenschaftlicher Produktion und außerwissenschaftlichen Autoren gegeben war. Grundsätzlich ist dies aber schon im *Oupnek'hat* vorgegeben, das mit dem Anspruch auftritt, ein „Geheimnis" zu präsentieren. Dies ist noch dazu durch die großen Schwierigkeiten der sprachlichen Gestaltung zusätzlich unterstrichen, die dem Text einen „okkulten" Anstrich geben. Wie einleitend schon festgestellt, widerspricht dies an sich der Grundintention einer Übersetzung, jedoch war es ein nicht zu unterschätzender Ansatzpunkt für die weitere Wirkungsgeschichte des Textes.

## V Zusammenfassende Bemerkungen: ein „yoghi chrétien"

Wichtigstes Ziel der Ausführungen dieses Beitrags war es, eine ideen- und religionsgeschichtliche Analyse des einleitenden Abschnitts von Anquetils *Oupnek'hat* zu versuchen. Das programmatische Vorwort, die *dissertatio* dieser ersten europäischen Übersetzung von indischen Upaniṣaden-Texten, erwies sich dabei als Versuch einer Gesamtrekonstruktion der indischen Philosophie und Religion, die nicht nur Grundlage der Doktrin der Upaniṣaden sein will. Vielmehr wird darin nichts Geringeres als eine *summa orientalis systematis* postuliert, die die gemeinsame Quelle sämtlicher orientalischer Philosophien und Religionen, ja einer allgemein gültigen Urphilosophie schlechthin ist.

In der ideen- und motivgeschichtlichen Einzelanalyse der Ausführungen zu den vier *articuli* dieses Systems konnte herausgearbeitet werden, in welcher Weise sich Anquetil bei seinem Entwurf vorarbeitete. Er griff ständig aktuelle philosophische und theologische Fragestellungen seiner Zeit auf und setzte damit die – für ihn einheitliche – Lehre der Upaniṣaden in Beziehung. Sie stellt die Antwort auf viele Probleme der europäischen Traditionsgeschichte dar, weil in ihnen die definitive Lösung gegeben ist. Diese Antwort wiederum ist gemäß den Ausführungen Anquetils keine neue, denn beständig kann er Traditionen der europäischen Geistesgeschichte zitieren, die *in nuce* die Essenzen dieser Lehren bereits enthalten. Die Liste der Referenzen, die er dabei zitiert, ist beeindruckend: Die Einheitstheologie des spätantiken christlichen Philosophen Synesios von Kyrene oder die Schriften des Pseudo-Dionysios Areopagita und eines Origenes sind ebenso Parallelen zur

---

[76] Einzusehen unter URL: http://www.newagevillage.com/psychic/o.html [30.09.2010]; diese Seite ist allerdings immer wieder für längere Zeiten offline.

indischen Philosophie wie das Schrifttum der christlichen Kabbala oder Theoriebildungen zu den zwischen irdischen Körpern und den Gestirnen wirkenden Kräften, die für Anquetil in Form des sogenannten ‚tierischen Magnetismus' bedeutend wurden. Ideengeschichtlich reiht sich Anquetil mit seinem Programm in die Rekonstruktionsversuche einer ‚Philosophia perennis': Ein gemeinsamer Strom einer *Urphilosophie* lasse sich aus den Weisheitsschriften der Völker isolieren. Dass nun die Inder ebenfalls in diesen Rahmen einzupassen sind, war lange vor Anquetil vorbereitet. So bezogen sich die Renaissancephilosophen, wie etwa Giovanni Pico della Mirandola (1463–1494), auf die „Inder" als Träger einer bedeutenden Tradition, die Teil des angesprochenen universalen Wissensstroms sei.[77] Dabei stehen die Autoren des 15. Jahrhunderts mit dieser Argumentationsfigur bereits selbst in einer antiken und frühchristlichen Tradition.[78] Anquetil füllt so gesehen durch seine Ausführungen eine bislang unbehandelt gebliebene Lücke: Die Entdeckung und Aufarbeitung der indischen religiösen und philosophischen Tradition setzt die Menschheit nun in die Lage, diese als Teil der ‚Philosophia perennis' besser verstehen zu können. Was ist dafür geeigneter als deren Grundlagenschriften, die Upaniṣaden?

Wichtig ist in diesem Zusammenhang auch die Feststellung, dass Anquetil sich als *christlicher* Denker versteht. Indien stellt für ihn keinen Gegenentwurf dar, sondern den ultimativen Ausfluss einer letztlich christlichen universalen Philosophie.[79] Das verdeutlicht nicht zuletzt auch ein Detail aus den biographischen Angaben zu seiner Person. Sein großer Bewunderer, der französische Schriftsteller und Übersetzer Raymond Schwab (1884–1956),[80] berichtet in der *Vie d'Anquetil-Duperron* über die letzten Lebensjahre Anquetils, in denen auch das *Oupnek'hat* entstand. Anquetil musste ein Leben in extremer Armut führen, weil er von der französischen Revolution sowohl ideell als auch materiell schwer getroffen war.[81] Dabei bildete die indische Religion eine Stütze in dieser schwierigen Zeit, weil sie

---

[77] Für Pico della Mirandola vgl. beispielsweise dessen Vorwort zum Genesiskommentar *Heptaplus. De septiformi sex dierum Geneseos enarratione ad Laurentium Medicem*, wo eine Liste der „Vorphilosophien" gegeben wird, zu denen u.a. auch die indische gehört (Giovanni Pico della Mirandola: De hominis dignitate. Heptaplus. De ente et uno. Hg. v. Eugenio Garin. Florenz 1942, S. 168–184).

[78] Die Renaissancephilosophen beziehen sich unter anderem auf Bemerkungen des frühchristlichen Autors Klemens von Alexandrien (um 150–215), der Argumentationsfiguren der antiken, schon bei Aristoteles bezeugten sogenannten *bárbaros philosophia*-Argumentation übernahm und weiter ausbaute. Vgl. dazu zusammenfassend und mit neuerer Literatur Franz Winter: Das Frühchristliche Mönchtum und der Buddhismus. Religionsgeschichtliche Studien. Frankfurt a.M. 2008 (Religionswissenschaft 13), S. 144–146.

[79] Vgl. Michael Stausberg: Faszination Zarathushtra. Zoroaster und die Europäische Religionsgeschichte der Frühen Neuzeit. Bd. 2. Berlin 1998 (Religionsgeschichtliche Versuche und Vorarbeiten 42/2), S. 800f.

[80] Vgl. Edward W. Said: Raymond Schwab and the Romance of Ideas. In: Daedalus 105 (1976), S. 151–167. Bekannt wurde Schwab v.a. für das Buch *La Renaissance orientale*, das sich ideengeschichtlich mit der europäische Entdeckung des Orients auseinandersetzt.

[81] Ausführlicher dazu Schwab: Vie d'Anquetil-Duperron (wie Anm. 4), S. 105–120.

ihn – in seiner Interpretation – die richtige auf Askese beruhende Weltsicht lehrte. In diesem Zusammenhang begegnet bei Schwab die Charakterisierung Anquetils als *exact disciple des brahmanes hindous*[82] und als *yoghi chrétien*.[83] Damit haben wir in Anquetil wohl den ersten Europäer, der als „yogi" bezeichnet wurde, dies aber interessanterweise mit dem Zusatz „christlich". Damit ist sein Selbstverständnis eines Fortführers und Vollenders der christlichen Tradition treffend zusammengefasst. Viele nachfolgende europäische „yogi" verstanden sich ja bekanntermaßen in einem völlig anderen Sinne.

---

[82] „Les deux dernières publications d'Anquetil, *Oupnek'hat*, et commentaire des *Voyages* du P. Paulin de Saint-Barthélemy […], offrent des vues sur sa vie et sa pensée dans la période finale. L'extrême indigence, pendant la Révolution, l'avait aidé à mieux achever sa vocation ascétique, le menant à pratiquer l'entière retraite que, depuis quinze ans, lui dictait la sagesse vedique; plus détaché de sa nation, de son espèce meme, et de l'accident de l'existence, le vieillard aux yeux fermés, les mains sur son baton, était devenu, dans le Paris de 1789 et de 1804, l'exact disciple des brahmanes hindous" (Schwab: Vie d'Anquetil-Duperron [wie Anm. 4], S. 128).

[83] Die relevante Passage bei Schwab: Vie d'Anquetil-Duperron (wie Anm. 4): „Il finit en sincère adepte du panthéisme hindou et le concilie, on ne sait comment, avec quelque contagion janséniste et une orthodoxie inébranlable; dans le Paris de la Terreur puis de l'Empire, il va inventer de vivre en yoghi Chrétien" (ebd., S. 5).

SHLOMO S. GLEIBMAN

# Buber's Theories of Subjectivity and Relation in the Context of Jewish Mysticism and German Enlightenment

The phenomenon of merging rational philosophy and scholarship with esoteric traditions in the writings of the twentieth-century German-Jewish intellectuals requires an explanation. Apparently, for the "post-assimilatory religious anarchists",[1] turning to mysticism manifested a search for identity and continuity, an existential attempt for a deeper connection to every part of one's being, whether it is one's personal past or a cultural tradition.

For Martin Buber, an Austrian philosopher, scholar, writer and translator (Vienna, 1878 – Jerusalem, 1965), the relationship with Jewish mysticism evolved into something larger than a mere need for historical continuity. It produced a distinctive philosophy that reshaped the very foundations of modern thinking. The dialogical principle as represented by Buber is a product of an intimate bond between classical philosophy and esoteric thought. It is based on an inclusive mode of thinking, beyond oppositions as such. It represents a mode of coexistence rather than struggle.

The figure of Martin Buber, who was described by Aharon Appelfeld as "part professor of the German variety and part Hasidic rabbi",[2] represents a combination of trends that originated in the European Enlightenment, Jewish Enlightenment (*Haskalah*), and Jewish mysticism (Kabbalah and Hasidism, in particular). Buber recalls his first encounters with Judaism in the home of his grandfather, Solomon Buber, an outstanding scholar of the *Haskalah*.[3] Undoubtedly, those years of Buber's life also connected him to the tradition of German Enlightenment that had influenced the *Haskalah* movement. Buber's Bible translation, started in cooperation with Franz Rosenzweig in 1925,[4] was definitely a continuation of and response to Mendelssohn's work.[5] At the same time, Buber was extremely attracted to eso-

---

[1] Aharon Appelfeld: The Story of a Life. New York 2004, p. 151.
[2] Ibid., p. 149.
[3] Martin Buber: 'My Way to Hasidism.' Hasidism and Modern Man. New York 2000, pp. 47f. (hereinafter *HMM*). Orig. Essay: Mein Weg zum Chassidismus. Frankfurt a.M. 1918.
[4] Die Schrift (The Scriptures): Berlin 1933–1939. See also: Martin Buber, Franz Rosenzweig: Scripture and Translation. Bloomington, Indianapolis 1994, pp. 1, 212.
[5] Die fünf Bücher Mose (The Five Books of Moses). Amsterdam 1778 (in Hebrew characters); Berlin 1813 (in German characters). See also Buber, Rosenzweig: Scripture and Translation (see note 4), p. 99.

teric teachings. He wrote his doctoral dissertation on German Mysticism,[6] published a book on Daoism,[7] and spent years studying Hasidism.[8]

Samuel Hugo Bergman, an Austrian-Israeli philosopher, who was also a friend and colleague of Buber, noted that Hasidic notions had had a profound influence on the development of Buber's thought and are a key to understanding his philosophy.[9] Buber himself admitted that he had arrived at the basic concept of *I and Thou* in the course of his involvement with Hasidism, "since the Hasidic tradition had grown for me into the supporting ground of my own thinking."[10] Remarkably, Buber regarded his *I and Thou,* completed in 1923, as a spiritual revelation rather than a philosophical book.[11]

Martin Buber's dialogical existentialism demonstrates a complex relationship between Enlightenment and Jewish esoteric traditions, in particular, Hasidic thought. It seems that an antagonism between these two trends conceals their essential confluence. Both movements were products of the same revolutionary dynamic that characterized eighteenth-century Europe – the dynamic expressed either in the rational thought of the Enlightenment or in the mystical experience of Hasidism.

The non-conventional, even heterodox tendency of Hasidism manifested in a number of ways – from a radical reinterpretation of the classical texts to the social reorganization of Jewish communities. It implied a revision of accepted truths and opening society to new forms of thinking, which was definitely parallel to the contemporaneous philosophy of European Enlightenment. It is no surprise that both movements, although negating each other, faced severe opposition from the mainstream religious authorities.

The crucial points where rational and esoteric traditions meet are within the theories of self and relation. In the following presentation, I will explore the ways Martin Buber, Enlightenment philosophers and Hasidic thinkers address the concept of subjectivity. In my discussion of rational thought, I will examine works of Immanuel Kant (*Grounding for the Metaphysics of Morals* [*Grundlegung zur*

---

[6] Martin Buber: Zur Geschichte des Individuationsproblems: Nicolaus von Cues und Jakob Böhme (On the History of the Problem of Individuation: Nicholas of Cusa and Jakob Böhme). Vienna 1904.
[7] Martin Buber: Reden und Gleichnisse des Tschuang-tse (Talks and Parables of Chuang Tzu). Frankfurt a.M. 1911.
[8] Buber: HMM (see note 3), pp. 51f.
[9] Samuel Hugo Bergman: Faith and Reason. An Introduction to Modern Jewish Thought. New York 1963, p. 85.
[10] Martin Buber: 'The History of the Dialogical Principle.' Between Man and Man. London, New York 2006, p. 254 (hereinafter *BMM*). Orig. essay "Zur Geschichte des dialogischen Prinzips" (1954). In: Werke. Bd. 1: Schriften zur Philosophie. München, Heidelberg 1962. "[S]eit die chassidische Überlieferung mir zum tragenden Grund des eigenen Denkens gedieh, [...]" (ibid., p. 297).
[11] Martin Buber: I and Thou. New York 1970, p. 171 (hereinafter *IT*). Orig. ed.: Ich und Du. Leipzig 1923.

*Metaphysik der Sitten*])[12] and Moses Mendelssohn (*Jerusalem*).[13] The Hasidic sources will be represented by the texts attributed to Israel Baal Shem Tov (1698–1760), the legendary founder of the Eastern European Hasidism, and his successor Dov Baer of Mezrich (circa 1700–1772),[14] as well as by the *Likkutei Amarim* of Schneur Zalman of Liadi (1745–1812), the founder of Chabad Hasidism.[15]

In the *Grounding for the Metaphysics of Morals*, Kant presents his moral philosophy as based on the ideas of autonomy and moral community ("the kingdom of ends"). The synthesis of these two principles produces an ethical system that links subjectivity and relation. Buber adopts this Kantian method in his *I and Thou*: the absolute autonomy of the self (personal identity) enables the dialogue (I-You relationship).

The Hasidic writers understand subjectivity in terms of an opposition between two modes of self. Following Hayyim Vital (1543–1620), a foremost exponent of Lurianic Kabbalah in Safed, Schneur Zalman of Liady describes the "divine soul" as the intellectual self in relation to the Other and the "natural soul" as ego, comprised of the emotions and instincts.[16] This theory could be traced to a Neoplatonic idea of a lower emotional soul governed by a higher rational soul.[17] This duality of the self is close to the Kantian distinction of the autonomy and heteronomy of the will. Buber, too, sees human nature as twofold: the self can be expressed in either *I-You* mode or *I-It* mode, experience or relation, as either subject or subjectivity, ego or person.

For Kant, "autonomy of the will is the property that the will has of being a law to itself (independently of any property of the objects of volition)",[18] whereas "if the will [...] goes outside of itself and seeks this law in the character of any of its objects, then heteronomy always results".[19] The autonomous self is a rational, free, and exclusive subject of ethics; the heteronomous self is a dependable object

---

[12] Immanuel Kant: Grounding for the Metaphysics of Morals. Indianapolis, Cambridge 1993. Orig. ed.: Grundlegung zur Metaphysik der Sitten. Riga 1785 (hereinafter *Grounding*).

[13] Moses Mendelssohn: Jerusalem, or On the Religious Power and Judaism. Waltham, Massachusetts 1983. Orig. ed.: Jerusalem oder über religiöse Macht und Judentum. Berlin 1783 (hereinafter *Jerusalem*).

[14] Tsava'at ha-Rivash. New York 1998. Orig. ed.: Zhovkva 1792; Keter Shem Tov Ha-Shalem. New York 2007. Orig. ed.: Zhovkva 1794–1795; Dov Baer mi-Mezritch: Likutei Amarim. New York 2004. Orig. ed.: Korets 1780.

[15] Schneur Zalman of Liadi: Likkutei Amarim. Tanya. Brooklyn, New York 1998. Orig. ed.: Slavuta 1797.

[16] Ibid., ch. 1–2.

[17] Paul S. MacDonald: History of the Concept of Mind. Speculations about Soul, Mind and Spirit from Homer to Hume. Aldershot 2003, p. 122.

[18] "Autonomie des Willens ist die Beschaffenheit des Willens, dadurch derselbe ihm selbst (unabhängig von aller Beschaffenheit der Gegenstände des Wollens) ein Gesetz ist" (Kant: Grounding [see note 12], p. 44; idem: Grundlegung, p. 87).

[19] "Wenn der Wille [...] über sich selbst hinausgeht, und in der Beschaffenheit irgend eines seiner Objecte das Gesetz sucht, das ihn bestimmen soll, so kommt jederzeit Heteronomie heraus" (ibid., p. 45; p. 88).

among objects. In the same vein, Buber emphasizes the immediate character of the I-You relationship: "The relation to the You is unmediated; no purpose intervenes between I and You [...] and no anticipation."[20] Like Kant's autonomous will, the Buberian self knows no mediator, whether it is an external will or telos.

Buber expresses the idea of the autonomous self in terms of relation:

> When I confront a human being as my You and speak the basic word I-You to him, then he is no thing among things nor does he consist of things. He is no longer He or She, limited by other Hes and Shes, a dot in the world grid of space and time, nor a condition that can be experienced and described, a loose bundle of named qualities.[21]

The autonomy, exclusiveness, freedom, and self-identity of the partners in dialogue presuppose the possibility of the relationship.

In Buber's *I and Thou* the self depends on the type of relation with the Other: "man becomes an *I* through a *You*,"[22] and "the *I* of the basic word *I-You* is different from that in the basic word *I-It*."[23] The same understanding can be found in his other works: "The inmost growth of the self does not take place through our relationship to ourselves, but through being made present by the other and knowing that we are made present by him."[24] The self is thus *Becoming* rather than *Being*; a process rather than a state. The self is essentially social; it does not exist in a purely internal sense. Remarkably, a social notion of the self appears in Jewish mystical trends, e.g. Schneur Zalman of Liadi in his *Likkutei Amarim* speaks of "the garments of the soul", thought, speech and action, as an active interaction through which the self is realized.[25]

Buber draws a distinction between subject and subjectivity, based on the double concept of the self:

---

[20] "Die Beziehung zum Du ist unmittelbar. Zwischen Ich und Du steht keine Begrifflichkeit, kein Vorwissen und keine Phantasie; [...]" (Buber: IT [see note 11], p. 62f.; idem: Ich und Du, p. 18).

[21] "Stehe ich einem Menschen als meinem Du gegenüber, spreche das Grundwort Ich-Du zu ihm, ist er kein Ding unter Dingen und nicht aus Dingen bestehend. Nicht Er oder Sie ist er, von andern Er und Sie begrenzt, im Weltnetz aus Raum und Zeit eingetragner Punkt; und nicht eine Beschaffenheit, erfahrbar, beschreibbar, lockeres Bündel benannter Eigenschaften" (ibid., p. 59; p. 15).

[22] "Der Mensch wird am Du zum Ich" (ibid., p. 80; p. 36).

[23] "[D]as Ich des Grundworts Ich-Du ist ein andres als das des Grundworts Ich-Es" (ibid., p. 53; p. 9).

[24] Martin Buber: The Knowledge of Man. A Philosophy of the Interhuman. New York 1998, p. 71 (hereinafter *KM*). "[D]as innerste Wachstum des Selbst vollzieht sich nicht [...] aus dem Verhältnis des Menschen zu sich selber, sondern aus dem zwischen dem Einen und dem Andern, unter Menschen also vornehmlich aus der Gegenseitigkeit der Vergegenwärtigung – aus dem Vergegenwärtigen anderen Selbst und dem in seinem Selbst vom anderen Vergegenwärtigtwissen [...]" (idem: Urdistanz und Beziehung. 4. verb. Aufl. Heidelberg 1978, p. 36).

[25] Schneur Zalman of Liadi: Likkutei Amarim (see note 15), ch. 4 and 6.

> The I of the basic word I-It appears as an ego and becomes conscious of itself as a subject (of experience and use). The I of the basic word I-You appears as a person and becomes conscious of itself as a subjectivity (without any dependent genitive).[26]

The I of the I-You relationship thus represents the Kantian principle of autonomy (it is not dependant on the object and has an absolute value); whereas the I of the I-It relationship parallels the Kantian concept of heteronomy (to affirm itself, it requires an object). However, seeming to apply these principles to his concept of relation, Buber outlines the fundamental paradox: in contrast to the heteronomous will (the subject), the autonomous self (subjectivity) does not require an object that it can experience or use; and yet, the self can only be defined in a relation to the Other – "there is no I as such but only the I of the basic word I-You and the I of the basic word I-It".[27]

Entering the realm of relation to the Other is exercising one's freedom. This freedom is limited by its own ontology, since the self can only appear in relation. Freedom and relation are therefore interdependent in Buberian thought: "only as long as he himself enters into the relation is he free and thus creative."[28] This dialectic of freedom and relation resembles the Kantian concept of freedom as "the key for an explanation of the autonomy of the will".[29] For Kant, "the free will and a will subject to moral laws are one and the same":[30] individual freedom as the definitive quality of the autonomous self is the foundation of ethics, of the very possibility of relation.

In his distinction between the absolute relationship (with God, the eternal You) and the relative relationship (between human I and human You), Buber utilizes the dichotomy of devotion and ethics standard for Jewish mysticism. Yet the content of this distinction in Buberian thought is Kantian. It is not an opposition of religious and ethical ideals, but their equation: "through every single You the basic word addresses the eternal You."[31] In this identification of spirituality with ethics, Buber follows Kant, whose "negative criterion" of reason defines a non-ethical faith as not a true faith:

---

[26] "Das Ich des Grundworts Ich-Es erscheint als Eigenwesen und wird sich bewußt als Subjekt (des Erfahrens und Gebrauchens). Das Ich des Grundworts Ich-Du erscheint als Person und wird sich bewußt als Subjektivität (ohne abhängigen Genitiv)" (Buber: IT [see note 11], pp. 111f.; idem: Ich und Du, p. 74f.).

[27] "Es gibt kein Ich an sich, sondern nur das Ich des Grundworts Ich-Du und das Ich des Grundworts Ich-Es" (ibid., p. 54; p. 10).

[28] "[S]olang er selbst in die Beziehung eingeht: so lang ist er frei und somit schöpferisch" (ibid., p. 103; p. 66).

[29] "Schlüssel zur Erklärung der Autonomie des Willens" (Kant: Grounding, p. 49; idem: Grundlegung, p. 97).

[30] "[A]lso ist ein freyer Wille und ein Wille unter sittlichen Gesetzen einerley" (ibid.; p. 98).

[31] "Durch jedes geeinzelte Du spricht das Grundwort das ewige an" (Buber: IT [see note 11], p. 123; idem: Ich und Du, p. 89).

If something is represented as commanded by God in a direct manifestation of him yet is directly in conflict with morality, it cannot be a divine miracle despite every appearance of being one (e.g. if a father were ordered to kill his son who, so far as he knows, is totally innocent).[32]

In other words, both Kant and Buber insist that the absolute relationship (between the human and the divine) includes all relative relationships (those between human subjectivities), which means that individual existence has an absolute value rather than being subordinate to an external telos. To use Kant's definition, one's existence is an end in itself.[33]

Buber's concept of "dialogue" as an exclusive encounter of I and You is close to Kant's notion of the "kingdom of ends" based on the principle of autonomy. Kant links the autonomy of the will, which implies the independent and intrinsic value of individual, to his ideal of community:

> For all rational beings stand under the law that each of them should treat himself and all others never merely as means but always at the same time as an end in himself. Hereby arises a systematic union of rational beings through common objective laws, i.e., a kingdom that may be called a kingdom of ends.[34]

The shared ethical principle (the categorical imperative) forms the conceptual center of this community. Likewise, Buber's concept of the ideal society includes a shared rational principle of relation ("the living centre") that enables the genuine association of the autonomous subjectivities:

> True community does not come into being because people have feelings for each other (though that is required, too), but rather on two accounts: all of them have to stand in a living, reciprocal relationship to a single living center, and they have to stand in a living, reciprocal relationship to one another.[35]

The priority of reason forms the community that is based on the I-You principle. This approach parallels Kant's description of the "practical love" (the subject to the

---

[32] Immanuel Kant: Religion within the Boundaries of Mere Reason. New York 2006, p. 100. Orig. ed.: Die Religion innerhalb der Grenzen der blossen Vernunft. Königsberg 1793: "wenn etwas als von Gott in einer unmittelbaren Erscheinung desselben geboten vorgestellt wird, das doch geradezu der Moralität widerstreitet, bey allem Anschein eines göttlichen Wunders, es doch nicht ein solches seyn könne, (z. B. wenn einemVater befohlen würde, er solle seinen, so viel er weiß, ganz unschuldigen Sohn tödten) [...]" (ibid., p. 111f.).

[33] Kant: Grounding (see note 12), p. 42.

[34] "Denn vernünftige Wesen stehen alle unter dem Gesetz, daß jedes derselben sich selbst und alle andere niemals blos als Mittel, sondern jederzeit zugleich als Zweck an sich selbst behandeln dürfe. Hierdurch aber entspringt eine systematische Verbindung vernünftiger Wesen durch gemeinschaftliche objective Gesetze, d.i. ein Reich, welches, weil diese Gesetze eben die Beziehung derselben aufeinander, als Zweck und Mittel, zur Absicht haben, ein Reich der Zwecke (freylich nur ein Ideal), heissen kann" (Ibid., p. 39; idem: Grundlegung, p. 74f.).

[35] "[D]ie wahre Gemeinde entsteht nicht dadurch, daß Leute Gefühle füreinander haben (wiewohl freilich auch nicht ohne das), sondern durch diese zwei Dinge: daß sie alle zu einer lebendigen Mitte in lebendig gegenseitiger Beziehung stehen und daß sie untereinander in lebendig gegenseitiger Beziehung stehen" (Buber: IT [see note 11], p. 94; idem: Ich und Du, p. 56).

categorical imperative) that "resides in the will and not in the propensities of feeling".[36] This is also close to the Hasidic idea of the rational "divine soul" as the only type of the self that is open to relation.

Mendelssohn derives the absolute value of human beings from practice, from "the spirit of living conversation," when existence of the Other is necessary, when "teaching is more closely connected with life, contemplation more intimately bound up with action".[37] Such an emphasis on life examples is close to the Kantian idea of the practical character of the categorical imperative. According to Kant, practice determines the universal validity of the ethical principle: "love resides [...] in the principles of action and not in tender sympathy; and only this practical love can be commanded."[38] The absolute value of individual existence is the basis of this practical morality in Kantian thought:

> let us suppose that there were something whose existence has in itself an absolute worth, something which as an end in itself could be a ground of determinate laws. In it, and in it alone, would there be the ground of a possible categorical imperative, i.e., of a practical law.[39]

This Kantian principle of practical ethics parallels Buber's dialectical notion of encounter. On one hand, the latter is the necessary cause of actuality: relation is "the cradle of actual life".[40] On the other hand, it is comprised of such interconnected components as presence, actuality, and active participation in the world: "whoever stands in relation, participates in an actuality... All actuality is an activity in which I participate without being able to appropriate it. Where there is no participation there is no actuality."[41] More specifically, the relational action performs a cognitive function: "the form that confronts me I cannot experience nor describe; I can only actualize it. I see it...as what is present."[42] The action is

---

[36] "[P]ractisch [...] Liebe, die im Willen liegt und nicht im Hange der Empfindung, [...]" (Kant: Grounding [see note 12], p. 12; idem: Grundlegung, p. 13).

[37] Mendelssohn: Jerusalem (see note 13), pp. 103f.; "Geist der lebendigen Unterhaltung" (ibid., p. 61); "die Lehre war genauer mit dem Leben, Betrachtung inniger mit Handlung verbunden" (ibid., p. 63).

[38] "Liebe [...] liegt [...] in Grundsätzen der Handlung und nicht schmelzender Theilnehmung; jene aber allein kann geboten werden" (Kant: Grounding [see note 12], p. 12; idem: Grundlegung, p. 13).

[39] "Gesetzt aber, es gäbe etwas, dessen Daseyn an sich selbst einen absoluten Werth hat, was, als Zweck an sich selbst, ein Grund bestimmter Gesetze seyn könnte, so würde in ihm, und nur in ihm allein, der Grund eines möglichen categorischen Imperativs d.i. practischen Gesetzes liegen" (ibid., p. 35; p. 64).

[40] "[D]ie Wiege des Wirklichen Lebens" (Buber: IT [see note 11], p. 60; idem: Ich und Du, p. 16).

[41] "Wer in der Beziehung steht, nimmt an einer Wirklichkeit teil, [...] Alle Wirklichkeit ist ein Wirken, an dem ich teilnehme, ohne es mir eignen zu können. Wo keine Teilnahme ist, ist keine Wirklichkeit" (ibid., p. 113; p. 75).

[42] "Die Gestalt, die mir entgegentritt, kann ich nicht erfahren und nicht beschreiben; nur verwirklichen kann ich sie. Und doch schaue ich sie [...] als das Gegenwärtige" (ibid., p. 61; p. 17).

characteristically reciprocal: "it is an actual relation: it acts on me as I act on it."[43] Contrary to the Kantian concept of the universality of the categorical imperative, the Buberian notion of ethical action is essentially situational and individualistic: "it is the sense of the situation that it is to be lived in all its antinomies – only lived – and lived ever again, ever anew, unpredictably, without any possibility of anticipation or prescription."[44]

Similar to the Kantian ideas, in Buberian thought, the dialogical self acquires its identity in the action: "The I is actual through its participation in actuality. The more perfect the participation is, the more actual the I becomes."[45] Also, "genuine subjectivity can be understood only dynamically [...]. The person becomes conscious of himself as participating in being, as being-with, and thus as a being."[46] The identity of the self is unique; the singularity of the self arises in action as the content of the relationship: "exclusiveness comes into being miraculously again and again – and now one can act, help, heal, educate, raise, redeem."[47] For Buber, practice and existential action are definitive components of relation: "feelings one 'has'; love occurs";[48] that is, "what is required is a deed that a man does with his whole being".[49]

The Buberian emphasis on practice also resembles the Hasidic idea of a direct relationship between master (*Tsadik, Rebe*) and disciple (*Hasid*), which, in turn, fosters the rabbinic tradition of late antiquity. The Hasidic concept of selfhood as arising from experience and interaction is also supported by the Lurianic doctrine of sparks (Safed, the sixteenth century),[50] which shaped the Baal Shem Tov's understanding of life as encounter.[51]

Hugo Bergman describes the bridge between Hasidism and Buber's dialogical philosophy: "Everything turns into a "living" reality through the discovery of the divine sparks in it. All life is encounter."[52] Buber acknowledged that such a merging of the Hasidic message with his own perception of reality "was no question of a philosophical conviction. [...] It was a question, rather, of the claim of existence

---

[43] "Und wirkliche Beziehung ist es, darin ich zu ihr stehe: sie wirkt an mir, wie ich an ihr wirke" (ibid.; p. 17).
[44] "Der Sinn der Situation ist, daß sie in all ihrer Antinomik gelebt und nur gelebt und immer wieder, immer neu, unvorsehbar, unvordenkbar, unvorschreibbar gelebt wird" (ibid., p. 143f.; p. 111).
[45] "Das Ich ist wirklich durch seine Teilnahme an der Wirklichkeit. Es wird um so wirklicher, je vollkommener die Teilnahme ist" (ibid., p. 113; p. 75).
[46] "Die echte Subjektivität kann nur dynamisch verstanden werden, [...]. Die Person wird sich ihrer selbst als eines am Sein Teilnehmenden, als eines Mitseienden, und so als eines Seienden bewußt" (ibid.; p. 76).
[47] Ibid.: "Ausschließlichkeit ersteht wunderbar Mal um Mal – und so kann er wirken, kann helfen, heilen, erziehen, erheben, erlösen" (ibid.; p. 22).
[48] "Gefühle werden ‚gehabt'; die Liebe geschieht; [...]" (ibid., p. 66; p. 22).
[49] "Es kommt auf eine Wesenstat des Menschen an: [...]" (ibid., p. 60; p. 16).
[50] Gershom Scholem: On the Kabbalah and Its Symbolism. New York 1996, pp. 114f.
[51] Keter Shem Tov (see note 14), p. 125; Tsava'at ha-Rivash (see note 14), p. 71.
[52] Bergman: Faith and Reason, p. 85.

itself. The realization [...] of human life as a possibility of a dialogue with being."[53] The Hasidic concepts of 'sparks' and 'livingness' parallel Buber's notions of presence and actuality.

Recurrent emphasis on the idea of 'sparks' is characteristic for Buber's reading of Hasidic texts. According to Buber's presentation of Hasidism, the self is "a cosmic mediator summoned to awaken reality in things through contact with them".[54] He places a particular stress on the intersubjectivity in Hasidic thought: "The Baal Shem teaches that no encounter with a being or a thing in the course of our life lacks a hidden significance."[55] This "holy intercourse with all existing beings"[56] demands a reply with one's very being to the existential address: "we answer – creating, thinking, acting; with our being we speak the basic word, unable to say *You* with our mouth."[57] For Buber, relation cannot be verbalized, which is close to both Hasidic models and Mendelssohn's protest against the "dead letter", i.e. the written, impersonal transmittance of knowledge: "man has almost lost his value for his fellow man. Intercourse with the wise man is not sought, for we find his wisdom in writings."[58]

Buber situates the self in "the sphere of between",[59] which is not a Being but a mediation of Beings. He points out that the sphere of between "does not exhibit a smooth continuity but is ever and again re-constituted in accordance with men's meetings with one another".[60] The self constantly reconstructs itself. Moreover, the uniqueness of individual existence, as it is realized in relation, implies the autonomy of each situation.

---

[53] Buber: HMM (see note 3), pp. 15f.; "Es handelte sich dabei nicht um eine philosophische Überzeugung [...]; es handelte sich um den unwiderstehlich gewordenen Anspruch der Existenz selbst. Die Erkenntnis [...] des Menschenlebens als der Möglichkeit eines Dialogs mit dem Seienden, [...]" (Der Chassidismus und der abendländische Mensch. In: Merkur 10/10 [1956], p. 934).

[54] Buber: HMM (see note 3), p. 25. "[E]in kosmischer Mittler [...], dazu berufen, durch heiligen Kontakt mit den Dingen eine heilige Realität in ihnen zu erwecken" (Chassidismus und der abendländische Mensch [see note 53], p. 939).

[55] Buber: HMM (see note 3), p. 165. Buber: Der Weg des Menschen nach der chassidischen Lehre. Den Haag 1948 [ND 1950]. In: Neue Wege XLII/7,8 (1948). Heidelberg 1960, p. 300: "Der Baalschem lehrt, daß keine Begegnung mit einem Wesen oder einem Ding im Gang unseres Lebens einer geheimen Bedeutung enträt."

[56] Buber: HMM (see note 3), p. 32. "heilige[r] Umgang mit allem Seienden" (Chassidismus und der abendländische Mensch [see note 53], p. 942).

[57] Buber: IT (see note 11), p. 57. "wir antworten – bildend, denkend, handelnd: wir sprechen mit unserm Wesen das Grundwort, ohne mit unserm Munde Du sagen zu können" (idem: Ich und Du, p. 13).

[58] Mendelssohn: Jerusalem (see note 13), p. 103. "[D]er Mensch [hat] für den Menschen fast seinen Werth verloren [...]. Der Umgang des Weisen wird nicht gesucht; denn wir finden seine Weisheit in Schriften" (ibid., p. 62).

[59] Buber: BMM (see note 10), p. 24; "die Sphäre des Zwischen" (idem: Das Problem des Menschen. Heidelberg 1948, p. 165).

[60] Ibid.; "keine schlichte Kontinuität aufweist, sondern sich nach Maßgabe der menschlichen Begegnungen jeweils neu konstituiert" (idem: Problem des Menschen [see note 59], p. 166).

The concept of the sphere of between corresponds to a similar Hasidic idea, e.g. Dov Baer of Mezrich emphasizes the notion of self as 'twilight', the mediation between subjects of relation. The very process of relation with the Other transforms one's self.[61]

While Buber's "basic word *I-You*" signifies dialogue and association, the "basic word *I-It*" refers to external reality and separation, an absolute separation of *I* and object.[62] Buber also sees it as alienation from the self, since in a detached world, "object remains alien both outside and inside *You*".[63] This "horror of the alienation between *I* and world"[64] resembles Mendelssohn's critique of contemporaneous Western culture, with its "binding the faith to symbols, the opinion to words",[65] where "man has almost lost his value for his fellow man".[66]

Kabbalistic mythology, like many other esoteric traditions, employs erotic symbolism and presents the idea of estrangement in terms of separation between male and female aspects of the universe, i.e. between address and response. The dialectic of the self finds a new interpretation here. The exile of the Divine Presence is manifested in the exile of the self into the world of objects.[67]

The interchange between subject and subjectivity, between the association of *I-You* dialogue and the separation of *I-It* experience is a dynamic of relation as such, both in Hasidic thought and Buberian philosophy. The oscillation from exclusively present to an object among objects is inevitable: "every *You* must become an *It* in our world."[68] Buber's paradox is that the self becomes the self / *I* only in a relationship to the world, to the Other / *You*, and yet, this very encounter with the world means turning the self into an *It*: "The human being who but now was unique and devoid of qualities [...] has again become a He or She, an aggregate of qualities, a quantum with a shape."[69] Thus, self-realization is accompanied by deactualization of the self.

Buber, however, does not see that "objectification," the alienation of the self from itself in its encounter with the world as necessarily negative. Buber's concept

---

[61] Dov Baer mi-Mezritch: Likutei Amarim (see note 14), pp. 27f.
[62] Buber: IT (see note 11), pp. 75, 80.
[63] Ibid., pp. 82f. "[S]ie ist ja dein Gegenstand, sie bleibt es nach deinem Gefallen, und bleibt dir urfremd, außer und in dir" (idem: Ich und Du, p. 40).
[64] Ibid., p. 120. "[W]enn es den Menschen in der Verfremdung zwischen Ich und Welt schaudert, [...]" (idem: Ich und Du, p. 83).
[65] Mendelssohn: Jerusalem (see note 13), p. 137. "Bindet den Glauben nur erst an Symbolen, die Meinung an Worte, [...]" (ibid., p. 138).
[66] Ibid., p. 103. "[D]er Mensch [hat] für den Menschen fast seinen Werth verloren [...]" (ibid., p. 62).
[67] E.g., see Gershom Scholem: 'Shekhinah: The Feminine Element in Divinity.' On the Mystical Shape of the Godhead. New York 1991, pp. 140–196.
[68] Buber: IT (see note 11), p. 68. "[D]aß jedes Du in unsrer Welt zum Es werden muß" (idem: Ich und Du, p. 24).
[69] Ibid., p. 69. "Der Mensch, der eben noch einzig und unbeschaffen, [...] ist nun wieder ein Er oder eine Sie, eine Summe von Eigenschaften, ein figurenhaftes Quantum geworden" (idem: Ich und Du, p. 24f.).

of dialogue is dialectic; it is a constant interchange between opposite modes of existence. An individual's life is by its very nature an oscillation between *You* and *It*, and this oscillation is both painful and meaningful.

Such a dynamic concept of self-identity resembles the Neoplatonic idea of procession and reversion, adopted by Jewish thought.[70] It is expressed in a number of dichotomies, which appear in various schools of Jewish mysticism and deal with cosmogony, psychology, ethics, and eschatology; for example, 'run and return' (based on the Chariot mysticism of the rabbinic period, the first-sixth centuries of the common era) or 'love and fear' (a key dichotomy of Hasidic teachings in the eighteenth-nineteenth centuries).

Contrasting the Kabbalistic view, however, where running and expansion are associated with the spirit longing for the Divine, while return and constriction mean retreat to the matter, Buber writes about "the two basic metacosmic movements of the world – its expansion into its own being and returning to association with God".[71] Evidently, Buber attributes a different meaning to the traditional Jewish concept, reversing the functions of its components.

Buber applies the same dialectic to his theory of history as a dynamic relationship between a person and the world. This process includes the stages of 'revelation', when the association of *I* and world is renewed; 'life of the form', when understanding between *I* and world is preserved; and 'the dead form', when deactualization, the alienation of *I* and world takes place – "until the great shudder appears".[72] This Buberian model resembles the Cordoverian / Lurianic doctrine of Sefirot as a dialectical relationship between the 'lights' and the 'vessels',[73] adopted by the Hasidic thinkers:[74] a meaning ('light') inevitably becomes its own form ('vessel') in a constant chain of alternation. To reveal (renew) itself, the light has to break the vessel (the 'dead form'). Such a 'great shudder', a tension and crisis is what stimulates a shift in the consciousness, thus starting a process of renewal and changing the quality of relations.

The relationship between Hasidism and Enlightenment (particularly, the Buberian philosophy) is characterized by both fundamental similarities and conceptual differences. The dialogical existentialism of *I and Thou* could be seen as a result of a creative relationship between Modernity and mysticism. Buber offers a reading of Hasidic texts from the perspective of the philosophy of Enlightenment. He supposedly uses Kantian principles in his interpretation of Hasidic concepts.

---

[70] See, e.g., Sefer Yetzirah 1:6. Quoted from Sefer Yetzirah. The Book of Creation. Trans. Aryeh Kaplan. York Beach, Maine 1997, p. 51.

[71] Buber: IT (see note 11), p. 165. "D]ie beiden metakosmischen Grundbewegungen der Welt: die Ausbreitung in das Eigensein und die Umkehr zu Verbundenheit [...]" (idem: Ich und Du, p. 134).

[72] See ibid., p. 168 for all the quotations in this paragraph. "Offenbarung", "Leben der Gestalt", "erstorbene [Gestalt]", "bis der große Schauder kommt, [...]" (idem: Ich und Du, p. 137).

[73] See Scholem: Major Trends in Jewish Mysticism. New York 1946, p. 252.

[74] E.g. Schneur Zalman of Liadi: Likkutei Amarim (see note 15), book 2, ch. 1.

Thus, the I-You relationship in Buberian thought parallels the Kantian 'kingdom of ends', transferred to the context of mystical union. At the same time, his interpretation of classical philosophy is greatly influenced by Hasidic teachings.

The texts analyzed in this study share an understanding of human nature as social, dynamic, practical, and dialectic. Buber agrees with the Enlightenment thinkers who, unlike Jewish mystics, attribute absolute value to human self. However, he adopts a Kabbalistic and Hasidic treatment of subjectivity in terms of oscillation and interaction rather than opposition of the two modes of the self. Buber's notion of self arises through tension between association and separation. Inadequacy between address and response is both tragic and fulfilling; it breaks and creates one's Being. The same dynamic that endangers one's identity enables reconstruction of the self.

In his notion of relation, Buber appropriates the Kantian categories of autonomy and heteronomy (conceptually, rather than terminologically) and reconstitutes them in a dialectical way: subject (ego) is always a *subject of*, it is always in a relation, in a dependence on an external goal. In this way, it becomes an object. Subjectivity (person) is an autonomous Being, which is not determined to enter a relationship. It is its own end. However, subjectivity does not exist outside of relation: the identity of the self arises in a relationship. This Buberian dialectic resembles the Hasidic concept of 'two souls', where the 'divine (rational) soul' is completely independent of the world, and yet, can only manifest itself in its relation to the world (through 'the garments' of thought, speech, and action).

Buber reconstitutes the Hasidic concept of 'soul garments', which implies a realization of the self in a social context. Hasidic interpretation of medieval Kabbalistic teachings (e.g. Lurianic doctrine of sparks) emphasizes an ethical meaning of subjectivity, linking Being to relation. In Buber's understanding of Hasidism, self is a mediator who makes reality actual through contact. In his own philosophy of dialogue, however, Buber develops this idea in an opposite direction and speaks of the actualization of the Self through the Other. Nevertheless, in a double concept of the self (e.g. Hasidic 'divine / natural soul' and Buber's *I-You / I-It*), a type of relationship between the self and the other becomes central.

Buber develops the idea of crisis in terms of subject-object oscillation, which corresponds to the basic dichotomies of Jewish mystical thought, e.g. procession / reversion, emanation / contraction, love / fear, and light / vessel. Contrary to the classical Kabbalistic and Hasidic texts, however, relation is associated with reversion and internality in Buberian philosophy.

The dialectic of alienation and association, understood as a dynamic relationship between the individual and the society, helps to explore personal identity as well as the historical identity of community. The double concept of selfhood is parallel to the two-fold understanding of society. Being a product of social process, the self also reconstructs the environment.

Buber demonstrates how modernity discovers esotericism as the central factor of continuity and identity, and how mysticism helps philosophy apply the ethics of the Enlightenment to modern reality. *Existence* becomes a mode of *coexistence* rather than antagonism, moving from freedom of thought through tolerance to genuine dialogue.

WERNER NELL

# Traditionsbezüge der Esoterik und die *Dialektik der Aufklärung*. Zum Stellenwert und zur Strahlkraft esoterischen Wissens bei Theodor W. Adorno und in der Kritischen Theorie

Zu den zwischen Irritationen und Faszination oszillierenden Alltagserfahrungen der Gegenwart gehört, dass es wohl auch unter den Bedingungen der Moderne offensichtlich noch immer nicht mit rechten Dingen zugeht.[1] Freilich haben sich die Schauplätze und Umstände für solche mit dem Unheimlichen verbundenen Erfahrungen der Unsicherheit und der Suche nach Bestimmbarkeit dessen, was sich ‚zwischen Himmel und Erde' eindeutigen Zuordnungen, Erklärungen und Klassifikationsmustern entzieht, im Laufe der Jahrhunderte ebenso verändert wie bestimmte Deutungsmuster und Erklärungsansätze, Bildbereiche und Akteursvorstellungen.[2] Bewegten sich die ältesten Bestimmungsversuche, die Suche nach dem, ‚was die Welt im Innersten zusammenhält' in einem Bereich der Sinngebung und Verlebendigung von Naturphänomenen, von deren Vielfalt an Gestalten und Interpretationsangeboten noch die Attraktivität der Mythen in der Gegenwart lebt, so wurden die damit verbundenen Fragestellungen und Erwartungen in späterer Zeit, zumal im Anschluss an die Privilegierung theologischer Lehrgebäude im europäischen Mittelalter, in den Codierungen und Vorstellungen des Religiösen, auch in dessen Ausweitung oder auch Transformationen thematisiert und dann auch in den Weiterungen geistesgeschichtlicher Entwicklungen, schließlich – und nicht zuletzt – auch in den Konstitutionsformen wissenschaftlichen Wissens und einer zugehörigen Wissenschaftsgeschichte weitergeführt.[3]

---

[1] Vgl. u.a. Priska Pytlik: Okkultismus und Moderne. Ein kulturhistorisches Phänomen und seine Bedeutung für die Literatur um 1900. Paderborn u.a. 2005; aber auch Joseph Vogl: Das Gespenst des Kapitalismus. Berlin 2010; auf die Attraktion von TV-Serien wie „Akte X. Die unheimlichen Fälle des FBI" („X-Files"), die zwischen 1993 und 2002 gedreht wurden, soll dabei gar nicht weiter eingegangen werden. Auf die Anfälligkeit der Moderne für die Attraktionen des Geheimen und Unheimlichen hat u.a. Umberto Eco: Das Foucaultsche Pendel. Roman. München, Wien 1989 seinen Entwurf des Spannungsverhältnisses von Esoterik und Wissenschaft, Verschwörungstheorien und Aufklärungsbestrebungen gegründet.

[2] Vgl. dazu jetzt Wolfgang Metternich: Teufel, Geister und Dämonen. Das Unheimliche in der Kunst des Mittelalters. Darmstadt 2011; Jean Delumeau: Angst im Abendland. Die Geschichte kollektiver Ängste in Europa des 14. bis 18. Jahrhunderts. Reinbek b. Hamburg 1989.

[3] Vgl. dazu die Beiträge von Diethard Sawicki: Die Gespenster und ihr Ancien régime: Geisterglauben als ‚Nachtseite' der Spätaufklärung. In: Aufklärung und Esoterik. Hg. v. Monika Neugebauer-Wölk unter Mitarb. v. Holger Zaunstöck. Hamburg 1999 (Studien zum achtzehnten Jahrhundert 24), S. 364–396 und Anne Conrad: ‚Umschwebende Geister' und aufgeklärter Alltag. Esoterik als Religiosität der Spätaufklärung. In: Ebd., S. 397–415.

Mit den unter anderem von Max Weber als Ausdifferenzierung von „Wertsphären",[4] von Georg Simmel als „sociale Differenzierung"[5] beschriebenen Prozessen des Auseinandertretens von Wissensgebieten, Wissenschaftsbereichen und sozialen Handlungsfeldern, zumal auch der Entkoppelung von Wahrheit im ethischen und Wissen in einem eher formalen Sinn,[6] bildete im weiteren Fortgang der Neuzeit hin zur Moderne sich zugleich zum einen ein eigenständiges Feld esoterischen Wissens und zugehöriger Praxisformen heraus.[7] Zum anderen, und durchaus im Wechselbezug dazu, fanden esoterische Frage- und Vorstellungen, nicht zuletzt auch praxis- bzw. empiriebezogene Beobachtungen, die Entwicklung von Werkzeugen und Messverfahren etwa hinsichtlich der Wetterbeobachtung, ebenfalls Eingang in andere Wissensbereiche, sodass es zumal in den Zusammenhängen der Aufklärung und der gesellschaftlichen und wissenschaftlichen Fortschritte des 18. Jahrhunderts nicht immer einfach ist, Grenzen zwischen empirisch naturwissenschaftlichen Erkenntnissen und esoterisch bzw. aus den volkskulturellen Überlieferungen gespeisten Vorstellungen und Wirklichkeitskonstruktionen zu unterscheiden. So führten, wie dies bei Hermann Bausinger nachzulesen ist, das zur Mitte des 18. Jahrhunderts einsetzende Interesse an Elektrizität und eine darauf hin ausgerichtete Forschung keineswegs nur dazu, dass sich nunmehr empirisch prüfbares Wissen gegen ältere teils religiöse, teils naturmagische Vorstellungen durchsetzen konnte. „Vom herkömmlichen Gewitterläuten wird nicht nur deshalb abgeraten", so zitiert Bausinger aus Quellentexten der letzten beiden Jahrzehnte des 18. Jahrhunderts,

> weil so ‚der Aberglaube an Hexenwetter hinwegfiele', sondern auch deshalb, weil der Glockenschall die Elektrizität anziehe; selbst Joseph II. hat 1783 das Wetterläuten mit der Begründung verboten, daß ‚die durch das Glockengeläut in Bewegung gesetzten Metalle, statt die Gewitterwolken zu zerstreuen, vielmehr den Blitz anziehen'.[8]

---

[4] Max Weber: Der Sinn der ‚Wertfreiheit' in den Sozialwissenschaften. In: Ders.: Soziologie. Universalgeschichtliche Analysen. Politik. Mit einer Einl. v. Eduard Baumgarten. Hg. v. Johannes Winckelmann. 6. überarb. Aufl. Stuttgart 1992, S. 269.
[5] Georg Simmel: Über sociale Differenzierung. In: Ders.: Aufsätze 1887 bis 1890. Über sociale Differenzierung. Die Probleme der Geschichtsphilosophie (1892). Hg. v. Heinz-Jürgen Dahme. Frankfurt a.M. 2001 (Georg Simmel Gesamtausgabe 2), S. 129–138, 169–172.
[6] Weber: Der Sinn der „Wertfreiheit" (wie Anm. 4), S. 268.
[7] Monika Neugebauer-Wölk: Esoterik im 18. Jahrhundert – Aufklärung und Esoterik. Eine Einleitung. In: Dies.: Aufklärung (wie Anm. 3), S. 12–17.
[8] Hermann Bausinger: Aufklärung und Aberglaube. In: Deutsche Vierteljahrsschrift für Literaturwissenschaft und Geistesgeschichte 37 (1963), S. 345–362, hier S. 349f. Auf Bezüge zu den melanesischen Cargo-Kulten kann ich hier genau so wenig eingehen wie auf aktuelle Klima-Debatten. Vgl. aber die anschaulichen Schilderungen „gebastelter" technischer Instrumente und synkretistisch entwickelter sozialer Rituale zur Beherrschung physischer und metaphysischer vorausgesetzter Kräfte und Konstellationen bei Vittorio Lanternari: Religiöse Freiheits- und Heilsbewegungen unterdrückter Völker. Übers. v. Friedrich Kollmann. Neuwied, Berlin [1968] (Soziologische Texte 33), S. 382–407.

Nachdem sich um 1800 noch einmal unterschiedlichste Mischungsverhältnisse in einer durch romantische Impulse ebenso sehr überforderten wie zugleich doch auch angeregten empirischen und spekulativen Beschäftigung mit den Tag- und Nachtseiten der Natur ergeben hatten,[9] war es dann der im 19. Jahrhundert einsetzende Positivismus, aus dessen reduktionistischer Perspektive die zuvor im Feld des Religiösen angesiedelten, aber auch in anderen Bereichen, nicht zuletzt auch den Künsten thematisierten bzw. auch gestalteten esoterischen Fragestellungen in einen eigenständigen Randbereich des nunmehr wissenschaftlich produzierten Wissens abgedrängt wurden, bzw. im historisch genauen Begriff der Esoterik sich dann erst konstituierten. Gleichzeitig fanden die weitergehenden, bislang eben in einem breiten, vielgestaltigen Strom religionsbezogener Überlieferungen getragenen esoterischen Vorstellungen Aufnahme in die Künste und die „schönen Literaturen", und sie fanden damit eine neue Form der Aufmerksamkeit und neue Anwendungsmöglichkeiten in jenen massenkulturellen Angeboten und Mustern, wie sie mit dem Aufkommen und der Ausdifferenzierung einer durch Industrieproduktion, Märkte und Medien geprägten Gesellschaft und den damit erzeugten diversen sozialen Schichten und Milieus, auch Lebensstilen, verbunden waren.[10]

Von der Naturphilosophie waren so esoterische Fragestellungen ebenso wie die dazugehörigen Wissensbestände über die Religion in die Kunst, in die Alltagskultur und in der Folge damit auch in die Populärkultur übergegangen, wo sie – ideologiekritisch und aufklärerisch gesprochen – als Erscheinungsformen eines „gesellschaftlichen Verblendungszusammenhangs"[11] gesehen werden können. Zugleich sind sie, so belegen es beispielsweise die Konjunkturen auch aktuell immer wieder auftretender unterschiedlichster Verschwörungstheorien,[12] die sich ja ebenfalls im Anschluss an die entsprechenden Skandale des 18. Jahrhunderts als Erklärungsmuster eines ‚verborgenen' Gesamtzusammenhangs und vordergründig nicht erkennbarer Geheimnisse darstellen,[13] immer erneut anschlussfähig geblieben: Für

---

[9] Vgl. dazu Cornelia Klinger: Flucht – Trost – Revolte. Die Moderne und ihre ästhetischen Gegenwelten. München, Wien 1995, bes. S. 155ff.

[10] Vgl. dazu Luciano Zagari: Säkularisation und Privatreligion. Novalis – Heine – Benn – Brecht. In: Ästhetische Moderne in Europa. Grundzüge und Problemzusammenhänge seit der Romantik. Hg. v. Silvio Vietta u. Dirk Kemper. München 1998, S. 475–508.

[11] Max Horkheimer, Theodor W. Adorno: Dialektik der Aufklärung. Philosophische Fragmente. Amsterdam 1947, S. 56. Auf die charakteristische Lichtmetaphorik im „Blendungs"-Zusammenhang kann ich hier nicht weiter eingehen; „Blendung" als Form pervertierter Aufklärung und eigenmächtige Möglichkeit der Ideologieproduktion und -kritik steht allerdings im Mittelpunkt von Elias Canettis Jahrhundertroman *Die Blendung* (1936).

[12] Vgl. dazu das Standardwerk Johannes Rogalla von Bieberstein: Der Mythos von der Verschwörung. Philosophen, Freimaurer, Juden, Liberale und Sozialisten als Verschwörer gegen die Sozialordnung. Wiesbaden 2008 [zuerst 1976 u.d.T. Die These von der Verschwörung 1776–1945. Philosophen, Freimaurer, Juden, Liberale und Sozialisten als Verschwörer gegen die Sozialordnung].

[13] Vgl. zu einem aufschlussreich dokumentierten Fall aus dem 18. Jahrhundert: Cagliostro. Dokumente zu Aufklärung und Okkultismus. Hg. v. Klaus H. Kiefer. München, Leipzig u. Weimar 1991.

Ideologieproduktion und Massenmobilisierung, Fernsehshows und Krisentherapie, nicht zuletzt zur Produktion von Zugehörigkeit und Ausschluss.[14] Denn offensichtlich haben sich bestimmte Erklärungs- und vor allem Reduktionsmuster sozialer und historischer Komplexität auch unter den Bedingungen der Moderne auf ebenso einfache wie umfassende Weise halten können. Nicht zuletzt betrifft dies den seit dem 18. Jahrhundert verbreiteten Anspruch darauf, dass wissenschaftliches Wissen und vernunftgeleitete Aufklärung allen anderen Formen des Weltzugangs, zumal auch älteren, mimetischen, hermetischen und esoterischen Zugangsmöglichkeiten, nicht zuletzt spezifischen religiös vermittelten Weltmodellen und Wissensschätzen überlegen seien und zumindest, was die Handhabbarkeit der Welt angeht, als erfolgreicher gesehen werden sollten.[15]

Im Folgenden soll es nun darum gehen, den Stellenwert esoterischen Wissens bei Theodor W. Adorno und in der von ihm und Max Horkheimer im Wesentlichen geprägten Kritischen Theorie etwas genauer darzustellen. Dabei werden fünf Ansatzpunkte anzusprechen sein, die freilich mit Blick auf die Grenzen einer solchen Darstellung auch nicht alle gleichermaßen vertieft werden können. Dass die damit auch in Erscheinung tretende Strahlkraft eines möglicherweise uralten, zumindest sich neueren Kriterien an Wissensansprüche entziehenden, mitunter auch verweigernden Wissens durchaus ambivalent gesehen werden kann und *Licht als Metapher der Wahrheit*, um Hans Blumenberg zu zitieren,[16] zwischen Erleuchtung und Blendung alle möglichen Tönungen und Schattierungen annehmen kann, muss unter Perspektiven der Wissenschaftsgeschichte ebenso wenig eigens hervorgehoben werden wie unter ideologiekritischen Gesichtspunkten. Für Theodor W. Adorno (1903–1969) und Max Horkheimer (1895–1973) geht es, zumal in den kritischen, pointiert aus den historischen Erfahrungen zur Mitte des 20. Jahrhunderts entwickelten Perspektiven der 1947 erstmals erschienenen *Dialektik der Aufklärung*, zum Ersten um die historische, kulturgeschichtliche, aber eben auch epistemologische Rekonstruktion der Konstitutionsbedingungen der Subjektivität, des menschlichen Subjekts als eines historischen Akteurs und der dieses Subjekt

---

[14] Vgl. Norman Cohn: Die Protokolle der Weisen von Zion. Der Mythos von der jüdischen Weltverschwörung. Köln, Berlin 1969.

[15] Dass dieser Vorgang selbst Teil eines mythischen, auf Glaubensvoraussetzungen statt auf empirischen Wissensfortschritten beruhenden Prozesses ist, konstatiert Horkheimer in der ebenfalls 1947 erschienenen *Eclipse of Reason*: „Die Tatsache, daß in jeder Kultur ‚hoch' vor ‚nieder' rangiert, daß das Saubere anziehend und das Schmutzige abstoßend wirkt, daß bestimmte Gerüche als gut, andere als widerlich erfahren werden, daß bestimmte Speisearten hoch geschätzt werden und andere verabscheut, ist mehr zurückzuführen auf alte Tabus als auf die hygienischen oder die anderen pragmatischen Gründe, die aufgeklärte Individuen oder liberale Religionen darzulegen versuchen mögen" (Max Horkheimer: Zur Kritik der instrumentellen Vernunft. Aus den Vorträgen und Aufzeichnungen seit Kriegsende. Hg. v. Alfred Schmidt. Frankfurt a.M. 1967, S. 43).

[16] Vgl. Hans Blumenberg: Licht als Metapher der Wahrheit. In: Studium Generale 10 (1957), S. 432–447; Johann Kreuzer: Licht. In: Wörterbuch der philosophischen Metaphern. Hg. v. Ralf Konersmann. Darmstadt 2007, S. 207–224.

bestimmenden Ratio, die sich beide aus der Differenzsetzung gegenüber einer Natur bestimmen, deren Teil sie zugleich doch sind. Magie, Mythos oder auch die später in deutlicher esoterischen Konturen sichtbar werdende Suche nach Einheit und Zusammenhang, auch nach Ursprüngen und Verheißungen, zeigen sich in dieser historischen Rekonstruktion zunächst als Chiffren für einen Konstitutions- und Selbstbestimmungs-, zugleich aber auch Entfremdungsprozess der Subjektivität, des Menschen, dem sie oder er gerade in dem Maße unterliegt, in dem er sich selbst sowohl als Gattungssubjekt als auch als Individuum auf diesem Wege zu konstituieren sucht bzw. dies auch zu tun vermag. Die mythische Figur des Odysseus,[17] an der diese Beobachtungen festgehalten werden, kann dabei als Schnittstelle zwischen Individuum und Gattung gesehen werden.

Zum Zweiten geht es um die Rolle, die die einmal ausgeschlossene, einmal durch Aneignung auch der eigenen Leiblichkeit unterworfene Natur in der Herrschaftsordnung des Menschen über die Natur spielt, da diese immer auch – im Sinne von Marx eine Herrschaft über andere als ‚Klassenherrschaft' und im Sinne Freuds eine Bemächtigung des eigenen Leibes unter den Vorgaben der Kultur (Sublimation; *Das Unbehagen in der Kultur*[18]) darstellt, ohne dass die damit verbundenen Ausschließungs- und Zurichtungsprozesse auf der Ebene des historischen, gesellschaftlichen oder auch individuellen Selbstverständnisses angemessen zu Bewusstsein gebracht worden wären bzw. werden könnten.

> Furchtbares hat die Menschheit sich antun müssen, bis das Selbst, der identische, zweckgerichtete, männliche Charakter des Menschen geschaffen war [...]. Die Anstrengung das Ich zusammenzuhalten, haftet dem Ich auf allen Stufen an, und stets war die Lockung es zu verlieren, mit der blinden Entschlossenheit zu seiner Erhaltung gepaart. Der narkotische Rausch, der für die Euphorie, in der das Selbst suspendiert ist, mit todähnlichem Schlaf büßen lässt, ist eine der ältesten gesellschaftlichen Veranstaltungen, die zwischen Selbsterhaltung und -vernichtung vermitteln.[19]

Die mit den gesellschaftlichen Zurichtungen verbundene Ausschließung der eigenen Natur, zumal unter der Prämisse, dass diese zweite Unterwerfung der Menschen – diesmal unter eine selbst geschaffene Herrschaft als ‚zweite Natur' – sich auch als Weg zu Freiheit und Fortschritt darstelle, muss freilich gerade deshalb auch in ihrer Ambivalenz verdrängt werden und kommt zugleich in Form der Gespenster, des Spuks und des Wahns, auch der magischen und okkulten Bemühungen im engeren Sinne, zu den Menschen und in die sie bestimmenden Gesellschaften zurück. „Die zweite Mythologie", so heißt es dazu in den 1951 innerhalb der *Minima Moralia* veröffentlichten *Thesen gegen den Okkultismus*, ist unwahrer

---

[17] Vgl. Max Horkheimer, Theodor W. Adorno: Exkurs I: Odysseus oder Mythos und Aufklärung. In: Dies.: Dialektik (wie Anm. 11), S. 58–99.
[18] Vgl. Sigmund Freud: Das Unbehagen in der Kultur und andere kulturtheoretische Schriften. Eingel. v. Alfred Lorenzer. Frankfurt a.M. 1994.
[19] Ebd., S. 47.

als die erste. Diese war der Niederschlag des Erkenntnisstandes ihrer Epochen, deren jede das Bewußtsein vom blinden Naturzusammenhang um einiges freier zeigt als die vorhergehende. Jene, gestört und befangen, wirft die einmal gewonnene Erkenntnis von sich inmitten einer Gesellschaft, die durchs allumfassende Tauschverhältnis eben das Elementarische eskamotiert, dessen die Okkultisten mächtig zu sein behaupten. Der Blick des Schiffers zu den Dioskuren, die Beseelung von Baum und Quelle, in allem wahnhaften Benommensein vorm Unerklärten, waren historisch Erfahrungen des Subjekts von seinen Aktionsobjekten angemessen. Als rationell verwertete Reaktion gegen die rationalisierte Gesellschaft jedoch, in den Buden und Konsultationsräumen der Geisterseher aller Grade, verleugnet der wiedergeborene Animismus die Entfremdung, von der er selber zeugt und lebt, und surrogiert nichtvorhandene Erfahrung.[20]

Mit dieser letzten kritischen und zugleich zeitaktuellen Bemerkung kommt zum Dritten die in diesen ebenso gespaltenen wie verdrängten Grundlagen der Kultur enthaltene Anfälligkeit des Menschen und – aus sozialpsychologischer bzw. ideologiekritischer Sicht – ganzer Gesellschaften für eine von diesen Feldern der Magie, der Esoterik, des Mythos und des Irrationalen ausgehende Faszination in den Blick, aus der heraus sich dann auch die Massenwirksamkeit ideologischer Programme und insbesondere die Begeisterung für deren regressive Versprechen bestimmen lassen; Kulturkritik selbst wird hier zum Thema der Kulturkritik:

Die Angst, das Selbst zu verlieren, und mit dem Selbst die Grenze zwischen sich und anderem Leben aufzuheben, die Scheu vor Tod und Destruktion, ist einem Glücksversprechen verschwistert, von dem in jedem Augenblick die Zivilisation bedroht war. Ihr Weg war der von Gehorsam und Arbeit, über dem Erfüllung immerwährend bloß als Schein, als entmachtete Schönheit leuchtet.[21]

Sowohl die Unerkanntheit der Ausschließung und Unterwerfung der eigenen Natur unter die Herrschaft der Gesellschaft und des Bewusstseins als auch deren Tabuisierung, nicht zuletzt um die Funktionsfähigkeit dieser Unterordnung und Ausschließung zu erhalten, führt nicht nur zur Wiederkehr des Verdrängten als Gespenst und Spuk, sondern ist auch die Basis der Massenfaszination für Regression, Unterwerfung und die Verfolgung anderer, wie sie sich in den totalitären Ideologien des 20. Jahrhunderts wiederfinden lassen, ebenso aber auch in der Konsumkultur und in den massenkulturellen Produktionen der Kulturindustrie. Damit kommt die Kehrseite des von Max Weber beschriebenen Prozesses der Entzauberung der Welt, die Gegenseite zu den dort beschriebenen Prozessen der Rationalisierung und Intellektualisierung in den Blick, freilich anders als bei Weber nicht als Konkurrenz von außen, sondern innerhalb der bestehenden kulturellen Codes und Praktiken: „Die zunehmende Intellektualisierung und Rationalisierung", so Max Weber in der in Schriftform übertragenen Fassung seines berühmten Vortrags *Wissenschaft als Beruf* (1919),

---

[20] Theodor W. Adorno: Minima Moralia. Reflexionen aus dem beschädigten Leben. Frankfurt a.M. 1951, S. 322.
[21] Horkheimer, Adorno: Dialektik (wie Anm. 11), S. 47.

bedeutet also *nicht* eine zunehmende allgemeine Kenntnis der Lebensbedingungen, unter denen man steht. Sondern sie bedeutet etwas anderes: das Wissen davon, oder den Glauben daran: daß man, wenn man *nur wollte*, es jederzeit erfahren könnte, dass es also prinzipiell keine geheimnisvollen unberechenbaren Mächte gebe, die da hineinspielen, daß man vielmehr alle Dinge – im Prinzip – durch *Berechnen beherrschen* könne. Das aber bedeutet: die Entzauberung der Welt. Nicht mehr, wie der Wilde, für den es solche Mächte gab, muss man zu magischen Mitteln greifen, um die Geister zu beherrschen oder zu erbitten. Sondern technische Mittel und Berechnung leisten dies.[22]

Die Verfestigung dieses Ansatzes von einem Befund, wie ihn Weber beschreibt, zu einer Ideologie ist es, die zum Vierten Adorno und Horkheimer auch unter den Vorzeichen des Okkultismus angreifen. Der Glaube an die prinzipielle Mach- und Planbarkeit des Gesellschaftlichen, „je größer der Humbug, desto sorgfältiger die Versuchsanordnung",[23] erscheint ihnen als ebenso „besessen" und auf unbeweisbaren Setzungen beruhend wie die wissenschaftstheoretische Position des Positivismus und nicht zuletzt die unterschiedlichsten industriell orientierten und massenmedial vertriebenen Programme der Lebensführung, der Leibesertüchtigung, auch einer *Philosophie der Fitness*,[24] die damit statt zur Emanzipation des Individuums zur Unterwerfung desselben in den Medien faschistischer Gemeinschaftsbildung und entsprechender Ausschließungs- und Vernichtungsprogramme zu werden vermögen.[25] Fünftens aber wäre auf die Rolle des Scheinens und der

---

[22] Max Weber: Vom inneren Beruf zur Wissenschaft. In: Ders.: Soziologie (wie Anm. 4), S. 311–339, hier S. 317.

[23] Adorno: Minima Moralia (wie Anm. 20), S. 327.

[24] Vgl. Zygmunt Bauman: Philosophie der Fitness. In: Tageszeitung v. 25.03.1995, S. 19–21; siehe dazu auch Max Horkheimer, Theodor W. Adorno: Interesse am Körper. In: Dies.: Dialektik (wie Anm. 11), S. 278–281.

[25] Die Nähe und zugleich der Abstand um ein Ganzes zwischen den Ähnlichkeitslehren der esoterischen Traditionen und den Äquivalenzsetzungen moderner Marktgesellschaften sowie den ihnen zugrundeliegenden Denkmodellen und logischen Relationen werden ebenfalls von Horkheimer herausgestellt; auch dass damit den als „Aberglauben" ausgeschlossenen Ansprüchen und Verfahren neue kritische und eigenständige Funktionen zuwachsen können: „Nachdem sie die Autonomie aufgegeben hat, ist die Vernunft zu einem Instrument geworden. […] Die Vernunft ist gänzlich in den gesellschaftlichen Prozess eingespannt. Ihr operativer Wert, ihre Rolle bei der Beherrschung der Menschen und der Natur, ist zum einzigen Kriterium gemacht worden. Die Begriffe wurden auf die Zusammenfassung von Merkmalen reduziert, die mehrere Exemplare gemeinsam haben. Indem sie eine Ähnlichkeit bezeichnen, entheben die Begriffe der Mühe, die Qualitäten aufzuzählen, und dienen so dazu, das Material der Erkenntnis besser zu organisieren. Man sieht in ihnen bloße Abbreviaturen der einzelnen Gegenstände, auf die sie sich beziehen. Jeder Gebrauch, der über die behelfsmäßige, technische Zusammenfassung faktischer Daten hinausgeht, ist als eine letzte Spur des Aberglaubens getilgt. Es ist als ob Denken selbst auf das Niveau industrieller Prozesse reduziert worden wäre" (Horkheimer: Zur Kritik [wie Anm. 15], S. 31). Mit Blick auf den hier vorhandenen Raum kann ich auf diesen Punkt, auf eine gesellschaftskritische Untersuchung zeitgenössischer Esoterik und deren dann auch wieder gesellschaftskritisch lesbare Funktionen nicht weiter eingehen; vgl. dazu aber auch selbstkritisch-reflexiv Adorno: „Der Aberglaube ist Erkenntnis, weil er die Chiffren der Destruktion zusammen sieht, welche auf der gesellschaftlichen Oberfläche zerstreut sind" (Ders.: Minima Moralia [wie Anm. 20], S. 325, vgl. auch S. 323).

Erscheinung („apparition")[26] und damit die Erinnerung an einen verlorenen Zusammenhang (wenn er denn jemals als real gewesen vorgestellt werden kann) und an die in den esoterischen, hermetischen, mystischen Traditionen und mythologischen Bilderschriften mitgeführten, zum Teil ins Bildhafte gestalteten, teils in die Erfahrung des „barbarisch Irre(n)" verrätselten Spuren der Naturaneignung als Fremd- und Selbstunterwerfung in der Kunsttheorie einzugehen, wobei auch hier gerade in der Geschichte der Entfremdung und Naturaneignung gleichsam ex negativo eine Geschichte der (gescheiterten?) Emanzipation des Individuums von den Zwängen der Natur und eines naturwüchsig erscheinenden Sozialen mitgelesen werden kann bzw. muss.[27]

Tatsächlich spielen Rückbezüge auf all jene hier unter Esoterik angesprochenen Zusammenhänge, auf jene im Sinne eines kritischen Rationalismus als Nichtwissen, Ideologie oder Aberglaube anzusprechenden Vorstellungen, wie sie in Mythen, hermetischen Überlieferungen und in den Alltagsüberzeugungen, in magischen Praktiken und esoterischen Bildervorräten, im religiösen Wissen und nicht zuletzt in den Künsten, zumal auch den literarischen, enthalten, tradiert und gegebenenfalls erkundet werden, in den Texten Adornos und der Kritischen Theorie, und so auch in ihrer Modellbildung, keine geringe Rolle. Im hier vorliegenden Rahmen können freilich nicht alle Texte aufgezählt werden. Neben der *Dialektik der Aufklärung* und der dort unter der Rubrik „Aufzeichnungen und Entwürfe" abgedruckten kleinen Notiz *Theorie der Gespenster*[28] sowie den bereits genannten Hauptwerken der *Ästhetischen Theorie* (posthum 1970) und den *Minima Moralia* (1951) sind vor allem einige Texte Adornos zu nennen, die wie *Vernunft und Offenbarung* (1957),[29] *Meinung, Wahn, Gesellschaft* (1960),[30] *Aberglaube aus zweiter Hand* (1962),[31] *The stars down to earth* (1957)[32] oder auch der erstmals am 2. Dezember 1967 zu Scholems siebzigstem Geburtstag in der *Neuen Zürcher Zeitung* erschienene, aufschlussreiche Text *Gruß an Gerschom G. Scholem*,[33] zu

---

[26] Vgl. Theodor W. Adorno: Ästhetische Theorie. Hg. v. Gretel Adorno u. Rolf Tiedemann. Frankfurt a.M. 1970, S. 125–131.

[27] Zu dieser Spur vgl. Jürgen Habermas: Die Verschlingung von Mythos und Aufklärung. Bemerkungen zur *Dialektik der Aufklärung* – nach einer erneuten Lektüre. In: Mythos und Moderne. Begriff und Bild einer Rekonstruktion. Hg. v. Karl Heinz Bohrer. Frankfurt a.M. 1983, S. 405–431.

[28] Horkheimer, Adorno: Dialektik (wie Anm. 11), S. 254f.

[29] In Theodor W. Adorno: Gesammelte Schriften. 20 Bde. Hg. v. Rolf Tiedemann unter Mitw. v. Gretel Adorno, Susan Buck-Morss u. Klaus Schulz. Bd. 10/2: Kulturkritik und Gesellschaft 2. Frankfurt a.M. 1986, S. 608–616.

[30] Ebd., S. 573–592.

[31] Adorno: Gesammelte Schriften (wie Anm. 29). Bd. 8: Soziologische Schriften 1, S. 147–176.

[32] Theodor W. Adorno: The Stars Down to Earth. The Los Angeles Times Astrology Column. A Study in Secondary Superstition. In: Ders.: Gesammelte Schriften (wie Anm. 29). Bd. 9/2: Soziologische Schriften 2.2., S. 7–120.

[33] Theodor W. Adorno: Gruß an Gershom G. Scholem. Zum 70. Geburtstag 07.12.1967. In: Ders.: Gesammelte Schriften (wie Anm. 29). Bd. 20/2: Vermischte Schriften II. Aesthetica Miscellanea, S. 478–486.

unterschiedlichen Anlässen geschrieben wurden und – zunächst an unterschiedlichen Plätzen veröffentlicht – zugleich doch auf Seiten der Kritischen Theorie eine jahrzehntelange Beschäftigung mit diesen Grenzbereichen und Gegenwelten rational bzw. empirisch validierten Wissens belegen können.

Freilich zeigt sich die Attraktivität eines intellektuell zwar verachteten, mitunter auch verlachten, massenkulturell und in globalen Ausmaßen aber immer wieder aufgenommenen, hergestellten und verbreiteten ‚geheimen' und zugleich den eigenen Ansprüchen nach ‚wirklichen' Wissens auch aktuell allenthalben, handelt es sich dabei um Astrologie und mantische Praktiken im Alltag der Boulevardpresse und im Privatfernsehen, um Hexenglauben in Westafrika, Exorzismus und Wunderglauben innerhalb der christlichen Kirchen oder den Siegeszug asiatischer Heiltechniken in den nordamerikanischen Mittelschichten[34] – von dem, was auf ‚Esoterik-Messen' im engeren Sinne angeboten wird, erst einmal gar nicht zu sprechen. Zunächst wissenschaftlich delegitimiert und intellektuell marginalisiert, spielen ‚illegitime' Wissensvorräte und Praktiken, zu Beginn der 1960er Jahre unter anderem von Claude Lévi-Strauss im Rückgriff auf eine Formulierung Montaignes als *pensée sauvage* (1962) erneut in die Diskussion gebracht,[35] freilich zumindest in den Kultur- und Sozialwissenschaften inzwischen keine geringe Rolle mehr, zumal dort wo es um Grundlagenforschung geht,[36] und stellen sogar eines der bevorzugten Felder dar, wenn es in den Bereichen der Medien und Unterhaltung, selbstverständlich auch in den Feldern der Ideologiebildung und der an diese anschließenden Mobilisierung sozialer Energien darum geht, Aufmerksamkeit zu gewinnen und Handlungsbereitschaft zu erzeugen.[37]

Dass dabei Sozialisation und Erziehungsprogramme bis hin zur Wissenschaftspropädeutik in ihrer Fixierung auf ‚Tatsachen' dem Aberglauben freilich nicht nur den Boden entziehen, sondern eben in ihrer Fakten-Besessenheit neuem Aberglauben Vorschub zu leisten vermögen, findet sich schon in der Vorrede zu den 1947 erstmals veröffentlichten „Philosophischen Fragmenten", so der Untertitel der hier in Rede stehenden *Dialektik der Aufklärung*:

> In der Meinung, ohne strikte Beschränkung auf Tatsachenfeststellung und Wahrscheinlichkeitsrechnung bliebe der erkennende Geist allzu empfänglich für Scharlatanerie und Aberglau-

---

[34] Vgl. Gesundheitssystementwicklung in den USA und Deutschland. Wettbewerb und Markt als Ordnungselemente im Gesundheitswesen auf dem Prüfstand im Systemvergleich. Hg. v. Johann Behrens u.a. Baden-Baden 1996.
[35] Vgl. Claude Lévi-Strauss: Das wilde Denken. Frankfurt a.M. 1968.
[36] Vgl. dazu den viel diskutierten Sammelband Magie. Die sozialwissenschaftliche Kontroverse um das Verstehen fremden Denkens. Hg. v. Hans G. Kippenberg u. Brigitte Luchesi. Frankfurt a.M. 1978.
[37] Vgl. John Fiske: Körper des Wissens. In: Die Fabrikation des Populären. Der John Fiske-Reader. Hg. v. Rainer Winter u. Lothar Mikos. Bielefeld 2001, S. 213–245.

ben, präpariert es [das Erziehungssystem, W. N.] den verdorrenden Boden für die gierige Aufnahme von Scharlatanerie und Aberglauben.[38]

In der Perspektive dieses von Horkheimer und Adorno im amerikanischen Exil und unter dem Eindruck des Faschismus und der Schoah, aber auch der stalinistischen Formen der ‚totalen' Durchherrschung einer Gesellschaft verfassten Textes, zu dessen Hintergrund für die beiden Autoren nicht zuletzt auch eine in den USA beobachtete industriegesellschaftliche Zurichtung und Vermarktung des Menschen gehört, lassen sich wohl drei Aspekte benennen, die sich im Sinne des hier in Anschlag gebrachten Modells eines Wechselbezugs von Aufklärung und Mythos, Ratio und Magie, Vernunft und Aberglaube, Esoterik und Wissenschaft dazu nutzen lassen, den Stellenwert, die Grenzen und die Perspektiven einer Aufklärung darzustellen, deren Programm in den Worten der *Dialektik der Aufklärung* „das Ziel verfolgt, von den Menschen die Furcht zu nehmen und sie als Herren einzusetzen".[39] Damit tritt natürlich die Aufklärung selbst, entwickelt von ihren Grenzen her, in den Blick, und verbunden mit dieser Beobachtung der Aufklärung von den Rändern, ja von ihren bislang zumindest nicht eingelösten Versprechen her,[40] dann auch die in verschiedenen anderen Texten Adornos wieder aufgenommene Bezugnahme auf jenen Formenvorrat und jene Denkmodelle des Wissens und der Deutungen, die mitunter als okkultes, ebenso aber auch als esoterisches Wissen und Hinweise auf eine esoterische Tradition angesprochen werden können.[41]

Doch zunächst zu den drei Relationen, an denen sich das Verhältnis von Esoterik und Aufklärung in dem oben angeführten Zitat zeigen lässt. Zum einen werden die mit Aberglauben und Scharlatanerie angesprochenen nicht-rationalistisch deut- bzw. erkennbaren Vorstellungsbereiche als zeitlich frühere, in der Logik eines Fortschrittsdenkens ebenso anachronistische wie zu überwindende Phasen eines Weges der Menschen zum Wissen und zu sich selbst verstanden. Zum anderen weist die Rede von einem durch die Rationalisierungen der Erkenntnisvermögen entstandenen „verdorrenden Boden" darauf hin, dass sich – trotz allen Widersinns – gerade in diesen atavistischen Deutungen nicht nur Sinnbedürfnisse, sondern in welcher Weise auch immer genauer auszudeutende anthropologische, vor allem Emotionalität, Leiblichkeit und Lebendigkeit ansprechende Aspekte einer

---

[38] Horkheimer, Adorno: Dialektik (wie Anm. 11), S. 7.
[39] Ebd., S. 13.
[40] „Horkheimer und Adorno begreifen Aufklärung als den misslingenden Versuch den Schicksalsmächten zu ent-springen. Die trostlose Leere der Emanzipation ist die Gestalt, in der der Fluch der mystischen Gewalten die Fliehenden doch noch ereilt. Die *andere Dimension* der Beschreibung des mythischen wie des aufgeklärten Denkens kommt nur an wenigen Stellen zur Sprache, wo die Bahn der Entmythologisierung als Verwandlung und *Differenzierung von Grundbegriffen* bestimmt wird" (Jürgen Habermas: Der philosophische Diskurs der Moderne. Zwölf Vorlesungen. Frankfurt a.M. 1985, S. 139).
[41] Vgl. dazu Neugebauer-Wölk: Esoterik im 18. Jahrhundert (wie Anm. 7), S. 4f., 7ff.; dies.: Art. Esoterik. In: Enzyklopädie der Neuzeit. 16 Bde. Hg. v. Friedrich Jaeger. Bd. 3. Stuttgart, Weimar 2006, Sp. 544–554, hier: Sp. 544f.

Vorstellung von Lebenszusammenhängen wiederfinden lassen, die in der aktuellen Religionssoziologie etwa von Hans Joas als anthropologische Voraussetzungen einer „Kreativität des Handelns" bzw. als Ansatzpunkte einer mit der conditio humana offensichtlich verbundenen Fähigkeit des Menschen zur „Selbsttranszendenz" und einem Bedürfnis nach dieser angesprochen werden.[42]

Schließlich wird in dem oben angeführten Zitat deutlich eine kritische Dimension erkennbar, die darauf zielt, den Umschlag von selbstverständlich gewordener Aufgeklärtheit in neuen Aberglauben zu benennen, die Verfestigung von Impulsen der Beweglichkeit zu neuen Fixpunkten der Ideologie und die Gefahr einer Stillstellung von Reflexion gerade im Fortschritt sozialer, technischer und nicht zuletzt auch biologischer Rationalisierungsprozesse anzusprechen. „Vernunft", so charakterisierte Jürgen Habermas in einem Porträt Adornos von 1963 den an dieser Stelle von Horkheimer und Adorno vertretenen Ansatz, „spielt hier die Rolle des bloßen Anpassungsinstrumentes statt eines Hebels zur Emanzipation".[43] Ein weiterer, ebenso kritischer wie auf Aktualität zielender Aspekt, der sich auf den zeitgenössisch erfahrenen Umschlag rational getragener Herrschaft in die Diktatur totalitärer Massenlenkung bezieht, welche sich ihrerseits selbst wiederum als Ergebnis rationaler Prozesse und Planungen deklariert, wird in dem an das obige Zitat anschließenden Satz noch deutlicher ausgeführt: „Wie Prohibition seit je dem giftigeren Produkt Eingang verschaffte, arbeitet die Absperrung der theoretischen Einbildungskraft dem politischen Wahne vor."[44]

Wie bereits die bislang genannten Begrifflichkeiten Aberglaube und Scharlatanerie verraten – es kämen Okkultismus und Magie, Wahn und Ideologie hinzu –, überschreitet die in der Kulturkritik Horkheimers und Adornos vorgenommene Zusammenführung historisch und geographisch weit auseinander liegender ethnographischer, anthropologischer und alltagskultureller Materialien und Befunde mit sozialkritischen, gesellschaftsanalytischen und sozialpsychologischen Ansatzpunkten den Rahmen eines auf die europäische Religionsgeschichte und deren Einsatzpunkt in der Frühen Neuzeit beschränkten Esoterik-Konzeptes bei Weitem. Gleichwohl lässt sich die hier vorgenommene Betrachtung dieser Erscheinungsformen als esoterische Annahmen und Vorstellungen vielleicht zum *einen* damit rechtfertigen, dass es Horkheimer und Adorno gerade in der *Dialektik der Aufklärung*, ebenso aber auch Adorno in seinen kunstphilosophischen und ästhetischen Überlegungen und erst recht in beider sozial- bzw. auch ideologiekritischen Stellungnahmen in einem präzisen Sinne darum geht, im Hinblick auf das Konzept einer europäischen Aufklärung deren Widerlager, Voraussetzungen und Transformationen eben unter der Voraussetzung und in den Bewegungsformen

---

[42] Vgl. dazu Hans Joas: Braucht der Mensch Religion? Über Erfahrungen der Selbsttranszendenz. Freiburg i.Br. 2004, S. 17; ders.: Die Kreativität des Handelns, Frankfurt a.M. 1992, S. 290ff.
[43] Jürgen Habermas: Theodor W. Adorno. In: Ders.: Philosophisch-politische Profile. Erw. Ausg. Frankfurt a.M. 1981, S. 160–179, hier S. 164.
[44] Horkheimer, Adorno: Dialektik (wie Anm. 11), S. 7.

einer spezifisch europäischen Kulturgeschichte seit der Neuzeit zu benennen, als deren eine Strömung nun auch die Esoterik der Frühen Neuzeit in den Blick gerückt werden konnte.

In diesem Sinne lässt sich das Esoterik-Konzept gerade in dem von Monika Neugebauer-Wölk vorgelegten Definitionsvorschlag: „Esoterik ist eine religionsgeschichtliche Strömung der europäischen Neuzeit mit gesellschaftlichen und politischen Wirkungen"[45] nutzen, um einen Hintergrund, eine Vorstellungswelt und auch einen Vergangenheitsbezug anzusprechen, die zu vergegenwärtigen sind, nicht nur um die Argumentationslinie der *Dialektik der Aufklärung* zu erläutern, sondern vor allem um damit zugleich ein Reservoir an Vorstellungen bzw. auch postulierten Erfahrungsgehalten zu beschreiben, auf die bezogen sich in der Modellbildung Horkheimers und Adornos das Bild der Aufklärung erst konturieren lässt und dies im Wesentlichen, das sei besonders hervorgehoben, in seiner Ambivalenz. Habermas spricht in seinen Ausführungen zum Naturkonzept der *Dialektik der Aufklärung* davon, dass über diesem Konzept ein „eigentümlicher Schatten von Ambivalenz" liege. „Diese ist", so fährt er fort, „die Unruhe im Uhrwerk des Adornoschen Opus".[46]

Zum *anderen* geht es, etwa in den 1951 innerhalb der *Minima Moralia* veröffentlichten *Thesen gegen Okkultismus*,[47] die allerdings auch ganz pragmatisch ihre Abkunft aus verschiedenen Radio- und Zeitungsanalysen nicht verleugnen, die Adorno Ende der 1940er Jahre im Zusammenhang der Arbeit an den *Studies in Prejudice* (erschienen 1950)[48] auszuarbeiten hatte, darum, in den zeitgenössischen Erscheinungsformen der Massenkultur und anderen Alltagsphänomenen die ideologische Besetzung von Individuen und sozialen Gruppen in den Lebenszusammenhängen spätkapitalistischer Gesellschaften in den Blick zu nehmen und diese hinsichtlich ihrer ideologischen, also Wirklichkeit verstellenden und bewusstseinsvernebelnden Funktionen kritisch anzusprechen. In einem engeren Sinne gehören dazu auch jene marktförmigen Nutzanwendungen rational nicht nachprüfbarer Praktiken und Wissensbestände, die sich auch aktuell noch immer unter dem Label „Esoterik" darstellen, entsprechend vermarktet werden und so auch aktuell noch einer entsprechenden Kritik zugeführt werden können.

Auch dies rechtfertigt, die hier vorgestellten Überlegungen zu den nicht-rationalen Grundlagen, Randbedingungen und Begleiterscheinungen des Emanzipationsprozesses der Menschen, der sie aus der Naturabhängigkeit in eine zweite, nunmehr von den Menschen selbst im Zuge ihrer Natur- und Selbstbeherrschung

---

[45] Neugebauer-Wölk: Esoterik (wie Anm. 41), Sp. 544.
[46] Habermas: Adorno (wie Anm. 43), S. 164.
[47] Adorno: Minima Moralia (wie Anm. 20), S. 321–329.
[48] Vgl. Theodor W. Adorno u.a.: Der autoritäre Charakter. Studien über Autorität und Vorurteil. Mit einem Vorwort v. Max Horkheimer. 2 Bde. Bd. 1. Amsterdam 1968, bes. S. 20ff., 42ff. (Gekürzte deutsche Fassung der Bände I–III und V der Studies in Prejudice. New York 1950. Übers. u. hg. v. Institut für Sozialforschung Frankfurt a.M.)

zu verantwortende Abhängigkeit, die sich ihnen freilich als eine neue Macht des Mythischen darstellt, geführt hat, unter dem Stichwort *Esoterik* zusammenzufassen. Adornos missgelaunte Bemerkung: „Okkultismus ist die Metaphysik der dummen Kerle"[49] trägt diesem zweiten Umstand Rechnung. Allerdings, dies sei kritisch gegenüber einer allzu schnellen ideologiekritischen Vereinnahmung dieser Überlegungen gesagt, verweisen die genannten begrifflichen Überschneidungen und unklaren Grenzziehungen zwischen den Feldern des Religiösen, des Aberglaubens, der Ideologien und der Scharlatanerien auch auf eine Umorientierung und Erweiterung im Religionsbegriff, wie sie aktuell etwa von Charles Taylor mit den Begrifflichkeiten des paläo-, neo- und post-Durkheimischen Religionskonzepts angesprochen werden.[50]

Gerade aber wenn Esoterik als Teil bzw. Facette der Religionsgeschichte gesehen werden soll, teilt sie mit dieser auch die Prozesse der Entdifferenzierung bzw. Ausdifferenzierung in Richtung individualistischer und gruppenbezogener Prozesse, die sich – so zumindest die Lesart der *Dialektik der Aufklärung* und so auch der *Ästhetischen Theorie* Adornos – als Folgeerscheinungen und Reaktionsmuster auf z.T. historisch gewordene gesellschaftliche Verhältnisse, wie etwa Arbeitsteilung, Klassenspaltung, Machthierarchien, Außenleitung, sehen lassen, zugleich damit aber auch als Folgen einer in der „Natur" des Menschen und seiner ambivalenten Sozialität angelegten Unbestimmtheit und dadurch wieder ermöglichten Offenheit gegenüber Bestimmtheit und Manipulation erscheinen können. Ort dieser Offenheit und eines sich Verweigerns gegenüber Ansprüchen auf Bestimmbarkeit und Funktionalität, die ihrerseits wiederum Marktförmigkeit und die Bereitschaft zur Zurichtung (durch andere) ermöglichen, ist aber angesichts der historischen Enttäuschungen für Adorno einzig noch eine Kunst, die ihrerseits die Erinnerung an ihre Abkunft aus einer Welt der Ungeschiedenheit von Subjekt und Natur, Sein und Schein, Sprache und Bild noch in ihrer Besonderheit festzuhalten vermag. Wunder der Mimesis, Schönheit, Rätsel, Repräsentation, Ideal, Kritik und Konstruktion, schließlich Negation und erneut: Schauer, heißen hier die Stufen der Erscheinungen des Kunstwerks, zumindest in den das Abendland bestimmenden Stadien.

> Im Artefakt befreit sich der Schauer vom mythischen Trug seines Ansichseins. [...] Die Verselbständigung der Kunstwerke, ihre Objektivation durch den Menschen, hält diesen den Schauer als Ungemildertes und noch nie Gewesenes entgegen. Der Akt der Entfremdung in solcher Objektivation, den jedes Kunstwerk vollzieht, ist korrektiv. Kunstwerke sind neutralisierte und dadurch qualitativ veränderte Epiphanien. Sollten die antiken Götter an ihren Kultstätten flüchtig erscheinen oder wenigstens in der Vorzeit erschienen sein, so ist dies Erscheinen zum Gesetz der Permanenz von Kunstwerken geworden um den Preis der Leibhaftigkeit

---

[49] Adorno: Minima Moralia (wie Anm. 20), S. 325.
[50] Diese an Durkheims religionssoziologischen Studien entwickelte Typologie findet sich bei Charles Taylor: Religion heute. In: Transit. Europäische Revue 19 (2000), S. 7. URL: http://www.iwm.at/t-19txt1htm [27.11.2002].

des Erscheinenden. Am nächsten kommt dem Kunstwerk als Erscheinung die apparition, die Himmelserscheinung.[51]

In dieser Hinsicht können hier Adornos ästhetische Theorie, zumal aber auch seine Ausführungen zu einzelnen Kunstwerken, seine Theorie der Moderne und nicht zuletzt seine Studien zu Beckett (und dessen Rücknahme der Stimme in Schweigen) an die vorausgegangenen illegitimen Wissensformen und Praxen der esoterischen Experimente und Spekulationen anknüpfen:

> Von Vernunft und Religion wird das Prinzip der Zauberei in Acht und Bann getan. […] Natur soll nicht mehr durch Angleichung beeinflußt, sondern durch Arbeit beherrscht werden. Das Kunstwerk hat es noch mit der Zauberei gemeinsam, einen eigenen, in sich abgeschlossenen Bereich zu setzen, der dem Zusammenhang des profanen Daseins entrückt ist.[52]

Was hier für frühe Stadien der Menschheitsgeschichte postuliert wird, haftet der Kunstvorstellung Adornos auch späterhin an:

> Es liegt im Sinn des Kunstwerks, dem ästhetischen Schein, das zu sein, wozu in jenem Zauber des primitiven das neue, schreckliche Geschehnis wurde: Erscheinung des Ganzen im Besonderen. Im Kunstwerk wird noch einmal Verdoppelung vollzogen, durch die das Ding als Geistiges, als Äußerung des Mana erschien. Das macht seine Aura aus. Als Ausdruck der Totalität beansprucht Kunst die Würde des Absoluten.[53]

Freilich wird im weiteren Gang der Geschichte auch die Kunst zunächst von den Formierungsansprüchen politischer Herrschaft, dann von der Funktionalität der Marktgesellschaft profaniert, schließlich von Blendungen ideologischer Massenlenkung erneut sakralisiert und zugleich unwiderruflich deformiert, ja destruiert. Dementsprechend scheitert der Diagnose der *Dialektik der Aufklärung* zufolge nicht nur das Projekt einer gesellschaftlich veranstalteten Emanzipation der Einzelnen durch Aufklärung, sondern so wie diese in den „Massenbetrug" übergeht,[54] so verwandeln sich Kunstwerke in Waren, schließlich in Kitsch und gegebenenfalls dann auch zu Instrumenten einer Lenkung zum Massenmord.

Im Gegenzug kommt freilich damit auch den im Zuge dieses Säkularisierungs- und Entzauberungsprozesses zur Seite, in die Illegitimität und in den Untergrund gedrängten atavistischen Vorstellungen und Denkmustern eine neue, in gewissem

---

[51] Adorno: Ästhetische Theorie (wie Anm. 26), S. 124f.
[52] Horkheimer, Adorno: Dialektik (wie Anm. 11), S. 30.
[53] Ebd., S. 30f.
[54] Vgl. ebd., das Kapitel zu *Kulturindustrie. Aufklärung als Massenbetrug*, S. 144–198; dass dies im Grundriss zu viel Kulturkritik enthält und in seiner pessimistischen Reduktion der Massen- und Popularkultur den seit den 1950er Jahren in Erscheinung getretenen Feldern und Möglichkeiten medial vermittelter populärer Kultur, von Pop bis zum Jazz, von Punk bis Postmoderne, nur unzureichend Rechnung trägt, ist seit den 1970er Jahren immer wieder diskutiert worden; vgl. für viele (und noch immer instruktiv) Martin Seel: Dialektik des Erhabenen. Kommentare zur „ästhetischen Barbarei heute". In: Vierzig Jahre Flaschenpost. „Dialektik der Aufklärung" 1947–1987. Hg. v. Willem van Reijen u. Gunzelin Schmid Noerr. Frankfurt a.M. 1987, S. 11–40.

Sinne provokatorische, in gewissem Sinn auch kritische Funktion zu. Dabei handelt es sich um Aspekte, die sich in Adornos Verteidigung der Moderne ebenso wiederfinden wie in seiner nur teilweise an Walter Benjamin anschließenden kritischen Reflexion der Avantgarde:

> [S]o wird dem modernen Kunstwerk seine Abstraktheit, die irritierende Unbestimmtheit dessen, was es sein soll und wozu, Chiffre dessen, was es ist. [...] Solche Sprödigkeit ist, von Rimbaud bis zur gegenwärtigen avantgardistischen Kunst, äußerst bestimmt. [...] Abstrakt ist die Moderne vermöge ihrer Relation zum Dagewesenen; unversöhnlich dem Zauber, kann sie nicht sagen, was noch nicht war, und muss es doch wider die Schmach des Immergleichen wollen: darum setzen die Baudelaireschen Kryptogramme der Moderne das Neue dem Unbekannten gleich, dem verborgenen Telos sowohl wie dem um seiner Inkommensurabilität zum Immergleichen willen Grauenhaften, dem goût du néant.[55]

Lediglich in der Verweigerung des Sinns und der Botschaft – Habermas wird im Gegenzug zu dieser Position aus der grundlegenden Unbestimmtheit des sprachlichen Zeichens die Nötigung zu seiner diskursiven Einschränkung und damit die Möglichkeiten der Sozialität, der Kommunikation und der Anerkennung herleiten[56] – besteht Adorno zufolge die Bedeutung des Kunstwerks darin, die Paradoxie der Setzung selbst vor Augen zu stellen:

> Es intendiert Nichtidentität, wird jedoch durch Intention zum Identischen; moderne Kunst übt das Münchhausenkunststück einer Identifikation des Nichtidentischen ein. Die Male der Zerrüttung sind das Echtheitssiegel der Moderne.[57]

Stellen Kunstwerke in einer Hinsicht so einen Kontakt zur ersten Setzung von Differenz des Subjekts gegenüber der Natur wieder her, ja erinnern an die damit verloren gegangene, freilich historisch auch vor dieser Trennung niemals vorhanden gewesene ‚Einheit' mit der Natur, die zugleich doch auch der Gegenstand und das Ziel esoterischer Bemühungen und Konzeptionen ist, so lassen sich die aktuellen Repräsentationen einer solchen Aufhebung dieser Differenz bestenfalls als Kitsch, in den schlimmeren Fällen aber als Ideologie und Regression verstehen. Hier geht die Kritik des Okkultismus dann in Gesellschaftskritik über, mitunter freilich verliert auch diese wieder ihren Halt und wird von einer pessimistisch bis tragisch getönten Kulturkritik bzw. Geschichtsphilosophie überlagert.[58]

Vor diesem Hintergrund lässt sich die Attraktivität der von Horkheimer und Adorno entwickelten Kritischen Theorie des Verhältnisses von Wissen und Geheimnis aus der beschriebenen Zwischenlage zwischen anthropologischer Rekon-

---

[55] Adorno: Ästhetische Theorie (wie Anm. 26), S. 39f.
[56] Vgl. dazu Jürgen Habermas: Vorlesungen zu einer sprachtheoretischen Grundlegung der Soziologie (1970/71). In: Ders.: Vorstudien und Ergänzungen zur Theorie des kommunikativen Handelns. Frankfurt a.M. 1984, S. 11–126, bes. S. 104ff.; siehe auch im gleichen Bd. das Kapitel 6: Intention, Konvention und sprachliche Interaktion, S. 307–331.
[57] Adorno: Ästhetische Theorie (wie Anm. 26), S. 41.
[58] Vgl. dazu Habermas: Die Verschlingung von Mythos und Aufklärung (wie Anm. 27), S. 412, 428f.

struktion, die etwa die Geschichte der Aufklärung in den Mythen der Odyssee beginnen lassen kann – oder noch früher, wie sich dies beispielsweise anhand der im Anhang zur *Ästhetischen Theorie* (1970) abgedruckten *Theorien über den Ursprung der Kunst* zeigen lässt[59] –, und sozialgeschichtlich-soziologischer, vor allem auch sozialpsychologischer Analyse der modernen Industriegesellschaften erklären. Diese Zwischenlage bestimmt freilich auch die Grenzen dieses Entwurfes sowie das Schillernde der hier in Rede stehenden Bezugnahmen auf esoterische Wissensbestände und Vorstellungen. Als Kern dessen, was im Rahmen der Modellbildung Kritischer Theorie, die sich zumindest in den diesbezüglichen Ausführungen in Horkheimers grundlegendem Aufsatz *Traditionelle und kritische Theorie* von 1937[60] als eine im ganzen innerweltliche, rational begründ- und diskursiv vermittelbare Forschungsperspektive versteht, als Bezugpunkt esoterischen Wissens, ja auch Vermögens anzusehen ist, können die folgenden Ausführungen aus dem ersten grundlegenden Kapitel der *Dialektik der Aufklärung* angeführt werden. Bemerkenswert auch, dass sich hier die Setzung des Ichs, auch als Aussage-Subjekt, sowohl als transzendentales Subjekt als auch als soziale Konstruktion: als Subjekt der Macht und der Bemächtigung, in eins gefasst findet:

> In der Ablehnung des magischen Erbes, der alten diffusen Vorstellungen durch die begriffliche Einheit drückt sich die durch Befehl gegliederte, von den Freien bestimmte Verfassung des Lebens aus. Das Selbst, das die Ordnung und Unterordnung an der Unterwerfung der Welt lernte, hat bald Wahrheit überhaupt mit dem disponierenden Denken ineinsgesetzt, ohne dessen feste Unterscheidungen sie nicht bestehen kann. Es hat mit dem mimetischen Zauber die Erkenntnis tabuiert, die den Gegenstand wirklich trifft. Sein Haß gilt dem Bild der überwundenen Vorwelt und ihrem imaginären Glück. Die chthonischen Götter der Ureinwohner werden in die Hölle verbannt, zu der unter der Sonnen- und Lichtreligion von Indra und Zeus die Erde sich wandelt.[61]

Bereits hier wird unter dem Eindruck zeitgenössischer Mythentheorie und Religionswissenschaften der prekäre Stellenwert einer „Erkenntnis, die den Gegenstand wirklich trifft" als Zentrum der Differenzsetzung von Kultur und Natur, Aufklärung und Aberglaube, Esoterik und rationaler Wissenschaftskonzepte erkennbar. Angesichts der damit verbundenen Ausdifferenzierung, ja Aufteilung von Erkenntnisbereichen, geht die Erinnerung an die vorgestellte, postulierte Einheit der Welt, sofern sie eben nicht zum Gegenstand und zur Botschaft von Geheimlehren wird, in die Vorstellung vom Kunstwerk ein, das dadurch sowohl Anteil an der urtümlich gesetzten, zumindest der Rekonstruktion nach verloren gegangenen Einheit hat, als auch selbst Produkt und Signatur eben jenes Verlusts an Zusammenhang ist, von dem Kunst berichtet, den sie sowohl betrauert und dessen Erinnerung sie bewahrt.

---

[59] Adorno: Ästhetische Theorie (wie Anm. 26), S. 480ff.
[60] Max Horkheimer: Traditionelle und kritische Theorie. In: Ders.: Kritische Theorie. Eine Dokumentation. Hg. v. Alfred Schmidt. Einbändige Studienausgabe. Frankfurt a.M. 1977, S. 521–575.
[61] Horkheimer, Adorno: Dialektik (wie Anm. 11), S. 25.

Freilich bleibt Adorno bei einer solchen, aus der Perspektive eines Programms zur Rettung der Gesellschaft immer noch funktionalistischen Auffassung der Vermögen der Kunst, emphatisch als Platzhalter einer besseren Welt und kritisch als (Selbst-)Überlastung des Teilsystems Kunst mit metaphysischen, ja auch religiös und heilsgeschichtlichen Ansprüchen, nicht stehen. Auffällig ist die Menge an Texten, in denen er sich mit den aus den Vernunft- und Rationalitätsmustern ausgegrenzten Vorstellungen, Bildern und Traditionsbeständen befasst, und sie müssen gleichsam als innere Widerlager zur historischen und sozialen Verfestigung der Machtdiskurse und damit zugleich als Vorräte für die Kritik der gesellschaftlichen Unvernunft im Namen der Vernunft gesehen werden. Vernunft wird in dieser Hinsicht als Ausdruck und Mittel einer gesellschaftlichen Unvernunft erkennbar, die ihrerseits als „strahlende" Ideologie der Machbarkeit und zugleich damit als Signatur einer völligen Unterwerfung des Menschen unter die Macht der Verhältnisse erscheint: „[D]ie vollends aufgeklärte Erde strahlt im Zeichen triumphalen Unheils."[62]

Damit zum Schluss: Was im *Gruß an Gershom G. Scholem*, mit dem Adorno trotz divergierender politischer und ästhetischer, insbesondere auch religiöser Positionen[63] seit den 1950er Jahren intensiv an der Rettung Benjamins vor dem Vergessen zusammenarbeitete, zur Charakteristik von dessen Position zu den Traditionsbeständen der Mythen, der Mystik und auch der Esoterik gesagt wird, kann so auch für eine Differenzen durchaus nicht unterschlagende Beschreibung der Position und Intentionen Adornos selbst genutzt werden:

Der mystische Unterstrom der jüdischen Überlieferung, dem seine [G. Scholems, W. N.] gesamte Arbeit gilt, ist vermöge der Konzeption der Gottheit als dessen, was Baader esoterischen Prozeß nannte, in sich selbst eminent geschichtlich. Einem Denken, das gespeist wird von Wahlverwandtschaft mit jenem Strom, hätte es am letzten angestanden, sei es um der Idee unvermittelter Transzendenz, sei es um der der Religiosität der je einzelnen Person willen, Geschichte und Wahrheit als indifferent gegeneinander zu setzen. Darin dürften seine Gedanken bis zum Ende, über alle Differenzen sogenannter Standpunkte hinweg, mit denen Benjamins zusammengestimmt haben. Wie dieser so strengt Scholem gegen den Mythos einen Prozeß an, der ihm untrennbar ist vom historischen Prozeß selbst. In jenem Prozeß wird aber nicht der Mythos verworfen, er ist keiner von ‚Entmythologisierung', sondern eher einer, der den Mythos versöhnt. Dem unterdrückten Unteren widerfährt jene Gerechtigkeit, die verhindert wird

---

[62] Ebd., S. 13; vgl. auch die berühmten Schlusssätze bei Horkheimer: „Wenn wir unter Aufklärung und geistigem Fortschritt die Befreiung des Menschen vom Aberglauben an böse Kräfte, an Dämonen und Feen, an das blinde Schicksal – kurz, die Emanzipation von Angst – verstehen, dann ist die Denunziation dessen, was gegenwärtig Vernunft heißt, der größte Dienst, den die Vernunft leisten kann" (Ders.: Zur Kritik [wie Anm. 15], S. 174).

[63] Zum Verhältnis Scholem – Adorno vgl. Astrid Deubner-Mankowsky: Eine Art von Zutrauen. Gershom Scholem und Theodor W. Adorno. In: Die Frankfurter Schule und Frankfurt. Eine Rückkehr nach Deutschland. Hg. v. Monika Boll, Raphael Gross. Göttingen, Frankfurt a.M. 2009, S. 178–187.

von dem Recht, das die Geschichte hindurch waltet, und solche Gerechtigkeit wird auch dem Mythos zuteil.[64]

Natürlich handelt es sich auch im Falle Adornos um den Blick in einen Spiegel, um das Formulieren eines Postulats im Muster einer „als ob"-Konstruktion: „Erkenntnis", so heißt es in den viel zitierten Schlusspassagen der *Minima Moralia*,

> hat kein Licht, als das von der Erlösung her auf die Welt scheint. [...] Perspektiven müssten hergestellt werden, in denen die Welt ähnlich sich versetzt, verfremdet, ihre Risse und Schründe offenbart, wie sie einmal als bedürftig und entstellt im Messianischen Lichte daliegen wird. Ohne Willkür und Gewalt, ganz aus der Fühlung mit den Gegenständen heraus solche Perspektiven zu gewinnen, darauf allein kommt es dem Denken an.[65]

Handfestere esoterische Experimente standen Adorno offensichtlich nicht zur Verfügung, auf praxisbezogenere Umsetzungen des Spekulierens[66] in die Geschichte hat er verzichtet.

---

[64] Adorno: Gruß (wie Anm. 33), S. 484. Dass der Ingenieur, Philosoph und Sozialreformer Franz von Baader (1765–1841) im Denken der Kritischen Theorie auch ansonsten kein Unbekannter war, wird u.a. dadurch belegt, dass einer ihrer weiteren Hauptvertreter, Leo Löwenthal (1900–1993), im Jahr 1923 mit der Studie *Die Sozietätsphilosophie Franz von Baaders. Beispiel und Problem einer „religiösen Philosophie"* an der Universität Frankfurt promoviert hat. Vgl. ebd. In: Leo Löwenthal: Philosophische Frühschriften. Frankfurt a.M. 1987 (Leo Löwenthal Schriften 5), S. 99–168.

[65] Adorno: Minima Moralia (wie Anm. 20), S. 333f.

[66] Vgl. aber „Ist ein Wahres an Schopenhauers These von der Kunst als der Welt noch einmal, so ist doch diese Welt in ihrer Komposition aus den Elementen der ersten versetzt, gemäß den jüdischen Beschreibungen vom messianischen Zustand, der in allem sei wie der gewohnte und nur um ein Winziges anders" (Adorno: Ästhetische Theorie [wie Anm. 26], S. 208).

II Wissenschaft

KLAUS VONDUNG

# Apokalyptisch-esoterische Grundierungen des Strebens nach einer Universalwissenschaft – Bengel, Oetinger, Schelling

Die von der Renaissance angestoßene ‚Verweltlichung' des Denkens, die ‚Scientific Revolution' und die Philosophie Descartes und seiner Nachfolger in Frankreich, England und Deutschland haben den Weg in die Moderne bereitet. Wir wissen inzwischen, dass dieser Weg sich an zahlreichen Stellen kreuzte, manchmal auch parallel verlief, mit geistigen Strömungen, die wir üblicherweise mit dem Begriff der Moderne nicht in Verbindung bringen: Neuplatonismus, Hermetik, Alchemie, Kabbala, Mystik. Hinzu kommt, im 17. wie im 18. Jahrhundert, die geradezu obsessive Beschäftigung vieler Gelehrter mit apokalyptischen Spekulationen. Henry More, prominentester Kopf der ‚Cambridge Platonists', war der Überzeugung, dass die ‚Entdeckung' der chiliastischen Explikation der Johannes-Offenbarung dieselbe Bedeutung für die Theologie habe wie die Entdeckung des Blutkreislaufes für die Medizin und die Entdeckung des Umlaufs der Erde um die Sonne für die Kosmologie.[1] Naturgemäß waren es in erster Linie Theologen, die sich in chiliastischen bzw. apokalyptischen Spekulationen ergingen, im 17. Jahrhundert Joseph Mede, Johann Heinrich Alsted, Petrus Serrarius, Johann Amos Comenius, Johannes Coccejus, im 18. Jahrhundert in Deutschland vor allem Johann Albrecht Bengel und Friedrich Christoph Oetinger.[2] Diese Theologen hatten oft weitgespannte Interessen über ihre Profession hinaus (Mede z.B. – wie More Fellow des Christ's College in Cambridge – beschäftigte sich mit Anatomie und Astrologie), oder sie können mit Fug und Recht als Universalgelehrte bezeichnet werden, wie Alsted und Comenius. Umgekehrt beschäftigten sich auch Naturwissenschaftler mit der Apokalypse; berühmtestes Beispiel ist Isaac Newton. Und viele waren mit esoterischen Lehren vertraut.

In dieser Gemengelage von neuer Philosophie, ‚Scientific Revolution', Esoterik und Apokalypse lässt sich ein interessantes Phänomen beobachten: das Streben einiger Gelehrter nach einer ‚Universalwissenschaft', d.h. nach einem ‚holistischen' Verständnis aller spirituellen, gesellschaftlichen und natürlichen Phänomene. Die Suche nach einer Universalwissenschaft kann man als Reaktion auf die Differenzierung und Desintegration der Wissenschaften sehen, aber nicht allein der Wissenschaften. Wenn die Realität mit ihren verschiedenen Dimensionen – Natur,

---

[1] Nach Angaben von Ernestine G. E. van der Wall: Petrus Serrarius (1600–1669) et le millénarisme mystique. In: Le Grand Siècle et la Bible. Hg. v. Jean-Robert Armogathe. Paris 1989, S. 155.
[2] Neben den Genannten neigte auch der pietistische Arzt und Kameralwissenschaftler Johann Heinrich Jung-Stilling apokalyptischen Spekulationen zu, desgleichen der Schweizer Theologe Johann Caspar Lavater.

Gesellschaft, Körper und Seele des Menschen – nicht länger als zusammenhängendes Ganzes erlebt wird, sondern als Raum selbstständiger und inkohärenter Realitätsbereiche, deren angemessene Untersuchung unterschiedliche Instrumente nötig erscheinen lässt, so gibt es durchaus Anlass für das Streben nach einem universalen Erkenntnisinstrument, das alle Dimensionen der Realität umfassen könnte.

Es ist nicht verwunderlich, dass gerade im 17. und 18. Jahrhundert das Verlangen nach einer Universalwissenschaft entstand. Die Wissenschaften, vor allem Philosophie und Naturwissenschaften, emanzipierten sich von der Theologie, die einst die ultimativen Antworten auf alle Fragen gegeben hatte. Die Naturwissenschaften – besonders Astronomie, Physik und Mechanik – boten neue Einsichten in die Struktur und die Gesetze der materiellen Natur und setzten neue Standards für wissenschaftliche Exaktheit und Objektivität. Die neue Philosophie trennte Körper und Seele, Körper und Vernunft voneinander und betrachtete den Körper nach mechanistischem Modell. Andere Disziplinen, wie Chemie, Medizin und Jurisprudenz, spezialisierten sich mehr und mehr und gewannen eigenständiges Prestige. Die Theologie hingegen hing oft noch an orthodoxem Dogmatismus und vermochte intelligenten und aufgeschlossenen Christen wenig zu bieten. Viele wandten sich daher bei ihrer Suche nach einem neuen, umfassenden Weltverständnis zu alternativen Lehren, zu Neuplatonismus, Hermetik, Alchemie.

Wie und aus welchen Gründen in der Gemengelage von apokalyptischen und esoterischen Spekulationen die Konzeption einer Universalwissenschaft entstand, lässt sich besonders gut an Bengel und Oetinger zeigen. Bestimmend in diesem Prozess waren die *apokalyptischen* Spekulationen, die in der Regel zweierlei Antrieb hatten: Erfahrungsanlässe und gelehrte Tradition.

Johann Albrecht Bengel (1687–1752) wurde einerseits durch Erfahrungen der Unordnung und des Verfalls veranlasst, seine Zeit apokalyptisch zu deuten und das baldige Ende der Geschichte zu erwarten: In seiner Jugend erlebte er die verheerenden Einfälle der Franzosen, auch wiederholte Besetzungen seiner Vaterstadt Winnenden. Der neue Typus des absolutistischen Fürsten, der sich über herkömmliche Werte und Normen stellte, verkörperte für ihn den Niedergang der politischen und moralischen Ordnung des Gemeinwesens, wie seine Vorstellungen über die politischen und gesellschaftlichen Verhältnisse im Tausendjährigen Reich verraten.[3] Solche und andere Defizienzerfahrungen drängten sich ihm offensichtlich so massiv auf, dass er sie apokalyptisch auslegte, d.h. dass er die Geschichte am äußersten Punkt der Verderbnis und Sinnlosigkeit angelangt sah: „Das Böse steigt so gewaltig, daß man schwerlich begreifen kann, wie es noch viel weiter sollte steigen können."[4] Andererseits, von Erfahrungsanlässen abgesehen, ließ sich Bengel von

---

[3] „Es wird noch Regenten und Obrigkeiten geben, die mit ihren Unterthanen als mit Brüdern umgehen." Johann Albrecht Bengel: Erklärte Offenbarung Johannis und vielmehr JEsu Christi etc. Stuttgart 1740, S. 951.

[4] Johann Albrecht Bengel: Sechzig erbauliche Reden über die Offenbarung Johannis oder vielmehr JEsu Christi, etc. Stuttgart 1747, S. 419.

der Tradition apokalyptischer Spekulationen beeinflussen, vor allem durch den Pietisten David Wendelin Spindler, in dessen Haus Bengel nach dem frühen Tod des Vaters aufwuchs, und später durch die Spekulationen des Theologieprofessors Johannes Coccejus. Dieser hatte den Gedanken einer „göttlichen Ökonomie" in die Welt gesetzt, d.h. die Auffassung, in der Geschichte verwirkliche sich ein ganz bestimmter Heilsplan Gottes, der den Gesamtverlauf der Geschichte im einzelnen festlege.[5] Bengel griff diesen Gedanken auf, stellte seine eigenen Berechnungen an, entdeckte den „apokalyptischen Schlüssel", mit dem er die Visionen der Offenbarung Johannis mit historischen Ereignissen zur Deckung bringen und folglich die Gesamtdauer der Weltgeschichte berechnen konnte; und er datierte schließlich den Beginn des Tausendjährigen Reichs auf das Jahr 1836.[6]

Bengel sah den Geschichtsprozess dialektisch, zunächst in dem Sinne, dass die Erlösung umso näher ist, je mächtiger sich das Böse in der Welt zeigt. 1747 konstatierte er, mit Blick auf den von ihm errechneten Beginn des Tausendjährigen Reichs im Jahre 1836: „Der Teufel hat einen großen Grimm, weil er weiß, daß er wenig Zeit auf Erden hat. Von dieser wenigen Zeit ist nun gar ein Kleines noch übrig, ein Ziemliches unter 100 Jahren. Wie groß muß daher sein Grimm jetzt sein?"[7] Doch diese Entwicklung ist es nicht allein, die dem Heilsplan Gottes entspricht, entscheidender noch ist die Annahme, dass mit der Zunahme des Bösen zugleich die Einsicht in Verlauf, Sinn und Ziel der Geschichte wächst: „Die Offenbarung geht stufenweise, bis sie zu uns gelangt."[8] Und diese nun höhere Offenbarung verleiht eine geradezu vollkommene Erkenntnis der „Dinge" und „Zeiten".[9] Für Bengel hatte diese Erkenntnis nicht nur theoretischen Wert, sondern vermittelte dem Leben in der gegenwärtigen Zeit eine Orientierung auf das anstehende Ende hin: „Damit hat die Gemeinde des Herrn ihre völlige Unterrichtung, daß man immer wissen kan, woran man seye."[10] Allerdings war Bengel von seiner Erkenntnis der ‚Zeiten' so überwältigt, dass er keine weiteren Konsequenzen aus der Erkenntnis der ‚Dinge' zog. Sein Schüler Oetinger jedoch münzte den Anspruch, der Bengels Erkenntnis der Dinge und Zeiten implizit war, explizit um.

---

[5] Siehe Gottlob Schrenk: Gottesreich und Bund im älteren Protestantismus, vornehmlich bei Johannes Coccejus. Zugleich ein Beitrag zur Geschichte des Pietismus und der heilsgeschichtlichen Theologie. Darmstadt 1967, S. 234f.
[6] Bengel: Sechzig erbauliche Reden (wie Anm. 4), S. 6; ders.: Erklärte Offenbarung Johannis (wie Anm. 3), S. 943 u.ö. – Bengel war allerdings der Ansicht, dass das in der Offenbarung Johannis prophezeite Tausendjährige Reich zweimal Tausend Jahre dauern werde. Zu Bengels heilsgeschichtlicher Theologie vgl. Ernst Benz: Endzeiterwartung zwischen Ost und West. Studien zur christlichen Eschatologie. Freiburg 1973, S. 38ff.; Ders.: Johann Albrecht Bengel und die Philosophie des deutschen Idealismus. In: Deutsche Vierteljahrsschrift für Literaturwissenschaft und Geistesgeschichte 27 (1953), S. 528–554; Gottfried Mälzer: Bengel und Zinzendorf. Zur Biographie und Theologie Johann Albrecht Bengels. Witten 1968, S. 19ff.
[7] Bengel: Sechzig erbauliche Reden (wie Anm. 4), S. 426.
[8] Ebd., S. 7.
[9] Bengel: Erklärte Offenbarung Johannis (wie Anm. 3), S. 96.
[10] Bengel: Sechzig erbauliche Reden (wie Anm. 4), S. 6.

Friedrich Christoph Oetinger (1702–1782), Theologe und Philosoph, „Universalwissenschafter"[11] und „Eklektizist",[12] nahm zahlreiche und verschiedenartige Einflüsse in sein Welt- und Geschichtsbild auf.[13] Das Studium in Tübingen, ab 1722, machte ihn mit der Leibniz-Wolffschen Philosophie bekannt. Bald schon jedoch entdeckte er Jakob Böhme, der ihm half, „aus dem trockenen, unlebendigen, mechanistischen Schema des Leibniz-Wolffischen Systems auszubrechen".[14] Außerdem studierte er die jüdische Kabbala. Fasziniert war er auch von der Mystik des Grafen von Zinzendorf, den er nach seinem Studium zweimal in Herrnhut besuchte; allerdings war ihm Zinzendorf zu wenig bibeltreu. Bereits in Tübingen, erneut dann während seiner Dozententätigkeit in Halle, kam Oetinger mit hermetischem und alchemistischem Gedankengut in Berührung, und er experimentierte selbst im Laboratorium, wahrscheinlich bis an sein Lebensende.[15] Er stand mit rosenkreuzerischen Sozietäten in Verbindung,[16] und im späteren Leben liebäugelte er sogar mit dem Spiritismus Swedenborgs.[17] Stets jedoch, sein ganzes Leben lang,

---

[11] Friedhelm Groth: Die „Wiederbringung aller Dinge" im württembergischen Pietismus. Theologiegeschichtliche Studien zum eschatologischen Heilsuniversalismus württembergischer Pietisten des 18. Jahrhunderts. Göttingen 1984, S. 91.

[12] Rainer Piepmeier: Aporien des Lebensbegriffs seit Oetinger. Freiburg, München 1978, S. 49.

[13] Zur intellektuellen Biographie Oetingers siehe: Friedrich Christoph Oetingers Leben und Briefe, als urkundlicher Commentar zu dessen Schriften. Hg. v. Karl Christian Eberhard Ehmann. Stuttgart 1859; Martin Weyer-Menkhoff: Christus, das Heil der Natur. Entstehung und Systematik der Theologie Friedrich Christoph Oetingers. Göttingen 1990 (Arbeiten zur Geschichte des Pietismus 27), bes. S. 31–102; Ulrike Kummer: Autobiographie und Pietismus. Friedrich Christoph Oetingers ‚Genealogie der reellen Gedanken eines Gottes=Gelehrten.' Untersuchungen und Edition. Frankfurt a.M. 2010.

[14] Erich Beyreuther: Die Entdeckung der „Zentralschau" Jakob Böhmes. In: Friedrich Christoph Oetinger: Sämtliche Schriften. Gesammelt u. hg. v. Karl Christian Eberhard Ehmann. Eingel. u. neu hg. v. Erich Beyreuther. Zweite Abteilung: Theosophische Schriften. 2. Bd.: Swedenborgs irdische und himmlische Philosophie. Stuttgart 1977, S. XIII–XVIII, hier S. XIII; vgl. Kummer: Autobiographie und Pietismus (wie Anm. 13), S. 86f.

[15] Oetinger war bekannt und korrespondierte mit dem hermetisch-alchemistischen Arzt Johann Friedrich Metz, der später, 1768/69, den jungen Goethe in Frankfurt von einer lebensbedrohenden Krankheit mittels einer „Universalmedizin", eines geheimnisvollen „Salzes", heilte und Goethe auch „gewisse mystische chemisch-alchemistische Bücher" empfahl. – Johann Wolfgang von Goethe: Aus meinem Leben. Dichtung und Wahrheit. In: Goethes Werke. Hamburger Ausgabe. Hg. v. Erich Trunz. Bd. 9. München 1981, S. 340–343; zu Oetinger und Metz siehe Rolf Christian Zimmermann: Das Weltbild des jungen Goethe. Studien zur hermetischen Tradition des deutschen 18. Jahrhunderts. Bd. 1: Elemente und Fundamente. München 1969, S. 175–184 u.ö.; zu Oetingers Beschäftigung mit Hermetik und Alchemie siehe auch Piepmeier: Aporien des Lebensbegriffs seit Oetinger (wie Anm. 12), S. 27–30, 104–109; Kummer: Autobiographie und Pietismus (wie Anm. 13), S. 13, 17–26.

[16] Kummer: Autobiographie und Pietismus (wie Anm. 13), S. 13, 24–26.

[17] Friedrich Christoph Oetinger: Swedenborgs und anderer irdische und himmlische Philosophie zur Prüfung des Besten ans Licht gestellt. In: Ders.: Sämmtliche Schriften. Zweite Abtheilung. 2. Bd. (wie Anm. 14); Friedrich Christoph Oetinger: Beurtheilungen der wichtigen Lehre von dem Zustand nach dem Tod, und der damit verbundenen Lehren des berühmten Emanuel Swedenborg (1771). In: Ders.: Abhandlungen von den letzten Dingen, desgleichen über Homiletik und Katechetik etc. In: Ders.: Sämmtliche Schriften. Zweite Abtheilung. Bd. 6. Hg. v. Karl Christian Eberhard Ehmann. Stuttgart 1864, S. 194–225. Dazu Weyer-Menkhoff: Christus, das

*Apokalyptisch-esoterische Universalwissenschaft* 315

blieb Oetingers Leitstern sein Lehrer Bengel. Auch wenn er in manchem über Bengel hinausging, dessen eschatologischer Heilsuniversalismus blieb unerschüttertes Fundament seines eigenen Denkens, und das heißt, dass das Zentrum dieses Heilsuniversalismus, nämlich der Chiliasmus, der Glaube an das baldige Kommen des Tausendjährigen Reiches, auch für Oetinger Dreh- und Angelpunkt seiner ‚pansophischen' Bestrebungen war. Er betonte, dass „mein und Bengels System *quoad philosophica* ein Ding seie. Bengels Endzweck ist *Chiliasmum orthodox* zu machen. Mein Endzweck ist diesem nicht entgegen".[18] Demzufolge brauchte Oetinger auch nicht noch einmal im Einzelnen nachzuweisen, dass das Tausendjährige Reich „nicht mehr ferne sei, welches ich inzwischen aus Bengels Zeitrechnung voraussetze". Umso größeres Gewicht legte er auf die Notwendigkeit, „daß man sich dazu vorbereiten soll".[19] Und diese Vorbereitung sollte „nach dem besten Modell der güldenen Zeit" erfolgen,[20] für die nicht nur das Tausendjährige Reich seines Lehrers, sondern auch die „Lilienzeit" Jakob Böhmes Pate stand.[21] Oetinger zeichnete das Tausendjährige Reich als wohlgeordnete Gesellschaft mit sozialer Gleichheit, politischer Gerechtigkeit und moralischer Integrität;[22] und er verriet damit wie Bengel den zugrundeliegenden Protest gegen die politischen, gesellschaftlichen und moralischen Übelstände seiner Zeit. Die Fürsten ermahnte er, „aus den Motiven der Vorbereitung auf die letzte Zeit [...] der Unterthanen Wohlfahrt für ihre eigene halten" und „vernünftig reformiren" zu wollen.[23]

Aber die Vorbereitung auf die letzte Zeit sollte noch umfassender sein. Schon 1748 hatte Oetinger auch eine Reform der Wissenschaften für nötig erachtet, denn er unterstellte, die zeitgenössischen Wissenschaften seien relativistisch, indifferent gegenüber der Wahrheit. Und da er mit Bengel an das baldige Kommen des Tausendjährigen Reichs glaubte, war für ihn die künftige Reform der Wissenschaften gewiss:

> Mit der Wahrheit, auch nur mit deren Typus indifferent umgehen, ist eine Seuche unserer Zeit, und gelobet sei der Herr, der uns durch Bengels Offenbarungs-Erklärung ein festes Zeichen und eine gewisse Standarte gegeben. Ich weiß, daß alle Wissenschaften, Astronomie, Mathe-

---

Heil der Natur (wie Anm. 13), S. 186–190. Siehe auch Friedemann Stengel: Aufklärung bis zum Himmel. Emanuel Schwedenborg im Kontext der Theologie und Philosophie des 18. Jahrhunderts. Tübingen 2011. Zu Oetinger Kap. 5.2.

[18] Oetinger: Swedenborgs und anderer irdische und himmlische Philosophie (wie Anm. 16), S. 299. Hierzu siehe Friedhelm Groth: ‚Olle Kamellen' zu Friedrich Christoph Oetinger, vor 10 und 20 Jahren geschrieben von FG und hier zum 300. Geburtstag des „Helden" neu aufgetischt im Jahr 2002, URL: http://www.kaffeestuebchen.eu/pastoerchen/oetinger.htm, [19.08.2010], S. 4f.; ders.: Die „Wiederbringung aller Dinge" im württembergischen Pietismus (wie Anm. 11), S. 109–118; Piepmeier: Aporien des Lebensbegriffs seit Oetinger (wie Anm. 12), S. 191–206.

[19] Friedrich Christoph Oetinger: Die güldene Zeit oder Sammlung wichtiger Betrachtungen von etlichen Gelehrten zur Ermunterung in diesen bedenklichen Zeiten zusammen getragen (1759). In: Ders.: Abhandlungen von den lezten Dingen (wie Anm. 17), S. 1–145, hier S. 7.

[20] Ebd., S. 9.
[21] Vgl. ebd., S. 139f.
[22] Ebd., S. 29f.
[23] Ebd., S. 32f.

matik, Physik, Chemie, Metaphysik, Moral etc. dadurch eine Reform über kurz oder über lang werden leiden müssen.[24]

Man darf wohl unterstellen, dass Oetinger mit den esoterischen ‚Ergänzungen' seiner Theologie – Böhme, Hermetik, Alchemie – „eine Einheit von Naturkunde und Theologie anstrebte, bei der die Bibel dem Verständnis der Natur und umgekehrt die Natur dem Verständnis der Bibel diente",[25] und dass er damit selbst einen Beitrag zur Reform der Wissenschaften und zur Vorbereitung auf das Tausendjährige Reich leisten wollte.

In seiner Schrift *Die güldene Zeit* (1759) führte Oetinger dann aus, worauf die noch umfassendere Reform der Wissenschaften hinauslaufen sollte und was die Grundlage dieser Reform (und nicht nur der Reform der Wissenschaften) sein würde. Das Tausendjährige Reich nämlich wird nach Oetingers Meinung dadurch gekennzeichnet sein, dass die spirituelle und auch die gesellschaftliche Ordnung aus einem einzigen Prinzip fließt, und dieses Prinzip ist das „Priesterthum Jesu", definiert als „der Grund und die Quelle aller wahren Wissenschaft". Diese einzige, zentrale Wissenschaft wird allen Menschen intuitiv zugänglich sein, denn Jesus wird „alles Wissenschaftliche anschauend darstellen, leicht begreiflich machen, und das Überflüssige und Verwirrte in den Wissenschaften abschaffen"; „alle Gaben des Geistes werden offenbar werden".[26] Wie kann man sich nun auf diesen künftigen Zustand vorbereiten? Am besten dadurch, dass man schon jetzt die gegenwärtige Zersplitterung der Wissenschaften aufhebt und den Grund für die künftige Universalwissenschaft legt; und dies heißt eben zu beachten: „Das Hohepriesterthum Jesu ist die Quelle aller Wissenschaften."[27] Wird dieser Grundsatz berücksichtigt, dann folgt nämlich:

> Die Wissenschaften der Logik, d.i. der Vernunftlehre, der Ontologie, d.i. der allgemeinen Begriffe, der Kosmologie, d.i. der Welt, der Pneumatologie, d.i. der Geister, der Psychologie, d.i. der Seele, der Theologie, der Astronomie, der Physik, der Moral, der Arithmetik, Geometrie und Algebra sind zwar großer Eitelkeit unterworfen, weil sie sich von dem Hohepriesterthum Jesu abgerissen, und nicht auf der rechten Wurzel stehen; jedoch sind sie alle in der Hand Jesu; er offenbart durch sie alles Verborgene; durch sie lauft es, daß alles stückweise sich auswickle, damit es einmal in der Vollkommenheit intuitiv beisammen stehe, und von den Kindern Gottes gesehen werde.[28]

Um also auf diesen künftigen Zustand der Vollkommenheit hinzuwirken, ist es in Oetingers Augen angeraten, jetzt schon die Zersplitterung hauptsächlich derjenigen

---

[24] Oetingers Briefe an den Grafen von Castell vom Jahre 1748. In: Friedrich Christoph Oetingers Leben und Briefe, als urkundlicher Commentar zu dessen Schriften (wie Anm. 13), S. 557–570, hier S. 561.
[25] Kummer: Autobiographie und Pietismus (wie Anm. 13), S. 17.
[26] Oetinger: Die güldene Zeit (wie Anm. 19), S. 138, 141, 28.
[27] Ebd., S. 138.
[28] Ebd., S. 139.

Wissenschaften aufzuheben, welche sich auf den physischen Bereich, auf die Seele und auf die rechtliche Ordnung von Staat und Gesellschaft beziehen:

> Was aber die Wissenschaft der Rechte und die Wissenschaft des Lebens an Leib und Seele betrifft, so wollen wir das Unebene und Höckerichte gleich zu machen vorschlagen, damit diese drei Wissenschaften, nemlich Jus, Theologie und Medicin, nur eine Wissenschaft aus einer einzigen Grundweisheit seien. Denn die Zerreißung der Wissenschaften ist eine Folge der verderbten Zeit; die Vereinigung der Wissenschaften gehört zur Vorbereitung auf die güldene Zeit.[29]

„Ganze Universitäten und Akademien sollen sich vorbereiten",[30] appellierte Oetinger. Ob im Zuge der Vorbereitung auf die güldene Zeit auch die politischen Verhältnisse reformiert werden könnten, scheint Oetinger fraglich gewesen zu sein: „Daß Könige und Fürsten ihre Anstalten verbessern, ist nicht allezeit in ihrer Macht"; doch die Reform der Wissenschaften schien ihm durchaus machbar zu sein: „[A]ber Universitäten können eher ihre Denkungsarten und Methoden verändern, und dadurch kann alles Fleisch aufgemuntert werden, bessere Menschen aus sich selbst zu machen."[31]

Offensichtlich hoffte Oetinger, dass bis zum Eintritt in das Tausendjährige Reich die Reform der Wissenschaften bewerkstelligt werden könnte. Sollte dies nicht gelingen, so wird doch nach seiner festen Überzeugung in der güldenen Zeit die Zersplitterung der Wissenschaften endgültig aufgehoben und die Vereinigung der oben genannten Wissenschaften vollzogen sein:

> Es wird nur eine einzige Grundweisheit sein. Es wird nicht Jurisprudenz und Medicin von der Theologie mehr getrennt sein, sondern es wird die Historie ein Schauplatz der öffentlichen Wege Gottes, ja der ganzen Providenz und aller Sprüche Salomons sein. Die Theologie und Metaphysik wird nicht mehr unterschieden sein; sie wird die Quelle sein aller Erkenntnis. Das Recht wird aus der Theologie fließen, und die Medicin wird nichts sein, als eine emblematische Theologie; nemlich, man wird an Seelen und Leibern, an Kräutern, Thieren und Steinen die Abbildungen aller Kräfte der Wesenheiten in dem einzigen Grund, woraus alles geht, sehen.[32]

Das Konzept der Universalwissenschaft antizipierte spirituell den erwarteten Zustand der Vollkommenheit. Die Universalwissenschaft sollte diesen Vorgriff leisten, indem sie alle Dimensionen der menschlichen Existenz, ja, die Realität insgesamt erfasst, deren Sinn deutet und damit den Zustand der Defizienz im *Bewusstsein* bereits beendet, d.h. Nicht-Wissen, Zweifel und Unsicherheit beseitigt. Charakteristisch ist, dass die Konzeption der Universalwissenschaft von der apokalyptischen Sinndeutung der Geschichte angestoßen wird: Die Geschichte wird von Bengel und Oetinger als Prozess ‚stufenweise' fortschreitender Offenbarung verstanden, bis sie kurz vor ihrem Umschlagen in den Zustand der Vollkommenheit den Gipfel umfassender Erkenntnis der ‚Dinge' und ‚Zeiten' erreicht und demnach

---

[29] Ebd., S. 9.
[30] Ebd., S. 8.
[31] Ebd., S. 9.
[32] Ebd., S. 47f.

auch – so Oetingers Schlussfolgerung – die Konzeption einer Universalwissenschaft ermöglicht.

Rainer Piepmeier hat darauf hingewiesen, dass Oetingers Konzeption einer Universalwissenschaft auch alchemistisch begründet ist.[33] In der Tat gibt es Ausführungen Oetingers über die „Wissenschaft des Lebens" als vornehmster Wissenschaft, die diese in die Nähe der von ihm apostrophierten „Grundweisheit" rücken, zugleich aber ihre Herkunft aus hermetischem Gedankengut verraten:

> Unter den Wissenschaften ist die Wissenschaft des Lebens die vornehmste: durch sie lernt man, wie in der todten Materie die bildenden Kräfte zu dem Leben erweckt werden; sie geht mit dem Leben und Licht um, und wenn die Arithmetik, Geometrie, Musik und Astronomie[34] dazu kommen, so wird die Wissenschaft des Lebens vollkommen. Melchisedek hatte die Wissenschaft des Lebens [...]. Man glaubt mit Grund, Melchisedek sei der Sem selbst gewesen, und von diesem sei die priesterliche Wissenschaft des Lichts und Feuers auf Hermes Trismegistus, welchen Hiller[35] für einen nahen Descendenten Noä hält, gebracht worden, und durch diesen habe diese Wissenschaft im Verborgenen ihren Gang bis auf Arnd[36] und bis auf unsere Zeiten erhalten. Arnd ist ein wirklicher Besizer dieser Wissenschaft gewesen, Jakob Böhme war es nur in der Theorie.[37]

Das Priestertum des Melchisedek wurde theologisch als Vorausdeutung auf das Priestertum Jesu verstanden.[38] Wenn nun nach Oetingers Auffassung in der güldenen Zeit „der Grund und die Quelle aller wahren Wissenschaft" das „Priesterthum Jesu" ist, so kann die „Wissenschaft des Lebens", die Melchisedek hatte und die dann durch Hermes Trismegistus weitergegeben wurde (also die hermetisch-alchemistische Wissenschaft) als Vorausdeutung und Vorstufe der Universalwissenschaft des Tausendjährigen Reichs angesehen werden. Insofern erscheint die Bindestrich-Formulierung einer ‚apokalyptisch-esoterischen' Grundierung des Strebens nach einer Universalwissenschaft als gerechtfertigt. Letztlich ausschlaggebend für die Konzeption einer Universalwissenschaft war aber doch der apokalyptische Impuls, wie Friedhelm Groth zu Recht unterstrich:

> Oetingers lebenslanges Bemühen um eine Einheitswissenschaft, in der Theologie, Philosophie und Naturwissenschaften innig miteinander harmonieren, sein Bemühen um ein System aller theologischen Erkenntnisse, abgeleitet aus der idea vitae, lassen sich von Bengels apokalypti-

---

[33] Piepmeier: Aporien des Lebensbegriffs seit Oetinger (wie Anm. 12), S. 202–204, vgl. S. 105.
[34] Das quadrivium der artes liberales.
[35] Philipp Friedrich Hiller (1699–1769), pietistischer Theologe und Pfarrer, Kirchenlieddichter (v.a. *Johann Arndts ‚Paradiesgärtlein geistreicher Gebete' in Liedern*), Schüler Bengels und Multiplikator der Bengelschen Theologie.
[36] Johann Arndt oder Arnd (1555–1621), Pfarrer an verschiedenen Orten, zuletzt Generalsuperintendent für Lüneburg, war mit seinen mystisch beeinflussten Erbauungsbüchern *Vier Bücher vom wahren Christentum* und *Paradiesgärtlein* Wegbereiter des Pietismus.
[37] Oetinger: Die güldene Zeit (wie Anm. 19), S. 139f.
[38] Gen 14,18–20; Ps 110,4; Hebr 5,5–10; 6,20–8,2. – Vgl. Oetinger: Die güldene Zeit (wie Anm. 19), S. 140ff.

schen Erkenntnissen her begreifen, denen Oetinger bis in alle Details hinein als treuer Schüler folgt.[39]

Ernst Benz hat gezeigt, wie nachhaltig Bengel und Oetinger – und durch Vermittlung Oetingers auch Jakob Böhme – auf Schelling gewirkt haben.[40] In Briefen und Gesprächen bekannte sich Schelling auch zu seinen schwäbischen „theologischen Geistesahnen", so z.B. 1803 in einem Gespräch mit dem Oetinger-Schüler Christian Gottlob Pregizer[41] in Murrhardt, Oetingers letzter Wirkungsstätte. Pregizer erinnerte Schelling in einem Brief von 1809 an dieses Gespräch:

> Es ist mir noch wohl innerlich, daß wir damals Vieles von Oetinger und Böhm, den zween ächt aufgeklärten Zeugen und Herolden der göttlichen Wahrheit sprachen. Es ist mir nun sehr erfreulich, daß Sie mich nach 6 Jahren schriftlich versichern, wie theuer Ihnen Oetingers Schriften seyen.[42]

Einige dieser Schriften, vor allem auch *Die güldene Zeit*, sandte Pregizer mit diesem Brief an Schelling.[43] Und Schelling intendierte wie Oetinger eine Universalwissenschaft als spirituelle Vorwegnahme der Vollkommenheit. Auch Schellings Intention ist das Ergebnis einer Geschichtsdeutung; er sieht in der Universalwissenschaft den Sinn der Geschichte offenbar werden. Schelling scheint Bengels Gedanken fast wörtlich aufzugreifen, wenn er 1804 die Geschichte als „eine successiv sich entwickelnde Offenbarung Gottes" bezeichnet;[44] und er sieht in seinem späteren Werk diesen Prozess in der Vereinigung aller Wissenschaften münden, vor allem der spekulativen Philosophie und der Wissenschaften, die sich mit den Realien befassen: „Dann wird zwischen der Welt des Gedankens und der Welt der Wirklichkeit kein Unterschied mehr seyn." Die Universalwissenschaft antizipiert den Zustand der Vollkommenheit: „Es wird Eine Welt seyn und der Friede des goldnen Zeitalters zuerst in der einträchtigen Verbindung aller Wissenschaften sich verkünden." Da dieses Goldene Zeitalter in der Zukunft liegt, hat es wohl weniger mit der mythischen Vorstellung der Antike zu tun als mit der *güldenen*

---

[39] Groth: ‚Olle Kamellen' zu Friedrich Christoph Oetinger (wie Anm. 18), S. 4.
[40] Ernst Benz: Schellings theologische Geistesahnen. Abhandlungen der Akademie der Wissenschaften und der Literatur in Mainz, Nr. 3, 1955. Mainz 1955; ders.: Johann Albrecht Bengel und die Philosophie des deutschen Idealismus (wie Anm. 6); siehe auch Kummer: Autobiographie und Pietismus (wie Anm. 13), S. 45f.
[41] Christian Gottlob Pregizer (1751–1824), wichtiger Vertreter der schwäbischen pietistischen Spätphase des 18. Jahrhunderts, Anhänger des Bengel-Oetingerschen Chiliasmus, Begegnung mit Oetinger schon während des Studiums am Tübinger Stift, hernach Lehrer und Vikar in dessen Nähe. – Gotthold Müller: Christian Gottlob Pregizer (1751–1824). Biographie und Nachlaß. Stuttgart 1962; Groth: Die „Wiederbringung aller Dinge" im württembergischen Pietismus (wie Anm. 11), S. 162–166.
[42] Müller: Christian Gottlob Pregizer (wie Anm. 41), S. 497; zitiert nach Groth: Die „Wiederbringung aller Dinge" im württembergischen Pietismus (wie Anm. 11), S. 166.
[43] Ebd., S. 165.
[44] Friedrich Wilhelm Joseph Schelling: Philosophie und Religion (1804). In: Schellings Werke. Nach der Originalausgabe in neuer Anordnung. Hg. v. Manfred Schröter. München 1927. Bd. 4, S. 1–60, hier S. 47.

*Zeit* Oetingers. Wie Oetinger lässt Schelling hier Endzeitbewusstsein erkennen; „eine kurze Zeit" nur noch erwartet er bis zum Durchbruch der Universalwissenschaft: „Unserem Zeitalter schien es vorbehalten, zu dieser Objektivität der Wissenschaft wenigstens den Weg zu öffnen."[45]

Schelling verstand sein späteres philosophisches Werk als einen Versuch, „der zu jener künftigen objektiven Darstellung der Wissenschaft einige Vorbereitung enthält".[46] Das theoretische Konzept einer Vereinheitlichung der Wissenschaften lief auf die Aufhebung der Kluft zwischen Transzendentalphilosophie und herkömmlicher Naturphilosophie hinaus, ja, hatte letztlich das Ziel, „Philosophie mit Natur wieder zu vereinigen".[47] Dieses Konzept nun, das man durchaus ‚holistisch' nennen kann, war nicht apokalyptisch grundiert, sondern eher esoterisch, beeinflusst durch die hermetische Tradition, die sowohl von Marsilio Ficino, als auch – unter der Bezeichnung ‚Theosophie' – von Böhme über Oetinger zu Schelling vermittelt worden war.

Das hauptsächliche Anliegen Schellings war es, die Trennung zwischen dem Ich als Erkenntnissubjekt und der Natur als Objekt der Erkenntnis zu überwinden. Diese Trennung hatte die Transzendentalphilosophie seit Descartes dominiert und wurde zu Schellings Zeit besonders prononciert durch Fichte vertreten. Fichte definierte die Natur als „Nicht-Ich", was im Grunde genommen der Natur als bloßem Erkenntnisobjekt einen eigenständigen Realitätsstatus absprach. In Schellings Augen ließ diese Theorie die Natur als tote Materie erscheinen, die „zu nichts weiter da ist, als gebraucht zu werden".[48] Er kritisierte an Fichte, dieser habe „die Ichheit zum Princip der Philosophie" gemacht[49] und die Natur auf ein „bloß Mechanisches" reduziert.[50] Ein solches Verständnis habe die Konsequenz, dass die Natur den destruktiven Zielsetzungen des Menschen unterworfen werde, „denn soweit nur immer die Natur menschlichen Zwecken dient, wird sie getödtet".[51]

Im Gegensatz zur dichotomischen Erkenntnistheorie und zur mechanistischen Naturauffassung entwickelte Schelling ein Verständnis der Natur als eines lebendigen und aktiven Kosmos, in dem „auch die Entwicklung des göttlichen Lebens anfängt".[52] Dieser Kosmos trägt seine lebenserzeugenden, ja, sogar die Geschichte konstituierenden polaren Kräfte in sich: die „centripetalen" und „centrifugalen" Kräfte, das „für-sich-selbst-Seyn" der „Ichheit" und die „Wiederauflösung in die

---

[45] F.W.J. Schelling: Die Weltalter (1813). In: Schellings Werke (wie Anm. 44). Bd. 4, S. 571–720, hier S. 581f.
[46] Ebd., S. 582.
[47] Ebd., S. 581.
[48] F.W.J. Schelling: Darlegung des wahren Verhältnisses der Naturphilosophie zu der verbesserten Fichteschen Lehre (1806). In: Schellings Werke (wie Anm. 44). Bd. 3, S. 595–720, hier S. 611, vgl. S. 704.
[49] Ebd., S. 620.
[50] Ebd., S. 612, vgl. S. 605.
[51] Ebd., S. 612.
[52] Schelling: Die Weltalter [1813] (wie Anm. 45), hier S. 581.

Absolutheit".[53] Der Mensch als Erkenntnissubjekt ist Teil dieses umfassenden Ganzen.[54] Dies Verständnis entsprach den Grundsätzen hermetischer Weltanschauung, wie sie zu dieser Zeit auch von Herder und Goethe zum Ausdruck gebracht wurden. Herder fand in den astronomischen Entdeckungen Keplers und Newtons und in des letzteren Mechanik und Optik die Bestätigung des hermetischen Polaritätsprinzips von Attraktion und Repulsion, Konzentration und Expansion. Und dieses Prinzip sah er auch im lebendigen Organismus der Völker wirken, desgleichen im Verhältnis der Menschen untereinander.[55] Goethe war besonders von der psychologischen Auffassung des Polaritätsprinzips fasziniert, das er als grundlegendes existentielles Spannungsgefüge der „Verselbstung" und „Entselbstigung" verstand.[56] Der hermetischen Weltanschauung mag man nicht unbedingt den Rang einer Universalwissenschaft zuweisen, aber für viele Zeitgenossen um 1800 war sie zentraler Schlüssel für die Erkenntnis der anorganischen Welt, der organischen Natur und der menschlichen Psyche. Insofern kann man sie als ‚Nachfolgemodell' der chiliastisch inspirierten Universalwissenschaft betrachten.

---

[53] Schelling: Philosophie und Religion [1804] (wie Anm. 44), hier S. 32f., 47.
[54] Siehe hierzu auch Wolfdietrich Schmied-Kowarzik: Friedrich Wilhelm Joseph Schelling (1775–1854). In: Klassiker der Naturphilosophie. Hg. v. Gernot Böhme. München 1989, S. 247–255.
[55] Siehe Klaus Vondung: Herder und die hermetische Tradition. In: Jan Data u. Marian Szczodrowski (Hg.): Johann Gottfried Herders humanistisches Denken und universale Wirkung. Gdansk 1997, S. 31–48; ders.: Von der Naturmystik zur Biomystik. In: Biomystik. Natur – Gehirn – Geist. Hg. v. Christoph F. E. Holzhey. München 2007, S. 23–30.
[56] Goethe: Aus meinem Leben. Dichtung und Wahrheit (wie Anm. 15), S. 353; vgl. Zimmermann: Das Weltbild des jungen Goethe (wie Anm. 15), S. 47–56, 185–219.

ANNETTE GRACZYK

# Lavaters Neubegründung der Physiognomik zwischen Aufklärung, christlicher Religion und Esoterik

## I  „Charlatanerie und leere Träumerei". Lavaters Abgrenzung von der älteren Physiognomik

Als der Züricher Theologe Johann Caspar Lavater sein großes Werk über die Physiognomie begann, besaß das seit der Antike tradierte Gebiet eine äußerst schlechte Reputation. Die Kunst, aus den Gesichtszügen eines Menschen seinen Charakter erkennen zu wollen, wurde 1765 im zwölften Band der *Encyclopédie* im Artikel „Physionomie" von Louis de Jaucourt mit Bezug auf Buffon grundsätzlich als unzulässige Pseudo-Wissenschaft, als „Scienc[e] imagin[aire]" eingestuft. Die Form der Nase, des Mundes oder anderer Gesichtszüge trage ebenso wenig zum Naturell einer Person bei, wie die Größe oder Dicke ihrer Glieder Einfluss auf ihr Denken habe. Zwar seien die Ambitionen der Physiognomik lächerlich, doch habe es zu allen Zeiten Versuche gegeben, diese „Art von Vorurteil" zu einer „divinatorischen Wissenschaft" zu erheben.[1]

Der Physiognomik stand besonders im Wege, dass sie lange Zeit mit den Wahrsagekünsten verbunden gewesen war. Die Suche der älteren Physiognomik nach naturmagischen Korrespondenzen und analogischen Beziehungen zwischen Makro- und Mikrokosmos entsprach nicht mehr dem neueren Wissenschaftsverständnis. Man sah die ältere Physiognomik durch ihre Nähe zur Astrologie (etwa in der Deutung der Stirnlinien) sowie genereller durch ihre Nachbarschaft zur Spekulation (etwa in der Voraussagung von Glück und Unheil) kompromittiert. Zedlers *Universal-Lexicon* führt 1741 im Artikel „Physiognomica" in diesem Sinne noch drei traditionelle Unterabteilungen der Physiognomik an: die „Metoposcopie, welche mit der Stirne zu thun hat, die Chiromantie, so auf die Linien in den Händen gerichtet" und „die Podoscopie, welche die Füsse betrachtet".[2] Die ersten beiden gehen als zentrale Bestandteile noch in die Physiognomik von Christian

---

Meine Studie ist Teil eines größeren Projektes, das ich von 2007 bis 2010 am Interdisziplinären Zentrum für die Erforschung der Europäischen Aufklärung in Halle im Rahmen der DFG-Forschergruppe „Die Aufklärung im Bezugsfeld neuzeitlicher Esoterik" zum Thema „Hieroglyphik und Natursprache" durchgeführt habe.

[1] [Louis de Jaucourt]: Art. Physionomie. In: Encyclopédie, ou Dictionnaire raisonné des sciences, des arts et des métiers. Hg. v. Denis Diderot u. Jean le Rond d'Alembert. Paris, Neuchâtel, 1751–1780, hier Bd. 12 (1765), S. 538. Dt. Übers. im Auswahlband: Die Welt der Encyclopédie. Hg. v. Anette Selg u. Rainer Wieland. Aus dem Franz. v. Holger Fock u.a. Frankfurt a.M. 2001, S. 324.

[2] Art. Physiognomica. In: Johann Heinrich Zedler: Grosses vollständiges Universal-Lexicon aller Wissenschafften und Künste. Leipzig u.a. 1732–1754. Bd. 27 (1741), Sp. 2239f.

Adam Peuschel ein, die 1769 erschien, d.h. nur wenige Jahre, bevor Lavater – nach einer ersten Bekanntmachung seiner Ideen 1772[3] – den Ertrag seiner Arbeiten von 1775 bis 1778 unter dem Titel *Physiognomische Fragmente* in vier reich illustrierten Folianten herausgab.[4]

Peuschel verspricht in seiner *Abhandlung von der Physiognomie, Metoposcopie und Chiromantie*, „die Gewißheit der Weissagungen aus dem Gesichte, der Stirn und den Händen gründlich" darzutun.[5] In seinem an Signaturenlehre und Astrologie orientierten Lehrbuch, das weitgehend eine Kompilation der physiognomischen Anschauungen des vorausgegangenen Jahrhunderts ist, führt er insbesondere die Stirnlesekunst auf das hermetische Wissen der „alten Griechen" zurück: Sie verdanke sich „ohne Zweifel dem Hermes", auch wenn man den ersten Erfinder nicht genau bestimmen könne.[6] Peuschel selbst unterscheidet auf der menschlichen Stirn sieben Hauptlinien, die als Einflusslinien der sechs Planeten sowie der Sonne bestimmt werden und die er daher mit den entsprechenden Planetenzeichen versieht. In diese Linien seien nun weiter entweder glückliche Zeichen wie Zirkel, Sterne, Dreiecke oder Kuben eingezeichnet, die alle „reguläre Proportionen" haben.[7] Oder sie bilden durch krummlinige Überschneidungen unglückliche unreguläre Kreuzfiguren. Diese sollen u.a. bedeuten, „daß der Mensch bei seinem bösen Leben den Galgen oder die Enthauptung zu besorgen habe".[8] Bei der Hand unterscheidet Peuschel eine „Lebenslinie" und vier weitere Linien, die u.a. die inneren Organe spiegeln wie z.B. die „Tisch- oder Gedärmlinie" oder die „Leber-, Lungen- und

---

[3] Johann Caspar Lavater: Von der Physiognomik. Leipzig 1772. ND in: Ders.: Von der Physiognomik und Hundert physiognomische Regeln. Hg. v. Karl Riha u. Carsten Zelle. Frankfurt a.M., Leipzig 1991, S. 9–62.

[4] Johann Caspar Lavater: Physiognomische Fragmente, zur Beförderung der Menschenkenntniß und Menschenliebe, 4 Bde. Zürich, Winterthur 1775–1778. Zitiert wird nach dem Faksimiledruck: Zürich 1968–69. (Nachw. v. Walter Brednow, Bd. 4, S. 3–47.) Die *Physiognomischen Fragmente* waren eine der teuersten Buchproduktionen der Zeit. Jeder Band kostete 24 Reichstaler. Vgl. Johann Caspar Lavater: Die Signatur der Seele. Physiognomische Studienblätter aus der Österreichischen Nationalbibliothek Wien. [Anläßlich der gleichnamigen Ausstellung, Galerie im Stadtmuseum Jena, 23. Juni bis 25. August 2001, Anhaltische Gemäldegalerie Dessau, 8. September bis 28. Oktober 2001.] Hg. v. Ingrid Goritschnig u. Erik Stephan. Jena 2001, S. 8.

[5] Christian Adam Peuschel: Abhandlung von der Physiognomie, Metoposcopie und Chiromantie. Mit einer Vorrede, darinnen die Gewißheit der Weißagungen aus dem Gesichte, der Stirn und den Händen gründlich dargethan wird, welcher am Ende noch einige Betrachtungen und Anweisungen zu weißagen beygefügt worden, die zur blossen Belustigung dienen, ausgefertigt von C.A. Peuschel. Leipzig 1769. Zu Peuschels Lesern zählte der junge Goethe.

[6] Ebd., S. 243.

[7] Ebd., S. 256f. Peuschel stützt sich an dieser Stelle auf Berichte des Arztes, Naturforschers und Mathematikers Girolamo Cardanus, der im 16. Jahrhundert in Pavia und Bologna als Professor Medizin lehrte. Cardanus interessierte sich – unter zahlreichen Wissensgebieten – auch für die Physiognomik, die er als Kunst, in den Rillen des Gesichts zu lesen, verstand.

[8] Ebd., S. 253.

Magenlinie".⁹ Im Weiteren kennt er noch Rillen wie die „Ehestands"- oder „Entscheidungslinien".

Zwar wendet sich auch Lavater beim Gesicht v.a. der Stirn zu, die er als „Tempel des Geistes" ansieht und daher für aussagekräftig hält. Neben dem Gesicht weist er auch den Händen eine eminente physiognomische Aussagekraft zu. Doch interessiert er sich nicht für die sogenannten Planeten- und Lebenslinien, also die Rillen und Vertiefungen, bei denen Peuschel unpersönliche Schicksalsmächte wie die Gestirne am Werk sah. Lavater beachtet Stirn und Hand vielmehr, weil er sie als *organische* Ausdrucksformen einer individuellen Konstitution, Persönlichkeit und Geistesstärke auffasst. So bewegt ihn bei der Stirn die Frage, inwieweit sich in ihren Konturen persönliche Intelligenz oder Dummheit ablesen lässt. Am Umriss und dem Aussehen der Hand diagnostiziert er nicht die Aktivität vitaler Einzelorgane wie Gedärm und Magen; er konstatiert vielmehr konstitutive Eigenschaften schlechthin wie „Plumpheit" oder „Nervenlosigkeit".[10]

Lavater ist in diesem Sinne deutlich bemüht, seine Physiognomik zu personalisieren und zu individualisieren. Vor allem aber ist er bestrebt, seine Physiognomik auf der Grundlage eines eigens von ihm angelegten, umfänglichen Archivs von Zeichnungen, Stichen, Gemälden und Schattenrissen empirisch zu untermauern und auf wissenschaftliche Grundlagen zu stellen. Er grenzt sie damit entschieden von den esoterischen und prognostischen Tendenzen der älteren und neueren Vorläufer ab: „Ich lehre nicht eine schwarze Kunst, ein Arkanum, das ich hätte für mich behalten mögen [...]. Ich lehre nur [...] in einer [...] Wissenschaft, die die allgemeinste, die alleroffenste, die das Loos und Theil jedes Menschen ist."[11] Die physiognomischen Schicksalsvorausdeutungen à la Peuschel hatte er schon 1772 im Aufsatz *Von der Physiognomik* als „Charlatanerie und leere Träumerei" abqualifiziert, die er aus dem „Reiche der wahren Wissenschaften" verbannt wissen möchte.[12]

Es ist daher aufschlussreich, wie Lavater Peuschels erwähntes Unglückszeichen eines unregelmäßigen Kreuzes, das darauf vorausdeute, dass diesem Menschen der Tod am Galgen beschieden sei, im IV. Band seiner *Physiognomischen Fragmente* aufgreift und verändert. Für Lavater ist das Zeichen nicht mehr eingeschrieben, sondern nur noch eine Hilfsvorstellung des Physiognomen, der sich damit symbolisch Rechenschaft über seinen „Totaleindruck" gibt. Demnach ließe sich angesichts jenes Kreuzes sagen: „Ich sehe Leidenschaften, Plane, Trugsinn in diesem Gesichte, die zu Thaten führen können – welche des Todes werth sind."[13]

---

[9] Vgl. ebd., S. 301.
[10] Von der Physiognomik und Hundert physiognomische Regeln (wie Anm. 3), S. 37.
[11] Physiognomische Fragmente (wie Anm. 4). Bd. I, S. 165.
[12] Von der Physiognomik und Hundert physiognomische Regeln (wie Anm. 3), S. 20. Explizit gegen Peuschel spricht Lavater sich in diesem Sinne S. 32f. aus.
[13] Physiognomische Fragmente (wie Anm. 4). Bd. IV, S. 132.

Wenngleich sich Lavater auch gelegentlich an die vier Temperamente der humoralen Säftelehre anschließt, so zielt er mit seiner Physiognomik, die er als „Kraftdeutung" oder auch „Wissenschaft der [leiblichen] Zeichen der Kräfte" versteht,[14] entschieden über die engen Schematisierungen seiner Vorgänger hinaus. Die Typen- und Signaturenkunden der Tradition lässt er aber als wichtige Vorläufer gelten. Ihnen komme es zu, die Möglichkeit einer charakteristischen Merkmalsprache als solche begründet zu haben. In diesem Sinne hebt er am Ende des vierten Bandes besonders den Beitrag Jakob Böhmes hervor. Lavater arbeitet aber selbst an einer weit flexibleren Merkmalssprache. Sie ermöglicht es ihm im Ergebnis, ein weit größeres Variantenspektrum von Charakteren und darüber hinaus auch weit komplexere Charaktere zu erfassen und zu analysieren. Das Neue an seinem Ansatz ist, dass die menschliche Phänotypik nicht mehr in starre Einzeltypen nach Art der Antike komprimiert wird, sondern sich in ein differenziertes Kurven- und Liniensystem aufteilt.[15] Lavater versteht die Physiognomien als Ergebnis unterschiedlicher, vielfach nur kleinster Abweichungen bei morphologischen Merkmalen des Körpers. In den Zügen und Umrissen, aber auch in den einzelnen Partien wie Stirn, Nase oder Mund lokalisiert er im Ergebnis weniger einen geschlossenen Charakter als vielmehr innere Anlagen und moralische Kräfte, die gemeinsam den Gesamtcharakter ergeben. Auch wenn Lavater in seiner Kommentierung die Charakterphysiognomien in polare Gegensätze auseinandertreten lässt, gibt es in seinem System der dynamisch graduellen Abstufungen fließende Übergänge, beim einzelnen Menschen aber eine Konsistenz.

Um in dem von ihm als wissenschaftlich verstandenen Ansatz für den menschlichen Charakter jeweilige körperlich-morphologische Ausdrucksäquivalente fixieren zu können, musste Lavater den Untersuchungsgegenstand allerdings einengen und bei der Charakterfixierung die allgemeinen gesellschaftlich-kulturellen Beziehungen des Betreffenden gering halten. Lavater hielt vor allem die *konstanten, festen* Züge des Körpers, insbesondere des Gesichts und Schädels, für physiognomisch relevant und bestimmte daher das Knochensystem (als Basis etwa der Gesichtsbildung) zum Fundament seiner Physiognomik. Weil er Charakterzüge fixieren wollte, musste er überdies den menschlichen Charakter weitgehend undynamisch, mit anderen Worten als relativ feste Gegebenheit auffassen. Lavater gelangte dadurch in einen Gegensatz zum gesellschaftlichen Optimismus der Aufklärung, der auf die Lernfähigkeit und Lernbereitschaft des Individuums setzte.

---

[14] Ebd., S. 39.
[15] 1789 verfasst Lavater allerdings „Geheimregeln" für einen engen Freundeskreis, die ursprünglich nur handschriftlich zirkulierten. Hier verknappte er die Grundlinien seiner Physiognomik auf Hundert vereinfachende Sentenzen; sie sind heute unter dem Titel *Hundert physiognomische Regeln* bekannt. Eine Folge dieser Verknappung war, dass seine physiognomischen Vorstellungen zu steckbriefartigen Karikaturen verkamen. Nach einer unautorisierten Veröffentlichung 1793 erschienen sie in Lavaters *Nachgelassenen Schriften* mit einer Vielzahl von Kupferstichen. ND in: Von der Physiognomik und Hundert physiognomische Regeln. Hg. v. Karl Riha u. Carsten Zelle (wie Anm. 3), S. 63–145.

## II  Die Diskussion der Forschung zu Lavaters Physiognomik

Schon viele Zeitgenossen Lavaters äußerten ein grundsätzliches Missbehagen an der Festschreibung äußerer Merkmale als Schlüssel für den menschlichen Charakter. Dieses Unbehagen hat sich im 20. Jahrhundert noch verstärkt. Angesichts der deterministischen Vermessungsmethoden von Gall seit dem Ende des 18. Jahrhunderts und im 19. Jahrhundert von Lombroso[16] sowie in der ersten Hälfte des 20. Jahrhunderts seitens der Rassentheorie, gab es in der Forschung eine vehement geführte Diskussion darüber, inwieweit Lavater mit seinen Typisierungen als Vorläufer dieser unheilvollen Entwicklung betrachtet werden muss.[17] In diesem Kontext wurde auch das Spannungsverhältnis zwischen Lavaters ganzheitlicher Leib-Seele-Auffassung einerseits und den reduktionistischen Mess- und Bildverfahren andererseits diskutiert.[18] Darüber hinaus setzte man Lavaters statische Physiognomik – mit Hilfe und im Nachvollzug der zeitgenössischen Kritik von Georg Chris-

---

[16] Franz Joseph Gall wird ab 1795 versuchen, in seiner Schädellehre Lavaters osteologische Ansätze ernsthaft anatomisch aufzugreifen. Sein vierbändiges Hauptwerk entsteht zwischen 1810 und 1819 unter dem Titel *Anatomie et Physiologie du système nerveux*. Seine später als „Phrenologie" bezeichnete Lehre, die auf der Grundannahme einer individuellen sicht- und tastbaren Ausprägung einzelner Hirnorgane im der Schädeldecke beruht, wird dann durch Cesare Lombrosos hereditäres Konzept eines „uomo delinquente" negativ besetzt. Zu Gall vgl. Wolfgang Krauss: Franz Galls Schädellehre. In: Wunderblock. Eine Geschichte der modernen Seele. Katalog zur Ausstellung der Wiener Festwochen. 27.4.–6.8. 1989. Hg. v. Jean Clair, Cathrin Pichler u. Wolfgang Pircher. Wien 1989, S. 199–204. Zu Lombroso im selben Band Mario Portigliatti Barbos: Cesare Lombrosos delinquenter Mensch (S. 587–590), sowie Peter Strasser: Die Bestie als Mensch (S. 593–600).

[17] Vgl. u.a. Hans Blumenberg: Die Lesbarkeit der Welt. 2., durchges. Aufl. Frankfurt a.M. 1983; Martine Dumont: Le succès mondain d'une fausse science: La physiognomie de Johann Kasper Lavater. In: Actes de la recherche en sciences sociales, Bd. 54. Paris 1984, S. 3–30; Umberto Eco: Sugli specchi e altri saggi. Milano 1985; Judith Wechsler: Lavater, Stereotype, and Prejudice. In: The faces of physiognomy. Interdisciplinary approaches to Johann Caspar Lavater. Hg. v. Ellis Shookman. Columbia, SC 1993, S. 104–125; Rüdiger Campe: Bezeichnen, Lokalisieren, Berechnen. In: Der ganze Mensch. Anthropologie und Literatur im 18. Jahrhundert. Hg. v. Hans-Jürgen Schings. Stuttgart 1994, S. 162–186; Claudia Schmölders: Das Vorurteil im Leibe: eine Einführung in die Physiognomik. 2. durchges. Aufl. Berlin 1997 [zuerst 1995]; Stefan Rieger: Literatur – Kryptographie – Physiognomik. Die Lektüren des Körpers und die Decodierung der Seele bei Johann Caspar Lavater. In: Geschichten der Physiognomik: Text – Bild – Wissen. Hg. v. Rüdiger Campe u. Manfred Schneider. Freiburg i.Br. 1996, S. 387–409; Werner E. Gerabek: Physiognomik und Phrenologie. Formen der populären medizinischen Anthropologie im 18. Jahrhundert. In: Medizin in Geschichte, Philologie und Ethnologie. Festschrift für Gundolf Keil. Hg. v. Dominik Groß u. Monika Reininger. Würzburg 2003, S. 35–49. Zuletzt hat Richard T. Gray diese Perspektive noch einmal extrem zugespitzt: About Face: German Physiognomic Thought from Lavater to Auschwitz. Detroit, MI, 2004.

[18] Vgl. Rotraut Fischer, Gabriele Stumpp: Die Allegorisierung des Individuums in der Physiognomik Johann Caspar Lavaters und Carl Gustav Carus. In: Natur nach Mass. Physiognomik zwischen Wissenschaft und Ästhetik. Hg. v. dens. u. Gerd Schrader. Marburg 1989, S. 11–58. Richard T. Gray: Aufklärung und Anti-Aufklärung: Wissenschaftlichkeit und Zeichenbegriff in Lavaters „Physiognomik". In: Das Antlitz Gottes im Antlitz des Menschen: Zugänge zu Johann Caspar Lavater. Hg. v. Karl Pestalozzi u. Horst Weigelt. Göttingen 1994, S. 166–178.

toph Lichtenberg – gegen das beweglichere System der Pathognomik ab, die das Ausdrucksspiel der Gefühle und Leidenschaften in Mimik und Gestik untersucht.[19]

In jüngerer Zeit ist die Perspektive der Diskussion noch einmal geöffnet worden. Es wird versucht, Lavater nicht mehr nur einlinig in einer historischen Entwicklung zu sehen, sondern ihn komplexer und offener zu verorten. Grundsätzlich ist festzustellen, dass Lavater in seiner Physiognomik durch unterschiedliche Impulse geleitet wird, die z.T. widersprüchlich nebeneinander zu stehen scheinen.[20] So werden die wissenschaftlich-rationalen Ansprüche nicht mit den theologisch-religiösen abgeglichen; Bestrebungen zur Systematisierung kommen ebenso zur Geltung wie die unsystematische Kompilation. Und der wissenschaftliche Anatom kommt nicht immer mit dem leidenschaftlichen Sammler physiognomischer Ausdruckskunst zur Deckung.[21] Nicht zuletzt ist Lavaters Physiognomik auch der Versuch einer erbauenden „Herzenssprache", die mittels ihrer ‚Erklärungen' versucht, der Unmittelbarkeit des mündlichen Ausdrucks nahe zu kommen, dafür aber vielfach eine Logik des Beweises vermissen lässt.[22]

Wenngleich Lavater sein Unternehmen durch den neuen sensualistischen und rationalen Anspruch explizit von der älteren Physiognomik absetzt, diskutiert die Forschung besonders seit dem Ende der 1980er Jahre, inwieweit nicht doch ‚hermetische' Grundannahmen mit in sein physiognomisches Projekt eingegangen sind. Den Auftakt gab 1989 Hartmut Böhme, indem er frühere Hinweise auf mögliche Beziehungen Lavaters zu Swedenborg aufgriff[23] und das Projekt der Physiognomik in der „hermetischen Tradition" verankerte.[24] Seitdem räumt man hermetische Einflüsse bei Lavater zwar ein, doch ist umstritten, welches Gewicht diesen angesichts seiner Strategie zur Verwissenschaftlichung zukommt.

Andreas Käuser stellt fest, dass Lavater die ältere Tradition physiognomischer Theorien zwar ausgiebig befragt, dieser jedoch die „normative Verbindlichkeit" abspricht, die sie zu einer modernen Theorie des Körperausdrucks befähigen würde.[25] Auch Erik Stephan konstatiert Lavaters „Abgrenzung von der hermeti-

---

[19] Vgl. etwa Rüdiger Campe: Affekt und Ausdruck. Zur Umwandlung der literarischen Rede im 17. und 18. Jahrhundert. Tübingen 1990.
[20] Vgl. etwa Hans-Georg von Arburg: Johann Caspar Lavaters Physiognomik. Geschichte – Methodik – Wirkung. In: Das Kunstkabinett des Johann Caspar Lavater. Hg. v. Gerda Mraz u. Uwe Schögl. Wien u.a. 1999, S. 40–59.
[21] Vgl. Das Kunstkabinett (wie Anm. 20).
[22] Vgl. von Arburg: Johann Caspar Lavaters Physiognomik (wie Anm. 20), S. 47.
[23] Vgl. Ernst Benz: Swedenborg und Lavater. Über die religiösen Grundlagen der Physiognomik. In: Zeitschrift für Kirchengeschichte, Jg. 57 (1938), S. 153–216. Sowie Horst Bergmann: Swedenborg und Lavaters „Physiognomische Fragmente". In: Emanuel Swedenborg 1688–1772. Naturforscher und Kundiger der Überwelt. Hg. v. Eberhard Zwink. Stuttgart 1988, S. 121–127.
[24] Hartmut Böhme: Der sprechende Leib. Die Semiotiken des Körpers am Ende des 18. Jahrhunderts und ihre hermetische Tradition. In: Ders.: Natur und Subjekt. Frankfurt a.M. 1988, S. 179–211.
[25] Andreas Käuser: Die anthropologische Theorie des Körperausdrucks im 18. Jahrhundert. Zum wissenschaftshistorischen Status der Physiognomik. In: Leib-Zeichen. Körperbilder, Rhetorik

schen Tradition" zugunsten der beobachtenden und experimentellen Naturwissenschaften. Gleichwohl betont er den Einfluss des Physiognomikers Della Porta, „der in seinen Werken neben Pflanzen, Tieren und Menschen auch Mineralien und Himmelskörper vergleicht" und weist darauf hin, dass besonders die „theosophische" Physiognomik von Antoine-Joseph Pernety „nachhaltiger" auf Lavater gewirkt habe.[26] Um eine differenziertere Gewichtung bemüht sich Burkhard Dohm; ihm zufolge schließt Lavater zwar an die von der Hieroglyphik beeinflusste Physiognomik von Della Porta an, verwissenschaftlicht sein Projekt aber – nach Maßgabe der neuen aufklärerischen Leitwerte – durch die Messmethoden.[27] Maximilian Bergengruen hat zu gewichten versucht, inwiefern einerseits (von Paracelsus hergeleitete) „hermetische" und andererseits sensualistische Elemente in Lavaters „Physiognomie des inneren Körpers" zur Geltung kommen.[28]

Martin Blankenburg führt 1994 als zusätzliches Argument an, dass die „esoterischen Impulse(n)" von Lavaters Physiognomik besonders von deutschen und russischen Freimaurer-Kreisen rezipiert wurden. Er weist auch auf mögliche Gemeinsamkeiten zwischen Lavaters Physiognomik und der späteren „esoterischen Signaturenlehre" von Karl von Eckartshausen hin.[29] Blankenburg plädiert dafür, Lavaters Physiognomik als Parallelunternehmen von Aufklärung, Theologie und ‚Hermetik' anzusehen. In Abwandlung des Konzepts einer „vernünftigen Hermetik", wie sie Rolf Christian Zimmermann auf Goethe angewandt hatte, wertet er Lavater als einen „Hermetiker des Offensichtlichen", dessen Projekt in eine ‚„Herme/neu/tik der natürlichen Offenbarung' Gottes im menschlichen Gesicht [...] mündet."[30]

---

und Anthropologie im 18. Jahrhundert. Hg. v. Rudolf Behrens u. Roland Galle. Würzburg 1993, S. 41–69, hier S. 43.

[26] Erik Stephan: Johann Caspar Lavater. Prediger, Physiognom und Menschensucher. In: Lavater. Die Signatur der Seele (wie Anm. 4), S. 9–14, hier S. 10.

[27] Burkhard Dohm: ‚Aussichten in die Ewigkeit'. Johann Caspar Lavater und die Hermetik im Kontext von Pietismus und Aufklärung. In: Hermetik. Literarische Figurationen zwischen Babylon und Cyberspace. Hg. v. Nicola Kaminski unter Mitarb. v. Andreas Beck. Tübingen 2002, S. 101–128.

[28] Maximilian Bergengruen: The Physiognomy of Inner Bodies. Hermetic and Sensualist Patterns of Argument in the Work of Johann Caspar Lavater. In: Physiognomy in profile. Lavater's impact on European culture. Hg. v. Melissa Percival and Graeme Tytler. Newark, NJ 2005, S. 39–51. – Zuletzt hat Alfonso Paolella hermetische Einflüsse bei Lavater geltend gemacht, doch bleibt er dabei relativ unspezifisch. (Die Physiognomie von Della Porta und Lavater und die Phrenologie von Gall. In: Morgen-Glantz. Zeitschrift d. Christian Knorr von Rosenroth-Gesellschaft 18 [2008], S. 137–151, bes. 147).

[29] Martin Blankenburg: Wandlung und Wirkung der Physiognomik. Versuch einer Spurensicherung. In: Das Antlitz Gottes (wie Anm. 18), S. 179–213, hier S. 204f., Anm. 25.

[30] Ebd., S. 184.

## III ‚Hermetik' oder ‚Esoterik'?
## Begriffsklärungen im Hinblick auf die Physiognomik

An dieser Stelle scheint eine Begriffsklärung nötig. Besonders in der Physiognomik-Forschung hat sich der Begriff des ‚Hermetischen' zur Beschreibung v.a. der älteren Physiognomik eingebürgert. Die Hermetik im engeren Sinne leitet sich bekanntlich aus den Schriften des antiken *Corpus hermeticum* ab, die man der mythischen Figur des Hermes Trismegistos zuschrieb. Sie wurden in der Renaissance wiederentdeckt und – ungeachtet der quellengeschichtlichen Kritik von Isaac Casaubon (1614) – als Vermächtnis ältester, altägyptischer Weisheiten bzw. Geheimlehren verstanden.[31]

Im 18. Jahrhundert identifiziert man die ‚Hermetik' weitgehend mit der Alchemie, die man ebenfalls auf Hermes Trismegistos zurückführte. In diesem Sinne wird die „hermetische Philosophie" 1765 im achten Band der *Encyclopédie* als der „ehrenwerteste Name der Alchemie" erläutert und mit der Suche nach dem Stein der Weisen („Pierre philosophique") zusammengebracht. Kennzeichnend für die „hermetischen Philosophen" sei ihre Obskurität und Unverständlichkeit. Sie hätten ihre Geheimnisse in „Hieroglyphen" bzw. in „wenig einleuchtende Embleme" eingehüllt.[32] Neben der Alchemie wird, wie wir schon bei Peuschel beobachten konnten, auch die Physiognomik diffus mit Hermes [Trismegistos] in Verbindung gebracht, doch ist Peuschel sich ihres genauen Ursprungs nicht sicher.

Wie Ulrich Reißer 1997 in seiner Studie zur Physiognomik der Renaissance gezeigt hat, spielen die hermetischen Schriften allerdings nur eine eingeschränkte Rolle im antiken und neuzeitlichen Diskurs der Physiognomik. Als Haupteinflussquellen nennt Reißer die pseudo-aristotelischen *Physiognomika*, die allerdings auch pythagoreische Traditionen aufnahmen, ferner die griechische Humorallehre und drittens die astrologische Charakterologie.[33] In letzterer sind mit der Wahrsagetechnik der Dekanprophetie u.a. auch altägyptische Quellen mit überliefert worden.[34]

Anstatt von einer hermetischen Physiognomik wird daher im Folgenden – im Sinne der neueren Esoterikforschung – von *esoterischen* Bestandteilen der Physio-

---

[31] Zur Wiederentdeckung: vgl. Marsilio Ficino e il ritorno di Ermete Trismegisto. Marsilio Ficino and the return of Hermes Trismegistus. Hg. v. Sebastiano Gentile u. Carlos Gilly. Florenz 1999; zum Umgang mit der Kritik Casaubons: Jan Assmann: Hen kai pan – Ägyptens geheime Theologie nach Ralph Cudworth. In: Aufklärung und Esoterik. Hg. v. Monika Neugebauer-Wölk unter Mitarb. v. Holger Zaunstöck. Hamburg 1999 (Studien zum achtzehnten Jahrhundert 24), S. 38–52; zur Rezeption des 17. und 18. Jahrhunderts: Antike Weisheit und kulturelle Praxis. Hermetismus in der Frühen Neuzeit. Hg. v. Anne-Charlott Trepp u. Hartmut Lehmann. Göttingen 2001 (Veröffentlichungen des Max-Planck-Instituts für Geschichte 171).
[32] Vgl. Art. Hermetique. In: Encyclopédie (wie Anm. 1). Bd. 8 (1765), S. 169–171, hier S. 169 u. 171.
[33] Ulrich Reißer: Physiognomik und Ausdruckstheorie der Renaissance. München 1997, S. 19–26, 32–35 u. 36–40.
[34] Vgl. ebd., S. 37f.

gnomik gesprochen. ‚Esoterik' dient dabei als Begriff der wissenschaftlichen Analyse, mit dessen Hilfe ein ganzes Konglomerat aus ideengeschichtlichen Strömungen und alten Wissensformen gekennzeichnet wird. In diesem Sinne fasst der Begriff Esoterik sowohl den Hermetismus (im oben ausgeführten engen Sinne) als auch den Neuplatonismus, den Pythagoreismus und die Kabbala sowie die alten Wissenszweige Alchemie, Magie und Astrologie unter sich.[35] Darüber hinaus nimmt er auch neu entstehende Richtungen wie die Signaturenlehre, die Monadologie, die Geisterlehre Swedenborgs oder den Mesmerismus auf. Es ist bekannt, dass Lavater sich für neuere Richtungen der Esoterik wie Swedenborgs Visionismus oder den Mesmerismus interessierte. Im Rahmen dieses Beitrages wird auf diese zeitgenössischen Strömungen nur eingegangen, insofern sie Lavater in seine Physiognomik aufgenommen hat.

Das differenzierende Verständnis von Esoterik erlaubt uns zu klären, wie Lavater einerseits ältere Traditionen der frühneuzeitlichen Esoterik ganz im Sinne der Aufklärung ablehnt bzw. z.T. auch umarbeitet, wie er aber zugleich Anregungen der Esoterik des späteren 18. Jahrhunderts aufnimmt, die es ihm erlauben, seine christlich-religiöse Weltsicht abzustützen, die durch eine forcierte Aufklärung bedroht worden wäre.

## IV „Blitzblick des Genies": die physiognomische Erhellung dunkler Vorgefühle

Lavater geht von einem physiognomischen „Totaleindruck" aus, den er bis ins Kleinste zerlegt und vermisst, um zu erkunden, wie sich der Gesamteindruck analytisch zusammensetzt. Damit stellte er sein Programm in den weiteren Rahmen einer empirischen, anthropologischen Erfahrungskunde, die auf Messbarkeit und empirische Überprüfbarkeit aus ist. Es ist allerdings festzuhalten, dass Lavater den systematischen Ort seiner als „Versuche" vorgetragenen Wissenschaft vom Anfang bis zum Ende seiner *Physiognomischen Fragmente* allmählich verschiebt. Im ersten Band bestimmt er sie noch in Anlehnung an Baumgarten als eine „unmathematische" Wissenschaft, wobei er in einer Anmerkung darauf hinweist, dass Baumgarten „die Semiotik unter die Wissenschaften" gesetzt habe.

> Die Physiognomik kann eine Wissenschaft werden, so gut als alle unmathematische[n] Wissenschaften! So gut als die Physik [im Sinne von Naturlehre, A.G.]; – denn sie ist Physik! So gut, als die Arzneykunst, denn sie ist ein Theil der Arzneykunst! So gut als Theologie, denn sie ist Theologie! So gut als die schönen Wissenschaften, denn sie gehört zu den schönen Wissen-

---

[35] Vgl. Monika Neugebauer-Wölk: Art. Esoterisches Corpus. In: Enzyklopädie der Neuzeit. Bd. 3: Dynastie – Freundschaftslinien. Stuttgart, Weimar 2006, Sp. 552–554. Das Konzept des Esoterischen Corpus wurde erstmals formuliert bei Antoine Faivre: Esoterik im Überblick. Geheime Geschichte des abendländischen Denkens. Aus dem Franz. v. Peter Schmidt. Überarb. u. erw. Neuausg. Freiburg u.a. 2001, S. 15–23 (Frz. Original u.d.T.: L'ésotérisme. Paris 1992).

schaften. So wie diese kann sie bis auf einen gewissen Grad unter bestimmte Regeln gebracht werden; hat sie ihre bestimmbaren Charactere – die sich lehren und lernen, mittheilen, empfangen und fortpflanzen lassen.[36]

Bis zum vierten Band nehmen die Vermessungen aber derart zu, dass Lavater gegen Ende seines Unternehmens postulieren zu können glaubt: „Die Physiognomik wird bestimmt noch eine mathematisch bestimmbare Wissenschaft werden". Dadurch würden „Riesenschritte [...] in der Menschenkenntniß" ermöglicht.[37] Die auf die Gesamtgestalt und ihre analytische Zerlegung begründete Ausdrucks-Semiotik soll also letztendlich durch geometrische Größen und deren Zahlenverhältnisse kompatibel gemacht werden.

Dennoch bringt Lavater bis zum Ende seines Unternehmens immer wieder auch andere Ziele als die mathematische Komprimierung ins Spiel. Dabei dürfte ihn die zu seiner Zeit erfolgende Verwissenschaftlichung eines benachbarten Bereiches ermutigt haben. Beim ästhetischen Urteil, das bislang einem willkürlichen Geschmack ausgesetzt zu sein schien, hatte man bisher unter der Formel des ‚je ne sais quoi' eingestanden, dass man ästhetische Urteile im einzelnen nicht genau begründen kann. Seit 1750 war das ästhetische Urteil aber durch Baumgartens *Ästhetik* philosophisch aufgewertet worden. Nach Baumgarten setzt es sich aus einer Empfindung zusammen, die sich zwar nur den Sinneswahrnehmungen verdankt, die – im Unterschied zur rationalen Erkenntnis – als undeutlich und verworren angesehen wurden. Doch kann das ästhetische Urteil mittels der verstandesgeleiteten Urteilsfähigkeit kritisch expliziert werden. Als „unterer Richter" bildet der Geschmack zusammen mit der Urteilskraft, aber auch mit „Einbildungskraft, Hellsichtigkeit, Gedächtnis" und weiteren Herzensqualitäten „ein Element des Empfindens und Fühlens, in dem sich der ‚angeborene schöne Geist' des felix aestheticus als Subjekt der schönen Kunst und des schönen Denkens äußert".[38] Durch diese Begründung aus einer Mischung von dunklen Gefühlsgründen und Verstandesklarheit wuchs auch dem physiognomischen Urteil eine neue Legitimationsbasis zu.

Nach Lavater ist bereits jeder unwillkürlich Physiognom, es komme nur darauf an, die „dunkeln Empfindung[en]"[39] explizit zu machen. Im engeren Sinne vertraute er bei seinen physiognomischen Urteilen aber vor allem auf „den Blitzblick des Genies"[40] und „schnelles Menschengefühl".[41] Gerade im Dilemma, dass man

---

[36] Physiognomische Fragmente ( wie Anm. 4). Bd. I, S. 52.
[37] Ebd., Bd. IV, S. 155.
[38] Vgl. F. Schümmer: Art. Geschmack (III). In: Historisches Wörterbuch der Philosophie. Hg. v. Joachim Ritter. Darmstadt. Bd. 3, 1974, Sp. 451–456; Sp. 451f.
[39] Physiognomische Fragmente (wie Anm. 4). Bd. II, S. 9. Martin Blankenburg setzt Lavaters „dunkle Empfindungen" – über das Ästhetische hinaus – auch in näherem Bezug zum „fundus animae" der Baumgartenschen Metaphysik, ein Begriff, unter den Baumgarten die dunklen Vorstellungen fasste. (Blankenburg: Wandlung und Wirkung [wie Anm. 29], S. 182).
[40] Physiognomische Fragmente (wie Anm. 4). Bd. I, S. 144.
[41] Ebd., Bd. I, S. 55.

mitunter „empfinden, aber nicht ausdrücken" kann,[42] wertete er das „Genie" – im Sinne der enthusiastischen Genieästhetik – zum „Dolmetscher der Natur" auf.[43]

> Aussprecher unaussprechlicher Dinge! Propheten! Priester! Könige der Welt! [...] Offenbarer der Majestät aller Dinge, und ihres Verhältnisses zum ewigen Quell und Ziel aller Dinge: Genieen – von euch reden wir![44]

Lavater zufolge sind die Genies durch „die Gottheit [so] organisiert und gebildet", dass das Göttliche sich durch sie in seiner „Schöpfungskraft und Weisheit und Huld" offenbare.

Es liegt in der Folgerichtigkeit der von Lavater angestrebten Verwissenschaftlichung der Physiognomik, dass sie mit ihren anatomischen und vergleichenden Reihen zu einer erlernbaren Diagnostik nach dem Muster der taxonomischen Bestimmungsbücher werden sollte. Doch betont Lavater, dass die Regeln immer nur „*Brillen*" bleiben müssen, aber nicht „zu *Augen*" werden können. Der größte Theil dieser Kunst müsse dem „Genie ganz allein überlassen bleiben". Er vergleicht das physiognomische Genie in seiner spezifischen Wahrnehmungsfähigkeit und Sensibilität mit dem „Mahler und [dem] Tonkünstler", die ihrerseits „Schönheiten" sehen und als solche empfinden können, die man anderen weder durch Anleitung noch durch Erlernen erfahrbar machen kann.[45] Nicht zuletzt versteht sich Lavater selbst in der Rolle des physiognomischen Genies. Es wird bei ihm religiös verstanden und liegt in der Logik seines Vorhabens, das Göttliche der Schöpfung in menschliche Sprache zu übersetzen.

## V Das Kontinuum von Leib und Seele und die dynamisch-graduelle Stufenleiter der Wesen

Lavater teilt in seinen *Physiognomischen Fragmenten* eine Voraussetzung mit Peuschel sowie mit den vorausgehenden Physiognomiken der Renaissance, der Frühen Neuzeit und sogar der Antike: die esoterische Auffassung, dass sich aus der körperlichen Gestalt mit ihren Einzelmerkmalen die Gemüts- und Charakterbeschaffenheit der unsichtbaren Seele ablesen lasse. Das Innere kann sich in der äußeren Form des Menschen abbilden, weil Seele und Leib, so bereits die grundlegende Setzung der antiken pseudo-aristotelischen *Physiognomika*, in Korrespondenz zueinander stehen. In diesem Sinne leitet auch der Arzt Giambattista della Porta am Ende des 16. Jahrhunderts seine Physiognomik mit einem Kapitel zum

---

[42] Ebd., Bd. I, S. 144.
[43] Vgl. ebd., Bd. IV, S. 83.
[44] Ebd.
[45] Vgl. Lavater: Von der Physiognomik (wie Anm. 3). S. 31f.

„Verbündtnis [...] des Leibs mit dem Gemüt oder Seelen" ein.[46] Ein folgenreiches philosophisches Hintergrundstheorem erhielt die Physiognomik im Weiteren durch Leibniz' Monadologie, in der der Körper als „Wiederspiegelung einer das ganze Universum im Mikrokosmos darstellenden Seele" bestimmt wird.[47]

Im 18. Jahrhundert wird das Leib-Seele-Problem vor allem als Verhältnis des physischen zum moralischen Menschen aktualisiert. In diesem Kontext interessieren sich auch bedeutende Philosophen und Gelehrte für die Physiognomik, so Christian Thomasius, Christian Wolff (den Lavater in seiner Physiognomik eigens als theoretischen Gewährsmann zitiert),[48] Johann Jakob Bodmer sowie – im Umkreis von Lavater – der Arzt Johann Georg Zimmermann, ein Schüler Albrecht von Hallers.

Der Ausgangspunkt von Lavaters Physiognomik ist die These, dass Körper und Seele in einem „genauen, unmittelbaren Zusammenhange", ja sogar in einer Kausalität zueinander stehen. Das „Äußerliche", also die wahrnehmbare physische Erscheinung, ist für ihn die „Oberfläche" eines unsichtbaren „Inneren", dies in dem Sinne, dass das Äußerliche „nichts als die Endung, die Gränzen des Innern" ist, so wie umgekehrt auch das Innere nur „eine unmittelbare Fortsetzung des Aeußern" ist.[49] Damit scheint Lavater über eine bloße Korrespondenz von Seele und Leib hinauszugehen, wie man sie philosophisch etwa – auf Grund der wesensmäßigen Trennung – durch prästabilistische oder okkasionalistische Deutungen verstand. Das Verhältnis von Leib und Seele, das bei Lavater aber nicht immer widerspruchsfrei bleibt, bestimmt er grundsätzlich durch ein Kontinuum.

Lavater zufolge konzentriert sich in der Physiognomie die vollkommenste und unmittelbarste Anschaubarkeit aller vorangegangenen Gemütsbewegungen, Gedanken, Begierden. Mit dieser Kausalität von Impulsen und ihrer Wirkung gehört Lavaters Physiognomik zu einer Vorform des Begriffs von ‚Kraft' bzw. dynamischer Ursachen von ‚Gestalt', wie er später von Herder und Goethe untersucht wird. Nach Lavater hat jeder Mensch nur „einen gewissen Spielraum, in dem sich alle seine Kräfte und Empfindungen regen". Zwar ändere sich jedes Gesicht alle Augenblicke, aber eben nur in der jedem „eigenthümliche[n] Art von Veränderlichkeit".[50]

---

[46] Hier zit. n. der dt. Ausg.: Giambattista della Porta: Menschliche Physiognomy dass ist: ein gewisse weiss und regel, wie man auss der eusserlichen gestalt, statur und form dess menschlichen Leibs [...] schliessen könne, wie derselbige auch innerlich [...] geartet sey. In 4 unterschiedene Bücher abgetheilet [...]. Erstlich in Lateinischer Sprach beschrieben, nun aber durch ein Liebhaber in unsere hochteutsche Sprach verbracht. Franckfurt a.M. 1601.
[47] Vgl. Richard T. Gray. Aufklärung und Anti-Aufklärung: Wissenschaftlichkeit und Zeichenbegriff in Lavaters „Physiognomik". In: Das Antlitz Gottes (wie Anm. 18), S. 166–178, hier S. 168.
[48] Zu Wolff und Lavater vgl. ebd., S. 168f.
[49] Physiognomische Fragmente (wie Anm. 4). Bd. I, S. 33.
[50] Ebd., Bd. IV, S. 41.

Für Lavater können die körperlichen Zeichen deshalb als Ausdruck geistiger und moralischer Qualitäten gelesen werden, weil er den menschlichen Leib als Manifestation der Seele betrachtet. Die Seele steht für ihn in einem holistischen Verhältnis zum Körper, ist aber nicht identisch mit ihm und bleibt selbst unsichtbar und transzendent. Mit der Seele partizipiert der Mensch gewissermaßen am göttlichen Funken und ordnet sich in den Heilsplan ein. Leib und Seele können für den Theologen Lavater nicht zusammenfallen, weil der sterbliche Leib und die unsterbliche Seele nicht in Eins gesetzt werden können. Das Leib-Seele-Problem ergibt sich für das Christentum nicht zuletzt dadurch, dass die menschliche Individualität gleichzeitig in Sterblichkeit und Unsterblichkeit und damit in Geschichte und Heilsgeschichte angesiedelt werden muss.

Für Lavater, wie für viele seiner Zeitgenossen, stellt das idealgenetische Modell einer hierarchisch-graduellen Stufenleiter der Natur, das der Schweizer Biologe und Naturphilosoph Charles Bonnet vertrat, eine Lösung des Leib-Seele-Problems dar. Die ‚Stufenleiter der Wesen' war eine Vorstellung, die bis in die Antike zurückreichte und in der sich schon seit langem esoterische und christliche Traditionen überlagerten.[51] Bonnets *Scala naturae*, die die mannigfaltigen Formen der Naturreiche als eine kontinuierlich fortschreitende Leiter anordnete, konnte schöpfungsanalogisch – über den Menschen hinaus – in kontinuierliche Stufengrade höherer, himmlischer Wesenheiten fortgedacht werden. In diesem Sinne war die *Scala naturae* anschlussfähig auch an Bonnets Vorstellung einer kontinuierlichen Höherentwicklung der Menschen, die sowohl im Dieseits als auch im Jenseits nach Vervollkommnung bis zur Erlösung bzw. zur Unsterblichkeit streben. Bonnet hatte diesen Ansatz 1769 in seinen *Idées sur l'état futur des êtres vivants, ou Palingénésie philosophique* vertreten, ein Werk, das Lavater in Teilen ins Deutsche übersetzt und 1771 in Zürich veröffentlicht hatte. In seinen *Physiognomischen Fragmenten* räumt Lavater dem Schweizer Naturforscher wohl auch deshalb den allerersten Rang ein. Bonnets graduelles Modell, nach dem sich die Natur in immer vollkommeneren Werken organisiert und damit optimiert, erlaubt es Lavater auch, im Vorgriff auf die zukünftige seelische Vollkommenheit schon im Dieseits bei den Menschen verschiedene Stufen der Vollkommenheit anzunehmen. Dabei verbindet Lavater die größere Vollkommenheit mit einer Zunahme des geistigen, sublimen Leibs. Er baute die Erkenntnisse des Naturforschers Bonnet in seine christliche Überzeugung ein, weil dieser in seiner Lehre noch Platz für die unsterbliche Seele ließ. Gleichzeitig integrierte er grundlegende esoterische Vorstellungen wie die der aufsteigenden Wesen und des sublimen Leibes.

Je mehr Lavater vom Modell der graduellen Vervollkommnung ausging, umso stärker geriet er in einen Widerspruch zu seiner anfänglichen Sicht der Physio-

---

[51] Vgl. Arthur O. Lovejoy: Die große Kette der Wesen. Geschichte eines Gedankens. Übers. v. Dieter Turck. Frankfurt a.M. 1985 (zuerst 1936 u.d.T.: The Great Chain of Being. A Study of an Idea).

gnomik. Die vom Heilsplan geforderte Entelechie kann nicht mit Lavaters morphologisch ausgerichteter Festlegung auf statische Ausdrucksmerkmale zur Deckung gebracht werden, weil diese einen weitgehend statischen Charakter voraussetzen. Dieser Widerspruch zieht sich kontinuierlich durch Lavaters physiognomisches Werk.

Als Theologe fühlte sich Lavater verpflichtet, auch dem künftigen Erlösungswerk Christi seinen Platz zu erhalten. Er stellt daher das Geistige gegen das Fleischliche, das mit Laster und Geschlechtlichkeit verbunden wird. Ferner setzt er Schönheit und harmonische Proportionen gegen Hässlichkeit, Unförmigkeit und Disproportion. Die Zuordnungen von Tugend und Laster zu Schönheit und Hässlichkeit sind somit nicht nur soziale, sondern auch heilsgeschichtliche Unterscheidungen. In der Tradition der Christus-Darstellungen sucht Lavater die vollkommene Heilsphysiognomie.[52]

In diesem Zusammenhang interessiert sich Lavater 1772, zeitgleich zur Veröffentlichung seiner ersten Ideen zur Physiognomik, im 16. Brief seiner *Aussichten in die Ewigkeit* auch für Swedenborgs physiognomische Himmelssprache. Für Lavater ist Christus das „vollkommenste Ebenbild des unsichtbaren GOttes" und daher der „redendste, lebendigste" Inbegriff dieser physiognomischen Himmelssprache. Ihr verwandt war jene erste „Natursprache" der noch ungefallenen Menschheit im Paradies, die den späteren begrifflich-analytischen Sprachen durch ihren Reichtum, v.a. aber durch ihren unmittelbaren Bezug zum Wesen der Dinge bei weitem überlegen gewesen sei. Als „Ebenbild GOttes und Christi" haben die Menschen in ihren Physiognomien noch Reste dieser auf das wahre Sein der Wesen durchsichtigen „Natursprache" bewahrt. Für Lavater ist die physiognomische „Natursprache" eine synästhetische Sprache, die durch Musikalität und Gleichzeitigkeit geprägt ist. So wie die Physiognomie von Christus in ihrem Reichtum und ihrer Erhabenheit niemals durch Worte – selbst des höchsten Erzengels nicht – auszuschöpfen sei, so sei jeder Mensch im Kleinen ein „gleichzeitiger, vielfassen-

---

[52] Die Forschung hat Lavaters Christusphysiognomien z.T. mit einem gewissen Befremden aufgenommen und v.a. in ihren paradoxalen Aspekten behandelt. Vgl. Gerhard Wolf: ‚... sed ne taceatur.' Lavaters Grille mit den Christusköpfen und die Tradition der authentischen Bilder. In: Der exzentrische Blick. Gespräch über Physiognomik. Hg. v. Claudia Schmölders. Berlin 1996, S. 43–76 sowie Gerhard Wolf, Georg Traska: Povero pastore. Die Unerreichbarkeit der Physiognomie Christi. In: Das Kunstkabinett (wie Anm. 20), S. 120–137. Lavater hat nicht nur *Traditionen* der Christusdarstellung in seine *Physiognomischen Fragmente* aufgenommen, er hat nach eigenen, z.T. ausführlichen Anweisungen auch Christusköpfe anfertigen lassen, insbesondere von Daniel Chodowiecki. Vgl. Heinrich Dilly: Nicht Freund, noch Liebe. Johann Caspar Lavaters Unternehmen der ‚Physiognomischen Fragmente' und Daniel Chodowiecki. In: Physis und Norm. Neue Perspektiven der Anthropologie im 18. Jahrhundert. Hg. v. Manfred Beetz, Jörn Garber u. Heinz Thoma. Göttingen 2007, S. 482–496. Eingehender mit Lavaters Christologie hat sich v.a. Klaas Huizing auseinandergesetzt. Er kennzeichnet Lavaters Unternehmen als „theologische Physiognomik"; in einem weiteren Aufsatz spricht er sogar vom „physiognomischen Gottesbeweis" (Das erlesene Gesicht. Vorschule einer physiognomischen Theologie. Gütersloh 1992; ders.: Verschattete Epiphanie. Lavaters physiognomischer Gottesbeweis. In: Das Antlitz Gottes [wie Anm. 18], S. 61–78).

der[,] unerschöpflicher, mit keinen Worten erreichbarer Ausdruck: Er ist ganz Natursprache [...]."[53]

Für den Physiognomen, der diese Natursprache des Leibes versteht, sind nicht nur die „beredsamen Augen", sondern „jede Hand, jeder Finger, jeder Muskel" eine „allbedeutsame Sprache": „Darstellung des Unsichtbaren" in Form einer „Offenbarung und Wahrheitssprache".[54] Im Himmel aber, so Lavater, wird nicht nur „jeder Punkt" unseres *natürlichen*, sondern auch jeder Punkt unseres „*verklärten* Cörpers lauter allbedeutsamer und allverständlicher Ausdruck und Wahrheitssprache seyn".[55] Weil Lavater eine vom Körper zum Geist aufsteigende Einheit annahm, wurde für ihn die leibliche Physiognomie des Menschen in einer eschatologischen Physiognomik aufgefangen. Dem idealen, mit Sehergabe ausgestatteten Physiognomen erscheint der Mensch nicht nur in seinem irdischen Charakter, sondern zugleich auch – ich greife hier eine Formulierung Hartmut Böhmes auf – in der „Unverborgenheit [...] der zukünftigen Welt".[56] Wenn Lavaters Physiognomik in diesem Sinne zugleich geschichtlich und heilsgeschichtlich zu lesen ist, so stellt sich umso mehr die Frage, warum er sie dann ausgerechnet auf einer weitgehend *statischen* Merkmalskunde begründet, die schon vom Prinzip her jede Entelechie auszuschließen scheint. Zugleich stellt sich die Frage, wie er die göttliche Mitgift des unerschöpflichen physiognomischen Wesensausdrucks in reduktionistische Schemata einfangen wollte.

Lavaters religiöse und die mit ihnen verbundenen ästhetischen Vorstellungen stehen im Widerspruch zu der empirisch abgesicherten Merkmalskunde, mit der er seine Physiognomik von den älteren Vorläufern absetzen wollte. Sie stehen in dem bislang vorgestellten Ansatz auch im Gegensatz zur dynamischeren Fassung des Charakters, wie sie im 18. Jahrhundert als spannungsreiche Mischung von Anlagen und Kräften diskutiert wurde. Mit einzelnen Modifikationen findet Lavater jedoch Anschluss an diese Sichtweise.

## VI Lebenskraft, Holismus und Monadologie

Im Anschluss an Bonnet gründet Lavater seine Physiognomik auf den zentralen Gedanken, dass das Lebendige durch eine einheitliche Organisation und diese wiederum durch die sie bedingende Lebenskraft bestimmt ist.

---

[53] Vgl. Johann Caspar Lavater: Ausgewählte Werke in historisch-kritischer Ausgabe. Bd. II: Aussichten in die Ewigkeit 1768–1773/78. Hg. v. Ursula Caflisch-Schnetzler. Zürich 2001, S. 452.
[54] Ebd.
[55] Ebd., S. 454.
[56] Böhme: Der sprechende Leib (wie Anm. 24), S. 201.

> Die Natur wirkt in allen ihren Organisationen immer von innen heraus; aus einem Mittelpunkt auf den ganzen Umkreiß. Dieselbe Lebenskraft, die das Herz schlagen macht, bewegt den Finger. Dieselbe Kraft wölbt den Schädel – und den Nagel an der kleinsten Zähe.[57]

Indem die unsichtbare Lebenskraft die körperliche Gesamtorganisation hervorbringt, schafft sie sich nach Lavater mit dem Körper zugleich auch einen zusammenhängenden, ganzheitlichen Körperausdruck. Die Lebenskraft bringt mit dem menschlichen Phänotypus zugleich die jeweils einmalige menschliche Individualgestalt hervor. In der Folge nimmt Lavater an, dass sich die gattungsspezifische wie die individuelle Gesamtorganisation bis in den kleinsten Teil des Körpers und dessen Ausdrucksgestalten hinein *holistisch* äußert. „Jeder Theil eines organischen Ganzen ist Bild des Ganzen", schreibt Lavater im vierten Band der *Physiognomischen Fragmente*. Weil jeder Teil in einem genauen „Verhältnis" zu dem Körper stehe, „von dem er einen Theil ausmacht", könne „aus der Länge des kleinsten Gliedes, des kleinsten Gelenkes an einem Finger, die Proportion des Ganzen, [d.h., A. G.] die Länge und Breite des Körpers gefunden [...] werden".[58]

Lavaters Holismus setzt eine Koinzidenz von Phänotypus, Individualgestalt und Individualcharakter voraus, die die Möglichkeit pathogener Abweichungen nicht vorsieht und daher eine körperliche Deformation als moralische Abweichung bewerten muss. Lavater beurteilt Missbildung nicht als körperliches Leiden, sondern rückt sie in die Nähe einer satanisch gedeuteten Monstrosität. Der Göttinger Physiker Georg Christoph Lichtenberg musste sich schon aufgrund seines Buckels von Lavaters diskriminierenden Grundansätzen herausgefordert fühlen. Seine Streitschrift *Über die Physiognomik; wider die Physiognomen* gilt als die scharfsichtigste Kritik der Zeitgenossen an Lavaters Konzept.[59]

Lavater indes glaubte, seinen holistischen Ansatz mit den Erkenntnissen der zeitgenössischen Anatomie absichern zu können. So wie die gegenwärtigen Meisteranatomen schon jetzt imstande seien, aus einzelnen Knochen (etwa aus einem Haufen verworrener Skelette) das Skelett eines individuellen Körpers zu rekonstruieren, könne ein überlegener, physiologisch ausgebildeter Physiognom, der gewissermaßen den Blick der Engel haben müsste, aus einem einzigen „Gelenke oder Muskel die ganze äußerliche Bildung" und „den ganzen Charakter" eines Menschen „calculiren".[60] Mit dieser Aufgabenbestimmung einer zukünftigen Physiognomik war Lavater in gewisser Weise der Naturwissenschaft seiner Zeit um einige Jahrzehnte voraus. Ohne in den Bereich der Engel ausgreifen zu wollen, traut sich Cuvier um 1800 im Bereich der paläontologischen Morphologie zu, aus

---

[57] Physiognomische Fragmente (wie Anm. 4). Bd. IV, S. 40.
[58] Ebd.
[59] Georg Christoph Lichtenberg: Über die Physiognomik; wider die Physiognomen. In: Göttinger Taschen Calender für 1778. ND in: Georg Christoph Lichtenberg: Schriften und Briefe. Hg. v. Wolfgang Promies, Bd. 3. München 1972, S. 256–295.
[60] Vgl. Lavater: Von der Physiognomik. In: Ders.: Von der Physiognomik und Hundert physiognomische Regeln (wie Anm. 3), S. 26.

organischen Einzelfundstücken wie den Zähnen die Gesamtgestalt ganzer ausgestorbener Tierarten (re-)konstruieren zu können.[61] Lavater aber geht es im Rahmen seines physiognomischen Gesamtansatzes um mehr als den morphologischen Bauplan und den Phänotypus eines Lebewesens. Nicht nur die Leiblichkeit des Menschen, sondern der sie mit bedingende und sich in ihr aussprechende Charakter soll aus dem physiognomischen Mikroteil holistisch erschlossen werden.

Als weitere Konsequenz seines holistischen, organologischen Grundansatzes betont Lavater eine extreme Homogenität und Geschlossenheit der Form: „Alles ist länglicht, wenn es der Kopf ist. Alles rund, wenn der [Kopf, A. G.] rund ist." Alles ist gewissermaßen aus einem Guss. Das geht von der Statur über „Farbe, Haar, Haut, Adern, Nerven, Knochen" über „Stimme, Gang und Handlungsweise" bis in den „Styl" und die „Leidenschaft" hinein.[62] Lavater interessiert sich besonders, wie schon erwähnt, für die Hände als zweitwichtigstes Ausdrucksorgan und versteht auch die Handschrift als ein ins Graphische verlängertes persönliches Ausdruckszeichen.

Trotz seines Anschlusses an die biologischen, medizinisch-physiologischen und anatomischen Diskurse über Körper und Organisation ist für Lavater die menschliche Seele weiterhin die übergeordnete Instanz, die über bzw. hinter der organischen Lebenskraft wirkt. Er begreift sie allerdings nicht mehr als eine einheitliche „einfache Substanz", sondern als eine Kraft, die aus unterschiedlichen Teilen zusammengesetzt ist, die gemeinsam den „unsichtbaren, herrschenden, belebenden Theil meiner Natur" bilden.[63] Während die Denkkraft in der Stirne und die Willenskraft im Herzen zu lokalisieren seien, wirke die vitale Kraft im ganzen Körper. Sie konzentriert sich Lavater zufolge besonders in Hand und Mund. Wenn Lavater seine Physiognomik als „Kraftdeutung" versteht, so bezieht er damit sowohl die höheren moralischen als auch die vitalen Kräfte mit ein. Damit ist potentiell ein Übergang zur Vorstellung eines dynamischen Kräftespieles denkbar, etwa in dem Sinne, dass ein Gesicht auch als ein spannungsgeladener Ausdruck widersprüchlicher Kräfte lesbar würde. Im konkreten Fall kommt Lavater auch nicht umhin, auf widersprüchliche Tendenzen eines Ausdrucks einzugehen. Je mehr er sich im Verlaufe seiner Studien jedoch genötigt sieht, den Charakter als ein komplexes Kräftespiel unterschiedlicher Anlagen zu begreifen, umso mehr untergräbt er seine eigene Vorstellung eines holistisch geschlossenen Charakters.

Zumindest am Beginn seines Unternehmens hat Lavater das Verhältnis von moralischen und vitalen Kräften in einem übergeordneten Modell monadischer Perspektivität verankert. Mit diesem übernimmt er auch esoterische Positionen der

---

[61] Vgl. Blankenburg: Wandlung und Wirkung (wie Anm. 29), S. 186f.
[62] Physiognomische Fragmente (wie Anm. 4). Bd. IV, S. 40.
[63] Ebd., Bd. I, S. 34.

Frühen Neuzeit, die sich in der Monadologie niedergeschlagen haben.[64] So schreibt Lavater 1772 im programmatischen Aufsatz *Von der Physiognomik*:

> Jede Modification meines Körpers hat eine gewisse Beziehung auf die Seele. Eine andere Hand als ich habe, würde schon eine ganz andere Proportion aller Theile meines Körpers fordern, folglich einen ganz anders modificirten Körper; das heißt, meine Seele würde die Welt durch ein ganz anderes Perspectiv, folglich unter einem andern Winkel ansehen müssen; und dann wäre ich ein ganz anderer Mensch.[65]

Nicht nur Einzelorgan und Gesamtkörper, auch Einzelorgan und Seele stehen für Lavater in einem holistischen Gesamtzusammenhang. „Daß ich also eine solche Hand habe, und keine andere, giebt zugleich zu erkennen, daß ich eine so und so bestimmte Seele habe; und dies geht bis auf jeden Muskel, ja jede Faser fort."[66] Damit wird nicht nur vorausgesetzt, dass am menschlichen Körper alles bis ins Kleinste bedeutsam sei. Es wird auch impliziert, dass man über diese kleinsten Bedeutungsträger – über das emotionale und intellektuelle Leben hinaus – Aussagen über die (metaphysische) Seele in ihrer monadisch-perspektivischen Stellung machen könne.

Insgesamt lässt sich sagen: Lavater versucht die Physiognomik (statt auf astrologischen Einflusslinien oder wahrsagerischen Vorausdeutungen) auf der Grundlage von Empirie und Vernunft neu zu organisieren. Einerseits findet er Anschluss an Organik und Lebenskraft, insofern er den physiognomischen „Totaleindruck" als geronnenen Ausdruck von inneren Anlagen, Begierden und Kräften auffasst. Andererseits ist es ihm als Theologen selbstverständlich, die Organik in einer weiter gefassten Dimension des spirituellen Menschen zu interpretieren. Dabei gerät er in den Einzugsbereich esoterischer Konzepte wie der Stufenleiter der Wesen, des Kontinuums von Leib und Seele, des sublimen Leibes, der Swedenborgschen Himmelssprache und der Monadologie. Mit ihrer Hilfe sowie der Vorstellung, die *Scala naturae* steigere sich über die Materie hinaus zum Unstofflich-Sublimen, versucht Lavater, das Telos einer insgesamt heilsgeschichtlichen Entwicklung aufrecht zu erhalten.

---

[64] Vgl. Der Monadenbegriff zwischen Spätrenaissance und Aufklärung. Hg. v. Hanns-Peter Neumann. Berlin, New York 2009.
[65] Lavater: Von der Physiognomik (wie Anm. 3), S. 25.
[66] Ebd.

FRIEDEMANN STENGEL

# Lebensgeister – Nervensaft. Cartesianer, Mediziner, Spiritisten

## I  Schleidens Rückblick: Aufklärung und Aberglaube

War es Frustration oder bloße Empörung, als Matthias Jakob Schleiden (1804–1881), bahnbrechender Botaniker, Anthropologe, Begründer der modernen Zelltheorie, Schüler des Kantianers Jakob Friedrich Fries, im Jahre 1857 auf die „banale Phrase" zurückblickte, die seit dem „Zeitalter der Aufklärung von Mund zu Mund" gehe und in „jedem Handbuch der Culturgeschichte" stehe, dass nämlich die Naturwissenschaften uns vom „Aberglauben" befreit hätten? Denn im gleichen Atemzug konstatierte Schleiden die fehlende „Macht" dieser Naturwissenschaften bei Paracelsus, Mesmer, Heinroth und „unzähligen Andern", die den „albernsten Aberglauben zu naturwissenschaftlichen Systemen" ausgeführt hätten.[1] In kantischer Manier begrenzte Schleiden das Vermögen der Naturwissenschaften, denn die seien eben nicht in der Lage, vom Aberglauben zu befreien, der sich auf dem Gebiet der „religiös ästhetischen Weltansicht" eingenistet habe, wo Naturwissenschaften gar keine „Geltung" hätten. Der Aberglaube sei bislang allein „gesunderen philosophischen Ansichten" wie denen des Christian Thomasius oder Balthasar Bekkers[2] und dem religiösen Gefühl zum „Opfer" gefallen, das durch die Naturwissenschaft nicht geraubt werden könne,[3] einer Überzeugung nämlich, „daß Gottes lichte Himmelswelt nicht in der That von der uns umgebenden Welt verschieden *sei*, sondern nur unserer menschlichen beschränkten Auffassung verschieden *erscheine*".[4]

---

[1]  Vgl. Matthias Jacob Schleiden: Swedenborg und der Aberglaube. In: Ders.: Studien. Populäre Vorträge. 2. Aufl. Leipzig 1857, S. 185–218, hier S. 199. Als Erbe von Paracelsus und Mesmer ist hier von Johann Christian August Heinroth (1773–1843) die Rede, der den Begriff der psychosomatischen Medizin prägte und zu den akademischen Lehrern des späteren Leopoldina-Präsidenten Carl Gustav Carus gehörte, dessen Physiologie wiederum von Schleiden 1842 als „Spielerei einer herrenlosen Phantasie" attackiert worden war, in der sich „von Wissenschaft keine Spur" finde (vgl. Matthias Jakob Schleiden: Grundzüge der wissenschaftlichen Botanik, nebst einer methodologischen Einleitung als Anleitung zum Studium der Pflanze. Bd. 1. 1. Aufl. Leipzig 1842, S. 74 [in späteren Auflagen ist diese Qualifizierung von Carus nicht enthalten]). Heinroth war wegen seiner „psychodynamischen Erklärung der Seelenkrankheiten" von Carus selbst angegriffen worden, vgl. Stefan Grosche: Lebenskunde und Heilkunde bei C. G. Carus (1789–1869). Anthropologische Medizin in Goethescher Weltanschauung. Mit 16 unveröffentlichten Briefen von Carus an Goethe. Diss. med. (masch.) Göttingen 1993, bes. Kap. 1.
[2]  Vgl. Schleiden: Swedenborg und der Aberglaube (wie Anm. 1), S. 200.
[3]  Vgl. ebd., S. 206.
[4]  Ebd., S. 201 [Hervorheb. F.S.]. Im Gegensatz zu dieser „Überzeugung" könne der Glaube an einen von unserer Welt verschiedenen Gott, an eine dementsprechende Unsterblichkeit, an eine

Das sagte einer, der trotz aller Kritik und Distanz offen bekannte, sich von Swedenborg angezogen zu fühlen. Denn Swedenborg werde mit Recht zwar ein Mystiker und Schwärmer genannt, wie kein anderer Rationalist habe er aber die religiösen Dogmen kritisiert.[5] Im Gegensatz zu dem seiner Ansicht nach zwar hirnphysiologisch anormalen, aber dennoch religiösen Aufklärer und „Seelenkenner"[6] Swedenborg diagnostizierte Schleiden einen zeitgenössischen „wissenschaftlichen Aberglauben", der die „widerlichste und verwerflichste" aller seiner Formen, also auch des religiösen Aberglaubens sei, und zwar in Gestalt der Scharlatane, Geldschneider und „unsaubern Geister" Johann Heinrich Jung-Stilling, Justinus Kerner, Franz Anton Mesmer und Carl August Eschenmayer.[7]

Das Aufspüren des Hintergrundes dieser Attacke würde auf ein anderes als das in diesem Beitrag zu betrachtende Feld lenken. Denn es ging dabei nicht zuletzt auch um die Deutungshoheit über Immanuel Kant und über die kantische Philosophie.[8] In Schleidens Interesse lag der aktuelle Stand von ‚Aufklärung' und deren Verhältnis zur Naturwissenschaft. Denn die Autoren, die er den Auswüchsen wissenschaftlichen Aberglaubens zurechnete, waren damals durchweg hoch relevant. Schleiden konstruierte sie als eine Kette, die von Paracelsus über Mesmer bis hin zum Spiritismus und Okkultismus seiner eigenen Zeit reiche, von den einen positiv gewürdigt, von den anderen als konkurrierende wissenschaftliche Ansicht in den Orkus des Aberglaubens geworfen. Ob Schleiden mit seinen Attacken auf Spiritisten und Mesmeristen nicht nur seine persönliche Sympathie, zwar nicht für den Visionär, aber für Elemente der Lehre Swedenborgs verdecken, sondern darüber hinaus auch das eigene Haus, die *Leopoldina*, deren Mitglied er seit 1838 war, schützen wollte, sei dahin gestellt. Denn hier wurden durch den Präsidenten,

---

„ferne Zukunft" in einem „Jenseits und darin ein freies Reich der Geister" den Menschen nicht über den „sinnlosen Kampf todter Massen und Kräfte um ihn her" erheben (ebd.).

[5] Vgl. ebd., S. 192. Schleiden würdigte hier vor allem die seiner Ansicht nach einzigartige Kritik Swedenborgs an der Rechtfertigungslehre *sola fide*, dessen Betonung der „thätige[n] Menschenliebe" sowie seine Infragestellung der „Aechtheit der apostolischen Briefe des Paulus und anderer wegen ihres unchristlichen Inhalts" – „welcher Rationalist hätte es je gewagt" (ebd.).
[6] Vgl. ebd., S. 192, 194f., 199 u.ö.
[7] Vgl. ebd., S. 209.
[8] Schleiden selbst verweist (ebd., S. 217f.) lediglich in einer Anmerkung auf seine literarische Auseinandersetzung mit dem Tübinger Philosophen, Bibliothekar und einflussreichen Swedenborgübersetzer Johann Friedrich Immanuel Tafel (1756–1863) und den Streit um die Friessche Philosophie. Vgl. dazu die Vorreden Tafels in seinen Übersetzungen sowie insbesondere J. F. Immanuel Tafel: Swedenborg und seine Gegner, oder Beleuchtung der Lehren und Berichte Swedenborgs gegenüber den Entstellungen und Angriffen seiner Gegner. 4 Bde. Bd. 5: Swedenborg und der Aberglaube. Offenes Sendschreiben an Herrn M. J. Schleiden. 2. Aufl. Tübingen 1841–1852 [1856]; ders.: Supplement zu Kant's Biographie und zu den Gesammt-Ausgaben seiner Werke, oder: die von Kant gegebenen Erfahrungsbeweise für die Unsterblichkeit der Seele und fortdauernde Wiedererinnerungskraft der Seele, durch Nachweisung einer groben Fälschung in ihrer Unverfälschtheit wieder hergestellt; nebst einer Würdigung seiner frühern Bedenken gegen – so wie seiner spätern Vernunftbeweise für – die Unsterblichkeit. Stuttgart 1845; Sammlung von Urkunden betreffend das Leben und den Charakter Emanuel Swedenborg's. 4 Bde. Hg. v. dems. Tübingen 1839–1845.

Schleidens botanischen Fachkollegen Nees von Esenbeck (1776–1858), spiritistische Tendenzen verfolgt. Immerhin erwog von Esenbeck, den führenden amerikanischen Spiritisten Andrew Jackson Davis (1826–1910) wegen der Wissenschaftlichkeit seines Spiritismus als Mitglied in die Deutsche Akademie der Naturforscher zu berufen.[9]

Die im folgenden Beitrag genannten Autoren bewegten sich theoretisch zwischen Cartesianismus und Spiritismus, manche hielten sich für Aufklärer, manche für Materialisten, einige praktizierten als Ärzte oder verstanden sich als Naturwissenschaftler, sie schrieben als Philosophen, glaubten an Geister oder kosmische *fluida*, und sie formten zuweilen Elemente christlicher Bekenntnisse um. Den komplexen und engen Verbindungen dieser (nur) auf den ersten Blick völlig disparaten Ebenen des Diskurses zwischen Medizin, Philosophie und Theologie wird nun nachgespürt.

## II Der unzerstörbare Nervengeist aus Prevorst

Es war der von Schleiden namentlich attackierte schwäbische Arzt und Dichter Justinus Kerner (1786–1862), der 1829 den „geisterkundlichen Schlüsseltext"[10] des modernen Spiritismus auf den Markt brachte. Hierin ist folgende Theorie enthalten:

> Dieser Nervengeist geht mit der Seele [...] nach dem Tod über und ist unzerstörbar. Durch ihn bildet die Seele eine ätherische Hülle um den Geist. Er ist nach dem Tode noch eines Wachsthumes fähig, und durch ihn bringen die Geister des Zwischenreichs [...] Töne hervor, durch welche sie sich den Menschen hörbar machen können; auch sind sie durch ihn im Stande, die Schwerkraft in den Körpern aufzuheben, [...] auch vermögen sie durch ihn sich dem Menschen fühlbar zu machen.[11]

Dies gilt allerdings nur für die Geister der Unseligen, denn die Seligen nehmen den Nervengeist nicht mit ins andere Leben. Bei ihnen bleibt er im Körper zurück bis zur allgemeinen Auferstehung. Also vermögen nicht Selige, sondern nur Unselige zu spuken und sich vernehmbar zu machen, und nur, solange sie sich immer mehr

---

[9] Zu von Esenbeck und Franz von Szapary vgl. exemplarisch Diethard Sawicki: Leben mit den Toten. Geisterglauben und die Entstehung des Spiritismus in Deutschland 1770–1900. Paderborn u.a. 2002, S. 139, 146, 268, 270, 276–281; Daniel Cyranka: Esoterik als theologisches Argument? Christentum und Spiritismus bei Gottfried Gentzel. In: Esoterik und Christentum. Religionsgeschichtliche und theologische Perspektiven. Festschrift Helmut Obst. Hg. v. Michael Bergunder u. Daniel Cyranka. Leipzig 2005, S. 98–118, hier S. 110; Martin Blankenburg: Der „thierische Magnetismus" in Deutschland. Nachrichten aus dem Zwischenreich. In: Robert Darnton: Der Mesmerismus und das Ende der Aufklärung in Frankreich. Frankfurt a.M., Berlin 1986, S. 191–231, hier S. 214.
[10] Sawicki: Leben mit den Toten (wie Anm. 9), S. 162.
[11] Justinus Kerner: Die Seherin von Prevorst. Eröffnungen über das innere Leben des Menschen und über das Hereinragen einer Geisterwelt in unsere. 3. Aufl. Stuttgart, Tübingen 1838 [zuerst 1829], S. 187f.

vervollkommnen. Dabei verlieren sie den Nervengeist gleichsam als Rudiment des Irdischen und werden irgendwann nicht mehr spürbar oder vernehmbar sein.[12]

Wer hier sprach, war Kerners ‚Klientin', die *Seherin von Prevorst* Friederike Hauffe. Sie hatte Kerner zur Niederschrift seines wirkmächtigen Textes veranlasst. Auf knappstem Raum sind die drei Kernsegmente des Spiritismus des 19. Jahrhunderts in der zitierten Passage enthalten. Sie dienen dieser Studie zum Anlass, um auf ein basales Element des Referenz- und Rezeptionsrahmens für den modernen Spiritismus aufmerksam zu machen, das in der bisherigen Forschung vernachlässigt worden ist.

Was die Geisterwelt von Prevorst zusammenhält

Drei Komplexe enthält das vorgestellte Zitat: *erstens* die Theorie vom *fluidum nerveum* oder *fluidum spirituosum*, die zuletzt vor allem im Mesmerismus Konjunktur hatte, aber fester Bestandteil der Physiologie und Psychologie des 18. Jahrhunderts und schon vorher war. Die Begriffe für dieses *fluidum* wurden in der Auseinandersetzung um den Mesmerismus in den letzten zwanzig Jahren des 18. Jahrhunderts immer austauschbarer. Ein Kenner der Materie, der Leipziger Theologieprofessor Johann Georg Rosenmüller (1736–1815), trug 1788 folgende Ausdrücke zusammen: „Aether, man nenne ihn nun aura vitalis, archeus, anima Stahlii, Actuosum Albini, Natura, vis vitae, fluidum nerveum, vis vegetativa, reproductrix".[13] Hier wird zusammengeworfen, was seinerzeit in teilweise konkurrierenden Theorien entwickelt worden war.[14] Weiter unten wird noch kurz auf den Unterschied zwischen *fluida* und *spiritus* eingegangen, der in dem zitierten Text nicht explizit eingeebnet worden war. Denn hier ging es um die Auseinandersetzung mit dem immer mehr um sich greifenden somnambulistischen Mesmerismus des Marquis de Puységur (Jacques Armand de Chastenet, 1751–1825), der sich seit der zweiten Hälfte der 1780er Jahre mit dem Swedenborgianismus zu verbinden begann und die erfolgreichste Richtung des animalischen Magnetismus überhaupt,

---

[12] Vgl. ebd.
[13] Johann Georg Rosenmüller: Briefe über die Phänomene des thierischen Magnetismus und Somnambulismus. Leipzig 1788, S. 16f.
[14] Die Rede vom Nervensaft oder einer Nervenflüssigkeit war zur Bezeichnung des subtilsten Lebensgeists ursprünglich von Borelli und Harvey (als *succus nervous*) gegen die galenischen *spiritus animales* aufgebracht worden, vgl. Erhard Oeser: Geschichte der Hirnforschung. Von der Antike bis zur Gegenwart. 2. Aufl. Darmstadt 2010, S. 51; sowie Karl E. Rothschuh: Vom Spiritus animalis zum Nervenaktivstrom. In: Ciba-Zeitschrift 89 (1958), S. 2950–2978, hier S. 2958–2962. Die Vertreter der *spiritus animales* bezeichnete Albrecht von Haller als „Geisterfreunde", die im Gegensatz zur Psychomedizin Georg Ernst Stahls standen, der die Seele als den ganzen Körper durchdringend begriff und Mittler oder Botschafter zwischen Körper und Seele gegen Cartesianer und Galenisten ablehnte (vgl. Albrecht von Haller: Anfangsgründe der Phisiologie des menschlichen Körpers. 8 Bde. Berlin 1759–1776. Bd. 4. Berlin 1768, S. 462f., 574–576; Rothschuh: Spiritus animalis, S. 2963f.

bis weit in das 19. Jahrhundert hinein, begründete.[15] Beide Lehren standen in engem Zusammenhang mit der Annahme von subtilmateriellen Imponderabilien, ‚Unwägbarkeiten', die von Descartes bis Newton, von Stahl über Unzer bis von Haller angenommen worden waren, solcher *imponderabilia*, die das *commercium corporis et animae* vermittelten und zugleich kosmologische Dimensionen besitzen konnten. Diese Annahmen waren seit Mesmer in einer höchst populären therapeutischen Praxis ‚angewendet' worden.[16] Die *Seherin von Prevorst* befindet sich mitten in dieser Deutungsgeschichte sozusagen in einer ‚Lücke' im cartesischen System – einer Lücke nämlich, in der sich kein leerer Raum befand, sondern Subtilmaterie oder Quasimaterie, die sich vor den Mikroskopen zwar verbarg, aber unbedingt vorausgesetzt werden musste, und zudem nicht erst nach der Vorstellung der Spiritisten des 19. Jahrhunderts durch geschlossene Türen ‚gehen', in Gestalt von Gedanken und Gefühlen Räume durchqueren, sondern auch Erscheinungen verstorbener Seelen erklären konnte.[17]

Das *zweite* Segment des Textes aus *Prevorst* ist das Thema *Geistleib*. Der Nervengeist, *fluidum spirituosum* oder *nerveum*, ermöglicht die Quasimaterialität der Seele vor und nach dem Leben. In der Mesmerismus- und Spiritismusforschung wird bis in die jüngste Zeit an dieser Stelle auf alte hermetische, florentinisch-neuplatonische oder sogar gnostische Modelle, vor allem auf die spätantike Vorstellung eines „feinstofflichen Astral- oder Ätherleibs" hingewiesen, die bei dieser Figur des Geistleibs nachgewirkt hätten und durch Mesmer in den zeitgenössisch akzeptierten „mechanistischen Rahmen" übertragen worden seien.[18] Mit solch einer Traditionsbildung wird der Referenzrahmen des 18. Jahrhunderts, bei vielen Autoren die Leibnizsche Monadologie, übersprungen, unter anderem mit der Annahme, dass jede Monade ein unzerstörbares *corpusculum* bei sich führe. Dies wird noch

---

[15] Vgl. Karl Baier: Meditation und Moderne. Zur Genese eines Kernbereichs moderner Spiritualität in der Wechselwirkung zwischen Westeuropa, Nordamerika und Asien. 2 Bde. Bd. 1. Würzburg 2009, S. 191, sowie S. 195, 261–265; Adam Crabtree: From Mesmer to Freud. Magnetic Sleep and the Roots of Psychological Healing. New Haven, London 1993, S. 38–53, 60f., 70–72; Alfred J. Gabay: The Covert Enlightenment. Eighteenth-Century Counterculture and his Aftermath. West Chester 2005, S. 35–41, 82–92, 98, sowie ders.: The Stockholm Exegetic and Philanthropic Society and Spiritism. In: The New Philosophy 110 (2007), S. 219–253.

[16] Vgl. Baier: Meditation und Moderne (wie Anm. 15), Bd. 1, S. 184–186. Mesmer nahm diesen Partikelstrom im Anschluss an Huygens und Descartes zur Vermeidung immaterieller Fernkräfte an, bezeichnete das *fluidum* unter Berufung auf Newton als allgemeine Schwerkraft und wegen seiner Wirksamkeit in Lebewesen als *gravitas animalis* (vgl. ebd., S. 185).

[17] Der schwedische „Archimedes" Christopher Polhem, cartesischer Ingenieur und Mentor des jungen Emanuel Swedenborg, erklärte übersinnliche Phänomene bereits am Anfang des 18. Jahrhunderts in einem Aufsatz über das *Wesen der Geister* mit Hilfe von Subtilmaterie, durch die vermeintlich übersinnliche Phänomene mechanisch über eine Art „Gedankenmaterie" übertragen würden (vgl. Christopher Polhem: Efterlämnade Skrifter. Hg. v. Axel Liljencrantz. Teil 3. Uppsala 1952f., S. 314); vgl. auch Martin Lamm: Swedenborg. Eine Studie über seine Entwicklung zum Mystiker und Geisterseher. Leipzig 1922, S. 38f.

[18] Vgl. Sawicki: Leben mit den Toten (wie Anm. 9), S. 120, sowie S. 73–76; Baier: Meditation und Moderne (wie Anm. 15). Bd. 1, S. 186, 188.

genauer zu erläutern sein. Dass genau an dieser Stelle, nämlich bei den zu ihrer Zeit gängigen Annahmen der Philosophen, Theologen und Mediziner, zeitgenössische Jenseitsspezialisten vom Schlage Johann Caspar Lavaters oder Charles Bonnets mit ihren plastischen *Aussichten* in ihre jeweiligen *Ewigkeiten* anknüpften, wird an anderer Stelle ebenfalls aufzuzeigen sein.

*Dritter* Bestandteil des Textauszuges von Kerner ist die Eschatologie, die in der folgenden Untersuchung aufgrund der Themenstellung nur am Rande angesprochen werden kann. Allerdings ist darauf hinzuweisen, dass sich bei Kerner kein Quellenhinweis, dafür aber die auffällige Auskunft findet, die *Seherin* wisse „nicht das Mindeste" von Swedenborg.[19] Kerners bzw. Hauffes Theorie vom *status post mortem* weicht von Swedenborg hinsichtlich der Apokalyptik, nämlich einer allgemeinen Auferstehung, zwar deutlich ab und zeigt sich von Friedrich Christoph Oetinger und Johann Heinrich Jung-Stilling geprägt. Auch die Erscheinung und physische Wirkung von Seelengeistern ist für Swedenborg ausgeschlossen, der darin auf einer Linie mit der dämonologischen Hermeneutik Johann Salomo Semlers und seiner Schüler liegt.[20] Aber der Interims- und Reinigungszustand mit einem *progressus infinitus* nach dem Tod ist deutlich swedenborgianisch – und kantianisch[21] – geprägt. Die Verbindung der Geistleiblichkeitslehre und der apokalyptischen Eschatologie mit der Umdeutung von Swedenborgs (ewiger) Geisterwelt in einen Zwischenzustand vor Auferstehung und Jüngstem Gericht geht auf Oetingers Swedenborgrezeption und deren Fortschreibung bei Jung-Stilling und vielen anderen zurück.[22]

Ein rezeptioneller *missing link*

Diese Bestandsaufnahme leitet zum Gegenstand dieses Beitrages, einer vermeintlichen Leerstelle in der Rezeption zwischen dem modernen Spiritismus des 19. Jahrhunderts und dem medizinisch-philosophisch-theologischen Diskurs seit dem philosophischen Rationalismus des 18. Jahrhunderts. Denn genau hier besit-

---

[19] Kerner: Die Seherin von Prevorst (wie Anm. 11), S. 193. Kerner zit. hier ferner ohne Namensnennung die auch von Swedenborg vertretene Theorie vom Sitz des Bösen und Falschen in der *mens naturalis*.

[20] Vgl. dazu Friedemann Stengel: Aufklärung bis zum Himmel. Emanuel Swedenborg im Kontext der Theologie und Philosophie des 18. Jahrhunderts. Tübingen 2011, S. 487–495.

[21] Zu der swedenborgianisch geprägten Eschatologie Kants und deren Rezeption bei sich selbst als Kantianer verstehenden Autoren um 1800 vgl. ebd., Kap. 5.3.3. u. 5.3.7. (Kant, ‚Mystiker' und Geister'), sowie Friedemann Stengel: Kant – ‚Zwillingsbruder' Swedenborgs? In: Kant und Swedenborg. Zugänge zu einem umstrittenen Verhältnis. Hg. v. dems. Tübingen 2008, S. 35–98, bes. S. 62–69, 83–89.

[22] Zu den fundamentalen Differenzen der von Johann Albrecht Bengel geprägten Apokalyptik Oetingers gegenüber der anti-apokalyptischen Eschatologie Swedenborgs – und Kants – vgl. Stengel: Aufklärung (wie Anm. 20), Kap. 5.2.5., b–d).

zen Spiritismus, mesmeristische Magie und Okkultismus[23] ihren Referenzpunkt, nicht in einer für übergeschichtlich gehaltenen, in der ‚Aufklärung' anscheinend verdrängten oder übergangenen Formation ‚Esoterik',[24] die ihre Wurzeln in der Renaissance oder gar in der Antike hätte. Genau auf diese Vermutung stößt man aber immer wieder, und zwar auch bei Autoren, deren konsequent historisches Vorgehen ansonsten besticht, dass nämlich der Florentiner Hermetismus und Neuplatonismus, ja die Gnosis selbst, im Mesmerismus und Spiritismus nachgewirkt hätten.[25]

In seinem bekannten Aufsatz über Mesmer und den animalischen Magnetismus hatte Ernst Benz 1977 die „Vorformen" des Mesmerismus ohne jeden Beleg unter anderem bei Paracelsus, der „esoterischen Medizin" und Naturphilosophie der Rosenkreuzer und bei dem kabbalistischen und astrologischen Arzt und Physiker Rudolph Gocclenius (dem Jüngeren) gesehen.[26] Ferner hatte Benz nahegelegt, der Jesuitenschüler Mesmer sei „möglicherweise" mit der Magnetismustheorie des Jesuiten Athanasius Kircher auf der Jesuitenschule in Dillingen bekannt geworden, denn bei Kircher seien schließlich die „Grundgedanken des späteren sogenannten Mesmerismus […] im Ansatz" vorhanden.[27]

---

[23] In der Transformation des Mesmerismus zur mesmeristischen Magie und im amerikanischen Spiritismus lag die rezeptionelle Voraussetzung des Okkultismus. Vgl. Baier: Meditation und Moderne (wie Anm. 15). Bd. 1, S. 196, 253–265. Vgl. auch Friedemann Stengel: Art. Okkultismus 1. Europa. In: Enzyklopädie der Neuzeit. Bd. 9. Stuttgart, Weimar 2009, S. 376–378.

[24] Im Sinne von Wouter J. Hanegraaff: Forbidden Knowledge. Anti-Esoteric Polemics and Academic Research. In: Aries. Journal for the Study of Western Esotericism 5 (2005), S. 225–254.

[25] Vgl. Anm. 18. Offensichtlich in Anlehnung an Antoine Faivres Esoterik-Modell geht Sawicki 1999 davon aus, dass sich „esoterische", also hermetische und theosophische „Textfragmente" aus der „Makroperspektive der Ideengeschichte ohne weiteres in das geläufige Bild vom humanistischen, antiklerikalen Heidentum als einer geistigen Strömung der Epoche einpassen" ließen (Diethard Sawicki: Die Gespenster und ihr Ancien régime. Geisterglauben als „Nachtseite" der Spätaufklärung. In: Aufklärung und Esoterik. Hg. v. Monika Neugebauer-Wölk unter Mitarb. v. Holger Zaunstöck. Hamburg 1999 [Studien zum achtzehnten Jahrhundert 24], S. 364–396, hier S. 364). Auch in Sawicki: Leben mit den Toten (wie Anm. 9) ist diese Orientierung an Faivre vorhanden, allerdings wird statt ‚Esoterik' der ältere Terminus ‚Hermetik', hermetisches Denken oder ‚Gedankengut' verwendet (vgl. etwa ebd., S. 21f.). Dennoch werden die von Faivre vorgeschlagenen, spätestens angeblich seit der Renaissance nachweisbaren esoterischen Denkformen als Rezeptionsbasis für den Spiritismus des späten 18. und 19. Jahrhunderts betrachtet. Der in meiner Untersuchung beleuchtete Kontext fehlt darum auch in Sawickis überaus verdienstvoller und bahnbrechender Arbeit, wenn er vier Wissensbestände benennt, in denen Geister und Geistererscheinungen integriert waren: die beiden Konfessionen, die vorkantianische akademische Philosophie und den „Komplex hermetisch-theosophischer Überlieferung" (Sawicki: Die Gespenster und ihr Ancien régime, S. 367).

[26] Ernst Benz: Franz Anton Mesmer und die philosophischen Grundlagen des ‚animalischen Magnetismus'. In: Abhandlungen der geistes- und sozialwissenschaftlichen Klasse der Akademie der Wissenschaften und der Literatur zu Mainz 4 (1977), S. 1–47, hier S. 12f.

[27] Ebd., S. 14. Diese Vermutung wird auch von Baier: Meditation und Moderne (wie Anm. 15). Bd. 1, S. 186 fortgeschrieben, aber ohne Erwähnung von Benz, der sie mit seinem rein phänomenologischen Vergleich Mesmers mit Athanasius Kircher in die Welt gesetzt hatte.

Es soll und kann gar nicht der Beobachtung widersprochen werden, dass auch hermetische Quellen im Geisterdiskurs des 18. Jahrhunderts gelesen worden sind,[28] aber was geschieht, wenn neuplatonisch-hermetisches „Gedankengut" *ohne* seinen zeitgenössischen Ort im späten 18. und 19. Jahrhundert für Geistleiblichkeits-, Magnetismus- und Fluidaltheorien des modernen Spiritismus und Okkultismus, aber auch schon des Mesmerismus, Somnambulismus und Swedenborgianismus herangezogen wird?

*Erstens* könnte durch den Rückgriff auf das alte, vielleicht spätantike Konzept des Äther- oder Astralleibs[29] der Bezug zu den zeitgenössischen Geistleibdebatten verdeckt werden, die dem Diskurs des 19. Jahrhunderts unmittelbar vorausliefen und hier vielfach rezipiert wurden.

*Zweitens* könnte durch den Rekurs auf Neuplatonismus und Gnosis der Eindruck erweckt werden, der moderne Spiritismus sei zumindest partiell lediglich eine Spätfolge der Antike oder der Renaissance, die gleichsam erst im Gegenüber zur Aufklärung plötzlich zu ihrem Telos gelangt seien – eine verborgene Subgeschichte des Verbotenen also, das von der christlichen Dominanz unterdrückt und erst im Gefolge der Zurückdrängung des Christlichen durch Säkularisierung und Emanzipation im (oder nach dem?) Zeitalter der Aufklärung zum Zuge gekommen wäre.[30]

*Drittens* könnten durch den Rekurs auf alte hermetische oder esoterische Traditionen zeitgenössische Auseinandersetzungen um cartesische, spinozistische, newtonsche oder Leibniz-Wolffische Positionen vergessen gemacht werden. In diesen Auseinandersetzungen wurde selbstverständlich auch um die Validität älterer Traditionen gestritten, der Blick auf die Positionierung im aktuellen Diskurs darf aber nicht dadurch verstellt werden, dass es bei der Eruierung von Motiven aus zeitlich anderen Zusammenhängen bleibt.

Wenn es sich *viertens* bei der Geistleiblichkeitslehre oder bei den Fluidaltheorien lediglich um alte Konzepte handelte, die von Somnambulisten, Mesmeristen, Okkultisten und Spiritisten nur reaktualisiert worden wären, dann würde, ob nun beabsichtigt oder nicht, das Paradigma einer ‚Aufklärung' fortgeschrieben werden, deren ‚Modernität' und ‚Vernünftigkeit' sich durchgesetzt habe oder durchsetzen

---

[28] Vgl. Sawicki: Leben mit den Toten (wie Anm. 9), S. 78 – am Beispiel von bei Jamblich überlieferten ägyptischen Mysterien, die durch Ficinos Edition zugänglich geworden waren und ab 1760 von angeblichen Magiern ‚ägyptischen Stils' sowie im Martinismus rezipiert wurden.

[29] Vgl. Anm. 18.

[30] So Hanegraaff: Forbidden Knowledge (wie Anm. 24). Vgl. dazu Friedemann Stengel: Diskurstheorie und Aufklärung. In: Ordnungen des Wissens – Ordnungen des Streitens. Gelehrte Debatten des 17. und 18. Jahrhunderts in diskursgeschichtlicher Perspektive. Hg. v. Markus Meumann. Berlin 2013; Michael Bergunder: Was ist Esoterik? Religionswissenschaftliche Überlegungen zum Gegenstand der Esoterikforschung. In: Aufklärung und Esoterik. Rezeption – Integration – Konfrontation. Hg. v. Monika Neugebauer-Wölk unter Mitarb. v. Andre Rudolph. Tübingen 2008 (Hallesche Beiträge zur Europäischen Aufklärung 37), S. 477–507, hier S. 488.

musste, der gleichsam als Ersatz für das Konzept der Gegenaufklärung ein rückwärtsgewandter, traditioneller oder unwissenschaftlicher Anachronismus gegenüberstand, vertreten von den (antike- oder hermetismusorientierten) Traditionalisten gegen den ‚wissenschaftlichen Geist' der ‚Moderne'. Diese Konstruktion wird vor allem dann generiert, wenn man annimmt, dass ‚alte' Traditionen im Diskurs reaktiviert oder lebendig gemacht werden, ohne dass die zeitgenössischen Diskursgegner und die mit ihnen gegebenen referentiellen Schnittstellen noch vor den jeweiligen in Front gebrachten Traditionen ausreichend berücksichtigt würden.

Schließlich würde dadurch *fünftens* ein der eigenen Gegenwart entstammendes ‚Moderne'-Verständnis in den Referenzrahmen des 18. oder 19. Jahrhunderts implementiert. Spiritisten, Okkultisten, Mesmeristen und Somnambulisten würden qua Vorentscheidung zu Repräsentanten der Gegen-Moderne, und dies müsste auch auf deren Vorläufer ausgedehnt werden, wenn die Wurzeln der ‚aufgeklärten' Moderne im Rahmen eines teleologischen Konzepts historisch zurückverfolgt werden. Die oft anzutreffende Betonung der antiken oder renaissancehermetischen Wurzeln des Spiritismus und Okkultismus des 19. Jahrhunderts scheint einem solchen Prozedere vollauf zu entsprechen, sei es aus der Perspektive des Kritikers oder des Protagonisten einer sich selbst als aufgeklärt oder modern verstehenden Position, die ihre Herkunft in der geistesgeschichtlichen Vergangenheit sehen – und finden – will.

Es wird daher im Folgenden zunächst der zeitgenössische diskursive Kontext von zwei der drei Segmente aus dem eingangs vorgestellten Kerner-Zitat in den Debatten des 18. Jahrhunderts beschrieben, indem diejenige Position bestritten wird, die eine seit Antike oder Renaissance bestehende Tradition behauptet und dadurch produziert. Dabei wird die Kontingenz der Historizität und die Disparatheit, nicht die Invarianz traditioneller Wissensbestände ans Licht kommen.

Geistleib

Als Referenzpunkt für Geistleiblichkeitstheorien im 18. Jahrhundert galt vielfach die Leibnizsche Monadologie und Korpuskularphilosophie mit ihrer gegen einen völligen Seelenidealismus gerichteten Annahme, dass jede Seelenmonade eines vernünftigen Geschöpfs ein unzerstörbares *corpusculum*, Leibchen oder Körperchen, bei sich führe, weshalb, so Leibniz,

> es in meiner Philosophie kein vernünftiges Geschöpf ohne organischen Körper und keinen erschaffenen Geist gibt, der völlig von der Materie getrennt ist. Diese organischen Körper unterscheiden sich aber in ihrer Vollkommenheit nicht weniger als die Geister, zu denen sie gehören.[31]

---

[31] Vgl. Gottfried Wilhelm Leibniz: Die Theodizee. Von der Güte Gottes, der Freiheit des Menschen und dem Ursprung des Übels. 2 Bde. Hg. u. übers. v. Herbert Herring. Bd. 1. 2. Aufl.

Auf diesen Ansatz einer geradezu kanonisierten Leitphilosophie rekurrierten die Geistleiblichkeitstheoretiker des 18. Jahrhunderts immer wieder, und zwar auch diejenigen, die theosophisch-hermetisch-kabbalistische Quellen sehr wohl kannten und rezipierten wie etwa Friedrich Christoph Oetinger, der mit seiner Geistleiblichkeitslehre eine Alternative zwischen dem zeitgenössischen Materialismus und dem Idealismus suchte, der für ihn nichts anderes war als ein „Pferdscheuer Schrecken vor dem Materialismus".[32] Als Gewähr und Autoritätenbeleg für ihre Geistleiblichkeitstheorien galten diesen Autoren (trotz ihrer Kenntnis der antiken, sei es auch hermetischen Tradition) Leibniz und die theologischen und philosophischen Leibniz-Wolffianer, für die die Plastizität und Körperlichkeit des postmortalen Lebens fester Bestandteil des *status post mortem* war und die deshalb die von den sogenannten „Hypnopsychiten" im Luthertum vertretene Lehre vom Seelenschlaf bekämpften.[33] Für wolffianische Theologen wie den Tübinger Israel Gottlob Canz (1690–1753) beispielsweise hat die Seele „zwey Leiber, weil ja der subtile, den sie mit in die Ewigkeit nimmt, aus dem Sterblichen herausgezogen wird."[34]

Innerhalb dieses württembergischen theosophischen und zugleich wolffianischen Rationalismus, dem auch Oetinger, dessen Lehrer Canz gewesen war, nahe stand, ist eine leiblose Geistigkeit schlichtweg nicht vorstellbar, weil, wie Oetinger immer wieder betont, Geist ohne Materie und Materie ohne Geist undenkbar wären. „Keine Seele, kein Geist kan ohne Leib erscheinen, keine geistliche Sache kan ohne Leib vollkommen werden. Alles, was geistlich ist, ist dabey auch leiblich [...]."[35] Wenn die Seele durch göttliche Gnade aber unsterblich und zugleich subtilleiblich ist, dann schien daraus zu folgen, dass auch das postmortale Leben

---

Frankfurt a.M. 1986, S. 413 (Tentamina II, Nr. 124). Dieses Zitat aus der *Theodizee* findet sich zur Begründung der postmortalen Geistleiblichkeit in eigener Übers. bei Georg Venzky: Die Herlichkeit der verklärten menschlichen Körper in jener Welt, und die Wonungen, welche uns zubereitet worden. Breßlau 1752, S. 66.

[32] Friedrich Christoph Oetinger: Die Lehrtafel der Prinzessin Antonia. 2 Bde. Hg. v. Reinhard Breymayer u. Friedrich Häussermann. Bd. 1. Berlin, New York 1977 [zuerst 1763], S. 136. Zu Oetingers Geistleiblichkeitslehre und seinem ambivalenten Verhältnis zum philosophischen Rationalismus vgl. Stengel: Aufklärung (wie Anm. 20), Kap. 5.2.3. und 5.2.4., n).

[33] Vgl. etwa Georg Venzky: Die Geschichte des Menschen in seinem Zwischenzustande, vom Tode an bis zu seiner Auferstehung, vornämlich nach den Entdeckungen der Offenbarung nebst der Widerlegung der Selenschläfer und einigen Anhängen, die dahin gehören. Rostock, Wismar 1755 [2. Aufl. Bützow, Wismar 1762], S. 26, 29, 248, 264f., 319. Auch Kant lehnte zugunsten der Eschatologie Swedenborgs den Seelenschlaf, allerdings auch das postmortale *corpusculum* nach Leibniz sowie metempsychotische und reinkarnatorische Vorstellungen ab, vgl. Stengel: Zwillingsbruder (wie Anm. 21), S. 64.

[34] Dieses summarische Zitat aus Canz: De regimine Dei universali, sive jurisprudentia civitatis Dei publica [...]. Tubingae 1737 (§§ 228, 193, 153, 230f.), findet sich ebenfalls bei Venzky: Die Herlichkeit der verklärten menschlichen Körper (wie Anm. 31), S. 69f. Vgl. zu Venzky Stengel: Aufklärung (wie Anm. 20), S. 446–451. Auf Canz und Christian Wolff berief sich ebenfalls Heinrich Wilhelm Clemm: Schriftmässige Betrachtung über den Tod der Menschen und ihren Zustand nach dem Tod. 2. Aufl. Stuttgart 1761, S. 23. Auf S. 25 spricht Clemm ähnlich wie Leibniz (wie Anm. 31: „corps organique") von einer „organischen Leiblichkeit".

[35] Oetinger: Die Lehrtafel [1763] (wie Anm. 32). Bd. 1, S. 242.

höchst leiblich und plastisch ist, dass man dort essen und trinken kann,[36] wie keinesfalls nur Swedenborg meinte, dass man dort höhere Sinne haben wird – eine weit verbreitete Schlussfolgerung aus der Subtilleiblichkeit der postmortalen Seele.

Unter dem für die romantische Naturphilosophie einflussreichen Tübinger Philosophen Gottfried Ploucquet (1717–1790),[37] einem der akademischen Lehrer Justinus Kerners, wurde 1766 eine Dissertation verteidigt, die davon ausging, dass der „schematismus" oder „typus primitivus" des Menschen, beides Begriffe für einen subtilen Geistleib, vom Tod nicht zerstört und von seiner Seele nicht getrennt werde. Man besitze weiterhin sein Gedächtnis, vermöge auch nach dem Tod mittels seiner äußeren und seiner inneren Sinne zu fühlen, auch wenn nicht gesagt werden könne, ob der Mensch noch andere Sinne erhalten werde. Aber auch nach dem Tod werde man seinen Körper besitzen, zu dem dann aber nicht mehr das tierische Fleisch gehöre, sondern nur noch das „Fundament und der Grundpfeiler des menschlichen Körpers".[38] In dem Traumzustand, in den dieser innerliche, nun von Materie freie „typus primitivus" nach dem Tod gerate, falle man nämlich nicht aus seinen „Prinzipien".[39] Ob der Mensch sich nach dem Tod auch sichtbar machen könne, sei aber nicht zu entscheiden.[40] Allerdings sei die Materie des „typus primitivus" so subtil und so vermögend, dass sie selbst durch dichtere Körper dringen könne.[41] Auch könne sich dieser „typus" womöglich durch Zeichen zu erkennen geben, obwohl nicht spezifiziert werden könne, welcher Natur diese Zeichen seien.[42]

---

[36] Vgl. [Laur. Panormitanus]: Werden denn dereinst, nach dem allgemeinen Weltgericht und nach geschehener Einführung der Auserwählten in das neue Jerusalem, diese einer ihrem verklärten Leib conforme Speise und Trank geniesen? In: Dreßdnische Gelehrte Anzeigen 1773, S. 597–608; Rezension zu: Vernünftige und schriftmässige Gedanken über den zweifachen Zustand der Menschen nach dem Tode, den alten und neuen Träumen von der Ewigkeit entgegengesetzt. Stendal 1785. In: Frankfurter gelehrte Anzeigen, 9. Mai 1786, S. 289–293.

[37] Zu Ploucquet vgl. Hanns-Peter Neumann: Zwischen Materialismus und Idealismus – Gottfried Ploucquet und die Monadologie. In: Der Monadenbegriff zwischen Spätrenaissance und Aufklärung. Hg. v. dems. Berlin 2009, S. 203–270; „... im Reiche des Wissens cavalieremente"? Hölderlins, Hegels und Schellings Philosophiestudium an der Universität Tübingen. Hg. v. Michael Franz. Tübingen 2005.

[38] Vgl. Gottfried Ploucquet (praes.), Johannes Christian Faber (resp.): Problemata de natura hominis ante et post mortem. Tubingae 1766, 16: „Ad suum autem nec pertinet caro pecudum, nec olus, nec vinum, nec frumentum &c. sed id, quod fundamentum est & sustentaculum corporis humani." Vgl. auch die entsprechende Rezension in: Hallische Neue Gelehrte Zeitungen, 20. November 1766, S. 750f.

[39] Ploucquet, Faber: Problemata de natura hominis (wie Anm. 38), S. 11, 14, 16.

[40] Vgl. ebd., S. 14. Der hallesche Rezensent ließ den Hinweis weg, dass immerhin das Beispiel der Erscheinung von Mose und Elia auf dem Tabor (Mk 9,2–8) die Möglichkeit dieses Phänomens beweise.

[41] „Materia typi primitivi tantae subtilitatis & tantae virtutis in cohaesione & attractione sine ullo dubio concipi debet, ut corpora crassiora libere permeare, nec ab ulla materia externa laedi possit" (ebd., S. 15). Vgl. auch Rezension. In: Hallische Neue Gelehrte Zeitungen (wie Anm. 38), S. 751.

[42] Vgl. Ploucquet, Faber: Problemata de natura hominis (wie Anm. 38), S. 15. Auch „Schwendenborg" [sic], kommentierte der hallesche Rezensent, habe keine Auskunft zu geben vermocht,

Der vielleicht wichtigste rationalistische, aber keinesfalls prinzipiell ablehnende Kritiker aller zeitgenössisch kolportierten Geister- und Gespenstergeschichten, Justus Christian Hennings (1731–1815), der 1765 anstelle von Kant nach Jena berufen worden war, schrieb der unsterblichen Seele ebenfalls ein „wenigstens feines oder verklärtes Leibgen", ein Leibchen, Vehikel oder – Ploucquets Ausdruck: „Schema" zu.[43] Damit dieses freigesetzt werden könne, müsse der grobe Leib bei den Beerdigungen schnell zur Fäulnis gebracht werden, damit er dem subtilen Leib nicht im Wege stehe – ein praktischer Ratschlag, der seinerzeit auch in der gelehrten Öffentlichkeit kolportiert wurde.[44]

Der für die Entwicklung des dänisch-norwegischen Staatspietismus maßgebliche Kopenhagener Theologieprofessor Erik Pontoppidan (1698–1764) berief sich bei seiner Vermutung, die Erscheinung eines Geistes widerspreche nicht dessen Natur, ausdrücklich auf

> solche Leiber, als ein Leibnitz, Reinbek, Cantz, und andere unserer neuesten Philosophen für gut, wo nicht nothwendig halten, der Seele, bey ihrem Abschiede aus dem Leibe, beyzulegen, aus dessen Essenz er gleichsam sollte extrahiret und bis weiter als ein vehiculum, ein Wagen und Mittheilungsmittel, gebraucht werden.[45]

Für Hennings war neben Leibniz der Wolff-Gegner Andreas Rüdiger (1673–1731) einer der wichtigsten Referenzautoren. Rüdiger hatte gegen Christian Wolff die Seele zwar für immateriell, aber für körperlich gehalten und dabei die Definition von Körpern durch Descartes und Wolff modifiziert: Alles Geschaffene, auch die immaterielle Seele, sei ausgedehnt, Ausgedehntheit komme keinesfalls nur materiellen Körpern zu. Vielmehr sei das Wesen der Körper elastisch. Rüdiger ging es

---

durch welche Zeichen er mit Aristoteles gesprochen habe. Weiter notierte er, dass Ploucquet / Faber nach dem Tod „einen Unterricht in Offenbarung der Wahrheiten und Affecten" erwarte (vgl. Rezension. In: Hallische Neue Gelehrte Zeitungen [wie Anm. 38], S. 751; vgl. auch Ploucquet, Faber: Problemata de natura hominis [wie Anm. 38], S. 13). Dass es sich hierbei um ein signifikantes Element der Geisterweltlehre Swedenborgs handelt, vermerkte er nicht.

[43] Justus Christian Hennings: Anthropologische und pneomatologische Aphorismen. Halle 1777, S. 33; Ders.: Geschichte von den Seelen der Menschen und Thiere. Halle 1774, S. 355–359, 368. Hennings nannte als Vertreter eines subtilen Seelenleibes: Hierokles, Ralph Cudworth, Johann Lorenz Mosheim, Charles Bonnet, Johann Caspar Lavater und Abraham Gotthelf Kästner, vgl. ebd., S. 126f.

[44] Vgl. Rezension zu Hennings: Verjährte Vorurtheile in verschiedenen Abhandlungen bestritten. Riga 1778. In: Hallische Neue Gelehrte Zeitungen 1778, S. 630–632. Die Beziehung zwischen den rationalistischen Seelenlehren und der ‚aufklärerischen' Bestattungskultur zu untersuchen, wäre eine nützliche Horizonterweiterung von: Klaus Fitschen: Die Vernunft und der Tod. Das Begräbnis im aufklärerischen Mentalitätswandel. In: Religion und Aufklärung. Studien zur neuzeitlichen „Umformung des Christlichen". Hg. v. Albrecht Beutel u. Volker Leppin. Leipzig 2004, S. 229–241; sowie Konrad Hammann: Die Literaturgattung der Leichenpredigt in der Aufklärungszeit. In: Ebd., S. 243–264.

[45] Erik Pontoppidan: Schrift- und Vernunftmäßige Abhandlung I. Von der Unsterblichkeit menschlicher Seelen, II. Von deren Befinden in dem Tode, III. Von deren Zustand gleich nach dem Tode, bis an das jüngste Gericht. 2. Aufl. Kopenhagen, Leipzig 1766, S. 169f. Zu Pontoppidans Seelenlehre und Eschatologie vgl. Stengel: Aufklärung (wie Anm. 20), S. 468–472.

um die Abweisung einer diastatischen Auffassung von Geist und Materie, die er bei Descartes und nun auch bei Wolff zu erkennen meinte.[46] Unter anderem durch Hennings, dessen Anknüpfung an die Philosophie Wolffs kaum zu übersehen ist, blieb Rüdigers Alternativkonzept in den Geistleiblichkeitstheorien lebendig, die die Unsterblichkeit der Seele behaupteten und ihr zugleich weder eine (sterbliche) Materialität noch eine nur Gott zustehende rein geistige Immaterialität zuerkennen wollten.[47]

Justinus Kerner, der nicht nur Mesmer persönlich kannte,[48] sondern auch mit Jung-Stilling, Oetinger, Swedenborg und wie Jung-Stilling vielleicht auch mit Hennings vertraut war, wusste selbstverständlich auch um deren Vorstellungen vom Seelenleib, die gegen die Behauptung reiner Geistigkeit, die nur Gott zukam, und gegen die Behauptung purer Materialität gerichtet waren. Der renommierte englische unitarische Theologe und Chemiker Joseph Priestley (1733–1804), den Kant als geradezu paradigmatischen Widersacher mehrfach in seinen Metaphysikvorlesungen zitierte, behauptete demgegenüber die Materialität und daher Sterblichkeit der Seele. Er vertrat im Gegensatz zu Kant, den Kantianern und den Spiritisten eine tatsächliche Neuschöpfung.[49] Bevor also vorschnell mit Äther- und Astralleibsvorstellungen argumentiert wird, wäre zunächst der breite, auf zeitgenössische ‚Spuk'-Geschichten und zugleich auf die lutherische Dogmatik zielende ‚aufklärerische' Diskurs zur Kenntnis zu nehmen.

Fluidum und spiritus animalis

Wie oben erwähnt, kursierten in der mesmeristischen Debatte am Ende des 18. Jahrhunderts für den Nervensaft oder Nervengeist verschiedene austauschbare Ausdrücke. Leibniz hatte in der Theodizee ebenfalls ein kosmisches *fluidum* we-

---

[46] Dies ist vor allem dargestellt in Andreas Rüdiger: Herrn Christian Wolffens, Hochfürstl. Heßischen Hoff-Raths und Prof. Philos. & Mathem. Primarii etc. Meinung von dem Wesen der Seele und eines Geistes überhaupt; und Andreas Rüdigers, Hochfürstl. Sächsischen wircklichen Raths und Leib-Medici in Forst, Gegen-Meinung. Leipzig 1727; Stengel: Aufklärung (wie Anm. 20), S. 120–126.
[47] Rüdiger wird von Hennings in verschiedenen Schriften zitiert, zu dem ebd. genannten Werk vgl. Hennings: Geschichte von den Seelen (wie Anm. 43), S. 249. Hier schloss Hennings aus Rüdigers Schrift die Immaterialität der Seele, hingegen aber die Ausgedehntheit des Subjekts der Seele mit der Begründung, dass alles Erschaffene ausgedehnt sei, da Schaffen gleichbedeutend sei mit Ausdehnen. Gott habe die Schöpfung nicht aus Nichts gemacht, sondern das Vorhandene ausgedehnt. Allerdings könne auch die Seele für ausgedehnt gehalten werden, wenn man Ausdehnung überhaupt als ideal betrachte.
[48] Vgl. Benz: Franz Anton Mesmer (wie Anm. 26), S. 45.
[49] Vgl. zu Kants Äußerungen über Priestley folgende Vorlesungsmitschriften Metaphysik $K_2$. AA [=Preußische Akademie-Ausgabe] XXVIII/2.1, S. 767; Metaphysik nach Volckmann. AA XXVIII/1, S. 440; Metaphysik nach Mrongovius. AA XXIX/1.2, S. 911; Kritik der reinen Vernunft (KrV) B 773; sowie Stengel: Aufklärung (wie Anm. 20), S. 670.

nigstens erwogen, durch das die Gravitation wirke,[50] und von vielen mesmeristischen Autoren wurde Newton mit seinen hypothetischen Anmerkungen am Ende der *Principia* und seiner Annahme eines höchst subtilen, alle groben Körper durchdringenden Geistes in *Opticks*[51] zum Referenzpunkt für die Annahme eines zunächst kosmischen und dann schließlich auch im Körper wirkenden *fluidum* genutzt.[52] Allerdings wurde die Legitimät der Anknüpfung des mesmeristischen *fluidum* an Newtons Hypothese bereits von den Zeitgenossen bestritten,[53] nämlich einmal als unberechtigte Vermischung cartesischer und newtonscher Prinzipien und überdies gerade im Hinblick darauf, dass sich der Mesmerismus mit Selbstverständlichkeit als praktische Anwendung der newtonschen Physik präsentierte.[54] In der Debatte um den Mesmerismus schien es daher vielfach um nichts anderes zu gehen, als um die Deutungshoheit über Newtons Physik, an der auch im Hinblick auf hypothetische Implikationen weder Gegner noch Verteidiger des kosmisch-körperlichen *fluidum* vorbei konnten. Beide Lager versuchten dennoch, Newtons Annahmen als autoritative Belege für sich in Anspruch zu nehmen.[55]

Die Lebensgeister hingegen, die im Titel dieses Beitrags stehen, waren Bestandteil zunächst der galenischen Medizin[56] und sind in der Neuzeit vor allem von Descartes transportiert worden. Seele und Körper können sich zwar nicht gegenseitig berühren, aber okkasional wirken sie ineinander durch ein Mittel, durch eine Instanz zwischen Geist und Körper, die Descartes mit einem „sehr feine[n] Hauch oder vielmehr" mit einer „sehr reine[n] und sehr lebhafte[n] Flamme" verglichen hatte, durch die die Muskeln über Herz, Hirn und Nerven bewegt werden.[57]

---

[50] Vgl. Gottfried Wilhelm Leibniz: Remarques sur le Livre de l'origine du mal, publié depuis peu en Angleterre [William King: De origine mali. Londini 1702], Nr. 23. In: Ders.: Philosophische Schriften. 7 Bde. Hg. v. Carl I. Gerhardt. Bd. 6. Hildesheim, New York 1978 [zuerst 1880], S. 427.
[51] Vgl. Darnton: Der Mesmerismus (wie Anm. 9), S. 20.
[52] Vgl. etwa „Hrn. D. Olbers Erklärung die in Bremen durch Magnetismus vorgenommene Kuren" und dessen Bezugnahme auf Newtons *Principia*. Die hier vermutete „feine" Materie, ein *fluidum*, sei als „Verbindungsmittel der Seele mit dem Körper", von der „alle sinnlichen Empfindungen, alle Bewegung, alles Leben in unsrer Maschine abhienge" (vgl. Archiv für Magnetismus und Somnambulismus. Hg. v. Johann Lorenz Boeckmann. Strasburg 1787–1788, hier 5. Stück 1787, S. 84, 86).
[53] Vgl. dazu den Abschnitt über Kurt Sprengel, S. 369–371 in diesem Aufsatz.
[54] Vgl. Gabay: The Covert Enlightenment (wie Anm. 15), S. 34, sowie 18, 29 und passim.
[55] Zu der Debatte um die königliche Kommission in Paris von 1784, die kurzerhand beschloss, dass Mesmers *fluidum* nicht existiere, sich damit aber keineswegs durchsetzen konnte (1836 votierte eine erneute Kommission genau umgekehrt, ein Jahr später eine dritte wieder gegen den Mesmerismus), vgl. ebd., S. 29–35, 76, 101; Darnton: Der Mesmerismus (wie Anm. 9), S. 62–66.
[56] Vgl. Oeser: Geschichte der Hirnforschung (wie Anm. 14), S. 37. Zur weiteren Medizingeschichte des *spiritus animalis*, allerdings ohne jede Erwähnung der Rezeption der Lebensgeisterlehre im Spiritismus und Okkultismus des 18. und 19. Jahrhunderts passim, ebenso Rothschuh: Spiritus animalis (wie Anm. 14).
[57] Vgl. René Descartes: Discours de la méthode pour bien conduire sa raison, et chercher la vérité dans les sciences. In: Ders.: Philosophische Schriften in einem Band. Hamburg 1996: „qui sont

Descartes hatte sich vor allem in *De homine* über diese Subtilmaterie geäußert, die er aber eben als Materie betrachtete.[58] Genau diese Qualifizierung des Lebensgeistes bzw. der Lebensgeister als Hauch, Flamme oder als höchst subtiler Bestandteil des Blutes wurde mit verschiedenen Argumenten im 18. Jahrhundert diskutiert. Im *Adelung* wurden die Definitionen für dieses unerforschte und bislang unerkannte, aber für die Funktion der Körpertätigkeiten vorausgesetzte physiologische Phänomen schlicht in eins gesetzt, fast wie es der eingangs zitierte Johann Georg Rosenmüller[59] getan hatte. Es sei

> ein sehr feiner geistiger flüssiger Körper, welcher von einigen in den Röhren der Empfindungsnerven angenommen und für den Sitz der Empfindung und des Lebens gehalten wird; Fluidum nerveum, der Gehirnsaft, der Nervengeist, die Lebensgeister. Nach andern dienet diese Flüssigkeit bloß die Nerven anzufeuchten.[60]

Wenn im 18. Jahrhundert über *spiritus animales* oder *fluida spirituosa* diskutiert und deren Existenz schließlich geradezu axiomatisch vorausgesetzt wurde, dann dürfte es nicht einfach nur darum gegangen sein, den cartesischen Dualismus plausibel zu machen.[61] Die Überbrückung der Dualitäten war bei Descartes selbst angelegt – und es ist zu fragen, inwieweit man angesichts dessen und trotz der 'Dennoch'-Materialität dieses Lebengeistes von einem strikten Dualismus zwischen Seele / Geist und Materie überhaupt sprechen kann, sofern immer wieder *imponderabilia*, Elastizität als Körpercharakteristikum[62] und andere Beschreibungen die scheinbar festgezurrten Grenzen zwischen Geist und Materie in Frage stellten oder verwischten. Cartesianer wie Nicolas Malebranche und später Georg Bernhard Bilfinger und Swedenborg verbanden mit der Lebensgeisterlehre eine neuplatonisch anmutende Influxustheorie, die den Dualismus abschwächte oder in einer Weise nivellierte, dass er nur noch verbal vorhanden war.[63]

---

comme un vent très subtil ou plutôt comme une flamme très pure et très vive" (ebd., 5. Teil. Nr. 8, S. 88).

[58] Vgl. Karl E. Rothschuh: Die Rolle der Physiologie im Denken von Descartes. In: René Descartes: Über den Menschen (1632) sowie Beschreibung des menschlichen Körpers (1648). Hg. u. übers. v. Karl E. Rothschuh. Heidelberg 1969, S. 11–27; Ders.: Spiritus animalis (wie Anm. 14), S. 2950–2976, hier S. 2956.

[59] Vgl. Anm. 13.

[60] Johann Christoph Adelung: Grammatisch-kritisches Wörterbuch der hochdeutschen Mundart mit beständiger Vergleichung der übrigen Mundarten, besonders aber der Oberdeutschen. 4 Bde. Bd. 3. Wien 1808, S. 469, Lemma: Der Nervensaft.

[61] So Baier: Meditation und Moderne (wie Anm. 15). Bd. 1, S. 185.

[62] So auch Martin Mulsow: Aufklärung versus Esoterik? Vermessung des intellektuellen Feldes anhand einer Kabale zwischen Weißmüller, Ludovici und den Gottscheds. In: Aufklärung und Esoterik (wie Anm. 30), S. 331–376, hier S. 351.

[63] Vgl. dazu Friedemann Stengel: Swedenborg als Rationalist. In: Aufklärung und Esoterik (wie Anm. 30), S. 149–203, bes. S. 175–178; sowie Stengel: Aufklärung (wie Anm. 20), Kap. 4.2.8.

In diesen Theorien ist – von Ausnahmen abgesehen[64] – keine Rede davon, dass der ominöse Lebens- oder Nervengeist unsterblich wäre oder auch nur den Tod des Körpers überdauern könnte, geschweige denn eine kosmische Anbindung oder Herkunft hätte. Bei Justinus Kerner hingegen gewährleistete der Nervengeist die geistleibliche Existenz der postmortalen Seele. Das gemeinsame Auftreten von a) Geistleib und Nervengeist als *fluidum nerveum* in Verbindung mit einem kosmischen *fluidum*, b) des postmortalen Zustandes verstorbener Menschen und schließlich c) der somnambulistisch-therapeutischen und später speziell spiritistischen Praxis kann als Merkmal der mesmeristischen Magie bezeichnet werden.[65] Zur Erhellung ihres Rezeptionsbodens könnte die Betrachtung eines historischen Ereignisses beitragen, das bislang noch nicht in diesem Kontext erwähnt worden ist, denn die momentan erkennbaren Zusammenhänge lassen nicht mehr zu als bloße Hypothesen über die fragliche Quellenlage.

## III Le Cat, die Preußische Akademie und die Kette der Zeugen

Genau 25 Jahre vor dem öffentlichen Auftreten von Franz Anton Mesmer in Paris und mehr als ein Jahrzehnt vor dessen Dissertation über den Einfluss der Planeten,[66] lobte die Preußische Akademie der Wissenschaften unter dem Vorsitz von Pierre Louis Moreau de Maupertuis ihren Preis zu der Frage aus, wie die Verbindung zwischen Gehirn und Nerven bei der Muskeltätigkeit des Körpers zu erklären sei, ob dies durch eine flüssige Materie geschehe, welcher Natur dieses *fluidum* sei und wie es wirke.[67] Wohlgemerkt war die Existenz eines *fluidum*, dessen Materialität aber noch näher qualifiziert werden sollte, für die Akademie unter Maupertuis schon Voraussetzung der Preisfrage. Von den 17 eingesandten Preisschriften gewann das *Mémoire* des französischen Arztes Claude-Nicolas Le Cat (1700–1768). Er bestätigte die Preisfrage, sofern er auf der Basis verschiedener medizinischer Experimente die Existenz eines äußerst subtilen flüssigen Wesens in den Nerven

---

[64] Swedenborg dürfte mit seiner engen Verbindung der Unsterblichkeit der Seele, dem *fluidum spirituosum* und den *spiritus animales* eine – in der Gelehrtendiskussion wahrgenommene – singuläre Position vertreten haben. Vgl. S. 373–377.
[65] Im Anschluss an die von Baier: Meditation und Moderne (wie Anm. 15). Bd. 1, S. 182 genannten mesmeristischen Konzepte.
[66] Vgl. ebd., S. 179–188; Joscelyn Godwin: The Theosophical Enlightenment. New York 1994, S. 151–153; Crabtree: From Mesmer to Freud (wie Anm. 15), S. 3–8.
[67] Die Preisfrage lautete: „Si la communication entre le cerveau et les muscles, par l'entremise des nerfs, s'exécute par une matière fluide, qui fait gonfler le muscle dans son action? Quelle est la nature de ce fluide?" Vgl. auch Adolf von Harnack: Geschichte der Königlich Preußischen Akademie der Wissenschaften zu Berlin. 3 Bde. Bd. 1, 1. Hälfte. Berlin 1900, S. 400; sowie knapp Hubert Steinke: Irritating Experiments. Haller's Concept and the European Controversy on Irritability and Sensibility 1750–90. Amsterdam, New York 2005, S. 139.

behauptete, eines „fluide animal",⁶⁸ das aus zwei Teilen bestehe, einem Nervensaft oder *fluidum* und einer Nervenfeuchtigkeit, so die Wortwahl einer deutschen Rezension.⁶⁹ Das *fluidum* stamme aus dem allesbelebenden „esprit vivifiant & universel".⁷⁰ Dieses sei weder Geist noch Materie, sondern ein „amphibium" oder amphibisches Wesen, das gegenüber der Nervenfeuchtigkeit vermittele, einem klebrigen Saft, ohne den der Mensch nicht lebensfähig sei.⁷¹ Den ‚oberen' Teil des *fluidum* identifizierte er mit dem alles belebenden und bewegenden Geist, nicht mit Feuer, Licht oder elektrischer Materie, anderen von den Zeitgenossen vertretenen Annahmen. Den Ursprung des unteren Nervensaftes verlegte er in eine nervale Lymphe.⁷² Das *fluidum* besteht demnach sowohl aus Weltgeist als auch aus Lymphflüssigkeit. Le Cat bezog sich auf die nach wie vor viel diskutierten Befunde und Theorien aktueller und älterer Naturforscher und Naturphilosophen, auf die Physiker Pieter van Musschenbroek und Robert Hooke und auf die Mediziner Marcello Malpighi, Francis Glisson, Raymond Vieussens, Albrecht von Haller und andere. Für den menschlichen Organismus verwendete er den Ausdruck „l'économie animale".⁷³ Das *fluidum* sei fest in diesen Organismus integriert. Durch die Nervenröhren bewege es sich spiralförmig.

Eine der anderen, ohne Angabe des Verfassers abgedruckten Preisschriften richtete sich im übrigen genau gegen die von Le Cat vertretene Herkunft des *fluidum* aus der *aura mundi* oder dem *esprit vivifiant & universel*. Sie stritt es ab, dass der Nervensaft irgendein metaphysischer Geist sei, er sei keine einfache Substanz, geschweige mit der Seele identisch. Er besitze auch nicht „Verstand, Willen und Freyheit". Es handele sich um nichts anderers als um eine flüssige Materie, deren Beschaffenheit sich nicht genauer beschreiben lasse, die vielmehr nur an ihrer Wirkung, nämlich an der Muskelbewegung erkennbar sei.⁷⁴ Die allerfeinsten Fibern, durch die er zirkuliere, könnten nicht sinnlich oder durch „Einbildungs-Kraft", sondern nur durch den „Verstand" begriffen und untersucht werden.⁷⁵ Das

---

⁶⁸ Claude-Nicolas Le Cat: Mémoire qui a remporté le prix sur la question proposée par l'Académie pour le sujet du prix de l'année 1753. In: Dissertation qui a remporté le prix proposé par l'Académie Royale des sciences et belles-lettres de Prusse, sur le principe de l'action des muscles avec les pièces qui ont concouru. Berlin 1753.
⁶⁹ Vgl. Göttingische Anzeigen von Gelehrten Sachen Januar (1755), S. 18–21, hier S. 19.
⁷⁰ Vgl. Le Cat: Mémoire (wie Anm. 68), S. 68.
⁷¹ Vgl. ebd., S. 21, 67f. („une espece d'Etre amphibie, matiere par son impénétrabilité et sa puissance impulsive, mais suprême espece de cette classe, il est en même tems affecté par son Auteur d'une nuance supérieure qui le lie avec l'Etre immateriel"). Für Le Cat war das *fluidum* nicht mit Öl, Wasser, Luft, elektrischem Feuer oder Licht identisch.
⁷² Vgl. ebd., S. 25, 32 u.ö.
⁷³ Vgl. ebd., S. 15, 17.
⁷⁴ Vgl. Abhandlung von dem Nerven-Safte, dessen Eigenschaften und Würckungen, woraus sowohl die natürlichen als willkührlichen Bewegungen des menschlichen Cörpers auf eine ungezwungene der Vernunft und Erfahrung gemäße Art erkläret werden. In: Dissertation (wie Anm. 68), S. 34, 37f.
⁷⁵ Vgl. ebd., S. 25, 37f., 55, 57.

*fluidum* wurde in diesem Text gänzlich ‚materialisiert', von neuplatonisch-metaphysischen Spekulationen abgetrennt und zugleich der Empirie entzogen.

Da beide Preisschriften in einem Band abgedruckt waren, wurde sowohl die metaphysische als auch die nichtmetaphysische Auslegung gewürdigt. Aber den ersten Preis der Preußischen Akademie erhielt gerade Le Cats Preisschrift, die ein für den späteren Mesmerismus wesentliches Element enthielt: Das Körperfluidum entstammte einer kosmischen Instanz, nämlich einem kosmischen *esprit*, wobei Le Cat kein Wort darüber verlor, an welches philosophische Konzept sich diese Figur anlehnte und wie dieser ominöse *esprit* genauer zu beschreiben sei. Mit Le Cat war auch klar, dass nur der reibungslose Fluss des *fluide animal* auch die reibungslose Funktion der Bewegungsorgane gewährleisten konnte. Und es war mithin klar, dass der Mensch im Rahmen einer neuplatonisch geprägten Anthropologie[76] nicht nur nach seiner Seele mit der göttlich-geistigen Dimension verknüpft war, sondern auch durch einen unmittelbaren Bestandteil seines Körpers, der in sich selbst ein *corpus permixtum* aus der körperlichen und der geistigen Sphäre darstellte.

Le Cat, der kurz darauf in die Akademie aufgenommen wurde,[77] gehört trotz des ersten Preises und von einigen Erwähnungen abgesehen, nicht zu den auf den ersten Blick prominenten medizinischen Forschern des 18. Jahrhunderts.[78] Aber seine Theorie wurde von namhaften Autoren geteilt und ausdrücklich rezipiert – von Medizinern, Philosophen und anderen, die in den spiritistischen Werken von Jung-Stilling und Kerner zitiert wurden wie der lutherische Theosoph Oetinger, der das *Mémoire* Le Cats auszugsweise übersetzte, diesen Text einem seiner späten Werke einverleibte und Le Cat an vielen Stellen zur medizinisch-philosophischen Untermauerung seiner Geistleiblichkeitslehre benutzte. Doch bevor Oetingers theosophisch-böhmistische Rezeption Le Cats besprochen wird, werden einige Fachkollegen des Arztes aus Rouen in den Blick genommen.

Von Haller

Le Cats wohl berühmtester medizinischer Zeitgenosse, Albrecht von Haller (1708–1777), referierte in seinen kompendiösen physiologischen und anatomischen Werken ausführlich sämtliche zeitgenössischen Theorien über das Zusammenspiel zwischen Gehirn und Körper durch Nervensaft oder Lebensgeister. Mit Blick auf

---

[76] Vgl. dazu Franz Rüsche: *Das Seelenpneuma*. Seine Entwicklung von der Hauchseele zur Geistseele; ein Beitrag zur Geschichte der antiken Pneumalehre. Paderborn 1933; zu Swedenborgs modifiziert neuplatonischem anthropologischem Schema (anima, mens, animus – corpus) vgl. Stengel: Aufklärung (wie Anm. 20), S. 236f., 348–355.
[77] Vgl. Göttingische Anzeigen von Gelehrten Sachen, September (1754), S. 952.
[78] Vgl. Steinke: Irritating Experiments (wie Anm. 67). In der *Geschichte der Hirnforschung* von Oeser (wie Anm. 14) und bei Rothschuh: Spiritus animalis (wie Anm. 14), die auch die Theorien über Lebensgeister und Nervenflüssigkeiten vorstellen, wird Le Cat nicht erwähnt.

die Psychomedizin Georg Ernst Stahls[79] votierte er deutlich für die Existenz einer solchen extrem schnellen Flüssigkeit, die durch die hohlen Nerven rase.[80] Er selbst meinte mit epistemologischer Selbstbeschränkung zwar, er habe diesen Saft weder gefunden noch gesehen, und man könne wie bei allen Dingen, die „nicht in unsere Sinne fallen", lediglich sagen, welche Beschaffenheit der Nervengeist sicher *nicht* habe. Weitere Hypothesen stellte er allerdings nicht auf, sondern er beschränkte sich darauf, die Lebensgeister als „wirksames Wesen" zu bezeichnen und ihnen eine „thierische Materie" zuzugestehen, „welche die äußerste Subtilität erlangt hat".[81]

Für den Cartesianer von Haller stand fest, dass Körper und Seele strikt getrennt sind. Die Wirksamkeit oder Ausgedehntheit der Seele im ganzen Körper ohne Mittler- oder Botenstoffe lehnte er gegen den ‚Animismus' der Stahlianer strikt ab.[82] Er zählte sich eher zu den von ihm sogenannten „Geisterfreunden".[83] Die Vermittlung zwischen Seele und Körper durch „Geister" oder „Säfte" konnte für ihn nicht durch einen feurigen, ätherischen, elektrischen oder nach Galen gar völlig unsichtbaren Saft geschehen, war aber durch eine nach dem Kontiguitätsprinzip der Druck- und Stoßmechanik funktionierende Reihe von Kügelchen denkbar.[84] Von Haller teilte nicht den Erkenntnisoptimismus mancher Mikroskopisten, die hofften, bislang unerforschte Stoffe mit geeigneten Mikroskopen eines Tages auch erforschen zu können wie Anthony van Leeuwenhoeck einstmals die Spermatozoen und die roten Blutkörperchen[85] oder wie Malpighi, Glisson und Vieussens die nervale Lymphe als die Basis des *spiritus animalis*. Dennoch transportierte er die cartesi-

---

[79] Zu Stahl vgl. überblicksweise Georg-Ernst Stahl (1659–1734) aus wissenschaftshistorischer Sicht. Hg. v. Dietrich von Engelhardt u. Alfred Gierer. Halle 2000.
[80] Vgl. von Haller: Anfangsgründe der Phisiologie (wie Anm. 14), S. 462f., 565, 584ff., 594. Von Haller unterschied im Gegensatz zu Galen nicht zwischen tierischen Geistern aus den Schlagadern und Lebensgeistern aus Herz und Lunge, vgl. ebd., S. 608, 612.
[81] Ebd., S. 598f. Vgl. ders.: Grundriß der Physiologie für Vorlesungen. Nach der vierten lateinischen und mit den Verbesserungen und Zusätzen des Herrn Prof. Wrisberg in Göttingen, vermehrten Ausgabe aufs neue übersetzt, und mit Anmerkungen versehen durch Herrn Hofrath Sömmering in Mainz, mit einigen Anmerkungen begleitet und besorgt von P. F. Meckel, Professor in Halle. Berlin 1788, S. 275–288.
[82] Vgl. von Haller: Anfangsgründe der Phisiologie (wie Anm. 14), S. 620. Auf eine genaue Lokalisierung wollte er sich im Gegensatz zu Descartes und auch Swedenborg nicht einlassen (ebd., S. 626), plädierte aber für das Gehirn oder den Kopf, vgl. von Haller: Grundriß der Physiologie (wie Anm. 81), S. 280.
[83] Vgl. von Haller: Anfangsgründe der Phisiologie (wie Anm. 14), S. 576.
[84] Vgl. ebd., S. 584–586. Als Protagonisten der ebd., S. 306f., 583, 591–594, abgewiesenen Theorien über den Nervensaft werden u.a. genannt: Newton, Thomas Willis, Friedrich Hoffmann, Charles Bonnet, Descartes (De homine). Philipp Friedrich Meckel konkretisierte von Hallers Erwägung, dieses *fluidum* müsse „ungemein flüssig" sein und aus Kügelchen bestehen, in einer Anmerkung mit einem noch deutlicher cartesisch-mechanistischen, an das Kontiguitätsprinzip anknüpfenden Akzent: Es dürfe sich nicht um einen Saft, sondern um eine Kugelreihe handeln, vgl. von Haller: Grundriß der Physiologie (wie Anm. 81), S. 288.
[85] Vgl. Inge Jonsson: Visionary Scientist. The Effects of Science and Philosophy on Swedenborg's Cosmology. West Chester 1999, S. 37, 62f., 65–67.

sche Annahme eines nicht in die Sinne fallenden subtilmateriellen Stoffes, der nicht mit der Seele identisch, aber trotz seiner Subtilmaterialität nicht wie andere materielle Stoffe beschaffen sein sollte. Punktuell teilte von Haller unausgesprochenermaßen Le Cats Position, wandte sich aber zugleich und explizit gegen ihn, wenn er meinte, ganz sicher stammten die Lebensgeister nicht vom „allgemeinen Geiste des Berkley", wie dieser behaupte.[86]

Le Cat, der sich nicht näher darüber geäußert hatte, worauf er mit dem *esprit vivifiant & universel* rekurrierte und was er damit meinte, wurde von Albrecht von Haller also kurzerhand auf George Berkeley festgelegt. Der im Jahr der Preisschrift verstorbene Berkeley hatte in Anlehnung vor allem an Nicolas Malebranche die These vertreten, dass Gott die Ursache der Wahrnehmungswelt und der sie wahrnehmenden endlichen Geister sei, die sich ihrer selbst nur durch Gott bewusst und zugleich miteinander verbunden seien.[87] In Le Cats Formel vom allgemeinen lebendigmachenden Geist als Herkunftsort des Nervenfluidum erkannte von Haller offenbar eine organologische Interpretation der Verbindung des aller Wahrnehmung und aller Gegenwart vorausgehenden, von der Welt sowohl getrennten als auch mit ihr verbundenen göttlichen Geistes mit dem Seele-Körper-Komplex des Menschen – für das cartesische Verständnis Albrecht von Hallers eine unzumutbare Vorstellung.

Bereits Malebranche hatte als Anhänger Descartes und dennoch Vertreter eines *influxus spiritualis* der göttlichen Lebenskraft über die Seele in den Körper in seinen fünf Büchern *Über die Wahrheit* detailliert über die Mittlerinstanzen spekuliert, die nichts anderes waren als die *spiritus animales*, Träger göttlichen Lebens und Mittler der okkasionalen Verbindung zwischen Körper und Seele.[88] Der Franzose Le Cat wurde bei von Haller zum Anhänger der christologischen und gleichwohl cartesischen Metaphysik Malebranches[89] durch die Vermittlung des Zeitgenossen Berkeley! Das wäre im Hinblick auf weitere Mutmaßungen zu notie-

---

[86] Vgl. von Haller: Anfangsgründe der Phisiologie (wie Anm. 14), S. 590, unter Bezugnahme auf Le Cat: Mémoire (wie Anm. 68), S. 21, wo Berkeley aber nicht erwähnt wird, sondern das amphibische Wesen, aus dem der Nervensaft besteht. Erstaunlicherweise nennt von Haller unter den Verfechtern des Lebensgeistes als eines „Mittelwesen[s] zwischen der Flamme, und der Luft, zwischen dem Körper und der Seele" (ebd., S. 594) nicht Le Cat, der das *fluidum* auf S. 20 ausdrücklich als „une substance médiatrice entre l'ame & le corps" bezeichnet hatte. Vielmehr weist er Le Cats (S. 18, 63) Vorstellung des *fluidum* als einer Lichtmaterie zurück (ebd., S. 598).

[87] Vgl. Arthur A. Luce: Berkeley and Malebranche. A Study in the Origins of Berkeley's Thought. Alcester 2007 [zuerst 1934]. Vgl. knapp Hinrich Knittermeyer: Art. Berkeley, George. In: Religion in Geschichte und Gegenwart. 3. Aufl. Bd. 1. Tübingen 1957, Sp. 1055f.

[88] Vgl. dazu Stengel: Aufklärung (wie Anm. 20), S. 334–337, 368–373.

[89] Vgl. dazu ebd., S. 373–375 (Malebranche und der Zweck der Schöpfung), sowie als wichtigste deutschsprachige Studien zur Philosophie Malebranches: Margit Eckholt: Vernunft in Leiblichkeit bei Nicolas Malebranche. Die christologische Vermittlung seines rationalen Systems. Innsbruck, Wien 1994; sowie Stefan Ehrenberg: Gott, Geist und Körper in der Philosophie von Nicolas Malebranche. Sankt Augustin 1992.

ren, die ältere Fluidaltheorien bis in den Hermetismus und in die Gnosis zurückverfolgen, anstatt sich auf die zeitgenössischen Zuschreibungen zu konzentrieren.

Es kann notiert werden, dass sich Albrecht von Haller zwar weigerte, wie Malebranche, Berkeley und – unterstellt – wie Le Cat, metaphysische Spekulationen über die übersinnliche göttliche Herkunft des *fluidum* im Körper entweder aus einer kosmisch-physikalischen oder aus einer kosmisch-geistig-göttlichen Sphäre anzustellen. Damit stand er aber nicht allein: Auch die halleschen Mediziner Philipp Adolph Böhmer und Johann Gottlob Krüger vertraten eine ganz ähnliche nicht-metaphysische und nicht-stahlianische Theorie über den Nervensaft.[90]

Am Ende seines Lebens hat Mesmer Albrecht von Haller besucht und ist auf die empörte Zurückweisung des animalischen Magnetismus durch von Haller gestoßen.[91] Offenbar hatte Mesmer aber gemeint, sich zu Recht auf ihn berufen zu können. Denn – und dieser Schluss leitet zum nächsten Kandidaten über – mit von Haller kolportierte und propagierte einer der schon unter den Zeitgenossen berühmtesten Mediziner des 18. Jahrhunderts die Subtilmaterie der cartesischen Lebensgeister, die eines Tages die Existenz des unsterblichen Geistleibes und sogar dessen unter Umständen empirisch wahrnehmbaren ‚Spuk' erklärten, als selbstverständlichen und nicht wegzudenkenden Bestandteil der humanen Physiologie.

Was bei von Haller fehlte, war jedoch die Behauptung einer Verbindung des kosmischen und des körperlichen *fluidum*. Außerdem hatte er die Lebensgeister als subtile, aber dennoch materielle Stoffe von der Seele unterschieden. Die Seele war aber, so schloss er seine berühmte und als Lehrbuch weit verbreitete Physiologievorlesung, auf jeden Fall unsterblich und auf jeden Fall an einem postmortalen, nur Gott bekannten Ort.[92]

---

[90] Philipp Adolph Böhmer: Von der Würcklichkeit des Nerven-Safts, und desselben Würckung im menschlichen Cörper. In: Wöchentliche Hallische Anzeigen, 15.11.1751, S. 778–788. Zu Krüger vgl. Tanja van Hoorn: Entwurf einer Psychophysiologie des Menschen. Johann Gottlob Krügers *Grundriß eines neuen Lehrgebäudes der Artzneygelahrtheit* (1745). Hannover-Laatzen 2006, S. 85–88.

[91] Vgl. Blankenburg: Der „thierische Magnetismus" (wie Anm. 9), S. 206. Mit offenbar ganz ähnlichen Argumenten bestritt Julien Offray de La Mettrie unter Berufung auf von Hallers Irritabilitätslehre die Immaterialität der Seele grundsätzlich. Er hielt die Seele wie auch den menschlichen Geist für ein bloß materielles Wesen in einem als mechanische Maschine verstandenen Menschen. Vgl. Oeser: Geschichte der Hirnforschung (wie Anm. 14), S. 85–89. Der Theosoph Oetinger hingegen kombinierte von Hallers Irritabilitätslehre mit der Elektrizät innerhalb seiner kabbalistischen Geistleiblichkeitslehre. Vgl. Friedrich Christoph Oetinger: Procopii Divisch Theologiae Doctoris & Pastoris zu Prendiz bey Znaim in Mähren längst verlangte Theorie von der meteorologischen Electricite, welche er selbst magiam naturalem benahmet. Tübingen 1765, S. 108, 132f.

[92] „Die Seele aber geht an den ihr von Gott angewiesenen Ort. Daß sie im Tode nicht vernichtet werde, läßt sich aus einer häufigen Erscheinung schließen. Sehr viele Menschen nemlich, geben, wenn die Kräfte ihres Körpers aufgelöst sinken, Zeichen eines sehr lebhaften, und selbst frohen Gemüths" (vgl. von Haller: Grundriß der Physiologie [wie Anm. 81], S. 710). Im 8. Bd. seiner *Anfangsgründe der Phisiologie des menschlichen Körpers*. Berlin, Leipzig 1776, heißt es S. 984: „Wir geben die Seele Gott wieder, und dieser kennt allein den Zustand derselben nach dem Tode. […] Billig ist ein solcher Tod das lezte und mächtigste Verlangen eines

## Unzer

Weniger zurückhaltend äußerte sich in diesen Fragen von Hallers dichtender Fachkollege Johann August Unzer (1727–1799). Unzer erwähnte Le Cat zwar nicht namentlich, sprach in seiner *Physiologie* allerdings wie er von der „thierischen Ökonomie"[93] des Leib-Seele-Komplexes. Er knüpfte aber vielfach an von Haller an, durch dessen Schriften ihm Le Cat kaum verborgen geblieben sein dürfte. Ohne sich genauer über deren mutmaßliche Gestalt oder Qualität zu äußern, waren Lebensgeister als Subtilmaterie für Unzer selbstverständlich. Ohne Lebensgeister oder Nervensaft könne die Seele überhaupt nicht auf den Körper wirken, ohne sie sei das Gehirn keiner Seelenkraft fähig.[94] Über von Haller ging Unzer aber insofern hinaus, als er sich die Seele *nicht* als reinen Geist vorstellen konnte und zwar weder nach ihrer präexistenten noch nach ihrer postmortalen Gestalt. Ein Seelenschlaf, der im Luthertum angenommen wurde, war für Unzer postmortal und pränatal undenkbar, denn dann wäre das irdische Leben nur eine Ausnahme vom Schlaf, wie er meinte.[95] Wie bei Leibniz hat auch bei Unzer jede Seelenmonade, selbst Engel und sogar Tiere, „subtile Körperchen" und ihre postmortale Existenz, vielleicht zwischen den Planeten im All, diene ihrer Vervollkommnung.[96] Wenn der postmortale Seelenleib subtilmateriell war, dann waren für Unzer, der sich damit auf Hugo Grotius bezog, bereits 1766, im Jahr von Kants *Träumen eines Geistersehers*, auch vermeintlich übernatürliche oder übersinnliche „Erscheinungen, Träume und Gesichter"[97] denkbar. Das stand für ihn keinesfalls im Widerspruch zur Wunderkritik des philosophischen Rationalismus, ganz im Gegenteil:

---

klugen Mannes." Dieser Schlusssatz von Hallers über die Heiterkeit Sterbender als Hinweis auf die Fortdauer der Seele wurde von Justus Christian Hennings neben ihrer Beschaffenheit und ihrer Existenz ausdrücklich unter die Unsterblichkeitsbeweise gezählt. Vgl. Hennings: Aphorismen (wie Anm. 43), S. 120.
[93] Johann August Unzer: Erste Gründe einer Physiologie der eigentlichen thierischen Natur thierischer Körper. Leipzig 1771, S. 35.
[94] Vgl. Unzer: Erste Gründe (wie Anm. 93), S. 21, 698. Unzer nahm das Hirnmark als Herkunftsort der „thierischen Lebenskräfte" an. Lebensgeister und Nervensaft waren für ihn austauschbare Begriffe (vgl. ebd., S. 21). „Das Gehirn ist die Werkstatt der Lebensgeister", die Markrinde die „Absonderungsmaschine der Lebensgeister", das Gehirnmark ihr besonderer Sitz. Darin wusste sich Unzer eins mit von Haller (vgl. ebd., S. 12 f.).
[95] Vgl. Johann August Unzer: Gedanken vom Zustande der Seele vor diesem Leben. In: Ders.: Sammlung kleiner Schriften. 3 Bde. Bd. 2: Zur speculativischen Philosophie. Rinteln, Leipzig 1766, S. 105–111, hier S. 108.
[96] Vgl. Johann August Unzer: Gedanken von der Seelenwanderung. In: Ebd., S. 181–188, hier S. 185.
[97] Vgl. Johann August Unzer: Anmerkungen über eine Stelle aus des Grotii Buche von der Wahrheit der christlichen Religion. In: Unzer: Sammlung (wie Anm. 95). Bd. 2, S. 446–457, hier S. 455. An anderer Stelle, nämlich in seiner *Physiologie*, votierte Unzer allerdings für eine psychologische Deutung solcher Phänomene. Einbildungen seien Rudimente äußerer Empfindungen. In Träumen, bei Nachtwandlern oder „in der prophetischen Entzückung" seien die „sinnlichen Vorhersehungen und prophetischen Gesichter von so großer Lebhaftigkeit", dass sie den äußeren Empfindungen nahe kämen. Unzer: Erste Gründe (wie Anm. 93), S. 210, 216, 226.

Gottes prästabilierte Harmonie könne solche übersinnlichen Erscheinungen ohne weiteres implizieren.[98] In Unzers Konzept der *Oeconomia animalis* waren bereits die Elemente Geistleib, Lebensgeist(er) und (über-)sinnliche Erscheinungen miteinander verbunden.

## Meiners und Bonnet

Die Kombination der Lebensgeister mit dem Geistleib und der Erscheinung von Seelen verstorbener Menschen wirkte bei vielen medizinischen und philosophischen Autoren des späten 18. Jahrhunderts weiter und wurde mit mehr oder weniger Sicherheit vertreten. Der Philosoph und Ethnograph Christoph Meiners (1747–1810) etwa berief sich in seiner Seelenlehre bei seinen Aussagen über Nervensaft oder äquivok Lebensgeister 1786 nicht mehr auf Descartes oder Galen, sondern auf von Haller und Unzer und eben auch auf Malebranche.[99] Meiners nahm ein postmortales Seelen-Vehikel an, das Leibnizsche *corpusculum*: Man möge die Seele so abhängig oder unabhängig vom Körper denken, wie man wolle, gleichwohl müsse man ihr ein „unsichtbares Vehikel geben", das von ihr unzertrennlich ist.[100] Ferner sah Meiners den Schlafwandel als ein Phänomen, das durch die Seele, vielleicht durch den tierischen Magnetismus hervorgerufen werde.[101] Als Gewährsmann für die postmortale Existenz der quasimateriellen Seele rekurrierte er auf Charles Bonnet.[102]

Bonnet seinerseits hatte in seiner unter anderem von Lessing und Johann Georg Schlosser stark rezipierten *Philosophischen Palingenesie* (1769) und in seinem *Versuch über die Seelenkräfte* (1770) unter Berufung auf von Haller ein feinstoffliches *fluidum* oder Lebensgeister[103] als Mittler der Seelenkraft behauptet, das bzw.

---

[98] „Wie kann ein Philosoph, welcher weiß, daß kein Gras, kein Stäubchen ohne Absicht in der Welt ist, wohl zweifeln, daß es Erscheinungen seyn sollten? Geschieht es durch Gottes Zulassung, daß Geister erscheinen, so geschieht es auch durch seine Vorsehung, die sich sogar auch durch die Zulassung der Uebel herrlich offenbaret" (Unzer: Anmerkungen [wie Anm. 97], S. 455f.).

[99] Christoph Meiners: Grundriß der Seelen-Lehre. Lemgo 1786, S. 4 u.ö. Auch Meiners gebrauchte beide Begriffe deckungsgleich: „Am wahrscheinlichsten ist die Vermuthung derjenigen, welche annehmen, daß die Nerven vermittelst eines gewissen Nervensaftes oder gewisser Lebens-Geister empfinden" (ebd.). Meiners bezog sich auf Unzer und den Schweizer Arzt Samuel Auguste Tissot, nicht auf das ältere galenisch-cartesische Konzept, geschweige denn auf hermetische oder andere Figuren.

[100] Vgl. ebd., S. 66.

[101] Vgl. ebd., S. 52, 55. Traumerscheinungen oder der weissagenden Seelenkraft *(vis divinatoria)* stand Meiners ablehnend gegenüber: Unaufgeklärte Völker seien dadurch in den Aberglauben geführt worden. Vgl. ebd., S. 51.

[102] Laut Bonnet würde die Seele „nichts an ihren Vorzügen, und auch nicht an Hoffnung der Unsterblichkeit verlieren [...], wenn man auch beweisen würde, daß sie eine zusammengesetzte Substanz sey" (vgl. ebd., S. 65).

[103] Bonnet verwendete dafür Descartes' Ausdruck *esprits animaux*, den der Übersetzer mit „Lebensgeister" widergab und dazu anmerkte, er hätte auch „thierische Geister, oder mit Herrn

die sich in den Fibern des Gehirns befinden. Dieses *fluidum* sei Träger des Gedächtnisses, ja es enthalte die Seele selbst und bleibe zusammen mit der kontinuierlichen seelischen Person postmortal bestehen, um sich dort mit gesteigerten Sprachfähigkeiten, Erkenntnis- und Empfindungsvermögen in höheren Sphären oder auf anderen Planeten zu vervollkommnen.[104] Das hielt Bonnet sogar für empirisch nachweisbar. Wie der Antistahlianer von Haller lokalisierte Bonnet die Seele nicht im ganzen Körper, sondern im Gehirn; hier werde das *fluidum*, ein Elementarfeuer, wahrscheinlich vom Blut getrennt und wirke dann wie elektrische Materie.[105]

In der renommierten *Neuen Theologischen Bibliothek* des mild orthodoxen, der Philosophie Wolffs aber nicht abgeneigten Leipziger Lutheraners Johann August Ernesti,[106] wurde Bonnets Theorie, dass die Seele nach dem Tod mit einem Körper vereint bleibe, dass sie Erinnerung und Personalität behalte, dass die Körperfibern Sitz dieser Person seien, die sich postmortal weiterentwickeln werde, um erst nach der allgemeinen Auferstehung einen vollkommenen geistigen Körper zu erhalten, für lesens- und prüfenswert gehalten. Sie wurde zudem gegenüber den zu weit gehenden *Aussichten in die Ewigkeit* von Johann Caspar Lavater bevorzugt, der mit der Übersetzung von Bonnets *Palingenesie* ins Deutsche schon in ihrem Erscheinungsjahr begonnen hatte.[107]

Bonnet gehört zweifellos zu den wichtigsten Transporteuren der Verbindung von Fluidal- bzw. Spiritustheorien mit der Geistleiblichkeitsvorstellung[108] und einer plastischen, auf Vervollkommnung abzielenden und anthropozentrischen

---

Lavater animalische Geister übersetzen können". Johann Jakob Scheuchzer nenne sie „sinnliche Geister" (vgl. Charles Bonnet: Analytischer Versuch über die Seelenkräfte. Aus dem Franz. übers. u. mit einigen Zusätzen verm. v. M. Christian Gottfried Schütz. 2 Bde. Bd. 1. Bremen, Leipzig 1770, S. 24).

[104] Vgl. Daniel Cyranka: Lessing im Reinkarnationsdiskurs. Eine Untersuchung zu Kontext und Wirkung von G. E. Lessings Texten zur Seelenwanderung. Göttingen 2005, S. 429–455.

[105] Vgl. Bonnet: Analytischer Versuch (wie Anm. 103), S. 24.

[106] Zu Ernesti vgl. Friedrich Christoph Ilgner: Die neutestamentliche Auslegungsmethode des Johann August Ernesti (1707–1781). Ein Beitrag zur Erforschung der Aufklärungshermeneutik. Theol. Diss. Leipzig 2002; sowie Stengel: Aufklärung (wie Anm. 20), Kap. 5.1.2. (S. 457–498).

[107] [Rezension zu:] Herrn Carl Bonnets Philosophische Untersuchung der Beweise für das Christenthum: sammt desselben Ideen von der künftigen Glückseligkeit der Menschen. Aus dem Franz. übers. u. mit Anm. hg. v. Johann Caspar Lavater. Zürich 1769. In: Neue theologische Bibliothek 10 (1769), S. 542–555, hier S. 552. Die Stellen, an denen Lavater in den Anmerkungen seine eigenen Thesen durch Bonnet bestätigt gesehen hatte, hätten dem Rezensenten „am wenigsten gefallen" (ebd., S. 554).

[108] Oetinger widmete Lavaters Übersetzung von Bonnets Palingenesie einen eigenen Kommentar, in dem er unter anderem Bonnets starke Anlehnung an Leibniz' Monadologie und besonders an seine Präformationslehre kritisierte. Dass bei Bonnet keinerlei böhmistische oder kabbalistische Referenzen vorhanden waren, dürfte für Oetinger ebenfalls eine, wenn auch unausgesprochene, Rolle gespielt haben. Vgl. Friedrich Christoph Oetinger: Gedanken über die Zeugung und Geburt der Dinge, aus Gelegenheit der Bonnetischen Palingenesie von Herrn Lavater in Zürch aus dem Französischen übersetzt. Frankfurt a.M., Leipzig 1774; Stengel: Aufklärung (wie Anm. 20), S. 597–599.

Unsterblichkeitslehre, die über verschiedene Stationen im experimentellen bzw. therapeutischen Somnambulismus und Spiritismus rezipiert worden sein dürfte.[109]

Oetinger

Von Bonnet, Unzer und Meiners wurde Le Cat nicht namentlich erwähnt, obwohl diese Autoren durch ihre Rezeption Albrecht von Hallers mit dessen Namen und der Preisaufgabe von 1753 wohl vertraut gewesen sein dürften. Ein anderer Autor jedoch, der sich hochproduktiv im theologisch-philosophisch-medizinischen Grenzgebiet aufhielt, verwendete Le Cats Preisschrift als stets wiederkehrende Referenz, aber in einem originellen Zusammenhang und unter ausdrücklicher Berufung auf die Autorität der preußischen Wissenschaft und den preußischen Hof: Lebensgeist und Nervensaft, die Le Cat als ein *amphibium* zwischen Geist und Materie, Seele und Körper, betrachtet hatte, waren für den lutherischen Theosophen Friedrich Christoph Oetinger (1702–1782) nichts anderes als der zeitgenössische Beleg für die Existenz der Tinktur, des *spiritus rector*, *ens penetrabile*, geistleiblichen Grundes allen Lebens, der materieunabhängigen Wirksamkeit der sieben göttlichen Sephiroth.[110] Bei Le Cat erkannte Oetinger den Abschied vom mechanistischen Prinzip der Kontiguität zugunsten der Annahme penetrabler Kräfte.[111] Aus Le Cats *esprit vivifiant & universel* leitete Oetinger später ein „alles durchdringende[s] Geistwesen" ab:[112]

---

[109] Die Rezeptionsgeschichte Bonnets im Mesmerismus, Okkultismus und Spiritismus ist ein Forschungsdesiderat. Die einschlägigen Standardwerke von Sawicki: Leben mit den Toten (wie Anm. 9); Baier: Meditation und Moderne (wie Anm. 15); Crabtree: From Mesmer to Freud (wie Anm. 15); Gabay: The Covert Enlightenment (wie Anm. 15) oder Godwin: The Theosophical Enlightenment (wie Anm. 66) gehen nicht auf ihn ein. Darnton: Der Mesmerismus (wie Anm. 9), S. 44 zit. einen anonymen Mesmeristen, der eine offensichtlich apologetisch intendierte Liste von illustren Autoren zusammenstellte, deren Werke eine „‚gewisse Ähnlichkeit'" gegenüber dem Mesmerismus aufwiesen. Neben Locke, Bacon, Bayle, Leibniz, Hume, Newton, Descartes, La Mettrie, Robinet, Rousseau, Buffon, Diderot und Maupertuis wurde hier auch Bonnet genannt.

[110] Vgl. etwa Friedrich Christoph Oetinger: Swedenborgs irdische und himmlische Philosophie. Stuttgart 1977 [zuerst 1765], S. 276, 285f., 358f.; ders.: Biblisches und Emblematisches Wörterbuch. 2 Bde. Hg. v. Gerhard Schäfer. Bd. 1. Berlin, New York 1999 [1776], S. 303 u. 324 (Lemma Tinktur: Le Cat habe die Tinktur als *fluidum* bezeichnet, das in größter Freiheit die Membranen und Gefäße des Leibes durchdringe; Oetinger: Gedanken (wie Anm. 108), S. 31. Das *ens penetrabile* knüpft an Böhmes Sephirothlehre und an dessen Rede von der Quintessenz als einer Art vierter Dimension an. Offenbar handelt es sich um eine Wortschöpfung Oetingers. Vgl. Pierre Hadot: Art. Praedominium. In: Historisches Wörterbuch der Philosophie. Bd. 7. Basel 1989, Sp. 1225–1228, hier Sp. 1225, 1227.

[111] Le Cat habe, so behauptet Oetinger, der Swedenborgs *Oeconomia regni animalis* allerdings nicht kannte, dessen Kontiguitätsprinzip verworfen, vgl. Oetinger: Swedenborgs irdische und himmlische Philosophie (wie Anm. 110), S. 377.

[112] Friedrich Christoph Oetinger: Freymüthige Gedanken von der ehelichen Liebe nebst einem Anhang verwandter Materien für Wahrheitsforscher, welche prüfen können. o.O. 1777, S. 49f.

Die schleimichte lymphe unserer Flüssigkeiten, welche geschwängert ist mit dem Universal-Geist, wird also vollkommen, und wird ein wahrer Nervensaft in den markichten Zasern des Gehirns, wohin sie getrieben worden durch das Schlagen der Pulsadern, da sie hernach durch die Nerven in alle Werkzeuge, als die Nahrung und das Leben hineingebracht wird.

Das war Oetingers Summarium von Le Cats *Memoire*, das er in großen Auszügen ins Deutsche übersetzte und seiner *Metaphysic* beifügte.[113] Das Amphibium-Fluid des Körpers ist bei Oetinger ganz selbstverständlich und vor Mesmer mit dem kosmischen Äther oder mit dem *sensorium Dei* verbunden, wie er in Anknüpfung an Newton den kosmischen Raum als Ort der Wirksamkeit und Fühlbarkeit Gottes bezeichnete.[114] Jakob Böhmes Theosophie und die Kabbala wurden hier mitten in der Aufklärung unter Berufung auf einen preisgekrönten aufgeklärten Arzt, auf dessen Rezipienten und vor allem auf das Phänomen der Elektrizität, das von Haller mit seiner Irritabilitätstheorie[115] verbunden hatte, als böhmistische Alternative zwischen Materialismus und Idealismus aufgefahren.[116] War Oetingers theosophische Deutung Le Cats seit den 1760er Jahren mitverantwortlich für die Nichtoffizialität der Rezeptionsgeschichte des Chirurgen von Rouen? Selbst wenn diese Frage nur vermutungsweise beantwortet werden kann, ist die Wirkung dieser Deutung durch Oetinger auf nachfolgende Theosophen, auf Protagonisten der sogenannten Erweckungsbewegung kaum zu unterschätzen, auf Lavater, Oberlin,

---

[113] Vgl. Friedrich Christoph Oetinger: Die Metaphysic in Connexion mit der Chemie, worinnen sowohl die wichtigste übersinnliche Betrachtungen der Philosophie und theologiae naturalis & revelatae, als auch ein clavis und Select aus Zimmermanns und Neumanns allgemeinen Grundsätzen der Chemie nach den vornehmsten subjectis in alphabetischer Ordnung nach Beccheri heut zu Tag recipirten Gründen abgehandelt werden, samt einer Dissertation de Digestione, ans Licht gegeben von Halophilo Irenäo Oetinger. Schwäbisch Hall [1770], S. 495–520, Zitat S. 519, vgl. zu Le Cat auch ebd., S. 409, 487.

[114] Vgl. Stengel: Aufklärung (wie Anm. 20), S. 545f. In der Erstausg. von Newtons Optik war der unendliche Raum tatsächlich als *sensorium divinum* bezeichnet worden. Darauf bezieht sich die Polemik von Leibniz, der Newton unterstellte, die durch den Raum wahrgenommenen Dinge wohl kaum als von Gott abhängig ansehen zu können, wenn er den Raum als sein *sensorium* verstehe. Newton und Clarke ließen aus allen erreichbaren (außer in vier nachgewiesenen) Exemplaren der Optik von 1706 die entsprechende Seite herausschneiden und vor „sensorium" „tanquam" („so wie" oder „gleichsam") einfügen. Vgl. dazu Alexandre Koyré, I. Bernhard Cohen: The Case of the Missing Tanquam. Leibniz, Newton and Clarke. In: Isis 52 (1961), S. 555–566. Es ist ungeklärt, ob Oetinger an Leibniz' Polemik oder direkt an Newtons Ausgabe von 1706 anknüpfte.

[115] Dazu Steinke: Irritating Experiments (wie Anm. 67), S. 19–40; knapper Oeser: Geschichte der Hirnforschung (wie Anm. 14), S. 76–79; Rothschuh: Spiritus animalis (wie Anm. 14), S. 2964f. Oetinger bezog sich immer wieder auf die Elektrizät und auf von Hallers Irritabilitätslehre, wenn er die Existenz von geistleiblichen Stoffen belegen wollte, die gegen die rationale Mechanik sprachen und seinen Böhmismus untermauern sollten; vgl. etwa: Oetinger: Divisch (wie Anm. 91), S. 108. Vgl. auch Ernst Benz: Theologie der Elektrizität. Zur Begegnung und Auseinandersetzung von Theologie und Naturwissenschaften im 17. und 18. Jahrhundert. In: Abhandlungen der geistes- und sozialwissenschaftlichen Klasse der Akademie der Wissenschaften und der Literatur zu Mainz (1971), S. 685–782.

[116] Vgl. dazu insgesamt Stengel: Aufklärung (wie Anm. 20), Kap. 5.2.3. (Oetingers Front gegen die Leibniz-Wolffsche Philosophie) und 5.2.4. (Oetingers Theosophie im Kontext).

Philipp Matthäus Hahn und Johann Michael Hahn, auf Jung-Stilling und Justinus Kerner, vor allem aber auch auf die Naturphilosophie Schellings.[117]

Hennings

Ein wichtiger nichttheosophischer, weil nicht böhmistischer, sondern vom Rationalismus Wolffs herstammender Vermittler der Lebensgeister in den Diskurs des letzten Drittels des 18. Jahrhunderts war der Jenaer Philosoph Justus Christian Hennings, der in den 1770er und 1780er Jahren mehrere kritische Bücher über Spuk und Erscheinungen, angebliche Geisterseher und Nekromanten, über Unsterblichkeits- und Seelenlehren verfasste. Bei Hennings galten Malebranche, von Haller, Unzer und Le Cat als *die* Referenzautoren für den Nervengeist.[118] Wie oben erwähnt, hielt Hennings im Anschluss an Andreas Rüdiger die Seele für immateriell, dennoch für körperlich und nicht für *per se* unsterblich. Nach der Wolffschen Definition schrieb er ihr eine ewige Dauer zu, weil Gott nicht wollen könne, dass sie annihiliert wird.[119]

Für Hennings kann die Seele auf den Körper nur durch ein weder materielles, noch immaterielles Zwischending wirken, wahrscheinlich durch ein elektrisches Feuer.[120] Bei Lavater und Bonnet hatte Hennings, wie übrigens einige Jahre zuvor auch Oetinger, gelesen, dass dieses elektrische Feuer vielleicht der eigentliche innere Mensch sei.[121] Wie Lavater und seine anderen Referenzautoren wies auch

---

[117] Die theosophischen, besonders mit der Rezeption Oetingers einhergehenden Aspekte der sog. Erweckungsbewegung harren noch der Untersuchung. Die Rezeption Oetingers durch Schelling ist in diesen älteren Arbeiten nicht befriedigend aufgearbeitet worden: Friedemann Horn: Schelling und Swedenborg. Ein Beitrag zur Problemgeschichte des deutschen Idealismus und zur Geschichte Swedenborgs in Deutschland. Zürich 1954 [engl. West Chester 1997]; Robert Schneider: Schellings und Hegels schwäbische Geistesahnen. Würzburg 1938.

[118] Vgl. Hennings: Geschichte von den Seelen (wie Anm. 43), S. 288f., § 41 (hier nennt Hennings nicht Le Cat, sondern den gesamten Band der Preisfrage von 1753, sowie Unzers Physiologie); Hennings: Aphorismen (wie Anm. 43), S. 63–67, 95 (von Haller und Le Cat); Justus Christian Hennings: Von den Träumen und Nachtwandlern. Weimar 1784, S. 6f. (Malebranche), S. 23 (Le Cat). Unzer wird besonders häufig referiert in Justus Christian Hennings: Von den Ahndungen und Visionen. 2 Bde. Bd. 1. Leipzig 1777.

[119] Vgl. Hennings: Geschichte von den Seelen (wie Anm. 43), S. 336–347 (§§ 49–50); Hennings: Aphorismen (wie Anm. 43), S. 104f.

[120] Vgl. ebd., S. 95f., 101; Hennings: Geschichte von den Seelen (wie Anm. 43), S. 307. Hennings votiert gegen Okkasionalisten, Harmonisten und „grobe Influxionisten", die meinten, Seele und Leib wirkten direkt oder „reell" ineinander. Stattdessen plädiert er für die „subtilen Influxionisten", die die Wirkung nicht des Körpers, sondern nur der Seele auf eine „ideale Art" und nur vermittelt durch den Nervensaft in den Fibern des Gehirns annähmen (vgl. ebd., S. 304). Die Seele brauche ein elektrisches Feuer, um den Körper bedienen zu können. Dass sie selbst mit diesem Feuer identisch sei, wollte Hennings weder annehmen, noch verwerfen (vgl. ebd., S. 283f.).

[121] Hennings erwog, wie es wäre, „wenn ich das elektrische Feuer, welches durch den ganzen menschlichen Leib, und durch alle Nerven ausgedehnt ist, mit dem inwendigen seelischen Menschen des Herrn Lavaters vergliche, oder es gar davor hielte?" Lavaters Ansicht sei sicher nur eine Hypothese, aber immerhin hätten auch die Kirchenväter Tertullian, Irenäus und Gaius

Hennings die Vorstellung eines Seelenschlafs nach dem Tod als „widervernünftig" zurück. Die Seele könne sofort nach der im Tod vollzogenen Trennung vom Körper ein „geistliches Leben" fortsetzen, ausgestattet mit einem entweder subtilen oder einem „sehr flüchtigen Leib".[122] Ein „subtiler Materialismus der Seele" aber schließe deren Unsterblichkeit keineswegs aus, meinte Hennings in Übereinstimmung „mit vielen neuen Weltweisen".[123]

Hennings, dessen Hauptfront der angebliche Wunderheiler Johann Joseph Gaßner in Bayern, der Nekromant Johann Georg Schrepfer in Leipzig[124] und andere waren und der eine Unzahl von Erscheinungsberichten zusammentrug, hielt alle diese konkreten Geschichten für eingebildet, erdacht oder auf ‚natürliche' Weise erklärbar. Aber er erachtete wie Unzer und Rüdiger Erscheinungen und übersinnliche Begebenheiten als durchaus möglich.[125] Der Nervengeist, selbst Subtilmaterie, sei durchaus in der Lage, von solchen Sphären oder von Gott affiziert und physisch verändert zu werden, um Empfindungen in der Seele hervorzurufen. Zu den „aussergewöhnlichen Voraussetzungen" für Voraussehungen, Ahnungen, Anzeichen und Visionen zählten nicht solche, die in „vorhergehabten Empfindungen" begründet seien, „sondern vielleicht von einer aussernatürlichen und übernatürlichen Ursache, oder von Gott abhangen", meinte Hennings. Mit allen, auch solch über- oder außernatürlichen Gedanken seien aber „Veränderungen in Nerven, Fibern und Nervensaft vergesellschaftet", und wenn eine „Idee von außen oder innen erweckt" werde, „so muß eine Bewegung der Nerven und Fibern oder des Nervengeistes geschehen".[126] Auch auf natürliche Weise kaum erklärbare Träume und Ahnungen werden von Hennings durchweg physisch durch Nervensaft

---

diese Auffassung vertreten, wenn sie meinten, die Seele habe ein menschliches Bild. Swedenborg, der diese gerade von den 1760er bis zu den 1780er Jahren viel diskutierte Eschatologie und Geisterweltlehre aufsehenerregend vertreten hatte, wird signifikanterweise nicht genannt (vgl. Hennings: Geschichte von den Seelen [wie Anm. 43], S. 286f. Das Lavater-Zitat entstammt einer Anmerkung der Übersetzung von Bonnets Palingenesie durch Lavater [2 Bde. Bd. 1. Zürich 1770, S. 150f.]; Oetinger hatte sie 1774 in Oetinger: Gedanken (wie Anm. 108), S. 42 ebenfalls gebracht.

[122] Vgl. Hennings: Aphorismen (wie Anm. 43), S. 130; Hennings: Geschichte von den Seelen (wie Anm. 43), S. 347–355 (§§ 51f.).

[123] Vgl. ebd., S. 283f.

[124] Vgl. bes. Hennings: Von den Ahndungen (wie Anm. 118).

[125] Hennings bejahte ausdrücklich die „Möglichkeit der Seelenerscheinungen nach dem Tode", auch wenn er zu deren „Wahrscheinlichkeit" nicht mehr als ein unentschiedenes Urteil fällen zu können meinte, ohne dieselbe ausschließen zu wollen (vgl. Justus Christian Hennings: Von Geistern und Geistersehern. Leipzig 1780, S. 297–300).

[126] Hennings: Von den Ahndungen (wie Anm. 118), S. 21f. Nach dieser These über göttliche und außer- oder übernatürliche Ursachen sprach Hennings auf S. 22 zurückhaltender von Menschen, denen durch eine „vorzügliche Begünstigung der Natur, eine glückliche Anlage des Leibes, eine vorteilhafte Organisation zu Theil worden ist", und die dadurch fähig seien, „ausgezeichnete Ideen aufzunehmen". Für sein Verständnis von „praeternaturalen" (außernatürlichen) und „supernaturalen" (übernatürlichen) Wundern sowie für seinen Wunderbegriff insgesamt griff Hennings vielfach zurück auf Johann Christian Förster: Philosophische Abhandlung über die Wunderwerke. Halle 1761, hier S. 16.

und Lebensgeister beschrieben, ja selbst Ideen werden von außen nur durch die Veränderung des Nervensaftes in den Körper getragen und hinterlassen im Gehirn subtilmateriale Abdrücke:[127] Ideen sind letztlich materiell.

Wenn Hennings wie der anonym schreibende Jurist Emanuel Wolleb die über den Tod des Körpers hinausreichende Kontinuität der subtilleiblichen Seele an einer „Interimsstätte" mit ihren Erinnerungen, ihren dann nur noch wachsenden Seelenkräften, mit ihren Neigungen und sogar mit den irdischen Sozialbeziehungen annahm, dann berief er sich stets auf aktuelle Autoren.[128] Er setzte damit aber auch die Schlussabschnitte in den rationalen Psychologien von Christian Wolff oder dessen Schüler Alexander Gottlieb Baumgarten über den *status post mortem* fort, in denen die Kontinuität der unsterblichen Person mitsamt ihrer Erinnerung als einer substantialen Seele behauptet wurde.[129] Wolleb, dessen zweibändige, weitgehend von der Leibniz-Wolffschen Philosophie geprägte *Gedanken über die Seele des Menschen und Muthmassungen über den Zustand derselben nach dem Tode* von Hennings gewürdigt wurden, hielt Erscheinungen von Seelenleibern ebenfalls für möglich, besonders gegenüber Freunden und Ehegatten.[130] Aber nicht irgendein ominöser Astralgeist war für das „Spucken" verantwortlich, wie es Hennings bei Paracelsus, Böhme, Fludd und Weigel las – dies gründe sich auf „Afterschlüsse".[131] Nur menschliche Seelen konnten sich bemerkbar machen, alles andere war Aberglaube. Die Anthropozentrierung des Jenseits, Projekt der ‚Aufklärung' als einer holistischen Rationalisierung *beider* Reiche, lag schon hinter ihm, und

---

[127] Vgl. anknüpfend an Bonnet: Hennings: Geschichte von den Seelen (wie Anm. 43), S. 285; sowie Hennings: Von den Träumen (wie Anm. 118), S. 104. Wie Bonnet vergleicht Hennings die Seele mit einem Musikanten und das Organ mit einem Instrument. Wie die Finger des Spielers die Saiten des Instruments berührten, könne man „alle Gehirnbeschaffenheiten, die unsere Seelenveränderungen begleiten, materielle Ideen nennen". Den Vergleich des Seele-Körper-Konnexes mit Saiten, Instrument und Spieler gebrauchte Emanuel Swedenborg mit seiner Tremulationstheorie schon 1718; vgl. Stengel: Aufklärung (wie Anm. 20), S. 64–66.

[128] Vgl. Hennings: Von Geistern und Geistersehern (wie Anm. 125), S. 285–301. Wollebs Name fällt nicht, sondern nur der Titel des anonymen Buches: Gedanken über die Seele des Menschen und Muthmassungen über den Zustand derselben nach dem Tode meistens auf Erfahrung gegründet. 2 Bde. Berlin, Leipzig 1777, worin ein einziges Mal der Name Swedenborgs erwähnt wird. Hennings referierte Wollebs Vorstellungen ausführlich, ohne sich ihnen ausdrücklich anzuschließen; er hielt sie lediglich für eine absolute Möglichkeit (ebd., S. 300).

[129] Vgl. Christian Wolff: Psychologia rationalis methodo scientifica pertractata, qua ea, quae de anima humana indubia experientiae fide innotescunt, per essentiam et naturam animae explicantur, et ad intimiorem naturae ejusque autoris cognitionem profutura proponuntur. Editio nova priori emendatior. Frankfurt a.M., Leipzig 1740, z.B. §§ 736, 741–748; Alexander Gottlieb Baumgarten: Metaphysica. 4. Aufl. Halae Magdeburgicae 1757, §§ 782–791 (Status post mortem), §§ 796–799 (Finiti spiritus, extra hominem). Vgl. zur Rezeption Wolffs in der Theologie und Geisterweltlehre Swedenborgs insgesamt Stengel: Aufklärung (wie Anm. 20), Kap. 4.2., vgl. auch Kap. 4.3.4., f), sowie Stengel: Rationalist (wie Anm. 63).

[130] Vgl. Hennings: Von Geistern und Geistersehern (wie Anm. 125), S. 285. Zu Wollebs weitgehend bejahender Position gegenüber der Leiblichkeit und Erscheinungsfähigkeit postmortaler Seelen vgl. Wolleb: Gedanken über die Seele (wie Anm. 128). Bd. 2, S. 38–67 (§§ 311–377).

[131] Hennings: Aphorismen (wie Anm. 43), S. 88f., 96; Hennings: Von Geistern und Geistersehern (wie Anm. 125), S. 254.

Swedenborg, den Hennings nie in diesem Zusammenhang zitierte, sondern nur dort, wo es um die ihm nachgesagten übersinnlichen Fähigkeiten ging,[132] war aus dem Diskurs der Lebenden bereits ausgeschieden.[133]

Sprengel

Mit den Theorien über das Jenseits war bei Hennings wie bei den von ihm zitierten Ärzten und Philosophen eng die Vorstellung des subtilmateriellen Lebensgeistes oder Nervensaftes verbunden, auch wenn er die Verbindung des körperlichen mit einem kosmischen *fluidum* im Gegensatz zu Mesmer nicht behauptete. Mesmer hatte sich bekanntermaßen auf Newtons Gravitationstheorie berufen und die Existenz des *fluidum* aus der Wirkung der Gravitation auch im leeren Raum geschlossen.[134]

Im Auftrag des einflussreichen Theologieprofessors Johann Salomo Semler setzte sich der später bekannte hallesche Mediziner und Botaniker Kurt Sprengel (1766–1833) mit den immer mehr um sich greifenden Somnambulisten, Swedenborgianern und Mesmeristen auseinander. Er räumte ein, dass sie sich in der Tat auf Newton stützen konnten, bestritt aber die Rechtmäßigkeit dieser Berufung. Den Mesmeristen warf er vor, gegen Newtons Warnung die Magnetwirkungen „ganz wie Kartesius" auf Materieflüsse zurückzuführen. Schon David Etienne Choffin, Pieter van Musschenbroek, Pierre Charles Lemonnier, Swedenborg und sogar Leonhard Euler in seinen *Briefen an eine deutsche Prinzessin* hätten mit der Annahme von quasimateriellen Ätherflüssen in den Räumen zwischen den runden Teilen Newton und Descartes sozusagen illegitim in eins gesetzt.[135]

Newtons eigene Mutmaßungen über den Äther erwähnte Sprengel in diesem Zusammenhang nicht. Immerhin hatte sich Friedrich Christoph Oetinger zur Entrüstung mancher Zeitgenossen immer wieder auf Newton als einen Nachfolger, ja geradezu als einen Schüler Jakob Böhmes bezogen. „Sollte es wohl möglich seyn, den Philosophen von Engelland so zu erniedrigen?", protestierte ein Rezensent 1766.[136] Und eben diese vermeintlich autoritativ abgesicherte Traditionskonstruk-

---

[132] Zu Hennings ambivalenter Beurteilung des Phänomens Swedenborg vgl. Stengel: Aufklärung (wie Anm. 20), S. 656–659.
[133] Vgl. dazu insgesamt Stengel: Aufklärung (wie Anm. 20), bes. Kap. 4.3.4., f) u. 5.3.7.
[134] Vgl. Gabay: The Covert Enlightenment (wie Anm. 15), S. 18.
[135] Vgl. Kurt Sprengel: Sendschreiben über den thierischen Magnetismus. Aus dem Schwed. u. Franz. mit Zusätzen v. Kurt Sprengel. Halle 1788, S. 92. Zu Sprengels Kritik vgl. Stengel: Aufklärung (wie Anm. 20), S. 106f.
[136] Rezension zu Friedrich Christoph Oetinger: Swedenborgs und andere irrdische und himmlische Philosophie [1765]. In: Göttingische Anzeigen von gelehrten Sachen, 26./27. Stück 1766, S. 201–210, hier S. 207. Im Gegensatz zu dieser Position kritisierte der Rezensent in Johann August Ernestis *Neuer theologischer Bibliothek* (1765), S. 617–643, hier S. 622) folgende Diagnose Oetingers nicht weiter: Die Theologen hätten sich in Leibnizianer und Newtonianer gespalten. Newtonianer seien nur Oetinger selbst und Georg Venzky. Auch die *Göttingischen Gelehrten Anzeigen* (1765, S. 297–299, hier S. 298) beließen es beim bloßen Referat, dass

tion wurde von gelehrten Zeitgenossen hinterfragt. Offensichtlich aus diesem Grund bestritt Sprengel die Legitimität der Vereinnahmung Newtons durch die Mesmeristen und installierte hinter Mesmer nun Athanasius Kircher, offensichtlich um von den Parallelen zwischen Mesmer und manchen prominenten Zeitgenossen abzulenken und die Illegitimität der Berufung auf Newton zu bekräftigen.[137] Allerdings erkannte auch Sprengel magnetische Wirkungen an, nur nicht deren Interpretation durch Mesmer und vor allem durch Puységur.[138] In diesem Sinne kritisierte er auch das Modell Galens – und damit unausgesprochenermaßen auch dasjenige Descartes' und seiner zeitgenössischen Epigonen in Medizin und Philosophie –, dass nämlich Lebensgeister zwischen Geist und Materie wirkten oder vermittelten. Das war für Sprengel ein Ansatz, der mehr verblendet als aufgeklärt habe.[139]

Die therapeutischen Ansprüche Mesmers und besonders seiner somnambulistischen Schüler lehnte Sprengel als Schwindel zwar ab[140] – dem ungeheuren Aufschwung der mesmeristischen Magie schadete dies jedoch nicht. Es gab genug nicht-somnambulistische Ärzte wie Eberhard Gmelin (1753–1809), die die Funktionsweise des Magnetisierens unter Zuhilfenahme des Modells des Nervensaftes bzw. der Lebensgeister erklärten: Was aus dem berührenden Körper ausströme und sich dem Berührten mitteile, sei nichts anderes als der Nervenäther, der unsere Nerven wie alle flüssigen und festen Teile durchströme.[141]

Festzuhalten bleibt, dass die Diskussion um den Magnetismus die Auseinandersetzung um die materialistische oder idealistische Letztbegründung der Wirklich-

---

Oetinger auf den Grundbegriffen Newtons aufbaue. Zur Legitimität der Newton-Rezeption Oetingers vgl. Hans-Georg Gadamer: Einleitung. In: Friedrich Christoph Oetinger: Inquisitio in sensum communem et rationem. Stuttgart-Bad Canstatt 1964, S. V–XXVIII, hier S. XII, XV, XVIIf.

[137] Vgl. Sprengel: Sendschreiben (wie Anm. 135), S. 88, 106. Da Kircher gerade nicht (wie etwa Galen) mit Qualitäten, Kräften und Geistern argumentiert habe, wo mechanische Erklärungen nicht ausreichten (ebd., S. 73f.), zog Sprengel ihn anderen älteren Modellen aber vor, die für die Wirkung des Magneten wie Ficino nach Plato den Polarstern und den Mars, wie Agrippa von Nettesheim Geister, wie Paracelsus und Cardanus den Polarstern (ebd., S. 83), wie Fernelius, Porta und Libavius andere Himmelskörper (ebd., S. 84) erwogen hätten.

[138] Vgl. ebd., S. 62. Daneben nannte er noch Pichler, Veaumorel, Wienholdt, Gmelin und die Swedenborgianer der Exegetischen und Philanthropischen Gesellschaft von Stockholm, deren (später erfolgreicher) Versuch der Vereinigung von Mesmerismus und Swedenborgianismus Anlass und Gegenstand seiner Schrift war.

[139] Vgl. ebd., S. 73f.

[140] Mesmers Dissertation über den Einfluss der Planeten wurde von Sprengel durchaus gewürdigt. Dessen Heilungen betrachtete er aber als Schwindel, seine Behauptung, das Lebensprinzip des Menschen sei Teil des Universalfluidums und auch den Einflüssen von Planeten ausgesetzt, lehnte Sprengel trotz des gewaltigen Zustroms von Menschen aller Stände in Frankreich ab. Vgl. ebd., S. 99, 104, 107, 109. Rosenmüller, der ebenfalls 1788 gegen die Swedenborgianer schrieb, hielt demgegenüber den Magnetismus für überaus nützlich, wenn er ausschließlich von Ärzten praktiziert werde, vgl. Rosenmüller: Briefe (wie Anm. 13), S. 104.

[141] Vgl. ebd., S. 16f.; Eberhard Gmelin: Beytrag zur Realität des thierischen Magnetismus. In: Boeckmann: Archiv (wie Anm. 52). 3. Stück 1787, S. 70.

keit sowohl der natürlichen als auch der geistig-seelischen oder intelligiblen Welt implizierte. Wenn die Materialität oder Immaterialität der Seele oder auch nur ihrer Vermögen innerhalb der „Ökonomie" des *commercium corporis et animae* zur Debatte stand, wurden ferner immer auch theologische, vor allem eschatologische und soteriologische Fragen, etwa nach dem Seelentod, Seelenschlaf oder der ununterbrochenen und durch den Tod nicht unterbrechbaren Fortdauer der Seele – mit oder ohne Endgericht und leibliche Auferstehung – berührt. Schließlich wird zu berücksichtigen sein, dass alle diese Fragestellungen eng mit der von Peter Hanns Reill für das spätere 18. Jahrhundert untersuchten Naturphilosophie und Naturforschung des „aufgeklärten Vitalismus" zusammenhängen. Fluidaltheorien, Geistleiblichkeit, epistemologische Zurückhaltung und die Annahme einer wenigstens teilweise belebten Natur angesichts des mechanistischen Dogmatismus oder einer rationalen Mechanik sind als Kennzeichen dieser Denkrichtung ausgemacht worden.[142]

Oeconomia regni animalis

Wie einige Jahre später Mesmer und seine Schüler behauptete der Chirurg Le Cat schon 1753 die Verbindung der kosmisch-geistigen Sphäre mit dem Körper durch ein subtilmaterielles *fluidum*. In jeweils eigener Weise, mit mehr oder weniger spekulativen Elementen, mit oder ohne theosophischen Referenzrahmen, gelangte diese Verbindung über Oetinger und von Haller, über Unzer, Hennings, Bonnet und andere Mediziner, Philosophen und Theologen in die Rezeptionsbasis des somnambulistischen Mesmerismus und dadurch des modernen Spiritismus. Diese Kanäle sind rezeptionell ohne weiteres abzusichern. Es ist daher Vorsicht geboten, allzu voreilig von hermetischen oder neuplatonischen Konzepten aus der Renaissance oder gar aus der Antike zu sprechen, wo es um Leibniz-Wolffische oder ‚modernisierte' cartesische Modelle im 18. Jahrhundert ging, und zwar ganz unabhängig davon, dass Theosophen wie Oetinger diese Modelle böhmistisch aufluden und theologisierten.

Am Ende wird das Augenmerk noch einmal unter einem anderen Aspekt auf Le Cat gelenkt, nämlich um nach dessen Rezeptionsbasis zu fragen. 1741 und 1742 wurden in der zu Amsterdam erscheinenden französischsprachigen *Bibliothèque Raisonnée des Ouvrages des Savans* zwei Bände eines Werkes unter dem Titel *Oeconomia regni animalis* mit zwei, insgesamt 35 Seiten umfassenden Rezensionen geradezu begeistert dem Gelehrtenpublikum vorgestellt.[143] Nichts Besseres sei

---

[142] Vgl. dazu Peter Hanns Reill: Vitalizing Nature in the Enlightenment. Berkeley, Los Angeles u. London 2005; sowie Stengel: Aufklärung (wie Anm. 20), S. 151–154 (im Hinblick auf Swedenborg) und S. 510 (im Hinblick auf Oetinger).
[143] Vgl. Bibliothèque Raisonnée des Ouvrages des Savans de l'Europe 1741, Oktober–Dezember (zu Bd. 1), S. 411–433; 1742, Februar / März (zu Bd. 2), S. 134–147. Vgl. zu den zeitgenössischen Rezensionen der *Oeconomia* Stengel: Aufklärung (wie Anm. 20), Kap. 2.4.1., b).

zum Thema Körper, besonders zu Gehirn, Nerven und Seele bislang geschrieben worden, vermerkte ein Kritiker.[144]

Der Verfasser der *Oeconomia* stellte hier eine den Körper und die Seele umfassende menschliche Anatomie vor, die die Seele kurzgefasst sowohl für materiell als auch für immateriell, aber als Bestandteil des Körpers für unsterblich hielt.[145] Mittler zwischen Seele und Körper sei der subtilste Teil des Blutes, ein *sanguis supereminens*, das mit gewaltiger Geschwindigkeit durch die Nerven und Fibern jage und das *commercium corporis et animae* besorge: das *fluidum spirituosum*. Dieses Körperfluidum stamme zu einem Teil aus dem Blut, zum anderen aber aus der *aura prima*.[146] Die Seele sei nichts anderes als das Produkt dieser *aura*, und die Hirnrinde sei Determination der *aura prima* oder des universellen *fluidum*.[147] Mit einem Zitat aus Aristoteles' *De coelo* sicherte der Autor seine Referenz ab, die verschiedenen Arten von Himmeln seien zwar beseelt, ihnen sei aber eine *anima assistens* ohne Vernunft beigelegt.[148]

Was sich hinter dieser *aura* verbarg, interpretierten die zeitgenössischen Kritiker unterschiedlich. Ein Rezensent erkannte hinter dem kosmischen *fluidum* die „edelste Modifikation" und das „schönste Erbe" des *esprit universel*, den alle Philosophen kennen, dessen, was Mose den Geist Gottes und Plato *anima mundi* nannte.[149] Ein anderer sah in der *aura mundi* lediglich das, was Aristoteles die „Forme der Dinge genennet".[150] Die sachkundigen Zeitgenossen waren sich also gerade nicht sicher, ob es sich um eine platonische oder um eine aristotelische Figur handelte – der in der späteren Philosophiegeschichte vielfach konstruierte

---

[144] Vgl. Bibliothèque Raisonnée (wie Anm. 143). 1742, S. 135.
[145] Oeconomia regni animalis in transactiones divisa: quarum haec prima de sanguine, ejus arteriis, venis et corde agit: anatomice, physice & philosophice perlustrata. Cui accedit introductio ad psychologiam rationalem; quarum haec secunda de cerebri motu et cortice et de anima humana agit. 2 Bde. Londini et Amstelodami 1740–1741; engl.: London 1845–46; ND Bryn Athyn, PA 1955, Zusammenfassung bei Stengel: Aufklärung (wie Anm. 20), S. 127–145.
[146] Vgl. Swedenborg: Oeconomia (wie Anm. 145). Bd. 2, Nr. 222, 231.
[147] Vgl. ebd., Bd. 2, Nr. 304, 116, 142.
[148] Vgl. ebd., Bd. 1, Nr. 635 („animam assistentem, quae non habeat intellectum: prorsus secundum sensum hujus theorematis"); Zitat aus Aristoteles: De coelo, II,II. Als Beleg für die verschiedenen Arten von beseelten Himmeln wird mit Hilfe eines nahezu wörtlichen Zitats aus einem franz. Lexikon auf Hermes Trismegistus, Plato, Jamblich, Origenes und Alkinos verwiesen: Scipion Dupleix: Corps de philosophie contenant la logique, la physique, la métaphysique et l'éthique (1636). Vgl. dazu Inge Jonsson: Emanuel Swedenborgs Naturphilosophie und ihr Fortwirken in seiner Theosophie. In: Epochen der Naturmystik. Hermetische Tradition im wissenschaftlichen Fortschritt. Hg. v. Antoine Faivre u. Rolf Christian Zimmermann. Berlin 1979, S. 227–255, hier S. 235.
[149] Vgl. Bibliothèque Raisonnée (wie Anm. 143), 1742, S. 146 („la plus modification, la plus belle portion").
[150] Vgl. Zuverlässige Nachrichten von dem gegenwärtigen Zustande, Veränderung und Wachsthum der Wissenschaften, 1741, Juni (zu Bd. 1), S. 337–362, hier S. 351. Zusammen mit der Rezension zu Bd. 2 (August 1741, S. 488–513) stellten die *Zuverlässigen Nachrichten* eine insgesamt 50-seitige Besprechung der *Oeconomia* bereit, vgl. dazu Stengel: Aufklärung (wie Anm. 20), Kap. 2.4.1., b).

Gegensatz zwischen Plato und Aristoteles,[151] der auch Antoine Faivres Esoterik-Modell[152] zugrunde liegt, hätte von ihnen also nicht nachvollzogen werden können.

Die *Oeconomia regni animalis* von 1740/41 enthielt nicht nur die Verbindung eines körperlichen und eines universalen *fluidum*, von der die mesmeristische Praxis ausging. Es ist auffällig, dass trotz mancher Abweichungen Le Cat zwölf Jahre später nicht anders argumentierte. Er kannte einen *esprit universel* hinter dem Nervenfluidum und eine *économie animale* wie die Rezension in der *Bibliothèque*, er kannte dieselben medizinischen Autoren, aus deren Schriften die *Oeconomia* ihre Theorien kombinierte: Marcello Malpighi, Francis Glisson, Raymond Vieussens, Giovanni Alfonso Borelli, Robert Hooke oder etwa den auch für Mesmer wichtigen Magnetismusforscher van Musschenbroek. Auch für Le Cat war das *fluidum* zur einen Hälfte außerkörperlich-überirdisch, zur anderen bestand es aus Lymphflüssigkeit. Auch bei Le Cat wurde der cartesische Körper-Seele-Dualismus formal beibehalten, zugleich aber modifiziert und durch subtilmaterielle *fluida* abgemildert, genauer: überbrückt.

Über diese inhaltlichen Parallelen hinaus lässt sich keine Rezeption nachweisen, ja die Rezeptionsgeschichte der *Oeconomia regni animalis* ist trotz ihrer regen und ausführlichen Rezension in international renommierten Gelehrtenzeitschriften schwer aufzuklären. Denn ihr Verfasser wurde nur wenig später, im Alter von 56 Jahren, der „größeste" Geisterseher des 18. Jahrhunderts, wie Herder[153] sagte: Emanuel Swedenborg. Vor seiner biographischen Wende zum Bibelausleger und Geisterseher hatte er sich in mehreren europaweit rezensierten Büchern und in zahlreichen Vorarbeiten der menschlichen Anatomie und besonders dem *commercium corporis et animae* gewidmet. Cartesische Lebensgeister und subtilmaterielle *fluida* gehörten seit seinen frühesten Publikationen zu seinen festen Annahmen, die

---

[151] Vgl. Karen Gloy: Art. Naturphilosophie. In: Theologische Realenzyklopädie. Bd. 24. Berlin, New York 1994, S. 118–132, hier S. 120, 122. Dass es sich bei dem auf Alexander von Aphrodisias zurückgehenden und vor allem von Werner Jaeger fortgeschriebenen Gegensatz um eine tendenzielle und gezielt antiplatonische (Fehl-)Interpretation der Seelenlehre von Aristoteles handelt, hat anhand von *De anima* und *De spiritu* (aristotelisch!) nachgewiesen: Abraham Paulus Bos: The Soul and Its Instrumental Body. A Reinterpretation of Aristotle's Philosophy of Living Nature. Leiden u.a. 2003; ders.: Aristotle, on the Life-bearing Spirit (De Spiritu). A Discussion with Plato and His Predecessors on Pneuma as the Instrumental Body of the Soul. Leiden u.a. 2008. Auch rezeptionsgeschichtlich lässt sich diese von Jaeger u.a. behauptete Diskrepanz nicht aufrechterhalten, vgl. etwa am Beispiel Bernardino Telesios: Martin Mulsow: Frühneuzeitliche Selbsterhaltung. Telesio und die Naturphilosophie der Renaissance. Tübingen 1998.

[152] Ohne das mythische (,esoterische') ausdrücklich mit dem platonischen Denken zu identifizieren, sieht Faivre in ihm aber den Gegenpol zum aristotelisch-rationalen Denken innerhalb „unseres abendländischen Geistes" (vgl. Antoine Faivre: Esoterik im Überblick. Freiburg i.Br. u.a. 2001, S. 20).

[153] Johann Gottfried Herder: Emanuel Swedenborg, der größeste Geisterseher des achtzehnten Jahrhunderts. In: Ders.: Adrastea 3 (1802), S. 350–368, hierin allerdings auch eine der wenigen späten Besprechungen der *Oeconomia regni animalis*, vgl. Stengel: Aufklärung (wie Anm. 20), S. 151–153.

er durchweg den Forschungsergebnissen der bedeutendsten zeitgenössischen Anatomen und Physiologen entnahm. Nach seiner biographischen Wende wurden Swedenborgs Bücher aus seiner naturphilosophischen Schaffensphase kaum noch offiziell rezipiert oder zitiert.[154] Wer wollte in die Nähe eines berüchtigten Geistersehers gestellt werden? – könnte man vermuten. Ohne sich Swedenborgs Gedanken anzuschließen, der seinem Verständnis des cartesischen Leib-Seele-Dualismus widersprach, referierte lediglich Albrecht von Haller ohne weitere Bewertung in seinen anatomischen Kompendien auch Swedenborgs Theorie über eine feine, nicht materiale, sondern „animale" Flüssigkeit im Blut, den *spiritus corporeus*, der unsterblich sei.[155]

Der Magnetismus und die anatomisch-kosmologischen Fluidaltheorien, eine modifizierte Form der Geistleiblichkeit der Seele, die die postmortale Seele wie in der Wolffschen Philosophie als „Substanz"[156] betrachtet, und vor allem die anthropozentrierten Eschatologien bei Hennings, bei Oetinger, aber auch bei manchen Kantianern um 1800, sind bei Swedenborg in einem einzigen Gesamtwerk vorhanden. Es ist eine nicht zu übersehende rezeptionelle Leerstelle, dass weder Mesmer noch etwa Oetinger als einer der wichtigsten Swedenborgkenner des 18. Jahrhunderts die *Oeconomia regni animalis* erwähnten. Oetinger hat sie höchstwahrscheinlich ebensowenig gekannt – oder wenigstens nicht sichtbar rezipiert – wie die frühen englischen Swedenborgianer seit den 1780er Jahren. Aus diesem Grund bleibt es hypothetisch, dass Swedenborg eben diese Rezeptionslücke ersetzt, die zur Beschreibung des zeitgenössischen Rezeptionsrahmens für die magnetistisch-fluidalistischen-spiritistischen Theorien zwischen Mesmer und den Spiritisten des 19. Jahrhunderts nötig wäre. Sicher ist lediglich, dass die europäische Gelehrtenschaft seit den 1740er Jahren durch ihre Zeitschriften detailliert über Swedenborgs neuplatonisch modifizierte cartesische Psychologie und Physiologie informiert war.

## IV Schluss

Durch die Preisfrage der Preußischen Akademie von 1753 und ihre Beantwortung durch Le Cat kann die große gelehrte Akzeptanz kosmisch-anthropologischer Fluidaltheorien zwischen Swedenborg und Mesmer im philosophisch-medizinisch-

---

[154] Eine der wenigen Ausnahmen ist Friedrich Christoph Oetinger, der vor allem Swedenborgs Werke aus den 1720er und 1730er Jahren kannte, vgl. Stengel: Aufklärung (wie Anm. 20), S. 555–565. Allerdings sind alle Schriften Swedenborgs unmittelbar nach ihrer Publikation in vielen europäischen Zeitschriften vorgestellt und besprochen worden (vgl. ebd., insg. Kap. 2).

[155] „In sanguine spiritus habitat animalis, non materialis. [...] Id liquidum in sanguinem, & ad cerebri corticem redire: spiritum corporeum esse, sed immortalem, & proprium suum corpus struere, etiam alia corpora animaturum. Anseris cerebrum noster dissecuit" (Albrecht von Haller: Bibliotheca anatomica. Qua scripta ad anatomen et physiologiam facientia a rerum initiis recensentur. Tiguri 1777, S. 328f.). Vgl. dazu Stengel: Aufklärung (wie Anm. 20), S. 150f.

[156] Vgl. dazu Stengel: Aufklärung (wie Anm. 20), Kap. 3.3.4., d-f) und 3.4.2., b).

theologischen Diskurs der zweiten Hälfte des 18. Jahrhunderts demonstriert werden. Vor diesem Hintergrund ist leicht zu sehen, in welchem Kontext der medizinische Diskurs nach einigem Zögern und – wie bekannt – auch Verwerfungen die Anregungen Mesmers als eine sowohl newtonsche als auch cartesische Konsequenz aufnahm. Der für den Aufklärungsdiskurs unterschätzte naturphilosophisch gelehrte Geisterseher Swedenborg trug mit seiner eklektisch konstruierten Naturphilosophie erheblich zur Kombination des kosmischen, ätherischen *fluidum* mit der übersinnlichen Welt als einer anthropozentrischen Geisterwelt bei. Dies dürfte die ab der zweiten Hälfte der 1780er Jahre starke Ausbreitung des somnambulistischen Mesmerismus, der rezeptionellen Vorform der mesmeristischen Magie, ebenso begünstigt haben wie postkantianische Geisterweltlehren, die sich gegen die Behauptung von Geistleibern mesmeristischen Debatten ganz verweigerten oder von einer leiblosen Geistigkeit ausgingen, um sowohl der Behauptung der Erscheinung von Geistern als auch dem animalischen Magnetismus die Grundlage zu entziehen – ohne allerdings das Postulat der Unsterblichkeit der Seele innerhalb eines anthropozentrisch aufgeklärten Jenseits anzutasten.[157]

Das *fluidum nerveum* oder *spirituosum*, *spiritus animalis* oder *spiritus animales*, der Ort also, an den einst Swedenborgs Geister zwischen Geist und Materie traten, die todesimmune Subtilmaterie,[158] die der Geistleib bei der *Seherin von Prevorst* mit sich führte, gelangte am Ende des 19. Jahrhunderts, Jahrzehnte nach dem eingangs geschilderten Protest Matthias Jakob Schleidens, zu neuen Ehren. Als nämlich die zeitgenössischen Spiritisten, Theosophen und Swedenborgianer immer vehementer auf Swedenborg als ihren naturwissenschaftlichen Ahnherrn pochten und zugleich Immanuel Kant als verkappten Swedenborgianer rekonstruierten,[159] sah sich auch die Königliche Akademie der Wissenschaften zu Stockholm genötigt, sich mit Swedenborg auseinanderzusetzen. Denn knapp oberhalb des Präsidentenstuhles befindet sich in ihrem Festsaal in der Nachbarschaft von Carl von Linné und Anders Celsius auch ein Porträt von Swedenborg. Wie konnte die Akademie es rechtfertigen, den weltweit berüchtigten Spiritisten mit der Nummer 60 unter ihren ersten Mitgliedern zu haben? In diesen Jahren wurde die Geschichte des verkannten wissenschaftlichen Genies Swedenborg auch durch Mitglieder der schwedi-

---

[157] Vgl. Anm. 21.
[158] Vgl. schon Swedenborg: Oeconomia (wie Anm. 145). Bd. 2: „Anima quidem non dici ex se immortalis potest, quia creata est ex unico immortali, qui est vita aeterna; nam creare aliquid, quod per se immortale sit, est facere id quod ipse est; ejus tamen est facere id quod immortale sit per Ipsum" (ebd., S. 348f.).
[159] Zu dieser Auseinandersetzung, die von dem riesigen Übersetzungswerk Tafels (wie Anm. 8) mit ausgelöst worden war, vgl. exemplarisch Walter Bormann: Kantsche Ethik und Okkultismus. In: Beiträge zur Grenzwissenschaft. Ihrem Ehrenpräsidenten Dr. Carl Freiherr du Prel gewidmet von der „Gesellschaft für wissenschaftliche Psychologie" in München. Jena 1899, S. 107–139; Immanuel Kants Vorlesungen über Psychologie. Mit einer Einl. „Kants mystische Weltanschauung". Hg. v. Carl du Prel. Pforzheim 1964 [zuerst Leipzig 1889]; Robert Zimmermann: Kant und der Spiritismus. Wien 1879; Swedenborg and Theosophy. Hints on Esoteric Theosophy 2. issue under the Authority of the Theosophical Society 1882. Calcutta 1883.

schen Akademie wie den Nobelpreisträger Svante Arrhenius neu geschrieben.[160] Swedenborg wurde nun zum Vater der fälschlicherweise Kant und Laplace zugeschriebenen Nebulartheorie,[161] er avancierte zum Bahnbrecher in der Physiologie und Hirnanatomie oder zum eigentlichen Entdecker der Epigenese vor Caspar Friedrich Wolff.[162] Als besonderes Verdienst aber wird ihm seitdem die Entdeckung der Cerebrospinalflüssigkeit zugeschrieben. Nicht Albrecht von Haller und Domenico Cotugno, sondern Swedenborg sei hier der erste gewesen, meint eine Studie von Neurologen der Universität Uppsala noch 2007.[163] Aber was ist diese subtile Flüssigkeit anderes als eine Determinante jener Lebensgeister bzw. jenes Nervensaftes, der seit Galen und Descartes (fast) unsichtbar durch die Nervenröhren und Hirnfibern jagt, sei es als Flüssigkeit, sei es als Reihe winziger Kügelchen? Es ist nicht leicht, einen Autor auszumachen, der der *Erste* gewesen sein könnte, denn das *fluidum*, die oder der *spiritus* wurden von der Mehrheit der nichtstahlianischen Mediziner im 18. Jahrhundert vorausgesetzt, um die Verbindung zwischen Gehirn (und Seele) und den Muskeln des Körpers zu erklären.

Nervensaft und Lebensgeister füllten einen leeren Raum zwischen Körper und Seele, die *interstitia* zwischen den runden Körperteilchen, die durch ihre Gefülltheit nicht zum leeren Raum werden mussten und auf diese Weise die Postulierung immaterieller Fernkräfte unnötig machten. Lebensgeister vermittelten nicht nur zwischen den Teilen der Körpermaschine und der Seele, sondern auch zwischen

---

[160] Svante Arrhenius: Emanuel Swedenborg as a Cosmologist. In: Emanuel Swedenborg as a Scientist. Miscellaneous Contributions. Hg. v. Alfred H. Stroh. Bd. 1. Stockholm 1908, S. 59–79. Mit triumphierendem Gestus knüpfte Rudolf Steiner an die Würdigung Swedenborgs durch Arrhenius an und identifizierte den Geisterseher wegen seiner Genialität kurzerhand als Reinkarnation von Ignatius von Loyola. Vgl. Rudolf Steiner: Die geistige Eigentümlichkeit und das „Karma" Swedenborgs. Aus Vorträgen vom 25.08.1923 (Penmaenmawr) und 24.08.1924 (London). In: Emanuel Swedenborg 1688–1772. Naturforscher und Kundiger der Überwelt. Hg. v. Eberhard Zwink. Stuttgart 1988, S. 154–158.
[161] Vgl. Magnus Nyrén: Ueber die von Emanuel Swedenborg aufgestellte Kosmogonie, als Beitrag zur Geschichte der s.g. Kant-Laplace'schen Nebular-Hypothese; nebst einem Resumé von Thomas Wright's ‚New Hypothesis of the Universe'. In: Vierteljahrsschrift der Astronomischen Gesellschaft 14 (1879), S. 80–91; im Anschluss daran Hans Hoppe: Die Kosmogonie Emanuel Swedenborgs und die Kantsche und Laplacesche Theorie. In: Archiv für Geschichte der Philosophie 25 (1912), S. 53–68 (Abdruck bei Zwink: Swedenborg [wie Anm. 160], S. 30–38). Vgl. dazu Stengel: Aufklärung (wie Anm. 20), S. 107–111.
[162] Vgl. dazu ebd., S. 154–158.
[163] Vgl. Torsten E. Gordh, William G. P. Mair u. Patrick Sourander: Swedenborg, Linnaeus and Brain Research and the Roles of Gustaf Retzius and Alfred Stroh in the Rediscovery of Swedenborg's Manuscripts. In: Uppsala Journal of Medical Sciences 112 (2007), S. 143–164, bes. 153–155. Zugleich räumen die Verfasser ein, Thomas Willis und Antonio Valsalva hätten lange vor Swedenborg schon ähnliche Thesen vertreten. Die Behauptung, Swedenborg sei der Entdecker der Cerebrospinalflüssigkeit, vertrat schon Gustaf Retzius: Emanuel Swedenborg als Anatom und Physiolog auf dem Gebiete der Gehirnkunde. Abdruck aus den Verhandlungen der Anatomischen Gesellschaft auf der siebzehnten Versammlung in Heidelberg vom 29. Mai bis 1. Juni 1903 [hier als titellose Eröffnungsrede des Vorsitzenden Retzius, 1–14], S. 10f.

Kosmos und Mensch. In diesem *interstitium*[164] war Platz für Magnetismus, Galvanismus, Elektrizität und dann auch für die swedenborgischen Geister, aber nicht als unaufgeklärte, antiaufklärerische oder von Christen und Aufklärern unterdrückte Variante einer alten hermetischen Tradition, wie in der derzeitigen Forschungsdebatte zur Esoterik oftmals suggeriert wird.

Mit der Geistleiblichkeit von Körper und Seele war die Suche nach einer Alternative zwischen den zeitgenössischen Fronten verbunden, die während dieser Suche oft erst konstruiert wurden. Autoren wie Rüdiger, Oetinger, Swedenborg, aber auch die genannten cartesischen Mediziner versuchten, einen konsequenten Materialismus, der auch die Seele einschließen würde und entweder den Seelentod oder die Unsterblichkeit von Materie postulieren müsste, ebenso zu vermeiden wie einen völlig leiblosen Idealismus, ferner einen radikalen Dualismus Körper-Geist, Gott-Welt und zugleich einen spinozistischen Monismus.

Die Unsterblichkeit der quasileiblichen Seele war bis auf wenige Ausnahmen unumstrittene Voraussetzung aller genannten Theorien. Auch gegenüber der für Luther selbst nur dünn bezeugten und in der ‚Orthodoxie' calvinischer und lutherischer Provenienz gar abgewiesenen Lehre vom Seelenschlaf[165] ist sie jahrzehntelang durch den philosophischen Rationalismus Wolffscher Prägung an die Gelehrten aller Fachrichtungen vermittelt und in die einschlägigen Lehrbücher integriert worden. Schon die Mediziner, Theologen und Philosophen des 18. Jahrhunderts statteten die unsterbliche Seele mit Subtilleiblichkeit, mit Nervensaft oder Lebensgeist aus. Denn wie sollte sie sich nach ihrem Tod weiterentwickeln – ob nun zu höchster Vollkommenheit, zum Letzten Gericht oder zum Höchsten Gut – und sich dabei ihrer selbst bewusst sein, so ganz ohne Sinne und Sinnlichkeit?

---

[164] In Mesmers Theorie, die sich an Newtons Vorstellung eines alle groben Körper durchdringenden Äthers anlehnte, wurden keine Interstitia angenommen, vgl. Gabay: The Covert Enlightenment (wie Anm. 15), S. 29.

[165] Luther tendierte seit 1522 zum Seelenschlaf vor allem, um die Vorstellung eines Fegefeuers abzuwehren. 1530 wies er aus diesem Grund einen Zwischenzustand nach dem Tod ganz zurück, vgl. Fritz Schmidt-Clausing: Art. Fegfeuer. In: Religion in Geschichte und Gegenwart. 3. Aufl. Bd. 2. Tübingen 1958, Sp. 892–894, hier Sp. 894. Seit Melanchthons *Liber de anima* wird der Seelenschlaf aber wie im Calvinismus abgelehnt. Vgl. Ulrich Asendorf: Eschatologie VII. Reformation und Neuzeit. In: Theologische Realenzyklopädie. Bd. 10. Berlin, New York 1982, Sp. 310–334, hier Sp. 318. Ein umfangreicher dogmengeschichtlicher Abriss mit Befürwortern und Gegnern des Seelenschlafs zwischen Justin Martyr, Irenäus und Augustin sowie Luther, Calvin, Martin Chemnitz und Justus Gesenius findet sich schon bei Pontoppidan: Schrift- und Vernunftmäßige Abhandlung (wie Anm. 45), S. 293–314. Gegen die Vereinnahmung Luthers für zeitgenössische Vorstellungen vom Seelenschlaf wandte sich 1755 Gotthold Ephraim Lessing in der *Berlinischen Privilegierten Zeitung*, vgl. ders.: Werke. 8 Bde. In Zusammenarb. mit Karl Eibl hg. v. Herbert G. Göpfert. Bd. 3: Frühe kritische Schriften. Hg. v. Karl S. Guthke. München 1972, S. 255–257. Demgegenüber war für Calvin das Leib-Seele-Thema weitaus zentraler als für Luther. Vgl. dazu: Wilhelm Schwendemann: Leib und Seele bei Calvin. Die erkenntnistheoretische und anthropologische Funktion des platonischen Leib-Seele-Dualismus in Calvins Theologie. Stuttgart 1996, im Anhang die Übers. v. Calvins Frühschrift *Psychopannychia* (1534).

HANNS-PETER NEUMANN

## Moderne Monaden. Monadologische Physiognomien in der Soziologie und Kriminologie Gabriel Tardes

Der französische Kriminologe, Soziologe und Philosoph Gabriel Tarde (1843–1904) hat in den letzten zehn Jahren eine merkliche Renaissance erfahren. Sie begann in Frankreich mit der Edition der Gesamtausgabe seiner Schriften[1] und setzte in Deutschland mit der Übersetzung von *Les lois de l'imitation* und *Monadologie et sociologie* ein.[2] Im Jahr 2009 erschien der von den Soziologen Christian Borch und Urs Stäheli herausgegebene Sammelband *Soziologie der Nachahmung und des Begehrens. Materialien zu Gabriel Tarde*, der neben neueren Studien auch wichtige Arbeiten des Wissenschaftssoziologen Bruno Latour und des Deleuze-Schülers Eric Alliez erstmals in deutscher Übersetzung enthält.[3] Erst kürzlich edierte der Sozialanthropologe Matei Candea einen Sammelband *The Social after Gabriel Tarde: Debates and Assessments*.[4] Beide Titel weisen auf die vornehmlich soziologische Vereinnahmung Tardes hin. Sie sind ein Beleg für seine gegenwärtig breite internationale Rezeption von der Mediensoziologie bis hin zur Urbanistik, Sozialpsychologie, Sozialanthropologie, Ökonomie und Kriminologie.

Die neueste Hinwendung zu Gabriel Tarde markiert aber nicht nur einen Wendepunkt in der Soziologie. Sie impliziert auch ein alternatives Verständnis für politische, technische, wissenschaftliche, ökonomische und ökologische Entwicklungen, das nicht mehr auf dem Gesellschaftsbegriff Emile Durkheims, des Antagonisten Tardes, sondern auf demjenigen Gabriel Tardes fußt und seit einigen Jahren vor allem von Bruno Latour für eine neue politische und ökologische Philosophie fruchtbar gemacht worden ist.[5]

---

[1] Seit 1999 erscheinen fortlaufend die *Oeuvres de Gabriel Tarde* in der Reihe Les Empêcheurs de penser en rond (Paris, Editions du Seuil 1999ff.).
[2] Gabriel Tarde: Die Gesetze der Nachahmung. Übers. v. Jadja Wolf. Frankfurt a.M. 2003; ders.: Monadologie und Soziologie. Übers. v. Juliane Sarnes u. Michael Schillmeier. Frankfurt a.M. 2009.
[3] Soziologie der Nachahmung und des Begehrens. Materialien zu Gabriel Tarde. Hg. v. Christian Borch u. Urs Stäheli. Frankfurt a.M. 2009.
[4] The Social after Gabriel Tarde: Debates and Assessments. Hg. v. Matei Candea. London, New York 2010.
[5] Vgl. hierzu insb. die Arbeiten von Bruno Latour sowie dessen Actor-Network-Theorie: Bruno Latour: Reassembling the Social. An Introduction to Actor-Network-Theory. Oxford 2007; ders.: Wir sind nie modern gewesen. Versuch einer symmetrischen Anthropologie. 2. Aufl. Frankfurt a.M. 2008; ders.: Das Parlament der Dinge: Für eine politische Ökologie. Frankfurt a.M. 2009. Speziell zu Tarde vgl. auch neuestens Bruno Latour, Vincent Antonin Lépinay: The Science of Passionate Interests. An Introduction to Gabriel Tarde's Economic Anthropology. Chicago 2009. Vgl. aber auch Elihu Katz: Rediscovering Gabriel Tarde. In: Political Communication 23 (2006), S. 263–270.

In der modernen französischen Philosophie hat man Tarde schon in den späten 1960er Jahren wiederentdeckt.[6] Gilles Deleuze wies in seinem Hauptwerk *Différence et répétition* von 1968 wiederholt und so emphatisch auf Tardes Philosophie der Differenz hin,[7] dass Eric Alliez sich kürzlich dazu veranlasst sah, Deleuze als Tardianer zu bezeichnen.[8] Der Grund hierfür ist schnell genannt: Deleuze assoziiert die beiden kardinalen Kategorien ‚Differenz' und ‚Wiederholung', die er in seinem Hauptwerk entfaltet, explizit mit Tardes Begriff der Differenz: „Die ganze Philosophie Tardes gründet – wie wir noch genauer sehen werden – auf den beiden Kategorien von Differenz und Wiederholung."[9]

Doch damit nicht genug: Die philosophiehistorischen Implikationen führen noch tiefer in die Archäologie philosophischer Ereignisgeschichte. Deleuze nahm nämlich eine weitere, nicht minder wichtige Besonderheit Tardes in den Blick: „Die Philosophie Gabriel Tardes", so die markante Eingangsaussage von Deleuze zu einer langen Fußnote, „ist eine der letzten großen Philosophien der Natur in der Nachfolge Leibniz'".[10] Dies ist ein bemerkenswerter philosophiehistorischer Befund. Deleuze diagnostiziert die kosmologische, universalistische Komponente in Tardes Denken der Differenz als leibnizianisch und kürt Tarde zu einem der letzten großen Naturphilosophen, die sich auf Leibniz' Spuren bewegt haben. ‚Nachfolge', ‚Spurenlese' meint freilich nicht klonende Replikation. ‚Nachfolge' meint Transformation, *imitation* im Sinne Tardes, differenzierende Replikation, replizierende Differenz, variierende und modifizierende Übernahme. Man könnte versucht sein, mit Deleuze bei Tarde von einer Transposition der barocken Falten-Metaphysik in die Moderne zu sprechen.[11] Tarde transfiguriert Leibniz' barocke Monaden zu modernen Monaden, bereitet ihnen dezent den Weg, ohne den universalistischen Anspruch der Monadologie aufzugeben, aber auch ohne einem religiösen oder ideologischen Dogmatismus zu verfallen. Tardes Soziologie wird von Deleuze zu einer spezifischen Variante der Tardeschen Naturphilosophie, der „monadologie renouvellée",[12] erklärt und Tarde zu ihrem großen Philosophen der universellen Differenz, zum modernen Monadologen auf Leibniz' Spuren.

---

[6] Vgl. neben Gilles Deleuze aber auch die wertvolle Studie von Jean Milet: Gabriel Tarde et la philosophie de l'histoire. Paris 1970, insb. Kap. 3: „Une Philosophie: Une Neo-Monadologie", S. 145–190.
[7] Vgl. Gilles Deleuze: Differenz und Wiederholung. Übers. v. Joseph Vogl. 3. Aufl. München 2007, S. 44f., 106–108, 259.
[8] Eric Alliez: Die Differenz und Wiederholung von Gabriel Tarde. In: Soziologie der Nachahmung und des Begehrens. Materialien zu Gabriel Tarde. Hg. v. Christian Borch u. Urs Stäheli. Frankfurt a.M. 2009, S. 125.
[9] Deleuze: Differenz und Wiederholung (wie Anm. 7), S. 45, Anm. 16.
[10] Ebd., S. 107, Anm. 4.
[11] Gilles Deleuze: Die Falte. Leibniz und der Barock. Frankfurt a.M. 2000 (Originaltitel: Le pli. Leibniz et le baroque. Paris 1988); Eric Alliez: Die Differenz (wie Anm. 8), S. 19 bezieht sich auf die Leibniz-Interpretation von Deleuze.
[12] Gabriel Tarde: Monadologie und Soziologie (wie Anm. 2), Kap. III, S. 48. Im Folgenden mit der Sigle *MS* abgekürzt, mit römischer Kapitelangabe und arabischer Seitenzahl. In eckigen

Allein aufgrund der neuplatonisch-pythagoreischen Implikationen des durch Leibniz modifizierten Monadenbegriffs liegt es nahe, Tardes Neomonadologie aus der Perspektive des Forschungsbegriffs der Esoterik zu untersuchen, der sich auf solche Strömungen wie Hermetismus, Pythagoreismus, Neuplatonismus, Magie, Alchemie, etc. bezieht. Wenn ich diesen Weg im Folgenden einschlage, lege ich meinen Ausführungen also einen heuristischen *terminus technicus* von Esoterik zugrunde: einen Meta- bzw. Forschungsbegriff, der variable Motive, spekulative Elemente und Methoden umfasst, die dann auch diverse Inhalte, wie z.B. die theoretischen Einlassungen des Monadenbegriffs, transportieren. Dessen semantisches Leistungsspektrum hat durch Leibniz' Modifikationen nichts eingebüßt – im Gegenteil. Das Motiv der Monade, ein akkumulativer Begriff, mit dem sich eine spekulative Methode verbindet, hatte in der frühen Neuzeit und im 18. Jahrhundert Konjunktur. Der aus dem antiken Pythagoreismus stammende Begriff der Monade ist samt seinen hermetischen und (neu)platonischen Reformulierungen, die ihn vor allem als metaphysische Figur pythagoreischer Mathematik transportiert haben, in der Aufklärung als umfassendes Wissenschaftskonzept und als ein bestimmter und bestimmender, um die Begriffe der Einheit, der Differenz und der Harmonie kreisender, genauso mathematisch-philosophischer wie religiöser Denkvektor verstanden worden.

Daraus folgt nun allerdings nicht, dass aus der Perspektive eines in einem bestimmten historischen Kontext nachweislich gebrauchten und begrifflich entsprechend benannten *ésotérisme*-Konzepts (z.B. dasjenige von Papus in den 1890er Jahren) die Neomonadologie Gabriel Tardes *per se* schon esoterisch genannt werden müsste. Die Zuweisung der Monadologie zur Esoterik beruht auf einem konstruierten Esoterikbegriff im Sinne eines Forschungskonzeptes, nicht auf einem Quellenbegriff. Es handelt sich somit um eine nachträgliche Zuschreibung. Die Frage, ob etwas zu einer bestimmten Zeit als ‚esoterisch' aufgefasst worden ist oder nicht, kann dagegen nur kontextbezogen beantwortet werden. Neben systematischen Aspekten (Argumentation, Ideologie) ist dabei nicht zuletzt die Frage von Bedeutung, was in einer konkreten diskursiven Konstellation sich selbst als ‚esoterisch' positioniert bzw. von außen entsprechend zugeschrieben wird.

Es gibt also einen Differenzfaktor oder einen historischen Prozess der Filterung, der bestimmte Elemente frühneuzeitlicher ‚Esoterik' aussondert oder modifiziert: Nicht alles, was hier noch zum Inventar des *Forschungsbegriffs* der Esoterik gehört, wie z.B. der Begriff der Monade, wird in der modernen Esoterik des späten 19. Jahrhunderts, in der der Terminus *Esoterik* auch *de facto* verwendet wird, als esoterisch wahrgenommen.

---

Klammern findet sich fortan die Seitenzahl für den Zitatnachweis der frz. Neuausg.: Gabriel Tarde: Monadologie et sociologie. In: Ders.: Oeuvres de Gabriel Tarde. Bd. 1. Paris 1999, S. 56. MS III, S. 48 [56] bezieht sich dann also auf die dt. Ausg. S. 48 und auf die frz. Ausg. S. 56.

So ist mir kein Fall bekannt, in dem Tarde aufgrund seines Monadenkonzepts zu seiner Zeit als Esoteriker bezeichnet oder von zeitgenössischen Esoterikern wie Papus, in dessen Werken der Terminus *ésotérisme* tatsächlich vorkommt und eine zentrale Stelle einnimmt, zitiert worden wäre. Auch hat sich Tarde selbst des Begriffs des *ésotérisme* und des Esoterikers nicht bedient – und soweit ich sehe auch nicht der Begriffe der Theosophie und der Hermetik. Das bedeutet jedoch nicht, dass bei Tarde nicht ein mögliches Verschweigen zeitgenössischer esoterischer Implikationen seiner monadologischen Soziologie vorliegen könnte oder dass diese gegebenenfalls von Zeitgenossen nicht vielleicht doch dementsprechend qualifiziert worden wären. Immerhin war Gérard Encausse, der sich Papus nannte, Zeitgenosse Tardes, und möglicherweise lässt sich beim Okkultisten und Saint-Martinisten Papus, der auf den Vorgaben Alexandre Saint-Yves d'Alveydres und François-Charles Barlets aufbaute, von einem soziologisch orientierten *ésotérisme* sprechen, sodass Tarde und Papus einer ähnlichen Problemkonstellation zuzurechnen wären bzw. sich mit vergleichbaren diskursiven Herausforderungen konfrontiert gesehen hätten, worauf sie schließlich mit unterschiedlichen Lösungsansätzen reagiert haben würden.

Tardes soziologische Monadologie stellt nicht zuletzt ein Theorieangebot dar, dessen zeitgenössische Valenz auch nur dann sinnvoll eingeschätzt werden kann, wenn man es mit anderen Theorieangeboten der Zeit vergleicht, die auf ähnliche Herausforderungen reagierten. Im vorliegenden Fall werde ich diese Mutmaßungen an einem konkreten Beispiel, sinnvollerweise aus dem Kontext des zu Tardes Zeiten kursierenden *ésotérisme*, weiterdiskutieren: Ich möchte, ohne auf Debatten und Diskussionen oder nachweisbare Bezüge näher eingehen zu können, neben der Analyse der Neomonadologie Tardes deshalb dessen neomonadologische Theorie des Sozialen mit der auch seinerzeit so benannten „esoterischen" Theorie des Sozialen bei Papus, hier anhand seiner kurzen programmatischen Schrift *Anarchie, Indolence & Synarchie. Les Lois Physiologiques d'Organisation Sociale et l'Esotérisme* von 1894 systematisch vergleichen, einer Schrift also, die zeitgleich zu Tardes Arbeiten zum Monadenbegriff erschienen ist (1893–1895). Dies soll allerdings nur skizzenhaft geschehen und einen ersten Ausblick auf ein genauso spannendes wie komplexes Forschungsfeld eröffnen, das der Zeitraum vor der Jahrhundertwende zwischen 1870 und 1900 in Frankreich bietet.

Im Wesentlichen wird es aber um die problemgeschichtliche Darstellung der Neomonadologie Tardes gehen. Da man für das späte 19. Jahrhundert von einer Leibniz-Renaissance sprechen kann, vor allem in Frankreich, wo auch die *Monadologie* verschiedene kommentierte Editionen erfuhr, ist es ohnehin kaum überraschend, dass Tarde auf den Begriff der Monade rekurrierte. Aber es war eine Provokation, wie, mit wem und gegen wen Tarde dies tat. Er beschwor den Geist des „spiritualisme leibnitien"[13] gegen den Positivismus, der in seinen Auswüchsen

---

[13] MS (wie Anm. 12) I, S. 19 [35].

stark restriktiv auf jede metaphysische Methodik und Theoriebildung gewirkt hat, und versuchte zu zeigen, dass sich metaphysische Hypothesen mit mathematischer Präzision und naturwissenschaftlicher Methodik vereinbaren ließen. Er kam damit einem Bedürfnis seiner Zeit nach, der es u.a. auch auf die praktische Lösung kriminalanthropologischer und sozialpsychologischer Probleme ankam, deren soziologische Aspekte Tarde in monadentheoretischer Perspektivierung anging.

## I  Tardes monadologische Schrift und die Monadentheorie im 17. und 18. Jahrhundert

Tarde kündigte in seinem 1893 in der *Revue internationale de sociologie* erschienenen Aufsatz *Les monades et la science sociale* eine wissenschaftliche Renaissance des Monadenkonzepts an, eine „erneuerte Monadologie" („une monadologie renouvelée"),[14] die heute gerne als Neo-Monadologie bezeichnet wird.[15] Um vier Kapitel erweitert, publizierte Tarde diese Schrift 1895 unter dem heute geläufigen Titel *Monadologie et Sociologie*. Es war diese Fassung, die Vorlage für die 1999 vom Deleuze-Schüler Eric Alliez besorgte Neuedition gewesen ist, obwohl sich Alliez seltsamerweise auch auf die kürzere 1893er-Ausgabe der Monadenschrift Tardes berief.[16] Im ursprünglichen Titel *Les monades et la science sociale* (*Die Monaden und die Sozialwissenschaft*) kommt Tardes Konzept der Monaden als einer infinitesimalen Anzahl geistiger Akteure, die die soziale Welt konstituieren, die zugleich die natürliche Welt ist, meines Erachtens allerdings deutlicher zum Ausdruck als im späteren Titel.

---

[14] Ebd., III, S. 48 [56].

[15] Vgl. etwa Bruno Latour: Gabriel Tarde und das Ende des Sozialen. In: Soziologie des Nachahmens und des Begehrens (wie Anm. 3), S. 39–61; Michael Schillmeier: Jenseits der Kritik des Sozialen – Gabriel Tardes Neo-Monadologie. In: Gabriel Tarde: Monadologie (wie Anm. 2), S. 109–153.

[16] Die 1895 in den *Essais et mélanges sociologiques* (Paris, Lyon 1895) veröffentlichte Schrift *Monadologie et Sociologie* hat Tarde um insgesamt vier Kapitel ergänzt, nämlich die Kap. 2, 3, 7 und 8. Ein Vergleich von *Les monades et la science sociale* (A) und *Monadologie et Sociologie* (B) ergibt folgendes Schema. Die arabischen Ziffern entsprechen den jeweiligen Kap.: A 1 = B 1; A 2 = B 4; A 3 = B 5; A 4 = B 6. Tarde hat zwischen A 1 und A 2 die Kap. B 2 und B 3 eingefügt und nach A 4 noch B 7 und B 8 hinzugefügt. An einigen Stellen des erhaltenen Kapitel ist die Fassung A in der Fassung B gekürzt worden. Soweit ich sehe, gibt es bisher keine vergleichende Analyse der beiden Fassungen und keine Untersuchung, die den Kontext thematisiert, der Tarde dazu veranlasst hat, den ursprünglichen Text nicht nur in den erhaltenen Passagen geringfügig zu verändern, sondern auch um immerhin vier Kapitel zu ergänzen. Möglicherweise spielt hier bereits die Auseinandersetzung mit Emile Durkheim eine entscheidende Rolle. – Die Unterschiede der beiden Fassungen sind Alliez offenbar nicht aufgefallen, vgl.: „article publié en 1893 par Gabriel Tarde dans la *Revue Internationale de Sociologie* [...], repris deux ans plus tard dans ses *Essais et mélanges sociologiques*" (Eric Alliez: Tarde et le Problème de la Constitution. In: Gabriel Tarde: Oeuvres de Gabriel Tarde. I: Monadologie et sociologie. Hg. v. Eric Alliez. Paris 1999, S. 9). Es fehlt jeglicher Verweis auf die Änderungen, die Tarde in der zweiten Fassung gegenüber der ersten vorgenommen hat.

Die Hypothese einer ‚neuen' Monadologie verdankt sich der Modifikation der ‚alten' Monadentheorie. Dabei griff Tarde auf grundlegende Bestimmungen des aus der Antike tradierten, in der frühen Neuzeit rezipierten und sich in Leibniz' berühmter Monadologie reflektierenden Monadenbegriffs zurück. Der dem antiken Pythagoreismus entstammende Begriff der Monade ist in die platonische und neuplatonische Rezeption des Pythagoreismus eingegangen und wurde in der frühen Neuzeit durch zahlreiche Editionen, Kommentare, Kompilationen und Historiographien im Kontext neuer wissenschaftlicher Erkenntnisse und diverser Debattenzusammenhänge reinterpretiert und reaktualisiert.[17]

Zu den Debatten, in denen der Monadenbegriff verhandelt wurde, zählen metaphysische, kosmologische, theologische, mathematische, physikalische und lebenswissenschaftliche Diskussionen. Dazu gehören u.a. die vielfach diskutierten Fragen nach den kleinsten Einheiten der Natur und nach deren Beschaffenheit (Atome, Korpuskeln, homogene oder heterogene Elementarteilchen usw.), nach der Verhältnisbestimmung von Mechanismus und Organismus, nach dem Verhältnis von Körper und Geist, Bewegung und Bewusstsein (Materialismus, Idealismus), sowie die Frage nach der relativ stabilen Diskretheit alles Seienden: Was hält das einzelne Seiende bei aller Differenzierung, trotz aller Vergänglichkeit zumindest temporär zusammen? Welche Funktion wird dem göttlichen Schöpfungsakt dabei zuteil? Wie verhalten sich Identität und Differenz, einende und differenzierende Kraft zueinander?[18]

Schon diese fachliche und inhaltliche Breite, in der sich der Monadenbegriff kontextualisiert findet, ist ein Indiz für das universalwissenschaftliche Leistungsspektrum, das im Monadenkonzept gesehen wurde, dessen Explikationslogik auch Tarde genutzt hat, um die Soziologie als Wissenschaft zu begründen.

Am wichtigsten für Tardes Adaptation des Monadenkonzepts ist aber unfraglich die Leibnizsche Monadologie. In der ersten Hälfte des 18. Jahrhunderts hatte der Monadenbegriff durch Leibniz' Monadologie und in der Schule Christian Wolffs, in der die Monaden unter dem Begriff der einfachen Dinge (*entia simplicia*) firmierten, Konjunktur. Vor allem durch die Konkurrenz scheinbar nicht-metaphysischer Wissenschaftstheorien wie etwa der Rationalen Mechanik Leonhard Eulers war die Monadenlehre mitunter erheblichen Anfechtungen ausgesetzt. Die Monadenpreisfrage der Königlich Preußischen Akademie der Wissenschaften zu Berlin im Jahr 1746, die zum Ziel hatte, das naturphilosophische Erklärungspotential der Monadologie zu prüfen, wurde zwar zu Ungunsten der Monadentheorie entschie-

---

[17] Vgl. Hanns-Peter Neumann: Atome, Sonnenstäubchen, Monaden. Zum Pythagoreismus im 17. und 18. Jahrhundert. In: Aufklärung und Esoterik. Rezeption – Integration – Konfrontation. Hg. v. Monika Neugebauer-Wölk unter Mitarb. v. Andre Rudolph. Tübingen 2008 (Hallesche Beiträge zur Europäischen Aufklärung 37), S. 205–282.
[18] Vgl. dazu Der Monadenbegriff zwischen Spätrenaissance und Aufklärung. Hg. v. Hanns-Peter Neumann. Berlin, New York 2009.

den. Dies bedeutete aber keineswegs ein jähes Ende der wissenschaftlichen Karriere der Monaden.[19]

Neben solchen wissenschaftstheoretischen Aspekten waren seit den 1720er Jahren aber auch theologische Argumentationszusammenhänge von erheblicher Valenz. So musste sich die Leibnizsche Monadologie von Seiten der Theologie den Vorwurf des Monismus gefallen lassen (so etwa von Johann Franz Budde und Joachim Lange).[20] Die Leibnizschen Monaden waren als perzeptive, nur in ihrer Intensität voneinander unterschiedene geistige Akteure konzipiert, die auf diversen Niveaus der kosmischen Hierarchie anzutreffen sind: als körperliche Elementarkräfte, als organische Seminalkräfte, als Seelen und Geister und schließlich als Gott, der die höchste Monade, die *monas primitiva*, vorstellt. Der theologisch heikle Monismus der Monadentheorie wurde darin gesehen, dass *alle* Monaden, selbst die sogenannten nackten Elementarmonaden der anorganischen Körperwelt, Akteure sind, die sich nur graduell, aber nicht grundsätzlich von der göttlichen Monas unterscheiden.

In der zweiten Hälfte des 19. Jahrhunderts kommt es bei Gabriel Tarde schließlich zu einer bemerkenswerten Neuauflage der im 17. und 18. Jahrhundert mit dem Monadenkonzept verbundenen Problemkonstellationen.

---

[19] Vgl. zu Eulers Kritik an der Monadenlehre Hanns-Peter Neumann: ‚Den Monaden das Garaus machen' – Leonhard Euler und die Monadisten. In: Mathesis & Graphé. Leonhard Euler und die Entfaltung der Wissenssysteme. Hg. v. Wladimir Velminski u. Horst Bredekamp. Berlin 2010, S. 121–155; ders.: Zwischen Materialismus und Idealismus – Gottfried Ploucquet und die Monadologie. In: Ders.: Der Monadenbegriff (wie Anm. 18), S. 203–270, bes. S. 206–222; vgl. zum Monadenstreit und zur weiteren Karriere der Monaden auch Martin Mulsow: Monadenlehre, Hermetik und Deismus. Georg Schades geheime Aufklärungsgesellschaft 1747–1760. Hamburg 1998 (Studien zum achtzehnten Jahrhundert), S. 1–20; neuestens Johannes Bronisch: Der Mäzen der Aufklärung. Ernst Christoph von Manteuffel und das Netzwerk des Wolffianismus. Berlin, New York 2010 (Frühe Neuzeit 147), S. 232–305 (Kap. 4: „Pro Monadibus").

[20] Vgl. u.a. Johann Franz Budde: Bedencken über die Wolffianische Philosophie. Nebst einer Historischen Einleitung zur gegenwärtigen Controversie. Freyburg [d.i.Jena] 1724, § 13: „Wenn wir nun endlich auch seine Lehr=Sätze von den monadibus oder simplicibus betrachten wollten, so würden gleichfals viele paradoxa heraus kommen, ja es würde sich zeigen, daß dieses Systema von dem atheismo des Stratonis Lampsaceni nicht weit entfernet sey. Unterdessen wird man nicht unrecht thun, wenn man saget, daß die Haupt=Summa der philosophiae Leibnitio-Wolffianae darauf hinaus lieffe: *daß die gantze Welt ein complexus solcher monadum, die gradu repraesentationis von einander unterschieden, und unter welchen derjenige, bey welchem der deutlichste Grad der repraesentation sich befindet, Gott hiesse*; im übrigen könte auch eine iegliche series der veränderlichen Dinge eine Welt genennet werden, in welcher propter nexum caussarum alles nothwendig geschehen müsse, wie auch solches in des Menschen Seele und Leib also geschehe, welche daß sie zugleich würcketen, nirgends anders, als ex harmonia praestabilita, herkäme." (Hervorh. H.P.N.); vgl. auch Joachim Lange: Bescheidene und ausführliche Entdeckung der falschen und schädlichen Philosophie in dem Wolffianischen Systemate Metaphysico von Gott, der Welt, und dem Menschen. Halle 1724: Das dritte Kapitel der ersten Sektion „Von den so genannten Simplicibus, einfachen Dingen, oder Leibnizischen Monadibus" zählt fünf Irrtümer auf, die Lange in der Lehre von den Monaden zu entdecken meint, so auch denjenigen, dass zwischen den geschaffenen Monaden und der göttlichen Monade nur ein gradueller Unterschied bestünde.

Es war insbesondere der monistische Psychomorphismus der Monadenlehre, den Gabriel Tarde in den naturwissenschaftlichen Theorien seiner Zeit bestätigt sah und der, quasi ein moderner „spiritualisme leibnitien",[21] wie ihn Tarde nannte, für geeignet befunden wurde, für die zeitgenössischen wissenschaftlichen Probleme ein adäquates Lösungs- und Erklärungsmodell zu bieten.

## II Tardes Monadologie und der biologische und psychologische Positivismus des 19. Jahrhunderts

Tarde übernahm von Leibniz sowohl den monadologischen Monismus, als auch die spezifischen Charakteristika der Monaden – ihre Perzeptivität, ihren Appetitus und die darin zum Ausdruck kommende Kraft oder Energie. Er übernahm aber nicht deren Fensterlosigkeit und Autonomie. Wie für Leibniz waren für Gabriel Tarde Monaden geistige bzw. quasi-geistige Akteure, die, ohne selbst körperlich zu sein, die Eigenschaft haben, sich in steten Metamorphosen körperlich zu organisieren. Monaden, und darauf legte Tarde besonderen Wert, seien zwar selbst nicht materiell, hätten oder besäßen aber immer und jederzeit einen Körper. Leibniz' Lehre von einer durch die göttliche Monas garantierten präetablierten Harmonie lehnte Tarde hingegen ab. Vielmehr musste der Zusammenhang der Phänomene aus den Machtbeziehungen der Monaden untereinander, aus ihrer interpsychologischen sozialdynamischen Ausstrahlung aufeinander zu erklären sein. Monaden waren trotz, ja gerade wegen ihres Egoismus soziale Wesen, die auf Zusammenschluss drängten. Sie waren deshalb für die freilich nur temporäre Stabilität von natürlichen Systemen, seien diese nun physikalische, astronomische, chemische, biologische oder soziale Systeme, verantwortlich. Tarde spricht in diesem Zusammenhang auch von einem monadischen „Myriatheismus" („myriathéisme"),[22] in dem jede Individualmonade ihre egoistischen Intentionen sphärisch durch diverse Überzeugungsstrategien auszubreiten versucht. Dies gilt sowohl von versteckten geistigen Akteuren, die Tarde hinter Atomen, Atomwirbeln, chemischen Grundelementen wie Kohlenstoff, Stickstoff, Sauerstoff und Wasserstoff annahm, als auch für Einzeller, lebende Organismen und menschliche Seelen und Geister.

Wie kommt es aber, dass Tarde, wie er selbst unumwunden zugibt, angesichts der Prävalenz des Positivismus in seiner Zeit eine solche – so seine eigenen Worte – „débauche métaphysique" („metaphysische Ausschweifung") bemüht,[23] um nicht nur die sozialen Tatsachen, sondern auch die neusten naturwissenschaftlichen Erkenntnisse durch ein ihnen scheinbar gemeinsames wissenschaftstheoretisches Erklärungsmodell zu grundieren? Wieso waren gerade die naturwissenschaftlichen

---

[21] MS (wie Anm. 12), I, S. 19 [35].
[22] Ebd., III, S. 47 [55].
[23] Ebd., VIII, S. 107 [102]. Zum genauen Wortlaut der Passage siehe Anm. 52.

Problemstellungen seiner Zeit für den Rechtspraktiker, Kriminologen und Soziologen Gabriel Tarde so entscheidend? Die Neomonadologie Gabriel Tardes nahm ihren Ausgangspunkt schließlich keineswegs von rein naturwissenschaftlichen Debatten, sondern von den seit den 1870er Jahren intensiver diskutierten Themen der Kriminalanthropologie, des Strafrechts und der Psychophysik.

Die Antwort auf die Frage nach den naturwissenschaftlichen Implikationen der monadologischen Soziologie Gabriel Tardes zielt auf die Verhältnisbestimmung von Soziologie und Naturwissenschaft in der zweiten Hälfte des 19. Jahrhunderts. Im Zeitalter des Positivismus war es ein zentrales Anliegen, das Soziale, Psychologische, Anthropologische, Ökonomische und Politische auf ein naturwissenschaftlich-mathematisches und medizinisches Fundament zu stellen.[24] Dabei kam es vor allem auf Messbarkeit und Quantifizierbarkeit an. In der Psychophysik Gustav Theodor Fechners sollten Empfindungen messbar gemacht und das Verhältnis von Reiz und Empfindung in psychophysikalischen Formeln bzw. Gesetzen ausgedrückt werden.[25] Die durch den belgischen Mathematiker und Astronomen Adolphe Quételet begründete moderne Sozialstatistik, von Tarde auch passend Soziometrie genannt, sollte gesellschaftliche Entwicklungen quantifizierbar machen.[26] In den phrenologischen Studien Franz Joseph Galls und Cesare Lombrosos,[27] der seinerseits von der Rechtsmedizin und der sogenannten öffentlichen Hygiene sei-

---

[24] Zum Positivismus in Frankreich vgl. Donald Geoffrey Charlton: Positivist Thought in France during the Second Empire. Oxford 1959. Zum biologischen Positivismus vgl. Laurent Clauzade: L'organe de la pensée. Biologie et philosophie chez Auguste Comte. Besançon 2009; Piers Beirne: Between Classicism and Positivism. Crime and Penality in the Writings of Gabriel Tarde. In: Criminology 25/4 (1987), S. 785–819. Zum allgemeinen, vom Positivismus beeinflussten akademischen und politischen Kontext, in dem sich Tarde bewegt hat, vgl. Terry N. Clark: Prophets and Patrons. The French University and the Emergence of the Social Sciences. Cambridge, USA 1973.

[25] Vgl. zur Psychophysik im Allgemeinen Horst Gundlach: Entstehung und Gegenstand der Psychophysik. Berlin 1993. Zu Fechner vgl. Michael Heidelberger: Die innere Seite der Natur. Gustav Theodor Fechners wissenschaftlich-politische Weltauffassung. Frankfurt a.M. 1993.

[26] Vgl. Piers Beirne: Adolphe Quetelet and the Origins of Positivist Criminology. In: American Journal of Sociology 92/5 (1987), S. 1140–1169. Vgl. auch Monika Böhme: Die Moralstatistik. Ein Beitrag zur Geschichte der Quantifizierung in der Soziologie, dargestellt an den Werken Adolphe Quetelets und Alexander von Oettingens. Köln, Wien 1971.

[27] Zur Phrenologie im Allgemeinen vgl. Anthropometrie. Zur Vorgeschichte des Menschen nach Maß. Hg. v. Gert Theile. München 2005. Zu Gall vgl. Peter-Christian Wegner: Franz Joseph Gall 1758–1828. Studien zu Leben, Werk und Wirkung. Hildesheim u.a. 1991; Frenologia, fisiognomica e psicologia delle differenze individuali in Franz Joseph Gall – antecedenti storici e sviluppi disciplinari. Hg. v. Giovanni Pietro Lombardo. Turin 1997; Sigrid Oehler-Klein: Die Schädellehre Franz Joseph Galls in Literatur und Kritik des 19. Jahrhunderts. Zur Rezeptionsgeschichte einer medizinisch-biologisch begründeten Theorie der Physiognomik und Psychologie. Stuttgart, New York 1990. Zur Geschichte der Neurophysiologie vgl. Michael Hagner: Homo cerebralis. Der Wandel vom Seelenorgan zum Gehirn. Berlin 1997; zu Gall siehe S. 89ff. Zu Lombroso vgl. Mary Gibson: Born to crime. Cesare Lombroso and the origins of biological criminology. Westport, Connecticut 2002; dies.: Cesare Lombroso and Italian Criminology. In: Criminals and their Scientists. The History of Criminology in International Perspective. Hg. v. Peter Becker u. Richard F. Wetzell. Cambridge u.a. 2006, S. 137–158; Luigi Bulferetti: Cesare Lombroso. Turin 1975.

nen Ausgangspunkt nahm, sollten schädelanatomische Maße die Begründung einer Typenlehre ermöglichen. Die Interpretation der Daten hing dann freilich davon ab, ob man sie in der Perspektive einer deterministischen Vererbungs- und Umweltlehre oder in der Perspektive einer grundsätzlichen Moralität, Freiheit und Verantwortlichkeit des Individuums las, wie sehr diese mitunter auch relativiert oder neu justiert werden musste.

Das Soziale, das wird an dieser kurzen Skizze deutlich, war kein oder noch kein wissenschaftliches Feld, das für sich autonome Gültigkeit beanspruchen durfte. Es ging weniger um genuin soziale Gesetzmäßigkeiten, als vielmehr um naturwissenschaftliche Erklärungen sozialer Prozesse. Die Deutungshoheit über das Soziale hatten zu Tardes Zeit also weitgehend die Naturwissenschaften, vor allem die Mathematik, die Biologie und die Medizin, zu deren Schnittmenge Psychologie, Psychiatrie und eben auch die *science sociale* gehörten.[28] Das zeigte sich gerade in einem Bereich, in dem Tarde beruflich und wissenschaftlich besonders engagiert war: in der Kriminologie. Hier bemühte er sich mit erheblichem Erfolg, die Kriminologie aus ihrer einseitigen biologisch-medizinischen Ausrichtung als *Anthropologie* bzw. *Biologie criminelle* herauszulösen und auf ein breiteres sozialpsychologisches Fundament zu stellen.

Auf der Suche nach einer allgemeinen vom Sozialen ausgehenden Wissenschaftstheorie und ohne sich den Ansprüchen, die das mathematisch-naturwissenschaftliche Wissenschaftsverständnis an jede sich neu herausbildende Wissenschaft stellte, zu entziehen, kehrte Tarde schließlich die übliche Perspektive um und fragte seinerseits nach dem sozialen Faktor in den Naturwissenschaften. Er konstatierte zunächst eine auffällige Konjunktur im Gebrauch des Begriffs ‚Gesellschaft' in der zeitgenössischen naturwissenschaftlichen Literatur.[29] Dies führte ihn zu der pointierten These, dass jedes Ding eine Gesellschaft und alle Phänomene soziale Tatsachen seien.[30] In der „Hypothese von den Monaden" sah Tarde die dazu passende Wissenschaftstheorie.[31]

---

[28] Vgl. dazu Tardes kritische Bemerkung in Gabriel Tarde: Die Gesetze der Nachahmung. Frankfurt a.M. 2009: „Man glaubte, der *Soziologie* keine wissenschaftliche Gestalt geben zu können, ohne ihr einen biologischen oder eher noch mechanischen Anstrich zu verleihen" (ebd., S. 25).
[29] So z.B. Alfred Espinas: Des sociétés animales. Paris 1877. Im Diskurs des späten 19. Jahrhunderts ist etwa von Tiergesellschaften, Zellgesellschaften, stellaren Gesellschaften oder Atomgesellschaften die Rede.
[30] „*[Q]ue toute chose est une société*, que tout phénomène est un fait social" (MS [wie Anm. 12], IV, S. 51 [58]).
[31] Gabriel Tarde: La croyance et le désir: la possibilité de leur mésure. In: Revue philosophique de la France et de l'étranger 5/10 (1880), S. 150–180 (Kap. I u. II), S. 264–283 (Kap. III u. IV [in der *Revue* falsch mit ‚III' numeriert]; das Zitat findet sich S. 180).

## III Zum sozialpsychologischen und kriminalanthropologischen Entstehungskontext der Neomonadologie Gabriel Tardes

### 1 Der sozialpsychologische Entstehungskontext

Obwohl in der 1895 erschienenen Sammlung von soziologischen Essays und Aufsätzen der Monadenschrift Tardes unmittelbar vorangestellt, bleibt in der neuerlichen Renaissance der neomonadologischen Soziologie Gabriel Tardes eine Schrift weitgehend unbeachtet, in der er bereits 1880 die quantifizierbaren Merkmale der monadischen Akteure bestimmte. Es handelt sich um den 1880 in der *Revue philosophique* publizierten ersten wissenschaftlichen Aufsatz Tardes überhaupt: *La croyance et le désir: la possibilité de leur mésure*. Hier wird nicht nur die „Hypothese von den Monaden" („hypothèse des monades") erstmals erwähnt,[32] sondern mit den aus seiner Sicht mathematisch quantifizierbaren und statistisch erfassbaren psychischen Merkmalen des Glaubens und des Begehrens auch ein Begriffspaar expliziert, das für die dreizehn Jahre später verfasste monadologische Schrift Tardes konstitutiv ist.

In seiner monadologischen Schrift interpretierte Tarde nämlich die Perzeptivität der Monaden als *croyance* (Glaube, Überzeugung) und deren Streben als (désir) (Begehren). Während in der heutigen Interpretation Gabriel Tardes dem Begehren, *désir*, gemeinhin Priorität zugesprochen wird, betonte dieser selbst die wissenschaftliche Prävalenz des Glaubens vor dem Begehren, da Aussagen, Meinungen, Überzeugungen quasi als statische Gerinnsel von Begehrungsströmen durch statistische Erhebungen erfassbar seien (Börsenbarometer, Meinungsumfragen, Kriminal-, Heiratsstatistiken etc.). Faktisch seien, so Tarde, Glaube und Begehren aber meist dialektisch ineinander verschränkt, so vor allem in Empfindungen (*sensations*) und Wahrnehmungen, die Tarde als Produkte von Glauben und Begehren deutet.

In seiner ersten, im weitesten Sinne sozialpsychologischen und psychophysikalischen Schrift *La croyance et le désir* rekurriert Tarde zwar nur beiläufig auf die Leibnizsche Monadenlehre. Er verweist aber immerhin darauf, dass die „Hypothese von den Monaden" dazu beitragen könne, die mutmaßliche „Erhaltung der inneren Kräfte des Glaubens und des Begehrens" („la conservation des forces internes") in einer Gesellschaft zu erklären.[33] Die These eines sozialen Energieerhaltungssatzes resultiert aus einem Analogieschluss Tardes: So wie in der Physik ein konstantes energetisches Gleichgewicht zwischen Bewegungskraft und Bewegungsquantität angenommen würde, bestünde zwischen den realen und virtuellen Aktivitäten des Glaubens und des Begehrens der Individuen einer Gesellschaft und den in einer Gesellschaft real und virtuell kursierenden Glaubenssätzen, Meinungen, Aussagen, Handlungen, Erwartungen ein ebenso konstantes energetisches Gleichgewicht.

---

[32] Ebd.
[33] Ebd., S. 180.

Es gehört zu den besonderen Leistungen Gabriel Tardes, die sozialwissenschaftliche und interpsychologische Relevanz der Relation zwischen Realem und Virtuellem herausgestellt zu haben. Die individuellen Begehren und Überzeugungen gerinnen in ihrer Summe nur energetisch zu einem bestimmten realen sozialen, kulturellen und politischen Status und Zeitpunkt, nicht aber in ihrer ganzen möglichen inhaltlichen Breite und Intentionalität. Die sich in Überzeugungen entladende individuelle Energie der Monaden wird von Tarde als Vektor gedeutet, der jederzeit die Richtung ändern kann. Dieser Vektor ist sowohl von der Entfaltung der *notion complète* der Einzelmonade, also der ihr innewohnenden und nur ihr eigenen Individualidee, als auch von den interpsychologischen Beziehungen der sozialen Akteure abhängig. Beide Faktoren unterliegen ständigen, oft nur minimalistischen und ins infinitesimal Kleine gehenden Differenzierungen.

Um nun die interpsychologischen Relationen der Monaden zu erläutern, rekurriert Tarde u.a. auf den Somnambulismus und Magnetismus resp. auf die Hypnose, die er vor allem über Schriften Joseph Delboeufs und über die Experimente an der Pariser Salpêtrière (bis 1893 unter der Leitung Jean-Martin Charcots) rezipiert hat.[34] Die *croyance* soll auf diese Weise in ihren unterschiedlichen Graden veranschaulicht werden: Dazu zählen zum Beispiel die hypnotische Beziehung zwischen Magnetiseur und Patient; die Manipulation, durch die ein Individuum davon überzeugt wird, dass eine ihm an sich fremde Meinung, ein Urteil, eine Handlung seine eigene, sein eigener Besitz, in seinem eigenen Interesse sei; kämpferische Auseinandersetzungen bis hin zum Krieg; und Prüfverfahren, in denen sich ein wissenschaftlich tätiges Individuum von der Richtigkeit eines Sachverhalts selbst überzeugen und dessen habhaft werden kann. Es geht dabei also um diverse Modi der gegenseitigen Überzeugung und der Selbstüberzeugung, die zu mehr oder weniger bewussten Erfindungs- und Nachahmungsaktivitäten führen, sowie um unterschiedlich gestufte Macht- und Autoritätsverhältnisse bzw. Beeinflussungen und Inbesitznahmen, wie sie in ähnlicher Weise Leibniz formuliert hat, als er die Monaden in herrschende und dienende Monaden unterteilte.

## 2  Der kriminalanthropologische Entstehungskontext

Es dauerte dreizehn Jahre, bis Tarde die „Hypothese von den Monaden" wieder aufgriff, explizierte und zur metaphysischen universalwissenschaftlichen Matrix von Natur- und Sozialwissenschaft erklärte. Was aber geschah in diesen dreizehn

---

[34] Tarde verweist z.B. auch auf alternative Diagnosetechniken und Verhörverfahren, die sich dem Kriminalisten über Hypnose ausweislich der Experimente an der Salpêtrière eröffnen würden, vgl. Gabriel Tarde: Positivisme et Pénalité. In: Archives de l'anthropologie criminelle 2 (1887), S. 33; zu Tardes Rezeption Delboeufs vgl. Tardes Rezensionen von Delboeufs *Le magnétisme animal*. In: Archives de l'anthropologie criminelle 4 (1889), S. 501–505 und von Delboeufs *Magnétiseurs et médicins*. In: Revue philosophique 30 (1890), S. 93–95.

Jahren zwischen der Publikation seines ersten wissenschaftlichen Aufsatzes und seiner monadologischen Schrift?

Mehr über den Entstehungskontext von Tardes Monadenschrift erfahren wir über den Nachruf aus seinem Todesjahr 1904. Nach Tardes Ableben publizierten die Herausgeber der *Archives de l'anthropologie criminelle* eine Nachrufausgabe zu seinen Ehren,[35] in der seine monadologische Schrift eine eingehende Würdigung durch den Lyoneser Philosophieprofessor und Leibnizherausgeber Alexis Bernard erfuhr, der Tardes Schrift in knapp Hundert Thesen, z.T. mit kurzen Erläuterungen, zusammenfasste.[36]

Die *Archives de l'anthropologie criminelle* stellen das vom führenden französischen Rechtsmediziner, Kriminalanthropologen und Freund Tardes, Alexandre Lacassagne, 1886 gegründete Konkurrenzprojekt zum italienischen Pendant *Archivio di psichiatria, antropologia criminale e scienze penali* dar, das seinerseits 1880 vom italienischen Kriminologen Cesare Lombroso ins Leben gerufen worden war. Tarde selbst war seit 1887 Mitherausgeber der *Archives de l'anthropologie criminelle*.[37]

Vor diesem Hintergrund fällt es nicht schwer, Tarde noch exakter in den Diskursen seiner Zeit zu verorten. Die zeitgenössischen kriminalanthropologischen und strafrechtlichen Debatten sowie seine Tätigkeit als ‚juge d'instruction', als Ermittlungs- und Haftrichter in seiner Heimatstadt Sarlat, haben die Biographie Tardes zwischen 1880 und 1893 maßgeblich geprägt. Dabei stand vor allem die kritische und kämpferische Auseinandersetzung mit dem biologischen Determinismus Cesare Lombrosos und seiner kriminalanthropologischen Schule (Enrico Ferri, Raffaele Garofalo) im Vordergrund.[38]

Ich kann im Folgenden nur in aller Kürze und nur sehr plakativ skizzieren, welche Positionen in den kriminalanthropologischen Debatten zu Lebzeiten Tardes zirkulierten.[39]

---

[35] Vgl. darin auch den wertvollen biographischen Abriss von Alexandre Lacassagne: Gabriel Tarde (1843–1904). In: Archives de l'anthropologie criminelle 19 (1904), S. 501–536.

[36] Alexis Bernard: Un Essai de Cosmologie Sociale. Les Thèses Monadologiques de Gabriel Tarde. In: Archives de l'anthropologie criminelle 19 (1904), S. 624–660.

[37] Zum Zusammenhang vgl. die ausgezeichnete Studie von Martine Kaluszynski: La République à l'épreuve du crime. La construction du crime comme objet politique 1880–1920. Paris 2002. Martine Kaluszynski geht u.a. auch eingehend auf Alexandre Lacassagne ein und analysiert die Funktion der Zeitschriften für die Konstitution der kriminalanthropologischen Debatten zur Zeit Tardes. Zur Bedeutung der kriminalanthropologischen Kongresse, auf denen auch Tarde seine Kritikpunkte und Thesen präsentiert hat, vgl. dies.: The International Congresses of Criminal Anthropology. Shaping the French and International Criminological Movement, 1886–1914. In: Becker, Wetzell: Criminals and their Scientists (wie Anm. 27), S. 301–316 (revidierte Fassung von dens.: Les Congrès internationaux d'anthropologie criminelle [1885–1914]. In: Cahiers Georges Sorel 7 [1989], S. 59–70).

[38] Zu Lombroso siehe Anm. 27.

[39] Vgl. dazu die Beiträge in: Becker, Wetzell: Criminals and their Scientists (wie Anm. 27); zum konkreten frz. Kontext vgl. Laurent Mucchielli: Criminology, Hygienism, and Eugenics in

Vor allem der Ansatz Cesare Lombrosos und seiner Anhänger, der italienischen *scuola positiva* der Kriminalanthropologie, die hohe Rückfälligkeitsrate scheinbar notorischer Krimineller und die offenbar mangelnde abschreckende Wirkung strafrechtlicher Maßnahmen damit zu erklären, dass es sich bei einer erheblichen Anzahl krimineller Akteure um sogenannte geborene und daher unverbesserliche Verbrecher, um den genetisch determinierten Typus des *Uomo delinquente* (so der Titel von Lombrosos berühmtestem, erstmals Mailand 1876 erschienenem Werk) handelte, wurde von Tarde scharf kritisiert. Lombroso hatte den Versuch unternommen, durch Feldstudien in Gefängnissen und psychiatrischen Anstalten physiologische, physiognomische, anatomische und psychologische Merkmale zu eruieren, die den Typus des geborenen Verbrechers in besonderem Maße charakterisierten. Heraus kamen atavistische Eigenarten, die den *uomo delinquente* mit dem vorzivilisatorischen Wilden und Barbaren sowie mit dem Irren und Epileptiker auf eine Stufe stellten und, wie Tarde mit einem gewissen Zynismus vermerkte, in allzu auffälligem Kontrast zum Idealtyp des zivilisierten Menschen stünden. Auch wenn Lombroso in Reaktion auf die Kritik Tardes und Lacassagnes von seiner radikalen Position abrückte und dem sozialen Milieu und den Umweltfaktoren mehr Gewicht zugestand, änderte dies nichts an seinem grundsätzlichen Determinismus: Der soziale Determinismus galt ihm mitunter nur als erweiterte Funktion des biologischen Determinismus.

Nicht weniger problematisch, aber bereits näher an Tardes Position, war Lacassagnes Konzept der Wechselwirkung von Milieu und Verbrecher. Das soziale Milieu galt als Nährboden, den es brauchte, damit der Kriminelle, von Lacassagne ‚Mikrobe' genannt, überhaupt zu gedeihen vermochte. Lacassagnes Lösungsvorschlag konnte aber Lombrosos Theorie des geborenen Verbrechers, dessen Anlagen nach Lacassagne noch einer Initialzündung durch das passende Milieu bedurften, um sich in kriminellen Handlungen zu manifestieren, nur schwach kaschieren. Hinzu kommt, dass in der Wahl der bakteriologischen Metaphorik Lacassagnes ein strafrechtlich und ethisch nicht minder heikles Konzept der Sozialhygiene durchklingt (z.B. Deportation in Strafkolonien oder Todesstrafe als ‚Reinigung' der Gesellschaft vom Einfluss krimineller ‚Elemente').

Tarde kritisierte an beiden Ansätzen, dass die biologisch-medizinischen, insbesondere die neurophysiologischen Erkenntnisse noch nicht weit genug gediehen seien, um darauf eine biologische Theorie des Sozialen aufbauen zu können. Außerdem bewähre sich die Typenlehre Lombrosos nicht, wenn man eingehendere globale Vergleiche anstelle. Er verweist darauf, dass sich die von Lombroso in Italien vorgenommenen Vermessungen des kriminellen Typus im Widerspruch zu denen in England befänden. Vor diesem Hintergrund bewertet Tarde die von Lombroso herausgestellten anatomischen und physiologischen Merkmale des Ty-

---

France, 1870–1914. The Medical Debates on the Elimination of ‚Incorrigible'. In: Ebd. (wie Anm. 27), S. 207–229.

pus des geborenen Verbrechers als unhaltbar. Er spricht von Manipulation statistischer Erhebungen und von einer willkürlichen Auswertung empirischer Daten. Lombrosos Intuition sei nichts weiter als eine „schlecht verkleidete metaphysische Hypothese" („une hypothèse métaphysique mal déguisée"),[40] die jeder wissenschaftlich seriösen empirischen Basis entbehre.[41]

Ein weiterer zentraler Kritikpunkt Tardes bestand darin, dass die Gesellschaft oder das Milieu oft allzu leichtfertig als substanzielle Einheiten missverstanden würden. Ein kollektives Ich, von dem alle Mitglieder einer Gesellschaft abhingen, existiert laut Tarde nicht. Vielmehr komme es darauf an, die Interpsychologie der handelnden und sich zueinander verhaltenden Individuen zu fokussieren. Als *ein* Ergebnis einer solchen interpsychologischen Betrachtungsweise darf Tardes Konzept des vor allem im urbanen Umfeld auftretenden professionellen Verbrechers gelten.

Es sind temporär habitualisierte monadische Nachahmungsaktivitäten, die bestimmte, nur scheinbar homogene Typen und Identitäten erzeugen, Nachahmungen, die im komplexen Spannungsfeld, Kräftemessen und Machtverhältnis zahlreicher monadischer Überzeugungen und Begehren entstehen. Unter diesen Bedingungen muss auch der Typus des Kriminellen ganz anders beurteilt werden. Denn das sogenannte Milieu besteht seinerseits aus zahlreichen Nachahmungsströmungen und Machtverhältnissen, zu welchen auch das einzelne Individuum als Agent zu zählen ist: Das Individuum ist also nicht Resultat des Milieus, sondern das Milieu ist, folgt man der Logik von Tardes Monadologie, ein von Individuen dynamisch erzeugtes soziales Feld, das sich ständig neu organisiert.

## IV Die monadentheoretische Begründung des Sozialen oder die soziologische Explikation der Monadologie

Wie bereits erwähnt, führt Tardes Bestandsaufnahme der wissenschaftlichen Entwicklung seiner Zeit zu der These, dass jedes Ding eine Gesellschaft und alle Phänomene soziale Tatsachen seien. Für die konsequente Ausformulierung dieser These mit dem expliziten Ziel, „die profunde Erneuerung zu zeigen, welche die soziologische Interpretation aller Dinge in jedwedem Wissensbereich bewirken wird oder bewirken sollte",[42] nutzt Tarde die von ihm an zentralen Stellen modifi-

---

[40] Gabriel Tarde: Biologie et sociologie. Réponse au Dr. Bianchi. In: Archives de l'anthropologie criminelle 8 (1893), S. 7–20; das Zitat findet sich S. 15.
[41] Tarde setzte sich insb. in seinem 1890 erschienenen kriminalanthropologischen Hauptwerk *La criminalité comparée* kritisch mit den unterschiedlichen kriminologischen Schulen seiner Zeit auseinander.
[42] MS (wie Anm. 12), IV, S. 60 [66]: „montrer le profond renouvellement que l'interprétation sociologique de toutes choses devra ou devrait faire subir à tous les domaines de la connaissance."

zierte Leibnizsche Monadenlehre, um daraus eine auf den Begriff des Sozialen zentrierte Wissenschaftstheorie zu formulieren. Der Begriff des Sozialen beschränkt sich dabei keineswegs auf menschliche Gemeinschaften, sondern lässt sich in der umfassenden Bedeutung, die ihm Tarde gibt, am besten als Zusammenschluss (*rassemblement*) bestimmen.[43]

Der mikroskopische Blick der modernen Naturwissenschaft, die Mathematik des Infinitesimalen, der Transformismus der Evolutionstheorie bewirkten, so Tarde, eine folgenschwere Pulverisierung der Welt („pulvériser l'univers").[44] Die von Leibniz vertretene Lehre von der unendlichen Teilbarkeit der Materie bewahrheite sich selbst dort noch, wo man aus unterschiedlichen fachlichen Perspektiven glaubte, auf kleinste Einheiten wie Atome, chemische Elemente, Zellen oder Parasiten gestoßen zu sein. Diese Einheiten erweisen sich jedoch selbst wieder als Produkte einer komplexen Organisation noch kleinerer Teilchen (Atomwirbel, Zellkerne usw.): „Die Quelle des Geordneten", so Tarde, „der Grund des Seins und des Endlichen, liegt im Unendlichen, im nicht mehr wahrnehmbar Kleinen".[45] – Woher aber stammt die Energie, die für diese organisatorische Arbeit nötig ist?

Die Ansicht, dass lebende Organismen Maschinen seien, dient Tarde als Argument für den monistischen Psychomorphismus der Monadenlehre, deren Monismus keinen subjektiven Idealismus impliziert, sondern auf der Annahme basiert, dass die ganze Welt aus Seelen zusammengesetzt ist, die zu ‚meiner' analog sind:

> Eine Maschine [d.i. der mechanistisch erklärte Organismus, H.-P. N.] tut nichts, als schon existierende Kräfte zu verteilen und in spezielle Richtungen zu lenken, so dass jene sie durchlaufen, ohne sich wesentlich zu verändern. Sie bewirkt nur eine Veränderung der Form der von außen empfangenen Rohmaterialien, deren Wesen sich nicht ändert. Wenn nun die lebendigen Organismen [...] Maschinen sind, so genügt es, diejenigen durch sie hervorgebrachten Erzeugnisse und Kräfte zu betrachten, die uns als einzige vollständig bekannt sind (Gefühle, Gedanken, Willensakte), um zu begreifen, dass ihre Nährstoffe (Kohlenstoff, Stickstoff, Sauerstoff, Wasserstoff etc.) versteckte geistige Elemente enthalten.[46]

Organisation setzt folglich geistige Energie oder Arbeit voraus, die sich aus den monadischen Eigenschaften des Glaubens und des Begehrens speisen. Die diagnostizierte Pulverisierung der Welt führt zugleich zu ihrer Spiritualisierung.

---

[43] Vgl.: „la tendance des monades à se rassembler" (ebd.).
[44] Ebd., II, S. 31 [43].
[45] Ebd., I, S. 23 [38]: „La source, la raison d'être, la raison du fini, du tranché, est dans l'infiniment petit, dans l'imperceptible [...]."
[46] Ebd., I, S. 38 [49]: „Une machine n'est qu'une distribution et une direction spéciale de forces préexistantes qui la traversent sans s'altérer essentiellement. Elle n'est qu'un changement de forme donné à des matériaux bruts qu'elle reçoit du dehors et dont l'essence ne change pas. Si donc les corps vivants [...] sont des machines, la nature essentielle des seuls produits et des seules forces résultant de leur fonctionnement qui nous soient connus jusqu'en leur fond (sensations, pensées, volitions) nous atteste que ses aliments (carbone, azote, oxygène, hydrogène, etc.) contiennent des éléments psychiques cachés."

Die Tätigkeit der Organisation erklärt Tarde aus dem grundlegenden „Bedürfnis nach Gesellschaft" („besoin de société").[47] Dieses grundlegende Bedürfnis nach Gesellschaft deutet er als Indikator für die Existenz kleiner Personen, die deshalb die Tendenz haben, sich zusammenzuschließen, weil sie für sich allein nichts zu erreichen vermögen. Das Etwas, das sie erreichen könnten, resultiert aus der schöpferischen Realisierung des ihnen innewohnenden individuellen Potentials. Die Beschaffenheit, Struktur und Gesetzmäßigkeit des jeweiligen gesellschaftlichen Zusammenschlusses hängen also von der Konkurrenz der einzelnen monadischen Personen ab. Diesen ist nämlich das Begehren gemeinsam, das ihnen jeweils innewohnende Potential, die nur ihnen eigene, sie allein auszeichnende Idee und kosmische Perspektive auf Kosten anderer zu verwirklichen, indem sie sich dieser zu eigenen Zwecken bemächtigen, sie von sich *überzeugen*, inkorporieren und so ihre Herrschaft ausdehnen. Dabei muss die herrschende Monade keineswegs die ‚intelligenteste' von allen sein:

> Wenn das Ich nichts als eine leitende Monade unter Myriaden von symbiotischen Monaden desselben Schädels ist, welchen Grund hätten wir letztlich, an deren Unterlegenheit zu glauben? Ist denn ein Monarch unbedingt intelligenter als seine Minister oder seine Untertanen?[48]

Die Monaden bilden in komplexen Systemen funktionale Schnittmengen, in denen jede Monade sowohl andere Monaden in Besitz nimmt, diese also *hat*, als auch von diesen in Besitz genommen, also *gehabt* wird.

Vor diesem Hintergrund präferiert Tarde statt einer Philosophie des Seins eine Philosophie des Habens, die eher als jene geeignet sei, komplexe soziale und kognitive Prozesse zu beschreiben und zu erklären. Von großer Bedeutung aber ist, dass die Monaden nicht völlig in den funktionalen Schnittmengen eines sozialen Systems aufgehen. Es bleibt ein widerständiger Rückstand, ein Bereich des noch nicht Verwirklichten, das nach Realisierung drängt. Schreibt sich ein solcher Rückstand als besondere Idee, Handlung, Meinung o.Ä. in bestehende soziale Verbreitungsmechanismen ein, trägt er zu einer weiteren Differenzierung, ja ggf. sogar zu einer Revolutionierung, mindestens aber zu einer Modifikation des bestehenden Systems bei.

Für eine derartige einseitige oder wechselseitige Beeinflussung, Manipulation, Missionierung und Inbesitznahme der Monaden untereinander war es indes nötig, die Leibnizsche Monadenlehre an zentralen Stellen zu modifizieren. Die Tardesche Modifikation der Monadenlehre besteht in der Ablehnung der prästabilierten Har-

---

[47] Ebd., I, S. 30 [43]: „Qu'est-ce en effet que ce *besoin de société* [...] sinon le fait de petites *personnes*? Et que peut être cette transformation *directe*, *régulière*, rapide, imaginée par d'autres, si ce n'est l'œuvre d'ouvriers cachés qui collaborent à la réalisation de quelque *plan de réorganisation spécifique* conçu et voulu premièrement par l'un d'entre eux?"

[48] Ebd., IV, S. 60 [66]: „Si le moi n'est qu'une monade dirigeante parmi les myriades de monades commensales du même crâne, quelle raison, au fond, avons-nous de croire à l'infériorité de celles-ci? Un monarque est-il nécessairement plus intelligent que ses ministres ou ses sujets?"

monie und im Verzicht auf die Autarkie der Monaden als nach außen abgeschlossener Individualsysteme. Monaden sind für Tarde vielmehr offen und können sich gegenseitig durchdringen. Was Tarde indes von der Leibnizschen Monadentheorie beibehält, sind die Heterogeneität und der radikale Individualismus der Monaden, die gerade durch ihre sich stets differenzierende Diskontinuität die kontingente Kontinuität der Welt bedingen. Dabei gewinnt die für die Tradition des Monadenbegriffs zentrale Dialektik von Identität und Differenz eine grundlegende Neugewichtung: Nicht die Identität hat bei Tarde Prävalenz, sondern die Differenz. Genauso wie der Mechanismus eine besondere Funktion des Organismus darstelle, sei auch die Identität nur eine besondere Art der Differenz: „Existieren heißt differieren", so Tardes fundamentales Prinzip seiner soziologischen Neomonadologie.[49] Oder anders formuliert: Alles ist in steter Veränderung und Bewegung begriffen; Ruhe, Identität sind nur Momentaufnahmen eines monadischen Differenzierungsprozesses, der konstitutiv für den Fortschritt sozialer Systeme ist.

Obwohl Prinzip der differierenden Tätigkeit, ist der monadische ‚Akteur' kein ontisches Element, wie man versucht sein könnte zu vermuten. Vielmehr stellt auch die Monade ein temporäres Phänomen, ein fluktuierendes Ereignis mit grundsätzlichem Ausstrahlungs- und Ansteckungspotential, ein energetisches Feld oder eine freilich nur *relativ* konstante energetische Unität und Identität dar, aber keine fixe substanzielle Identität im klassischen Sinne. Daher bezeichnet Tarde Identität als Minimum und unendlich seltenen Modus der Differenz. Auch deshalb bevorzugt er eine deskriptive Philosophie des Habens und verweigert sich jeglicher ontologischen Denkart. Die Tardesche Monade ist zwar *per definitionem* eine Einheit, eine kleine Person, aber keine substanzielle, sondern eine in den Interaktionen aller Monaden nur temporär als feste ontische Einheit erscheinende, in Wirklichkeit aber fluktuierende Unität, der keine essentielle Identität zueigen ist.

## V Utopie

Auf der Philosophie der Differenz und Differenzierung beruht nun auch die utopische Vision, die Tarde in seiner monadologischen Soziologie oder soziologischen Monadologie entwickelt hat. Hierzu mag es genügen, darauf hinzuweisen, dass für ihn der Fortschritt der Zivilisation in der zunehmenden Mechanisierung und Automatisierung sozialer und intersozialer Prozesse mündet, in der die funktionalen Schnittmengen, in denen sich die einzelnen Monaden als ihre Teilhaber befinden, diesen so viel Freiraum bieten, dass „jeder seine eigene Poesie, seine eigene Philosophie hätte, jedoch nicht seine große Entdeckung, seinen Hauptgewinn in der

---

[49] Ebd., VI, 71 [72]: „Exister c'est différer [...].“

Lotterie, seine politische oder militärische Größe".[50] Hier klingt das kathartische Ideal einer vom Streben der Monaden nach unbedingter Herrschaft befreiten Sozialutopie, einer von Konkurrenzkämpfen freien Gesellschaft an, auf die man, so Tarde, als „auf ein Leben in vollendeter Zivilisation hoffen",[51] wovon man träumen könne.

Diese Sozialutopie beruht ihrerseits auf einer ‚monadischen' Erlösungsvorstellung, die stark an Schopenhauers Verneinung des Willens in dessen Willensmetaphysik erinnert:

> Vielleicht ist das Leben nur eine Zeit der Prüfungen und schmerzlichen Schulaufgaben, welche den Monaden auferlegt werden, damit sie aus dieser harten, mystischen Schule von ihrem früheren Bedürfnis universaler Vorherrschaft geläutert hervorgehen. Ich bin davon überzeugt, dass wenige unter ihnen, die einmal vom zerebralen Thron gestürzt wurden, danach streben, auf ihn zurückzukehren. Da sie hierdurch ihre eigene Originalität, ihre absolute Unabhängigkeit zurückerlangen, verzichten sie mühelos und ohne zurückzublicken auf die körperliche Macht und genießen in Ewigkeit den göttlichen Zustand, welchen die letzte Sekunde des Lebens ihnen geschenkt hat, die Befreiung von allem Übel und allen Wünschen, jedoch nicht von aller Liebe, und die Gewissheit, ein geheimes Gut zu besitzen, das ihnen ewig erhalten bleibt. – Auf diese Weise erklärt sich der Tod: Auf diese Weise rechtfertigt sich das Leben – durch die Reinigung des Begehrens [...] Aber nun genug der Hypothesen. Können Sie mir diese ausschweifende Metaphysik [eigentlich: metaphysische Ausschweifung, s.o., H.-P. N.] verzeihen, mein geschätzter Leser?[52]

Mit dieser metaphysischen Utopie der absoluten Originalität und Autarkie des Individuums, die genau dann restituiert werden, wenn das Individuum seinen eigenwilligen Machtansprüchen abstirbt, steht Tardes Theorie des Sozialen der esoterischen Soziologie von Gérard Encausse und François-Charles Barlet geradezu diametral entgegen. In der französischen esoterischen Soziologie des *fin de siècle* findet sich, wie sich im Folgenden zeigen wird, ein religions- und sozialpolitischer Macht- und Geltungsanspruch, der auf die diesseitige kollektive Deifikation und Perfektibilität des Menschen abzielt.

---

[50] Ebd., S. 76 [76]: „où chacun aurait sa poésie, sa philosophie à soi, mais non sa grande découverte, non son gros lot à la loterie, non son rôle politique ou militaire."
[51] Ebd.: „on peut espérer ou rêver une vie de civilisation consommée [...]."
[52] Ebd., VIII, S. 107 [102]: „Peut-être la vie est-elle seulement un temps d'épreuves, d'exercices scolaires et douloureux imposés aux monades qui, au sortir de cette dure et mystique école, se trouvent purgées de leur besoin antérieur de domination universelle. Je me persuade que peu d'entre elles, une fois déchues du trône cérébral, aspirent à y remonter. Rendues à leur originalité propre, à leur indépendance absolue, elles renoncent sans peine et sans retour au pouvoir corporel, et durant l'éternité, savourent l'état divin où la dernière seconde de la vie les a plongées, l'exemption de tous maux et de tous désirs, je ne dis pas de tous amours, et la certitude de tenir un bien caché, éternellement durable. Ainsi s'expliquerait la mort: ainsi se justifierait la vie, par la purgation du désir [...] Mais c'est assez hypothétiser. Me pardonnez-vous cette débauche métaphysique, ami lecteur?"

## VI Skizze eines Vergleichs zwischen der monadologischen Soziologie Gabriel Tardes und dem soziologischen *Esotérisme* bei François-Charles Barlet und Gérard Encausse genannt Papus

Im Jahr 1894 veröffentlichte Gérard Analect Vincent Encausse (1865–1916) unter dem Pseudonym Papus eine bemerkenswerte Studie mit dem Titel *Anarchie, Indolence & Synarchie. Les Lois Physiologiques d'Organisation Sociale et L'Esotérisme*.[53] Encausse hatte 1887 die französische Theosophische Gesellschaft mitbegründet, die ein europäischer Ableger der Theosophical Society der Helena Petrowna Blavatsky war. Doch schon 1890 trat Encausse wieder aus der Theosophischen Gesellschaft aus und initiierte eine eigene Sozietät, die sich *Groupe indépendant d'étude ésoterique* nannte. 1891 gründete er zusammen mit Lucien Chamuel den Pariser Verlag *Librairie du Merveilleux*. Bei Chamuel erschienen noch im Jahr der Verlagsgründung die Schrift *EÔRAKA. Notes sur l'Esotérisme par un Templier de la R†C†C* des Grafen Leonce de Larmandie (1851–1921) und die für Papus grundlegende geschichtsphilosophische Arbeit François-Charles Barlets (das ist Alfred Faucheux; 1838–1921), *Essai sur l'Evolution de l'Idée*.[54]

Für *Anarchie, Indolence & Synarchie* diente Encausse neben Barlets *Essai sur l'Evolution de l'Idée* das Werk *Mission des Juifs* seines spirituellen Meisters Joseph Alexandre Saint-Yves d'Alveydres aus dem Jahr 1884 als Ausgangspunkt. Darin hatte d'Alveydre, der sich dafür auf Vorgaben Fabre d'Olivets stützte,[55] das Konzept der Synarchie entwickelt.

Bevor die Unterschiede zwischen Gabriel Tardes monadologischer Soziologie und dem soziologischen *ésotérisme* bei Gérard Encausse und François-Charles Barlet skizziert werden sollen, möchte ich zunächst auf deren generelle Gemeinsamkeiten eingehen. Diese bestehen im Wesentlichen in der Kritik an positivistischen, naturalistischen resp. biologistischen Ansätzen in der zeitgenössischen Soziologie, Philosophie und Anthropologie sowie in der Applikation metaphysischer Spekulationen, die wissenschaftlich seriöse Angebote zur Lösung der konstatierten Probleme und Kritikpunkte bereitstellen sollten.[56] Auch der positive und

---

[53] Der Name ‚Papus' entstammt der von Eliphas Levi 1855 besorgten kommentierten Übersetzung des *Nuctemeron* des Pythagoreers Apollonius von Tyana, die Levis Werk *Dogme et Rituel de la Haute Magie* beigegeben war, und bezeichnet den Geist der ersten Stunde, die Medizin. Papus hat 1894 sein Medizinstudium mit der Promotion abgeschlossen.

[54] Vgl. zu Larmandie Jean-Marie Mayeur: Les Catholiques Dreyfusards. In: Modernité et Non-Conformisme en France à travers les Âges. Actes du Colloque organisé par l'Institut d'Histoire et de Civilisation Françaises de l'Université de Haïfa. Hg. v. Myriam Yardeni. Leiden 1983, S. 151 u. ebd., Anm. 37.

[55] Zu Fabre d'Olivet vgl. den Aufsatz von Esteban Law in diesem Band.

[56] Besonders eindringlich ist die polemische Kritik des Encausse nahestehenden Comte de Larmandie am biologistischen Naturalismus und Positivismus, hier u.a. auch an der kriminologisch ausgerichteten Phrenologie seiner Zeit; vgl.: „L'âme, nous disaient-ils, un rire sarcastique aux lèvres, nous ne l'avons pas rencontrée sous notre scalpel, la pensée est secrétée par le cerveau, comme l'urine par les reins; vous êtes plus ou moins criminel suivant que votre crâne est

konstruktive Bezug auf den seinerzeitigen Magnetismus und Hypnotismus, die zur Untermauerung der eigenen Thesen verwendet wurden,[57] ist Barlet, Encausse und Tarde gemeinsam.[58] Auffällig ist zudem der grundsätzliche Monismus – bei Tarde ein monistischer Psychomorphismus („spiritualisme leibnitien"), bei Encausse und Barlet ein auf dem Begriff der *Unité* beruhender Spiritualismus („ésotérisme") – sowie der universalistische Anspruch, der damit verbunden worden ist. Trotz dieser Gemeinsamkeiten sind die Differenzen zwischen der monadologischen Position Tardes und dem monistischen *ésotérisme* Papus' und Barlets nicht zu übersehen.

Während Tardes Kritik weitgehend auf die Reform der kriminalistischen und strafrechtlichen Praxis der *Troisième République* zielte, war diejenige von Papus grundsätzlicherer Natur. Ihm ging es um die allgemeine Reformation der europäischen, insbesondere der französischen Gesellschaft, deren republikanische Verfassung er als Gefahr für eine gesunde ‚soziale Hygiene' ansah, und der er aufgrund ihres vermeintlichen maßlosen Individualismus moralische Dekadenz mit dem Hang zur Anarchie und Indolenz attestierte. Mit der idealen Regierungs- und Gesellschaftsform der Synarchie fehlte es den europäischen Gesellschaften in den Augen Papus' zugleich an religiöser, moralischer, wissenschaftlicher und geistig-intellektueller Einigkeit. Diese konnte aber nur aus der sozialpolitischen Realisierung der *unité*, der „Idee" des *ésotérisme* resultieren, die in der optimalen Synthese

---

plus ou moins bosselé, votre talent, votre génie ne sont que des névroses, votre courage dépend du battement de vos artères, et votre volonté du développement de vos ganglions. [...]. Eh bien, mes amis, que direz-vous de ce médium qui met en mouvement les objets ambiants, qui agite des crayons inertes, et leur fait tracer des propositions aussi logiques que grammaticales, qui, sans supercherie possible, fait saillir à vos yeux des formes humaines? Parlerez-vous encore de pie-mère et d'arachnoïde, de phrénologie et de système vasculaire, de grand sympathique et de moelle allongée? [...] vous êtes anéantis, croulés, effondrés comme un rocher que pulvérise la dynamite. [...]. Le matérialisme est fini [...]" (Comte Leonce de Larmandie: EÔRAKA. Notes sur Esotérisme par un Templier de la R†C†C. Paris 1891, S. 64f.); („Die Seele, so teilten sie uns mit einem sarkastischen Lächeln auf den Lippen mit, haben wir unter unserem Skalpell nicht angetroffen; der Gedanke ist genauso eine Absonderung des Gehirns wie der Urin eine Absonderung der Nieren ist; ihr seid mehr oder weniger kriminell, je nachdem ob euer Schädel mehr oder weniger eingebeult ist; euer Talent, euer Genie sind nichts als Nervenleiden; euer Mut hängt vom Pulsschlag eurer Arterien ab und euer Wille von der Entwicklung euer Ganglien. [...]. Nun gut, meine Freunde, was werdet ihr aber zu jenem Medium sagen, das entfernte Objekte in Bewegung setzt, das leblose Stifte bewegt und sie genauso logische wie grammatikalisch [korrekte, H.-P. N.] Aussagen aufzeichnen lässt, das, ohne dass eine Täuschung möglich ist, vor euren Augen menschliche Gestalten zur Erscheinung zu bringen weiß? Werdet ihr dann immer noch von der inneren weichen und von der mittleren spinnwebenartigen Hirnhaut sprechen, von Phrenologie und vom Gefäßsystem, vom Sympathicus und vom Rückenmark? [...] ihr seid vernichtet, gescheitert, in euch zusammengefallen wie ein Felsen, den Dynamit pulverisiert. [...]. Der Materialismus ist an seinem Ende angelangt [...]" [Übers. v. H.P.N]).

[57] Vgl. etwa François-Charles Barlet: Essai sur l'Evolution de l'Idée. Paris 1891, S. 164.
[58] Vgl. zur Geschichte des Magnetismus und der Hypnose Adam Crabtree: Animal Magnetism, Early Hypnotism, and Psychical Research 1766–1925. An annotated bibliography. White Plains, NY 1988; ders.: From Mesmer to Freud. Magnetic Sleep and the Roots of Psychological Healing. New Haven, London 1993; Judith Pintar, Steven Jay Lynn: Hypnosis. A Short History. Malden, Oxford, u.a. 2008, vgl. bes. das 5. Kap. zur Salpêtrière und zu Nancy, auf deren Experimente besonders Gabriel Tarde rekurrierte.

von Wissenschaft und Religion bestand. Die Synarchie garantierte die Vitalität – und das heißt auch die politische, wissenschaftliche, moralische und religiöse Stärke – eines sozialen Organismus, musste aber, anders als in China, das Papus als Vorbild für eine funktionierende, traditionsreiche synarchische Gesellschaft anführte, in Frankreich erst noch installiert werden. Selbst das Osmanische Reich unter Abdülhamid II. habe, so Papus, den richtigen Weg des synarchischen *gouvernement* eingeschlagen und erwarte eine Zukunft im Zeichen des „triomphe de l'Idée".[59] Die „Idee" bezeichnet den dogmatischen und methodischen Kern des *ésotérisme* bei Papus und Barlet; die „Evolution der Idee" – so der Titel von Barlets Werk – verweist auf die vom evolutionistischen-transformistischen Naturgesetz auf die Geschichte von Religion, Politik, Wissenschaft und Philosophie übertragene Gesetzmäßigkeit, deren Telos die Realisierung der Idee des *ésotérisme* in der politisch-spirituellen Institution der Synarchie ist.[60]

In der Analogie zwischen den „évolutions naturelles" und dem „système social", die Papus zum methodischen Ausgangspunkt des „véritable ésotérisme" erklärte,[61] liegt bereits ein deutlicher Unterschied zu Gabriel Tarde. Tarde wollte eine Wissenschaft der Soziologie begründen, die ihre Gesetzmäßigkeiten gerade nicht aus der Natur oder in der Analogie zur Natur bezog, sondern in umgekehrter Richtung die unabhängig von naturwissenschaftlichen und vor allem biologisch-physiologischen Vorgaben zu erforschenden sozialen Gesetze sogar zum hypothetisch-methodischen Beschreibungsmodell der Abläufe in der Natur machte. Die Gesellschaft durfte nicht als natürlicher Organismus angesehen oder mit einem natürlichen Organismus analogisiert werden. Vielmehr erhebt Tarde die Soziologie zur allgemeinen Wissenschaftstheorie, die – und das war in der Absage an die Deutungs- und Diskurshoheit des naturwissenschaftlichen Positivismus seiner Zeit keine geringe Provokation – auch für die Naturwissenschaften fruchtbringend verwertet werden konnte. Fasste man alle Dinge nämlich als soziale Tatsachen auf und ging man von der Hypothese aus, „que toute chose est une société, que tout phénomène est un fait social",[62] dann konnte die Einsicht, die wir in die sozialen Prozesse gerade aufgrund unserer Vertrautheit mit ihnen gewinnen, versuchsweise auf natürliche Systeme appliziert werden.

---

[59] Papus: Anarchie, Indolence et Synarchie. Les Lois Physiologiques d'Organisation Sociale et L'Esotérisme. Paris 1894, S. 27. Zu China vgl. ebd., S. 27f. sowie S. 6: „La Synarchie a été appliquée pendant des siècles à l'humanité et fonctionne encore avec peu de modifications en Chine."

[60] „La Synarchie est la loi de vitalité existant aussi bien dans l'organisme social que dans l'organisme humain et, à la rigueur, tout chercheur peut découvrir cette loi en appliquant à la société les principes de physiologie qui dirigent l'organisme humain, considéré comme le plus évolué des organismes animaux" (ebd., S. 6).

[61] „Tel est et sera toujours le cachet d'une création se rattachant au véritable ésotérisme; tout système social ne suivant pas analogiquement les évolutions naturelles est un rêve et rien de plus" (ebd., S. 8).

[62] MS (wie Anm. 12), IV, S. 51 [58].

Encausse hingegen definierte die Gesellschaft als „homme collectif".[63] Deren Gesundheit und Krankheit gehorche ähnlichen Gesetzen wie der natürliche Organismus des menschlichen Individuums, der für Papus die Krone der Evolution animalischer Organismen darstellte. Man müsse nur das Prozedere, das die Natur im Aufbau eines jeden Organismus zur Anwendung bringe, genau studieren und die „Gesetze des Lebens" auf die Gesellschaft „als eines speziellen Organismus'" („la société comme un organisme spécial") transferieren. Auf diese Weise ließe sich dann, so das Credo von Papus, die optimale soziale und politische Organisations- und Regierungsform ausfindig machen und deren Realisierung initiieren.[64]

Die Auffassung der Gesellschaft als eines Kollektivs hatte Tarde als methodisch falschen Ansatz kritisiert, der den Blick auf die Interpsychologie sozialer Prozesse und monadischer Akteure verstelle, indem von einem das Individuum determinierenden kollektiven Ich ausgegangen würde. Für Encausse war der „homme collectif" jedoch nicht nur Ausgangspunkt, sondern auch Zielpunkt seiner esoterischen Soziologie.

Tarde versuchte, die französische Gesellschaft der 1880er und 1890er Jahre mit statistischen Mitteln zu analysieren, um die Resultate durch eine monadologische, auf infinitesimalen, interagierenden Begehrens- und Überzeugungsströmungen kleiner monadischer Personen basierende Gesellschaftstheorie mit universalistischem Anspruch zu erklären. Papus orientierte sich an einem gesellschaftlichen Ideal, das sich von der als dekadent befundenen zeitgenössischen Gesellschaft positiv abhob und sich an einen perfekt funktionierenden, „Kopf, Brust und Bauch" *per naturam naturantem*[65] in Einklang und Gleichgewicht bringenden menschlichen Organismus anlehnte.[66] Die Vision eines vollständig gesunden, im Einklang mit sich stehenden menschlichen Organismus war das sozialutopische Leitmotiv des soziologischen *ésotérisme* bei Papus.

Aus Papus' Ausführungen lässt sich unschwer erkennen, welcher besonderen Regierungsform die optimal ausbalancierte Herrschaft – d.i. Synarchie – von „Kopf, Brust und Bauch" entspricht. Das politische Ideal des *ésotérisme* war eine moderne, durch die Freimaurerei „de nos jours" bereits skelettierte Form der Theokratie, die zugleich die „ancienne alliance intellectuelle et religieuse" (Vorbilder sind etwa Ägypten, Indien, China, das von Pythagoras und seinen Schülern organisierte Stadtstaatensystem von Magna Graeca) sowie die universale Einheit von

---

[63] Papus: Anarchie (wie Anm. 58), S. 23: „Or l'homme collectif, la société […]."
[64] Ebd., S. 18.
[65] Vgl. zum Topos der natura naturans im frz. ésotérisme der 1890er Jahre Barlet: Essai (wie Anm. 57), S. 60.
[66] Papus analogisiert wie Saint-Yves d'Alveydre „tête", „poitrine" und „ventre" mit besonderen Regierungsformen (Monarchie, Oligarchie, Demokratie) und sozialen Bereichen wie der Ökonomie („ventre"), dem Macht- und Rechtssystem („poitrine") und der Autorität / Pädagogik („tête"); vgl. ebd., S. 8.

Weisheit und Wissenschaft repräsentierte.[67] Die Theokratie garantierte eine bei Papus mit dem Terminus der Sozialhygiene belegte Deifikation und „perfectibilité" des Menschen, die durch „Erziehung, Unterrichtung, Initiation und die Auswahl der Besten" vorbereitet und erreicht werden sollte.[68]

Der Preis einer solchen Theokratie war hoch, zumal aus der monadologischen Perspektive Gabriel Tardes. Die kleinen monadischen Personen und Individuen, deren Eigenwilligkeit und Individualität Tarde als konstitutiv für soziale Zusammenschlüsse, für die Entwicklungsdynamik von Gesellschaften, ja für Naturprozesse überhaupt sowie für die von Tarde skizzierte individualistische Sozialutopie betrachtet hatte, in der der Gesellschaftsprozess soweit gediehen und automatisiert war, dass jede Person sich mühelos und ohne Kampf ihren Freiraum zur Selbstverwirklichung bewahren konnte, sollten aus der Perspektive des *ésotérisme* Papus' und Barlets ihre Individualität und Persönlichkeit zugunsten einer universellen „Unité" aufgeben. Altruismus resp. „fraternité" galt Papus und Barlet als der höchste und wichtigste theokratische Wert, „qui consiste pour chacun dans l'oubli de son individualité au profit de l'Universalité".[69]

Tarde sprach von „Myriatheismen". Papus und Barlet betonten eine Art ‚Unitheismus', der, wenn das Göttliche der Natur den einheitlichen Körper des kollektiven Menschen namens ‚Gesellschaft' regulierte, nur in der synarchischen Theokratie adäquat zur Erscheinung gebracht zu werden vermochte: Alle Individuen sollten Eins, sollten Zellen eines einzigen lebenden sozialen Organismus sein. Im ersten Fall handelt es sich um die vielen Monaden, deren Interaktion die soziale und natürliche Dynamik konstituiert; im zweiten Fall um die eine alles determinierende Monas, die bei Barlet als „âme du système" des *ésotérisme* bezeichnete „Unité",[70] in der sich die Individuen, die Personen, mittels der Institution der Theokratie auflösen sollten, um nicht nur zu einer harmonischen und mächtigen europäischen Staatengemeinschaft beizusteuern, sondern auch um den universalen Weg zur Erlösung des Menschen in einer höheren spirituellen Seinsstufe einzuschlagen.

Hatte es im 18. Jahrhundert noch eine starke, mitunter auch als historisch unhaltbar kritisierte Assoziation von Pythagoreismus und Leibnizscher Monadenlehre gegeben, zeigt sich im Frankreich der 1890er Jahre ein völlig anderes Bild.

---

[67] „De nos jours, le Franc-Maçonnerie, charpente et squelette d'une Théocratie, est la seule institution qui porte ce caractère d'universalité, et qui, à partir du trente-troisième degré, rappelle un peu, quant aux cadres, l'ancienne alliance intellectuelle et religieuse" (ebd., S. 12); "La sagesse et la science n'ont veritablement part au gouvernement des sociétés que dans la Théocratie seule" (ebd., S. 17).

[68] „Gouverner, c'est prévoir, c'est-à-dire c'est faire de l'hygiène sociale" (ebd., S. 27); „La garantie de cette forme de gouvernement est la réalisation incessante de la perfection divine par le développement de la perfectibilité humaine: Education, instruction, initiation, sélection des meilleurs" (ebd., S. 12). – Vgl. dazu auch die grundlegenden Ausführungen bei Barlet: Essai (wie Anm. 57), S. 163–166.

[69] Ebd., S. 22. Vgl. auch Barlet: Essai (wie Anm. 57), S. 162.

[70] Barlet: Essai (wie Anm. 57), S. 113.

Im *ésotérisme* Barlets und Papus' kommt es zu einer ‚Ent-Esoterisierung' der Leibnizschen Monadologie: Die pythagoreisch-neuplatonischen Implikationen des Monadenbegriffs bei Leibniz werden nicht länger wahrgenommen. Der Monadenbegriff wird auf den Singular ‚Monas' (*Unité*) reduziert. Eine mögliche Verbindung von Pythagoreismus und Leibnizianismus wird nicht einmal mehr in Betracht gezogen. Vielmehr vereinnahmt Barlet ausschließlich Pythagoras für die Sache des *ésotérisme*, während Leibniz' Monadenlehre als Auflösung der *Unité* in infinitesimale individuelle Parzellen – ein Aspekt der Leibnizschen Monadologie, den Tarde als besonders attraktiv empfunden hat – zurückgewiesen und als eklektizistische Depravation des *ésotérisme* Franciscus Mercurius van Helmonts dargestellt wird.[71] Leibniz habe den konsequenten Schritt zum Spiritualismus nicht vollzogen. An den aus der Sicht Papus' und Barlets reformbedürftigen französischen Universitäten habe Leibniz indes, wie Barlet zu Recht bemerkt, in der zweiten Hälfte des 19. Jahrhunderts eine gewisse Renaissance erlebt.[72]

Die Kritik der Okkultisten an Leibniz hätte nun zweifellos auch auf Gabriel Tarde übertragen werden können, obwohl sich mit gutem Grund auch die These vertreten lässt, dass Tarde die Leibnizsche Monadologie hin zu einem neomonadologischen „spiritualisme leibnitien" transformiert hat. Möglicherweise ließen sich sogar aus der Sicht der französischen Okkultisten der 1890er Jahre esoterische Aspekte in der Neomonadologie Tardes ausmachen. Da aber bislang keine Belege für direkte Auseinandersetzungen zwischen dem Neomonadologen Gabriel Tarde und den Okkultisten um Gérard Encausse ausfindig gemacht werden konnten, ist eine kontextualisierte, sich an konkreten Debatten ausrichtende Vertiefung des hier nur angedachten Vergleichs nicht möglich. Fest steht, dass keine Seite die andere namentlich erwähnt. Dennoch dürfte, bei aller zu konstatierenden Gemeinsamkeit, der Kontrast zwischen der monadologischen Soziologie Gabriel Tardes und dem soziologischen *ésotérisme* von Barlet und Encausse deutlich geworden sein.

Nicht minder deutlich ist auch die Differenz, die zwischen einem Gegenstand der Esoterikforschung und dem historisch verortbaren konkreten *ésotérisme* auftreten kann: Gegenstand der Esoterikforschung zu sein muss nicht *per se* heißen, esoterisch – etwa im Sinne des *ésotérisme* bei Barlet und Encausse – zu sein.

---

[71] Vgl. Barlet: Essai (wie Anm. 57), S. 26 : „Leibniz avait reçu de l'initié Mercure van Helmont quelques notions d'ésotérisme, suffisantes pour lui faire entrevoir la grandeur de cette synthèse, mais trop imparfaites pour lui donner la force de l'embrasser. C'est de là que lui est venue la théorie de la *monade*, mais à défaut de la clef trinitaire, cette donnée n'a pu le conduire qu'aux bizarreries de l'harmonie préétablie." Vgl. auch ebd., S. 107: „Leibniz (1714), par sa *Théodicée* et sa *Monadologie* fait un pas de plus vers le spiritualisme en s'arrêtant toutefois au système intermédiaire de l'éclectism [sic]".
[72] Vgl. ebd., S. 52.

## VII Schluss: Monadologie, Esoterik, *ésotérisme*

Kann Tardes Monadologie als „esoterisch" klassifiziert werden, wenn er von seinen Zeitgenossen offensichtlich nicht mit dem Konzept des *ésotérisme* assoziiert worden ist? – Gabriel Tarde lebte anders als Leibniz, auf dessen Monadologie er zwischen 1893 bis 1895 zurückgriff, zu einer Zeit, in der die Verwendung des Begriffs des Esoterischen, des Esoterikers sowie der Substantivformen ‚Esoterik' oder ‚ésotérisme' in den Nationalsprachen durchaus, jedoch in unterschiedlicher Intensität, geläufig war. Leibniz kannte die aus der Antike überlieferte Einteilung der Anhänger des Pythagoras in *esoterici* und *exoterici* sowie die Adjektivform ‚esotericus, -a, -um', also die latinisierte Form des griechischen ‚esoterikós', ‚innerlich'. Während im deutschsprachigen Raum der Begriff ‚Esoteriker' und ‚Esoterik' nach gegenwärtigem Kenntnisstand erst im letzten Drittel des 18. Jahrhunderts auftritt, wie dies Monika Neugebauer-Wölk in ihrem Beitrag zu diesem Band nachgewiesen hat, und sich in der Hauptsache, vor allem im Kontext freimaurerischer Sozietäten, auf die sogenannte pythagoreische Geheimlehre bezog, hat sich das semantische Spektrum des Esoterischen Ende des 19. Jahrhunderts schon allein aufgrund der Begründung der Theosophischen Gesellschaft durch Helena Petrowna Blavatsky im Jahr 1875 erheblich erweitert.[73]

Wenn man der Frage nachgehen möchte, wie sich das Verhältnis von Aufklärung und Esoterik auf seinem Weg in die Moderne des späten 19. Jahrhunderts gestaltet hat, ergeben sich vor dem Hintergrund dieses Befunds beträchtliche historiographische und methodische Probleme.

Es kann sich bei Esoterik nämlich um historisch verhandelte Methoden, Inhalte und Sachverhalte handeln, die im entsprechenden Kontext (z.B. der Moderne) von den Protagonisten auch *de facto* ‚Esoterik' oder ‚esoterisch' genannt worden sind. Es kann damit aber auch ein heutiger Forschungsbegriff der historisch verfahrenden Wissenschaften gemeint sein, der bestimmte antike, spätantike und frühneuzeitliche Traditionen beleuchtet, die für gewöhnlich als Einflussfaktoren auf die sogenannte moderne Esoterik gewürdigt werden, aber in den frühneuzeitlichen und neuzeitlichen Diskursen nicht unbedingt mit dem Nominalbegriff der Esoterik oder des Esoterischen belegt worden sein müssen. Stattdessen wurde oder wird etwa von hermetischer Philosophie, hermetischem Christentum, Hermetik, Hermetismus,

---

[73] Zum Zusammenhang vgl. das Standardwerk zum Okkultismus im 19. Jahrhundert von James Webb: The Flight from Reason. London 1971; neuerlich in dt. Übers. hg. v. Marco Frenschkowski u. Michael Siefener: James Webb: Die Flucht vor der Vernunft. Politik, Kultur und Okkultismus im 19. Jahrhundert. Wiesbaden 2009. Webb bemüht noch den strittigen Terminus des Irrationalen, gibt aber einen guten Überblick über die in Frage stehenden okkultistischen Bewegungen. Die Kategorie der Pseudowissenschaftlichkeit, die gerne mit Esoterik und Okkultismus in Verbindung gebracht wird, ist neuerdings in einem gleichnamigen Sammelband kritisch diskutiert worden: Pseudowissenschaft. Konzeptionen von Nichtwissenschaftlichkeit in der Wissenschaftsgeschichte. Hg. v. Dirk Rupnow u.a. Frankfurt a.M. 2008.

Theosophie, Neuplatonismus, Paracelsismus, Pythagoreismus, *scientia occulta*, Magie, Alchemie usw. gesprochen.

Für eine sachliche Handhabung des Begriffs der Esoterik ist es daher unabdingbar, eine scharfe Trennlinie zwischen dem Forschungsbegriff und dem historisch vorkommenden, mit diversen Praktiken, Lehrmeinungen, Philosophien und Glaubensansichten verbundenen Begriff zu ziehen. Geht man nämlich von einem heuristischen *plurale tantum* aus, das unter der forschungspragmatischen Benennung ‚Esoterik' weitere auf die frühe Neuzeit fokussierte Forschungsbegriffe zusammenfasst – wie die eben schon genannten -ismen Hermetismus, Neuplatonismus, Pythagoreismus, Paracelsismus und die *scientiae occultae* der Alchemie, Astrologie und Magie – und koppelt das mit der Frage, welche transformativen Rezeptionswege sich über die Aufklärung in die Moderne für die frühneuzeitlichen Motive, Positionen, Inhalte und Argumente, die in den genannten unter dem Forschungsbegriff der Esoterik subsumierten methodischen Unterbegriffen mitgedacht werden, getrennt für sich oder in Kombination nachweisen lassen, dann muss auch der pythagoreisch-neuplatonische Begriff der Monade samt seiner frühneuzeitlichen und modernen Modifikationen Gegenstand der Esoterikforschung sein – umso mehr, als die tatsächliche historische Verwendung des Esoterikbegriffs vor 1800 im Wesentlichen auf den Pythagoreismus zugespitzt war.

Erkennt man aber an, dass sich das Substantiv ‚Esoterik' nach 1800 in seiner Semantik geändert und dadurch möglicherweise auch an Bestimmtheit eingebüßt hat, darf man davon ausgehen, dass man den aus dem Pythagoreismus stammenden Begriff der Monade im konkreten historischen Kontext des späten 19. Jahrhunderts keineswegs *per se* schon als ‚Esoterik' mit einer bestimmten inhaltlichen Ausrichtung (etwa als Traditionsverständnis der Theosophischen Gesellschaft) verstanden oder gar mit dem Begriff der Esoterik bedacht haben muss.

Daraus ergeben sich zunächst folgende Schlussfolgerungen: 1. Der Forschungsbegriff und der historisch vorkommende Begriff der Esoterik verhalten sich nicht notwendig deckungsgleich zueinander; 2. das in den Nationalsprachen Europas nach bisherigem Kenntnisstand im späten 18. Jahrhundert auftauchende Substantiv ‚Esoterik' bzw. ‚ésotérisme' hat in seiner Bedeutung und seiner diskursiven Verwendung eine unhintergehbare Geschichte: So ist es in bestimmten Kontexten entweder mit konkreten Methoden, Traditionen, Inhalten und Bedeutungen angereichert oder um bestimmte Inhalte, Bedeutungen, Traditionen und Methoden erleichtert worden; 3. diese im weitesten Sinne semantische Geschichte hat mit dem Forschungsbegriff der Esoterik selbst, trotz der begrifflichen Überschneidung, nur wenig zu tun: Vielmehr gehört sie neben Hermetismus, Neuplatonismus, Paracelsismus, Alchemie u.s.f. zu den ausdrücklichen *Gegenständen* der Esoterikforschung, ohne durch den Forschungsbegriff der Esoterik *inhaltlich* bereits vorstrukturiert oder mit diesem identisch zu sein. Beide Begriffe bewegen sich auf unterschiedlichen Ebenen.

Es ist daher wichtig, sich aufgrund der Äquivokationen, denen der Forschungsbegriff ‚Esoterik' ausgesetzt ist, der unterschiedlichen Distinktionen des Forschungsbegriffs und des historisch vorkommenden Begriffs bewusst zu sein. Andernfalls würde man sich der forschungsleitenden Vorteile des heuristischen Begriffs der Esoterik berauben. Zu diesen Vorteilen zählt es, dass ein Gegenstand der Esoterikforschung nicht notwendig in moderne Esoterik münden muss, sondern sich auch in Kontexten wiederfinden kann, in denen ein solcher Gegenstand nicht mit dem historisch vorkommenden Begriff der Esoterik belegt wird, wie dies etwa auf Tardes Monadologie zutrifft, obwohl zur gleichen Zeit und im gleichen Kontext der *ésotérisme* und *occultisme* eines Papus seine Blütezeit erlebte. Unter diesen konkreten Bedingungen und im Bezug auf den seinerzeit gebräuchlichen *ésotérisme*-Begriff, nicht aber im Sinne des Forschungsbegriffs der Esoterik, lässt sich möglicherweise von einer ‚Ent-Esoterisierung' der Neomonadologie Gabriel Tardes sprechen, insofern ‚Pythagoras' auch Teil des Inventars im *ésotérisme* des späten 19. Jahrhunderts war, aber – im Gegensatz zum 18. Jahrhundert, in dem Leibniz' Monaden nicht selten mit dem Pythagoreismus in Verbindung gebracht worden sind – deutlich von der Leibnizschen Modifikation des neuplatonisch-pythagoreischen Monadenbegriffs abgesetzt wurde. Auch wenn französische Esoteriker wie François-Charles Barlet am *ésotérisme* des Pythagoras festhielten, übten sie mitunter am Leibnizschen Monadenkonzept Kritik, indem sie es als Depravation ihres esoterischen Ideals der methodischen und inhaltlichen *unité*, hier in der Ausprägung Franciscus Mercurius van Helmonts, interpretierten.[74] Pythagoras wird erst gar nicht als Urheber der Lehre von den Monaden erwähnt, sondern als in die ägyptischen Mysterien eingeweihtes Vorbild für eine wie auch immer zu verstehende, explizit synthetisch verfahrende Esoterik hervorgehoben, in der das soziolutopische, gesellschaftspolitische und soziologische Moment eine wichtige Rolle spielt.[75]

Ein Meta-Forschungsbegriff wie der Begriff der Esoterik ist auch kein brauchbares Mittel, historische Sachverhalte konkret beschreiben und analysieren zu können. Dafür ist der Begriff zu heuristisch und allgemein, sind die historischen Kontexte zu komplex. Seine Stärken liegen darin, frei von inhaltlichen Zuschreibungen den *methodischen* Blick auf die Rezeptionswege der unter ihn subsumierten -ismen und auf die Geschichte des Begriffs der Esoterik zu öffnen. Er erschließt wie ein Kontrastmittel einen neuen Zugang, beleuchtet bisher unterbe-

---

[74] Vgl. Barlet: Essai (wie Anm. 57), S. 26 (zitiert in Anm. 71). An dieser Stelle wird die enge Verbindung von *ésotérisme* und Trinitätsspekulationen bei den sogenannten französischen Okkultisten der zweiten Hälfte des 19. Jahrhunderts evident.

[75] Ebd., S. 37: Sokrates und Pythagoras werden als „initiés aux mystères antiques où se transmettait l'ésotérisme" charakterisiert. – Leibniz wurde im 18. Jahrhundert mitunter zum deutschen Sokrates und Pythagoras stilisiert, so z.B. von Andreas Clavius, aber auch von Joachim Georg Darjes und von Christoph Martin Wieland. Bei Barlet und Encausse findet sich eine solche Assoziation nicht mehr.

lichtete diskursive Zusammenhänge, bietet aber kein deskriptives Instrumentarium, um das Kontrastierte bis in seine Verästelungen hinein darstellen zu können.

Ich habe versucht, diese Ambivalenz des Esoterikbegriffs am Schicksal des Monadenbegriffs in der Moderne aufzuzeigen. Ausgehend vom Forschungsbegriff der Esoterik interpretierte ich den Monadenbegriff aufgrund seiner hermetischen, pythagoreischen und (neu)platonischen Geschichte und Semantik, von denen auch Leibniz in seiner Monadentheorie Gebrauch gemacht hat, als legitimen Gegenstand der heutigen Esoterikforschung. In der Moderne des späten 19. Jahrhunderts adaptierte und modifizierte Tarde die Leibnizsche Monadologie. Er berief sich auf den Plural ‚Monaden', auf die vielen Einheiten, während die Anhänger des *ésotérisme* Papus und Barlet allein den Singular *Monas* für mit ihrem *ésotérisme*-Konzept konform erklärten. Und so ergibt sich eine freilich nur vordergründig merkwürdige Situation: Leibniz' und Tardes Monadenkonzeptionen, die für uns noch unter dem Forschungsbegriff der Esoterik als esoterisch firmieren können, vermögen dies unter einem bestimmten historisch vorkommenden expliziten *ésotérisme*-Konzept nicht mehr. Da wir es aber im letzten Fall mit Diskursen und konkreten, von Natur aus komplexen Kontexten zu tun haben, die mit Zuschreibungen, Abgrenzungen, Disputen, Polemiken und Invektiven einhergehen, ist die Kluft zwischen einem arbiträren heuristischen Forschungsbegriff und der in einem spezifischen historischen Kontext verwendeten Begrifflichkeit und Semantik nicht weiter verwunderlich.

KARL BAIER

## Der Magnetismus der Versenkung. Mesmeristisches Denken in Meditationsbewegungen des 19. und 20. Jahrhunderts

Der bis tief ins 20. Jahrhundert reichende Einfluss des Mesmerismus auf Theorie und Praxis der Meditation ist einer der erstaunlichen Sachverhalte, die bei einem genaueren Blick auf die Geschichte der Meditation im euroamerikanischen Raum und in Indien zu Tage treten.[1] Anhand dieses Einflusses lässt sich beispielhaft zeigen, wie eine Bewegung, die unter dem Einfluss neuzeitlicher Naturwissenschaft und Aufklärung Denkfiguren, die früher in hermetisch-neuplatonischer Naturphilosophie, *magia naturalis* und Iatroastrologie geläufig waren, neu formulierte, verschiedene Transformationsstufen durchlaufend das Verständnis von Religion und spiritueller Praxis in der Moderne beeinflusste und dabei von einem europäischen Phänomen zu einem globalen religionsgeschichtlichen Faktor wurde.

Vor dem Gang in die Vergangenheit soll noch kurz darauf eingegangen werden, in welchem Sinn die Termini ‚Meditation' und ‚Meditationsbewegung' hier verwendet werden. Der Begriff der Meditation hat im Lauf seiner langen Geschichte ja unterschiedliche Bedeutungen angenommen. Gegenwärtig gibt es eine kaum mehr überblickbare Anzahl von Praktiken in religiösen und mehr oder weniger säkularen Zusammenhängen, die unter diesem Namen laufen. Ich kann an dieser Stelle nur einen weiten Vorbegriff geben, der ungefähr den Bereich umreißt, um den es im Folgenden gehen soll.[2]

Meditation bezeichnet eine bestimmte Gemütsverfassung, eine Weise des In-der-Welt-Seins („sich in tiefer Meditation befinden", „in Meditation sein"), die es erlaubt, sich unabgelenkt und auf besonders intensive Weise in etwas zu vertiefen. „Meditation" und „meditativ" heißt des Weiteren alles, was eine solche Verfassung widerspiegelt bzw. bewirken kann („ein meditativer Film", „eine meditative Beschäftigung", „Zen-Meditation"). Im Bereich dessen, was Meditation hervorruft und habitualisiert, sind bestimmte Meditationsmethoden von besonderer Bedeutung. Es handelt sich dabei um Übungsweisen, d.h. eine Form von strukturiertem

---

[1]  Siehe dazu Karl Baier: Meditation und Moderne. 2 Bde. Würzburg 2009. Ich ergreife gerne die Gelegenheit dieses Beitrags, um in kompakter Form darzustellen und in manchen Punkten zu ergänzen, was dazu in dieser Studie teils sehr ausführlich erörtert wird, teils über viele Kapitel verstreut, immer wieder aufscheint. Man möge mir nachsehen, dass ich manche Formulierungen von dort wörtlich übernehme.

[2]  Vgl. dazu Frederic B. Underwood: Meditation. An Overview. In: The Encyclopedia of Religion. Hg. v. Mircea Eliade. Bd. 9. New York, London 1987, S. 324–331; Alois Payer: Art. Meditation. In: Handbuch religionswissenschaftlicher Grundbegriffe. Hg. v. Hubert Cancik. Bd. 4. Stuttgart, Berlin u. Köln 1998, S. 127–131; Michael von Brück: Meditation / Kontemplation I. Religionswissenschaftlich. In: Religion in Geschichte und Gegenwart. Bd. 5. 4. Aufl. Tübingen 2001, S. 964f.

und regelmäßig wiederholtem Verhalten, das bewusst vollzogen wird, um die geübte Fähigkeit, hier also Meditation im ersten Sinn des Wortes, zu lernen, zu bewahren, zu steigern oder ohne weitere Absicht zu manifestieren.

Zur Meditation gehört ein Thema, ein Inhalt, der meditiert wird. Dieser Inhalt kann, muss aber nicht, ein bestimmter Gegenstand sein. Man hat deshalb zwischen gegenständlicher und ungegenständlicher Meditation unterschieden. Immer geht es darum, sich in das jeweilige Thema zu versenken, um eine partizipative Erkenntnis von ihm zu entwickeln, welche die Verbundenheit mit dem Meditierten vergrößert und den Meditierenden für besondere Erfahrungen öffnet, die v.a. im religiösen Kontext als Innesein einer unbedingten Wirklichkeit aufgefasst werden.

Dazu verändert die Praxis der Meditation mit Hilfe verschiedener Medien den Meditierenden. Unter anderem werden die Einbildungskraft in Gestalt des Erzeugens bestimmter Fantasien herangezogen, aber auch kognitive Überlegungen, Mantras, die Rezitation bzw. das Lesen von Texten, das Betrachten von Bildern, Gesänge und Musik, sowie leibliche Vollzüge wie bestimmte Weisen des Atmens und Sitzens, Bewegungsabläufe und Gebärden. Verspannungen werden gelöst, das vorstellende Denken und Gefühlsleben beruhigt, gesteigerte Wachheit und Gesammeltheit treten ein, bisweilen auch Trance und Ekstase.

Bei Meditationsbewegungen handelt es sich um innerreligiöse Reformbewegungen und / oder kulturelle Strömungen, deren Vertreter nicht nur den Verlust von Meditation beklagen, sondern aktiv für ihre Verbreitung in der Gesellschaft bzw. im Rahmen bestimmter Religionsgemeinschaften eintreten. Zu diesem Zweck bedient man sich verschiedener Kommunikationsmedien und baut Übungssysteme, Schulen und Zentren auf. Dies ist mit der Hoffnung verbunden, dass die Etablierung von Meditation eine kulturelle bzw. religiöse Reform in Gang bringt.

Die letzte große Meditationsbewegung im euroamerikanischen Bereich geht auf die kulturelle Umbruchsphase in den späten 1960er und 1970er Jahren zurück und dauerte ungefähr bis zum Ende der 1980er Jahre.[3] Man kann sagen, dass sie an ihrem Erfolg zugrunde ging, auch wenn sich die von vielen ihrer Protagonisten gehegte Erwartung des Anbruchs eines neuen, von Mystik geprägten Zeitalters als überzogen erwies. Heute ist Meditation ein gut etablierter Sektor innerhalb des globalen spirituellen Feldes, der keine Reformbewegung mehr braucht, um seinen Platz in der postsäkularen Gesellschaft zu erkämpfen. In meinem Beitrag geht es aber nicht um die heutige Situation bzw. die letzte Meditationsbewegung, sondern um deren Vorgeschichte, innerhalb derer der Mesmerismus eine signifikante Rolle spielt.

Der Mesmerismus wurde von dem deutschen Arzt Franz Anton Mesmer, der ihn in den 1770er Jahren erfand, der Öffentlichkeit zunächst als eine Krankheitslehre

---

[3] Vgl. dazu Baier: Meditation und Moderne (wie Anm. 1), S. 905–940.

und Heilmethode präsentiert.[4] Der Name „animalischer" oder „thierischer Magnetismus", unter dem die Lehre Mesmers ebenfalls bekannt war, steht für das Konzept eines Lebensstoffs, der den Organismus als „Nervenfluidum" durchströmt und belebt.[5] Mesmer sah darin die Modifikation eines unsichtbaren kosmischen Agens, welches als ‚Allflut' das gesamte Universum durchdringt, und das in Gestalt von mineralischem Magnetismus, Schwerkraft und Elektrizität auch in der unbelebten Natur wirkt. Krankheiten wurden auf Stockungen des magnetischen Strömens und die daraus folgende unharmonische Verteilung des Fluidums im Organismus zurückgeführt, was durch verschiedene Methoden des ‚Magnetisierens' behoben werden sollte.

Mesmer und seine Anhänger versuchten ihre Therapieform – freilich ohne dauerhaften Erfolg – im Rahmen des sich herausbildenden Paradigmas moderner, naturwissenschaftlich arbeitender Medizin zu begründen und auf diesem Weg akademische Anerkennung zu erlangen. Es gibt eine Reihe von Gründen dafür, warum sie außerdem schon bald begannen, ihre Forschung in einen weiteren Horizont zu stellen und sich u.a. dem Thema Meditation zuwandten, woraus religionsgeschichtlich einflussreiche Konzepte hervorgingen. Darauf soll im ersten Teil dieses Beitrags eingegangen werden, bevor Hauptstationen der Wirkungsgeschichte des Mesmerismus im Bereich moderner Meditation behandelt werden.

---

[4] Über das Leben Franz Anton Mesmers (1734–1815) ist relativ wenig bekannt. Das meiste davon kann man bereits in Justinus Kerner: Franz Anton Mesmer aus Schwaben, Entdecker des thierischen Magnetismus. Erinnerungen an denselben, nebst Nachrichten seines Lebens zu Meersburg am Bodensee. Frankfurt a.M. 1857, der ersten Biografie Mesmers, nachlesen. Neue Ergebnisse enthält Ernst Florey: Franz Anton Mesmer (1734–1815). Magier vom Bodensee. Konstanz 1995. Mesmer wurde in Iznang am Bodensee geboren. Er studierte unter dem berühmten Leibarzt Maria Theresias Gerald van Swieten Medizin in Wien, wo er nach Abschluss seines Studiums mit einer Dissertation über den Einfluss der Gestirne auf den Organismus (1766) seine Magnetkur entwickelte. Mesmers *Erstes Schreiben an einen auswärtigen Arzt*. In: Neuer gelehrter Mercurius. 26. Januar 1775, S. 25–30, machte die Grundzüge seiner Therapie erstmals öffentlich zugänglich.

[5] Mesmer stellte sich dieses Fluidum als ultrafeinen Teilchenstrom vor. Im späteren Mesmerismus mehrten sich die Positionen, die den animalischen Magnetismus unstofflich dachten. So versteht ihn etwa Dietrich Georg Kieser: System des Tellurismus oder Thierischen Magnetismus. Ein Handbuch für Naturforscher und Ärzte. 2 Bde. Bd. 1. Leipzig 1822, S. 18, als „Kraft" und damit „als die reine Thätigkeit eines Lebensprocesses". Ebd., S. 21, zieht Kieser daraus den Schluss: „Mesmers *Allflut*, als das Agens des thierischen Magnetismus im Menschen, ist daher nur symbolisch zu verstehen, und, insofern *Flut* eine bewegte Materie bedeutet, ein unrichtig gewählter Ausdruck. Nach seiner näheren Erklärung […] ist sie nur reine Thätigkeit, Bewegung, dem Feuer verwandt, obgleich er diese Begriffe nicht streng festhält, indem er an andern Stellen wieder von räumlichen Verhältnissen derselben redet […]. Dasselbe gilt vom *Nervenfluidum*, *Nervenäther*, wenn man diese Ausdrücke zur Bezeichnung der magnetischen Kraft gebraucht." Vgl. dazu auch den Beitrag von Friedemann Stengel im vorliegenden Band.

## I  Voraussetzungen der mesmeristischen Beschäftigung mit Meditation

Die mesmeristische Praxis besaß eine meditative Dimension, die sowohl bei den Therapeuten wie auf Seiten der Patienten zu Tage trat. Dies gilt insbesondere seit der im Jahr 1784 erfolgten Entdeckung des magnetischen Somnambulismus durch Armand Marie Jacques de Chastenet, Marquis de Puységur (1751–1825), die der mesmeristischen Bewegung eine neue Richtung gab. Während Mesmer seine Patientinnen und Patienten in eine dramatische Krise versetzte, die mit Schweißausbrüchen, Krämpfen, Zuckungen u.ä. verbunden war, führte das Magnetisieren bei Puységur zu einem ruhigen Trancezustand, was den Therapiesitzungen den Charakter meditativer Übungen verlieh. In einem Bericht von der Heilung eines etwa ein Jahr alten Kindes, das gewaltsame Krämpfe an den Rand des Todes gebracht hatten, kommt dies deutlich zum Ausdruck. Der Begriff „recueillement" (lat. „recollectio", span. „recogimiento", dt. „Sammlung"), den Puységur an dieser Stelle verwendet, gehört zum Basisvokabular, das die europäische Spiritualitätsgeschichte seit der Antike für meditative Vollzüge entwickelte:[6]

> La petite Honorine, les yeux ouverts et fixes, était roide et sans mouvement, et tous ses parens, mornes et silencieux autour d'elle, semblaient n'attendre que le moment de recueillir son dernier soupier. Sans leur adresser la parole, sans leur demander même un nouveau consentment, je prends la petite Honorine dans mes bras avec l'oreiller sur lequel elle était étendue, je m'asseois sur la pose ainsi sur mes genoux: alors, sans m'occuper ni songer à rien de ce qui se passait autour de moi, je me concentre entièrement en touchant ce petit enfant dans la seule volonté de produire sur elle l'effet qui lui fût le plus salutaire. Au bout de quelques minutes je crois m'apercevoir du retour de sa respiration. Je pose une main sur son cœur, et j'en sens les faibles battemens; 'annonçais à chaque seconde, sans me destraire, et comme si je ne l'eusse dit qu'à moi-même, chacune des remarques consolantes que je faisais. Mon profond recueillement imposait un silence que, dans la douloureuse attente où l'on était, personne n'était tenté de rompre, quand tout-à-coup le bruit rassurant d'une abondante évacuation se fait entendre: j'exprime la joie que j'en ressens, et sans découvrir encore ni regarder la petite, je n'en continue qu'avec plus d'énergie l'exercice de mon action magnétique [...].[7]

Nicht nur die Magnetiseure gerieten bei der Ausübung ihrer Kunst in eine meditative Verfassung. Mit den verschiedenen Praktiken des Mesmerisierens verfügte man über Methoden, die nach Ansicht der Mesmeristen und nach dem Zeugnis ihrer Patientinnen und Patienten tiefe Versenkungszustände, Visionen, religiöse Ekstase und paranormale Fähigkeiten hervorrufen konnten. Man entdeckte diese Dimensionen menschlicher Erfahrung im therapeutischen Rahmen neu als Möglichkeiten, die auch außerhalb eines konfessionellen, theologisch dominierten Kontextes erfahren und erforscht werden können. Aufgrund der Erfahrungen in der

---

[6] Vgl. dazu Hermann J. Sieben, S. Lopez Santidrian: Art. Recueillement. In: Dictionnaire de Spiritualité, Ascétique et Mystique. Doctrine et Histoire. Fondé par Marcel Viller. Bd. 13. Paris 1988, S. 247–268; sowie Baier: Meditation und Moderne (wie Anm. 1), S. 695–707.

[7] Armand Marie Jacques de Chastenet Marquis de Puységur: Recherches. Expériences et observations physiologiques sur l'homme dans l'état de somnambulisme naturel et dans le somnambulisme provoqué par l'acte magnétique. Paris 1811, S. 71f.

mesmeristischen Therapie kam man zu der Überzeugung, dass diese Phänomene nicht in dem Ausmaß auf „eingegossener Gnade" bzw. auf dämonischen Einflüsterungen beruhen, wie es die damalige Theologie wollte, sondern zu einem großen Teil auf natürlichen Prinzipien.[8] Man fand heraus, dass sie durch bestimmte Übungen unter relativ kontrollierten Bedingungen hervorgerufen werden können und humanwissenschaftlichen Erklärungen zugänglich sind. Die Lehre vom animalischen Magnetismus ist so gesehen eine Vorform der psychologischen und neurologischen *altered states of consciousness*-Forschung des 20. Jahrhunderts und bahnt die Entwicklung säkularer Meditationsformen an, die das Meditieren aus traditionellen religiösen Kontexten herauslösen.[9]

Mesmer hatte die verschiedenen, beim Magnetisieren auftretenden außergewöhnlichen Erfahrungen mittels eines „inneren" oder „sechsten" Sinnes erklärt, den er auch „Instinkt" oder „Gemeinsinn" nannte.[10] Dieser Sinn war seiner Meinung nach nichts anderes als die Empfänglichkeit für Einwirkungen des kosmischen Fluidums, das die Harmonie des Weltalls bewirkt, indem es alles mit

---

[8] Paradigmatisch für die Interpretation mystischer Erfahrungen in der katholischen Theologie des 18. Jahrhunderts ist Giovanni Baptista Scaramelli: Il Direttorio Mistico, Indirizatto a' Direttori di quelle anime, che Iddio conduce per la via della Contemplazione. Venedig 1757. Die Beziehung zwischen Dämonologie, Exorzismus und Mystik in der frühen Neuzeit untersucht Moshe Sluhovsky: Believe Not Every Spirit. Possession, Mysticism and Discernment in Early Modern Catholicism. Chicago, London 2007. Hinsichtlich dämonologischer Erklärungsmuster überzeugte Mesmer 1775 die Bayerische Akademie der Wissenschaften davon, dass er die von dem damals berühmten Exorzisten Johann Joseph Gassner produzierten Heilungen mit Hilfe des animalischen Magnetismus bewirken könne, und dass seine Theorie in der Lage sei, die Besessenheiten und die Heilung auf natürliche Kräfte zurückzuführen. Vgl. zur Mesmer-Gasser-Kontroverse Anneliese Ego: Animalischer Magnetismus oder Aufklärung. Eine mentalitätsgeschichtliche Studie zum Konflikt um ein Heilkonzept im 18. Jahrhundert. Würzburg 1991, S. 1–27.

[9] Zur Ansetzung Mesmers als Vater der wissenschaftlichen Erforschung veränderter Bewusstseinszustände vgl. etwa Carlos S. Alvarado: ESP and Altered States of Consciousness. An Overview of Conceptual and Research Trends. In: The Journal of Parapsychology 62 (1998), S. 27–63 sowie Sakari Kallio, Antti Revonsuo: Hypnotic Phenomena and Altered States of Consciousness. A Multilevel Framework of Description and Explanation. In: Contemporary Hypnosis 20 (2003), S. 111–164.

[10] Schon in Franz Anton Mesmer: Kurze Geschichte des thierischen Magnetismus bis April 1781. Aus dem Franz. übers. Carlsruhe 1783, konzipiert Mesmer den Magnetismus als sechsten Sinn: „Der thierische Magnetismus muß in meinen Händen als ein sechster künstlicher Sinn betrachtet werden. Sinne lassen sich weder erklären noch beschreiben – blos fühlen – empfinden. Vergeblich würde man sich bemühen einem Blindgebohrnen die Theorie der Farben begreiflich zu machen. Man muss ihn sehend, das ist fühlen machen" (ebd., S. 46). Im Spätwerk Friedrich [sic] Anton Mesmer: Mesmerismus. Oder System der Wechselwirkungen, Theorie und Anwendung des thierischen Magnetismus als die allgemeine Heilkunde zur Erhaltung des Menschen. 2 Bde. Hg. v. Karl Christian Wolfart. Berlin 1814, S. 142, führt Mesmer aus: „Welches weite Feld von Nachforschungen und Erkenntnissen eröffnet sich durch eine unausgesetzte Untersuchung des inneren Sinnes! Endlich wird man einsehen, daß der Mensch durch dieses Vermögen mit der ganzen Natur in Berührung oder in Wechselwirkung steht […]." Zur Mesmerschen Lehre vom inneren Sinn und ihrer Weiterbildung bei verschiedenen Mesmeristen siehe Adam Crabtree: From Mesmer to Freud. Magnetic Sleep and the Roots of Psychological Healing. New Haven, London 1993, S. 44f. u. 61f.

allem in einem System der Wechselwirkungen verbindet. Mit ihm verfügt, Mesmer zufolge, der Mensch über ein ihn mit dem All verbindendes Sensorium, das umso mehr in Erscheinung tritt, als die äußeren Sinne und die Verstandestätigkeit zur Ruhe kommen. Seine Reichweite ist wesentlich größer als die der anderen Sinne, weil man über das Fluidum unmittelbar mit dem gesamten Universum in Kontakt steht.[11] Selbst diese recht ‚esoterisch' klingende Theorie hatte eine aufklärerische Intention, wollte doch Mesmer mit ihr einen Beitrag dazu leisten, die rätselhaften Phänomene „des Somnambulismus, der Prophezeiungen, der Sybillen, der Orakel der Magie, der Zaubereien, der Dämonurgie" wissenschaftlich zu ergründen.[12]

Nicht nur seine Lehre vom inneren Sinn, auch Mesmers persönliche Spiritualität war geprägt von einem Motiv, das in modernen Meditationslehren regelmäßig auftaucht: das heilsame Eins-Sein mit dem als kosmische Harmonie verstandenen Weltganzen. Krankheit war für ihn Abkapselung vom harmonischen Strömen der „Allflut". Die Magnetkur sollte den Patienten dazu verhelfen, erneut in Einklang mit der Bewegung des Kosmos zu gelangen.[13] Mesmers berühmte Beschreibung der Lebenskrise, die er aufgrund der Ablehnung seiner Lehre durchmachte, schildert seine Partizipation an der Natur als eine Art Initiationserfahrung, bei der sein diskursives Denken durch ein „Denken ohne Worte" ersetzt wird, wie es für Versenkungszustände typisch ist und wie er es für den instinktiv erkennenden inneren Sinn annahm.

> Ein verzehrendes Feuer erfüllte meine ganze Seele. Ich suchte die Wahrheit nicht mehr voll zärtlicher Neigung, ich suchte sie voll der äussersten Unruhe. [...] Zum Glück hatte meine Heftigkeit, in der Stille der Wälder, niemand als die Bäume zu Zeugen. Dann, warlich! ich muß einem Wahnsinnigen sehr ähnlich gesehen haben. Alle übrigen Beschäfftigungen wurden mir verhaßt. [...] Ich bereute die Zeit, die ich anwandte, Ausdrücke für meine Gedanken zu suchen. [...] Und da faßt' ich den seltsamen Entschluß, mich von dieser Sclaverey loß zu machen. [...] Drey Monate dacht' ich ohne Worte. Als sich diß tiefe Nachdenken endigte, sah ich mich voll Erstaunen um. Meine Sinnen betrogen mich nicht mehr, wie vorhin. Alle Gegenstände hatten für mich eine neue Gestalt. [...] Unmerklich kam wieder Ruhe in meine Seele, dann sie war nun von dem wirklichen Daseyn, der von mir bisher so hitzig verfolgten Wahrheit, völlig überzeugt.[14]

Wie andere im 18. Jahrhundert diskutierte Theorien der Imponderabilien, die sich den unwägbaren, strömenden und strahlenden Materien wie Licht, Nervengeist, Elektrizität, Schwerkraft und Magnetismus widmeten, hielt auch das mesmeristische Denken die Grenze zwischen Materie und Geist für durchlässig.[15] Kosmolo-

---

[11] Vgl. dazu Mesmer: Mesmerismus (wie Anm. 10), S. 155–157, 204f. und zusammenfassend Jürgen Barkhoff: Magnetische Fiktionen. Literarisierung des Mesmerismus in der Romantik. Stuttgart, Weimar 1995, S. 27–31.
[12] Vgl. Mesmer: Mesmerismus (wie Anm. 10), S. 142.
[13] Vgl. zu Mesmers Verständnis von Krankheit und anderen Übeln als Störung der All-Harmonie ebd., S. 301–305.
[14] Mesmer: Kurze Geschichte des thierischen Magnetismus (wie Anm. 10), S. 42–44.
[15] „Ob von physikalischen Kräften wie Elektrizität und Magnetismus oder den anthropologisch-vitalistischen Mittlerstoffen wie dem Nervensaft, dem Nervengeist oder der Lebenskraft die

gisch erlaubte dieser Ansatz im Anschluss an hermetisch-neuplatonische Naturphilosophie die Himmelsmaschine zu beseelen und den Kosmos als lebendige, Geborgenheit vermittelnde, harmonische Einheit zu denken.[16] Anthropologisch konnte man auf dieser Basis die Verbundenheit von Mensch und Natur ins Zentrum stellen und eine Sprache für meditative Leib-Erfahrungen entwickeln, während in der zeitgleichen christlichen Praxis diese Dimensionen weitgehend ausgeblendet blieben.

Mesmers heilsames Fluidum erfüllte mit seinem Strömen nicht nur den sichtbaren und unsichtbaren Kosmos. Es konnte und sollte am eigenen Leib erfahren werden. „Magnetisieren, Übertragen der fluidalen Kraft durch die ‚Manipulation' des Arztes einerseits, intensives Wahrnehmen des eigenen Leibes und Fühlen in die Ferne bis hin zur Geisterwelt andererseits, waren nur zwei Seiten ein und derselben Medaille."[17] Dadurch wurde die wichtige Rolle der Leiblichkeit in den modernen Meditationsformen antizipiert. Wie unten noch ausführlicher gezeigt werden wird, konnte der Mesmerismus nicht zuletzt deshalb als Verständnisschlüssel für bestimmte indische Traditionen fungieren.

Besondere Bedeutung hatte für die Mesmeristen die „Herzgrube", worunter die auch als Hypochondrium bezeichnete Gegend des oberen Bauchraums verstanden wurde. Gewöhnlich fing eine Behandlung damit an, dass der Magnetiseur seine Hand auf diesen Bereich legte, um den sogenannten Rapport, die für die therapeutische Beziehung nötige persönliche Verbindung zwischen Arzt und Patient, herzustellen.[18] Zur Erzeugung somnambuler Zustände wurde vom Kopf abwärts und zur Herzgrube hin gestrichen, damit sich das Fluidum dort konzentrierte.

Die Bedeutung dieser Körpergegend für die Gesundheit und das Kranksein des Menschen spielte bereits in der galenischen Medizin eine Rolle.[19] Die paracelsische Tradition, die den Mesmeristen hauptsächlich durch Johann Baptist van Helmont (1579–1644) bekannt war, betonte sie und ihr Wechselspiel mit dem Gehirn noch stärker. Im oberen Bauchraum sitzt ihrer Meinung nach der zentrale Lebensgeist

---

Rede ist: sie alle waren zwischen Materie und Geist angesiedelt, hatten sowohl physikalische wie geistige Qualitäten, wechselten das Lager, wurden mal der einen, mal der anderen Seite zugeordnet. Philosophisch gesehen war dies der Hauptgewinn der imponderabilen Flutstoffe, daß sie die Grenze fortwährend unterspülten im doppelten Sinn: sie machten sie durchlässig, porös, und entzogen ihr damit das Fundament, machten sie unwesentlich, überflüssig" (Barkhoff: Magnetische Fiktionen [wie Anm. 11], S. 41).

[16] Dies wird von Barkhoff: Magnetische Fiktionen (wie Anm. 11), S. 41–43 hervorgehoben.
[17] Heinz Schott: Der ‚Okkultismus' bei Justinus Kerner – Eine medizinhistorische Untersuchung. In: Justinus Kerner. Nur wenn man von Geistern spricht. Briefe und Kleksographien. Hg. v. Andrea Berger-Fix. Stuttgart, Wien 1986, S. 71–103, hier S. 74.
[18] Vgl. Eberhard Gmelin: Neue Untersuchungen über den Thierischen Magnetismus. Tübingen 1789, S. 377, unter Bezugnahme auf Tardy de Montravel. Crabtree: From Mesmer to Freud (wie Anm. 10), S. 14 bestätigt die Herzgrube als Ausgangspunkt der Behandlung bei Mesmer.
[19] Vgl. dazu und zum Folgenden den aufschlussreichen Artikel von Heinz Schott: Geschichte der Medizin. ‚Lebensgeist' – Alchimist in unserem Bauch. In: Deutsches Ärzteblatt 98 (2001) A, S. 383–385.

(*spiritus vitae*), den Paracelsus *archaeus* nennt, und strahlt sowohl nach oben ins Gehirn als auch nach unten zu den Unterleibsorganen, die von diesem Zentrum menschlicher Vitalität wie von einer Sonne erhellt und belebt werden.[20]

In der Medizin des frühen 19. Jahrhunderts wurde daraus die für die Anthropologie der Romantiker insgesamt hoch bedeutsame Gegenüberstellung zweier Nervensysteme. Johann Christian Reil, Professor der Medizin in Halle und Leibarzt Goethes, veröffentlichte 1807 eine Abhandlung, in der die menschliche Nerventätigkeit auf das Cerebralsystem (Gehirn und Rückenmark) und das Gangliensystem (mit verschiedenen Zentren im Bauchraum) zurückgeführt wird, die als Organe des Bewusstseins bzw. des Unbewussten fungieren.[21] Diese Theorie wird von führenden Vertretern des Mesmerismus in der deutschen Romantik übernommen und weiterentwickelt.[22] Sie stellt damit, wie Barkhoff herausarbeitete, ein wichtiges Bindeglied zwischen der ersten, nervenphysiologisch geprägten und der zweiten, von romantischer Naturphilosophie bzw. romantischer Medizin getragenen Mesmerismuswelle im deutschen Sprachraum dar und „schafft als solches eine Kontinuität der Denk- und Argumentationsweisen, die der einseitigen Betonung des Trennenden zwischen den Magnetismusdiskursen des 18. und 19. Jahrhunderts entgegenzuhalten ist."[23]

Die romantischen Mesmeristen gehen davon aus, dass das Magnetisieren die Tätigkeit des Gangliensystems und insbesondere des Sonnengeflechts, das als dominierendes Ganglion auch *cerebrum abdominale*, „Bauchgehirn", genannt wurde, verstärkt.[24] Es wird durch diese Aktivierung zum dominierenden Wahrneh-

---

[20] Vgl. zum Archaeus bei Paracelsus Wilhelm Kämmerer: Das Leib-Seele-Problem bei Paracelsus und einigen Autoren des 17. Jahrhunderts. Wiesbaden 1971, S. 58f.

[21] Johann Christian Reil: Ueber die Eigenschaften des Ganglien-Systems und sein Verhältniß zum Cerebral-System. In: Archiv für die Physiologie 7 (1807), S. 189–254.

[22] Dem in mehrere Sprachen übersetzten und oft zitierten Meisterwerk des medizinisch orientierten Mesmerismus aus der Feder des Berliner Arztes Kluge kommt dabei eine Schlüsselrolle zu. In Carl Alexander Ferdinand Kluge: Versuch einer Darstellung des animalischen Magnetismus als Heilmittel. Berlin 1811 wird S. 262 festgehalten, dass „die meisten der magnetischen Erscheinungen nur aus dem Verhältniße, worin das Ganglien- und Cerebralsystem zueinander stehen, erklärt werden können". Kluge lässt dem eine Zusammenfassung der Reilschen Ideen folgen (ebd., S. 263–278). Direkt von Kluge übernimmt Gotthilf Heinrich Schubert: Die Symbolik des Traums. Bamberg 1814, S. 99–154, Reils Modell eines bipolaren Nervenapparates. Er versucht es bereits in den größeren Rahmen einer Anthropologie und Psychologie zu stellen, sowie mit ästhetischen, sprach- und naturphilosophischen, aber auch theologischen Überlegungen zu verknüpfen. Carl August von Eschenmayer: Versuch die scheinbare Magie des thierischen Magnetismus aus physiologischen und psychischen Gesetzen zu erklären. Wien 1816, S. 82 interpretiert dann Reils Theorie ausdrücklich mit Hilfe eines naturphilosophischen Polaritätsprinzips. Mehr zu Reils Wirkungsgeschichte in Heinz Schott: Zum Begriff des Seelenorgans bei Johann Christian Reil (1759–1813). In: Gehirn – Nerven – Seele. Anatomie und Physiologie im Umfeld S. Th. Soemmerings. Hg. v. Gunter Mann u. Franz Dumont. Stuttgart, New York 1988, S. 183–210.

[23] Jürgen Barkhoff: Magnetische Fiktionen (wie Anm. 11), S. 98.

[24] Vgl. zur Sonderstellung des Solarplexus Kluge: Versuch einer Darstellung (wie Anm. 22), S. 226f.

mungsorgan, das die Nachtseite des Lebens, das Unbewusste, erschließt. Letzteres fungiert sowohl als Ort der mit Ernährung, Erhaltung und Fortpflanzung verbundenen psychophysischen Kräfte, wie auch als Instanz der Mythen, Träume und innere Bilder produzierenden Fantasie sowie der kontemplativen Schau. Demgegenüber fungieren Gehirn und Zentralnervensystem als Organe der Tagseite des Lebens, des Bewusstseins und des durch äußere Sinne, Verstand und Willen geleiteten, aktiven Weltbezuges. Ziel der Therapie war es, die pathologische Trennung beider Systeme zu überwinden.[25] Erst um die Mitte des 19. Jahrhunderts kam man im mesmeristischen Diskurs von dieser Theorie ab. Die neuen Theorien verlegen auch den Ursprung des Traumlebens und Somnambulismus ins Gehirn, das damit zum unumschränkten Zentralorgan des gesamten Seelenlebens wird.[26]

Für die Beschäftigung des Mesmerismus mit Meditation ist noch eine andere Entwicklung von Bedeutung. Gegen Ende des 18. Jahrhunderts erfolgte eine Herauslösung des Magnetisierens aus der therapeutischen Beziehung. In den späten 1780er Jahren wurde der animalische Magnetismus nicht mehr als Phänomen verstanden, das nur bei Kranken auftritt und mit der Gesundung wieder verschwindet. Swedenborgianer, mystisch orientierte Freimaurer-Logen und andere Geheimgesellschaften experimentierten in ganz Europa mit dem Magnetisieren von Gesunden und benutzten es, um in Kontakt mit höheren Welten zu kommen.[27]

Neben der vom Magnetiseur herbeigeführten Magnetisierung rechnete man schon relativ früh mit der Möglichkeit eines von sich aus entstehenden, natürlichen Magnetismus bzw. der willentlichen Selbstmagnetisierung.[28] Dieses Konzept wur-

---

[25] Baier: Meditation und Moderne (wie Anm. 1), S. 224–230, zeigt dies am Beispiel Carl Joseph H. Windischmanns.

[26] In Johann Carl Passavant: Untersuchungen über den Lebensmagnetismus und das Hellsehen. 2. umgearb. Aufl. Frankfurt a.M. 1837, S. 87f., wird noch unverändert an ihr festgehalten. Kritik an Reils Theorie üben dann Joseph Ennemoser: Der Magnetismus im Verhältnisse zur Natur und Religion. Stuttgart, Tübingen 1842, S. 325f. und Arthur Schopenhauer: Versuch über das Geistersehen und was damit zusammenhängt. In: Ders.: Parerga und Paralipomena: Kleine philosophische Schriften. Berlin 1851, S. 213–219, hier S. 230–240. Carl Gustav Carus: Über Lebensmagnetismus und über die magischen Wirkungen überhaupt [1857]. Unveränd. hg. u. eingel. v. Christoph Bernoulli, Basel 1925, erwähnt Reil nicht mehr und geht vom Gehirn als einzigem Zentrum des Nervensystems aus, wobei dem Mittelhirn eine besondere Beziehung zum Unbewussten zugeschrieben wird (vgl. ebd., S. 34–37, 45–48).

[27] Ein Schlüsselereignis in der Entwicklung des Magnetisierens zur okkulten Trance- und Ekstase-Technik waren die mesmeristischen Experimente von Swedenborgianern im Jahr 1787, in denen eine Frau von verschiedenen Geistern kontrolliert wird, die u.a. Fragen zum Jenseits ganz im Sinn von Swedenborgs Anschauungen beantworten. Eine Folge davon war, dass die swedenborgianische Stockholmer *Société Exégétique et Philantropique* 1788 einen offenen Brief an die Straßburger mesmeristische Vereinigung *Société harmonique des amis réunis* schrieb, in dem sie das Mesmerisieren als Kontaktaufnahme mit der Geisterwelt interpretierte und die dabei auftretenden Phänomene auf den Einfluss der Geister zurückführte. Vgl. dazu Frank Podmore: Modern Spiritualism. A History and a Criticism. Bd. 1. London 1902, S. 76f. Vgl. zur Okkultisierung des Mesmerismus in diesen Jahren auch Robert Darnton: Der Mesmerismus und das Ende der Aufklärung in Frankreich. Frankfurt a.M. 1986, S. 66–69.

[28] Die nach heutigem Kenntnisstand früheste Erwähnung der Möglichkeit eines selbstinduzierten Somnambulismus erfolgte 1787 in einer Schrift des stellvertretenden Sekretärs der Straßburger

de zur Interpretation religiöser Übungen und Erfahrungen herangezogen. Für Johann Heinrich Jung-Stilling rufen „lange Übungen im Wandel vor Gott" eine Selbstmagnetisierung hervor, durch die wahrhaft gottergebene Menschen in Entzückungen und magnetischen Schlaf geraten können.[29] In seiner mesmeristischen Anthropologie findet sich auch bereits die für das Meditationsverständnis des späteren Okkultismus wichtige Vorstellung, dass der aus dem magnetischen Fluidum gebildete „ätherische Lichtkörper" sich durch die Magnetisierung partiell und temporär vom grobstofflichen Körper ablöse, und dass damit teilweise vorweggenommen werde, was im Tod geschehe. Dadurch war es möglich, die in der mesmeristischen Therapie durch religiöse Praktiken oder auch spontan auftretenden Trance- und Ekstasezustände zu erklären, von denen man glaubte, dass sie den Kontakt mit jenseitigen Sphären ermöglichen, die während des irdischen Lebens sonst unzugänglich bleiben.[30]

## II Die mesmeristische Rezeption europäischer und indischer Meditationstraditionen

Auf der Basis der geschilderten Entwicklungen interpretieren deutsche Mesmeristen im ersten Drittel des 19. Jahrhunderts Meditationspraktiken aus Europa und Indien. Johann Carl Passavant (1790–1857), einer der bedeutendsten Ärzte der Romantik, widmet in seinen *Untersuchungen über den Lebensmagnetismus und das Hellsehen* aus dem Jahr 1821 sowohl dem Thema Kontemplation als auch Indien jeweils ein ganzes Kapitel.[31] Er führt aus, dass das „innere Schauen", die *Clairvoyance*, nicht nur durch den Einfluss eines Magnetiseurs angeregt wird, sondern durch jedes Verfahren, bei dem man sich der Einwirkung der Sinnenwelt entzieht und die Seele zu ihrem „Centralleben" zurückführt. Darunter fällt „ernste Sammlung, jede Aufmerksamkeit auf das Innere, jedes Nachdenken über die ewigen Dinge [...]."[32] Kontemplation sei zwar eine schwierige Sache, doch das Bemühen um sie lohne sich, denn

---

*Société*, M. de Mouillesaux. Vgl. dazu Alan Gauld: A History of Hypnotism. Cambridge 1992, S. 59f. und Crabtree: From Mesmer to Freud (wie Anm. 10), S. 104.

[29] Johann Heinrich Jung-Stilling: Theorie der Geisterkunde, in einer Natur-, Vernunft- und Bibelmäßigen Beantwortung der Frage: Was von Ahnungen, Gesichten und Geistererscheinungen geglaubt und nicht geglaubt werden müße. Nürnberg 1808, S. 72.

[30] Vgl. zur Wirkungsgeschichte dieser Idee im Okkultismus John Patrick Deveney: Astral Projection or Liberation of the Double and the Work of the Early Theosophical Society, Theosophical History. Occasional Papers. Bd. 6. Santa Fe 1997.

[31] Vgl. zu Passavant Baier: Meditation und Moderne (wie Anm. 1), S. 210–218.

[32] Johann Carl Passavant: Untersuchungen über den Lebensmagnetismus und das Hellsehen. Frankfurt a.M. 1821, S. 259.

nicht in den Erfahrungen des Weltlebens, nicht in den Schätzen der Gelehrsamkeit schöpft der Geist die befruchtenden Wasser. Die heilige Quelle, aus der wir Begeisterung, umfassende Ideen, große Vorsätze schöpfen, rinnt verborgen in unserer inneren Welt.[33]

Passavant verbindet seinen Ruf nach Einkehr mit einer Kritik am Aktivismus des bürgerlichen Zeitalters. In den letzten Jahrzehnten seien oft Charakterstärke und die anderen aus der Beschauung fließenden Seelenkräfte unentwickelt geblieben,

durch den Mangel an würdiger Einsamkeit, und durch das ewige Treiben des äußeren Lebens, in welchem die Menschen, wie in einer Drehschaukel im Kreise bewegt, zu keinem festen Anschauen, zu keiner ruhigen Besonnenheit gelangen, und endlich von Ekel ergriffen werden.[34]

Als Beispiele für Kontemplationspraxis zieht er recht ausführlich den Bericht des französischen Arztes François Bernier (1625–1688) von der Meditationspraxis und Ekstase indischer Fakire sowie den *Pseudosymeonischen Methodos*, den wirkmächtigen ältesten Text des Hesychasmus heran, die seiner Meinung nach in Bezug auf die Übungsanleitung und auf die religiöse Erfahrung, zu der die Praxis hinführen soll, signifikante Parallelen aufweisen.[35]

Passavants Text enthält mehrere Topoi, die später zum Standardprogramm moderner Meditationsbewegungen zählen werden:

1. Die Rezeption monastischer Praxis im säkularen Kontext: Der monastischeremitische Lebensstil wird als der Vergangenheit zugehörig empfunden. Passavant schreibt mit protestantischem Hintergrund für ein gebildetes bürgerliches Publikum. Gleichwohl nimmt er die im monastischen oder asketischen Umfeld entstandenen Meditations-Praktiken zum Vorbild.
2. Öffnung für Praktiken aus Asien: Der Horizont, innerhalb dessen man sich mit Meditation auseinandersetzt, ist nicht mehr auf das Christentum beschränkt. Indische Übungsweisen werden studiert und mit christlicher Tradition verglichen,

---

[33] Ebd., S. 260.
[34] Ebd., S. 261.
[35] Hesychasmus (von altgr. ἡσυχία „Ruhe, Stille, Einsamkeit") ist eine Form altkirchlicher mystischer Spiritualität, die auf das frühchristliche Mönchtum zurückgeht, und die zwischen dem 12. und 16. Jahrhundert ihre Blütezeit hatte. Die beiden von Passavant herangezogenen Quellen wurden zuerst von Edward Gibbon: The History of the Decline and Fall of the Roman Empire III. Bd. 5 u. 6 [1788]. London 1994, S. 783f. (Kap. LXIII) miteinander verglichen. Gibbons Vergleich fand in die Welt des deutschen Mesmerismus Eingang durch den kleinen Beitrag von Karl Christian Wolfart: Verzückung der Mönche in der orient. Kirche und der Fakirs in Indien. In: Wolfarts Jahrbücher für den Lebensmagnetismus 1/2 (1819), S. 255f. Wolfart zitiert dort Gibbon, deutet die indische und christlich-orthodoxe Versenkungspraxis als Selbstmagnetisierung und weist auf die Übereinstimmung mit dem somnambulen Zustand mesmerisierter Personen hin. Der Verweis auf Berniers Reisebericht und hesychastisches Gebet wird in der Folge im deutschen Mesmerismus üblich. Die möglichen Beziehungen zwischen hesychastischem Gebet und indischem Yoga werden bis heute diskutiert. Vgl. dazu und in Bezug auf den *Methodos* Karl Baier: Yoga auf dem Weg nach Westen. Studien zur Rezeptionsgeschichte. Würzburg 1998, S. 32–72.

wobei die Ähnlichkeit der Praktiken und der in der Übung auftretenden Erfahrungen hervorgehoben wird.
3. Kultur- und Gesellschaftskritik: Der Verlust meditativen Lebens durch die wachsende Betriebsamkeit und das Schwinden der Möglichkeiten zur Zurückgezogenheit und Ruhe werden beklagt. Das Interesse für Meditation verbindet sich mit einer Kritik an den negativen Seiten der Modernisierung der Gesellschaft.
4. Verinnerlichung: Es wird eine spirituelle Grundhaltung propagiert, für die es wichtiger ist, den ‚Tempel in der Seele' aufzusuchen, als in die Kirche zu gehen.

Die Empfehlung, Meditation in einer dem modernen bürgerlichen Leben angepassten Form zu praktizieren, wird noch nicht ausgesprochen, ist aber eine Konsequenz, die zu ziehen der Text nahe legt.

Einige Jahre nach Passavant, 1832, behandelt der mesmeristische Arzt und Philosoph Carl Joseph Hieronymus Windischmann (1775–1839) in seinem Werk *Die Philosophie im Fortgang der Weltgeschichte* die indische Philosophie in einer Ausführlichkeit, wie vor ihm kein anderer deutscher Denker.[36] Er interpretiert aus einer mesmeristischen Perspektive: Das „magnetische Leben der Seele" wird zum „Prinzip der indischen Denkart" erhoben.[37]

Das umfangreiche neunte Kapitel im zweiten Indienband dieses Werks expliziert Windischmanns Verständnis des magnetischen Heilungsprozesses.[38] Um das krankhaft in die Welt verstrickte, egozentrische Bewusstsein zu verlassen, wird das Fluidum in der Herzgrube konzentriert, was die Tätigkeit der unbewussten Seele aktiviert. Sie produziert heilsame Visionen und intuitive Einsichten, die dem Patienten einen Ausweg aus seiner Verstrickung weisen. Der dadurch hergestellte Ausgleich von Bewusstsein und Unbewusstem reicht für eine gewöhnliche Therapie aus. Aber bei manchen Menschen geht, so Windischmann, der Heilungsprozess noch weiter und gewinnt einen „contemplativen Charakter".[39] Bei diesen Patienten steigt das Fluidum schließlich aus der Herzgrube hinauf zum Scheitel, und sie erfahren eine religiöse Ekstase, in der das „göttliche Licht" geschaut wird. Die Integration dieser Erfahrung ins *Alltagsleben* ist der letzte Schritt im Heilungsprozess. Er ist damit verbunden, dass das Fluidum von der Gegend zwischen den

---

[36] Carl Joseph Hieronymus Windischmann: Die Philosophie im Fortgang der Weltgeschichte. Erster Theil: Die Grundlagen der Philosophie im Morgenland. 2. Abt. Bonn 1829; sowie ders.: Die Philosophie im Fortgang der Weltgeschichte. Erster Theil: Die Grundlagen der Philosophie im Morgenland. 3. Abt.: Indien II. Bonn 1832. Windischmann war sowohl Professor für Philosophie als auch für Medizin an der Universität Bonn, wo er gemeinsam mit Joseph Ennemoser auch tierischen Magnetismus lehrte. In Bezug auf die indische Philosophie arbeitete er mit den Bonner Indologen zusammen und griff auf deren Übersetzungen zurück.
[37] Windischmann: Indien II (wie Anm. 36), S. 1042f.
[38] Ebd., S. 989–1140.
[39] Ebd., S. 1053.

Augen zum Scheitel aufsteigt und sich dort zu einem leuchtenden Punkt oder Flämmchen zusammenzieht.[40]

Im Yoga, der für ihn den Kern indischer Religion und Philosophie bildet, findet er diese Stadien der Heilung (mit Ausnahme der letzten Phase) und ihre körperliche Seite wieder. Wie vor ihm schon Abraham H. Anquetil-Duperron (1731–1805) in der mesmeristisch beeinflussten Einleitung zu seiner berühmten Übersetzung der Upaniṣaden identifiziert Windischmann das Fluidum, das er auch „Lebenshauch", „Lebensgeist" oder „Pneuma" nennt, mit dem Sanskrit-Terminus *prāṇa*.[41] Die Herzgrube wird der „Höhle des Herzens" (*hṛdaya guha*), von der die Upaniṣaden sprechen, gleichgesetzt. Den zur Ekstase führenden Aufstieg des Fluidums zum Scheitel sieht er in der Maitrī-Upaniṣad vorweggenommen, wo vom Aufsteigen eines *udāna* genannten Lebenshauches in einer als *suṣumnā* bezeichneten zentralen Ader die Rede ist, ein Aufstieg, der vom Herzen seinen Ausgang nimmt und zum Scheitel führt.[42]

Quellen des tantrischen Yoga, in denen diese Konzepte zum so genannten Kuṇḍalinī-Yoga ausgearbeitet wurden, waren Windischmann noch nicht bekannt. Aber er greift die in den Upaniṣaden enthaltenen Vorstufen auf und erkennt darin die ihm aus der mesmeristischen Praxis bekannten kontemplativen Stufen des Heilungsprozesses wieder.

Besonders über die englische Übersetzung von Joseph Ennemosers *Geschichte der Magie* (1854), einer der Hauptquellen von Helena Blavatskys *Isis Unveiled* (1877), dem ersten Hauptwerk der Begründerin der *Theosophischen Gesellschaft*, und durch John Campbell Colquhouns *A History of Magic* (1851) wurde die Beschäftigung des deutschen romantischen Mesmerismus mit indischer Meditation in groben Zügen dem englischsprachigen Mesmerismus und Okkultismus bekannt.[43] Sie prägt die Rezeption yogischer Meditationsformen durch die Theosophie des 19. Jahrhunderts.

---

[40] Vgl. ebd., S. 1053f.
[41] Vgl. zu *prāṇa* bei Abraham H. Anquetil-Duperron: OUPNEK'HAT (id est SECRETUM TEGENDUM). Bd. 1. Paris 1801, S. XCIV: „Lucidus intercedens vector spiritus, ton Pran universalem librorum Indicorum, in multiplices Pranha, entia cujusvis generis animantes, divisum, satis commode repraesentat." Oupnek'hat. Bd. 1, S. 9 definiert *prāṇa* als „respiratio (halitus, anima, to phren)". Vgl. dazu auch den Beitrag von Franz Winter im vorliegenden Band.
[42] Vgl. dazu Windischmann: Indien II (wie Anm. 36), S. 1351.
[43] John Campbell Colquhoun: A History of Magic, Witchcraft, and Animal Magnetism. 2 Bde. London 1851; Joseph Ennemoser: The History of Magic. London 1854 (dt. Ausg.: Geschichte der Magie. Leipzig 1844).

## III Die mesmeristische Interpretation des Yoga in der modernen Theosophie

Man kann nicht sagen, dass die Theosophie, die von der 1875 in New York gegründeten *Theosophical Society* vertreten wurde, von Beginn an eine Meditationsbewegung war. Aber sie wurde sukzessive zu einer solchen und zwar unter dem Druck der theosophischen Basis, die das Training zum Erwerb okkulter Kräfte, das ihr von den Leitern der *Theosophischen Gesellschaft* versprochen worden war, einforderte.[44] Die paranormalen Kräfte traten dabei zunehmend als Ziel der Meditationspraxis in den Hintergrund, und die mystische Vereinigung mit dem Weltengrund wurde vorrangig.

In *Isis Unveiled* bezeichnet Helena Petrovna Blavatsky (1831–1891) die Schau des Göttlichen und die Vereinigung mit dem göttlichen Licht als höchste Verwirklichung des inneren Sinnes. Sie beruft sich dafür auf neuplatonische Quellen, aber auch auf indische Fakire und Yogis. In Bezug auf die Meditations-Methode erwähnt sie die im Mesmerismus übliche Konzentration auf das Sonnengeflecht bzw. die Herzgrube. Wie sie es bei Ennemoser nachlesen konnte, wird die mesmeristische Praxis mit im Yoga entwickelten Meditationsmethoden und bisweilen auch mit dem hesychastischen Gebet identifiziert.

> The modern fakirs, as well as the ancient gymnosophists, unite themselves with their Âtman and the Deity by remaining motionless in contemplation and concentrating their whole thought on their navel. As in modern somnambulic phenomena, the navel was regarded as ‚the circle of the sun', the seat of internal divine light. Is the fact that a number of modern somnambulists being enabled to read letters, hear, smell, and see, through that part of their body to be regarded again as a simple ‚coincidence', or shall we admit at last that the old sages knew something more of physiological and psychological mysteries than our modern Academicians?[45]

Nach der Verlagerung des Hauptsitzes der *Theosophical Society* nach Indien werden Blavatsky und der mit ihr seit 1874 kooperierende Henry Steel Olcott (1832–1907) nicht müde, dort die frohe Botschaft zu verkünden, dass die neueste westliche Wissenschaft in Gestalt des Mesmerismus die Wahrheit der alten indischen Lehren und vor allem des Yoga unter Beweis stellt. Blavatsky schreibt 1879 in der von ihr in Bombay (heute Mumbai) herausgegebenen Zeitschrift *The Theosophist*:

> Mesmerism is the very key to the mystery of man's interior nature; and enables one familiar with its laws to understand not only the phenomena of Western spiritualism, but also that vast subject [...] of Eastern Magic. The whole object of the Hindu *Yogi* is to bring into activity his interior power to make himself ruler over the physical self and over everything else besides. That the developed *Yogi* can influence, sometimes control, the operations of vegetable and

---

[44] Vgl. zur Geschichte der Meditation in der *Theosophical Society* Baier: Meditation und Moderne (wie Anm. 1), S. 291–428.
[45] Helena P. Blavatsky: Isis Unveiled. Bd. I: Science. Pasadena 1998 [ND der Ausg. New York 1877], S. XXXIX.

animal life, proves that the soul within the body has an intimate relationship with the soul of all other things. Mesmerism goes far toward teaching us how to read this occult secret.[46]

Olcott lehrte nicht nur mesmeristische Theorie, sondern gab in Indien auch praktische Einführungen in die Grundlagen des Magnetisierens für die neu hinzugewonnenen Mitglieder der Theosophischen Gesellschaft.[47] „In attempting to teach our young Indian members the meaning of Indian philosophers we have begun by showing theoretically and experimentally what Magnetism is."[48]

Der Mesmerismus wurde in der Folge besonders für die Rezeption des tantrischen Yoga fruchtbar gemacht. Im Juli 1880 erschien im *Theosophist* ein Artikel aus der Feder des indischen Theosophen Bharada Kanta, in dem ausführlich aus Purnananda Swamis *Sat Cakra Narupa* (um 1577) zitiert wird, einem Werk, das später von Arthur Avalon (Sir John Woodroffe) in seinem berühmten Buch *The Serpent Power* (1919) übersetzt und kommentiert wurde.[49] Die dort dargestellte Lehre von den Chakren und die durch sie zum Scheitel aufsteigende mysteriöse Schlangenkraft *kuṇḍalinī*, die in Bharada Kantas Artikel wohl zum ersten Mal einem westlichen Publikum unterbreitet wird, wurde durch Woodroffes Buch zum Vorbild für die meisten der populären Chakrenlehren, die das Meditationsverständnis des 20. Jahrhunderts mitprägten. In einer Fußnote kommentiert Olcott:

> The significant feature of the present essay is that the Tantric Yogi from whose work the extracts are translated, knew the great and mysterious law that there are within the human body a series of centres of force-evolution, the location of which becomes known to the ascetic in the course of his physical self-development, as well as the means which must be resorted to bring the activities of these centres under the control of the will. To employ the Oriental figurative method, these points are so many outworks to be captured in succession before the very citadel can be taken.[50]

Mit diesem Statement wird die Lehre von den Chakren und dem stufenweisen Aufstieg von Zentrum zu Zentrum bis zur Erleuchtung in die von der Theosophie offiziell anerkannten okkulten Wahrheiten aufgenommen.

In seinem Vorwort zur theosophischen Ausgabe der Yogasūtren aus dem Jahr 1882 interpretiert Olcott den Aufstieg durch die Chakren als Selbstmesmerisierung, die zur Befreiung des Astralkörpers vom grobstofflichen Körper und zur Erkenntnis der Einheit mit ‚Brahm' führt. Er beruft sich für seine Beschreibung der Medi-

---

46 Helena P. Blavatsky: The Magnetic Chain. In: The Theosophist. October 1879, S. 29f., hier S. 29.
47 In den 1850er Jahren war Olcott Mitglied eines spiritistischen Zirkels in Amherst, Ohio. Einige Mitglieder dieses Zirkels praktizierten Heilung durch Handauflegen. Olcott, der davon fasziniert war, stieß auf der Suche nach Erklärungen für diese Fähigkeit auf mesmeristische Literatur und erkannte bald, dass er selbst die Fähigkeit des Magnetisierens besaß. In Indien revitalisierte er seine frühe Beschäftigung mit dem Mesmerismus.
48 Henry Steel Olcott: The Baron du Potet, Hon. F.T.S. In: The Theosophist. February 1880, S. 116f., hier S. 116.
49 Bharada Kanta: A Glimpse of Tantric Occultism. In: The Theosophist. July 1880, S. 244f.
50 Ebd., S. 244 Anm.

tation verschiedener Körperzentren auf eine Schrift zum Kuṇḍalinī-Yoga aus der Feder des Englisch sprechenden Yogi Sabhapatty Swami und erwähnt, dass er mit ihm außerdem ein Gespräch über diese Form der Meditation geführt habe.[51] Auf diesen Yogi wird unten noch zurückzukommen sein.

Auch die im Yoga üblichen Meditations-Sitzhaltungen und Atemübungen verstand man vor einem mesmeristischen Hintergrund. Kaler Mohun Dass, ein Rechtsanwalt aus Kalkutta, erläutert, diese Haltungen hätten den Sinn

> to retain and converge the forces of electricity and magnetism existing in the human body with a view to concentrate the mind. The legs and the hands are in almost all these Asans required to be placed in positions most favourable to the retention of those forces. [...] They are of considerable use to beginners, as the body is thereby rendered impervious to external atmospheric influences of cold and heat, chiefly by reason of the magnetism generated and retained in the system, and the regulation of the acts of inhalation and exhalation which they necessitate.[52]

Praktische Meditationsanleitungen von indischstämmigen Theosophen, die von 1879 an im *Theosophist* veröffentlicht wurden, griffen Elemente aus der Yogatradition auf, die ja nun mit Hilfe des Mesmerismus als wissenschaftlich fundiert erschien.[53] Nach der Trennung der *Theosophischen Gesellschaft* von Dayananda Saraswati wurden diese Experimente mit Yoga aber zunächst weitgehend unterbunden. Dayananda war der Anführer der Hindu-Reformbewegung Arya Samaj, mit der die *Theosophische Gesellschaft* in ihren frühen indischen Jahren zusammenarbeitete. Blavatsky und Olcott hielten ihn für einen Yoga-Adepten und hofften, dass er die Mitglieder der Gesellschaft in die Geheimnisse des Yoga einweihen würde, was aber nicht geschah. Das endgültige Zerwürfnis zwischen der *Theosophischen Gesellschaft* und Dayananda im Jahr 1882 führte dazu, dass die Leitung der Theosophie hinsichtlich der Rezeption von Yogapraxis auf die Bremse trat. Meditation hieß nun – mindestens für die Mitglieder der *Theosophischen Gesellschaft*, die nicht Blavatskys innerem Kreis angehörten –, Prinzipien der theosophischen Weltanschauung zu durchdenken und auf das eigene Leben zu beziehen, was die Sehnsucht nach dem Unendlichen erwecken und eine allmähliche Versenkung in es herbeiführen sollte. Doch der Wunsch nach einer weniger diskursiven Medi-

---

[51] Col. Henry Steel Olcott: Introduction. In: The Yoga Philosophy: Being the Text of Patañjali, with Bhojarajah's Commentary. A reprint of the English translation of the above, by the late Dr. Ballantyne and Govind Shástri Deva, to which are added extracts from various authors. With an introduction by Colonel Henry S. Olcott, President of the Theosophical Society. The whole ed. by Tukárám Tátiá, F.T.S. Bombay 1882, S. I–VII, hier S. V–VI. Bei der Schrift, auf die sich Olcott bezieht, handelt es sich um Sabhapatty Swami: Om. A treatise on Vedantic Raj Yoga Philosophy. Hg. v. Babu Siris Chandra Basu F.T.S. Lahore 1880. Eine von Franz Hartmann angefertigte deutsche Übersetzung davon erschien zunächst in: Neue Lotusblüten 1 (1908) Ausg. 7–8, S. 259–282; Ausg. 9–10, S. 319–353 sowie Ausg. 11–12, S. 377–403 und vermutlich in den 1920er Jahren als Buch im Theosophischen Verlagshaus unter dem Titel Sabhapatti Svami: Die Philosophie und Wissenschaft des Vedânta und Râja-Yoga oder Das Eingehen in Gott. Aus dem Engl. übers. v. Franz Hartmann. Leipzig o.J.
[52] Kaler Mohun Dass: The Utility of Asans. In: The Theosophist. December 1882, S. 75.
[53] Mehr dazu in Baier: Meditation und Moderne (wie Anm. 1), S. 324–329.

tationsmethode, den viele theosophische Publikationen zu diesem Thema geweckt hatten, ließ sich auf die Dauer nicht unterdrücken.

Ende der 1880er Jahre wird in einem Brief von William Q. Judge, der zuerst in der Zeitschrift *The Path* erschien und später in seinen *Letters that have helped me* veröffentlicht wurde, eine praktische Meditationsanleitung gegeben, die Termini aus Patañjalis Yogasūtra, Mesmerismus und tantrische Vorstellungen verbindet. Als Beispiel für die zu praktizierenden Methoden wählt Judge eine Meditation, die Patañjalis Anwendung von *saṃyama* (dt. etwa „Gesamtbändigung", der Begriff meint die im Rahmen des achtgliedrigen Yoga beschriebenen drei Stadien der Meditation als einen zusammenhängenden Vollzug) auf die Halsgrube und auf den Scheitel kombiniert. Man solle zuerst die Halsgrube als Gegenstand wählen, sie im Geist festhalten und meditieren. Dies bewirke Festigkeit des Geistes.[54] Dann solle man den Punkt am Kopf auswählen, zu dem der Suṣumnā-Nerv führe, und genauso verfahren, was die Erkenntnis von Geistwesen (*insight into spiritual minds*) zur Folge habe.[55] Man solle sich nicht viel Gedanken machen, wo dieser Punkt genau liege, sondern sich einfach auf den Scheitel konzentrieren.

Julia Keightley, die Adressatin der Briefe von Judge, die dessen *Letters that have helped me* unter dem Pseudonym Jasper Niemand herausgab, ergänzt diese Übung durch eine mesmeristische Erklärung. Die von Judge vorgeschlagene Methode habe physiologischen Wert, heißt es da, denn die für die Meditation vorgesehenen Stellen seien besondere vitale Zentren:

> Excitation of these centers, and of the magnetic residue of breath always found in them, strengthens and arouses the faculties of the inner man, the magnetic vehicle of the soul and the link between matter and spirit. This is a form of words necessary for clearness, because in reality matter and spirit are one. We may better imagine an infinite series of force correlations which extend from pure Spirit to its grossest vehicle, and we may say that the magnetic inner vehicle, or astral man, stands at the half-way point of the scale. The secret of the circulation of the nervous fluid is hidden in these vital centers, and he who discovers it can use the body at will.[56]

Blavatsky selbst lehrte in ihren letzten Lebensjahren in der *Esoteric Section* der *Theosophischen Gesellschaft* bzw. in deren *Inner Circle* ihre eigene Form des

---

[54] Vgl.: „III, 31: *kūrma-nāḍyāṃ sthairyam*. [Durch die Anwendung des Saṃyama] auf die Kurma-Nāḍī, Festigkeit" (Yogasūtra. Der Yogaleitfaden des Patañjali. Aus dem Sanskrit übers. u. mit Anm. versehen v. Helmuth Maldoner. 5. Aufl. Stuttgart 2011, S. 52). Kurma-Nāḍī wurde in Kommentaren zum Yogasūtra als Halsgrube interpretiert.

[55] Diese Übung ist angelehnt an Patañjali: Yogasūtras III, 32. Vgl.: „III, 32: *mūrdha-jyotiṣi siddha-darśanam*. [Durch die Anwendung des Saṃyama] auf das Licht im Kopf, die Schau der Vollkommenen" (ebd., S. 53). Das „Licht im Kopf" wird traditionell als Lichtschein am Scheitel interpretiert. Die *siddhas*, von Judge als „spiritual minds" interpretiert, werden als Wesen vorgestellt, die sich frei zwischen Himmel und Erde bewegen können. Mit der Erwähnung der *suṣumnā* bringt Judge einen Begriff ins Spiel, der zuerst in Maitrī Upaniṣad 6, 21 auftaucht (vgl. oben) und später im Kuṇḍalinī-Yoga von großer Bedeutung ist, im Yogasūtra aber nicht vorkommt.

[56] William Q. Judge: Letters that have helped me. Bombay 1930 [zuerst 1891], S. 34.

meditativen Aufstiegs durch die Chakren. Dabei kam ein mesmeristischer Zugang zu dieser Praxis allerdings nur mehr selten zum Vorschein.[57]

## IV Indisierter Mesmerismus als Quelle des modernen Yoga

Sabhapatty Swami, der Yogi, mit dem sich Olcott über den Aufstieg durch die Chakren unterhalten hatte und von dem eine Schrift über dieses Thema von der *Theosophischen Gesellschaft* veröffentlicht worden war, plante unter dem Einfluss der Theosophie eine weltweite Meditationsbewegung. Wie aus einem weiteren Werk, das er im Jahr 1884 veröffentlichte, hervorgeht, war er dabei, eine neohinduistische Gemeinschaft zur Verbreitung seiner Lehren und vor allem seiner Meditations-Methode zu gründen.[58] Er verfolgte das Ziel, Vedānta als alle Religionen umfassende Wahrheit und universale Kirche, die durch Meditation zur Erlösung führt, zu verbreiten.[59] Offenbar inspiriert von der Theosophie, hegte er die Vision einer weltweiten Bewegung, die, mit dem Hauptquartier in Madras, Gesellschaften in allen Ländern der Erde unterhalten sollte.

Den Mittelpunkt dieser Gesellschaften sollten Meditationszentren bilden, die als Orte theoretischen und praktischen Unterrichts, aber auch individueller Meditation gedacht waren. Es sollten die am Kuṇḍalinī-Yoga orientierte Meditationsform des Swami, aber auch "Blessing Deetcha or Mesmerism" genannte Methoden praktiziert werden. Sabhapatty Swami zufolge besitzt Indien einen höher entwickelten Mesmerismus als der Westen. Was er als indischen Mesmerismus beschreibt, ist in erster Linie eine Mischung aus genuin mesmeristischen Praktiken, eigenen Elementen und Formen des Kontakts zwischen Guru und Schüler, wie sie im Rahmen einer *dīkṣā* (Initiation) und bei anderen tantrischen Ritualen stattfinden. Befähigte Lehrer sollten das göttliche Bewusstsein in sich erwecken und durch verschiedene Weisen der Berührung und andere Formen des Mesmerisierens auf die Schüler übertragen.

Hätte er etwas mehr literarisches und rednerisches Talent gehabt, und wäre es ihm vergönnt gewesen, nach Amerika zu reisen und einen Auftritt bei einer Großveranstaltung wie dem *World Congress of Religions* zu haben, wäre er mit diesem Programm wohl zum Anführer der ersten internationalen neohinduistischen Meditationsbewegung geworden. Doch scheint sein Unternehmen nie über die Gegend

---

[57] Vgl. dazu Baier: Meditation und Moderne (wie Anm. 1), S. 385–395.
[58] Sabhapaty Swamy: The Cosmic Psychological Spiritual Philosophy and Science of Communion with and Absorption in the Holy and Divine Infinite Spirit or Vedhanta Siva RajaYoga Samadhi Brumha Gnyana Anubhati. Madras 1884.
[59] Die Philosophie und Theologie des Vedānta, insb. in Gestalt des Advaita Vedānta Śaṅkaras (etwa 788–820 n. Chr.), der eine Nichtdualität zwischen Welt und absoluter Wirklichkeit lehrt, wurde im universalreligiös auftretenden Neohinduismus vielfach als Kern aller Religionen propagiert. Vgl. dazu Johann Figl: Die Mitte der Religionen. Idee und Praxis universalreligiöser Bewegungen. Darmstadt 1993, S. 32–58.

von Madras hinausgelangt zu sein, und auch dort geriet er anscheinend bald in Vergessenheit.

Was er vorgedacht hatte, konnte erst Swami Vivekananda in die Tat umsetzen.[60] Als der Neohinduismus Vivekanandas während seiner Arbeit als Redner in Amerika von 1893–1897 Gestalt annahm, bewegte er sich in einem Milieu, das von den Geistheilern des New Thought, von Spiritismus und Okkultismus geprägt war. Mesmeristisches Gedankengut war in diesen Kreisen weit verbreitet und dürfte ihm schon aus dem indischen okkulten Milieu, mit dem er in seiner Jugend in Bengalen Kontakt hatte, bekannt gewesen sein.[61] Ohne den Mesmerismus als Inspirationsquelle beim Namen zu nennen, stimmen seine Naturphilosophie und Anthropologie sowie sein alternatives Heilungskonzept in vielen Punkten mit ihm überein. Es ist dies ein Beispiel für die zunehmende Anonymisierung des Mesmerismus am Ende des 19. Jahrhunderts. Mesmeristisches Denken ist nicht mehr nur unter den Etiketten „Mesmerismus" bzw. „Heilmagnetismus" etc. in Umlauf, sondern tritt ohne Kennzeichnung seiner geschichtlichen Herkunft in verschiedenen Kontexten der alternativreligiösen Szene und bei Vertretern devianter Heilmethoden in Erscheinung.

Entschiedener als in der Theosophie wird bei Vivekananda die Meditationspraxis als wichtigste religiöse Übung ins Zentrum gestellt. „Practice is absolutely necessary. You may sit down and listen to me by the hour every day, but if you do not practice you will not get one step further. It all depends on practice."[62] Alle Meditationswege beruhen nach ihm auf demselben Prinzip. Es geht darum, den Geist beherrschen zu lernen und sich vom Körperlichen zu distanzieren.[63] Obwohl er Meditation in ziemlich radikaler Weise als Praxis zunehmender Trennung von Körper und Geist denkt, geht Vivekananda davon aus, dass das Geistestraining am erfolgreichsten ist, wenn man mit Übungen beginnt, die bei einer korrekten Körperhaltung und Atemübungen ansetzen.[64]

Genauer gesagt nimmt er einen Zwischenbereich zwischen grobstofflicher Materie und reinem Geist zum Ansatzpunkt für den meditativen Vergeistigungsweg. Vivekananda denkt diesen Bereich auf eine Weise, die dem Mesmerismus nahe steht, die aber zugleich mit Begriffen aus dem Vedānta und der Philosophie

---

[60] Narendranath Datta (1863–1902), bekannt unter seinem Mönchsnamen Swami Vivekananda, ist einer der bekanntesten Vertreter des Neohinduismus und des erwachenden indischen Nationalismus. Auf ihn geht die weltweite neohinduistische Missionstätigkeit zurück. Seine Ramakrishna-Mission und die in Amerika und England installierten *Vedanta Societies* wurden zum Vorbild vieler anderer vergleichbarer Gemeinschaften und Zentren. Vivekananda ist außerdem einer der Väter des modernen, transnationalen Yoga.

[61] Vgl. zum geistigen Hintergrund Vivekanandas Elizabeth De Michelis: A History of Modern Yoga. Patañjali and Western Esotericism. London, New York 2004.

[62] Swami Vivekananda: The Complete Works of Swami Vivekananda. Bd. I. 19. Aufl. Calcutta 1992, S. 139.

[63] Vgl. ebd., IV, S. 248; ebd., I, S. 463.

[64] Vgl. ebd., VI, S. 40.

des Sāṃkhya operiert. An der Stelle, die im Mesmerismus das Fluidum bzw. der animalische Magnetismus als Grundkraft einnimmt, steht bei ihm der Begriff des *prāṇa*, der, wie gezeigt, zu Beginn des 19. Jahrhunderts in Europa bereits als indische Parallele zum mesmeristischen Fluidum betrachtet wurde. Vivekananda übersetzt ihn mit Begriffen wie „life principle", „(life) force" oder „energy" und versteht darunter die Summe der im Universum verbreiteten Energie. Äther, Magnetismus und Elektrizität sind seiner Meinung nach Erscheinungsformen des *prāṇa*. Er bringt *ākāśa*, das Prinzip der Materie bzw. der räumlichen Ausgedehntheit zum Schwingen und erzeugt je nach Schwingungsgrad daraus festere und weniger feste Körper. Je schneller die Vibration, desto feiner die Materie. Die feinste Schwingungsform von *prāṇa* sind die Gedanken.[65]

Wie in der mesmeristischen Anthropologie Jung-Stillings und bei der frühen Blavatsky konstituieren bei Vivekananda drei Prinzipien den Menschen. Zuhöchst steht *ātman* als unsterblicher, reiner Geist. Dann folgt der Lichtkörper (*bright body*), in dem sich der Geist verkörpert und der aus feinerer Materie besteht als der grobstoffliche Körper, der durch die feinstofflichen Nervenströme des Lichtkörpers belebt wird. Krankheiten entstehen dem mesmeristischen Krankheitskonzept entsprechend durch ein Ungleichgewicht des *prāṇa* im Körper, wenn es sich in bestimmten Bereichen anstaut und andere unversorgt bleiben. Alle alternativen Heilmethoden beruhen laut Vivekananda darauf, den *prāṇa* zu regulieren.[66] Seine Beherrschung liegt aber auch der Meditation zugrunde. „When a man has concentrated his energies, he masters the Prana that is in his body. When a man is meditating, he is also concentrating the Prana."[67] Das entspricht der Auffassung des Mesmerismus der deutschen Romantik.

Die Atemübungen des Yoga dienen der Bündelung von *prāṇa* und sollen dazu führen, dass die Lebenskraft in Gestalt der *kuṇḍalinī* durch die Wirbelsäule aufsteigt, um sich mit ihrem göttlichen Ursprung zu vereinen. Dieser Aufstieg wird als Voraussetzung für die Meisterung tiefer Meditation bezeichnet. „Thus the rousing of the Kundalini is the one and only way to attaining Divine Wisdom, superconscious perception, realisation of the spirit."[68] Erst durch die Erweckung der *kuṇḍalinī* wird die im engeren Sinn religiöse Dimension der Meditation erreicht:

> As this power of Kundalini rises from one centre to the other in the spine, it changes the senses and you begin to see this world another. It is heaven. You cannot talk. Then the Kundalini goes down to the lower centres. You are again man until the Kundalini reaches the brain, all the

---

[65] Vgl. ebd., II, S. 30.
[66] „In this country there are Mind-healers, Faith-healers, Spiritualists, Christian Scientists, Hypnotists, etc., and if we examine these different bodies, we shall find at the back of each this control of Prana, wether they know it or not" (ebd., I, S. 149f.).
[67] Ebd., S. 156.
[68] Ebd., S. 165.

centres have been passed, and the whole vision vanishes and you [perceive] [...] nothing but the one existence. You are God.[69]

Diese Beschreibung entspricht der mesmeristischen Interpretation des Aufstiegs durch die Chakren in der Theosophie und (vielleicht mit Ausnahme der die Einheit von Gott und Mensch stark hervorhebenden Schlussaussage) der Interpretation von Ekstase, die wir bei Windischmann kennengelernt haben. Wie im Mesmerismus wird hier mystische Erfahrung mit einem physikalisch-physiologischen Prozess verknüpft, wobei Vivekananda auf traditionelle indische Formen von Meditation zurückgreift und sie in moderner Weise deutet.

Die wachsende Praxisorientiertheit des Meditationsschrifttums dieser Zeit spiegelt sich auch in seinen Schriften. Zur Erweckung der *kundalinī* beschreibt er im Detail eine bestimmte, aus dem Haṭha-Yoga stammende Atemübung, die nāḍī śodhana genannt wird. Man soll sich, während man abwechselnd durch das linke und rechte Nasenloch atmet, zugleich auf den damit verbundenen „Nervenstrom" links und rechts der Wirbelsäule konzentrieren und das unterste Zentrum in der Gegend des Sakralplexus aktivieren, um zu bewirken, dass sich die Kundalinī-Kraft erhebt.

Es ist vor allem Vivekananda zu verdanken, dass Atemübungen und Meditation nach Art seines neohinduistischen Yoga um 1900 im *New Thought* zu einer Mode wurden. Der *New Thought*, der von Schülerinnen und Schülern des vom Mesmerismus herkommenden Heilers Phineas P. Quimby (1802–1866) gegründet worden war, bildete damals in Amerika eine Massenbewegung, die nebst Formen des geistigen Heilens und der gesunden Lebensführung verschiedene Formen der Meditation propagierte und damit wohl die erste große moderne Meditationsbewegung im Westen darstellt. In den Meditationslehren des *New Thought* mischen sich Elemente wie man sie aus dem Mesmerismus kennt, wie etwa die Konzentration auf die Gegend des Sonnengeflechts und die Vorstellung von Nervenströmen mit Übungsweisen aus der christlichen Tradition sowie mit der Anwendung von Affirmationen d.h. positiven Aussagen wie „Ich bin gesund", „Ich bin göttlicher Geist" etc.[70] Die Konzentration auf den Solarplexus war damals v.a. deshalb eine beliebte Praxis, weil das „Bauchgehirn" gerade mal wieder eine Renaissance erlebte, die v.a. auf der Popularisierung der Ansichten des Mediziners Frederick B. Robinson basierte, und die in gewisser Weise eine Rückkehr zu Johann Christian Reils bipolarem Modell des Nervensystems darstellt.[71]

---

[69] Ebd., IV, S. 237.
[70] Ein typisches Beispiel dafür sind die Meditationsübungen in Elizabeth Towne: Practical Methods of Self-Development. Spiritual, Mental, Physical. Holyoke 1904. Vgl. dazu Baier: Meditation und Moderne (wie Anm. 1), S. 501–508.
[71] Vgl. Frederick B. Robinson: The Abdominal Brain and Automatic Visceral Ganglia. Chicago 1899. Zur Rolle des Solarplexus in der *New Thought*-Praxis der Jahrhundertwende siehe auch Elizabeth Towne: Practical Methods (wie Anm. 70), S. 7, 12–21, 81f., 101, 141. Für sie ist der Solarplexus die Pforte, durch die die göttlichen Vollkommenheiten in die körperliche Sphäre

Ein Beispiel für die Beliebtheit mesmeristisch angehauchten Yogas in den Jahren nach der Jahrhundertwende sind die Yoga-Bücher des *New Thought*-Autors William Walker Atkinson, die er unter dem Namen Yogi Ramacharaka herausgab. Seine Atemlehre ist zum größten Teil eine als Yoga bezeichnete Form des Heil-Magnetismus, bei der Atemübungen zur Unterstützung des Magnetisierens eingesetzt werden.[72] Es dürften wohl kommerzielle Gründe gewesen sein, die Atkinson dazu bewegten, seine Atemlehre als Yogi-Wissenschaft unter einem indischen Pseudonym vorzutragen. Er ergänzt damit die von indischer Seite vollzogene „Mesmerifizierung" des Yoga, indem er mesmeristisch interpretierte westliche Atem-Praktiken „yogifiziert". Der Umstand, dass die Chicagoer *Yogi Publication Society*, die Atkinsons Yoga-Schriften herausgab, mit einem Institut und Verlag namens *Latent Light Culture* im südindischen Tinnevelly zusammenarbeitete, hat in einer noch näher zu erforschenden Weise dazu beigetragen, dass sich der mesmeristisch getönte *New Thought*-Yoga auch in Indien verbreitete.[73] Viele berühmte indische Schulgründer des modernen Yoga sind davon beeinflusst.[74]

Atkinson unterscheidet auf eine Weise, die sehr an den romantischen Mesmerismus erinnert, cerebro-spinales und sympathisches Nervensystem, wobei das erste den bewussten und willkürlichen Bewegungen und Wahrnehmungen zugeordnet wird, letzteres unwillkürlichen und unbewussten Vorgängen. Die Kraft, die durch die Nerven fließt, ähnele der Elektrizität und werde im Westen „Nervenkraft" genannt, während die Yogis darin eine Manifestation von *prāṇa* sähen. Dem Sonnengeflecht kommt in Ramacharaka / Atkinsons Yoga zentrale Bedeutung zu:

> Yogi Science teaches that this Solar Plexus is really a most important part of the Nervous System, and that it is a form of brain, playing one of the principal parts in the human economy. Western science seems to be moving gradually towards a recognition of this fact which has

---

einströmen, wenn sie nicht durch negatives Denken und damit verbundene Verspannungen daran gehindert werden.

[72] Yogi Ramacharaka: The Hindu Yogi Science of Breath. A Complete Manual of the Oriental Breathing Philosophy of Physical, Mental, Psychic and Spiritual Development. Chicago 1904.

[73] Eine Schrift, die dem Anschein nach von einem wirklichen Inder verfasst wurde, inhaltlich auf der Linie Atkinsons liegt und offenbar nicht bloß in Amerika, sondern auch in Indien erschien, ist Swami Mukerji: Yoga Lessons for Developing Spiritual Consciousness. Chicago, Tinnevelly 1911. Die Existenz einer Gesellschaft namens *Latent Light Culture* belegt ein Antwortbrief Mahatma Gandhis vom 28.11.1928 an den (namentlich ungenannt bleibenden) Präsidenten der *Latent Light Culture*, der ihm ein Buch von sich geschickt hatte. Vgl. The Collected Works of Mahatma Gandhi (Electronic Book). New Delhi 1999, 98 Bde. Bd. 43: 10. September 1928–14 January 1929, S. 280. Das *Latent Light Culture Institute* besteht bis heute. Laut Homepage des Instituts wurde es 1905 von Dr. T. R. Sanjivi in Tinnevelly gegründet. Vgl. URL: http://www.latent.in/ [15.04.11]. Ein als Präsident von *Latent Light Culture* titulierter T. R. Sanjivi schrieb das Vorwort zu dem oben erwähnten Buch von Swami Mukerji. Das alles spricht dafür, dass hier wirklich eine amerikanisch-indische Zusammenarbeit stattfand.

[74] Vgl. zum New Thought-Einfluss auf den neohinduistischen Yoga Baier: Meditation und Moderne (wie Anm. 1), S. 497f.

been known to the Yogis of the East for centuries, and some recent Western writers have termed the Solar Plexus the ‚Abdominal Brain'.[75]

Der Name ‚Solar plexus' sei sehr passend für dieses Nervenzentrum, weil es Energie in alle Teile des Körpers ausstrahle, sodass sogar das Gehirn von diesem Prāṇa-Speicher abhängig sei.[76] Die vom romantischen Mesmerismus in den modernen Meditationsdiskurs eingespeiste Lehre von der Bauchgegend als Sitz des zentralen Lebensgeistes tritt nun im Gewand einer „uralten" Yoga-Lehre auf, von der nach bekanntem Muster angenommen wird, dass sie durch neueste wissenschaftliche Erkenntnisse bestätigt wird.

## V Mesmeristische Meditationen im Neugeist

Für die Verbreitung des *New Thought*-Ideenguts in Deutschland sorgten in den Jahren nach 1900 der Engelhorn Verlag in Stuttgart und der Psychologische Verlag Van Tuyl Daniels in Berlin, der neben einschlägigen Büchern 1904–1907 das Periodikum *Neue Gedanken* herausbrachte, das hauptsächlich Artikel von William Walker Atkinson enthielt.[77] Auch Übersetzungen von Atkinsons Yoga-Schriften wurden dort herausgegeben.[78] Die Hochblüte des „Neugeist", wie sich die deutsche *New Thought*-Bewegung nannte, reichte vom Ende des Ersten Weltkriegs bis zum Beginn der nationalsozialistischen Diktatur, die die Bewegung schließlich verbot. Zwischen 1919 und 1923 entstand der Neugeist-Bund als eine der *International New Thought Alliance* angegliederte Vereinigung. Als offizielles Publikationsorgan fungierte die Monatszeitschrift *Die Weiße Fahne*.[79] Diese Zeitschrift und das meiste Neugeist-Schrifttum erschienen in dem ganz vom Neugeist geprägten Johannes Baum-Verlag. Das von Neugeistlern geführte Prana-Haus in Pfullingen war ein Lebensreform-Versandhaus, bei dem man gesundheitsfördernde Öle, Pflanzen-

---

[75] Yogi Ramacharaka: The Hindu Yogi Science of Breath (wie Anm. 72), S. 25. Ramacharaka / Atkinson bezieht sich hier offensichtlich vor allem auf Frederick B. Robinson: The Abdominal Brain (vgl. Anm. 71). Unter dem Pseudonym Theron Q. Dumont, mit dem Atkinson in die Rolle eines französischen Mesmeristen schlüpfte, veröffentlichte er später eine Studie, in der er Robinson als Erfinder des Begriffs „abdominal brain" erwähnt. Vgl. Theron Q. Dumont: The Solar Plexus or Abdominal Brain. Chicago 1918, S. 7. Mit der Wahl des Pseudonyms wird auf den geschichtlichen Zusammenhang zwischen modernem „abdominal brain" und Mesmerismus verwiesen, der Atkinson offenbar irgendwie bewusst war.
[76] Vgl. Yogi Ramacharaka: The Hindu Yogi Science of Breath (wie Anm. 72), S. 26.
[77] Vgl. zur Neugeist-Bewegung in Deutschland Charles S. Braden: Spirits in Rebellion. The Rise and Development of New Thought. Dallas 1963, S. 468–480 und Bernd Wedemeyer-Kolwe: ‚Der Neue Mensch'. Körperkultur im Kaiserreich und in der Weimarer Republik. Würzburg 2004, S. 164–174.
[78] Vgl. Yogi Ramacharaka: Die Philosophie der Yogi. Zwei Teile. Berlin o.J. [ungef. 1904–1910].
[79] 1970 ging *Die Weiße Fahne* in *Esotera* über, den Klassiker unter Deutschlands Esoterik-Magazinen.

säfte und Kräutertinkturen, aber auch indisches Räucherwerk bestellen konnte. Auch ein ‚Konzentrator' genanntes Stirnband, das zur Verbesserung von Entspannung und Konzentrationsfähigkeit bei den Autosuggestionsübungen dienen sollte, war im Angebot. An ihm waren u.a. mit einem „elektrolytischen Stoff" imprägnierte „Empfangsplatten" befestigt, „die den Zweck haben, bestimmte Gehirnpartien sowie das Sonnengeflecht (Plexus Solaris) in einen passiv-harmonischen Gleichgewichtszustand zu versetzen" und „spirituelle Energien" anzuziehen.[80]

In den Jahren nach dem Ersten Weltkrieg boomte das Geschäft mit alternativen Heilmethoden und Lebenslehren, und so kam es auch zu neuen Publikationen über den Mesmerismus, von denen einige im Baum-Verlag erschienen. Der Mesmerismus (jetzt auch Magnetopathie bzw. Heilmagnetismus genannt) stellte im Deutschland der Zwischenkriegszeit besonders in dem von Lebensreform und Okkultismus geprägten Milieu, in dem auch der Neugeist seine Anhängerschaft fand, eine immer noch wohlbekannte Therapieform dar. Er war damals in der *Vereinigung Deutscher Magnetopathen* organisiert und hatte die *Zeitschrift für Heil-Magnetismus* als offizielles Organ. Während einige Neugeistler sich voll mit dem Mesmerismus identifizierten, sahen andere auch seine Schwächen und thematisierten den historischen Abstand, den man mittlerweile von ihm hatte.

Hans Freimark, der in der *Weißen Fahne* in mehreren Folgen Auszüge aus Mesmers *Mesmerismus oder System der Wechselwirkungen* veröffentlichte, resümiert in seiner Einleitung zu dieser Serie, was seiner Meinung nach von Mesmer geblieben ist.[81] Ein großer Teil der mesmeristischen Heilungen könne durch Suggestion erklärt werden. Die Annahme eines Fluidums sei dafür nicht notwendig. Auch sei der Anspruch des Mesmerismus, das heilkundliche System schlechthin zu sein, überzogen gewesen. Doch würden neuere Untersuchungen nahelegen, dass das fluidale Einwirken durch die Hände auf die Patienten möglicherweise nicht nur auf Einbildung beruhe. Das Wesentliche der Mesmerschen Entdeckung sieht Freimark

---

[80] Vgl. die Beschreibung des Konzentrators in der Schrift seines Erfinders, des Heilmagnetopathen Ph[ilipp] Müh: Coué in der Westentasche! Durch Konzentration (Kraftdenken) und dynamische Autosuggestionen zum Lebens-Erfolg. Praktische Anleitungen zur Ueberwindung innerer und äußerer Hemmungen. Prana Bücher Nr. 6, Pfullingen o.J. [um 1927], S. 35–37.

[81] Vgl. Friedrich [sic] Anton Mesmer: Über den natürlichen und den tierischen Magnetismus, den inneren Sinn und den Somnambulismus. Neu hg. u. eingel. v. Hans Freimark. In: Die Weiße Fahne IV/7 (1923), S. 17–20. Hans Freimark (1881–1945) war ein Verlagsbuchhändler und Autor, der sich intensiv mit Spiritismus, Theosophie, Anthroposophie und anderen alternativreligiösen Strömungen seiner Zeit auseinandersetzte. Zu Freimark vgl. Hans Thomas Hakl: Hans Freimark, ein Beobachter der okkultistischen Szene. In: Hans Freimark: Okkultismus und Sexualität. Beiträge zur Kulturgeschichte der Vergangenheit und Gegenwart [1909]. Sinzheim 2003, S. 17–25. Was Freimark, der sich vor dem Ersten Weltkrieg durchaus kritisch zum *New Thought* geäußert hatte, mit dem Neugeist der 1920er Jahre verband, müsste noch näher erforscht werden.

aber in „ersten experimentellen Einblicke[n] in die seelische Welt", die sich von der kirchlichen Dogmatik befreit hätten.[82]

Die Verbreitung von Meditationsübungen war eines der Hauptziele des Neugeist, sodass man ihn wie den *New Thought* als Meditationsbewegung bezeichnen kann. Bei den Sitzungen der Neugeist-Vereinigungen wurden Gruppenmeditationen durchgeführt; außerdem gab es eine Vielzahl von Anleitungen zu privaten Meditationen. Der Mesmerismus war längst nicht mehr die einzige Theorie zum Verständnis der Meditation, sondern eine Option unter mehreren, Seite an Seite mit jüngeren *New Thought*-Theorien, Hypnose- und Suggestions-Lehren sowie Gedanken aus verschiedenen religiösen und philosophischen Richtungen. Für bestimmte Bereiche, insbesondere, wo es um die Körperwahrnehmung, Atmung und leibbezogene Meditationsübungen geht, bietet der Mesmerismus aber offenbar immer noch die attraktivsten Artikulations- und Interpretationsmöglichkeiten.

Heinrich Jürgens, ein theosophisch beeinflusster überzeugter Mesmerist und Neugeistler, befürwortet, sich auf Blavatsky und den Mesmerismus berufend, die Existenz des Astrallichts, das er auch Feinstoff, Lebensenergie, Od bzw. nach dem indischen *prāṇa* nennt.[83] Er versteht es als „Wellenäther", aus dem alle anderen Naturkräfte entspringen.[84] Der Astralleib als ätherischer Doppelgänger des physischen Körpers teilt letzterem die Lebensenergie mit, die vor allem durch das Atmen aufgenommen wird. Diese Energie „ist der Magnetismus der Magnetiseure, der Lebensodem, den Gott Adam einblies".[85]

Auffassungen dieser Art gehen unmittelbar in Meditationsanweisungen ein. In einer auf Jürgens zurückgehenden Meditation, die am Morgen nach einer unruhig vollbrachten Nacht geübt werden soll, wird das mesmeristische Fluidum unter dem von Karl von Reichenbach stammenden Namen Od und – an Mesmer erinnernd – als „kosmische Flut" angerufen:[86]

---

[82] Ueber den natürlichen und den tierischen Magnetismus, den inneren Sinn und den Somnambulismus. Von Dr. Friedrich [sic] Anton Mesmer. Neu hg. u. eingel. v. Hans Freimark. In: Die weiße Fahne IV, Heft 7 (1923), S. 17–19, hier S. 19.

[83] Heinrich Jürgens (1880–1966) gehörte zu den überregional bekannten Neugeist-Aktivisten. Er trat als Autor zahlreicher Bücher, Broschüren und Artikel hervor und setzte sich im Rahmen des Neugeist für Meditation und Yogapraxis ein. In Bad Godesberg unterhielt er ein „Neugeist-Regeneratorium", in dem u.a. Yogakurse für erholungsbedürftige Neugeistler angeboten wurden. Vgl. dazu Wedemeyer-Kolwe: ‚Der Neue Mensch' (wie Anm. 77), S. 142, 168 u. 170.

[84] Vgl. Heinrich Jürgens: Deutsche Yoga-Schule. Praktischer Lehrgang zur Erziehung von Seele und Geist und zur Erkenntnis höherer Welten mit Leitsätzen zu einem Neugeistkatechismus. Pfullingen o.J. [um 1924], S. 19 und ders.: Das Geheimnis Coué's. Coué-Formeln aus der Praxis für die Praxis. Pfullingen o.J. [um 1925] (Bücher der Weißen Fahne 32): „Der Stoff, der bisher als ‚Feinstoff' bezeichnet wurde, ist das Prāna der Inder; die moderne Forschung nennt ihn *das Od*" (ebd., S. 9).

[85] Jürgens: Deutsche Yoga-Schule (wie Anm. 83), S. 16.

[86] Der Industrielle Karl von Reichenbach (1788–1869) war als Metallurge und Chemiker ein angesehener Wissenschaftler. Die letzten 20 Jahre seines Lebens widmete er dem Nachweis einer Lebenskraft namens Od (von dem Gott Odin), die weitgehend mit dem mesmeristischen Konzept des animalischen Magnetismus identisch ist. Er gilt in der Forschung als der letzte

> Meine feinstofflichen Kräfte sammeln sich! Alles in der Unruhe und qualerfüllten Stunden dieser Nacht vergeudete und verflüchtigte Od kehre zurück in das Zentralsystem meiner Nerven. Kosmische Flut, allgegenwärtiges Licht geben meinen Nerven neue Spannkräfte!⁸⁷

Auch für Karl Otto Schmidt (1904–1977), den bedeutendsten und bis in die Gegenwart immer wieder neu aufgelegten Autor des Neugeist, ist die Luft von dem „ätherischen Kraftstoff" *prāṇa* erfüllt.⁸⁸ Um möglichst viel davon aufzunehmen, solle man in der Meditation auf folgende Weise denken und fühlen: „Die Luft enthält gewaltige Kräfte, die ich beim Einatmen in mich hineinsauge! Ich halte diese Kräfte *bewußt zurück*; sie durchfluten meinen ganzen Körper und machen mich gesund, frisch und frei!"⁸⁹

Andere Neugeistler ließen es nicht bei der Aufladung mit der feinstofflichen Lebenskraft durch rhythmische Atmung allein bewenden, sondern experimentierten mit der Verbindung von Atem, Bewegung, Konzentration auf Körperzentren und Meditationsformeln. Ähnliche Übungsformen waren bereits im amerikanischen *New Thought*-Yoga entstanden. Ein Beispiel, das Fritz Eberspächer gibt, schillert zwischen einer Suggestionsübung und der Annahme wirklicher ätherischer Kraftströme:

> Bewußtes Tiefatmen kann auch mit Selbstmagnetisation verbunden werden. Stelle dich morgens in der Richtung gegen Osten. Strecke die Arme aus gegen die Sonne, atme tief aus, bis die Lunge vollkommen entleert ist. Dann atme ein und verbinde die Einatmung mit einer Meditationsformel, z.B. ‚Schöpferische Urkraft, durchdringe mich' [...] Spüre den Kraftstrom, wie er einströmt durch die Hände. Bei richtig ausgeführter Übung ist es, wie wenn ein leichter elektrischer Strom dir den ganzen Körper mit einem angenehmen Gefühl durchrieseln würde. Dann halte den Atem und kreuze die Hände über der Stirn und fahre während der Ausatmung den Körper entlang mit gekreuzten Händen so weit man kommt. Halte während dieser Phase der Übung die Vorstellung [...] aufrecht, daß göttliche Kraft dich durchflutet und daß dadurch alle Störungen in deinem Organismus ausgeglichen werden.⁹⁰

---

Mesmerist, der sich (erfolglos) bemühte, seine Lehre auf dem Niveau der Naturwissenschaft seiner Zeit experimentell unter Beweis zu stellen. Zu Karl von Reichenbach und zum „Od" vgl. Robert Matthias Erdbeer: Epistemisches Prekariat. Die *qualitas occulta* Reichenbachs und Fechners Traum vom Od. In: Pseudowissenschaft. Konzeptionen von Nichtwissenschaftlichkeit in der Wissenschaftsgeschichte. Hg. v. Dirk Rupnow u.a. Frankfurt a.M. 2008, S. 127–162.

⁸⁷ Siehe Heinrich Jürgens: Zwei praktische Schweige- und Meditations-Übungen. In: Die Weiße Fahne VI (1925), S. 195–200.

⁸⁸ Mehr zu Karl Otto Schmidt und seinem Werk bei Wolfgang Heller: Art. Karl Otto Schmidt. In: Biographisch-bibliographisches Kirchenlexikon. Bd. 9. Herzberg 1995, Sp. 463–468.

⁸⁹ Karl Otto Schmidt: Wie konzentriere ich mich? Eine praktische Anleitung zur Ausbildung der Denkkraft und zur Ausübung des Kraftdenkens. Pfullingen o.J. [um 1925], S. 38.

⁹⁰ Fritz Eberspächer: Bewußtes Atmen. In: Die Weiße Fahne VI (1925), S. 168–171, hier S. 170. Eberspächer (Lebensdaten unbekannt) war regelmäßig mit Beiträgen in der *Weißen Fahne* vertreten. Außerdem veröffentlichte er mehrere Kleinschriften, darunter: Die Goldene Regel. Neugeist im Wirtschaftsleben und die Lösung der sozialen Frage. Ein Wegführer zur praktischen Anwendung der Goldenen Regel im täglichen Leben. Pfullingen o.J. [um 1927].

In dieser wie in anderen Meditationsanweisungen des *Neugeist* lässt sich die Tendenz beobachten, nicht mehr geradewegs die Wirklichkeit des mesmerischen Fluidums zu behaupten, sondern es als Hilfsvorstellung zu behandeln, deren Wirksamkeit mit invokativem Sprachgebrauch unterstützt wird. Ein weiteres Beispiel dafür:

> Nach erfolgter Einatmung halte kurz den Atem an und verbinde damit die Vorstellung, daß in dir das Innere Licht aufglüht. Hierauf atme aus und sprich dabei die Worte ‚*Inneres Licht*' erst in die *Hände*, und zwar in die Mitte der Handflächen, eine nach der anderen; dann in beide zugleich. Schließlich in die *Herzgrube*. Suche das Gefühl des ‚Inneren Lichtes' in den betreffenden Körperteilen zu erwecken. Stelle dir vor, daß es vom Körperzentrum aus in die einzelnen Teile strömt und dort lebendig bleibt, vibriert. Laß es dir sozusagen in den einzelnen Gliedern bewußt werden. Eine Art *neues, besonderes Bewußtsein* soll erwachen.[91]

In dieser Übungsbeschreibung geht es mehr um die Erweckung von Gefühlen und eines besonderen Bewusstseins, nicht so sehr um die Lenkung einer physischen Kraft. Doch hängen diese Dinge im Neugeist nach wie vor eng zusammen. Das Sich-Vorstellen des inneren Lichtes, die entsprechende Empfindung im Inneren des eigenen Leibes und die Konzentration von feinstofflicher Lebenskraft gehen Hand in Hand. Bei Jürgens ist wie auch bei Vivekananda (und auch schon bei Mesmer) jedes Denken mit feinstofflichen Bewegungen verbunden. Gedankliche Konzentration ist zugleich ein „Zusammenballen feinstofflicher Strahlungen". Bei der Suggestion werden dergestalt konzentrierte Strahlungen mittels des Gehirns in den eigenen Körper oder in den Körper anderer Menschen gesandt.[92]

Auch die Übungen zur „Transmutation der Sexualenergie", die der *Neugeist* um der Vergeistigung des Menschen willen propagierte, und die nebenbei arbeitslosen Junggesellen, die keine Frau finden konnten, das Leben erleichtern sollten, waren von einer mesmeristischen Denkweise geprägt und wurden gerne im Gewand des Yoga präsentiert.

Durch Yoga-Schulung sollte die ganze menschliche Natur sozusagen umpolarisiert werden. Beim ‚Profanen', der gewohnheitsmäßig dem Sexualverkehr huldige, würden die Nervenkräfte vom Gehirn nach den Genitalien (Zeugungsorganen) strömen. Beim Yogapraktiker trete das umgekehrte Verhältnis ein. Das Gehirn gleiche alsdann einem Saugapparat, der alle überschüssige Nervenkraft an sich ziehe.[93]

Max Wilke rät, die Übung der ‚Transmutation' mindestens ein- bis zweimal pro Woche zu praktizieren.[94] Man soll dabei tief und langsam atmen und sich auf das

---

[91] Bruder Ekkehard: Die Schule der Seele. Geistige Übungen. Neu bearb. v. Dr. Georg Heinrich Lomer. Pfullingen o.J. [um 1931], S. 32.
[92] Vgl. Jürgens: Das Geheimnis Coué's (wie Anm. 83), S. 6f.
[93] Arya Parthika: Das Sexualproblem im Lichte der esoterischen Philosophie. Ein vertraulicher Yoga-Brief. Pfullingen o.J. [um 1922] (Bücher der Weißen Fahne 12), S. 13.
[94] Max Wilke (Lebensdaten unbekannt) wurde durch die Schrift Hatha-Yoga. Die indische Fakirlehre zur Entwicklung magischer Gewalten im Menschen. 4. Aufl. Dresden o.J. [um 1922, zuerst 1919] bekannt, die ein Bestseller unter den magisch-okkult orientierten und praktische Anweisungen im Stil des *New Thought* bzw. magischer Ratgeber enthaltenden Yoga-Büchern

„geistige Bild des Hinaufziehens der Zeugungskraft" konzentrieren. Unter Zeugungskraft versteht er die „ätherische Prana-Energie", die in den Geschlechtsorganen ein mächtiges Zentrum hat. Wenn sie aufzusteigen beginnt, geht sie ihren Weg durch das Rückenmark, durchstreift Solarplexus, Herz und Kehlkopf, bevor sie schließlich das Gehirn erreicht. Um die „feineren Vibrationen" in den entsprechenden Körperteilen empfinden zu lernen, soll man den aufsteigenden Strom als unendlich subtile, quecksilbrige oder gasartige Substanz imaginieren.[95] Die Übung zielt nicht wie bei Vivekananda auf eine mystische Vereinigung mit dem Absoluten, sondern verfolgt v.a. säkulare Zwecke. Der Prozess der Transmutation schenkt außerordentliche Lebenskraft, persönlichen Magnetismus und geistige Kreativität.

## VI Das Autogene Training

Das von dem deutschen Psychiater und Psychotherapeuten Johannes Heinrich Schultz (1884–1970) entwickelte Autogene Training ist eine in der verwissenschaftlichten Sprache experimenteller Psychologie präsentierte Kombination von Entspannungsübung, Autosuggestion und Meditation, die in den 1920er Jahren entstand.[96] Mit ihrem szientistischen Gewand ähnelt sie Meditationsformen, die ab den 1970er Jahren im klinischen Rahmen konzipiert wurden. Schultz entwickelte sein Training im Anschluss an die Hypnoseforschung des beginnenden 20. Jahrhunderts und vor allem an das Konzept der „Autohypnose" von Oscar Vogt, das im letzten Jahrzehnt des 19. Jahrhunderts entstand.[97] Weniger bekannt ist, dass Schultz außerdem bewusst auf Einsichten des Mesmerismus zurückgreift, die im Zuge der Kritik an ihm im 19. Jahrhundert unter den Tisch gefallen waren. Er führt aus, dass die Hypnose-Forschung sich in „begreiflicher Ablehnung magnetistischer Phantastereien" rein psychologischen Erklärungen zugewandt hätte, um den Eindruck zu vermeiden, dass okkulte Kräfte oder mystische Fähigkeiten des Hypnotiseurs die Ursache für die Hypnose seien. Mittlerweile seien aber die Trennung von Seele und Körper und die daraus folgende Trennung von Medizin und Psychologie nicht mehr zeitgemäß. „Wir wissen jetzt, daß hier wie dort nur die Erfassung des Gan-

---

dieser Zeit war. Vgl. dazu Christian Fuchs: Yoga in Deutschland. Rezeption – Organisation – Typologie. Stuttgart, Berlin u. Köln 1990, S. 65.
[95] Wilke: Hatha-Yoga (wie Anm. 93), S. 24.
[96] Vgl. zu Schultz Eberhard J. Wormer: Art. Schultz, Johannes. In: Neue Deutsche Biographie. Bd. 23. Berlin 2007, S. 700 und Jürgen Brunner, Florian Steger: Johannes Heinrich Schultz (1884–1970). Begründer des Autogenen Trainings. Ein biographischer Rekonstruktionsversuch im Spannungsfeld von Wissenschaft und Politik. In: Bios. Zeitschrift für Biographieforschung, oral history und Lebensverlaufsanalysen 19/1 (2006), S. 16–25. Die letztere Arbeit diskutiert die unrühmliche Rolle Schultzens im Dritten Reich, insb. seine Unterstützung der Euthanasie- und der Homosexuellen-Politik des Regimes.
[97] Johannes Heinrich Schultz: Das Autogene Training. 8. verm. u. verb. Ausg. Stuttgart 1953, S. 1.

zen, Lebendigen dem wirklichen Tatbestand gerecht wird."⁹⁸ In seiner Methode rekurriert er auf leibliche Erfahrungen, die den Mesmeristen vertraut gewesen waren, die aber durch die einseitig psychologische Sichtweise der Hypnoseforschung verloren gingen:

> Im Zusammenhang mit meinen Untersuchungen über die Schichtenbildung im hypnotischen Selbstbeobachten drängte sich mir die alte, schon in der magnetischen Literatur des 18. Jahrhunderts hervorgehobene Tatsache auf, daß die Selbstschilderung der Versuchspersonen immer bestimmte Erlebnisse in den Vordergrund stellte. Sie schilderten unabhängig von der Art der Hypnotisierung ein eigentümliches Schwere- und Wärmegefühl des ganzen Körpers.⁹⁹

Die Übung der Wärmeempfindung im Sonnengeflecht, die der mesmeristischen Aktivierung der Herzgrube entspricht, wird von ihm mit Verweis auf „Erfahrungen der Hypnose und des Nachtschlafes sowie der Gesamttendenz allgemeiner Entspannung" eingeführt. In *Das autogene Training* lässt Schultz den Arzt in mesmeristischer Manier zur Aktivierung dieser Gegend die Hand zwischen Nabel und Brustbein auflegen.¹⁰⁰ In späteren Auflagen gibt er außerdem zum Hervorrufen der Wärme im Sonnengeflecht eine Anweisung, die vermutlich aus dem *New Thought*- bzw. Neugeist-Yoga übernommen wurde, den er im Yoga-Unterricht von Boris Sacharow kennen gelernt haben könnte, der sich zur Sivananda-Tradition bekannte und bei dem Schultz in den 1930er Jahren Yogaunterricht genommen haben soll:¹⁰¹ „Nicht selten kann die Erwerbung dieser Einstellung der V. P. [Versuchsperson] dadurch erleichtert werden, daß man sie anleitet zu ,phantasieren', als ströme die Ausatmung nach unten in den Oberbauch (,*Prana*' – Mystik!)."¹⁰² Schultz verbindet mit dieser Anleitung keine Theorie des magnetischen Fluidums mehr, sondern behandelt den Prāṇa-Strom als nützliche Fantasie, die nachweisbare physiologische Veränderungen hervorbringt.

## VII  Von der Herzgrube zum Hara. Mesmerismus und Zen bei Graf Dürckheim

Karlfried Graf Dürckheim (1896–1988) war ein habilitierter Psychologe aus der Schule der Leipziger Ganzheitspsychologie.¹⁰³ Im Dritten Reich wechselte er in den diplomatischen Dienst und hielt sich während der Kriegsjahre hauptsächlich in

---

⁹⁸ Johannes Heinrich Schultz: Über Autogenes Training [1928]. In: Der Weg des Autogenen Trainings. Hg. v. Dietrich Langen. 2. erw. Aufl. Darmstadt 1976, S. 70–73, hier S. 71.
⁹⁹ Ebd., S. 70.
¹⁰⁰ Johann Heinrich Schultz: Das Autogene Training (wie Anm. 96), S. 80.
¹⁰¹ Vgl. dazu Christian Fuchs: Yoga und verwandte Übungsweisen. In: Der Weg des Yoga. Handbuch für Übende. Hg. v. Berufsverband Deutscher Yogalehrer. Petersberg 1991, S. 351–353, hier S. 352.
¹⁰² Schultz: Das Autogene Training (wie Anm. 96), S. 81.
¹⁰³ Zur Biographie Dürckheims vgl. Gerhard Wehr: Karlfried Graf Dürckheim. Leben im Zeichen der Wandlung. Aktualisierte u. gekürzte Neuausg. Freiburg i.Br. 1996.

Japan auf, wo er die Prinzipien der japanischen Volkserziehung erforschte und als Propagandist der NS-Ideologie aktiv war.[104] Nach dem Krieg wurde er Psychotherapeut und baute mit Maria Hippius die ‚existential-psychologische Bildungs- und Begegnungsstätte' in Todtmoos-Rütte auf. Er gilt als einer der Wegbereiter der Zenpraxis im Westen. Seine Verbindung von Therapie und Meditation in der sog. initiatischen Therapie machte ihn zu einem der Begründer transpersonaler Psychologie. In den späten 1960er und in den 1970er Jahren übte er großen Einfluss auf die Meditationsbewegung in den christlichen Kirchen des deutschen Sprachraums aus.

Als Dürckheim 1947 aus seiner Internierung in Japan entlassen worden war und mittellos nach Deutschland zurückkam, überlebte er zunächst, indem er durch heilmagnetische Behandlungen Geld und Naturalien erwarb. Diese Form des Heilens hatte in seiner Familie Tradition. Schon vom Vater Dürckheims heißt es, er habe „heilende Hände" gehabt.[105] Sowohl in Dürckheims Vorträgen und Schriften wie auch in seiner initiatischen Therapie haben Elemente mesmeristischen Denkens und die Lehre vom „feinstofflichen Leib" einen festen Platz. Er gibt ihnen aber nicht mehr die Schlüsselstellung, die sie im früheren Okkultismus hatten.[106] Seine Leibtherapie basiert auf der Unterscheidung von grob- und feinstofflichem Leib und hat den Anspruch, den therapeutischen Umgang mit beiden Dimensionen menschlicher Leiblichkeit zu pflegen.[107] Der feinstoffliche Leib manifestiert sich für Dürckheim in der Aura, die je nach Gesamtverfassung des Menschen größer oder kleiner sein kann. Er fungiert außerdem als Wahrnehmungsorgan, das für das „Sich-Spüren" oder das „Sich-seiner-selbst-Innewerden als der Leib, der man ist" verantwortlich ist.

In der Behandlung lernt der Schüler auch den Umgang mit dem feinstofflichen Leib, angefangen vom nur hauchzarten Berühren im Streichen der Haut bis hin zu einer Behandlung, die sich in einer Entfernung bis zu einem halben Meter vom Körper entfernt vollzieht. Hier befindet sich die Leibtherapie auch in der Nachfolge von Entdeckungen, die Franz Mesmer seinerzeit gemacht hat.[108]

Dürckheim identifiziert die alldurchdringende feinstoffliche Lebenskraft nicht nur wie seit Vivekananda weithin üblich mit *prāṇa*, sondern auch mit dem japanischen *ki*, das dem chinesischen *qi* entspricht. Das *ki* ist für Dürckheim „die Universalkraft, an der wir im Wesen teilhaben. Man muß lernen, sie im Hara zu spüren

---

[104] Vgl. zu seiner Betätigung als Nationalsozialist in Japan Brian Daizen Victoria: Zen War Stories. New York, London 2003, S. 88–90.
[105] Vgl. Gerhard Wehr: Karlfried Graf Dürckheim (wie Anm. 102), S. 137.
[106] In Dürckheims psychotherapeutischem Umfeld findet sich eine positive Haltung zum Mesmerismus etwa bei Gustav R. Heyer: Seelenräume. Stuttgart 1931.
[107] Karlfried Graf Dürckheim: Der zielfreie Weg. Der Mensch auf dem initiatischen Weg. In: Der zielfreie Weg. Im Kraftfeld initiatischer Therapie. Hg. v. dems. Freiburg 1982, S. 11–20, hier S. 15.
[108] Ebd., S. 16.

und ‚zuzulassen' im Unterschied zur Willenskraft, die man ‚macht'."[109] Der ausschlaggebende Unterschied zu früheren mesmeristisch beeinflussten Leibkonzepten liegt darin, dass bei ihm nicht mehr der Solarplexus bzw. die Herzgrube, sondern Hara, d.h. der Unterleib, das große Zentrum ist, das mit der kosmischen Kraft verbindet, das als ihr Speicher fungiert und von dem sie ausstrahlt, um den Kraft-Raum der Aura um den Menschen herum zu bilden. Um dieses Zentrum zu erwecken und die gesamte Haltung in ihm zu zentrieren, verband Dürckheim das Sitzen in Stille nach Art des Zazen mit innerlich zu rezitierenden Kurzformeln, die den verschiedenen Phasen der Atmung einen bestimmten Sinn geben (Sich-Loslassen, Sich-Niederlassen, Sich-Eins-Werden-Lassen, Sich-Neu-Werden-Lassen).[110]

Der Besitz oder Nichtbesitz dieser im Hara konzentrierten Universalkraft bewirkt die Erfahrung des Raumhabens bzw. des Beengtseins und der mehr oder weniger starken Erfüllung des Raumes mit persönlicher Präsenz, also die Ausstrahlung eines Menschen, die bei Dürckheim auf der vom strahlenden *ki* gebildeten Aura beruht.[111] Von jemand, dessen Hara schwach ist, gilt: „Der Mensch ohne Hara hat einen nur kleinen Raum in sich und um sich. So fehlt ihm auch die rechte Strahlung."[112] Die im Hara zentrierte Präsenz eines Menschen, die z.B. in der Psychotherapie und durch das Zen-Sitzen entfaltet wird, ist umgekehrt mit einer Intensivierung der Aura verbunden. „Im Hara ist der Mensch Mittelpunkt einer von Ki geladenen dynamischen Sphäre."[113] Dürckheim entwickelt darüber hinaus so etwas wie eine mesmeristische Theorie des Charismas:

---

[109] Karlfried Graf Dürckheim: Hara. Die Erdmitte des Menschen. 5. Aufl. Weilheim 1972 [entspricht der 3., veränd. Aufl. 1967], S. 166.
[110] Vgl. Karlfried Graf Dürckheim: Meditieren – wozu und wie. Freiburg i.Br. 1976, S. 136–162.
[111] Vgl. dazu Karlfried Graf Dürckheim: Vom Leib, der man ist in pragmatischer und initiatischer Sicht. In: Hilarion Petzold: Psychotherapie und Körperdynamik. Verfahren psycho-physischer Bewegungs- und Körpertherapie. Paderborn 1979, S. 11–27, in Bezug auf das Thema „Strahlung" bes. S. 23–25. In der Geschichte moderner, parawissenschaftlicher Aura-Konzeptionen kommt dem Mesmerismus eine Schlüsselrolle zu. Ich habe den Begriff in der mesmeristischen Literatur des 18. und frühen 19. Jahrhunderts bisher nicht nachweisen können, aber die Somnambulen sprechen oft von einem die Menschen (und besonders die Magnetiseure) umgebenden Lichtschein, was im Okkultismus dann Aura genannt werden wird. Die Magnetiseure interpretieren dies als Wahrnehmung des magnetischen Fluidums. Vgl. dazu etwa Jung-Stilling: Theorie der Geisterkunde (wie Anm. 29), und Kluge: Versuch einer Darstellung (wie Anm. 26), S. 127–131. Kieser: System des Tellurismus (wie Anm. 5), S. 47, bezieht die Wahrnehmung der Somnambulen auf die Abbildungen christlicher Heiliger und meint, „wie unsern Somnambulen die magnetische Kraft als vom Magnetiseur ausstrahlendes [sic] Licht erscheint, so erscheinen die Heiligen denen, auf welche sie magnetisch wirken, oft ebenfalls mit einer Lichtatmosphäre. Daher der Heiligenschein auf den Abbildungen derselben." Diese Interpretation des Heiligenscheins wird vom Okkultismus übernommen und Dürckheim: Vom Leib, der man ist (wie Anm. 110), S. 23, steht in ihrer Wirkungsgeschichte, wenn er schreibt: „Der Heiligenschein ist keine Erfindung frommer Maler. Daß Menschen von großer Durchlässigkeit eine Strahlung besitzen, die sich bis zu konkreten Lichterscheinungen steigern kann, ist ein vielfach bestätigtes Faktum." Siehe zu diesem Thema auch den Beitrag von Raphael Rosenberg im vorliegenden Band.
[112] Karlfried Graf Dürckheim: Hara (wie Anm. 108), S. 178.
[113] Karlfried Graf Dürckheim: Vom Leib, der man ist (wie Anm. 110), S. 25.

> In der Strahlung erscheint eine Kraft, die den Horizont unseres gewöhnlichen Bewußtseins überschreitet. Der Heiligenschein ist keine Erfindung frommer Maler. Daß Menschen von großer Durchlässigkeit eine Strahlung besitzen, die sich bis zu konkreten Lichterscheinungen steigern kann, ist ein vielfach bestätigtes Faktum.[114]

Wie der romantische Mesmerismus sieht Dürckheim in der „feinstofflichen Strahlung" auch die Ursache der Magie. Die „Kraft aus dem Hara" ist bei ihm eine „magische Kraft", die von geistigen Heilern, aber auch von Rhetorikern, Politikern und Diktatoren eingesetzt wird. Er spielt das Verhältnis von weißer und schwarzer Magie, ein klassisches Thema des Okkultismus, auf herkömmliche Weise durch, nur eben mit Bezug auf die Hara-Kraft. Sie ist wie andere Formen natürlicher Energie moralisch neutral, kann aber zum Eigennutz missbraucht werden. Dies rächt sich jedoch, weil der Magier dadurch letztlich seine Macht verliert. „Aber je mehr es [das Ich] sich aufbläht und sich an seinen Harakräften mästet, geht der ‚Magier' seiner ursprünglichen Seinsmächtigkeit verloren."[115]

Trotz der Beachtung, die Dürckheim der Lehre vom feinstofflichen Leib und damit verbundenen okkulten Konzepten schenkt, stehen sie dennoch letztlich nicht im Zentrum seiner Anthropologie. Die Übung des Leibes, besonders das Sitzen nach Art des Zen zeigt, dass hier auf Leib und Seele zugleich heilsam gewirkt wird. „Da tritt offensichtlich ein dritter Faktor ins Spiel, der weder im Leib noch in der Seele allein zu finden ist."[116] Im mesmeristischen Denken würde der feinstoffliche Körper eben dieser dritte Faktor sein und als Medium zwischen grobstofflichem Körper und Seele fungieren. Doch für Dürckheim ist auch er eine Vergegenständlichung des Menschen, die von seiner ursprünglichen Ganzheit abstrahiert:

> Dieses ‚Dritte' ist kein besonderes Substrat, auch nicht der ‚feinstoffliche Körper'. Es gibt diesen feinstofflichen Körper im Unterschiede zum grobstofflichen, den wir leibhaftig sehen. Er ist im Strahlungsrelief des Leibes handgreiflich spürbar und spricht auf magnetische Behandlung an. Aber auch dieser ‚Ätherleib' ist ‚stofflich' – und gegenüber der ungeschiedenen Totalität des Menschen ebenso eine Abstraktion wie der ‚Seelenleib', auf den die Psychologie meist einseitig blickt.[117]

Dürckheim nennt dieses Dritte, diesseits der Scheidung von Seele, Ätherleib und Körper Liegende, „den ganzen Menschen" oder wie im obigen Zitat die „ungeschiedene Totalität des Menschen". Diese Ganzheit und das in ihr sich verwirklichende Wesen des Menschen werden trotz der ausdrücklichen Bejahung des Feinstofflichen als einem bestimmten Erfahrungsbereich von ihm abgegrenzt. Als individuelle Teilhabe göttlichen Seins nimmt das Wesen bei Dürckheim die Stelle ein, die bei Jung-Stilling der Geist oder bei Vivekananda die Seele oder *ātman* inneha-

---

[114] Ebd., S. 23.
[115] Ebd., S. 63.
[116] Ebd., S. 112.
[117] Karlfried Graf Dürckheim: Erlebnis und Wandlung. Neue Aufsätze und Vorträge. Zürich 1956, S. 92.

ben. Es bedarf des im Hara angesammelten *ki*, um in der Welt erscheinen zu können, ist aber nicht mit ihm identisch.

## VIII Schluss

Viele der geschilderten Meditationsformen haben samt den mit ihnen verbundenen mesmeristischen Konzepten in modernisierter Gestalt überlebt und erfreuen sich in der heutigen spirituellen Szene großer Beliebtheit. Weitgehend verloren gegangen ist freilich die Erinnerung an Mesmer und daran, wie viel man der Lehre vom animalischen Magnetismus verdankt. Aus dem Magnetisieren wurde „EnergieArbeit". Die Äther-Theorie wurde durch quantenmechanische und andere naturwissenschaftliche Referenztheorien ersetzt. An die Stelle des strahlenden Fluidums und der Stauungen des Nervengeistes tritt heute oft eine nicht näher bestimmte, immer noch Harmonie stiftende kosmische Energie mit ihren Strömen, die wie schon zu Mesmers Zeiten durch den menschlichen Körper fließen, soweit nicht Energieblockaden sie daran hindern. Man verwendet die asiatischen Ausdrücke *prāṇa* und *qi* ohne zu ahnen, dass in den Sinn, den diese Begriffe in der heutigen Meditations- und Psychoszene haben, seit mehr als 200 Jahren mesmeristisches Denken eingeflossen ist. Das ändert nichts an der Tatsache, dass sich mit dem mesmeristischen Einfluss auf die Geschichte der modernen Meditation ein Stück 18. Jahrhundert seinen Weg in die Moderne bahnte und bis zum heutigen Tag in vielfach verwandelter Gestalt noch immer lebendig ist.

RENKO GEFFARTH

## Äther, Urlicht, Relativität.
## Weltformel und ‚wahre Erkenntnis' um 1900

Alles leuchtet ihr zum Sieg, Alles, Alles! Weil das Leuchten von Allem
Jeden überzeugen muss, dass Alles durch den beständigen Wechsel
flüchtiger Lichtpunkte bedingt ist. Alles sagt uns damit, dass der kürzeste
mathematisch richtige Ausdruck für die unendliche Welt der Bruch ∞/∞ ist.
Und er ist es in jeder Beziehung. Er drückt sowohl das richtige Verhältnis
von Sein und Nichtsein oder von Kraft und Raum aus, wie auch
das positive Sein im absoluten und relativen Sinne.[1]

Der dies schrieb, war im Besitz der Lösung aller Welträtsel, er war im Besitz der einzig möglichen Welterklärung, und er verfügte über nichts weniger als die *universelle Weltformel*. Seine Aufgabe bestand darin, dieser „absoluten Wahrheit",[2] seiner „wahren Weisheit"[3] zum Durchbruch zu verhelfen, wofür es allerdings galt, den Widerstand der gesamten etablierten akademischen Wissenschaft zu überwinden. Der heute kaum mehr bekannte ‚Entdecker' der Weltformel, deren kürzester Ausdruck *unendlich geteilt durch unendlich* sei – eine offensichtlich weniger mathematische als philosophische Formel – war der Chemiker Johann Heinrich Ziegler (1857–1936) aus Winterthur im schweizerischen Kanton Zürich. Seine Vorfahren hatten bereits seit dem 18. Jahrhundert in der Geschichte der chemischen Industrie der Schweiz einen Namen – von einer Verwandtschaft mit dem Philosophen Leopold Ziegler ist dagegen nichts bekannt.[4]

Ziegler war 1883 in Erlangen promoviert worden mit einer Dissertation *Ueber Derivate des Beta-Naphthylamins*; sein Doktorvater war Emil Fischer (1852–1919), der als einer der Begründer der Organischen Chemie gilt und 1902 den Nobelpreis erhielt.[5] Johann Heinrich Ziegler entstammte demnach der Schule eines der bedeutendsten deutschen Naturwissenschaftler des späten 19. Jahrhunderts, und er trat mit einer Arbeit zuerst an die akademische Öffentlichkeit, die in nichts den späteren Weltformel-Propagator erkennen lässt, sondern auf der Basis detailliert

---

[1] Johann Heinrich Ziegler: Die Universelle Weltformel und ihre Bedeutung für die wahre Erkenntnis aller Dinge. Zweiter Vortrag. Zürich 1903, S. 28f.
[2] Johann Heinrich Ziegler: Die Universelle Weltformel und ihre Bedeutung für die wahre Erkenntnis aller Dinge. Erster Vortrag. Zürich 1902, S. 7 u.ö.
[3] Ebd., S. 41.
[4] Biographische Angaben zu Johann Heinrich Ziegler nach Adolf Saager: Der Winterthurer Naturphilosoph Johann Heinrich Ziegler. Zürich 1930.
[5] Johann Heinrich Ziegler: Ueber Derivate des Beta-Naphthylamins. Diss. Univ. Erlangen 1883. Zu Emil Fischer vgl. Horst Remane: Emil Fischer. Leipzig 1984 (Biographien hervorragender Naturwissenschaftler, Techniker und Mediziner 74).

und nachvollziehbar beschriebener Laborexperimente die Herstellung neuartiger organischer Stickstoffverbindungen bekanntgibt und damit die von Emil Fischer postulierte Existenz einer bis dahin noch nicht synthetisierten Verbindung namens Hydrazin mit neuen Beweisen unterfüttert.[6] Die Dissertation ist also eine solide, empirisch fundierte Arbeit, die aber weder große Zusammenhänge herstellt noch gar einen umfassenden revolutionären Anspruch erhebt – anders als jene ‚Entdeckung', mit der Ziegler rund zwei Jahrzehnte später an die Öffentlichkeit tritt.

## I  Weltformel – Wissenschaft, Religion, Weltanschauung

Das Stichwort Weltformel wird gelegentlich polemisch verwendet, etwa um die Erklärungsmacht einer Theorie der Lächerlichkeit preiszugeben oder um die Vergeblichkeit bestimmter Forschungen zu behaupten; insofern ist der Einsatz dieses Begriffes nicht unproblematisch. Nun ist es aber keineswegs so, dass nur Außenseiter auf der Suche nach einer Weltformel waren oder wären, vielmehr gab und gibt es weithin anerkannte Forscher besonders im Bereich der Theoretischen Physik und der Elementarteilchenphysik, die von der Möglichkeit einer – wenn nicht aus einer einzigen, dann doch aus wenigen mathematischen Formeln bestehenden – vereinheitlichten Theorie, einer *Theory of Everything*, überzeugt waren bzw. sind, etwa Albert Einstein oder Werner Heisenberg.[7] Dementsprechend fließen erhebliche öffentliche Mittel in Experimente, deren Ziel die Formulierung einer solchen Theorie ist – man denke nur an den 2008 in Betrieb genommenen Teilchenbeschleuniger *Large Hadron Collider* am CERN in Genf, der erklärtermaßen das Verständnis der Materie und zugleich des Universums revolutionieren soll.[8] Eine Debatte um die prinzipielle Möglichkeit einer Globaltheorie wird aber durchaus geführt; ein zentraler Vorwurf derjenigen, die sie ablehnen, ist der eines unzulässigen Reduktionismus, während Befürworter eben diesen Reduktionismus gerade als notwendig betrachten und davon ausgehen, die diversen Widersprüche zwischen aktuellen Theorien könnten nur ein Übergangsphänomen sein.[9]

---

[6]  Fischer synthetisierte 1875 Phenylhydrazin und nannte den noch hypothetischen Ausgangsstoff Hydrazin ($H_2N-NH_2$); vgl. Remane: Emil Fischer (wie Anm. 5), S. 16.

[7]  Zu diesem Themenkomplex vgl. ausführlich Daniela Wuensch: Dimensionen des Universums. Die Geschichte der höherdimensionalen vereinheitlichten Theorien von der Antike bis zur modernen Physik. Göttingen 2010.

[8]  Auf der offiziellen Webseite des CERN heißt es zum Large Hadron Collider (LHC): „It will revolutionise our understanding, from the minuscule world deep within atoms to the vastness of the Universe" (URL: http://public.web.cern.ch/public/en/LHC/LHC-en.html [29.08.2012]).

[9]  Vgl. dazu etwa Robert B. Laughlin, David Pines: The Theory of Everything. In: Proceedings of the National Academy of Sciences of the United States of America 97/1 (2000), S. 28–31; Robert B. Laughlin: Abschied von der Weltformel. Die Neuerfindung der Physik. München 2007 (Originalausg. u.d.T. A Different Universe. Reinventing Physics from the Bottom Down. New York 2005); Laughlin lehnt jede vereinheitlichte Theorie und den damit einhergehenden

Nun liegt die Assoziation nahe, die Suche nach einer Weltformel könne möglicherweise religiöse oder zumindest metaphysische Züge tragen, und genau darum soll es im Folgenden gehen: Der Weltformel-‚Entdecker' Johann Heinrich Ziegler verband mit seiner Weltformel eine Erlösungsvorstellung, die nicht anders als mit dem Stichwort religiös charakterisiert werden kann, was Ziegler doch von manch anderen modernen Weltformel-Forschern unterscheidet.

Grundlage für seine Weltformel war Zieglers 1902 erstmals vorgestellte ‚Urlichtlehre', die er seitdem in mehreren Publikationen verfeinerte und zu verbreiten suchte.[10] Im Rahmen der Dissertation der Wissenschaftshistorikerin Milena Wazeck über *die öffentliche Kontroverse um die Relativitätstheorie in den 1920er Jahren* ist Zieglers Urlichtlehre erstmals Gegenstand einer wissenschaftlichen Arbeit gewesen, allerdings nicht ihrem Inhalt nach, sondern im Hinblick auf Zieglers Gegnerschaft zu Albert Einstein, auf die im Weiteren kurz eingegangen werden soll. Ziegler selbst ist bei Wazeck der Archetyp des ‚Welträtsellösers'.[11]

Ziegler trat noch drei Jahrzehnte nach der ersten Veröffentlichung seiner Theorie mit Vorträgen auf, einer der letzten fand am 22. September 1933 im *Nationalen Klub* in Berlin statt, in der Hermann-Göring-Straße 29, vor einem zumindest rechtskonservativen Publikum – der *Nationale Klub* bestand zwar schon seit 1919, war aber 1933 längst eine führertreue Organisation.[12] Ziegler versäumte nicht, darauf hinzuweisen, dass er mit seinem Vortrag eine Tradition fortsetzen durfte, die Adolf Hitler 1922 mit einem Vortrag über seine politischen Ziele am selben Rednerpult begonnen hatte. Wie Hitler wurde Ziegler von Emil Gansser (1874–1941) eingeladen, Chemiker und schon seit den frühen 1920er Jahren Unterstützer der Nationalsozialisten und mit Ziegler wahrscheinlich schon seit langem be-

---

Reduktionismus grundsätzlich ab; stattdessen vertritt er die Vorstellung von ‚Emergenz' als Grundprinzip physikalischer Erscheinungen und damit auch als deren Erklärungsgrundlage. Ein Verfechter einer „endgültigen Theorie" oder eines „Konvergenzpunkt[es], in dem all unsere Erklärungspfeile zusammenlaufen", ist Steven Weinberg: Der Traum von der Einheit des Universums. München 1993, Zitat S. 63 (Originalausg. u.d.T. Dreams of a Final Theory. New York 1992); Weinberg räumt allerdings ein, dass diese endgültige Theorie möglicherweise nicht mit dem menschlichen Intellekt aufzufinden sei (ebd., S. 239–249). Laughlin und Weinberg sind beide Nobelpreisträger für Physik, und beide publizierten ihre Grundsatzüberlegungen zur Weltformel-Debatte (auch) in populärwissenschaftlichen Büchern, ein Hinweis auf die gesellschaftliche und forschungspolitische Bedeutung, die dieser Debatte beigemessen wird.

[10] Ziegler, Universelle Weltformel (1902, wie Anm. 2); ders., Universelle Weltformel (1903, wie Anm. 1).

[11] Milena Wazeck: Einsteins Gegner. Die öffentliche Kontroverse um die Relativitätstheorie in den 1920er Jahren. Frankfurt a.M., New York 2009, S. 40–44 u.ö.

[12] Johann Heinrich Ziegler: Die einfache Grundlage der Urlichtlehre. Vortrag gehalten am 22. September 1933 im Nationalen Klub zu Berlin (Hermann-Göring-Straße 29). Zürich 1933. Zum Nationalen Klub Gerhard Schulz: Der ‚Nationale Klub von 1919' zu Berlin. In: Ders.: Das Zeitalter der Gesellschaft. Aufsätze zur politischen Sozialgeschichte der Neuzeit. München 1969, S. 299–322.

kannt.¹³ Da Ziegler in diesem Vortrag vor – wie er meinte – „Intellektuellen des großen geistigen Zentrums von Deutschland" seine sogenannte synthetische Weltanschauung präsentierte und dies vor allem bereits drei Jahrzehnte lang erprobt hatte, findet sich hier die wohl ausgereifteste und prägnanteste Darstellung seiner Urlichtlehre; daher bildet diese Schrift die Grundlage der folgenden Ausführungen.¹⁴

Der Titel des Vortrags ist so schlicht wie programmatisch: *Die einfache Grundlage der Urlichtlehre*. Wie einfach diese Lehre ist, sollte im Folgenden deutlich werden – festzuhalten ist aber bereits die Einstimmung des Publikums auf die Einfachheit der Theorie. Ziegler legt besonderen Wert darauf, dass seine „neue Weltanschauung" auf dem „gewissenhaft und sicher bestimmten Urgrund aller Dinge" beruhe; sie habe „nur eine einzige Voraussetzung und [sei, R. G.] daher auch von Anfang an einheitlich und leicht verständlich".¹⁵ Ungeachtet dieser Ankündigung eignet Ziegler allerdings im Weiteren ein eher dunkler Stil:

> Ihre einheitliche Grundlage ist das Urverhältnis zwischen dem unbedingten Etwas und dem unbedingten Nichts, d.h. zwischen der Masse des absolut Vollen und jener des absolut Leeren, dem leeren Weltraum. Ihr Verständnis erfordert nur etwas Aufmerksamkeit und folgerichtiges Denken und verwirft daher von vornherein alle bloßen Vermutungen und willkürlichen Analogien.¹⁶

Offensichtlich will Ziegler so die vermutlich wissenschaftlich wenig gebildeten Zuhörer für sich gewinnen und mit seiner Rede von „Urverhältnis", „unbedingt", „absolut" und „Weltraum" die allumfassende Bedeutung und Erklärungsmacht seiner Ausführungen hervorheben. Überdies bemerkt er einleitend, dass seine Theorie bei den etablierten Naturwissenschaftlern auf wenig Gegenliebe gestoßen sei, denn er habe ihnen nachgewiesen, dass sie „das Denken arg vernachlässigt" hätten.¹⁷ Bei dieser an sich schon recht forschen Behauptung lässt Ziegler es aber nicht bewenden, sondern er postuliert *en passant*, der „berühmte Philosoph Kant" habe unrecht mit seiner Annahme, es sei unmöglich, „die Dinge, womit [der Mensch, R. G.] es zu tun hat, [...] auch ihrem Wesen nach [zu] erkennen".¹⁸ Dies sei der „schlimmste Irrtum", der „unseren Drang nach wahrer Erkenntnis unterbindet".¹⁹ Zum Abschluss dieser Generalkritik an der in der Aufklärung verwurzelten

---

13 Gansser hielt sich 1923 mehrere Monate in Zürich, Winterthur und Basel auf und sammelte dort Spenden für die NSDAP, insb. von „Schweizer Großbürgern", während Adolf Hitler selbst 1923 in Zürich und Bern „mit und vor Industriellen" sprach; vgl. Kurt Gossweiler: Kapital, Reichswehr und NSDAP 1919–1924. Berlin 1982, S. 355. Da Ziegler aus einer Schweizer Industriellen-Familie stammte, dürfte er so mit Gansser bekannt geworden sein.
14 Zitate aus Ziegler: Urlichtlehre (wie Anm. 12), S. 3.
15 Ebd.
16 Ebd.
17 Ebd.
18 Ebd., S. 3f.
19 Ebd., S. 4.

etablierten Wissenschaft definiert Ziegler dann seine „wahre Wissenschaft": „Wahre Wissenschaft soll daher der sichere und unerschöpfliche Schatz von wahrem Wissen sein, woraus jeder jederzeit das schöpfen kann, was er bedarf."[20]

Wie nicht anders zu erwarten, betrachtet Ziegler die zeitgenössische Wissenschaft demgegenüber als defizitär, sie sei nur vorläufig, denn ihr fehle „die Kenntnis von der inneren Einheit der Dinge, d.h. ihrer gemeinsamen Grundlage".[21] Hier ist man beim Monismus angekommen, der zu Beginn des 20. Jahrhunderts mit dem *Deutschen Monistenbund* des Zoologen Ernst Haeckel (1834–1919) einige Bedeutung erlangt hatte und ebenso zur Weltanschauung erhoben worden war, wie Ziegler dies mit seiner Urlichtlehre tat.[22] Ähnlich den Monisten ist es Ziegler um eine Vereinigung aller Wissenschaften im Sinne holistischen Denkens zu tun, eines Denkens, das ihm die ‚wahre Erkenntnis' verspricht, der sich die Wissenschaften unverständlicherweise zu verschließen scheinen. Dieser Holismus als Grundlage und zugleich strategisches Ziel der Urlichtlehre zeigt in aller Deutlichkeit den Kontext, in dem Ziegler sich bewegt: Es ist nicht nur die akademische, sondern vor allem die esoterische Szenerie seiner Zeit, deren Motive auch die Urlichtlehre durchziehen.[23] Die Rede von der ‚wahren Wissenschaft' und vom ‚wahren Wissen' könnte dem einen oder anderen Zuhörer beispielsweise aus den um 1900 – also zur Entstehungszeit der Urlichtlehre – einflussreichen Lehren der *Theosophischen Gesellschaft* Helena Petrovna Blavatskys (1831–1891) vertraut gewesen sein,[24] wenngleich sich eine direkte Rezeption dieses Denksystems bei Ziegler nicht nachweisen lässt.

Zieglers Projekt nimmt damit den um 1900 aktuellen esoterisch-religiösen Szientismus auf, betont er doch immer wieder, seine „wahre Wissenschaft" sei grundverschieden von der „agnostischen Wissenschaft" seiner akademischen Widersacher – die Einheit von Wissenschaft und Religion spielt bei ihm eine ebenso wichtige Rolle wie die grundlegende Neuausrichtung der wissenschaftlichen Methoden, und er wendet sich dabei zugleich gegen den die Wissenschaft anscheinend dominierenden Materialismus.[25] Tatsächlich publiziert Ziegler bereits kurz nach

---

[20] Ebd.

[21] Ebd.

[22] Zum Monistenbund: Monismus um 1900. Wissenschaftskultur und Weltanschauung. Hg. v. Paul Ziche. Berlin 2000.

[23] Kocku von Stuckrad zählt „holistische oder monistische Konzepte des Kosmos […] zu den Voraussetzungen esoterischen Denkens" (Kocku von Stuckrad: Was ist Esoterik? Kleine Geschichte des geheimen Wissens. München 2004, S. 162). Zum Begriff *Esoterik* vgl. auch den Beitrag von Monika Neugebauer-Wölk im vorliegenden Band.

[24] Für diesen Kontext vgl. Michael Bergunder: Das Streben nach Einheit von Wissenschaft und Religion. Zum Verständnis von Leben in der modernen Esoterik. In: Leben. Verständnis. Wissenschaft. Technik. Hg. v. Eilert Herms. Gütersloh 2005, S. 559–578, hier S. 574.

[25] Ziegler: Urlichtlehre (wie Anm. 12), S. 4f. Zur Vorstellung einer Einheit von Wissenschaft und Religion im vorliegenden Zusammenhang vgl. Bergunder: Streben nach Einheit (wie Anm. 24). Zum esoterischen Szientismus um 1900, auch und besonders in der *Theosophischen Gesell-*

der *Universellen Weltformel* vier Abhandlungen über *Die wahre Einheit von Religion und Wissenschaft*, die sich nicht nur mit dem *eigentlichen Begriff der Natur* und dem *System der chemischen Elemente [...] nach der universellen Weltformel*, sondern auch mit dem *Sonnengott von Sippar*, einem archäologischen Fund babylonischen Ursprungs, auseinandersetzen.[26]

Im Gegensatz etwa zur Theosophie Blavatskys nähert sich Ziegler allerdings der Einheit von Religion und Wissenschaft aus der Perspektive des Wissenschaftlers, es geht ihm also – auch im Unterschied zur materialistischen Ausrichtung des *Monistenbundes* – entweder um die religiöse Beglaubigung seiner Wissenschaft oder um die Grundlegung einer wissenschaftlichen Religion, während der esoterische Szientismus umgekehrt auf die Beglaubigung religiöser Positionen mit wissenschaftlichen Methoden zielt. Die erstrebte Einheit müsste diesen Unterschied aber schließlich einebnen und die Differenzierung von Wissenschaft und Religion aufheben; insofern ist Zieglers Interesse letztlich doch identisch mit demjenigen der Theosophie und anderer esoterischer Strömungen der Zeit.[27]

## II Die Urlichtlehre

Der Versuch, die Urlichtlehre Zieglers zu skizzieren, ist entgegen seinen eigenen Behauptungen keineswegs einfach und setzt erheblich mehr als nur den sogenannten gesunden Menschenverstand voraus. Zunächst sucht er nach einer Grundlage, die möglichst offensichtlich sein soll. Der Unsicherheit der heutigen Wissenschaft könne

> nur abgeholfen werden, wenn man zuerst das Einfache und Gewisseste bestimmt, d.h. das unbedingt Selbstverständliche, weil es notwendig das einzige ist, welches die Grundlage und Ursache aller Dinge bildet, im Weltall geschieht auch alles von selbst. Dieses zu bestimmen kann keine Schwierigkeiten verursachen. Es braucht dazu nur etwas Umsicht und Aufmerksamkeit. Das sind die einzigen Prämissen, die zu seiner Feststellung, sowie zur Ableitung der allgemeinen Weltgesetze nötig sind. Diese müssen ebenfalls leicht und allgemein verständlich sein, so daß sie das ganze Volk auf eine höhere Kulturstufe zu heben imstande sind.[28]

Ist dies noch eine vielversprechende Ankündigung – behauptet sie doch, jeder Zuhörer dieses Vortrags sei ohne Weiteres in der Lage, die von Ziegler angebotene ‚wahre Erkenntnis' nachzuvollziehen, wenn sie ihm nicht vorher schon unmittelbar

---

 *schaft*, vgl. Olav Hammer: Claiming Knowledge. Strategies of Epistemology from Theosophy to the New Age. Leiden, Boston 2004 (Numen Book Series. Studies in the History of Religions 90), S. 201–330, bes. S. 218–235, 260–267.
[26] Johann Heinrich Ziegler: Die wahre Einheit von Religion und Wissenschaft. Vier Abhandlungen. Zürich 1904.
[27] Bergunder: Streben nach Einheit (wie Anm. 24), S. 572–576, bes. S. 574f.
[28] Ziegler: Urlichtlehre (wie Anm. 12), S. 4.

zufließe – so ist es damit allerdings nicht getan: ‚Wahre Erkenntnis' geht bei ihm einher mit der Rückkehr zur

> ursprünglichen, aber verloren gegangenen urarischen Gotteserkenntnis [...], indem sie den altgermanischen Lichtgott Wotan oder den alles belebenden Odin, den wahren Weltodem oder auch den Allvater mitsamt der Allmutter Freya, seiner Gattin, wieder von den Toten erweckt, und ebenso den griechischen Okeanos und die Thetis oder den Zeus mit der Hera und nicht minder den römischen Jupiter (jao-pater) und die Göttermutter Juno, ferner die ägyptischen Götter Osiris und Isis und schließlich auch das altpersische Götterpaar Ormuzd und Ahriman, den Gott des Lichtes mit dem Drachen der Finsternis oder des Abgrundes.[29]

Hier scheint ein synkretistischer vor- und nichtchristlicher Götterhimmel auf, der mit der Rede von der verlorenen ursprünglichen und vor allem arischen Gotteserkenntnis an neuheidnische und völkische Glaubensformen appelliert und sich damit zugleich der nationalsozialistischen Ideologie anverwandelt.[30] Im Vergleich zu den Anfängen seiner Weltformel-Theorie 1902 hat Ziegler mit dieser Reihung allerdings aus nicht näher bekannten Gründen auf weitere transzendente Autoritäten verzichtet; zu nennen sind hier „das heilige mystische Wort Om der Bhagavad Gita" und „das alles durchfliessende Fluidum Od Reichenbachs".[31] Ziegler wäre jedoch nicht der Entdecker der alleinigen Welterklärung und Weltanschauung, wenn er es dabei beließe:

> Aber die neue Urlichtlehre begnügt sich nicht mehr mit der Aufstellung eines solchen Götterpaares; sie benötigt überhaupt keines mehr, denn sie vermag schon aus den jenen zugrundeliegenden Urbegriffen die richtige synthetische Weltanschauung zu entwickeln. Sie bedarf nur ihres ursprünglichen Sinnes: der beiden absoluten Gegenbegriffe der unbedingten Wirklichkeit und der unbedingten Unwirklichkeit, um daraus stufenweise ein anschauliches Weltbild zu gestalten.[32]

Ziegler gibt hier vor, seine Urlichtlehre von jeder religiösen Komponente abstrahiert zu haben, indem er einen eigentlichen oder ursprünglichen Sinn hinter dem Götterglauben erkannt habe. So habe es auch im Altertum eine Urlichtlehre gegeben, diese sei aber defizitär geblieben und habe anstelle der sich logisch ergebenden Welterklärung nur Religion hervorgebracht. Die „Alten"

---

[29] Ebd., S. 5.

[30] Zu völkischen Religionen um 1900 vgl. Uwe Puschner: Die völkische Bewegung im wilhelminischen Kaiserreich. Sprache – Rasse – Religion. Darmstadt 2001.

[31] Ziegler: Universelle Weltformel (1902; wie Anm. 2), S. 12. Gemeint ist der Industrielle und Privat-Naturphilosoph Karl von Reichenbach (1788–1869) und dessen vom Magnetismus inspirierte Lehre vom „Od"; dazu Robert Matthias Erdbeer: Epistemisches Prekariat. Die qualitas occulta Reichenbachs und Fechners Traum vom Od. In: Pseudowissenschaft. Konzeptionen von Nichtwissenschaftlichkeit in der Wissenschaftsgeschichte. Hg. v. Dirk Rupnow u.a. Frankfurt a.M. 2008, S. 127–162. Auch in seiner zweiten Publikation zitiert Ziegler Reichenbach und seine Odlehre wiederholt; so nimmt etwa das Eingangszitat des vorliegenden Beitrags Anleihen an Reichenbachs Formulierungen: Ziegler: Universelle Weltformel (1903; wie Anm. 1), passim.

[32] Ziegler: Urlichtlehre (wie Anm. 12), S. 5.

blieben [...] im Symbolischen, d.h. dem Religiösen stecken. Das war auch der Grund, weshalb ihre einfache Grunderkenntnis der Dinge, das Unbedingte, unfruchtbar blieb und später wieder verloren ging, bis es zuletzt sogar für unergründlich galt [...].[33]

Zieglers „neue Urlichtlehre" hingegen räume mit

diesem Irrtum [...] nun gründlich auf. Sie vernichtet den Agnostizismus, hellt den dunkel gewordenen Sinn der früheren mystischen Lehren wieder auf und gibt dem gesunden Menschenverstand die verlorene Herrschaft über die Wissenschaft zurück. Sie gründet die neue Wissenschaft wieder auf Weisheit, d.i. auf den logischen Zusammenhang aller Grundgesetze, und bedient sich dabei eines Sinnbildes, nämlich der universellen Weltformel.[34]

Der allumfassende Gültigkeitsanspruch führt Ziegler also nicht nur zurück zum Ursprung und zur wahren Wissenschaft, sondern auch zur wahren Erkenntnis, und er gipfelt schließlich in der Weltformel. Wenngleich Ziegler sich nicht immer klar ausdrückt, so ist sein Anspruch auf Erlösung wenn schon nicht der Menschheit, so doch zumindest der Wissenschaft durch seine Urlichtlehre doch unverkennbar.

Die Erkenntnismethode, die nun zur Anwendung kommen soll, beruht wiederum auf „einfachem Menschenverstand" und soll in Vergleich und Unterscheidung verschiedener Sinneseindrücke und deren Abstraktion zur „vollendeten Aufteilung aller Dinge" bestehen.[35] Damit erkenne man das „Eine und Unteilbare" und mithin die „letzten, unbedingt gleichartigen Urteilchen, aus welchen alles besteht: [die, R. G.] Masse."[36] Durch ein wenig logisches Denken „ohne jegliche Anstrengung" komme man zu dem

notwendigen Schluß, daß jene allerletzten Teilchen, die Uratome, lauter gleich große Kügelchen von letzter Kleinheit und absoluter Vollheit sind. Sie sind daher notwendig auch ganz inkompressibel, also ganz hart, starr und unteilbar.[37]

Scheinbar klingt hier moderne Teilchenphysik an, die sich ja bekanntlich auch der Suche nach den kleinsten unteilbaren Teilchen widmet, wobei das bei Demokrit noch unteilbare Atom inzwischen in Hunderte kleinere Einheiten zerfällt.[38] In den 1930er Jahren war die Elementarteilchenphysik noch in den Anfängen, aber ihre theoretische Grundlage, die Quantenphysik, war in Gestalt der Lichtquantenhypothese Albert Einsteins bereits mit dem Nobelpreis geadelt. Folgerichtig wird Einstein uns später noch einmal begegnen.

Tatsächlich verwendet Ziegler zwar Vokabeln, die auf die zeitgenössischen physikalischen Debatten zu verweisen scheinen, dahinter steht aber ein gänzlich

---

[33] Ebd.
[34] Ebd.
[35] Ebd., S. 6.
[36] Ebd.
[37] Ebd.
[38] Dazu der Überblick von Steven Weinberg: The discovery of subatomic particles. Überarb. Aufl. Cambridge 2003.

anderer Zusammenhang. So postuliert er etwa, die von ihm als „Uratome",[39] „Bewegtheiten" oder „Wirklichkeiten" bezeichneten kleinsten Einheiten der Materie bewegten sich mit konstanter Lichtgeschwindigkeit und bringt damit die Relativitätstheorie mit der Einsteinschen Formel $e=m\cdot c^2$ ins Spiel. Allerdings seien diese kleinsten Teilchen jedem Experiment völlig unzugänglich, ja sie seien „übersinnlich". Die Uratome seien

> das ewige Urmotiv der Welt, ihr ewiger Beweggrund oder ewiges Leben und ihre Urkraft oder ‚eigentliche' Wirklichkeit. Außer ihr hat nichts mehr ein unabhängiges oder ‚eigentliches' Dasein, als ihr unbedingtes Gegenteil, das Ewigleere, ohne welches wir uns auch das absolut Volle nicht denken können. […] Dieses absolut Volle war für die alten Zoroastrier das Ungeheur [sic] des Abgrundes oder auch der Gott der Finsternis […].[40]

Kontext für Zieglers Urlichtlehre ist also wiederum keineswegs die aktuelle akademische Physik, sondern eklektizistische Spekulation.

Der Weg von den Zoroastriern zu einem als urgermanisch apostrophierten „Bitheismus"[41] ist nun sehr kurz. Dieser Bitheismus entspreche am besten dem „Urgesetz mit seinem inneren Grundverhältnis, der wahren Weltursache, oder dem Urding", und demnach erfordere die

> rationelle Weltschöpfung […] notwendig zwei sich gegenseitig fordernde und ergänzende Götter, d.h. ein Götterpaar […] denn das ewige Weltall mit der Gesamtheit all seiner allgemeinen und besonderen Wirkungen kann nur in einer unlöslichen Götterehe fortwährend neu erzeugt werden.[42]

Ein solches dualistisches Gottesverständnis ist weder originell noch überraschend, stellt man Zieglers bisherige dualistische Ausführungen in Rechnung, also die Rede vom Bedingten und Unbedingten, von Leere und Fülle, Masse und Nichts oder Licht und Finsternis. Dass er sich damit ausdrücklich von denjenigen absetzt, die er am schärfsten attackiert, den etablierten Physikern, ist seinem holistisch angelegten Projekt der Vereinigung von Wissenschaft und Religion geschuldet, und er gießt diese Absetzbewegung in die Formulierung, seine Gedanken führten „ganz von selbst zur Erkenntnis des fundamentalen Unterschiedes zwischen der Wirklichkeit und ihren Wirkungen, einem Geheimnis, welches bis heute den Philosophen und Physikern unerkannt blieb".[43]

Wenn er im Folgenden das sogenannte Leere als eine Göttin bezeichnet und die ‚Wirklichkeiten' – damit waren bisher die Uratome gemeint – als Erscheinung oder bloßen Schein der zwei Gottheiten, dann ist Zieglers explizite Abgrenzung von

---

[39] Ziegler: Urlichtlehre (wie Anm. 12), S. 6. Hier auch die folgenden Zitate.
[40] Ebd., S. 7.
[41] Ebd. Hier auch das folgende Zitat.
[42] Ebd.
[43] Ebd.

jeder religiösen Dimension seiner Urlichtlehre nicht mehr ganz überzeugend.⁴⁴ Ähnlich verhält es sich mit der wahren Wissenschaft, die zuerst mit dem gesunden Menschenverstand auskommen sollte und für einfach galt – nun heißt es doch, Wissenschaft sei „die Kenntnis aller besonderen und schwer begreiflichen Dinge".⁴⁵ Diente das Beharren auf der Einfachheit der von Ziegler präsentierten Überlegungen demnach vornehmlich dazu, das Publikum zu gewinnen, so beginnt er nun mit der Erklärung seiner doch wissenschaftlich anspruchsvollen Lehre, die nicht weniger als „eine richtige Kosmogonie" sei, und zwar im Sinne einer Weltschöpfung, nicht im Sinne einer physikalischen Theorie von der Weltentstehung.⁴⁶ Dementsprechend muss Ziegler noch einmal betonen, dass er allein im Besitz der wahren Welterklärung sei, wohingegen selbst der Autor oder die Autoren der Genesis „nur eine oberflächliche Kenntnis von einer geheimen Wissenschaft gehabt hatten"; dies gelte etwa für das erste Buch Mose, das Ziegler für eine schlechte Kopie aus der Feder eines „undisziplinierten Geistes" erklärt.⁴⁷ Dennoch gibt er zu, er selbst sei nicht etwa „ein überragendes Genie, dessen Gedanken für gewöhnliche Sterbliche fast unfaßbar wären" – ihm sei nur daran gelegen, die Wissenschaft umzugestalten und das große Welträtsel zu lösen.⁴⁸

## III Zieglers Weltformel

Der Schlüssel zur Lösung dieses Rätsels hat sich dem Farbstoffchemiker in seiner alltäglichen Arbeit offenbart, als er sich für den Zusammenhang von „Körperfarbe und Körperbeschaffenheit" interessierte, also für die physikalisch-chemischen Ursachen der Farbentstehung bei chemischen Substanzen.⁴⁹ Dieses Problem sei von dualistischer Art, und seine Lösung beinhalte die Lösung des Welträtsels.⁵⁰ Farben seien geistig und daher physikalisch, Körper seien chemisch, und damit eröffnet sich die Frage nach der „Abhängigkeit und Einheitlichkeit zwischen geistigen und körperlichen Dingen".⁵¹

Die Lösung des ‚Farbenproblems' ist der Königsweg zur wahren Erkenntnis, denn das ‚Farbenproblem' ist identisch mit dem ‚Weltproblem'⁵² – natürlich muss Ziegler an dieser Stelle Goethe erwähnen, dessen Farbenlehre ebenso an der etab-

---

⁴⁴ Ebd., S. 8.
⁴⁵ Ebd.
⁴⁶ Ebd.
⁴⁷ Ebd.
⁴⁸ Ebd., S. 9.
⁴⁹ Dies erklärt Ziegler bereits in seiner ersten Publikation zur Weltformel: Ziegler: Universelle Weltformel (1902; wie Anm. 2), S. 6.
⁵⁰ Ziegler: Urlichtlehre (wie Anm. 12), S. 9.
⁵¹ Ebd., S. 10.
⁵² Ziegler: Universelle Weltformel (1902; wie Anm. 2), S. 7.

lierten Wissenschaft gescheitert sei wie bisher die Zieglersche Urlichtlehre. Goethes Interesse an den Farben zeige aber immerhin, „daß auch sein universeller Geist im Farbenproblem schon das Schlüsselproblem des gesamten Weltverständnisses ahnte".[53] Tatsächlich war Goethe im Zusammenhang mit seiner Farbenlehre der Meinung, es müsse „ein paar große Formeln"[54] geben, mit denen sich alles ordnen lasse, er ging also offenbar ebenfalls von der Möglichkeit einer ‚vereinheitlichten Theorie' aus. Gleichwohl hatte Goethe nach Zieglers Meinung die Lösung nicht gefunden und überdies eine falsche Grundannahme verwendet, indem er die Regenbogenfarben als Mischungen von Weiß und Schwarz betrachtete.

Die zeitgleich mit Goethes Farbenlehre 1810 publizierte Farbentheorie des Malers Philipp Otto Runge in Gestalt einer Farbenkugel hingegen dient Ziegler als Grundlage seiner eigenen Überlegungen, ja sie führt ihn unmittelbar auf die Weltformel und zeigt so einmal mehr, dass diese Weltformel bereits offen vor Augen liegt, dass dies aber vor Ziegler niemand bemerkt hat.[55] Für Runge ging es vielleicht noch nicht um Welterklärung, aber doch immerhin um die „Wesenheit der Farben", und seine romantische Farbentheorie war bereits religiös inspiriert.[56] Der norwegische Philosoph und Naturforscher Henrik Steffens (1773–1845) hatte Runges *Farben-Kugel* zudem mit einer Abhandlung *Ueber die Bedeutung der Farben in der Natur* begleitet, in der er darlegte, die Farben zeigten „wechselnde Spiele eines höhern Lebens".[57] Goethe maß den Farben dagegen eine psychologische Qualität zu, wie sie in seinem Farbenkreis dargestellt ist: Vernunft, Verstand, Sinnlichkeit und Phantasie sind dort die Attribute edel, gut, nützlich, unnötig und schön zugeordnet.[58]

---

[53] Ziegler: Urlichtlehre (wie Anm. 12), S. 11.
[54] Goethe in einem Brief an Georg Sartorius vom 19. Juli 1810, zit. nach Manfred Wenzel: Natur – Kunst – Geschichte. Goethes Farbenlehre als universale Weltschau. In: Goethe-Jahrbuch 124 (2007), S. 115–125, hier S. 122. Zur Weltformel bei Goethe vgl. auch den Beitrag von Manfred Beetz zu Magie und Esoterik in Goethes Faust I im vorliegenden Band.
[55] Ziegler: Urlichtlehre (wie Anm. 12), S. 11.
[56] Annik Pietsch: Gesetze der Farbe um 1800 – Johann Wolfgang Goethes Farbenlehre und die Farben-Kugel von Philipp Otto Runge im Spiegel der Kunst ihrer Zeit. In: Color continuo 1810... 2010... System und Kunst der Farbe. Hg. v. Konrad Scheurmann. Dresden 2009, S. 54–61, hier S. 54.
[57] Philipp Otto Runge: Farben-Kugel oder Construction des Verhältnisses aller Mischungen der Farben zu einander, und ihrer vollständigen Affinität […] Nebst einer Abhandlung über die Bedeutung der Farben in der Natur, von Hrn. Prof. Henrik Steffens in Halle. Hamburg 1810, S. 31.
[58] Zu Goethes Farbenlehre vgl. Wenzel: Natur – Kunst – Geschichte (wie Anm. 54); Goethes ‚Farbenlehre' und die Lehren von den Farben und vom Färben. Katalog anläßlich der Ausstellung „Goethes ‚Farbenlehre' (1810) und die Lehren von den Farben und vom Färben" in den Städtischen Museen Wetzlar (18.11.2010–06.03.2011) etc. Hg. v. Magistrat der Stadt Wetzlar. Petersberg 2011. Zu Runges Farbenkugel im Verhältnis zu Goethe vgl. auch John Gage: Die Sprache der Farben. Bedeutungswandel der Farbe in der Wissenschafts- und Kunstgeschichte. Leipzig 2010 (zuerst u.d.T. Colour and Meaning. Art, Science and Symbolism. London 1999), S. 169–176, bes. S. 174ff. Die im Beitrag von Jürgen Stolzenberg zum vorliegenden Band be-

Diese Goetheschen Kategorien interessieren Ziegler allerdings überhaupt nicht – er bemüht sich um eine Verfeinerung von Runges Farbenkugel und schließt insofern zumindest implizit nicht nur an die romantische Malerei, sondern auch an die halb spekulativen, halb wissenschaftlichen Ausführungen des Philosophen Steffens an. Zunächst nimmt er sich das (für das menschliche Auge sichtbare) Farbspektrum vor und führt in einer imaginären hellsten Mitte, zwischen Gelb und Grün, ein weißes Segment ein. Demgegenüber stellt er das Schwarz, das entstehe, wenn man die beiden äußeren Enden des Spektrums zu einem Ring „zusammenbiege"[59] – da Infrarot und Ultraviolett jeweils für das menschliche Auge unsichtbar sind, ergeben sie für Ziegler die Abwesenheit von Licht und Farbe, also Schwarz (vgl. Farbabb. 1).

Diesen dreidimensionalen Farbkreis erweitert Ziegler nun zu einer Farbenkugel in Anlehnung an Runge; allerdings hat er zusätzlich einen über die Pole verlaufenden Streifen für die Grautöne zwischen dem weißen und dem schwarzen Punkt auf dem Äquator der Kugel eingeführt.[60] Das Ergebnis ist die Farbenkugel (vgl. Farbabb. 2), eine bildliche Umsetzung von Zieglers verbaler Beschreibung, von der es keine Originalabbildung gibt, wenngleich Ziegler sie wahrscheinlich als Modell besaß.[61] Die Zieglersche Weltformel ist also keine mathematische Formel, sondern ein imaginärer dreidimensionaler Farbraum.

> Dieses Farbensystem [...] stellt [...] das Muster einer richtigen Darstellung von der gesamten Entwicklungsmöglichkeit aller Stadien und artlichen Verschiedenheiten von jeder besonderen Erscheinungsform dar, weil die Farbe als die erste und einfachste Erscheinungsform des Urdings eine prinzipielle, d.i. allgemeine Bedeutung hat. [...] Die Farbenkugel offenbart uns daher etwas ungemein Wichtiges, nämlich die gesamte Weltordnung. Sie selbst stellt eigentlich nur ihre Anwendung auf die erste und einfachste Erscheinung dar, die Weltordnung ihre Anwendung auf das Universum. Die universelle Weltformel ist das Schema für das richtige Verständnis aller Dinge.[62]

Diese universelle Bedeutung der Farbe respektive des Lichts ergibt sich für Ziegler aus dem notwendigen, aber unbewiesen bleibenden Postulat, „daß nur das Urlicht und der leere Weltraum eigene Existenz haben".[63] Die Farben seien, wie an der Farbenkugel ablesbar, nach dem Grad ihrer Dunkelheit und nach ihrer Art angeordnet, wobei zunehmende Dunkelheit zunehmende Dichte und damit Zunahme

---

handelte Esoterik in der Musik Alexander N. Skrjabins weist Farben eine akustische Bedeutung im Sinne der Synästhesie zu.
[59] Ziegler: Urlichtlehre (wie Anm. 12), S. 12.
[60] Ebd.
[61] Laut Adolf Saager, dem Biographen Zieglers, gab es in dessen Arbeitszimmer „seine schön bemalte Farbenkugel" auch physisch: Saager: Der Winterthurer Naturphilosoph (wie Anm. 4), S. 22.
[62] Ziegler: Urlichtlehre (wie Anm. 12), S. 12f.
[63] Ebd., S. 13.

von ‚Ursubstanz' bedeute⁶⁴ – Licht wird also umstandslos mit Materie in Beziehung gesetzt.

Da eine Weltformel, eine *Theory of Everything*, per definitionem für alle Erkenntnisbereiche gültig sein muss, wendet Ziegler sie nun „auf den Menschenbegriff" an, wie er es nennt.⁶⁵ Dabei kommt ein Analogiedenken zum Tragen, das die ganze weitere Formulierung der Urlichtlehre durchzieht und im Zweifelsfall die einzige Erklärungsbasis darstellt. So analogisiert Ziegler in alchemistischer Tradition kalte Farben mit dem weiblichen Geschlecht und warme Farben mit dem männlichen,⁶⁶ die Graustufen gelten ihm als Hermaphroditen, und die Helligkeitsunterschiede der Farben werden verglichen mit der „Charakterverschiedenheit der verschiedenen Altersstufen des weiblichen und männlichen Geschlechts".⁶⁷ Weiß sei die „Kindheit der Farbe" und Schwarz ihr „Greisentum", während in der Mitte, beim neutralen Grau, „der Abstand zwischen Weib und Mann so groß [sei, R. G.] wie der zwischen Blau und Orange". Anhand solcher Analogien gelingt Ziegler ohne Weiteres der ‚Beweis' für seine Weltformel:

> Diese auffällige Übereinstimmung der gegenseitigen Beziehungen zwischen Gegenständen von so äußerst verschiedener Art, wie der Farbe und dem Menschen, d.i. der einfachsten und zusammengesetztesten Erscheinungsform des Ewigwirklichen beweist schlagend die Richtigkeit ihrer Anordnung und Betrachtung auf der universellen Weltformel und damit auch deren allgemeine Gültigkeit, denn man darf daraus ruhig schließen, daß, wenn sie das Entstehen und Vergehen des ersten und letzten Dings richtig zum Ausdruck bringt, sie auch für alle dazwischenliegenden Dinge passe.⁶⁸

Eine nicht genauer spezifizierte „nähere Untersuchung" habe tatsächlich bestätigt, dass die Weltformel die „Aggregatzustände des Weltalls" abbilde – ohne dass näher erläutert würde, was dies bedeute – „und ebenso den Mikrokosmos Mensch als Ebenbild vom Gebilde des Lichtgottes, dem Makrokosmos".⁶⁹ Mit einer derartigen Argumentation, die sich auf Analogiedenken und Postulate beschränkt und wiederholt an die Unvoreingenommenheit – eigentlich die fehlende akademische Bildung – des Publikums appelliert, will sich Ziegler offensichtlich in einer Wissenssphäre oberhalb der experimentellen Physiker positionieren. Zugleich sieht er sich in der imaginären Tradition der „Weisen der Vorzeit", denen die Weltformel bekannt gewesen sei, ablesbar an den „Symbole[n] der Weisheit der alten Lichtreligionen".⁷⁰ Seine Weltformel sei ein ebensolches Symbol, ja sie sei „das Symbol der verlorengegangenen alten Weisheit [...], d.i. [für, R. G.] den sagenhaften ‚Stein

---

⁶⁴ Ebd.
⁶⁵ Ebd., S. 14.
⁶⁶ Vgl. dazu etwa Alchemie. Lexikon einer hermetischen Wissenschaft. Hg. v. Claus Priesner u. Karin Figala. München 1998, S. 312.
⁶⁷ Ziegler: Urlichtlehre (wie Anm. 12), S. 14. Hier auch die folgenden Zitate.
⁶⁸ Ebd.
⁶⁹ Ebd.
⁷⁰ Ebd., S. 15. Hier auch die folgenden Zitate.

Abb. 1:  Spektrum des sichtbaren Lichts als Farbenring nach Johann Heinrich Ziegler

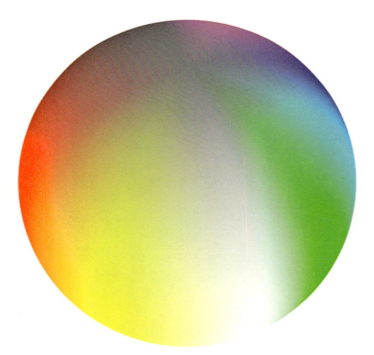

Abb. 2:  Weltformel als Farbenkugel nach Johann Heinrich Ziegler. Farbenring und -kugel wurden für den vorliegenden Beitrag nach Zieglers verbalen Beschreibungen rekonstruiert. Für die dreidimensionale grafische Realisation danke ich Thomas Purgand von der Agentur AGKD (Halle) – www.agkd.de.

der Weisen'". Wenn Zieglers Weltformel also den Stein der Weisen verkörpert, so fällt in der Urlichtlehre die moderne Physik mit der vormodernen Alchemie zu einer holistischen Universalwissenschaft zusammen.

Nunmehr geht es ihm um die Anwendung der Formel, unter anderem „zur Feststellung der verschiedenen Hauptzustände der Urmasse und der Konstitution der chemischen Elemente, wie auch der Ständeordnung der Gesellschaft". Ziegler kündigt damit wiederum umfassende Erklärungen an, muss aber doch zuvor den Begriff des Urlichts mit der Weltformel in Zusammenhang bringen, und zwar, indem er die „Aggregatformen des Urlichts" und die „Gesamtaggregation der Urmasse" aus der Weltformel ableitet. Nähern wir uns in der ‚Urmasse' begrifflich der Materia prima, der Ausgangssubstanz für die Synthese des Steins der Weisen im Opus magnum der Alchemie, dann bekommt diese Sprache ihre spezifisch Zieglersche Gestalt in den „beiden Urdinge[n] des leeren Raums und des Urlichts", die „in ihrer einfachsten gedanklichen Vereinigung den Begriff des Urdings, d.i. das Samenkorn aller übrigen Dinge" bilden – und dies entgegen der früheren Behauptung, Urlicht und leerer Raum könnten sich keinesfalls vereinigen.

Angesichts der im frühen 20. Jahrhundert enormen Aktualität des Themas Strahlung, Röntgenstrahlung und Elektromagnetismus verwundert es nicht, dass Ziegler dort ansetzt, wenn er in der erprobten assoziativen Argumentationsweise mittels „Halbierung der ganzen Masse des Urlichts"[71] ein „Mischmasch der strahlenden Urmasse im Weltraum" annimmt und dieses ‚Mischmasch' als „Doppelstrahlung" bezeichnet. Diese sei auch als „allgemeiner Elektromagnetismus" bekannt und gebe eine Vorstellung „von der allgemeinen Weltkonstitution", denn jeder chemische Vorgang sei ein elektromagnetischer, und demnach müsse auch jeder natürliche Vorgang als ein elektromagnetischer erklärt werden.

Nun ist die hier angesprochene Elektrodynamik zu Beginn des 20. Jahrhunderts nicht mehr ganz neu, und zur Zeit von Zieglers hier diskutiertem Vortrag in den 1930er Jahren ist sie längst allgemein akzeptierte Grundlage auch der Relativitätstheorie, wenngleich sie kaum als ‚Mischmasch' verstanden wird.[72] Ziegler scheint sich also im Rahmen etablierter physikalischer Theorien zu bewegen, wobei dies auch für den esoterischen Szientismus etwa der bereits erwähnten Theosophischen Gesellschaft galt, gab es doch auch dort ein ausgeprägtes Interesse an Strahlungsphänomenen.[73] Allerdings zieht er nun eigenwillige Schlussfolgerungen, indem er den Elektromagnetismus in drei Aggregatzustände einteilt: einen geistigen, unsichtbaren, bewegten, einen körperlichen, sichtbaren, statischen, und

---

[71] Ebd., S. 15f. Hier auch die folgenden Zitate.
[72] Zur Entwicklung der Elektrodynamik im 19. Jahrhundert Olivier Darrigol: Electrodynamics from Ampère to Einstein. Oxford 2000; im Kontext der vereinheitlichten Theorien auch Wünsch: Dimensionen (wie Anm. 7), S. 214–218 u.ö.
[73] Bergunder: Streben nach Einheit (wie Anm. 24), S. 577.

schließlich den idealen Lichtstrahl.[74] Auf gedanklich schwer nachvollziehbaren Wegen, die sich entlang der Stichworte ‚Weltbildung', ‚Weltauflösung', ‚Verdichtung' und ‚Stauung', ‚Urlichtmasse' und ‚Urlichtwirbel' entfalten und damit verschiedene alchemistische Topoi – etwa *solutio* und *coagulatio* – aufrufen, gelangt er schließlich auf eine erweiterte Liste von sechs Aggregatzuständen der Materie für seine Urlichtlehre. Ergänzend zu den drei üblichen Aggregatzuständen fest, flüssig und gasförmig gibt es nun auch die drei Zustände Licht oder Farbe, Schall und Luft, womit Ziegler nach der Vereinigung von Alchemie und Physik auch die von Chemie und Physik vollzogen hat. Die Beweisführung ist wieder analogisch, wenn Ziegler als Beleg für seine Sechszahl die Sinne der Wirbeltiere in drei Fernsinne und drei Nahsinne einteilt, wobei der Geruchssinn doppelt zählt, als Fern- und als Nahsinn, sodass die Zahl von sechs Sinnen erreicht wird.[75]

Für die Urlichtlehre ist es folgerichtig der Gesichtssinn, der von der Wissenschaft falsch bewertet werde, obwohl er die Erkenntnis der Farbe von Körpern zum Gegenstand habe. An der Farbe wiederum sei das Wesen der Körper zu erkennen, wenn man das Zieglersche „Gesetz der Körperstrahlung" befolge, nach dem es ein bestimmtes Verhältnis von männlicher, paramagnetischer Konstitution und weiblicher, diamagnetischer Außenwirkung gebe, ohne dass dies näher erläutert würde.[76] Im Hinblick auf die Vereinigung von Physik und Chemie kommt nun aber nicht etwa der Physik das Primat zu, wie man angesichts des weitgehend physikalischen Gegenstandes der Urlichtlehre erwarten würde, sondern der Chemie, von welcher der Chemiker Ziegler weiß, dass sie sich mit konkreten Substanzen befasse, statt mit abstrakten Zahlen wie die Physik. Aus demselben Grund gelinge dem Chemiker, mithin Ziegler selbst, auch eine – allerdings triviale – Erklärung der Entstehung aller Lebewesen: Sie seien Zusammensetzungen aus Atomen in gemischten Aggregatzuständen.

---

[74] Ziegler: Urlichtlehre (wie Anm. 12), S. 16f. Hier auch die folgenden Zitate.
[75] Ebd., S. 18.
[76] Ebd., S. 18f. Hier auch das Folgende.

## IV Kontext: Kosmogonien, Physikalische Theorien, Konspirationsthesen

Soweit Zieglers Theorie – seine Urlichtlehre mit der nach seiner Auffassung in einfachen Gedankengängen gefundenen Weltformel in Gestalt einer Farbenkugel. Die Frage, inwiefern diese Theorie nachvollziehbar und im Rahmen ihrer eigenen Denkvoraussetzungen konsistent sei, hat für das Thema des vorliegenden Beitrags keine Bedeutung. Festzuhalten bleibt, dass Johann Heinrich Ziegler über Jahrzehnte versuchte, sich Gehör in der Fachwelt zu verschaffen, und dass er tatsächlich überzeugt war, eine einfache Lösung für das ‚Welträtsel' gefunden zu haben und somit über die einzig mögliche Erklärung für das Warum und Wie der Entstehung des Weltalls, der Erde und des Menschen zu verfügen, eine Kosmogonie mit einem Absolutheitsanspruch, der allein bereits Widerspruch provozieren musste.

Vergegenwärtigt man sich den zeitgenössischen Hintergrund, so wird deutlich, dass Ziegler seine Urlichtlehre in einer Zeit publizierte, in der nicht nur die Grundlagen der modernen Quantenphysik gelegt wurden, deren Ziel es schließlich ebenfalls ist, zu erkennen, was die Welt im Innersten zusammenhält, sondern auch zahlreiche andere Theorien mit der seinen um die Lösung des ‚Welträtsels' konkurrierten. Populäre Wirkung entfalteten Kosmogonien wie die Welteislehre des österreichischen Ingenieurs Hanns Hörbiger (1860–1931), die in Deutschland um 1900 bekannt gewordene Hohlwelt- oder Innenwelttheorie, nach der die Menschheit auf der Innenseite einer Kugel lebe, die bereits erwähnte Theosophie und die bis heute erfolgreiche Anthroposophie.[77] Diesen und anderen weltanschaulichen Theorien ist gemeinsam, dass sie eine Kosmogonie mit einem ins Absolute gesteigerten Wahrheitsanspruch und wenigstens teilweise mit Erlösungsvorstellungen verbinden. Besonders deutlich wird dies im Falle der *Koreshan Unity*, einer utopischen Gemeinschaft in Florida, die sich um den Erfinder der Hohlwelttheorie und späteren Sektenführer Koresh, den Arzt Cyrus Reed Teed (1839–1908), scharte, um ein auf Teeds Theorie fußendes Neues Jerusalem auf Erden zu errichten.[78]

Die Öffentlichkeitswirksamkeit der Einsteinschen Relativitätstheorie seit 1905 war nicht geringer als diejenige dieser Kosmogonien, ihre Auswirkung auf die

---

[77] Dazu insgesamt Rupnow u.a.: Pseudowissenschaft (wie Anm. 31); Wazeck: Einsteins Gegner (wie Anm. 11). Zur Welteislehre Christina Wessely: Karriere einer Weltanschauung. Die Welteislehre 1894–1945. In: Zeitgeschichte 33/1 (2006), S. 25–39; vgl. auch den Beitrag von Robert Matthias Erdbeer im vorliegenden Band. Zur Hohlwelttheorie und ihrer Rezeption in Deutschland Meike Peinemann: Die Hohlwelttheorie – über den Versuch zu beweisen, dass wir in der Erdkugel leben. In: Hohlwelten – Les Terres Creuses – Hollow Earth. Beiträge zur Ausstellung ‚Hohlwelten' (21.09.–19.11.2006) im Heimatmuseum Northeim. Hg. v. Hartmut Fischer u. Gerd Schubert. Berlin 2009, S. 208–234. Zur Anthroposophie Helmut Zander: Anthroposophie in Deutschland. Theosophische Weltanschauung und gesellschaftliche Praxis 1884–1945. 2 Bde. Göttingen 2007.

[78] Vgl. Sarah A. Tarlow: Representing Utopia. The Case of Cyrus Teed's Koreshan Unity Settlement. In: Historical Archaeology 40/1 (2006), S. 89–99.

Physik allerdings ungleich folgenschwerer, etwa so, wie es sich Ziegler von seiner Urlichtlehre erhoffte: Gemeinsam mit der Quantentheorie bildet die Relativitätstheorie seit Jahrzehnten die Grundlage der modernen Physik, wohingegen die zuvor dominierende Newtonsche Mechanik nurmehr einen makroskopischen Sonderfall beschreibt und Äthertheorien überhaupt keine Rolle mehr spielen. Um 1900, als Ziegler seine Urlichtlehre erstmals publiziert, sind diese Entscheidungen jedoch noch nicht gefallen, und eine Theorie wie die seine, die den Weltäther abschafft und die Konvergenz von Licht und Materie, allgemeiner gesprochen die Äquivalenz von Energie und Masse, propagiert, findet sich in ebenso bunter wie guter Gesellschaft.

Auch Äthertheorien versuchen, das experimentell beobachtbare Verhalten von Licht zu erklären, und zwar für Fälle, in denen die Korpuskulartheorie keine Erklärung liefert – bekanntlich wird der Äther als unsichtbares und nicht greifbares Medium gedacht, als unstofflicher Stoff, der den gesamten Weltraum ausfülle und die Lichtstrahlen leite.[79] Noch die Elektrodynamik, also der Bereich der Physik, der sich auch mit Zieglers Elektromagnetismus befasst, bezieht anfänglich den Äther mit ein. Die Relativitätstheorie hat zwar vor allem Raum und Zeit bzw. deren ‚Relativität' zum Gegenstand, ihr bekanntestes Postulat ist aber die Konstanz der Lichtgeschwindigkeit im Vakuum, und folglich ist auch hier das Licht ein zentraler Gegenstand der Beobachtung.[80]

Tatsächlich ist Ziegler anfänglich der Meinung, Einstein habe entweder bei ihm abgeschrieben oder aber könne noch etwas von ihm lernen, denn in Zieglers dualistischem Denken benötigt die Relativität zwingend das Gegenüber der ‚Absolutität', und die ist zwar Einstein unbekannt, dafür aber in der Urlichtlehre formuliert.[81] Nachdem Ziegler jedoch auf einen persönlichen Brief an Einstein von diesem keine Antwort erhält, schlägt der Versuch der freundlichen Belehrung in Ablehnung um.[82] Ähnlich ergeht es Ziegler mit dem Leipziger Chemiker Wilhelm Ostwald (1853–1932), einem führenden Vertreter des oben bereits erwähnten *Deutschen Monistenbundes* und in der öffentlichen Wirkung Einstein durchaus vergleichbar: Ostwald tritt 1917 ebenfalls mit einer Farbentheorie hervor, die aus Sicht der Urlichtlehre nur ein Plagiat sein kann, und als Ziegler ihm zwecks Behe-

---

[79] Zur Geschichte der Äthertheorien vgl. Conceptions of ether. Studies in the history of ether theories, 1740–1900. Hg. v. Geoffrey N. Cantor u. Michael Jonathan Sessions Hodge. Cambridge 1981.

[80] Die Literatur zu Einstein und zur Geschichte der Relativitätstheorie ist wenig übersichtlich; aus neuerer wissenschaftshistorischer Perspektive vgl. etwa Einsteins Kosmos. Untersuchungen zur Geschichte der Kosmologie, Relativitätstheorie und zu Einsteins Wirken und Nachwirken. Hg. v. Hilmar W. Duerbeck u. Wolfgang R. Dick. Frankfurt a.M. 2005 (Acta Historica Astronomiae 27).

[81] Johann Heinrich Ziegler: Das Ende der sogen. Relativitätstheorie. In: Ders.: ‚Das Ding an sich' und Das Ende der sog. Relativitätstheorie. Zürich 1923, S. 24–32, hier S. 26.

[82] Wazeck: Einsteins Gegner (wie Anm. 11), S. 223–226 u.ö.

*Weltformel und ‚wahre Erkenntnis'*

bung einiger Fehler, die er in Ostwalds Theorie erkannt zu haben meint, ein Exemplar seiner Farbenkugel übersendet, wird er wieder keiner Antwort gewürdigt, obgleich es angeblich sogar einen Bericht über die öffentliche Vorführung der Kugel durch Ostwald gibt.[83] Zuletzt findet Ziegler sich im Lager der antisemitisch gefärbten Gegner Einsteins und der Relativitätstheorie wieder.[84]

Kritik an der Relativitätstheorie vor einem antisemitischen Hintergrund bedeutet beispielsweise, dass den angeblich hauptsächlich jüdischen Vertretern der Relativitätstheorie konspirative Absichten unterstellt werden: Ihr eigentliches Ziel sei nicht Wissenschaft um ihrer selbst willen, sondern Unterwanderung der akademischen Physik aus Machtinteresse, eine Denkfigur, die bei Ziegler zum Tragen kommt, wenn er behauptet, „daß es sich bei der ganzen Einsteiniade in erster Linie um den jüdischen Ehrgeiz und erst in zweiter um wissenschaftliche Interessen handelt."[85] Solche Verschwörungstheorien finden sich bei Vertretern der sogenannten ‚Deutschen Physik' wie Philipp Lenard (1862–1947), und dementsprechend wurde Ziegler in diesen Kreisen durchaus wahrgenommen, prominent etwa von Ernst Gehrcke (1878–1960), Professor für Physik, Direktor an der Physikalischen Reichsanstalt in Berlin und vehementer Gegner der Relativitätstheorie, für deren Falsifizierung er eine umfangreiche Sammlung von Zeitungsartikeln anlegte.[86] Aber auch noch nach dem Zweiten Weltkrieg und gerade im Zeitalter des Internet wird die Relativitätstheorie von Verschwörungstheoretikern in diesem Sinne interpretiert. Selbst Johann Heinrich Ziegler tritt dabei wieder auf, als Gewährsmann für die Behauptung, Einsteins Theorie verdanke sich dem Plagiat einer viel weiterreichenden und noch dazu arischen Theorie: eben der Urlichtlehre.[87]

---

[83] J.E.G. Hirzel [Johann Heinrich Ziegler]: Relativitätstheorie und Ostwald's Farbenlehre an der Leipziger Zentenarfeier. Ein Vergleich mit Zieglers Urlichtlehre. Zürich 1922, S. 20f.; der Bericht ist nicht weiter belegt. Die Identität von Hirzel und Ziegler nach Wazeck: Einsteins Gegner (wie Anm. 11), S. 421. Ostwald publizierte ab 1917 zahlreiche Schriften zu seiner Farbenlehre, zuerst Wilhelm Ostwald: Die Farbenfibel. Leipzig 1917. Dazu Albrecht Pohlmann: ‚Von der Kunst zur Wissenschaft' und zurück. Farbenlehre und Ästhetik bei Wilhelm Ostwald (1853–1932). Phil. Diss. Univ. Halle 2010.

[84] Wazeck: Einsteins Gegner (wie Anm. 11), S. 289f.; Ziegler: Das Ende (wie Anm. 81), S. 28f.

[85] Ziegler: Das Ende (wie Anm. 81), S. 29.

[86] Zur „Deutschen Physik" siehe Alan D. Beyerchen: Scientists under Hitler. Politics and the physics community in the Third Reich. New Haven u.a. 1977; Steffen Richter: Die ‚Deutsche Physik'. In: Naturwissenschaft, Technik und NS-Ideologie. Beiträge zur Wissenschaftsgeschichte des Dritten Reichs. Hg. v. Herbert Mehrtens u. Steffen Richter. Frankfurt a.M. 1980 (Suhrkamp-Taschenbuch Wissenschaft 303), S. 116–141. Zu Gehrcke und seiner Artikel-Sammlung vgl. Wazeck: Einsteins Gegner (wie Anm. 11), S. 21f., 273f. u.ö. Ein Ergebnis der Bemühungen Gehrckes war eine Schrift mit dem wenig subtilen Titel Die Massensuggestion der Relativitätstheorie. Kulturhistorisch-psychologische Dokumente. Berlin 1924.

[87] So zuletzt der amerikanische rechtsradikale Antisemit und Verschwörungstheoretiker Christopher Jon Bjerknes in einem 2006 nur im Internet publizierten, über 2000 Seiten starken Pamphlet, das sich ausschließlich der antisemitisch motivierten ‚Entlarvung' Einsteins als Plagiator und dem ‚Nachweis' der Falschheit der Relativitätstheorie verschreibt.

## V Eine ausgebliebene Revolution

Allen Konspirationsthesen zum Trotz – oder zu deren Bestätigung – konnte sich die Urlichtlehre gegen Quanten- und Relativitätstheorie nicht durchsetzen: Abgesehen von einem eher kurzlebigen Erfolg im nationalsozialistischen Deutschland bei den ‚Deutschen Physikern' und einer gewissen Persistenz in entsprechenden Kreisen bis heute wurde die Urlichtlehre kaum diskutiert. Im akademischen Kontext wurde sie zwar immerhin rezensiert, doch fielen die Besprechungen durchweg negativ aus.[88] Mehrere im Rahmen der Urlichtlehre entstandene Publikationen wurden sowohl in geistes- als auch in naturwissenschaftlichen Zeitschriften besprochen, wobei etwa der Rezensent der *Chemiker-Zeitung*, eines Periodikums mit chemisch-technischer Ausrichtung, zu einem insgesamt abwägend-freundlichen, aber letztlich doch ablehnenden Urteil gelangte:

> Denn es besteht kein Zweifel, daß ein gesunder Kern in all dem verborgen ist, der zwar nicht zur bedingungslosen Anerkennung, aber doch durch Widerspruch zum Nachdenken anregt. […] Alles in allem: Herr Ziegler ist ein schlechter Interpret einer guten Idee.[89]

Zieglers bereits erwähnte Schrift über *Die wahre Einheit von Religion und Wissenschaft* (1904) wurde 1907 im *Jahrbuch für Philosophie und spekulative Theologie* von dem Benediktinerabt Ansgar Vonier (1875–1938) eingehend rezensiert; bei aller Ausführlichkeit der Besprechung bezeichnete der Rezensent die Schrift aber als „monistisches Märchen" und gab Ziegler in polemischer Manier der Lächerlichkeit preis:

> Der Autor spricht mit der Überzeugung eines Glaubensbekenners. Also ist anzunehmen, daß all dieser hochtrabende Unsinn ihm als Wahrheit gilt. Aber einem Blinden nur könnte der Umstand entgehen, daß das ganze Buch der Erguß eines tief beleidigten Gemütes ist. […] Dr. Zieglers Leistungen werden mit Lächeln und Achselzucken gelesen.[90]

---

[88] Eine knappe Notiz von deutlich abwertender Art der beiden ersten Publikationen Zieglers – *Die Universelle Weltformel* etc. (wie Anm. 10) – erschien in der *Naturwissenschaftlichen Wochenschrift*, einem populärwissenschaftlichen Journal: Naturwissenschaftliche Wochenschrift N.F. 3 (1903/04), S. 94. Die gesamte Theorie Zieglers wurde in einem Rezensionsaufsatz zu aktuellen naturphilosophischen Schriften in der *Zeitschrift für Philosophie und philosophische Kritik* scharf kritisiert, denn Ziegler kenne „weder die heutige wissenschaftliche Physik noch ihre erkenntnistheoretischen Grundlagen hinreichend": O[tto] Jessel: Bericht über naturphilosophische Schriften des Jahres 1914. In: Zeitschrift für Philosophie und philosophische Kritik 157/2 (1915), S. 199–238, Zitat S. 211.

[89] P. Köthner: [Rezension zu] Johann Heinrich Ziegler: Konstitution und Komplementät der Elemente. Bern 1908; Johann Heinrich Ziegler: Die Struktur der Materie und das Welträtsel. Bern 1908. In: Chemiker-Zeitung 33/82 (1909), S. 750.

[90] Ansgar Vonier: [Rezension zu] Dr. J. H. Ziegler: Die wahre Einheit von Religion und Wissenschaft. Vier Abhandlungen. Zürich, Orell Füßli 1904. In: Jahrbuch für Philosophie und spekulative Theologie 21 (1907), S. 370f., Zitat S. 371.

Selbst wenn man hier eine aus dem theologischen Hintergrund resultierende Voreingenommenheit Voniers gegenüber im weiteren Sinne ‚monistischen' Positionen in Rechnung stellt, so passen die Ablehnung der Weltformel und die Beurteilung von Zieglers Lehre als unwissenschaftlich doch zur allgemeinen Wahrnehmung in akademischen Kreisen. Ziegler selbst konnte seine Theorie wahrscheinlich nur einmal, auf der Tagung der *Schweizer Naturforschenden Gesellschaft* von 1901, einem wissenschaftlichen Publikum präsentieren und wurde bei derselben Gelegenheit immerhin auch Mitglied dieser Gesellschaft; er setzte sich bei seinem Vortrag aber nicht etwa kritischen Nachfragen, sondern „unbändiger Heiterkeit" aus.[91] Der *Gesellschaft deutscher Naturforscher und Ärzte* konnte er seine *Universelle Weltformel* neben der Abhandlung über den *Sonnengott von Sippar* bei der im September 1903 in Kassel abgehaltenen Versammlung in der Abteilung für Chemie zwar vorlegen, sie aber wohl nicht vortragen.[92]

Nun könnte man fragen, warum die Urlichtlehre heute überhaupt noch interessieren sollte – im vorliegenden Beitrag geht es dabei auf den ersten Blick um die Einordnung einer solchen Welterklärung aus wissenschaftshistorischer Sicht. Die gängigste Kategorie, in der sich auch die Urlichtlehre ohne Weiteres wiederfinden könnte, ist diejenige der Pseudowissenschaft, und mit dieser Kategorie verbindet sich ein ganzes Narrativ, nämlich dasjenige von der Entstehung der modernen rationalen Naturwissenschaften.[93] Bezeichnet man die Urlichtlehre als Pseudowissenschaft, so definiert man zugleich *ex negativo* den Begriff Wissenschaft. Eine Pseudowissenschaft ist demnach eine Disziplin, die sich selbst als Wissenschaft versteht und mit diesem Anspruch Aufnahme in den Kanon der etablierten Wissenschaften begehrt. Von letzteren wird diese Disziplin aber als unwissenschaftlich abgelehnt, weil sie zentrale Kriterien von Wissenschaftlichkeit nicht erfülle, etwa Objektivität, Intersubjektivität, theoriegeleitete Empirie, Reproduzierbarkeit von Ergebnissen und Falsifizierbarkeit von Theorien und vieles mehr, wobei diese Kriterien in den Wissenschaften selbst und in der Wissenschaftstheorie wieder umstritten oder jedenfalls nicht allgemein anerkannt sind.[94]

---

[91] Saager: Der Winterthurer Naturphilosoph (wie Anm. 4), S. 11. Die Tagung fand in Zofingen im Kanton Aargau statt, laut Protokoll hielt „Herr Dr. Henri Ziegler, Zürich" in der Sektion für Physik, Mathematik und Astronomie einen dem Titel nach vermutlich der Urlichtlehre gewidmeten Vortrag *Über die Beziehungen zwischen Licht und Materie, bzw. Farbe und Konstitution*; vgl. Verhandlungen der Schweizerischen Naturforschenden Gesellschaft 84 (1901), S. 342; die Aufnahme zum Mitglied ist dokumentiert ebd., S. 353. 1903 hielt Ziegler bei der Versammlung derselben Gesellschaft einen Vortrag *Über den eigentlichen Begriff der Energie*, dessen Inhalt nicht überliefert ist: Verhandlungen der Schweizerischen Naturforschenden Gesellschaft 86 (1903), S. 39.

[92] Laut einer Notiz in den Verhandlungen der Gesellschaft Deutscher Naturforscher und Ärzte 75 (1903, erschienen 1904), 2. Teil, 1. Hälfte, S. 75.

[93] Vgl. dazu insgesamt: Pseudowissenschaft (wie Anm. 31).

[94] Literatur zur Wissenschaftstheorie kann hier nicht diskutiert werden; vgl. daher stellvertretend Art. „Wissenschaft" und Art. „Wissenschaftstheorie" in der Enzyklopädie Philosophie und

Unter Verzicht auf eine solche Kategorisierung wird demgegenüber hier vorgeschlagen, Theorien wie die Urlichtlehre, also absolute Welterklärungen mit Selbstbezeichnungen wie „Lösung des Welträtsels" oder „synthetische Weltanschauung", nicht an ihrem pseudowissenschaftlichen Potential zu messen, sondern an ihrem Potential als Heilslehre mit Erlösungsanspruch, sie also weniger wissenschaftshistorisch als religionsgeschichtlich einzuordnen. In Zieglers Ausführungen ist augenfällig, wie das selbstgesteckte Ziel der Abstraktion von jeder Form von Religiosität regelmäßig an grundlegenden Prämissen der Theorie selbst scheitert. Die Urlichtlehre wird vorgetragen mit dem Anspruch, nicht nur die Welt zu erklären, sondern insbesondere auch die zeitgenössische Wissenschaft zu revolutionieren. Beides soll dann zu einer Verbesserung, ja einer Perfektion sowohl der Gesellschaft als auch der individuellen Erkenntnismöglichkeiten führen. Dies ist nichts anderes als eine Heilsgeschichte mit dem Ziel wissenschaftlicher und zugleich religiöser Erneuerung. Welchen wissenschaftlichen oder pseudowissenschaftlichen Wert die Urlichtlehre dabei hat, ist so nicht mehr die entscheidende Frage – entscheidend ist vielmehr, dass ihr Propagator Johann Heinrich Ziegler sich selbst offensichtlich als Heilsbringer versteht und genau dies erklärt, weshalb er über Jahrzehnte nicht nachlässt in seinen Bemühungen, der Menschheit seine Lehre nahezubringen.

So wird auch verständlich, warum das akademische Publikum die Urlichtlehre kaum wahrnimmt und warum Ziegler etwa von Einstein nicht ernst genommen wird: Zwischen den religiös grundierten Einlassungen Zieglers und der zumindest in der Selbstwahrnehmung um 1900 restlos säkularen Naturwissenschaft besteht eine unüberbrückbare Differenz, ein tiefer Graben gegenseitigen Nichtverstehens. Obwohl der Gegenstand von Zieglers Theorie auf den ersten Blick ein zeitgenössisch aktuelles Thema der Physik ist, gehen die Lösungsansätze für Probleme wie das der Lichtleitung doch diametral auseinander, und es gibt keine gemeinsame Diskussionsbasis. Die scheinbare Vergleichbarkeit der Urlichtlehre mit der Relativitätstheorie ist in Wahrheit das Ergebnis der Anwendung vormoderner Denkmuster auf einen aktuellen Debattenzusammenhang.

---

Wissenschaftstheorie. 4 Bde. Hg. v. Jürgen Mittelstraß. Bd. 4 (1996). Stuttgart 1980–1996, S. 719ff., 738–745.

ROBERT MATTHIAS ERDBEER

# Paläopoiesis / Paleofiction. Kognitionspoetik und ‚Erlebenswissenschaft' bei Laßwitz und Hörbiger

> Ich bin ein Stäubchen nur im Wind,
> ich bin, was meine Zellen sind.
> Arno Holz, *Die Blechschmiede* (1902)

> Nur wer sich selbst besitzt, kann sich erleben. Und erst in diesem Eigenerleben
> läßt sich die Stimme Gott-Natur vernehmen.
> Hanns Fischer, *Nur ein Beispiel* (1925)

## I *Hard Fact fellows* – Geistes-Wissenschaft und Leben im Modus der Eigentlichkeit

„Now, what I want is, Facts", verkündet der berühmte *opener* der Utilitarismus- und Sozialsatire *Hard Times* von Charles Dickens 1854. Auf der Basis eines universalistischen „somethingological" begründet der Roman nicht nur ein zeitgemäßes ‚*education system*', sondern auch ein neues wirkästhetisches Programm:

> We hope to have, before long, a board of fact, composed by commissioners of fact, who will force the people to be a people of fact, and nothing but fact. You must discard the word Fancy altogether [...]. You are not to have, in any object of use or ornament, what would be a contradiction in fact. [...] You must use [...] combinations and modifications (in primary colours) of mathematical figures which are susceptible of proof and demonstration. This is the new discovery. This is fact. This is taste.[1]

Derart institutionalisiert betreibt die Biopolitik der Viktorianer die Vertreibung aller „idle imagination": „You are never to fancy" lautet die Devise, „Fact forbid!"[2] Der Wissenschaftsdiskurs, der dieses Denkmodell in Deutschland fördert, kulminiert in der Person des Physiologen und gefürchteten Materialisten Carl Vogt (1817–1895). Erkenntnispädagogik wird in dessen Popularisierungsstil zur antihumanistischen Kulturpolitik:

> Das Kind will wissen, warum es donnert und blitzt, weßhalb das Wasser den Berg nicht hinauf fließt und aus welchem Grunde es heute regnet und morgen die Sonne scheint; statt ihm hierfür Erklärungen zu geben, sagt man: „der liebe Gott hat's gemacht" oder man weist es an seine lateinische Declination.[3] – Wer eben glauben will, der glaube; für uns aber, die wir den Fort-

---

Der Beitrag geht zurück auf Vorträge, die ich in Münster, in Cambridge/Ma. und am IZEA in Halle gehalten habe. Moritz Baßler, Dennis Borghardt und Laura Pohlmann, sowie dem BTWH-Forschungsnetzwerk gilt mein besonderer Dank.

[1] Charles Dickens: Hard Times (1854). Ware 1995, S. 7.
[2] Ebd., S. 16, 7, 9.
[3] Carl Vogt: Physiologische Briefe für Gebildete aller Stände. Stuttgart, Tübingen 1847, S. 488.

schritt der Naturwissenschaft nur in der Thatsache sehen, die wir wissen und nicht glauben wollen, für uns stehen solche Versuche [der Naturphilosophie, R. M. E.] nur als kindliche Ahnungen zukünftiger Wissenschaft da.[4]

Die Basis dieses positiven Wissens bildet ein subtiles Kognitionsprogramm. Ein jeder Forscher werde wohl, so Vogt im Jahre 1847,

> auf die Ansicht kommen, daß alle jene Fähigkeiten, die wir unter dem Namen der Seelenthätigkeiten begreifen, nur Funktionen der Gehirnsubstanz sind; oder, um mich einigermaßen grob hier auszudrücken, daß die Gedanken in demselben Verhältniß etwa zu dem Gehirne stehen, wie die Galle zu der Leber oder der Urin zu den Nieren.[5]

Dichtung wird dabei zum physiologischen Kompensationsverfahren, das als Traumarbeit im eigentlichen Sinn des Worts ‚ernüchternd' wirkt:

> Ich weiß aus eigener Erfahrung, daß ich viel träumte, als ich noch ein böser Junge war und mehr Ritterromane las und Bier trank, als meiner Phantasie und meinem Körper zusagte. Ich träumte viel von Schlachten und Kämpfen [...]. Oft entschlüpfte ich so; zuweilen aber entdeckte der Feind mich und ich wurde ermordet. Ich fühlte den Dolch in der Wunde, fühlte, wie mein warmes Herzblut über mich hinabrieselte – beim Erwachen fand ich das Bette durchnäßt. Kein Zweifel, daß das ungewohnte Getränk den Blasenhals reizte und das träumende Gehirn das Bedürfnis zum Uriniren in einen Roman verwob [...].[6]

Romane dieser Art entsprechen nicht dem Selbstverständnis einer Dichtung, die um 1850 mehr denn je im Banne Goethes steht. Die für den deutschen Realismus typische *Diskursverweigerung* erscheint vor diesem Hintergrund als Konsequenz aus der bewusst getroffenen diskurspolitischen Entscheidung, ‚Naturalisierung' und ‚Tendenzdichtung' (samt der im Vormärz angestrebten Repragmatisierung der Fiktion) entschieden abzuweisen. Der poetisch-fiktionale Realismus operiert nicht als ‚poetischer Naturalismus', er entwirft sich als verklärter Klassizismus, der den Weltanschauungstrend der „hard Fact fellows" programmatisch kompensieren will. Der Romancier und Theoretiker der realistischen Poetik, Friedrich Spielhagen (1829–1911), verlangt daher den Ausbau der Kulturengrenze in der mahnenden Voraussicht, dass nicht „jene Aehnlichkeit", die „zwischen dem Mann der Wissenschaft und dem Epiker" zu konstatieren sei,

> für uns verhängnisvoll werde. [...] Wie nah liegt hier die Verführung – und wie viele unterliegen ihr! – das gleiche Ziel mit dem gleichen Mittel, auf dem gleichen Wege erreichen zu wollen! [...] Aber diese durch die Verschiedenheit der geistigen Funktionen und der obligaten Methoden der Darstellung ein für allemal unübersteigliche Grenze zwischen Wissenschaft und Poesie muß ich hier in ihrer ganzen Bedeutung als erkannt und anerkannt voraussehen [sic].[7]

---

[4] Ebd., S. 208.
[5] Ebd., S. 206.
[6] Ebd., S. 211.
[7] Friedrich Spielhagen: Das Gebiet des Romans (1873). In: Ders.: Beiträge zur Theorie und Technik des Romans. Leipzig 1883, S. 35–63, hier S. 55.

Die Gütertrennung zwischen Wissenschaft und Religion, Natur- und Geisteswissenschaft, *autarker Wissenschaft* und *autonomer Dichtung* wird somit für alle, die den faktischen Diskursverkehr der zwei Kulturen sichtbar machen wollen, zum Begründungs- und Transferproblem. Im Epistemenwechsel vom naturhistorischen zum ‚strengen' Forschungsmodus, dem der Wechsel vom diskursbelasteten zum ‚reinen' Dichten parallel verläuft, erscheinen diese Dissidenten des Exakten oder Autonomen kurzerhand – als Esoteriker. Sie etablieren seit den 1850er Jahren zwei komplementäre Weltzugänge, die sich gegen das Exaktheitsideal der reinen Wissenschaft und gegen den Autonomieanspruch der reinen Kunst zugleich verwahren: *Parawissenschaft* und *Parakunst*. Nicht: Pseudowissenschaft[8] und Pseudokunst; das Präfix ‚para-' indiziert hier eine Strategie der *Repragmatisierung*, die den Entpragmatisierungsgestus des Exakten und des Dichterischen gleichermaßen revidieren will. Es handelt sich um eine wissenschafts- und kunstaffine Form des *Gegenwissens*, die um 1900 zunehmend an Popularität gewinnt. Das Kennwort dieser ‚Esoterischen Moderne' lautet ‚Leben'.[9] Ziel der Lebens-Kunst ist dabei weniger die Verlebendigung (qua Popularisierung) der exakten Wissenschaft als die Entdeckung eines *neuen Wissens*, das als Lebens- und ‚Erlebenswissen' (Ottmar Ette) eine neue Anthropologie begründen will.[10] Der Vitalismus der Jahrhundertwende ist ein *esoterisierter Materialismus*, der im Zuge neukantianischer Bestrebungen auf eine metaepistemologische Potenz des Lebens zielt.[11] Durch diesen

---

[8] Vgl. dazu die Begriffskritik von Michael Hagner, der den Gegensatz von ‚echter Wissenschaft' und ‚Pseudowissenschaft' durch den pragmatischeren Gegensatz von „wissenschaftsförderlichem und wissenschaftshinderlichem bzw. wissenschaftsgemäßem und wissenschaftsinadäquatem Verhalten" ersetzt (Michael Hagner: Bye-bye science, welcome pseudo-science? Reflexionen über einen beschädigten Status. In: Pseudowissenschaft. Konzeptionen von Nichtwissenschaftlichkeit in der Wissenschaftsgeschichte. Hg. v. Dirk Rupnow u.a. Frankfurt a.M. 2008, S. 21–50, hier S. 49f.).

[9] Zum Konzept der Esoterischen Moderne als Diskurszusammenhang von Esoteriktradition, exakter Forschung, Parawissenschaft und Dichtung s. meine Untersuchung: Robert Matthias Erdbeer: Die Signatur des Kosmos. Epistemische Poetik und die Genealogie der Esoterischen Moderne. Berlin, New York 2010.

[10] Ottmar Ette: Literaturwissenschaft als Lebenswissenschaft. Eine Programmschrift im Jahr der Geisteswissenschaften. In: Literaturwissenschaft als Lebenswissenschaft. Programm – Projekte – Perspektiven. Hg. v. Wolfgang Asholt u. Ottmar Ette. Tübingen 2010, S. 11–38.

[11] Die Leistungsfähigkeit der neoesoterischen Materie für die Theoriebildung in Wissenschaft, Poetik und Ästhetik tritt im parawissenschaftlichen Dispositiv des 19. und frühen 20. Jahrhunderts eindrucksvoll hervor. Ich habe diesen epistemischen Transfer für folgende Disziplinen zu zeigen versucht: Kosmographie (siehe Anm. 9), Chemie (Epistemisches Prekariat. Die qualitas occulta Reichenbachs und Fechners Traum vom Od, in: Rupnow: Pseudowissenschaft [wie Anm. 8], S. 127–162), Biologie (Strategische Verklärung. Realismus, Biokosmik und die Enzyklopädik des Selbst, in: Die Enzyklopädik der Esoterik. Hg. v. Andreas Kilcher. München 2010, S. 277–308), Physik und Technik (Kosmische Resonanzen. Theorie und Körper in der Esoterischen Moderne, mit Christina Wessely, in: Resonanz. Potentiale einer akustischen Figur. Hg. v. Karsten Lichau u.a. München 2009, S. 143–176), Statistik (Arithmetik des Lebens. Das Verfahren der numerischen Verklärung und die Mathesis der Esoterischen Moderne, in: Zahlen, Zeichen und Figuren. Mathematische Inspirationen in Kunst und Literatur. Hg. v. Andrea Albrecht, Gesa von Essen u. Werner Frick. Berlin, New York 2011).

Auftrag trifft er sich bemerkenswerterweise mit der heutigen Life-Science-Diskussion, die in der Auseinandersetzung zwischen Bioanthropologie und Neurokognition auch den modernen Geisteswissenschaftsdiskurs bestimmt.

Bedeutungen kann man nicht messen. Das, was im Bereich der ‚ebenmerklichen Empfindungsdifferenzen' (Fechner) schon im 19. Jahrhundert metrisch abbildbar, skalierbar und prognostizierbar wird – die Reizschwelle –,[12] hat im semantischen Bereich kein hermeneutisch und prognostisch zureichend belastbares Pendant. So lassen sich zwar agrammatische Strukturen oder kontextinduzierte Abweichungen durch veränderte Erregungspotentiale visualisieren, doch es führt kein Weg vom neuronalen Teilereignis zum tatsächlichen semantischen Gehalt zurück. Der Reiz macht keinen Sinn. Die Kognitionspoetik arbeitet aus diesem Grund im *Modus des Versprechens*: „Soweit literarische Texte besondere Textwelten evozieren [...] führen die bisherigen Ergebnisse zu der Vermutung, dass sich auch deren [neuronale] Effekte in der Sprachverwendung nachweisen lassen."[13] Die vom kognitionspoetischen Projekt erhoffte Rückführung semantischer auf physiologische Prozesse zeigt sich somit auch als Ausdruck eines essentialistischen Begehrens, den Leib-Seele-Dualismus (und mit ihm die Drift der Zwei Kulturen) ein für allemal monistisch (oder auch ‚parallelistisch', nämlich als Kontinuum gekoppelter Effekte) aufzulösen. ‚Dichten' wird hier von der vitalistisch-ontologischen Humankategorie erneut zur szientischen Funktionsmetapher, die das Kontingente (Zufällige oder Inspirierte), Widerständige und Inkommensurable schöpferischer Produktion zu tilgen scheint. Den Cognitive Poetics tritt aus diesem Grunde ein gesamtgesellschaftliches Wissenschaftsdesign zur Seite, das die Leistung der poetischen Fiktion – die Übersetzung ihres Wissens in „Erlebenswissen"[14] – auch als Korrektiv des „Desillusionierungs-Pathos" der Cognitive Science versteht.[15] Die Bioanthropologie schließt hier an eine Grundeinsicht der neueren Diskursgeschichte an, die in bewusster Abgrenzung vom „Neuro-Solipsismus"[16] der *hard sciences* das Hirn und seine Kognitionen explizit als kulturell codierte Einheiten

---

[12] Vgl. Gustav Theodor Fechner (1801–1887): Elemente der Psychophysik. 2 Bde. Leipzig 1860.
[13] Richard Wiese u.a.: Neurokognition der Sprache in Wort, Satz und Text. In: Literatur und Kognition. Bestandsaufnahmen und Perspektiven eines Arbeitsfeldes. Hg. v. Martin Hubert u. Simone Winko. Paderborn 2009, S. 85–98, hier S. 97. Da ein re-entry solcher ‚Nachweise' ins Textverstehen gar nicht vorgesehen ist, verschiebt sich die Funktion der neuronalen Skripte von der Interpretation zur produktionsästhetischen Maxime, so zu dichten, dass ‚ereigniskorrelierte Potentiale' (EKPs) entstehen, sprich: dass die Neuronen feuern. Zur Kritik vgl. die luzide Argumentation bei Rüdiger Zymner: Körper, Geist und Literatur. Perspektiven der ‚Kognitiven Literaturwissenschaft' – eine kritische Bestandsaufnahme. In: Literatur und Kognition, S. 135–154.
[14] Ette: Literaturwissenschaft als Lebenswissenschaft (wie Anm. 10), S. 27.
[15] Thomas Fuchs: Das Gehirn denkt nicht. URL: http://www.brandeins.de/magazin/-d1232a8661/das-gehirn-denkt-nicht.html [29.11.2011]. Der *locus classicus* aus wissenschaftshistorischer Sicht ist die Studie von Michael Hagner: Homo cerebralis. Der Wandel vom Seelenorgan zum Gehirn. Frankfurt a.M. 2008.
[16] Thomas Fuchs: Das Gehirn – ein Beziehungsorgan. Eine phänomenologisch-ökologische Konzeption. 2. aktual. Aufl. Stuttgart 2009, S. 34.

entwirft. So bringt die Kognitionspoetik gleichsam dialektisch eine Anthropologie hervor, die auf der Basis einer *durchgängigen Naturalisierung* der Kultur und ihrer Träger eine metaepistemische Version von ‚Leben' prüft.[17] Gefordert wird die Ankunft eines „Lebenswissens", das „ein Wissen über das Leben und vom Leben wie ein Wissen des Lebens von sich selbst, ein Wissen zum und im Leben wie ein Wissen als fundamentale Eigenschaft und als Bestandteil von Leben wie von Lebensprozessen überhaupt" postuliert.[18] Das Spannungsfeld von Kognition und Leben, das hier aufgerufen ist, entspricht in vieler Hinsicht seinem *Fin-de-siècle*-Vorläufer im Grenzgebiet von wissenschaftlicher und künstlerischer Avantgarde. Die Diskussion, die heute um den *vital turn* der Geisteswissenschaften wuchert, hat ihr lärmendes Analogon um 1900.

Um 1900 wird der *vital turn* zum Umschlagspunkt, an dem die lebensphilosophische Entdeckung der Naturphilosophie als neue, populäre Esoterik in Erscheinung tritt. Ihr (paradoxer) Anspruch, den verborgenen Zusammenhang der Dinge jenseits der exakten Wissenschaftsdiskurse herzustellen (oder aufzufinden) und für jeden zugänglich zu machen, geht mit dem Impuls einher, das Herrschaftswissen weniger Experten in ein öffentliches, allgemeinverständliches und kritischer Bewertung fähiges Erkenntnisgut zu überführen. Damit reagiert die Esoterische Moderne auf die Aporie (und Aporetik) des modernen Wissens, die dem Zielkonflikt aus Fachspezialisierung (Esoterisierung) und gesellschaftlicher Popularisierung (Exoterisierung), also der Erkenntnis unter den Bedingungen der Massen- und Konsumkultur geschuldet ist. Sie antwortet damit zugleich auf ein Begehren, das im Zuge seiner ethisch motivierten Wert-Schöpfung die szientifische, ästhetische

---

[17] Vgl. hierzu Volker Gerhardts Credo, „dass der Mensch die kulturelle Leistung nur erbringt, um sich als Natur in der Natur zu erhalten [...]. Seine Kulturgeschichte ist und bleibt eine Fortsetzung der Naturgeschichte, in die er seine eigene aus der Natur genommene, gleichwohl Natur bleibende und wieder ganz und gar Natur werdende Leistung einbringt" (Volker Gerhardt: Kulturelle Evolution. Philosophische Anmerkungen zu einem nicht erst seit Darwin aktuellen Programm. In: Evolution in Natur und Kultur. Hg. v. dems. u. Julian Nida-Rümelin. Berlin 2010, S. 185–203, hier S. 196). Vom „modernen Naturalismus, für den Anthropologie immer auch Bio-Anthropologie bedeutet", sprechen auch Karl Eibl u.a. in: Im Rücken der Kulturen. Hg. v. Karl Eibl u.a. Paderborn 2007 (Klappentext).

[18] Ette: Literaturwissenschaft als Lebenswissenschaft (wie Anm. 10), S. 17; vgl. dazu Christoph Menkes kritische Replik: „Die Literatur ist gegenüber der Zirkulation des Lebenswissens exzessiv, denn die Literatur läßt die beiden Elemente des Lebenswissens auseinandertreten. Sie zeigt, daß Leben und Wissen einander niemals entsprechen" (Christoph Menke: Jenseits von Geistes- und Biowissenschaften. Vier kurze Bemerkungen zu Ottmar Ette: ‚Literaturwissenschaft als Lebenswissenschaft'. In: Literaturwissenschaft als Lebenswissenschaft [wie Anm. 10], S. 39–44, hier S. 44). Vgl. auch Klaus-Michael Bogdal, der trotz aller ‚Evidenz' (im herkömmlichen wie im anglophilen Sinn) der Lebenswissenschaft die Existenz ‚vitaler Texte' leugnet und auf der Unhintergehbarkeit der Historizität beharrt: „Historizität ist nicht weniger als Empirie eine Errungenschaft der Moderne. [...] Es ist eine Sache, die Evolutionsgeschichte der Natur und des Menschen als biologisches und intelligibles Wesen aufzudecken, und eine andere, auf dieser Grundlage kulturelle Hervorbringung und Dynamiken zu erklären" (Klaus-Michael Bogdal: Das Biologische und das Historische. Bewegungen im Grenzgebiet. In: Literaturwissenschaft als Lebenswissenschaft (wie Anm. 10), S. 85–92, hier S. 89f.).

und metaphysische Erkenntnisform harmonisch auszugleichen sucht. Gerade dadurch, dass sie Wissenschaft ästhetisiert und Kunst verwissenschaftlicht, wird die neue Esoterik aber auch zum Zentrum vitalistischer Kulturkritik. Innovativ – so meine These – wird sie im Gefolge einer neuen Gattung, die Björn Kurtén, Vorwelt-Romancier und Paläontologe, stilgerecht *paleofiction* nennt.[19] Sie kann als Ausdruck eines quasiallegorischen Verfahrens gelten, das gemäß der von Karl Eibl diagnostizierten „Zwischenwelt"[20] im experimentellen Raum der Urzeit wie des Urzeitmärchens die Phantasmen seiner Zeit realisieren kann: das neue Wissen und den neuen Menschen, der zum Träger einer neuen Ethik werden soll. *Paleofiction* funktioniert dabei im Rahmen eines Vorgeschichtsdispositivs aus Archäologie, Geologie, Paläontologie und Vor- und Frühgeschichte, das zu einer eigenen ‚Paläopoiesis' tendiert: die esoterische Modellbildung zielt als Erzählung des Verlorenen, Verborgenen, Verschobenen, Verschwundenen, Verunglückten, Versehrten und Vergessenen stets auf die Gegenwart. *Paleoart* entwickelt sich vor diesem Hintergrund, so William J. T. Mitchell, zur „postmodern strategy",

> that engages the present and future of advanced industrial societies and reframes them in the temporal perspective of paleontology and geology. It articulates the past-present contrast central to modernity in its most extreme form, fusing remote scenes of ‚deep time' with the immediate present. [...] It is characterized by a corrosive mordant irony about pretension of human greatness.[21]

Die Subversion (und Ironie) der Paläopoeten zeigt sich im pragmatischen Versuch, die Schein-Autonomie moderner Teildiskurse in die Heteronomie der Kontexte, die sie begründen und umgeben, aufzulösen. Das Arkanum dieser Esoterik ist ihr *metaepistemisches Begehren*, das mit parawissenschaftlichen Verfahren eine höhere, weil überwissenschaftliche Erkenntnisform erstrebt. Die epistemischen, ästhetischen und ethischen Vertiefungstechniken, die diese Strategie zum Einsatz bringt, erweisen dabei den Modellbildungsprozess des Wissens selber als kulturhistorisches Verfahren; die historische Erkenntnistheorie der Paläopoeten ist eine ästhetische Kulturtheorie.

---

[19] W. J. T. Mitchell prägt in seiner Echsenikonographie den analogen Terminus „paleoart". William John Thomas Mitchell: The Last Dinosaur Book. The Life and Times of a Cultural Icon. Chicago 1998.
[20] Vgl. Karl Eibl: Zwischenwelt. Eine evolutionsbiologische Perspektive. Frankfurt a.M. 2009. Aufgabe der Zwischenwelt sei es, Nervensystem und Umgebung als kulturelles „Interface aufeinander abzustimmen. Wenn wir bewußt handeln, handeln wir auf die Zwischenwelt hin" (ebd., S. 36).
[21] Mitchell: The Last Dinosaur Book (wie Anm. 19), S. 265, 272f.

## II Wenn Echsen denken – Biopolitik im Drachenmoor

### 1 Kognition und Sacrum – Wege zum *Intelligent Design*

Kurd Laßwitz, Romancier und Mitbegründer einer neukantianisch inspirierten Form der Wissenschaftsfiktion, verdichtet schon in seiner 1902 erschienenen Erzählung *Homchen. Ein Tiermärchen aus der oberen Kreide* Erkenntnistheorie, Evolutionsbiologie und Esoterik zum erlebenswissenschaftlichen Projekt:

> Gerüchte schwirrten durch den Urwald, schreckliche Gerüchte. [...] Unruhig liefen und kletterten die Beutler umher [...]. Die Echsen zürnten, so hieß es, die Echsen hatten Rache geschworen allen Waldtieren. Sie wollten den Wald niederreißen und die Säuger vertilgen.²²

Warum? Im stratigraphischen System des Urwalds kündigt sich ein Umbruch sondergleichen an: die Kreidezeit, der Untergang der Echsen und der Aufstieg der vitalen Säuger. Schuld daran ist, wie so oft, der Klimawandel, der als Kälteeinbruch auch die Biosphäre zwischen Wald und Moor erschüttert. An der drohenden Peripethie des Urzeitdramas rüsten sich die Echsen, namentlich die fürchterliche Großechse, der eitle Iguanodon und der gewaltige Atlanto auf Befehl der Zierschnäbel, der intriganten Priesterschaft des ‚Drachenmoors', zum Präventivkrieg gegen ihre Erben. Diese wiederum erfassen mangels kognitiver Ausstattung und Schulung weder die Gefahr noch die bevorstehende Zeitenwende. Einzig Homchen, Beutiertiermutant und Held der Handlung (Farbabb. 1), operiert nicht nur, wie die subtile Namensgebung zeigt, als *missing link* der Homo-sapiens-Reihe; als Prophet und Bannerträger Darwinscher, Lamarckscher und Bergsonscher Grundprinzipen schmiedet Laßwitz' kreidezeitliche Diskursfigur ein gleichermaßen mutationsdynamisches wie kognitionspsychologisches Schicksalsmodell. In Laßwitz' Urzeitmärchen kann der Held sich nämlich über drei Alleinstellungsmerkmale freuen: er wird einerseits (im Unterschied zu seinen Artgenossen) schon mit Fell geboren, reflektiert zum anderen sein psychophysisches Surplus und steht zugleich im telepathischen Direktkontakt zur Obergottheit der gesamten Urzeitfauna, einer roten Schlange,²³ die ihm Darwins *plots* in einer Reihe lebenswissenschaftlicher Visionen offenbart:

---

²² Kurd Laßwitz: Homchen. Ein Tiermärchen aus der oberen Kreide (= Ders.: Nie und immer, Bd. 1). Leipzig 1902, S. 112.

²³ Laßwitz denkt hier höchstwahrscheinlich an die rote Elaps, eine zu den Prunkottern gehörende Korallenotter, die – auch hierin eines Gottes würdig – ihre Ausstattung als Giftschlange durch Schönheit, Handlungskompetenz und Sanftmut auszugleichen weiß. Von Brehm im *Thierleben* als „Zierde der Schlangen" beschrieben, überzeugt sie nicht nur durch „ein prächtiges Zinnoberroth von ungemein lebhaftem, am Bauche etwas mattem Glanze", sondern zeigte sich auch „sanft und gutmüthig, biß nie, benahm sich überhaupt durchaus nicht wie eine Giftschlange" (Alfred Edmund Brehm: Brehms Thierleben. Allgemeine Kunde des Thierreichs. 2. umgearb. u. verm. Aufl. Kolorirte Ausg. Bd. 7/1. Leipzig 1883, S. 406f.). Auch Darwin selbst verweist begeistert auf die „außerordentliche Schönheit [...] der Korallenschlangen von Amerika, wel-

> Und von den Sternen her hatte die rote Schlange zu ihm gesprochen. [...] Das Meer war fort und das Moor war fort, und die großen Echsen waren nicht mehr. Sie waren geflohen vor Homchen und seinen Freunden. Und Homchen schritt aufgerichtet einher, stolzer noch als der Iguanodon, und die Tiere des Waldes fürchteten sich vor ihm. [...] Und das Wunderbare wurde eine Macht, eine große, geheimnisvolle Macht in Homchen.[24]

Auf der Basis dieses Offenbarungswissens tötet Homchen mit Ingenium und List den fürchterlichen Hohlschwanz, eine Großtat freilich, die den Artgenossen als monströse Transgression erscheinen und zum Ausschluss des Propheten aus der beuteltragenden Gemeinschaft führen wird. Auch werden Diskrepanzen zwischen Homchens evolutionistischer Vision und dem vom Echsenpriester Grappignapp verfügten Dogma ruchbar, das als lacertaler Ursprungsmythos vom „Gesetz" der Schlange kündet und die Zierschnäbel zu „Boten" mit Alleinvertretungsanspruch promoviert.[25] Die Biopolitik der Echsenpriester ist im Rahmen dieses Grundgesetzes doppelt motiviert: sie naturalisiert die „Lehre" zum dynamischen, entwicklungslogischen Verfahren und begründet diese Naturalisierung metaphysisch als *intelligent design*: „In euern Körper", spricht die Schlange durch den Mund des Priesters,

> ‚habe ich das Mark des Rückens gelegt, daß es vereinige die Bewegung aller eurer Glieder und die Kraft aller eurer Sinne. Da soll es sich immer stärker zusammenziehen an dem einen Ende und soll dort wachsen und dick werden, damit ihr gewaltig wollt und tut alles, wozu euch die Lust ankommt!'[26]

Grappignapp berührt hier eine wissenschaftliche Debatte, die im paläontologischen Diskurs der 1880er Jahre prominent geworden ist. Es geht um die Wahrscheinlichkeit und Leistung eines zweiten Hirns, das man im Rückenmark der Saurier vermutet: das Sakralgehirn. Ernst Koken, Pionier der Paläogeographie, erläutert dies

---

che intensiv rot sind [...]" (Charles Darwin: Die Abstammung des Menschen. In: Ders.: Gesammelte Werke. Frankfurt a.M. 2009, S. 693–1162, hier S. 966).

[24] Laßwitz: Homchen (wie Anm. 22), S. 20f. Von der Forschung wurde Homchen jüngst und zweifellos zurecht als geistesgeschichtliche Größe zwischen Dilthey, Wundt und Plessner entdeckt; der paläontologische Diskurs kommt hier jedoch erstaunlich kurz. Vgl. Safia Azzouni: How Wilhelm Dilthey Influenced Popular Scientific Writing. Kurd Laßwitz' Homchen. Ein Tiermärchen aus der oberen Kreide. In: Historical Perspectives on Erklären und Verstehen. Hg. v. Uljana Feest. Dordrecht 2010, S. 61–79 und Thomas Borgard: Kurd Laßwitz' Tiermärchen aus der oberen Kreide (1902). Literatur und Geschichte der Menschheit im Umkreis des Darwinismus. In: ‚Natur', Naturrecht und Geschichte. Aspekte eines fundamentalen Begründungsdiskurses der Neuzeit (1600–1900). Hg. v. Simone de Angelis u.a. Heidelberg 2010, S. 481–501. Peter Sprengel diskutiert das Urzeitmärchen im diskurshistorisch spannungsvollen Feld des ‚breeding', das die Konzeption des ‚neuen Menschen' aus der Prähistorie destilliert. Peter Sprengel: Fantasies of the Origin and Dreams of Breeding. Darwinism in German and Austrian Literature around 1900. In: Monatshefte 102 (2010), S. 458–478; vgl. auch Erdbeer: Die Signatur des Kosmos (wie Anm. 9), zu Homchen S. 542. Zum Märchengenre bei Laßwitz vgl. Françoise Willmann: Kurd Laßwitz' Popularisierungswerk. Wissenschaft im Märchen. In: Literatur und Wissen(schaften) 1890–1935. Hg. v. Christine Maillard u. Michael Titzmann. Stuttgart, Weimar 2002, S. 97–109.

[25] Laßwitz: Homchen (wie Anm. 22), S. 45.
[26] Ebd.

im Jahre 1893 am prägnanten Fall des Stegosaurus: „Einen wunderlichen Eindruck macht die Kleinheit des Kopfes, dessen winziges Gehirn von der Rückenmarksanschwellung der Sacralgegend, dem sog. Sacralgehirn, um das mehrfache übertroffen wird [...]."[27] Der Schöpfer des Begriffs, der Paläontologe Robert Wiedersheim, bemerkt dazu in einer Abhandlung des Jahres 1881: „Wenn man das Verhältniss der ganzen Körpermasse eines Alligators zu derjenigen eines Stegosauriers setzt wie 1:1000, so beträgt das Gehirnvolumen dieses Dinosauriers nur den hundertsten Teil (!)". Dagegen sei der in weit „höherm Grade" als das Hirn bedeutsame „*Sacral-Kanal*" des Stegosaurus „*mindestens 10mal so weit als die Schädelhöhle*". Dieses Sacrum „stellt einen ovalen, von dem übrigen Wirbelkanal scharf abgesetzten gewölbten Raum dar", eine „offenbar für die Aufnahme eines großen nervösen Centrums, gewissermaßen für ein Sacralhirn berechnete, große Höhle der Wirbelsäule" (Abb. 1).[28] Wiedersheim zieht daraus – ganz im Sinn der Zierschnäbel – den Schluss, „dass bei derartig construirten Geschöpfen der Schwerpunkt des gesammten Nervenlebens ans hintere Rumpfende verlegt gewesen sein muss".[29]

 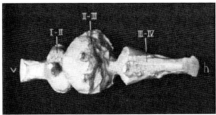

Abb. 1a+b: Sakralgehirn bei Stegosaurus (links, schematisch) und Barosaurus (rechts, plastisch; I–IV: Intervertebralräume zwischen den Sakralwirbeln; v: vorne, h: hinten)

---

[27] Ernst Koken: Die Vorwelt und ihre Entwickelungsgeschichte. Leipzig 1893, S. 395f.
[28] Robert Wiedersheim: Zur Palaeontologie Nord-Amerikas. In: Biologisches Centralblatt 1 (1881), S. 359–372, hier S. 371. Im anatomischen Diskurs bezeichnet „Sacrum" (von *os sacrum* – Kreuzbein) den Wirbelsäulenabschnitt zwischen Lendenwirbelsäule und Steißbein. Zu Wiedersheim vgl. die Replik von Wilhelm Krause: Zum Sacralhirn der Stegosaurier. In: Ebd., S. 461, sowie die ausführliche Zusammenfassung der Diskussion bei Werner Janensch: Der sakrale Neuralkanal einiger Sauropoden und anderer Dinosaurier. In: Paläontologische Zeitschrift 21 (1939), S. 171–193. Die Rede vom Sakralgehirn ist allerdings auch heute noch beliebt; vgl. etwa: „Die Variabilität der Rückenmarkslänge ist von Tiergattung zu Tiergattung ganz unterschiedlich. So nehmen Beuteltiere eine Mittelstellung ein [...]. Ein [...] Extrem der Rückenmarksplastizität ist bei Stegosaurus [...] zu vermuten. Seine Schädelhöhle hatte ein Volumen von 56 cm$^3$, der Wirbelkanal im Sakralbereich aber ein solches von 1200 cm$^3$. So vermutet man bei diesen großen Sauriern eine Art Sakralgehirn" (Chirurgische Proktologie. Hg. v. Joachim Lange u.a. Heidelberg 2006, S. 22); vgl. dagegen Hans Elmar Kaiser: Das Abnorme in der Evolution. Leiden 1970, S. 152, der die Rede „von einem Sakralhirn gewisser Saurier" für „irreführend" hält. Entscheidend sei vielmehr „die vergleichend anatomische Frage, ob eine Übernahme der Leistung bestimmter Hirnteile überhaupt durch das Rückenmark [...] möglich ist. Sowohl phylogenetisch als auch vergleichend anatomisch gesehen, ist dies unmöglich" (ebd.).
[29] Wiedersheim: Zur Palaeontologie (wie Anm. 28), S. 372.

Der Paläontologe Edward Drinker Cope lokalisiert an solchen „parts of the organism" die Verdichtung einer ‚Wachstumskraft', die dann zum Ausgleich eine „‚complementary diminution' of force" an anderer Stelle bewirkt.[30] Der Kognitionspoet Bert Taylor weist dagegen auf die kooperative Kraft der ‚zwei Gehirne' hin und eruiert zugleich den philosophischen Zusammenhang:

> You will observe by these remains
> The creature had two sets of brains –
> One in his head (the usual place),
> The other at his spinal base.
> Thus he could reason *a priori*
> As well as *a posteriori*
> No problem bothered him a bit
> He made both head and tail of it. […]
> If one brain found the pressure strong
> It passed a few ideas along.
> If something slipped his forward mind
> 'Twas rescued by the one behind. […]
> Thus he could think without congestion
> Upon both sides of every question.[31]

Diese Überzeugung teilen Laßwitz' Echsenpriester nicht. Der mythische Sakralraum, den sie stiften, bildet vielmehr mit dem physiologischen „Sacralraum"[32] ihres Idealtypus, des Stegosaurus, eine unheilige Allianz des Denk*verfalls*. Im religiösen Mythos freilich wird die degenerative Kraft des Afterhirns gleich zweifach intrigant verstellt: als Beuteltierkritik und als Gestaltungsauftrag an die Echsen selbst. Die Markanhäufung nämlich ist gemäß der Bioethik des Reptiliengotts der „Lust" der Echsen vorbehalten; bei den Säugern wird sie als perfider Neurohedonismus, als gezielte *ordo*-Überschreitung denunziert. Zum Sakrileg jedoch, so Grappignapps markante Unterstellung, wird die Markanhäufungslust der Beuteltiergemeinde durch den Umstand, dass sie die Entwicklungsstrategie der Schlange widerrechtlich okkupiert und subvertiert:

> ‚Alles Böse und Verderbliche geht aus von den Nachttieren in dem Walde, die da Herren sein möchten über die Erde, über Moor und Meer. Sie haben sich angemaßt ihr Blut zu wärmen gegen den Willen der roten Schlange […] Und, o Fluch und Frevel, sie häufen ihr Mark zu einer Verdickung, wie die starken Echsen, und dadurch wollen sie furchtbar und stark werden und sich auflehnen gegen die Echsen.'[33]

---

[30] Edward Drinker Cope: The Origin of the Fittest. Essays on Evolution. New York 1887, S. VIII. „Growth-force" zählt hier neben „nerve-force" und „thought-force" zu den „Vital Forces", die als Korrelat der „Physical Forces" zu betrachten sind und einem „Vital principle" unterstehen (ebd., S. 205).

[31] Bert Leston Taylor: Ode to a Dinosaur (1912). In: David E. Fastovsky, David B. Weishampel: The Evolution and Extinction of the Dinosaurs. 2. Aufl. Cambridge 2005, S. 16.

[32] Janensch: Der sakrale Neuralkanal (wie Anm. 28), S. 192.

[33] Laßwitz: Homchen (wie Anm. 22), S. 49f.

Dieser Vorwurf wiegt schon deshalb schwer, weil in der *ordo*-Transgression die Profanierung, wenn nicht Travestie der Schlangenschöpfung auch die Körperstrategie verändert: Säugetiere konzentrieren ihr Erkenntnismark nicht mehr im Rücken, sondern ‚häufen' es im Kopf.[34] Dies wiederum ist völlig kompatibel mit Lamarcks luzider Einsicht:

> Die [...] Bedürfnisse [der Tiere, R. M. E.] und sodann die ununterbrochenen Anstrengungen, um sie zu befriedigen, sind in ihren Resultaten nicht auf die Abänderung [...] der Organe beschränkt, sondern sie können auch *die Lage dieser Organe verändern*, wenn gewisse Bedürfnisse daraus eine Notwendigkeit machen.[35]

Die Zierschnäbel allein durchschauen die Entwicklungslage, wecken das Bedürfnis nach dem zweiten Sakrum und betreiben einen neurophysiologischen Spezialdiskurs, der sich als *Anti*kognitionsprogramm erweist. Wir hören Grappignapp im heimlichen Gespräch mit Kaplawutt:

> ‚Die rote Schlange gab ihre Macht in unsere Hände, damit wir für das Wohl der Tiere sorgen, die nicht für sich denken können.' ‚Dafür haben wir eben zu sorgen, daß sie es nicht lernen [...]. Die Stärke haben wir nicht zu fürchten, aber das Denken. [...] Wir lehren die Echsen das Gebot, ihr Mark anzuhäufen, damit sie stark werden, an dem einen Ende des Rückens. Aber wir lehren sie das *Falsche*.'[36]

Kern der Biopolitik ist die gezielte kognitive, kulturelle und soziale Degeneration der Artgenossen wie der Säuger, deren automorphes ‚*mental mapping*' durch gezielte Irreführung zu fatalen Konsequenzen führt. Im Skript der regelungsbedürftigen Naturprozesse offenbart sich die Erziehungsdiktatur des *mind-and-body-shaping* als Ergebnis der perfiden Biomacht, die durch die Steuerung der biologischen Evolution – die Internalisierung fehlgeleiteter Entwicklungskräfte – die Verhinderung der geistigen erstrebt. Die Echsen nämlich, so der Neolamarckianer Grappignapp,

> ‚haben den Mittelpunkt ihres Lebens am falschen Ende. Hätten sie diese Anhäufung des Markes am oberen Ende des Rückens, [...] so würden sie denken können. [...] Und nun siehst Du auch, warum wir nicht dulden dürfen, daß die Säuger ihr Waldleben fortsetzen und sich weiter ausbreiten. Denn in ihnen beginnt diese Wanderung des Markes nach dem Kopfe. [...] Und wenn ein solches Geschlecht sich heranbildet und alle die Vorteile vererbt, die mit der ganzen Einrichtung des Körpers zusammenhängen [...], so mag es wohl dahin kommen, daß statt der

---

[34] In analoger Weise hat schon Gustav Theodor Fechner, der Vater der Psychophysik, den göttlichen Entwicklungsplan travestiert: In der *Vergleichenden Anatomie der Engel* aus dem Jahre 1825 diskutiert er die Erweiterung des *homo sapiens* zum mobilen Engel als Ergebnis einer ‚Anhäufung von Hirn'. Der Kopf wird dort im Zuge seiner evolutionären Genesis vom Menschenkörper abgelöst und kondensiert zum freischwebenden, autonomen Augen-Hirn; vgl. dazu Erdbeer: Die Signatur des Kosmos (wie Anm. 9), S. 377ff.
[35] Jean [Baptiste de] Lamarck: Zoologische Philosophie (1809). Mit Einl. u. einem Anhang: Das phylogenetische System der Tiere nach Haeckel. Leipzig 1909, S. 78f., [Hervorh. R. M. E.].
[36] Laßwitz: Homchen (wie Anm. 22), S. 100, 102.

Beutler eine Gesellschaft von Waldbewohnern entsteht [...], die –' ‚Die den Zierschnäbeln nicht mehr glaubt', sagte Kaplawutt.³⁷

Das Kognitionsprogramm der Schlangenpriesterschaft verwandelt also nicht allein – im Sinn der Barthesschen Mythentheorie – Geschichte in Natur (durch Esoterisierung der tradierten Echsenherrschaft); sie verwandelt auch Natur (das ‚Mark' der Echsen) in Kultur-Geschichte. Denn als Bioesoterik hat der Mythos nicht nur physiologische und neurokognitive Wirkung, sondern reguliert auch den kulturhistorischen Prozess durch Autopoiesis. Die Biopolitik der urzeitlichen *hard Fact fellows* offenbart sich somit als dynamisches Eskalationsmodell, das, um den Wettbewerb der Hirne aufzuhalten, zwischen selbstgebautem Mythos, szientifischer Beratertätigkeit und nibelungischer Vernichtungspropaganda zielgerichtet wählen kann. Der paläontologische Befund des späten 19. Jahrhunderts zeigt den überragenden Erfolg der Strategie – der freilich nur die Echsen selbst betrifft:

> Wenn sich gerade die riesigsten Dinosaurier durch die geringe Grösse der Gehirnhöhle auszeichnen, wenn diese bei einigen Arten um das dreifache, ja bei Stegosaurus um das zehnfache von dem Volumen der sacralen Rückenmarksanschwellung übertroffen wird, so liegt in dieser Herabsetzung des centralen Systems ein verständlicher Hinweis auf die Ursache des Unterganges einer so mächtigen Ordnung [...].³⁸

Ernst Koken folgt hier ausdrücklich dem neolamarckistischen Konzept der automorphen Steuerung, denn „zweifellos sind Willensäusserungen auch von Einfluss auf den Ausbau des Körpers, und zweifellos wächst die Gefahr der Minderwertigkeit bei der allgemeinen Concurrenz, je mehr der Körper dem Bereiche des Willens entrückt wird."³⁹ Zweifellos. „Free will", bemerkt schon Edward Cope, „is a new power which supervenes on the process of evolution",⁴⁰ eine Einsicht, die den klugen Beutler Homchen zum Vertreter, wenn nicht Idealtypus der zweiten, nämlich der „Intelligent Selection" macht:

> Here we have the source of the fittest – i.e., addition of parts by increase and location of growth-force, directed by the will [...]. Thus, intelligent choice [...] may be regarded as the *originator of the fittest*, while natural selection is the tribunal to which all the results of accelerated growth are submitted.⁴¹

Laßwitz' Märchen formuliert somit schon 1902 ein hellsichtiges Panorama, das als allegorisches Gesellschaftsdrama den Zusammenhang von Kognitionsemphase,

---

³⁷ Ebd., S. 102–104.
³⁸ Koken: Die Vorwelt (wie Anm. 27), S. 394.
³⁹ Ebd.
⁴⁰ Cope: The Origin of the Fittest (wie Anm. 30), S. IX.
⁴¹ Ebd. (wie Anm. 30), S. 208, 210. Der Wille ist hier gleichsam die bewusste Seite jener selbststeuernden Wachstums- und Entwicklungskraft, der „growth-force", die der Paläontologe als „an especial developmental force acting by a direct influence on growth" beschreibt: „The energetic action of this force accounts for the origin of characters, whether adaptive or nonadaptive, the former differing from the latter in an intelligent direction, which adapts them to the environment" (ebd. [wie Anm. 30], S. VII).

Theobiopolitik und Esoterik als Geschichte eines Scheiterns zeigt. Das Drachenmoor-System ist nicht-integrativ und nicht entwicklungsfähig, seine Autopoiesis misslingt schon auf der Ebene der Selbstreproduktion. Es ist kein Zufall, dass gerade die erfolgreichsten Entwickler des Sakralgehirns, die Stegosauren, von der Großechse beim Liebesspiel gefressen werden – und dass die Vernichtung beim mißglückten Kognitionsorgan beginnt: „Nichts hilft den Stego der Rückenkamm und die scharfen Stacheln. Die Raubechse hat ihre Körper zusammengezwängt und zermalmt mit dem furchtbaren Gebiß die Köpfe der Liebenden – –"[42]

2 *Homo saurus* – Zur artistischen Evolution des Iguanodon

Das Degenerationsmodell der Priesterechsen, dessen schein-voluntaristische Rhetorik auf die Willen*losigkeit* der Echsen zielt, verwandelt deren höchst reale Biomacht in ebenso reale Ohnmacht, um dieselbe dann zum Auftrag einer virtuellen, nämlich zukünftigen Biomacht strategisch zu verklären. Dieser Virtualisierungslogik tritt in Laßwitz' Urzeit-Dystopie ein zweites Kognitionsprogramm entgegen, dessen Pragmatismus den sakralen Plan im Kern gefährdet. Sein Vertreter ist der Iguanodon,[43] der Modesaurier der Zeit des Kaiserreichs.

Im Gegensatz zur Antikognition der Zierschnäbel erhebt der Iguanodon die Kognition zum Fetisch einer kulturellen Fortentwicklung, die den denkenden Bipoden selbst zum Idealtypus des neuen, oder, um korrekt zu sein: des *ersten* Menschen macht: „Ich gehe auf zwei Beinen [...] – ich bin mein Ideal! [...] Ich werde denken! [...] Denn ich bin [...] das höchst entwickelte Lebewesen der Erde."[44] Diese These resp. Überzeugung ist diskursgeschichtlich wohlbegründet – in der kunsthistorischen Evolution des Iguanodon.

Ikonographisch tritt der seit den 1810er Jahren virulente Saurier um 1840 und verhältnismäßig unspektakulär – als quadrupedes Nashornkrokodil – ins paläontologische Beschreibungssetting (Abb. 2), kann jedoch durch deutliche Gewichtszunahme schon um 1850 eine bärenhaft erweiterte Statur gewinnen. Die berühmte Großplastik, die sich der Kooperation des Zoologen Richard Owen mit dem Bildhauer Benjamin Waterhouse Hawkins verdankt, hat dieses Stadium der Iguanodongenese eindrucksvoll fixiert (Abb. 3).[45]

---

[42] Laßwitz: Homchen (wie Anm. 22), S. 36.
[43] Bezüglich des Pronomens zieht der Sprachgebrauch – wie Laßwitz' Text – das Maskulinum dem korrekten Neutrum vor, vielleicht im Hinblick auf die deutsche Grundbedeutung ‚Leguanzahn'; vgl. aber Maximilian Dauthendey: Das Iguanodon. In: Ders.: Geschichten aus den vier Winden. München 1915.
[44] Laßwitz: Homchen (wie Anm. 22), S. 3. Iguanodonten zählen als Ornithopoden (Vogelfüßler) zu den sog. Ornithischia, den Vogelbeckensauriern.
[45] Hawkins stattete den Crystal Palace Park bei Sydenham mit 33 dieser Großplastiken aus. Bezweifelt wurde freilich rasch die „anatomical truth" der „shaping hand of art", so nachdrücklich vom Paläontologen John Edward Gray, der Hawkins' Plastiken als „crowning humbug" und „gross illusion" verwarf. Das Horn des Iguanodon entpuppte sich alsbald als Dau-

Abb. 2 u. 3: „Crowning humbug, gross illusion"? – Die artistische Evolution des Iguanodon, ins Bild gesetzt von Hammatt Billings (1842, links) und Benjamin Waterhouse Hawkins (1853, rechts)

Charakterlich verändert sich der Iguanodon schon bald vom friedliebenden Pflanzenfresser zum versierten Kämpfer – einschlägig ist hier die Deutung des Jules-Verne-Illustrators Edouard Riou (Farbabb. 2 nach S. 503) – und steigert sich am Ende in Camille Flammarions godzillahafter Umsetzung zum Typus perfider Bösartigkeit (Farbabb. 3 nach S. 503). In dieser Darstellung von 1886 wird der Iguanodon auch aufgerichtet, allerdings noch nicht als eigenständiger Bipode, sondern topisch nach dem Bildprogramm ‚Reptil am Baum' (Abb. 4–6).

Abb. 4–6: Vom Baum zum Bau – Topische Reptilienposen: Stegosaurus, Iguanodon und dessen düstere Transposition

---

menkralle (siehe Abb. 5 u. 7). (Valerie Bramwell: The Life and Times of Benjamin Waterhouse Hawkins. In: Dies., Robert M. Peck: All in the Bones. A Biography of Benjamin Waterhouse Hawkins. Philadelphia 2008, S. 5–55, hier S. 26); vgl. auch Mitchell: The Last Dinosaur Book (wie Anm. 19), S. 105, der in seiner Analyse der Saurier als „cultural icons" auch die „evolution of images" moderner Saurierbildgebung dekonstruiert: „if scientific images do ‚evolve' in any sense, it's highly unlikely that their development will simply be ‚progressive'". Zu Hawkins vgl. das Kapitel ‚The Victorian Dinosaur' (ebd., S. 124ff.).

Die gültige Version des gänzlich freistehenden ‚Iguanodon erectum' – seine Bipedie galt seit den späten 1870er Jahren als wahrscheinlich – liegt seit 1895 in der würdevollen Darstellung der Wissenschafts- und Kinderbuchillustratorin Alice Woodward vor (Abb. 7). Der Iguanodon folgt hierbei einer szientifischen Entwicklung, die bereits beim artverwandten Hadrosaurus in den 1860er Jahren zu verzeichnen ist. Vom Pionier der urzeitlichen Echsenforschung, Edward Drinker Cope, den Quadrupeden zugeordnet,[46] wird die Riesenechse schon in Hawkins' anatomischer Rekonstruktion als aufrechter Bipode (und aufgrund des unvollständigen Skeletts mit einem Iguanodonschädel) vorgestellt (Abb. 8).

Abb. 7: ‚Iguanodon erectum' (1895) von Alice B. Woodward

Abb. 8: Benjamin Waterhouse Hawkins (unten) und sein Hadrosaurus (1868)

Zur Pointe schließlich wird die Theatralisierung dieser Spezies im darwinistischen Diskurs der 1870er Jahre: Die ästhetische Vereinigung von Kampf und Tanz eröffnet im Gemälde *Cretaceous Life* den Anfang einer Hadrosaurengruppe, die in Richtung Meeresstrand zu Quadrupeden abzusinken droht – ein Degenerationsmodell (Farbabb. 4 nach S. 503). Plausibel wird dies nicht zuletzt durch Hawkins' Vorbehalte gegen Darwins Deszendenzidee,[47] die etwa dort genüsslich untergraben wird, wo im Bacchantentanz der trunkenen Skelette Mensch und Bär ein Paradigma bilden (Farbabb. 5 nach S. 503). Denn Verwandtschaft zwischen Mensch und Tier im Sinne Darwins sei, so Hawkins, allenfalls durch „subjugation of man's reason by intoxication" (Alkoholmissbrauch) empirisch nachweisbar.[48]

---

[46] Vgl. Edward Drinker Cope: The Fossil Reptiles of New Jersey. In: The American Naturalist 1 (1868), S. 23–30.
[47] Vgl. Robert M. Peck: The Art and Science of Benjamin Waterhouse Hawkins. In: Bramwell, Peck: All in the Bones (wie Anm. 45), S. 82ff.
[48] Ebd., S. 83.

Erstaunen muss in diesem Kontext Hawkins' Beitrag zum Erfolgsbuch des extremen Darwinianers Thomas Henry Huxley,[49] eine Zeichnung, die den analogen Körperbau von Mensch und Affe erstmals und im Vorgriff auf den populären *March of Progress* Rudolph Zallingers zum Bildprogramm erhebt (Abb. 9).

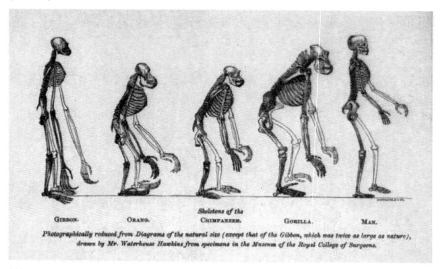

Abb. 9: „Twice as large as nature" – Hawkins' Anti-Deszendenzprogramm

Allein: In diesem Abgleich mit rezenten Affen ist nicht nur der Abstammungsgedanke ausgeblendet, der am Anfang aufgeführte Gibbon ruiniert zudem – da „twice as large as nature" abgebildet – das bei Huxley implizierte Deszendenzkalkül. Da alle anderen Figuren aber „of the natural size" gezeichnet sind, liegt die Vermutung nahe, Hawkins könnte hier sein Antideszendenzprogramm auf eine gänzlich andere ‚Verwandtschaft' gründen. Nimmt, so sollte man sich fragen, diese Abbildung des Riesengibbon nicht bereits die Bipedie der Saurier, der Lieblingsgegenstände ihres Bildhauers vorweg? Steht hinter Hawkins' Gibbon nicht vielmehr der Hadrosaurus, der auf diesem Weg zum ur- und überzeitlichen Garanten des zentralen, allgemeinen, unveränderlichen Bauplans Gottes wird? Begegnet uns hier nicht der antediluvianische, präadamitische Vertreter der *analogia entis*? Jene „much-talked-of resemblance" zwischen Mensch und Affe zeige jedenfalls, so Hawkins' Credo, „that the evident plan of construction is a UNITY"; „engrafted" – ‚aufgepfropft' – auf diesen Einheitsplan sei zwar „an infinite number of variations, but [...] these variations add to the harmonious fitness of all animals for that place

---

[49] Vgl. Thomas Henry Huxley: Evidence as to Man's Place in Nature. London, Edinburgh 1863.

in Creation, which they were originally designed to fill".[50] Unzweifelhaft ist freilich auch der Zug der späten Hawkins-Echsen ins Anthropomorphe (Abb. 10), ein *intelligent design*, das dann von Laßwitz' artverwandtem Iguanodon – dem *saurus sapiens* – deszendenzhistorisch überboten wird.

Die Esoterisierung des Projekts, die Hawkins, „*the modern Pygmalion*",[51] im Grenzbereich von Forschung, Parawissenschaft und Wissenspopularisierung klug lanciert, hat ihren ersten Höhepunkt bereits im Jahre 1853. Ort des späterhin berühmten *theme events* war Hawkins' Atelier. Im Vorgriff auf die Einweihung des großzügig mit Echsenplastiken bespielten Crystal-Palace-Parks, Modell und Urbild der Jurassic-Park-Idee, lud Hawkins zum Banquett *im* Iguanodon (Abb. 11). Die feierliche Inbesitzname des Sauriers durch Kunst und Wissenschaft, die durch den Einzug der „Scientific and Literary gentlemen" „in the mould of the Iguanodon" besiegelt wird, markiert zugleich den Umstand, dass es hier um mehr als szientifische Erkenntnis geht. Die Schreckensechse, das arkane Tier schlechthin, ersteht vielmehr als Fetisch der *paleofiction*, einer Popularisierungspraxis, die den elitären Kreis der Eingeweihten zum spektakelhaften *opener* des ersten *theme park* macht. Gerade hier jedoch beweist das populärästhetische Kalkül der Echsenesoterik ideelle Kraft. Banquett und Parkanlage therapieren nämlich jene Kränkung des Subjekts, die durch die Ausdehnung des geologischen Ereignishorizonts auf ungeahnte Zeiträume entstanden und durch die opaken Reste, die er liefert, nachdrücklich verstärkt worden war.[52] Die Inbesitznahme der Tiefenzeit und ihrer Wesen wird vor diesem Hintergrund zum Selbstermächtigungsphantasma, das der Echsenkünstler nicht nur den Experten, sondern auch den Laien offeriert: die humanistische Vereinigung von Leben, Kunst und Wissenschaft im ewigen Reptil. Da diese Inbesitznahme sich in den Bildprogrammen der Paläokunst als Überbietungsprozedur ästhetischer Modellbildung vollzieht, befördert sie zugleich „das kulturell höchst wirksame ‚Heilsversprechen' der sozialen Beschleunigung", „ein säkulares funktionales Äquivalent für die Idee des ‚ewigen Lebens' zu bieten".[53] In der Echsenkunst wird diese Säkularisierung esoterisch popularisiert und resakralisiert.

---

[50] Benjamin Waterhouse Hawkins: A Comparative View of the Human and Animal Frame. London 1860, S. 26.
[51] Bramwell: Hawkins, S. 24.
[52] Vgl. dazu Georg Braungart: Apokalypse in der Urzeit. Die Entdeckung der Tiefenzeit in der Geologie um 1800 und ihre literarischen Nachbeben. In: Zeit – Zeitenwechsel – Endzeit. Zeit im Wandel der Zeiten, Kulturen, Techniken und Disziplinen. Hg. v. Ulrich G. Leinsle u. Jochen Mecke. Regensburg 2000, S. 107–120.
[53] Hartmut Rosa: Beschleunigung. Die Veränderung der Zeitstrukturen in der Moderne. Frankfurt a.M. 2005, S. 287.

 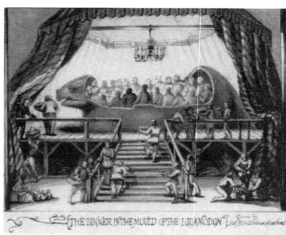

Abb. 10: ‚Homo saurus'   Abb. 11: Exaktes Wissen im arkanen Tier – Strategisch klug plaziert im Kopf der Echse: Richard Owen; Hawkins unterhalb des Leuchters mit dem Rücken zum Publikum

Im 20. Jahrhundert freilich wird der Iguanodon vom *homo-sapiens*-Partner bald zum Sinnbild jener neuen Kränkung, die dem psychologisch aufgeklärten Selbst durch die Struktur des Unbewussten widerfährt. Einst Herr im Haus des Iguanodon, erblickt das unbehauste Ich sich nunmehr selbst als Urzeitechse. In Max Dauthendeys Novellenparodie *Das Iguanodon* wird dieses psychedelische Moment der Saurogenesis prägnant beschrieben. Überrascht von einer reizvollen Bekannten, der Chemiestudentin und verlobten *femme fatale* Ulrike, wird der Held an seinem Urlaubsort am Gardasee zum Zeugen einer Paläovision. In dem „Gesicht, das kein Traum war", identifiziert er nicht allein das „haushohe", dem Gardasee entsteigende Reptil als Iguanodon,[54] er weist dem Traumgesicht auch seinen Sitz im Leben an: „Ich erinnerte mich, ich hatte dieses Tier in einer lebensgroßen Nachahmung aus Stein im Zoologischen Garten in Berlin, an der Freitreppe zum Aquariumhaus gesehen, und wußte auch, daß auf einer Tafel darunter ‚Iguanodon' stand […]."[55] (Abb. 12) Die Metonymisierung der Vision vom ‚schlechthin Großen' zum Exemplum populärer Wissenschaft weicht freilich einer neuen Überbietung, als Ulrike in der visionären Szenerie erscheint: verwandelt in ein „Fabelwesen […], für das man keine gewohnten Maßstäbe findet",[56] das sich aber rasch als zweites Iguanodon erweist.[57]

---

[54] Dauthendey: Das Iguanodon (wie Anm. 43), S. 281–359, hier S. 335, 337.
[55] Ebd., S. 336.
[56] Ebd.
[57] Ebd.

Abb.12: Ungewohnter Maßstab – Dauthendeys ‚Ulrike' im Berliner Zoo

Das erste Traumreptil entpuppt sich dabei (paläontologisch inkorrekt) als Menschenfresser, der Hotel und Gäste zu vernichten droht, vom Iguanodon Ulrike aber mittels Elektrizität zurückgeschlagen werden kann – Ergebnis eines glücklichen Zusammenspiels von physikalisch-gegenwärtiger und biologisch-prähistorischer Kraft.[58] Gekrönt wird dieser Auftritt dann von einer psychoanalytisch eingefärbten Kampf-ums-Dasein-Rede, die – vom Baum der Urzeit markig vorgetragen – den hybriden *homo sapiens* vor der Macht der Vorzeit warnt:

> ‚So lange ihr Menschengezücht euch höher dünkt und gewaltiger als das Höhenreich und das Unterreich, so lange sollt ihr keinen Frieden haben, da ihr keinen Frieden geben wollt. Ihr sollt nicht sicher sein in euren Häusern, nicht sicher in euren Betten [...]. Wir werden immer wieder zu euch hereinbrechen, wir aus dem Unterreich und aus dem Höhenreich, deren Leben ihr erloschen glaubt.'[59]

Der naheliegende Verdacht, das erste Iguanodon als triebsymbolische Verschiebung des prekären Selbst und seines ‚Unterreichs' zu deuten, wird vom weiteren Verlauf des Plots bestätigt. Scheitert doch der autotherapeutische Versuch des Helden, die Vision im Kreis der Gäste vorzutragen, an der ‚Ur-Angst' seines Inneren: „[A]ls ich den Mund zum Sprechen öffnen wollte, tauchten mir ganz andere Bilder auf. Ein innerer Wille zwang mich, ganz andere Worte zu sprechen als die, die ich hätte sagen wollen."[60] In der Deckerzählung, die er schließlich vorträgt, wird auch der Prozess der Selbsterkenntnis auf Ulrike, das Objekt des Iguanodonbegehrens übertragen; sie erlebt ein vorzeitliches Spiegelstadium, das sie „jubilatorisch" begrüßt: Ulrike „lachte herzlich", als sie sich „in einem „Spiegel [...], in

---

[58] Die „radikale Abkehr von der Lebenswelt", die Eric Achermann zurecht als Skandalon des Newtonschen Konzepts der Kraft benennt, wird hier in Anlehnung an die genieästhetische Erkenntnistradition paläobiologisch revidiert (Eric Achermann: Im Spiel der Kräfte. Bewegung, Trägheit und Ästhetik im Zeitalter der Aufklärung. In: Simone de Angelis u.a.: ‚Natur', Naturrecht und Geschichte [wie Anm. 24], S. 287–320, hier S. 296).
[59] Dauthendey: Das Iguanodon (wie Anm. 43), S. 343.
[60] Ebd., S. 344.

welchem man nicht sich, sondern sein vorsündflutliches Urbild sehen konnte [...], als eine Art Iguanodon erkannte".[61] Das Reptil als prä-lacansche „symbolische Matrix [...], an der das *Ich (je)* in einer ursprünglichen Form sich niederschlägt",[62] fungiert hier freilich auch (und stilgerecht) als Ich-Entfremdung; aufgehoben wird der Widerspruch im Triebverzicht, dem „Glück der Ehe", das vom *je social* der falschen Traum-Ulrike mit der Einschränkung verkündet wird: „soweit das einem Iguanodon möglich sei".[63] Allein das Urbild, das als Urtier ausgegraben und im Rahmen einer ‚Paläopsychologie des Ich' erzählbar wird, bewahrt sich seine inkommensurable Größe ebenso wie seine fetischfähige, imaginäre Kraft – ein Spannungsfeld, in dem der ‚Ich'-Erzähler stets befangen bleibt. Dies wusste schon der Seelengeologe Freud, der sich in seiner Jugend selbst als „Principe de la Greda" (Fürst der Kreidezeit) bezeichnet und ein frühes Liebesabenteuer als „saurischen Mythos" verklärt.[64] Der Brief, in dem er die begehrte, doch verlobte Frau mit Blick auf Scheffels populäres Sauriergedicht „Ichthyosaura" nennt, lässt keinen Zweifel an der eigenen Identität als Saurus übrig: Freud und nicht sein prospektiver Widersacher ist, so muss man unter Rückgriff auf die Scheffelsche Ballade und in Anlehnung an Dauthendeys Erzählung schließen, der „Señor Iguanodon":[65]

> Der Iguanodon, der Lümmel,
> wird frecher zu jeglicher Frist,
> schon hat er am hellen Tage
> die Ichthyosaura geküßt.[66]

Die Exoterisierung des arkanen Selbst im Saurus fördert und verklärt somit das Missverhältnis, das sich zwischen dem sozialen und imaginären Selbst ergibt, im Triebverzicht. Entwickelt wird auf diesem Weg ein Kognitionsverfahren, das durch Produktion von *Deckerinnerungen* schon den proto-psychoanalytischen Diskurs bestimmt. Im hohen Ton beklagt der Saurus Freud noch 1875 den Verlust der

---

[61] Ebd., S. 348.
[62] Jacques Lacan: Das Spiegelstadium als Bildner der Ich-Funktion wie sie uns in der psychoanalytischen Erfahrung erscheint (1949). In: Ders.: Schriften. Bd. 1. Ausgew. u. hg. v. Norbert Haas. Übers. v. Rodolphe Gasché u.a. unter Mitw. v. Chantal Creusot. 4. durchges. Aufl. Weinheim, Berlin 1996, S. 61–70, hier S. 64. Lacan hat seinerseits den Saurier im Blick, wofern er ausführt, dass im Spiegelstadium das „festgehaltene Subjekt die Phantasmen ausheckt, die [...] in einem Panzer [enden, R. M. E.], der aufgenommen wird von einer wahnhaften Idee, deren starre Strukturen die ganze mentale Entwicklung des Subjekts bestimmen werden" (ebd., S. 67).
[63] Dauthendey: Das Iguanodon (wie Anm. 43), S. 352.
[64] In einem teilweise auf Spanisch abgefassten Brief an Eduard Silberstein vom 17.08.1872: „Geständnisse will ich mir erleichtern, indem ich sie in unserer Amtssprache abfasse: [...] Un dia, es decir: una noche [...] le he descubierto el mito saurico [...]" (Siegmund Freud: Jugendbriefe an Eduard Silberstein 1871–1881. Hg. v. Walter Boehlich. Frankfurt a.M. 1989, S. 15–19, hier S. 16).
[65] Ebd., S. 17.
[66] Josef Victor von Scheffel: Der Ichthyosaurus. In: Ebd., Anhang, S. 220f.

Saura, die dem gegnerischen Iguanodon in einem *Hochzeitscarmen* (und in schlechtem Zustand) überlassen wird:

> Singe mir Muse, den Ruhm der Ichthyosaura communis
> vormals mächtig im Lias und anderen Formationen [...].
> – Doch sie erdrückte die Wucht der nach ihr folgenden Kreide,
> bis auch diese zerbröckelt – denn nichts auf Erden ist ewig.
> Neider behaupten und Hasser, daß alle Ichthyosauri,
> – welche Linné so benannt und Jussieu der Gelehrte –
> kürbisartigen Hauptes versehen bewandeln die Erde,
> aber kein sterbliches Auge ersah an Ichthyosaura den Mangel,
> – außer vielleicht der Friseur [...].[67]

Als Konsequenz optiert der Analytiker *in spe* bereits an dieser Stelle für ein aufgeklärtes Deskriptionsverfahren, das die Archäologie der Seele stets im Horizont der Gegenwart betreibt. Es breche nämlich, so die urzeitfeindliche (und esoterikfreie) Perspektive,

> eine neue Zeit ohne geheim wirkende Kräfte [...] herein, die keiner Poesie und Phantasie bedarf. Niemand suche ein Prinzip woanders als in der Gegenwart, nicht im Alluvium oder Diluvium, nirgendswo als unter den Kindern der Menschen, nicht in der grausigen Urvergangenheit, da wilde Geschöpfe, vom Menschen ungestraft, am Sauerstoff der Atmosphäre zehrten.[68]

Die Notwendigkeit zur Saurolyse-Therapie bestätigt indirekt auch Dauthendeys Protagonistin, wenn sie halb im Scherz bedauert, „,daß ich allein reisen soll [...], während ich vor meiner Iguanodonseele fliehen muß'".[69]

## III Eilige Entschleunigung – Aspekte einer progressiven Evolutionspoesie

### 1 Animal Poeta – Der Prophet als Kognitionspoet

Der Entwicklungssprung vom Krokodil zum *homo saurus*, den der Iguanodon im kunst-, kultur- und literarhistorischen Diskurs erfährt, begründet und verstärkt die Plausibilität des Kognitionsbegehrens, dem die literarische Figur in Laßwitz' Urzeitmärchen Ausdruck gibt: „Ich werde denken!" Laßwitz' Iguanodon muss freilich bald erkennen: einfach ist das nicht. Der Klimawandel, der sich meteorologisch wie gesamtgesellschaftlich bemerkbar macht und hellsichtigerweise als Moderne-Phänomen gedeutet wird, beeinflusst auch und nachdrücklich die Kognition:

---

[67] Siegmund Freud: Hochzeitscarmen. Brief vom 01.10.1875. In: Freud: Jugendbriefe (wie Anm. 64), S. 151ff.
[68] Siegmund Freud: Brief vom 01./02.10.1875. In: Freud: Jugendbriefe (wie Anm. 64), S. 153f. Ernsthaft aufgearbeitet hat Freud den Fall in seiner Arbeit über Deckerinnerungen (1899); zum biographischen Hintergrund vgl. Walter Boehlich: Nachwort. In: Ebd., S. 229–244.
[69] Dauthendey: Das Iguanodon (wie Anm. 43), S. 353.

> 'Die Welt wird immer schlechter. [...] Kalt, kalt, kalt! Das ist so eine moderne Erfindung. [...]. Diese kalten Morgen sind gegen die Grundsätze der ältesten Drachengeschlechter. Was könnte man dagegen tun? Lächerlich, daß mir das Denken so schwer fällt!'[70]

Im globalen Wettlauf um den *homo sapiens*, der hier – vieldeutig genug – aus der (sozialen) Kälte kommt und seine Defizite klar benennt, sinnt Laßwitz' Iguanodon auf ein im besten Sinn kollektivistisches Projekt: „Laßt uns *zusammen* denken, denken, denken!"[71] Neben dem Vernichtungsplan der Echsenpriester scheint sich also im Sozialverband des Drachenmoors ein Konkurrenzprojekt zu regen, das – klimatologische Kulturkritik und pädagogisches Modell zugleich – den Ursprung der modernen Wissens-, Netz-, Informations- und Lebensweltkultur als Denkstilkollektiv entwirft; ein Kollektiv zumal, das unter der Rubrik des Denkens ein *Zusammenlebenswissen* (Ette) avisiert. Der Iguanodon verfolgt hier allerdings ein Adaptionskalkül, das auf die Anpassung der Moor- und Waldbevölkerung an seine eigene, kontemplative Lebensweise zielt:

> 'Vernehmt, ich werde euch mein Programm entwickeln. [...] Ich kümmere mich nicht um die Welt, ich schließe meine Augen, und lauter grasgrüne und himmelblaue Sommerlichter ziehen an mir vorüber. Darum sage ich mir, wenn alle Tiere so wären wie ich, so wären sie alle glücklich und keines würde das andere stören. [...] Mein Programm ist demnach, alle Tiere glücklich zu machen, indem ich sie mir ähnlich mache.'[72]

Das Begehren freilich, Kognition, Evolution und Habitat harmonisch und sozialintegrativ zu schließen, hat auch seine Schattenseiten. Denn:

> 'Zuerst werden wir dazu den Wald zum größten Teile niederbrechen, damit die Waldtiere Wiesentiere werden müssen [...]. Diejenigen aber, die sich dem Ideal widersetzen, ob sie nun Säuger oder Echsen sind, werden wir austilgen. So werden alle Tiere glücklich sein.'[73]

'Zusammen denken' heißt auch hier nicht 'anders denken' – folglich trifft die Einheitskognition des Iguanodon aufs Schönste mit der Antikognition des Zierschnabelmodells zusammen.

Es gibt allerdings noch einen dritten Weg der Kognitionsgenese. Angedeutet wird er schon in Homchens fulminanter Selbstbeschreibung (die zugleich die Sprachgewalt der Laßwitzschen Dichtung bezeugt):

> 'Homchen heiß' ich,
> Echsen beiß' ich,
> Mehr als alle Tiere weiß ich.
> Schlangen schlag' ich,
> Flammen trag' ich,
> Neue Wunder sag' und wag' ich.'[74]

---

[70] Laßwitz: Homchen (wie Anm. 22), S. 2.
[71] Ebd. (wie Anm. 22), S. 108, [Hervorh. R. M. E.].
[72] Ebd., S. 109–11f.
[73] Ebd., S. 111.

„Mehr als alle Tiere weiß ich" – Homchens Kognitionspoetik, deren Schlagkraft Wissen, Heldentum, Kulturstiftung und Transzendenz gekonnt zusammenführt, steht hier in einer Linie mit den Echsenhelden der Antike. Bei Praxiteles bekleidet die Systemstelle des Urzeit-Beutlers daher auch Apollo selbst, der Gott der Sonne und des Wissens, der bereits als jugendlicher Echsentöter – als Apollon sauroktonos – seine spätere Beseitigung des Drachens Pythia probt (Abb. 13a+b).[75]

Abb.13a+b: Apollon sauroktonos – Der junge Echsentöter nach Praxiteles (4. Jhd. v. Chr., links), der reife nach Virgil Solis (1563, rechts)

Abb.14: Inverse Evolution – Die Schlange vor dem Fall, ein Quadruped (um 1475)

Für Homchen freilich wird die Last des Wissens zum sozialen und erkenntnistheoretischen Fanal, das auch sein institutionelles Weltbild stark erschüttert:

> Wie ein unvermuteter Schlag durchzuckte es Homchen. Wenn die Zierschnäbel [...] sich irrten [...], so konnte die Lehre gar nicht von der roten Schlage kommen. So sprach die rote Schlange zu ihnen wohl nicht anders, als sie auch zu Homchen gesprochen hatte, das heißt, jeder von ihnen glaubte nur, die rote Schlange spräche zu ihm, aber er konnte sich darin irren.[76]

Wissenschaftlich motiviert wird Homchens Zweifel überdies durch seinen Mentor, einen Igel, der als „Weiser der oberen Kreide" die evolutionsbiologische Situation resümiert. Auch seine eigene: „Ich bin ein unglückliches, ein verfehltes Tier." Die Décadence der tiefsten Säugerklasse sei die Folge einer „Defensive", die den neurophysiologischen Zentralimperativ – „das Denkorgan entwickeln" – schlicht verschlafen habe. Auf den Punkt gebracht: „Den Beutel sind wir los, die Faulheit ist

---

[74] Ebd., S. 153.
[75] Homchen und Apoll repräsentieren hier die auch entwicklungspsychologisch interessante Saurierbegeisterung moderner Adoleszenten. Bildstrategisch eindrucksvoll ist das Verhältnis beider Kontraposte: Solis' Gott ist ebenso dynamisiert wie der Apoll des Griechen, doch Apollons Pfeil, der bei Praxiteles noch in der rechten Hand der Plastik ruhte (nicht erhalten), hat bei Solis sein bedeutenderes Ziel erreicht. Der Echsentöter selbst tritt hier, der drachenflügelhafte Umhang zeigt es, wie sein kreidezeitlicher Verwandter Homchen an die Stelle des erledigten Geschlechts.
[76] Laßwitz: Homchen (wie Anm. 22), S. 56.

geblieben".⁷⁷ Die moralisch motivierte Degeneration des Igels, eine Schwundstufe der biblischen Verführungsschlange, die ja anfangs auch als Weiser (und als Quadrupede) aufgetreten war (Abb. 14),⁷⁸ erscheint hier zeittypisch als Indolenz des schwachen Willens:

> [E]s liegt in uns Igeln – wir haben unsern Beruf verfehlt, wir haben uns zu sehr auf die Defensive beschränkt. Meine Kinder können schon schlechter klettern als ich, meine Enkel noch weniger. Unsere Nachkommen werden es ganz verlernen. [...] Es ist schade! Wir sind in eine Sackgasse geraten und werden es nicht weiter bringen als bis zum Igel. Sehr schade – denn sonst – wir haben Anlagen. Es könnte etwas daraus werden, wenn sie auf dem richtigen Wege entwickelt würden.⁷⁹

Neurowissenschaft im Kreis der Säuger ist ein prospektives Unterfangen, das Entwicklung als moralische, ja arbeitsethische Verpflichtung denkt und – wie im Neolamarckismus oder bei den Gen-Designern unserer Tage – automorphen Einsatz fordert. „Übung" hat dies konsequenterweise schon Lamarck genannt:

> Der häufige, durch die Gewohnheiten konstant gewordene Gebrauch eines Organs vermehrt dessen Fähigkeiten, entwickelt es und läßt es Dimensionen und eine Tatkräftigkeit erlangen, welche es bei den Tieren, die es weniger üben, nicht hat.⁸⁰

Darin aber, so Lamarck, bestehe die „wahre Ordnung der Dinge": „daß jedes neue Bedürfnis von dem betreffenden Tiere [...] den größeren Gebrauch eines Organs erfordert, von dem es vorher geringen Gebrauch gemacht hatte" – eine umweltinduzierte Selbstentwicklung, die im jeweiligen Tier „unmerklich durch Anstrengungen seines inneren Gefühls" (*son sentiment intérieur*) entstanden ist und die Organ-Vervollkommnung ermöglicht hat.⁸¹ Da Laßwitz' Igel dieses unbewusste ‚innere Gefühl' zum höchst bewussten, programmatischen Entwicklungsauftrag externalisiert und öffentlich verbreitet, offenbart er sich zugleich als Vorläufer der Lehren Copes. Der Paläontologe nämlich sieht im Unterschied zu Darwins Feststellung, „that natural selection includes no *actively* progressive principle whatever",⁸² seine neuentdeckte ‚Wachstumskraft' v.a. dort am Werk, wo echte Leistung („effort") als „control of the volition" tätig wird.⁸³ Sie kann, so Cope in seiner Abhandlung *The Origin of the Fittest* aus dem Jahre 1887, selbst an solchen

---

⁷⁷ Alle vorausgehenden Zitate: Ebd., S. 28.
⁷⁸ Bekanntlich lautet die Bestrafung: „Auf deinem Bauche sollst du gehen und Erde essen dein Leben lang" (1. Mose 3, 14).
⁷⁹ Laßwitz: Homchen (wie Anm. 22), S. 26.
⁸⁰ Lamarck: Zoologische Philosophie (wie Anm. 35), S. 77f. Entsprechend ändert sich das Akkumulationsorgan der Copeschen Wachstumsenergie „due to the influence of use and effort" (Cope: The Origin of the Fittest [wie Anm. 30], S. VIII).
⁸¹ Lamarck: Zoologische Philosophie (wie Anm. 35), S. 73; vgl. ders.: Philosophie zoologique ou exposition des considérations relatives à l'histoire naturelle des animaux (1809). Neue Aufl. hg., durchges. u. mit einer biogr. Einl. vers. v. Charles Martin. Bd. 1. Paris 1873, S. 235.
⁸² Cope: The Origin of the Fittest (wie Anm. 30), S. 175.
⁸³ Ebd., S. 195. Cope hat hierbei ausdrücklich „the convolutions of the brain in higher Mammalia" im Blick (ebd., S. 201).

Stellen körperbildend wirken, wo noch nicht einmal ein Ansatz zur Organbildung besteht:

> Therefore I am disposed to believe that growth-force may be, through the motive force of the animal, as readily *determined to a locality where an executive organ does not exist*, as to the segment or cell of such an organ already commenced, and that therefore effort is, in the order of time, the first factor of acceleration.[84]

Auf der Basis dieser Wachstums- und Beschleunigungsprognose spricht der Igel einen für die Kreidezeit erstaunlichen Gedanken aus, durch den er sich zugleich – mit der wohl kühnsten Adaption der Leitmetapher – als Prophet von nietzscheanischem Format erweist:

> ‚Nämlich – wie soll ich sagen – ihr Beuteltiere müßt über euch hinauswachsen, ihr müßt etwas Höheres werden – mit einem Worte: Ihr müßt den Über-Beutler züchten!' ‚Den Über-Beutler?' ‚Ja, den Über-Beutler. [...] Fort mit dem Beutel! sag' ich. [...] Da würde die Pflege euerm Gehirn zu gute kommen [...], da würdet ihr werden, was wir eigentlich schon sind – der Überbeutler! Und der ist der Herr der Zukunft!'[85]

„Laß die tragische Geberde, / sei wie Gott, du bist es schon", mahnt Richard Dehmel angesichts der Larmoyanz des *Décadents*;[86] denn sonst, so Laßwitz' prähistorische Ergänzung, „wird es nichts mit dem Gehirn".[87] Es gilt jedoch auch hier mit Umsicht zu agieren. Der bei Homchens Austausch mit dem Igel anwesende Taguan, ein Flugbeutler, verkennt das kognitionsbezogene Transformationskalkül und proklamiert ein anatomisches Modell: „‚Ich will euch ein größeres Wort sagen als ‚Überbeutler'! Übersäuger müßt ihr werden. [...] Schwingen müssen euch wachsen, Flieger müßt ihr werden!' ‚Phantast!' brummte der Igel."[88] Zurecht. Was Fechner einst in der *Vergleichenden Anatomie der Engel* zum Produkt der immanenten Teleologie erklärte – die Verbesserung der menschlichen Gestalt durch Angelogenese – wird im bioesoterischen Kalkül der Kreidezeit zur Leistung der pragmatischen Kontrollinstanz. Die Bioingenieure beider Lager, Saurier wie Säuger, setzen dabei mangels technischer Voraussetzung auf mnemotechnische Konzentration, Kontemplation und Insinuation – im Modus der Beschleunigung. Ihm unterliegen auch die Priesterechsen, deren biologisches Entschleunigungsverfahren sich durch Homchens Eile zur beschleunigten Vernichtungspolitik verkehrt. Die

---

[84] Ebd., S. 195f., [Hervorh. R. M. E.]. Während also das Zusammenspiel von Wachstumskraft und Leistungswillen zur Beschleunigung des Körpers führt, wirkt die Beschleunigung als Fitness-Prüfer auf den Körper zurück: „Instead of being controlled by fitness, it [the law of acceleration and retardation] is the controller of fitness" (Edward Drinker Cope: On the Origin of Genera. In: Proceedings of the Academy of Natural Sciences of Philadelphia 20 [1868], S. 242–300, hier S. 244).
[85] Laßwitz: Homchen (wie Anm. 22), S. 27f.
[86] Richard Dehmel: Erfüllung (1898). In: Ders.: Erlösungen. Gedichte und Sprüche. Berlin 1906, S. 97.
[87] Laßwitz: Homchen (wie Anm. 22), S. 32f.
[88] Ebd., S. 30.

Ausschöpfung der evolutionären Möglichkeiten, die der Igel fordert, folgt dagegen der modernen Einsicht in die Differenz von physischer und individueller Zeit. Aus dieser Differenz

> ergibt sich die Erhöhung des Lebenstempos als gleichsam natürliche Konsequenz: *Weil sich umso mehr Möglichkeiten realisieren lassen, je schneller die einzelnen Stationen, Episoden oder Ereignisse durchlaufen werden, stellt Beschleunigung die aussichtsreichste, ja die einzige Strategie dar, Weltzeit und Lebenszeit tendenziell einander anzunähern.*[89]

Selbstgesteuerte Evolutionsbeschleunigung erfordert Selbstbeschleunigung. Allein: Der Kurzschluss zwischen physischer Veränderung und Wille, in der Neuzeit auch als Sport bezeichnet, kann als *neuro*physiologisches *enhancement* in der Kreide nicht gelingen. Da der Kälteeinbruch aber Eile fordert, ist der tragische Verlauf der Handlung vorgezeichnet; Homchen wird trotz seines hirn- und wärmetechnischen Surplus vom *missing link* zum *dead link* des *intelligent design*.

Getrieben von Erkenntnisdrang und visionärem Pathos macht sich Homchen schließlich auf den Weg zu Gott. Die biologische und kulturelle Kognitions(r)evolution wird hier im Rahmen einer darwinschen *peregrinatio* zur Selbstfindung erweitert, die zugleich – als Bildungsreise des mutierten Pilgers – Kognition in Metakognition verwandelt und ein esoterisch inspiriertes Aufklärungsprogramm erzeugt:

> Indem ich selbst in dem Einen bin, erkenn' ich's in mir selbst. [...] Vertraue Dir selbst [...], so wird das große Eine dadurch gefunden [...]. Es war nicht mehr Homchen. In ihm lallte die Stimme des Ewigen, die Stimme, die in nachfolgenden Geschlechtern sprechen sollte [...], und es bebte im arbeitenden Hirn des kleinen Ahnen der Menschheit, noch eine Zauberformel, aber wirkend im Seelendunkel – die Idee![90]

Am Höhepunkt der Reise, als der faustische Mutant auf einem Berg die rote Schlange trifft, beschert uns Laßwitz eine Metalepse großen Stils. Im Lavastrom des feuerspeienden Vulkans enthüllt sich dem geplagten Kreidetier für einen Augenblick die Wissenschaft der Zukunft. Denn in dieser epistemisch wie erzähltechnisch prekären Stunde sieht sich Homchen selbst als Exemplar in einem paläontologischen Beschreibungssetting, das den zuständigen Forscher vor ein klassifikatorisches Dilemma stellt. Der Beutler wie der Leser werden hier zu ‚gleich-zeitigen' Zeugen einer *Schädel-Meditation* im besten Sinn.[91] In dieser *unio mystica* aus Gottheit, Mensch und Beutler nämlich sieht der Pilger

> einen kleinen, weiß gebleichten Schädel, der lag weich gebettet unter einem durchsichtigen Deckel. Und eine Stimme sprach: Das ist der Schädel eines kleinen Beuteltiers [...], gefunden

---

[89] Rosa: Beschleunigung (wie Anm. 53), S. 291.
[90] Ebd. (wie Anm. 53), S. 80f.
[91] Vgl. Ursula Renner: Schädel-Meditationen. Zur Kulturgeschichte eines Denkmodells. In: Biologie, Psychologie, Poetologie. Verhandlungen zwischen den Wissenschaften. Hg. v. Walburga Hülk u. Ursula Renner. Würzburg 2005, S. 171–200.

> [...] an einer Stelle, wo nirgends ähnliches vorkommt, in einer dünnen, fossilen Aschenschicht. Rings eruptives Gestein. Es ist nicht zu erklären, wie er dahinkam, aber er ist da.

Der Anblick des Fossils erzeugt beim Forscher, der als intradiegetische Vision des Helden mit der extradiegetischen Erzählerposition zusammenfällt, ein epistemisches Begehren nach der Einheit der Naturphilosophie:

> Was wirkt das Göttliche in der Natur? Was formt das ewige Werden und Vergehen zur Dauer bewußten Wollens? Einheit ist es! [...] Das leistet das Gehirn [...]. Vorstellung des Einen, Erinnerung an das Erreichte, das wieder erreicht werden soll. Und so Zusammenfassung, Einigung dessen, was war, und was noch ist. [...] Auf das Eine spannt sich alles zu – [...].[92]

Die Einigung des Vielen aber, so die kognitive Pointe, „leistet das Gehirn".[93] Der Beutler selbst wird jedenfalls nach diesem Ausflug in die Haeckelzeit zum Kognitionsmonisten, der Natur und praktische Vernunft als Denkbereiche innerhalb des Kosmos konzipiert. Im Rahmen dieser neurologischen Naturphilosophie wird freilich das Zentralorgan derselben, das Gehirn, durch ein moralisches Vermögen kontrolliert: das Selbst-Gefühl, und es entsteht – mit Laßwitz' Worten – ein „Monismus der Persönlichkeit". Ihm wird Natur zum Auftrag des Subjekts, denn die

> Bestimmung des Ich als sittlicher Wille gehört nicht mehr zur Natur, sondern ist ein Selbstzweck, um dessenwillen die Natur ist. Sie ist absolut unabhängig von der Natur und absolut gewiß. Aus ihr sprießt, in ihr wurzelt die Gewißheit der Freiheit, der Unvergänglichkeit, der Religion. Sie ist das *Göttliche* im Menschen.[94]

Freiheit und Notwendigkeit verbinden sich dann gleichsam wie von selbst und dienen „*einem* Zwecke [...], der Verwirklichung der Vernunft":

> Wenn eine *Weltanschauung* den Namen Monismus verdient, so ist es diese. [...] Daß Natur und Sittlichkeit auf verschiedenen Grundbestimmungen beruhen, ist unleugbar. Dieser erkenntniskritische Dualismus muß daher anerkannt werden. Und doch bilden beide Gebiete eine Einheit durch ihre Bestimmung zur sittlichen Weltordnung im Bewußtsein der Persönlichkeit.[95]

Homchen wiederum gelangt im Rahmen seiner Möglichkeiten[96] zu derselben esoterischen Erkenntnis, die schon Grappignapp, der Stirnerianer, Materialist und Macchiavelist der Echsen, als Arkanum seiner saurosophischen Dogmatik preist: „Ein jeder trägt die rote Schlange in sich."[97] In Homchens religiöser Fassung wird aus dieser antiklerikalen Einsicht eine Form des mystischen Essentialismus, der im Gegensatz zur amoralischen Pragmatik Grappignapps den Glauben an die Schlange

---

[92] Laßwitz: Homchen (wie Anm. 22), S. 131f., 134.
[93] Ebd.
[94] Kurd Laßwitz: Religion und Naturwissenschaft. Ein Vortrag. Leipzig 1904, S. 19.
[95] Ebd., S. 29f.
[96] Zum ‚Erlebnis'-Denken Homchens und den kognitiven Chancen seiner Umsetzung vgl. auch Azzouni: „So it can be said that Homchen not only lives the experience but also lives because of this experience. Here Laßwitz represents a lived experience [Erlebnis] per se" (dies.: Dilthey [wie Anm. 24], S. 76).
[97] Laßwitz: Homchen (wie Anm. 22), S. 105.

wahren und zugleich – dem Stil der Zeit entsprechend – als befreiungsbiologischer Erkenntnisauftrag wirken kann. „Das Viele müssen wir zu dem einen machen, das wir selbst sind [...]. Das ist der Weg der Freiheit",[98] lautet die Devise dieses ersten aufgeklärten Säugers überhaupt. Mit solchem Lebens- und Erlebenswissen reichlich ausgestattet, kehrt der Überbeutler schließlich in den heimatlichen Forst zurück. Dort etabliert er sich für kurze Zeit als Führer seines Volkes, zähmt das Feuer und vernichtet die marodierende Großechse. Da freilich der Prophet im Vaterland nichts gilt, ist Homchens Aufklärungsbestreben kein Erfolg beschieden; die geplante biokulturelle Progression der Artgenossen findet nicht mehr statt.

Dass Aufklärung als psychophysische Beschleunigung Jahrtausende erfordert, ist das Basisparadox der hektischen Projektemacher, die um die Jahrhundertwende (und in *Homchen*) tätig sind. Die Eile ihrer parawissenschaftlichen, der Akzeleration der Lebens- wie der Wissenswelt geschuldeten Entwürfe steht zugleich im Widerspruch zur *longue durée* des esoterischen Dispositivs. Indem der langsamste der denkbaren Prozesse, die Entwicklung der Natur als kosmisches Geschehen, katastrophisch konzipiert, d.h. beschleunigt wird, erhöht sich zwar die epistemische Geschwindigkeit der esoterischen Modellbildung. Zugleich wächst aber die Enttäuschung über die Nicht-Konvertierbarkeit von visionärer in reale Zeit.

Im Schlusskapitel des Romans *Die Einsiedler* begegnen sich der alte Iguanodon und das ergraute Homchen, der Vertreter des Nicht-Mehr und der Vertreter des Noch-Nicht, auf einer Lichtung und verhandeln ihr missglücktes Los. „Du wolltest die Deinen glücklich machen", sagt der Iguanodon, „sie aber haben dich verstoßen. Nun sage mir, Homchen, wozu das alles? Was wolltest du eigentlich? Ich verstehe es nicht, also versteht es niemand."[99] In der Tat. Auch Homchen bleibt hier nurmehr die poetisch-realistische Entsagung und die Hoffnung auf ein stifteranaloges ‚sanftes Gesetz'. Die Einsicht des gehetzten Säugers heißt *Entschleunigung*:

> ‚[I]ch habe geglaubt, daß es dabei ankäme auf Wenige, auf Einen, und daß die anderen mitgerissen werden. Aber jetzt weiß ich, das ist falsch. [...] Das Kleine wird groß, aber nur ganz langsam [...]; das Große muß aus dem Kleinen werden, durch das viele Kleine, auf dem es stehen kann. Wenn das Viele zu Einem wird, dann wird es groß.'[100]

Man sieht: in Laßwitz' Drama ist die lebenswissenschaftliche Debatte kein *Jurassic-Park*-Spektakel, sondern Ausdruck philosophischer Kulturkritik. Um 1900 präsentiert der Neukantianer dieses Gattungsamalgam aus Wissenschaft und praktischer Vernunft, romantischer Naturphilosophie und Neo-Mystik im poetischen Gewand gerade jenes ‚Idealrealismus', der sich der Diskursverweigerung verschrieben hatte. Dessen Kippspiel zwischen Metaphorisierung und forcierter Metonymisierung endet hier noch einmal in der realismustypischen *Verklärung der Entsagung*, die den Helden zum Symbol der Sittlichkeit, zum Märtyrer der Zukunft

---

[98] Ebd., S. 142.
[99] Ebd., S. 199.
[100] Ebd., S. 200f.

macht.[101] Erst in der Zukunft nämlich „wird ein neues Homchen kommen", wenn es „kluge Tiere" geben wird.[102] Der Paläopoet und Popularisator Henry Robert Knipe hat dieser Beuteltierkarriere ein lyrisches Denkmal gesetzt:

> Marsupials [Beutler] too are here, a higher order
> And well across are these the Reptile border. [...]
> But though in reptile empires are their lines,
> And mammal martyrs fall, as Fate assigns,
> Like Hebrews in a land of Philistines,
> Still presses on the little chosen race,
> With risks to run, but ne'er to lose its place.
> And as from moist and sullen looking morn,
> A glorious day of sunshine oft is born;
> So though but doubtful skies these creatures see,
> Their day, when it breaks forth, may glorious be.[103]

Dass Homchens Feuer – Sinnbild der verinnerlichten roten Schlange – nach dem Tode seines Bändigers gleichwohl erlöschen und der Kälte weichen muss, verweist auf den prekären Ausgangspunkt des Laßwitz-Narrativs zurück. Denn die Voraussetzung der neurophysiologischen Modelle, die in Moor und Wald verhandelt werden, ist der Klimawandel oder – wie der Iguanodon bemerkt: die „Kältefrage. Wer die lösen könnte?" Darauf freilich gibt es schon ab 1913 eine Antwort: die Glazialkosmogonie. Die Lehre von der Kraft des Kosmos-Eises bietet nämlich nicht nur eine allgemeine Welterklärung, sie entwickelt auch ein paläontologisches Erkenntnisraster, das dem auserwählten Volk der Beutler zum esoterischen Durchbruch verhilft.

---

[101] Vgl. Moritz Baßler: Figurationen der Entsagung. Zur Verfahrenslogik des Spätrealismus bei Wilhelm Raabe. In: Jahrbuch der Raabe-Gesellschaft 51 (2010), S. 63–80. Baßlers These, dass kein Weg vom realistischen Projekt in die Moderne führe, ist hier durch den Nachsatz zu ergänzen: Viele Wege führen aus der literarischen Moderne ins poetisch-realistische Projekt zurück.

[102] Laßwitz: Homchen (wie Anm. 22), S. 201. Die Verschiebung des entwicklungsbiologischen Erfüllungsauftrags auf ein ‚zweites Homchen' illustriert zugleich das Missverhältnis von „Beschleunigungsverheißung" und „Verpassensgrad" der Progressionsoptionen, die im evolutionären setting zur Verfügung stehen: Homchen 1 war dann nur eine (und wohl leider nicht die beste) Entwicklungsoption (Rosa: Beschleunigung [wie Anm. 53], S. 293f.). Erinnert sei hier nur, dass auch bei Nietzsche jene „klugen Thiere", die „das Erkennen erfanden", sterben (Friedrich Nietzsche: Ueber Wahrheit und Lüge im außermoralischen Sinne. In: Ders: Sämtliche Werke. Kritische Studienausgabe. 15 Bde. Hg. v. Giorgio Colli u. Mazzino Montinari. Bd. 1: Die Geburt der Tragödie. Unzeitgemäße Betrachtungen I–IV. Nachgelassene Schriften 1870–1873. München u.a. 1988, S. 875–890, hier S. 877).

[103] Henry Robert Knipe: Nebula to Man. London 1905, S. 55, 66.

## 2 Eisiger Vitalismus – Hörbigers *Glazialkosmogonie* und die Konstanz des Menschen

Paläopoiesis ist ein Verfahren, das für die beschleunigte, von der Beschleunigung verstörte Gegenwart aus Urzeitdiagnosen eine leistungsfähige Prognostik extrahieren will. Die Pointe dabei ist, dass die Entschleunigung der Gegenwart durch die Beschleunigung der Urzeit eingeleitet und aus dieser hektischen Raum-Zeit-Homöostase eine gleichermaßen überzeitliche, kontinuierliche, teleologische *und* zyklische Entwicklung des Im-Wesen-Immergleichen abgeleitet werden soll. Die Lehre, die als parawissenschaftliches Modell den Rahmen dieser Deutung liefert, ist die sog. Welteislehre; in den 1920er Jahren wird sie – nicht zuletzt als populäres Konkurrenzprojekt zu Einsteins Relativitätstheorie – prominent.[104]

Der Vorschlag, den der österreichische Maschineningenieur, Hochofenbauer, Kältetechniker und Laienastronom Hanns Hörbiger der nicht nur paläontologischen Gemeinschaft unterbreitet, fasst die maßgeblichen Untergangsszenarien der Reptilienwelt in einem einheitlichen Deutungshorizont zusammen: Eiszeit, Sintflut und der Einsturz ganzer Himmelskörper werden in der Katastrophentheorie der Welteislehre zum synthetischen Verfahren eines „*Großgeschehens*",[105] das den geologisch-biologischen Verlauf der Erdgeschichte als Ergebnis makrokosmischer Prozesse denkt. Sie ist die Folge einer Dialektik, die schon Homchens Lebens- und Erlebenswelt bestimmt und in der Welteislehre programmatisch wird: des Dualismus von kosmischem Feuer und Eis. Im Hintergrund der irdischen Naturprozesse lauern dabei zwei Ereignisketten, die als kosmogonische und kosmoklastische Prozesse gleichermaßen katastrophisch wirken: Weltentstehung ist Weltuntergang und umgekehrt. Der Welteis-These, unsere ‚Sonnenwelt' sei aus dem Einsturz eines riesenhaften ‚Eislings' in ein Sternenungetüm millionenfacher Sonnenmasse evolviert, entspricht ein Degenerationsmodell, das die allmähliche Heranschrumpfung der Monde an die einzelnen Planeten postuliert. Begründet wird dies durch die eisige Natur des Äthers, der die Rotationsbewegung der Planeten bremse und – gravitationsbedingt – den Niederbruch des jeweils kleineren Planeten auf den jeweils größeren bewirke. Mit dem Einsturz solcher Himmelskörper-Agglomerationen in die Sonne schließt der Kreislauf und beginnt von vorn. Die Sonne nämlich wird infolge ihres Massenzuwachses zur neuen eisling-attrahierenden, „gebärbereiten Gigantin", die ein neues Sternsystem aus sich entlässt. So wird der Ausgangszustand wieder hergestellt.[106]

Bemerkenswert an dieser Lebenszyklik ist die *Biologisierung makrokosmischer Prozesse*, die dem astronomischen und geologisch-meteorologischen Profil der

---

[104] Vgl. Christina Wessely: Die Welteislehre. Zur Popularisierung eines technischen Weltbildes. In: Blätter für Technikgeschichte 65 (2003), S. 9–27.

[105] Hanns Fischer: Rhythmus des kosmischen Lebens. Das Buch vom Pulsschlag der Welt. Mit 70 Abb. Leipzig 1925, S. 142.

[106] Ebd.

Welteislehre ein spezifisch lebenswissenschaftliches Gepräge gibt. So lässt sich schon das Eindringen des ‚Eislings' in die Muttersonne unschwer als Befruchtungsakt erkennen, dessen makrokosmische Transposition sowohl des Koitus als auch der Zellvorgänge auf die Revitalisierung des gesamten Kosmos zielt. Beim Phänomen der Sonnenflecken schließlich führt der analoge Vorgang (Grobeiseinschuss in die Photosphäre, Umwandlung des Grobeises und Ausblasung des Feineisstroms) zu einer zweiten, gleichsam feurigen Befruchtung. Sie ermöglicht den Transport von Protoplasma, das – vom Strahlungsdruck der Sonne ausgeblasen und als „meteorische Gallerte" in den Eisboliden konserviert – das Leben nicht nur zwischen den Planeten transferieren, sondern das gesamte All vitalisieren kann (Abb. 15a+b).[107]

Feurige Befruchtung – Weltgeburt im Riesenstern und Feineisproliferation der Sonne

Abb. 15a: Sturz des Eislings in die Muttersonne, Absprengung von Sternenmaterial ins All

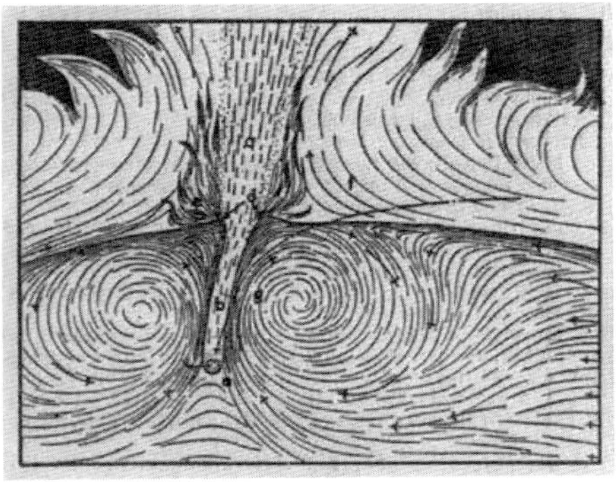

Abb. 15b: Grobeiseinschuss in die Sonne als Voraussetzung der Sonnenflecken, Allbelebung durch inverse Ejakulation

Als Wissenschaft vom Leben kultiviert die Welteislehre somit ein Verfahren, das der Welteisfunktionär Hanns Fischer explizit ‚monistisch' nennt:[108]

> Wir dürfen immerhin stolz darauf sein, einer Zeit anzugehören, die endlich die Stellung des Lebens und somit des Menschen in der Welt als Weltwesenteil erkannt hat und uns in der Welteislehre ein Mittel an die Hand gab, die Aufhebung der Einzelwissenschaften zugunsten eines einheitlichen Weltbildes vorzunehmen, um so unter einheitlichem Blick der Einheit des Weltwesens […] gegenüberzutreten und zu erfahren, welcher Weg wahrem Menschentum gangbar ist.[109]

---

[107] Ebd., S. 140.
[108] Gemäß der parascientifischen Prämisse, „daß der sogenannte Monismus keine Weltanschauung, sondern eine Beobachtungsweise ist" (ebd., S. 134).
[109] Ebd., S. 136.

Die Ethisierung dieses Lebenswissens zum Zusammenlebenswissen ist ein metaszientifisches, ja metaphysisches Konzept. Durch dessen Popularisierung und ästhetische Verklärung wandelt sich die Welteislehre zur Erlebenswissenschaft *avant la lettre*; ihre „Deutungen" sind gleichermaßen „faßlich, künstlerisch und wahr".[110] Das Wissen dieser „Lebensweisheit",[111] die dem *cosmic turn* der Lebenswissenschaft geschuldet ist, wird als Erlebenswissen zum zentralen Gegenstand der von Hanns Fischer proklamierten Heliobiologie:

> Ich habe diesen Forschungszweig *Heliobiologie* genannt [...]; wir verlassen die geozentrische, die allein erdbedingte Biologie oder Lebenskunde, um unseren Blick nach dem Stern zu wenden, dessen Pulsschlag auch in unseren Adern den Rhythmus des Kosmos beben läßt [...]. Heliobiologie sagt uns, daß alles Sein kosmisch beeinflußt und rhythmisch bedingt ist.[112]

Zwar geht die epistemische Erschütterung, die dieses „bebende Verfahren" in der Psychophysis der Probanden ebenso wie im exakten Wissenschaftsbetrieb der Zeit erzielt, auch auf die kühne Popularisierung des Modells in Text und Bild zurück. Im Rücken dieser oftmals als „Vision", „Gesicht" und „Offenbarung" titulierten Lebenswissenschaft und ihrer Populärformate steht jedoch ein vom Erfinder Hörbiger entwickeltes arkanes Bildprogramm, das unter dem Begriff der ‚kosmotechnischen Zeichnung' zum Garanten eines epistemischen Versprechens wird: Die Synthesis der kleinteiligen, stets „gedrängten" Abbildungen postuliert die Synthesis des großen Weltzusammenhangs in einer „*graphischen Weltformel*", die die mathematische ersetzen soll.[113] Paradigmatisch hierfür ist die Darstellung der „glacialkosmogonischen Entwicklungsgeschichte des inneren Planetensystems" (Abb. 16). Verhandelt werden die lunaren Kataklysmen, die im Lauf der Erdgeschichte mehrfach stattgefunden hätten und die geologische und paläontologische Gestaltung des Planeten prägten. Vor dem Hintergrund der Bahnschrumpfung und Auflösung der inneren Planeten (a)[114] schildert diese Zeichnung den Zusammen-

---

[110] Richard Biedrzynski: Die Welteislehre im Lichte der Biologie. In: Der Schlüssel zum Weltgeschehen 3 (1927), S. 90–93, hier S. 91.
[111] Ebd., S. 134.
[112] Fischer: Rhythmus des kosmischen Lebens (wie Anm. 105), S. 206f. Die Nähe dieses Weltmodells zum ‚Weltformelmodell', das Renko Geffarth an der Urlichtlehre Johann Heinrich Zieglers diskutiert, ist schlagend: Programmatik, Habitus, Ästhetik, Popularität und ethisches Kalkül sind auch im Welteiskontext ‚sonnenhaft' (vgl. Renko Geffarth: Äther, Urlicht, Relativität. Weltformel und „wahre Erkenntnis" um 1900 [in diesem Band]).
[113] Hörbigers Glazial-Kosmogonie. Eine neue Entwicklungsgeschichte des Weltalls und des Sonnensystems aufgrund der Erkenntnis des Widerstreites eines kosmischen Neptunismus mit einem ebenso universellen Plutonismus. Nach den neuesten Ergebnissen sämtlicher exakter Forschungszweige bearbeitet, mit eigenen Erfahrungen gestützt u. hg. v. Philipp Fauth. Unveränderter ND mit 212 Figuren. Leipzig 1925 [1913], S. 509/1. Die Ersetzung mathematischer durch grafische Formeln ist auch ein Verfahren Zieglers (vgl. Geffarth: Äther, Urlicht, Relativität [wie Anm. 112]).
[114] Eine Agglomeration der Venus mit dem sonnennäheren Merkur erfolgt hier nicht, da Venus massereicher ist; der Mars hingegen wird zum letzten Mond der Erde und vereinigt sich mit ihr. Die Erdbewohner dieser letzten Mars-Mond-Zeit nennt Hörbiger auch „Marseniten".

hang von Erdmond-Einfängen (b) und geologischen Epochen (c) und veranschaulicht zugleich die meteorologischen Verwerfungen des Luftdrucks und der Ebbe-Flut-Dynamik, die der Näherung des jeweiligen Mondes folgen (d). Dessen Zugkraft nämlich löst durch Ansaugung der Atmosphäre einerseits die irdische Vereisung aus und führt zum anderen die Wassermassen, die sie um den Tropengürtel konzentriert, als Hochflut über den Äquator. Diese „Gürtelhochflut" wiederum wird nach der Auflösung des Mondes frei, und die „enthafteten", von keiner Zugkraft mehr fixierten Wassermassen fließen sintflutartig zu den Polen ab. Die durch die „Luftverarmung" ausgelöste „Eiszeit" und das „plötzliche Diluvium" sind so zwar „prinzipiell und physikalisch grundverschiedene Dinge", gehen beide aber auf den lunoklastischen Prozess zurück.[115] Es ist das rhythmische Zusammenspiel von Mondauflösung, äquatorialer Hochflut und diluvialer Eiszeit, das nach Hörbiger den erdgeschichtlichen Gesamtverlauf zum redundanten kosmischen Geschehen macht.

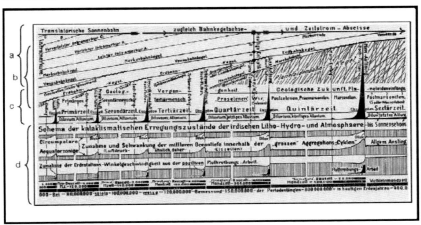

Abb. 16:  Phantastische Kataklysmen – Die „graphische Weltformel" 1

Die Zirkulärstruktur von Werden und Vergehen trifft dabei auf eine Teleologie der Weltentwicklung, die sich rasch als Eschatologie erweist. Es ist kein Wunder, dass der Untergang der vorzeitlichen Großtierwelt in diesem Kontext ein willkommenes Ereignis ist.

In seinem umfangreichen Welteiswerk *Planetentod und Lebenswende* hat der Biologe der Glazialkosmogonie, Hans Wolfgang Behm, den Untergang der „Schreckensechsen" in direkter Anlehnung an Hörbiger als Resultat des „Sekun-

---

[115] Hörbigers Glazial-Kosmogonie (wie Anm. 113), S. 493/1f.

därmond-Kataklysmus" und der durch ihn ausgelösten „Eis-Hochzeit" bestimmt.[116] Bereits sein 1924 publizierter Bilderatlas *Vor der Sintflut* zeigt in eindrucksvoller Schilderung die Arbeit des Hawkins-Laßwitzschen Diskurspersonals:

> Verwegen rückt der Riesentigerdrache Megalosaurus im schlammigen Urwald den vogelfüßigen Iguanodonten zu Leibe. Ungeschlachte Donnerechsen und zweistockwerkhohe Atlasdrachen mit mächtigem Kreuzhirn und verhältnismäßig winzigem Kopfe belauern allerlei Fischgetier, in träge rastenden Sümpfen stehend. Gleich einem wandelnden Lanzenwald trottet [...] der Panzerdrache Stegosaurus durch mehr trockene Waldgebiete und drückt beim Angriff des blutgierigen Raubdrachen Allosaurus seinen ungepanzerten Bauch flach auf den Boden [...].[117]

Solches „Leben überlebt sich schließlich selbst".[118] Die Kältefrage, die zum Untergang der Echsen (und in Laßwitz' Drachenmoor zum Ausgangspunkt der Diegese) wird, erfährt hier ihre stilgemäße Auflösung. Denn in der „Kreidezeit, wohl dem Höchstpunkt des Sekundärkataklysmus", war

> auch den gewaltigen Meeressauriern endlich der äußerste Termin gesetzt [...]. In der mehrtausendjährigen sekundäreiszeitlichen Schichten- und Gebirgsbauzeit [...] wurde nämlich das dezimierte Ozeanvolumen durch Ausgefrierung wahrscheinlich schon derart konzentriert salzig und [...] verschlammt, daß den Sauriern das Wasser [...] als Lebenselement nicht mehr behagte [...]. Eine rechtzeitige Eroberung des Landes [durch diese letzten Saurier] schien wegen der eiszeitlichen Wüsteneien nicht verlockend und war zu einem entsprechenden Anpassungsvorgange der Wechsel der Verhältnisse [...] wohl auch zu rasch gekommen.[119]

Hörbiger hat diesen Biokataklysmus – „Saurier" von Klein-„Reptilien" unterscheidend – in ein zweites Schaubild eingetragen (Abb. 17), das im oberen Bereich die Abfolge der Fauna (a), unten die „Vereisung-Zunahme" je Erdzeitalter und geologischer Stufe beschreibt (b).

---

[116] Hans Wolfgang Behm: Planetentod und Lebenswende. Urgeschichtliche Betrachtung zum kommenden naturforschlich deutbaren Weltbild. Leipzig 1926, S. 270.
[117] Vor der Sintflut. Ein Bilderatlas aus der Vorzeit der Welt, dem neuesten Stand vorzeitlicher Forschung entsprechend eingel. u. bearb. v. Hans Wolfgang Behm. 3. Aufl. Stuttgart 1924, S. XIVf.
[118] Ebd., S. XV.
[119] Behm: Planetentod und Lebenswende (wie Anm. 116), S. 270; wortgetreue Übernahme aus: Hörbiger: Glazial-Kosmogonie (wie Anm. 113), S. 500/1.

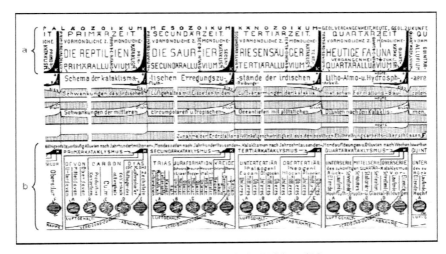

Abb. 17: Der Untergang der Echsen – Die „graphische Weltformel" 2

Beim Eintrag „Kreide" etwa sieht man in der Vertikalen idealtypisch den gleichzeitigen Peak von Kataklysmus (K), Flut (F) und jener Luftdruckminderung, durch die „die Eiszeit eintritt, weil die dünne Lufthülle der Erde nicht mehr vor der Ausstrahlung an den Weltraum zu schützen vermag".[120] Entsprechend werden ganze Saurierbestände „im gesteigerten Ablauf der Erdoberflächenzuckung und Hochflutgewalt vernichtet werden", „Nahrungs- und Wärmemangel" gehen dem voraus.[121] Schon Laßwitz' präwelteisliche Fiktion erahnt die kosmische Bedeutung dieses Untergangsgeschehens, wenn sie mit den Worten Grappignapps apokalyptisch wird. „Und wißt ihr", intoniert der Priester seinen Saurierdisziplinierungsmythos,

,was die große Schlange tut, wenn ihr die Gesetze nicht befolgt? Dann wird sie die Sonne belecken mit ihrer Zunge, daß sie immer kleiner und kühler wird. Und der Tag wird kalt werden wie die Nacht, und die Nacht wird so kalt werden, daß alles Wasser erstarrt wie der Reif des Morgens. Die Bäume werden ihre Blätter verlieren, und das Gras wird sie zudecken mit weißem Staub [...]. Und die Echsen, die noch nicht verhungert sind, werden beben vor Frost und werden zittern und klappern in Ängsten, bis sie starr werden und sich nicht mehr rühren können. [...] Und die Säuger werden das Mark der Echsen verzehren, und mit euern Knochen werden sie nach der Sonne werfen, bis sie herabstürzt vom Himmel. Und es wird eine ewige Nacht sein.'[122]

Dass im Zuge eines solchen Niedergangs gerade ein mutiertes Beuteltier als Kataklysmusprofiteur erscheint, ist nicht allein durch seinen hirn- und wärmetech-

---

[120] Behm: Planetentod und Lebenswende (wie Anm. 116), S. 319.
[121] Ebd., S. 269.
[122] Laßwitz: Homchen (wie Anm. 22), S. 46f.

nischen Entwicklungsstand diskurshistorisch wohlbegründet.[123] Behm zitiert dazu den Paläontologen Bernhard Lindemann, der angesichts der *missing-link*-Debatte einen höchst bemerkenswerten Fund erörtert: „Einzig in ihrer Art sind die beiden im Jahre 1847 unweit Echterdingen auf den Fildern entdeckten Zähnchen von Allotherien (primitiven Beuteltieren), die seither als die ältesten Säugetierreste Deutschlands gelten."[124] Damit ist zugleich erwiesen, dass der erste Überbeutler auch der erste Deutsche, ja der erste Schwabe ist. Zugleich ist dieser *bonebed*-Fund, ein Amalgam fossiler Knochenteile, mit den paläontologischen Befunden Hörbigers zur Artenstehung durchaus kompatibel:

> Alle Zwischenstadien der Organismenentwicklung in den einzelnen, ungeheuer langen Alluvien bleiben für die nachkommenden Paläontologen *uneinbringlich verloren* (mit Ausnahme von Zähnen und sonstigen Bonebed-Elementen vielleicht), und nur in den kurzen, die Alluvien von einander scheidenden Kataklysmen werden für sie von den inzwischen erklommenen verschiedenartigsten Entwicklungsstufen Stichproben genommen [...]: Unsere vorläufige Antwort auf die Frage nach dem „Missing link".[125]

Die „Neubildung von Arten" nämlich ist im Sinne der Glazialkosmogonie mit Mutation und Selektion allein nicht zu erklären:

> Es bedarf zeitweilig kosmisch bedingter Antriebe, um das Leben nicht in träger Stagnation verweilen, sondern sich zu neuer Formgebung rüsten zu sehen. Jedes Mondesschicksal [...] bereitet sozusagen eine *Lebenswende* auf Erden vor. [...] Ohne kataklysmatische Anstöße ist das Leben zum Variationsstillstand verurteilt. [...] Die Tendenz zum Variieren steht in direktem Verhältnis zur Stärke eines Kataklysmus, das Mutabilitätsvermögen im umgekehrten Verhältnis zur Höhe der Organisation und Spezialisation. Gewaltsame Sprünge oder spontane Transformationen sind dem Leben nicht zu eigen.[126]

---

[123] Laut Cope gelingt dem hirnbetonten Warmblüter die Konversion von „heat" in „growth-force" deshalb besser als den Muskelechsen, weil er über eine höhere Entwicklungsstufe der „cerebral hemispheres" verfügt. Sei es doch „highly probable that brain substance converts heat into growth-force also, which produces tissue of its own kind precisely as muscle does" (Cope: The Origin of the Fittest [wie Anm. 30], S. 207).

[124] Bernhard Lindemann: Die Erde. 2 Bde. Bd. 2: Geologie der deutschen Landschaften. Stuttgart 1914, zit. nach Behm: Planetentod und Lebenswende (wie Anm. 116), S. 268. Haeckel hat die Beuteltiere folglich in die *homo-sapiens*-Ahnenreihe aufgenommen (vgl. Ernst Haeckel: Natürliche Schöpfungsgeschichte. Gemeinverständliche wissenschaftliche Vorträge über die Entwickelungs-Lehre im Allgemeinen und diejenige von Darwin, Goethe und Lamarck im Besonderen. 2 Bde. Bd. 2: Allgemeine Stammesgeschichte [Phylogenie und Anthropologie]. 9. umgearb. u. verm. Aufl. Berlin 1898, S. 368).

[125] Hörbigers Glazial-Kosmogonie (wie Anm. 113), S. 501/1.

[126] Behm: Planetentod und Lebenswende (wie Anm. 116), S. 301f. Die Widerlegung dieser „Hauptirrtümer der modernen Paläontologie" – die Fossilierungszeit der Arten sei auch deren Blütezeit, die geologische Entwicklung sei kontinuierlich – führen mit der Welttheorie zur Korrektur der Erdzeitalter: das „Quartäralluvium" beginnt erst nach der Eiszeit, die dem Tertiär zugerechnet wird; der Aufstieg und das „Große Sterben" der Reptilien geht allmählich, nämlich relativ zur Bahnschrumpfung des Mondes vor sich und beginnt schon in der Jurazeit; die Einbettung der Saurierfossilien findet in der Kreide statt (Hörbigers Glazial-Kosmogonie [wie Anm. 113], S. 500–504, 493/2).

Daraus aber folgt die Hypothese eines jeweils vorkataklysmatisch ‚höchsten Lebens', das sich über seinen Kataklysmus ins Alluvium hinüberrettet und in einer neuen biologischen Entwicklungsform verschwindet, also spurlos untergeht. Der Welteismeister selbst erwägt hier einen „erst noch zu konstruierende[n]" menschlichen „Stammbaum", der in seinem „allen Seitenabzweigungen weit vorausstrebenden jeweiligen Wipfel jene jeweils höchste Art von Geschöpfen versinnliche, „die einstens ‚Mensch' werden sollte". Jedes Zeitalter verfüge folglich über einen „beschleunigt emporgezüchteten jeweiligen ‚Primaten', den Menschentumanwärter, den Homo-Aspiranten des betreffenden Entwicklungsabschnittes".[127] Klar erhellt aus dieser Stammbaum-Modifikation der Umstand, dass der Homo-Aspirant der Kreidezeit zu recht den Namen ‚Homchen' trägt. So offenbart sich Laßwitz' Beutler kurzerhand als jener „Secundärmensch", der in Hörbigers glazialer Weltformel noch hypothetisch war (vgl. Abb.16 [c]). Bei Laßwitz wie bei Hörbiger erscheint hier ein subtiler Deszendenzgedanke, der die Abstammung des Menschen an der ungeliebten Affenhaftigkeit vorbei entwickeln will zugunsten eines Deszendenzprinzips, das – mit den Worten Hörbigers – die „*Baumkrone* [aus, R. M. E.] *dem Fuße des Wipfels entsprossen*" sieht.[128] Die Absicht dieser Kehre sei es, darauf hinzuweisen,

> daß man auch vom Standpunkte des Entwicklungsgedankens aus den Menschen nicht unbedingt als einen Sprößling des Tierreiches ansprechen muß, sondern daß es genetisch näher liegt, alle übrigen Organismen als mehr seitwärts planlos *fort-* denn zielstrebig *aufwärts* entwickelte Nebenprodukte des langwierigen Vermenschlichungs-Prozesses jenes göttlichen Spermas anzusehen, das wir [...] als kosmisches Protoplasma kennengelernt haben.[129]

Ein gewagter, aber konsequenter Satz, der auf das makrokosmische Befruchtungs- und Geburtsphantasma eine deszendente *cura sui*, einen Sonderweg des Menschen gründet. Hörbigers *intelligent design*, das offensiv mit „unseren anthropozentrischen Neigungen" begründet wird, erweist sich hier als Gegenstand des „wissenschaftlich sanktionierten Glauben[s]"[130] (und der Religionsphilosophie):

> Solcherart glauben wir also im Menschen ein *zielstrebig* und *beschleunigt herausdifferenziertes Kunstprodukt der Gesamtschöpfung, ja deren eigentlichen Haupt- und Endzweck* erblicken zu dürfen [...], während das gesamte Tierreich [...] als ein Emanationsprodukt der zielstrebig beschleunigten Menschwerdung [erscheint, R. M. E.].[131]

Die geologisch-evolutionäre Kränkung, die der Mensch als Tier im Angesicht der geologischen Unendlichkeit erleidet, wird hier einmal mehr durch ein Verfahren ausgeglichen, das moderner kaum zu denken ist: Beschleunigung. Die Teleologie der eiligen Entwicklung, die bei Hörbiger in die äonenlangen „Quietismus"-Phasen

---

[127] Hörbigers Glazial-Kosmogonie (wie Anm. 113), S. 524/1f.
[128] Ebd., S. 524/2.
[129] Ebd.
[130] Ebd., S. 524/1.
[131] Ebd., S. 525/1.

des Alluviums strategisch eingelagert und in Homo-Aspiranten aufgespalten wird,[132] entspricht dabei der Dringlichkeit des homchenschen Entwicklungsnarrativs.[133] Das Eilige ist auch in Laßwitz' Text das Heilige, das, von der roten Schlange angetrieben, sich in nichts geringerem als der modernen Eisenbahn erfüllt: „Ich habe", äußert Homchen, „einmal eine Sage gehört, es werde dereinst ein Tier kommen, das weder schwimmt noch fliegt, weder läuft noch klettert, sondern das rollt; und das werde schneller und stärker sein als alle Tiere".[134] Schlimmer noch: der Beutler selbst erfüllt sich visionär den prospektiven Jugendtraum der Kommenden und kontrolliert – als Zugführer – das rollende Tier:

> Jetzt sauste es vorüber – und da saß Homchen selbst auf dem rollenden Tier und fuhr mit ihm dahin. Es hatte keine Angst mehr, es fühlte sich groß und kräftig – das Tier gehorchte ihm, es raste mit ihm durch die Länder und es stand still, wo Homchen wollte – keine Echse konnte es einholen.[135]

Die Urzeitsage diskutiert als Sage *in* der Urzeit also das Beschleunigungsphantasma der Moderne, das bereits die Fortschrittsnarration der Aspiranten leitet, dessen Einlösung jedoch der Zukunft vorbehalten bleibt. Die eilige Moderne offenbart sich als Arkanum der Vergangenheit. Das wiederum ist ganz im Sinn des Kosmotechnikers gesprochen, denn die „Frage nach dem Zeitpunkt der Herausdifferenzierung des Menschenstammbaumes bzw. des Ursäugers und Urbeutlers" hängt auch in der Welteislehre von der „Eile des aufrechten Ursäugers" ab.[136] Die immanente Eile als Vitalprinzip und zielgerichteter Beschleuniger der Lebenskraft – sie trennt nicht nur den prospektiven Überbeutler von den Schreckensechsen, die zwar schrecklich, aber nicht in Eile sind; sie garantiert auch paradoxerweise die *Konstanz der Gattung*, die im Sinne eines „persistenten Dauertypus" den Primärmenschen mit seinem späten Nachfolger, dem Marseniten, in ein überzeitliches Entwicklungsparadigma spannt.[137] Der Körper und der Geist der Hominiden evolvieren dann in einer eigenen Entwicklungsreihe, die bei Laßwitz' in direkter Anlehnung an Goethes *Dauer im Wechsel* als „Weilen im Wandel" erscheint.[138]

Die Forscherstimme, die im Beuteltier-„Gesicht" aus Homchen spricht, kann also einerseits – im Sinne der Cuviersche Katastrophentheorie – die Frage stellen: „Ob nicht auch in längst abgelebten Geschlechtern hin und wieder ein frühreifes

---

[132] Ebd.
[133] Der paläontologische Diskurs entwickelt hierfür eine ‚Sprache der Beschleunigung', die etwa beim Konzept der Wachstumskraft notorisch wird: „In acceleration these repetitions occur with increased rapidity, i.e., in the adding of more structures during the same growth periods [...]" (Cope: The Origin of the Fittest [wie Anm. 30], S. 190).
[134] Laßwitz: Homchen (wie Anm. 22), S. 33.
[135] Ebd., S. 138.
[136] Hörbigers Glazial-Kosmogonie (wie Anm. 113), S. 514/1, 521/1.
[137] Ebd., S. 514/1
[138] Laßwitz: Homchen (wie Anm. 22), S. 134.

Gehirn entsprossen ist, wie wohl einmal ein Falter in vorzeitigem Wintersonnenschein aus der Hülle schlüpft, um zu erfrieren?"[139] Homchen selbst ist die positive Antwort, die zugleich – durch die dramatische Vorwegnahme der Phylogenesis in einem gleichsam ‚umgekehrten Atavismus' – auch als Kontinuitätsversprechen gelten kann. Das Scheitern des begabten Beuteltiers als Zwischenglied, Kulturträger und Metaphysiker ist somit weniger dem Klimawandel oder anderen cuvierschen Katastrophen zuzuschreiben, als der Ungleichzeitigkeit von Held und Subkultur. Das ‚neue Homchen', das in Laßwitz' Kreidemärchen angekündigt wird, ist somit nicht der biologische, es ist der *ideelle* Nachfolger des alten; Homchen selbst ist am Ende – traurig aber unabänderlich – extinkt. Die Hörbigerschen Helden wiederum erfrieren nicht, sie bringen sich auf eine Weise „durch", die im direkten Sinne ‚anschlussfähig' ist. Sie werden Träger der von Homchen avisierten *bioesoterischen Evolution der Psychophyse*, die den Menschen in den Menschen umentwickelt mit der Folge, dass er gleichsam ‚zu sich selber kommt'.

Was Darwin und Lamarck begründen, Laßwitz als poetisches und Hörbiger als parawissenschaftliches Modell entwickeln, bringt der Mythenforscher und Entwicklungsesoteriker Edgar Dacqué in seinem 1924 publizierten Hauptwerk *Urwelt, Sage und Menschheit* auf den Punkt. „Wir dürfen erwarten", schreibt der Welteispropagator und „Romantiker unter den Paläontologen des 20. Jahrhunderts",[140] „schon im Altmesozoikum, ja im Spätpaläozoikum *den Menschenstamm als solchen* zu finden, d.h. ein Wesen, das sich entelechisch durch seine Menschenhaftigkeit, also auch durch gewisse seelische und geistige Besitztümer von der übrigen Tierwelt unterschied."[141] Dann aber wird sich in der „Kreidezeit, wo wir die letzte Herausentwicklung der [...] Säugetierwelt schon jenseits des Beuteltierzustandes anzunehmen haben, [...] auch der Säugetiermensch [...] stark jenem Zustand genähert haben, der uns im Eiszeitmenschen fertig vor Augen tritt."[142] Derselbe nämlich tritt an jene Stelle, die – markanter kann man es kaum sagen – „im mesozoischen Zeitalter das beuteltierhafte Menschenwesen" besetzt.[143] Dacqué betreibt auf diese Weise nichts Geringeres als eine mythische ‚Empirisierung' jenes Beutel-

---

[139] Ebd., S. 133.
[140] Helmut Hölder: Geologie und Paläontologie in Texten und ihrer Geschichte. Freiburg, München 1960, S. 404.
[141] Edgar Dacqué: Urwelt, Sage und Menschheit. Eine naturhistorisch-metaphysische Studie. München 1924, S. 74 [Hervorh. R. M. E.]. Dacqué bestätigt darin seine Nähe zur Glazialkosmogonie, die er auch kritisch diskutiert: „ich selbst habe sie erst nach Durcharbeitung meiner Ideen kennen gelernt und ihr übernommen, was im Text steht." Gleichwohl begehe „die Glazialkosmogonie [...] den schweren Fehler, die Zeitalter und Tierwelten der Erdgeschichte durcheinanderzuwerfen, statt sie chronologisch säuberlich getrennt zu halten [...]" (ebd., S. 349f.). Zur positiven Aufnahme Dacqués im Welteiskontext vgl. Hans Wolfgang Behm: Über Edgar Dacqué und das Menschheitsrätsel. In: Der Schlüssel zum Weltgeschehen 5 (1929), S. 176–178.
[142] Ebd. (wie Anm. 141), S. 72.
[143] Ebd.

menschen, der in Laßwitz' Märchen als fiktiver Held erschienen war – Fiktion wird (wieder) Mythos, Fabel Esoterik, Dichtung Wissenschaft:

> So haben wir auch in Konsequenz rein naturwissenschaftlichen Zuendedenkens den Beweis, daß eine andere Vorstellung vom Kommen und Werden des Menschen gar nicht vorhanden und wahrscheinlich überhaupt nicht möglich ist als die, welche uns als älteste und festgeschlossenste Lehre in allen Mythen und Religionen entgegentritt: daß der Mensch ein eigenes Wesen, ein eigener Stamm ist, uranfänglich gewesen, was er sein und werden sollte, wenngleich mit allerlei grundlegenden Veränderungen seiner Gestalt [...].[144]

Dacqué verbindet hier Lamarcks Vermutung, die am höchsten evolvierten Lebewesen seien auch die ältesten, zuerst entstandenen, mit Darwins Vorstellung der Deszendenz vom gleichen Vorläufer.[145] Die psychophysische Evolution des Menschen wird auf diese Weise nicht geleugnet, sondern durch die gegenläufige *Entanimalisierungsprozedur* von Geist und Seele kongenial ergänzt. In diesem Sinne kann Dacqué vom *homo sapiens* sagen, „daß er, körperlich und seelisch mit der Tierwelt stammesverwandt, doch als die von Uranfang an höhere Potenz die anderen *aus seinem Stamm entlassen haben muß*, nicht umgekehrt".[146] Evolution erscheint somit als Antrieb eines Reinigungsgeschehens, das im Laufe der Jahrtausende die göttliche Potenz des Homchen in die Aktualität, die Gottesebenbildlichkeit des Homo überführt. Dieselbe Einsicht leitet schon die visionäre Stimme, die in Laßwitz' Kreidemärchen das Gehirn zum humanistischen Organ erklärt:

> Welch eine lange Ahnenreihe noch von ihm bis zu uns! Und doch in ihm schon lebendig das Gesetz der Bildung, in ihm schon die Einheit der Kräfte, die zu uns heraufführt. [...] Immer weiter wächst der Kreis der Erfahrung, die zu bewältigen ist; immer verwickelter ziehen sich die Fäden vom Vergangenen zum Zukünftigen. *So baut sich von Geschlecht zu Geschlecht feiner ausgearbeitet das Organ,* [...] das im Unerschöpflichen *die geordnete Einheit herausschneidet,* die sich ein Ich fühlt. Eine Welt für sich. [...] Nun sich klärend in einem Gedanken: Ich bin! Nun sich fordernd in einem Bewußtsein: ich will sein![147]

‚Entwicklung' kombiniert vor diesem Hintergrund den ‚Auswicklungs'-Begriff im alten Sinne (Einheit und Gesetz) mit der Idee der umweltabhängigen Körper-Bildung (Empirie) und Selbstbildungspragmatik (Ethik) zur arkanen Spielart eines Aufklärungsprojekts. Die Esoterisierung der Lamarckschen Körper-Geist-Transformation entwirft durch ihre Anbindung an Darwins Deszendenzdynamik eine geistige, ja geistliche Präformationstheorie: Es ist *dieselbe* Seele, die im Durchgang der Jahrtausende entwickelt (ausgewickelt) wird; und unberührt von Mutation und Selektion erscheint in zunehmender Klarheit *das* Organ: das Hirn. Die bio-

---

[144] Ebd., S. 95.
[145] Lamarck zufolge weisen die rezenten Lebensformen statt gemeinsamer nur gleichartige Vorfahren auf – die Epigenesis ist keine Deszendenz im Darwinschen Sinn. Zur Diskussion des Abstammungsproblems im paläontologischen Diskurs vgl. Hölder: Geologie und Paläontologie (wie Anm. 140), S. 375ff.
[146] Dacqué: Urwelt, Sage und Menschheit (wie Anm. 141), S. 95 [Hervorh. R. M. E.].
[147] Laßwitz: Homchen (wie Anm. 22), S. 132–135 [Hervorh. R. M. E.].

esoterische Entwicklungslehre transformiert somit die Epigenesis des psychophysischen Komplexes für ein Einheitsdenken, das die Einzigartigkeit des Menschen unter den Bedingungen der szientifischen, beschleunigten Moderne retten will. Die Katastrophentheorie erscheint im Rahmen dieses parareligiösen Unterfangens als erlebenswissenschaftliche Ereignisfolie, unter der sich eine große Kontinuität verbirgt. Die Eile wird im Heiligen entschleunigt, das prekäre Selbst wird raum- und zeitstabil. Es ist sodann nur folgerichtig, dass Dacqué sein Hauptwerk „[d]enen" widmet, „die erkennen, daß wahres Verstehen Glaube ist".[148]

Die Kognitionspoetik, die der paläopoetische Diskurs entwirft und esoterisch deutet, ist, so meine Abschlussthese, ein Projekt der *eiligen Entschleunigung*. Aus der dynamischen Kultur- und Wissenschaftsentwicklung ihrer Zeit gewinnt sie – das ist ihr Analogon zur Bioanthropologie der Gegenwart – die Mittel für ein metaepistemisches, kultur-, sozial- und wissenskritisches Erkenntnisziel, das Kontinuität, Totalität und Homogenität des Lebens gegen die Tendenz zur Akzeleration und Dispersion in Anschlag bringt. Als Synthesis und Interpretation der psychophysischen Prozesse wird die Kognitionspoetik in der Parakunst der Laßwitzschen *paleofiction* ebenso wie in der Parawissenschaft der Welteislehre zur modernen Erbin der Naturphilosophie. Hier zeigt sich das erkenntnistheoretische Kalkül der Esoterischen Moderne: Aufklärung als exoterische und Esoterik als geheime Form des Wissens finden und vereinen sich im Anspruch eines Gegenwissens, das im Zuge seiner Popularisierung des Arkanen – hier: der Kontinuität des Menschen von der Urzeit in die Gegenwart – mit Wissen glauben und mit Glauben wissen will.[149] Bedenkt man überdies, dass die hier angesprochenen diskurshistorischen Zusammenhänge auch die Basis eines allegorischen ‚Kulturkampfs' bilden, den der Liberale Laßwitz gegen die politischen Verhältnisse des Kaiserreichs und dessen ‚Echsenhirne' führt, so tritt auch die verborgene politische Funktion der Paläofiktion und ihrer Biopolitik als Forschungsgegenstand hervor. Das realistische Verfahren der Diskursverweigerung weicht der Diskursbegeisterung. Man kann sich hier des Eindrucks kaum erwehren, dass, wer nach Realien sucht, nicht Raabe und Fontane, sondern Laßwitz lesen muss.

Bildnachweise

Abbildungen (s/w):

Abb. 1a: Sakralgehirn des Stegosaurus, in: Tiere der Ur- und Vorzeit. Hg. v. Rinaldo D. d'Ami, Stuttgart 1976, S. 27.

Abb. 1b: Ausguss des sakralen Neuralkanals von Barosaurus africanus (E. Fraas), b Ansicht von oben, in: Werner Janensch: Der sakrale Neuralkanal einiger Sauropoden und anderer Dinosaurier. In: Paläontologische Zeitschrift 21 (1939), S.177.

---

[148] Ebd., S. [V].
[149] Vgl. dazu ausführlich Erdbeer: Die Signatur des Kosmos (wie Anm. 9).

Abb. 2: Hammatt Billings: The Iguanodon (1842). In: Robert Merry's Museum 2 (1842).

Abb. 3: Benjamin Waterhouse Hawkins: The Iguanodon. In: Samuel Griswold Goodrich: Illustrated Natural History of the Animal Kingdom. New York 1859.

Abb. 4: Frank Bond: Stegosaur. In: Charles W. Gilmore: Osteology of the armored Dinosauria in the United States National Museum, with special reference to the genus Stegosaurus. Washington 1914.

Abb. 5: John Smit: Iguanodon Bernissartensis (um 1850). In: Henry Robert Knipe: Nebula to Men. London 1905.

Abb. 6: Iguanodon. In: Camille Flammarion: Le Monde avant la creation de l'homme. Origines de la terre. Origines de la vie, Origines de l'Humanite. Paris 1886.

Abb. 7: Alice B. Woodward: Iguanodon Bernissartensis. In: Illustrated London News 1895. In: Richard Lydekker: The Royal Natural History. Volume V: Reptiles, London 1896.

Abb. 8: Benjamin Waterhouse Hawkins mit Hadrosaurus, Foto (1868). In: Valerie Bramwell / Robert M. Peck: All in the Bones. A Biography of Benjamin Waterhouse Hawkins. Philadelphia 2008, S.79.

Abb. 9: Benjamin Waterhouse Hawkins: Skeletons, Holzschnitt. In: Thomas Henry Huxley: Evidence as to Man's Place in Nature. London / Edinburg 1863. In: Bramwell / Peck, All in the Bones, S. 76.

Abb. 10: Benjamin Waterhouse Hawkins: Entwurf für das Paleozoic Museum in New York (ca. 1869). In: Bramwell / Peck, All in the Bones, S. 80.

Abb. 11: Benjamin Waterhouse Hawkins: The Dinner in the Mould of the Iguanodon (from the original watercolor in the Benjamin Waterhouse Hawkins' Album at the Academy of Natural Sciences of Philadelphia). In: Bramwell / Peck, All in the Bones, S. 25.

Abb. 12: Heinrich Harder: Iguanodon (1913), Plastik am Eingang zum Aquarium des Berliner Zoos. Wiki Commons (Foto: Manfred Brückels).

Abb. 13a: Praxiteles von Athen: Apollo Sauroktonos (4. Jhd. v. Chr.). Wiki Commons (Foto: Baldiri).

Abb. 13b: Virgil Solis: Apollon et Python (1563). In: Virgil Solis: P. Ovidii Metamorphosis I. Frankfurt 1581, fol. 9r., im. 12. (Ausschnitt).

Abb. 14: Hugo van der Goes: Der Sündenfall (ca. 1475, Ausschnitt).

Abb. 15a: H. Maier: Ausschußtrichter. In: Hanns Fischer: Wunder des Welteises. Eine volkstümliche Einführung in Hörbigers Welteislehre. Berlin 1938, S. 79, Abb. 26.

Abb. 15b: Johann Robert Hörbiger: Äquatorschnitt durch die Photosphäre. In: Hanns Fischer: Rhythmus des kosmischen Lebens. Das Buch vom Pulsschlag der Welt. Mit 70 Abb. Leipzig 1925, S. 101, Abb. 34.

Abb. 16: Hanns Hörbiger / Philipp Fauth: Hörbigers Glazial-Kosmogonie. Eine neue Entwicklungsgeschichte des Weltalls und des Sonnensystems [...]. Unveränderter Neudruck mit 212 Figuren. Leipzig 1925 [1913], S. 305, Abb. 135.

Abb. 17: Hörbiger / Fauth, Hörbigers Glazial-Kosmogonie, S. 307, Abb. 136.

Farbabbildungen:

Farbabb. 1: Kurd Laßwitz: Homchen (nach einem Koala in Brehms Thierleben). In: Kurd Laßwitz: Homchen. Ein Tiermärchen aus der oberen Kreide. Berlin 2002, Titelseite.

Farbabb. 2: Edouard Riou: L'Iguanodon et le Mégalosaure. (Période crétacée inferieure). In: Louis Figuier: La terre avant le deluge. 1863.

Farbabb. 3: Iguanodon. In: Flammarion, Le Monde avant la creation de l'homme, Titelseite.

Farbabb. 4: Benjamin Waterhouse Hawkins: Cretaceous Life of New Jersey (1877). In: Bramwell / Peck, All in the Bones, S. 87.

Farbabb. 5: Benjamin Waterhouse Hawkins: Key to Ancestral Names in the Physiographical Illustration of Darwin's Decent of Man (1871). In: Bramwell / Peck, All in the Bones, S. 84.

Tafel 1: Der Überbeutler – Laßwitz' Homchen, Held der Kreidezeit

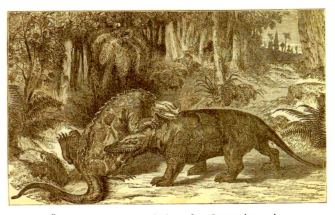

Tafel 2: Übellaunigkeit der Daseinskämpfer – Iguanodon und Megalosaurus nach Edouard Riou (1863)

Tafel 3: Das Grauen über fünf Etagen – Iguanodon-Phantasma bei Flammarion (1886)

Tafel 4: Der Kampf als Tanz im Antideszendenzprogramm – Hawkins' *Cretaceous Life* (1877, Ausschnitt)

Tafel 5: Im Rausch vereint – Satirisches zur Deszendenz in Hawkins' Darwin-„Physiographie" (1871)

III Ästhetik

KRISTINE HANNAK

# Die Weisheit auf den Gassen, oder:
# Theosophie, Ironie und Ästhetik bei Karl Philipp Moritz

„Und lehre mich, dass ich zu Licht vergebens / durch Licht nicht auserkoren bin!" – Dieser Vers, der auch aus dem 1. Traktat des *Corpus Hermeticum* stammen könnte, steht bei Karl Philipp Moritz an zwei prominenten Stellen, bezeichnenderweise jedoch unter zwei verschiedenen Titeln. Er entstammt einem Lied, das einerseits 1784 im *Allgemeinen Gesangbuch für Freimäurer* als Lied an die Schönheit und andererseits fast unverändert am Schluss- und Höhepunkt des ersten Teils seines zweiten Romans *Andreas Hartknopf* (1785/1790) als Lied an die Weisheit steht.[1]

Dieser Beitrag verfolgt die Engführung zwischen Weisheitslehre, Naturerfahrung und Schönheit, Esoterik und Ästhetik im Werk von Karl Philipp Moritz, wie es sich in den Jahren 1785 bis 1790 entfaltet. Dabei steht Moritz' zweiter Roman *Andreas Hartknopf* (1785/1790) im Zentrum des Interesses.[2] Im *Andreas Hartknopf* spielt ein breites esoterisches Wissensfeld erstens eine tragende Rolle, um sich von einem Lebensentwurf, dessen christlich-quietistische Ausprägung im *Anton Reiser* als „Hölle von Elend" und als Unterdrückung „von der Wiege an" analysiert worden ist,[3] zu emanzipieren. Zweitens steht diese Begründung in engstem Zusammenhang mit einer Autonomisierung der Literatur: Moritz' ästhetiktheoretische Schriften, die für die Herausbildung der Autonomieästhetik im deutschsprachigen Raum maßgeblich sind, *Versuch einer Vereinigung aller schönen Künste im Begriff des in sich selbst vollendeten* (1785), die *Bildende Nachahmung des Schönen* (1788) und die Abhandlung *In wie fern Kunstwerke beschrieben werden können?* (1788) entstehen in genau diesen Jahren. Sie sind in ihrer Reflexion der Kunst als einer Metaphysik des Schönen auf das Engste über die Topoi der Selbsterkenntnis oder der Vervollkommnung mit den Themen der Freimaurerschriften und mit dem Roman verbunden. Auch druckgeschichtlich wird diese Nähe augenfällig, wenn Moritz die plotinisch gefärbte ästhetiktheoretische Abhandlung *In wie fern Kunstwerke beschrieben werden können?* im Jahr 1793 unter

---

[1] Karl Philipp Moritz: Andreas Hartknopf. Hg. v. Martina Wagner-Egelhaaf. Stuttgart 2001, S. 103 u. 225, Anm. 103,12; CH I, 21. In: Das Corpus Hermeticum Deutsch. 2 Bde. Übers. u. hg. v. Carsten Colpe u. Jens Holzhausen. Bd. 1: Die griechischen Traktate und der lateinische ‚Asclepius'. Übers. u. eingeleitet v. Jens Holzhausen. Stuttgart-Bad Cannstatt 1997, S. 17f.
[2] Obwohl *Andreas Hartknopf. Eine Allegorie* das Jahr 1786 auf dem Titelblatt angibt, ist der Roman bereits 1785 anonym erschienen. Martina Wagner-Egelhaaf: Nachwort. In: Moritz: Andreas Hartknopf (wie Anm. 1), S. 245–284, hier S. 246.
[3] Karl Philipp Moritz: Anton Reiser. Ein psychologischer Roman. Hg. v. Horst Günther. Frankfurt a.M., Leipzig 1998, S. 14f.

dem neuen Titel *Die Signatur des Schönen* in der Sammlung von Freimaurerreden *Die große Loge oder der Freimaurer mit Waage und Senkblei* wieder abdruckt.[4] Drittens jedoch werden gerade die Motivfelder der Vervollkommnung und der Selbsterkenntnis, Leitmotive sowohl im Roman wie in den ästhetiktheoretischen Schriften, im Roman durch ein Kaleidoskop ironischer Brechungen vermittelt. Der erste Teil trägt den Untertitel *Eine Allegorie*, der zweite Teil, *Predigerjahre*, erzählt chronologisch die Vorgeschichte zum ersten Teil und zeigt Ansätze einer Auflösung der Form. Hier wird keine große soteriologische Erzählung mehr angeboten, und dennoch werden Erlösungsmotive zitiert, variiert und konterkariert.

Ein erster Abschnitt skizziert im Folgenden exemplarisch die Kontexte der Entstehungszeit des Romans. Da die Bezüge zwischen Hartknopfs Weisheitslehre und dem freimaurerischen Kontext bereits erforscht sind,[5] fokussiert die hiesige Lektüre in einem zweiten Abschnitt auf exemplarische Bezüge zwischen der Ausprägung der Weisheitslehre im pietistisch-theosophischen Milieu und dem Roman, um daran eine mögliche Wegkreuzung zwischen Esoterik und Ästhetik als Weg in die Moderne nachzuzeichnen.

## I Texte und Kontexte

Karl Philipp Moritz war selbst Freimaurer und seit 1779 Mitglied in der pietistisch geprägten *Loge St. Johannis Zur Beständigkeit*.[6] Er war seit 1784 Meister, bekleidete das Amt eines Redners und vertrat lebenslang eine positive Haltung zur Maurerei. Im Jahr 1782 hatte auf dem Wilhelmsbadener Konvent eine Abgrenzung des freimaurerischen Hochgradsystems der Strikten Observanz gegenüber der eigenen Tempelherrenlegende stattgefunden, und der öffentliche Diskurs beim Erscheinen des ersten Teils der *Hartknopf*-Romane im Jahr 1786 spiegelt die widersprüchlichen Perspektiven auf das Maurerwesen, die vom Glauben an die aufklärerische Veredelung der Menschheit bis zur Angst vor Geheimgesellschaften und dem

---

[4] Karl Philipp Moritz: Popularphilosophie, Reisen, Ästhetische Theorie. In: Ders.: Werke in 2 Bden. Hg. v. Heide Hollmer u. Albert Meier. Bd. 2. Frankfurt a.M. 1997, S. 1296. Zur Kontextualisierung des Signaturbegriffs in der Signaturenlehre siehe ebenfalls Raimund Bezold: Popularphilosophie und Erfahrungsseelenkunde im Werk von Karl Philipp Moritz. Würzburg 1984 (Epistemata 14), S. 85–87.

[5] Linda Simonis: Die Kunst des Geheimen. Esoterische Kommunikation und ästhetische Darstellung im 18. Jahrhundert. Heidelberg 2002, S. 229f.

[6] Ausführlich zur Kontextualisierung der *Hartknopf*-Romane Hans-Joachim Schrimpf: Nachwort. In: Karl Philipp Moritz. Eine Allegorie (1786). Andreas Hartknopfs Predigerjahre (1790). Fragmente aus dem Tagebuch eines Geistersehers (1787). Faks. der Originalausgaben. Hg. u. eingel. v. Hans-Joachim Schrimpf. Stuttgart 1967, S. 3*–79*, zu Moritz' Freimaurertum S. 24*f. Zu Leben und den einzelnen Werken auch Albert Meier: Karl Philipp Moritz. Stuttgart 2000. Zur Johannismaurerei in Abgrenzung zu den Hochgradsystemen Rudolf Schlögl: Die Moderne auf der Nachtseite der Aufklärung. Zum Verhältnis von Freimaurerei und Naturphilosophie. In: Das achtzehnte Jahrhundert 21 (1997), S. 33–60, hier S. 41–44.

durch sie begünstigten Vordringen des Kryptokatholizismus reichen.⁷ Er spiegelt ebenfalls die ambivalente Position esoterischen Wissens, wie sich am Gegenstand des Salzes zeigen lässt. Die Hauptfigur der *Hartknopf*-Romane ist auch in der Forschung berühmt für ihren Glauben, dass die Welt aus alkalischem Salz geschaffen sei oder für ihre Feier des Abendmahls mit Salz und Rettich.⁸ Im Jahr 1786 wurde in der *Berlinischen Monatsschrift* ausführlich über ein sogenanntes Luftsalz debattiert, das ein gewisser Baron Hirsch aus Dresden als teures Heilmittel verkaufte und das der bekannte Hallenser Theologe Johann Salomo Semler (1725–1791) nicht nur verteidigte, sondern sogar dem Chemiker Martin Heinrich Klaproth (1743–1817) zur Ausscheidung eines darin vermuteten Goldflitters überlassen hatte.⁹ Dieses Luftsalz galt in einschlägigen Schriften jedoch als Äquivalent für die jungfräuliche Erde, sodass das Motiv der *Hartknopf*-Romane auf einen sehr konkreten Wissenshorizont anspielt: Noch Goethe berichtet in *Dichtung und Wahrheit*

---

7   Vgl. allein im Jahr 1786 die Beiträge in der *Berlinischen Monatsschrift* (im Folgenden: BM) von Friedrich Gedike: Zwei Maurerreden gehalten in der Mutterloge zu den drei Weltkugeln in Berlin beim Jahresschluß von 1784 und 1785. In: BM 1786, 1, S. 167–182; Anon.: Noch etwas über Geheime Gesellschaften im protestantischen Deutschland. In: BM 1786, 2, S. 44–104; Anon. Brüderlicher Zuruf an die Obern der bekannten Freimaurer-Systeme. In: BM 1786, 2, S. 147–151; Claus Priesner: Alchemie und Vernunft. Die rosenkreuzerische und hermetische Bewegung in der Zeit der Spätaufklärung. In: Aufklärung und Esoterik. Hg. v. Monika Neugebauer-Wölk unter Mitarb. v. Holger Zaunstöck. Hamburg 1999 (Studien zum achtzehnten Jahrhundert 24), S. 305–334.

8   Zur umfassendsten Einbettung des Abendmahlmotivs mit Salz und Rettich in den hermetischen Wissenshorizont Bezold: Popularphilosophie (wie Anm. 4), S. 217–223, bes. S. 221 sowie ders.: Einige Bemerkungen zu den Vorträgen von Wolfgang Martens, Ursula Goldenbaum und Edward M. Batley (Respondenz). In: Karl Philipp Moritz und das 18. Jahrhundert. Bestandsaufnahmen – Korrekturen – Neuansätze. Hg. v. Martin Fontius u. Anneliese Klingenberg. Tübingen 1995, S. 135–143, hier S. 139. Bezold stellt die Verbindung des Motivs zu einem rosenkreuzerischen Salzritual her, das sich am Salz-Prinzip bei Jakob Böhme und Paracelsus orientiert. Im 18. Jahrhundert schildert es Elias Artista Hermetica [d.i. Hermann Fictuld]: Das Geheimnis von dem Salz. Stuttgart 1770. Vollst. originalgetreuer Nachdruck der Ausgabe Stuttgart 1862 als Originalwiedergabe der Ausgabe von 1770. Freiburg i.Br. 1979, §§ 6, 14, 34, 39, 43. Der genaue Ablauf des Tischrituals ist belegt in: Geheime Geschichte eines Rosenkreuzers. Aus seinen eigenen Papieren. Hg. v. Heinrich Christoph Albrecht. Hamburg 1792, S. 256ff. (Kapitel: Die Rosenkreuzer bey Tische). Während das Salzmotiv eine Anspielung auf einen freimaurerischen Kontext darstellt, deutet das Motiv des Rettichs auf einen anderen Symbolkreis: Der Rettich lässt sich im Kontext der Renaissanceemblematik vielfältig deuten, sowohl als Symbol für die nützliche Widerwärtigkeit des Lebens (calamitas utilis) oder auch als Symbol der acedia. (Bezold: Popularphilosophie (wie Anm. 4), S. 221ff.) Zur originellen Abendmahlsszene auch Robert Charlier: Der heilige Rettich. Die Versinnlichung des Pneumatischen im ‚Andreas Hartknopf' von Karl Philipp Moritz. In: Germanisch-romanische Monatsschrift 47 (1997), S. 379–398.

9   Johann Erich Biester: Ueber Herrn D. Semlers Empfehlung des vom Baron Hirschen verkauften Luftsalzwassers. In: BM 1786, 1 (wie Anm. 7), S. 339–359; ders.: Nachtrag über Herrn D. Semlers Empfehlung des Hirschenschen Luftsalzwassers. In: BM 1786, 1 (wie Anm. 7), S. 522–554. Siehe dazu Peter H. Reill: Religion, Theology, and the Hermetic Imagination in the Late German Enlightenment: The Case of Johann Salomo Semler. In: Antike Weisheit und kulturelle Praxis. Hermetismus in der Frühen Neuzeit. Hg. v. Anne-Charlott Trepp u. Hartmut Lehmann. Göttingen 2001 (Veröffentlichungen des Max-Planck-Instituts für Geschichte 171), S. 219–233; Priesner: Alchemie und Vernunft [wie Anm. 7], S. 320, 328.

von einem Salz als Universalheilmittel, dem er sogar eigene Experimente in der Frankfurter Rekonvaleszenzzeit widmete. Sein Arzt Johann Friedrich Metz (1720–1782) vermittelte Samuel Richters (d.i. Sincerus Renatus) *Theo-Philosophia Theoretico-Practica* an Goethe, die das Universalmedikament als Stein der Weisen schildert, und dieser wiederum ist nichts anderes als die gegenüber der gefallenen Materie zu restituierende Prima Materia aller Dinge, die in der Sprache des paracelsischen Diskurses auch als unspezifiziertes göttliches Lichtfeuer oder als Salniter bekannt ist.[10]

Moritz' eigene Reden, Reflexionen und Texte zur Freimaurerei sind vor allem an zwei Stellen publiziert. Er veröffentlichte erstens eine Sammlung seiner Reden unter dem Titel *Die große Loge oder der Freimaurer mit Waage und Senkblei* (1793), und zweitens hinterließ er bei seinem Aufbruch nach Italien im Jahr 1786 einen Text mit dem Titel *Fragmente aus dem Tagebuch eines Geistersehers* in Berlin. Moritz' *Geisterseher* steht in einem völlig anderen Diskurs als die Geistersehertexte Kants und Schillers. Es handelt sich nicht um eine kritische Stellungnahme, sondern um einen unvollendeten Briefroman, der nicht nur Moritz' eigene Freimaurerreden enthält, sondern sogar aus seinen Tagebuchaufzeichnungen hervorgegangen ist. Thematisch stehen die *Fragmente* in engem Zusammenhang zum *Andreas Hartknopf*.[11] Außerdem skizzieren sie bereits vor der Italienreise und damit vor der Begegnung zwischen Moritz und Goethe Kerngedanken sowohl seiner Philosophie als auch seiner Ästhetiktheorie[12] und setzen diese damit in einen maurerischen Entstehungskontext: „Einen vollkommenen Menschen hervorzubringen, ist an und für sich schon der höchste Endzweck der Natur",[13] heißt es in den *Fragmenten*. Die *Fragmente* sind frei von Überlegungen zur operativen Gewinnung des Lapis oder einer lapisähnlichen Substanz, wie sie etwa in der Luftsalzdebatte zum Ausdruck kommt, dagegen enthalten sie ausführliche Reflexionen über die Natur der Natur, das Geheimnis der Existenz und die Theodizeefrage. Zentrale Motive sind die bereits im *Hartknopf* entfalteten Topoi eines Ineinanders von Einzelnem und Ganzem, der Selbsttranszendenz und des Allanblicks, der im *Hartknopf* prominenten Resignationslehre, einer Ergänzung der traditionellen Transzendenz- und Jenseitsorientierung um die Akzentuierung der Immanenz und Ge-

---

[10] Johann Wolfgang Goethe: Aus meinem Leben. Dichtung und Wahrheit. In: Ders.: Werke (Hamburger Ausgabe in 14 Bden.). Hg. v. Erich Trunz. Bd. 9: Autobiographische Schriften I. München 2000, S. 341–344, weiterführend Rolf-Christian Zimmermann: Das Weltbild des jungen Goethe. Studien zur Hermetischen Tradition des deutschen 18. Jahrhunderts. 2 Bde. Bd. 1: Elemente und Fundamente. München 1969, S. 119f.; Jakob Vogel: Ein schillerndes Kristall. Eine Wissensgeschichte des Salzes zwischen Früher Neuzeit und Moderne. Köln, Weimar u. Wien 2008.
[11] Schrimpf: Nachwort (wie Anm. 6), S. 25*.
[12] Ebd., S. 47*.
[13] Karl Philipp Moritz: Fragmente aus dem Tagebuch eines Geistersehers. In: Ders.: Werke. Hg. v. Horst Günther. 3. Bd.: Erfahrung, Sprache, Denken. Frankfurt a.M. 1981, S. 271–322, hier S. 293.

genwärtigkeit des Göttlichen, sowie das Verständnis von Erlösung als Rückkehr des Lichts ins Licht, ein dem christlichen Schuld- und Sühnegedanken in seinen dogmatischen Ausprägungen fremdes Modell.[14] Die *Fragmente* enthalten bereits wie der Roman eine prominente Licht- und Morgensymbolik. Diese steht nicht nur im Kontext freimaurerischer Riten und Feiern zur Geburt des Lichts, sondern sie lässt sich auch über Moritz' *Auch eine Hypothese über die Schöpfungsgeschichte Mosis* (1784) in Beziehung zu Johann Gottfried Herders symbolischer Deutung der Genesis setzen, die dieser in der *Ältesten Urkunde des Menschengeschlechts* (1774) nicht nur als christliche Einkleidung einer hermetischen *prisca theologia*, sondern auch als Beginn menschlicher, und hier vor allem poetischer Sprache interpretiert hatte. Den allmorgendlichen Sonnenaufgang, die für Adepten auch symbolische ‚Morgenröte im Aufgang',[15] interpretierte Herder als Kern einer allen Religionen zugrundeliegenden natürlichen Religion, die Schöpfung entsprechend als sinnlichen Ausdruck des Schöpfers im „Unterricht unter der Morgenröte".[16] Moritz und Herder verbindet nicht nur die prominente Licht- und Morgensymbolik, sondern auch deren Verknüpfung mit der Deutung der Sprache als zweiter Schöpfung in der menschlichen Seele.[17]

Im Jahr 1785 erschienen die ersten Teile von Moritz' so gegensätzlichen Romanen *Anton Reiser* und *Andreas Hartknopf, eine Allegorie*, die beide im Jahr 1790 eine Fortsetzung und ihren Abschluss fanden. Ab 1783 bis zu Moritz' Tod 1793 erscheint das *Magazin für Erfahrungsseelenkunde*, das ein wesentliches Forum für die Popularphilosophie des 18. Jahrhunderts wird. Im Jahr 1786 bricht Moritz nach Italien auf, wo er Goethe und Herder kennenlernt. Goethe berichtet in der *Italienischen Reise* von ihrer gegenseitig inspirierenden Freundschaft, der Beschäftigung

---

[14] Ebd., S. 281: „,Blicke alle Morgen früh in die Sonne, so wirst du meinen Geist sehen. Staub kehrt zu Staub – Licht zu Licht. In den Strahlen der Sonne werd' ich wohnen. Die kühle Morgenluft wird vor mir her wehen.' [...] Und wenn du Himmel und Erde gedacht hast, so betrachte wieder die Grashalme um dich her! – Was heißt das anders, als gewöhne deinen Geist beim *Einzelnen das Ganze und in dem Ganzen stets das Einzelne zu denken*!"

[15] Das Motiv der Morgenröte ist ursprünglich biblischen Ursprungs (Jes. 58,8), bevor es als Erstlingswerk des Theosophen Jakob Böhme (1575–1624) vor allem im pietistischen Diskurs ein fester Begriff wurde. Zu möglichen Vermittlungswegen an Moritz und der Verschmelzung mit der Symbolik der Aufklärung s. Schrimpf: Nachwort (wie Anm. 6), S. 45*.

[16] Johann Gottfried Herder: Die älteste Urkunde des Menschengeschlechts. In: Ders.: Werke in 10 Bden. Bd. 5: Schriften zum Alten Testament. Hg. v. Rudolf Smend. Frankfurt a.M. 1993, S. 171–660, hier S. 246–257. Weiterführend Hans-Georg Kemper: Deutsche Lyrik der frühen Neuzeit. Bd. 6/II: Sturm und Drang: Genie-Religion. Tübingen 2002, S. 252–263; Klaus Vondung: Millenarianism, Hermetism and a Universal Science. In: Science, Pseudo-Science and Utopianism in Early Modern Thought. Hg. v. Stephen A. McKnight. Columbia, London 1992, S. 118–140. Zu Moritz und Herder Schrimpf: Nachwort (wie Anm. 6), S. 41*.

[17] Karl Philipp Moritz: Die große Loge oder der Freimaurer mit Waage und Senkblei (darin: Die Schöpfung in der Seele des Menschen.). In: Moritz: Werke (wie Anm. 13), S. 323–340, hier S. 331f.

mit Kunst, Plastiken, Ästhetik und vor allem mit der Natur.[18] Über Goethe erhält Moritz Herders Auseinandersetzung mit dem deutschen Spinozastreit *Gott: Einige Gespräche*. Goethe berichtet, dass Herders Gedanken für Moritz, so wörtlich, zum „Schlussstein" seiner Überlegungen wurden.[19] Ein zentrales Motiv aus Herders *Gott. Einige Gespräche* ist die Immanenz des Göttlichen, das in der charakteristischen Formel *hen kai pan* gegenüber der Vorstellung einer extramundanen Gottheit abgegrenzt wird. Auf einem Nebenschauplatz behauptet Goethe den Gedanken des *hen kai pan* entschieden gegenüber der Christozentrik des, so Goethe, „Heidenbekehrers" Lavater, wobei der Streitpunkt wieder die Rolle der Natur ist, die Göttlichkeit der Welt.[20] Moritz konnte bei Herder das bestätigt finden, was er selbst in den *Fragmenten,* dort jedoch in anderem Kontext, bereits ähnlich formuliert hatte: Das Verständnis der Welt als Ausdruck des Göttlichen, der Tod als aufgehoben im ewigen Sein – ein Gedanke aus dem *Corpus Hermeticum*[21] – die Vorläufigkeit der Kategorien von Raum und Zeit in der Rede von Gott, die Erkenntnis des vorbegrifflichen Daseins im Hier und Jetzt als Offenbarung Gottes, als All im Einen, im Moment.[22] Jene Topoi spielen nicht nur in der Soteriologie im *Andreas Hartknopf* eine tragende Rolle, sie inspirieren auch Kerngedanken der 1788 entstandenen Schriften *Über die bildende Nachahmung des Schönen* und *In wie fern Kunstwerke beschrieben werden können* bzw. *Die Signatur des Schönen*. Diese tragen einerseits sichtbare Bezüge zur Lichtmetaphysik Plotins oder zum hermetischen Stirb und Werde, wenn z.B. das Schöne als „Funke" in der Hülle der Existenz gedacht ist[23] oder Tod und Zerstörung sich in die ewig bildende Nachahmung des höchsten Schönen verlieren sollen, womit das Schöne ganz platonisch mit dem reinen Sein assoziiert wird, die Menschen mit dem Werden des sich verjüngenden Daseins.[24] Sie binden das Schöne darüber hinaus auch an ein neuplatonisch-hermetisches

---

[18] Johann Wolfgang von Goethe: Zweiter römischer Aufenthalt [1787/1788]. In: Ders.: Werke. (wie Anm. 10), Bd. 11: Autobiographische Schriften III. Kritisch durchgesehen v. Erich Trunz, kommentiert v. Einem. München 2000, S. 395, 400, 405.

[19] Ebd., S. 395: „Der ‚Gott' leistet mir die beste Gesellschaft. Moritz ist dadurch wirklich aufgebaut worden, es fehlte gleichsam nur an diesem Werke, das nun als Schlußstein seine Gedanken schließt, die immer auseinander fallen wollten."

[20] Ebd., S. 413. Differenziert zur Spinozarezeption Moritz' und Goethes Ursula Goldenbaum: Ästhetische Konsequenzen des Moritzschen ‚Spinozismus'. In: Karl Philipp Moritz (wie Anm. 8), S. 111–122.

[21] CH XII, 16–18. In: Das Corpus Hermeticum Deutsch (wie Anm. 1). Bd. 1, S. 155.

[22] Johann Gottfried Herder: Gott. Einige Gespräche. In: Jakobis Spinoza-Büchlein nebst Replik und Duplik. Hg. v. Fritz Mauthner. München 1912, S. 337.

[23] Karl Philipp Moritz: In wie fern Kunstwerke beschrieben werden können? [1788]. In: K. P. Moritz: Werke in zwei Bänden (wie Anm. 4), S. 992–1003, hier S. 994.

[24] Karl Philipp Moritz: Über die bildende Nachahmung des Schönen [1788]. In: Moritz: Werke in 2 Bden. (wie Anm. 4), S. 958–991, hier S. 991: „Tod und Zerstörung verlieren sich in den Begriff der *ewig bildenden Nachahmung des über die Bildung selbst erhabenen Schönen,* das nicht anders als durch *immerwährend sich verjüngendes Dasein* nachgeahmt werden kann. Durch dies sich stets verjüngende Dasein, *sind wir selber.* Daß wir selber *sind,* ist unser höchster und edelster Gedanke. – Und von sterblichen Lippen, läßt sich kein erhabneres Wort vom Schönen sagen, als: *es ist!*"

Konzept der Selbsterkenntnis: Die schöne Oberfläche soll nach Moritz zum Spiegel werden, durch den nichts weniger als die Selbsterkenntnis im eigenen Wesensgrund ermöglicht wird.[25] „Das Auge blickt dann, sich selber spiegelnd, aus der Fülle des Daseins auf".[26] Selbsterkenntnis ist jedoch nicht mehr als christliche Erkenntnis der eigenen Sündhaftigkeit gegenüber dem Schöpfer als des radikal Anderen gezeichnet,[27] sondern als Erkenntnis der eigenen Existenz als Ausdruck des Göttlichen, die gleichzeitig mit diesem eins ist. Diese Darstellung überbrückt nicht nur den ontologischen Abstand zwischen Geist und Materie, sie bildet auch das Paradigma zur Sakralisierung der Kunst als sinnlicher Form des Numinosen analog zur Aufwertung der Natur als sinnlicher Seite und Spiegel des göttlichen Geistes.

Als im Jahr 1790 Moritz' zweiter Teil des Romans erscheint, *Andreas Hartknopfs Predigerjahre*, findet an prominenter Stelle ein Abschied von der christlich-quietistisch geprägten Mystik in ihrer welt- und körperfeindlichen Jenseitsorientierung statt. Nach einem Besuch beim Herrn von G., der als Separatist und als Anhänger der Mme Guyon (1648–1717) in Anlehnung an Johann Friedrich von Fleischbein (1700–1774) gezeichnet ist,[28] überwindet Hartknopf sein Unwohlsein bezeichnenderweise im Wald in der Erinnerung an ein berauschendes Naturerlebnis mit seinem alten Lehrer Elias, das sprachlich deutliche Bezüge zu Goethes frühen Texten aufweist.[29] Er singt einen Hymnus an die Erde, der aus dem

---

[25] Moritz: In wie fern Kunstwerke beschrieben werden können? In: Ders.: Werke in 2 Bden. (wie Anm. 4), S. 995, 999.
[26] Moritz: Über die bildende Nachahmung des Schönen. In: Ders.: Werke in 2 Bden. (wie Anm. 4), S. 991.
[27] Martina Wagner-Egelhaaf: Mystik der Moderne. Die visionäre Ästhetik der deutschen Literatur im 20. Jahrhundert. Stuttgart 1989, S. 2.
[28] Über den Einfluss von Jeanne Marie Guyon du Chesnoy (1648–1717) auf Moritz wird vor allem in Bezug zum *Anton Reiser* geforscht. Moritz zeichnet dort das Portrait Johann Friedrich von Fleischbeins (1700–1774), dessen quietistische Frömmigkeit erheblichen Einfluss auf seine frühe Kindheit hatte. Fleischbein lebte seit 1727 auf Schloss Hayn im Siegerland nahe des radikalpietistischen Zentrums in der Grafschaft Wittgenstein und versuchte dort unter der Führung des emigrierten Hugenotten Charles Hector de St. George Marsay (1688–1753) nach den Lehren der Mme Guyon zu leben. Christoph Wingertszahn: Anton Reisers Welt. Eine Jugend in Niedersachsen 1756–1776. Ausstellungskatalog zum 250. Geburtstag von Karl Philipp Moritz. Hannover 2006, S. 76–91. Fleischbein übersetzte Mme Guyons geistliche Lieder, von denen Moritz im Hartknopf einen Auszug zitiert. Moritz: Andreas Hartknopf (wie Anm. 1), S. 143. Weiterführend zu radikalpietistischen Verbindungen zum Marquis de Marsay, seiner „Eheschwester" Clara von Kallenberg und quietistischer Frömmigkeitspraxis Hans Schneider: Der radikale Pietismus im 18. Jahrhundert. In: Geschichte des Pietismus. 4 Bde. Hg. v. Martin Brecht u.a. Bd. 2: Der Pietismus im 18. Jahrhundert. Hg. v. Martin Brecht u. Klaus Deppermann. Göttingen 1995, S.107–197, hier S. 128–130. Spezifisch zur Kontextualisierung des Moritzschen Werks in Quietismus, Pietismus und Freimaurerei als „säkularisierte[r] Form der ,praxis pietatis'" Robert Minder: Glaube, Skepsis und Rationalismus dargestellt aufgrund der autobiographischen Schriften von Karl Philipp Moritz. Frankfurt 1974.
[29] Die Bezüge zu Goethes *Werther* wurden unter Einbezug von Moritz' *Über ein Gemälde von Goethe* (1792) analysiert (Schrimpf: Nachwort [wie Anm. 6], S. 60*). Anzumerken ist, dass der Ort des Naturerlebens (Sturm, schwarze Gewitterwolken, einsame Hütte) auch deutliche Bezüge zu Goethes *Wanderers Sturmlied* aufweist.

Erdhymnus des Orpheus den Topos der Allesernährerin aufzugreifen scheint, und hier bekräftigt Moritz den Gedanken der Göttlichkeit der Welt, der Verbundenheit von Welt, Mensch und Geist, wenn er gerade der Erde zuspricht, den Menschen mit dem christlich apostolischen Erkennungsgruß – als ihren Verwandten – zu grüßen: „Sie ist die Allesernährende, Große, Geheimnisvolle, wer sich an sie schmiegt, sitzt im Rat der Götter, sie hat mit dir geredet und grüßt Dich mit dem Kusse meines Mundes."[30]

## II  *Andreas Hartknopf*-Lektüre

Die *Hartknopf*-Romane sind in der germanistischen Forschung überwiegend unter Fragestellungen zur Ästhetik behandelt worden, wobei der esoterische Wissenshorizont des Romans teilweise einbezogen wurde, teilweise jedoch auch als marginal markiert worden ist.[31] Erzählt wird im ersten Teil des *Andreas Hartknopf* die Geschichte des wandernden Grobschmieds und Priesters gleichen Namens, der auf der Wanderschaft nach Osten in seinen Geburtsort Gellenhausen kommt, dort auf eine Reihe allegorisch anmutender Figuren trifft, mit einzelnen Lichtgestalten wie seinem alten Lehrer Elias Gutes wirkt und auf Betreiben seiner Gegenspieler den Märtyrertod stirbt. Der zweite Teil erzählt die Vorgeschichte der Wanderung, den Versuch des Weltenbürgers Hartknopf, eine Existenz als Pfarrer und Ehemann im winzigen Flecken Ribbeckenau zu bestreiten, der jedoch mit Scheidung und Fort-

---

[30] Moritz: Andreas Hartknopf (wie Anm. 1), S. 148; vgl. Orpheus: Altgriechische Mysterien. Übertr. und erl. von Joseph O. Plassmann. Mit einem Nachw. v. Fritz Graf. Köln 1982, S. 58.

[31] So etwa Albert Meier: Weise Unerschrockenheit. Zum ideengeschichtlichen Ort von Karl Philipp Moritz' Freimaurerschriften. In: Moritz zu ehren. Beiträge zum Eutiner Symposium im Juni 1993. Hg. v. Wolfgang Griep. Eutin 1996, S. 95–104, hier S. 96. Alo Allkemper kann in Hartknopfs Resignationslehre nur eine „angestrengte Weisheit" entdecken und in der Pädagogik des Gastwirts Knapp, die im Roman als einzig erfolgreiches Modell gezeichnet ist, „Lebensverneinung". Alo Allkemper: Ästhetische Lösungen. Studien zu Karl Philipp Moritz. München 1990, S. 209, 214. Auch Achim Geisenhanslüke folgt Hartknopfs Wanderschaft nur insoweit, als er sie als ästhetischen Bildungsweg deutet und die zentrale Philosophie des „Alles im Moment" als „Scheitern" interpretiert. Achim Geisenhanslüke: Der Buchstabe des Geistes. Postfigurationen der Allegorie von Bunyan bis Nietzsche. München 2003, S. 173, 186. Differenzierter, jedoch weniger wissensgeschichtlich als narratologisch und ästhetiktheoretisch motiviert argumentiert Ulrike Morgner: ‚Das Wort aber ist Fleisch geworden'. Allegorie und Allegoriekritik im 18. Jahrhundert am Beispiel von K.Ph. Moritz' ‚Andreas Hartknopf. Eine Allegorie'. Würzburg 2001. Das äußerst instruktive Nachwort der Reclamausgabe deutet die Resignationslehre zwar historisch stimmig als Erbe der Mystik, qualifiziert sie aber als „zweifellos paradoxe, ja anstößige Lebens-Kunst". Wagner-Egelhaaf: Nachwort (wie Anm. 2), S. 258. In jedem Fall bliebe zu fragen, wieso diese Lebenskunst im Roman selbst als äußerst erfolgreich geschildert wird. Die Entschlüsselung der freimaurerischen Symbolik findet sich vor allem in: Michael Voges: Aufklärung und Geheimnis. Untersuchungen zur Vermittlung von Literatur- und Sozialgeschichte am Beispiel der Aneignung des Geheimbundmaterials im Roman des späten 18. Jahrhunderts. Tübingen 1997. Die Bezüge zwischen Ritual und Erzählstruktur sind analysiert in: Linda Simonis: Die Kunst des Geheimen (wie Anm. 5), S. 179–245.

gang endet. Der Roman ist bis ins kleinste Detail von freimaurerischer Symbolik durchwoben:[32] die Wanderung nach Osten als Lebenspilgerreise, eine durchgehende Licht- und Morgensymbolik; allein Hartknopfs Vorname Andreas nach dem ersten Jünger, der an einem später nach ihm benannten Kreuz mit diagonalen Balken, dem sog. Andreaskreuz, den Märtyrertod erlitt, verweist auf das sogenannte Zinnendorfsche System der „Großen Landesloge der Freimaurer von Deutschland", wo der Andreasgrad ein fester Begriff war.[33] Auch Andreas' Berufsbild als Grobschmied und Priester ist eine Anspielung auf das maurerische und darüber hinaus alchemische Milieu. Als sein Ahnherr wird der biblische Tubalkain bezeichnet, ebenfalls eine maurerische Allusion, und im Gegensatz zu seinem Vater, der sich über der konkreten Alchemie praktisch ruinierte, besitzt Andreas ein anderes Arcanum, nämlich den Leib durch die Seele zu heilen. Er tut dies mittels menschlicher Zuwendung, mittels Musik und Dichtung und einer ganz spezifischen Weisheitslehre, die den einzelnen mit der eigenen Sterblichkeit konfrontiert. Ziel der sogenannten Lehre der Resignation ist es, in der Unterwerfung unter die Notwendigkeit die eigene Freiheit zu finden, in der Akzeptanz der eigenen Sterblichkeit die Lebenskräfte auf die Gegenwart zu konzentrieren und sich so der Allverbundenheit bewusst zu werden.

Doch ist der Roman mehr als ein Abbild eines freimaurerischen Einweihungswegs. Die hiesige Lektüre verfolgt zunächst die ironischen Brüche und das satirische Spiel mit sakralen Motiven. Moritz nannte den *Andreas Hartknopf* gegenüber Goethe eine „wilde Blasphemie gegen ein unbekanntes großes Etwas".[34] Dennoch berichtet sein Bruder gegenüber Jean Paul, Moritz habe im Hartknopf auch „alle seine Lieblingsideen [...] aufgestellt".[35] Neben der Ironie wird also auch nach einigen der ironiefreien Szenen zu fragen sein, in denen ein tiefes Humanitätsideal zum Ausdruck kommt, das sich nahtlos an das bereits in den *Fragmenten* thematisierte Ideal der Hervorbringung eines vollkommenen Menschen als Endzweck der Natur anschließen lässt. Dieses wiederum ist über ihre historische Kontextualisierung als Rationalisierung pietistischer und theosophischer Entwürfe lesbar.

> Er war eine gute Seele – ob er gleich in der Gottheit vier Personen annahm und glaubte, dass die ganze Welt aus alkalischem Salz beschaffen sei – Dies öffentliche Zeugnis von seinem Charakter, das gewiss ein Unparteiischer fällt, möge ihn gegen die Beschuldigungen retten, womit Bosheit und Verleumdung seinen Namen gebrandmarkt haben. Du guter Andreas Hartknopf magst nicht geglaubt haben, dass deine besten Freunde, die wie Du an die Viereinigkeit

---

[32] Hier und zum Folgenden ausführlich Bezold: Einige Bemerkungen (wie Anm. 8), S. 136; Voges: Aufklärung und Geheimnis (wie Anm. 31), S. 490.
[33] Vgl. Eugen Lennhoff u.a.: Internationales Freimaurer-Lexikon. Neuaufl. München 2000, S. 76, Art. Andreasloge.
[34] Moritz: Brief an Goethe vom 7. Juni 1788, zit. nach: Schrimpf: Nachwort (wie Anm.6), S. 72*.
[35] Johann Christian Conrad Moritz: Brief an Jean Paul vom 3. Oktober 1795, zit. nach: Moritz: Andreas Hartknopf (wie Anm. 6), S. 436.

und an die Schöpfung aus alkalischem Salz glaubten, nach Deinem Tod dein Gedächtnis so schändlich verunglimpfen würden.[36]

Nach der Erzählerstimme handelt es sich beim Roman um eine unparteiisch erzählte Ketzergeschichte, nur dass im Gegensatz zum berühmten Vorbild Gottfried Arnolds die Ketzermacher nicht die Vertreter der kirchlichen Orthodoxie, sondern die eigenen Gesinnungsgenossen sind. Die Vierfaltigkeitslehre wie das alkalische Salz verweisen auf einen esoterischen Kontext: Das alkalische Salz als Weltengrund auf das paracelsische Prinzip Sal im Wissen der Gold- und Rosenkreuzer, die Vierfaltigkeitslehre, die neben die Trinität noch das göttliche Wort setzt, auf die pythagoreische Tetraktys wie auf das kabbalistische Tetragrammaton, den hebräischen Gottesnamen.[37] Das esoterische Wissen allein bewahrt also nicht vor dem Sündenfall der Ketzermacherei, so suggeriert die Erzählsituation, und, so zeigt die Eröffnungsszene, es garantiert auch keine magische Macht. Andreas Hartknopf gelangt in stürmischer Nacht an einen breiten Graben. Mit vorbildlicher philosophischer Resignation und einem Ausruf, der „über die Elemente zu herrschen schien",[38] fügt er sich in sein Schicksal und verbringt die Nacht in Sturm und Regen – um am nächsten Morgen von zwei betrunkenen Kosmopoliten in den Graben geschubst zu werden und festzustellen, dass im Graben gar kein Wasser war und er auch schon früher trockenen Fußes hätte hinübergehen können. Mit freundlichem Spott weist der Erzähler auf die Diskrepanz zwischen philosophischer Resignation und praktischem Verstand hin. Alle Hauptfiguren, die hellen wie die dunklen, sind ironisch gebrochen und zutiefst anspielungsreich porträtiert.

Hartknopf ist durchgehend von der Eucharistiefeier mit Salz und Rettich über die Wanderung zwischen den beiden „Schächern" bis zu seinem Märtyrertod als Christusfigur gezeichnet.[39] Selbst seine Ehe schließt er mit einer jungen Frau namens Sophia Erdmuth, in die sich vermeintlich die himmlische Weisheit hinabgesenkt hatte.[40] Doch ist er eine allzumenschliche Lichtgestalt: Wenn er seinen Weg zwischen den Kosmopoliten als den beiden Schächern fortsetzt, dann tut er dies als sogenannte Weisheit in der Mitten. Wenn die beiden aufgrund ihres er-

---

[36] Moritz: Andreas Hartknopf (wie Anm. 1), S. 11.
[37] Bezold: Einige Bemerkungen (wie Anm. 8), S. 219. Auch die in der *Berlinischen Monatsschrift* gedruckten Reden zum Jahreswechsel 1784/85 und 1785/86 thematisieren die zeitgenössischen Spannungen zwischen Toleranzstreben und Sektengeist, zwischen den maurerischen Zielen und ihrem Missbrauch durch vermeintliche Wundertäter wie Cagliostro oder St. Germain. Gedicke: Zwei Maurerreden (wie Anm. 7), S. 171 u. 181. Zur Tetraktys auch Karin Hartbecke: ‚Ein evangelischer Theologus und Platonischer Philosophe' – Sigmund Ferdinand Weißmüller und die pythagoreische Tetraktys. In: Aufklärung und Esoterik. Rezeption – Integration – Konfrontation. Hg. v. Monika Neugebauer-Wölk unter Mitarb. v. Andre Rudolph. Tübingen 2008 (Hallesche Beiträge zur Europäischen Aufklärung 37), S. 283–298.
[38] Moritz: Andreas Hartknopf (wie Anm. 1), S. 12.
[39] Hierauf gehen bereits mehrere Interpretationen ein: Meier: Karl Philipp Moritz (wie Anm. 31), S. 284; Morgner: Das Wort aber ist Fleisch geworden (wie Anm. 31), S. 116; Allkemper: Ästhetische Lösungen (wie Anm. 31), S. 216–218.
[40] Moritz: Andreas Hartknopf (wie Anm. 1), S. 158.

höhten Alkoholspiegels im Blut ihm gegenüber handgreiflich werden, so ergreift die Weisheit in der Mitten ihren Dornenstock und „als mein Hartknopf die beiden Besoffenen nach Herzenslust durchgeprügelt hatte, so sagte er, Vater vergib ihnen, denn sie wissen nicht was sie tun".[41] Hartknopf entspricht gewiss keinem Prototyp eines Heilands. Mit Sophia Erdmuth lässt er sich vom Superintendenten Tanatos trauen, zeugt mit ihr einen Sohn und lässt sich nach geraumer Zeit wieder scheiden. Dennoch, so zeigt der weitere Verlauf des Romans, wirkt er mit seinem humanitären Handeln bei seinen Mitmenschen heilend und geradezu erlösend. Eine weitere Lichtgestalt, Hartknopfs schweigsamer Vetter Knapp, Gastwirt in der Wirtschaft zum Paradies, ist ebenfalls explizit kein Adept und auch kein Kenner der pädagogischen Theorien nach Basedow. Doch kennt er, so wörtlich, das „Geheimnis" der Erziehungskunst[42] und vollbringt wahre Wunder bei Zöllnern und Sündern – Seelen, die sich selbst aufgegeben haben. Sein Geheimnis ist einfach und doch exklusiv, nämlich schlicht den Wert jedes einzelnen Menschen zu sehen. In einer Anspielung an die Ermahnung Jesu in der Bergpredigt sind Knapps Worte lediglich „ja, ja, nein, nein". Vollends ironisch endlich wird das Portrait der Gegenspieler, der beiden Kosmopoliten und Weltreformatoren Küster und Hagebuck. Hagebuck erscheint in einer pointierten Jakob-Böhme-Parodie als vermeintlich erleuchteter Schuster und Nachtwandler, der Küster als sein lebendes Echo, sein Ja und Amen. Beide werden am Philanthropin in Dessau zu Kosmopoliten und Weltreformatoren ausgebildet und errichten im provinziellen und geltungssüchtigen Gellenhausen ihr mit grotesken Zügen ausgestattetes Reich, das Reich einer Kosmopolitenbande, wie der Erzähler es nennt. Unter der Parodie Hagebucks als Schwärmer verbirgt sich ein präzise gestochenes Psychogramm spirituell übertünchten Misanthropentums: „Der einzelne Mensch war ihm wie nichts, den unversehens in einen Graben zu stoßen, [...] daraus machte er sich nichts, aber die ganze Menschheit konnte er liebevoll umfassen."[43]

Diese gebrochenen Porträts und die ironisch distanzierten Anspielungen an das Schwärmermilieu gewinnen in Bezug auf den Vorbericht des Romans aus dem 2. Korintherbrief an Tiefenschärfe. Der Vorbericht besteht aus einem einzigen Satz: „Der Buchstabe tötet, aber der Geist macht lebendig." Dieser Satz bildete im radikalpietistischen und spiritualistischen Diskurs der Frühen Neuzeit über 200 Jahre das Paradigma für den Protest gegen die Verabsolutierung des Schriftprinzips.[44] Die strukturelle Differenzierung zwischen Buchstabe und Geist spiegelt sich bis ins 18. Jahrhundert hinein in der Differenzierung zwischen der Institution Kirche und

---

[41] Ebd., S. 18.
[42] Ebd., S. 66. Knapps stilles, humanitäres Wirken erfüllt jedoch unausgesprochen ein Kriterium der Adepten, nämlich den Leib durch die Seele zu heilen.
[43] Moritz: Andreas Hartknopf (wie Anm. 1), S. 27.
[44] Volker Leppin: Art. Spiritualismus. In: Religion in Geschichte und Gegenwart. Handwörterbuch für Theologie und Religionswissenschaft. 4. Aufl. Hg. v. Hans Dieter Betz u.a. Bd. 7. Tübingen 2004, Sp. 1584f.

der „Unsichtbaren Kirche", mit der sich Spiritualisten oder radikale Pietisten im Diskurs identifizierten. Dieser strukturelle Gegensatz wiederholt sich im Freimaurerdiskurs des späten 18. Jahrhunderts, wenn z.b. Gotthold Ephraim Lessing in *Ernst und Falk. Gespräche für Freimäurer* (1780) bemerkt, dass sich die Loge zur Freimaurerei verhalte wie die Kirche zum Glauben und dass das „Schema der Maurerei" nur „Hülle, Einkleidung" sei.[45] Lessings Einschätzung stimmt mit einer Notiz in der *Staats- und Gelehrtenzeitung des Hamburgischen unparteiischen Correspondenten* überein, in der ein Anonymus, vielleicht sogar Moritz selbst, auf eine kopfschüttelnde Rezension des *Andreas Hartknopf* antwortet.

> Der Verfasser des ‚Andreas Hartknopf' hat nicht bloß, wie der Recensent glaubt, die Form des Romans gewählt, um gewisse Begriffe der Freymäurerey darinn [!] einzukleiden, sondern das Freimäurerische [...] ist selbst nur Einkleidung, unter welcher er gewisse bisher noch zu sehr verkannte Wahrheiten, auch unter die Classe von Menschen zu verbreiten wünschte, denen diese Einkleidung nun einmal lieb ist, und welche ihre Begriffe vom Guten und Schönen an Bilder zu knüpfen sich einmal gewöhnt haben.[46]

Die Grenzziehung zwischen Geist und Buchstabe markiert die Differenz zwischen dem individuellen Glauben und der exoterischen, institutionalisierten Seite der Religion. Im *Hartknopf* verbleiben die maurerischen Rituale, das esoterische Wissen und insbesondere jede Form von Weltreformatorentum auf der exoterischen Ebene der Bilder bzw. des „Buchstabens", und der Buchstabe wird, frei nach Paulus, „getötet", indem er ‚ridikülisiert' wird.[47] Doch wo und wie macht der Geist lebendig? Im Gegensatz zu seinem Vater, dem gescheiterten Goldmacher, wird Hartknopf den Stein der Weisen finden, so der Erzähler,[48] sogar trotz seines Märtyrertodes, der im 20. Jahrhundert gerne als „Scheitern" interpretiert wird. Der Schüler der Weisheit, erklärt der Erzähler, widersteht der Versuchung, materielles Gold herzustellen – auch hier erscheint wieder das Motiv der Verwechslung von Geist und Buchstabe, Tiefe und Oberfläche –, doch worin könnte das Finden des Steins der Weisen dann bestehen? Einen möglichen Hinweis bietet die Verfolgung einer (radikal-)pietistischen Traditionslinie und einer entsprechenden Transformation theosophischen Wissens.

Hartknopfs Blicke schweifen nicht umher unter den Töchtern des Landes, so formuliert der Erzähler, denn eine ist seine auserwählte Braut. Diese reicht ihm noch im Tode die Hand, wo kein Kosmopolit ihn mehr in einen Graben stößt.[49] Das Motiv der Weisheit als Braut ist eine Anspielung auf die Weisheit Salomos nach

---

[45] Gotthold Ephraim Lessing: Ernst und Falk. Gespräche für Freimäurer [1780]. In: Ders.: Werke in drei Bänden. Bd. 3. Hg. v. Herbert G. Göpfert. München 2003, S. 262f.
[46] Staats- und Gelehrten-Zeitung des Hamburgischen unparteiischen Correspondenten Nr. 114 (19.07.1786), zit. nach Morgner: Das Wort aber ist Fleisch geworden (wie Anm. 31), S. 122. Dort auch zur Diskussion, inwieweit es sich um eine Selbstrezension handeln könnte.
[47] Vgl. auch Bezold: Einige Bemerkungen (wie Anm. 8), S. 140, 142.
[48] Moritz: Andreas Hartknopf (wie Anm. 1), S. 76.
[49] Ebd., S. 20.

dem apokryphen Buch der Weisheit (Sap. 8, 2), wobei die alttestamentarische Weisheitsliteratur über Jakob Böhmes Sophienlehre und insbesondere über Gottfried Arnolds *Das Geheimnis der göttlichen Sophia* (1700) im theosophischen und (radikal-)pietistischen Milieu des 17. und 18. Jahrhunderts eine signifikante Fortschreibung erfuhr. Die Weisheit, so Gottfried Arnold, verwandelt erstens den seelischen Menschen in einen geistlichen, d. h. sie transformiert den ‚psychikos anthropos' in den ‚pneumatikos anthropos', wie Paulus im ersten Korintherbrief geschrieben hatte, wobei der geistliche Mensch das göttliche Wort versteht.[50] Hier gewinnt Hartknopfs exponierte Logostheologie noch einen ganz anderen Referenzhorizont. Die Weisheit ist nach Arnolds Sophienlehre die göttlich-mütterliche Hilfe in der Wiederbringung des verlorenen göttlichen Ebenbilds.[51] Wenn Moritz in den *Fragmenten* den Endzweck der Natur dahingehend bestimmt, einen vollkommenen Menschen hervorzubringen, so erscheint Moritz' Telos der Natur gleichsam als säkularisierte Form des (radikal)pietistischen Glaubens an die Weisheit und die durch sie ermöglichte Wiederbringung des *imago dei*. Die Weisheit steht zweitens bereits bei Arnold in einem ganz spezifischen Verhältnis zur Naturerfahrung. Sie ist nach dem Buch der Weisheit (Sap. 7, 27) ein einziger Geist, der alles wirkt, wobei Arnold erläutert, dass die Weisheit auch nach der Schöpfung in den Kreaturen präsent und bereits den irdischen Sinnen erfahrbar sei als das Hervorleuchten aller Farben und Formen in der Natur.[52] Sie ist ebenfalls die Quelle und Inspiration aller Künstler, Werkmeister und Handwerker.[53] Hier findet eine ähnliche Erweiterung des Theorems von der Jenseitigkeit Gottes um eine weltzugewandte, schöpfungsimmanente göttliche Entität statt, wie sie im Spinozismusdiskurs des späten 18. Jahrhundert im hermetischen Schlagwort *hen kai pan* gesucht wurde. Bereits Arnold differenziert die Weisheit streng vom propositionalen Wissen:[54] Die Weisheit eröffnet ihr Geheimnis nur denen, die ihren Eigenwillen transzendieren und alle selbst gemachten Bilder – man könnte auch sagen: Buchstaben – ablegen. Im pietistischen Vokabular heißt dieser Prozess traditionell nach dem Brief an die Kolosser (Kol. 3, 5–10) die ‚Tötung' des alten Menschen bzw. des alten Adam; Arnold zitiert sogar den Rat des Kirchenvaters Augustinus, der Welt abzusterben.[55] In diesem Wissenshorizont gespiegelt, erscheint Hartknopfs Weisheitslehre, die Konfrontation mit der menschlichen Sterblichkeit, weder als „anstößig" noch als „Scheitern", sondern als Transformation eines feststehenden Begriffs, der im christlich-pietistischen Milieu tradiert ist. Auch hat er, zumindest

---

[50] Gottfried Arnold: Das Geheimnis der göttlichen Sophia. Faks. der Ausg. Leipzig 1700. Mit einer Einführung v. Walter Nigg. Stuttgart-Bad Cannstatt 1963, S. 101; 1. Kor. 2,13–16.
[51] Ebd., S. 101, 168. Zu Arnolds Sophiologie grundlegend Sicco Lehmann-Braun: Weisheit in der Weltgeschichte. Philosophiegeschichte zwischen Barock und Aufklärung. Tübingen 2004, S. 266–281.
[52] Arnold: Das Geheimnis der göttlichen Sophia (wie Anm. 50), S. 180f.
[53] Ebd., S. 182.
[54] Lehmann-Brauns: Weisheit in der Weltgeschichte (wie Anm. 51), S. 278.
[55] Arnold: Das Geheimnis der göttlichen Sophia (wie Anm. 50), S. 59f.

bei Arnold, nichts Morbides, denn mit der Wiedergeburt zum neuen Menschen ist schließlich ein neues Leben verknüpft, das sich in einer neuen Naturerfahrung spiegelt: Erst die Wiedergeborenen sehen alle Dinge in ihrem ersten Wesen durch den Spiegel der reinen Natur.[56] Diese Aussage ist jedoch nur teilweise esoterisch-spekulativ. Wie Arnold ausführlich erläutert, besitzt sie im Buch der Weisheit (Sap. 7, 17–22) einen biblischen Prätext.[57]

Betrachtet man im *Andreas Hartknopf* die Momente der Naturmystik, der Allerfahrung und die Erprobung der Weisheitslehre, so sind diese als Allusionen an jene sophienmystischen Topoi gestaltet, die im Roman jedoch transformiert und neu kontextualisiert werden. Die Momente der Naturmystik sind gegenüber den ‚ridikülisierten' Szenen frommer Agitation frei von Ironie gehalten und verbinden sich mit Reflexionen über das Wahre, Gute und Schöne. Es sind Momente der tiefsten Humanität und Allverbundenheit, in denen der ‚Geist lebendig' wird, von dem der Vorbericht sprach, der sich dann – ästhetiktheoretisch folgenschwer – als Schönheit manifestiert.

Der Roman zeigt völlig entgegengesetzte Momente der Naturerfahrung, wobei diese immer in Bezug zum Seelenzustand der Erlebenden gesetzt werden. Hartknopf und Elias erleben in der Natur den Aufgang der Sonne in vollkommener Harmonie, mit der Ankunft Hagebucks jedoch, der eine rituelle philanthropische Morgenfeier plant, verhüllt sich die Sonne im Nebel.[58] Während der gezwungene Ritus so zur Farce verkommt, wird für Hartknopf und Elias die Natur von selbst zum Tempel und der Galgenhügel, wo die Szene stattfindet, zum „Tabor", dem Ort der Verklärung Christi.[59] Moritz spart nicht mit bedeutungsschweren Anspielungen: Im kairologischen Moment zieht Verwesliches Unverwesliches an. Nach der Erzählerstimme erlebt Hartknopf damit die paulinische Transformation des irdischen Menschen in einen geistlichen nach dem ersten Korintherbrief (1. Kor. 15, 53), und zwar auf einer schlichten Richtstätte einer hessischen Kleinstadt! Doch findet diese nicht in Form einer körperlichen Entrückung statt, sondern in einem Gefühl erweiterter Ichheit und vertieftem Bewusstsein. Es handelt sich um einen Moment der Synchronizität, wobei die Magie des Moments nicht in einer spezifi-

---

[56] Ebd., S. 185: „[W]eil der neue mensch alsdenn nach außtreibung der falschen bilder und götzen alle dinge in ihrem ersten wesen durch den spiegel der reinen natur beschauen / und in ihr innerstes hinnein dringen kan / die creaturen auch hinwiederum ihre gestalten und lieblichkeiten ihm offen darlegen / und in seinem gelassenen willen sich eingeben und bilden / über sie zu herrschen wie Adam im Paradiß gethan hatte durch seine göttliche Sophiam und gehüllffin."

[57] Ebd., S. 182: „Die Schrift saget hievon klar und deutlich: GOtt gebe durch die Weisheit untrugbare erkäntnüß aller dinge / zu wissen die zusammensetzung der welt / die würckung der elementen / der zeiten anfang / ende und mittel / die verwandelung der sonnen=wenden / und die veränderung der jahres=zeiten / die circkel der jahre / die stellungen des gestirns / die naturen der zahmen und wilden thiere / die gewalt der winde / und die gedancken der menschen / den unterscheid der pflantzen / und die kräffte der wurtzeln. Alles was heimlich und verborgen ist / könne man erkennen" (Weish. 7 / 17–22).

[58] Moritz: Andreas Hartknopf (wie Anm. 1), S. 44–55.

[59] Ebd., S. 50.

schen rituellen Handlung liegt, sondern gerade in der Abwesenheit von Selbsttäuschung.[60] Doch schon bei Arnold offenbarte sich der Spiegel der reinen Natur nach dem Ablegen „falscher Bilder", und bereits er beschrieb die Weisheit nicht als propositionales Wissen, sondern als eine Lebenshaltung.[61]

Noch prägnanter ist die Spiegelung zwischen Naturerfahrung und Seelenzustand in einer Szene zwischen Hartknopf und dem Erzähler, seinem Seelenfreund, gestaltet. Dieser erlebt durch Hartknopf eine tiefe Versöhnung mit sich selbst, ein Ankommen im gegenwärtigen Augenblick. Die Selbstversöhnung manifestiert sich in einer tiefen, naturmystischen Erfahrung, wobei die Szene metaphorisch mit der gesamten Bildlichkeit des sophienmystischen Wiedergeburtsdiskurses aufgeladen ist. Die Natur wird zum „reinen Spiegel", sobald der eigene Blick von den Schlacken der Selbsttäuschung gereinigt ist – ganz wie es die Sophienlehre Arnolds nahelegte.[62] Durch die Begegnung mit Hartknopf wird der Erzähler an Leib und Seele „neugeboren". Er bringt eine „neue Schöpfung" aus sich hervor, bei der sich das „Chaos der Ideen" ordnet zu einem schönen Ganzen. Metaphorisch ist der Moment, in dem der Erzähler mit sich selbst eins wird, frei nach Gen. 1 gestaltet: Es teilen sich die schlammigen Fluten in Meer und Erde, in denen sich der Himmel spiegelt, und der Erzähler kommentiert diese Neuschöpfung mit dem Satz Jesu über die Wiedergeburt an Nikodemus: „Wahrlich ich sage Dir, es sei denn das jemand geboren werde aus Wasser und Geist kann er das Reich Gottes nicht sehen."[63] Der kulturgeschichtlich hochsymbolische Begriff des Reiches Gottes bezieht sich hier jedoch nicht auf ein jenseitiges Paradies, sondern auf einen Moment der Bewusstwerdung, auf eine Transformation des Schauenden, aus der sich ein gewandeltes Weltverständnis ableitet: Wiederum ist kein positives magisches Wissen beschrieben, sondern die plötzliche Bewusstwerdung des Eingebettetseins in den großen Zusammenhang der Natur im gegenwärtigen Moment. Für den Erzähler wird dies zur lebendigen Erfahrung des Alls im Moment, wobei das „Alles im Moment" gleichzeitig die Quintessenz der Weisheitslehre Hartknopfs darstellt. Diese Weisheitslehre vertröstet nicht mehr auf ein jenseitiges ‚ewiges Leben', sondern macht die Teilhabe am ewigen Leben der Gottnatur im gegenwärtigen Augenblick bewusst. Dichtung und Musik werden in diesem in sich selbst vollendeten Augenblick natürliche Ausdrucksformen einer Sprache der Empfindung. Das Bewusstsein der Teilhabe an dem einen Geist, der in allem wirkt, wird in solchen Momenten zur Erkenntnis der Relativität selbst des eigenen Todes: „Es war ein Geist, der durch ihn, und Knapp und den Emeritus auf die Menschen wirkte, eine

---

[60] Die Kontrastierung zwischen dem natürlichen Einklang und dem gewollten ‚Machen' einer Szene als Ausdruck der Selbsttäuschung durchzieht leitmotivisch beide Romanteile. Moritz: Andreas Hartknopf (wie Anm.1), S. 82, 164f.
[61] Vergleichbar kontextualisiert Simonis die Weisheitslehre in Bezug auf die Weisheitslehre der Illuminaten. Simonis: Die Kunst des Geheimen (wie Anm. 5), S. 230.
[62] Moritz: Andreas Hartknopf (wie Anm. 1), S. 82.
[63] Hier und obige Zitate ebd., S. 85–87. Vgl. auch Joh. 3, 5.

reine Flamme, die den Erdkreis erleuchtet, aber verschieden in tausend Farben und Gestalten der Dinge, die unter ihrem wohltätigen Einfluss erst Bildung und Form erhielten."[64] Hier scheint Arnolds Konzeption der Weisheit wiederzukehren, die eins ist und alles wirkt, und die im Hervorleuchten der Farben und Formen sichtbar wird. „Dies Wiederfinden desselben Geistes, der ihn durchwehte in anderen, war der erhabene Egoismus, zu dem er sich emporschwang, der ihm zugleich seine Unsterblichkeit sichern half: denn er fühlte, dass er sich nie verlieren konnte: er fand sich wieder wohin er blickte."[65]

Diese Umdeutung des christlichen Erlösungsgedankens in die Gewahrwerdung einer Teilhabe am All-Einen, die Verlagerung der traditionellen Jenseitsorientierung in die Erfahrung der Daseinsfülle in der Gegenwart lässt sich jedoch nicht nur an die Sophienmystik, sondern auch an einen breiteren Horizont mystischen und hermetischen Wissens rückbinden. Die Umdeutung der diskursmächtigen christlichen Zeitvorstellung einer linearen Sukzession von irdischer Geschichte, Jüngstem Gericht und Ewigkeit ‚im Himmel' nahmen bereits Mystiker und Philosophen wie Meister Eckhart oder Boëthius in ihrer Rede vom *nunc aeternitatis*, dem ewigen Nun vor. Sie beschrieben damit die Transzendenz der Zeit in die Ewigkeit in der *unio mystica*. In Gott ist alle Zeit in einem ewig gegenwartsbewussten Zustand, erläutert Boëthius in seinem in der Frühen Neuzeit beliebten Trostbuch *Consolatio philosophiae*. Meister Eckhart ergänzt, es gebe in der Ewigkeit kein gestern und kein morgen, sondern nur die ewige Fülle der Zeit im gegenwärtigen Nun.[66] Da Christus nach Luk. 17, 21 gesagt hatte, das Reich Gottes sei nicht lokal hier oder dort, sondern „inwendig in euch", setzte sich bei frühneuzeitlichen Spiritualisten und Theosophen die Vorstellung von einer Ubiquität des Himmels durch, der nicht lokal, sondern dimensional von der kreatürlichen Welt unterschieden ist. Mit Nikolaus von Kues und den schöpfungstheologischen Kommentaren zur Genesis von Valentin Weigel und Jakob Böhme gelangte die Vorstellung des All in Einem bzw. All in Allem, *Omnia sunt occultata in omnibus*, in den naturphilosophischen Diskurs der Frühen Neuzeit und mit ihm Theorien, die den Geist und die aus dem Wort ‚ausgeborene' Schöpfung als in sich gestufte Einheit fassten, wobei sich diese Einheit in der mystischen Schau offenbaren konnte.[67] Der wohl berühmteste

---

[64] Moritz: Andreas Hartknopf (wie Anm. 1), S. 92.
[65] Ebd., S. 93.
[66] Boëthius: Trost der Philosophie. Übers. v. Eberhard Gothein. Hg. v. Marie Luise Gothein. Köln 2010 [zuerst Berlin 1932], S. 155; Meister Eckhart: Deutsche Predigt 11. In: Ders.: Werke. 2 Bde. Hg. u. komm. v. Nikolaus Largier. Bd. 1: Predigten. Frankfurt a.M. 2008, S. 136f.
[67] Valentin Weigel: Natürliche Auslegung von der Schöpfung [1577]. In: Ders.: Sämtliche Schriften. Hg. v. Horst Pfefferl. Bd. 11. Stuttgart-Bad Cannstatt 2007, S. 148; Jakob Böhme: Mysterium Magnum. In: Ders.: Sämtliche Schriften. Faks. der Ausg. v. 1730 in 11 Bden. Bd. 7. Hg. v. Will-Erich Peuckert. Stuttgart 1958, S. 8f.: „Wann ich einen Stein oder Erden=Klumpfen aufhebe und ansehe, so sehe ich das Obere und das Untere, ja die ganze Welt darinnen, nur daß an einem ieden Dinge etwan eine Eigenschaft die größte ist, darnach es auch genennet wird. Die andere Eigenschaften liegen alle miteinander auch darinnen, allein in unterschiedliche

Prätext für eine literarische Adaption einer solchen Einheitserfahrung ist der 13. Traktat des *Corpus Hermeticum*, der darüber hinaus die Einheitserfahrung mit dem im christlichen Diskurs bedeutungsschweren Begriff der Wiedergeburt verbindet. Im Traktat erlebt der Wiedergeborene die neue Geburt mit den Worten: „Im Himmel bin ich, in der Erde, im Wasser, in der Luft; in den Tieren bin ich, in den Pflanzen, im Mutterleib, vor der Empfängnis, nach der Geburt, überall."[68] Auch hier findet keine körperliche „Himmelfahrt" statt, sondern eine momenthafte Realisation der All-Einheit, die Raum und Zeit transzendiert.

Nun erfährt der Protagonist im *Andreas Hartknopf* keine tatsächliche Transzendenz des personalen Ich, doch lässt sich die „erweiterte Ichheit",[69] die ebenfalls mit der, wenn auch ironisch zitierten, Metaphorik der neuen Geburt aus Wasser und Geist verbunden ist, bei Hartknopf ohne Weiteres als Anspielung an dieses hermetische Wissensfeld deuten. Dies umso mehr, als die Erfahrung auch bei Hartknopf zum Glauben an die All-Einheit führt, die im zeitgenössischen Diskurs mit dem Begriff *hen kai pan* belegt ist.

Im vierten Gespräch von Herders *Gott. Einige Gespräche* nennt dieser, Lessings Bekenntnis zum *hen kai pan* zitierend, als Ziel aller Offenbarung die Enthüllung des Daseins, das vor allen Begriffen liegt.[70] Ganz ähnlich zeigt sich bei Moritz die letzte Begegnung zwischen Hartknopf und dem Erzähler im Roman: Hartknopf will die begonnene Schöpfung an seinem Freund vollenden und konfrontiert diesen mit der eigenen Sterblichkeit. Dieser muss der Tatsache der eigenen Verwesung ins Gesicht blicken. Kulturgeschichtlich verbirgt sich hinter dieser Szene ein freimaurerischer Einweihungsgrad, von dem beispielsweise auch der junge Mozart seinem Vater berichtet und den Moritz in einer Freimaurerrede beschreibt.[71] Die Konfrontation mit dem eigenen Tod ist jedoch weder im Erfahrungsbericht Mozarts noch durch den Erzähler des Hartknopf als „masochistisches Spiel"[72] gezeichnet; sie erscheint vielmehr als Stufe in einem Reifungsprozess zu einer vertieften Bejahung des Lebens, das die Akzeptanz des Todes einschließt. Beim Erzähler des Romans führt diese Konfrontation durch einen Sturzbach an Fragen zur eigenen Existenz und Identität, zu Haben und Sein, Körper und Geist, schließlich zum unerschütterlichen Gefühl seines reinen Daseins. Dieses Sein wird als jenseits aller Attribute

---

    Graden und Centris, und sind doch Grad und Centra nur ein einiges Centrum: Es ist nur eine einige Wurzel daraus alles herkommt, es scheidet sich nur in der Compaction, da es coaguliret wird."

[68] CH XIII, 11, in: Das Corpus Hermeticum Deutsch (wie Anm. 1). Bd. 1, S. 181. Zur Kontextualisierung dieser Stelle im maurerischen Kontext Monika Neugebauer-Wölk: Die Geheimnisse der Maurer. Plädoyer für die Akzeptanz des Esoterischen in der historischen Aufklärungsforschung. In: Das achtzehnte Jahrhundert 21 (1997), S. 15–32, hier S. 29.

[69] Moritz: Andreas Hartknopf (wie Anm. 1), S. 51.

[70] Herder: Gott. Einige Gespräche (wie Anm. 22), S. 341.

[71] Edward M. Batley: Die produktive Rezeption des Freimaurertums bei Karl Philipp Moritz. In: Karl Philipp Moritz (wie Anm. 8), S. 123–133, hier S. 128.

[72] Allkemper: Ästhetische Lösungen (wie Anm. 31), S. 214.

erfahren, die man ‚haben' kann, selbst als jenseits des eigenen Körpers; es erscheint wie ein Stift im Zirkel, als Mittelpunkt, ohne den kein Zirkel existiert. Nach dem Abschälen aller Inhalte bleibt nur die reine Essenz, die dann jedoch als „Fülle des Seins" erfahren wird: „Der Karthäusermönch, den Hartknopf die Weisheit des Lebens lehrte, war fast bis aufs Grab umschränkt, so wenig Zusammenhang mit der äußern Welt blieb ihm übrig, und er fand dennoch die Fülle des Daseyns in sich selber."[73]

Die Quintessenz von Hartknopfs Philosophie, die er seine Mitmenschen lehrt, lautet: „Wir sind, ist das höchste was wir sagen können."[74] In der Erzählung sind die Erfahrungen des reinen Seins mit der Bewusstwerdung der All-Einheit verbunden. Es punktet sich nicht nur das All im Moment, sondern es spiegelt sich auch der Einzelne im Ganzen und das Ganze im Einzelnen. Der Einzelne erfährt sich als Ausdruck des Ganzen und gleichzeitig mit ihm eins. Nach dieser Erfahrung des eigenen Da-Seins zitiert der Erzähler das eingangs zitierte Lied an die Weisheit, das im Roman nur eine Umwidmung eines freimaurerischen Lieds an die Schönheit darstellt. Hier deutet sich auch die philosophische Nähe zwischen Moritz' fiktionalen und theoretischen Schriften an: So stellt die Quintessenz der Weisheitslehre Hartknopfs, das Gewahrwerden des reinen Daseins, wortgleich den Schluss- und Höhepunkt von Moritz' ästhetiktheoretischer Hauptschrift *Über die bildende Nachahmung des Schönen* dar. Diese endet mit den Worten: „Daß wir selber sind, ist unser höchster und edelster Gedanke. Und von sterblichen Lippen lässt sich kein erhabneres Wort vom Schönen sagen, als: es ist."

Die Topoi der Ganzheit und der Vollendung in sich selbst, die für Moritz' Anthropologie wie für seine ästhetischen Schriften grundlegend sind,[75] sind im Roman in suggestive, wenn auch augenzwinkernde Nähe zur Vierfaltigkeitsspekulation gesetzt. Hartknopf kommt an zwei Stellen auf die Vierfaltigkeit zu sprechen, einmal im ersten Teil des Romans gegenüber dem Gastwirt Knapp, wo er die Rede „Viere sinds, die da zeugen im Himmel: der Vater, der Sohn, der Heilige Geist und das Wort, und diese viere sind eins" mit den Worten schließt „wir sind, ist das Höchste was wir sagen können."[76] Die Szene zeigt Hartknopf als Kenner der theosophischen Wortspekulation und endet mit der Feier des Abendmahls mit Salz und Rettich.[77] Ein zweites Mal tauchen diese Motive in den *Predigerjahren* auf, wobei die Erzählerstimme Hartknopfs Predigt ganz im Vokabular der ästhetischen Schriften kommentiert. Obwohl Hartknopf mit dieser Predigt als Prediger geschei-

---

[73] Moritz: Andreas Hartknopf (wie Anm. 1), S. 102.
[74] Ebd., S. 32.
[75] Karl Pestalozzi: ‚...dieses Ganze // ist nur für einen Gott gemacht': Zum Problem des Ganzen bei Goethe (mit Blick auf Karl Philipp Moritz). In: Von der Pansophie zur Weltweisheit. Hg. v. Hans-Jürgen Schrader u. Katharine Weder. Tübingen 2004, S. 113–127.
[76] Moritz: Andreas Hartknopf (wie Anm. 1), S. 32.
[77] Bezold: Popularphilosophie (wie Anm. 4), S. 221; ders.: Einige Bemerkungen (wie Anm. 8), S. 139.

tert war – seine Gemeinde notierte nur die Ketzereien, und der Heilige Geist in Gestalt einer hölzernen Taube fiel polternd von der Kanzeldecke[78] – kommentiert der Erzähler, sie habe dennoch ihren Wert und ihre Ganzheit in sich selbst. Ihre Ganzheit wird dahingehend bestimmt, dass sie bereits alle folgenden Predigten in sich enthält, worin auch ihr Wert als Kunstwerk liegt,[79] der über ihre Verzweckung im kirchlichen Dienst hinausgeht.

Die Vierfaltigkeitsspekulation, die neben Hartknopfs Rede noch einmal in Moritz' Freimaurerreden abgedruckt ist,[80] spielt auch in einem 1702 publizierten pietistischen Sammeldruck mit Texten eine Rolle, die dem Spiritualisten Valentin Weigel (1533–1588) zugeschrieben wurden, jedoch eher als freie Fortschreibung zu dessen Texten gelten können. Im pseudo-weigelianischen *Studium Universale* (1618) gewinnt man nicht nur einen Eindruck von der entsprechenden Zahlenmystik, die mit der Worttheologie verbunden wurde, sondern auch von dem damit einhergehenden Ganzheitskonzept, das eine Aufwertung der Materie einschließt.[81] Die teilweise gewagten Ausführungen variieren den Topos des *All in Allem* dahingehend, dass Gott nicht nur, wie in dogmatisch ausgeprägten Formen der christlichen Theologie, die Kreaturen schuf, sondern im Wort gleichzeitig die Kreaturen ist:

> Gott vnd das Wort ist alles / alles / Gott vnd das Wort schaffen alle ding / Gott ist alle Creaturen / Gott ist Himmel und Erden / mit dem Worte in der Person. Gott und das Wort ist die Welt worden / sichtbar / greifflich / Alle Dinge seind durch dasselbige gemacht / Die Welt ist durch jhn gemacht / und die Welt kennet ihn nicht?[82]

Trotz der schwer zugänglichen Sprache ist erkennbar, dass der Anonymus eine Improvisation über den Topos des kosmischen Christus aus dem Kolosserbrief anstellt, in dem alles, das Unsichtbare und das Sichtbare, geschaffen ist (Kol. 1, 15–17). Dieser Topos ist biblisch, ebenso wie die Aussage, dass Christus alles in allen sein wird (Kol. 3, 11). Christus aber ist nach Joh. 1, 1–3 das Wort bzw. der

---

[78] Ebd., S. 110–114.
[79] Ebd., S. 122. Vgl. Moritz: Über die bildende Nachahmung (wie Anm. 4), S. 966f. Zum Kunstwerk als in sich geschlossenem Ganzen, in dem sich die Totalität des Kosmos spiegelt, auch Pestalozzi: ‚...dieses Ganze // ist nur für einen Gott gemacht' (wie Anm. 75), S. 122.
[80] Moritz: Die große Loge (wie Anm. 13), S. 325.
[81] Anonym [d.i. (Pseudo-)Weigel]: Studium Universale. Das ist Alles das jenige / so von Anfang der Welt bis an das Ende je gelebet / geschrieben / gelesen oder gelernet und noch geschrieben oder studieret werden möchte [...]. Newenstadt 1618. Ohne Paginierung, hier Kapitelangabe: Kap. 7:
   Im Anfang war das Wort / vnnd das Wort war GOtt
   Im Anfang schuff Gott / Im Anfang war das Wort.
     1    2    3    4    1    2    3    4
GOTT ist mit dem Quaternio beschlossen / vnd das VVORT ist auch mit vieren beschlossen". Einleitend zu Weigel und den pseudoweigelianischen Texten Andrew Weeks: Valentin Weigel (1533–1588). German Religious Dissenter, Speculative Theorist and Advocate of Tolerance. New York 2000. Zur Differenzierung der Pseudo-Weigeliana ebd. S. 181.
[82] Ebd., o.S., Kap. 7.

Logos. Bereits hier ist in spekulativer Sprache der Panentheismus angelegt, der für Hartknopf, wenn auch deutlich rationalisiert, sinnstiftend werden wird. Und hier findet sich auch, wenngleich noch spekulativer, das Mikrokosmos-/Makrokosmos-Theorem, nach dem der Mensch nicht nur dem Kosmos (analog) entspricht, sondern buchstäblich getreu des Axioms *omnia sunt occultata in omnibus* eine kleine Welt ist.[83] Alles Lernen, zu dem das *Studium Universale* anleiten möchte, zielt auf das Erkennen eben jener Totalität.[84]

In Moritz' Schriften ist die Hervorbringung des vollkommenen Menschen achtzig Jahre später zwar nicht mehr als Werk Christi gezeichnet, sondern als Telos der Natur, aber selbst noch in dieser Rationalisierung lässt sich das Echo jener Vollkommenheitsspekulation vernehmen. Und sie spiegelt sich im rationalisierten *hen kai pan* der Spinozadebatte, in deren Kontext auch das Kunstwerk zu einem Ganzen, „in sich selbst Vollendeten" erklärt wird. Doch ist dieses Ganze, das immer noch *omnia occultata in omnibus* enthält, jetzt ein Werk der Natur:

> So war Hartknopfs Antrittspredigt ein vollendetes, unvergängliches Werk, das in sich selber seinen Wert hatte [...] Wenn Hartknopfs Predigten einst [...] im Druck erscheinen, so wird sich zeigen, dass seine Antrittspredigt in Ribbeckenau alle übrigen in sich fasst, wie die gefüllte Knospe ihre Blätter. – Daß alles ein Ganzes ist, welches gleich dem belebenden Atemzuge, in jeder Zeile, mit jedem Gedanken, nur sich selbst wiederholet.[85]

## III Fazit

Dieser Roman, in dem das Freimaurerische selbst nur Einkleidung sein soll, um vom Schönen und Guten zu sprechen, entlarvt zwar esoterisches Buchstabenwissen mit der treffsicheren Waffe des Humors, doch bleiben das tiefe Humanitätsideal sowie die Rede vom Schönen und Guten als Transformation und Rationalisierung pietistisch-theosophischer Wissensfiguren lesbar. Man spricht im Hinblick auf Moritz gerne von einer ästhetischen Theodizee.[86] Wenn das Kunstwerk in den ästhetiktheoretischen Schriften zum Spiegel wird, durch den Selbsterkenntnis – und das heißt Erkenntnis der Ganzheit – stattfindet, so ist dies ein Erbe, das im Roman *Andreas Hartknopf* bereits in den Szenen der Natur- und Selbsterkenntnis angelegt ist. Trotz der exorbitanten christlichen Symbolik wird hier kein dogma-

---

[83] Ebd., o.S., Kap. 7: „Es ist gantz in dir / vnd gantz ausser dir. Der jrrdische ist Adam Microcosmus: Das himlische ist der / der da aller dinge Anfang / Mittel und Ende ist: der da ein Anfang ist der Creatur Gottes. [...] Du lernest die Welt / du bist die Welt / den auß ihr bistu geschaffen."
[84] Ebd., o.S., Kap. 7: „Kere in dich selber / die Schrifft ist alle in dir / Den er ist alles in dir / vnnd wird dich bringen in die rechte Erkentnüß [...] Vnser lernen ist daß wir eben das erkennen vnd lernen /darauß wir gemacht seyn."
[85] Moritz: Andreas Hartknopf (wie Anm. 1), S. 122.
[86] Thomas P. Saine: Die ästhetische Theodizee. Karl Philipp Moritz und die Philosophie des 18. Jahrhunderts. München 1971.

tisch christliches Wissen zum Katalysator einer Transformation von Theologie in Ästhetik, wie vor allem die liebenswert fehlbare Christusgestalt Andreas Hartknopf zeigt. Hartknopf, der am Ende den Märtyrertod stirbt, erlöst nicht mehr von Schuld, sondern er zeigt anderen den Weg, sich selbst freizusprechen.[87] „Es werde Licht" ruft er in die Seele von Verzweifelten, und, so der Erzähler, „es ward Licht in der trüben Seele des Jünglings. [...] Und Hartknopf sahe an alles, was er hervorgebracht hatte, und siehe da es war sehr gut."[88] Hartknopf verhilft, so könnte man in einer letzten Anspielung an die Weisheit sagen, die nach den Sprüchen Salomos (Spr. 1, 20) ja auf den Gassen ruft, den einzelnen Menschen zu einer vertieften Begegnung mit der eigenen Existenz, die nicht mehr an die Institution einer Kirche oder einer Loge gebunden ist. Momente der Göttlichkeit erreicht Hartknopf durch seine tiefe Menschlichkeit. Tod und Auferstehung finden im Roman bereits im Leben statt, und sie geschehen nicht mehr stellvertretend für andere, sondern als Selbsterlösung des Einzelnen im Erwachen zur ausgereiften Humanität. Sollte das der Stein der Weisen sein, den Hartknopf finden sollte? Der Erzähler jedenfalls deutet es an, trotz all der Irrungen und Wirrungen, durch die der Weg dorthin auch in der Moderne noch führt.

---

[87] Morgner: Das Wort aber ist Fleisch geworden (wie Anm. 31), S. 117.
[88] Moritz: Andreas Hartknopf (wie Anm. 1), S. 99.

MANFRED BEETZ

# Magie und Esoterik in Goethes *Faust I*

Rund sechzig Jahre hat Goethe – allerdings mit längeren Unterbrechungen – an seinem *Faust*-Projekt gearbeitet. Zwei Monate vor Abschluss der Reinschrift des zweiten Teils wünscht er sich in einem Brief an Zelter von 1831, dass „alles zusammen ein offenbares Rätsel bleibe, die Menschen fort und fort ergötze und ihnen zu schaffen mache".[1] Seine zwiespältigen Wünsche erfüllten sich: Auch gegenüber einer entmutigenden Flut von inzwischen 10.000 Forschungsbeiträgen allein zu seinen *Faust*-Dichtungen wahrt das unerschöpfliche Werk eine notorische Sperrigkeit. Zu ihr tragen nicht wenig Elemente der Magie und – allgemeiner – der Esoteriktradition bei. Vom „Prolog im Himmel" an gewinnen in jeder zweiten Szene Topoi der Hermetik, magische Praktiken sowie Elemente der Alchemie und Pansophie eine solche Bedeutung, dass ohne deren Kenntnis wesentliche Inhalte dieses säkularisierten Mysterienspiels nicht oder nur fragmentarisch verstanden werden.

Als Quellen für den *Faust* wurden unterschiedlichste Weltmodelle und Denksysteme der esoterischen Tradition erschlossen: Pantheismus, Neuplatonismus, Gnosis, Kabbala, Pansophie, Hermetik. Doch gerade ihre Disparatheit signalisiert ungelöste Probleme. Bürgt der geläufige Hinweis auf Goethes Eklektizismus schon für die Vermittelbarkeit antagonistischer Thesen?[2] Antoine Faivre und Karl Eibl verbinden Fausts esoterisches Erkenntnisstreben mit der pessimistischen Metaphysik der Gnosis.[3] Zu deren religiösem Geheimwissen gehört die Herleitung von Welt und Materie aus einem Fehltritt des göttlichen, immateriellen Pleroma durch den

---

[1] Goethe an Zelter am 1. Juni 1831. In: Johann Wolfgang Goethe: Sämtliche Werke (Münchner Ausgabe). 33 Bde. Hg. v. Karl Richter. Bd. 20.2: Briefwechsel zwischen Goethe und Zelter in den Jahren 1799 bis 1832. Hg. v. Edith Zehm u. Sabine Schäfer. München 1998, S. 1477. Goethe-Zitate werden künftig, sofern nicht in den Fußnoten abweichend vermerkt, unter der Sigle MA zzgl. Band- u. Seitenangabe im Haupttext belegt.

[2] Binder umgeht die eigentlichen Probleme, wenn er Goethe als Handwerker der Metaphysik „das Erlösungsgeschehen Christi […] herausbrechen" lässt, um frei für einen Eklektizismus zu sein, der „Christliches ohne Bedenken mit Leibnizischem, Spinozistischem, Neuplatonischem, Gnostischem oder dergleichen" verbindet (Wolfgang Binder: Grundformen der Säkularisation in den Dichtungen Goethes, Schillers, Hölderlins. In: Zeitschrift für deutsche Philologie 8 [1964], S. 42–71, hier S. 59). Dass sich selbst biblische Formulierungen pantheistisch interpretieren lassen, steht auf einem anderen Blatt (ebd., S. 46f., 54). Strelka setzt sich mit Staigers Einwand auseinander, dass Goethe von indischen und ägyptischen Mysterienkulten wenig hielt, um dem gegenüber an der Helenafigur die Verschmelzung griechischer und ägyptischer Züge zu belegen. Goethe habe „gnostische wie kabbalistische, alchemistische wie rosenkreuzerische Elemente und Strömungen zu synkretistischer Einheit verschmolzen" (Joseph Strelka: Esoterik bei Goethe. Tübingen 1980, S. 6f., vgl. S. 12f.).

[3] Antoine Faivre: Esoterik im Überblick. Aus dem Franz. übers. v. Peter Schmidt u. Rolf Wintermeyer. Freiburg, Basel u. Wien 2001, S. 26 u. 49.

Fall der Sophia: Der Kosmos ist Produkt eines niederen Schöpfergottes.[4] Die damit grundgelegte Einschätzung von Welt und Materie als böser Schöpfung entspricht einem tendenziell manichäischen Weltbild, nicht aber dem weltbejahenden Pantheismus Goethes.[5] Dieser hält mit Spinoza an der Einheit von ‚Dasein' und ‚Vollkommenheit' fest (MA 2.2, S. 479). Nicht nur Faust beruft sich in seinem Credo auf die pantheistische Gleichsetzung von Gott und Natur („Der Allumfasser / Der Allerhalter", *Faust I*, V. 3438f.).[6] Bekenntnisse Goethes zum Pantheismus verteilen sich über sein gesamtes Leben, angefangen vom Frühwerk über die Weimarer Periode mit dem doppelten, von Friedrich Heinrich Jacobi 1785 und 1812 ausgelösten Pantheismusstreit, bis ins Alter.[7] Zu sondieren bliebe im Einzelnen, inwieweit hermetische, neuplatonische und kabbalistische Auffassungen sich mit Goethes pantheistischen überschneiden und welche konkreten Funktionen die Schnittstellen in literarischen Formaten und Diskursen erfüllen. So wäre unter anderem zu berücksichtigen, dass sich Goethe in seiner Spätzeit kritisch zum neuplatonischen Begriff der ‚Emanation' und des ‚Einen' geäußert hat, aus dem alles entspringt und zu dem alles zurückkehrt (MA 17, S. 689–691).

Warum mutet Goethe einem Publikum nach 1800 noch abergläubische Denk- und Handlungsweisen zu, die historisch auf Weltbilder der Renaissance zurückgehen? Welches wissenschaftliche Interesse können wir den seltsamen Praktiken und Beschwörungen abgewinnen, die für uns heute wohl eher komisch als tragisch wirken? In welchen Erscheinungsformen und Denkmustern, Kontexten und Funktionen begegnen uns esoterische Elemente? Was versteht man überhaupt unter ‚Esoterik'?

Schon der Anfang der zweiteiligen Tragödie schlägt ein musikalisches Thema der Esoteriktradition an: An jeweils exponierter Stelle, zu Beginn beider Teile, von *Faust* I und II, setzt die Musik der Sphärenharmonie ein. Der „Prolog im Himmel" wird eröffnet mit Raphaels hymnischem Sprechgesang:

> Die Sonne tönt nach alter Weise /
> In Brudersphären Wettgesang,
> Und ihre vorgeschrieb'ne Reise /
> Vollendet sie mit Donnergang (Faust I, V. 234–246).

In achtzeiligen Psalmenstrophen zitiert der Erzengel die alte pythagoreische Lehre der Sphärenharmonie. Sonne und Erde zirkulieren mit sieben Planeten – auf „Bru-

---

[4] Johanna Brankaer: Die Gnosis. Texte und Kommentar. Wiesbaden 2010, S. 22.
[5] Christoph Markschies: Die Gnosis. München 2001, S. 25f.; Kocku von Stuckrad: Was ist Esoterik? Kleine Geschichte des geheimen Wissens. München 2004, S. 45.
[6] Wilkinson interpretiert Fausts Credo wenig überzeugend als Bekenntnis eher zu einem transzendenten als immanenten Gott: Elizabeth M. Wilkinson: Theologischer Stoff und dichterischer Gehalt in Fausts sogenanntem Credo. In: Aufsätze zu Goethes ‚Faust I'. Hg. v. Werner Keller. Darmstadt 1984, S. 551–571, hier S. 565f.
[7] Martin Bollacher: Art. Pantheismus. In: Goethe Handbuch in vier Bden. Hg. v. Bernd Witte, Theo Buck u.a. Bd. 4/2. Stuttgart, Weimar 2004, S. 828–831.

dersphären" – im ptolemäischen Weltmodell um ein Zentralfeuer mit einer derartigen Geschwindigkeit, dass die voluminösen Körper ein enormes Getöse verursachen. Infolge der verschiedenen Entfernungen der Gestirne vom Mittelpunkt des Kosmos kreisen sie auf rotierenden Kristallsphären mit unterschiedlichen Geschwindigkeiten, deren Proportionen wiederum musikalische Harmonien ergeben. Tonintervalle entsprechen kosmischen Intervallen. Musik lässt bei Pythagoras die Harmonie des Kosmos erklingen; Zahlenverhältnisse werden die Richtmaße für die Einordnung aller Dinge, nicht zuletzt der Akkorde.[8]

Die interstellare Vorstellung einer *harmonia mundi* leitet auch das Harmonie-Modell des *Buches der Schöpfung* (*Sefer Jezira*) in der Kabbala.[9] Auf den parallelen Ebenen des Kosmos, der Natur und des Menschen entfaltet sich das Harmonieprinzip und findet Eingang in die europäische Naturforschung und in die neuplatonische Philosophie. Ein Goethe bekannter Kronzeuge des Magiediskurses – Agrippa von Nettesheim – erörtert Zuordnungen zwischen Tonarten und Gestirnen. Der Sonne entsprechen feierliche und reine Weisen.[10] Der Hofhistoriograph der Regentin der Niederlande, der Schwester Kaiser Karls V., unterstreicht die heilende und verwandelnde Kraft der solaren Harmonien – unter Berufung auf „Hermes, Pythagoras und Plato".[11] In einer dreifach – elementarisch, himmlisch und geistig – gegliederten Welt kann der Magier sich Einflüsse der höheren auf die unteren Welten zunutze machen. Die Sonne, das „Herz des Himmels", beeinflusst wohltuend Kopf und Herz des Menschen, schenkt ihm „Wissenstrieb" und den klaren geistigen Blick.[12]

Man darf den Sphärenklang als Hintergrundmusik zum Glockenklang und Chorgesang der Osterbotschaft hören, zu der Faust ja gerade der Glaube fehlt (Faust I, V. 765). Mit dem Melancholiker Faust betritt die skeptische, agnostische Neuzeit die geschichtliche Bühne. Der Aufschwung der Naturwissenschaften seit der Renaissance hat die Annahme einer Weltenharmonie keineswegs obsolet gemacht. Sie war nicht an das ptolemäische Weltbild gebunden. Das wissenschaftliche und hermetische Werk von Johannes Kepler vereint naturwissenschaftliche Beobachtungen mit esoterischen Thesen. Seine *Astronomia nova* von 1609 zählt zu den aufsehenerregendsten naturwissenschaftlichen und mathematischen Leistungen der Frühmoderne. Aufgrund exakter Beobachtungen verabschiedet der Astronom das geozentrische Modell des Kosmos. Ein Jahrzehnt später veröffentlicht er seine *Harmonices mundi*. Hier wird die Weltenharmonie aus den Bahngeschwindigkeiten der Planeten erklärt. Sie durchlaufen ihre elliptischen Bahnen in Sonnenferne langsa-

---

[8] Von Stuckrad: Was ist Esoterik? (wie Anm. 5), S. 30.
[9] Joseph Dan: Die Kabbala. Eine kleine Einführung. Aus dem Engl. übers. v. Christian Wiese. Stuttgart 2007, S. 31f., 89f.
[10] Agrippa von Nettesheim: Die magischen Werke und weitere Renaissancetraktate. Hg. v. Marco Frenschkowski. Wiesbaden 2008, S. 251.
[11] Ebd., S. 441.
[12] Ebd., S. 55, 93f., 267f., 413f.

mer und geben hier tiefere Töne, in Sonnennähe rascher mit helleren Tönen.[13] In einem mehrstimmigen Himmelschoral übernehmen Jupiter und Saturn den Bass, Mars den Tenor, die Erde und Venus den Alt, Merkur den Sopran. Für Buchwald ist ausgemacht, dass Kepler „präzisestes astronomisches Wissen in den Dienst [...] übersinnlicher, geheimer Weisheitslehren einer frühen Menschheit" stellt.[14]

In solchen abendländischen Traditionsströmen wird entsprechend zum Eingang von *Faust* I zu Beginn des II. Teils der Tagesanbruch angekündigt mit:

> Ungeheures Getöse verkündet das Herannahen der Sonne.
> ARIEL. Horchet! Horcht! Dem Sturm der Horen, /
> Tönend wird für Geistes-Ohren /
> Schon der neue Tag geboren (Faust II, V. 4666–4668).

Da die Sonne Agrippa zufolge „über das ganze Universum [...] das Szepter führt, so ordnet sie auch die Zeiten und es kommen von ihr Tage und Jahre, Kälte und Wärme sowie die übrigen Eigenschaften der Zeiten her".[15] Agrippa verweist auf eine ägyptische Darstellung der aufgehenden Sonne als lachende Frau, die vor der griechischen Mythologie „auf einem von Pferden gezogenen Wagen" stehend abgebildet wird.[16] Wir benötigen allerdings „Geistes-Ohren", um die Sphärenharmonie der Göttinnen der Jahres- und Tageszeiten und den rasselnden Lärm des Sonnenwagens zu hören. Normalerweise überhören wir nach den von Aristoteles benannten Zeugen die Sphärenmusik, weil wir uns von Geburt an an sie gewöhnt haben.[17] Warum uns gerade Raphael den Sonnengesang erschließt, verrät wiederum Agrippa: Im dritten Buch seiner *Philosophia occulta* (Kap. 24) ordnet er den drei Erzengeln jeweils ein Gestirn zu: Raphael die Sonne, Gabriel den Mond, Michael den Merkur. Sie gehören mit vier anderen zu den von Hermes Trismegistos genannten sieben Regenten der Welt.[18]

Im Folgenden möchte ich in zwei Teilen einige Schlaglichter auf die dunklen Felder der Magie und Esoterik werfen. Im ersten, theoretischen Teil sollen einflussreiche religionsgeschichtliche Strömungen kurz vorgestellt werden, um Goethes Verständnis und Einschätzung der Magie und Esoterik näher zu kommen, bevor im zweiten, literarischen Anwendungsteil an herausgegriffenen Passagen von *Faust I* ihre kontextuelle Bedeutung vor dem diskursiven Hintergrund verdeutlicht wird. Nicht eingehen kann ich auf Goethes Mitgliedschaft in den bedeutenden Geheimbünden der Freimaurer und der Illuminaten. Das wäre ein eigenes Thema.

---

[13] Eberhard Buchwald: Wissen und Weisheit in der Naturkunde. In: Goethe. N. F. des Jahrbuchs der Goethegesellschaft 25 (1963), S. 97–114, hier S. 112.
[14] Ebd., S. 112f.
[15] Agrippa: Die magischen Werke (wie Anm. 10), S. 248.
[16] Ebd., S. 281.
[17] Johann Wolfgang von Goethe: Faust. Kommentare. Hg. v. Albrecht Schöne. Frankfurt a.M. 1999, S. 165f.
[18] Agrippa: Die magischen Werke (wie Anm. 10), S. 371.

## I Zur Magie- und Esoteriktradition

### 1 Magie

Das Wort ‚Magie' entstammt dem Persischen und bedeutet ‚Zauberkunst'; das Fremdwort wird ins Griechische (‚mageia') und Lateinische (‚magia') übernommen. Ältere Quellen verstehen unter ‚Magie' sowohl eine Wissenschaft wie eine Kunst. Damit sind unterschiedliche Aspekte hervorgehoben: Als scientia magica – auf der Theorieebene – sucht die Magie Einsichten in verborgene Naturkräfte und über den Einfluss von Dämonen zu gewinnen. Auf der Praxisebene der ‚Kunst' geht es weniger um ein Wissen; hier ist mit ‚Magie' ein angeborenes oder erworbenes Vermögen außernatürlicher Kräfte gemeint.[19] Als Akteure der Magie kommen traditionell Menschen und Dämonen in Betracht. Mit christlicher Dogmatik ließ sich die ‚weiße', nicht aber die ‚schwarze' Magie vereinbaren. Die weiße Magie erstrebte positive Wirkungen, etwa Heilungen durch die Anwendung pflanzlicher Mittel. Sie nutzte die von Gott in die Natur gelegten Kräfte zum Wohl des Menschen, während die ‚schwarze' Magie schädigende und sündhafte Zwecke verfolgte. Der Schwarzkünstler wendet sich von Gott ab und der Welt und ihren finsteren Mächten zu.[20] Er löst sich von kirchlichen Institutionen, riskiert, als Häretiker ausgegrenzt zu werden. Den beiden großen Konfessionen im Reich galten Hexen als Sektierer – eine für die Betroffenen lebensgefährliche Klassifikation. Magische Kulte und christliche Konfessionen rechnen zwar beide mit übernatürlichen Kräften, differieren jedoch im Umgang mit höheren Mächten: In der Religion unterwirft der Gläubige sich diesen, während sie sich der Magier zunutze und gefügig machen will. Magie wird im *Faust* zum dramaturgischen Instrument. Sie ermöglicht Handlungen und Ereignisse, die nicht mehr an naturwissenschaftliche Gesetze gebunden sind, z.B. Verwandlungen, Verjüngungen, gedankenschnelles Überwinden von Entfernungen im Luftverkehr. Faust verkürzt mit diabolischer Hilfe Räume, verschränkt die Zeiten, nutzt Magie zum Erwerb von Geld, Sinnesgenüssen und moderner Technik. In ihrer souveränen Aufhebung physikalischer Gesetze und dem Bekenntnis zur Fiktion verkörpert Magie nichts anderes als die poetische Einbildungskraft.

Zunächst bietet Magie für Faust das Versprechen eines esoterischen Offenbarungswissens (Faust I, V. 377–379). Doch er gewinnt durch sie kein tieferes Naturverständnis. Seine Wendung von der Betrachtung des Makrokosmoszeichens in der ersten Szene zum baldigen Teufelspakt markiert nicht nur den Übergang von

---

[19] Norbert Henrichs: Scientia Magica (1970). In: Keller: Aufsätze (wie Anm. 6), S. 607–624, hier S. 609–613.
[20] Eva Labouvie: Zauberei und Hexenwesen. Ländlicher Hexenglaube in der Frühen Neuzeit. Frankfurt a.M. 1991, S. 63.

der weißen zur schwarzen Magie,[21] sondern verrät einen Desillusionierungsprozess. Fausts originäre magische Aktivität endet bereits in der dritten Szene mit der Begegnung mit Mephisto. Dieser übernimmt von nun an die Regie über das ‚Zauberwesen'.

Wie lässt sich Goethes Behandlung der Magie im *Faust* historisch situieren und verdeutlichen? Der Magier des 16. Jahrhunderts ergibt sich in Goethes Drama aus Übersättigung an scholastischer Rabulistik und einer weltfremden Studienordnung der Schwarzen Kunst. Im Dilemma unstillbaren Wissensdrangs auf der einen und der Erkenntnisskepsis auf der anderen Seite, aber ebenso aus Lebenshunger übertritt der Freigeist die Schranken des Christentums, lässt sich mit dem Teufel ein. Die Renaissance hatte zu einer fundamentalen Aufwertung der Magie zur höchsten Philosophie geführt, zu einer komplexen Universalwissenschaft, die ohne bereichsspezifische Trennung sowohl Natur- wie Geisteswissenschaften umfasste.[22] Von dieser Illusion lässt sich der Gelehrte zunächst tragen und täuschen. Nach Agrippa von Nettesheim, der von Trithemius in die Geheimnisse der Magie eingeweiht wurde, schenkte die ‚magia naturalis' eine vertiefte Einsicht ins Wesen der Natur und in ihre verborgenen Kräfte,[23] anders gewendet: Ihr Programm versprach genau das, was Faust sich eingangs erhoffte. Doch bereits die Szene „Hexenküche" beginnt mit Fausts offenem Bekenntnis „Mir widersteht das tolle Zauberwesen" (Faust I, V. 2337), und am Ende des zweiten Teils, als er mit der Sorge allein ist, erkennt er, auf welche Gaukelei und Verschleierung der Natur er sich mit der Magie eingelassen hat:

> Könnt ich Magie von meinem Pfad entfernen
> Die Zaubersprüche ganz und gar verlernen
> Stünd ich, Natur! Vor dir ein Mann allein /
> Da wär's der Mühe wert ein Mensch zu sein
> (Faust II, V. 11404–11407).

Faust greift Mephistos Alternative zum Hexentrank auf, der Faust verjüngt und zugleich als Aphrodisiakum wirkt: ein Leben mit der Natur, harte Feldarbeit und einfache Kost hätten denselben Verjüngungseffekt wie das alchemistische ‚aurum potabile' (vgl. *Faust* I, V. 2351–2361). Als neuartiges Opus magnum der Alchemisten wird in der Laboratorium-Szene von *Faust II* die Retortengeburt von Homunculus vor Augen geführt, die das Thema naturverbundener Menschwerdung *e contrario* variiert.

---

[21] Johann Wolfgang Goethe: Faust-Dichtungen. Hg. v. Ulrich Gaier. Bd. 1: Texte. Bd. 2: Kommentar I. Bd. 3: Kommentar II. Stuttgart 1999, hier Kommentar II, S. 30.
[22] Henrichs: Scientia Magica (wie Anm. 19), S. 617f.; Goethe: Faust-Dichtungen (wie Anm. 21). Bd. 3, S. 296f., 311.
[23] Ebd., S. 618.

Bis ins 18. Jahrhundert war der gelehrte Magier und Alchemist geschätzt als Fürstenberater.[24] Im 18. Jahrhundert differenzierte sich mit dem wissenschaftlichen Paradigmenwandel – von der Alchemie zur Chemie – der Zugriff der Magie aus in empirische Verfahren der Naturbeherrschung und in psychologische Menschenbeobachtung und -führung. So wie Goethe als Dramatiker in *Faust* Kritik am Magieglauben übt, deckt er als Naturforscher in der *Geschichte der Farbenlehre* dessen abergläubischen Hintergrund an Giambattista della Portas *Buch von der natürlichen Magie* (1589) auf. Wir haben Goethe zufolge die Neigung, magische Kräfte heranzuziehen, wo wir Umgestaltungen und Prozesse im Reich der Natur uns (noch) nicht erklären können. Mit der Tendenz zu einer ‚vernünftigen Hermetik' im Zeitalter der Aufklärung psychologisiert Goethe ‚magische' Phänomene: „Man gedenke der Gewalt des Wollens [...], der Wünsche, des Gebetes. Was für unendliche und unerforschliche Sympathien, Antipathien, Idiosynkrasien überkreuzen sich nicht!" (MA 10, S. 623f.).

Im *Historischen Teil* der *Farbenlehre* widmet Goethe unter den Autoren des 16. Jahrhunderts den „Alchymisten" einen besonderen Abschnitt. Sie fanden nach Goethes kritischem Befund Anklang, weil ihre Versprechen unseren Wünschen und Illusionen schmeicheln (MA 10, S. 614). Goethe verabschiedet sich in der *Farbenlehre* von seinem früheren Interesse an hermetischen Schriften, beklagt die „Geheimniskrämerei" und die „Monotonie aller dieser Schriften" (MA 10, S. 614). Auch in *Dichtung und Wahrheit* behandelt der gereifte Autobiograph das jugendliche Schwärmen für Hermetik nicht zufällig als Symptom einer Krankengeschichte (MA 16, S. 363–367).[25] Goethe las als Zwanzigjähriger, schwer erkrankt, mehrere pansophische und alchemistische Werke von Paracelsus, von Welling, van Helmont u.a., die ihm der behandelnde Arzt Friedrich Metz verordnet hatte (MA 16, S. 365). Dieser gehörte in Frankfurt zum pietistischen Zirkel der Susanna von Klettenberg und korrespondierte mit Friedrich Christoph Oetinger. Goethes Lektüre esoterischer Quellen ist von ihm selbst bezeugt oder kann aus autobiographischen Dokumenten erschlossen werden. Im achten Buch von *Dichtung und Wahrheit* berichtet er von alchemistischen Arzneien, die ihm von Dr. Metz verabreicht wurden und ihn in einer Lebenskrise heilten. Das offenbar als geistige Medizin

---

[24] Vgl. etwa zum Einfluss der Magie der Gold- und Rosenkreuzer auf Friedrich Wilhelm II. (über seinen Berater Johann Christoph Woellner) Renko Geffarth: Religion und arkane Hierarchie. Der Orden der Gold- und Rosenkreuzer als Geheime Kirche im 18. Jahrhundert. Leiden, Boston 2007, S. 148–162.

[25] Ohne das große Verdienst von R. C. Zimmermanns Pionierarbeit zum hermetischen Weltbild des jungen Goethe schmälern zu wollen, darf man mit Ulrich Gaier Zweifel an der einseitigen Festlegung der Titelfigur des Urfaust auf einen „schwärmende[n], schwebende[n] Enthusiast[en]" anmelden. Rolf Christian Zimmermann: Das Weltbild des jungen Goethe. Studien zur hermetischen Tradition des deutschen 18. Jahrhunderts. I. Bd.: Elemente und Fundamente. 2. Aufl. München 2002. II. Bd.: Interpretation und Dokumentation. München 1979, S. 275, 258f.; Ulrich Gaier: Goethes Faust-Dichtungen. Ein Kommentar. Bd. 1: Urfaust. Stuttgart 1989, S. 70–83.

empfohlene Begleitstudium hermetischer Werke machte den zwanzigjährigen Patienten bekannt mit Georg von Wellings dunklem *Opus Mago-Cabbalisticum et Theosophicum*, mit Schriften von Johann Baptist van Helmont und Paracelsus sowie weiteren pansophischen Autoren (MA 16, S. 983); ferner mit der *Aurea Catena Homeri*, einem 1723 erschienenen Traktat der hermetisch-alchemistischen Tradition. Auf weitere okkulte Schriften und Autoren wies ihn die *Unparteiische Kirchen- und Ketzer-Historie* von Gottfried Arnold hin, deren Ausgabe von 1729 sein Vater besaß. Allen diesen Schriften, resümiert Goethe, lag „der neue Platonismus […] zum Grunde; das Hermetische, Mystische, Kabbalistische gab auch seinen Beitrag her" (MA 16, S. 376f., 366, 983). Auf Hermes Trismegistos und seine „Smaragdene Tafel" kommt Goethe auch in der *Farbenlehre* (MA 10, S. 616) und im Brief an Langer vom 11.05.1770 zu sprechen.[26] Goethe befasste sich ferner mit Plotin, Paracelsus, Agrippa von Nettesheim, der die Schriften des ‚Dreimal Größten' Hermes lehrte, sowie mit Giordano Bruno, Jakob Böhme und Emanuel Swedenborg.[27]

In der Szene „Hexenküche" demonstriert Goethe dem Zuschauer mit Hilfe einer optischen Konstruktion, wie magische Wirkungen funktionieren: Sie beruhen nicht selten auf einer Projektion. Faust erblickt in einem Zauberspiegel „[d]as schönste Bild von einem Weibe" (Faust I, V. 2436). Die Bildprojektion zeigt seine heimliche Wunschvorstellung, spiegelt sie nach außen. Entsprechend flüstert am Ende Mephisto Faust zu: „Du siehst mit diesem Trank im Leibe, / Bald Helenen in jedem Weibe" (Faust I, V. 1604f.). Mephisto ist sich der Illusionswirkung des Eros und seiner idealisierenden oder nivellierenden Wirkung so sicher, dass sie auch seine desillusionierende Bemerkung nicht beeinträchtigen wird, kann der alchemistische Trank doch nur wecken, was latent schon da ist. In der Frau sieht der verliebte und verjüngte Mann keine individuelle Person mehr, sondern ein austauschbares Objekt. Dass er Gretchen später einen „Engel" und eine „Puppe" nennt, verrät die Projektion widersprüchlicher Frauenbilder auf die Geliebte (Faust I, V. 2651, 2629, 3476, 3494). Aus alledem erkennt der Zuschauer: Magie ist keine Zauberei, sondern allenfalls Psychologie. Goethe enthüllt demnach nicht nur magische Verfahren, sondern kritisiert sie auch – selbst durch ihre professionellen Vertreter, durch Mephistopheles und Faust.

Mephisto zollt magischen Praktiken wenig Respekt. Er bezeichnet sie als (ärztlichen) „Hokuspokus" (Faust I, V. 2536ff.). Mit der Zauberformel für Taschenspieler deutet Mephisto an, dass Magie – und zwar weiße wie schwarze Magie – nur imaginativ über vorgeschriebene Rituale, Heilzauber und Beschwörungsformeln ins Werk gesetzt werden kann. Ein magisches Ritual verkörpert etwa das dreima-

---

[26] Johann Wolfgang Goethe: Gedenkausgabe der Werke, Briefe und Gespräche. 28. August 1949. Hg. v. Ernst Beutler. Bd. 18: Briefe der Jahre 1764–1786. 2. Aufl. Zürich 1965, S. 140.

[27] Zimmermann: Das Weltbild (wie Anm. 25) I, S. 45f.; Roland Edighoffer: Art. Hermetik. In: Goethe Handbuch (wie Anm. 7) 4/1, S. 486–489.

lige Klopfen Mephistos beim Übertreten der Schwelle (Faust I, V. 1530) – wir kennen es noch aus dem auf Holz geklopften ‚Toi, toi, toi' oder, wiederum im *Faust*, die vollzogene Unterschrift unter den Teufelspakt mit Blut. Der Schriftwechsel von der Tinte zum Blut zeigt die Wendung von der literarischen Verbindlichkeit zur existentiellen des Lebens. Dass Blut speziell ein Band zwischen Dämonen und Menschen zu knüpfen vermag, führt Ulrich Gaier auf die jüdische Tradition zurück.[28] Analog zur göttlichen Sprache im Schöpfungsbericht der Genesis beansprucht das magische Sprechen unmittelbare Auswirkungen auf die Realität. Agrippa von Nettesheim beschreibt die Umgestaltungskraft wirkungsvoller Rede: Die gesprochenen Worte

> führen nicht allein den Gedanken, sondern auch die Kraft des Sprechenden mit sich, der sie den Zuhörenden mit einer gewissen Energie zusendet, und zwar öfters mit solcher Gewalt, daß sie nicht bloß die Zuhörer verändern, sondern auch andere Körper und leblose Dinge.[29]

Die Besprechungsmagie setzt Faust ein, um aus dem Pudel seinen diabolischen Kern herauszuschälen (Faust I, V. 1297ff.). Suggeriert wird, es komme auf die exakte Ausführung eines Rituals oder Zeichens an, andernfalls verliere das Zeichen – wie das unvollständige Pentagramm auf der Türschwelle zeigt – seine magische Kraft. Komisch bleibt jedoch, dass Magie in aufgeklärten Zeiten noch weiterhin funktioniert und es dem Teufel ungemütlich wird, selbst wenn man ihn gar nicht bewusst austreiben wollte, sondern nur zufällig den richtigen Text spricht.

Selbst ein solcher Text – wie das Hexen-Einmal-Eins (Faust I, V. 2540–2552) – garantiert für den außenstehenden Zuschauer nicht den Ernst der Situation. Mit Sprachmagie redet die Hexe uns schwindlig und hebt die Gesetze mathematischer Logik auf. Als Taschenspielerin jongliert sie mit Zahlen in einer Geschwindigkeit, dass ihr der Hörer rational nicht mehr zu folgen vermag. Ähnlicher Kombinationskünste bedienen sich „[d]es Hermes Trismegistos geheime Rede [...] an seinen Sohn Tat" und die Zahlensymbolik der Kabbala.[30] Mephisto sieht als aufgeklärter Deist im mathematischen Verwirrspiel Anklänge an die Alogik des christlichen Trinitätsdogmas (Faust I, V. 2560f.).

---

[28] Goethe: Faust-Dichtungen (wie Anm. 21). Bd. 3, S. 30.
[29] Agrippa: Die magischen Werke (wie Anm. 10), S. 174f.
[30] Das Corpus Hermeticum einschließlich der Fragmente des Stobaeus. Übers. v. Karl-Gottfried Eckart. Hg. v. Folker Siegert. Münster 1999 (Münsteraner Judaistische Studien 3), S. 83f.: zehn Tugenden treiben zwölf Laster aus. „Nach der Logik enthält die Eins die Zehn und die Zehn die Eins", vgl. Faust I, V. 2541. Gershom Scholem: Zur Kabbala und ihrer Symbolik. Zürich 1960, S. 79f. über die „Gematria", d.i. die Deutung des Zahlenwertes der hebräischen Buchstaben.

## 2 Esoterik

Unter ‚Esoterik' verstehen wir eine religionsgeschichtliche Strömung bzw. Denkform der europäischen Neuzeit, die – nachhaltig transformiert – bis heute Anhänger findet. ‚Esoterik' soll uns als Dachbegriff dienen, der Denk- und Handlungsweisen umfasst, die auf die Hermetik, die christliche und jüdische Kabbala und auf die drei okkulten Künste der Magie, Alchemie und Astrologie zurückgehen. Von einer eigentlichen Religion trennen Esoterik die Defizite einer dogmatischen und kirchlichen Institutionalisierung.[31] Wie Faust erstrebt der Esoteriker ein Wissen von okkulten Qualitäten und Relationen. Antoine Faivre bestimmt die esoterische Denkform anhand von vier Grundelementen, die sich alle in Goethes Drama wiederfinden lassen:[32] Konstitutiv für Esoterik seien erstens das Denken in Analogien und verborgenen Korrespondenzen, zweitens die Betonung einer lebenden Natur, drittens imaginierte Vermittlungsprozesse und Mittlerfiguren, die den Kontakt zur Geisterwelt herstellen, sowie viertens die Transmutation chemischer Substanzen und die Metamorphose organischen Lebens, die in der Entwicklung des Menschen den Aufstieg in höhere Sphären durch Vervollkommnung oder Läuterung gestatten.

Mit den in den Schriften der Alten tradierten Techniken erhoffte man sich tiefere Einsichten in das verborgene Wesen der Dinge.[33] Entsprechend heißen die Bücher, auf die auch im *Faust* angespielt wird, „Claviculae Salomonis" (‚Salomons Schlüssel') oder „Sigillae" (Siegel). Sie sind Schlüssel und Siegel geheimer Botschaften. Die Erkenntnis okkulter Qualitäten wird den von der Tradition bereitgestellten Verfahren zugetraut. Zur Entschlüsselung des Arkanwissens benötigte man den Geheimkode der denkbar alten Künste Magie, Alchemie und Astrologie. Als im Kern neuplatonische Lehre geht die Esoterik davon aus, dass Mikro- und Makrokosmos, dass die gesamte belebte und unbelebte Erde, die sichtbare wie die unsichtbare Welt analog zum Menschen eine Signatur der Schöpfung gemeinsam haben. Analogien bestehen etwa zwischen den Planeten, den verschiedenen Metallen und den Organen des menschlichen Körpers.

Mit der Spiegelung des Makrokosmos im Mikrokosmos hat sich intensiv Paracelsus, ein Zeit- und Geistesgenosse des historischen Dr. Faust, auseinandergesetzt. Die Natur verkörpert Paracelsus zufolge einen großen, lebendigen Organismus. Im Makrokosmos gibt es nichts Totes.[34] Als genuin esoterisches Zeichen gewinnt auch das Pentagramm – unter der Bezeichnung ‚Drudenfuß' – im *Faust* Bedeutung.

---

[31] Monika Neugebauer-Wölk: Esoterik im 18. Jahrhundert – Aufklärung und Esoterik. In: Aufklärung und Esoterik. Hg. v. ders. unter Mitarb. v. Holger Zaunstöck. Hamburg 1999 (Studien zum achtzehnten Jahrhundert 24), S. 1–37, hier S. 4.
[32] Faivre: Esoterik (wie Anm. 3), S. 24–30.
[33] Monika Neugebauer-Wölk: Art. Esoterik. In. Enzyklopädie der Neuzeit. Bd. 3: Dynastie – Freundschaftslinien. Stuttgart, Weimar 2006, Sp. 544–552, hier Sp. 545f.
[34] Paracelsus: Mikrokosmos und Makrokosmos. Okkulte Schriften. Hg. v. Helmut Werner. München 1989, S. 22f., 26.

Über die pragmatische Handlungsverknüpfung hinaus führt es laut Agrippa in „große Mysterien".[35] Es zeigt nach außen fünf spitze Winkel, nach innen fünf stumpfe und drückt so die dynamische Beziehung zwischen Mikro- und Makrokosmos aus, denn im Fünfstern ist ein Fünfeck enthalten. Verbindet man in ihm die Diagonalen, erhält man einen verkleinerten Fünfstern, in ihm wiederum ein Fünfeck und darin einen nochmals kleineren Fünfstern usw. Die geometrische Konstruktion des Pentagramms mit fünf stumpfen Winkeln innen und fünf spitzen Winkeln außen erinnert an Grundrisse von Festungen. Sie verleiht Agrippa zufolge „eine wunderbare Gewalt über böse Geister".[36] Mephistos Schwierigkeiten mit dem Drudenfuß rühren daher, dass dieser ein heiliges Zeichen ist und als fünfzackiger Stern die fünf Buchstaben des Namens JESUS signalisiert. Kein böser Geist kann Agrippa zufolge dem Namen Jesu widerstehen.[37] Nach Johannes Reuchlin, einem christlichen Kabbalisten des 16. Jahrhunderts, ist in der hebräischen Schreibweise des Messiasnamens der verborgene, unaussprechliche Gottesname YHWH enthalten.[38] Als magisches Schutzzeichen bewahrt es den, der innerhalb der Schwelle steht, vor den Dämonen draußen. Das Pentagramm gehört nicht nur zum Bereich des Heiligen nach Maßgabe des jüdisch-christlichen Diskurses, sondern auch zum Ischtar- und Venus-Kult.[39] Die „Fünf" als Zahl der Venus stellt im *Faust* das Pentagramm in den zentralen Themenbereich des Eros. Da das Ischtar-Pentagramm von Haus aus nicht vollständig geschlossen ist, ermöglicht es Mephisto den Eintritt.[40]

Für Agrippa ist das Pentagramm das Symbol für den sinnvoll in den Kosmos integrierten Menschen. Nimmt man am menschlichen Körperbild das männliche Glied als Mittelpunkt und beschreibt von hier einen Kreis über den Scheitel, die gespreizten Beine und geöffneten Arme, so wird hierdurch ein Kreis in fünf gleiche Teile geteilt und ein vollkommenes Fünfeck hergestellt. Die Spitzen des Pentagramms in der äußeren Schale markieren Sternzeichen. Jedes Glied am menschlichen Körper entspricht einem Himmelszeichen.[41]

Die Vorstellung eines bis ins Anorganische lebendigen Kosmos konkretisiert sich in der Bildformel der ‚Großen Kette der Wesen', die in lückenloser Folge die höchsten Gott nahestehenden Wesen mit den niedrigsten Dingen verbindet.[42] Wenn Gott alle Seinsstufen aus sich generierte, sodass noch im anorganischen Bereich

---

[35] Agrippa: Die magischen Werke (wie Anm. 10), S. 246.
[36] Ebd.
[37] Ebd., S. 344.
[38] Von Stuckrad: Was ist Esoterik? (wie Anm. 5), S. 118; Franz Carl Endres, Annemarie Schimmel: Das Mysterium der Zahl. München 1985, S. 123.
[39] Endres, Schimmel: Das Mysterium (wie Anm. 38), S. 122.
[40] Ebd., S. 124.
[41] Agrippa: Die magischen Werke (wie Anm. 10), S. 254–256; 396f.
[42] Arthur O. Lovejoy: Die große Kette der Wesen. Geschichte eines Gedankens. Übers. v. Dieter Turck. Frankfurt a.M. 1985, S. 78–86, 176f., 221–223, 259f., 279f., 290f.

Geist am Werk ist, wird die Sehnsucht aller Geschöpfe nach ihrem Ursprung einsichtig.

Die Hermetik der Neuzeit entstand in der italienischen Renaissance mit der Wiederentdeckung antiker Quellen. Sie weckten die Hoffnung, durch die Aneignung uralten religiösen Wissens zu einer Stufe höherer Weisheit zu gelangen und in einen geheimen Wissensbezirk der Natur vorzudringen.[43] 1463 übersetzte Marsilio Ficino in Florenz das *Corpus Hermeticum* aus dem Griechischen ins Lateinische. Es handelt sich dabei um die wiederentdeckten Traktate des ‚Hermes Trismegistos', eines Weisheitslehrers mit altägyptischer Patina, in dessen mythische Gestalt Züge des ägyptischen Gottes der Schreibkunst und Wissenschaft Thot und des griechischen Gottes Hermes eingegangen waren.[44] Hermes verkörpert den Gott der Kommunikation; er ist das Urbild der Rede. Nach heutigem Kenntnisstand stammen die 15 Texte aus dem ersten vorchristlichen bis vierten nachchristlichen Jahrhundert.[45] Wenn im Folgenden von ‚Hermetik' und ‚hermetisch' die Rede ist, beziehen wir uns präziser als in der Literaturwissenschaft üblich jeweils auf das *Corpus Hermeticum* und dehnen die Termini nicht zum vagen Sammelbegriff für okkulte Texte aus. Hermes Trismegistos gehörte neben Zoroaster zu den einflussreichsten abendländischen Vermittlerfiguren, die man in Anspruch nahm, wenn es galt, die Kluft zwischen verborgenem und offenbarem Wissen zu überbrücken.

Als Zugang und Brücke zu Gott konnte die von einigen Renaissancephilosophen hochgeschätzte Kabbala dienen, die in modifizierter Form die Lehre von der Mikrokosmos-Makrokosmos-Korrespondenz vertrat: Der Mensch als Mikrokosmos wird mit dem ‚Großen Menschen', Adam Kadmon, der großen Welt verbunden.[46] Im späten 15. Jahrhundert studierte Giovanni Pico della Mirandola die jüdische Kabbala, eine exklusive neuplatonische Geheimlehre, der zufolge der jenseitige Gott sich in zehn Kräften („Sefirot") manifestiert, die als Zwischenstufen die materielle Welt bestimmen. Der junge Goethe war über Oetinger auf die Kabbala gestoßen und hatte sich aus der vielbändigen *Bibliotheca Graeca* von Fabricius kabbalistische Thesen – etwa zur Konzentration Gottes – notiert.[47] In der Kabbala fand Goethe zugleich Leitgedanken für seine Naturforschung in der Lehre von den drei Hauptprinzipien der Kosmogonie: Emanation, Konzentration und Expansion.

Goethe entwickelte aus dem Axiom der Polarität von Konzentration und Expansion ein sowohl für die belebte wie unbelebte Natur gültiges Prinzip und ergänzte es durch Schellings Konzept der Steigerung. Darüber hinaus wandte er ‚Polarität'

---

[43] Vgl. z.B. den Sammelband Hermeticism and the Renaissance. Intellectual History and the Occult in Early Modern Europe. Hg. v. Ingrid Merkel u. Allen G. Debus. Washington, London 1988.
[44] Marsilio Ficino and the Return of Hermes Trismegistus. Hg. v. Sebastiano Gentile u. Carlos Gilly. Florenz 1999, bes. S. 27–34.
[45] Das Corpus Hermeticum Deutsch. Teil 1. Übers. u. eingel. v. Jens Holzhausen. Stuttgart-Bad Canstatt 1997, S. IX.
[46] Scholem: Zur Kabbala (wie Anm. 30), S. 172f.
[47] Zimmermann: Das Weltbild (wie Anm. 25) I, S. 170, 228–231.

und ‚Steigerung' auch auf ästhetische und moralische Erscheinungen an: Fausts Klage, dass zwei sich bekämpfende Seelen in seiner Brust wohnen (Faust I, V. 1112f.), geht auf die gnostische Lehre des Manichäismus zurück, die Goethe aus Balthasar Bekkers *Bezauberter Welt* kannte.[48]

Esoterische Religiosität tendiert zu einer Gelehrtenreligion; sie wird im frühen 17. Jahrhundert von den Rosenkreuzern – von Johann Valentin Andreae – aufgegriffen. Als Reformbewegung sucht sie Renaissancewissen und christlichen Glauben zu synthetisieren. Wie lassen sich esoterische Botschaften angesichts ihrer Ungreifbarkeit und unter Wahrung des Geheimnisses kommunizieren? Mephisto befiehlt der Hexe bei der Zubereitung des Zaubertrankes für Faust einen Kreis zu ziehen (Faust I, V. 2530). Mit dem gezeichneten Kreis fokussiert die Hexe das zentrale Symbol esoterischer Kommunikation: die geschlossene Grenzlinie zwischen Eingeweihten und Außenstehenden. Nach Linda Simonis' anregender Studie, die sich hier auf Georg Simmel beruft, erzwingt das Geheimnis eine Abgrenzung zwischen einem inneren und einem äußeren Kreis.[49] Gleichzeitig macht die *Faust*-Szene auf die Bedeutung nonverbaler Zeichen für die esoterische Kommunikation aufmerksam. Bei Gottfried Arnold konnte Goethe Reflexionen über die Sprache esoterischer und mystischer Geheimnisse finden: Die Alten pflegten Geheimnisse durch Gleichnisse, dunkle Reden, Paradoxa, Rätsel und Symbola auszudrücken. Dies sei der gangbarste Weg zur Erkenntnis, der vom Bewusstsein geleitet wird, dass alles Reden über das Göttliche nur Stückwerk bleibe.[50] Faust thematisiert in seiner Antwort auf die Gretchenfrage („Wer darf ihn nennen", Faust I, V. 1123–1150) sein hermetisches, neuplatonisches und cusanisches Credo von den Grenzen der Sprache gegenüber dem Absoluten. Das höchste Wesen lässt sich nach Hermes Trismegistos und Plotin nicht in Worte fassen, sondern allenfalls in „schweigende Rede" bzw. nur annäherungsweise umschreiben.[51] Auch Herder

---

[48] Bekker über die Lehre des Persers Mani (216–276): „Sie halten gar dafür, dass jeder Mensch zwo Seelen habe, derer eine allezeit wieder die andere streite" (Balthasar Bekker: Die bezauberte Welt [1693]. Mit einer Einl. hg. v. Wiep van Bunge. Bd. 1. Stuttgart-Bad Cannstatt 1997, S. 102). Platon vergleicht die menschliche Seele mit einem zu lenkenden Gespann zweier Rösser, die von unterschiedlicher Herkunft sind und widerstreitende Ziele verfolgen (Platon: Werke in 8 Bdn. Griechisch u. Deutsch. Hg. v. Gunther Eigler. Bd. 5. Darmstadt 1990, S. 71, Phaidros 246a–247b). Goethe verwendet das Bild des Rosselenkers mehrfach im *Egmont* (MA 3.1, S. 276f.), am Schluss von *Dichtung und Wahrheit* (MA 16, S. 831f.) sowie als Symbol für künstlerische Meisterschaft im Brief an Herder vom 10.07.1772.

[49] Linda Simonis: Die Kunst des Geheimen. Esoterische Kommunikation und ästhetische Darstellung im 18. Jahrhundert. Heidelberg 2002, S. 24.

[50] Wilkinson: Theologischer Stoff (wie Anm. 6), S. 562.

[51] In der Anrede Gottes heißt es im *Corpus Hermeticum* (wie Anm. 30), S. 41: „du Unaussprechlicher, Unsagbarer, der du nur im Schweigen angerufen wirst", vgl. ebd. S. 64, 82. Peter Philipp Riedl: ‚Wer darf ihn nennen?'. Betrachtungen zum Topos des Unsagbaren in Goethes ‚Faust'. In: Goethe-Jahrbuch 124 (2007), S. 215–227, hier S. 215–219.

reflektiert in seinem *Johannes* (1774) das unauflösliche Paradox, mit den beschränkten Möglichkeiten menschlicher Sprache über das Göttliche zu sprechen.[52]

Bei Hamann, Herder und dem jungen Goethe kommt Esoterisches als Gehalt und Darstellungsform in den Blick. Auch der späte Goethe sucht in „Wiederholten Spiegelungen" nach einer Poetik der Verschlüsselung. In einem Brief an Iken vom 27. September 1827 führt er aus:

> Da sich gar manches unserer Erfahrungen nicht rund aussprechen und direct mittheilen lässt, so habe ich seit langem das Mittel gewählt, durch einander gegenüber gestellte und sich gleichsam in einander abspiegelnde Gebilde den geheimeren Sinn dem Aufmerkenden zu offenbaren.[53]

## II Esoterisches in den Eingangsszenen von *Faust I*

### 1 Szene „Nacht"

Schon in der ersten Szene „Nacht" stellt sich Dr. Faust als Freigeist vor, der ohne Furcht vor „Hölle und Teufel" nach Erkenntnis strebt (Faust I, V. 368f.). Sein Freidenkertum unterstreicht er mehrfach provozierend (Faust I, V. 1660): „Die Botschaft hör' ich wohl, allein mir fehlt der Glaube" (Faust I, V. 765). Faust reiht sich in die Geschichte der esoterischen Häretik ein, die in der Renaissance zur Verurteilung der Thesen Pico della Mirandolas durch Papst Innozenz VIII. und zur Hinrichtung Giordano Brunos führte und in der Bekämpfung Jakob Böhmes sowie der Radikalpietisten im 17. und 18. Jahrhundert durch die lutherische Orthodoxie wieder auflebte. Der Gründer der protestantischen Sekte der Socinianer bzw. Unitarier nannte sich im übrigen ‚Faustus Socinus'.[54] Die Nähe esoterischer Strömungen zur Häresie stellt jedoch keine notwendige Bedingung für Esoterik dar. Sie ist nicht zwangsläufig an Ketzertum gebunden: Schon für Ficino vertrug sich die alte Theologie mit dem Christentum.[55] Aus Resignation über die im scholastischen Wissenschaftssystem konservierte Begriffsklauberei ergibt sich Faust der Magie:

> Ob mir, durch Geistes Kraft und Mund, /
> Nicht manch Geheimnis würde kund […]; /
> Daß ich erkenne was die Welt, /
> Im Innersten zusammenhält, /
> Schau' alle Wirkenskraft und Samen, /
> Und tu' nicht mehr in Worten kramen
> (*Faust* I, V. 378–385).

---

[52] Johann Gottfried Herder: Sämmtliche Werke. Hg. v. Bernhard Suphan. Bd. 7. Berlin 1884, S. 313–334, hier S. 320f.
[53] Johann Wolfgang Goethe: Goethes Werke. Hg. im Auftrag der Großherzogin Sophie von Sachsen von Max Hecker, Abth. IV: Goethes Briefe. Bd. 43: Briefe August 1827 – Februar 1828. Weimar 1908, S. 83.
[54] Wilkinson: Theologischer Stoff (wie Anm. 6), S. 568.
[55] Neugebauer-Wölk: Art. Esoterik (wie Anm. 33), Sp. 547.

Konziser könnte man ein esoterisches Forschungsprogramm mit seinen hybriden Ansprüchen kaum formulieren. Gesucht wird bei gleichzeitig forcierter Wissenschaftsskepsis eine Art Weltformel für die Korrespondenzenlehre. Goethe kannte Agrippa von Nettesheims wissenschaftsskeptische Bilanz *De incertitudine et vanitate scientiarum et artium* (*Über die Unsicherheit und Vergeblichkeit der Wissenschaften und Künste*, 1530). Die Kombination von „Geisteskraft und Mund" lässt offen, ob das Genie des Magiers oder ein Geistergespräch im Sinne Swedenborgs oder beides gemeint ist.[56] In *Faust I*, V. 425 jedenfalls wird die Frage nach der Kommunikation der Geister aufgeworfen, die vor Swedenborg schon Agrippa mit der Auskunft beantwortet hatte: Geister kommunizieren durch Gedankenübertragung.[57] Der Vorstoß ins Innerste der Natur trifft nicht auf die göttliche Schöpfungswahrheit, sondern auf die Erde. „Alle Wirkenskraft und Samen" sieht der Magier laut Agrippa in der Erde, die „aller Elemente Basis und Grundlage ist [...]; sie enthält in sich die Samen und Samenkräfte aller Dinge".[58] Er zitiert die hermetische *Tabula smaragdina*: „Terra est Mater Elementorum, de Terra procedit, et ad terram revertentur omnia".[59] Goethes konformes Hervorheben der „Wirkenskraft und Samen" kennzeichnet einen perspektivischen Wechsel vom Blickpunkt der Stufenleiter aller Wesen hin zur dynamischen Metamorphosenlehre.[60]

Goethe hat sich gegenüber Cotta gewehrt, Illustrationen in die *Faust I*-Ausgabe von 1808 aufzunehmen; er wollte mit Bildern nicht die Phantasie des Lesers gängeln. Eine Ausnahme machte die Illustration 1790 zu *Faust. Ein Fragment*, die Albrecht Schöne in seine Ausgabe übernahm. Goethe wählte als Titelkupfer Rembrandts „Gelehrten", der später „Faust" heißt. Ein Spiegel projiziert in einer Lichterscheinung die Initialen des Erlösers INRI und zwei chiffrierte lateinische Texte, die sich als Anagramme entziffern lassen. Ein Spruch lautet in deutscher Übersetzung: „Viele magst du berühren, verborgen bleibt dir die Liebe." Die Liebe als universale kosmische Macht im Sinn des Neuplatonismus gab dem jungen Goethe ein Gefühl des Einsseins mit der Natur, in der sich der pantheistische Gott manifestierte.[61] Und mit der neuplatonischen Apotheose des Eros im stufenweisen Aufstieg zum göttlich Einen wird der Dichter angesichts seines nahen Lebensendes *Faust II* beschließen. Bereits in der ersten Szene „Nacht" lassen sich Modellvor-

---

[56] Goethe: Faust-Dichtungen (wie Anm. 21). Bd. 2, S. 102.
[57] Agrippa: Die magischen Werke (wie Anm. 10), S. 369. Zu Swedenborg siehe Goethe: Faust-Dichtungen (wie Anm. 21). Bd. 2, S. 116f.
[58] Agrippa: Die magischen Werke (wie Anm. 10), S. 61.
[59] Goethe: Faust-Dichtungen (wie Anm. 21). Bd. 2, S. 105.
[60] Margrit Wyder: Von der Stufenleiter der Wesen zur Metamorphosenlehre. Goethes Morphologie und ihre Genese. In: Von der Pansophie zur Weltweisheit. Goethes analogisch-philosophische Konzepte. Hg. v. Hans-Jürgen Schrader u. Katharine Weder. Tübingen 2004, S. 31–53, hier S. 31–41.
[61] Hans Jaeger: Der ‚Wald-und-Höhle' - Monolog im Faust. In: Keller: Aufsätze (wie Anm. 6), S. 428–442, hier S. 441.

stellungen und Topoi der Esoterik wie Makrokosmos-Mikrokosmos-Korrespondenz bzw. die Kette der Wesen nicht übersehen.

Mit Nostradamus, einem französischen Astrologen des 16. Jahrhunderts, ist eine weitere esoterische Kunst aufgerufen: die Deutung der stellaren Konstellationen. Aufgrund der Korrespondenz zwischen kleiner Welt, die in sich ein Ganzes verkörpert, und der großen Welt liegt ein Einfluss des Weltalls auf den Menschen nahe. Gaier sieht in den mehrfachen Anspielungen auf das Analogieprinzip im *Faust* eine Wechselwirkung dokumentiert (vgl. Urfaust V. 1421f., Faust I, V. 281, 1802, 2012, 2052). Er erinnert an Herders *Ideen*, an deren Entstehung Goethe produktiv teilnahm, und zitiert aus den *Briefen zu Beförderung der Humanität*. Herder zufolge habe die Natur im Menschen alle ihre elementaren Schaffenskräfte engeführt, sodass er „als ein Gott dastehet [...]. Die ganze Natur erkennt sich in ihm, wie in einem lebendigen Spiegel".[62]

Ebenso wichtig erscheint mir aber die Beobachtung, dass Goethe anders als Herder den Makrokosmos-Mikrokosmos-Topos im *Faust* stets von Mephisto aufgreifen lässt – mit unüberhörbarem spöttischen Unterton: Im „Prolog im Himmel" kommt der Teufel standesgemäß nach den Erzengeln zu Wort. Er vermeidet bewusst deren hymnisches Pathos:

Von Sonn' und Welten weiß ich nichts zu sagen, [...]
Der kleine Gott der Welt bleibt stets vom gleichen Schlag (Faust I, V. 279–281).

Aus langer Kenntnis und illusionslos titulierte Mephisto die poetisch gefeierte Krone der Schöpfung als „Herrn Mikrokosmus" (Faust I, V. 1802).[63] Mephisto reduziert hochtrabende Verklärungen auf bürgerliche Kleinkariertheit. Seine kühle Ironie stellt Fausts Selbst-Apotheose bei der Betrachtung des Makrokosmoszeichens wieder auf den Boden der Tatsachen. Faust „schlägt das Buch auf und erblickt das Zeichen des Makrokosmos". Er fühlt sich in dessen Kontemplation verjüngt und erleuchtet, sie wird zum Offenbarungserlebnis:

War es ein Gott, der diese Zeichen schrieb, / Die mir
[...]
Die Kräfte der Natur, rings um mich her enthüllen? /
Bin ich ein Gott? Mir wird so licht!
(Faust I, V. 434–439).

Welche Zeichen erblickt Faust? Betont man den abstrakten Zeichencharakter, könnte man an das Pentagramm oder eine ähnlich schematische Zeichnung mit

---

[62] Johann Gottfried Herder: Werke in 10 Bden. Hg. v. Günter Arnold, Martin Bollacher u.a. Bd. 7: Briefe zu Beförderung der Humanität. Hg. v. Hans Dietrich Irmscher. Frankfurt a.M. 1991, S. 362; Goethe: Faust-Dichtungen (wie Anm. 21). Bd. 2, S. 234.

[63] Gaier interpretiert die Stelle gelehrt und ohne ihre ironische Valenz, Goethe: Faust-Dichtungen (wie Anm. 21). Bd. 3, S. 242.

konzentrischer Schrift denken.⁶⁴ Dem weiteren Kontext entsprechend scheint eher eine Darstellung gemeint, die die Stellung des Menschen im Kosmos illustriert, etwa im Sinne des Kupferstichs im zweiten Band von Robert Fludds *Utriusque cosmi maioris scil. et minoris metaphysica, physica atque technica historia*, erschienen Oppenheim 1619.⁶⁵ Die weibliche Natur erhält von Gott über eine Kette, die an ihrer rechten Hand befestigt ist, einen Auftrag, den sie mit ihrer linken Hand an den Menschen, den Affen der Natur, weitergibt. In konzentrischen Kreisen um den Menschen folgen nacheinander die Mineralia, die Vegetabilia, die Animalia; dann in eigenen Ringen die vier Elemente, schließlich die Planeten. Als Zeichen des Makrokosmos wäre zuletzt auch eine semiotische Zwischenform denkbar, die die Harmonie des menschlichen Körperbaus im Zentrum eines Kreises oder Quadrates schematisiert.⁶⁶

Wie später Faust schreibt schon Ficino dem Menschen als mikrokosmischem Spiegel das Streben zu, Gott zu werden. Gaier und Binder ist darin zuzustimmen, dass die Gottebenbildlichkeit des Menschen von Goethe eher neuplatonisch (und hermetisch!) als christlich akzentuiert wird, als Abbild von einem Urbild.⁶⁷ Nicht beipflichten kann ich allerdings Binders Formulierung, Faust habe in der Erdgeistszene auf die Gottebenbildlichkeit des Menschen „gepocht". Er pocht nicht auf sie, sie wird ihm vielmehr in den Versen 614–623 fragwürdig. Im Unterschied zum Neuplatoniker der Renaissance lässt Fausts Monolog den Zuschauer vollends erkennen, wie hoch man sich mit esoterischer Kontemplation versteigen kann.

Die Gleichsetzung Gottes mit dem Licht stammt aus dem *Corpus Hermeticum* und besonders der Arkanlehre der Gnosis.⁶⁸ Diese spätantike dualistische Mysterienreligion verbindet Gott mit dem Lichtprinzip und den Satan mit dem bösen Prinzip der Finsternis, da Gott in seiner vollkommenen Güte nicht für das Böse verantwortlich gemacht werden könne.

Gnostische Ideen hat unter den Goethe bekannten Esoterikern Jakob Böhme aufgegriffen. Wenn Faust die „ird'sche Brust im Morgenrot" baden will, dürfte intertextuell Böhmes berühmte Kosmogonie *Aurora, das ist: Morgenröthe im Aufgang* (1634) anvisiert worden sein, in der Gott die Urgegensätze von grimmigem Feuer und liebendem Licht vermittelt.

Faust setzt seinen Monolog, während er das kosmische Bildzeichen betrachtet, mit dem Staunen darüber fort:

> Wie alles sich zum Ganzen webt, /
> Eins in dem andern wirkt und lebt!

---

⁶⁴ Abbildungen in ebd., S. 226; in Agrippa: Die magischen Werke (wie Anm.10), S. 397, 539, 564.
⁶⁵ Abgebildet in Goethe: Faust-Dichtungen (wie Anm. 21), S. 119.
⁶⁶ Abbildungen in Agrippa: Die magischen Werke (wie Anm. 10), S. 255–257.
⁶⁷ Goethe: Faust-Dichtungen (wie Anm. 21), S. 234; Binder: Grundformen der Säkularisation (wie Anm. 2), S. 140; Corpus Hermeticum (wie Anm. 30), S. 36.
⁶⁸ Corpus Hermeticum (wie Anm. 30), S. 35, 44.

> Wie Himmelskräfte auf und nieder steigen /
> Und sich die goldnen Eimer reichen!
> Mit segenduftenden Schwingen /
> Vom Himmel durch die Erde dringen /
> Harmonisch all' das All durchklingen!
> (Faust I, V. 447–453).

Goethe hat das Webegleichnis in seinem dichterischen Werk häufig und beziehungsreich eingesetzt für das unendliche Wirken der Gott-Natur; im mehrfach gedruckten Gedicht *Antepirrema* wird das tausendfältige Zusammenwirken der „ewigen Weberin" mit dem „ewigen Meistermann" im Gleichnis Zug um Zug entfaltet und zum Text gewoben (MA 13.1, S. 155).[69] Auch der Erdgeist webt „am sausenden Webstuhl der Zeit [...] der Gottheit lebendiges Kleid" (Faust I, V. 508f.). Die Kleid- und Gewand-Metapher wird in der Kabbala auf die zehn Sefirot übertragen; Agrippa nennt sie „Gewänder" Gottes.[70] In der *Farbenlehre* § 739 wird das ewige „Ein- und Ausatmen" zum Grundrhythmus des Lebens in der Welt erklärt, „in der wir leben, weben und sind" (MA 10, S. 222). „Weben" wird – nach Werner Keller – zur universalen Metapher eines Prozesses, der Mensch und Welt miteinander verflicht.[71] Faust bestaunt die einheitliche Organisation der wirkenden Natur angesichts ihrer gegensätzlichen und vielfältigen Triebe und Bestrebungen.

Das Auf- und Niedersteigen der Himmelskräfte wird in synkretistischen Bildern zum „Schauspiel" visualisiert, in Bildern, die sich aus der Bibel, der Mythologie sowie aus der hermetischen Tradition speisen. Die „Himmelskräfte" mit den „segenduftenden Schwingen" spielen auf die Leiter an, die Jakob im Alten Testament (1 Mos 28, 12f.) von der Erde bis zum Himmel reichen sieht, auf der Engel auf- und niedersteigen.[72] Das biblische Traumbild wurde schon im Mittelalter kontaminiert mit Homers ‚Goldener Kette', die den Kosmos vertikal zusammenhält; Goethe kannte und schätzte den rosenkreuzerischen Traktat der *Aurea Catena Homeri*. Das Buch, zuerst 1723 erschienen, wird dem Rosenkreuzer Anton Kirchweger zugeschrieben. Es wurde – folgt man *Dichtung und Wahrheit* – eine von Goethes liebsten hermetischen Schriften, in denen die Natur in einer zwar „phantastischen", aber doch „schönen Verknüpfung dargestellt wird" (MA 16, S. 366). Die Ausgabe enthielt auch die *Tabula smaragdina* des Hermes Trismegistos und bot konkrete Rezepte für die Umwandlung von Metallen.[73] Goethe imponierte das hier entwickelte Konzept eines umfassenden Zusammenhangs der Schöpfung – mit den Axi-

---

[69] Vgl. Werner Keller: Goethes dichterische Bildlichkeit. Eine Grundlegung. München 1972, S. 189–198.
[70] Goethe: Faust-Dichtungen (wie Anm. 21). Bd. 2, S. 149.
[71] Keller: Goethes dichterische Bildlichkeit (wie Anm. 69), S. 194.
[72] Goethe: Faust (wie Anm. 17), S. 215.
[73] Schrader, Weder: Pansophie (wie Anm. 60), S. 14, 32.

omen der Lückenlosigkeit der Artenfolge auf den Stufen des Naturreichs und der unendlichen Fülle der Formen.[74]

Franciscus Mercurius van Helmont liefert in seinem *Paradoxal Discourse, oder Ungemeine Meynungen von dem Macrocosmo und Microcosmo* (Hamburg 1691) eine esoterische Lesart: Wie auf der Jakobsleiter

> die Engel Gottes auff und nieder steigen / also steigen die [...] lebendigen Kräffte oder geistlichen Leiber der himmlischen Lichter unablässig von oben herab [...] zu dieser untern Welt / als von dem Haupte zu den Füßen / und hernach / so steigen sie [...] wieder von unten auffwärts zu dem Haupt.[75]

Agrippa von Nettesheim überträgt das Bild ins Akustische, das der dreifach klingende Reim in Fausts Versen 451–453 aufgreift: Das Untere ist im Reich der Natur mit dem Oberen verbunden wie mit einer gespannten Saite, die in ihrer ganzen Länge erzittert, wenn man ein Ende berührt.[76] Für die Historizität von Goethes Hermetik ist wiederum Fausts Seufzer nicht zu überhören: „Welch Schauspiel! aber ach! Ein Schauspiel nur!" (Faust I, V. 454). Damit ist die Realitätsgeltung des beliebten Motivs gehörig relativiert.

## 2 Die Erdgeistbeschwörung

Der Erdgeist ist von der Forschung unter verschiedenen Identitäten gejagt worden und dabei ins Kreuzfeuer der Interpreten geraten: als Geist im Sinne des Geistersehers Swedenborg und der Alchimisten (Morris), als eines der niedrigen Luftwesen im Reiche Beelzebubs, wie sie Welling beschreibt (Grumach), als Weltgeist und Beseeler der *materia prima* (Gaier), als *Archeus terrae* (Scheithauer), auch als Apollo und Jupiter (Scheithauer, Gaier), als „Welt und Taten Genius" (Binder) im Anschluss an Paralipomenon 1, als „Geist des Mikrokosmos" (Becker-Cantarino).[77] Die Mehrzahl der vorgeschlagenen Identifizierungen lässt sich in zwei Schritten bezeichnen, wie dies etwa Rickert (1930), Wachsmuth (1943), Binder (1968), Hartmut Böhme (1988) oder Riedl (2007) vorschlagen.[78] Zweitens kann

---

[74] Irmtraut Sahmland: ‚Die Natur in einer schönen Verknüpfung'. Goethes Adaption der ‚Aurea Catena Homeri'. In: Schrader, Weder: Pansophie (wie Anm. 60), S. 55–84, hier S. 60, 67.
[75] Goethe: Faust-Dichtungen (wie Anm. 21). Bd. 2, S. 129.
[76] Agrippa: Die magischen Werke (wie Anm. 10), S. 111f.
[77] Max Morris: Swedenborg im Faust. In: Ders.: Goethe-Studien. Bd. 1. 2. Aufl. Berlin 1902, S. 13–41; Ernst Grumach: Prolog und Epilog im Faustplan von 1797. In: Goethe. N. F. des Jahrbuchs der Goethe-Gesellschaft 14/15 (1953), S. 63–105, hier S. 97–99; Goethe: Faust-Dichtungen (wie Anm. 21). Bd. 2, S. 105, 133, 147; Theodor Friedrich Lothar J. Scheithauer: Kommentar zu Goethes Faust. Stuttgart 1974, S. 296–299; Wolfgang Binder: Goethes klassische ‚Faust'-Konzeption [1968]. In: Keller: Aufsätze (wie Anm. 6), S. 106–150, hier S. 122; Barbara Becker-Cantarino: Hexenküche und Walpurgisnacht. Imaginationen des Dämonie in der Frühen Neuzeit und in ‚Faust I'. In: Euphorion 93/2 (1999), S. 193–224, hier S. 196.
[78] Heinrich Rickert: Der Erdgeist in Goethes Faust und die Erdgeisthypothese. In: Jahrbuch des Freien Deutschen Hochstifts 1930, S. 91–130, hier S. 98f., 123; Andreas B. Wachsmuth: Ge-

unter dem Begriff ein personifizierter Dämon verstanden werden und dies wiederum in einer zweifachen Variante: als diabolische Figur (Grumach 1953 und Eibl 2000) oder als kreativer Naturgeist (Rickert 1930, Binder 1968, Scheithauer 1974).[79] Die erste Gruppe geht von einem Modell der lebendigen, geistbeseelten Natur aus: Wo ein Körper, da ein Geist.[80] Die zweite Gruppe rechnet mit Dämonenmagie; Grumach nennt Beelzebub, Eibl rückt den Erdgeist in die Nähe Luzifers.[81] Gaier und Scheithauer stützen sich sowohl auf Renaissanceautoren wie auf Goethes Skizzen und Vorschläge, wenn sie Jupiter als Weltgeist und Apollo ins Spiel bringen.[82] Schöne, Gaier und Schmidt ermitteln mit Hilfe von Hederichs *Mythologischem Lexikon* den „Daemogorgon" als Erdgeist, wobei Hederichs Steckbrief eine höchst vage personale Identität zu erkennen gibt, die letztlich auf den Naturbegriff hinaus läuft:

> DAEMOGORGON: soll so viel als der Erdgeist heißen und wird für das erste und ursprüngliche Wesen aller Dinge angegeben, welches die dreyfache Welt, nämlich den Himmel, die Erde und das Meer und alles, was darinnen ist, hervorgebracht hat, dessen Namen man aber eigentlich nicht nennen durfte […], der in dem Innern der Erde wohnete und die Ewigkeit und das Chaos zu Gefährten hatte […]. An sich aber war dieses Grundwesen nichts anders, als was man die Natur nennet.[83]

Herder schildert (in einem Entwurf zu seinen *Ideen zur Philosophie der Geschichte der Menschheit*) die belebende konstruktive wie destruktive Gestaltungskraft des Geistes der Erde.[84] Auch Goethe kommt es bei dessen Selbstcharakterisierung auf die Bewegung an, die das Leben ausmacht:

---

einte Zwienatur. Aufsätze zu Goethes naturwissenschaftlichem Denken. Berlin, Weimar 1966. Darin: Goethe und die Magie (1943), S. 26–56, hier S. 39; Die Magia naturalis im Weltbilde Goethes (1957), ebd. S. 157–179, hier S. 166; Binder, ebd., S. 110f., 122. Nach Böhme propagiert Goethe eine anschauende und gewaltfreie Naturerkenntnis. Hartmut Böhme: Natur und Subjekt. Frankfurt a.M. 1988, S. 160–162; Riedl: Betrachtungen (wie Anm. 51), S. 219.

[79] Grumach: Prolog und Epilog (wie Anm. 77), S. 94–97; Karl Eibl: Das monumentale Ich – Wege zu Goethes ‚Faust'. Frankfurt a.M., Leipzig 2000, S. 115; Rickert: Der Erdgeist (wie Anm. 78), S. 123; Binder: Goethes klassische ‚Faust'-Konzeption (wie Anm. 77), S. 110, 122.

[80] Wachsmuth: Geeinte Zwienatur (wie Anm. 78), S. 39, 166; Böhme: Natur und Subjekt (wie Anm. 78), S. 153f., 166.

[81] Grumach: Prolog und Epilog (wie Anm. 77); Eibl: Das monumentale Ich (wie Anm. 79), S. 104, 115.

[82] Scheithauer: Kommentar (wie Anm. 77), S. 299; Goethe: Faust-Dichtungen (wie Anm. 21). Bd. 2, S. 133, 147. Schon Ficino nannte den Weltgeist „Jupiter", insofern er als Zeugungsprinzip und Vermittler zwischen Weltseele und Materie gilt; vgl. Goethe: ebd.; Agrippa: Die magischen Werke (wie Anm. 10), S. 328f.

[83] Benjamin Hederich: Gründliches mythologisches Lexikon […] verb. durch J. J. Schwabe. Leipzig 1770, S. 858; Goethe: Faust (wie Anm. 17). Bd. II, S. 216; Goethe: Faust-Dichtungen (wie Anm. 21). Bd. 3, S. 783; Jochen Schmidt: Goethes Faust. Erster und Zweiter Teil. Grundlagen – Werk – Wirkung. 2. Aufl. München 2001, S. 85f.

[84] „Großer, lebendiger Geist der Erde, der du alle Gebilde durchhauchst und dich in ihnen […] freuest und fühlest: du führest auf und zerstörst, verfeinst Gestalten und änderst sie ab" (Herder: Sämmtliche Werke [wie Anm. 52]. Bd. 13, S. 254f.).

> In Lebensfluten, im Tatensturm /
> Wall' ich auf und ab,
> Webe hin und her! / Geburt und Grab, /
> Ein ewiges Meer, / Ein wechselnd Weben, /
> Ein glühend Leben (*Faust* I, V. 501–507).

Bilder des Meeres, des Feuers und des Webens bezeichnen die zeugende und wieder verschlingende Natur. Was das ‚Weben' betrifft, stehen sich in der Forschung Alternativen der Textkonstitution zu Vers 503 gegenüber. Die Münchner Ausgabe und Gaier haben „Webe hin und her!", während die Akademieausgabe und die Frankfurter Goetheausgabe – vom „Tatensturm" beeindruckt – „Wehe hin und her!" bevorzugen.[85] Einen Kompromiss strebt offenbar die Münchner Ausgabe an: Sie wechselt im Kommentarteil von „Webe" zu „Wehe" (MA 6.1, S. 1000). Den Textbefund der verschiedenen *Faust*-Fassungen realisiert am konsequentesten Gaier: Er korrigiert das „Wehe" in der Ausgabe letzter Hand C 12 als Druckfehler, denn sowohl der *Urfaust* (MA 3.1, S. 525) wie die Fragmentfassung von 1790 und der vollständige Erstdruck von 1808 haben „Webe".[86]

Nach zahlreichen Interpretationsvorschlägen bleibt die Kennzeichnung des Erdgeistes letztlich offen. Man muss sie wohl als eine poetische Chiffre nehmen, die der Phantasie des Lesers bewusst Freiräume eröffnet, Mythologeme verschränkt und ihm höchsten Respekt vor der Natur abnötigt. Mit dem Erdgeist gab Goethe der Natur eine Stimme, eine Stimme, die mit der „Flammenbildung" vor der Ausbeutung und Instrumentalisierung der Natur warnt und dem „Übermenschen" seine Überheblichkeit bewusst macht. Nicht Gott, sondern der Geist der Erde zeigt sich in der brennenden Flamme.

## 3 Schwarze Magie im Studierzimmer

Als Nachfolger Luthers macht sich Faust an eine moderne Bibelübersetzung und kommt schon beim ersten Satz des Johannes-Evangeliums ins Schleudern. Gerade dieses historisch letzte Evangelium bezeugte den Anhängern der christlichen Kabbala, die von der sprachlichen Verfasstheit des Kosmos ausgingen, mit seinem Beginn die Brücke zu Genesis 1,1, d.h. zwischen jüdischer und christlicher Tradition. Kocku von Stuckrad hat auf das Titelkupfer des Werks aufmerksam gemacht, das die jüdische Kabbala dem christlichen Europa erschloss: Das Frontispiz von Knorr von Rosenroths *Kabbala denudata* (Sulzbach 1677) zeigt die Suche nach dem vollkommenen Wissen über die Verbindung des griechisch zitierten Beginns des Johannes-Evangeliums mit dem hebräischen Beginn des Alten Testament auf einer Schriftrolle.[87] Wichtig war für die Erkenntnissuche, auf die Anfänge zurück-

---

[85] MA (wie Anm. 1) 6.1, S. 549; Goethe: Faust (wie Anm. 17). Bd. II, S. 219.
[86] Goethe: Faust-Dichtungen (wie Anm. 21). Bd. 2, S. 148f.
[87] Von Stuckrad: Was ist Esoterik? (wie Anm. 5), S. 126–130.

zukommen. Paracelsus und Gottfried Arnold folgen der Richtschnur des Hermes Trismegistos, alles von seinen Anfängen her, aus seinem Schöpfungs-Ursprung zu verstehen.[88] „Im Anfang war das Wort", so hatte der Reformator das griechische „logos" übersetzt. Faust argumentiert zutreffend, dass damit die Bedeutungsfülle des griechischen Wortes keineswegs erschöpft sei. Er erwägt semantische Alternativen: Sinn – Kraft – Tat. Ähnlich unterschied schon Ficino im göttlichen ‚Logos' das verbum vom sensus, der voluntas und zuletzt der operatio.[89] Mit der letzten Bedeutung der Tat spielt der ungläubige Ex-Theologe auf Gottes weltschöpferisches Wort in der Genesis an, das Hamann in der *Aesthetica in nuce*, seiner *Rhapsodie in kabbalistischer Prose*, ausdeutet und auf Christus, der als Wort Fleisch geworden ist, bezieht.[90] Mit der christlichen Deutung des ‚Wortes' verstärkt der schwarze Pudel sein Knurren, unterbricht jaulend die exegetische Arbeit (Faust I, V. 1238–1255). Er leidet unter dem Text des Evangelisten in besonderer Weise, weil exakt der Anfang des Johannesevangeliums als magischer Text für Beschwörungen und Exorzismen herhalten musste.[91]

Um den polymorphen Pudel zu bannen, greift Faust zu *Salomonis Schlüssel* (V. 1258), dem Zauberbuch *Claviculae Salomonis*. Es handelt sich dabei um eine im 16. Jahrhundert häufig aufgelegte Schrift pansophischen Charakters. Bei Paracelsus, Welling und van Helmont wird dieses magische Elementarwerk, das zum Genre der sog. Höllenzwänge gehört, als unverzichtbar für die Beschwörung der Geister und den Umgang mit ihnen bezeichnet.[92] Die *Claviculae Salomonis* geben nicht nur Auskunft über die Hierarchien des Geisterreichs, im Einzelnen über die himmlischen, elementarischen und höllischen Geisterheere, sondern sie enthalten auch konkrete Anrufungsformeln für die Geisterbeschwörung.[93]

Ehe Faust den Geist im Pudel als Beelzebub (Fliegengott) unterbewusst wahrnimmt (Faust I, V. 1516ff.), vermutet er in ihm einen Elementargeist. Faust beschwört die vier Elementargeister Salamander, Undine, Sylphe und Kobold, die in der Literatur der Romantik und auch in Goethes dichterischem Werk wieder aufleben (Faust I, V. 1271–1293). Sie werden den vier Elementen Feuer, Wasser, Luft und Erde zugeordnet. Die magische Beschwörung soll die verborgenen Elementargeister sichtbar machen. Agrippa und Paracelsus gehen in wünschenswerter Aus-

---

[88] „Von einem Anfang ist alles abhängig. Der Anfang aber [stammt] aus dem Einen und Einzigen" (Corpus Hermeticum [wie Anm. 30], S. 65). Vgl. Wachsmuth: Geeinte Zwienatur (wie Anm. 78), 1943, S. 33.
[89] Goethe: Faust-Dichtungen (wie Anm. 21). Bd. 2, S. 211.
[90] Johann Georg Hamann: Sämtliche Werke. Hg. v. Josef Nadler. Wuppertal 1999 [ND der Ausg. 1950]. Bd. 2, S. 206f., 210–214.
[91] Goethe: Faust-Dichtungen (wie Anm. 21). Bd. 2, S. 212.
[92] Goethe: Faust (wie Anm. 17). Bd. II, S. 248f.
[93] Hans-Jürgen Schrader: Salomonis Schlüssel für die ‚halbe Höllenbrut'. Radikalpietistisch tingierte ‚Geist=Kunst' im Faustschen ‚Studierzimmer'. In: Goethe und der Pietismus. Hg. v. Hans-Georg Kemper u. Hans Schneider. Tübingen 2001, S. 231–256, hier S. 246.

führlichkeit auf die Rollen des Quartetts der Elementargeister ein.[94] Für Goethe zeigen die Elemente ein Doppelgesicht: Zum einen müssen sie als unsere kolossalen Gegner gelten, mit denen wir unter Einsatz höchster Geisteskraft ringen (Versuch einer Witterungslehre; MA 13.2, S. 297). Zum andern werden sie als Ursprung alles Irdischen in *Faust II* am Ende der „Klassischen Walpurgisnacht" gefeiert (Faust II, V. 8480–8487) und geben eine Antwort auf das esoterische Forschungsprogramm des Renaissance-Gelehrten („Daß ich erkenne was die Welt / Im Innersten zusammenhält", Faust I, V. 382f.). Seine verdoppelte Anstrengung, den spirituellen Übeltäter dingfest zu machen, muss scheitern, weil sich im Pudel tatsächlich ein „Flüchtling der Hölle" verbirgt (Faust I, V. 1299).[95]

4 Zur Dämonologie und der Rolle Mephistos

Der ältere dämonische Magieglaube bevölkerte nicht nur die vier Elemente mit Elementargeistern, sondern auch Berge, Höhlen, Quellen, Flüsse oder Tiere mit entsprechenden lokalpatriotischen Geistern. Agrippa registriert sorgfältig die Statusränge in den Hierarchien böser Geister.[96] Die alte Magie empfahl Mittel zum Schutz vor Dämonen, die uns von außen bedrohen. Zur moderneren Sicht gehört die Verlagerung des Dämonischen ins Innere. Aus dem Blickwinkel der Moderne verliert Mephisto seinen selbständigen Status und wird zu einer Abspaltung von Faust, zu seinem Alter Ego. Darum präsentiert sich der Teufel als menschliche Figur: als Intrigant und Partner von Faust, als zynischer Intellektueller, als scharfer Beobachter und Kommentator des Geschehens, auch als Interpret der eigenen Rolle.[97] Mephisto wird zu Fausts komplementärem Ich. Mit diesem zweiten Ich verführt Fausts anderer Teil sich selbst.[98] Mephisto lockt Faust, indem er dessen latente Wünsche aufgreift. Wenn er sich objektivierend mit Mephisto auseinandersetzt, kämpft Faust im Grunde mit sich selbst. Es geht demnach – Jochen Schmidt zufolge – beim Teufelspakt und der Wette nicht um einen Abfall von Gott, sondern von sich selbst, vom ruhelosen Streben Fausts.[99] Mephistos Materialismus, sein radikales Aufklärertum, sein Nihilismus, seine Sprachskepsis bilden ein inneres

---

[94] Agrippa: Die magischen Werke (wie Anm. 10), S. 58–62, 534f.; Paracelsus: Mikrokosmos und Makrokosmos (wie Anm. 34), S. 155–171.
[95] Die Schwierigkeiten, die Gaier und bereits Schöne beim zweiten „Spruch der Viere" aufdecken, scheinen mir eher unterlegt zu sein. Werden den Tieren und Geistwesen nicht auch beim zweiten Bannversuch ihre konventionellen Elemente zugeordnet (Goethe: Faust-Dichtungen [wie Anm. 21]. Bd. 2, S. 215f.; Goethe: Faust [wie Anm. 17]. Bd. II, S. 249f.)?
[96] Agrippa: Die magischen Werke (wie Anm. 10), S. 69f., 351–360.
[97] Peter Michelsen: Im Banne Fausts. Zwölf Faust-Studien. Würzburg 2000, S. 121, 185. Peter-André Alt: Aufgeklärte Teufel. Modellierungen des Bösen im Trauerspiel des 18. Jahrhunderts. In: Die deutsche Tragödie. Neue Lektüren einer Gattung im europäischen Kontext. Hg. v. Volker C. Dörr u. Helmut J. Schneider. Bielefeld 2006, S. 89–125, hier S. 115.
[98] Schmidt: Goethes Faust (wie Anm. 83), S. 42f.
[99] Ebd., S. 130.

Gegengewicht zu Fausts Idealismus. Die Ironie, die Goethes Teufel auszeichnet, basiert letztlich darauf, dass niemand so recht mehr an ihn glaubt. Ja er selbst äußert Zweifel an seiner Funktion. Er stellt sich mit einem Rätselwort vor als

> Ein Teil von jener Kraft, /
> Die stets das Böse will und stets das Gute schafft
> (Faust I, V 1335f.).

Kann Mephistopheles ernsthaft die Harmlosigkeit des radikal Bösen im Design einer von Leibniz umrissenen Theodizee vertreten? Wenn dem Teufel die fixe Intention zum Bösen permanent zum Guten ausschlägt, ist sein Schicksal das des Sisyphus. Mit dem offenbarten Willen zum Bösen schaltet sich Mephisto in die philosophische Debatte um die Natur des Bösen ein. Ist es, wie die scholastische Tradition seit Augustinus festhält, rein privativ – als Defizienz und Beraubung des Guten – zu definieren oder wird ihm Kants und Schellings Perversio-Theorie gerechter, die das Böse als bewusste Verkehrung des Willens betrachtet?[100]

Zur Erklärung beruft sich der Teufel auf sein nihilistisches Glaubensbekenntnis und folgert:

> So ist denn alles, was ihr Sünde, /
> Zerstörung, kurz das Böse nennt, /
> Mein eigentliches Element.
> (Faust I, V. 1343f.).

Mephisto spricht wie ein außerirdischer Ethnologe über terrestrische Moralvorstellungen. Die Auffassungen von „gut" und „böse" gelten ihm offenkundig als relativ, je nachdem, ob man aus menschlich beschränkter Perspektive oder aus diabolischer die Dinge betrachtet. Für ihn ist das Böse das Gute. Er nimmt Nietzsches „Umwertung aller Werte" vorweg. Goethe kam schon in jungen Jahren bei Reflexionen über moralische Ambivalenzen in der Welt und auf der Bühne zu einem ähnlichen Ergebnis:

> das was wir bös nennen, ist nur die andre Seite vom Guten, die so notwendig zu seiner Existenz, und in das Ganze gehört, als Zona torrida brennen und Lapland einfrieren muß, daß es einen gemäßigten Himmelsstrich gebe (MA 1.2, S. 414).

Mephistos Umdefinition des Bösen ins Gute und des Guten ins Schlechte provoziert bald den Ausruf Fausts über ihn: „Des Chaos wunderlicher Sohn!" (V. 1384). Damit ist zwischen dem „Diabolos" und dem Chaos eine zweifache Beziehung hergestellt: eine namensetymologische und eine mythologische. Wenn Faust Recht hat, dass man bei solchen Gestalten „das Wesen / Gewöhnlich aus dem Namen lesen" kann (Faust I, V. 1331f.), ist es das Wesen des „Diabolos", durch Verleum-

---

[100] Peter L. Oesterreich: Das gelehrte Absolute. Metaphysik und Rhetorik bei Kant, Fichte und Schelling. Darmstadt 1997, S. 152–155.

dung, Irreführung zu verunsichern und ein Chaos semantischer Lektüren anzurichten. Mephisto stellt sich im Weiteren vor als

> ein Teil des Teils, der anfangs alles war, /
> Ein Teil der Finsternis, die sich das Licht gebar,
> Das stolze Licht, das nun der Mutter Nacht
> Den alten Rang, den Raum ihr streitig macht
> (Faust I, V. 1349–1352).

Er verbindet so seine Herkunft mit den ältesten abendländischen Kosmogonien und konterkariert die Licht-Theologie des Johannesevangeliums. Antiken Mythen der Weltentstehung zufolge – Hesiod und die Orphik wären zu nennen – gab es am Schöpfungsbeginn nur Dunkelheit und Chaos; aus ihnen entstanden in einem ersten Schritt das Licht und der Tag.[101] Jakob Böhme und Oetinger sympathisieren mit dem uralten Mythologem, dass das Licht aus der Finsternis geboren wurde.[102] Mit der Verkleinerungsgeste in der rhetorischen Figur des Polyptoton erinnert der Teufel an die Reduktion seiner ursprünglichen Macht. Ihm ziemt Bescheidenheit: Aufgeklärte Gelehrte nehmen ihn seit dem 18. Jahrhundert nicht mehr allzu ernst, und am Ende von *Faust II* wird er lächerlich gemacht.

Obwohl er wie eine Katze vor dem Mausloch das Entwischen von Fausts Seele abpasst (V. 11624f.), zieht er den Kürzeren. Goethe parodiert in der Szene „Grablegung" mittelalterliche und humanistische Spiele vom Kampf überirdischer Mächte in der Todesstunde um die Seele mit einem Teufel, den bisexuelle Neigungen an die Engel fesseln, und einem Aufgebot von gut ausgestatteten Dick- und Dürrteufeln.[103] Als beliebtes Theaterrequisit öffnet sich der „greuliche Höllenrachen", der ins Schreckensszenario für Sünder passt, denn „[s]ie haltens doch für Lug und Trug und Traum" (Faust II, V. 11655), weiß Mephisto. „Um in dem Allverein / Selig zu sein" (V. 11807f.) – aus dem Chorlied der Engel – erlaubt recht gegensätzliche Lektüren, je nachdem, ob man mit Origenes von einer häretischen oder einer erotischen Utopie träumt.

---

[101] Ulrich Hoffmann: „Mephistopheles: ‚Ich bin ein Teil des Teils, der anfangs alles war'". In: Goethe-Jahrbuch 109 (1992), S. 57–60, hier S. 58f.
[102] Goethe: Faust-Dichtungen (wie Anm. 21). Bd. 2, S. 222f.
[103] Zimmermann übersieht in seiner harschen Kritik an Henkel Goethes humorvollen Umgang mit den Theaterrequisiten und dem Personal der Hölle. Rolf Christian Zimmermann: Goethes ‚Faust' und die ‚Wiederbringung aller Dinge'. In: Goethe-Jahrbuch 111 (1994), S. 171–185, hier S. 175, 180–183; Arthur Henkel: Das Ärgernis ‚Faust'. In: Aufsätze zu Goethes ‚Faust II'. Hg. v. Werner Keller. 3. Aufl. Darmstadt 1974, 1991 ( Wege der Forschung 445), S. 290–315.

JÜRGEN STOLZENBERG

# Esoterik in der Musik der Moderne. Alexander N. Skrjabin

Als Alexander Nikolajewitsch Skrjabin am 27. April 1915 unerwartet im Alter von 43 Jahren an einer Blutvergiftung starb, hinterließ er ein Werk, das von den Zeitgenossen als eine der bedeutendsten Leistungen der Musik der Moderne gewürdigt wurde. Die zahlreichen im ersten Jahrzehnt nach dem Tode Skrjabins in Russland erschienenen Studien zu Leben und Werk bieten hierfür die Belege.[1] Seit der Mitte der 20er Jahre galt Skrjabin indessen als „Feind des Sozialismus", und sein Werk wurde als Ausdruck bourgeoiser Dekadenz verurteilt. Eine Rehabilitierung Skrjabins setzte in den 40er Jahren ein. Erst 1969 erschien in den USA eine zweibändige Skrjabin-Monographie.[2] Die europäische Rezeption erfolgte nur zögernd. Die erste umfassende Würdigung Skrjabins in Frankreich wurde im Jahre 1978 veröffentlicht.[3] Im Zuge einer verspäteten internationalen Skrjabin-Renaissance erschien 1983 die erste und bisher einzige umfassende Würdigung von Leben und Werk Skrjabins in deutscher Sprache.[4]

Versucht man, die herausragende Bedeutung von Skrjabins Werk in einem ersten Zugriff zu umreißen, dann lässt sich das Folgende sagen: Im Ausgang von dem Werk Frédéric Chopins, Franz Liszts und Richard Wagners gelangte Skrjabin, insbesondere in den Klaviersonaten und Orchesterwerken seiner letzten Jahre, zu einer bis dahin unerreichten Differenzierung und Intensität des musikalischen Ausdrucks und, zeitlich parallel zu Arnold Schönberg, doch völlig selbständig und auf eine ganz andere Weise, zur Überschreitung der Grenzen der Tonalität. Damit

---

[1] Zu nennen sind vor allem die Arbeiten von Boris de Schloezer u. Leonid Sabanejew. Leonid Sabanejew: A. N. Scrjabin. Moskau, Petersburg 1916 [²1923]. Aus dem Russischen übertragen u. hg. v. Ernst Kuhn. Berlin 2006; ders.: Vospominanija [Erinnerungen] o Skrjabine. Moskau 1925. Aus dem Russischen übertragen u. hg. v. Ernst Kuhn. Berlin 2005; Boris de Schloezer: A. Scrjabin. Berlin 1923 Übers. ins Französ. v. M. Scriabine. Paris 1975. Weitere Titel in: Marina Lobanova: Mystiker, Magier, Theosoph, Theurg. Alexander Skrjabin und seine Zeit. Hamburg 2004, S. 354, 355f.
[2] Faubion Bowers: Scriabin. A Biography of the Russian Composer. 2 Bde. Tokio, Palo Alto 1969; ders.: The New Scriabin. Enigma and Answers. New York 1973. In London war bereits 1923 eine Skrjabin-Monographie erschienen: Alfred J. Swan: Scriabin. London 1923 [New York 1969, Westport 1970].
[3] Manfred Kelkel: Alexandre Scriabine. Sa vie, l'ésotérisme et le language musical dans son oeuvre. Paris 1978; ders.: Alexandre Scriabin: Un musicien à la recherche de l'absolu. Paris 1999.
[4] Sigfried Schibli: Alexander Skrjabin und seine Musik. Grenzüberschreitungen eines prometheischen Geistes. Norderstedt 1983. In der Reihe *Musik-Konzepte* erschienen 1983 und 1984 zwei Doppelhefte zum Werk Skrjabins: Musik-Konzepte. Hg. v. Heinz-Klaus Metzger u. Rainer Rhien. Bd. 32/33: Aleksandr Skrjabin und die Skrjabinisten. München 1983 u. Bd. 37/38: Aleksandr Skrjabin und die Skrjabinisten II. München 1984.

ist das Entscheidende indessen noch nicht gesagt. Das Entscheidende ist darin zu sehen, dass Skrjabins Werk sich unter einer zunehmenden Konzentration auf Ansichten und Ideen ausgebildet hat, die der Tradition neuzeitlicher Esoterik zuzuordnen sind.[5] Wie kein anderes verkörpert das Werk Skrjabins die Esoterik in der Musik der Moderne.

## I  Esoterik als Denkform bei Skrjabin

Was ist damit gemeint? Zu klären ist zunächst, ob und wenn ja, auf welche Weise die zwar nicht unumstrittenen, in heuristischer Absicht aber bewährten, von Antoine Faivre vorgeschlagenen vier zentralen Komponenten der Esoterik als Denkform auch das Denken Skrjabins prägen. Diese Komponenten sind das Denken in Entsprechungen, sodann die Idee einer insgesamt belebten Natur, ferner die Annahme von Imagination und Mediationen als Mittel der Entdeckung jener Entsprechungen und schließlich die Erfahrung der Transmutation.[6]

Um das Ergebnis gleich vorweg zu nehmen: Alle vier Komponenten lassen sich in Skrjabins Denken nachweisen. So verstand Skrjabin sein künstlerisches Schaffen als eine genaue Analogie zu kosmischen Prozessen. Die Idee der durchgängig belebten Natur entspricht der für das Denken Skrjabins zentralen Annahme eines universalen Weltwillens, dessen Wirken sich in der gesamten Natur darstellt und objektiviert. Die Musik ist für Skrjabin unmittelbarer Ausdruck dieses Weltwillens. Die Imagination als Organ der Entdeckung von Entsprechungen und Vermittlungen zeigt sich zum einen in der Einsicht in jene Analogien, zum anderen liegt sie der Kunst und dem künstlerischen Schaffen, und insbesondere der Musik, zugrunde. Als Instanz der Mediation eines ausgezeichneten ‚absoluten' Wissens sah Skrjabin sich in eigener Person an. Die Erfahrung der Transmutation schließlich, der Verwandlung des Menschen aufgrund der Teilhabe an einem ‚absoluten Wissen', hat Skrjabin als das eigentliche Ziel seines kompositorischen Werks verstanden. Seine Realisierung sollte es in einem kollektiven Ritual in der Form eines alle Kunstformen vereinigenden synästhetischen *Mysteriums* finden, das am Ende auch die Grenze zwischen Kunst und Wirklichkeit aufheben sollte. Am Ende seines Lebens arbeitete Skrjabin jedoch an einem anderen Projekt, der „Vorbereitenden Handlung" (*Acte préalable*), mit der das ‚eigentliche' Mysterium vorbereitet werden sollte.

---

[5] Zum Begriff neuzeitlicher Esoterik siehe den gleichnamigen Artikel von Monika Neugebauer-Wölk in: Enzyklopädie der Neuzeit. Hg. v. Friedrich Jaeger. Bd. 3: Dynastie–Freundschaftslinien. Stuttgart, Weimar 2006, Sp. 544–552.

[6] Antoine Faivre: L'ésotérisme. Paris 1992, S. 14–20. Vgl. auch ders.: Esoterik im Überblick. Freiburg u.a. 2001, S. 24–31. Zum gegenwärtigen Stand der Esoterikforschung ders.: Western Esotericism. A Concise History. New York 2010, S. 11–25.

Lassen sich auf diese noch recht äußerliche und interpretationsbedürftige Weise einige der Grundüberzeugungen Skrjabins zentralen Elementen der Esoterik als Denkform zuordnen, sieht man sich sogleich an weiter reichende Fragen verwiesen. Sie betreffen den konzeptuellen Zusammenhang dieser Elemente sowie die philosophischen, kunsttheoretischen, ästhetischen und esoterischen Traditionen und Diskurse, in denen sich das Denken Skrjabins ausgebildet hat. Hier fällt die Antwort naturgemäß weniger leicht. Im Folgenden kann nur ein Ausschnitt dieser Konstellation berücksichtigt werden.[7]

Skrjabin war kein systematisch ausgebildeter Philosoph, er war aber doch mehr als nur ein „ungeschulter Liebhaber-Philosoph", wie der Musikwissenschaftler Leonid Sabanejew ihn charakterisierte.[8] Skrjabin war Philosoph aus Passion, und er verfügte über eine erstaunliche konzeptuelle und argumentative Kompetenz. Dies geht mit hinreichender Deutlichkeit aus umfangreichen philosophischen Raisonnements hervor, die Skrjabin in den Jahren 1904–1906 zur Selbstverständigung in mehreren tagebuchartigen Heften niedergeschrieben hat. Sie sind 1924 aus dem Nachlass in deutscher Übersetzung unter dem missverständlichen und eher unpassenden Titel *Prometheische Phantasien* veröffentlicht worden.[9] Anhand der Lektüre einschlägiger Darstellungen und zentraler Werke der Philosophie des 18. und 19. Jahrhunderts,[10] im intensiven Kontakt mit Freunden[11] und inspiriert durch zahlreiche Diskussionen in philosophischen Gesellschaften, deren Mitglied er war, zu denen in den letzten Jahren Kontakte zu theosophischen Kreisen hinzukamen, entwickelte Skrjabin eine weltanschauliche Konzeption, in der den skizzierten esoterischen Elementen eine konstitutive Bedeutung zukommt.

## II „Ich bin"

Gleichsam als Introduktion in das Denken Skrjabins und seine musikalische Transformierung mag eine erst vor Kurzem in deutscher Übersetzung veröffentlichte Erinnerung des Neukantianers Boris Focht an ein Gespräch mit Skrjabin aus dem

---

[7] Einen Überblick über den kulturhistorischen Hintergrund von Skrjabins Werk bietet der Beitrag von Maria Deppermann: Rußland um 1900: Reichtum und Krise einer Epoche im Umbruch. In: Musik-Konzepte. Bd. 37/38 (1984), S. 61–106.
[8] Zit. nach Schibli: Skrjabin (wie Anm. 4), S. 408.
[9] Alexander Skrjabin: Prometheische Phantasien. Übers. u. Einl. v. Oskar v. Riesemann. Essen 2004 [zuerst Stuttgart, Berlin 1924].
[10] Vgl. hierzu die von Boris de Schloezer mitgeteilte Übersicht über philosophische Werke in Skrjabins Bibliothek in den Jahren 1902/03, darunter Werke und Darstellungen von Platon, Nietzsche, Schopenhauer, Kuno Fischer, Wilhelm Windelband, Friedrich Paulsen, Christoph von Sigwart, Feuerbach, H. Blavatsky, G. Plekhanov, Wilhelm Ostwald u.a. in Schibli: Skrjabin (wie Anm. 4), 265f.; eine Übersicht über die Schriften Skrjabins bietet Schibli: Ebd., S. 278ff.
[11] Vgl. hierzu ebd., S. 269.

Jahre 1910 dienen.¹² Es dokumentiert Skrjabins Sympathie mit dem Grundprinzip der Philosophie Fichtes, das bekanntlich in dem Satz „Ich bin" formuliert ist. Sein Gehalt besteht in der Idee einer absoluten, substratlosen geistigen Tätigkeit, durch die das Subjekt des Denkens in cartesianischer Evidenz seiner eigenen Wirklichkeit gewahr wird, und die zugleich als Prinzip der Realität menschlichen Wissens zu denken ist.¹³

Das Gespräch fand im Hause des berühmten Dirigenten und Förderers Skrjabins, Sergej Kussevitzky, in Moskau statt. Ohne Umschweife kam man gleich zur Sache, und das war die Frage, auf welche Weise das Grundprinzip des Seins gedacht werden müsse: ob als etwas substanzial für sich Bestehendes oder, wie Skrjabin meinte, als eine absolute produktive Tätigkeit, die auf eine gleichsam performative Weise durch ihren unbedingten Vollzug sich selbst und alle Realität ursprünglich erzeugt. Genauso verstand Skrjabin Fichtes Grundgedanken. Focht zeigte sich einverstanden.

Hocherfreut setzte sich Skrjabin daraufhin an den Flügel: „Schauen Sie mal, wie ich dies in der Musik ausdrücke!" Und nun, so berichtet Focht, spielte Skrjabin „mit außerordentlicher, erschütternder Kraft das nur sich selbst behauptende, alles andere vorerst entschlossen verwerfende ‚Ich bin'." – „Nun, was sagen Sie?" – „Ehrlich gesagt", antwortete Focht, „es ist viel stärker und wahrscheinlich im gewissen Sinne sogar verständlicher und begreiflicher als bei Fichte." Auch damit zeigte sich Alexander Nikolajewitsch einverstanden.

---

¹² Boris Focht (1875–1946) gilt als einer der ersten russischen Neukantianer. 1896 hörte er Vorlesungen bei Kuno Fischer in Heidelberg, 1899 bei Heinrich Rickert in Freiburg, von 1906–1908 studierte er in Marburg bei Hermann Cohen und Paul Natorp. Focht unterhielt freundschaftliche Kontakte zu Literaten und Künstlern des sog. Silbernen Zeitalters, unter ihnen Valery Brjusov, Andrej Belyi und Alexander Skrjabin. Focht trat u.a. als Übersetzer der vorkritischen Schriften Kants, von Hegels *Phänomenologie des Geistes* und Schriften des Aristoteles hervor. Fochts handschriftlicher Nachlass ist teilweise ediert: Boris A. Focht: Izbrannoe (iz filosofskogo nasledija). Hg. v. Nina A. Dmitrieva. Moskau 2003. Der Text zum Gespräch Fochts mit Skrjabin findet sich in Lobanova: Mystiker (wie Anm. 1), S. 71ff. Für Hinweise auf das Verhältnis Focht–Skrjabin und den Bezug auf Fichte danke ich Nina A. Dmitrieva.

¹³ In diesem Zusammenhang ist Skrjabins Teilnahme am *2. Internationalen Kongress für Philosophie* in Genf vom 4.–8. September 1904 zu erwähnen. Sie ist anhand der Teilnehmerliste belegt. Zu den Vortragenden zählte u.a. Wilhelm Windelband, der im Zuge der zeitgenössischen Fichte-Renaissance über Fichte und Comte vortrug, während Ludwig Stein aus Bern in einem Grundsatzreferat „Was heißt Philosophie?" Fichtes Grundidee des unendlichen Sollens ins Zentrum stellte. Neben der Philosophie Fichtes bestimmten aktuelle Probleme des Panpsychismus und des psycho-physischen Parallelismus sowie Strömungen der zeitgenössischen Lebensphilosophie die Vortragsthemen des Kongresses. Der Kongressbericht, der sich in der Privatbibliothek Skrjabins befand, weist zahlreiche Randnotizen Skrjabins zu den Referaten auf. Auch Windelbands philosophiegeschichtliches Standardwerk *Geschichte der neueren Philosophie* und *Die Blütezeit der deutschen Philosophie* befanden sich in russischer Übersetzung in Skrjabins Privatbibliothek und weisen Unterstreichungen von der Hand Skrjabins auf (vgl. Lobanova: Mystiker [wie Anm. 1], S. 67f.). Die Inspiration, die Skrjabin auf dem Genfer Philosophie-Kongress erfuhr, hat ihren Niederschlag in den genannten Aufzeichnungen der folgenden Jahre gefunden; vgl. hierzu Schibli: Skrjabin (wie Anm. 4), S. 286ff.

Boris Focht hat keine Angaben über die musikalische Gestalt des Fichteschen „Ich bin" gemacht. Es ist sehr wahrscheinlich, dass Skrjabin ein Thema aus seiner 3. Sinfonie c-Moll, op. 43, vorspielte, die er einige Jahre zuvor komponiert hatte. Sie trägt den Titel *Le Poème divin – Göttliche Dichtung*.[14] Ihr liegt die Idee der Befreiung des Menschen aus religiösen Zwängen (1. Satz: *Luttes*) wie auch die Überwindung rauschhafter sinnlicher Genüsse (2. Satz: *Voluptés*) hin zu einem gottgleichen, sich selbst genießenden freien Spiel, dem *Jeu divin*, zugrunde (3. Satz: *Jeu divin*).[15] Die Introduktion (*Lento*) wird unter der Vortragsbezeichnung *Divin, grandiose* mit einem Thema eröffnet, das Skrjabin als Ausdruck kraftvoller Selbstbestätigung verstand. Die Nähe zur Philosophie Fichtes belegen nicht nur zeitgleich zur Arbeit an dieser Sinfonie entstandene umfangreiche Tagebuchnotizen,[16] sondern auch das Zeugnis des Schwagers und Biographen Skrjabins, Boris de Schloezer. Auf die während eines abendlichen Vorspiels gemachte Bemerkung Skrjabins, dass in diesem Thema „viel Kraft und Größe" stecke – „etwas, das sich ein für allemal bestätigt", antwortete Schloezer: „Dieses Thema scheint zu sagen: Ich bin." „Diese Definition", so berichtet Schloezer, „gefiel ihm außerordentlich, und seither haben wir das Thema der Introduktion nie anders bezeichnet als so."[17] Das Hauptthema der *3. Sinfonie* hat folgende Gestalt:

---

[14] Die Uraufführung fand am 29. Mai 1905 im Pariser Théatre du Châtelet unter Arthur Nikisch statt.
[15] Zu Skrjabins 3. Sinfonie vgl. Schibli: Skrjabin (wie Anm. 4), S. 215–218, sowie Clemens-Christoph von Gleich: Die sinfonischen Werke von Alexander Skrjabin. Bilthoven 1963, S. 51ff.
[16] Vgl. Skrjabin: Phantasien (wie Anm. 9), S. 31, 33, 35 u.ö.
[17] Zit. nach Schibli: Skrjabin (wie Anm. 4), S. 217.

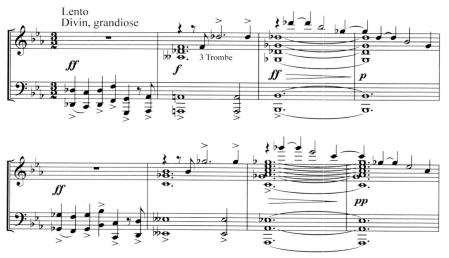

3. Sinfonie, 1. Satz, Takt 1–8.

Die Formel „Ich bin" stellt so etwas wie ein Leitmotiv im Denken und im Werk Skrjabins dar. Skrjabin verstand sie als Ausdruck der Affirmation schöpferischer Tätigkeit.[18] Sie findet sich später noch einmal an einer prominenten Stelle, am Ende der für Skrjabins Gesamtwerk zentralen Dichtung *Poème de l'extase* – nun als Ausdruck des sich selbst genießenden göttlichen Weltwillens. Darauf wird zurückzukommen sein.

## III Schluss per analogiam

Zuvor ist noch ein zweiter Gedanke vorzustellen. Ihm kommt im Blick auf das Selbstverständnis Skrjabins und die Art seines Denkens eine entscheidende Bedeutung zu. Er betrifft das Verhältnis zwischen dem Bewusstsein „Ich bin", „welches", wie Skrjabin ausführt, „wir in uns selbst begreifen",[19] und seiner universalen Bedeutung, die ihm von Skrjabin zugeschrieben wird. Auf die Frage Fochts, wie die Logik dieses Verhältnisses genauer zu verstehen sei, antwortet Skrjabin das

---

[18] So beginnen die in den Jahren 1904–1905 niedergeschriebenen Notizen mit dem Spruch *Ich bin*: „Ich beginne meinen Spruch, den Spruch von der Welt, den Spruch vom All. Ich bin, und nichts ist außer mir" (Skrjabin: Phantasien [wie Anm. 9], S. 35). Die Notizen greifen Ideen auf, die Skrjabin im Sommer 1904 zum Wesen der schöpferischen Tätigkeit notiert hatte (ebd., S. 27ff.) und verbinden den Gedanken einer absoluten, quasi-göttlichen schöpferischen Tätigkeit mit geist- und lebensphilosophischen Überlegungen. Sie sind die Grundlage des *Poème de l'extase* von 1906.

[19] Lobanova: Mystiker (wie Anm. 1), S. 80.

Folgende: „Ich bin der Auffassung, dass das Sein als absolute Tätigkeit im gewissen Sinne mit der persönlichen Tätigkeit eines Künstlers [...] *übereinstimmt und ihr gleich* ist. Jedenfalls ist es so im Musikschaffen, das mir besonders nahe und verständlich ist."[20]

Von Interesse ist hier die Logik des Gedankens. Das Argument oder besser der Argumenttyp, der der geäußerten Auffassung zugrunde liegt, ist offenbar ein *Schluss per analogiam*. Geschlossen wird von dem individuellen Bewusstsein einer freien produktiven Tätigkeit – die Skrjabin hier mit der „persönlichen Tätigkeit eines Künstlers" identifiziert – auf jene absolute schöpferische Tätigkeit, die als Prinzip allen Seins und Lebens verstanden wird. Die Evidenz, die diesen Schluss leitet, besteht in der Intuition eines universalen Einheitszusammenhangs von allem, was lebt, der angemessen nicht nach dem Modell eines Kausalmechanismus, sondern eines lebendigen, sich selbst gestaltenden und erhaltenden Organismus zu verstehen ist. Dieser Gedanke, dass die Grundverfassung der Welt in Analogie zur menschlichen schöpferischen Tätigkeit zu verstehen sei, ist Skrjabins ‚ursprüngliche Einsicht' zu nennen. An ihr hat er ein Leben lang festgehalten. „Der Mensch kann die ganze Welt, das ganze All aufbauen, indem er sich selbst beobachtet und erkennt."[21] Dies ist nur eine der prägnantesten Formulierungen dieser Einsicht und der ihr zugrunde liegenden Denkform.

Auf diese Denkform gilt es eigens aufmerksam zu machen. Blickt man von hier aus auf die beiden eingangs genannten Charaktere esoterischen Denkens zurück – das Denken in Analogien und die Annahme einer belebten Natur –, dann ist im Falle Skrjabins präziser und angemessen von einer Spielart einer ‚aufgeklärten Esoterik' zu sprechen.[22] Denn die Idee der Entsprechung zwischen dem individuellen Tätigkeitsbewusstsein und der universal wirksamen, welterzeugenden Tätigkeit ist das Resultat eines Analogieschlusses, der seinen Ausgang in neuzeitlich-erkenntniskritischer Einstellung von der Evidenz des Selbstbewusstseins nimmt. Skrjabins These, dass die Welt als Ganzes als ein stets sich erneuernder schöpferischer Akt zu begreifen sei, erhebt daher gar nicht den Anspruch einer objektiv gültigen Erkenntnis, sondern ist in Wahrheit Ausdruck eines kritisch reflektierten Deutungsaktes. Er bezieht seine Legitimation aus dem Agnostizismus gegenüber der Welt, wie sie jenseits des Bewusstseins an sich ist. Im Rekurs auf die Domäne des Bewusstseins geht er vielmehr von dem aus, was, wie Skrjabin es ausdrückt,

---

[20] Ebd., S. 81.
[21] Skrjabin: Phantasien (wie Anm. 9), S. 68. Im folgenden Abschnitt heißt es hierzu: „Eine Analyse der Wirklichkeit vornehmen, heißt: die Natur meiner Bewußtseinstätigkeit, meines freien Schaffens erforschen" (ebd.).
[22] Dieses Konstrukt begegnet seit Rolf-Christian Zimmermann: Das Weltbild des jungen Goethe. Studien zur hermetischen Tradition des deutschen 18. Jahrhunderts. Bd. 1. München 1969, S. 128–170, als „vernünftige Hermetik". Monika Neugebauer-Wölk hat vorgeschlagen, dieses Konzept zur ‚aufgeklärten Esoterik' zu erweitern. (Dies.: Esoterik im 18. Jahrhundert – Aufklärung und Esoterik. Eine Einleitung. In: Aufklärung und Esoterik. Hg. v. ders. unter Mitarb. v. Holger Zaunstöck. Hamburg 1999 [Studien zum 18. Jahrhundert 24], S. 1–37, bes. S. 17–37).

uns „nahe und verständlich" ist, und dies ist die unbedingte produktive Tätigkeit – und überträgt sie *per analogiam* auf die Grundverfassung des Seins als Ganzem. Das ist die eine, hermeneutische Seite.

Die andere, hierzu komplementäre Seite ist nicht weniger bedeutsam; sie ist eine kulturkritische Seite. Sie wendet sich gerade im Namen dessen, was uns nahe und verständlich ist, gegen die aufgeklärte Rationalität und das Weltbild der neuzeitlichen Naturwissenschaft, die die Ereignisse in der Welt als einen für das eigene bewusste Leben bedeutungslosen, gleichsam entzauberten, gesetzlich objektivierbaren Kausalzusammenhang präsentiert: „Die Welt erscheint uns als Einheit, wenn wir die Dinge auf diese Weise betrachten. Die Wissenschaft entzweit die Dinge nur, alles in ihr ist Analyse und nicht Synthese."[23] Skrjabins Denkform, so wie sie bisher sichtbar geworden ist, lässt sich daher zusammenfassend als eine *hermeneutische Metaphysik* begreifen, die die Grundverfassung der Welt aus dem Prinzip schöpferischen Selbstbewusstseins zu verstehen sucht. Diese Denkform enthält Konzepte, die der Tradition ‚aufgeklärter Esoterik' zuzuordnen sind.

## IV Schopenhauers hermeneutische Metaphysik des Willens

An dieser Stelle ist der Name Arthur Schopenhauers zu nennen. Denn es war Arthur Schopenhauer, der formal dasselbe Argument *per analogiam* an einer zentralen Schaltstelle seiner Metaphysik, der Begründung seines Konzepts des Weltwillens, in Einsatz gebracht hat, das in eine direkte Verbindung zu Skrjabins Überlegungen zu bringen ist.

Auch Schopenhauer geht von einer unmittelbaren Evidenz des individuellen Selbstbewusstseins aus. Im Blick steht ebenfalls eine unbedingte, sich selbst und ihre Gegenstände realisierende Tätigkeit, die Schopenhauer konkret als *Wille* bezeichnet.[24] Auf die durchaus vorhandene Nähe zu Fichtes Konzept eines reinen Willens muß hier nicht eingegangen werden. Das, was uns das Nächste und Verständlichste ist, um die Wendung Skrjabins aufzunehmen, ist Schopenhauer zufolge unser Wille. Schopenhauers zweite Prämisse besteht in dem Hinweis darauf, dass der Wille sich in den Bewegungen unseres Leibes unmittelbar objektiviert. Bewegungen des Leibes sind nichts andres als objektivierte Willensakte. Der entscheidende Schritt besteht nun darin, dass Schopenhauer diesen Zusammenhang von Willensakten und Bewegungen des Leibes zur Grundlage seiner Metaphysik macht, und dies geschieht ganz offensichtlich mit einem Argument *per analogiam*. Der Zusammenhang von Wille und Leib wird von Schopenhauer nämlich als „Schlüssel zum Wesen jeder Erscheinung der Natur und aller Objekte [...], die nicht unser ei-

---

[23] Zit. nach Schibli: Skrjabin (wie Anm. 4), S. 332.
[24] Arthur Schopenhauer: Die Welt als Wille und Vorstellung. In: Ders.: Werke in 10 Bden. Bd. 1. Nach der historisch-kritischen Edition v. Arthur Hübscher. Zürich 1977.

gener Leib" sind, angesehen; und dies geschieht so, dass wir sie, so Schopenhauer, *„nach Analogie* [unseres eigenen, J. S.] Leibes beurteilen und daher annehmen", dass unabhängig von der Art, wie sie uns im Modus einer theoretisch-wissenschaftlichen Vorstellung erscheinen mögen, ihnen ihrem *„innern Wesen* nach" dasselbe aneignet, „als was wir an uns Wille nennen".[25] Das ist das ‚Schlüsselargument' der Schopenhauerschen Metaphysik des Willens. Es ist offenkundig ein Analogie-Argument, mit dem die Idee der Entsprechung zwischen dem individuellen Willen und dem Wesen der gesamten Natur begründet wird. Die Kraft, so führt Schopenhauer denn auch aus, welche eine Pflanze treibt, ist dieselbe wie die, durch welche ein Kristall anschießt, welche sich in chemischen Reaktionen und Wahlverwandtschaften zeigt, welche die Magnetnadel zum Nordpol zieht, und die auch im Phänomen der Gravitation wirksam ist. Diese Kraft und die Formen ihrer Äußerung finden sich, so Schopenhauer, „nach Analogie" dessen erklärt, was uns „unmittelbar so intim und besser als alles Andere" bekannt ist und was „[j]edem das Realste"[26] ist – und das ist das Bewusstsein des Willens und seine Objektivierung in den Bewegungen des Leibes. Auch die Metaphysik Schopenhauers ist somit eine hermeneutische Metaphysik zu nennen, die Elemente einer ‚aufgeklärten Esoterik' enthält.

„Der Wille ist gewissermaßen die Innenseite des Seins"[27] – so lautet eine von mehreren Aufzeichnungen Skrjabins, die ganz offensichtlich ein Referat von Schopenhauers Konzept des Weltwillens darstellt, das Skrjabin sich für seine Zwecke zu eigen machte.[28] Die Frage, was mit dem, was Skrjabin den „Vorgang des freien Schöpfungsaktes"[29] genannt hat, genauer gemeint ist, ist mit dem bisher Gesagten allerdings noch nicht beantwortet. Die Antwort auf diese Frage führt in das Herzstück von Skrjabins Überlegungen.

## V Ekstase

Zunächst ist auch hier noch Schopenhauer leitend. Mit Schopenhauer geht Skrjabin nämlich davon aus, dass der Wille seinem Begriff und Wesen nach zwar von den Formen seiner Objektivierungen unterschieden ist, dass seine Wirklichkeit aber nur in diesen von ihm selbst erzeugten Formen besteht. Mit Schopenhauer begreift Skrjabin auch Zeit und Raum als Formen des *principium individuationis*, das heißt,

---

[25] Ebd., S. 148f. (Hervorh. J.S.).
[26] Ebd., S. 149.
[27] Skrjabin: Phantasien (wie Anm. 9), S. 71. Diese Erklärung findet sich am Ende einer Überlegung, deren Thema die Selbstobjektivierung des Willens in der Welt als Ganzer ist. Skrjabin beschreibt die Tätigkeit des Willens nach dem Modell eines universalen performativen Aktes: „Der Wille zum Leben objektiviert sich im Sein als Ganzem. [...] Das Sein als Ganzes ist nicht etwas vom Willen zum Leben verschiedenes, es ist dieser selbe Wille, nur objektiviert" (ebd.).
[28] Schopenhauers Hauptwerk, *Die Welt als Wille und Vorstellung*, befand sich in russischer Übers. in Skrjabins Privatbibliothek (vgl. Lobanova: Mystiker [wie Anm. 1], S. 63).
[29] Skrjabin: Phantasien (wie Anm. 9), S. 69.

als diejenigen Bedingungen, unter denen der eine und identische Wille sich unter der Form der Vielheit und Unterschiedenheit objektiviert und konkretisiert. Aufgrund des Monismus des Willensprinzips gilt, dass der Wille in allen Formen seiner Objektivierung nur sich selbst zu realisieren bestrebt ist. Dem entspricht das Bestreben, nicht nur vielfältige und unterschiedliche, sondern zunehmend qualitativ höherstufige Manifestationen seiner selbst zu erzeugen, in denen er seine produktive Tätigkeit in zunehmender Deutlichkeit zur Darstellung bringt. Unter diesen Prämissen ist leicht abzusehen, worin das letzte Ziel dieses Prozesses besteht: Es ist die höchste und vollständige Realisierung der produktiven Tätigkeit des Willens selbst. Diese Stufe bezeichnet Skrjabin als *Ekstase*: „Ekstase ist *höchste Steigerung der Tätigkeit, Ekstase ist ein Gipfel*."[30] Im Zuge der Antwort auf die Fragen „Wie ist Ekstase möglich?" oder „Wie wird höchste Steigerung der Tätigkeit möglich?" greift Skrjabin noch einmal auf Schopenhauers Beschreibung der Dynamik des menschlichen Willens zurück, die auch der Dynamik des Weltwillens zugrunde liegt. Es ist die Stufenfolge eines Strebens, das aus der Erfahrung eines Mangels resultiert, seiner Erfüllung und dem neuen Streben nach Befriedigung, die jedoch bald wieder als Mangel erfahren wird und eine neue Sequenz einleitet.[31] Doch enthält dieser Rückgriff näher besehen eine radikale Schopenhauer-Kritik. Denn die letzte Stufe besteht nicht, wie Schopenhauer es vorsieht, in der gänzlichen Verneinung des Willens, dem die Haltung der Weltverneinung und Askese entspricht, sondern in der aufs Höchste gesteigerten Selbstbestätigung des Willens. Dies ist die für alles Folgende entscheidende Pointe von Skrjabins Theorie der schöpferischen Tätigkeit.

Aus dem Wirken des Weltwillens leitet Skrjabin zunächst die Idee einer Kosmogonie und einer Weltgeschichte ab, die in jener Ekstase an ihr Ziel kommt. „Die Geschichte des Weltalls"[32] erscheint unter dieser Perspektive als Prozess, in dem der Wille sich selbst begreift. Da der Wille das welterzeugende Prinzip ist, liegt es nahe, ihm die Prädikate des Göttlichen zuzusprechen. Die Geschichte des Weltalls, die die ganze Geschichte der Menschheit in sich begreift, kann daher als ein „innerer schöpferischer Vorgang"[33] bezeichnet werden, der „die Evolution Gottes"[34] darstellt. Und so kann die Ekstase als das „letzte Ziel" dieser Evolution auch als „göttliche Synthese" bezeichnet werden.[35] Ihr Gehalt ist das Selbstbewusstsein des Willens, Prinzip aller Erscheinungen der Welt zu sein. Als solches ist es nicht etwa eine unendliche Erkenntnis aller materialen Gehalte, sondern, wie Skrjabin ausführt, eine über alle materiale Gehalte hinausreichende, sich selbst

---

[30] Ebd., S. 72.
[31] Vgl. ebd., S. 81.
[32] Ebd., S. 95.
[33] Ebd., S. 80.
[34] Ebd., S. 84, 107.
[35] Ebd., S. 86.

durchsichtige Einheit von Leben, Denken und Tun – „reine Schöpferkraft".[36] Genau dies drückt der „freudige Ruf ‚Ich bin'" aus, mit dem die Dichtung *Poème de l'extase* endet. Sie ist nun genauer vorzustellen.

## VI Die Dichtung *Poème de l'extase*

Der im Jahre 1906 in Genf in russischer und französischer Sprache veröffentlichte, von Ernst Moritz Arndt, einem Gymnasiallehrer in Parchim, ins Deutsche übersetzte, ca. 370 Zeilen umfassende dichterische Text ist die ausführlichste Gestaltung der Ekstaseidee.[37] Er enthält wesentliche Elemente, die in den theoretischen Reflexionen Skrjabins nicht oder nur in Ansätzen enthalten sind. Sie konkretisieren nicht nur den Begriff und das Wirken des welterzeugenden Willens, sondern auch den der Ekstase. Das Erste und für seine Funktion als Vorlage einer musikalischen Darstellung Wichtigste ist darin zu sehen, dass der Wille, der hier nur als „Geist" bezeichnet wird, nicht als ein abstraktes Prinzip konzipiert ist, sondern als eine quasi-personale, erotische göttliche Gestalt, die die Welt im Streben nach Selbstverwirklichung und Selbstgenuss erzeugt, um die Welt und sich selbst am Ende in einen ekstatischen Taumel von Freiheit und Seligkeit hineinzureißen. Das geschieht nach einem dreimal ausgetragenen kosmischen Kampf, in dem die erwähnte Grundstruktur des Willens, das Streben nach Erfüllung aus der Erfahrung eines Mangels, seine Erfüllung und das erneute Streben als grundierendes Schema erkennbar ist.

Während der Geist sich zuerst spielend und träumend eine reine Lust- und Zauberwelt erschafft und eindringende Schreckensgestalten leicht vertreiben kann, stürzt er sich in einem zweiten Teil im Bewusstsein der „Kraft des göttlichen Willens" in rauschhaft-katastrophische Kämpfe, die er kraft seines Willens triumphierend besteht. Das lähmende, auch von Schopenhauer beschriebene Gefühl der Langeweile treibt ihn erneut in den Kampf, in dem er sich nun als „Macht des Willens, des einen, freien, immer schaffenden, alles belebenden, in vielen Gestalten spielenden" und liebenden erkennt. An dieser Stelle, im Verhältnis des Golde-

---

[36] Ebd., S. 107.
[37] Alexandre Skriabine: Poema ekstasa. Le Poème de l'extase, Le texte et la musique par A. Scriabine. Genève 1906; dt. Übers. v. Ernst Moritz Arndt. In: Clemens-Christoph von Gleich: Die sinfonischen Werke von Alexander Skrjabin. Bilthoven 1963, S. 112ff. Der Text ist ferner zugänglich in der Online-Publikation der Frankfurter Zeitschrift für Musikwissenschaft (FZMw) 2 (1999), TM 5 URL: http://www.fzmw.de. Der Übersetzer des Textes war der Parchimer Gymnasiallehrer Ernst Moritz Arndt (1885–1962), vgl. Dieter Dümcke: Erste Anfänge der Oberschulbildung nach der Befreiung vom Faschismus in Parchim. In: Wissenschaftliche Zeitschrift der Wilhelm Pieck Universität Rostock 36 (1987), S. 77–87, hier S. 77. Zur Identität von Ernst Moritz Arndt bietet die Skrjabin-Forschung keine Informationen. Für diesbezügliche geduldige Recherchen danke ich Christiane Straub.

nen Schnitts zum gesamten Gedicht,[38] spricht der Geist in direkter Rede; es sind die Worte, die Skrjabin der etwa gleichzeitig entstandenen 5. Klaviersonate vorangestellt hat:

> Ich rufe euch zum Leben, oh geheimnisvolle Kräfte!
> Versunken in den finsteren Tiefen
> des Schöpfergeistes.
> Ängstliche Schatten des Lebens,
> Euch bringe ich Mut.

Es ist genauer besehen ein Aufruf zu einem weltumspannenden Aufstand, der sich gegen den Willensgeist selbst richten soll, um durch seinen finalen Kampf und Sieg – in einem „Flammenmeere, das das Weltall erfasst" – sich selbst endgültig zu behaupten und die von ihm im Liebeskampf überwundene Welt zur Einheit, Freiheit und zu einem, wie es im Text heißt, „alles umfassenden Gefühl der Seligkeit" zu führen. Dann, so endet der Text, hallt das Weltall vom freudigen Ruf „Ich bin!"[39]

Man hat die Dynamik von Kampf und Sieg, die Skrjabin als einen *Akt der Verneinung* im Sinne der Überwindung von Widerständen und auch als einen Wechsel von zentrifugalen und zentripetalen Strebungen beschrieben, auf die esoterische Lehre von Helena Petrovna Blavatsky (1831–1891), die berühmte Begründerin der *Theosophischen Gesellschaft*, bezogen, deren Schriften Skrjabin kannte und schätzte.[40] Dabei knüpfte er besonders an Blavatskys Hauptwerk an, die *Geheimlehre*, in der sie die Grundlagen einer Esoterik des Ostens entwickelt.[41] Der Kampf zwischen den Kräften der Ruhe und der aktiven Verneinung erscheint Blavatsky als das „Alpha und Omega" der östlichen Esoterik; so werden, wie Blavatsky ausführt, im sanskritischen *Rig Veda* die beiden Pole als *Sat* – als unendliche, ewige Ruhe – und *Asat* – deren Verneinung – bezeichnet.[42] Des Weiteren beschreibt Blavatsky die Gestalt des *Satans* als eine aktive schöpferische, zentrifugale

---

[38] Vgl. Schibli: Skrjabin (wie Anm. 4), S. 310.
[39] In Skrjabins Aufzeichnungen findet sich hierzu das Folgende: „Die Welt wird widerhallen vom Freudenschrei „Ich bin", und dieser Tempel der Wollust wird in Flammen aufgehen. In diesen Umarmungen, unter diesen Liebkosungen, in diesem Feuer wirst auch du, göttlichen Mutes voll, verbrennen. – Ich werde verbrennen. Und aufs Neue werde ich von diesen göttlichen Höhen in den Abgrund des Chaos hinabstürzen. Eine neue Welle des Schaffens beginnt, neues Leben, neue Welten!" (Skrjabin: Phantasien [wie Anm. 9], S. 68).
[40] Skrjabins Bekanntschaft mit Blavatskys Buch „La clef de la Theosophie" belegen Briefe an Tatjana Fjodorowna Schloezer aus dem Jahre 1905. In Skrjabins Privatbiblitothek befand sich eine fünfbändige frz. Ausgabe der *Geheimlehre* Blavatskys (La doctrine secrète. Bd. 1–5. Paris 1906–1909), deren Bände zahlreiche Notizen Skrjabins aufweisen. Vgl. hierzu die Angaben in Lobanova: Mystiker [wie Anm. 1], S. 19–22. Zu Blavatsky siehe im Überblick Gerhard Wehr: Helena Petrovna Blavatsky. Eine moderne Sphinx. Dornach 2005.
[41] Helena P. Blavatsky: The Secret Doctrine. The Synthesis of Science, Religion, and Philosophy. 2 Bde. London 1888. Deutsche Übersetzung einschließlich des nach ihrem Tode erschienenen 3. Bandes: Dies.: Die Geheimlehre. Die Vereinigung von Wissenschaft, Religion und Philosophie. 3 Bde. u. ein Registerband. Leipzig o.J. (1899–1921).
[42] Blavatsky: The secret Doctrine (wie Anm. 41). Bd. 2, S. 449.

Energie und als Verneinung der „weissen Gottheit" bzw. des Lichts der Wahrheit, deren Funktion es ist, das reine Licht erst sichtbar zu machen.[43] Ein anderes, von Blavatsky unter Verweis auf die „brahmanischen Bücher" und altindische Lehren mitgeteiltes Motiv ist die Idee der Schöpfung als Lust, Spiel und Unterhaltung des schöpferischen Gottes,[44] die mit Skrjabins Idee, dass die Welt das Spiel der freien Phantasie des schaffenden Geistes sei, übereinstimmt.

So suggestiv diese Bezüge auf den ersten Blick sein mögen, so ist ihre Funktion angemessen eher im Sinne einer dichterisch-imaginativen Symbolisierung von Ideen zu verstehen, die Skrjabin ursprünglich aus anderen theoretischen Quellen bezog. So finden sich in seinen Aufzeichnungen wiederholt Analysen des idealistischen Begriffs der schöpferischen Tätigkeit, in denen Skrjabin betont, dass deren Objektivierung logisch an die Notwendigkeit einer Unterscheidung von Sphären gebunden sei; diese Analysen werden ausdrücklich methodisch auf dem Wege der eingangs beschriebenen „Selbstbeobachtung" durchgeführt, und hier finden sich überdies die wenig poetischen Termini der Fichteschen Philosophie von Ich und Nicht-Ich sowie Fichtes Unterscheidung der zentrifugalen und zentripetalen Tätigkeit als Grundlage der Selbstreflexion des Ich in Anwendung.[45] Und schließlich ist auch der finale freudige Ruf „Ich bin" ein poetisiertes Fichte-Zitat. So darf man auch mit Blick auf diesen Sachverhalt wohl von einer ‚aufgeklärten Esoterik' sprechen. Sie stellt den konzeptuellen Rahmen für das bekanntlich in der Frühromantik aufgebrachte, von Skrjabin neu interpretierte Programm einer neuen Mythologie bereit. Dem gilt die Dichtung *Poème de l'extase*, und dem gilt auch ihre musikalische Darstellung durch das gleichnamige Orchesterstück sowie die erwähnte *5. Klaviersonate op. 53* und die sinfonische Dichtung *Prométhée. Poème du feu, op. 60*.

## VII Die 5. Klaviersonate (*Poème de l'extase*)

Die 5. Klaviersonate – Skrjabin schrieb sie im Jahre 1907 während der Arbeit an dem Orchesterstück *Poème de l'extase* in wenigen Tagen nieder –, beginnt auf eine im Wortsinn unerhörte Weise: Aus einem formlos-chaotischen, fast geräuschhaft wirkenden Triller in tiefer Lage werden einzelne arpeggierte Tongruppen in sich steigernder Intensität gleichsam hinausgeschleudert. Der Gedanke, dass diesem Ereignis die Idee des Ausbruchs jener „in den finsteren Tiefen versunkenen geheimnisvollen Kräfte", von denen der oben zitierte Motto-Text spricht, zugrunde

---

[43] Zur Geheimlehre Blavatskys und zur „Symbolik des Satans und des Feuers" vgl. Schibli: Skrjabin (wie Anm. 4), S. 311–315, sowie Lobanova: Mystiker (wie Anm. 1), S. 119ff.
[44] Vgl. z.B. Blavatsky: „Vishnu ... sports like a playful boy" (dies.: The Secret Doctrine [wie Anm. 41]. Bd. 2, S. 126).
[45] Vgl. Skrjabin: Phantasien (wie Anm. 9), S. 29–34.

liegt, ist suggestiv und naheliegend. Zu den zentralen Motiven und Themen der Sonate ist in der gebotenen Kürze das Folgende zu sagen.[46]

Nach einer mit einer Fermate gedehnten Pause setzt unter der Vortragsbezeichnung *languido* – sehnsüchtig – das folgende Thema ein, dessen Seufzermotive und unaufgelöste dissonante Akkorde die träumende Sehnsucht des selbstverliebten Geistes symbolisieren mögen:

5. Sonate, T. 13–24.

Dem Wort der Dichtung vom „Höhenflug der Begeisterung" entspricht die Idee eines gleichsam schwerelos fliegenden, übermütig-verzückten Tanzes (*presto con allegrezza*), die mit dem folgenden Thema musikalisch zum Ausdruck gebracht wird und sich in der Folge als Hauptthema erweisen wird:

---

[46] Vgl. Schibli: Skrjabin (wie Anm. 4), S. 180; Hanns Steger: Der Weg der Klaviersonate bei Alexander Skrjabin. München-Gräfelfing 1979, S. 45ff. sowie Michael Schmidt: Komposition als Symbol. Überlegungen zu Skrjabins Fünfter Klaviersonate op 53. In: Musik-Konzepte (wie Anm. 4). Bd. 37/38 (1984), S. 44–52 u. Jason Stell: Music as Metaphysics. Structure and Meaning in Skryabin's Fifth Piano Sonata. In: Journal of Musicological Research 23 (2004), S. 1–37.

*Esoterik in der Musik der Moderne* 567

5. Sonate, T. 47–52.

Eng zusammengehörig sind drei daran anschließende Motivgruppen, deren Ausdruckscharakter auf die Ideen von Selbstbehauptung und eine geheimnisvolle, atemlose Spannung verweist. Die Anweisungen lauten hier *imperioso* bzw. *quasi trombe imperioso* – wie Trompeten gebieterisch – und *misterioso affanato* – geheimnisvoll atemlos:

5. Sonate, T. 96–99.

Nach einem meditativ verträumten Intermezzo – hier lautet die symbolistische Vortragsbezeichnung *accarezzevole*, liebkosend, was sich auf das erotische Verhältnis des Geistes zur Welt beziehen lässt – setzt ein *Allegro fantastico* ein, ein delirischer Tanz, *presto tumoltuoso esaltato* zu spielen:

5. Sonate, T. 140–150.

Ein gewisser Abschluss wird mit der Wiederkehr der Eruption der Einleitung erreicht, so, als habe der delirische Tanz nun wirklich jene verborgenen Kräfte zum Leben erweckt.

Diese Motive werden in dem, was man die *Durchführung* nennen kann und in der das eigentliche Kampfgeschehen ausgetragen wird, auf höchst kunstvolle Weise miteinander verbunden, wobei insbesondere das Sehnsuchtsmotiv des Anfangs eine Metamorphose zu einem extatisch jubelnden Siegesmotiv erfährt. Hier lautet die Vortragsbezeichnung dann auch *estatico*:

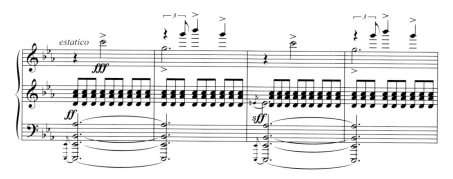

5. Sonate, T. 433–436.

*Esoterik in der Musik der Moderne* 569

Wenn am Ende (ab T 401) die Musik *con una ebbrezza fantastica* – mit fantastischer Trunkenheit und *vertiginoso con furia* – schwindelnd mit Wut – und unter leuchtenden Flammen – *con luminosità* – in einen delirischen Taumel stürzt, dann ist dies offenkundig die musikalisch-symbolische Darstellung jener Extase, von der der Text des *Poème* spricht. Das ist jedoch nicht das Ende der Sonate. Sie endet mit der Wiederholung der eruptiven Gesten des Anfangs, die nunmehr als Anzeige eines neuen und erhöhten Lebens zu verstehen sind: „Eine neue Welle des Schaffens beginnt, neues Leben, neue Welten!", so hat es Skrjabin in seinen Aufzeichnungen notiert.[47]

5. Sonate, T. 451–455 (Schluss).

Skrjabin hielt die 5. Sonate für das beste Werk, das er bis dahin für Klavier geschrieben hatte. Ein Vergleich mit dem gleichnamigen Orchesterstück kann dieses Urteil in einem entscheidenden Detail vielleicht bestätigen. Während die Sonate mit der ins Offene, über sie selbst hinaus weisenden Geste endet, findet das Orchesterstück in einem vom gesamten Orchester im dreifachen Forte vorgetragenen triumphalen C-Dur-Akkord sein Ende, und dies, nachdem über einem 53 Takte lang ausgehaltenen Orgelpunkt auf dem Ton c das von den Trompeten hinausgeschmetterte Hauptthema – das von Skrjabin sogenannte *Thema der Selbstbehauptung* –, als strahlende Siegesfanfare zu einer feierlich-ekstatischen Apotheose gesteigert worden ist. Man muss sich fragen, ob nicht gerade dieser Schluss sozusagen zu ‚affirmativ' ist und die finale Selbstbehauptung im reinen C-Dur vor dem Hintergrund einer hoch differenzierten Chromatik nicht nur harmonietechnisch schon überwunden, sondern auch der Sache nach als aufgesetzt und in einem gewissen Sinne als unwahr erscheint. Erinnert man sich an das eingangs zitierte Ge-

---

[47] Skrjabin: Phantasien (wie Anm. 9), S. 68.

spräch Skrjabins mit Focht, dann symbolisiert der affirmative C-Dur-Schluss eher den von Skrjabin abgelehnten Gedanken des Seins als etwas „Fertiges und Abgeschlossenes", anstatt, wie es der Schluss der Klaviersonate zum Ausdruck bringt, ein ewig sich entwickelndes schöpferisches Tätigsein.

## VIII *Prométhée. Poème du feu, op. 60*

Zwei Jahre später, im Jahre 1910, legte Skrjabin eine in seiner Brüsseler Zeit entstandene Partitur vor, die das Orchesterstück *Poème de l'Extase* noch einmal überbieten sollte, das *Poème du feu, Prométhée, op. 60*.[48] 1914 erschien in der Zeitschrift *Musical Times* eine Einführung, die für eine Aufführung des Werks in London am 1. Februar 1913 verfasst worden war. Sie stammte von der englischen Theosophin Rosa Newmarch.[49] Dort konnte man das Folgende lesen:

> Nach der theosophischen Lehre waren die Menschenrassen zu Beginn noch nicht vom Feuer des Prometheus erleuchtet, waren physisch unvollendet, denn sie besaßen nur Schatten von Körpern; sie waren sündlos, weil ohne bewusste Persönlichkeit, in theosophischen Worten: ohne „Karma". Die Gabe des Prometheus befreite sie aus diesen Umständen. Das Feuer weckte die bewusste Schaffenskraft des Menschen auf [...]. Die Fortgeschritteneren verstanden den Wert dieser Gabe und nutzten sie im Sinne des höheren spirituellen Plans; sie wurden die ‚Arharts' oder die Weisen der folgenden Generationen; die weniger Hochstehenden aber verkehrten sie in rohem materiellen Gebrauch, was Leiden und Böses mit einschloss.[50]

Skrjabin hatte keinen Einfluss auf den Text, billigte ihn aber als Einführung. In der Tat pflegte Skrjabin in Brüssel Beziehungen zu theosophischen Kreisen, u.a. zu dem Maler Jean Delville, seit 1905 Professor an der Königlichen Akademie der Schönen Künste in Brüssel. Delville entwarf das Titelbild der *Prometheus*-Partitur, die 1913 erschien (s. Abb. 1). Das Bild zeigt eine siebensaitige Lyra, aus der der Kelch einer Lotusblüte herauswächst, im Hinduismus und Brahmanismus unter anderem Symbol für Reinheit, Schöpferkraft und Erleuchtung; darunter zwei ineinander verschlungene gleichseitige schwarz-weiße Dreiecke, die das Pentagramm, einen fünfzackigen Stern, bilden, das alte Symbol Luzifers, von dem sich das Emblem der *Theosophischen Gesellschaft* ableitet; im Zentrum das von Flammen

---

[48] Vgl. Schibli: Skrjabin (wie Anm. 4), S. 227. In dem berühmt gewordenen Sammelband *Der Blaue Reiter* erschien 1912 ein Aufsatz von Leonid Sabanejew über Skrjabins „Prometheus": Leonid Sabanejew: Prometheus von Skrjabin. In: Der Blaue Reiter. Hg. v. Wassily Kandinsky u. Franz Marc. Dokumentarische Neuausg. v. Klaus Lankheit. 11. Aufl. München, Zürich 2009, S. 107–124.

[49] Rosa Newmarch (1857–1940) war eine theosophisch orientierte Literatin, die zahlreiche Bücher über verschiedene Komponisten und deren Werk verfasst hat. Seit 1897 arbeitete sie vor allem zur russischen Musik. Vgl. den Artikel zu Newmarch im Online-Lexikon Wikipedia (URL: http://www.en.wikipedia.org/wiki/Rosa_Newmarch [24.01.2011]).

[50] Rosa Newmarch: „Prometheus". The Poem of Fire. In: The Musical Times 55/854 (1. April 1914), S. 227–231, in Übers. zit. nach Schibli: Skrjabin (wie Anm. 4), S. 228f.

der Weisheit umkränzte androgyne Antlitz des Titanen Prometheus, über ihm die glühende Sonne, unter ihm das Erdenrund, dem Prometheus das Feuer brachte.

Auch wenn Skrjabin in Brüssel wahrscheinlich Kontakte zu einer geheimen Kultgesellschaft mit dem Namen „Söhne des Feuers der Weisheit" pflegte, die die Gestalt des Prometheus verehrte, kann von theosophischen *Quellen* der Anschauungen Skrjabins ernsthaft nicht gesprochen werden. Es lässt sich leicht zeigen, dass Skrjabin die Gestalt des Prometheus vor allem als symbolischen Ausdruck seiner eigenen Theorie des Schöpferischen verstand: „Prometheus ist ein Symbol", so zitiert ihn einer seiner Biografen, Wladimir Delson, „das in allen alten Lehren begegnet. Da ist die aktive Energie des Universums, das schöpferische Prinzip, es ist Feuer, Licht, Leben, Kampf, Kräftigung, Weisheit."[51] Dies war schon die Grundidee der 3. Sinfonie und des *Poème de l'extase*.

Die sinfonische Dichtung *Prométhée* ist ein Werk der Superlative. Das gilt nicht nur im Blick auf den exorbitanten Orchesterapparat, der neben der Bläserbesetzung mit acht Hörnern, fünf Trompeten, drei Posaunen und Tuba und einem Klavierpart als Symbol für den individualisierten Willen am Ende einen melismatisch singenden Chor als Sinnbild der befreiten Menschheit sowie eine den sakralen Charakter der Musik symbolisierende Orgel vorsieht, sondern auch im Blick auf eine revolutionäre Neuerung, deren Quellen bis in die Antike zurückreichen und in theosophischen und esoterischen Strömungen über Isaac Newton und Athanasius Kircher[52] bis in die Neuzeit und Moderne wirksam sind. Gemeint sind die analogischen Beziehungen zwischen Ton und Farbe. Skrjabin ist der erste Komponist, der eine synästhetische Verbindung von Tönen und Farben in einem Musikwerk realisierte und damit die Grenzen des rein Musikalischen überschritt.[53] Skrjabin bezog Farbwerte nicht auf einzelne Töne, sondern auf Tonarten. Im Ausgang von der subjektiv-individuellen Assoziation bestimmter Tonarten mit Farben – wie Fis-Dur mit blau, D-Dur mit gelb, sonnig, golden, F-Dur mit dunkelrot – ordnete Skrjabin die Farben des Farbspektrums in Analogie zu den Tonartenverwandtschaften im Quintenzirkel an (Abb. 2).[54]

Im Erstdruck der Partitur des *Prometheus* notierte Skrjabin an jeder Stelle der Partitur handschriftlich die ihm vorschwebenden Farben (Abb. 3). So findet man zu

---

[51] Schibli: Skrjabin (wie Anm. 4), S. 228.
[52] Vgl. Ulf Scharlan: Athanasius Kircher und die Musik um 1650. Versuch einer Annäherung an Kirchers Musikbegriff. In: Athanasius Kircher und seine Beziehungen zum gelehrten Europa seiner Zeit. Hg. v. John Fletcher. Wiesbaden 1988, S. 53–67.
[53] Zum kulturhistorischen Kontext der Synästhetik Skrjabins vgl. Deppermann: Rußland um 1800 (wie Anm. 7), S. 88ff.; Lobanova: Mystiker (wie Anm. 1), S. 255ff.; Rolf-Dieter Kluge: Zur Deutung der Musik in der Dichtungstheorie einiger russischer Romantiker und Symbolisten. In: Die Musikforschung 22 (1969), S. 13–22 sowie Marek Keprt: Skrjabins Farb-Ton Zuordnungen im Umfeld ähnlicher synästhetischer Bestrebungen in der Kunst seiner Zeit. In: Acta Universitatis Palachianae Olumucensis. Facultas Philosophica. Philosophica-Aesthetica 24 (2001), S. 127–150.
[54] Vgl. Schibli: Skrjabin (wie Anm. 4), S. 235ff.

den ersten Takten des Stücks die Eintragungen: „Mysteriöses Halbdunkel, grünlich-violett, flackernd, düstere, bleierne Schattierung, roter Abglanz, wieder Grün, etwas reiner das Bleierne".[55] Neben den Besetzungsangaben notierte Skrjabin in einer Liste von C ausgehend über den Quinten- und Quartenzirkel die Entsprechungen von Tönen und Farben.[56]

Ihre Realisierung sollte diese Farbensinfonie durch ein Farbenklavier, ein *Clavier à lumière* finden, das in der Partitur unter der Bezeichnung *luce* in einem herkömmlichen fünflinigen System zweistimmig notiert ist.[57] Die obere Stimme folgt dem Wechsel der Akkorde bzw. Tonarten, dem jeweils ein Farbwechsel entspricht. Die untere Stimme ist vom harmonischen Geschehen unabhängig und hat eine programmatisch-esoterische Bedeutung: Sie erstreckt sich über verschieden lang ausgehaltene Orgelpunkte und den jeweiligen Tönen entsprechende Farben. Die Reihe dieser Orgelpunkte ergibt die über den Ton *fis* aufgebaute siebenstufige Tonleiter mit chromatischen Zwischentönen, die freilich als solche nicht erklingen. Dieser Farbtonleiter hat Skrjabin eine theosophisch-symbolische Bedeutung zugesprochen:

> Die zweite Stimme entspricht der Involution und Evolution der Rassen. Am Anfang ist Geistigkeit – blaue Farbe –, dann geht es durch andere zur roten – der Farbe der Materialität –, und kehrt dann wieder zur blauen zurück.[58]

Die Farben bzw. das farbige Licht erhält damit eine eigenständige semantische Qualität. Da die ihnen zugesprochene symbolische Bedeutung dem intendierten Gehalt des musikalischen Geschehens entspricht, repräsentiert die Ebene der Farbkomposition eine selbstbezügliche Binnenreflexivität des musikalischen Werks als Ganzem. So sind die Farben im Wortsinne Reflex des musikalisch intendierten Gehalts.[59]

Die Realisierung des Luce-Parts erwies sich als problematisch. Die Moskauer Uraufführung am 2. [15.] März 1911 unter dem Dirigenten Kussewitzki fand mangels eines geeigneten Instruments ohne Farbeffekte statt. Mit einem befreundeten Elektroingenieur am Moskauer Technikum baute Skrjabin ein eigenes Lichtklavier,

---

[55] Vgl. Lobanova: Mystiker (wie Anm. 1), S. 271. Marina Lobanova hat die handschriftlichen Eintragungen in die *Promethée*-Partitur aus dem im Jahre 1978 von der Bibliothèque Nationale de France erworbenen Nachlass Leonid Sabanejews erstmals veröffentlicht (siehe ebd., S. 271–283). Die Eintragungen kamen während eines Gesprächs Sabanejews mit Skrjabin am 16.03.1913 im Restaurant ‚Praga' in Moskau zustande, wie einem entsprechenden Eintrag auf der ersten, leeren Partiturseite zu entnehmen ist; vgl. ebd., S. 266ff.
[56] Vgl. ebd., S. 269.
[57] Vgl. hierzu Joseph-Horst Lederer: Die Funktion der Luce-Stimme in Skrjabins op. 60. In: Alexander Skrjabin. Studien zur Wertungsforschung. Hg. v. Otto Kolleritsch. Bd. 13. Granz 1980, S. 128–141, und Horst Weber: Zur Geschichte der Synästhesie oder: Von den Schwierigkeiten, die Luce-Stimme in Prometheus zu interpretieren. In: Ebd., S. 50–57.
[58] Schibli: Skrjabin (wie Anm. 4), S. 242.
[59] Zum Themenkomplex ‚Farben' vgl. im vorliegenden Band auch den Beitrag von Renko Geffarth: Äther, Urlicht, Relativität. Weltformel und ‚wahre Erkenntnis' um 1900.

*Esoterik in der Musik der Moderne*

das er in einer Privataufführung im Musikzimmer seiner Wohnung vorführte. In einem Kreis auf einem runden Tisch aufgestellte farbige Lampen wurden mittels einer Klaviatur zum Leuchten gebracht (Abb. 4). Schwer vorstellbar, dass diese *Kammersinfonie für farbige Glühbirnen* den erwünschten Effekt erzielte. Erst moderne Licht- und Lasertechnik vermochte den synästhetischen Visionen Skrjabins näher zu kommen.[60]

Im Folgenden sind die Hauptthemen aus dem Beginn und Ausschnitte aus dem wiederum ekstatischen Schlussteil in der gebotenen Kürze vorzustellen. Das kann allerdings nicht geschehen, ohne eine weitere revolutionäre Neuerung zu erwähnen, mit der Skrjabin Musikgeschichte geschrieben hat. *Prometheus* ist das erste Werk, das das Gesetz der Tonalität gleichsam methodisch außer Kraft setzt. Organisierendes Zentrum ist nicht mehr eine Grundtonart und der ihr entsprechende Grundakkord, sondern ein sechstöniger, durch Schichtung von reinen, verminderten und übermäßigen Quarten erzeugter dissonanter Akkord (in der Grundstellung: *c-fis-b-e-a-d*).[61] Er wird nicht mehr aufgelöst, sondern bildet als Klangzentrum die Keimzelle aller melodischen, harmonischen und polyphonen Strukturen. Indem auf diese Weise jeder Teil zugleich das Prinzip des Ganzen repräsentiert und Teil und Ganzes einander wechselseitig bedingen, erscheint Skrjabins satztechnische Innovation als Ausdruck seines ganzheitlich-korrespondenzlogischen Denkens, ein Gedanke, dem hier nicht weiter nachgegangen werden kann. Aufgrund seiner harmonischen Vieldeutigkeit und tonalen Unbestimmtheit nannte Skrjabin den Prometheus-Akkord den „mystischen Akkord". Mit einem solchen ‚mystisch'-dissonanten Quart-Akkord beginnt die sinfonische Dichtung. Aus diesem über vier Takte im Tremolo und Pianissimo ausgehaltenen Akkord *a-dis-g-cis-fis-h* steigt in den gestopften Hörnern wie aus dem urzeitlichen Chaos eine Melodielinie auf, die ganz aus Tönen dieses Akkordes gebildet ist. Skrjabin nannte dieses Thema das *Thema des Prometheus* und deutete es als „Idee des schöpferischen Prinzips".[62]

---

[60] Vgl. die Hinweise zu synästhetischen Aufführungen des *Promethée* beim *Maggio musicale* 1980 in Florenz und 1981 im Ruhrgebiet bei Schibli: Skrjabin (wie Anm. 4), S. 244f. Weitere synästhetische Aufführungen fanden u.a. 2003 in Salzburg, 2007 in Omsk, 2008 in Düsseldorf und Jena und 2010 in New Haven statt.

[61] Zur Harmonik Skrjabins vgl. Zofia Lissa: Zur Genesis des ‚Prometheischen Akkords' bei A. N. Skrjabin. In: Musik des Ostens. Bd. 2. Kassel 1963, S. 170–183 und Gottfried Eberle: Zwischen Tonalität und Atonalität. Studien zur Harmonik Alexander Skrjabins. München, Salzburg 1978 sowie Lothar Hoffmann-Erbrecht: Skrjabins ‚Klangzentrenharmonik' und die Atonalität. In: Bericht über den internationalen musikwissenschaftlichen Kongress. Bonn 1970, Kassel 1971, S. 438–444; Carl Dahlhaus: Struktur und Expression bei Alexander Skrjabin. In: Ders.: Schönberg und andere. Gesammelte Aufsätze zur Neuen Musik mit einer Einl. v. Hans Oesch. Mainz u.a. 1978, S. 227ff. und schließlich Jörg Peter Mittmann: Grenzgänge. Anmerkungen zur harmonischen Analyse der Werke Skrjabins (2004) (URL: http://www.ensemblehorizonte.de/mittmann/aufsatz/Grenzgaenge.pdf [24.01.2011]).

[62] Zit. nach Schibli: Skrjabin (wie Anm. 4), S. 230.

*Prometheus*, T. 1–12.

Das zweite charakteristische Gebilde ist ein schneidendes Trompetenmotiv aus *staccato* gespielten Quartakkorden (T 21) und einer charakteristisch rhythmisch aufsteigenden Linie – nach Skrjabins Deutung das *Thema des Willens*.

*Prometheus*, T. 21–25.

Ein drittes Motiv erklingt in den Flöten unter der Vortragsbezeichnung *contemplatif* (T 26) – für Skrjabin das *Thema der Vernunft* bzw. das *Thema des menschlichen Bewusstseins*, das in der Folge Karriere machen wird. Es wird sodann markant vom Soloklavier aufgenommen (Takt 30) und in die aus der 5. Klaviersonate bekannten Arpeggio-Gesten des Aufflugs überführt (T 33 und 41).

*Esoterik in der Musik der Moderne* 575

*Prometheus*, T. 26–34.

Dann nimmt das äußerst turbulente Geschehen seinen Lauf, dessen Dramaturgie in den Grundzügen aus dem *Poème de l'Extase* bekannt ist.

Das zu Beginn nur kontemplativ und verhalten von der Flöte intonierte sog. *Vernunftthema* trägt am Ende den Sieg davon. Es wird unter der Vortragsbezeichnung *sublime, ma dolce* von acht Hörnern und den tiefen Streichern kraftvoll intoniert und alterniert mit dem bekannten imperialen Thema des Klaviers.

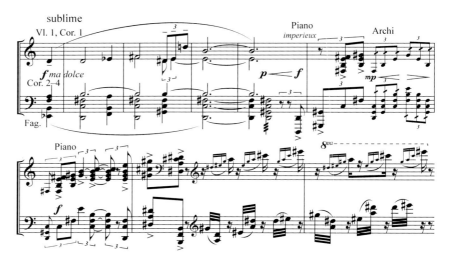

*Prometheus*, T. 370–378.

Dem folgt ein bizarrer Feuertanz (*très animé*, vor Ziffer 40), den das Klavier aufführt, und der sich unter den Vortragsanweisungen *de plus en plus lumineux et flamboyant* – immer leuchtender und flammender – immer mehr steigert (nach Ziffer 41). Der symbolisch gemeinte Kommentar *aigu, fulgurant* – hitzig, blitzend (Ziffer 45) – lässt den Klavierpart als musikalische Darstellung von züngelnden Flammen und Blitzen erscheinen. In Übereinstimmung hierzu verkündete das *Poème de l'Extase* am Ende: „Ein Flammenmeer erfasst das Weltall".

Auf dem Fortissimo-Höhepunkt dieses infernalischen Feuertanzes setzt im *pianissimo*, aber *extatique*, wie es in der Partitur heißt, der Chor ein (3 T. nach Ziffer 47) – Sinnbild der befreiten und neu erschaffenen Menschheit. Unter einem blendenden Lichtblitz, *avec un eclat éblouissant* (Ziffer 50), singt der Chor die Vokalfolge *E, A, O, HO, A, O, HO*. Ob mit dieser vielleicht doch nicht rein zufälligen Vokalfolge die theosophische Gestalt des *Oeahoo* – von Helena Blavatsky unter anderem als Symbol für den einigen „Ursprung von allem" und einer „ewig lebendigen Einheit" gedeutet –, gemeint ist und symbolisch die Funktion einer Beschwörungsformel übernimmt oder nicht, mag hier dahingestellt sein.[63]

---

[63] Vgl. Lobanova: Mystiker (wie Anm. 1), S. 292ff.; Blavatsky: The secret Doctrine (wie Anm. 41). Bd. 1, S. 68 u.ö.

*Esoterik in der Musik der Moderne* 577

*Prometheus*, T. 467–478.

Die wiederholten Eintragungen *flot lumineux* – feurig-leuchtende Welle – und *dans un vertige* – im Taumel – lassen keinen Zweifel daran, dass die finale Ekstase und, so sieht es das *Poème de l'Extase* vor, der alles erfassende Weltenbrand musikalisch inszeniert werden. Das bestätigen die handschriftlichen Eintragungen Skrjabins in der Partitur. Da ist von einem „Tanz mitten in den Feuern" die Rede – „grün, blau, lila" –, von „schrecklichen Flammen", die sich losreißen, von blendend weißen „Flammenzungen" und schließlich, zu den letzten Takten, von dem „Brand, der die ganze Welt umfasst".[64]

---

[64] Lobanova: Mystiker (wie Anm. 1), S. 283.

*Prometheus*, T. 594–606 (Schluss).

## IX Das *Mysterium* und die *Vorbereitende Handlung*

Das alles sollte aber nur Vorbereitung sein, Vorbereitung zu einem letzten, alles bisher Geschaffene überbietenden Werk, das Skrjabin *Mysterium* nannte.[65] Mit ihm beschäftigte sich Skrjabin seit 1904 bis zu seinem Tode. Es sollte ein Gesamtkunstwerk werden, das alle Künste unter der Leitung von Wort, Musik und Tanz wie in einem kontrapunktischen Gewebe vereinigen und auch alle Arten von Sinnesempfindungen mit einbeziehen sollte. Darüber hinaus sollte es nun auch die Grenzen der Kunst überschreiten. Als kollektives Ritual sollte es die Idee der alles

---

[65] Vgl. hierzu Schibli: Skrjabin (wie Anm. 4), S. 332ff.

*Esoterik in der Musik der Moderne*

beherrschenden Kraft des schöpferischen Geistes im Leben selbst wirksam werden lassen. Die Idee einer neuen Mythologie findet sich damit in das Projekt eines neuen *Mysteriums* transformiert, und die in Skrjabins Werk immer schon präsente Idee der Erlösung sollte ihre finale Realisierung finden, indem das Leben sich aus seiner gegenwärtigen Daseinsform zur einer höheren Daseins- und Bewusstseinsstufe verwandeln sollte. Sie sollte in Form eines dithyrambischen Tanzes in einer ekstatisch vollzogenen Identifikation mit dem Prinzip des all-einen und all-mächtigen schöpferischen Geistes erreicht werden. Der Ort des Geschehens sollte ein riesiger, amphitheatralisch angelegter runder Raum sein, der nur Mitwirkende, keine Zuschauer aufnehmen sollte. Diese sollten in hierarchisch gegliederten Abteilungen von den ‚Eingeweihten', darunter Skrjabin selbst, bis zu den Profanen um das Zentrum herum gruppiert werden. In ständigen zentripetalen und zentrifugalen Bewegungen sollten sich die Blöcke als Symbolisierung des Schöpfungsaktes bewegen.[66] Die Aufführung sollte sieben Tage dauern – eine Art kosmische Erinnerungsgeschichte vom Chaos über die Folge von sieben Menschheitsrassen, auch dies im Anschluss an Blavatskys *Geheimlehre*.[67] Die gegenwärtige Stufe sah Skrjabin als die fünfte, arische Stufe an. Die Zeit von der fünften zur finalen siebten Stufe sollte das Mysterium gleichsam in einem Zeitraffer zusammenfassen und auf diese Weise den Eintritt des erlösenden Endes beschleunigen.

Bereits im Sommer 1913 hatte Skrjabin jedoch mit der Arbeit an einem anderen Projekt begonnen, eine von ihm sogenannte *Vorbereitende Handlung*, deren Inhalt mit den *Mysterium*-Plänen identisch ist – mit der entscheidenden Ausnahme der apokalyptischen Transmutation des Lebens. Geplant war eine Komposition für Sprecherin, Solisten, Chöre, Orchester und Farbenklavier. Der Text ist unvollendet in einer ersten und einer zweiten, ebenfalls unvollständig überarbeiteten Fassung erhalten; von der musikalischen Komposition existieren 53 Blätter mit flüchtigen Skizzen.[68] Mit Bezug auf diesen konzeptionellen Wandel Skrjabins liegt der Ge-

---

[66] Vgl. ebd., S. 337.
[67] Blavatsky: The Secret Doctrine (wie Anm. 41). Bd. 2, S. 1–26: Cosmogenesis, darin S. 12–14: „Seven Cosmic Elements – Seven Races of Mankind".
[68] Den Text hat Sigfried Schibli zum ersten Mal in deutscher Übersetzung herausgegeben; vgl. Schibli: Skrjabin (wie Anm. 4), S. 367, 374ff. Die Skizzen zur Komposition hat Manfred Kelkel zuerst zugänglich gemacht, vgl. Kelkel: Scriabine (wie Anm. 3); vgl. hierzu auch Manfred Kelkel: Les esquisses musicales de l'Acte préalable de Scriabine. In: Revue de Musicologie LVII/1 (1971), S. 40–48, und Schibli: Skrjabin (wie Anm. 4), S. 342. Der russische Komponist Alexander Njemtin (1936–1999) und der frz. Komponist und Musikwissenschaftler Manfred Kelkel (1929–1999) haben selbstständige Komplettierungen der Skizzen unternommen. Alexander Nemtin arbeitete über 26 Jahre an einem über zweieinhalbstündigen Werk „Preparation for The Final Mystery" in drei Teilen (1. Universe, 2. Mankind, 3. Transfiguration) für großes Orchester, Chor, Solisten, Orgel, Klavier und Farbenklavier. Es wurde vom Deutschen Symphonie-Orchester Berlin, dem Ernst-Senff-Chor und dem St. Petersburger Kammerchor und Solisten unter der Leitung von Vladimir Ashkenazy bei Decca 466 329-2 (CD) eingespielt. Manfred Kelkel schrieb im Auftrag von Radio France ein „Tombeau de Scriabine, op. 22 – Transmutations symphoniques de fragments des esquisses musicales de la dernière œuvre, inachevée de Scriabine ‚L'Acte Préalable'" für großes Orchester sowie eine Fassung für Klavier

danke nicht fern, dass Skrjabin dem *Mysterium*-Projekt über ein Jahrzehnt in der Art einer Vision anhing, mit der er nicht am Ende scheiterte, sondern die eher den Status einer den Schaffensprozess beflügelnden ‚regulativen Idee' als den einer tatsächlich zu erreichenden Realität hatte. Versteht man den konzeptionellen Wandel so, dann erscheint auch das letzte, unvollendete Werk Skrjabins als Ausdruck einer aufgeklärten Esoterik. Denn das, was Skrjabin der Moderne auf dem Weg zu sich selbst mitgegeben hat und was auch der Gehalt der *Vorbereitenden Handlung* ist, das ist das leidenschaftliche Plädoyer für die Bestimmung des Menschen zur Freiheit, Autonomie und Kreativität sowie die Überzeugung, dass die Natur und auch die Weltgeschichte unter diesen Ideen begriffen werden können. Skrjabin hat diese Überzeugung nicht als eine wissenschaftliche Erkenntnis, sondern als einen Deutungsakt verstanden, ohne den der Mensch sich selbst und seinen Platz im Universum nicht zureichend verstehen kann. Das ist das Erbe der europäischen Aufklärung und ihrer Folgen in der idealistischen Philosophie der Geschichte und der Natur. Dass Skrjabin auf esoterische Vorstellungen und Symbole zurückgriff, ist aus der Frontstellung gegenüber dem entzauberten und dissoziierten Weltbild der neuzeitlichen Wissenschaft zu verstehen. Hier ist auf die eingangs zitierte Erklärung Skrjabins als Ausdruck seines antirealistischen und antinaturalistischen esoterischen Symbolismus' zurückzukommen: „Die Welt erscheint uns als Einheit, wenn wir die Dinge auf diese Weise betrachten. Die Wissenschaft entzweit die Dinge nur, alles in ihr ist Analyse und nicht Synthese."[69] Dass Skrjabin sich mit dieser seiner Überzeugung in Übereinstimmung mit den avantgardistischen Strömungen der Kunst seiner Zeit, insbesondere mit dem literarischen Symbolismus eines Wjatscheslaw Ivanov, Andrej Belyj und Alexander Blok und ebenso mit den an den Deutschen Idealismus anschließenden Ideen des einflussreichen russischen Philosophen Wladimir Solowjev einig wusste, kann und soll hier nur erwähnt werden.[70]

Am Ende soll ein Hinweis auf ein Klavierstück aus der letzten Komposition Skrjabins, den *Préludes op. 74*, stehen. Das zweite *Prélude* trägt die Überschrift *Très lent, contemplatif*. In dieses Stück sind Skizzen zur Musik der *Vorbereitenden Handlung* eingegangen, so der Anfang, ferner ein viertöniges chromatisch absteigendes Motiv und ein ostinates Bassmotiv aus zwei Quinten, die im Abstand eines

---

solo (CD-Aufnahme: Rarities of Piano Music at Husum Festival 1992; Danacord DACOCD 399).

[69] Zit. nach Schibli: Skrjabin (wie Anm. 4), S. 332.

[70] Vgl. hierzu Deppermann: Rußland um 1900 (wie Anm. 7), bes. S. 78ff. u. Johannes Holthusen: Studien zur Ästhetik und Poetik des russischen Symbolismus. Göttingen 1957; Lothar Hoffmann-Erbrecht: Alexander Skrjabin und der russische Symbolismus. In: Musik des Ostens 6 (1971), S. 185–196; sowie Malcolm Brown: Skriabin and Russian ‚Mystic' Symbolism. In: 19th-Century Music 3/1 (1979), S. 42–51.

Tritonus alternieren – keine Ekstase, sondern ein selbstvergessenes Meditieren auf jenem geheimnisvollen Weg, der nach innen führt, in dem nach Friedrich von Hardenberg, „die Ewigkeit mit ihren Welten"[71] zu finden ist.

---

[71] Novalis: Blütenstaub. In: Gesammelte Werke. Bd. 2: Fragmente 1: Blütenstaub. Glauben und Liebe. Philosophische Studien. Hg. v. Carl Seelig. Herrliberg, Zürich 1945, S. 13.

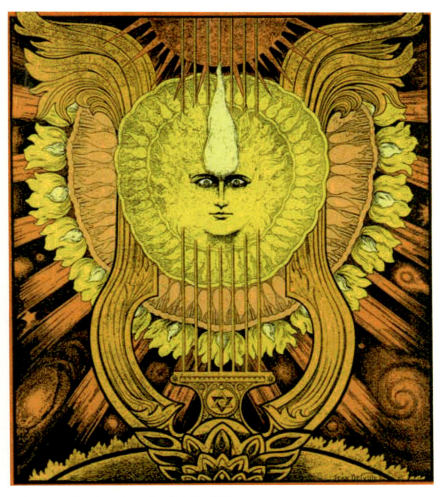

Abb. 1: Titelblatt Prometheus, Jean Delville, 1912

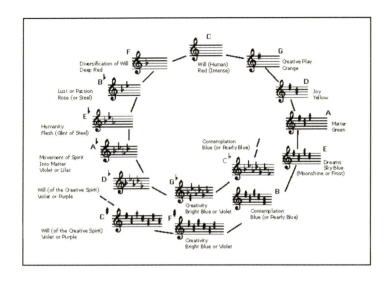

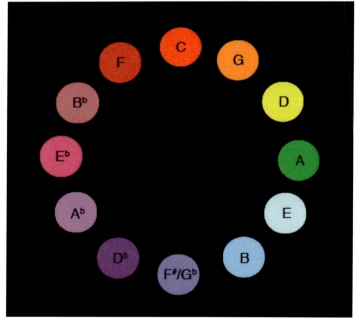

Abb. 2: Quintenzirkel und Farbenkreis

Abb. 3: Erstausgabe der Prométhée-Partitur mit handschriftlichen Notizen von Alexander Skrjabin. Bibliothèque Nationale de France.

Abb. 4: Skrjabins Farbenklavier

RAPHAEL ROSENBERG

# Die Kartographie der Aura aus dem Geist der Wirkungsästhetik. Synästhesie und das Verhältnis von Kunst und Esoterik um 1900

Esoterische Bewegungen sind seit einem halben Jahrhundert in das Blickfeld der kunsthistorischen Forschung geraten. Wegweisend war der finnische Kunstwissenschaftler Sixten Ringbom (1935–1992). In seinem 1966 veröffentlichten Aufsatz *Art in the ‚Epoch of the Great Spiritual': Occult Elements in the Early Theory of Abstract Painting* und in einer Reihe späterer Publikationen hat er versucht nachzuweisen, dass Künstler um 1910 die entscheidenden Anregungen für die „Erfindung" Abstrakter Kunst aus der Beschäftigung mit esoterischen Schriften bezogen haben.[1] Seine Untersuchungen konzentrierten sich auf Wassily Kandinsky. Andere Maler, insbesondere Franz Marc, Paul Klee und Piet Mondrian, kommen in Ringboms Schriften beiläufig vor, um die Tragweite der Argumentation besser zu verankern. Die Thesen des Kunsthistorikers aus dem südfinnischen Turku stellten die damalige Kunstgeschichte auf den Kopf und wurden anfangs nur zögerlich rezipiert, obgleich er von Ernst Gombrich, dem damaligen Direktor des Warburg Instituts, gefördert wurde.[2] Seit den 1980er Jahren nimmt allerdings die Zahl von Veröffentlichungen zum Verhältnis von Esoterik und Kunst stark zu. Zeitgleich haben umfangreiche Ausstellungen diese Deutung der Abstrakten Kunst auch jenseits des Fachpublikums populär gemacht.[3] Die Geburt der Abstraktion aus dem Geist

---

Ich danke Karl Baier, Michael Bergunder, Gerd Blum, Peter Geimer, Roland Halfen, Ulrich Kaiser und Helmut Zander für zahlreiche Anregungen, Tanja Jenni für ihre Hilfe bei den Recherchen.

[1] Zusammenhänge zwischen Kandinsky und der Theosophie waren bereits zuvor in der Forschung diskutiert worden (siehe insb. Terence H. Robsjohn-Gibbings: Mona Lisa's Moustache. A Dissection of Modern Art. New York 1947). Ringbom ist aber der erste, der Kandinskys Rezeption der Theosophie eingehend untersuchte. Siehe seine Biographie und Bibliographie in: Icon to cartoon. A tribute to Sixten Ringbom. Hg. v. Marja Terttu Knapas. Helsinki 1995 (Taidehistoriallisia tutkimuksia 16), S. 9–31 u. 355–374.

[2] Ebd., S. 18. Zum Verhältnis von Gombrich zu Ringbom siehe Ernst H. Gombrich: From Archaeology to Art History. Some Stages in the Rediscovery of the Romanesque. In: Icon to Cartoon (wie Anm. 1), S. 91–108.

[3] Siehe insb.: Zeichen des Glaubens, Geist der Avantgarde. Religiöse Tendenzen in der Kunst des 20. Jahrhunderts. Hg. v. Wieland Schmied (Ausst.-Kat. Berlin, Schloß Charlottenburg). Stuttgart 1980; The Spiritual in Art. Abstract Painting 1890–1985. Hg. v. Maurice Tuchman u. Judi Freeman (Ausst.-Kat. Los Angeles, County Museum). Los Angeles 1986; Okkultismus und Avantgarde. Von Munch bis Mondrian 1900–1915. Hg. v. Bernhard Apke u. Ingrid Ehrhardt (Ausst.-Kat. Frankfurt a.M., Schirn Kunsthalle). Ostfildern 1995 und Das Bauhaus und die Esoterik. Johannes Itten – Wassily Kandinsky – Paul Klee. Hg. v. Christoph Wagner (Ausst.-Kat. Hamm, Gustav-Lübcke-Museum u. Würzburg, Museum im Kulturspeicher). Bielefeld, Leipzig 2005. Neben Ringboms Fokus auf die Abstraktion bilden auch die spiritistische Fotografie (Im Reich der Phantome – Fotografie des Unsichtbaren. Hg. v. Andreas Fischer

der Esoterik ist eine der beliebtesten Meistererzählungen zur Kunst des 20. Jahrhunderts geworden. Reinhard Zimmermann hat vor kurzem zur Frage nach den Quellen Abstrakter Kunst sogar behauptet: „Doch führt nichts an der Tatsache vorbei, dass von allen je vorgeschlagenen Bezügen und Rezeptionen diejenigen zu Theosophie und Okkultismus mit Abstand dokumentarisch am besten belegt und am deutlichsten auch in der konkreten Malweise aufgezeigt werden können."[4]

Die zentralen Beweisstücke in Ringboms Argumentation sind zwei theosophische Bücher von Annie Besant und Charles Leadbeater aus den Jahren 1902 und 1905, die bemerkenswerte Farbillustrationen beinhalten (Abb. 5 u. 7–12).[5] Ringbom glaubt, dass diese Bücher einen entscheidenden Einfluss auf Kandinsky ausgeübt hätten.[6] Er verweist auf Kandinskys Interesse an der Theosophie und bemerkt einerseits, dass diese theosophischen Bilder ungegenständlich sind und damit die ersten abstrakten Gemälde dieses Malers vorwegnehmen, und dass sich andererseits Kandinskys Intentionen mit denen von Besant und Leadbeater insofern decken, als auch er den Anspruch erhebt, geistige Wirklichkeiten darzustellen. Darüber hinaus betont Ringbom den Stellenwert der Vibrationstheorie: Für Kandinsky und die Theosophen bestehen Farben und Töne letztlich aus gleichwertigen Vibrationen. Es gibt allerdings genauso gute Gründe, Ringboms Urteil in Frage zu stellen: Erstens sind Kandinskys Gemälde zwar wie die Illustrationen dieser theosophischen Bücher ungegenständlich, jedoch sehr verschieden von diesen eher schematischen Darstellungen. Eine direkte Anlehnung, etwa die Übernahme einzelner Formen, hat nicht stattgefunden. Zweitens ist die herausragende Bedeutung, die Ringbom Besant und Leadbeater als den Erfindern abstrakter Bilder zuweist, nicht haltbar. Zahllose ungegenständliche Bilder sind in Künstlerateliers und Kunsttraktaten des 18. und 19. Jahrhunderts unabhängig von esoterischen Zusammenhängen nachzuweisen (Abb. 1).[7] Diese Tatsache war Ringbom nicht unbe-

---

Ostfildern-Ruit 1997; Le troisième oeil. La photographie et l'occulte. Hg. v. Clément Chéroux. Paris 2004) sowie der ikonographische Niederschlag der Esoterik, etwa die Theosophie auf Max Beckmann, weitere Forschungsschwerpunkte in diesem Bereich (Friedhelm Willhelm Fischer: Max Beckmann. Symbol und Weltbild. Grundriss zu einer Deutung des Gesamtwerkes. München 1972).

[4] Reinhard Zimmermann: Von der Romantik zur Abstraktion? Die Esoterik und die historischen Grundlagen der abstrakten Kunst. In: Esoterik am Bauhaus. Eine Revision der Moderne? Hg. v. Christoph Wagner. Regensburg 2009, S. 55–72, hier S. 66.

[5] Charles Webster Leadbeater: Man Visible and Invisible. Examples of Different Types of Men as Seen by Means of Trained Clairvoyance. London 1902; Annie Besant, Charles W. Leadbeater: Thought-Forms. London u.a. 1905, letzteres bei Ringbom irrtümlich mit Datum 1901 (Sixten Ringbom: Art in ‚Epoch of the Great Spiritual'. Occult Elements in the Early Theory of Abstract Painting. In: Journal of the Warburg and Courtauld Institutes 24 (1966), S. 386–418, hier S. 397).

[6] „[T]hese colour illustrations can be regarded as the first non-objective representations [...] they must have appeared highly suggestive to Kandinsky, whose artistic vocabulary seems to have been influenced by the occult pictorial idiom" (Ringbom: Art [wie Anm. 5], S. 404f.).

[7] Für einen Überblick über die Kontexte solcher Bilder und zahlreiche Beispiele siehe Raphael Rosenberg: Turner – Hugo – Moreau. Entdeckung der Abstraktion. München 2007.

kannt, er hat aber versucht, sie herunterzuspielen.[8] Drittens spricht die Quellenlage dafür, dass Kandinsky von den Schriften Besants und Leadbeaters wenig beeindruckt war. Der Maler zitiert in seinem im Dezember 1911 veröffentlichten Buch *Über das Geistige in der Kunst* mehrfach Blavatsky und Steiner, nicht aber Besant und Leadbeater. In seinem Nachlass sind ausführliche Notizen zu Schriften von Steiner erhalten, Anmerkungen zu Besant oder Leadbeater konnten dagegen bis heute nicht nachgewiesen werden.[9]

Sixten Ringbom kommt das Verdienst zu, auf die Nähe von Esoterik und Kunst um 1900 hingewiesen zu haben. Seine Konstruktion eines Abhängigkeitsverhältnisses – der Abstrakten Kunst von der Esoterik – ist allerdings, wie es hier zu zeigen gilt, eine Fehldeutung. Die Ursache dieser Fehldeutung liegt vor allem in der Asymmetrie von Ringboms Analyse. Während er Kandinsky historisch-kritisch untersucht, fragt er nicht nach dem Kontext und nach den Grundlagen jener Theosophen, von denen er behauptet, sie wären die Quelle der Abstrakten Kunst gewesen. Diese Asymmetrie versuche ich mit dem vorliegenden Beitrag auszugleichen. Eine Untersuchung der gedruckten Schriften zeigt, dass seit dem ausgehenden 19. Jahrhundert führende Theosophen im Rahmen ihrer synkretistischen Vorgehensweise vielfach auch Anregungen aus der Kunst und Kunsttheorie geschöpft haben, vor allem aus wirkungsästhetischen Theorien, die in der Aufklärung wurzeln und um 1900 in fortschrittlichen Kunstschulen diskursbestimmend waren. Künstler wie Kandinsky fanden dadurch in der Theosophie Gedanken vor, die ihnen aus der eigenen Ausbildung vertraut waren.

---

[8] Erst im Epilog seines Buches kommt Ringbom auf die von Otto Stelzer gesammelten Beispiele früher ungegenständlicher Bilder zu sprechen (Sixten Ringbom: The Sounding Cosmos. A Study in the Spiritualism of Kandinsky and the Genesis of Abstract Painting. Abo 1970, S. 207–210; Otto Stelzer: Die Vorgeschichte der abstrakten Kunst. Denkmodelle und Vor-Bilder. München 1964). Er verbindet sie mit den Thesen von Klaus Lankheit und versucht, diese Werke durch die Konvergenz des romantischen und des esoterischen Spiritualismus in sein Erklärungsmodell zu integrieren (Klaus Lankheit: Die Frühromantik und die Grundlagen der ‚gegenstandslosen' Malerei. In: Neue Heidelberger Jahrbücher [1951], S. 55–90). Siehe dazu Peter Anselm Riedl: Kandinsky und die Tradition. In: Heidelberger Jahrbücher *22* (1978), S. 3–17 und Peter Anselm Riedl: Wassily Kandinsky in Selbstzeugnissen und Bilddokumenten. Reinbek bei Hamburg 1983, bes. S. 51f.

[9] Ringbom hat die Notizen publiziert, die Kandinsky bei der Lektüre von Steiner machte (Sixten Ringbom: Kandinsky und das Okkulte – Die Steiner-Annotationen Kandinskys. In: Kandinsky und München. Begegnungen und Wandlungen 1896–1914. Hg. v. Armin Zweite. München 1982, S. 85–105, hier S. 87). Über die Rezeption von Besant und Leadbeater ist lediglich bekannt, dass er sie in Briefen der 1920er Jahre erwähnt (siehe Willi Grohmann: Wassily Kandinsky. Leben und Werk. Köln 1958, S. 41).

I Blavatsky: Synästhesie als höhere Erkenntnis

Helmut Zander hat gezeigt, dass esoterische Bewegungen der Zeit um 1900 auf Diskursstränge zurückgehen, die die Etablierung der modernen Naturwissenschaft begleiten. Die Erfindung des Fernrohrs im frühen 17. Jahrhundert ermöglichte eine genauere Beobachtung von Planeten und Sternen. Die Erkenntnis, dass der Mond von Kratern übersät sei, aber keinerlei Spuren von Seelen und Göttern zeigt, führte zu einer tiefgreifenden Desillusionierung. Der metaphysische Himmel wurde zum physischen Weltall degradiert. Emanuel Swedenborg (1688–1772), Friedrich Christoph Oetinger (1702–1782), Gotthold Ephraim Lessing (1729–1781) und viele andere haben als Reaktion auf diese durch Sehhilfen forcierte Entweihung des Kosmos Theorien einer ‚höheren Erkenntnis' entwickelt. Grundidee dieser Theorien ist, dass es dem Menschen unter bestimmten Bedingungen möglich sei, das metaphysische Jenseits mit höheren, d.h. über-sinnlichen Organen wahrzunehmen. Der ‚Seher', der mit solchen Organen ausgestattet ist, ‚sieht' das Jenseits genauso wie der Astronom mit seinem Fernrohr die Krater des Mondes beobachtet. Diese Ansätze sollten das Objekt der (alten) Theologie mit dem empirischen Anspruch der (neuen) Naturwissenschaften in Einklang bringen. Phänomene, die man beobachten, aber naturwissenschaftlich nicht erklären konnte, rückten damit in den Mittelpunkt esoterischer Bewegungen;[10] dazu zählen der Magnetismus, die Hypnose, aber auch, was bislang übersehen wurde, die Synästhesie.

*Synästhesie* bezeichnet die Verknüpfung der Sinne. Das Wort wurde 1864 geprägt und hat sich im Verlauf des 20. Jahrhunderts eingebürgert.[11] Es handelt sich um eine nicht allzu seltene Anomalie der Sinneswahrnehmung,[12] bei der es anlässlich der „Stimulation einer Sinnesqualität – beispielsweise des Hörens oder des Riechens – zusätzlich in einer anderen Sinnesqualität, wie dem Sehen von Farben oder von geometrischen Figuren, zu einer Sinneswahrnehmung kommt". So die Definition des Psychiaters und Neurologen Hinderk Emrich, der ferner schreibt:

> Am häufigsten ist dabei das so genannte ‚farbige Hören' – auch als Farbenhören, ‚Audition colorée' und ‚coloured hearing' bezeichnet. Dabei führen Geräusche, Musik, Stimmen, ausgesprochene Buchstaben und Zahlen typischerweise zur Wahrnehmung bewegter Farben und

---

[10] Helmut Zander: Höhere Erkenntnis. Die Erfindung des Fernrohrs und die Konstruktion erweiterter Wahrnehmungsfähigkeiten zwischen dem 17. und dem 20. Jahrhundert. In: Trancemedien und Neue Medien um 1900. Hg. v. Markus Hahn u. Erhard Schüttelpelz. Bielefeld 2009, S. 17–55.
[11] Ludwig Schrader: Sinne und Sinnesverknüpfungen. Studien und Materialien zur Vorgeschichte der Synästhesie und zur Bewertung der Sinne in der italienischen, spanischen und französischen Literatur. Heidelberg 1969, S. 46–55.
[12] Die Häufigkeit von Synästhesie ist umstritten. Neueste Studien schätzen, dass zwei bis vier Prozent der Bevölkerung davon betroffen sind. In einer Studie mit Zürcher Kunststudenten waren es sieben Prozent (Nicolas Rothen u. Beat Meier: Higher Prevalence of Synaesthesia in Art Students. In: Perception 39/5 [2010], S. 718–720). Die Anlage scheint in hohem Maße vererbbar zu sein (Kylie J. Barnett u.a.: Familial Patterns and the Origins of Individual Differences in Synaesthesia. In: Cognition 106/2 [2008], S. 871–893).

Formen. Sie werden von den Betroffenen in die Außenwelt oder auch ins Kopfinnere projiziert. Auf einem ‚inneren Monitor', der allerdings keine räumliche Begrenzung aufweist, erscheinen dann meist vorbeilaufende farbige Strukturen, Kugeln oder langgestreckte vorüberziehende dreidimensionale Gebilde mit charakteristischen Oberflächen, beispielsweise samtigen, glitzernden oder auch gläsernen oder metallischen Flächen.[13]

Mir sind keine interkulturellen empirischen Studien über Synästhesie bekannt. Nach dem derzeitigen Stand der Forschung darf aber angenommen werden, dass das Phänomen unabhängig von Erziehung und Kultur entsteht, wahrscheinlich in Verbindung mit spezifischen Schaltungen zwischen bestimmten Gehirnarealen.[14] Synästhesie dürfte also ein von soziohistorischen Rahmenbedingungen relativ unabhängiges Phänomen sein, auch wenn es erst spät beschrieben wurde. Die ersten Erwähnungen datieren aus der Zeit um 1700,[15] eine vertiefte Auseinandersetzung beginnt in den 1870er Jahren, die ältesten systematischen Abhandlungen entstehen in den 1880er und 1890er Jahren und stammen vielfach aus der Feder führender Psychologen bzw. Psychiater wie Francis Galton (1822–1911), Théodore Flournoy (1854–1920) und Eugen Bleuler (1857–1937).[16] Zwischen den 1880er und 1930er Jahren erlebt die Synästhesieforschung einen Boom (Tab. 1). Allein im Jahr 1893 erscheinen 24 Titel, genauso viele wie zwischen 1786 und 1863 zusammengenommen.[17] Die sich damals etablierende experimentelle Psychologie versuchte, Wahrnehmung und Denken wissenschaftlich zu erfassen und die Bandbreite menschlicher Fähigkeiten und Reaktionen zu quantifizieren. In diesem Kon-

---

[13] Hinderk M. Emrich, Udo Schneider u. Markus Zedler: Welche Farbe hat der Montag? Synästhesie. Das Leben mit verknüpften Sinnen. Stuttgart u.a. 2002, S. 11f. Zur Synästhesie um 1900 vgl. auch den Beitrag von Jürgen Stolzenberg im vorliegenden Band.
[14] Edward M. Hubbard u. Vilayanur S. Ramachandran: Neurocognitive Mechanisms of Synesthesia. In: Neuron 48/3 (2005), S. 509–520 und das Sonderheft: Synaesthesia, Journal of Neuropsychology 5/2 (2011), S. 145–371.
[15] Albert Wellek: Farbenharmonie und Farbenklavier. Ihre Entstehungsgeschichte im 18. Jahrhundert. In: Archiv für die gesamte Psychologie 94 (1935), S. 347–375, hier bes. S. 349f.
[16] Eugen Bleuler u. Karl Lehmann: Zwangsmässige Lichtempfindungen durch Schall und verwandte Erscheinungen auf dem Gebiete der anderen Sinnesempfindungen. Leipzig 1881; Francis Galton: Inquiries into Human Faculty and its Development. London 1883; Théodore Flournoy: Des phénomènes de synopsie (audition colorée): photismes, schèmes visuels, personnifications. Paris, Genève 1893.
[17] Friedrich Mahling hat die bislang umfangreichste Geschichte der Synästhesieforschung verfasst (Friedrich Mahling: Das Problem der ‚Audition colorée'. Eine historisch-kritische Untersuchung. In: Archiv für die gesamte Psychologie 57 [1926], S. 165–301). Meine Tabelle ergänzt seine bis 1926 sehr vollständige Bibliographie mit Daten aus PsycInfo (abgerufen am 02.05.2011). Eine vergleichbare Aufstellung von John Harrison ist sehr unvollständig (John Harrison: Wenn Töne Farben haben. Synästhesie in Wissenschaft und Kunst. Heidelberg 2007, S. 27). Beide zeigen jedoch, dass seit den 1930er Jahren das Interesse an der Synästhesie abrupt nachgelassen hat, da diese im Kontext des neuen behavioristischen Paradigmas uninteressant wurde. Seit den 1990er Jahren gibt es ein erneutes experimentelles Interesse an Synästhesie, diesmal unter dem Vorzeichen der Neurologie: Man versucht anhand bildgebender Messungen von Gehirnaktivität die Verknüpfung der Sinnesbereiche zu erklären und hofft, dass über die Synästhesie hinaus Erkenntnisse über die Funktion des Gehirns gewonnen werden können.

text war das Phänomen der Synästhesie interessant, weil es am Rand der Normalität angesiedelt ist und weil es Rätsel aufwirft, die als Herausforderung für diese junge Wissenschaft angesehen wurden. Ähnliches gilt für Erscheinungen, die später unter dem Begriff der ‚Parapsychologie' zusammengefasst wurden.[18] Die Biographie des Schweizers Théodore Flournoy, der 1893 ein erstes umfangreiches Handbuch über Synästhesie verfasst hat, ist charakteristisch für diese Ausrichtung der neuen Disziplin. 1878/79 studiert Flournoy bei Wilhelm Wundt in Leipzig, während dieser das erste Labor für experimentelle Psychologie aufbaut. 1891 begründet er den Lehrstuhl für Psychologie an der Universität Genf, den weltweit ersten, der an einer naturwissenschaftlichen Fakultät angesiedelt ist. Damit einhergehend richtet Flournoy 1892 das erste Labor für experimentelle Psychologie in der Schweiz ein.[19] Sein grundlegendes Buch über *Synopsien* (1893) zeigt, wie sehr sich die Einstellung zur Synästhesie in dieser Zeit verändert. Während man bis in die 1860er Jahre hinein die ‚audition colorée' als Pathologie wahrgenommen hatte, etwa als ein zu viel an Farben polar zur Farbblindheit,[20] versteht Flournoy diese als eine ‚Gabe' und bedauert, sie nicht selbst zu besitzen.[21] In den Jahren nach den Studien über Synästhesie widmet sich Flournoy mit einem unverändert hohen wissenschaftlichen Anspruch spiritistischen Phänomenen.[22]

Théodore Flournoy ist nicht der einzige Naturwissenschaftler, der sich um 1900 für ‚esoterische' Phänomene interessiert. Seine Biographie zeigt, dass die Grenze zwischen Esoterik und Wissenschaft im ausgehenden 19. Jahrhundert durchlässiger war als heute. Die Akteure lassen sich zwar deutlich unterscheiden, sowohl auf Grund ihres methodischen Vorgehens – Experiment und Quellenkritik auf der einen, Hellsehen und unkontrollierte Ereignisse wie spiritistische Sitzungen auf der anderen Seite – wie auch durch ihre institutionelle Einbindung: öffentliche Universitäten versus private Gesellschaften. Beide Seiten interessieren sich aber für dieselben Phänomene und konkurrieren um deren Deutungshoheit. Dabei ist es auffällig, dass in dieser Zeit auf der Seite der Esoterik der Ruf nach einem wissenschaftlichen Vorgehen steigt und es seitens der Naturwissenschaften keine Scheu gibt, esoterische Praktiken anzuwenden. So hat beispielsweise Jean-Martin Charcot

---

[18] Auf die Verwandtschaft von Synästhesie und Vision hat bereits Karl Clausberg hingewiesen und in diesem Zusammenhang – ausgehend von Walter Benjamin – auch die Aura, etwa die Migräne-, Haschisch- und Kunst-Aura, kulturgeschichtlich diskutiert. Explizit lässt er dabei allerdings die „theosophisch-spiritistischen Modeströmungen" aus (Karl Clausberg: Aura als Ausdruck – Synästhesien der Beseelung. In: Ausdruck, Ausstrahlung, Aura. Synästhesien der Beseelung im Medienzeitalter. Hg. v. Karl Clausberg. Bad Honnef 2007, S. 41–86, hier S. 71).

[19] Serge Nicolas, Agnes Charvillat: Théodore Flournoy (1854–1920) and Experimental Psychology. Historical Note. In: The American Journal of Psychology 111/2 (1998), S. 279–294, hier S. 280–283.

[20] So Charles Aug. Édouard Cornaz: Des abnormités congéniales des yeux et de leurs annexes. Lausanne 1848, S. 150, zit. nach Mahling: Audition colorée (wie Anm. 17), S. 190, der die Veränderung der Einstellungen detailliert nachzeichnet.

[21] Flournoy: Synopsie (wie Anm. 16), S. 2.

[22] Nicolas, Charvillat: Flournoy (wie Anm. 19), S. 288–290.

(1825–1893), Chef-Arzt der Pariser Salpêtrière und weltweit erster Inhaber eines Lehrstuhls für Neurologie, die Hypnose nicht nur als Objekt wissenschaftlicher Studien betrachtet, sondern auch als Mittel der Therapie eingesetzt, und man vergisst gerne, dass Hypnose an deutschen Universitäten bis in die 1950er Jahre von Psychiatern gelehrt und praktiziert wurde (etwa zur Behandlung von Enuresis).[23]

Die 1875 in New York gegründete *Theosophische Gesellschaft* ist um die Jahrhundertwende die international erfolgreichste esoterische Bewegung. Leitfigur und Mitbegründerin dieser Gesellschaft war Helena Petrovna Blavatsky (1831–1891), die Theosophie als eine den Naturwissenschaften überlegene, okkulte Wissenschaft definiert:[24] „The true occultist is acquainted with no single problem that esoteric science is unable to solve." Blavatsky legt dar, dass die „akademische", „westliche"[25] Wissenschaft nur die physische Realität berücksichtige, während der Theosoph auch das einbeziehe, was dem bloßen Auge unzugänglich sei, das Psychische und das Geistige. In einem Aufsatz mit dem programmatischen Titel *Occult or Exact Science?* gibt Blavatsky 1886 verschiedene Beispiele von Phänomenen, die sich dem Zugriff der Naturwissenschaften entziehen, während sie von der Theosophie erklärt werden können. Aufschlussreich ist, dass sie dabei zuerst und am ausführlichsten die Synästhesie diskutiert.[26] Sie berichtet von einem Mädchen, das Klänge mit Farben assoziierte und beim Klavierspiel der Mutter beglückende Regenbogen sah. Die besorgten Eltern ließen einen Arzt kommen, der dem Mädchen mehr physische Bewegung verschrieb. Blavatsky behauptet aber, dass das Mädchen keineswegs krank, sondern ‚sensitiv' sei: Es besitze die Gabe übersinnlicher Wahrnehmung.[27]

Die Instrumentalisierung der Synästhesie durch die Theosophie war in zweierlei Hinsicht vielversprechend. Einerseits diente Synästhesie als Exempel, um die Überlegenheit der Theosophie gegenüber der akademischen Wissenschaft zu beweisen. Blavatsky tritt mit dem Anspruch auf, ein Phänomen zu erklären, dessen Ursachen der universitären Wissenschaft verborgen bleiben. Auf der anderen Seite lieferte diese Erklärung den für die Theosophie entscheidenden Beweis dafür, dass es jenseits des Sichtbaren eine Wirklichkeit gibt, die von manchen Menschen, also etwa von denen, die eine theosophische Schulung durchlaufen haben, wahrgenommen werden kann. Im Rahmen dieses Aufsatzes geht Blavatsky allerdings nicht ins Detail. Der Leser erfährt nichts darüber, was der Synästhetiker sieht,

---

[23] Steffen Böhm u.a. zeigen am Beispiel der Entstehung der Psychoanalyse, wie es nur sehr allmählich zu einer schärferen Grenzziehung kam (Steffen Böhm u.a.: Verdrängte Ursprünge. In: Jahrbuch für Universitätsgeschichte 12 [2009], S. 13–39).
[24] Helena Petrovna Blavatsky: Occult or Exact Science? In: The Theosophist 7/79 (1886), S. 422–431 u. 481–494, zit. nach ders.: Collected Writings. Bd. 7. 3. Aufl. Madras u.a. 1987 [zuerst 1959], S. 55–90, hier S. 55.
[25] Blavatsky verwendet die Bezeichnungen „Exact Science" und „Western Science" als Synonyme (ebd., S. 78).
[26] Ebd., S. 56–68.
[27] Ebd., S. 57 u. 64.

welche höheren Schichten des Daseins er wahrnimmt. Offensichtlich hat sie sich zu diesem Zeitpunkt noch kaum Gedanken darüber gemacht. Das liegt aber auch daran, dass die Begründerin der *Theosophischen Gesellschaft* zwischen öffentlich verfügbarem, ‚exoterischem' und geheimem, ‚esoterischem' Wissen trennt. Was ‚Sensitive' durch ihre höheren Wahrnehmungsorgane sehen, beschreibt sie in Texten, die an die *Esoteric Section of the Theosophical Society* adressiert sind, einen 1888 gegründeten, exklusiven inneren Schülerkreis.[28] Dort heißt es, dass Synästhetiker die übersinnliche Aura, die eiförmig jeden Menschen umgibt, wahrnehmen. Demnach verraten die Farben und Formen dieser Aura dem Seher, was dem gewöhnlichen Auge verborgen bleibt – seinen Charakter, seine geistige Entwicklung, seine Gefühle und Gedanken:

> Not only Adepts and advanced Chelas, but also the lower order of psychics, such as clairvoyants and psychometrists, can perceive a psychic Aura of various colors around every individual, corresponding to the temperament of the person within it. In other words the mysterious records within the Auric Egg are not the heirloom of trained Adepts alone, but sometimes also of natural psychics. Every human passion, every thought and quality, is indicated in the Aura by corresponding colors and shades of color, and certain of these are sensed and felt rather than perceived. The best of such psychics, as shown by Galton, can also perceive colors produced by the vibrations of musical instruments, every note suggesting a different color.[29]

Die Aura ist keine theosophische Erfindung. Die Vorstellung, dass eine mehr oder weniger unsichtbare Hülle den Menschen umgibt, reicht bis in die Antike zurück. Ältere Vorstellungen, etwa im Christentum[30] und im Buddhismus,[31] gehen von einer Lichtsphäre als Auszeichnung besonderer Menschen aus – dem Nimbus der Heiligen oder die Mandorla Christi. Die demokratische Vorstellung, wonach alle Menschen eine Aura besitzen, erscheint erst später.[32] Eine systematische Ge-

---

[28] Zur Geschichte der *Esoteric Section* siehe Henk J. Spierenburg: The Inner Group Teachings of H. P. Blavatsky to her Personal Pupils, 1890–91. San Diego 1996, S. vii–xxviii.

[29] Helena Petrovna Blavatsky: Collected Writings. 15 Bde. Wheaton, Ill. u.a. 1972–2002, hier Bd. 12. 1987, S. 621. Es handelt sich um die dritte *Instruction* für die esoterische Schule, ein Text, der 1889–90 entstand. Siehe auch ebd., S. 565.

[30] Arnold Angenendt: Heilige und Reliquien. Die Geschichte ihres Kultes vom frühen Christentum bis zur Gegenwart. München 1997, S. 115–119.

[31] Deborah Klimburg-Salter u. Maurizio Taddei: The Usnisa and the Brahmarandhra: An Aspect of Light Sybolism in Gandharan Buddha Images. In: Aksayanivi. Hg. v. Gouriswar Bhattacharya. New Delhi 1991, S. 73–93.

[32] Karl Baier hat mich darauf aufmerksam gemacht, dass diese Vorstellung in mesmeristischen Kreisen verbreitet ist. So schreibt Jung-Stilling 1808: „Im natürlichen Zustand ist die Menschenseele unsichtbar; die magnetisch Schlafenden aber sehen sie wie einen himmelblauen Lichtschimmer, der den ganzen Körper auf eine gewisse Weise umgiebt, *so daß also jeder Mensch einen seelischen Dunstkreis um sich her hat* […]" (Johann Heinrich Jung-Stilling: Theorie der Geister-Kunde in einer natur-, vernunft- und bibelmäsigen Beantwortung der Frage: Was von Ahnungen, Gesichten und Geistererscheinungen geglaubt und nicht geglaubt werden müße. Nürnberg 1808, S. 62). Carl Kluge berichtet von Somnambulen, die das elektrische Fluidum von Magnetiseuren in verschiedenen Formen und Dynamiken, aber auch mit teils wechselnden Farben wahrnehmen, abhängig vom Material, durch das es fließt (Carl Alexander Ferdinand Kluge: Versuch einer Darstellung des Magnetismus als Heilmittel. Berlin

schichte der Vorstellungen von Aura steht noch aus, Blavatsky dürfte darin eine wichtige Rolle spielen. Ihre Verknüpfung von Aura und Synästhesie ist, soweit ich sehe, gänzlich originell, und sie hatte tiefgreifende Folgen – weniger für das Verständnis der Synästhesie als für dasjenige der Aura. Durch die Angleichung mit den Erfahrungen der Synästhetiker öffnete Blavatsky den Weg, die Aura mit einer differenzierten Vielfalt charakteristischer Farben und Formen zu beschreiben.

## II Leadbeater und Besant: Die Kartographie der Aura aus dem Geist der Kunsttheorie

Blavatsky behauptet also, dass der Synästhetiker und der mit übersinnlichen Organen ausgestattete Eingeweihte Auren sehen, dass sie auf Grund ihrer Farbnuancen Emotionen und Gedanken wahrnehmen können. Was aber ‚sehen' sie dabei genau? Was bedeuten die einzelnen Farben? Die 1891 verstorbene Gründerin der Theosophie hat nur vereinzelte und äußerst summarische Aussagen darüber getroffen.[33] Nach ihrem Tod ist das Thema von ihren Adepten intensiv diskutiert worden. Führende Figuren der *Theosophischen Gesellschaft* haben wiederholt Publikationen beigesteuert. Wichtig für die Ausbildung einer anschaulichen Vorstellung von Auren waren insbesondere Alfred Percy Sinnett (1840–1921), der zeitweilige Vizepräsident der *Theosophischen Gesellschaft Adyar*, Annie Besant (1847–1933), die nach Auseinandersetzungen und Spaltungen die Leitfigur dieser internationalen Bewegung wurde, und Charles Leadbeater (1847–1934). Leadbeater zählte zwar nicht zum engeren Schülerkreis von Blavatsky, der *Inner Group* der *Esoteric Section*,[34] und nahm auch später keines der höchsten Ämter in der Gesellschaft ein. Er sprach aber offensiver als andere Theosophen über eigene übersinnliche Erfahrungen und war mehrere Jahrzehnte lang aufs Engste mit Besant verbunden. Man gewinnt den Eindruck, dass er sie mit esoterischem Wissen versorgte und sich damit unentbehrlich gemacht hat.[35]

Sinnett hat 1893 einen Vortrag mit dem Titel *The Human Aura* veröffentlicht. Darin versucht er nach eigenen Angaben anhand der Aussagen verschiedener Hellseher („clairvoyants") die spärlichen Hinweise von Blavatsky zu erweitern. Erst-

---

1815, S. 118–122). Blavatskys älteste Äußerungen zur Aura (ab 1880) zeigen, dass sie von einer magnetischen Aura im Sinne Mesmers ausgeht (siehe Lemma „Aura[s]" versus das erst in späteren Schriften verwendete „Auric Egg [or Envelope]" im Index von Blavatsky: Collected Writings [wie Anm. 29]. Bd. 15. 1991, S. 45f.).

[33] Blavatsky: Collected Writings (wie Anm. 29). Bd. 12, S. 565–567. Siehe auch Spierenburg: Inner Group (wie Anm. 28), passim und William Quan Judge: The Culture of Concentration. In: The Path. A Magazine Devoted to the Brotherhood of Humanity 3 (1888), zit. nach der Onlinepublikation (URL: http://hpb.narod.ru/CultureConcentration.htm [27.01.2010]).

[34] Sein Name taucht in den von Spierenburg publizierten Listen nicht auf (Spierenburg: Inner Group [wie Anm. 28], S. xiii–xxxiii).

[35] Vgl. Anne Taylor: Annie Besant. A Biography. Oxford u.a. 1992, S. 282, 290 u. 294.

mals beschreibt er die Bedeutung einzelner Farben, etwa die Auswirkung eines Zornesausbruchs: „an outburst of anger will charge the whole aura with deep red flashes on a dark ground, while sudden terror will in a moment change everything to a mass of ghastly livid grey." Derart konkrete Angaben kommen in dem zwanzig Seiten langen Text allerdings nur vereinzelt vor, am ehesten über die Farbe Rot: „[R]ed of one kind may indicate anger of a brutal and selfish type, red of another tint may represent what would more correctly be called ‚noble indignation', while other more delicate tints of red, again, are directly associated with the emotion of love, even in its loftier and purer aspect." Sinnett schreibt ferner: „The purpose of this publication scarcely require me to attempt anything like a complete catalogue of the various colours that may be discerned in auras, with the special significance attached to each."[36]

Es dauerte nur zwei Jahre, bis Leadbeater einen solchen Katalog der Farben und ihrer Bedeutung in einem Aufsatz mit dem schlichten Titel *The Aura* publizierte.[37] Der Text ist in der Zeitschrift *The Theosophist* wie auch als Sonderdruck mit einem Vorwort von Henry Steel Olcott, dem damaligen Präsidenten der *Theosophischen Gesellschaft*, erschienen.[38] Bei dem selbstständigen Druck wird der Artikel mit einem erklärenden Untertitel versehen: *An Enquiry Into the Nature and Functions of the Luminous Mist Seen About Human and Other Bodies*. Diese Erläuterung zeigt, dass sich der Begriff *Aura* selbst in theosophischen Kreisen noch nicht eingebürgert hatte. Mit dem Begriff *Enquiry* macht Leadbeater deutlich, dass er, ganz im Sinne Blavatskys, Theosophie als eine empirische Wissenschaft, als Erforschung des Übersinnlichen versteht. Entsprechend gibt er vor, Ergebnisse von Untersuchungen darzustellen, die über längere Zeit von unabhängigen Betrachtern gemacht wurden: „It is the result of a series of investigations pursued for some years by several independent trained observers."[39] Leadbeater erläutert, dass Auren nicht nur an Menschen beobachtet werden, sondern auch bei Tieren, Bäumen und Gesteinen.[40] Er geht davon aus, dass die Aura in sieben aufsteigende Ebenen geteilt ist, von denen bis zu fünf sichtbar sind,[41] wobei er sich auf den seelischen Zustand (dritte Ebene) und die Persönlichkeit (vierte Ebene) konzentriert. Obgleich Leadbeater Sinnetts Text nicht erwähnt, geht seine Abhandlung teils wörtlich auf diesen zurück. So schreibt er beispielsweise: „Deep red flashes on a black ground show anger."[42]

---

[36] Alfred Percy Sinnett: The Human Aura. In: Transactions of the London Lodge of the Theosophical Society 18 (1893), S. 3–23, hier S. 16, 19 u. 21.
[37] Charles W. Leadbeater: The Aura. In: The Theosophist 17 (1895), S. 134–141.
[38] Charles W. Leadbeater: The Aura. An Enquiry into the Nature and Functions of the Luminous Mist seen about Human and other Bodies. Madras 1895. 1897 kam es zu einer zweiten Auflage.
[39] Leadbeater: The Aura (wie Anm. 37), S. 134f.
[40] Ebd., S. 135.
[41] Ebd., S. 136.
[42] Ebd., S. 139.

Im September 1896 veröffentlicht Annie Besant in dem von ihr herausgegebenen *Lucifer. A Theosophical Magazine* einen Aufsatz unter dem Titel *Thought Forms*. Sinnett und Leadbeater werden nicht erwähnt, obgleich sie die Grundlage des Textes bilden. Besant definiert Gedankenformen (*thought-forms*) als den Teil der Aura, in dem Seele und Geist sichtbar werden.[43] Dies deckt sich mit der dritten und vierten Ebene von Leadbeater, dessen Farbpalette sie nahezu wörtlich übernimmt. Während der Text wenig innovativ ist, geht sie in einem entscheidenden Punkt über ihre Vorgänger hinaus: Sie illustriert ihren Bericht anhand von zwölf Zeichnungen, die auf vier Farbtafeln gedruckt sind (Abb. 2).[44] Auch Besant agiert mit dem Gestus der experimentellen Wissenschaftlerin; die Entstehung der Bilder erläutert sie folgendermaßen:

> The pictures of thought-forms herewith presented were obtained as follows: two clairvoyant Theosophists observed the forms caused by definite thoughts thrown out by one of them, and also watched the forms projected by other persons under the influence of various emotions. They described these as fully and accurately as they could to an artist who sat with them, and he made sketches and mixed colours, till some approximation to the objects was made.

Warnend vermerkt sie dabei, es handle sich um verallgemeinernde Vereinfachungen:

> It may be well to remark that, in this last respect, our illustrations are a little misleading, for the thought-forms of which the air is full are far more composite than those selected as examples. These drawings represent simple thoughts and passions, of characteristic types, whereas most of those seen by the clairvoyant are exceedingly mixed.[45]

Annie Besant leitet mit diesem Aufsatz eine Wende der Aura-Vorstellungen ein. Wie Wilhelm Conrad Röntgen nur wenige Monate früher, im Dezember 1895, die unsichtbaren ‚X-Strahlen' durch fotografische Aufnahmen sichtbar und damit glaubwürdig gemacht hatte, verleiht sie der unsichtbaren Aura durch farbige Bilder Anschaulichkeit und damit eine höhere Überzeugungskraft.[46] Die Verwendung von Illustrationen verstärkt einen Wechsel der Referenzen, der bereits in Leadbeaters Aufsatz begonnen hatte: Die Aura wird als Bild mit Begriffen der Kunst und

---

[43] „Mental and desire bodies" (Annie Besant: Thought-Forms. In: Lucifer. A Theosophical Magazine 19 [April 1896], S. 65–75, hier S. 68).
[44] Ebd.; dieser Aufsatz, der sowohl den Titel wie auch die gesamte inhaltliche Ausrichtung des gleichnamigen Buches (Besant, Leadbeater: Thought-Forms [wie Anm. 5]) vorwegnimmt, ist in der einschlägigen Sekundärliteratur übersehen worden, so auch in Rosenberg: Abstraktion (wie Anm. 7), S. 305–307, was dazu führte, dass ich Besants Beitrag gegenüber jenem von Leadbeater unterschätzt hatte. Aufschlussreich ist, dass sich Besant auf Baraduc beruft, der bereits zuvor versucht hatte, Gedanken fotografisch, d.h. bildlich, festzuhalten (Besant: Thought-Forms [wie Anm. 43], S. 66f.).
[45] Ebd., S. 67 u. 70.
[46] Vgl. Helmut Zander: Rudolf Steiner. Die Biografie. München, Zürich 2011, S. 174. Röntgenbilder wurden bereits wenige Monate nach ihrer Erfindung allerorts hergestellt und reproduziert. Siehe Fotografie und das Unsichtbare 1840–1900. Hg. v. Corey Keller u.a. Wien 2009, S. 34f. u. Taf. 115–140.

Kunsttheorie diskutiert, während okkulte bzw. theologische Kategorien zweitrangig werden. Obgleich Besant vorgibt, übersinnliche Tatsachen zu beschreiben, lehnt sich der Text formal und inhaltlich an die Analyse der Bestandteile von Bildern und deren Wirkung an. Einerseits setzt sie zentrale und etablierte Begriffe der Kunstliteratur ein. Analog zum Bild des Künstlers spricht sie von der „Herstellung" (*production*) von Gedankenformen und beschreibt deren Eigenschaften, als seien es Zeichnungen eines Künstlers mit den Kategorien Farbe, Form und Umriss: „Three general principles underlie the production of all thought-forms : 1. Quality of thought determines colour. 2. Nature of thought determines form. 3. Definiteness of thought determines clearness of outline."[47] Auf der anderen Seite sind auch die Inhalte ihrer Darstellung vielfach der Kunst und Kunsttheorie entnommen. Um bei dem bereits gegebenen Beispiel zu bleiben, sei die Stelle über die Aura eines zornigen Menschen zitiert: „Anger gives rise to red, of all shades from lurid brick-red to brilliant scarlet; brutal anger (Fig. 4 [hier in Abb. 2]) will show as flashes of lurid dull red from dark-brown clouds".[48] Diese Zeilen sind nahezu wörtlich aus den Aufsätzen von Sinnett und Leadbeater übernommen. Neu ist aber das Bild, in dem Zorn als rote Zickzack-Linie erscheint, die einer Wolke entspringt. Auf den ersten Blick erscheint diese Bilderfindung originell. Dass diese Darstellung des Zornes verständlich, ja geradezu einleuchtend ist, beruht allerdings auf der Verwendung von mindestens drei verschiedenen Elementen künstlerischer Diskurse. *Erstens* in Hinblick auf die Farbe: Rot wird in den wirkungsästhetischen Farbenlehren nicht nur als die kräftigste und aktivste Farbe, sondern häufig auch als Ausdruck innerer Aufwallungen beschrieben. So hält Giovanni Paolo Lomazzo in seinem *Trattato dell'Arte de la pittura* (1584) fest, dass „Rot Rache konnotiert".[49] Es ist das umfangreichste Malerei-Traktat des 16. Jahrhunderts und zugleich das erste, in dem die Wirkung der einzelnen Farben ausführlich diskutiert wird. James Usher behauptet in dieser Tradition zwei Jahrhunderte später: „Colours, like notes of music, affect the passions; red incites anger".[50] Und so notiert Goethe in seiner Farbenlehre von 1810:

> Das angenehme heitre Gefühl, das uns das Rotgelbe noch gewährt, steigert sich bis zum unerträglich Gewaltsamen im hohen Gelbroten [...]. Die aktive Seite ist hier in ihrer höchsten Energie, und es ist kein Wunder, dass energische, gesunde, rohe Menschen sich besonders an dieser Farbe erfreuen.[51]

---

[47] Besant: Thought-Forms (wie Anm. 43), S. 70f.
[48] Ebd., S. 71.
[49] „Il rosso che denota vendetta" (Giovanni Paolo Lomazzo: Trattato dell'arte de la Pittura. [...] Diviso in sette libri. Ne' quali si contiene tutta la Theorica & la prattica d'essa pittura. Milano 1584, S. 205).
[50] James Usher: Clio. Or, a Discourse on Taste. Adressed to a Young Lady. The second Edition, with large Additions. Dublin 1770, S. 175.
[51] Johann Wolfgang Goethe: Zur Farbenlehre. Tübingen 1810, S. 774f.

*Zweitens* in Hinblick auf die Linie: Seit der Mitte des 18. Jahrhunderts entwickelt sich eine ästhetische Beschreibung der verschiedenen Linienarten. In diesem Kontext schreibt beispielsweise 1755 Moses Mendelssohn: „viele schnell durcheinander fahrende Linien [könnten, R. R.] den Zorn [...] abbilden."[52] *Drittens* ist die Verbindung von Wolke und gezackter Linie (Blitz) eine direkte Anleihe bei Darstellungen Jupiters, des zornigen Gottes, der, in Wolken thronend, Blitze schleudert (Abb. 3). Sinnett und Leadbeater hatten bereits aus älteren Farbenlehren geschöpft, Annie Besant baut einerseits auf deren Aufsätzen auf, macht andererseits weitere Anleihen bei Kunst und Kunstdiskursen. Das ist umso weniger überraschend, als sie in London, bevor sie sich der Theosophie zuwandte, in künstlerisch-intellektuellen Kreisen verkehrte. Sie war mit dem Dichter George Bernard Shaw eng befreundet und stand in Verbindung mit dem Künstler William Morris.[53]

Zwar gibt es in den ersten Jahren nach Blavatskys Tod noch weitere Publikationen über diesen Themenbereich,[54] soweit ich das beurteilen kann, wurde der theosophische Diskurs im Wesentlichen jedoch durch die drei Aufsätze von Sinnett, Leadbeater und Besant geprägt. Nach der Veröffentlichung dieser Texte war die Materie so wichtig und umfangreich geworden, dass ihre Abhandlung in Buchform weiter geführt wurde. Ein erster theosophischer Band zu diesem Thema, vermutlich das älteste Buch über die Aura überhaupt, erscheint bereits im Dezember 1896. Der Verfasser, Auguste Jean Baptiste Marques (1841–1929), ist Gründungspräsident der *Hawaiischen Theosophischen Gesellschaft*. Anders als Sinnett, Leadbeater und Besant gehört er nicht zur ersten Reihe des theosophischen Führungszirkels. Er beruft sich ausführlich auf Sinnetts Aufsatz und übernimmt dessen knappen Titel, *The Human Aura*.[55] Obgleich er sich kritisch über Leadbeater und Besant äußert, paraphrasiert er ihre Texte und Bilder. So ist, um bei unserem Beispiel zu bleiben, seine Darstellung von „physical Fear with anger, a black and grey mist, with electrical flashes of explosive passion" (Fig. 7 in Abb. 3) eine Zusammenstellung des Blitzes aus der Wolke, wie es Besant für „brutal anger" gezeichnet hatte, mit ihrer zentrifugalen Darstellung des „explosive anger" (Fig. 4 und 6 in Abb. 2).

Retrospektiv betrachtet kann man diese Publikationen der 1890er Jahre als Auftakt für die im ersten Jahrzehnt des 20. Jahrhunderts erschienenen und bereits

---

52 Moses Mendelssohn: Über die Empfindung (1755). Gesammelte Schriften. Jubiläumsausgabe. Hg. v. Fritz Bamberger. Bd. 1: Schriften zur Philosophie und Ästhetik I. Berlin 1929, S. 116. Zur Geschichte des ästhetischen Diskurses über Linien siehe Rosenberg: Abstraktion (wie Anm. 7), S. 19–32.
53 Taylor: Besant (wie Anm. 35), passim.
54 Siehe die Bibliographie von Auguste Jean Baptiste Marques: The Human Aura. San Francisco 1896, S. 75f.
55 Das Copyright ist auf Dezember 1896 datiert. Besants Aufsatz von 1896 wird kritisch rezipiert (ebd., S. 36), aber im Gegensatz zu Leadbeaters Text von 1895 nicht in Marques Literaturverzeichnis aufgenommen. Umgekehrt ist eine kritische Rezension von Marques Buch in *Lucifer* 19 (Feb. 1897), S. 522f., signiert A.M.G., erschienen.

erwähnten theosophischen Klassiker bezeichnen: *Man Visible and Invisible* (1902 von Leadbeater, Abb. 5) und *Thought Forms* (1905 von Besant und Leadbeater, Abb. 11). Zwei komplementäre Bände, die eine systematische Kartographie der Aura konstruieren, einen Atlas des Übersinnlichen im Mikrokosmos. Während die Schriften der 1890er Jahre nur von einem kleinen theosophischen Kreis gelesen und entsprechend von der neueren Forschung übersehen wurden, sind die Bücher von 1902 und 1905 mehrfach aufgelegt und vielfach übersetzt worden. Seit Sixten Ringbom stehen sie im Mittelpunkt der kunsthistorischen Auseinandersetzung mit Esoterik. Im ersten, *Man Visible and Invisible,* führt Leadbeater die Überlegungen aus, die er im Aufsatz über die Aura sieben Jahre zuvor niedergelegt hatte. Dies wird bereits im Frontispiz deutlich, wo er die Farbskala des Aufsatzes fast wörtlich wiedergibt, allerdings mit visuellen Mitteln (Abb. 5).[56] Zu sehen ist eine Palette aus 25 quadratischen Farbproben, wie sie im 19. Jahrhundert sowohl in Kunstlehrbüchern (Abb. 6),[57] als auch in Kunsthandlungen üblich waren.[58] Leadbeater geht es allerdings nicht um die Anordnung, Herstellung und/oder Benennung der einzelnen Farbtöne, sondern um ihre Bedeutung im Hinblick auf die seelische und geistige Verfassung desjenigen, in dessen Aura sie vorkommen. Das helle Violett links oben ist beispielsweise Ausdruck von ‚High Spirituality', das Rosa in der Mitte von ‚High Unselfish Affection', das Schwarz rechts unten von ‚Malice'. Das Buch enthält 25 weitere Tafeln, die als farbige Offsets gedruckt wurden.[59] Die meisten (22) präsentieren verschiedene Formen der menschlichen Aura – ovale Bilder, in denen wolkige Farben und Muster komponiert sind. Die Vielfalt dieser Bilder und die Qualität der Entwürfe sind bemerkenswert. Vier Beispiele mögen das veranschaulichen. Zuerst erläutert Leadbeater die Aura eines ‚Savage', der mit wulstigen Lippen und breiter Nase negroide Züge trägt (Abb. 7). Allen Beteuerungen der Theosophie über die Gleichheit der Menschen zum Trotz ist die koloniale Einstellung des Autors unübersehbar. Leadbeater führt aus, dass das Bild das ungezügelte, ganz von der Sinnlichkeit bestimmte Seelenleben des Wilden widerspiegelt.[60] Die ungeordneten, form- und symmetrielosen Farbflächen werden als

---

[56] Vgl. mit Leadbeater: The Aura (wie Anm. 38), S. 139 wo es beispielsweise heißt: „Thick, black clouds in the aura usually indicate hatred and malice. [...] Luminous lilac-blue, which indicates higher spirituality". Auch die Reihenfolge der Farben ist beibehalten worden, von unten rechts nach oben links verlaufend. Die Beschreibung der Farben wird im Buch in einem eigenen Kapitel noch einmal etwas ausführlicher diskutiert (Leadbeater: Man Visible [wie Anm. 5], S. 80–86).

[57] Siehe beispielsweise auch M[ary] Gartside: An Essay on Light and Shade, on Colours, and on Composition in General. London 1805, Tab. I u. II.

[58] Etwa von der Wasserfarbenfirma *Winsor & Newton* (siehe ein 1898 datiertes Beispiel unter URL: http://www.etsy.com/listing/78120621/watercolor-paint-chart-sale-vintage [30.10.2011]).

[59] Sie werden, eigentlich irreführend, als „Photochromogravuren" bezeichnet und sind von *Lyons & London* hergestellt.

[60] „[I]n turning to the corresponding astral body (Plate VII.) we shall find it almost entirely uncontrolled. Accordingly, we see how enormous a proportion of this vehicle of desire is occu-

Entsprechungen eines ungeschliffenen Innenlebens verstanden. Die Analogie ist vergleichbar mit Besants bereits zitierter Aussage, wonach die Klarheit der Umrisse der Bestimmtheit von Gedanken entspreche. Scharf umrissene rote Blitze, die aus schwarzen Wolken hervorspringen, sind das Hauptmotiv der Aura eines heftig erzürnten Mannes (Abb. 8), eine Zeichnung, die eine weitere Adaptation von Besants Bild des „brutal Anger" (Fig. 4 in Abb. 2) ist. Abbildung 9 stellt die Aura eines reizbaren Menschen dar („irritable man"). Die scharlachroten Striche, die wie Verletzungen von oben auf ihn herabprasseln, beschreibt Leadbeater als Ausrufezeichen und deutet sie als die vielen Verärgerungen, durch die sich der Mann aus der Ruhe bringen lässt.[61] Schließlich ist die Aura einer deprimierten Person (Abb. 10, „deep depression") durch parallel verlaufende graue Ringe bestimmt. Der als Silhouette etwas undeutlich auszumachende deprimierte Mann scheint in einem nebelartigen Käfig eingesperrt zu sein, aus dem er nicht auszubrechen weiß – Leadbeater spricht an dieser Stelle mit poetischer Verve vom „Nebel der Verzweiflung".[62] Auch hier wird deutlich, dass die Bilder der Aura in der wirkungsästhetischen Tradition wurzeln, da beispielsweise bereits Lomazzo die Farbe Grau mit Trauer und Melancholie in Verbindung gebracht hatte.[63] Leadbeaters Rückgriffe auf die Kunstgeschichte reichen aber noch weiter. Wenn er einen „durchschnittlichen" bzw. „fortgeschrittenen" Menschen (im Gegensatz zum Wilden) darstellen will, so verwendet er die Silhouette von Polyklets *Doryphoros* (Abb. 9), jener Skulptur, die im Griechenland des 5. Jahrhunderts *den* Proportionskanon des Menschen veranschaulichen sollte.[64] Leadbeater gibt an, dass der Theosoph Graf Maurice Prozor die Bilder nach den Angaben des Autors gemalt habe.[65] Prozor könnte mit dem gleichnamigen, um 1900 aktiven Übersetzer von Ibsens Dramen ins Französische identisch sein. Als bildender Künstler lässt er sich aber

---

pied exclusively by sensuality, indicated by the very unpleasant brown-red which is almost blood-colour" (Leadbeater: Man Visible [wie Anm. 5], S. 88).

[61] „The case of the irritable man [...] what especially differentiates him [...] is the presence in all parts of the astral body of little floating flecks of scarlet, somewhat like notes of exclamation. These are the result of little accessions of irritation at the small worries which are constantly occurring in ordinary life. [...] These spots gradually fade away, but their places are taken by others, for the irritable man is never at a loss for subjects of annoyance" (ebd., S. 109).

[62] „[T]here are only too many who yield themselves to these feelings, and allow the fog of despair to close round them until all the world looks black" (ebd., S. 111).

[63] „Or per cominciare, troviamo che i colori neri, lucidi, terrei, plumbei, & oscuri generano per gli occhi nell'animo, riguardante della qualità loro laquale non è altro che tristezza, tardità, pensiero, melancolia, & simili" (Lomazzo: Trattato [wie Anm. 49], S. 201). Weitere Vergleichsstellen aus der neueren Literaturgeschichte in Günter Butzer: Metzler-Lexikon literarischer Symbole. Stuttgart u.a. 2008, S. 137f.

[64] Leadbeater verwendet neben dem „Savage" (Taf. V–VII) sowohl die Silhouette des *Doryphoros* mit angewinkeltem linken Arm (für die namengebende Lanze, die er ursprünglich trug, Taf. VIII–X, XIV–XV, XVII–XVIII, XXV), wie auch eine Variation davon, bei der der rechte Arm in die Hüfte gestemmt ist (Taf. XI–XII, XVI, XIX–XXIV). Die nur schwer auszumachende Silhouette der Taf. XIII ist vermutlich eine dritte Variante.

[65] Leadbeater: Man Visible (wie Anm. 5), *Author's Note* auf der ersten unpag. Seite.

nicht nachweisen. Die Frage, wie groß sein Anteil an den Kompositionen war, muss vorerst offen bleiben,[66] man kann und muss aber festhalten, dass die Bilderfindungen sehr originell sind und dass es ihnen auf bemerkenswerte Weise gelingt, Stimmungen und Eigenschaften sichtbar zu machen. Es sind gelungene (Kunst)werke, obgleich sie, zumindest explizit, keinen ästhetischen Absichten folgen.

Leadbeaters Buch ist inhaltlich nichts anderes als eine ausdifferenzierte und um viele Details bereicherte Durchführung seines älteren Aufsatzes. Die entscheidende Neuerung besteht aber darin, dass er dem Beispiel Besants folgt und hier mit Bildern arbeitet. Damit entsteht eine neuartige Qualität, die maßgeblich zum Erfolg der Publikation beigetragen haben dürfte. Die gesamte Argumentation des Buches beruht auf der Wechselwirkung zwischen Text und Bild – etwa so wie bei kunsthistorischen Publikationen. Der Text erläutert das Bild, und das Bild macht die Aussage, d.h. die Aura, anschaulich und damit plausibel. Das ähnelt der Vorgehensweise von Besants Aufsatz von 1896 (Abb. 2). Im Vergleich dazu sind Leadbeaters Bilder (Abb. 7–10) komplexer und – zumindest graduell – anschaulicher. Sie emanzipieren sich vom Status der Illustration. Anders als bei Besant ist der Text weder in der Lage noch willens, die Bilder vollständig zu erklären, ihre Bedeutung gänzlich zu übersetzen. Wichtiger als die Erklärung ist, dass die Bilder eine hohe Evidenz besitzen, ihre Bedeutung leuchtet in der Regel ein. Leadbeater überzeugt einerseits als Schriftsteller durch eine anschauliche Beschreibung des Bildes und andererseits als Maler durch gelungene Charakterisierungen. Er erreicht diese Evidenz dadurch, dass er die in Kunsttheorien diskutierten Eigenschaften von Farbtönen und Linien verwendet und auf tradierte ikonographische Elemente zurückgreift. Ob derartige Zuordnungen – Grau für Trauer, rote Blitze für Zorn – kulturell verschieden, dem historischen Wandel unterliegen oder aber evolutionär bedingt und damit anthropologisch konstant sind, braucht an dieser Stelle nicht diskutiert zu werden.

Die Kartographie der Aura war der Mitte der 1890er Jahre ein gemeinsames Projekt von Annie Besant und Charles Leadbeater. Wenn Besant 1896 von „two clairvoyant Theosophists" als Urheber der Erkenntnisse über die Aura spricht, so kann kein Zweifel daran bestehen, dass Leadbeater der zweite war. Ihre Zusammenarbeit auf diesem Gebiet wird allerdings erst 1905 aktenkundig, als sie das Buch *Thought-Forms* gemeinsam veröffentlichen. Das Werk hat das gleiche Format und ein fast identisches Frontispiz (Abb. 11) wie *Man Visible and Invisible* (Abb. 5). Während Letzteres die Aura des Menschen erläutert, wird nun behauptet, dass Gefühle, Gedanken und Musik eigene übersinnliche Erscheinungen besitzen, die als Gedankenformen (*thought-forms*) bezeichnet und detailliert vorgestellt werden. Es handelt sich um eine stark überarbeitete und im Text und Bildteil erweiterte Form des gleichnamigen Aufsatzes Besants von 1896. Von Grund auf neu

---

[66] Skizzen und weitere Unterlagen zu dieser Publikation könnten in dem derzeit schwer zugänglichen Archiv der *Theosophischen Gesellschaft* in Adyar erhalten sein.

ist das letzte Kapitel, *Forms Built by Music*,[67] das drei bemerkenswerte Bilder von Konzerten beinhaltet (Abb. 12). Bilder, die der Hellseher angeblich noch Stunden nach der Aufführung über dem Aufführungsort – einer kleinen Kirche mitten in der Landschaft – wahrnehmen kann.[68] Bei der *thought-form* des hier abgebildeten Konzertes von Richard Wagner sollen die überaus monumentalen, bergförmigen Gebilde den Gesamteindruck der Musik wiedergeben:

> [F]or no other composer has yet built sound edifices with such power and decision. [...] in Plate W[agner] we have a still greater and richer form, in the depiction of which all detail is avoided, in order that the full effect of the piece as a whole may be approximately given.[69]

Die Idee eines musikalischen Bildes, das sichtbar und simultan ganze Konzerte in zweidimensionale farbige Flächen umsetzt, war damals nicht neu. Sie lässt sich bis 1725 zurückverfolgen und geht, wie ich andernorts ausführlich gezeigt habe, auf Louis-Bertrand Castel (1688–1757), einen der frühen Verfechter einer wirkungsästhetischen Farbenlehre, zurück.[70] Castel verwendete dabei bereits die auch von Besant und Leadbeater aufgegriffene Vorstellung von Vibrationen als tertium comparationis zwischen Musik- und Farbtönen: Beide verursachen Vibrationen, durch die sie sich dem Rezipienten vermitteln. Die Äquivalenz bestimmter musikalischer und farblicher Töne erklärt sich durch die Gleichheit ihrer Vibrationen. Besants und Leadbeaters Rezeption der Castelschen „Farbenmusik" zeigt einerseits, wie tief ihre Auseinandersetzung mit der wirkungsästhetischen Tradition ist, andererseits wie sehr sie sich für Kunst – in diesem Fall Musik – interessieren. Castel hatte 1725 die Umsetzung von Konzerten in ungegenständliche Bilder als harmonische Wandbehänge (*tapisseries harmoniques*) bezeichnet. Er vergleicht sie mit marmoriertem Papier und erklärt, dass jeder Ton, jede Harmonie, jeder Rhythmus umzusetzen sei. Er selbst hat allerdings nie versucht, solche Wandbehänge zu realisieren. Abstrakte Bilder nach musikalischen Stücken werden erst im 20. Jahrhundert gemalt.[71] Besant und Leadbeater sind mit Mikalojus Čiurlionis (1875–1911) die ersten, die solche Übersetzungen verwirklicht haben.

Mit den Musikbildern in *Thought-Forms* (1905) schließt sich nach zwei Jahrzehnten der Kreis, der 1886 mit Blavatskys Interesse für das Sehen von Farben beim Hören von Musik (Synästhesie) begonnen hat. Er führte zu einer esoterischen Re-

---

[67] Besant, Leadbeater: Thought-Forms (wie Anm. 5), S. 75–84.
[68] „Such forms remain as coherent erections for some considerable time – an hour or two at least; and during all that time they are radiating forth their characteristic vibrations in every direction" (ebd., S. 78).
[69] Ebd., S. 82f.
[70] Siehe Rosenberg: Abstraktion (wie Anm. 7), S. 44–46 u. 307–309.
[71] Vom Klang der Bilder. Die Musik in der Kunst des 20. Jahrhunderts. Hg. v. Karin von Maur. München 1985; Judith Zilcer: „Color Music": Synaesthesia and Nineteenth-Century Sources for Abstract Art. In: Artibus et Historiae 8/16 (1987), S. 101–126; Sons & lumières. Une histoire du son dans l'art du XXe siècle. Hg. v. Sophie Duplaix. Paris 2004; Andrea Gottdang: Vorbild Musik. Die Geschichte einer Idee in der Malerei im deutschsprachigen Raum 1780–1915. München, Berlin 2004.

zeption von Kunst und Kunsttheorien und zu originellen Bildern. An dieser Stelle ist es wichtig, den Unterschied zwischen Synästhesie auf der einen Seite und der Beschreibung von Eigenschaften in der Tradition der wirkungsästhetischen Theorie andererseits zu unterstreichen.[72] Synästhesien stellen sich bei denjenigen, die davon betroffen sind, automatisch und zwangsläufig mit jeder entsprechenden Sinneswahrnehmung ein. Sie können nicht unterdrückt werden, und sie sind in hohem Maße individuell verschieden. Welche Bereiche miteinander verknüpft und vor allem *wie* diese verknüpft werden, ist bei jedem Synästhetiker anders. Nehmen wir beispielsweise die häufigen synästhetischen Verknüpfungen von Vokalen und Farben: I ist für den einen Weiß, für den anderen Karminrot und für den dritten Blau.[73] Die wirkungsästhetische Tradition erhebt demgegenüber den Anspruch, objektive Effekte oder zumindest intersubjektiv nachvollziehbare Qualitäten zu beschreiben – etwa, dass Rot eine aktive, Blau dagegen eine passive Farbe sei. Gerade dieses universalistische Postulat macht die wirkungsästhetische Theorie für die monistische Esoterik attraktiv.

Zusammenfassend lässt sich festhalten, dass es im späten 19. und frühen 20. Jahrhundert einen fruchtbaren Austausch zwischen Kunst und Esoterik gegeben hat. Künstler waren insbesondere an der Theosophie interessiert und fanden dort, so wie viele andere Zeitgenossen, Alternativen zu Positivismus und Materialismus auf der einen und zu den tradierten Kirchen auf der anderen Seite. Viele Maler wurden durch okkultistische Vorträge und Schriften inspiriert, etwa bei den Themen ihrer Kunst.[74] Umgekehrt schöpften Annie Besant und Charles Leadbeater bei der Konstruktion der ‚Aura' entscheidende Anregungen aus Kunstgeschichte und Kunsttheorie. Im Hinblick auf die ‚Erfindung' der Abstrakten Kunst muss damit der These von Sixten Ringbom widersprochen werden. Die Tatsache, dass Kandinsky sich für die Theosophie, kaum aber für die Publikationen von Besant und Leadbeater interessiert, lässt sich leicht erklären: Was er dort über die Bedeutung von Farben und Formen fand, war ihm weitgehend bekannt. Die wirkungsästhetischen Grundlagen der Abstrakten Kunst, deren wichtigste Wurzeln im 18. Jahrhundert liegen, haben die Okkultisten von den Künstlern und Kunsttheoretikern gelernt – und nicht umgekehrt.

---

[72] Selbst in der einschlägigen Literatur wird diese Unterscheidung häufig übersehen, etwa bei Mahling. Siehe beispielsweise seine Ausführungen über Kandinsky (Mahling: Audition colorée [wie Anm. 17], S. 257).

[73] Siehe die sehr aufschlussreiche Zusammenstellung verschiedener früher Forscher und Dichter in Schrader: Sinnesverknüpfungen (wie Anm. 11), S. 37.

[74] Siehe zwei exemplarische Studien, die jeweils für Österreich und die Niederlande breitgefächerte Untersuchungen geleistet haben: Astrid Kury: „Heiligenscheine eines elektrischen Jahrhundertendes sehen anders aus [...]". Okkultismus und die Kunst der Wiener Moderne. Wien 2000, und Marty Bax: Het web der schepping theosofie en kunst in Nederland van Lauweriks tot Mondriaan. Amsterdam 2006.

## III Steiner: Wirkungsästhetische Erfahrungen als Vorbedingung und Kompensation für übersinnliche Erlebnisse

Die Konstruktion der Aura erreicht mit den Büchern Besants und Leadbeaters von 1902 und 1905 einen Höhepunkt und zugleich einen Abschluss. Mir sind keine späteren theosophischen Publikationen bekannt, die das Thema in größerem Umfang weitergeführt hätten. Die Einbindung von Kunst und Kunsttheorie in die Esoterik ist aber vor allem von Rudolf Steiner vertieft und verstärkt worden. Er hat die theosophische Rezeption wirkungsästhetischer Theorien weit über die von Besant und Leadbeater gesetzten Maßstäbe hinaus geführt und im Rahmen seiner Anthroposophie den Künsten eine zentrale Stellung eingeräumt.

Der österreichische Gelehrte, Feuilletonist und Vortragsredner Rudolf Steiner (1861–1925) kommt im Herbst 1900 in Kontakt mit theosophischen Kreisen in Berlin. Der Freidenker wendet sich damals der Esoterik zu. Bereits im Oktober 1902 erfolgt seine Wahl zum Sekretär der neu gegründeten deutschen Sektion der *Theosophischen Gesellschaft*. Binnen weniger Jahre wird er zum populärsten Okkultisten des kontinentalen Europa.[75] Die Aura ist neben der Geschichte von Mysterien und Mystik sowie der Seelenwanderung eines der ersten theosophischen Themen, mit denen sich Steiner intensiv beschäftigt. Im Juni 1903 begründet er in Anlehnung an das gleichnamige von Annie Besant herausgegebene Publikationsorgan eine deutsche theosophische Zeitschrift namens *Luzifer*.[76] Im vierten Heft dieser Zeitschrift (September 1903) setzt er sich bereits mit Leadbeaters Bildern der Aura auseinander. Anfang 1904 verfasst er eine einschlägige Artikelserie *Von der Aura des Menschen*.[77] Der Vergleich mit den entsprechenden Schriften von Leadbeater und Besant ist aufschlussreich, auch um Steiners Position am Anfang seiner okkultistischen Laufbahn zu bestimmen. Als erstes fällt der unterschiedliche Sprachduktus auf: Steiners Argumentation ist zwar kolloquialer vorgetragen,[78] intellektuell aber weitaus anspruchsvoller, erkenntnistheoretisch reflektierter. Darüber hinaus sind Steiners Aussagen komplexer und vielschichtiger. Deutlicher als

---

[75] Zur Biographie Steiners siehe zuletzt Zander: Steiner (wie Anm. 46).
[76] Seit 1904 *Lucifer mit der Gnosis* bzw. *Lucifer Gnosis*.
[77] Rudolf Steiner: Die Kultur der Gegenwart im Spiegel der Theosophie. Bruno Wille und C. W. Leadbeater. In: Luzifer. Zeitschrift für Seelenleben und Geisteskultur 1 (1903), S. 161–167 und Rudolf Steiner: Von der Aura des Menschen. In: Lucifer mit der Gnosis 2 (1904), S. 3–7, 41–45, 73–76 u. 105–107.
[78] Dies liegt vermutlich daran, dass der Text als Vortragsreihe entstand. Hans Schmidt: Das Vortragswerk Rudolf Steiners. Dornach 1950 nennt zwar keinen derartigen Titel in diesem Zeitraum, im Rudolf-Steiner-Archiv lassen sich aber mindestens zwei Vorträge über die Aura aus dem Jahr 1904 nachweisen, einer davon mit Datum 12.01.1904 (Hinweis von Roland Halfen). Auf die zentrale Rolle der Mündlichkeit in Steiners Werk verweist Peter Sloterdijk in einer Podiumsdiskussion im Vitra Design Museum am 14.10.2011 (Mitschnitt über YouTube zugänglich). Vgl. Ulrich Kaiser: ‚Wann wird das symbolische Gewand fallen?' Dogma und Methode. Zur Hermeneutik des Steinerschen Werks. In: Die Drei 8–9 (2011), S. 41–55, hier S. 55.

Besant und Leadbeater betont er die Differenz zwischen der übersinnlichen Schau und der visuellen Wahrnehmung[79] und vermeidet sowohl Illustrationen wie auch allzu scharfe Festlegungen der Bedeutung einzelner Farben. Ein deutlicher Unterschied besteht schließlich im Umgang mit fremden Texten. Leadbeater verweist gerne auf eigene Schriften, gelegentlich auch auf andere Theosophen, verwendet aber kaum direkte Zitate. Steiner zitiert dagegen viel und ausführlich, insbesondere Dichter (Goethe und Hamerling) und Naturwissenschaftler (Tyndall und Du Bois-Reymond).[80] Damit schlägt er eine Brücke zum bildungsbürgerlichen zeitgenössischen Diskurs, an dem er kurz zuvor noch sehr aktiv teilgenommen hatte.

Die Unterschiede zwischen Steiner auf der einen, Besant und Leadbeater auf der anderen Seite sind Ausdruck verschiedener Denk- und Schreibstile, inhaltlich überwiegen aber die Gemeinsamkeiten. Obwohl sich Steiner von Leadbeater explizit distanziert und sich auf eigene übersinnliche Erfahrungen beruft,[81] ist nicht zu übersehen, dass seine Erkenntnisse im Wesentlichen in einer theosophischen Bibliothek gewonnen wurden, besonders bei der Lektüre von Leadbeaters *Man Visible and Invisible*. Steiner übernimmt das neue theosophische Konzept der Aura als Bild des Innenlebens des Menschen, in dem „Farbenwellen [...] nicht nur die Grundverfassung der Seele, sondern auch vorübergehende Affekte, Stimmungen und andere innere Erlebnisse" zeigen.[82] Steiner übernimmt auch die Deutung einzelner Farben. In Anlehnung an die oben besprochenen Beispiele (Abb. 8 und 9) schreibt er etwa: „Ein plötzlich ausbrechender heftiger Ärger erzeugt rote Wellen [...] Personen, die durch jeden äußeren Eindruck stark erregt werden, zeigen ein fortwährendes Aufflackern kleiner rötlicher Punkte und Fleckchen in der Aura."[83] Leadbeater bezeichnet Hellblau als „devotion to a noble ideal" (Abb. 5). Steiner übersetzt und führt aus: „die blauen Farbentöne treten bei hingebungsvollen Natu-

---

[79] „Will sich aber ein Beobachter der übersinnlichen Gebiete verständlich machen, dann muß er in Bildern sprechen, die von dem sinnlichen Leben hergenommen sind. Das wird leicht falsch gedeutet. Man glaubt, es sehe im Übersinnlichen wirklich so aus, wie es die aus der Sinnenwelt genommenen Bilder, deren sich der Darsteller bedienen muß, *wörtlich* ausdrücken" (Steiner: Kultur [wie Anm. 77], S. 165).

[80] Steiner: Aura (wie Anm. 77), bes. S. 3–5.

[81] Steiner rezensiert die deutsche Übersetzung eines Vortrags von Leadbeater (*Die Astral-Ebene, ihre Szenerie, ihre Bewohner und ihre Phänomene*) und begrüßt diese einerseits als „die übersichtlichste und in gewisser Beziehung beste Schrift über dieses Gebiet". Andererseits äußert er bereits zu diesem Zeitpunkt Zweifel an Leadbeaters Integrität: „Denn – es sei ganz offen gesagt – in diese übersinnlichen Regionen bringt ein jeder seine Vorurteile aus der sinnlichen Welt mit, und diese beeinträchtigen, färben seine Beobachtungen in einer Weise, gegen die unsere Täuschungen in der sinnlichen Welt ganz geringfügig zu nennen sind. [...] Sein [Leadbeaters] Blick ist durchaus nicht unbefangen" (Steiner: Kultur [wie Anm. 77], S. 166). Bemerkenswert ist, dass Steiner Leadbeaters einschlägiges Buch im eigenen Aufsatz über die Aura nur sehr beiläufig erwähnt (Steiner: Aura [wie Anm. 77], S. 6).

[82] Ebd., S. 7. Darüber hinaus teilen Steiner und Leadbeater auch die grundlegende Ansicht, dass der Mensch aus sieben Teilen besteht, von denen nur der unterste physisch sichtbar ist. Diese Vorstellung geht vermutlich auf Blavatsky zurück (ebd., bes. S. 106).

[83] Ebd., S. 7.

ren auf. [...] Je mehr der Mensch sein Selbst in den Dienst einer Sache stellt, desto bedeutender werden die blauen Nuancen."[84]

Mit der Annahme des theosophischen Konzeptes einer farbigen Aura rezipiert Steiner auch die dort eingearbeiteten wirkungsästhetischen Theorien. Im Gegensatz zu seinen theosophischen Vorgängern bezieht er sich allerdings explizit auf einen Vertreter dieser Theorien: auf Goethe. Sein Aufsatz beginnt mit einem langen Zitat der ersten Abschnitte des Vorworts von Goethes *Farbenlehre*.[85] Anders als Leadbeater und ähnlich wie Goethe gruppiert Steiner die Farben und ihre Aussagen in polare Gruppen und beginnt mit der Unterscheidung in „braune und braunrote Farbenströmungen" – die in der Aura von Menschen mit „stark ausgeprägte[n] Affekte[n]" zu finden sind – und in „verschiedene Nuancen des Grün", die den „ruhigen, abwägenden, nachdenklichen Menschen" eigen sind.[86] Dieser Bezug auf Goethe ist auch vor dem Horizont von Steiners Biographie zu verstehen. Er war von 1884 bis 1897 Herausgeber der naturwissenschaftlichen Schriften Goethes. Er kennt und schätzt die Farbenlehre des Weimarer Dichters und insbesondere dessen Aussagen zur Wirkungsästhetik im Kapitel über die *Sinnlich-sittliche Wirkung der Farbe*.

Goethe beschreibt – wie Lomazzo, Usher und andere – die ästhetische Wirkung einzelner Farben. Steiner überträgt diese wirkungsästhetischen Beschreibungen – wie Leadbeater und Besant – auf die Aura. Steiner geht allerdings weiter als seine theosophischen Vorgänger, indem er auch einen Rückschluss zieht: Er wertet die Wahrnehmung ästhetischer Wirkungen als „die beste Vorbedingung" der höheren Erkenntnis auf. Wer mit den Augen des Künstlers die Eigenschaften von Farben, Formen und Linien wahrnimmt, der erfährt bereits etwas, was über das rein Physische hinaus reicht.[87] Steiner fordert deswegen Wissenschaftler dazu auf, die Welt auch in ihrer ästhetischen Dimension zu betrachten, um ein ganzheitliches Bild des Wesens der Natur zu gewinnen; eine Vorgehensweise, die er „Goetheanismus" nennt. Das erklärt den enormen Stellenwert der Kunst – von der Malerei, Skulptur

---

[84] Ebd., S. 6. Ausgerechnet an dieser Stelle, bei der Steiners Übernahme besonders deutlich ist, fügt er eine Anmerkung ein, in der er lediglich zum Vergleich mit Leadbeater auffordert: „Ich möchte ausdrücklich bemerken, daß ich mich gerne korrigieren lasse von andern Forschern. Die Beobachtungen auf diesem Felde sind natürlich unsicher. Und diese Unsicherheit läßt sich fast nicht vergleichen mir der, die schon auf dem physischen Felde möglich ist, obwohl doch auch diese – Forscher wissen es – eine sehr große ist. Ich mache zur Vergleichung mit meinen Angaben auf die Schrift C. W. Leadbeaters: ‚Man visible and invisible' aufmerksam, die 1902 in London, Theosophical publishing Society, erscheinen ist" (ebd.).

[85] Ebd., S. 3.

[86] Ebd., S. 6. Goethe unterscheidet sowohl kalte versus warme wie auch Plus- und Minusseite (siehe Rosenberg: Abstraktion [wie Anm. 7], S. 325, Anm. 132).

[87] „Bemerkt soll werden, dass künstlerisches Empfinden, gepaart mit einer stillen, in sich versenkten Natur, die beste Vorbedingung für die Entwicklung der geistigen Fähigkeiten ist. Dieses Empfinden dringt ja durch die Oberfläche der Dinge hindurch und gelangt dadurch zu deren Geheimnissen" (Rudolf Steiner: Wie erlangt man Erkenntnisse der höheren Welten? In: Lucifer mit der Gnosis II [1904], S. 68).

und Architektur über Eurythmie bis zum Schauspiel – innerhalb der Anthroposophie. Dieser Rückschluss und die sich daraus ergebende Aufwertung der Kunst sind charakteristisch für die Anthroposophie. Das unterscheidet sie von der Theosophie, von der sie sich abgespalten hat, wie auch von anderen okkultistischen Gruppen, die um 1900 aktiv waren. Anthroposophie ist die einzige dieser Bewegungen, die ein Jahrhundert später weltweit floriert. Ich vermute, dass der wirkungsästhetische Rückschluss entscheidend zu ihrer Nachhaltigkeit beigetragen hat. Der Umgang mit Kunst vermittelt jedem Adepten ästhetische Erfahrungen, die eine Kompensation für die erhofften übersinnlichen Wahrnehmungen sind.

## Abbildungsverzeichnis

Farbabb. 1: Mary Gartside: Scarlet 5.[th Blot], Aquarell, 28x22,3 cm. Aus: Ders.: An Essay on Light and Shade, on Colours, and on Composition in General. London 1805. Privatbesitz.

Farbabb. 2: Annie Besant: Thought-forms: brutal anger (fig. 4), steady anger (fig. 5), explosive anger (fig. 6), Photochromogravure, 24x26,2 cm. Zweite Tafel aus: Ders.: Thought-Forms. In: Lucifer. A Theosophical Magazine XIX (1896), zwischen S. 72 und 73. Privatbesitz.

Farbabb. 3: Jupiter, Stahlstich, 9x13,7 cm. Aus: Illustrirter Kalender für 1850. Jahrbuch der Ereignisse, Bestrebungen und Fortschritte im Völkerleben und im Gebiet der Wissenschaften, Künste und Gewerbe 5 (1850). Berlin, Bibliothek für Bildungsgeschichtliche Forschung (DIPF).

Farbabb. 4: Auguste Jean Baptiste Marques: The Human Aura. San Francisco 1896, S. 37 mit zugehöriger Tafel, 27,5x22,1 cm (Doppelseite). Privatbesitz.

Farbabb. 5: Charles Leadbeater: Man Visible and Invisible. London 1902. Frontispiz, Photochromogravure, 22,4x14,2 cm (Tafel). Privatbesitz.

Farbabb. 6: George Barnard: Table of Greens and Russets, Farbholzstich, 26x18 cm. Pl. 13 aus: Ders.: The Theory and Practice of Landscape Painting in Water-Colours. 2. Aufl. London 1861. Privatbesitz.

Farbabb. 7: Maurice Prozor: The Astral Body of the Savage, Photochromogravure, 22,4x14,2 cm. Pl. VII aus: Charles Leadbeater: Man Visible and Invisible. London 1902. Privatbesitz.

Farbabb. 8: Maurice Prozor: Intense Anger, Photochromogravure, 22,4x14,2 cm. Pl. XIII aus: Charles Leadbeater: Man Visible and Invisible. London 1902. Privatbesitz.

Farbabb. 9: Maurice Prozor: The Irritable Man, Photochromogravure, 22,4x14,2 cm. Pl. XVI aus: Charles Leadbeater: Man Visible and Invisible. London 1902. Privatbesitz.

Farbabb. 10: Maurice Prozor: Deep Depression, Photochromogravure, 22,4x14,2 cm. Pl. XVIII aus: Charles Leadbeater: Man Visible and Invisible. London 1902. Privatbesitz.

Farbabb. 11: Annie Besant und Charles Leadbeater: Thought Forms. London 1905, Frontispiz, Photochromogravure, 24x15,1 cm (Tafel). Privatbesitz.

Farbabb. 12: Musik von Wagner, Photochromogravure, 24x15,1 cm. Aus: Annie Besant und Charles Leadbeater: Thought Forms. London 1905, gegenüber S. 82. Privatbesitz.

Abb. 1: Mary Gartside: Scarlet 5.[th Blot], 1805

Tab. 1

Abb. 2: Annie Besant: brutal anger (fig. 4), steady anger (fig. 5), explosive anger (fig. 6), 1896

Abb. 3: Jupiter, Stahlstich aus: Illustrirter Kalender für 1850

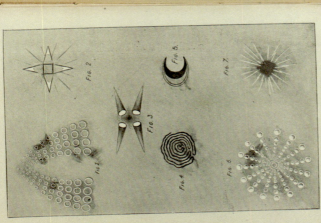

THE HUMAN AURA—THOUGHT FORMS.  (Page 37)

(or scarlet) flashes on a dark ground; a sudden fright (physical or material terror), will in a moment change everything to a mass of ghastly, livid grey," . . . "If the man feels love, rose-red thrills through it"; the hues of all these manifestations changing, however, with the nature of the emotion.

The specimens given in the plate refer to the following thoughts:

Figure 1. *Fear* of detection, emanated from a guilty conscience, the circles being bright rings spread out in a mist of varying shades of grey, pink and purple;

Figure 2. A beautiful devotional thought, not deep but fervent; soft and mellow lines in a bluish mist;

Figure 3. *Pity*, reddish-violet cloud in the center, fading outwardly to pale violet; the rings are bright light, and the horns dark pink shading off to light pink;

Figure 4. *Deception*, an ugly but very characteristic form of varying colors, generally steel or dark blue, appearing in a mist of ashey pink;

Figure 5. Sudden thought of "how time has passed and is fleeting away", showing the crescent horns of desire and regret, the smaller one, inside being blue, the second yellow, and the narrow one outside, white, in a colorless mist;

Figure 6. Mental *Fear*, accompanied with a shrinking sensation in the knees and stomach, bright balls in a mist of grey, pink and yellow;

Figure 7. Another form, physical *Fear* with anger, a black and grey mist, with electrical flashes of explosive passion.

It is not here the place to say anything about the nature of the Kamic sheath itself, nor about the formation from it of the Kamarupa, that other copy of the body by means of which the initiated man can travel out and manifest himself far away from his body, nor tell of what happens to the Kamic envelope after death and have little connection with the present subject, will be found satisfactorily elucidated in various late publications, and especially in Mrs. Besant's *Man and his Bodies*.

Abb. 4: Auguste Marques: The Human Aura, 1896

Abb. 5: Charles Leadbeater: Man Visible and Invisible, 1902, Frontispiz

Abb. 6: George Barnard: Table of Greens and Russets, 1861

Abb. 7: Maurice Prozor: The Astral Body of the Savage, 1902

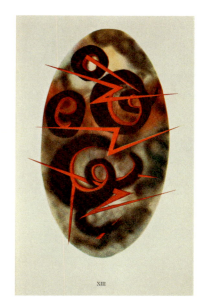

Abb. 8: Maurice Prozor: Intense Anger, 1902

Abb. 9: Maurice Prozor: The Irritable Man 1902

Abb. 10: Maurice Prozor: Deep Depression

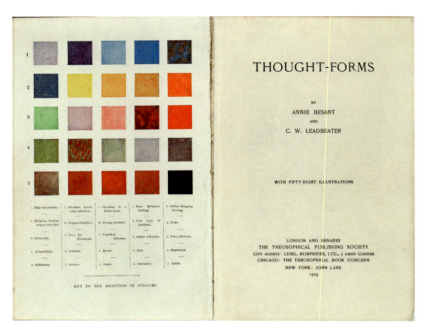

Abb. 11: Annie Besant und Charles Leadbeater: Thought Forms. London 1905, Frontispiz

Abb. 12: Musik von Wagner. Aus: Annie Besant und Charles Leadbeater: Thought Forms, 1905

WOLF-DIETER ERNST

## „Worttonsprechen". Aufklärung und Esoterik in der Theaterreform um 1900

In der Theaterwissenschaft wird gemeinhin die Jahrhundertwende als Zeit der Theaterreform verstanden, eine Bewegung, die geprägt ist von zahlreichen Bestrebungen, mit denen Theatermacher wie etwa Edward Gordon Craig, Isadora Duncan, Hermann Bahr und Felix Emmel zur Erneuerung des Theaters aufrufen.[1] Die Protagonisten der Reformbewegung sind sich darin einig, dass das im 18. Jahrhundert von Johann Christoph Gottsched, Christlob Mylius und Gotthold Ephraim Lessing begonnene und von Friedrich Schiller und Johann Wolfgang Goethe fortgeführte Projekt eines ‚Theaters der Aufklärung' in die Krise gekommen sei. Habe sich dieses noch dadurch ausgezeichnet, die Idee eines literarischen Theaters mit dem gesellschaftlichen Auftrag der Verkündung von Sinn und Wahrheiten zu verknüpfen, so fehle dem Sprechtheater um 1900 sowohl eine literarisch den Klassikern vergleichbare Dramenproduktion, wie auch der Geltungsanspruch der Institution Theater auf die Vermittlung von Sinn einer allgemeinen Wahrnehmungs- und Sprachkrise zum Opfer falle. An ihre Stelle rücke, so der kulturkritische Duktus etwa in Max Martersteigs *Geschichte des Theaters im 19. Jahrhundert*, das leere Epigonentum.[2]

Erhellend für das Thema *Aufklärung und Esoterik* ist, auf welche Art und Weise die Theatermacher um die Jahrhundertwende dieser Krise begegnen. Der Einsatz meiner Überlegung ist dabei weniger das Drama selbst als vielmehr dessen Aufführungspraxis, konkret das Programm eines „Worttonsprechens", wie es an der Reformbühne des Schauspielhauses Düsseldorf zwischen 1905 und 1932 unter der Ägide von Louise Dumont und Gustav Lindemann gepflegt wurde.

---

[1] Vgl. die Kompilation der wichtigsten Reformtexte in Christopher Balme: Das Theater von Morgen. Texte zur deutschen Theaterreform. Würzburg 1988; Manfred Brauneck: Theater im 20. Jahrhundert. Programmschriften. Stilperioden, Reformmodelle. Reinbek b. Hamburg 2001; vgl. zum Verhältnis von Theaterreform, Wahrnehmungskrise und Kulturkritik auch Gabriele Brandstetter: Tanz-Lektüren. Körperbilder und Raumfiguren der Avantgarde. Frankfurt a.M. 1995.

[2] „Die Darsteller [in der zweiten Hälfte des 19. Jahrhunderts, W.D.E.] suchten immer ausschließlicher den Schwerpunkt ihrer künstlerischen und wirtschaftlichen Existenz in der Gunst der Öffentlichkeit; und diese zeigte sich immer bereiter, selbst für Leistungen sehr problematischen Charakters volle Ehrenkränze zu verteilen, sowie dem Kultus leeren Histrionentums jeden Vorschub zu leisten" (Max Martersteig: Das deutsche Theater im neunzehnten Jahrhundert. Eine kulturgeschichtliche Darstellung. Leipzig 1924, S. 355). Vgl. auch: „[D]as Wenige, was an künstlerischer Leidenschaft oder wenigstens an dem stellvertretenden Sensations-Interesse damals im deutschen Bürgertum lebte, wurde [...] beinahe ganz von der Musikbühne in Beschlag genommen" (Julius Bab: Das Theater der Gegenwart. Geschichte der dramatischen Bühne seit 1870. Leipzig 1928, S. 9).

Dabei ist die Überlegung leitend, dass aufklärerisches und esoterisches Denken von den Theaterakteuren zirkulär und kompensatorisch aufeinander bezogen wird. Ich gehe davon aus, dass wir es dabei immer mit der exoterischen Form von Esoterik zu tun haben, insofern sich das Theater immer im Medium Sprache vollzieht und auf gesellschaftliche Öffentlichkeit bezogen ist. Allerdings steht diese Form exoterischer Esoterik, also inszenierter Geheimnisse, in einem Spannungsverhältnis zum Projekt der Aufklärung durch Theater. Ich denke dies bewusst als Spannungsverhältnis vor dem Hintergrund der Energetik und des organistischen Denkens, welches die Diskurse der Theater- und Lebensreform prägten.[3]

Esoterik als das offene Geheime wird demnach von den Reformern immer dann ins Spiel gebracht, wenn sich die überlieferten Texte des Theaters der Aufklärung, die Dramen Goethes und Schillers, nicht mehr motiviert sprechen lassen und den Zuschauer sinnlich berühren können. Esoterik kompensiert also einen Mangel an Motivation, der das Theater der Aufklärung befällt, konkret, der das Sprechen und Verkünden eines aufklärerischen Sinns befällt. Diese Krise im Sprechen war spätestens seit dem Naturalismus evident geworden. In seinen Notizen aus dem Jahr 1900 rechnet der Wiener Theaterreformer Hermann Bahr mit dem Sprechstil des Naturalismus ab, dem er kurz zuvor noch zum Durchbruch verhalf:

> [S]ehen wir die Darsteller des Berliner Stils an [...] was bringen sie auf die Bühne? Die triviale Natur, die tägliche Erscheinung des Menschen in seinen schlechten Momenten, die zufällige Person des Schauspielers mit allem, was ihr im Dasein anhängt.[4]

Esoterische Verfahren der Textexegese und Verlautbarung versprechen hier eine Aufklärung mit anderen Mitteln, indem sie anstelle der Wiederholung der Natur die Verschlüsselung der Natur setzen. Man vermutete also hinter der Sprachform aufklärerischer Dramen einen noch geheimen Sinngehalt. Wenn dem so ist, so etwa Bahr, muss man sich nur eindringlicher in die Sprache Lessings, Goethes, Schillers oder Hebbels versenken, um diese wieder zum Leben zu erwecken. Für eine Reform der Theaterausbildung fordert er daher, sich wieder auf die von Goethe proklamierten Regeln klassischer Theaterliteratur und ihrer Deklamation zu berufen:

> Goethische Regeln, Warnung vor falscher Pose und falscher Deklamation, freie Erläuterung einfacher Goethischer Gedichte, durchaus nicht Vorträge vom Katheder herab, sondern Versu-

---

[3] Exemplarisch wird das organistische Denken ausgeführt in den Schriften des Chemikers Wilhelm Ostwald. Beeinflusst von der Thermodynamik Hermann von Helmholtz' zeichnet sich darin das Ende des mechanischen Denkens und der Aufschwung der Elektrotechnik ab. Kraft als Einwirkung auf Materie wurde abstrakt und übertragbar als Energie reformuliert. Sie mutiert bei Ostwald über die Naturwissenschaften, Medizin, Sozialwissenschaften, Psychologie und schließlich die Kulturwissenschaften zu einem allgemeinen Fluidum, explizit wenn er schreibt, dass „man wirklich alle Dinge und Geschehnisse dieser Welt energetisch ausdrücken kann" (Wilhelm Ostwald: Energetische Grundlagen der Kulturwissenschaft. Leipzig 1909, S. 21); vgl. grundlegend zur Energetik aus kulturwissenschaftlicher Perspektive Ulrich Raulff: Wilde Energien. Vier Versuche zu Aby Warburg. Göttingen 2003.

[4] Herrmann Bahr: Tagebücher, Skizzenbücher, Notizhefte. Bd. 2: 1890–1900. Hg. v. Moritz Csáky. Wien u.a. 1996, S. 430.

che, im Gespräche und durch Fragen den Schüler dahin zu bringen, dass er lerne, den Stimmungsgehalt, den poetischen Kern eines Gedichtes zu empfinden.[5]

Gelingt es, dieses Empfinden hervorzurufen, so hat man die Einheit von aufklärender Sinnvermittlung, wie sie seit dem 18. Jahrhundert als Forderung an die Dramenliteratur und das Sprechtheater gerichtet wird, und von esoterischer Sinnlichkeit gewahrt. Damit steht Esoterik als andere Seite der Vernunft und der Vermittlung rationaler Erkenntnis dafür, eine Kohärenz des Denkens und der Wahrnehmung zurückzugewinnen, die zu Beginn der Moderne zunehmend bedroht erscheint. Diese Indienstnahme von Esoterik als Movens zur Aufklärung werde ich nun konkret an der Sprecherziehung und Sprachregie unter Gustav Lindemann am Schauspielhaus Düsseldorf aufzeigen. Abschließend werde ich einen Blick auf eine esoterische Körperschaft lenken, die uns zeigt, wie man sich den Zirkel von Esoterik und Aufklärung praktisch vorstellen kann: Gemeint ist die Ausbildung von Schauspielern an der Theaterakademie Düsseldorf durch die Schauspielerin Louise Dumont.

## I Sprecherziehung und Sprachregie nach Gustav Lindemann

Esoterische Praxis am Theater teilt mit der historischen Aufführungspraxis das Schicksal, sich als eine flüchtige, da körperliche und sinnliche Erfahrung der historischen Überlieferung in Quellen zu entziehen. Es bleibt bei Indizien wie der Abschrift eines Briefes vom 22. Oktober 1922, in dem der Herausgeber der *Neuen Metaphysischen Rundschau. Monatsschrift für philosophische, psychologische und okkulte Forschung in Wissenschaft, Kunst und Religion* Paul Zillmann auf Nachfrage der Intendantin des Schauspielhauses Düsseldorf Louise Dumont darüber Auskunft erteilt, wie man in der Inszenierung von Georg Kaisers *Kaiser und Galiläer* für die Beschwörung des Maximus das Symbol eines Pentagramms vorführt.[6] Zillmann schreibt:

> Die Beschwörung des Maximus würde ich nicht allzu umfangreich gestalten. [...] Sie können, wenn es die Zeit zulässt, das kleinere Ritual des Pentagrammes ausführen lassen. Also: Berühren der Stirne mit beiden Händen, Berühren der Brust, Berühren der rechten Schulter mit der linken Hand, der Linken mit der rechten wiederum Vereinigung der Hände auf der Brust. Dann Ergreifen des Stabes, wenden gegen Osten und Schlagen des Pentagrammes wie angegeben, dann gegen Süden, dann gegen Westen, dann gegen Norden jedes Mal Schlagen des Pentagrammes, dann Kreuzen der Arme mit dem Stabe auf der Brust.

---

[5] Hermann Bahr: Organisationsentwurf der Darmstädter Schule für Schauspielkunst. In: Christopher Balme: Das Theater von Morgen. Texte zur deutschen Theaterreform. Würzburg 1988 [zuerst 1900], S. 166–174, hier S. 167.
[6] Theatermuseum Düsseldorf (im Folgenden *TMD*), Dokument 17462, Brief v. Paul Zillmann an Louise Dumont vom 22.10.1922. Wiedergabe mit freundlicher Genehmigung des Theatermuseums Düsseldorf.

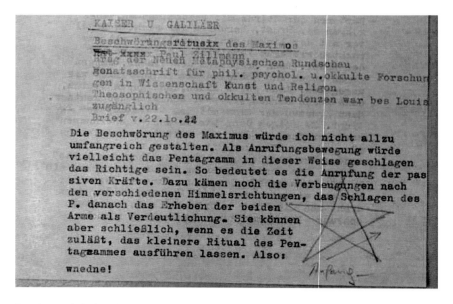

Das ist noch kein Hinweis darauf, dass esoterisches Denken und esoterische Praxis für das Theater tatsächlich relevant wären, denn hier geht es ja vorerst nur um eine genaue szenische Darstellung okkulter Praxis. Dass aber esoterisches Denken eine Triebfeder zumindest des Düsseldorfer Theaterprojektes war, stellt sich alsbald heraus, wenn man im Archiv dieser Kulturinstitution weiter forscht.

So ist uns ein kleiner Vortrag überliefert, in dem eine Poetik szenischen Sprechens entworfen wird, die Initiation in eine geheime Bildsprache mit Mitteln des Sprechkörpers verspricht. Der Vortrag wurde von dem Regisseur und Schauspieler Gustav Lindemann 1909 auf der Düsseldorfer Philologentagung gehalten und ist betitelt mit *Sprache*.[7] Für die Philologen und Theatermacher seiner Zeit war Lindemann ein prominenter Gast, und sein zusammen mit seiner Frau als Privattheater betriebenes Schauspielhaus Düsseldorf war weithin beachtet. Heute ist er wohl eher in Vergessenheit geraten, sieht man vielleicht von seiner spektakulären Faust-Inszenierung mit Gustaf Gründgens 1933 ab. Daher seien mir hier zunächst einige Anmerkungen zur Person erlaubt, bevor ich näher auf die Ausführungen zur Sprache eingehen werde.

---

[7] Gustav Lindemann: Sprache. In: Das festliche Haus. Das Düsseldorfer Schauspielhaus Dumont-Lindemann. Spiegel und Ausdruck der Zeit. Hg. v. Kurt Loup. Köln, Berlin 1955, S. 149–161; Lindemann beruft sich auf die Studien von Guido von List. Dessen rechtslastig-völkische Bezüge und die Einflüsse dieses Denkens auf Lindemann und Dumont sind analysiert worden von Gaetano Biccari: ‚Zuflucht des Geistes?' Konservativ-revolutionäre, faschistische und nationalsozialistische Theaterdiskurse 1900–1944. Tübingen 2001, S. 99f.

Gustav Lindemann erlangte als Theaterdirektor gegen Ende des 19. Jahrhunderts mit seiner *Internationalen Tournée Gustav Lindemann* hohe Bekanntheit und war maßgeblich an der Durchsetzung des Dramatikers Henrik Ibsen beteiligt.[8] 1905 gründete er zusammen mit der Schauspielerin Louise Dumont in Düsseldorf ein Reformtheater mit angegliederter Theaterakademie. Für beide bedeutete dieser Schritt einen Wendepunkt in ihrem Leben. Sie kehrten dem Theaterleben der Metropole Berlin bewusst den Rücken und verstanden ihr Theater ähnlich anderen pädagogischen und lebensreformerischen Projekten in Darmstadt, Dresden-Hellerau oder auf dem Monte Verità als eine Enklave, welche die Wiederbelebung des Sprechtheaters ermöglichen sollte. Geplant war dieses Theater zunächst für Weimar im Umfeld von Harry Graf Kessler und nach Entwürfen von Henry van de Velde, realisiert werden konnte es erst in der rheinischen Metropole.[9]

Diese Institution, die mit Unterbrechung bis 1932 bestand, ist bewusst als Gegenmodell zum auf Gewinn zielenden Theater Max Reinhardts in Berlin konzipiert, dessen erstes Theater *Schall und Rauch* Louise Dumont noch als größte Anteilseignerin finanziert hatte. Reinhardts Theater, so schreibt Dumont einmal mit Blick auf dessen opulente Ausstattung der Bühnenbilder, sei Ausstellung. Ihr Theater sei hingegen ein organischer „Kunstkörper". Diesem Körper ist daher nicht von ungefähr ein Kopf beigeordnet, der als „geistiger Beirat" bezeichnet wird. In ihm sind nicht zufällig der Kunsthistoriker Wilhelm Worringer und der Religionswissenschaftler Martin Buber tätig. Beide zeichnen sich je spezifisch dadurch aus, dass sie eine Gegenmoderne proklamieren und eine Nähe zu esoterischem Denken im Sinne der tieferen Einsicht in die Geheimnisse ausweisen, der eine in die Geheimnisse der Einfühlung in das Kunstwerk, der andere in die Geheimnisse religiöser Offenbarung.[10]

---

[8] Die *Internationale Tournée Gustav Lindemann* erlangte europaweit Anerkennung besonders durch den Sprechton und das Ensemblespiel, welche zur Umsetzung der naturalistischen Dramen Ibsens entwickelt wurden.

[9] Vgl. zu den Hintergründen Michael Matzigkeit: ‚Gustav Lindemann – Ein Theatermann im inneren Exil?' In: Bilanz Düsseldorf 45. Hg. v. Gertrude Cepl-Kaufmann, Winfried Hartkopf u. Winrich Meiszies. Düsseldorf 1992, S. 131–144; Gustav Lindemann: Aus dem Werden des Düsseldorfer Schauspielhauses. In: Loup: Das festliche Haus (wie Anm. 7), S. 26–31; vgl. auch die Briefe von und die Biografien über Louise Dumont: Lebensfeiertag. Briefe an Gustav Lindemann. Hg. v. Gustav Lindemann u. Otto Brües. München 1948; Otto Brües: Louise Dumont. Umriss von Leben und Werk (Die Schaubühne 47). Emsdetten 1956; Wolf Liese: Louise Dumont. Ein Leben für das Theater. Hamburg, Düsseldorf 1971.

[10] Dem Beirat kam im damaligen Theaterdiskurs eine prominente Stellung zu, wie eine zeitgenössische Kritik anlässlich der Premiere von *Kaiser und Galiläer* (1924) vermerkt: „So schuf sich das Schauspielhaus gewissermaßen ein Kontrollorgan in einer Freiheit von Männern, die mit eigentlichem Theaterbetrieb nichts zu tun haben: Worringers blutvolles Verwachsensein mit bildender Kunst, des Helianth-Dichters Schaeffer rhythmische Wortschwingung und Martin Bubers ethische Gewissheit dürften für guten Weg gute Weiser sein und aus Spielplan und Kunstkörper unwürdiges verweisen." Die Wiedereröffnung des *Düsseldorfer Schauspielhauses*. Ibsens Kaiser und Galiläer. 1. Teil Cäsars Abfall. In: Düsseldorfer Tageblatt 29.09.1924. Zum Wirken Bubers sei auf den Beitrag von Shlomo S. Gleibman in diesem Band verwiesen. Zu Worringer, insbesondere zu Marta Worringer, die mit Louise Dumont einen

Wenn also Lindemann vom Düsseldorfer Philologentag 1909 eingeladen wird, darüber Auskunft zu geben, wie sein Theater des „Worttonsprechens" (so hat ein namenloser Rezensent den Klang der Düsseldorfer Bühne einmal treffend bezeichnet)[11] zu verstehen sei, so kann man vor diesem geistigen Umfeld davon ausgehen, dass mehr als nur theaterpraktische Kniffe und Stilfragen zur Disposition standen.

Wenden wir uns nun dem Vortragstext zu: Lindemann eröffnet sein Referat ganz zeitgemäß, indem er von einer Krise des Sprechens "unter dem Einfluss des Naturalismus"[12] berichtet. Der Naturalismus, wie Lindemann ihn von der Bühne des Berliner Intendanten Otto Brahm her kennt, stelle eine Stillosigkeit dar. Er zeigt diesen Umstand an einer Inszenierung von Schillers *Kabale und Liebe*, von der er wie folgt berichtet.

> Brahm [...] träumte davon, die Werke *Schillers* [...] in konsequenter Natürlichkeit aufzuführen. [...] Um ganz sicher zu gehen, wählte er für den Anfang das *bürgerliche* Trauerspiel ‚Kabale und Liebe' – da ja immerhin die Natürlichkeit der bürgerlichen Elemente auf der Bühne leichter einzufangen ist als beispielsweise die Natürlichkeit eines *Wallensteins*. Der Abend kam [...]. Gleich zu Beginn – die kleinbürgerliche Umwelt des Musikus *Miller* brachte nicht einmal einen Kontakt zustande mit dem Publikum. Alles blieb leer und tot. Im 2. Akt steigert sich das Unbehagen und gegen Schluss in der Begegnungsszene zwischen *Ferdinand* und Lady *Milford* – als *Ferdinand* in hübsch natürlicher Weise im heutigen Umgangston zur Lady sagte: ‚Umgürte dich mit dem ganzen Stolz deines Englands – ich verwerfe dich – ein teutscher Jüngling!' da löste sich die ungemütliche Spannung in brausendes Gelächter, und der Rest der Aufführung des *Schillerschen* Werkes wurde unter Pfeifen, Gelächter und Zischen begraben.[13]

Was Lindemann hier schreibt, ist mehr als ein süffisant formulierter Rückblick auf den Naturalismus. Entscheidend ist, dass er mit dem bürgerlichen Milieu, welches ‚konsequent naturalistisch' dargestellt wird und mit dessen ausbleibender Wirkung, dem ‚leer und tot', die beiden Ebenen benennt, auf denen Aufklärung und ihre Motivation durch Esoterik zum Tragen kommen. Denn aufklärend kann die Abbildung der Lebensrealität des Zuschauers auf der Bühne sein, sodass ein Wiedererkennen und Verstehen möglich ist. Die esoterische Komponente kommt nun aber über den Umstand hinein, dass dieses Wiedererkennen und Verstehen im Hinblick auf das Bühnenbild und die Requisiten, auf die Figuren und ihre Prosodie mühelos erfolgt, dass dies aber für den zentralen Sinnträger des Sprechtheaters, nämlich die Sprache Schillers, nicht in gleichem Maße angenommen werden kann. Die Sprache des Dramas erscheint als Gegenstand esoterischer, d.h. bewusst verklausulierter und geheimer Sinnvermittlung, da sie altert und ihre aktuellen Sinnbezüge einbüßt.

---

langjährigen Briefwechsel unterhielt, vgl. Die Worringers. Bildungsbürgerlichkeit als Lebenssinn. Wilhelm und Marta Worringer (1881–1965). Hg. v. Helga Grebing. Berlin 2004.

[11] F. C. Hempel, Komponist und ehemaliges Mitglied des *Schauspielhauses Düsseldorf* notiert diese offenbar auch von Dumont und Lindemann benutzte Wortbildung, worauf mich Michael Matzigkeit freundlicherweise hinwies. Vgl. Michael Matzigkeit: Literatur im Aufbruch. Schriftsteller und Theater in Düsseldorf zwischen 1900–1933. Düsseldorf 1990, S. 91, Anm. 11.

[12] Katalog der Theater-Akademie, Oktober 1905, o.S.

[13] Ebd.

Dabei eignet sich eine esoterische Lektüre alternder Sprache besonders dort, wo es darum geht, den Sinn der Texte zu Gehör zu bringen, ihn sinnlich zu aktualisieren. Denn der Alterungsprozess ist in der Schriftform und als gesprochenes, etwa rezitiertes Drama nicht weiter von Belang, wenn vergilbte Buchrücken oder die Nennung klassischer Autorennamen einen entsprechenden Rahmen und eine historische Distanz deutlich markieren. Für das Bühnensprechen wird der Alterungsprozess der Sprache aber in dem Maße zum Problemfall, wie die Theateraufführung im Gegensatz zu anderen Medien als Form gesteigerter Mündlichkeit, Intimität und Augenblicklichkeit als gesprochenes ‚Hier und Jetzt' wahrgenommen wird.

Damit ist das zentrale Problem für das Sprechtheater um 1900 benannt: Der Abstand, der sich zwischen Sprechkörper und gesprochener Sprache auftut. Das Sprechen kann den Zuschauer direkt, sinnlich und körperlich erreichen, die Sprache vor allem der tradierten Dramenliteratur aber droht im Epigonentum museal zu werden oder wie bei Brahm in modernen Adaptionen „tot und leer" daher zu kommen. Sie droht also, dies ist die Dramatik der Stilkrise, in Vergessenheit zu geraten, sollte es nicht gelingen, ihr erneut einen passenden Stimmkörper zu verleihen.

Lindemann sucht den Ausweg aus dieser Krise in einem Sprechen, das in seinem Duktus und seiner Melodie zwischen der ornamentalen und pathetisch empfundenen Kraft-Deklamation des 19. Jahrhunderts und dem naturalistischen Dialektsprechen ohne Pathos eine neue Form der Wahrhaftigkeit hervorbringe. An dieser Stelle im Vortrag erfolgt der Schwenk auf eine esoterische Sprachvorstellung: Die Sprache soll in ihrem Klang derart gestaltet werden, dass man die Regeln einer Ursprache zu Gehör bekommt.[14] Diese Ursprache ist jedoch nichts anderes als eine bildlich begründete, energetische Sprache, in der jeder Laut, jede artikulierte Silbe ein belebtes Wortbild hervorruft. Es ist eine Sprache der Wörter als Sinnträger, die den übrigen Bestandteilen des Sprachsystems übergeordnet sind. Diese Wortbilder sind Energie pur, eine Sprache, die wie Bilder erscheint und keine Verneinung kennt. Lindemann spricht in diesem Zusammenhang gar von einer Erhöhung der Sprachwirkung und seelischer Befreiung durch die Sprache. Er frage sich,

> ob es wohl möglich sein könnte, eine *mehr allgemeine* phonetische Ausbildung der Sprache anzubahnen – erstlich zu einer vertieften Anwendung der unsern Wortbildern zugrunde liegenden Gedanken – dann zur *Erhöhung* ihrer Wirkung – und endlich als Mittel einer stärkeren seelischen Befreiung.[15]

Der von Lindemann formulierte Gedanke von einer Erhöhung der Sprachwirkung durch eine Ausbildung der Sprache als Wortbild findet eine wissenschaftliche Grundlage. Lindemann beruft sich auf Sprachtheoretiker wie Guido von List (ei-

---

[14] Bereits in der frühen Neuzeit kursiert die Idee einer ‚Ursprache' und wird im 18. Jahrhundert prominent in den Schriften Herders. Vgl. Die Sprache Adams. Hg. v. Allison P. Coudert. Wiesbaden 1999.
[15] Lindemann: Sprache (wie Anm. 7), S. 149.

gentlich Guido List, 1848–1919) und Alfredo Trombetti (1866–1929), welche in der Tradition der Sprachforscher Franz Bopp (1791–1867) und Wilhelm von Humboldt (1767–1835) mit Forschungen zum Ursprung und der Verwandtschaft der Sprachen an die Öffentlichkeit traten. Unter Ursprache wird nach List eine Sprache vor ihrer Grammatik verstanden, eine gesprochene, gar un-vermittelte Sprache des artikulierten Lautes und der Bildsprache, die für den deutsch-völkisch geprägten List das Ario-Germanische ist.[16]

Lists Sprachtheorie ist beeinflusst von den okkultistischen und theosophischen Ideen von Helena Petrowna Blavatsky (1831–1891) und den völkisch-nationalen Kreisen in Wien. Sein Buch *Die Bilderschrift der Ario-Germanen*[17] ist ein eindrucksvoller Atlas der Farb- und Symboldeutungen sowie der astrologischen und organistischen Deutungsmuster – ein Begründungszusammenhang für jeden Bühnenbildner, Kostümbilder, Requisiteur und Grafiker im Falle auftretender stilistischer Unsicherheiten. Lists Idee der Bilderschrift ist als Suche nach einem unmissverständlichen Ursprung der Sprache zu verstehen. So entwickelt List in seiner Studie *Die Ursprache der Ario-Germanen* entsprechend eine organistische Sprachtheorie, spricht von Wurzelwörtern und vom Werden, Sein und Vergehen der Worte:

> Die „Ur"-Sprache kann man nur jenseits von dem, was man heute „Grammatik" nennt, entdecken, und nicht nur allein jenseits der Grammatik, sondern überhaupt jenseits aller heute für unerläßlich geltenden Gliederungen; jenseits aller Zeitworte, jenseits aller Artikel, jenseits aller Bei- und Nebenworte, jenseits aller Vor- und Nachsilben, ja sogar jenseits aller sogenannten kurzen und langen, aller betonten und unbetonten Silben. Hat man sich auf diesem Wege von allem später Gewordenen befreit und ist bis zu den einsilbigen Wurzelwörtern vorgedrungen, so wird man gar bald innewerden, dass auch diese – bisher angenommenen! – Wurzelworte gar nicht einsilbig sind, und daher auch keine Wurzelworte sein können. Wir wollen jenen, den bisher als Wurzelworte angesprochenen Wortgebilden zugrunde liegenden Wörtern, den Namen „Urwörter" beilegen, und die die Urwörter bildenden ältesten Lautverbindungen als „Keimworte" bezeichnen.[18]

Die organische Metaphorik, mit der List und Lindemann, der ihn nicht ganz wortgetreu zitiert,[19] hier die Sprachentstehung als eine Art Ernte beschreiben, bei der

---

[16] Guido List: Die Ursprache der Ario-Germanen und ihre Mysteriensprache. Wien, Leipzig o.J. [ca. 1914]. Vgl. auch Helmut Zander: Sozialdarwinistische Rassentheorien aus dem okkulten Untergrund des Kaiserreichs. In: Handbuch zur ‚Völkischen Bewegung' 1871–1918. Hg. v. Uwe Puschner u.a. München 1996, S. 224–251, hier S. 233–235 („Guido von List und sein Kreis").

[17] Guido List: Die Bilderschrift der Ario-Germanen (Ariogermanische Hieroglyphik). Wien, Leipzig 1910.

[18] List: Ursprache (wie Anm. 16), S. 40f.

[19] „List sagt in seiner ‚Ursprache der Ario-Germanen' eingangs: - ‚Die Ursache kann man nur entdecken *jenseits* aller Grammatik, aller Gliederung, aller Zeitworte, aller Artikel, aller Bei- und Nebenworte, aller Vor- und Nachsilben, ja sogar *jenseits* aller sogenannten kurzen und langen, aller betonten und unbetonten Silben. Hat man sich auf diesem Wege *von allem später Gewordenen* befreit und ist bis zu den einsilbigen Wurzelwörtern vorgedrungen, so wird man gar bald erkennen, dass auch diese bisher angenommenen Wurzelworte gar nicht einsilbig sind

das alltägliche Wort von Schmutz, Haut und Fasern befreit wird, um genossen werden zu können, die Feier des Keimlings als zukünftige Frucht – diese Metaphorik weist deutlich auf den Aspekt der Sprachforschung aus dem Geiste der Esoterik hin. Im Sinne dieser Esoterik, dieses Sich-Einlassens und -Einlesens auf bzw. in eine geheime Schrift und Sprache hinter den Zeichen, kann Lindemann nun in seiner berufsmäßig ja intensiven Arbeit mit dichterisch gestaltetem Sprachmaterial zu Werke gehen und die Keimworte herausschälen. Als Beispiel solcher Keimworte führt er mit List etwa „Rad", „Hund", „rauh" an. Einsilbige Worte, die sodann dem „unverwischbare[n] Gesetz der Drei-Deutbarkeit"[20] unterworfen werden.

Demgemäß werden jedem Keimwort drei Wirkrichtungen zugesprochen, welche die evolutionären Stufen des Entstehens, des Waltens/Lebens und des Vergehens bezeichnen. Für das Wort ‚rauh' zum Beispiel bezeichnet die erste Stufe einen Schaffensprozess: etwas ‚aus dem Rauen arbeiten'. „In der *zweiten* Stufe bezeichnet es in Recht und Gesetz ‚Rauh- oder Rauchgraf'".[21] Die Stufe des Vergehens ist dann anschaulicher mit dem sich verflüchtigenden Rauch vorgeführt. Ein Blick in ein Herkunftswörterbuch klärt uns schnell über den hohen spekulativen Anteil in dieser Lehre auf, der darin besteht, die Heterogenität der Sprache nach dem dreistufigen Modell von Entstehen – Werden – Vergehen zu ordnen. Spekulativ ist das Denken also dort, wo es die Entstehung der Worte vitalistisch herleitet. Etymologisch belegt sind seit dem 18. Jahrhundert die Bedeutungen von ‚rau' im Gegensatz zu ‚glatt' und die Rauheit der Stimme. Dem Rauh- oder Rauchgraf werden, analog etwa zum Rheingraf, die Zweige eines seit 1140 beurkundeten Geschlechts zugeordnet, welches aus Baumburg stammt. Die Bezeichnung von Pelzen als Rauchwaren war List und Lindemann hingegen nicht geläufig.[22] Und auch Lindemanns Zuordnung des Hundes zum Bereich des Lebens und der Ratte als dem „vernich-

---

und daher auch keine Wurzelworte sein können. Wir wollen jenen, den *bisher* als Wurzelworte angesprochenen Wortgebilden zugrunde liegenden Wörtern den Namen *Urwörter* beilegen, und die die Urwörter bildenden ältesten Lautverbindungen als *Keimworte* bezeichnen'" (Lindemann: Sprache [wie Anm. 7], S. 154).

[20] Ebd., S. 155.
[21] Ebd.
[22] Vgl. Johann Christoph Adelung: Grammatisch-kritisches Wörterbuch der Hochdeutschen Mundart. Bd. 3. Leipzig 1798, S. 975f.; Pierer's Universal-Lexikon. Bd. 13. Altenburg 1861, S. 851; Meyers Großes Konversations-Lexikon. Bd. 16. Leipzig, Wien 1908, S. 633. Die Wendung ‚etwas aus dem Rauhen arbeiten' erinnert darüber hinaus an die ‚Arbeit am Rauhen Stein', die in manchen Freimaurersystemen eine wichtige Rolle spielt. Vgl. Eugen Lennhoff u.a.: Internationales Freimaurer-Lexikon. Neuaufl. München 2000, S. 807. Möglicherweise war Lindemann mit freimaurerischer Symbolik vertraut, es gibt jedoch keine konkreten Hinweise darauf, dass Lindemann selbst einer Loge angehörte. Wahrscheinlicher ist daher, dass die von List zitierte Idee dem Interesse Louise Dumont an esoterischen Denkweisen geschuldet ist, wobei hier eine Proliferation ariogermanischer Schriften über die Beschäftigung mit dem Dramatiker Strindberg verlaufen sein könnte, der mit Ideen von Adolf Josef Lanz, neben List eine wichtige Figur, bestens vertraut war.

tende[n] Tier"[23] zum Bereich des Vergehens lässt weiten Raum für eine kulturpsychologische Interpretation.[24]

Für Lindemanns Regie jedenfalls erlangt die Suche nach den Keimworten weit konkretere Gestalt. Es ist die Suche nach einem verschütteten Urbild in der Sprache, die gerade am Körper des Schauspielers eine konkrete, momentan aufflackernde lebendige Gestalt bekommt. In Lindemanns Diktion klingt dieses Aufflackern in der Metaphorik des lebendigen Organismus an:

> Das Wort muß, soll es voll seinen eingeborenen Sinn zum Aufleuchten bringen, ehe es gesprochen wird, sein Urbild wieder in dem Vorstellungsvermögen lebendig machen – sei es auf dem mystischen Wege einer Rekonstruierung der geheimnisvollen Runen, oder sei es auf dem Wege ganz persönlicher Vorstellung der wortbegrifflichen Substanz. Nicht als Abstraktion eines bestimmten Sinnes, sondern als *lebendiger Organismus* muß das Wort behandelt werden – *neugeschaffen gleichsam in jedem besonderen Falle*.[25]

Die Sprechregie wird gleichsam zum Analogon einer mystischen Versenkung ins Wort, und hier kann Lindemann auch eine Neuinterpretation der Gedächtniskunst und der Arbeit mit Vorstellungsbildern anfügen, wie sie die Schauspieltheorie seit jeher bewegt.[26]

> Schauspieler werden so oft gefragt, wie denn eigentlich das schwierige *Auswendiglernen* der großen Rollen gezwungen werde, und ich glaube, [...] dass die Frage jeden Künstler befremdet, weil keiner das „Auswendiglernen" im abstrakten Sinne treibt. Der Prozeß ist eben auch kein abstrakter, sondern analog dem eben geschilderten Vorgang: *ein Versenken* in den Gefühls- und Gedankeninhalt einer Rolle, mit gleichsam malerischer Behandlung des Wortes – den wortbildlichen Sinn wird er dabei um so leichter sich zu eigen machen, je vollkommener der Dichter die Sinn- und Wort-Einheit gestaltet hat.[27]

Lindemann setzt also darauf, dass die „Versinnlichung des Dramas" (Simmel)[28] durch den Schauspieler zwei Dinge vermag. Sie erweckt das Theater der Aufklärung zu neuem Leben und sie gewährt tieferen Einblick in dessen esoterische Grundierung. Aufklärung und Esoterik sind bei ihm also zirkulär aufeinander bezogen, weil das erste nur gelingt, wenn es die Motivation durch das zweite erfährt.

---

[23] Lindemann: Sprache (wie Anm. 7), S. 153.
[24] Die Ratte als Überträger von Krankheiten und als Nahrungskonkurrent des Menschen nimmt nicht erst seit der Indienstnahme durch die antisemitische Propaganda der Nazis eine zentrale Stelle im Hygienediskurs ein. Vgl. zu den Bezügen von Hygiene zur Rassenlehre und zum völkisch-nationalen Denken grundsätzlich Philipp Sarasin: Reizbare Maschinen. Eine Geschichte des Körpers 1765–1914. Frankfurt a.M. 2001; zur Stellung Lindemanns Biccari: ‚Zuflucht des Geistes?' (wie Anm. 7).
[25] Lindemann: Sprache (wie Anm. 7), S. 157.
[26] Zur Gedächtniskunst im esoterischen Kontext siehe z.B. Frances A. Yates: Gedächtnis und Erinnern. Mnemonik von Aristoteles bis Shakespeare (The Art of Memory. London 1966). 6. Aufl. Berlin 2001; Sintflut und Gedächtnis. Erinnern und Vergessen des Ursprungs. Hg. v. Martin Mulsow u. Jan Assmann. München 2006.
[27] Lindemann: Sprache (wie Anm. 7), S. 157.
[28] Georg Simmel: ‚Zur Philosophie des Schauspielers.' In: Ders.: Das individuelle Gesetz. Frankfurt a.M. 1987, S. 76.

Jenseits dieses Zirkels wartet Leere und der Tod. Man kommt nicht umhin, in diesem Programm tatsächlich die Überwindung nicht nur von Sprechkrisen im Theater, sondern von einer kulturellen Krisenstimmung in der Zeit der Theaterreform zu erblicken. Den philologisch geschulten Hörern, die um den Verbleib des literarischen Erbes bangten, mögen die Worte Lindemanns wie Musik in den Ohren geklungen haben.

## II Realisation. Das Schauspielhaus und die Schule in Düsseldorf als esoterische Gemeinschaft

Betrachten wir nun eine der esoterischen Gemeinschaften, an deren Funktionsweise sich dieser Zirkel von Aufklärung und Esoterik nachvollziehen lässt: Die Ausbildung der Schauspieler an der Düsseldorfer Theaterakademie. Bereits im Prospekt der Theaterakademie, der zu ihrer Eröffnung 1905 aufgelegt wurde, finden wir die zirkuläre Bewegung, die Aufklärung und Esoterik beschreiben. In der Metaphorik der Erhöhung ist hier von einer Verschmelzung der bestehenden Widersprüche auf höherer Ebene die Rede:

> Die Leitung der ‚Düsseldorfer Theater-Akademie' hat als Lehrkräfte die namhaftesten Vertreter der alten rednerischen Meisterschule berufen und die der modernen realistisch-psychologischen. Es soll in dem Schüler zunächst das Gefühl und Bewusstsein des Stils für seine Aufgabe geweckt werden, daß er jeden Dichter in seiner Art auffassen und darstellen lernt; aber darüber hinaus sollen die Wege gezeigt werden, wie eine Verschmelzung der Gegensätze zu einer höheren Einheit möglich ist, entsprechend der Art der neusten dichterischen Produktion.[29]

Es ist hier eine Vorgabe gemacht, indem der neue Stil auf einer höheren, d.h. noch zu erreichenden Ebene angesiedelt wird. Man liegt nicht verkehrt, die Erhebung auf diese Ebene mit der Initiation in esoterische Kreise und esoterisches Wissen zu verbinden, insofern jedenfalls die schriftlichen Dokumente über die Ausbildungskonzepte deutlich von einem Mechanismus von Aus- und Einschluss geprägt sind. Louise Dumont, die prägende Lehrerin der Schule, beschreibt ihre Lebensauffassung im religiösen Sinne als Leidensweg, als Passion. „[F]ür mich ist alles Zwang – immer gewesen – daran führt kein Schritt auf meinem schmerzlichen Weg jemals vorbei."[30] Und sie setzt ihr pädagogisches Wirken mit dem einer reinigenden und kräftigenden Krankheit gleich, welche die eigenen Abwehrkräfte wecke. „Ich bin die Kinderkrankheit der deutschen Schauspieler, mich muss man wie die Masern

---

[29] Aus dem Prospekt der Düsseldorfer Theaterakademie, veröffentlicht in der dramaturgischen Zeitschrift des Schauspielhauses Düsseldorf, *Die Masken*. Jg. 1, Heft 3, hier zit. nach Kurt Loup: Schönheit und Freiheit. Friedrich Schiller und das Düsseldorfer Schauspielhaus Dumont-Lindemann. Düsseldorf 1959, S. 94.
[30] Louise Dumont an Prof. Klihmt, 29.06.1910 mit Briefkopf aus Osterode. Nachlass Helmut Grosse, Theatermuseum Düsseldorf, o. Nr.

kriegen."³¹ Mannigfaltige Briefe vor allem ihrer Schülerinnen schildern uns, dass diese Inklusion in den Geheimzirkel der Schule als besondere Erfahrung erlebt und geteilt wurde. Nur zwei kurze Beispiele mögen dies belegen.

Die Bewerberin Louise Becker bittet um Aufnahme in die Schule, als ginge es um Ihre Seelenrettung:

> Verehrte Frau Dumont! [...] Nehmen Sie sich meiner an. Ermöglichen Sie mir, ein Mitglied des Schauspiels sein zu können. Es ist dieses nicht der eitle Wunsch eines übermütigen Kindes, sondern ehrliches Verlangen einer Seele, welche sich nach großer geistiger Arbeit sehnt und sich ihr ganz hingeben kann. [...] Sie, gnädige Frau, mit ihrer großen, überzeugenden Kunst waren der Spiegel meiner armen Seele.³²

Willy Buschhoff, ein Schauspielschüler, schreibt:

> [W]ie dankbar ich Ihnen für Ihre Begeisterungskraft bin, mit der Sie die Teilnahme an Ihren Akademiestunden gestalteten. Sie haben mir darin unendlich viel gegeben, ich bin mit Anregungen und Erkenntnissen geradezu geladen und seitdem ich dies weiß, fühle ich mich Ihnen gegenüber in starker Schuld.³³

In der Rezension einer Schüleraufführung wird dann der Schüler gleichsam zum Medium, in dem der ideale Sprechkörper der Lehrerin Dumont erscheint. Dort heißt es über die Darbietung: „Naturgemäß waren die Schüler die Resonanz ihrer Lehrkräfte, und man glaubte manchmal, das Organ von Louise Dumont zu hören an Stelle der wirklichen Akteure."³⁴ Entscheidend ist hier, dass der Rezensent nicht von Kopie spricht, sondern ebenfalls energetische Metaphern der Resonanz, des Organischen und der Natur bemüht. Es geht um eine geheime Übertragung.

Die Schule eignet sich also besonders für die Realisation eines energetischen Zirkels von Esoterik und Aufklärung, weil sie als ‚pädagogische Provinz' bewusst vor der aufgeklärten Öffentlichkeit und der Bühnenöffentlichkeit angesiedelt ist. Ähnlich einem sakralen Raum unterliegt das, was zwischen Lehrern und Schülern hier an Wissen und Praxen zirkuliert, der Geheimhaltung. Versucht ein Schüler parallel etwa in Theaterbetrieben Geld zu verdienen, wird dies als Verrat an der eigenen Gruppe, dem „Kunstkörper"³⁵ gewertet. Hinzu kommt, dass die Geheim-

---

³¹ Rudolf Fernau: ‚Als Lied begann's. Lebenstagebuch eines Schauspielers.' Berlin, Wien 1972, S. 70.
³² Louise Becker an Louise Dumont, Brüssel, 09.09.1909, TMD (wie Anm. 6), 8149. Louise Becker wurde nicht zur Ausbildung angenommen, wohl aber ist auf dem Brief vermerkt: „beantworten".
³³ TMD (wie Anm. 6), 3533, Korrespondenz Wilhelm Buschhoff mit Louise Dumont, 14.07.1913.
³⁴ Rezension vom 28.06.1915 in der *Düsseldorfer Zeitung* zur ersten Aufführung der Hochschule für Bühnenkunst vom 26.06.1915; ähnlich ist auch von einer Manier die Rede, in der gerade die Schülerinnen „entweder noch oder schon befangen" seien. Rezension *Kölnische Zeitung*, 02.07.1915.
³⁵ In der Stellungnahme der Theaterleitung zu einer Arbeitsniederlegung wird das Schema von Loyalität und Verrat deutlich, welches die internen Beziehungen strukturiert: „Der Weg, den wir diesem Glauben [an das Ensemble, W.D.E] entsprechend gehen müssen, fordert vielleicht

haltung des Wissens davon profitieren kann, dass Schulen ihrer Bestimmung nach immer prospektiv bestimmt sind. Der Schüler durchläuft ein Curriculum, er ist auf dem Weg zum Geheimwissen, aber per definitionem verfügt er darüber noch nicht und kann es dementsprechend auch nicht vollends verraten. Der Theaterschüler ist also das bevorzugte Objekt, um die Erneuerung des Sprechens esoterisch herzuleiten, denn er steht nicht, wie sein Berufskollege, im Licht der Öffentlichkeit und unter dem Einfluss der Zerstreuung.

Nachdem die Schule und das Schauspielhaus in der Zeit der Revolution 1918 in die Krise geraten und zeitweilig unter dem Druck gesellschaftlicher Umbrüche geschlossen werden, entschließt sich der ‚geistige Beirat' 1924 auf einer geheimen Sitzung zu einer Radikalisierung des Programms. Nun ist es nicht mehr die statisch gedachte Stilkunst, die die Widersprüche von Aufklärung und Esoterik auf höherer Ebene verschmelzen soll. An die Stelle der Statik rückt die dynamischere Ekstase. Bekannt wird der Begriff durch Felix Emmels Veröffentlichung *Das ekstatische Theater* (1924), zu der Louise Dumont das Nachwort *Ursprache* verfasst.[36]

Einig ist man sich im Beirat, in der Ekstase den neuen, gemeinsamen Nenner zu sehen. Ekstase hat dabei zwei Richtungen, eine auf Ausdruck zielende und eine auf die innere Sammlung zielende. Für Emmel ist insbesondere der Aspekt einer Sammlung und Versenkung wichtig. Er schreibt dazu: „Die Ekstase des Blutes ist ein ruhiges Atmen in Gott. Ohne Überlärmen der Stille. Ohne Überrennen der ‚schöpferischen Pause', Ein Erfülltsein, kein Gehetztsein."[37] Im Umfeld dieser Äußerungen erscheint von Wilhelm Worringer der Aufsatz *Gedanken zum Theater*, in welchem der Kunsthistoriker Emmels Ideen aufnimmt. Worringer konstatiert einen Energieverlust des Theaters als „kultischer Anstalt", bedingt durch das „Massenerleben"[38] im Kino, beim Wettrennen und in der Arena. Er entwirft ein Publikumserziehungsprogramm, welches den „Transmissionsriemen der gegenseitigen Verständigung und Steigerung" zwischen Bühne und Publikum wieder in Gang setzen soll. In aller Deutlichkeit schreibt er:

---

die völlige Opferung jener bisher als Berufsglück geltenden ideellen und unverrückbaren Werte, so wie sie ja noch früher etwa in der so genannten Fachbezeichnung festlagen […]. Diese Ausdruckskunst in einer gleichschwingenden Gemeinschaft für eine hohe Blüte vorzubereiten, ist unser Bestreben. […] Hier sehen wir alle künstlerische Individualität, jede für sich in höchster Vollendung und doch alle zusammenarbeitend am gemeinsamen Werk. […] Wer jedoch den Darstellungs-Erfolg der einzelnen Figur über alles liebt und sich nur darin künstlerisch ausleben kann, der wird in unserem andersgearteten Kunstkörper schwerlich ein Genügen finden" (Louise Dumont, Gustav Lindemann: ‚In eigener Sache! [Chronik der Ereignisse] 09.11.[19]18.' In: Masken 16 [1918/19], S. 245).

36 Felix Emmel: Das ekstatische Theater. Prien 1924; vgl. hierzu Biccari: ‚Zuflucht des Geistes?' (wie Anm. 7), S. 72–75.
37 Felix Emmel: Ekstatisches Theater (Auszug). In: Masken 18/1 (1924/25), S. 16–19.
38 Wilhelm Worringer: Gedanken zum Theater. In: Masken 18/1 (1924/25), S. 6–9, hier S. 7.

> Erst wenn dieses Triebrad im seelischen Zentrum des Zuschauerraumes mit dem Bühnenmotor in Verbindung gebracht ist, kann die gegenseitige Stromspeisung in Wirksamkeit treten, die das Theater zu einem durch Gemeinschaft gesteigerten und überhöhten Leben macht.[39]

Weiter noch geht Martin Buber mit seiner Spekulation über eine Kommunion von Ich und Du im Dialog des Dramas. Locker setzt er sich dabei über die Regieanweisung hinweg, erklärt diese zu „episierenden Auswucherungen" und „Zeichen der Formauflösung", um sodann das gegenseitige (Miss-)Verstehen zum eigentlichen dramatischen Konflikt und zum Ursprung des Theaters zu erklären:

> [Theater] entstammt dem elementaren Antrieb, den Abgrund zwischen Ich und Du, der durch die Rede überbrückt wird, durch Verwandlung zu überspringen. [...] Damit ein glaubenloses Publikum, das sich „Zerstreuung" vorsetzen läßt, weil es sich vor der Sammlung fürchtet, aus seiner Furcht zur Ehrfurcht erlöst und zum Glauben an die Wirklichkeit des Geistes erhoben werde, tut große Arbeit, große Erziehung, große Lehre not. Das Theater hat an dieser Arbeit zunächst dadurch teilzunehmen, daß es sich unter das Gebot des Wortes stellt. Das Wort, das den ganzen Leib des Sprechers durchzückt, das Wort, dem alle Gebärde dienend und helfend sich fügt, das Wort, um das alle Bildsamkeit der Bühne sich rahmend baut und umbaut, das strenge, vom Wunder der Sprache überwölbte Gegenüber von Ich und Du, das allem Spiel der Verwandlungen gebietet, das Mysterium des Geistes webend in allen Elementen, dies ist das rechtmäßige Verhältnis zwischen Drama und Theater.[40]

Dieser Prozess der Versenkung und des Absehens von sich und seinen konkreten Lebensumständen kann nur gelingen, wenn in jedem Schritt des Produktionsprozesses, im Theater, in der Ausbildung, in den Proben und schließlich in den Aufführungen, entsprechende Vorkehrungen getroffen werden, damit sich diese letztlich esoterisch-pantheistische Vorstellung einer Offenbarung in allen Dingen zu erkennen gibt.

## III Fazit

In diesem Beitrag ging es darum, vor dem Hintergrund von Energetik um 1900 das Spannungsverhältnis von Aufklärung und Esoterik näher zu beleuchten. Dabei galt es aufzuzeigen, wie sich diese Spannung in der Reflexion der Theatermittel der gesprochenen Sprache und ihrer Versinnlichung durch einen Stimmkörper zeigt: So wie das esoterische Geheime die Aufklärung wieder mit Leben erfüllen soll, soll die Einsicht in die Wortbilder der Ursprache einen lebendigen Sprechkörper erzeugen.

Das Fortwirken esoterischer Denk- und Wahrnehmungsweisen kann besonders auf den geschützten Raum der Ausbildung bezogen werden. Die Schauspielschule in Düsseldorf nimmt dabei durchaus Züge einer esoterischen Gemeinschaft an.

---

[39] Ebd., S. 8.
[40] Martin Buber: Drama und Theater. In: Loup: Das festliche Haus (wie Anm. 7), S. 220–222, hier S. 221f.

Dies zeigt sich im deutlichen In- und Ausschlussmechanismus dieser Gemeinschaft sowie an der Figur der Lehrerin Dumont, welche die Übertragung von Sprechweisen als eine quasi esoterische Erscheinung interpretiert. Im Ideal verschmilzt der juvenile Körper des Adepten mit der Sprechtradition der Alten.

Gelingt diese Reform des Sprechtheaters über den Rückgriff auf die Esoterik und den Zugriff auf die Jugend, wäre die Sprech- und Sprachkrise überwunden: Schiller kann wieder sinnlich gesprochen werden und der Sinn Schillerscher Verse intelligibel werden.

LINDA SIMONIS

# Der Weg des Erwachens. Aspekte buddhistischer Esoterik in Alain Nadauds *Le passage du col*

Eine rätselhafte, für Leser und Romanheld gleichermaßen fremde Welt zu entwerfen, in deren Wahrnehmung wissenschaftliche Beobachtung und Fiktion eine unauflösliche Verbindung eingehen – dies ist eines der Hauptanliegen des französischen Schriftstellers Alain Nadaud, dessen Roman *Le passage du col* („Die Überquerung des Gebirgspasses") hier näher betrachtet werden soll. Der 1948 in Paris geborene Alain Nadaud studierte Literatur und Philosophie an der Universität Paris-Nanterre (von 1967–1969).[1] Nach Abschluss des Studiums nahm er verschiedene akademische Lehrtätigkeiten im Ausland wahr (in Mauretanien, Tunesien und im Irak). Nach Paris zurückgekehrt, arbeitete er sodann zunächst als Philosophiedozent, bevor er sich seit den 1980er Jahren verstärkt der Schriftstellerei zuwandte. Eine entscheidende Etappe in Nadauds literarischem Werdegang markiert das Erscheinen seines ersten Romans, *Archéologie du zéro*,[2] der im zeitgenössischen Literaturbetrieb und auf dem Buchmarkt einen großen Erfolg erzielte und Nadaud zu weiteren schriftstellerischen Projekten ermunterte. Schon dieser erste Roman, der die erfundene Geschichte der Entdeckung eines sonderbaren archäologischen Funds und seiner Entzifferung erzählt, weist die für Nadaud typische Verbindung von Reise- und Abenteuerroman, detektivischem Erzählen und Wissenschaftsfiktion auf.[3] Der Ich-Erzähler des Romans, der als Lektor für Französisch in Alexandrien arbeitet, hilft einem ägyptischen Bekannten, der durch Zufall eine unterirdische Totenstadt entdeckt hat, die dort gefundenen historischen Zeugnisse, vor allem Fresken und Papyrusrollen, zu lesen und zu deuten. Die Dokumente stammen, wie sich bald herausstellt, aus dem Umkreis einer bislang unbekannten spätantiken Sekte, der sogenannten „Verehrer der Zahl Null" („Adorateurs du Zéro"), die aus der Schule des griechischen Philosophen Pythagoras hervorgegangen ist.[4] In der Nachzeichnung der fiktiven Geschichte der erfundenen Sekte vertieft sich Nadaud zum einen in mathematische und philosophische Reflexionen über den

---

[1] Zu Alain Nadauds Biographie und schriftstellerischem Werdegang vgl. Wiebke Bendrath: Alain Nadauds Archéologie du zéro. Eine neue Annäherung an den ‚Degré zéro de l'écriture'. In: Der französischsprachige Roman heute. Theorie des Romans – Roman der Theorie in Frankreich und der Frankophonie. Hg. v. Andreas Gelz u. Ottmar Ette. Tübingen 2002 (Cahiers lendemains), S. 75–81, hier S. 75f. Siehe auch die ausführliche Dokumentation auf der persönlichen Homepage des Autors (URL: http://www.alain-nadaud.fr/ [04.04.2011]). Siehe dort auch zum Folgenden.
[2] Alain Nadaud: Archéologie du zéro. Paris 1984.
[3] Vgl. Wolfgang Asholt: Mythologie, neues Abenteuer und Neohistorie. Alain Nadaud. In: Ders.: Der französische Roman der achtziger Jahre. Darmstadt 1994, S. 92–102.
[4] Vgl. Bendrath: Alain Nadauds Archéologie du zéro (wie Anm. 1), S. 76f.

Stellenwert der ‚leeren Zahl' Null und deren theoretische Implikationen, zum anderen beschäftigen ihn die existentielle Dimension einer Versenkung in das Nichts, in die absolute Leere sowie deren potentiell destruktive Konsequenzen des radikalen Zweifels und der Selbstverneinung. In Anbetracht der Thematik dieses Erstlingsromans lässt sich kaum übersehen, dass wir es bei Nadaud mit einem Autor zu tun haben, der ein gewisses Interesse und eine Affinität gegenüber Motiven und Problemstellungen aus dem Bereich der Esoterik mitbringt. Auch die folgenden Bücher, die Nadaud im Anschluss an seinen ersten Romanerfolg herausbringt, die Romane *L'Envers du temps* (1985) und *Désert physique* (1987) sowie die Novellensammlung *Voyage au pays des bords du gouffre* (1986), verbinden gleichsam wissenschaftliche Spekulationen und fiktive Erkenntnismodelle mit Momenten des Rätselhaften und Geheimen. Neben Romanen und Erzählungen verfasste Nadaud in der Folge auch zahlreiche Essays und Zeitschriftenartikel; 1990 gründete er sogar eine eigene Literaturzeitschrift unter dem Titel *Quai Voltaire*.[5] Obgleich Nadaud, was sein literarisches Schaffen betrifft, sich als äußerst produktiver Autor erwiesen hat, dessen Œuvre mehr als dreißig Romane und Novellen umfasst, hinderte ihn dies nicht daran, in den Jahren 1994 und 1995 im Auftrag der französischen Regierung zunächst in Tunesien, dann in Québec als Kulturattaché tätig zu sein. Seit 2002 hat Nadaud seinen Wohnsitz dauerhaft an die Küste Tunesiens verlegt.[6]

Kann Nadaud somit auf einen erlebnisreichen und wechselvollen Werdegang zurückblicken, gründen sich seine Romane gleichwohl stärker auf ein künstlerisches Vermögen der imaginativen Vorstellung und des fiktionalen Entwurfs als auf den empirischen Gehalt des Selbsterlebten. Diesen kreativen Impuls, der sein Schreiben motiviert, hat Nadaud in einer in der *Revue Littéraire* erschienenen Stellungnahme jüngst selbst hervorgehoben:

> Es ist diese Rolle, in der ich mich gerne gesehen hätte: das Tageslicht im Rücken, unter der Lampe, einsam vor der Tastatur meiner Schreibmaschine und gleichwohl befähigt, mich nach Belieben fortzubewegen in den noch unerforschten Welten meiner Phantasmagorien.[7]

Zu den zu erforschenden Welten, die Nadaud auf dem Wege der romanhaften Einbildungskraft zu erschließen versucht, gehören auch die entlegenen Gegenden des tibetanischen Hochlands. Tibet, das den Schauplatz des hier zu erörternden Romans *Le passage du col* bildet, ist dabei für Nadaud vor allem ein vorgestellter, aus literarischen Zeugnissen und medialen Dokumenten rekonstruierter Ort. Denn obgleich Nadaud viel gereist ist und ihn sein Weg sogar einmal nach Indien

---

5  Quai Voltaire, revue littéraire. Editions Quai voltaire 1 (1991)–12 (1994).
6  Zu den Kontaktdaten Nadauds vgl. auch die entsprechenden Angaben auf der Homepage des Autors (URL: http://www.alain-nadaud.fr/site/index.php?categoryid=17 [04.04.2011]).
7  Alain Nadaud: Comment je ne suis jamais devenu écrivain. In: La Revue littéraire. Editions Léo Scheer 49 (2010), S. 5–12, hier S. 5: „Voilà, c'est dans ce rôle-là que j'aurais aimé être: à contre-jour sous la lampe, solitaire face au clavier de ma machine à écrire et néanmoins susceptible de me déplacer à volonté dans les mondes inexplorés de mes fantasmagories." [Übers. L.S.]

führte,[8] hat er doch (bislang) keine Reise nach Tibet unternommen. Auf eine solche Reise begibt sich unterdessen, gleichsam anstelle des Autors, der fiktionale Protagonist des genannten Romans, der sich von einer mehr als nur touristischen Neugier zu diesem Land und dessen Bewohnern hingezogen fühlt. Dabei sind es insbesondere die buddhistische Religion sowie die mit ihr verbundene Weltanschauung und Lebenspraxis, die den Reisenden faszinieren. Von daher kommt es dem Protagonisten und Ich-Erzähler des Romans entgegen, dass er auf seinem Weg durch Zufall einem Mönch, genauer: dem Vorsteher eines buddhistischen Klosters, und dessen Begleitern begegnet. Im Gespräch mit dem Vorsteher bekennt der Romanheld offen, was ihn dazu bewogen hat, eine Reise ins tibetanische Hochland zu unternehmen:

> Dies ist der Grund, warum mich Tibet so anzieht: ich möchte an mir selbst die Wirksamkeit jener Praktiken erproben und als gültig bestätigen, die dazu führen, Distanz zu nehmen. [...] Schon vor langer Zeit hatte ich Lust, Eure Klöster zu besuchen, an Euren Riten teilzunehmen, zu lernen, in meinem Innern die Leere entstehen zu lassen, mich darin zu üben, Verzicht zu leisten.[9]

Die zitierte Äußerung bietet nicht nur eine Erklärung und Rechtfertigung des Sprechers, sie artikuliert zugleich einen Wunsch – den Wunsch, an einer kulturellen Praxis teilzunehmen, die dem gewöhnlichen, touristischen Besucher des Landes verschlossen bleibt. Was der Romanheld an der genannten Stelle in noch andeutungshafter Weise umschreibt, meint nichts anderes als die Lebensform der tibetanischen Mönche, der Lamas, die der Reisende als eine sowohl von der ihm vertrauten Lebenswelt des Okzidents als auch von der der gewöhnlichen Tibetaner sich unterscheidende Sonderform wahrnimmt.

Diese Lebensform, die der Romanheld in der Folge zum Ziel seines Begehrens und Tuns erhebt, ist eine esoterische Praxis. Sie weist, wie noch zu erläutern sein wird, jene charakteristischen Merkmale und Aspekte auf, die führende Vertreter der Esoterikforschung, Antoine Faivre,[10] Wouter Hanegraaff[11] und Jean Servier,[12] als spezifische Kriterien herausgearbeitet haben, an denen sich Traditionen esoterischen Denkens erkennen lassen. In Nadauds Erzählung erfährt der Romanheld – und mit ihm der Leser – das Esoterische unterdessen weniger im Rückgriff auf die

---

[8] Vgl. Bendrath: Alain Nadauds Archéologie du zéro (wie Anm. 1), S. 75.
[9] Alain Nadaud: Le passage du col. Paris 2009, S. 23: „Voilà pourquoi je suis si fort attiré par le Tibet: pour tester et valider par moi-même l'efficacité des pratiques qui conduisent à prendre de la distance. [...] Il y avait longtemps que j'avais envie de visiter vos monastères, de participer à vos rites, d'apprendre à faire le vide en moi, de faire l'apprentissage du renoncement..." Alle Übersetzungen aus dem Werk stammen von der Verfasserin.
[10] Siehe Antoine Faivre: Accès de l'ésotérologie occidental. 2 Bde. 2. Aufl. Paris 1996, sowie ders.: L'ésotérisme. 4. Aufl. Paris 2007.
[11] Vgl. Wouter J. Hanegraaff: Introduction. The birth of a discipline. In: Western esotericism and the science of religion. Hg. v. Antoine Faivre. Leuven 1998, S. VII–XVII.
[12] Jean Servier: Avant-Propos. In: Dictionnaire critique de l'ésotérisme. Hg. v. dems. Paris 1998, S. VII–XXI.

historische Vergangenheit, auf die Ursprünge der eigenen okzidentalen Kultur. Es erscheint hier vielmehr als das Andere und Fremde, in dem sich ein komplementäres Gegenbild und zugleich eine Alternative zur vertrauten europäischen Lebenswelt abzeichnet. Auffallend ist, dass jene Alternative in der Romanfiktion in Form einer besonders prominenten religiös-philosophischen Richtung auftritt: Es ist der Buddhismus in seiner tibetanischen Ausprägung, der dort, in freilich fiktional überformter Gestalt, das Modell eines esoterischen Denk- und Verhaltensstils darbietet. Es mag auf den ersten Blick befremdlich erscheinen, eine der großen, universalen Strömungen religiösen Denkens, eine der ‚Weltreligionen', als möglichen Kandidaten des Esoterischen in Betracht zu ziehen. Verbindet man doch mit Esoterik vornehmlich das Abgesonderte, Kleine, Verborgene und Apokryphe, das sich vorzugsweise auf begrenzterem Raum, in Gemeinschaften kleiner bis mittlerer Reichweite artikuliert. Zudem stützt sich das wissenshistorische Modell der Esoterik, wie es die einschlägige Forschung erarbeitet hat, vorwiegend auf die abendländischen, alteuropäischen Traditionen esoterischer Ideenbestände (sieht man einmal von der schon früh auch in Europa rezipierten altpersischen Überlieferung der Lehren Zarathustras ab).[13] Gleichwohl kann sich der von Nadauds Roman nahegelegte Ansatz, das buddhistische Denken bzw. gewisse Aspekte desselben im Zeichen von Esoterik zu lesen, durchaus auf Fürsprecher im Kreis der Esoterikforscher berufen. So zählen bereits Eugen Lennhoff und Oskar Posner in dem einschlägigen Artikel „Esoterisch, exoterisch" im *Internationalen Freimaurer-Lexikon* das buddhistische Denken zum Ensemble der verschiedenartigen historischen Strömungen, die sich unter das Dach jenes Kollektivbegriffs fassen lassen.[14] Ganz ähnlich verfährt in der neueren Forschung auch Jean Servier, der in seinem *Dictionnaire critique de l'ésotérisme* mit Bedacht gleich zwei Artikel dem „bouddhisme" widmet.[15] Mit seiner esoterischen Lektüre des tibetanischen Buddhismus kann Nadaud überdies an eine prominente abendländische Rezeptionstradition anknüpfen. Eine frühe und besonders aufschlussreiche Form einer solchen esoterischen Auslegung des Buddhismus kristallisierte sich bereits im ausgehenden 19. Jahrhundert im Umkreis der 1875 gegründeten *Theosophischen Gesellschaft* heraus.[16] Vor allem die Schriften der beiden Gründer, Helena Petrovna Blavatsky und

---

[13] Vgl. Faivre: Accès de l'ésotérisme occidental (wie Anm. 10). Bd. 1, S. 48–56. Zur Zarathustra-Rezeption siehe Michael Stausberg: Faszination Zarathushtra. Zoroaster und die europäische Religionsgeschichte der frühen Neuzeit. 2 Bde. Berlin u.a. 1998; ders.: Die Religion Zarathushtras. Geschichte – Gegenwart – Rituale. 3 Bde. Stuttgart u.a. 2002–2004.
[14] Vgl. Internationales Freimaurer-Lexikon. Hg. v. Eugen Lennhoff, Oskar Posner u. Dieter A. Binder. Überarb. u. erw. Neuaufl. der Ausg. v. 1932. München 2000, S. 269f.
[15] Vgl. François Bizot: Art. Bouddhisme / Asie du Sud-Est, und Jean-Noël Robert: Art. Bouddhisme / Japon. Beide in: Dictionnaire critique de l'ésotérisme (wie Anm. 12), S. 221–241.
[16] Vgl. dazu umfassend Nicholas Goodrick-Clarke: The coming of the Masters. The evolutionary reformulation of spiritual intermediaries in modern theosophy. In: Constructing Tradition. Means and myths of transmission in western esotericism. Hg. v. Andreas Kilcher. Leiden 2010, S. 113–160, bes. S. 128–142.

Henry Steel Olcott, geben von diesem esoterischen Verständnis ein eindrucksvolles Zeugnis. In der Perspektive Blavatskys und ihrer Gefährten wird das buddhistische Denken dabei zum konstitutiven Bestandteil einer auf synkretistische Weise entwickelten Weltanschauung, in die auch Elemente altindischer brahmanischer Herkunft einfließen (aus den Veden und Upanischaden).[17] Blavatsky hat jene kosmische Weltauffassung insbesondere in ihrem Hauptwerk *The secret doctrine* (1888) dargelegt. Ihre zum Teil erstaunlich detaillierten und umfassenden Kenntnisse südostasiatischer Religionen bezog Blavatsky teils aus weitreichenden, mehrjährigen Reisen, die sie und ihren Gefährten Olcott nach Indien, Ceylon und Tibet führten, teils aus der Lektüre wissenschaftlicher und populärwissenschaftlicher Literatur.[18] Neben Blavatskys eigenen Schriften trugen auch die Abhandlungen ihrer beiden Mitstreiter, Olcotts *Buddhist catechism* (1881) und Alfred Percy Sinnetts *Esoteric Buddhism* (1883),[19] maßgeblich zur Begründung und Verbreitung des hier skizzierten esoterischen Verständnisses buddhistischen Denkens bei. Die genannten Studien geben so entscheidende Impulse zur Herausbildung einer esoterischen Rezeptionslinie, die auch über den engeren Kontext der *Theosophischen Gesellschaft* fortwirkt und deren Filiationen sich ins 20. Jahrhundert fortsetzen.[20] Auch Arthur Schopenhauers Deutung der buddhistischen Philosophie schreibt sich in gewisser Hinsicht, insofern er aus ihr die Idee einer nur der entrückten Betrachtung zugänglichen, resignativen Einsicht herleitet,[21] dieser esoterischen Interpretationslinie ein.

Mit seinem Bild des tibetanischen Buddhismus kann Nadaud somit an eine bereits bekannte und etablierte Auslegungstradition anschließen. Gleichwohl stellt sich die Frage, auf welche Weise, mit welchen literarischen Mitteln, er diese esoterische Sichtweise in der Darstellung seines Romans plausibel zu machen sucht und inwieweit ihm dies gelingt. Bevor wir uns im Folgenden dieser Frage zuwenden, erscheint es unterdessen nützlich, sich zunächst einige grundlegende Merkmale und Gesichtspunkte des Esoterikkonzepts in Erinnerung zu rufen, wie sie die Forschung erarbeitet hat.[22] Folgt man den richtungsweisenden Bestimmungen Antoine Faivres,

---

[17] Vgl. Christine Maillard: Ex oriente lux. Zur Funktion Indiens in der Konstruktion der abendländischen esoterischen Tradition im 19. und 20. Jahrhundert. In: Constructing Tradition (wie Anm. 16), S. 395–412, hier S. 401–403.
[18] Vgl. ebd., S. 401f.
[19] Vgl. Goodrick-Clarke: The Coming of the Masters (wie Anm. 16), S. 140, sowie Maillard: Ex oriente lux (wie Anm. 17), S. 401.
[20] Vgl. ebd., S. 403–410.
[21] Vgl. Christophe Salaün: Apprendre à philosopher avec Schopenhauer. Paris 2010, S. 78–86, 202–212.
[22] Zum Konzept der Esoterik vgl. die umfassenden Darlegungen von Monika Neugebauer-Wölk: Esoterik in der frühen Neuzeit. Zum Paradigma der Religionsgeschichte zwischen Mittelalter und Moderne. In: Zeitschrift für Historische Forschung 27 (2000), S. 321–364, sowie dies.: Esoterik im 18. Jahrhundert – Aufklärung und Esoterik. Eine Einleitung. In: Aufklärung und Esoterik. Hg. v. ders. unter Mitarb. v. Holger Zaunstöck. Hamburg 1999 (Studien zum 18. Jahrhundert 24), S. 1–37.

sind es insbesondere vier Leitaspekte, die das esoterische Denken charakterisieren:[23] Da ist *erstens* die Vorstellung einer belebten Natur, in der sich dem menschlichen Betrachter eine ganzheitliche Welt, ein natürliche und übernatürliche Sphäre umgreifender Kosmos eröffnet. Der esoterische Zugang versucht eine verborgene Sicht der Welt zu erschließen, „une vision cachée du monde, de l'homme et de la place de l'homme dans le monde, [...] une vision philosophique du cosmos".[24] Auf der Ebene der Erkenntnis entspricht dieser kosmischen Welterfahrung des Esoterikers *zweitens* ein Denken in Entsprechungen, in Analogien, die das Kleine mit dem Großen, den Mikro- mit dem Makrokosmos verknüpfen. Kennzeichnend für den esoterischen Ansatz ist überdies, dass er *drittens* dem über das rationale Denken im engeren Sinne hinausgehenden geistigen Vermögen des Menschen, vor allem der Imagination, einen hohen Stellenwert beimisst. Der Vorstellungs- und Einbildungskraft kommt im Kontext des Esoterischen insbesondere die Funktion der Vermittlung zwischen Natürlichem und Übernatürlichem, menschlicher und göttlicher Sphäre zu. Als weiteres Grundkonzept des Esoterischen erweist sich zudem *viertens* das Prinzip der Transmutation, d.h. die Idee einer tiefgreifenden Verwandlung, eines qualitativen Sprungs, die das esoterische Subjekt im Durchgang von einem Stadium zu einem höheren Stadium seiner Existenz durchläuft.

Diese von Antoine Faivre und Jean Servier herausgestellten bestimmenden Grundzüge des Esoterischen lassen sich darüber hinaus noch durch einen weiteren Gesichtspunkt ergänzen. Esoterik meint nicht nur ein Wissen, eine Form der Erkenntnis im abstrakten oder spekulativen Sinne, sondern zielt darüber hinaus auch auf eine Praxis. Es geht mit anderen Worten zumeist um ein Wissen, das sich im Modus einer spirituellen Erfahrung vermittelt und das gleichsam darauf drängt, zugleich auf der Ebene des Verhaltens, des konkreten Habitus' des esoterischen Subjekts, Ausdruck zu finden. Esoterik bezeichnet somit nicht nur ein Wissen, sondern ebenso eine Lebens- und Verhaltensform. In Anbetracht dieser ausgeprägten verhaltens- und praxisbezogenen Dimension des Esoterischen erscheint es nur konsequent, dass esoterische Kulturen mitunter als kollektive und organisatorische Formen auftreten, wie man sie beispielsweise bei den freimaurerischen Gesellschaften und esoterischen Bünden des 18. Jahrhunderts beobachten kann.[25] Das hier angesprochene verhaltensbezogene und praktische Moment des Esoterischen bezeichnet einen Aspekt, der uns auch in der mönchischen Existenzform, wie sie Nadauds Roman vorstellt, begegnen wird.

---

[23] Vgl. Faivre: L'ésotérisme (wie Anm. 10), S. 8–15.
[24] Vgl. Jean Servier: Avant-Propos (wie Anm. 12), S. VIII. Übers. des Zitats: „eine verborgene Vision der Welt, des Menschen und der Stellung des Menschen in der Welt, [...] eine philosophische Vision des Kosmos."
[25] Vgl. Monika Neugebauer-Wölk: Esoterische Bünde und Bürgerliche Gesellschaft. Entwicklungslinien zur modernen Welt im Geheimbundwesen des 18. Jahrhunderts. Göttingen 1995 (Kleine Schriften zur Aufklärung. Hg. v. der Lessing-Akademie Wolfenbüttel 8), S. 9f., 24f.

In den folgenden Ausführungen wollen wir somit versuchen, die esoterischen Züge der in der Romanfiktion dargestellten Kultur buddhistischer Mönche des tibetanischen Hochlands nachzuzeichnen und zu untersuchen, inwieweit sich das von Nadaud evozierte religiös-philosophische Modell in den Zusammenhang der neueren ideen- und kulturgeschichtlichen Diskussion um die frühneuzeitlichen und antiken Strömungen des Esoterischen einfügt. Darüber hinaus wirft Nadauds Wiederaufnahme und literarische Adaptation esoterischer Vorstellungen die Frage nach dem zeitgenössischen Stellenwert und der möglichen Aktualität des Esoterischen im Blick auf die Gegenwartskultur auf. Im *Passage du col* erweist sich, soviel sei vorwegnehmend gesagt, die buddhistische Denk- und Lebensweise als ein Modell von eigentümlicher Faszination und Attraktivität. Nun liegt es nahe zu vermuten, jenen spezifischen Reiz, den die buddhistische Kultur insbesondere auf den Beobachter abendländischer Herkunft ausübt, vor allem auf den Umstand zurückzuführen, dass wir es hier mit einer Form der sozialen Praxis zu tun haben, die ein genaues Gegenmodell zur arbeitsteiligen und funktionsorientierten Verfasstheit der modernen (okzidentalen) Gesellschaft bereitzustellen scheint. Der Impuls des Romanhelden, nach Tibet zu ziehen, um sich in die Lehren des Buddhismus einführen zu lassen, verdankt sich, so eine erste, noch vorläufige Annahme, dem Bedürfnis, dem, in Max Webers Worten, „unabänderlichen Gehäuse"[26] der modernen, unter dem Primat ökonomischer Effizienz stehenden Gesellschaftsordnung zu entfliehen. Esoterik ist hier, wie es scheint, zunächst ein Exodusprojekt, der Versuch, den „kalten Skeletthänden rationaler Ordnungen" zu entrinnen,[27] auf der Suche nach einem Lebensmodell, das, jene modernetypischen Trennungen und Differenzen überbrückend, dem ganzen Menschen, in der Verbindung von Körper und Geist, Ratio und Gefühl Rechnung trüge. Die Rolle des Esoterischen in Nadauds Roman erschöpft sich unterdessen keineswegs in einem bloßen Fluchtmotiv. Die Besonderheit des buddhistischen Ansatzes, so wie ihn die Romanfiktion vorstellt, besteht vielmehr nicht zuletzt darin, dass hier die Form einer Kultur des Selbst angeboten wird, die die Merkmale und Paradoxien neuzeitlicher Subjektivität zugleich reflektiert und zu überwinden verspricht.

Es ist nützlich, sich bewusst zu machen, dass das Bild des tibetanischen Buddhismus, das Nadaud umreißt, Teil der Romanfiktion ist. Insofern haben wir es mit einer in gewissem Maße literarisierten, fiktional überformten Darstellung jener religiösen Praxis zu tun. Unterdessen zählt Nadaud zu jenen zeitgenössischen Romanciers, die ihre zum Teil abenteuerlichen und phantastischen Handlungsprojektionen mit einem auffallenden Moment von Gelehrsamkeit versehen. Er rüstet seine Romane mit einer Armatur akademischen Spezialwissens aus, das sich im Verlauf der Erzählung in einer Vielzahl von gelehrten und literarischen Anspielun-

---

[26] Max Weber: Die protestantische Ethik und der ‚Geist' des Kapitalismus. Hg. u. eingel. v. Klaus Lichtblau u. Johannes Weiß. Weinheim 1993, S. 16.
[27] Max Weber: Religionssoziologie. Bd. 1. Tübingen 1960, S. 561.

gen manifestiert. Zu seiner Arbeitsweise gehört es, seine Romanprojekte durch umfangreiche Quellenstudien vorzubereiten bzw. zu begleiten. Indem Nadaud so seine Texte mit Bausteinen historisch-philologischen Wissens versieht, verleiht er ihnen einen eigentümlichen, zwischen Wissenschaft und Fiktion schwankenden Charakter. Gerade diese Eigenart macht den hier ausgewählten Roman im Blick auf unsere Problemstellung, die Frage nach der Rezeption esoterischen Wissens in der Literatur der Moderne und Gegenwart, interessant. Dabei erscheint es mir unterdessen durchaus legitim, das akademische Element des Romans ernst zu nehmen und Nadauds Text, ungeachtet seines fiktionalen Status, auch als eine Reflexion über die buddhistische Philosophie, insbesondere über deren esoterische Züge, zu begreifen.

Die buddhistische Philosophie, die die historische Referenz der im Roman dargestellten mönchischen Existenzform bildet, zeichnet sich zunächst dadurch aus, dass sie in mehrfacher Hinsicht ein Wissen des Ganzen zu vermitteln sucht: Zum einen impliziert sie, wenngleich unter einem skeptischen Vorbehalt, eine Auffassung der Welt und des Kosmos im Ganzen, zum anderen versucht sie, das Leben des einzelnen Menschen in seinem Zusammenhang, im Blick auf sein fundierendes Prinzip, zu erfassen. Bestimmend ist hier der buddhistische Leitgedanke, dass das Leben durch die Grunderfahrung des Leidens geprägt sei: „Das Dasein, die ganze Welt und insbesondere ihre Freuden sind vergänglich und daher leidvoll."[28] Jene Grundfigur des Leidens wird dabei, dieser Auffassung zufolge, ihrerseits durch das Begehren, den unstillbaren Lebensdurst der Individuen, hervorgerufen und dauerhaft fortgesetzt. Ziel des buddhistischen Ansatzes ist es daher, den Überschwang des Begehrens einzugrenzen und einen Ausweg aus dem sich ständig erneuernden Kreislauf leidvoller Existenz, dem ‚Rad der samsāra', aufzuzeigen. Als ein solcher Ausweg bietet sich dem Subjekt das Streben nach einem Zustand völligen Gleichmuts an, denn nur letzterer bezeichnet einen Punkt, an dem das Leiden keine Wirkung und keinen Ort mehr hat.[29] Hier schließt die verhaltensbezogene, praktische und zugleich reflexive Komponente der buddhistischen Kultur an, die sie in die Nähe esoterischer Konzepte des frühneuzeitlichen Europa rücken lässt. Das skizzierte Lebensmodell ist im Wesentlichen eine geistig-körperliche Selbsttechnik, eine Anleitung zur Formung und Bildung des Selbst, die auf dem Wege besonderer Verfahren der Meditation, der gesteigerten Konzentration und der kontemplativen Versenkung ins Werk gesetzt wird. In der im Roman vorgestellten Spielart der buddhistischen mönchischen Existenz zeichnet sich diese philosophische Praxis zudem durch zwei weitere Merkmale aus, die sie in die Nähe esoterischer Kulturformen des 18. Jahrhunderts rücken lässt: Zunächst handelt es sich um eine Verhaltensform, die von einem von der alltäglichen Gesellschaft abgesonderten Verbund,

---

[28] Klaus Mylius: Einleitung. In: Die vier edlen Wahrheiten. Texte des ursprünglichen *Buddhismus*. Hg. v. dems. Stuttgart 1998, S. 19–60, hier S. 25.
[29] Ebd.

nämlich der Gemeinschaft der Lamas, getragen wird und, dem eigenen Selbstverständnis nach, nur in einer solchen Gruppe im vollen Sinne realisiert werden kann.[30] Die Sozietät der Mönche ist dabei hierarchisch organisiert, wobei die Rangfolge nicht auf sozialem Stand oder Herkunft der Mitglieder beruht, sondern vielmehr eine Kompetenzhierarchie darstellt,[31] deren Abstufungen unterschiedlichen Graden auf dem Weg der Reinigung und des ‚Erwachens' entsprechen. Darüber hinaus – und damit komme ich zum zweiten Aspekt, der an esoterische Gruppierungen der Aufklärungszeit erinnert – haben wir es mit einer Wissens- und Lebensform zu tun, die durch Initiation vermittelt bzw. erworben wird. Die Selbsterkenntnis des Subjekts vollzieht sich mit anderen Worten als ein Vorgang der sukzessiven Einweihung im Rahmen ritueller Praktiken, die teils vom einzelnen Subjekt, teils gemeinschaftlich ausgeführt werden. Die hier vorab nur summarisch skizzierte Lebensweise der tibetanischen Mönche möchte ich im Folgenden aus der Wahrnehmungsperspektive der Romanfigur näher entwickeln, indem ich einzelne Etappen der Annäherung des Romansubjekts an diese ihm zunächst fremde Kultur nachzeichne.

Schon in dem eingangs zitierten Gespräch bei der ersten Begegnung mit dem tibetanischen Lama, der sich zugleich als Vorsteher, als *khempo*, eines Klosters zu erkennen gibt, erhält der Ich-Erzähler eine erste Einführung in die Grundideen jener Philosophie. Denn als er dem Mönch bekennt, dass er ein Schriftsteller sei, der sich von seiner Reise eine Überwindung seiner Schreibkrise und eine Erneuerung seines literarischen Schaffens erhoffe, legt ihm der Lama das – vom philosophischen Standpunkt aus betrachtet – Verfängliche und Vergebliche seines Unterfangens dar:

> „Mein Sohn", begann er, „die Enttäuschung sticht aus Ihrem Vorschlag hervor. Ich sehe, dass Sie die Erfahrung der vanitas machen: der Ihrigen und derjenigen der Mehrzahl der menschlichen Unternehmungen, insbesondere der künstlerischen... Sie sehnen sich insgeheim nach Ruhm, nicht wahr? Darin liegt Ihre Verletzbarkeit. [...] Befreien Sie sich von dieser Gier. Es ist keineswegs Ihre Qualität als Schriftsteller, die in Frage steht. Es ist das, was Sie davon erwarten, was Sie leiden lässt. Sind Sie nicht anerkannter Meister in der Kunst der Fiktion? Es erstaunt mich, dass Sie sich haben verleiten lassen, sich der Versuchung jener hinzugeben!"[32]

---

[30] Vgl. Per Kvaerne: Der tibetanische Buddhismus. Aufstieg und Untergang einer klösterlichen Tradition. In: Der Buddhismus. Geschichte und Gegenwart. Hg. v. Heinz Bechert u. Richard Gombrich. München 1984, S. 293–335, hier S. 295–302.

[31] Vgl. Bernard Faure: Buddhismus. Aus dem Franz. übers. v. Vera Thielenhaus. Bergisch Gladbach 1998, S. 55.

[32] Nadaud: Le passage du col (wie Anm. 9), S. 22: „Mon fils, commenta-t-il, la déception perce dans votre propos. Je vois que vous faites l'expérience de la vanité: la vôtre, et celle de la plupart des entreprises humaines, en particulier artistiques... En secret, vous aspiriez à la gloire, n'est-ce pas? Là est votre vulnérabilité. [...] Déprenez-vous de cette avidité; ce n'est nullement votre qualité d'écrivain qui est en cause. C'est ce que vous en attendez qui vous fait souffrir. N'êtes-vous pas passé maître dans l'art de la fiction? Je m'étonne alors que vous vous soyez laissé prendre aux séductions de celle-ci!"

Der Lama erklärt somit das Ruhmbegehren des Schriftstellers als eine Ausprägung jenes Lebensdurstes, der nach buddhistischer Auffassung den Impuls gibt für den Zyklus der Wiedergeburten und so den Grund des Leidens bildet.[33] Der Ich-Erzähler erweist sich so für den Lama als ein Subjekt, das der Heilung durch die buddhistische Philosophie bedarf. Von daher erklärt sich, warum der Mönch auf das Anliegen seines Gesprächspartners eingeht. Er bietet dem Romanhelden an, ihm zu folgen und gemeinsam mit ihm zu dem entlegenen, in den Gebirgshöhen des Himalaya verborgenen Kloster zu wandern.

Schon der Aufstieg, den das erlebende Ich in Begleitung des *khempo* und eines anderen Mönchs vollzieht und der ihn auf schmalen Gebirgspfaden an Schluchten und schwindelerregenden Abgründen vorbeiführt, bildet eine erste Etappe der Annäherung an die ihm noch fremde Lebenswelt der Lamas. Von daher verwundert es nicht, dass bereits dieser erste Teil der Erzählung Momente enthält, die an Passageriten (im Sinne von van Genneps Konzept des ‚rite de passage')[34] erinnern. So müssen die Wanderer auf ihrem Weg eine Schlucht überqueren, deren beide Seiten nur eine unsichere, aus Baumstämmen und Lianen provisorisch gebastelte Brücke verbindet. In der Erzählung bezeichnet diese Schlucht eine symbolische Grenze, die den Übergang in eine andere Welt, die esoterische Sphäre der Lamas, anzeigt. Diese Funktion des Übergangs tritt um so deutlicher hervor, als der Romanheld aus eigener Kraft nicht den Mut findet, jene Grenze zu überschreiten. Er muss von einem seiner beiden Mitreisenden wie ein Kind auf dem Rücken über die Brücke getragen werden.[35]

Das Bild der notdürftig, nur provisorisch angefertigten Brücke erinnert zugleich an das dem historischen Buddha zugeschriebene Gleichnis vom Floß, das den nur vorläufigen, heuristischen Stellenwert der Lehre veranschaulichen soll: Ein Mann, der einen Fluss überqueren will, um das jenseitige Ufer zu erreichen, baut sich aus Ästen und Blättern ein Floß. Einmal dort angelangt, lässt er dieses Hilfsmittel, das er nun nicht mehr braucht, hinter sich zurück: „Ebenso, Ihr Mönche, einem Floß vergleichbar zeigte ich Euch die Lehre: zum Überschreiten geschaffen, doch nicht, um sich daran festzuklammern."[36] Das zitierte Gleichnis erhellt den spezifischen Charakter des spirituellen Denkens, das hier intendiert ist. Es geht um ein Wissen, das kein ‚System', kein festes Ideengebäude sein will, sondern sich vielmehr aus der Praxis, aus dem konkreten Gebrauch herleitet.

Diese Vorstellung eines Wissens aus Erfahrung und Intuition, das auch die körperliche und unbewusste bzw. halbbewusste Wahrnehmung des Subjekts miteinschließt, wird im weiteren Verlauf des Romans vertieft. Bemerkenswert in diesem Zusammenhang ist noch ein weiteres Motiv, das – neben der erwähnten

---

[33] Vgl. Mylius: Einleitung (wie Anm. 28), S. 27.
[34] Vgl. Arnold van Gennep: Übergangsriten (Les rites de passage). Übers. v. Klaus Schomburg u. Sylvia Schomburg-Scherff. Frankfurt a.M., New York 1986, S. 21–23.
[35] Vgl. Nadaud: Le passage du col (wie Anm. 9), S. 46f.
[36] Majjhimanikāya, Nr. 22. In: Die vier edlen Wahrheiten (wie Anm. 28), S. 156f.

Schreibkrise – den Romanhelden zu seiner Reise zu den Lamas angeregt hat. Jener wird nämlich seit längerer Zeit von Träumen heimgesucht, die ihm sein eigenes Selbst in verwandelten Gestalten, als Angehörigen je unterschiedlicher Länder und Epochen, mal als Fischer im antiken Delos, mal als römischen Legionär, mal als Archäologen des 19. Jahrhunderts, vorspiegeln. Über diese sonderbaren Traumvisionen hofft der Ich-Erzähler bei den Mönchen Aufschluss zu finden. Einen ersten Anhaltspunkt dazu bietet die von der buddhistischen Philosophie angenommene Vorstellung des *samsāra*, des Kreislaufs der Wiedergeburten, den die Individuen in je wechselnden Reinkarnationen durchlaufen.[37] In diesem Sinne jedenfalls begreift der *khempo* die Träume seines Gasts, als dieser sich ihm anvertraut. Jene Vorstellungen, so die Vermutung des Mönchs, seien Erinnerungsbilder, die ihm seine frühere Existenz, Verkörperungen seines Ich in früheren Leben, vor Augen führten. Damit er diese Träume und sich selbst erkunden könne, verweist der *khempo* den Romanhelden an einen Mitbruder namens Tenzin, der in der Kunst solche Erinnerungen wachzurufen und zu erkennen, bewandert sei.

Die Episoden des Romans, die den Lehrstunden des Helden bei Lama Tenzin gewidmet sind, möchte ich im Folgenden näher betrachten, da sie über das dort entwickelte Konzept spiritueller Erkenntnis näheren Aufschluss geben. Bemerkenswert ist dabei zunächst, dass Tenzin als ein besonders gelehrter und belesener Mönch vorgestellt wird, der in dem berühmten tibetanischen Kloster Shalu ausgebildet worden sei und dort auch die nur Wenigen bekannten, entlegenen Strömungen der buddhistischen Philosophie, deren sogenannte tantrische Ausprägung, studiert habe.[38] Diese Charakteristik Tenzins ist insofern aufschlussreich, als sie im Hinblick auf die buddhistische Anschauung eine Unterscheidung einführt, die diese weiter differenziert. Der tantrische Buddhismus zeichnet sich dadurch aus, dass er sich neben den hergebrachten buddhistischen Praktiken geheimer und esoterischer Verfahrensweisen bedient und dabei überdies die rituellen Momente jener Selbsttechniken betont.[39] Unter dem Gesichtspunkt des Tantra gliedert sich das buddhistische Wissen mithin in einen äußeren und einen inneren Bereich, eine exoterische und eine esoterische Spielart. Die buddhistische Denkweise in ihrer ursprünglichen Form ist ja, ihrem Selbstverständnis nach, keine Geheimlehre und, so betrachtet, auch keine Esoterik, sondern eine Erkenntnisform, die als solche, wenngleich in unterschiedlichem Grade, prinzipiell jedem dafür aufgeschlossenen Menschen zugänglich sein will. Dem außenstehenden, profanen Beobachter, zumal dem okzidentalen, mag sie freilich als esoterische Denkweise erscheinen. In dessen Wahrnehmung tut sich nun, in Anbetracht der tantrischen Spielart des Buddhismus, innerhalb einer Wissens- und Anschauungsform, die als solche schon esoterische

---

[37] Vgl. Philippe Cornu: Les concepts clés. In: Bouddha (Le Point. Hors-Série – Les Maîtres Penseurs). Hg. v. Franz-Olivier Giesbert u.a. Paris 2010, S. 38–49, hier S. 42f.
[38] Vgl. Nadaud: Le passage du col (wie Anm. 9), S. 85, 125.
[39] Vgl. Hans Gruber: Art. Buddhismus. In: Harenberg Lexikon der Weltreligionen. Dortmund 2002, S. 632–681, bes. S. 650f.

Züge trägt (nämlich der allgemeinen, verbreiteten buddhistischen Lehre) ein noch rätselhafterer, innerer Kern auf: „In jener bereits als esoterisch empfundenen Sphäre begegnet ihm nun, in Gestalt der tantrischen Lehre, nochmals eine Steigerungsform, eine höhere bzw. verdichtete Ausprägung des Esoterischen."

Im Kontext der Romanfiktion ist es dabei sicher kein Zufall, dass es gerade die esoterische, tantrische Variante buddhistischer Praxis ist, der sich der Romanheld unter Anleitung seines Lehrmeisters anzunähern versucht. Jene Richtung wird in der Erzählung als eine nur Wenigen zugängliche, mit dem Nimbus des Geheimen und Okkulten umgebene Lehre präsentiert, die der Magie nahestehe und die einen Weg zu den dunklen, unbewussten Schichten des menschlichen Geistes zu erschließen suche. Von Tenzin lernt der Romanheld, im Vollzug der Meditation seine Traumerinnerungen wachzurufen und sich in diese zu versenken. Auf diese Weise gelingt es ihm, sich in seinem Bewusstsein nach und nach immer weiter in seine eigene Vergangenheit zurück zu versetzen. Diese Meditationsübungen werden von Tenzin begleitet, der seinen Lehrling dabei beobachtet und ihm mit seiner Stimme Mut zuspricht. Die sich so entspinnenden Wachträume des Helden setzen zugleich eine sich im Geiste vollziehende Rückkehr in dessen frühe Kindheit in Gang, um schließlich, darüber hinaus, in dessen frühere Existenzen in vorhergehenden Leben („vies antérieures")[40] zu führen. Die genannten Erlebnisse sind nicht zuletzt insofern interessant, als sie sich in einem eigentümlichen Spannungsverhältnis bewegen: Einerseits haben wir es hier offensichtlich mit einer Form des Erlebens zu tun, die sich diesseits oder jenseits des rationalen Erkennens abspielt, die aus unterschwelligen, intuitiven, zunächst nur halb bewussten Regungen des Gemüts hervorgeht, andererseits werden diese Erfahrungen durch eine methodisch durchdachte Technik ausgelöst und dabei bis zu einem gewissen Grad zu lenken versucht. Dieser Doppelheit des meditativen Vorgangs entspricht es, dass er sich auf zwei Rollen, auf zwei an ihm gleichermaßen konstitutiv partizipierende Teilnehmer verteilt: Während der Romanheld sich ganz den Eindrücken des intuitiven, unmittelbaren Erlebens hingibt, vertritt Tenzin, der den Gang seines Schülers zu beobachten und mit seiner Stimme zu leiten versucht, gleichsam die Funktion eines Korrektivs, das die dunklen, prekären Tendenzen jener kontemplativen Versenkung aufzufangen sucht.

Eine solche Vorsicht des Meisters scheint auch angesagt, denn, wie der Erzähler verrät, setzt Tenzin mit der hier skizzierten Form der Traumevokation eine seltene, nur wenigen Lamas vertraute Arkantechnik ins Werk. Wie oben bereits erwähnt, bedient er sich der Verfahrensweisen und Techniken der tantrischen Lehrtradition. Diese haben, nach Ansicht ihrer Anhänger, den Vorzug, dass sie es ermöglichen, auch einen unbedarften, unkundigen Schüler auf schnellerem Wege in die Praxis der Versenkung und Entrückung einzuführen. Doch dieser Weg ist zugleich fragil und prekär: „Das Tantra gilt als ein besonders schnell wirksamer, aber ebenso als

---

[40] Nadaud: Le passage du col (wie Anm. 9), S. 86.

ein gefährlicher Pfad."[41] Im Unterschied zur verbreiteten Lehrtradition, die den „Weg des Erwachens" anstrebt, geht, so der Erzähler, die von Tenzin empfohlene Technik gleichsam den umgekehrten Weg:

> Denn, durch eine ungewohnte, ja paradoxe Methode, war es ein ganz anderer Weg, der Weg des Einschlafens, den ich einschlagen sollte. Während der Weg des Erwachens darauf zielt, vom *karma* zu befreien, d. h. von der Kette der Handlungen, die uns an die Existenz binden, sollte ich im Gegenteil stufenweise herabsteigen, von einer Ebene des Bewusstseins zur anderen.[42]

Der hier skizzierte Weg hat sein Paradox darin, dass das Ziel, das Sich-Bewusstwerden, Sich-Klarwerden über sich selbst, hier gerade durch das Mittel der Verdunkelung, des Abtauchens in die Tiefen des Vorbewussten und Sinnlichen, erreicht werden soll. Die Seelenwanderung, die der Romanheld so unter Anleitung des Lama durchläuft, gleicht einem mythischen Abstieg in die Unterwelt. Von daher erscheint es konsequent, dass Tenzin während jenes Vorgangs Formeln aus dem tibetanischen Totenbuch, dem *Bardo Thödol*, rezitiert. Es handelt sich bei diesem Buch um einen rituellen Text aus dem Umkreis des tantrischen Buddhismus, der vornehmlich Phasen des existenziellen Übergangs, wie den Vorgängen der Geburt und des Sterbens, gilt. Das *Bardo Thödol* erörtert indessen das Thema des Übergangs auch in einem allgemeineren, metaphysischen Sinne; es bezieht sich ebenso auf zu Lebzeiten erfahrene Zustände der Entrückung wie die des Traums und der Meditation.[43] Der Rekurs auf das Totenbuch unterstreicht mithin den prekären Zustand der Zwischenexistenz des meditierenden Ich, das in die Schichten seiner Erinnerung und seines Unbewussten eintaucht. Die rituellen Anweisungen, die der Lama dabei vorträgt, bilden gewissermaßen das Band, durch das er mit seinem Initianden Kontakt zu halten und ihn vor den ihm begegnenden Verführungen zu schützen sucht: „So blieb mir keine andere Wahl, als aufs Wort den Ratschlägen des Lama Tenzin zu folgen, mich durch seine Worte leiten zu lassen, denn es war eine gefährliche Überfahrt, die ich ausführte."[44] Die Gefahr für das erlebende Ich besteht genauer gesagt darin, die Traumgestalten, zu denen sein Bewusstsein herabsteigt, für Wirklichkeit zu halten, sie ergreifen und bei ihnen

---

[41] Hans Gruber: Art. Buddhismus (wie Anm. 39), S. 651.
[42] Nadaud: Le passage du col (wie Anm. 9), S. 197: „Car, par une méthode inhabituelle, et même paradoxale, c'était une tout autre voie, *la voie de l'Endormissement*, que je devais emprunter. Alors que la voie de l'Eveil a pour objet de libérer du *karma*, c'est-à-dire de la chaîne des actes qui nous rattachent à l'existence, [...] je devais au contraire descendre par paliers progressifs, d'un niveau de conscience à l'autre." [Hervorh. L.S.]
[43] Dieser Bedeutungsgehalt erschließt sich auch aus den Wortbedeutungen der einzelnen Terme, aus denen sich der Ausdruck „Bardo Thödol" zusammensetzt. „Bardo" bedeutet im alttibetanischen ,Übergang', ,Zwischenexistenz', ,thö' ,hören' bzw. ,zuhören' und „dol" ,Befreiung'. Wörtlich übersetzt, würde der Titel somit in etwa „Die Befreiung durch das Zuhören im Zwischenstadium des Übergangs" lauten. Vgl. Lionel Dumarcet: Introduction. In: Ders.: Le livre des morts tibétain. Au cœur du Bardo Thödol. Paris 2010, S. 6–17, hier S. 6.
[44] Nadaud: Le passage du col (wie Anm 9), S. 206: „Aussi n'avais-je d'autre choix que d'appliquer à la lettre les conseils du lama Tenzin, de me laisser guider par sa parole; car c'était une traversée délicate que j'accomplissais."

verweilen zu wollen. Als Heilmittel gegen diese Anfechtungen des Scheins, die dem meditierenden Subjekt begegnen, sucht sein Mentor ein Verfahren der Desillusionierung geltend zu machen, das die visionären Erscheinungen als Trugbilder enthüllt. Zu diesem Zweck rezitiert er die rituellen Formeln des Totenbuchs, die die Weisheit der Desillusion verkünden:

> Edler Sohn, in Wirklichkeit ist Deine Form nichts als Leere, so dass Du nichts zu befürchten hast. Und da die Abgesandten des Todes gleichfalls Deine eigenen Projektionen sind, existiert in ihnen keinerlei materielle Realität. Ihre Form ist leer. Die Leere kann folglich die Leere nicht verletzen! Es ist eine unleugbare Tatsache, dass die friedlichen und geharnischten Gottheiten [...] und die erschreckenden Formen des Totengottes nichts anderes sind als das Spiel Deines eigenen Geistes.[45]

Gleichwohl ist es nicht allein der beschwörende Zuspruch des Mentors, der den Schüler auf seinem Weg der Versenkung unterstützt. Vor der Gefahr, sich täuschen zu lassen und der Macht der Vorstellungsbilder zu verfallen, bewahrt ihn überdies auch sein Schriftstellerberuf, durch den er seit je mit der Fiktion vertraut ist:

> Hatte ich nicht seit Jahren die sonderbaren Gegenden durchmessen, die ich selbst geschaffen hatte? [...] Für den Schriftsteller, der ich war, hatten jene flüchtigen Visionen gar nichts so Außergewöhnliches. Nur dass sie, indem sie den Anschein erweckten wahr zu sein, den einzigen Nachteil hatten, meine Neugierde zu reizen.[46]

Nur so, durch seine Vertrautheit mit der Fiktion, erklärt sich der Erzähler, dass der erhoffte paradoxe Umschlag vom Dunklen ins Helle in der Tat gelingt und er, zumindest punktuell, für kurze Zeit, jenen sublimen Zustand des Bewusstseins in sich erfährt, der sonst nur auf dem aufsteigenden Weg meditativer Entsagung zugänglich sei:

> So blieb ich in mir selbst in der Schwebe, mit jenem berühmten Eindruck [...], mich in schwebender Erhebung zu befinden, im Zustand vollkommener Abgelöstheit, gleichgültig gegenüber den künstlichen Anziehungen, die zugleich von Liebe bewegt und irdisch sind. Merkwürdigerweise hatte ich kein Verlangen mehr nach irgendetwas. So verweilte ich unbewegt im Nicht-Handeln... Mein Wesen war geschmolzen in der Vereinigung des klaren Bewusstseins mit der hell strahlenden und reinen Leere.[47]

---

[45] Ebd., S. 209: „Noble fils, en réalité, ta forme n'est que vacuité, de sorte que tu n'as rien à craindre. Et puisque les émissaires de la mort sont également tes propres projections, il n'existe en elles aucune réalité matérielle. Leur forme est vide. La vacuité ne peut donc blesser la vacuité! Il est un fait indéniable que les divinités paisibles et courroucées [...] et les effrayantes formes du dieu de la mort, ne sont que le jeu de ton propre esprit."

[46] Ebd., S. 208f.: „N'avais-je pas pendant des années arpenté les paysages étranges que j'avais moi-même créés? [...] Pour l'écrivain que j'étais, ces visions fugitives n'avaient rien de si extraordinaire. Sauf que, ayant l'apparence d'être vraies, elles avaient pour seul inconvénient d'aiguiser ma curiosité."

[47] Ebd., S. 210: „Ainsi demeurais-je suspendu en moi-même, avec cette fameuse impression [...] d'être en lévitation, en état de parfaite détente, indifférent aux attractions factices, à la fois amoureuses et terrestres. Etrangement, je n'avais plus de désir pour rien [...]. Voilà que je dé-

Die zitierte Stelle beschreibt jenen Punkt der größtmöglichen Distanznahme des Ich zu sich selbst wie zur äußeren Welt, der nach buddhistischer Auffassung als höchste Stufe der Bewusstwerdung gilt. Indem es sich selbst transparent wird, gelangt das Ich dabei zu einer Selbsterkenntnis oder genauer: Selbsterfahrung. Es erreicht einen Zustand der vollkommenen Beruhigung, der Ablösung und Befreiung vom fortwährenden Drang des Werdens, einen Moment, der sich in buddhistischer Ausdrucksweise auch als Begegnung mit der ‚Leere', als Erfahrung des *nirvāna* beschreiben lässt. *Nirvāna*, das wörtlich ‚Erlöschen', ‚Verwehen' bedeutet,[48] gilt, wenngleich sich die damit bezeichnete Vorstellung vorwiegend in privativen Begriffen ausdrückt, nach buddhistischer Auffassung als ein positiv gewertetes existenzielles Ziel. Dabei kennt das buddhistische Denken grundsätzlich zwei Arten des *nirvāna*, die in ihrem lebensgeschichtlichen und seinsmäßigen Stellenwert voneinander zu unterscheiden sind.[49] *Nirvāna* kann zum einen den Zustand nach dem Tod bezeichnen, die Dimension des Nicht-Seins, in die der Geist des Verstorbenen eingeht; es bedeutet jedoch auch jene hervorgehobenen, mystischen Erfahrungsmomente, in denen der *Bodhisattva*, der begnadete Schüler der Meditation, schon zu Lebzeiten die Einsicht des flusshaften Vergehens erlangt und die zugleich dessen moralische und spirituelle Umwandlung bewirken.[50] In jener zweiten Bedeutung des Worts ist der Zustand des *nirvāna* mithin eine mit Bedacht, durch die Praxis des achtfältigen Wegs und die reflexive Haltung des Subjekts angestrebte Erfahrung. Er markiert einen Punkt, an dem das Subjekt, indem es sein Begehren zurücknimmt, aus seiner Verstrickung in den leidvollen Zusammenhang der Welt befreit wird. Durch die reflexive Distanznahme und Loslösung von den Dingen tritt das Selbst aus dem Rad der *samsāra* heraus, es wird vom Zyklus der Existenzen erlöst.

Betrachtet man die im zitierten Passus des Romans umrissene Erfahrung der Loslösung unter formalem Gesichtspunkt, fällt deren in sich widersprüchliche, im Kern paradoxe Struktur in den Blick. Wir haben es hier offenbar mit einer Figur zu tun, in der einerseits ein intellektuelles Moment des Strebens nach Erkenntnis wirksam ist, in der sich jedoch andererseits ein intuitiver Impuls äußert, der die Grenzen des rationalen Erkennens zugunsten einer ganzheitlichen Erfahrung überschreitet. Als paradox erscheint überdies der Sachverhalt, dass es gerade ein Modus des Verzichts und der Zurücknahme des Selbst ist, der den als vollkommen und glückshaft erfahrenen Augenblick der Ablösung herbeiführt.

---

meurais immuable dans le non-agir... Mon être était fondu dans l'union de la claire conscience et de la vacuité éblouissante et pure."
[48] Vgl. Mylius: Einleitung (wie Anm. 28), S. 32. Vgl. auch Peter Gäng: Buddhismus. Frankfurt a.M., New York 2002, S. 145.
[49] Vgl. Art. Nirvāna. In: Lexikon des Buddhismus. Hg. v. Damien Keown. Übers. u. bearb. v. Karl-Heinz Golzio. Düsseldorf 2003, S. 174f.
[50] Vgl. Theo Sundermeier: Identität und Verwandlung. Aspekte buddhistischer Anthropologie. In: Verwandlungen (Archäologie der literarischen Kommunikation 9). Hg. v. Aleida Assmann u. Jan Assmann. München 2006, S. 111–123.

Das sich hier abzeichnende Modell einer paradoxalen Erkenntnis und Erfahrung ist, seiner Grundform nach, nicht ausschließlich ein Element buddhistischen Denkens. Die Vorstellung einer plötzlichen Einsicht, einer auf dem Wege der Rückwendung auf sich selbst erlangten Erfahrung des Subjekts, bezeichnet vielmehr auch ein konstitutives Moment einiger philosophischer Richtungen des neuzeitlichen Europa. Man mag hier etwa an Spinoza und die Spinoza-Rezeption im 18. Jahrhundert denken, von der beispielsweise Goethe im 16. Buch von *Dichtung und Wahrheit* ein eindrucksvolles Zeugnis gibt.[51] Die Erfahrung des *nirvāna* als Zielpunkt buddhistischer Versenkung, wie sie Nadaud an der zitierten Stelle umreißt, weist überdies eine gewisse Nähe zur Figur der *illuminatio* auf, der in einigen Richtungen neuzeitlich-okzidentaler Esoterik eine Schlüsselrolle zukommt, etwa in der frühneuzeitlichen Plotinrezeption und der Vereinigungsphilosophie des 18. Jahrhunderts[52] oder in der esoterischen Lehre Saint-Martins.[53] Auch hierin zeigt sich mithin wiederum ein Punkt, in dem sich buddhistisches Denken mit Traditionen abendländischer Esoterik berührt.

In der oben angeführten Beschreibung des buddhistischen Erkenntnisvorgangs aus Nadauds Roman verdient noch ein weiterer Aspekt nähere Aufmerksamkeit, der gleichfalls dem esoterischen Denken des Okzidents nicht fremd ist. Bei der skizzierten Erkenntnis haben wir es mit einer Art von Erfahrung zu tun, die das

---

[51] Vgl. Johann Wolfgang Goethe: Aus meinem Leben. Dichtung und Wahrheit. In: Ders.: Werke. Hamburger Ausgabe. Hg. v. Erich Trunz. Bd. 10. 14. Aufl. München 1981. „Ich eilte daher abermals zu den Werken, […] und dieselbe Friedensluft wehte mich wieder an. Ich ergab mich dieser Lektüre und glaubte, indem ich in mich selbst schaute, die Welt niemals so deutlich erblickt zu haben." Aufschlussreich ist in diesem Kontext auch das Stichwort der ‚Entsagung', in dem Goethe sein Spinoza-Erlebnis zusammenfasst und das eine weitere Parallele zur buddhistischen Maxime der Loslösung vom Drang des Lebensdurstes darstellt: „Alles ruft uns zu, daß wir entsagen sollen" (ebd., S. 77).

[52] Vgl. Gerhard Kurz: Mittelbarkeit und Vereinigung. Zum Verhältnis von Poesie, Reflexion und Revolution bei Hölderlin. Stuttgart 1975, S. 16–31.

[53] Louis-Claude de Saint-Martin (1743–1803), der sich selbst auch als „Philosophe inconnu" bezeichnete, entwickelte unter dem Einfluss der Schriften von Jakob Böhme, Anton Kirchberger und Martinès de Pasqually eine eigene theosophisch inspirierte Geschichtsphilosophie und Kosmogonie, in der dem Menschen als Bündelungspunkt mikro- und makrokosmischer Kräfte der Natur eine wichtige Rolle zukommt. Saint-Martin geht dabei, im Einklang mit theologischen Vorstellungen seiner Zeit, zunächst vom Konzept des Sündenfalls und der damit gegebenen grundsätzlichen Korrumpiertheit und Erneuerungsbedürftigkeit des Menschen aus. Dabei sucht er nach immanenten Möglichkeiten solcher Erneuerung, d.h. nach Wegen, durch die sich der Mensch, im Rekurs auf die mystischen Kräfte der Natur sowie vor allem auf sein Inneres, selbst regenerieren und erneuern könne. Diese naturphilosophische Anthropologie hat Saint-Martin vor allem in seinen Studien *L'Homme de désir* (1790) und *Le nouvel homme* (1792) dargelegt. Vgl. dazu einschlägig Gerhard Wehr: Saint-Martin. Der ‚unbekannte Philosoph'. Berlin 1995, bes. S. 17–23, sowie Giovanna Summerfield: Credere aude. Mystifying Enlightenment. Tübingen 2008, S. 99–128. Im deutschsprachigen Raum wurde Saint-Martin durch die Übersetzung von Mattias Claudius bekannt und insb. in rosenkreuzerischen Kreisen rezipiert. (Zu Claudius' Übersetzung vgl. die Neuausgabe: Saint-Martin. Irrthümer und Wahrheit oder Rückweiß für die Menschen auf das allgemeine Principium aller Erkenntniß. Aus dem Franz. übers. v. Matthias Claudius. Hg. v. Robert Amadou. Hildesheim 2004).

Innere des Subjekts betrifft, die sich durch dessen Vorstellungen und Empfindungen vollzieht. Handelt es sich doch um einen Vorgang des ‚Erwachens', der sich dem Subjekt in der introspektiven Rückwendung auf sich selbst erschließt. Dies bedeutet unterdessen nicht, dass die solcherart durchlaufene Erfahrung nur subjektiv wäre und gänzlich auf die Innerlichkeit des Individuums beschränkt bliebe. Die im kontemplativen Selbstbezug erlangte Einsicht hat, sowohl nach buddhistischem Verständnis als auch in der narrativen Logik von Nadauds Roman, überdies einen allgemeineren, gewissermaßen repräsentativen Charakter, insofern sich dem meditierenden Ich im Akt der Reflexion zugleich ein universales Prinzip, ein Grundgesetz der Welt und des Kosmos erschließt. Im Vollzug der meditativen Selbstdurchdringung lüftet sich, in einer Formulierung Arthur Schopenhauers ausgedrückt,[54] für Nadauds Romansubjekt augenblickshaft der Schleier der Maja; es durchschaut die Scheinhaftigkeit des Daseins, das Illusionäre der Erscheinungen. So eröffnen sich dem Romanhelden in seinen Träumen und tagtraumähnlichen Visionen nicht nur die Gestalten seines früheren Ich, sondern er erblickt darin zudem ein kosmisches Prinzip der Wiederkehr und Wiedergeburt, das für die buddhistische Anschauung, die der Roman nachzeichnet, eine umfassende Grundfigur des Daseins schlechthin bezeichnet. Subjektive Selbsterkenntnis und universale Erfahrung des Kosmos sind somit in der zitierten Schilderung des romanhaften Erwachenserlebnisses auf subtile Weise ineinander verwoben und miteinander verknüpft.

Der Romanheld erreicht mithin, so ließen sich die oben angeführten Beobachtungen zusammenfassen, an der genannten Stelle punktuell eine andere, ihm im herkömmlichen Alltag verborgene Erkenntnis seines Selbst – einen Einblick, der sich ihm auf dem Wege eines esoterischen Zugangs erschließt. Fragt man nun genauer nach dem Stellenwert und dem spezifischen Reiz, der jener esoterischen Erfahrung im Kontext der Romanfiktion beigemessen wird, so ist hier wohl zunächst deren grundlegende Andersheit zu bedenken, d.h. deren Potential, eine mögliche Alternative zu herkömmlichen Formen des Wissens und Erkennens darzubieten.

Die buddhistische Philosophie, die die Grundlage und den Rahmen der im Roman entwickelten esoterischen Selbsterkundung bildet, enthält ja eine Auffassung von Subjekt und Subjektivität, die sich von abendländischen, neuzeitlich-modernen Subjektvorstellungen tiefgreifend unterscheidet.[55] Anders als die dem europäischen Leser vertrauten Konzepte neuzeitlich-okzidentaler Philosophien kennt der buddhistische Ansatz keine (strenge) Differenz von Subjekt und Objekt und auch keine Dichotomie von Geist und Körper.[56] Das Selbst stellt sich vielmehr als ein unauflösliches Ensemble geistiger und körperlicher Bestandteile dar. Überdies haben wir es hier mit einem Konzept zu tun, das dem Werdegang des Einzelnen

---

[54] Vgl. Arthur Schopenhauer: Die Welt als Wille und Vorstellung. In: Ders.: Werke in 10 Bden. Bd. 1. Erstes Buch. § 3. Zürich 1977, S. 34.
[55] Vgl. dazu Christoph Staub: Zum Personenbegriff im Buddhismus. Aktuelle Diskussionen. In: Zeitschrift für Internationale Philosophie 17/1 (2008), S. 145–150.
[56] Vgl. ebd., S. 145.

weder ein substanzielles Ziel setzt, noch dessen Bildung an einer Norm oder festen Vorgabe des Sein-Sollens orientiert.[57] Zwar strebt die buddhistische Selbstbildung nach dem Ziel des Erwachens, doch ist dieses Ziel seinerseits nur durch negative bzw. privative Bestimmungen definiert, als ein Loslassen, als ein Modus der Distanznahme, der als solcher kein substantielles Signifikat enthält.[58] Es geht vielmehr um eine Form der reflexiven Selbstkultur, die auf Aspekte der Lenkung, Steuerung und Kontrolle weitgehend verzichtet und auf die immanente Selbsterkundung des Ich auf dem Wege der kontemplativen Versenkung vertraut.[59] Insbesondere verzichtet der buddhistische Ansatz – in seiner idealtypischen Form – auf einen Aspekt, der seit den Anfängen neuzeitlich-europäischen Subjektdenkens auf prekäre Weise mit dem Konzept des Selbst verknüpft ist: auf den Aspekt der Macht. Die buddhistische Technik setzt kein hierarchisches Verhältnis der Dominanz oder Beherrschung ins Werk; sie zielt nicht auf Unterwerfung oder Disziplinierung des Subjekts. Der angestrebte Moment des Loslassens markiert ja gerade eine Freisetzung,[60] ein Heraustreten des Selbst aus Zwängen und heteronomen Bestimmungen.[61] Sogar die Selbstbeherrschung, die *maîtrise de soi*, wird, wie die zitierte Beschreibung eingängig zeigt, schließlich überwunden und zugunsten einer kosmischen Erfahrung der Verbundenheit mit dem Prinzip des Alls preisgegeben.

Mit dem Aspekt der Ablösung und Freisetzung, die das buddhistische Subjekt im Vollzug seiner meditativen Übungen und seiner Betrachtung der ‚reinen Leere' anstrebt, verbindet sich in Nadauds Roman überdies eine politische Implikation, die hier indessen nur angedeutet werden kann. In *Le passage du col* beschränkt sich Nadaud nicht darauf, das Innere des tibetanischen Klosterlebens vorzuführen; er beleuchtet vielmehr auch den zeitgeschichtlichen Kontext: Das tibetanische Hochland, das der französische Reisende besucht, steht unter dem Vorzeichen der chinesischen Besetzung, die ihre Macht mit autokratischem Rigorismus zur Geltung bringt.[62] In diesem Zusammenhang erweist sich die Lebenswelt des Klosters als ein Raum, der der Unterwerfung unter die Besetzer widersteht. Dabei ist es nicht allein die abgeschiedene, entlegene Lage in den Höhen des Himalaya, die das

---

[57] Vgl. Klaus-Josef Notz: Ethik des Buddhismus. In: Ders.: Lexikon des Buddhismus. Freiburg 1998, S. 155–157, hier S. 156.
[58] Vgl. Paul Gregor: Buddhistische Glücksvorstellungen. Eine historisch-systematische Skizze. In: Glück und Ethik. Hg. v. Joachim Schummer. Würzburg 1998, S. 47–68, hier S. 51.
[59] Vgl. dazu ausführlich Wilhelm K. Essler u. Ulrich Mamat: Die Philosophie des Buddhismus. Darmstadt 2006, S. 125f., 131.
[60] Vgl. ebd., S. 121–126.
[61] Vgl. Isaline Blew Horner: Le concept de liberté dans le canon pāli. In: Présence du bouddhisme. Hg. v. René de Berval. Paris 2008, S. 135–150, hier S. 137–139.
[62] Tibet wurde 1951 von China besetzt. Nach den tibetischen Aufständen von 1956 und 1959 hat die chinesische Regierung seit den 1960er Jahren ihre Machtposition verschärft und diese zum Teil mit diktatorischen Praktiken durchgesetzt. Es kam zu anti-buddhistischen Säuberungsmaßnahmen, von denen insb. die tibetanischen Klöster betroffen waren. Vgl. dazu Per Kvaerne: Der tibetanische Buddhismus (wie Anm. 30), S. 323–325 („Die Verfolgung des tibetanischen Buddhismus").

Kloster der Lamas gleichsam dazu disponiert, eine Enklave jenseits des Staates, ein Refugium nicht-regimekonformer Denk- und Verhaltensweisen darzustellen. Es ist mehr noch die esoterische Praxis, die das Subjekt zur Distanznahme von der Welt und, bis zu einem gewissen Grade, zur Unabhängigkeit von seinen sinnlichen Bedürfnissen anleitet und die so einen Punkt der Resistenz entstehen lässt, der sich als ein Ort des gewaltlosen Widerstands gegen die Unterwerfung durch die fremde Besatzungsmacht anbietet.

Diese politische Dimension, die Nadaud parallel zum Fortgang der philosophischen Initiation seines Romanhelden entfaltet, kann hier unterdessen nicht weiter verfolgt werden.

Wichtiger in unserem Zusammenhang ist vielmehr ein anderer Aspekt, der mit dem im Roman entwickelten Modell esoterischer Wahrnehmung und Erfahrung aufs Engste verknüpft ist und den es im Folgenden näher zu betrachten gilt. Gemeint ist der Gesichtspunkt des Ästhetischen, der die in der Erzählung geschilderten inneren Visionen des Romanhelden begleitet und der, gleichsam als ein konstitutiver und unverzichtbarer Bestandteil, dessen kontemplative Betrachtungen durchzieht. Die Gestalten seiner früheren Existenzen, die der Ich-Erzähler im Zuge seiner meditativen Übungen erkundet, erscheinen ihm vorwiegend unter dem Aspekt des Staunenerregenden und Erhabenen. Es sind Gebilde, die zunächst Schrecken und Grauen erwecken, jedoch in dem Maße, in dem das meditierende Subjekt sie als scheinhafte Projektionen, als Illusionen, durchschaut, sich in Figuren des Sublimen, in Gegenstände einer ruhigen, ästhetischen Anschauung, verwandeln. Während jener Übungen, durch die sich der Romanheld in sein Inneres versenkt, ist es vor allem die Stimme Tenzins, die ihm den illusionären, traumhaften Charakter dieser Vorstellungen in Erinnerung ruft:

> Dort war nichts, versicherte er mir, als flüchtige Illusionen und Phantasmagorien. Er überzeugte mich, dass die Gottheiten, denen ich auf meinem Weg begegnete [...] nichts anderes waren als trügerische Lockungen, die Personifikation meiner mentalen Projektionen, meiner Wünsche und meiner Ängste, und dass die Szenen, mit denen ich konfrontiert wurde, nur die Entfaltung der inhärenten Möglichkeiten meines Geistes waren.[63]

Mithilfe solcher Ratschläge seines Mentors gelingt es dem Ich des Romans, die Visionen der Vergangenheit, die es in seiner Vorstellung evoziert hat und in die es eingetaucht ist, mehr und mehr unter dem Blickpunkt des Ästhetischen, d.h. mit einem Moment der Distanz zu betrachten. Daher verwundert es nicht, dass der Roman die Erscheinungen, die der Entrückte wahrnimmt, vor allem in ihrer ästhetischen Qualität profiliert: Es sind wundersame Gegenden, die sich der Einbil-

---

[63] Nadaud: Le passage du col (wie Anm. 9), S. 207: „Ce n'était là, me rassurait-il, qu'illusions passagères et fantasmagories. Il me persuadait que les divinités que je rencontrais sur mon passage [...] n'étaient rien d'autre que des leurres, que la personnification de mes projections mentales, de mes désirs et de mes craintes; et que les scènes auxquelles j'étais confronté [...] n'étaient que le déploiement des potentialités inhérentes à mon esprit."

dungskraft des Ich enthüllen, magische und sublime Landschaften, die es durchstreift. Ihren Höhepunkt und ihre äußerste Intensität erreicht diese ästhetische Dimension der kontemplativen Erfahrung an jener bereits genannten Stelle, an der das Ich zum Bewusstsein der ‚Leere der Erscheinungen' gelangt und so die Leere, das *nirvāna* als universales Prinzip des Daseins erkennt. Es ist kein Zufall, dass dieser Augenblick sich im Roman im Duktus des Erhabenen präsentiert: die Metaphern des Lichts und der gesteigerten Helle umschreiben ein Moment des Sublimen, das seitens des Subjekts zugleich als überwältigend und als ästhetisches Wohlgefallen erfahren wird. Nadauds Darstellung erinnert hier an Schopenhauers Überlegung, dass die plötzliche Einsicht in die Scheinhaftigkeit und Nichtigkeit der Erscheinungen für das Subjekt mitunter von einem ästhetischen Hochgefühl begleitet sei. Als Parallelstelle zu Nadauds Schilderung bietet sich ein Passus aus dem dritten Buch von *Die Welt als Wille und Vorstellung* an, der die gleiche Ambivalenz aufweist: eine ihrem Begriff nach negative bzw. privative Erkenntnis schlägt in ästhetisches Gefallen um:

> Wenn wir uns in die Betrachtung der unendlichen Größe der Welt in Raum und Zeit verlieren, den verflossenen Jahrtausenden und den kommenden nachsinnen, – oder auch, wenn der nächtliche Himmel uns zahllose Welten wirklich vor Augen bringt, und so die Unermeßlichkeit der Welt auf das Bewußtseyn eindringt, – so fühlen wir uns selbst zu Nichts verkleinert, fühlen uns als Individuum, als belebter Leib, als vergängliche Willenserscheinung, wie ein Tropfen im Ocean, dahin schwinden, ins Nichts zerfließen. Aber zugleich erhebt sich gegen solches Gespenst unserer eigenen Nichtigkeit, gegen solche lügende Unmöglichkeit, das unmittelbare Bewußtseyn, daß alle diese Welten ja nur in unserer Vorstellung da sind, nur als Modifikationen des ewigen Subjekts des reinen Erkennens, als welches wir uns finden, sobald wir die Individualität vergessen, und welches der nothwendige, der bedingende Träger aller Welten und aller Zeiten ist. Die Größe der Welt, die uns vorher beunruhigt, ruht jetzt in uns: unsere Abhängigkeit von ihr wird aufgehoben durch ihre Abhängigkeit von uns.[64]

Die zitierte Stelle liefert eine gleichsam klassische Formulierung des Sublimen angesichts der Erfahrung des *nirvāna*, eine Beschreibung, die Nadaud möglicherweise als Vorlage seiner Darstellung der buddhistischen Erwachenserfahrung im *Passage du col* gedient haben mag. Schopenhauers Ausführungen pointieren insbesondere das im Kern paradoxe Moment der skizzierten Bewegung, die eigentümliche Umkehr aus der Negativität des Entzugs von Welt und des Ich-Verlusts in einen Zustand der Beruhigung und Gleichmut, der vollkommenen ästhetischen Betrachtung, die Schopenhauer an anderer Stelle auch „reine Anschauung"[65] nennt. Grundlage des Umschlags ins Positive, der sich hier beobachten lässt, ist dabei bezeichnenderweise eine genuin esoterische Denkfigur, die aus der Esoterik-Tradition vertraute Vorstellung von der Allverbundenheit des Selbst und dessen Vereinigung mit einem als umfassenden Zusammenhang der Dinge gedachten Kosmos. Das Subjekt solcher ästhetischen Erfahrung kann dabei, je nach Standpunkt der

---

[64] Arthur Schopenhauer: Die Welt als Wille und Vorstellung (wie Anm. 54). Bd. 2. Drittes Buch. § 39, S. 263f.
[65] Ebd., Drittes Buch. § 51, S. 310.

Beobachtung, mal als das Medium erscheinen, in dem sich die Gesamtheit des Universums spiegelt und in dem sich dessen fundierendes Prinzip reflektiert, ein andermal indessen als der Künstler bzw. poetische Schöpfer, der in jenen Vorstellungswelten die Produkte seiner eigenen ästhetischen Imagination erblickt. Beide genannten Deutungsmöglichkeiten klingen auch in Nadauds Erzählung an, wobei sich dem Romanhelden in Anbetracht seiner eigenen, früheren Tätigkeit als Schriftsteller insbesondere die zweite Interpretation aufdrängt. Die Visionen seiner mystischen Versenkung erscheinen ihm mithin als literarische Fiktionen, als die erfundenen Welten seiner Romane: „So war ich zugleich das Spielzeug und der Narr jener Visionen, da ich ja deren Autor war und sie völlig aus meinem Geist hervorgingen."[66] Im Rahmen dieser poetischen Auffassung der esoterischen Erfahrung erscheint es nur konsequent, dass sich das meditierende Subjekt schließlich selbst als fiktionale Figur begreift und sich mit den Helden eines antiken Epos vergleicht:

> Gewiss, wie die Helden der antiken Epen, die sich vorstellten mit dem Schild und der Lanze gegen leuchtende und flüchtige Götter zu kämpfen, so stieß ich mich an Ungeheuern mit sechs Armen, jeder von ihnen mit einem Säbel oder Krallen ausgerüstet, oder mit acht einander überlagernden Köpfen, die gähnende, mit Zähnen besetzte Rachen öffneten. [...] Unterdessen brauchte ich mich nur zu überzeugen, dass die Dämonen, denen ich begegnete, nurmehr das reine Produkt meiner Einbildungskraft waren. Gewiss, sie waren um so schrecklicher, als ich wusste, dass letztere von gewaltiger Ausdehnung und fruchtbar ist.[67]

Es griffe unterdessen zu kurz, wollte man die sich hier abzeichnende Engführung von esoterischer Erfahrung und Fiktion lediglich als ironische Hintertreibung des im Zustand meditativer Entrücktheit Erlebten begreifen. Das im Modus der Kontemplation Geschaute ist, der Darstellung des Romans zufolge, vielmehr wirklich und scheinhaft zugleich; die Illusion erweist sich ebenso als erzeugendes, konstitutives Mittel der poetischen Fiktion wie, nach den Lehren des Meisters Tenzin, als ein das All durchwirkendes, ontisches Prinzip. Das Moment der poetischen Illusion, das hier hervortritt und in dem poetische und esoterische Dimension zusammentreffen, eröffnet für den Roman darüber hinaus eine weitere wichtige Perspektive, bietet es doch den Anhaltspunkt für eine eingehende Reflexion, die den Vorgang des Romanschreibens selbst thematisiert und dessen Möglichkeiten und Grenzen erörtert. Das Schreiben erscheint dabei einerseits als ein unaufhörlicher, möglichkeitsreicher und potentiell unendlicher Schaffensprozess; andererseits wird

---

[66] Nadaud: Le passage du col (wie Anm. 9), S. 208: „De ces visions, j'étais donc à la fois le jouet et la dupe puisque j'en étais l'auteur, et qu'elles procédaient entièrement de mon esprit."
[67] Ebd., S. 207f.: „Certes, comme les héros des épopées antiques, qui s'imaginaient combattre du bouclier et de la lance des déités lumineuses et fugaces, je me heurtais à des monstres à six bras, chacun armé d'un glaive recourbé ou hérissé de griffes; ou à huit têtes superposées, qui ouvraient des gueules béantes, chargées de dents. [...] Or, j'avais seulement à me convaincre que les démons que j'affrontais n'étaient que le pur produit de mon imagination."

dem Erzähler indes auch das Abgebrochene, Fragmentarische und stets Unvollendete seiner sukzessiven Projekte und Romanentwürfe bewusst.

Betrachtet man diese poetologischen Reflexionen genauer, fällt zudem auf, dass das Motiv des Schreibens, des poetischen Schaffens dort in zwei unterschiedlichen Akzentuierungen auftritt.

Das Schreiben begegnet zunächst als Tätigkeit eines Ich, des Protagonisten von Nadauds Roman. Als solche scheint es geradezu Ausdruck seiner Subjektivität, seines Strebens nach Individualität zu sein. Denn nicht nur sind die vergangenen Lebensphasen des Helden von seiner Kindheit bis zur Gegenwart von den verschiedensten Schreibversuchen geprägt. Auch seine *vies antérieures*, seine vorherigen Existenzen, scheinen, wie ihm seine Träume und meditativen Visionen suggerieren, auf je unterschiedliche Weise mit Formen des Schreibens verbunden gewesen zu sein. Neben dieser individualisierenden Auffassung der *écriture* deutet sich unterdessen – gleichsam ergänzend und gegenläufig zu jener – noch eine andere Konzeption an, die das Schreiben bzw. poetische Schaffen als ein transsubjektives, das *principium individuationis* überschreitendes und aufhebendes Geschehen begreift. Diese entindividualisierende Vorstellung klingt etwa am Ende des Romans an, als sich die Erzählung noch über den Tod des Ich-Erzählers hinaus weiter fortsetzt, gleichsam selbsttätig im Modus des Traums sich weiterspinnend. Was sich hier andeutet, ist die postmodern anmutende Idee der Autofiktion, die Vorstellung des von jeglicher Autorinstanz abgelösten, sich selbst erzeugenden Textes, des sich selbst schreibenden Romans. Im Horizont des esoterischen Denkens, das Nadaud seiner Erzählung unterlegt, wird der sich selbst schreibende Roman freilich auch zum Emblem eines universalen existenziellen Prinzips. Er verweist auf jene den Kosmos durchziehende Grundfigur des unaufhörlichen Werdens, des sich Fortzeugens der Illusion, derer das meditierende Subjekt im Moment des Erwachens augenblickshaft gewahr wird. In diesem autopoietischen Gestus erinnert die Figur des sich selbst schaffenden Romans an das Bild des Regenbogens, in dem Schopenhauer die sich selbst reproduzierende und sich selbst erneuernde Kraft der Gegenwart des Daseins umschreibt:

> Der Stoff der Gegenwart ist durch alle Zeit eigentlich der selbe [...] – wie die zerstäubenden Tropfen des tobenden Wasserfalls mit Blitzesschnelle wechseln, während der Regenbogen, dessen Träger sie sind, in unbeweglicher Ruhe fest steht, ganz unberührt von jenem rastlosen Wechsel.[68]

---

[68] Schopenhauer: Die Welt als Wille und Vorstellung (wie Anm. 54). Bd. 2. Ergänzungen zum vierten Buch, Nr. 41. Ders.: Ueber den Tod und sein Verhältniß zur Unzerstörbarkeit unsers Wesens an sich. In: Ebd., Bd. 4, S. 542–597, hier S. 562, 565.

IV Gesellschaft

MARKUS MEUMANN

# Die Geister, die ich rief – oder wie aus ‚Geisterphilosophie' ‚Aufklärung' werden kann.
## Eine diskursgeschichtliche Rekontextualisierung von Christian Thomasius' *De crimine magiae*

Die Vermutung, es könnte einen Zusammenhang von frühneuzeitlichem Hexenglauben und ‚neuzeitlicher Esoterik' geben, liegt allein wegen der Bedeutung des magischen Denkens für beide Konzepte nahe.[1] Inzwischen scheint mir die Annahme einer solchen Verbindung zunehmend auf Akzeptanz zu stoßen, vor allem seitdem Monika Neugebauer-Wölk in ihrem von der sogenannten Hexenforschung[2] zunächst kontrovers diskutierten Aufsatz *Wege aus dem Dschungel* schon vor einigen Jahren darauf aufmerksam gemacht hat, dass die Entstehung des den Hexenverfolgungen zugrunde liegenden Magiedenkens zeitlich mit einem gesteigerten Interesse an Schriften des ‚Hermes Trismegistos' und der damit einhergehenden Aufwertung der Magie als einer der sogenannten Alten Wissenschaften in der ersten Hälfte des 15. Jahrhunderts konvergiert[3] – auch wenn die genauen Diskurs- und Rezeptionszusammenhänge nach wie vor im Dunkeln liegen.[4]

---

[1] Vgl. Wolfgang Behringer: Geschichte der Hexenforschung. In: Wider alle Hexerei und Teufelswerk. Die europäische Hexenverfolgung und ihre Auswirkungen auf Südwestdeutschland. Hg. v. Sönke Lorenz u. Jürgen Michael Schmidt. Ostfildern 2004, S. 485–668, hier S. 491. Zum Konzept der ‚neuzeitlichen Esoterik' siehe Monika Neugebauer–Wölk: Art. Esoterik. In: Enzyklopädie der Neuzeit. Hg. v. Friedrich Jaeger. Bd. 3. Stuttgart, Weimar 2006, Sp. 544–552, sowie den Beitrag ders. in diesem Band. Zur Rolle der Magie in beiden Konzepten vgl. Eva Labouvie, Monika Neugebauer-Wölk: Art. Magie. In: Ebd. Bd. 7, Sp. 1091–1100.

[2] Zur Geschichte und zum Selbstverständnis der sich selbst so bezeichnenden ‚Hexenforschung', die seit 1985 im *Arbeitskreis Interdisziplinäre Hexenforschung* (AKIH) organisiert ist, siehe Behringer: Geschichte der Hexenforschung (wie Anm. 1), sowie Rita Voltmer: Netzwerk, Denkkollektiv oder Dschungel? Moderne Hexenforschung zwischen ‚global history' und Regionalgeschichte, Populärhistorie und Grundlagenforschung. In: Zeitschrift für Historische Forschung 34 (2007), S. 467–507.

[3] Monika Neugebauer-Wölk: Wege aus dem Dschungel. Betrachtungen zur Hexenforschung. In: Geschichte und Gesellschaft 29 (2003), S. 316–347, hier S. 327ff. Zur Reaktion der Hexenforschung siehe Gerd Schwerhoff: Esoterik statt Ethnologie? Mit Monika Neugebauer-Wölk unterwegs im Dschungel der Hexenforschung. In: historicum.net (URL: http://www.historicum.net/no_cache/persistent/artikel/5505/ [31.03.2012]) sowie Voltmer: Moderne Hexenforschung (wie Anm. 2), passim. Sowohl Schwerhoff als auch Voltmer weisen die fundamentale Kritik Neugebauer-Wölks an der lange Zeit dominanten kulturgeschichtlichen Ausrichtung der Hexenforschung im Grundsatz zurück, konzedieren aber durchaus, dass die religionsgeschichtlichen Grundlagen des ‚elaborierten' bzw. ‚wissenschaftlichen' Hexenglaubens der Frühen Neuzeit unzureichend erforscht sind und die Bezüge zur Renaissancemagie stärkere Beachtung verdienen. Zur Einordnung der Magie als einer der drei okkulten ‚Wissenschaften' siehe auch den Beitrag von Wouter Hanegraaff in diesem Band.

[4] Dies gilt trotz intensiver Forschungen zum *Hexenhammer* letztlich für die Entstehung des Hexenglaubens insgesamt, vgl. Voltmer: Moderne Hexenforschung (wie Anm. 2), S. 497ff. Anhaltspunkte liefert immerhin die sorgsame Rekonstruktion der Entstehung der *Hexenverfol-*

Es ist offensichtlich, dass von dieser gemeinsamen Formierungsphase am Übergang vom Mittelalter zur Neuzeit ein Weg in die Gegenwart des beginnenden 21. Jahrhunderts führt – Hexenglauben und Esoterik in einem Atemzug zu nennen, bedarf aus der Perspektive einer digital vernetzten (Post-) Moderne keiner weiteren Begründung. Die Omnipräsenz von ‚Wicca' und ‚Neuen Hexen' im World Wide Web spricht für sich und legt beredtes Zeugnis von einer lebendigen Faszination für magisches Denken und einen nunmehr ins Positive gewendeten Hexenglauben ab, ebenso wie das alljährliche Feiern der Walpurgisnacht auf dem Brocken.[5] ‚Neuer' Hexenglauben und ‚moderne' Esoterik gehen dabei eine fröhliche, den historischen ‚Vorbildern' nur lose verpflichtete Verbindung ein, wobei sich zusätzlich historisierende Vorstellungen von der Autonomie weiblicher Lebenswelten in das Amalgam mengen, die durchaus feministische Anklänge enthalten und wegen ihres emanzipatorischen Versprechens entscheidenden Anteil an der Attraktivität (post-) moderner Hexenesoterik haben dürften.[6] Die lustvolle Identifikation mit der ‚Hexe', ihre Umwertung zum Sinnbild weiblicher Selbstbestimmung, vollzieht sich dabei in merkwürdiger Gleichzeitigkeit mit der Tatsache, dass zugleich in nicht-westlichen Kulturen ein negatives Hexenbild zu gewaltsamen Übergriffen gegen ‚Hexen' und ‚Zauberer' führt, die zumindest von Ferne an die Verfolgungen der europäischen Frühen Neuzeit und den diesen zugrundeliegenden Hexenglauben erinnern.[7]

Die seit dem späten 17. Jahrhundert einsetzende Demontage des frühneuzeitlichen Hexenglaubens in Europa – oder richtiger: des strafrechtlich relevanten und daher von den weltlichen Obrigkeiten qua ihrer Herrschaftsgewalt verfolgten Hexereidelikts, denn der traditionelle Hexenglauben verschwand ja nach dem Ende

---

*gungen* durch Kathrin Utz Tremp: Von der Häresie zur Hexerei. ‚Wirkliche' und imaginäre Sekten im Spätmittelalter. Hannover 2008 (Monumenta Germaniae historica Schriften 59), S. 406ff.

[5] Allein die Eingabe des Stichwortes ‚Wicca' bei der Suchmaschine google ergibt aktuell über 17 Millionen Treffer [31.03.2012]. Vgl. auch die Aufsatzsammlung Neue Hexen. Zwischen Kult, Kommerz und Verzauberung. Hg. v. Matthias Pöhlmann. Berlin 2006, sowie den Aufsatz von Katrin Moeller in diesem Band, insbesondere den letzten Abschnitt („Moderner Hexenglauben. Ein Ausblick"). Die positive Umdeutung des Hexenbildes begann bereits mit der Romantik, vgl. dazu Wolfgang Behringer: Hexen. Glaube, Verfolgung, Vermarktung. 4. Aufl. München 2005, S. 92ff.; sowie ausführlich Felix Wiedemann: Rassenmutter und Rebellin. Hexenbilder in Romantik, völkischer Bewegung Neuheidentum und Feminismus. Würzburg 2007, S. 56ff.

[6] Vgl. Wiedemann: Rassenmutter und Rebellin (wie Anm. 5), S. 255ff. Zur Bedeutung historisierender Argumentationen im feministischen Kontext vgl. den Aufsatz von Meret Fehlmann in diesem Band.

[7] Dieser Parallelität widmete sich 2007 eine Tagung im norwegischen Vardø. Vgl. den Artikel „Tausende noch immer als Hexen verfolgt" in der Süddeutschen Zeitung v. 28.06.2007 (URL: http:///www.sueddeutsche.de/wissen/schwarze-magie-tausende-noch-immer-als-Hexen-1.634849 [31.03.2012]). Zu den aktuellen Hexenverfolgungen in Afrika und Asien, denen häufig Kinder zum Opfer fallen, siehe auch Behringer: Hexen (wie Anm. 5). S. 10 u. 70ff.; Parallelen zu den europäischen Hexenverfolgungen zieht neben Behringer auch Voltmer: Moderne Hexenforschung (wie Anm. 2), S. 480f.

der Hexenverfolgungen keineswegs zur Gänze[8] – scheint demgegenüber einer ganz anderen Traditionslinie der Moderne zu entstammen: Das Ende der Hexenverfolgungen und die Abkehr von dem diesen zugrunde liegenden magischen Weltbild gelten nach weitverbreiteter Meinung als Sieg kritischen Vernunftdenkens über ‚irrationale', vorwissenschaftliche Welterklärungsmodelle und damit als eine der größten ‚Leistungen' der beginnenden Aufklärung.[9] Diese habe, so sieht es auch die neuere Aufklärungsforschung, um 1700 mit ihrer Aberglaubenskritik einen wichtigen Grundpfeiler für eine rationale und säkularisierte Moderne geschaffen.[10] Die Rolle des Kronzeugen spielt dabei (jedenfalls im deutschsprachigen Diskurs) für gewöhnlich der hallesche Rechtsprofessor Christian Thomasius (1655–1728), der aufgrund seiner 1701 zunächst in lateinischer und ein Jahr später dann in deutscher Sprache veröffentlichten Schrift *De crimine magiae/Vom Laster der Zauberey*,[11] so der Tenor vor allem des rechtsgeschichtlichen Schrifttums, als der eigentliche Überwinder des Hexenglaubens, ja sogar als der „siegreiche Bekämpfer des Hexenwahns" gelten müsse.[12] Der nicht zuletzt deswegen als „vielbewunderte[r]

---

[8] Vgl. dazu den Aufsatz von Katrin Moeller in diesem Band. Siehe weiterhin Inge Schöck: Das Ende der Hexenprozesse – das Ende des Hexenglaubens? In: Hexenverfolgung. Beiträge zur Forschung – unter besonderer Berücksichtigung des südwestdeutschen Raumes. Hg. v. Sönke Lorenz u. Dieter R. Bauer. Würzburg 1995 (Quellen und Forschungen zur Europäischen Ethnologie 15), S. 375–389; dies.: Hexenglaube in der Gegenwart. Empirische Untersuchungen in Südwestschland. Tübingen 1978; Owen Davies: Witchcraft, Magic and Culture 1736–1951. Manchester 1999; Beyond the Witch Trials. Witchcraft and Magic in Enlightenment Europe. Hg. v. dems. u. Willem de Blécourt. Manchester 2004.

[9] Zur Kritik an dieser verbreiteten Lesart des Hexenglaubens und seiner vermeintlichen Überwindung vgl. Neugebauer-Wölk: Wege aus dem Dschungel (wie Anm. 3), bes. S. 341ff.

[10] Vgl. Martin Pott: Aufklärung und Aberglaube. Die deutsche Frühaufklärung im Spiegel ihrer Aberglaubenskritik. Tübingen 1992; dies.: Aufklärung und Hexenaberglaube. Philosophische Ansätze zur Überwindung der Teufelspakttheorie in der deutschen Frühaufklärung. In: Das Ende der Hexenverfolgung. Hg. v. Sönke Lorenz u. Dieter Bauer. Stuttgart 1995 (Hexenforschung 1), S. 183–202. Im Grunde begann diese Sichtweise bereits in der Mitte des 18. Jahrhunderts, etwa bei Eberhard David Hauber (*Bibliotheca, Acta et Scripta magica*, 1738–1745). Vgl. dazu Wolfgang Behringer: Wissenschaft im Kampf gegen den Aberglauben. Die Debatten über Wunder, Besessenheit und Hexerei. In: Macht des Wissens. Die Entstehung der modernen Wissensgesellschaft. Hg. v. Richard van Dülmen u. Sina Rauschenbach. Köln u.a. 2004, S. 365–389, hier S. 384.

[11] Christian Thomasius: Vom Laster der Zauberey. Über die Hexenprozesse. De Crimine Magiae. Processus Inquisitorii contra Sagas. Hg. v. Rolf Lieberwirth. 2. Aufl. München 1987.

[12] Rolf Lieberwirth: Einleitung. In: Ebd., S. 13–30, hier S. 13. Vgl. auch Günter Jerouschek: Thomasius, Halle und die Hexenverfolgungen. In: JuS 35 (1995), S. 576–581, sowie die diesbezüglichen Bemerkungen bei Manfred Wilde: Christian Thomasius im Spannungsfeld der späten Hexenprozesse in Kursachsen und in Brandenburg. In: Christian Thomasius (1655–1728). Gelehrter Bürger in Leipzig und Halle. Hg. v. Heiner Lück. Stuttgart, Leipzig 2008 (Abhandlungen der Sächsischen Akademie der Wissenschaften 81/2), S. 141–154, hier S. 141. Auch der Philosophiehistoriker Martin Pott zeigte sich 1995 überzeugt, dass Thomasius „mit seinen Schriften Entscheidendes zur allmählichen Abschaffung der grausamen Hexenverfolgung beitrug" (Martin Pott: Christian Thomasius und Gottfried Arnold. In: Gottfried Arnold [1666–1714]. Mit einer Bibliographie der Arnold-Literatur ab 1714. Hg. v. Dietrich Blaufuß u. Friedrich Niewöhner. Wiesbaden 1995 [Wolfenbütteler Forschungen 61], S. 247–265, hier S. 261; vgl. auch ders.: Aufklärung und Aberglaube [wie Anm. 10], S. 4 u. 225ff.).

Begründer der deutschen Frühaufklärung"[13] apostrophierte Thomasius wird dabei hinsichtlich seiner Wirkung, oft aber auch betreffs seiner Argumente gegen den Teufelsglauben an die Seite des reformierten niederländischen Pastors Balthasar Bekker (1634–1698) gerückt.[14] Dieser hatte wenige Jahre zuvor in seinem 1691–1693 in Amsterdam erschienenen und bald darauf ins Deutsche übersetzten dreibändigen Werk *De Betoverde Weereld* dem Teufel und den bösen Geistern auf der Grundlage des mechanistischen cartesianischen Geistbegriffs jede körperliche Wirkung abgesprochen und damit dem sogenannten elaborierten, d.h. theologisch begründeten Hexenglauben die ideologisch-systematische Grundlage entzogen – jedenfalls sofern man seiner Argumentation zu folgen bereit war, was indes nur bei den wenigsten Rezipienten der Fall gewesen sein dürfte.[15]

Das strahlende Bild von der entscheidenden Bedeutung der beginnenden Aufklärung für die Überwindung des ‚Hexenwahns' hat zwar schon seit längerem kritische Nachfragen vor allem seitens der geschichtswissenschaftlichen ‚Hexenforschung' provoziert. So weist Katrin Moeller in ihrem Beitrag zu diesem Band einmal mehr darauf hin, dass die großen Verfolgungswellen bereits lange vor Bekker und Thomasius zum Erliegen gekommen seien und von einem verbreiteten ‚Hexenwahn' schon im letzten Drittel des 17. Jahrhunderts nicht mehr die Rede

---

[13] Klaus Luig: Art. Thomasius, Christian. In: Juristen. Ein biographisches Lexikon. Von der Antike bis zum 20. Jahrhundert. Hg. v. Michael Stolleis. München 2001, S. 627f., hier S. 627. Ähnlich auch Jonathan I. Israel: Radical Enlightenment. Philosophy and the Making of Modernity. Oxford 2001, S. 9, der Thomasius nicht zuletzt aufgrund seines Kampfes gegen den ‚Aberglauben' als „chief herald of the Early Enlightenment in Protestant Germany and Scandinavia" bezeichnet. Thomasius' philosophisches Werk war demgegenüber lange Zeit weitgehend in Vergessenheit geraten; vgl. dazu Pott: Thomasius und Gottfried Arnold (wie Anm. 12), S. 247.

[14] So z.B. Hartmut Lehmann, Otto Ulbricht: Motive und Argumente von Gegnern der Hexenverfolgung von Weyer bis Spee. In: Vom Unfug des Hexen-Processes. Gegner der Hexenverfolgung von Johann Weyer bis Friedrich Spee. Hg. v. dens. Wiesbaden 1992 (Wolfenbütteler Forschungen 55), S. 1–14, hier S. 6: „Wie es scheint, war in Deutschland Christian Thomasius um 1700 der erste, der dem Teufel physische Fähigkeiten abgesprochen hat." Vgl. auch Hexen und Hexenverfolgung in der Frühen Neuzeit. Hg. v. Walter Rummel u. Rita Voltmer. Darmstadt 2008, S. 70.

[15] Zu Bekkers Argumentation und ihrer kontroversen Rezeption vgl. Balthasar Bekker: Die bezauberte Welt (1693). Mit einer Einl. hg. v. Wiep van Bunge. 2 Bde. Stuttgart-Bad Cannstatt 1997 (Freidenker der europäischen Aufklärung. Abt. 1: Texte, 7), S. 25ff.; Pott: Aufklärung und Aberglaube (wie Anm. 10), S. 213ff.; Israel: Radical Enlightenment (wie Anm. 13), S. 375ff.; ders.: The Dutch Republic. It's Rise, Greatness, and Fall, 1477–1806. Oxford 1995, S. 925–931. So skandalös diese Position zu Bekkers Zeit – selbst in den Niederlanden – war (Bekker verlor deswegen sein Amt), kehrte er damit doch in gewisser Weise nur zu der im 4. Laterankonzil von 1215 festgeschriebenen mittelalterlichen Auffassung zurück, nach der der Teufel keinen Körper besaß und außerhalb der materiellen Welt „dans les couches supérieures du ciel sub-lunaire" existierte. Vgl. Alain Boureau: Le prince des démons. In: Royautés imaginaires. Hg. v. Anne-Hélène Allirot, Gilles Lecuppre u. Lydwine Scordia. Turnhout 2005, S. 135–145, hier S. 138f. Zur Rezeption Bekkers in der deutschsprachigen Welt siehe Annemarie Nooijen: ‚Unserm grossen Bekker ein Denkmal'? Balthasar Bekkers ‚Betoverde Weereld' in den deutschen Landen zwischen Orthodoxie und Aufklärung. Münster 2009 (Studien zur Geschichte und Kultur Nordwesteuropas 20).

sein könne.[16] Andere Historiker haben darauf aufmerksam gemacht, dass sich die meisten der um 1700 vertretenen Argumente gegen den Hexenglauben respektive die Hexenverfolgungen auch schon bei den prominenten Kritikern des 16. und 17. Jahrhunderts wie Johan Wier (1515/16–1588) oder Friedrich Spee (1591–1635) finden lassen.[17] Mit speziellem Fokus auf Thomasius hat schließlich Gerd Schwerhoff bereits 1987, anlässlich der im Jahr zuvor bei dtv erschienenen Taschenbuchausgabe von Rolf Lieberwirths zuerst 1967 in der DDR publizierter Edition von *De crimine magiae/Vom Laster der Zauberey*,[18] darauf hingewiesen, dass Thomasius' Positionen bei näherer Betrachtung keinesfalls originell oder besonders provokativ, sondern im Gegenteil verglichen mit Bekker eher traditionell gewesen seien.[19] An dem grundsätzlichen, außerhalb der ‚Hexenforschung' und vor allem im populärwissenschaftlichen Bereich nach wie vor prädominanten Bild vom entscheidenden Einfluss der frühen Aufklärung auf die Abschaffung der Hexenprozesse und vom erheblichen Anteil des Christian Thomasius daran hat auch dies allerdings nichts geändert.

Ursächlich dafür ist – neben der schier unerschütterlichen Widerstandskraft einmal etablierten, über Jahrzehnte und Generationen hinweg immer weiter tradierten Schul- und Seminarwissens, das sich vor allem in populären Darstellungen und im kollektiv verfassten Web 2.0 verbreitet[20] – das vorherrschende Verständnis von ‚Aufklärung'. Diese wird retrospektiv als zwar nicht homogene, aber doch in

---

[16] Vgl. die ähnliche Argumentation schon bei Gerd Schwerhoff: Aufgeklärter Traditionalismus – Christian Thomasius zu Hexenprozeß und Folter. In: Zeitschrift der Savigny-Stiftung für Rechtsgeschichte. Germ. Abt. 104 (1987), S. 247–260, hier S. 258f.

[17] Vgl. u.a. ebd., S. 248f.; Heinz-Dieter Kittsteiner: Spee, Thomasius, Bekker: ‚Cautio Criminalis' und ‚prinzipielles Argument'. In: Die politische Theologie Friedrich von Spees. Hg. v. Doris Brockmann u. Peter Eicher. München 1991, S. 191–218. Ähnlich argumentiert mit Blick auf den juristischen Diskurs *vor* Thomasius auch Wilde: Christian Thomasius (wie Anm. 12), S. 141f. u. 153f.

[18] Wie Anm. 11. Die erste Auflage erschien 1986.

[19] Schwerhoff: Aufgeklärter Traditionalismus (wie Anm. 16). Siehe dazu genauer S. 658. Ganz auf dieser Linie urteilt auch Kittsteiner: Spee (wie Anm. 17), S. 209: „Man sieht: Die Position des Thomasius ist weder besonders radikal noch besonders originell."

[20] Vgl. dazu z.B. die am Goethe-Gymnasium Emmendingen entwickelte „Latein-pagina" (Autor: Hans-Jürgen Günther): „Der Durchbruch gelang dann einem der führenden deutschen Aufklärer: Christian Thomasius. Dieser verkörperte mehr als jeder andere den Sieg der Vernunft über den noch immer lebendigen Hexenwahn. Durch Gerichte griff Thomasius die Hexenverfolgung stark an. [...] Im Jahre 1712 gelang es ihm nachzuweisen, dass die ganze widersinnige Hexenlehre durch die Abergläubischen Erlasse der Päpste seit 1500 in die Welt gekommen sei." (URL: http://www.latein-pagina.de/hexen/hexenanwaelte.htm [31.03.2012]). Ähnlich eine Projekt-Dokumentation des Gymnasiums der Stadt Meschede: „In den Jahren 1703, 1712 und 1723 kämpfte er entschieden gegen die Hexenprozesse, deren Abschaffung er daraufhin erreichte." (URL: http://www.gymnasium-meschede.de/projekte/projekt12-02/ deutsch/thomasius.htm [31.08.2012]). Auch der Eintrag zu Thomasius in der deutschen Wikipedia vermerkt, Thomasius habe „durch sein Eintreten für eine humane Strafordnung im Sinne der Aufklärung wesentlich zur Abschaffung der Hexenprozesse" beigetragen (URL: http://de.wikipedia.org/wiki/Christian_Thomasius [25.08.2012]). Zahlreiche weitere Beispiele, darunter Fernsehsendungen und sogar universitäre Seminarankündigungen, ließen sich anfügen.

ihren Zielen und wesentlichen ‚Grundpositionen' und ‚Forderungen' weitgehend übereinstimmende ‚Bewegung' gedeutet.[21] Dem entspricht die im Grundsatz essentialistische Vorstellung eines festen Kanons von „Grundideen" und „Leitbegriffen", durch den sich Aufklärung in ideengeschichtlicher Hinsicht konstituiere und als solche identifizieren lasse.[22] Damit geht die Tendenz einher, alles, was irgendwie ‚modern' oder ‚vernünftig' erscheint, und dazu gehört die Kritik am Hexenglauben ganz zweifellos, als ‚aufgeklärt' zu apostrophieren.[23] Aufklärung erscheint damit als ein im Kern teleologisches Konzept, auf das man sich im historischen Prozess zubewegt bzw. auf das dieser hinstrebt, ohne es wohl jemals vollständig erreichen zu können.

Gerade das Beispiel von Thomasius' 1701 veröffentlichter und als Meilenstein der Frühaufklärung gefeierter Dissertation[24] *De crimine magiae* zeigt indessen, so die zentrale These dieses Aufsatzes, dass es sich dabei keineswegs um den Ausdruck eines bereits gefestigten ‚aufgeklärten' Weltbildes oder eines konturierten Programms handelte. Im Gegenteil: Das kritisch-emanzipatorische Potential, das Thomasius' Schrift zweifellos besitzt bzw. entfaltet hat, verdankte sich eben ge-

---

[21] Geradezu paradigmatisch findet sich diese Sichtweise bei Pott: Aufklärung und Aberglaube (wie Anm. 10), S. 2.

[22] Vgl. etwa Norbert Hinske: Die tragenden Grundideen der deutschen Aufklärung. Versuch einer Typologie. In: Die Philosophie der deutschen Aufklärung. Texte und Darstellung. Hg. v. Raffaele Ciafardone. Stuttgart 1990, S. 407–439; Aufklärung als praktische Philosophie. Werner Schneiders zum 65. Geburtstag. Hg. v. Frank Grunert u. Friedrich Vollhardt. Tübingen 1998, S. 269ff. („Schlüsselbegriffe der Aufklärung"); Gerrit Walther u.a.: Art. Aufklärung. In: Enzyklopädie der Neuzeit. Bd. 1. Stuttgart, Weimar 2005, Sp. 791–830, bes. Sp. 798ff. („Philosophische Grundlagen und Leitbegriffe"). Am konkreten Beispiel von Thomasius vgl. auch Wilde: Christian Thomasius (wie Anm. 12), S. 143. Zur Entwicklung einer solchen Ansätzen zugrundeliegenden Vorstellung einer spezifischen ‚Denkform Aufklärung' vgl. die Einführung zu diesem Band, S. 7f.

[23] Als Beispiel aus dem Kontext der Hexenverfolgungen vgl. Wilde: Christian Thomasius (wie Anm. 12), S. 144, der die Anforderung eines medizinischen Gutachtens in einem kursächsischen Hexenprozess 1645 als Beweis für „aufklärerische Einflüsse" zu diesem Zeitpunkt anführt. Zu der generellen Tendenz, Aufklärung und Moderne gleichzusetzen, vgl. die Einführung zu diesem Band, S. 4ff.

[24] Mit der Bezeichnung von Thomasius' Schrift als Dissertation folge ich der in der Forschung üblichen Sprachregelung, nach der der Terminus ‚Disputation' der mündlichen Prüfung im Rahmen eines Promotionsverfahrens vorbehalten ist. Tatsächlich wurde aber um 1700 häufig auch die zu disputierende schriftliche Arbeit, deren Autor in der Regel des Präses (also der den Vorsitz führende Professor) und nicht etwa der Respondent (also der Doktorand) war, als *disputatio* bezeichnet (so die unten ausführlicher besprochene *Disputatio inauguralis de fallacibus indiciis magiae* Heinrich Bodes), oder sie trug, wie Thomasius' *De crimine magiae*, den Titel *theses (inaugurales) de* [...]. Im Fall von *De crimine magiae* – wie in vielen anderen Dissertationen von Thomasius – steht dessen Autorschaft außer Zweifel, da er darin in der ersten Person Singular von sich selbst spricht. Vgl. dazu auch Gertrud Schubart-Fikentscher: Untersuchungen zur Autorschaft von Dissertationen im Zeitalter der Aufklärung, Berlin 1970 (Sitzungsberichte der sächsischen Akademie der Wissenschaften zu Leipzig, Phil.-Hist. Klasse 114,5), bes. S. 11f., und Hanspeter Marti: Disputation und Dissertation. Kontinuität und Wandel im 18. Jahrhundert. In: Disputatio (1200–1800). Form, Funktion und Wirkung eines Leitmediums universitärer Wissenskultur. Hg. v. Marion Gindhart u. Ursula Kundert. Berlin u.a. 2010, S. 63–85.

rade nicht seiner ‚aufgeklärten Haltung' (im Sinne bereits länger vorhandener ‚vernünftiger' Zweifel oder rationalistischer Kritik am ‚Hexenaberglauben') ihres Autors, sondern erscheint, wie ich im Folgenden zeigen möchte, im Lichte ihres kommunikativen bzw. diskursiven Kontextes vielmehr als das situative Ergebnis vorhergegangener publizistischer Auseinandersetzungen und Streitfragen auf der einen und vermutlich gleichermaßen persönlich wie sachlich motivierter Konfliktlagen innerhalb der halleschen Juristenfakultät auf der anderen Seite.

Neben den in der bisherigen Forschung bevorzugt behandelten juristischen Argumenten kann dabei vor allem Thomasius' ‚Geisterphilosphie' (er selbst spricht in *De crimine magiae* von der „philosophia antiquissima spiritualis"),[25] die er in seinem 1699 erschienenen *Versuch von Wesen des Geistes* umfassend dargelegt hatte, als umkämpfte bzw. zu verteidigende diskursive Position ausgemacht werden.[26] Diese aufgrund ihrer naturphilosophisch-neuplatonischen Bezüge durchaus als esoterisch zu bezeichnende ‚Geisterphilosophie' muss folglich in Anbetracht ihrer prominenten Rolle als Anstoß für Thomasius' wirkmächtige Schrift konsequenterweise in einem Atemzug mit dem bei Bekker greifbaren Cartesianismus genannt werden, der für die kontroverse Rezeption der *Betoverde Weereld* eine vergleichbare Rolle spielt. Ideengeschichtlich formuliert, würde die thomasische ‚Geisterphilosophie' somit gleichsam als gleichberechtigte ‚zweite Quelle' neben dem Cartesianismus für die philosophische Überwindung des Hexen- und Teufelsglaubens im Alten Reich und damit für eine der zentralen ‚Leistungen' der Aufklärung in Anspruch genommen werden können, auf die sich die Moderne in der historischen Selbstvergewisserung ihrer vermeintlich durchweg ‚rationalen' Grundlagen gerne bezieht.[27]

Selbstverständlich gilt dies aber auch für die ‚Geisterphilosophie' wiederum nicht im essentialistischen Sinn. D.h. ‚Geisterphilosophie' im thomasischen Verständnis beinhaltet nicht *per se* kritisch-emanzipatorisches Potential im Hinblick auf die argumentative Infragestellung des Hexenglaubens, sondern sie gewinnt dieses, wie zu zeigen sein wird, erst und ausschließlich durch ihre profilierte Position im Diskurs. ‚Aufklärung' erscheint in dieser Sichtweise mithin eher als Begleiterscheinung oder Folge diskursiver Positionalität denn als geschlossenes Ideenkonzept im Sinne von ‚Basisideen' oder ‚Programmwerten der Aufklärung'.[28]

---

[25] Thomasius: Vom Laster der Zauberey. Über die Hexenprozesse (wie Anm. 11), S. 46.
[26] Christian Thomasius: Ausgewählte Werke. Hg. v. Werner Schneiders. Bd. 12: Versuch vom [eigentlich *von*, M.M.] Wesen des Geistes oder Grund-Lehren so wohl zur natürlichen Wissenschaft als der Sittenlehre. Hildesheim u.a. 2004. Hg. v. Kay Zenker. Hildesheim 2004.
[27] Vgl. dazu die Einführung zu diesem Band.
[28] Die Einteilung in „Programmideen", „Kampfideen" und „Basisideen" der Aufklärung findet sich zuerst bei Norbert Hinske: Art. Aufklärung. In: Staatslexikon. Hg. v. der Görres-Gesellschaft. 7. Aufl. Bd. 1. Freiburg, Basel u. Wien 1985, Sp. 390–400. Inzwischen ist, vermutlich in (bewusster oder unbewusster) Anlehnung daran, häufig auch von ‚Programmwerten' die Rede. Vgl. u.a. den *Call for Papers* für die Jahrestagung 2012 der Deutschen Gesellschaft für

Damit löst sich aber zugleich der scheinbare Widerspruch zwischen der äußerst kontroversen Rezeption der Dissertation *De crimine magiae/Vom Laster der Zauberey* und der enormen publizistischen Wirkung, die sie entfaltete, auf der einen und ihrem vermeintlich überraschend wenig ‚modernen' und ‚aufgeklärten' Inhalt auf der anderen Seite, den Gerd Schwerhoff vor 25 Jahren mittels der Formel „aufgeklärter Traditionalismus"[29] zu fassen suchte, auf.

Der Umstand, dass die entscheidende Bedeutung von Thomasius' ‚Geisterphilosophie' für sein Eintreten gegen die Hexenprozesse bisher weder von der geschichtswissenschaftlichen noch von der philosophiegeschichtlichen Forschung angemessen gewichtet worden ist,[30] ist seinerseits darauf zurückzuführen, dass Thomasius' naturphilosophische bzw. theosophische Sympathien, die er in einer Reihe von Schriften dargelegt hat, von der Philosophiegeschichte lange Zeit nur unzureichend beachtet oder gar marginalisiert wurden. Schließlich passten sie nicht in das Bild des entschiedenen Aufklärers, das bereits Friedrich Gedike und Johann Matthias Schröckh im späten 18. Jahrhundert von Thomasius zu zeichnen begonnen haben.[31]

## I Thomasius' naturphilosophische Schriften der 1690er Jahre und ihr Bezug zu *De crimine magiae*: Deutungsansätze in der bisherigen Literatur

Nicht lange nach seiner Ankunft in Halle im Jahr 1690 – seinen vorherigen Wirkungsort Leipzig hatte er bekanntlich nach verschiedenen Streitigkeiten, vor allem mit der Theologischen Fakultät, verlassen müssen[32] –, revidierte Thomasius seine

---

   die Erforschung des 18. Jahrhunderts in: H-Soz-u-Kult v. 14.02.2011 (URL: http://hsozkult.geschichte.hu-berlin.de/termine/id=15736 [25.08.2012]).
[29] Wie Anm. 16.
[30] Zur aktuellen Thomasius-Forschung im Überblick siehe Heiner Lück: Neue Forschungen zu Christian Thomasius – Versuch einer Bestandsaufnahme. In: Christian Thomasius (1655–1728). Gelehrter Bürger in Leipzig und Halle (wie Anm. 12), S. 8–33. Vgl. außerdem die Bibliographie der Thomasius-Literatur 1945–2008. Unter Mitarb. v. Grit Neugebauer u. Carolin Hahn hg. v. Frank Grunert. Halle 2009 (URL: http:// http://webdoc2.urz.uni-halle.de/izea/cms/fileadmin/documents/publikationen/thomasius_bibliographie.pdf [25.08.2012]).
[31] Friedrich Gedike: Christian Thomasius. In: Berlinische Monatsschrift 23 (1794), S. 11–45, 160–200 u. 216–254; Johann Matthias Schröckh: Leben des Königlich-Preußischen Rates Christian Thomasius. In: Ders.: Allgemeine Biographie. Bd. 5. Berlin 1778, S. 266–396, bes. S. 342ff.: „Ihm hat es das protestantische Deutschland insonderheit zu danken, daß die abscheulichen Hexenproceße, durch welche ehemals viele tausend Menschen, Freyheit, Gesundheit und Ehre, aber noch häufiger das Leben verloren hatten, seit dem gar bald abgeschafft worden sind." Vgl. dazu Michael Maurer: Christian Thomasius, oder: Vom Wandel des Gelehrtentypus im 18. Jahrhundert. In: Christian Thomasius (1655–1728). Neue Forschungen im Kontext der Frühaufklärung. Hg. v. Friedrich Vollhardt. Tübingen 1997 (Frühe Neuzeit 37), S. 429–444, hier S. 437ff., sowie Pott: Thomasius und Gottfried Arnold (wie Anm. 12), S. 247.
[32] Diese Vorfälle sind unzählige Male geschildert bzw. kolportiert worden. Eine ausführliche Darstellung gibt z.B. Erik Wolf: Grosse Rechtsdenker der deutschen Geistesgeschichte. Tübingen 1963, S. 378–390. Zu den in diesem Zusammenhang immer wiederkehrenden Stereotypen

bislang vertretenen Auffassungen, u.a. zum Stellenwert der Vernunft in der Sittenlehre, in einer Weise, die die philosophiegeschichtliche Literatur des frühen 20. Jahrhunderts nur mit dem Topos eines ‚frommen Rückfalls' oder einer ‚mystischen Krise' des eigentlichen ‚Aufklärers' Thomasius fassen konnte.[33] Als besonders irritierend wurde dabei empfunden, dass Thomasius spätestens seit 1693 offensichtlich unter dem „Einfluß mystischer Spekulationen wie [der] Jakob Böhmes (1575–1624) und vor allem Pierre Poirets (1646–1719)" stand[34] – Johann Matthias Schröckh sprach diesbezüglich bereits 1778 von „Verirrung" und „Fehltritt".[35] Tatsächlich hatte Thomasius 1693 in der *Historia Sapientiae et Stultitiae*, für die er auch mit Gottfried Arnold zusammenarbeitete,[36] Böhme verteidigt und ihm eine Dissertation mit dem Titel *An Sutor possit esse Philosophus* gewidmet.[37] 1694 brachte er dann Poirets naturphilosophisch-theosophisch geprägte *Libri de eruditione* heraus, denen er eine empfehlende Dissertation voranstellte.[38] Damit nicht genug, offenbarte er wenig später, dass ihm am 21. Dezember 1693 eine „Erleuchtung" (Michael Albrecht) zuteil geworden sei.[39]

---

vom Kampf eines ‚modernen' und ‚unkonventionellen' Frühaufklärers gegen eine verstockte Orthodoxie siehe Detlef Döring: Christian Thomasius und die Universität Leipzig am Ende des 17. Jahrhunderts. In: Gelehrter Bürger in Leipzig und Halle (wie Anm. 12), S. 71–97, bes. S. 86ff.

[33] Vgl. dazu ausführlicher Martin Pott: Thomasius' philosophischer Glaube. In: Christian Thomasius 1655–1728. Interpretationen zu Werk und Wirkung. Mit einer Bibliographie der neueren Thomasius-Literatur. Hg. v. Werner Schneiders. Hamburg 1989 (Studien zum 18. Jahrhundert 11), S. 223–247, hier S. 231 ff. Thomasius' Wandlung gipfelte in der Aufforderung an seine Leser, „dieses mein Buch [gemeint ist die *Ausübung der Sittenlehre* von 1696, M.M.] weg[zu]schmeissen / und sich einig und allein an Gottes Wort [zu] halten" (zit. nach ebd., S. 232).

[34] Ebd. Potts eigener Aussage zufolge hegte Thomasius allerdings schon seit 1692 den Plan einer Neuausgabe von Poirets *Libri de eruditione* und verband damit die Hoffnung, eine ähnliche Wandlung wie dieser vollziehen zu können (ebd., S. 235).

[35] Schröckh: Leben des Königlich-Preußischen Rates Christian Thomasius (wie Anm. 30), S. 329.

[36] Pott: Christian Thomasius und Gottfried Arnold (wie Anm. 12), S. 253.

[37] Vgl. dazu jetzt Frank Grunert: *De philosophia sutoria* – Die ‚Böhme-Dissertation' von Christian Thomasius und ihr Kontext. In: Dichtung – Gelehrsamkeit – Disputationskultur. Festschrift für Hanspeter Marti zum 65. Geburtstag. Hg. v. Reimund B. Sdzuj u.a. Wien u.a. 2012, S. 621–636.

[38] Christiani Thomasii, JCti Dissertatio Ad Petri Poiret Libros De Eruditione Solida, &c. In: Petri Poiret De Eruditione Solida, Superficiaria, Et Falsa, Libri Tres. Frankfurt, Leipzig 1694. Zu Poiret und seiner Philosophie siehe Marjolaine Chevallier: Pierre Poiret 1646-1719. Du protestantisme à la mystique. Genf 1994 (zur Rezeption durch Thomasius bes. S. 121f.). Vgl. auch Max Wieser: Peter Poiret. Der Vater der romanischen Mystik in Deutschland. Zum Ursprung der Romantik in Deutschland. München 1932, S. 62f.

[39] Michael Albrecht: Christian Thomasius. Der Begründer der deutschen Aufklärung und seine Philosophie. In: Philosophen des 17. Jahrhunderts. Eine Einführung. Hg. v. Lothar Kreimendahl. Darmstadt 1999, S. 238–259, hier S. 253.

Die Thomasius-Forschung hat dies meist als pietistisch inspirierte Bekehrung oder Gewissenskrise gedeutet.[40] Schließlich hatte Thomasius in Leipzig in Kontakt mit den dortigen pietistischen Kreisen gestanden und Sympathien für August Hermann Franckes (1663–1727) Bemühungen um die Einrichtung pietistischer Konventikel bekundet; einer der Gründe für seine Ausweisung war ein positives Rechtsgutachten zugunsten Franckes in dieser Frage gewesen.[41] Dazu scheint zu passen, dass sich Thomasius in einer anlässlich der feierlichen Inauguration der Universität Halle vorgetragenen *Nachdrücklichen und Scharffen Lection [an] sich selbst* zur Tugend und Bescheidenheit aufforderte und seiner bisherigen Streitlust abschwor.[42]

Einmal abgesehen von der Tatsache, dass es sich dabei wohl nur vordergründig um eine fromme Einkehr[43] handelte und sich Thomasius letztlich bei dieser Gelegenheit zum unschuldig-duldsamen Opfer ungerechtfertigter Angriffe stilisierte,[44] lässt indessen auch seine eigene Schilderung des Geschehenen darauf schließen, dass es sich in Wahrheit eher um eine theosophisch-philosophische Welt- und Gotteserkenntnis im Sinne Poirets handelte:[45] Er schreibt nämlich, er habe, nachdem er „gespüret / es bestehe das centrum aller Weißheit / auf hertzlicher Erkäntniß dieser 4. Dinge: 1. Gottes / 2. Des geschaffenen Geistes / 3. Der materie, und 4. Des Menschen / und bey allen diesen 4. Puncten in genauer / aber doch einfältiger und demüthiger Entscheidung der Natur und Gnade [...] am 21. Decembr. 1693. einen sonderlichen Trieb zur meditation über diese Dinge bey [sich] gefunden [und] davon den ersten Entwurff gemacht / und im hin und wiedergehen in etlichen wenig Stunden einem vertrauten Freunde hundert theses in die

---

[40] Wolf: Grosse Rechtsdenker (wie Anm. 32), S. 392f.; Werner Schneiders: Naturrecht und Liebesethik. Hildesheim 1971, S. 226–239; Pott: Thomasius' philosophischer Glaube (wie Anm. 33), S. 232. Vgl. auch Wilhelm Schmidt-Biggemann: Pietismus, Platonismus und Aufklärung. Christian Thomasius' *Versuch von Wesen des Geistes*. In: Aufklärung als praktische Philosophie (wie Anm. 22), S. 83–98, hier S. 83, sowie Kay Zenker: Vorwort. In: Thomasius: Versuch (wie Anm. 26), S. V–L, hier S. XXXIIIf.

[41] Wolf: Grosse Rechtsdenker (wie Anm. 32), S. 390.

[42] Christian Thomasius: Dem Durchlauchtigsten, Großmächtigsten Fürsten und Herrn, Herrn Friderich dem III., Marggrafen zu Brandenburg [...] Seinem Gnädigsten Chur-Fürsten und Herrn, Seine unterthänigste Liebe zu bezeigen, Lieset D. Christian Thomas, P. P. [...] Bey der Inauguration der Friederichs-Universität zu Halle [...] Sich selbst Eine nachdrückliche und scharfe Lection, und wiederholet als ein Wiederhall Die Empfehlung gleicher Einigkeit in einer treugemeinten Vermahnung An die gesamte studierende Jugend. Halle 1694.

[43] Diese Deutung vertritt z.B. Werner Schneiders: Vorwort. In: Thomasius: Ausgewählte Werke (wie Anm. 26). Bd. 11: Kleine Teutsche Schriften. Hildesheim u.a. 1994, S. V–XIII, hier S. XII. Vgl. auch ders.: Naturrecht und Liebesethik (wie Anm. 40), S. 227.

[44] „Laß es seyn / daß dir auff das schimpflichste nachredet / du bist schuldig in diesem Stücke etwas zu übersehen / denn du hast mit deinen Stachel-Schrifften in das Wespen-Nest gestöret / und wenn es umb der Warheit willen geschicht / hast du dich zu trösten / daß es andern vor dir eben so gangen [...] Laß es seyn / daß sie dich für einen Atheisten oder Enthusiasten oder was häßlicheres ausruffen. Man hat dieses nicht allein allen alten Philosophis, sondern auch gar denen Christen gethan" (ebd., o.S.).

[45] Vgl. auch Schmidt-Biggemann: Pietismus, Platonismus und Aufklärung (wie Anm. 40), S. 87.

Feder dictiret [...]." Sein Ziel sei es dabei gewesen, „einen kurtzen Entwurff der vera sapientia zu geben."[46]

Den Höhepunkt von Thomasius' Beschäftigung mit der Naturphilosophie stellt aber zweifellos der in den Jahren 1696/97 entstandene *Versuch von Wesen des Geistes* dar[47] – Michael Albrecht zufolge „sein sorgfältigstes und durchdachtestes Werk".[48] In den Worten Wilhelm Schmidt-Biggemanns handelt es sich dabei um „ein Stück militanten Anti-Cartesianismus [...], angelehnt an neuplatonische, auch paracelsische Einflüsse, alle die Schatten versammelnd, die Mersenne und Gassendi vertrieben hatten: Fludd und Weigel, Jakob Böhme und Gottfried Arnold, wahrscheinlich auch Johann Arndts *Wahres Christentum*, und an erster Stelle [...] Pierre Poiret."[49] Thomasius entwickelt darin in sieben Kapiteln seine Lehre vom ‚Geist', den er als „etwas edlers als das leibliche Wesen, das ausser und in allen leiblichen Wesen ist", definiert. Materie ohne Geist ist somit undenkbar, „während der Geist durchaus ohne Materie existieren kann".[50] Den Kern dieser Pneumatologie bilden das vierte und fünfte Kapitel, in denen er eine Hierarchie der Geister entwickelt und den Versuch unternimmt, diese empirisch zu untermauern, indem er sich der physikalischen Wirkung des Geistes zuwendet, der durch Licht und Luft wirke.[51]

Die Thomasius-Forschung hat sich lange Zeit schwer damit getan, mit der naturphilosophisch-theosophischen Wendung ihres Protagonisten umzugehen und den *Versuch von Wesen des Geistes*, der deswegen nicht zufällig bis heute häufig als *Versuch vom Wesen des Geistes* zitiert wird,[52] philosophiegeschichtlich ernstzunehmen und ihn entsprechend zu kontextualisieren.[53] Die ältere Literatur hat meist den Ausweg gewählt, Leben und Werk von Thomasius in Phasen einzuteilen, was es erlaubte, das erste Jahrzehnt in Halle als bloße „pietistische Anwandlung", d.h. als für den ‚eigentlichen' Thomasius, der wenig später mit seiner Ablehnung der Hexenverfolgung auf den sicheren Pfad der Aufklärung zurückgekehrt sei,

---

[46] Christian Thomasens Erinnerung, Wegen Einer gedruckten Schrifft, Deren Titul: Christiani Thomasii Confessio Doctrinae suae. Halle 1695 (o.S.).
[47] Wie Anm. 26. Zur Entstehung des Werkes siehe Zenker: Vorwort (wie Anm. 40), S. Vf.
[48] Albrecht: Christian Thomasius (wie Anm. 39), S. 253.
[49] Schmidt-Biggemann: Pietismus, Platonismus und Aufklärung (wie Anm. 40), S. 84. Weniger pointiert, aber mit ähnlichem Tenor auch Zenker: Vorwort (wie Anm. 40), S. XXXIff.
[50] Ebd., S. IX.
[51] Ebd., S. X–XII.
[52] Dies gilt selbst für die Edition im Rahmen der *Ausgewählten Werke* (vgl. Anm. 26). Bezeichnenderweise tut sich auch der Herausgeber, Kay Zenker, trotz einer recht umfassenden Kontextualisierung des Werkes im Vorwort schwer damit, dieses intellektuell anzuerkennen, und schließt sich der Auffassung der älteren Forschung hinsichtlich dessen „‚Wertes' für die Wissenschaft" an, den er als „begrenzt" klassifiziert (Zenker: Vorwort [wie Anm. 40], S. XLV).
[53] Die erste umfassende Einordnung in den hermetisch-naturphilosophischen Kontext findet sich bei dem Germanisten Hans-Georg Kemper: Deutsche Lyrik der Frühen Neuzeit. Bd. 5/1: Aufklärung und Pietismus. Tübingen 1991, S. 97ff.

nicht charakteristische Verirrung zu klassifizieren.⁵⁴ Auch die philosophiegeschichtliche Aufklärungsforschung, die sich seit den 1960er Jahren zunehmend für Thomasius interessierte, schloss sich zunächst dem Interpretament der „religiösen Krise" an, die „im Jahre 1699 [...] bereits überwunden" gewesen sei.⁵⁵ Allerdings wird diese Sichtweise dadurch herausgefordert, dass Thomasius, wenn auch mit einem deutlich distanzierteren Vorwort,⁵⁶ noch 1708 Poirets Schriften erneut herausgab und ein Jahr später auch der *Versuch von Wesen des Geistes* in zweiter Auflage erschien.⁵⁷ Zudem zeigt gerade der diskursive Zusammenhang der Kontroversen um den Hexen- und Teufelsglauben, dass Thomasius, wie noch zu sehen sein wird, auch in späteren Jahren sein Eintreten für eine naturphilosophische Welterklärung ungebrochen verteidigte.⁵⁸ Und selbst Werner Schneiders, der das Deutungsangebot einer religiös motivierten persönlichen Krise maßgeblich in die neuere Thomasiusforschung eingeführt hat,⁵⁹ räumt ein, dass Thomasius „die mystische Naturphilosophie trotz aller Ablehnung der mystischen Theologie als seine Metaphysik bis an sein Lebensende" beibehalten habe.⁶⁰ Die Einordnung von Thomasius' diesbezüglichen Interessen als Ausdruck einer ‚Krise' muss vor diesem Hintergrund indes nicht nur konzeptuell fragwürdig erscheinen, sondern geradezu als irreführend gelten.⁶¹

Zwar lassen sich inzwischen Ansätze erkennen, auch diesen Aspekten von Thomasius' Werk nachzugehen.⁶² Da sich die vorliegenden Studien aber in der

---

54 Vgl. Pott: Thomasius' philosophischer Glaube (wie Anm. 33), S. 233. Pott kritisiert diesen Erklärungsansatz der älteren Forschung, wobei er sich v.a. auf Liselotte Neisser: Christian Thomasius und seine Beziehungen zum Pietismus. München 1928, S. 9ff. bezieht, schließt sich aber letztlich (in der Gefolgschaft Werner Schneiders', siehe dazu die folgende Anm.) doch selbst dem Interpretament einer klar abgegrenzten ‚Krise' an.
55 Schneiders: Naturrecht und Liebesethik (wie Anm. 40), S. 238.
56 Siehe dazu Pott: Christian Thomasius und Gottfried Arnold (wie Anm. 12), S. 263.
57 Christian Thomasius: Versuch Von Wesen des Geistes Oder Grund-Lehren, So wohl zur natürlichen Wissenschafft als der Sitten-Lehre. In welchen gezeiget wird, daß Licht und Lufft ein geistiges Wesen sey, und alle Cörper aus Materie und Geist bestehen, auch in der gantzen Natur eine anziehende Krafft, in dem Menschen aber ein zweyfacher guter und böser Geist sey [...]. Halle 1709.
58 Siehe dazu genauer unten in Abschnitt V. Vgl. auch Zenker: Vorwort (wie Anm. 40), S. XLVf., der ebenfalls Belege dafür anführt, dass Thomasius „seiner Metaphysik, wie er sie im Versuch vom [sic] Wesen des Geistes entworfen hatte, auch nach der Überwindung seiner persönlichen Krise weiterhin Gültigkeit zugesprochen hat und die mystische Naturphilosophie für ihn nach wie vor als unverzichtbar für die ‚Erkäntniß der Weißheit' galt".
59 Schneiders: Naturrecht und Liebesethik (wie Anm. 40), S. 226ff.
60 Ebd., S. 238.
61 So deutet auch Kay Zenker (Vorwort [wie Anm. 40]) den *Versuch* als „Abschlußwerk", „durch das eine Phase beendet wird" (S. XLIV), nur um kurz darauf festzustellen, daß „Thomasius selbst [...] an den Erkenntnissen, die er in seinem *Versuch* gewonnen hatte, in der Spätphase seines Schaffens – trotz der weitreichenden Kritik an seiner Schrift – fest[hielt]." (S. XLV).
62 Pott: Thomasius und Gottfried Arnold (wie Anm. 12); Schmidt-Biggemann: Pietismus, Platonismus und Aufklärung (wie Anm. 40); Thomas Ahnert: De Sympathia et Antipathia Rerum. Natural Law, Religion and the Rejection of Mechanistic Science in the Works of Christian Thomasius. In: Early Modern Natural Law Theories. Strategies and Contexts in the

Regel auf einzelne Werke konzentrieren bzw. letztlich ebenfalls von einer zwar bedeutenden, aber doch vorübergehenden Phase ausgehen,[63] kann von einer systematischen Untersuchung von Thomasius' naturphilosophischen Schriften der 1690er Jahre und von deren Zusammenhang mit dem übrigen Werk nach wie vor nicht die Rede sein, wie sich auch an der eher schlagwortartigen Charakterisierung dieser Schriften als ,mystisch', ,neuplatonisch' bzw. ,paracelsistisch' oder auch ,enthusiastisch' zeigt.[64]

Dass die Verbindung der thomasischen Kritik am Hexenglauben bzw. an den Hexenverfolgungen zur spekulativen Tradition der ,philosophia perennis' der Forschung dennoch nicht gänzlich entgangen ist, hat einen einfachen Grund: Schließlich bekennt sich Thomasius in *De crimine magiae* im Anschluss an seine Auseinandersetzung mit dem reformierten niederländischen Theologen Balthasar Bekker, dem er hinsichtlich der Wirkungsmöglichkeiten des Teufels auf den Menschen partiell widerspricht, den er aber trotzdem offensiv gegen seine orthodoxen Gegner verteidigt, explizit zur „uhralten Geister Philosophie", wie es in der deutschen Übersetzung aus dem Jahre 1702 heißt.[65] Allerdings bleibt der Bezug von Thomasius' Position in Hexereifragen zu seinen naturphilosophischen Schriften der 1690er Jahre selbst dort, wo er gesehen wird, durchweg vage und unbestimmt; dies gilt im Übrigen in ideen- bzw. problemgeschichtlicher wie auch in kommunikationsgeschichtlicher Hinsicht gleichermaßen.

In ideengeschichtlicher Betrachtungsweise wird wohl der grundsätzliche Bezug von *De crimine magiae* zu Thomasius' naturphilosophischen Anschauungen gesehen; unter Hinweis auf deren mangelnde „theoretische Qualität" (Martin Pott) ist bislang jedoch nicht weiter nach dem systematischen Stellenwert dieser Anschauungen für Thomasius' Kritik gefragt worden.[66] Pott zufolge, der sich im Rahmen seiner Studien zur Aberglaubenskritik der Frühaufklärung als einer der wenigen Philosophiehistoriker überhaupt auch mit den Argumenten gegen den Hexenglau-

---

Early Enlightenment. Hg. v. Timothy J. Hochstrasser, Peter Schröder. Dordrecht 2003, S. 257–77; ders.: Historicising Heresy in the Early German Enlightenment: ‚Orthodox' and ‚Enthusiast' Variants. In: Heresy in Transition. Transforming Ideas of Heresy in Medieval and Early Modern Europe. Hg. v. Ian Hunter, John Christian Laursen u. Cary J. Nederman. Aldershot 2005, S. 129–142; ders.: Enthusiasm and Enlightenment. Faith and Philosophy in the Thought of Christian Thomasius. In: Modern Intellectual History 2/2 (2005), S. 1–25; Grunert: De philosophia sutoria (wie Anm. 37).

[63] So hält auch Thomas Ahnert (Enthusiasm and Enlightenment [wie Anm. 62]) trotz seiner Kritik an Werner Schneiders' Deutungsansatz einer ‚Krise' letztlich selbst an der Vorstellung einer ‚enthusisastischen Phase' fest, selbst wenn er anders als Schneiders und dessen Schüler dafür plädiert, diese als integralen Bestandteil von Thomasius' Philosophie zu begreifen.

[64] Letztere Charakterisierung, die auf den zeitgenössischen Sprachgebrauch rekurriert, ist v.a. von Thomas Ahnert eingeführt worden. Vgl. ders.: Enthusiasm and Enlightenment (wie Anm. 61), bes. S. 155, 159ff.

[65] Thomasius: Vom Laster der Zauberey. Über die Hexenprozesse (wie Anm. 11), S. 8.

[66] Pott: Aufklärung und Hexenaberglaube (wie Anm. 10), S. 197.

ben auseinandergesetzt hat,⁶⁷ stellen Thomasius' an den *Versuch von Wesen des Geistes* angelehnte Positionen in Hexenfragen einen „Rückfall hinter die ‚cartesianische Wende'" und damit hinter die Grundlagen moderner Rationalität dar.⁶⁸ Der aufklärerische Impetus von *De crimine magiae* und das kritische Potential der Dissertation im Bezug auf den Hexen- und Teufelsglauben als ideologische Grundlage des Hexenprozesses erscheinen somit als von Thomasius' philosophischen Positionen gänzlich losgelöst.

Ähnlich und vielleicht noch etwas radikaler hatte es, wie schon erwähnt, bereits rund zehn Jahre zuvor der Historiker Gerd Schwerhoff formuliert. Anlässlich der Taschenbuchausgabe von Rolf Lieberwirths Edition von *De crimine magiae* – ein Zeichen des damals noch jungen geschichtswissenschaftlichen Forschungsinteresses an den Hexenverfolgungen –, wunderte sich Schwerhoff 1987 darüber, wie Thomasius angesichts seines wenig originellen Denkens eigentlich zu seinem Ruf als „siegreicher Bekämpfer der Hexenprozesse" gekommen war. In seiner grundsätzlichen Bejahung der Existenz des Teufels und der Möglichkeit von Magie bleibe Thomasius schließlich weit hinter dem ungleich ‚moderneren' Balthasar Bekker zurück, der, wie bereits erwähnt, knapp zehn Jahre zuvor mit cartesianischen Argumenten jegliche Wirkungsmöglichkeit des Teufels in der materiellen Welt, der *res extensa*, ausgeschlossen hatte.⁶⁹ In der für Thomasius ungünstigen Gegenüberstellung mit Bekker trifft sich Schwerhoff mit Pott, der ebenfalls meint, „[d]ie Begründung der Möglichkeit einer ‚geistlichen' Wirkung" des Teufels in der Welt lasse Thomasius „weit hinter Bekker zurückfallen".⁷⁰

Worauf aber gründete Thomasius seine ‚traditionellen' Ansichten hinsichtlich der Wirkung des Teufels? Während sich Schwerhoff als Historiker nur sehr begrenzt für die philosophiegeschichtliche Herkunft von Thomasius' Positionen interessierte und sich daher nur unbestimmt zu deren möglichen Quellen äußert,⁷¹ stellt Pott durchaus die Verbindung von *De crimine magiae* zu Thomasius' *Versuch von Wesen des Geistes* aus dem Jahr 1699 her, den er „als rigorose Anlehnung an ein hermetisch-animistisches Weltverständnis" charakterisiert, dessen Anschauungen „die Körper-Geist-Trennung Descartes' mit umgekehrten Vorzeichen" nachvollzögen.⁷² Die Frage, ob, und wenn ja, auf welche Weise Thomasius' Auseinandersetzung mit dem Wesen des Geistes, aber eben auch *der* Geister im

---

⁶⁷ Pott selbst bemerkt dazu: „Daß sich Philosophiehistoriker mit Hexen [sic] auseinandersetzen, findet man selten" (ebd., S. 183).
⁶⁸ Ebd., S. 197.
⁶⁹ Schwerhoff: Aufgeklärter Traditionalismus (wie Anm. 16), S. 249: „Diesem wirklich neuen und revolutionären Gedanken folgt Thomasius nicht […]."
⁷⁰ Pott: Aufklärung und Hexenaberglaube (wie Anm. 10), S. 197.
⁷¹ „Angesprochen ist hier vielleicht eine der zahlreichen Spielarten des Neoplatonismus in Anlehnung an Agrippa oder Paracelsus; sie wird jedoch nicht näher erläutert." Schwerhoff: Aufgeklärter Traditionalismus (wie Anm. 16), S. 251, Anm. 13. So unbestimmt dieser Verweis ist, lag Schwerhoff damit zumindest von der Grundrichtung her doch richtig.
⁷² Pott: Aufklärung und Hexenaberglaube (wie Anm. 10), S. 197.

Sinne von Engeln und Dämonen,[73] seit Mitte der 1690er Jahre seine ablehnende Haltung zur Hexenverfolgung in *De crimine magiae* in ideengeschichtlicher Hinsicht begründete, stellt sich aber auch Pott nicht. Stattdessen wechselt er auf die Wirkungsebene und macht ausschließlich die „breite Rezeption und Folgewirkung"[74] von Thomasius' Hexenschrift für deren Erfolg verantwortlich, während er auf die argumentative Ebene der Schrift etwas verächtlich herabblickt: „Mit dieser eingängigen und relativ simplen Argumentation etablierte sich Christian Thomasius in den Augen der Zeitgenossen und der Nachwelt (bis heute!) als führender Bestreiter des Hexenwahns."[75]

Wie aber war dies möglich, wenn Thomasius' Thesen doch so simpel waren und sein theoretisches Rüstzeug so verrostet? Pott löst diesen Widerspruch, indem er die ideengeschichtliche Argumentationsebene erneut verlässt und gleichsam den aufgeklärten Zeitgeist für die Wirkung der Schrift verantwortlich macht: „[Thomasius'] Schriften erschienen zum richtigen Zeitpunkt, an dem eine bereits vorbereitete bürgerliche Öffentlichkeit das entscheidende ‚Machtwort' erwartete, den seit langem abflauenden Hexenprozessen auch ihre juristische Legitimation entziehen zu können."[76]

Abgesehen davon, dass von einer entwickelten „bürgerlichen Öffentlichkeit" um 1700 kaum die Rede sein kann[77] und Thomasius mitnichten der Einzige war, der sich zu dieser Zeit mit einer juristischen Dissertation gegen die Hexenprozesse wandte, will diese Erklärung auch nicht recht zu der Tatsache passen, dass *De crimine magiae* heftige Kontroversen auslöste und zahlreiche Gegenschriften provozierte, worauf Rolf Lieberwirth schon 1967 hingewiesen hat. Dies gilt umso mehr, als diese nicht nur von den gewöhnlich der lutherischen Orthodoxie zugerechneten Verteidigern des Hexenglaubens stammten, die man zur Not aus moderner Sicht noch samt und sonders als vorcartesianische Reaktionäre betrachten könnte, die sich dem aufziehenden Zeitalter der Vernunft verweigerten. Im Gegenteil, auch Thomasius' bisherige pietistische Weggefährten wie der hallesche Theologe Joachim Lange (1670–1744) oder der Professor für Moralphilosophie Johann Franz Budde (1667–1729), latinisiert Buddeus, die bis dahin durchaus nicht als Verteidiger des Hexenglaubens galten, bezogen gegen *De crimine magiae* Stellung.[78] Und selbst ein ausgemachter Anhänger der mechanischen Philosophie

---

[73] Vgl. dazu oben S. 655.
[74] Pott: Aufklärung und Hexenaberglaube (wie Anm. 10), S. 189.
[75] Ebd., S. 198.
[76] Ebd.
[77] Zum Problem der letztlich nach wie vor auf Jürgen Habermas zurückgehenden Vorstellung einer bürgerlichen Öffentlichkeit im 18. Jahrhundert siehe jetzt Daniel Bellingradt: Flugpublizistik und Öffentlichkeit um 1700. Dynamiken, Akteure und Strukturen im urbanen Raum des Alten Reiches. Stuttgart 2011, bes. S. 20ff. Bellingradt selbst spricht statt von Öffentlichkeit von einem „medialen Resonanzraum" (S. 369); selbst dieser war allerdings um 1700 auf die größeren Städte beschränkt.
[78] Siehe dazu unten Abschnitt IV.

wie der hallesche Medizinprofessor Friedrich Hoffmann ließ 1703 eine Dissertation *De diaboli potentia in corpori* (dt. *Von Gewalt und Wirckung des Teufels in natürlichen Cörpern* [1704]) verteidigen, in der er sich nicht nur wie Thomasius gegen den Hexenglauben, sondern zugleich eben auch gegen dessen naturphilosophische Erklärungen zur Wirkung des Teufels wandte.[79]

Am nächsten kommt der Sache daher wohl Diethard Sawicki, der in seinem Aufsatz *Geisterglauben im Europa der Neuzeit. Grabungshinweise für Archäologen des Wissens* (2002) zu dem meines Erachtens zutreffenden Schluss kommt, dass es sich bei *De crimine magiae* keineswegs primär um die „Kampf- und Bekenntnisschrift eines rationalistischen Frühaufklärers gegen Geister-, Dämonen- und Hexenglauben" handele.[80] Sawicki erkennt durchaus den Bezug von *De crimine magiae* zu Thomasius' naturphilosophischen Schriften, wenn er die Dissertation als „antiklerikale Kartätsche eines neuplatonisch angehauchten Gentleman-Gelehrten der Zeit um 1700"[81] charakterisiert. Gegen wen aber richtete sich diese Kartätsche konkret, wenn sie nicht, wovon doch wohl kaum auszugehen ist, absichtlich in die Luft gefeuert wurde? Indem er den Bezug von *De crimine magiae* zu Thomasius' naturphilosophischen Sympathien gleichsam in den äußerlichen Habitus verlegt, verliert letztlich auch Sawicki die Frage nach den inhaltlichen ebenso wie den kommunikativen bzw. diskursiven Zusammenhängen zwischen *De crimine magiae* und Thomasius' naturphilosophischen Schriften wieder aus dem Auge.

## II Zur Re-Kontextualisierung von *De crimine magiae*

An diesem Punkt der Diskussion möchte ich anknüpfen und meinerseits versuchen, die Verbindung zwischen *De crimine magiae* und Thomasius' spekulativen Schriften der 1690er Jahre herzustellen. Anders als die bisherige Forschung werde ich dabei allerdings nicht ideengeschichtlich verfahren, also nicht versuchen, primär inhaltlich-systematische Begründungen für eine Position anzuführen. Stattdessen werde ich diskursgeschichtlich vorgehen, das heißt, ich begreife Texte und insbesondere universitäre Gelegenheitsschriften wie *De crimine magiae* weniger als Ausdruck vorgelagerter Ideen, also als „Dokument, als Zeichen für etwas anderes", wie es Michel Foucault in der *Archäologie des Wissens* formuliert hat[82] – auf

---

[79] Vgl. dazu Pott: Aufklärung und Hexenaberglaube (wie Anm. 10), S. 199ff.
[80] Diethard Sawicki: Geisterglauben im Europa der Neuzeit. Grabungshinweise für Archäologen des Wissens. In: Geschichte(n) der Wirklichkeit. Beiträge zur Sozial- und Kulturgeschichte des Wissens. Hg. v. Achim Landwehr. Augsburg 2002 (Documenta Augustana 11), S. 349–370, hier S. 355.
[81] Ebd., S. 356.
[82] Michel Foucault: Archäologie des Wissens. Frankfurt a.M. 1981, S. 198. Vgl. dazu auch Petra Gehring: Foucaults Aussagenanalyse als Kritik der Ideengeschichte. Erscheint in: Ordnungen des Wissens – Ordnungen des Streitens. Gelehrte Debatten des 17. und 18. Jahrhunderts in diskursgeschichtlicher Perspektive. Hg. v. Markus Meumann. Berlin 2013.

die Sawickis Aufsatz ja im Titel anspielt, freilich ohne dann auf Foucaults methodologische Forderungen einzugehen.[83] Vielmehr betrachte ich Texte als „Monumente", d.h. primär als sprachlich geformte soziale Praktiken und zugleich als kontingente Ereignisse, die allerdings in einem interaktiven Austausch mit anderen Texten stehen und somit hinsichtlich der Kontingenz ihrer Positionen zumindest partiell, nämlich relational zu anderen Texten, beschreibbar sind.[84] Dafür ist es allerdings notwendig, die etablierten Deutungsschemata zu verlassen und die Dissertation *De crimine magiae* zunächst einmal aus dem ideellen Kontext der ‚aufgeklärten' Kritik an Hexenglauben und Hexenverfolgung, in dem sie üblicherweise gedeutet wird, zu dekontextualisieren und sie stattdessen wieder in ihren ursprünglichen kommunikativen bzw. diskursiven Kontext – das gelehrte Halle um 1700 und die dort geführten Debatten – zu situieren. Dabei werde ich mein Vorgehen an zwei auf den ersten Blick recht simplen, ausschließlich auf faktualer Ebene angesiedelten Fragen ausrichten, die m.E. nichtsdestoweniger geeignet sind, eine solche diskursgeschichtliche Rekontextualisierung anzustoßen:

Erstens: Warum lässt Thomasius, der sich vorher nicht zu Hexenprozessen geäußert hat, am 12. November 1701 seinen Schüler Johann(es) Reich(e) über das *crimen magiae* disputieren?

Und zweitens: Warum legt der streiterprobte hallesche Rechtsgelehrte, der als erfahrener Polemiker wissen oder doch wenigstens ahnen muss, dass dies zu Irritationen führen wird,[85] im Rahmen einer juristischen Disputation zur Definition des *crimen magiae* ein solch offensives Bekenntnis zur „philosophia spiritualis" ab?

1 Thomasius und das *crimen magiae* vor 1701

Die Frage, warum Thomasius überhaupt gegen das Hexereidelikt schreibt bzw. disputieren lässt, ist in der Literatur generell nur selten und in jüngerer Zeit, soweit ich sehe, gar nicht mehr gestellt worden, wofür ich im Wesentlichen zwei Gründe in die Pflicht nehmen möchte: Erstens, weil sich die meisten Arbeiten wie eingangs

---

[83] „Wenn im Titel der hier folgenden Überlegungen die Foucaultsche Wendung von der ‚Archäologie des Wissens' Verwendung findet, sei dies nicht als Hinweis auf ein streng an Foucault orientiertes Forschungsprogramm verstanden". Sawicki: Geisterglauben (wie Anm. 80), S. 349.
[84] Vgl. auch Achim Landwehr: Geschichte des Sagbaren. Einführung in die Historische Diskursanalyse. 2. Aufl. Tübingen 2004, S. 75ff.; Markus Meumann: Plädoyer für eine praxeologische Diskursgeschichte des gelehrten Wissens der Frühen Neuzeit, ausgehend von Foucault. Erscheint in: Ordnungen des Wissens – Ordnungen des Streitens (wie Anm. 82).
[85] Zur Streitpraxis bei Thomasius siehe u.a. Frank Grunert: ‚Händel mit Herrn Hector Masio'. Zur Pragmatik des Streits in den Kontroversen mit dem Kopenhagener Hofprediger. In: Ursula Goldenbaum u.a.: Appell an das Publikum. Die öffentliche Debatte in der deutschen Aufklärung 1687–1796. 2 Teilbände. Berlin 2004, S. 119–174. Thomasius selbst behauptete rückblickend, die Heftigkeit der Reaktion auf *De Crimine magiae* habe ihn selbst überrascht (siehe dazu Abschnitt IV dieses Beitrags), in diesem Punkt mag ihm aber selbst Lieberwirth nicht vorbehaltlos folgen (Lieberwirth: Einleitung [wie Anm. 12], S. 20).

ausgeführt auf eine rein ideengeschichtliche Analyse beschränken und dabei zwar Vergleiche ziehen und Anbindungen an bestimmte Themen oder Probleme bzw. philosophiegeschichtliche Strömungen suchen, den konkreten kommunikativen und diskursiven Kontext aber außer Acht lassen. Zweitens vermutlich deshalb, weil sich Rolf Lieberwirth in seiner Einleitung zu der von ihm herausgegeben Edition von *De crimine magiae/Vom Laster der Zauberey* dem Kontext der Dissertation recht ausführlich zugewandt hat und diese Frage daher seit langem als beantwortet gilt. So verdienstvoll Lieberwirths Ausführungen sind, da sie erstmals und zugleich ein für alle Mal deutlich gemacht haben, dass *De crimine magiae* kein Solitär im Sinne einer einzelnen ‚Stimme der Vernunft' ist, sondern im Kontext einer breiteren Diskussion steht, so problematisch ist zugleich seine diesbezügliche Rekonstruktion hinsichtlich der eben gestellten Frage des ‚Warum'. Während Lieberwirth nämlich die Reaktionen auf *De crimine magiae* inner- und außerhalb Halles und die weiteren Auflagen der Schrift sorgsam und detailliert rekonstruiert, weist er Zusammenhänge mit früheren Schriften von Thomasius pauschal zurück.[86] Stattdessen vertraut er sich voll und ganz Thomasius' eigenen Aussagen in dieser Sache an, die dieser 1720, also 19 Jahre nach der öffentlichen Disputation seiner Thesen zum *crimen magiae*, in den *Juristischen Händeln* zum Besten gab.[87] Danach habe er 1694 als Prozessgutachter im Zuge der Aktenversendung durch eine positive Empfehlung beinahe eine Angeklagte unter die Folter geschickt, die ihre letztendliche Rettung nur den Gegenvoten seiner halleschen Fakultätskollegen verdankte. Dieser Vorfall habe ihn in der nächsten Zeit zum Nachdenken gebracht:

> Nun verdroße es mich aber nicht wenig / daß bey diesen ersten mir unter die Hände gerathenen Hexen-Prozeß mein Votum nicht hatte wollen attendiret werden, aber dieser Verdruß war nicht so wohl wieder den damahligen Herrn Ordinarium und meine übrige Herren Collegen / als wieder mich selbst gerichtet.[88]

Vor allem, so gab er ganz im Stil aufklärerischer Selbstkritik zu, „verdroß es mich auff mich selbst / daß mein votum auff nichts als die autorität obiger [gemeint sind Benedikt Carpzov, Francisco Torreblanca, Jean Bodin und Martin Delrio, M.M.], und zwar grösten Theils offenbahr partheyischer unvernünfftiger Männer / und auff dero übereilte und unzulängliche rationes sich gründete […]".[89]

Es ist offensichtlich, dass diese Erklärung einige blinde Flecken enthält, die sogleich neue Fragen aufwerfen, nicht zuletzt hinsichtlich der Glaubwürdigkeit

---

[86] Dies gilt insbesondere für die Dissertation *An haeresis sit crimen* von 1697. Lieberwirth: Einleitung (wie Anm. 12), S. 18.
[87] Christian Thomasius: Ernsthaffte / aber doch Muntere und Vernünfftige Thomasische Gedancken und Erinnerungen über allerhand außerlesene Juristische Händel. Erster Theil. Halle 1720, S. 197–206.
[88] Ebd., S. 201.
[89] Ebd.

von Thomasius' in großem zeitlichen Abstand gemachten Selbstaussagen.[90] Warum sollte der streitbare Jurist und Philosoph, der bereits während seiner Leipziger Jahre wiederholt gegen falsche Autoritäten angeschrieben und wider die sogenannte Orthodoxie polemisiert hatte, ausgerechnet in dieser Frage, in der eine Reihe von Autoren bereits seit dem 16. und 17. Jahrhundert zur Vorsicht gemahnt hatte und hinsichtlich derer schon zu Thomasius' Studienzeiten in Leipzig eine kritische Haltung verbreitet gewesen war,[91] so autoritätsgläubig gewesen sein? Und weiter: Wenn diese Darstellung zutrifft, warum wartete Thomasius dann sieben Jahre, bis er seine eigenen Zweifel publik machte? Und wieso ordnete er trotz dieser zu diesem Zeitpunkt schon bestehenden Zweifel „[n]och im Jahre 1699 in seinem neuen Ausbildungsplan für Juristen den Hexenprozeß in der damals üblichen Weise als Sonderform des Inquisitionsprozesses ein"?[92] Und schließlich und vor allem: Warum wählte Thomasius exakt den 12. November 1701 sowie die Form der juristischen Disputation, um damit an das Licht der Öffentlichkeit zu treten? – zumal es ja in diesem Fall zunächst einmal nur eine universitäre war.

---

[90] Die meisten Autoren übernehmen im Anschluss an Lieberwirth bereitwillig Thomasius' eigene Darstellung, vgl. etwa Sönke Lorenz: Die letzten Hexenprozesse in den Spruchakten der Juristenfakultäten. Versuch einer Beschreibung. In: Das Ende der Hexenverfolgung (wie Anm. 10), S. 227-247, hier S. 227ff.; Wilde: Christian Thomasius (wie Anm. 12), S. 150. Zweifel an der Glaubwürdigkeit dieser aus großem zeitlichen Abstand und unverkennbar mit dem Ziel der Rechtfertigung gemachten Selbstaussagen äußert nach Behringer: Wissenschaft (wie Anm. 10), S. 382, nun auch Döring: Thomasius und die Universität Leipzig (wie Anm. 32), S. 72f.
[91] So jedenfalls Wilde: Christian Thomasius (wie Anm. 12), S. 146f.
[92] Lieberwirth: Einleitung (wie Anm. 12), S. 19.

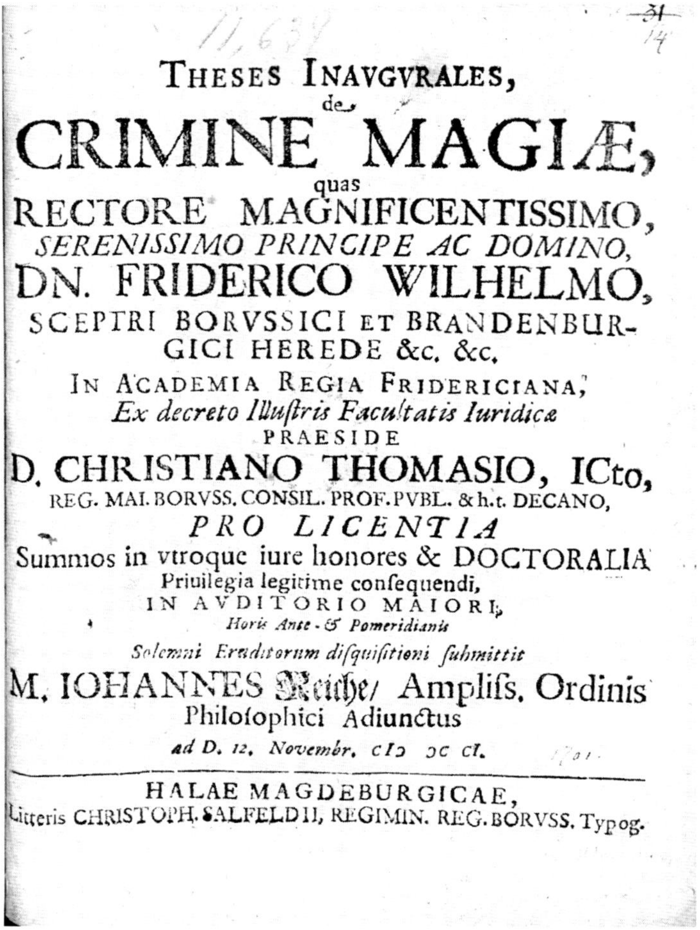

> THESES INAVGVRALES,
> de
> CRIMINE MAGIÆ,
> quas
> RECTORE MAGNIFICENTISSIMO,
> SERENISSIMO PRINCIPE AC DOMINO,
> DN. FRIDERICO WILHELMO,
> SCEPTRI BORVSSICI ET BRANDENBUR-
> GICI HEREDE &c. &c.
> IN ACADEMIA REGIA FRIDERICIANA,
> Ex decreto Illustris Facultatis Iuridicæ
> PRAESIDE
> D. CHRISTIANO THOMASIO, ICto,
> REG. MAI. BORVSS. CONSIL. PROF. PVBL. & h.t. DECANO,
> PRO LICENTIA
> Summos in vtroque iure honores & DOCTORALIA
> Priuilegia legitime consequendi,
> IN AVDITORIO MAIORI,
> Horis Ante- & Pomeridianis
> Solemni Eruditorum disquisitioni submittit
> M. IOHANNES Reiche, Amplifs. Ordinis
> Philosophici Adiunctus
> ad D. 12. Novembr. cIɔ ɔc cI.
>
> HALAE MAGDEBURGICAE,
> Litteris CHRISTOPH. SALFELDII, REGIMIN. REG. BORVSS. Typog.

Abb. 1: Christian Thomasius: *De crimine magiae*

2 Der kommunikative Kontext: die Disputation am 12. November 1701

Die rechtsgeschichtliche Literatur einschließlich Lieberwirth hat versucht, diese argumentative Lücke zu füllen, indem sie insinuierte, Thomasius sei möglicherweise auch nach 1694 Gutachter in Hexenprozessen gewesen und habe gleichsam aus der praktischen Erfahrung heraus eine Kritik der Prozesspraxis verfasst,[93] was ihm

---

[93] Dies trifft sich mit der verbreiteten Annahme, Thomasius habe entscheidenden Anteil am Ende der Hexenprozesse in Brandenburg-Preußen und am Edikt von 1714 gehabt, mit dem der preußische König anordnete, dass „alle Urteile in Hexenprozessen, bei denen es um die Anwen-

sogar den vermutlich nicht einmal im figurativen Sinn gerechtfertigten Beinamen eines „Hexenanwalts" eintrug.[94] Das Fehlen archivalischer Quellen zu diesem Bereich und die geringe Zahl von Hexenprozessen in Brandenburg-Preußen insgesamt um diese Zeit lässt diese Erklärung allerdings rein spekulativ erscheinen.[95]

Freilich halte auch ich es, wie bereits angedeutet, für äußerst unwahrscheinlich, dass Thomasius sich ‚einfach mal so' hingesetzt und eine Polemik gegen die Hexenprozesse verfasst hat, weil er diese wahlweise als aufgeklärter Jurist oder Adept einer beseelten Natur nicht akzeptabel fand und ‚schon immer mal etwas dagegen sagen' wollte oder weil ihn das Mitleid mit den als Hexen verdächtigten Frauen plagte. Sehr viel plausibler ist es nach meinem Dafürhalten, von einem konkreten diskursiven Anstoß auszugehen und die Dissertation *De crimine magiae* in die um diese Zeit bereits lebhaft geführte Debatte um den Hexenglauben zu situieren, die durch die deutsche Übersetzung von Balthasar Bekkers *Betoverde Weereld* 1693 in Gang gekommen war[96] – schließlich geht Thomasius in *De crimine magiae* ausführlich auf Bekker ein und gilt sogar als dessen erster „Fürsprecher im akademischen Bereich".[97] Warum also äußert sich Thomasius gerade zu diesem Zeitpunkt so dezidiert zu Bekker, und was ist der konkrete Anlass? Gibt es vielleicht einen *missing link* zwischen der bereits seit mehreren Jahren anhaltenden Debatte und der Dissertation *De crimine magiae* bzw. ihrer Disputation im November 1701?

An dieser Stelle kommt der große Unbekannte der dank Lieberwirth ansonsten zumindest in groben Zügen bekannten halleschen Debatten um das Hexendelikt und den Teufelsglauben ins Spiel: Thomasius' um wenige Jahre jüngerer Fakultätskollege Heinrich Bode (1652–1720), latinisiert Bodinus.[98] Bode, zu dieser Zeit Dekan der Juristischen Fakultät, ließ nämlich ebenfalls 1701 unter dem Titel *De fallacibus indiciis magiae* („Über die betrüglichen Anzeichen der Zauberei") eine Dissertation gegen die Hexenprozesse verteidigen, ausweislich des Titelblattes am 22. Oktober, also nur exakt drei Wochen vor Thomasius![99]

---

dung der Folter oder um die Todesstrafe ging, ihm persönlich zur Bestätigung vorzulegen seien" (Schöck: Das Ende der Hexenprozesse [wie Anm. 8], S. 379).

[94] Manfred Hammes: Der Hexenanwalt Christian Thomasius. In: Journal für Geschichte 1 (1983), S. 34–39.

[95] So Schwerhoff: Aufgeklärter Traditionalismus (wie Anm. 16), S. 258, in Abgrenzung zu Max Fleischmann (ders.: Christian Thomasius. Leben und Lebenswerk. Halle 1931), der dies ohne weitere Belege behauptet hatte.

[96] Zur Debatte um Bekker in den 1690er Jahren siehe Nooijen: Balthasar Bekkers ‚Betoverde Weereld' (wie Anm. 15), S. 200–247, sowie ergänzend Bekker: Die bezauberte Welt (wie Anm. 15), S. 43–50.

[97] Ebd., S. 44.

[98] Lieberwirth selbst erwähnt zwar, dass Bode kurz zuvor eine Dissertation hat verteidigen lassen, misst diesem Umstand (ebenso wie die spätere Forschung) aber offensichtlich keine Bedeutung bei (Lieberwirth: Einleitung [wie Anm. 12], S. 22f.).

[99] [Heinrich Bode]: Disputatio Inauguralis De fallacibus indiciis magiae [...]. Halle 1701 (für den vollständigen Titel siehe Abb. 2). Zu Bode, der 1707 nobilitiert wurde, siehe Maximilian Johannes Hommens: Henrich [sic] von Bode, Jurisconsultus. Lebensbild eines Rechtsgelehrten

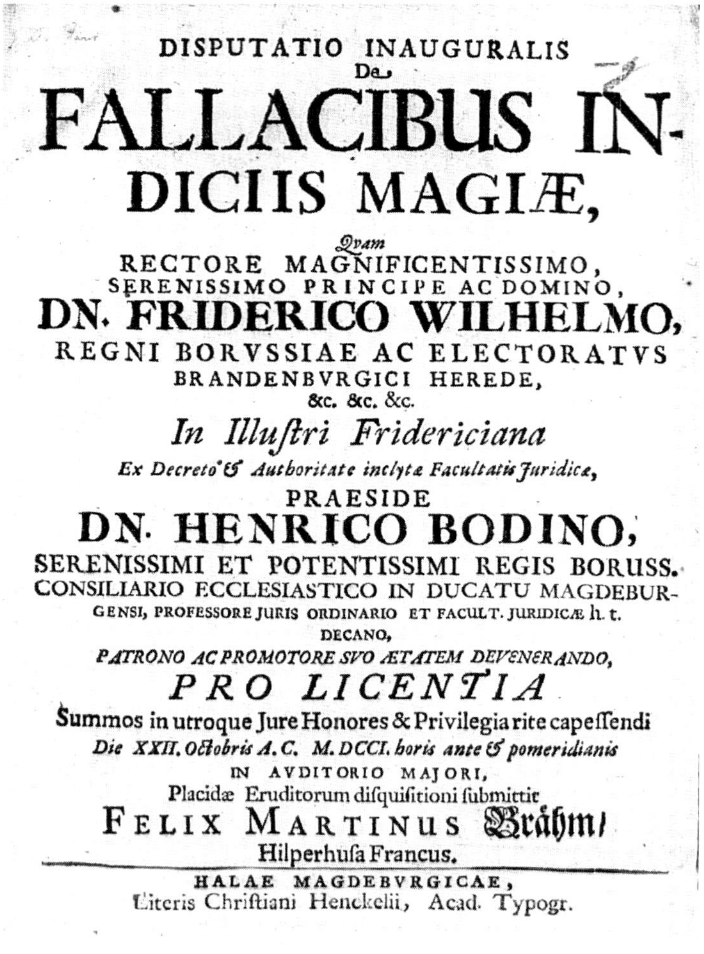

> DISPUTATIO INAUGURALIS
> De
> **FALLACIBUS IN-**
> **DICIIS MAGIÆ,**
> *Qvam*
> RECTORE MAGNIFICENTISSIMO,
> SERENISSIMO PRINCIPE AC DOMINO,
> **DN. FRIDERICO WILHELMO,**
> REGNI BORVSSIAE AC ELECTORATVS
> BRANDENBVRGICI HEREDE,
> &c. &c. &c.
> *In Illuſtri Fridericiana*
> *Ex Decreto & Authoritate inclytæ Facultatis Juridicæ,*
> PRAESIDE
> **DN. HENRICO BODINO,**
> SERENISSIMI ET POTENTISSIMI REGIS BORUSS.
> CONSILIARIO ECCLESIASTICO IN DUCATU MAGDEBUR-
> GENSI, PROFESSORE JURIS ORDINARIO ET FACULT. JURIDICÆ h. t.
> DECANO,
> *PATRONO AC PROMOTORE SVO ÆTATEM DEVENERANDO,*
> *PRO LICENTIA*
> Summos in utroque Jure Honores & Privilegia rite capeſſendi
> *Die XXII. Octobris A. C. M.DCCI. horis ante & pomeridianis*
> IN AVDITORIO MAJORI,
> Placidæ Eruditorum diſquiſitioni ſubmittit
> FELIX MARTINUS Bröhm/
> Hilperhuſa Francus.
> HALAE MAGDEBVRGICAE,
> Literis Chriſtiani Henckelii, Acad. Typogr.

Abb. 2: Heinrich Bode: De fallacibus indiciis magiae (1701)

Diese Tatsache an sich ist durchaus nicht unbekannt, da Thomasius in der 1718 verfassten Vorrede zu der von ihm angestoßenen deutschen Ausgabe von John Websters *The Displaying of Witchcraft*, in der er auf die Wirkung von *De crimine magiae* zurückblickte,[100] inmitten einer Reihe juristischer Dissertationen, die be-

---

im protestantischen Deutschland um die Wende vom 17. zum 18. Jahrhundert, Diss. jur. Saarbrücken 1975, bes. S. 241–250 (zur Dissertation *De fallacibus indiciis magiae*).

[100] Christian Thomasius: Vorrede. In: Johann Websters, Med. Pract. Untersuchung Der Vermeinten und so genannten Hexereyen, Halle 1719. Zu dieser Publikation und der dadurch angestoßenen neuerlichen Debatte mit Friedrich Hoffmann siehe Markus Meumann: Konkurrierende

reits vor ihm die „ohne iudicio zusammen geschmierte Anzeigungen der Hexerey eintzeln bestritten, und derer Falschheit angemercket" hätten, auch *De fallacibus indiciis magiae* nennt.[101] Allerdings behauptet er, Bode und er hätten damals unabhängig voneinander und ohne dass sie gegenseitig von ihrer Intention gewusst hätten, über dasselbe Thema disputieren lassen.[102] Angesichts der geringen Größe der Fakultät, die 1701 insgesamt vier ordentliche sowie zwei außerordentliche Professoren zählte,[103] und der gesamten Universität sowie vor allem der Tatsache, dass bei Disputationen – die *De fallacibus indiciis magiae* hatte laut Titelblatt im Auditorium Maximum stattgefunden – in der Regel wohl ein großer Teil der Fakultät anwesend war,[104] halte ich diese Aussage allerdings kaum für glaubwürdig. Sie erscheint umso fragwürdiger, vergleicht man die beiden Texte miteinander, was ich im Folgenden – soweit ich sehe: erstmals – tun möchte.

3 Zur Intertextualität von *De fallacibus indiciis magiae* und *De crimine magiae*

Bereits die Analyse der Makrostruktur der Texte bzw. ihrer ersten Seiten eröffnet die Einsicht, dass beide Dissertationen schon auf den ersten Blick deutliche Ähnlichkeiten hinsichtlich ihres argumentativen Aufbaus aufweisen (die entsprechenden Paragraphen sind in der Abbildung kursiv hervorgehoben). Dies mag zu einem Teil den Vorgaben solcher formalisierten universitären Prüfungsrituale geschuldet sein, gerade die Behandlung Bekkers in beiden Schriften nährt aber den Verdacht, dass es sich bei der jüngeren, nämlich Thomasius' *De crimine magiae*, um eine Reaktion auf die ältere Dissertation, also Bodes *De fallacibus indiciis magiae*, handelt, und stützt damit meines Erachtens die These, dass Thomasius entgegen seiner späteren Aussage Bodes Schrift sehr wohl gekannt hat.

---

Magie- und Wissenschaftskonzepte und die Rezeption englischer (Anti-) Dämonologien in der Debatte um Thomasius' *De crimine magiae* 1701–1720. In: Grenzüberschreitungen. Magieglaube und Hexenverfolgung als Kulturtransfer. Hg. v. Katrin Moeller, Gudrun Gersmann u. Jürgen Michael Schmidt (im Druck).

[101] Thomasius: Vorrede (wie Anm. 100), S. 9.
[102] Dabei nennt er interessanterweise nicht Bodes Namen, sondern nur den des Respondenten Felix Martin Brähm, und schreibt etwas später dem ehemaligen außerordentlichen Professor Jakob Brunnemann „einen großen Antheil an besagter Dissertation" zu (ebd., S. 9f.). Dies legt den Schluss nahe, dass Thomasius eine Abneigung gegen Bode hegte, entweder weil er diesem die Dissertation *De fallacibus indiciis magiae* verübelte oder weil es möglicherweise bereits zuvor zu persönlichen Auseinandersetzungen gekommen war.
[103] Vgl. dazu Markus Meumann: Diskursive Formationen zwischen Esoterik, Pietismus und Aufklärung. Halle um 1700. In: Aufklärung und Esoterik. Rezeption – Integration – Konfrontation. Hg. v. Monika Neugebauer-Wölk unter Mitarb. v. Andre Rudolph. Tübingen 2008 (Hallesche Beiträge zur Europäischen Aufklärung 37), S. 77–114, hier S. 89f.
[104] Vgl. dazu Hommens: Henrich von Bode (wie Anm. 98), S. 58.

| DFIM (Bode) | DCM (Thomasius) |
|---|---|
| | 1 Einleitung |
| 1 *Belege pro Hexerei in der Literatur* | 2 *Belege pro Hexerei in der Literatur* |
| 2 *Zweifel daran v.a. im Cartesianismus* | 3 *Kritiker: Wier, Van Dale, Bekker* |
| | 4 Spee und die Cautio Criminalis |
| | 5 warum Spee Protestant sein muss |
| | 6 Teufel ja, Hexen nein |
| 3 *Balthasar Bekker und seine Argumente* | 7 *Unterschied zwischen Thomasius und Bekker* |
| 4 *Kritik von Bekkers Gegnern* | 8 *Verteidigung Bekkers* |
| 5 *trotzdem Empfehlung Bekkers für kritische Prüfung* | *gegen den Atheismusvorwurf* |
| | 9-12 Magie (verschiedene Arten, Beschreibung teuflischer Magie) |
| 6 *Status des Beweises* | 13 *Beweislast liegt beim Ankläger* |
| 7 Gerüchte als Beweis | 14-25 Prüfung und Widerlegung von Carpzovs Beweisen |
| 8 Geständnis unter der Folter | 26-28 Widerlegung von Spizelius |
| 9 Anzeigen und Zeugenaussagen | 30-36 Beweis, dass kein *crimen magiae* existiert |
| 10 Zusammenkünfte mit dem Teufel, z.B. auf dem Blocksberg | 37ff. Widerlegung der historischen Quellen |

[Ähnlichkeiten in der Argumentation sind kursiv hervorgehoben]

Abb. 3: Strukturvergleich zwischen Bodinus' *De fallacibus indiciis magiae* (DFIM) und Thomasius' *De crimine magiae* (DCM)

Dies erscheint umso wahrscheinlicher, wenn man sich die Referenzen auf Autoritäten und andere Autoren auf den ersten Seiten beider Schriften ansieht, bei denen wiederum sofort eine Reihe von analogen Nennungen ins Auge fällt und, mehr noch, Thomasius selbst gleich zweimal angesprochen wird. Dass ihm dies nicht zu Ohren gekommen sein soll, ist aus den bereits genannten Gründen eigentlich kaum vorstellbar.

| DFIM (Paragraphen 1–5) | DCM (Paragraphen 1–7) |
|---|---|
| *Jean Bodin* | Torreblanca |
| Jakob I. von England | *Jean Bodin* |
| *Martin Delrio* | *Martin Delrio* |
| Gödelmann | Gabriel Naudé |
| Thummius | *Delrio*, Loyer, *Bodin*, de Lancre, Gödelmann, Johannes Wier |
| *Crusius* | *Carpzovius* |
| Bulle *Summis desiderantis* | Johann Franciscus de Ponzinibus |
| Hexenhammer | Johannes Wier |
| *Spee, Cautio Criminalis* | Petrus de Albano |
| Cartesianismus | Petrus Pomponatius |
| CHRISTIAN THOMASIUS, *Versuch von Wesen des Geistes* | Reginald Scot |
| *Franciscus Ponzinibus* | Gabriel Naudé |
| *Johannes Wier* | Nicolas Malebranche |
| *Reginald Scot* | Antonius van Dale |
| *Balthasar Bekker* | *Balthasar Bekker* |
| Melchior Goldast | *Spee, Cautio Criminalis* |
| CHRISTIAN THOMASIUS, *Dissertatio ad Petri Poireti Libros de eruditione* | *Remigius, Delrio, Bodin, Gödelmann* |
| Pierre Poiret, Jean van der Weyen, Andr. Beverland | *Bekker*, van Dale |
| Joseph Glanvill | PHILOSOPHIA SPIRITUALIS |
| [Michael] Berns, Peter Goldschmidt, August Pfeiffer | |
| *Delrio, Remigius, Bodin*, Hexenhammer, Chirlandus, Friderus Mindanus, Berlichius, *Carpzovius, Crusius* | |

[Ähnlichkeiten in der Argumentation sind kursiv hervorgehoben]

Abb. 4: Referenzen auf Autoritäten in Bodes DFIM und Thomasius' DCM (in der Reihenfolge ihrer Nennung)

Damit komme ich zu meiner zweiten Frage, die sich m.W. noch niemand explizit gestellt hat: Warum gab Thomasius in *De crimine magiae* ein derart offensives – und im Rahmen seiner ja überwiegend juristischen Argumentation gegen den Hexenprozess keineswegs systematisch begründetes oder gar zwingend notwendiges – Bekenntnis zur „philosophia spiritualis" ab? Wie das Beispiel von Bodes Dissertation zeigt, hüteten sich andere Autoren, im Rahmen ihrer juristischen

Darlegungen eine eigene Glaubensposition zu bekennen und verbargen diese hinter der Darlegung der bestehenden Pro- und Contra-Meinungen. Handelt es sich bei dem Hinweis auf die ‚Geisterphilosophie' also um ein Einsprengsel aus einer – mit Foucault gesprochen – anderen diskursiven Formation – und damit um ein Indiz dafür, dass *De crimine magiae* nicht nur in den juristischen Diskurs um die Rechtmäßigkeit des Hexenprozesses gehört, sondern auch noch in einen anderen diskursiven Zusammenhang?

## III Die Debatte um Balthasar Bekkers *Betoverde Weereld* als diskursiver Kontext der beiden Dissertationen

1 Bodes *De fallacibus indiciis magiae* als Angriff auf Thomasius wegen dessen Haltung zu Bekker

Wie allein schon anhand der Zusammenstellung der entsprechenden Referenzen auf den ersten Blick deutlich wird, verweist Bode auf Thomasius im Rahmen seiner eigenen Ausführungen zu Balthasar Bekker. Wie aber steht Bode genau zu Bekker? Ähnlich wie Thomasius drei Wochen später, und abweichend von der Ansicht Wiep van Bunges, Thomasius sei der erste Fürsprecher Bekkers im universitären Deutschland gewesen, bewertet auch Bode Bekker durchaus positiv:

> Aber der Amsterdamer Theologe *Balthasar Becker* leuchtete unter diesen wie der Mond zwischen den kleineren Sternen hervor – ein auf dem Gebiet der körperlichen und mechanischen Philosophie wie auch in der Mathematik sehr kundiger Mann. Er behauptete in seinem zuerst auf Niederländisch unter dem Titel *de Betoverede Wereld* erschienenen und später ins Lateinische, Französische und Englische übersetztem Buch unter Aufwendung aller Mühen, die dies nicht nur aus den Prinzipien , die er studiert hat, sondern auch aus der Heiligen Schrift und der Vernunft aller Menschen (die nicht durch Vorurteile besetzt ist) beweisen können, dass sich der Teufel nicht auf Erden befindet, dass ein Pakt mit ihm reine Phantasie oder Fieberwahnsinn ist, dass diese Vorstellung von der Papstkirche erdacht wurde, um das Fegefeuer anzuheizen und die Kassen der Priester zu füllen, und dass die Inquisition gegen und das Verbrennen von Magiern ihren Ursache im Neid und in der Grausamkeit des Klerus haben. Denn dadurch landet im Nachhinein natürlich der Besitz der Verbrannten in deren Kasse oder – was offensichtlich ist – mit dieser Vorgehensweise wird das Gehalt der Inquisitoren an vielen Orten bestritten.[105]

Zwar berichtet Bode im nächsten Paragraphen auch von den Zweifeln und dem Widerspruch, den Bekkers Schrift hervorgerufen habe; er gibt aber zugleich zu bedenken, ob „all seine Kritiker ihm gerecht wurden", und empfiehlt, „dieses Urteil mögen die Leser dieser Autoren fällen",[106] wobei er u.a. Peter Goldschmidts

---

[105] Bode: De fallacibus indiciis magiae (wie Anm. 99), S. 4f. Für die Übersetzung danke ich Christoph Valentin.
[106] Ebd., S. 5.

anti-bekkerianisches Pamphlet *Der Höllische Morpheus* nennt.[107] Sodann beschließt er seine Ausführungen zu Bekker mit einer klaren Empfehlung an jeden,

> die *Verzauberte Welt* Beckers gewissenhaft aufzuschlagen – nicht mit dem Ziel, ihn damit ins Verderben zu stürzen, allzu sehr ins andere Extrem zu verfallen und jede Zauberei zu bestreiten, sondern die in diesem Buch dargelegten Zweifel zum ruhigen Beweis den Doktoren gegenüber zu nutzen und schließlich um die Geschichten über Zauberer vorsichtiger und mit genauerer Prüfung zu erwägen. Denn der Zweifel ebnet den Weg zur Klugheit. Es besteht nämlich kein Zweifel, dass der, der diesen Weg eingeschlagen hat, bald den allzu großen Leichtsinn und die Grausamkeit vieler beim Sammeln von Beweisen aufdecken wird.[108]

Damit aber steht Bode in ähnlicher Weise zu Bekker wie Thomasius, mit dem feinen, aber entscheidenden Unterschied, dass er anders als dieser nicht explizit eine eigene Glaubensposition bekennt, sondern Bekker eher indirekt als Anleitung zu einer kritischen Prüfung des Hexereivorwurfs empfiehlt.

Bedeutsamer als diese grundsätzliche Übereinstimmung zwischen Bodes und Thomasius' Dissertationen scheint mir für unsere Fragestellung der Aspekt, dass Bode hier, drei Wochen vor der öffentlichen Disputation von *De crimine magiae*, in der Thomasius daran geht, Bekker „vom Verdacht der Atheisterey zu retten",[109] unter den Gegnern Bekkers eben namentlich auch Thomasius und dessen *Dissertatio ad Petri Poiret libros de eruditone* anführt, die dieser 1694 seiner Ausgabe von Poirets Schrift vorangestellt hatte.[110] Schlimmer noch, Bode nennt Thomasius in einem Atemzug nicht nur mit dem französisch-niederländischen Theosophen Poiret selbst, sondern auch mit den schärfsten Bekker-Gegnern und Befürwortern des Hexenglaubens in Deutschland und England, fanatischen Hardlinern wie dem eben erwähnten Steruper Pastor Goldschmidt (1662–1713) und dem englischen Geistlichen Joseph Glanvill (1636–1680).[111] Dessen 1681 von Henry More posthum veröffentlicher *Saducismus triumphatus* – eine Replik auf das gegenüber dem Hexenglauben kritische Werk von John Webster (1610–1682), *The Displaying of Witchraft* (1677)[112] – war wenige Monate zuvor in deutscher Übersetzung erschienen,[113] sodass Bode möglicherweise frische Kenntnis von diesem Werk hatte und

---

[107] Petri Goldschmids Pastoris Sterupensis Höllischer Morpheus, Welcher kund wird Durch Die geschehene Erscheinungen Derer Gespenster und Polter-Geister […]. Hamburg 1698. Siehe dazu Jan Ulbe Terpstra: Petrus Goldschmidt aus Husum. Ein nordfriesischer Gegner Balthasar Bekkers und Thomasius'. In: Euphorion 59 (1965), S. 361–383, bes. S. 366–372. Vgl. auch Nooijen: Balthasar Bekkers ,Betoverde Weereld' (wie Anm. 15), S. 240f.
[108] Bode: De fallacibus indiciis magiae (wie Anm. 99), S. 6.
[109] Thomasius: Vom Laster der Zauberey. Über die Hexenprozesse (wie Anm. 11), S. 47.
[110] Vgl. Anm. 38.
[111] Zu Goldschmidt siehe Markus Meumann: Art. Goldschmidt, Peter. In: Lexikon zur Geschichte der Hexenverfolgung. Hg. v. Gudrun Gersmann, Katrin Moeller, Jürgen Michael Schmidt. (URL: http://www.historicum.net/themen/hexenforschung/lexikon/alphabetisch/a-g/art/Peter_Goldschmi/html/artikel/7937/ca/5db266579278a414bfbf334f4b07b253/ [25.08.2012]).
[112] Siehe dazu eingehend Thomas Harmon Jobe: The Devil in Restoration Science. The Glanvill-Webster Witchcraft Debate. In: Isis 72 (1981), S. 343–356.
[113] Josephi Glanvill, Königl. Engl. Hoff=Predigers Saducismus triumphatus oder Beweis von Hexen und Gespenstern / daß sie seyn können und würcklich seyn […]. Hamburg 1701 [bei

es gegen Thomasius ins Feld führen konnte, dem es zu dieser Zeit selbst wohl noch unbekannt war.[114]

## 2 Thomasius in der Debatte um Bekker in den 1690er Jahren

Dies also ist der Kontext, in den Thomasius' naturphilosophische Abhandlungen der 1690er Jahre in Bodes Dissertation gerückt werden. D.h. Thomasius erscheint hier als einer der Kronzeugen *gegen* Bekker, mit dem er sich in beiden genannten Schriften, der Poiret-Dissertation von 1694 und dem *Versuch von Wesen des Geistes* von 1699, aus naturphilosophischer Sicht auseinandergesetzt hatte. Beide bei Bode angeführten Thomasius-Belege verweisen auf Passagen in dessen Werken, in denen Thomasius sich explizit gegen die cartesianisch-bekkerianische Auffassung gewandt hatte, dass es keine geistigen Wirkungen in der materiellen Welt gebe.[115] Im *Versuch von Wesen des Geistes* schreibt er:

> Th[esis] 19. Es ist zwar wahr / daß die Philosophia corpuscularis & mechanica dieser jetzt gemeldten Gefahr nicht unterworffen ist / und wird man wohl nicht Exempel haben / oder sich einbilden können / daß ein Cartesianer ein Schwarzkünstler oder Crystallenseher gewesen sey / oder seyn könne. Aber es ist diese Philosophie anderer Gefahr unterworffen / daß sie nembl. dadurch / daß sie alles zur Materie machet / und ihren Geist nirgends hin logiret / endlich gar leichtlich alles geistige Wesen überhaupt läugnet / und in Spinosismum oder Beckerianismum verfället.[116]

Ebenso wie Poirets *Libri de eruditione*, an die Thomasius 1694 anknüpfte (wobei dort seine Ablehnung von Bekkers Schlussfolgerungen hinsichtlich der Möglichkeit der Zauberei noch deutlicher hervortritt),[117] erscheint somit auch der *Versuch*

---

Christoph Liebernickel]. Das Buch war offensichtlich bereits zur Frühjahrsmesse in Leipzig erschienen: Catalogus Universalis etc. Das ist: Verzeichnüß aller Bücher / so zu Franckfurt in der Fasten=Messe / wie auch Leipziger Oster=Messe des ietzigen 1701sten Jahres [...] gedruckt worden sind. Leipzig 1701 (im Leipziger Abschnitt unter der Rubrik „Libri Theologici Reformatorum"). Über den Übersetzer ist m.W. nichts bekannt; bei Liebernickel erschienen aber auch die Schriften von Peter Goldschmidt.

[114] Jedenfalls berichtet Thomasius in der Vorrede zur deutschen Übersetzung Websters, einem von Glanvills schärfsten Konkurrenten, er habe sich sofort die ebenfalls 1701 erschienene Übersetzung, die Bode vielleicht schon vorgelegen hatte, besorgt, habe sich aber alsbald ob der schlechten Übersetzung „vor Eckel beinahe übergeben" (Thomasius: Vorrede [wie Anm. 100], S. 20). Sich von Goldschmidt abzusetzen, gelang Thomasius dagegen schon 1701 mit der Dissertation *De crimine magiae*, veröffentlichte Goldschmidt doch 1705 eine weitere Schmähschrift, in der er Thomasius angriff und ihn in die Nähe Bekkers rückte. Vgl. dazu unten Abschnitt IV.

[115] Thomasius: Dissertatio Ad Petri Poiret (wie Anm. 38), S. 38ff. Thomasius argumentiert dort gegen die Auffassung Bekkers und der Anhänger der korpuskularen und mechanischen Philosophie, dass es keine Wirkung des Teufels auf den Menschen gebe. Da sie dies nicht beweisen könnten, müssten sie auch nicht die Existenz von Magie und Hexen (sagas) leugnen.

[116] Thomasius: Versuch (wie Anm. 26), S. 119f.

[117] Thomasius: Dissertatio Ad Petri Poiret (wie Anm. 38). Poiret seinerseits hatte sich 1692 in seinem Werk *De eruditione triplici* von 1692 mit Bekker auseinandergesetzt. Vgl. dazu Wieser: Peter Poiret (wie Anm. 38), S. 330.

*von Wesen des Geistes* nicht zuletzt als Auseinandersetzung mit bzw. als Widerlegung von Bekkers Pneumatologie, an die Thomasius, nun allerdings in einem gänzlich anderen diskursiven Kontext und mit einer anderen Wendung, 1701 auch mit *De crimine magiae* anschließt.

Damit lässt sich m.E. auch die zweite zentrale Frage – warum das offensive Bekenntnis zur „philosophia spiritualis"? – beantworten: Weil *De crimine magiae* ihrerseits eine – wahrscheinlich binnen knapp drei Wochen erarbeitete – Reaktion auf Bodes Kritik an Thomasius Geisterlehre der 1690er Jahre ist, die nun allerdings innerhalb derjenigen diskursiven Formation stattfinden muss, in der sie von Bode angegriffen worden ist: der juristischen Diskussion der Hexenprozesse, verhandelt in einer universitären Disputation an der Juristischen Fakultät. Damit aber muss Thomasius' – nunmehr in anderem Kontext neu formulierte – Positionierung zu Bekker und zur Naturphilosophie zwangsläufig in eine juristische Argumentation münden, in Verbindung mit der sie nun tatsächlich durchaus kritisch-aufklärerisches Potential im Sinne einer Einschränkung und allmählichen Abschaffung des Hexenprozesses entfaltet. Allerdings ist auch diese durch den erzwungenen Diskurswechsel entstandene neue Verbindung allein noch nicht ausreichend, um die gerade im Vergleich zu anderen, ähnlich argumentierenden juristischen Schriften gegen den Hexenprozess enorme Wirkung der *Theses de crimine magiae* zu erklären. Dafür muss nicht zuletzt das unüberhörbare publizistische Echo in Anschlag gebracht werden, das die Dissertation hervorrief, und infolgedessen Thomasius sich hinsichtlich seiner Gegnerschaft zu Hexenglauben und Hexenprozess noch sehr viel profilierter positioniert fand als durch die Dissertation selbst.

## IV Thomasius' Re-Positionierung im Diskurs

Es ist nicht bekannt, inwieweit oder wie schnell sich Thomasius' *Theses de criminae magiae* in Halle herumsprachen und wie die unmittelbaren Reaktionen darauf im Umkreis der Universität ausfielen, etwa bei Heinrich Bode und den anderen Mitgliedern der Juristischen Fakultät, die mit einiger Wahrscheinlichkeit der Disputation beigewohnt haben[118] oder doch wenigstens davon gehört haben dürften. Das publizistische Echo, das mit einiger zeitlicher Verzögerung einsetzte, aber war enorm – so enorm, dass Thomasius selbst davon nach eigener Aussage überrascht war. In der Vorrede zur deutschen Übersetzung von Webster schreibt er gut 15 Jahre später, noch immer voller Polemik gegen seine Gegner von damals:

> Ich hätte mir nimmermehr eingebildet, daß, als ich Anno 1701 im Monat November, und also fast vor 17 Jahren, in der Disputation von dem Laster der Zauberey [...] gelehret, [...] umb diese Lehre [dass es sich beim Teufelspakt um eine, so Thomasius, „fette Lüge" handele,

---

[118] Dies legt jedenfalls der idealtypische Ablauf einer Disputation nahe, wie ihn Hommens beschreibt. Vgl. dazu Anm. 104.

M.M.] ein solches Murren und Grißgramen unter denen, die bey dergleichen Fabeln ein Interesse haben, entstehen würde, als ich leider erfahren müssen.[119]

Insbesondere habe er nicht erwartet, dass der Glaube an den Teufelspakt bei den lutherischen Theologen noch so ausgeprägt gewesen sei. Nach Ausführungen zu den Reaktionen von Juristen und Medizinern zitiert er sodann eine Reihe juristischer Dissertationen, die bereits vor ihm die falschen Beweise der Zauberei bestritten hätten und schreibt es der „wunderliche(n) Führung der göttlichen Fürsehung" zu, dass gerade seine „treuherzig" vorgebrachten Argumente die „Feinde der Wahrheit" dazu verleitet hätten, die Dummheit ihrer Positionen offenzulegen.[120]

Die weitverzweigte Debatte, die sich in den folgenden Jahren um *De Crimine Magiae* entspann, nachzuzeichnen, würde den Rahmen dieses Aufsatzes sprengen; sie kann daher nur in wenigen Zügen umrissen werden. Die ersten Repliken erfolgten zunächst in Halle selbst: Die früheste fassbare Reaktion auf *De crimine magiae* ist eine Weihnachtsansprache des bereits erwähnten Professors für Moralphilosophie, Johann Franz Budde (übrigens ein studierter Theologe), die dieser in seiner Funktion als Prorektor rund sechs Wochen nach der Disputation hielt und in der er insoweit auf Thomasius einging, als er über die Personalität und die Fähigkeiten des Teufels nach dem Zeugnis der Heiligen Schrift sprach, allerdings ohne Thomasius oder dessen Dissertation *expressis verbis* zu benennen.[121] Deutlicher wurde im folgenden Jahr der Theologieprofessor Joachim Lange, der in seiner *Nothwendigen Gewissenrüge* Thomasius und dessen Teufelsvorstellungen direkt angriff.[122] Wiederum ein Jahr später, 1703, nahm auch der Mediziner Friedrich Hoffmann Stellung zu dem offensichtlich in Halle vieldiskutierten Problem und ließ seinerseits eine Dissertation verteidigen, die 1704 ins Deutsche übersetzt wurde und unter dem Titel *G.B.M.D. Philosophische Untersuchung / Von Gewalt und Wirckung des Teuffels In Natürlichen Cörpern* in Frankfurt und Leipzig erschien.[123] Hoffmann nahm darin seinerseits zum Hexenglauben Stellung und versuchte zwischen den Auffassungen Bekkers und Thomasius' zu vermitteln, da es darauf ankomme, dem Teufel, den er als einen bösen Geist klassifizierte, weder zu viel noch zu wenig Fähigkeiten zuzugestehen. Dafür unterwarf er die dem Teufel zugeschriebenen Fähigkeiten einer Prüfung vor dem Hintergrund der Naturgesetze und bewies so deren Unmöglichkeit, etwa indem er den Flug durch die Luft oder

---

[119] Thomasius: Vorrede (wie Anm. 100), S. 1.
[120] Ebd., S. 6.
[121] Prorector Regiae Fridericinanae, Ioannes Franciscus Buddeus [...] una cum Professoribus Reliquis, Cives Academicos, Ad Natalitia Immanuelis, contra Serpentem digno cultu peragenda, Omnes ac singulos peramanter invitat. [Halle 1701]. 1703 setzte sich Budde dann nochmals eingehender mit dem Problem auseinander, vgl. dazu Nooijen: Balthasar Bekkers ‚Betoverde Weereld' (wie Anm. 15), S. 224ff.
[122] Nothwendige Gewissens=Rüge / An Den Hällischen Prof. Juris, Herrn D. Christian Thomasium, Wegen seines abermahligen Unfugs / So er im neulichsten teutschen Programmate seiner künfftigen Winter-Lectionum, angerichtet. Frankfurt, Leipzig 1702.
[123] Vgl. Anm. 79.

die Zeugung von Kreaturen aus physikalischer bzw. medizinischer Sicht widerlegte. Bei aller prinzipiellen Zustimmung im Großen wendete sich Hoffmann aber auch explizit gegen Thomasius' Ansatz einer ‚philosophia spiritualis'.[124]

Anlass dieser Reaktionen Langes und Hoffmanns war wahrscheinlich, dass Thomasius selbst im Frühherbst 1702 noch einmal nachgelegt und seine Auffassung von der Existenz des Teufels ein weiteres Mal dargelegt hatte, nachdem er „auch leider erfahren müssen, daß man durch meine Disputation de Crimine Magiae Gelegenheit genommen mich fälschlich zu beschuldigen, als glaubete ich keine Teufel".[125] In der Ankündigung seiner *Künftigen Winter-Lectionen* für den Winter 1702/03 erkannte er das Wirken des Teufels grundsätzlich an, ebenso die Möglichkeit der Hexerei bzw. Zauberei, bestritt aber wiederum vehement dessen leibliche Existenz: „Aber ich leugne noch beständig, und kann es nicht glauben, daß der Teuffel Hörner, Klauen und Krallen habe, daß er wie ein Pharisäer, oder ein Mönch, oder ein Monstrum, oder wie man ihn sonst abmahlet, aussehe. Ich kan es nicht glauben, daß er könne einen Leib annehmen, und in einer von diesen oder andern Gestalten den Menschen erscheinen."[126] Wie schon in *De Crimine Magiae* leitete er daraus ab, dass damit die Begründung der Hexenprozesse hinfällig sei und diese demnach nicht rechtmäßig geführt würden, und streifte am Schluss *en passant* auch noch seine Gegner, „sie mögen nun zu Wittenberg, oder Delitsch hier oder anderswo seyn".[127]

Wie diese letzte Bemerkung andeutet, hatten Thomasius' Thesen inzwischen auch außerhalb Halles ihre Kreise gezogen. In den folgenden Jahren wurden eine Reihe von Gegenschriften vor allem im mittel- und norddeutschen Raum publiziert, 1703 zunächst Elias Camerarius' *Unpartheyische Gedanken über die kurtzen Lehrsätze von dem Laster der Zauberey* und Carl Friedrich Romanus' *Schediasma polemicum [...] An. Dentur. Spectra. Et. Sagae.*[128] Im Jahr 1705 erschien sodann die wohl wirkungsvollste Gegenschrift, Peter Goldschmidts *Verworffener Hexen- und Zaubereradvocat*, die die weitere Rezeption von Thomasius ganz wesentlich beeinflusste, indem sie diesen in einem Atemzug mit Balthasar Bekker nannte und ihn damit auch hinsichtlich seiner Positionen zum Hexenglauben in die Nähe von dessen cartesianischen Argumenten rückte, aus dem ehemaligen Bekker-Opponenten Thomasius also nachträglich einen Mitstreiter machte.[129]

---

[124] Vgl. dazu Pott: Aufklärung und Hexenaberglaube (wie Anm. 10), S. 200f.; Nooijen: Balthasar Bekkers ‚Betoverde Weereld' (wie Anm. 15), S. 241–245.
[125] Aus: Christian Thomasens Erinnerung Wegen seiner künftigen Winter-Lectionen. In: Ders.: Vom Laster der Zauberey. Über die Hexenprozesse (wie Anm. 11), S. 219–224, hier S. 221.
[126] Ebd., S. 222.
[127] Ebd., S. 224.
[128] Vgl. dazu Lieberwirth: Einleitung (wie Anm. 12), S. 20f.; zu Romanus auch Nooijen: Balthasar Bekkers ‚Betoverde Weereld' (wie Anm. 15), S. 229–233.
[129] Vgl. ebd., S. 239f.; Terpstra: Petrus Goldschmidt (wie Anm. 6), S. 373–379. Zu weiteren Gegenschriften siehe Lorenz: Die letzten Hexenprozesse (wie Anm. 90), S. 238f.

Thomasius seinerseits reagierte auf die Kritik mit ebenso polemischen Antworten, indem er etwa Langes *Gewissensrüge* im darauffolgenden Jahr mit Anmerkungen und Kommentaren versehen neu herausgab und so widerlegte.[130] Zugleich sekundierten ihm nun auch seine Schüler Nikolaus Hieronymus Gundling (1671–1729), der sich ebenfalls 1703 in einer *Gründlichen Abfertigung der Unpartheyischen Gedanken eines ungenannten Herrn Autoris* eine der genannten Gegenschriften (und deren Autor Elias Camerarius) vornahm, und Johann(es) Reich(e), der Respondent der Disputation *De crimine magiae*, der diese in deutscher Übersetzung und mit einer Reihe flankierender Schriften von Kritikern des Hexenprozesses versehen herausbrachte.[131] Darüber hinaus profilierte sich Thomasius in den folgenden Jahren erneut als Gegner der Hexenprozesse, insbesondere mit der 1712 disputierten Abhandlung *De Origine ac Progressu Processus Inquisitorii contra Sagas* (*Historische Untersuchung vom Ursprung und Fortgang des Inquisitionsprozesses wieder die Hexen*), einer historisch-kritischen Analyse der theologischen Grundlagen des Hexenglaubens.[132] 1719 brachte er schließlich Johann Websters *The Displaying of Witchcraft* in deutscher Übersetzung heraus und verteidigte in der Vorrede noch einmal seine Position aus dem Jahr 1701. Dies gilt im Übrigen nicht allein für die Ablehnung des Hexenglaubens, sondern explizit auch für die Rolle der Naturphilosophie dabei. So ließ er Websters Werk nicht zuletzt deshalb übersetzen, weil dieser, einer der profiliertesten Kritiker des Hexenglaubens in England im letzten Drittel des 17. Jahrhunderts, die Ablehnung der Hexenverfolgung, ähnlich wie Thomasius in *De Crimine Magiae*, mit der ausdrücklichen Anerkennung der natürlichen Magie verband.[133] Und noch in den 1720er Jahren versah er aus dem Englischen übersetzte Anti-Dämonologien mit Vorworten, in denen er seine Position von 1701 verteidigte.[134]

Heinrich Bodes Dissertation *De fallacibus indiciis magiae* geriet dagegen bald in Vergessenheit und steht bis heute im Schatten von Thomasius' drei Wochen jüngerer Schrift. Ein Grund dafür ist sicher darin zu suchen, dass Bode weder

---

[130] Nothwendige Gewissens=Rüge / An Den Hällischen Prof. Juris, Herrn D. Christian Thomasium, Wegen seines abermahligen Unfugs / So er im neulichsten teutschen Programmate seiner künfftigen Winter-Lectionum, angerichtet / nach der Wahrheit und Liebe ohne Schmähungen angestellt / Von Einem Diener des Göttlichen Worts in der Marck Brandenburg. Nunmehr aber durch nothwendige Anmerckungen abgewiesen / Von Einen Freunde der Warheit. Franckfurt und Leipzig 1703.

[131] Herrn D. Christian Thomasii [...] Kurtze Lehr-Sätze Von dem Laster Der Zauberey : Nach dem wahren Verstande des Lateinischen Exemplars ins Deutsche übersetzet, Und aus des berühmten Theologi D. Meyfarti, Naudaei, und anderer gelehrter Männer Schrifften erleutert [...]. Halle 1704.

[132] Thomasius: Vom Laster der Zauberey. Über die Hexenprozesse (wie Anm. 11), S. 108ff.

[133] Jobe: The Devil in Restoration Science (wie Anm. 112), S. 350ff.

[134] Francisci Hutchinsons [...] Historischer Versuch von der Hexerey, In einem Gespräch Zwischen einem Geistlichen, einem Schottländischen Advocaten und Englischen Geschwornen [...]. Nebst zwey vortrefflichen Predigten [...] Und einer Vorrede Des Herrn Geheimbden Raths THOMASII, Aus dem Englischen ins Teutsche übersetzt, auch mit kurtzen Summarien und vollständigen Registern versehen von Theodoro Arnold. Leipzig 1726.

selbst eine Thomasius ähnliche Publikationstätigkeit entfaltet hat noch seinerseits eine Schülergruppe zu seiner Unterstützung mobilisieren konnte. Die letzte gleichwertige Referenz auf Bode wie auf Thomasius findet sich nach meinem derzeitigen Kenntnisstand bei Jakob Brunnemann (1674–1735), der 1701, zu Beginn der Debatte, außerordentlicher Professor an der Juristischen Fakultät in Halle geworden war und 1708, inzwischen zum Vorsitzenden des Stargarder Schöppenstuhls aufgestiegen, unter dem Pseudonym Aloysius Charitinus einen *Discurs von betrüglichen Kennzeichen der Zauberey* vorlegte, in dem er Bode noch vor Thomasius erwähnt.[135]

Bereits Eberhard David Hauber, der seinerseits einräumte, Bodes Dissertation überhaupt nur deswegen zur Kenntnis genommen zu haben, weil Thomasius sie in der Webster-Vorrede erwähnt, wunderte sich 1740 im 23. Stück seiner 1738-1745 erschienenen *Bibliotheca, Acta et Scripta magica* darüber, dass Bodes Dissertation so wenig bekannt geworden sei, und machte das unterschiedliche publizistische Echo dafür verantwortlich:

> Die Thomasische Disputation ist durch den darüber in der Welt entstandenen Lermen also berühmt geworden, daß nicht wohl in ganz Teutschland und vielen anderen Ländern ein einziger Gelehrter ist, welchem dieselbe und ihr Inhalt nicht bekannt wäre. In dem Gegentheil ist die andere Disputation fast ganz verborgen geblieben, und es sind vielleicht noch ietzo manche Gelehrte in Teutschland, welche nicht einmal davon gehört haben, oder wissen, daß solche gehalten worden. [...] Und dieses halte ich für die wahrhaftige Ursache der unterschiedenen Würckungen dieser zweyen Disputationen zu seyn, und daß die Thomasische Disputation einen so gar großen Lermen, die andere aber gar keinen verursacht hat.[136]

Dass dieses Echo aber so unterschiedlich war und im Falle von Thomasius so stark und kontrovers ausfiel, dafür war letztlich nicht die juristische Argumentation der Dissertation *De crimine magiae* verantwortlich, sondern einzig und allein die pointierte Positionierung ihres Verfassers zur Frage nach der *Wirckung des Teufels*, nämlich auf Seiten der zahlenmäßig wohl am stärksten vertretenen ‚orthodoxen' Gegner die provokative Verteidigung Bekkers, und auf der anderen Seite, jener der Vertreter einer mechanischen Philosophie wie Friedrich Hoffmann, das nicht minder zum Widerspruch reizende Bekenntnis *ad philosophiam spiritualem*. Eberhard David Hauber erklärte sich dies in einer spielerisch-ironischen Wendung damit, dass der Teufel keinen Grund gehabt habe, „wegen der de fallacibus Indiciis Magiae gehaltenen Disputation bey der ihm darinnen noch beybehaltenen Ehre einen Lermen anzufangen, und die Vertheidiger seines Ansehens solchem vielmehr dadurch geschadet haben würden [...]." Demgegenüber habe er „im Gegentheil grosse Ursache, auf den Thomasium, der ihm gar zu unbescheiden begegnet, und ihm schlechterdings alle Macht abgesprochen hatte, loszugehen, und wider den-

---

[135] Brunnemann wird, wahrscheinlich einfach wegen seiner gleichzeitigen Anwesenheit in Halle, in der Regel zum Thomasiuskreis gerechnet. Thomasius schreibt ihm in der Webster-Vorrede dagegen „einen großen Antheil" an *De fallacibus indiciis magiae* zu. Vgl. dazu Anm. 102.
[136] Eberhard David Hauber: Bibliotheca, Acta et Scripta magica. 23. Stück, S. 772f.

selben alles, was er nur konte, in der Hölle, und auf Erden zu erregen, und darüber allen nur ersinnlichen Lermen anzufangen."[137] Thomasius war also sicher nicht der „siegreiche Bekämpfer des Hexenwahns", aber er ist ohne jeden Zweifel unter all den Autoren, die sich um 1700 im Alten Reich gegen die Hexenprozesse aussprachen, derjenige, der sich hinsichtlich der eingeschränkten Wirkungsmöglichkeiten des Teufels am weitesten aus dem Fenster gelehnt und damit auf (hochgradig vermintes) theologisches Hoheitsgebiet begeben hat.

## V Fazit

Infolge der diskursgeschichtlichen Rekontextualisierung der Dissertation *De crimine magiae/Vom Laster der Zauberey* ist anders als bisher eine Verbindung zwischen dieser und Thomasius' naturphilosophischen Schriften der 1690er Jahre konkret nachweisbar, und zwar gleich in zweifacher Weise: Zum einen positivfaktisch über den unmittelbaren Kommunikationszusammenhang der Kontoversen um den *Versuch von Wesen des Geistes* mit der sich ab 1701 anschließenden Debatte um *De crimine magiae*. Den bisherigen *missing link* stellt dabei mit großer Wahrscheinlichkeit der Angriff Heinrich Bodes auf Thomasius in seiner nur drei Wochen zuvor gehaltenen Disputation *De fallacibus indiciis magiae* dar. Sodann zum anderen argumentativ in der Hinsicht, dass Thomasius' prinzipielles Festhalten an seinen naturphilosophischen Auffassungen ihn in seiner Antwort auf Bode zwingt, sich neu und dezidiert zu den Hexenprozessen zu positionieren, woraus in der Folge eine vehemente Debatte mit den Verteidigern des Hexenglaubens ebenso wie mit den Pietisten und den Anhängern der mechanischen Philosophie erwächst, die für Thomasius zu einer über die nächsten 25 Jahre – d.h. mehr oder weniger sein gesamtes weiteres Leben – anhaltenden Beschäftigung mit diesem Thema führen wird und ihn in einer Art Allein-gegen-Alle-Positionierung in den Augen der Zeitgenossen und der Nachwelt zum führenden Kritiker des Hexenprozesses, aber auch des Hexenglaubens werden lässt.

Dies bedeutet, um es noch einmal in aller Deutlichkeit zu sagen, dass Thomasius nicht einfach *sua sponte*, aufgrund bereits vorhandener bzw. gereifter Überzeugungen oder seiner aufgeklärt-kritischen Haltung, gegen den Hexenglauben antritt, sondern infolge einer spezifischen Kommunikationssituation und der mit dieser verbundenen diskursiven Positionierung, die ihm in diesem Fall von seinem Fakultätskollegen Bode zugeschrieben – man könnte auch sagen: aufgezwungen – worden war. Dies schmälert im Übrigen keinesfalls den Mut und das Engagement, mit dem sich Thomasius diesem Thema widmete.

In den obigen Ausführungen ging es vorrangig darum, den kommunikativen und diskursiven Zusammenhang zu rekonstruieren, in dem *De crimine magiae*

---

[137] Ebd., S. 771f.

steht, und damit die Positionalität der Dissertation im Diskurs genauer zu bestimmen. Diese stellt sich so dar, dass Thomasius wegen seines in den 1690er Jahren vorgetragenen Anti-Cartesianismus und Anti-Bekkerianismus von seinem Fakultätskollegen Bode in dessen kurz vorher durchgeführter Disputation *De fallacibus indiciis magiae* in die Nähe der (orthodoxen) Befürworter des Hexenprozesses gerückt wird und nun in seiner Replik das argumentative Kunststück vollbringen muss, einerseits seinen Anti-Cartesianismus und seine Schriften der 1690er Jahre nicht preiszugeben, und andererseits, um nicht deswegen in die Nähe eben der orthodoxen Hardliner gerückt zu werden, mit denen ihn Bode im selben Atemzug nennt, Bekker erstens gegen diese zu verteidigen und sich zweitens selbst gegen die Hexenprozesse auszusprechen. Dafür muss er aber nun natürlich andere, nicht-cartesianisch begründete Argumente finden. Dies bringt ihn dann ebenso wie Bode zu den juristischen Zweifeln und lässt ihn diese – konsequenterweise – noch über Bode hinaus weiterführen, woraus schließlich eine deutlichere Absage an die Hexenprozesse resultiert als bei Bode selbst.

Im Lichte dieser Interpretation lassen sich m.E. auch die Inkonsistenzen und vermeintlichen Widersprüche in *De crimine magiae* selbst verstehen bzw. auflösen. Dies gilt für die Verteidigung Bekkers bei gleichzeitiger Ablehnung seiner Ansichten ebenso wie für den Rekurs auf Friedrich Spees *Cautio Criminalis*, die für Thomasius einen Anknüpfungspunkt *vor* Bekker bietet; es gilt für die im Rahmen einer juristischen Disputation zumindest nicht notwendigen Ausführungen zur Magie und besonders zur *magia naturalis* und macht schließlich auch das im rechtlichen Diskurs so gänzlich fehlplatzierte und daher umso verstörendere und zum Widerspruch reizende Bekenntnis zur ‚Geisterphilosophie' verständlich. Darüber hinaus ist diese Betrachtungsweise auch dazu angetan, den vermeintlichen Widerspruch aufzulösen, dass es sich bei Thomasius nicht so sehr um einen Systemdenker, als den ihn die Philosophiegeschichte vornehmlich wahrgenommen hat, als vielmehr um einen Polemiker oder Streiter handele.[138] Das eine ist vom anderen schlicht nicht zu trennen; wie etwa die Entstehungsgeschichte des *Versuchs von Wesen des Geistes* zeigt, werden letztlich auch philosophische ‚Systeme' erst in der diskursiven Auseinandersetzung oder sogar Konfrontation mit anderen Meinungen entwickelt.[139]

Die Ironie dabei ist, dass Thomasius durch die Kontroversen, die sein Bekenntnis zur *philosophia spiritualis* auslöst, wiederum zu weiteren Reaktionen wie der

---

[138] Vgl. Döring: Christian Thomasius und die Universität Leipzig (wie Anm. 32), S. 74.

[139] Bereits die ansatzweise Rekonstruktion der Entstehungsgeschichte des *Versuchs* macht deutlich, dass dieser letztlich als Reaktion auf die von Thomasius nicht erwünschte Veröffentlichung seiner oben erwähnten Thesen vom Dezember 1693 durch den Leipziger Prediger Albrecht Christian Rotth (1651–1701) unter dem Titel *Confessio de fundamentis doctrinae suae* zu verstehen ist. Dadurch sah sich Thomasius offensichtlich herausgefordert oder sogar gezwungen, sich zu rechtfertigen und seine Ansichten weiter auszuarbeiten. Vgl. Zenker: Vorwort (wie Anm. 40), S. XXXIII.

*Historischen Untersuchung vom Ursprung und Fortgang des Inquisitionsprozesses wieder die Hexen* aus dem Jahr 1712 geradezu herausgefordert wird und nicht zuletzt aufgrund dieser publizistischen Aktivitäten in seiner Bedeutung und Wirksamkeit retrospektiv viel höher bewertet wird – und rezeptions- bzw. diskursgeschichtlich zweifellos auch bewertet werden muss – als Bode, der ihn sehr wahrscheinlich erst zu diesem Schritt genötigt hatte. Bodes eigene Dissertation *De fallacibus indiciis magiae* erlebte zwar 1709 ebenfalls eine zweite Auflage, geriet schon bald danach aber in Vergessenheit und ist auch heute in der ‚Hexenforschung' bestenfalls dem Namen nach bekannt, was u.a. daran liegen dürfte, dass sie nur in Latein vorliegt.[140] Thomasius' Schrift *De crimine magiae/Vom Laster der Zauberey* dagegen wurde in der deutschen Übersetzung wie auch der lateinischen Originalfassung nicht nur zu Lebzeiten des Autors mehrfach aufgelegt, sondern erlebte noch im 18. Jahrhundert vier weitere posthume Auflagen, was ihrem Verfasser schon in der Spätaufklärung den Ruf eintrug, maßgeblich zur Abschaffung der Hexenprozesse beigetragen zu haben.

All dies, so kann man wohl letztlich extrapolieren, nur wegen Thomasius' naturphilosophischer Sympathien, die ihn in Gegensatz zu Bekker gebracht und daher seinen Kollegen Bode dazu verleitet haben, ihn in einer juristischen Disputation anzugreifen und in die Nähe der Bekker-Gegner und Befürworter des Hexenglaubens zu rücken. Das bedeutet freilich, dass auch die Naturphilosophie nicht als solche, d.h. in ihrer essentialistisch gedachten reinen Existenz als ‚Idee', für die Produktion aufklärerischer Positionen verantwortlich zu machen wäre: dies gilt im Übrigen wohl ebenso für den Cartesianismus. Vielmehr ist es erst der Zwang zur Abgrenzung von Argumenten und philosophischen Systemen gegeneinander, die zu solchen Positionierungen führt. Verantwortlich für die diskursive Formierung der frühen Aufklärung sind mithin nicht allein oder auch nur vorwiegend ‚neue' Ideen oder Gedanken, gar ein ‚aufgeklärter Zeitgeist', sondern ebenso sehr und untrennbar damit verbunden die spezifischen Bedingungen der Gelehrtenkultur um 1700, insbesondere die agonale Disposition ihrer Wissensordnungen und Kommunikationsformen, die dazu führten, dass fast alle kontroversen Fragen in deutliche Positionierungen und Frontstellungen mündeten und dazu häufig mit persönlichen Invektiven gespickt waren[141] – ein Genre, in dem insbesondere Thomasius brillierte. Nicht ‚Ideen' entscheiden daher darüber, was ‚Aufklärung' ist bzw. wird, sondern in erster Linie diskursive Positionalität.

---

[140] Es ist geplant, bis Ende 2013 eine vollständige Übersetzung bzw. Edition der Dissertation *De fallacibus indiciis magiae* in digitaler Form zur Verfügung zu stellen.
[141] Vgl. dazu die Beiträge in Ordnungen des Wissens – Ordnungen des Streitens (wie Anm. 82).

KATRIN MOELLER

## Aufgeklärter Hexenglaube? Schadenszauber und dämonische Magie nach der Hexenverfolgung

> Wenn der Teufel einen Güterzug voll Lügen durch die Welt bringen will, dann spannt er eine Lokomotive der Wahrheit davor. An uns ist es, nicht über den Zug, der so stolz und kühn durch die Welt fährt und überall seine Ware ablädt, uns zu entsetzen und zu lamentieren, sondern dem Teufel die gestohlene Lokomotive der Wahrheit abzuhaken und seinen großen Güterzug der Lüge irgendwo auf totem Gleis ihm stehen zu lassen, bis er zusammenkracht und all seine Ware ihm verdirbt. Die abgehakte Lokomotive aber spannen wir vor unseren eigenen Zug und fahren künftig etwas besser und schneller durch die Welt.[1]

Dieses Zitat des Hamburger Pfarrers Eduard Juhl aus dem Jahr 1926[2] koppelt wundervoll bildhaft zwei Dinge aneinander, welche die historische Forschung bis in die 1990er Jahre hinein sorgfältig voneinander zu scheiden suchte: den Teufelsglauben als Ausdrucksform magisch-religiösen Denkens und die Metaphern der Moderne. Kaum eine Etikettierung der vielfältigen Muster und Strömungen der Aufklärung zu einem stringenten, zielorientierten Globalprozess[3] hat sich einen so nachhaltigen Platz im historischen Gedächtnis verschaffen können wie ihre Bewertung als fundamentaler Säkularisierungsprozess und umfassende „Entzauberung der Welt" (Max Weber). Formen eines modernen Magieglaubens fanden in solchen Modellen keinen Platz.

Seit einiger Zeit sind jedoch gegen die Proklamation der Aufklärung als religiösem Rationalisierungsprozess überaus kritische Töne zu hören.[4] Mit dem neuen Anspruch der Geschichtswissenschaften Begrifflichkeiten kritischer in ihrer Zeitgebundenheit zu hinterfragen, verabschiedete sich die Wissenschaft in den vergangenen Jahren weitgehend von modernisierungstheoretischen Konstrukten, identifiziert und entziffert zunehmend eigene Geschichtsbilder und -mythen. Seither verweist die Forschung zunehmend auf die Brüchigkeit dogmatischer Begrifflichkei-

---

[1] Eduard Juhl: Im Ringen mit Satans Reich. Aberglaube und Zauberei. Berlin 1926, S. 19.
[2] Zu dieser Zeit war Juhl Pfarrer der evangelischen Auferstehungsgemeinde St. Pauli. Birgit Siekmann: Eduard Juhl. In: Biographisch-Bibliographisches Kirchenlexikon. Hg. v. Friedrich-Wilhelm Bautz (†), fortgef. v. Traugott Bautz. Bd. 21. Nordhausen 2003, Sp. 733–739.
[3] Vgl. Fred E. Schrader: Soziabilitätsgeschichte der Aufklärung. Zu einem europäischen Forschungsproblem. In: Francia 19 (1992), S. 177–194, bes. S. 179f.
[4] Olaf Blaschke: Abschied von der Säkularisierungslegende. Daten zur Karrierekurve der Religion (1800–1970) im zweiten konfessionellen Zeitalter. Eine Parabel. In: Zeitenblicke 5/1 (2006), URL: http://www.zeitenblicke.de/2006/1/Blaschke/index_html, URN: urn:nbn:de: 0009-9-2691 [01.06.2011]; Nils Freytag, Diethard Sawicki: Verzauberte Moderne. Kulturgeschichtliche Perspektiven auf das 19. und 20. Jahrhundert. In: Wunderwelten. Religiöse Ekstase und Magie in der Moderne. Hg. v. dens. München 2006, S. 7–24; Monika Neugebauer-Wölk: Esoterik im 18. Jahrhundert – Aufklärung und Esoterik. Eine Einleitung. In: Aufklärung und Esoterik. Hg. v. Monika Neugebauer-Wölk unter Mitarb. v. Holger Zaunstöck. Hamburg 1999 (Studien zum 18. Jahrhundert 24), S. 1–37.

ten und Verabsolutierungen von ‚Aufklärung', in denen sich Rationalitäts- und Fortschrittsgläubigkeit als Mantra der Moderne offenbart. Dazu wird intensiv nach dem Werdegang von religiösen Ideen und Denkfiguren, nach rezeptiven Mustern im Austausch zwischen gesellschaftlichen Milieus gefahndet, und ständeübergreifende oder subjektorientierte Diskurse und Kommunikationsmöglichkeiten werden analysiert, die religiöses Denken im historischen Längsschnitt prägten. In diese Analyse sind zahlreiche Varianten des Esoterik- und Magieglaubens als Ausdruck eines individuellen Religionsverständnisses eingegangen, der Werdegang des spätfrühneuzeitlichen bzw. modernen Hexenglaubens blieb dabei jedoch – eher forschungsgeschichtlich als inhaltlich begründet[5] – meist ausgespart.[6]

Wenn im Folgenden das Verhältnis von Hexenglauben und Aufklärung betrachtet wird, könnte man entlang des vorgezeichneten Mythos unterstellen, es handle sich hier um Antonyme.[7] Als Produkt emanzipatorischer Bildung,[8] als Beseitigung des tumben bäuerlichen Aberglaubens,[9] vor allem aber als Befreiung von den zahllosen „Justizmorden"[10] feierten Aufklärer die noch im 18. Jahrhundert durchaus nicht gesicherte Beendigung der Hexenverfolgung und verstanden sich dabei zum Teil geradezu als Protagonisten einer Befreiungsbewegung.[11] Scharfe Debatten, in denen die Kritiker publizistisch so glanzvoll triumphierten, schlossen sich jeweils an die späten punktuellen Prozesse an.[12] Wie intensiv sich hier am Ende des 18. Jahrhunderts die Vorzeichen der Verfolgung geändert hatten, zeigt als Momentaufnahme plastisch der letzte zum Todesurteil führende Schweizer Hexenprozess gegen Anna Göldi. Das Verfahren geriet zu einer Geheimveranstaltung unter Pressezensur, um die von vornherein befürchtete Prozesskritik wenigstens rudimentär zu begrenzen. Immer wieder gibt es Mutmaßungen, die offizielle Klassifizierung des Verfahrens als Vergiftungsprozess habe zur Verschleierung des

---

[5] Monika Neugebauer-Wölk: Wege aus dem Dschungel. Betrachtungen zur Hexenforschung. In: Geschichte und Gesellschaft 29/2 (2003), S. 316–347, hier S. 322.

[6] Als größere Studien vor allem: Nils Freytag: Aberglauben im 19. Jahrhundert. Preußen und seine Rheinprovinzen zwischen Tradition und Moderne (1815–1918). Berlin 2003; Felix Wiedemann: Rassenmutter und Rebellin. Hexenbilder in Romantik, völkischer Bewegung, Neuheidentum und Feminismus. Würzburg 2007.

[7] Dazu ausführlich: Martin Pott: Aufklärung und Aberglaube. Die deutsche Frühaufklärung im Spiegel ihrer Aberglaubenskritik. Tübingen 1992, hier bes. S. 262–265.

[8] Eva Labouvie: Verbotene Künste. Volksmagie und ländlicher Aberglaube in den Dorfgemeinden des Saarraumes (16.–19. Jahrhundert). St. Ingbert 1992, S. 211, 302–312.

[9] Johannes Dillinger: Hexen und Magie. Eine historische Einführung. Frankfurt a.M., New York 2007, S. 143.

[10] August Ludwig von Schlözer: Abermaliger JustizMord in der Schweiz. In: Stats-Anzeigen 2/7 (1783), S. 273–277, hier S. 273.

[11] Pott: Aufklärung (wie Anm. 7), S. 262.

[12] Georg Schwaiger: Das Ende der Hexenprozesse im Zeitalter der Aufklärung. In: Teufelsglaube und Hexenprozesse. Hg. v. dems. München 1987, S. 150–180, hier S. 161; Elisabeth Korrodi-Aebli: Auf den Spuren der ‚letzten Hexe'. Anna Göldi – Der Fall – Die Presseberichte. Wissenschaftliche Qualifizierungsarbeiten zum Hexen- und Magieglauben. In: Historicum.net 2010. URL: http://www.historicum.net/no_cache/persistent/artikel/7443/ [01.06.2011].

*Aufgeklärter Hexenglaube?* 683

faktischen Hexenprozesses gegenüber der Regierung gedient.[13] Allerdings misslang dieser Versuch kläglich. Selbst innerhalb der kleinen Gruppe der professionell engagierten Prozessbeteiligten besaß das Verfahren eine so mangelhafte Legitimation, dass die Gerichtsakten trotz aller Strafandrohungen zügig an die Öffentlichkeit gelangten. Sie führten zu einem europaweiten Aufschrei nach der Hinrichtung Göldis am 13. Juni 1782,[14] was letztlich auch die gesetzliche Entkriminalisierung der Hexerei vorantrieb.

Viele Regierungen verzichteten allerdings auf die konsequente Beseitigung strafrechtlicher Vorschriften zur Hexerei. Weil das Delikt in der Kriminalgerichtsbarkeit kaum mehr Bedeutung entfaltete und ein größerer Handlungsdruck ausblieb, suchte man Änderungen mit ungewissen Folgewirkungen zu vermeiden. Das Ende der Verfolgung ist jedoch kaum mit dem Ende des Hexenglaubens zu assoziieren. Welche Wechsel- und Folgewirkungen die neuen Rahmenbedingungen auf den Hexenglauben hatten, ist bisher dennoch eher unbeleuchtet geblieben. Die Frontstellung von aufklärerischer ‚Bewegung' und Hexenglauben blieb nicht nur dem Mainstream der bildungsbürgerlichen Eliten des 18. und 19. Jahrhunderts vorbehalten, sondern etablierte sich über diesen Diskurs fest in das Gefüge der wissenschaftlichen Erkenntnis über das Ende der Hexenverfolgung im Rahmen des sogenannten ‚Rationalistischen Paradigmas'.[15]

Erst in den 1980er und 1990er Jahren konstatierte die Forschung, dass sich schwerlich ein plattes Reaktionsschema von Aufklärung und Beendigung der Hexenverfolgung herstellen lässt.[16] So mag vielleicht die späte gesetzliche Aufhebung der Hexenverfolgung in England 1736, Schweden 1779, in der Habsburger Monarchie 1787 oder in Irland 1821 für eine solche Korrelation sprechen:[17] Die großen Verfolgungen endeten jedoch bereits weit zuvor während des Dreißigjährigen Krieges bzw. bis zu den 1680er Jahren.[18] Nach 1700 bedeuteten Hexenprozesse im hier betrachteten Raum Mitteleuropas fast immer eine Ausnahmesituation mit spezifischen Rahmenbedingungen, die schnell die Legitimationsgrenzen der verschiedenen Handlungsebenen von Verdachtsgenese, Strafprozess, politischem Handeln und Dämonologie erreichten.[19] Möglicherweise lieferte gerade die Praxiserfahrung, dass der Verzicht auf die Hexenverfolgung und konsequente

---

[13] Schwaiger: Das Ende (wie Anm. 12), S. 177.
[14] Korrodi-Aebli: Spuren (wie Anm. 12), S. 71–123.
[15] Dazu pointiert Wiedemann: Rassenmutter (wie Anm. 6), S. 36–55.
[16] Pott: Aufklärung (wie Anm. 7), S. 263; Dillinger: Hexen (wie Anm. 9), S. 143f. Mit diametral entgegengesetzter Argumentation: Brian Paul Levack: Hexenjagd. Die Geschichte der Hexenverfolgungen in Europa. München 1995, S. 223–229.
[17] Dillinger: Hexen (wie Anm. 9), S. 150f.
[18] Rita Voltmer, Walter Rummel: Hexen und Hexenverfolgung in der Frühen Neuzeit. Darmstadt 2008, S. 127; Levack: Hexenjagd (wie Anm. 16), S. 222.
[19] Dazu vor allem der demnächst erscheinende Tagungsband des Arbeitskreises für Interdisziplinäre Hexenforschung zu den späten Hexenverfolgungen. Ich danke den Autoren, die mir ihre Manuskripte bereits vor Herausgabe des Bandes zur Verfügung gestellt haben.

Deliktahndung ohne größere negative soziale Folgen und göttliches Strafgericht gangbar war, die entscheidende Voraussetzung für die ideelle Neukonstruktion des vormaligen dämonischen Verbrechens, die sich dann mit den Schriften der Kritiker seit dem Ende des 17. Jahrhunderts Bahn brach.[20] Es bleibt darauf zu verweisen, dass die Kriminalisierung des Hexenglaubens und der Hexenglauben selbst zwei unterschiedliche gesellschaftliche Handlungsfelder repräsentieren, die zwar miteinander korrespondieren, jedoch einen durchaus verschiedenen Werdegang besitzen.

## I  Erklärungsansätze zum Verschwinden der Hexenverfolgung

Insgesamt sind die Umstände des Verschwindens des ‚terroristischen Superverbrechens' der Frühen Neuzeit besonders im Hinblick auf seine vergleichsweise gut erforschten Anfänge bisher geradezu unterbelichtet.[21] Entfaltet wird dabei – erstaunlicherweise – ein sehr ähnliches Ursachengeflecht, wie es auch für die Anfänge der Hexenverfolgung in Betracht gezogen wird.

Im Bündel der vielfältigen Faktoren, die zur Entdramatisierung des Hexereidelikts führten, ragt in der Forschungslandschaft die Diskussion um die rechtlichen Grundlagen und die Prozesspraxis im Zeitalter staatlicher Verdichtung und Arrondierung als relativ scharf konturiertes Moment heraus. Die im Zuge der staatlichen Verdichtungsprozesse zunehmend professionell organisierte Justiz, die individuelle Ermessensspielräume von Verfolgungsprotagonisten und Laienrichtern marginalisierte, Standards der Prozessführung etablierte und zugleich einklagte, führte langfristig zur besseren Kontrolle und Eindämmung der Verfolgungen.[22] Man darf unterstellen, dass der im 16. Jahrhundert überaus fundamentale Prozess der Verrechtlichung den Beginn der Hexenverfolgung auf ähnliche Weise erst befeuert und ermöglicht hatte.[23] Die humanitäre Kritik an der Folter und die kritische Reflexion der mangelnden Indiziengrundlage, auf der besonders die okkulten Verbrechen basierten, veränderten die Ansprüche an eine akzeptable Beweisführung nicht nur in der bevorzugt dargestellten juristischen Diskussion des späten 17. und frühen 18. Jahrhunderts, sondern führten auch in der Verfolgungspraxis zu spürbaren Veränderungen.[24] Wie bereits bei der Übernahme des Inquisitionsverfahrens als

---

[20] Vgl. dazu den Beitrag von Markus Meumann in diesem Band.
[21] Erste Erklärungsversuche finden sich in: Das Ende der Hexenverfolgung. Hg. v. Sönke Lorenz u. Dieter R. Bauer. Stuttgart 1995.
[22] Levack: Hexenjagd (wie Anm. 16), S. 221–223.
[23] Katrin Moeller: Dass Willkür über Recht ginge. Hexenverfolgungen in Mecklenburg im 16. und 17. Jahrhundert. Bielefeld 2007, S. 471f.
[24] Mathias Schmoeckel: Humanität und Staatsraison. Die Abschaffung der Folter in Europa und die Entwicklung des gemeinen Strafprozeß- und Beweisrechts seit dem hohen Mittelalter. Köln 2000; Christine Petry: Das Parlement de Metz und das Ende der lothringischen Hexenverfolgung. In: Hexenprozesse und Gerichtspraxis. Hg. v. Herbert Eiden u. Rita Voltmer. Trier 2002, S. 227–252; Gerhard Schormann: Der Krieg gegen die Hexen. Das Ausrottungsprogramm des

typische frühneuzeitliche Prozessform besaß der Hexenprozess auch hier eine komplizierte Vorreiterrolle, da die Auseinandersetzung um das Austarieren von schwieriger Beweisführung, Schwere des Verbrechens und des umfänglichen Eingriffs in die individuellen Persönlichkeitsrechte eine intensive Diskussion provozierte. Die fundamentale Kritik an der Folter und ihr Beitrag zur Beweisführung im kaum zu erweisenden Hexereidelikt mündete in eine umfassende Diskussion über die Tauglichkeit der Folter, deren Abschaffung (auf das Reich bezogen) sich über den langen zeitlichen Korridor zwischen 1740 (Preußen) und 1831 (Baden) hinzog.[25] Als allgegenwärtiges Fazit konstatiert jedenfalls nicht nur die rechtshistorische Forschung, dass keineswegs die Widerlegung des Hexenglaubens oder die Überwindung der Dämonologie, sondern lediglich die prozessrechtlichen Einschränkungen der Deliktverfolgung zum Abklingen der Hexenverfolgung führten, sich also an Vorbehalten der juristischen Durchführung von Hexenprozessen orientierten. Die Diskussion um den Teufelspakt und die dämonologische Fundamentierung des Hexenglaubens sei dagegen lange ausgeblendet, Kritiker ausgegrenzt und negiert worden.[26] Die Überwindung des Hexenglaubens als Wissenskonzept kam erst in einer zweiten Etappe der Aufklärung hinzu.[27]

Betrachtet man diese Argumentation genauer, könnte man zugespitzt formulieren, die Gesellschaft des späten 17. Jahrhunderts bediente sich eines vorgeschobenen Arguments – nämlich der Folter- und Prozesskritik –, um das eigentliche Ziel der Überwindung der Hexenverfolgung zu erreichen, deren Herleitung aus dem Hexenglauben nicht mehr legitim erschien, aber auch noch nicht öffentlich verhandelbar war. Das gesellschaftlich Unsagbare – der Zweifel an der Richtigkeit des Hexenglaubens – käme uns hier also kodiert in Folterkritik, Prozessmaximen und Regierungshandeln entgegen. Was sich per se schon unplausibel anhört, lässt sich anhand der Debatte um die Aufhebung der Folter noch unterstreichen. Sie bedeutete für die überwiegende Zahl der Juristen bis weit in die Mitte des 18. Jahrhunderts hinein nicht weniger als das Ende des Abendlandes: Der freiwillige Verzicht auf eine durch das Beweisrecht fundierte Strafrechtspflege, ohne dass ein adäquater Ersatz für das ‚bewährte' System zur Verfügung stand. Kritiker der Folter kamen bevorzugt aus dem Argumentationskontext von Philosophie und Theologie,

---

Kurfürsten von Köln. Göttingen 1991, S. 153–169; Wolfgang Behringer: Hexen, Glaube, Verfolgung, Vermarktung. München 2009, S. 84–91; Dillinger: Hexen (wie Anm. 9), S. 144–148; Boris Fuge: Das Ende der Hexenverfolgungen in Lothringen, Kurtrier und Luxemburg im 17. Jahrhundert. In: Hexenwahn. Ängste der Neuzeit, Hg. v. Rosmarie Beier-de Haan. Wolfratshausen 2002, S. 164–175.

25 Robert Zagolla: Art. Folter. In: Lexikon zur Geschichte der Hexenverfolgung. Hg. v. Gudrun Gersmann, Katrin Moeller u. Jürgen Michael Schmidt. In: Historicum.net (URL: http://www.historicum.net/no_cache/persistent/artikel/4012/ [21.02.2011]).

26 Winfried Trusen: Rechtliche Grundlagen der Hexenprozesse und ihrer Beendigung. In: Das Ende der Hexenverfolgung (wie Anm. 21), S. 203–226, hier S. 203.

27 Jeanne Favret: Hexenwesen und Aufklärung. In: Die Hexen der Neuzeit. Hg. v. Claudia Honegger. Frankfurt a.M. 1978, S. 336–366, hier S. 345f.

stützten sich also auf ganz andere Deutungs- und Interpretationsebenen.[28] Man könnte daher argumentieren, es sei diesen Protagonisten leichtgefallen, Forderungen und Schlussfolgerungen zu ziehen, die ihren eigenen Deutungshorizont nicht berührten. Allerdings scheint wenig eingängig, dass hier an die Stelle des gesellschaftlich Unsagbaren (Ablehnung des Hexenglaubens) nun ein wohl kaum weniger umstrittenes gesellschaftliches Konfliktfeld (Abschaffung der Folter im Hexenprozess) trat, selbst wenn die Gegnerschaft zu Hexenprozess und Folter am Ende des 17. Jahrhunderts häufig in Personalunion betrieben wurde.[29]

Ähnlich unscharf fällt die Diskussion bei einem zweiten großen Ursachenkomplex aus, nämlich der Verknüpfung von Klimawandel, Agrarkrise und Hexenglauben, der gleichermaßen für den Beginn wie für das Ende der Hexenverfolgung als entscheidende Argumentation herangezogen wird. Dass es hier Wechselwirkungen mit dem Einsetzen des Klimawandels gab, scheint – trotz der bedenkenswerten Einsprüche von Rainer Walz[30] und Monika Neugebauer-Wölk[31] – angesichts der zahlreichen Forschungsergebnisse evident. Dasselbe gilt für große Seuchenzüge. Der Vorwurf des Schadenszaubers an Mensch und Tier repräsentiert die Konstante des Verbrechens, die als Transferleistung der mittelalterlichen Zaubereidefinition ihren Platz im inhaltlich erweiterten Hexereiverbrechen fand und gerade für die populäre Verdachtsgenese konstitutiv blieb. Überaus deutlich lässt sich dieser Zusammenhang in den großen Hexenverfolgungen der 1570er bis 1620er Jahre in Augenschein nehmen, wo einzelne Subsistenzkrisen und Epidemien *nach* einer anfänglichen Etablierungsphase der Hexenverfolgung tatsächlich zum Anstieg der Verfolgungen führen konnten.[32] Mit dem Siegeszug des Hexenverbrechens und seiner Normalisierung oder Veralltäglichung veränderten sich jedoch zugleich die Rahmenbedingungen, unter denen Verdächtigungen entstanden. Beschuldigungsszenarien koppelten sich zunehmend von der tatsächlichen individuellen Verdachtsgenese ab, die auf konkreten Mutmaßungen bei Krankheit beruhten. Der ‚Massenprozess' des 17. Jahrhunderts hatte kaum noch etwas mit dem auf Schadenszauber orientierten Verfahren des 16. Jahrhunderts gemein.[33] Wolfgang Behringer spricht in diesem Zusammenhang von der Spiritualisierung des Hexerei-

---

[28] Schmoeckel: Humanität (wie Anm. 24), S. 474 u. 505.
[29] Ebd., S. 511. Überaus reflektiert dazu auch: Levack: Hexenjagd (wie Anm. 16), S. 223–228.
[30] Rainer Walz: Hexenglaube und magische Kommunikation im Dorf der Frühen Neuzeit. Die Verfolgungen in der Grafschaft Lippe. Paderborn 1993, S. 515.
[31] Neugebauer-Wölk: Wege aus dem Dschungel (wie Anm. 5), S. 320ff.
[32] Katrin Moeller: Hexenverfolgung als Kulturtransfer. Zur Übernahme und Adaption von Verfolgungsmustern auf herrschaftsrechtliche und gemeindliche Interessen am Beispiel Mecklenburgs. In: Hexenverfolgung und Herrschaftspraxis. Hg. v. Rita Voltmer. Trier 2005, S. 307–331, hier S. 326f.
[33] Wolfgang Mährle: ‚O wehe der armen seelen'. Hexenverfolgungen in der Fürstpropstei Ellwangen (1588–1694). In: Johannes Dillinger, Thomas Fritz u. Wolfgang Mährle: Zum Feuer verdammt. Die Hexenverfolgungen in der Grafschaft Hohenberg, der Reichsstadt Reutlingen und der Fürstpropstei Ellwangen. Stuttgart 1998 (Hexenforschung 2), S. 325–500, hier S. 399ff.

delikts,³⁴ welches sich rasch vom Boden der Zaubereiverfolgung entfernte und zwar ideell, jedoch kaum substantiell weiterhin auf das Schadenszauberkonzept aufsattelte. Barbara Groß hat jüngst zusätzlich auf den unterschiedlichen Charakter von sozialer Kommunikation der Verdächtigungen und sozialer Logik der Prozesse verwiesen.³⁵ Es wirkt daher fast paradox, dass gerade der Schadenszauberglaube in der wissenschaftlichen Ursachensuche für die Einstellung der Hexereiverfolgung als markanter Faktor gilt. Wer zur Erklärung mit dem strukturellen agrarischen und sozialen Wandel argumentiert, müsste erst einmal glaubhaft nachweisen, dass Erntekrisen in der zweiten Hälfte des 17. Jahrhunderts an Häufigkeit und vor allem an Schrecklichkeit – z.B. in Form sinkender Mortalitätsrisiken – verloren und die prozessinitiierende Verknüpfung mit der Schadenszauberimagination tatsächlich noch eine vitale Funktionalität besaß.³⁶ Bereits eine sehr holzschnittartige Aneinanderreihung von Erkenntnissen der Wirtschafts- und Demografiegeschichte erbringt hier ebenso wichtige Einsprüche wie für den Beginn der Verfolgungen.

Die ‚Kleine Eiszeit' entließ Mitteleuropa in der zweiten Hälfte des 17. Jahrhunderts keineswegs aus ihrem Klammergriff, sondern sorgte gerade zwischen den entscheidenden Jahren zwischen 1670 und 1710 für eine zweite große Kälteperiode, zumal nun vor allem die für die empfindliche Aussaat wichtigen Frühlingsmonate überaus eisig ausfielen. Die Klimadaten vermitteln jedenfalls den Eindruck, dass man in der Rückschau die erste Kältephase zwischen 1570 und 1600/31 vielleicht sogar noch als vergleichsweise milde bezeichnen könnte.³⁷ Wie fundamental unterschied sich also das frühe 18. Jahrhundert in demografisch-klimahistorischer Sicht vom 17. Jahrhundert?

Zwar verschwand die – anders als in die Judenverfolgung nie direkt in den Hexenglauben verwobene – Pest nicht zuletzt aufgrund verbesserter Präventions-, Isolations- und Hygienemaßnahmen. Fundamentale Auswirkungen auf eine allgemein höhere Lebenserwartung oder sinkende Sterblichkeit besaß dies jedoch nicht, da sich nun unter anderem ‚neue' epidemische Krankheiten (Pocken, Masern) ausbreiteten.³⁸ Wirklich einschneidende Wandlungsprozesse erkennt die Demogra-

---

[34] Wolfgang Behringer: Hexenverfolgung in Bayern. Volksmagie, Glaubenseifer und Staatsräson in der frühen Neuzeit. München 1997, S. 124f. Peter Oestmann: Hexenprozesse am Reichskammergericht. Köln, Weimar u. Wien 2002, S. 434ff.; Günther Jerouschek: Die Hexen und ihr Prozeß. Die Hexenverfolgung in der Reichsstadt Esslingen. Sigmaringen 1992, S. 40; Jürgen Michael Schmidt: Das Hexereidelikt in den kursächsischen Konstitutionen von 1572. In: Benedict Carpzov. Neue Perspektiven zu einem umstrittenen sächsischen Juristen. Hg. v. Günter Jerouschek, Wolfgang Schild u. Walter Gropp. Tübingen 2000, S. 111–135.
[35] Barbara Groß: Hexerei in Minden. Zur sozialen Logik von Hexereiverdächtigungen und Hexenprozessen (1584–1684). Münster 2009, S. 25ff.
[36] Die in diesem Sinne geführte Diskussion wird mit den etwas anders konturierten Argumenten von Johannes Dillinger gut zusammengefasst: Dillinger: Hexen (wie Anm. 9), S. 149–152.
[37] Rüdiger Glaser: Klimageschichte Mitteleuropas. 1000 Jahre Wetter, Klima, Katastrophen. Darmstadt 2001, S. 93–95.
[38] Christian Pfister: Bevölkerungsgeschichte und historische Demographie 1500–1800. München 1994, S. 42–48.

fie- und Wirtschaftsgeschichte erst im Verlauf des 19. Jahrhunderts. Gerade das Alte Reich ist bekannt für den relativ spät einsetzenden Prozess der demografischen Transition, der Hinweise auf eine grundlegend veränderte Mortalität gibt.[39] Besonders sinnfällig erweist sich die Grobschlächtigkeit solcher Argumentationen an der unterschiedlichen Lebenserwartung in Stadt und Land. Zum bis heute in der Hexenforschung gern bemühten Topos von der ländlich-bäuerlichen Prägung des Hexenglaubens[40] scheint nun gar nicht zu passen, dass die Bäuerin durchschnittlich zwanzig Jahre länger lebte als ihre historische Weggefährtin aus der städtischen Oberschicht, der eine kritischere Distanz zum Hexenglauben zugesprochen wird.[41]

Dass die dramatischen strukturellen Veränderungsprozesse in den dörflichen und städtischen Gemeinden nach dem Dreißigjährigen Krieg keineswegs zielgerichtet zu einer neuen zurückhaltenden Einstellung zum Hexenprozess führen mussten, zeigen die Beispiele ausgedehnter Hexenverfolgungen in den 1650er bis 1680er Jahren, die vor allem im Norden und Osten Europas stattfanden. Besonders intensive und ideell übersteigerte Verfolgungswellen fanden unmittelbar im Anschluss an den Krieg statt. Pintschovius hat diesen Zusammenhang selbst für die Nachkriegszeit des Zweiten Weltkrieges nachgewiesen.[42] Insgesamt festhalten darf man daher wohl, dass sich die Änderungen, die zu einer allmählichen Entkriminalisierung der Hexerei geführt haben, weniger als fundamentale Transformationsprozesse von Klima, Urbanisierung, Wirtschaft und Demografie darstellen. Was sich vielmehr änderte, war der Bewertungs- und Deutungszusammenhang, in dem sich Hexerei als gesellschaftliches Bedrohungspotential konstituierte oder eben nicht.

Zentrales Problem der skizzierten Argumentationsstränge bleibt, dass sie sich nicht mit dem Kern des Hexenglaubens selbst beschäftigen, sondern Wechselwirkungen zu anderen gesellschaftlichen Krisenphänomenen herstellen und diese zur ursächlichen Erklärung heranziehen. Ob sich jedoch einzelne Wechselwirkungen tatsächlich voneinander separieren und dann auch noch in ein Ursache-Wirkung-Modell einordnen lassen, scheint mehr als fraglich. Zudem bleibt offen, welche direkten Auswirkungen die Veränderungen beispielsweise im Recht auf den Hexenprozess einerseits und auf den Hexenglauben andererseits hatten. Für viele Territorien wurde festgestellt, dass die Verfolgungen durch eine rechtliche Einschränkung von Folter und Kriminalprozessen ihr Ende fanden. Gleichzeit kann man beobachten, dass die Hexenverfolgungen nicht einfach allmählich ausliefen.

---

[39] Josef Ehmer: Bevölkerungsgeschichte und historische Demographie 1800–2000. München 2004, S. 34–40.
[40] Meiner Meinung nach ein Relikt der Aufklärungspropaganda!
[41] Pfister: Bevölkerungsgeschichte (wie Anm. 38), S. 43.
[42] Hans-Joska Pintschovius: ‚Heute wie zu allen Zeiten ...' Hexerei vor deutschen Gerichten. In: Hexen heute. Magische Traditionen und neue Zutaten. Hg. v. Dieter R. Bauer u. Dieter Harmening. Würzburg 1991, S. 79–86.

Meist erfolgte das Ende der Verfolgungen relativ abrupt von einem hohen Verfolgungsniveau aus.

Diese Beobachtung verweist auf den Selbstperpetuierungsmechanismus des Sektenverbrechens, der die Hexenverfolgung einerseits anfachte, andererseits aber auch sozial unattraktiv machte. Die Verfolgungen selbst stießen jeweils einen, wenn auch lokal begrenzten, innergesellschaftlichen Erkenntnisprozess an, der nicht so sehr vom Hexenglauben als vielmehr von der sozialen Destruktion durch die Prozesse bestimmt war. Die soziale Sprengkraft, mit der sich ein individuelles Verbrechen in einen umfassenden gesellschaftlichen Flächenbrand verwandeln konnte, Bezichtigungen gesicherte Mechanismen sozialer Distinktion, Macht- und Prestigewahrnehmung außer Kraft setzten und ein eklatantes Konflikt- und Eskalationspotential über alle gesellschaftlichen Schranken hinweg entfalteten, ist durch zahlreiche Studien zur Hexenverfolgung minutiös nachgezeichnet worden. Die unersättliche Logik des Ausnahmeverbrechens, die zur Generierung immer neuer Verbrechenskomplizen führte, erzeugte einen Sog, der nicht nur Vertreterinnen der Unterschichten, sondern im 17. Jahrhundert zunehmend auch Akteure aus der sozialen Mitte oder gar Eliten mit in den Abgrund riss. Was insgesamt für die historische Entwicklung der Hexenverfolgung gilt, findet sich als typisches Muster lokaler Abläufe der Hexenjagd wieder.[43] Dörfliche und städtische Gesellschaften standen nach den intensiven Treibjagden gegen die Hexerei vor den Trümmern ihres Gemeinwesens. Es wäre in dieser Hinsicht vielleicht nützlich, die Hypothese vom historischen Gedächtnis der lokalen Gesellschaften einmal genauer zu untersuchen, die ein Auftreten von Hexenjagden in lokalen Gemeinschaften in einem Abstand von einer Generation nahelegt. Immer dann, wenn das Wissen um die gemeinschaftsschädlichen Folgen der Hexenverfolgung in Vergessenheit geraten sei, hätten sich neue Chancen für die Akzeptanz eines Magieverdachts eröffnet.[44] Innerhalb der Hexenverfolgung setzte über die ‚Massenprozesse' ein Entkopplungsvorgang ein, der die realen Schadenszauberprozesse vom Hexenglauben löste. Interessanterweise mehrten sich am Ende des 17. Jahrhunderts Fälle, die Schadenszauberdelikte ohne die umfängliche Kopplung eines Hexenprozesses abhandelten, da sie mit zahlreichen Verweisen auf die ‚natürliche Magie' agierten.[45] Daneben gab es zunehmend Prozesse, die dezidierte Teufelsbündner aburteilten, bei denen Schadenszaubervorwürfe lediglich eine untergeordnete Rolle spielten[46] oder aber Teufelsbündner über religiöse Rituale von ihrem Pakt befreit wur-

---

[43] Johannes Dillinger: Böse Leute. Hexenverfolgungen in Schwäbisch-Österreich und Kurtrier im Vergleich. Trier 1999, S. 206–229; Jerouschek: Hexen (wie Anm. 34), S. 73f. Dagegen Walz: Hexenglaube (wie Anm. 30), S. 295–298.

[44] H. C. Erik Midelfort: Witch hunting in Southwestern Germany 1562–1684. The social and intellectual Foundations. Stanford 1972, S. 190–194. Dort auch zur sozialen Ausweitung der Verfahren.

[45] Moeller: Willkür (wie Anm. 23), S. 130–132.

[46] Gabor Rychlak: Hexenfieber im Erzgebirge – Die Annaberger Krankheit 1712–1720. Mainz 2009. URN: urn:nbn:de:hebis:77-21590 [01.06.2011], S. 255–272, bes. S. 256f.

den, ohne dass eine Kriminalisierung erfolgte.[47] Hier setzte also eine differenzierte Behandlung von Zauberei als ‚natürlicher Magie' einerseits und Hexerei andererseits ein, die sich nicht unmittelbar mit der rechtlichen Einschränkung von Hexenprozessen erklären lässt, sie aber begleitete. Sowohl im sozialen Bezugsrahmen des Rechts wie der gemeindlichen Verdachtsgenese lassen sich so Wandlungsprozesse ausmachen, die vielleicht ebenfalls eher nebeneinander existierten als unmittelbar direkt interagierten. Um hier nach den Wechselwirkungen zwischen beiden Teilsystemen zu fragen, ist eine genaue Analyse der neuen Bilder von Magie, Zauberei und Hexerei notwendig.

Auf gleiche Weise wäre damit auch definierbar, wie weit sich die Aufklärung überhaupt als Rationalisierungsleistung in den Hexenglauben integrieren konnte. Diese Frage lässt sich vermutlich am genauesten untersuchen, wenn man nicht so sehr die sozialen Funktionen betrachtet, die der Hexenglaube annehmen konnte (aber ja nicht zwangsläufig musste), sondern die verschiedenen Wahrnehmungs- und Deutungsmuster der Hexerei im 18. Jahrhundert untersucht. Immerhin ist der Forschungsstand zum modernen Hexenglauben mittlerweile so weit gediehen, dass sich hier eine erhebliche Diversifizierung hexereispezifischer Deutungen und Handlungen im 18. und 19. Jahrhundert ausmachen lässt. Der Hexenglaube verschwand nicht zugleich mit den Hexenprozessen, er veränderte sich jedoch erheblich. Durch die Entkriminalisierung des Delikts der Hexerei seit dem späten 17. Jahrhundert eröffneten sich neue Möglichkeiten zu einer positiv besetzten Beschäftigung mit Magie. Es gehört zu den historischen Konstellationen des 18. Jahrhunderts, dass es zur Entwicklung magischer Vorstellungen kam, die zwar inhaltlich mit Themen der vormaligen Hexerei verknüpft, in ihren äußeren Formen und Begrifflichkeiten jedoch so gar nicht mehr als Hexenglauben zu identifizieren sind. In diesem Sinne wirkte der aufklärerische Diskurs ausdifferenzierend auf hexereiaffine Handlungen, die nun aber nicht mehr als Hexerei wahrgenommen wurden. Problematisch für eine genaue definitorische Scheidung von ‚weißer' und ‚schwarzer' Magie waren die strikte Kompression und das negative Konnotieren jeglicher Magie durch die Hexereiverfolgung. Dies galt vordergründig für die gesamtgesellschaftlich ‚ungefährlichen Varianten' magischer Rituale, die zwar während der Hexenverfolgung als ‚Hexerei' subsummiert wurden, letztlich jedoch wenig mit schwarzmagischen Ritualen gemein hatten. Die sich in der zweiten Hälfte des 18. Jahrhunderts herausbildenden Strömungen etwa des Mesmerismus,[48]

---

[47] Katrin Moeller: Art. Andreas Weiss und das ‚Wunder von Muskau'. In: Lexikon (wie Anm. 25), URL: http://www.historicum.net/no_cache/persistent/artikel/6963/ [01.06.2011].

[48] Frank A. Pattie: Mesmer and animal magnetism. A chapter in the history of medicine. Hamilton, NY 1994; Gereon Wolters: Mesmer und sein Problem. Wissenschaftliche Rationalität. In: Franz Anton Mesmer und der Mesmerismus. Wissenschaft, Scharlatanerie, Poesie. Hg. v. dems. Konstanz 1988, S. 121–138.

der Homöopathie[49] und des Spiritismus[50] grenzten sich deutlich von hexereispezifischen Terminologien und Techniken ab und eröffneten ganz neue Diskurse. Demgegenüber erlebten schwarzmagische Handlungsfelder offenbar eine erheblich längere Abstinenzphase, bevor sie erneut gesellschaftliche Attraktivität entfalteten.[51]

## II Rückblick: Die Neudefinition von Hexerei im 15./16. Jahrhundert

Obwohl es sicherlich höchst spannend wäre, diese Neufassung von ‚positiver' Magie im Hinblick auf ihre Separierung vom Hexenglauben zu verfolgen, sollen hier nicht die neuen magischen Vorstellungen im Mittelpunkt stehen. Vielmehr möchte ich im Anschluss an den traditionellen Hexereibegriff die eben angesprochene Entflechtung von Schadenszaubervorstellungen und dämonischer Magie seit dem späten 17. Jahrhundert verfolgen. Ziel ist eine Analyse der hypothetisch angenommenen Entdämonisierung des Hexereiverbrechens und der Auswirkungen auf den originären Hexenglauben im 18. Jahrhundert. Welche Folgewirkungen hatte die allmähliche – wenn auch noch nicht immer normative, so doch faktische – Entkriminalisierung des Magieglaubens bei gleichzeitiger Negierung und Stigmatisierung zentraler schwarzmagischer Wissensbestände durch die Aufklärung? Welche Konzepte des Schadenszaubers, welche Phänomenologie der Hexerei lässt sich unter den neuen Rahmenbedingungen des 18. Jahrhunderts überhaupt finden?

Um den Wandel des Hexereikonzepts im 18. Jahrhundert besser zu verstehen, ist eine kurze Reflexion des Hexereibegriffs als Neuschöpfung des 15. Jahrhunderts in Erinnerung zu rufen. Hier entstand mit der aufkommenden Dämonologie erstmals ein rational-religiöses Erklärungsangebot für den Schadenszauber, indem man das Zaubereikonzept um den Dämonenglauben erweiterte.[52] Es ist daher nach gegenwärtigem Forschungsstand falsch, bereits vor dem 15. Jahrhundert von Hexerei zu sprechen. Inwieweit schwarzmagisches Denken bereits zuvor im mitteleuropäischen Raum verbreitet war und welche magischen Wissenskonglomerate sich hinter älteren Schadenszauberkonzepten verbergen, steht in der neueren Forschung

---

[49] Robert Jütte: Geschichte der Alternativen Medizin. Von der Volksmedizin zu den unkonventionellen Therapien von heute. München 1996, S. 179–220. Alternative Medizin basiert auf dem Ähnlichkeitsprinzip des Lehrkonzepts von Sympathie und Antipathie, welches gleichfalls als ein Erklärungsansatz von Schadenszauberpraktiken diente.
[50] Corinna Treitel: A Science for the Soul. Occultism and the Genesis of the German Modern. Baltimore, London 2004; Diethard Sawicki: Leben mit den Toten. Geisterglauben und die Entstehung des Spiritismus in Deutschland 1770–1900. Paderborn u.a. 2002.
[51] Dagmar Fügmann: Zeitgenössischer Satanismus in Deutschland. Eine religionswissenschaftliche Untersuchung bei Mitgliedern satanistischer Gruppierungen und gruppenunabhängigen Einzelnen. Hintergründe und Wertvorstellungen. Würzburg 2008, S. 19.
[52] Gerd Schwerhoff: Rationalität im Wahn. Zum gelehrten Diskurs über die Hexen in der frühen Neuzeit. In: Saeculum 37 (1986), S. 45–82, 60ff.

grundsätzlich zur Debatte,[53] wie insgesamt die Reichweite magischen Denkens des 16./17. Jahrhunderts im Vergleich mit anderen Epochen kritisch hinterfragt wird.[54] Interpretationen reichen hier von der Konstitution eines umfassenden animistischen Weltbildes als Kennzeichen jeder vormodernen Gesellschaft[55] bis hin zur Wiederentdeckung antiker Magietraditionen in der Renaissance, die erst ab dieser Zeit zu einer umfassenden Entfaltung magischen Denkens in Mitteleuropa führten.[56] Aus diesem Forschungsdesign muss man nun die Konsequenz ziehen, dass die Trennung von Schadenszauber und dämonischer Magie seit dem späten 17. Jahrhundert wiederum eine neue Fassung des Begriffes repräsentiert, die einer neuen Bezeichnung bedürfte.

Die Dämonologie des 15. bis 17. Jahrhunderts hatte sich umfänglich bemüht, den Hexenglauben als religiöses Bezugssystem zu etablieren, welches sich trotz erheblicher Widersprüche mit dem christlichen Monotheismus vereinbaren ließ.[57] *Permissio Dei* – also Gottes Zulassung der Hexerei – und die erheblich angewachsenen Mächte des Teufels formten aus der noch im Spätmittelalter selbstbewusst aus eigener Kraft agierenden Zauberin ein entmachtetes Werkzeug in Teufels bzw. Gottes Händen. Damit gelang die Einpassung von Hexe und Teufel in den christlichen Glauben als Agenten des göttlichen Heilsplans. Man wird festhalten dürfen, dass die selbstbestimmte Hinwendung zu schwarzmagischen Praktiken damit erheblich an Attraktivität verlor. Diese Tatsache potenzierte sich aufgrund der radikalen Kriminalisierung und Verfolgung von Hexerei, die zudem eine intensive Standardisierung von Narrativen und Imaginationen mit sich brachte. Das vormals wahrscheinlich (!) ambivalente Deutungssystem magischer Wunderpraktiken, das negative ebenso wie positive Wirkungen kannte, reduzierte sich zunehmend auf den Schadenszauber.

Im Hexenmotiv eingelagert finden sich somit zahlreiche Elemente der Deindividualisierung, die aus der Selbstermächtigung des Magiers nun einen abhängigen Akteur formten. Nicht nur in dieser Hinsicht bildete der Hexenglaube mit seinen

---

[53] Neugebauer-Wölk: Wege aus dem Dschungel (wie Anm. 5), passim.
[54] Katrin Moeller: Gestörte Kommunikation. In: Europäische Hexenverfolgung und Landesgeschichte. Methoden – Regionen – Vergleiche. Hg. v. Rita Voltmer. Trier 2013 (im Druck).
[55] Bernd Roeck: Die Verzauberung des Fremden. Metaphysik und Außenseitertum in der frühen Neuzeit. In: Im Zeichen der Krise. Religiosität im Europa des 17. Jahrhunderts. Hg. v. Hartmut Lehmann u. Anne-Charlott Trepp. Göttingen 1999, S. 319–336, hier S. 326f. u. S. 330–332; Rebekka Habermas: Wunder, Wunderliches, Wunderbares. Zur Profanisierung eines Deutungsmusters in der frühen Neuzeit. In: Armut, Liebe, Ehre. Studien zur historischen Kulturforschung. Hg. v. Richard van Dülmen. Frankfurt a.M. 1988, S. 38–66.
[56] Neugebauer-Wölk: Wege aus dem Dschungel (wie Anm. 5), bes. S. 177f. Dazu auch: Gerd Schwerhoff: Esoterik statt Ethnologie? Mit Monika Neugebauer-Wölk unterwegs im Dschungel der Hexenforschung, 2007. In: Hexenforschung/Forschungsdebatten. Hg. v. Katrin Moeller. Historicum.net (URL: http://www.historicum.net/no_cache/de/persistent/artikel/5505/ [01.06.2011]), hier Abschnitt 2.
[57] Schwerhoff: Rationalität (wie Anm. 52), S. 58; Stuart Clark: Thinking with demons. The idea of witchcraft in early modern Europe. Oxford, New York 1997, S. 437ff.

Motiven des Teufelspaktes und Hexensabbats mehr als eine Verkehrung katholischer Kirchlichkeit ab, die der klassischen Häresieverfolgung und später dem individuellen Glaubensverständnis der Reformation als Argumentationsfolie diente,[58] sondern entfaltete darüber hinaus ein auffälliges Gegenprogramm zur Hermetik. Während die Selbstbestimmung und damit die Steuer- und Beherrschbarkeit übernatürlicher Kräfte ein wesentliches Argument der frühneuzeitlichen Esoteriker zur Legitimation ihres Wirkens blieb, schuf die Dämonologie mit der machtlosen, wenig willensstarken Hexe als Spielball zwischen Himmel und Hölle das Inversionsmotiv hermetischen Selbstverständnisses.[59]

Eine weitere wichtige Aufgabe bleibt es, die verschiedenen Impulse dieser Neudefinition als gegenläufige Verchristlichungs- und Entchristlichungsprozesse[60] im Kontext der reformatorischen Strömungen des 15. und 16. Jahrhunderts noch einmal neu zu systematisieren und zu interpretieren. Allein der Anspruch auf die Einordnung des Magieverständnisses in christliche Referenzsysteme verweist auf die gewachsenen Legitimationsbedürfnisse im vorreformatorischen und reformatorischen Diskurs, der kaum geradlinig ausfiel. Auf der einen Seite unterhöhlte der faktische Dualismus von Gott und Teufel den christlichen Monotheismus, behinderten magische Denkformen abseits kirchlicher Magie die stringente Dominanz der christlichen Religion. Auf der anderen Seite führte die umfassende Auseinandersetzung um den Teufels- und Hexenglauben und die Einordnung in das christliche Deutungsschema zu einer genaueren begrifflich-rituellen Scheidung von Magie und Religion, die sich auf allen Handlungsebenen der Gesellschaft beobachten lässt. Die Impulse des Hexenglaubens für das religiöse Denken blieben daher widersprüchlich, gegenläufig und somit von überaus individueller Performanz. Die religionsphänomenologische sorgfältige Einordnung von Elementen und Erklärungskonzepten des Schadenszauberglaubens auf dem Weg in die Moderne bietet daher einen anders gelagerten Blick auf die Sog- und Prägekraft des Christentums. Obwohl der Hexenglaube somit zur Konjunktur eines sehr eng gefassten magischen Denkens führte, beinhaltete der Diskurs zugleich eine fundamentale gesellschaftliche Auseinandersetzung, die insofern zur Rationalisierung führte, als Magie und Religion schließlich sehr rigide als zwei verschiedene Deutungsebenen fixiert wurden. Es ist daher überaus kurzschlüssig, lediglich die Aufklärung als Rationalisierungsprozess des Magischen zu begreifen.[61]

---

[58] Kathrin Utz Tremp: Von der Häresie zur Hexerei. ‚Wirkliche' und imaginäre Sekten im Spätmittelalter. Hannover 2008, S. 384ff.

[59] Vgl. Hermeticism and the Renaissance. Intellectual History and the Occult in Early Modern Europe. Hg. v. Ingrid Merkel u. Allen G. Debus. Washington, London u. Toronto 1988, bes. die Beiträge v. Brian Copenhaver, Paola Zambelli u. Leland L. Estes.

[60] Keith Thomas: Religion and the decline of magic. Studies in popular beliefs in sixteenth and seventeenth century England. Harmondsworth 1978, S. 469ff.; Robert Muchembled: Die Kultur des Volks, die Kultur der Eliten. Die Geschichte einer erfolgreichen Verdrängung. Stuttgart 1982, S. 158ff.; Neugebauer-Wölk: Wege aus dem Dschungel (wie Anm. 5), S. 340f.

[61] Dazu schon Schwerhoff: Rationalität (wie Anm. 52), passim.

Auffällig bemühte sich die Dämonologie um die Kreation und Durchsetzung eines dezidiert christlich geformten Hexen- und Magieglaubens, die – orientiert man sich am gegenwärtigen Forschungsstand – überaus erfolgreich war. Strenggenommen müsste sich daher mit der Aufhebung des Teufelsglaubens im 18. Jahrhundert[62] auch die Vorstellung des christlichen Schadenszaubers erledigt haben bzw. mussten andere Erklärungskonzepte der Magie an seine Stelle treten, die in diesem Sinne neue Irrationalität bedeuten konnten. Ohne Teufelspakt und -buhlschaft war eine Ausübung magischer Fähigkeiten im christlichen Dämonologiediskurs theoretisch undenkbar.

## III Hexerei im Kontext des aufklärerischen Diskurses (18. Jahrhundert)

Die Genese des Hexen- und Schadenszaubers im 18. Jahrhundert zu verfolgen, fällt abseits des dämonologischen Diskurses um die Realpräsenz des Teufels und trotz der intensiven aufklärerischen Debatte aus zwei wesentlichen Gründen nicht leicht.

Der Hexenglaube, der noch im frühen 17. Jahrhundert scheinbare Lösungen für soziale Konflikte geboten hatte, entfaltete im späten 17. Jahrhundert in dieser Hinsicht kaum noch Prestige. Somit hinterließ er auch weniger überlieferte Spuren. Erst am Ende des 18. Jahrhunderts eröffnete die Entkriminalisierung des Delikts eine selbstbestimmte, aktive Magienutzung, die wiederum vermehrt Egodokumente und Beschreibungen von Magiesystemen hervorbrachte. Mit dem Versiegen der klassischen Quellen der Hexenprozesse endete ein breiter, systematischer Informationsstrom über angebliche magische Rituale. Grundsätzlich blieb zwar die gängige Täter-Opfer-Konstellation im Rahmen von Hexereiverdächtigungen existent, im Kontext der juristischen Verfolgung vollzog sich seit dem späten 17. Jahrhundert aber ein erheblicher Perspektivwechsel. Standen zuvor die imaginierten Akteure von Hexerei im Zentrum der Untersuchung, zielten Strafverfolgungen jetzt vorwiegend auf das Milieu der Hexereibeschuldiger und vor allem Hexenbanner, die in zivilgerichtlichen Injurienprozessen Rede und Antwort stehen mussten. Streitgegenstand war damit nicht mehr das eigentliche Hexereidelikt, sondern die Beschimpfung oder Verdächtigung. Sie thematisierten häufig weder die Hintergründe und Ursachen noch die damit zusammenhängenden Rituale der vermuteten Zauberei. Dennoch lassen sich über die Injurienfälle, Verfahren um Totenruhe,

---

[62] Zusammenfassend dazu Renko Geffarth: Teufel, Geister, Dämonen. Magisches Denken in aufklärerischen Debatten. In: Grenzüberschreitungen. Magieglaube und Hexenverfolgung als Kulturtransfer. Hg. v. Katrin Moeller, Gudrun Gersmann u. Jürgen Michael Schmidt (im Druck); Gustav Roskoff: Geschichte des Teufels. Eine kulturhistorische Satanologie von den Anfängen bis ins 18. Jahrhundert. Stuttgart 1993, S. 479ff.; Heinz Dieter Kittsteiner: Die Abschaffung des Teufels im 18. Jahrhundert. Ein kulturhistorisches Ereignis und seine Folgen. In: Die andere Kraft. Zur Renaissance des Bösen. Hg. v. Alexander Schuller u. Wolfert von Rahden. Berlin 1993, S. 55–92; Jonathan Israel: Radical Enlightenment. Philosophy and the Making of Modernity 1650–1750. Oxford 2001, bes. S. 375–405.

Körperverletzung und Brandstiftung eine nicht unbeträchtliche Zahl von Strafverfolgungen mit ‚okkultem' Hintergrund für das späte 18. bis 20. Jahrhundert nachweisen, ohne dass diese für Deutschland bisher umfassend zusammengetragen und analysiert worden wären.[63]

Andererseits gibt es bisher nur wenige dezidierte Studien zum ‚wissenschaftlichen' bzw. publizistischen[64] ebenso wie zum populären[65] Hexenglauben der Moderne. Hier bleibt es für den deutschsprachigen Forschungsraum nach wie vor eine wichtige Aufgabe, die verschiedenen Facetten und Bilder des aufgeklärten Hexenglaubens zueinander zu bringen. Einer der wenigen direkten Anknüpfungspunkte ist die umfangreiche Studie zur saarländischen Popularmagie zwischen dem 16. und 18. Jahrhundert von Eva Labouvie, die allerdings nur einen sehr knappen Ausblick auf die Moderne gibt. Sie konstatiert den Erhalt der traditionellen Fülle magischer Rituale im gesamten 18. Jahrhundert, die in ihrer dominanten christlichen Prägung keinerlei Einschnitte erlitt. Einen hohen Bedeutungsverlust machten zwar aufgrund der generellen Entkriminalisierung Rituale der Hexereiidentifikation und -abwehr durch, wie auch einige kollektive Magiebräuche im Rahmen von Schutzpraktiken verschwanden. Alle anderen Praktiken des Schaden- und Heilzaubers blieben jedoch Labouvie zufolge konstant bestehen. Einen intensiven Wandel stellte die Autorin hingegen bei den Formen magischer Rituale heraus. Hier markiert sie einen gegenläufigen Wechsel, der sich an verschiedenen funktional bestimmten Magiepraktiken festmacht: Einerseits wichen zeichenhaft praktizierte Schadenszauber (Amulette, Symbole) im 18. Jahrhundert zunehmend der schriftlichen bzw. mündlichen Verfluchung/Verwünschung.[66] Andererseits gab es einen gegenläufigen Ersatz von christlichen und ‚volksmagisch' basierten Systemen. Während bei Heilzaubern die eher christlich inspirierte Form des Segnens von Anwendungsformen kosmischer Sympathie verdrängt wurde, skizziert Labouvie für die Behandlung von Besessenheit einen Rückzug individueller Rituale zugunsten kirchlicher Exorzismen.[67]

Ein anderer direkter Zugriff ist über die essentielle Diskussion des Hexenglaubens in der Publizistik der aufklärerischen Zeitschriften des 18. Jahrhunderts mög-

---

[63] Bisher vor allem für das 20. Jahrhundert: Inge Schöck: Hexenglaube – noch heute? In: Hexen heute (wie Anm. 42), S. 41–54; Herbert Schäfer: Der Okkulttäter. Hexenbanner – Magischer Heiler – Erdenstrahler. Hamburg 1959.

[64] Hier vor allem für das 19. und 20. Jahrhundert die informative Studie von Wiedemann: Rassenmutter (wie Anm. 6).

[65] Owen Davies: Witchcraft, magic and culture 1736–1951. Manchester, New York 1999; Bengt Ankarloo, Stuart Clark: Witchcraft and Magic in Europe. Bd. 5: The Eighteenth and Nineteenth Centuries. Philadelphia 1999; Beyond the witch trials. Witchcraft and magic in Enlightenment Europe. Hg. v. Owen Davies u. Willem de Blécourt. Manchester 2004; Freytag: Aberglauben (wie Anm. 6), bes. S. 165–189.

[66] Dazu auch: Stephan Bachter: Anleitung zum Aberglauben. Zauberbücher und die Verbreitung magischen ‚Wissens' seit dem 18. Jahrhundert. Hamburg 2007. URN: urn:nbn:de:gbv:18-32213, S. 162.

[67] Labouvie: Verbotene Künste (wie Anm. 8), S. 300f.

lich. Um die entscheidenden Argumentationsfiguren dieser Debatte zu identifizieren, erfolgte eigens für diese Darstellung eine Durchsicht der von der Universität Bielefeld digitalisierten 160 Zeitschriften zur Aufklärung zwischen 1750 und 1815[68] sowie wichtiger flankierender Abhandlungen zum ‚Aberglauben'. Über die effektiven Möglichkeiten der Volltext-Schlagwortsuche förderte diese Analyse etwa 300 einschlägige Artikel zutage, die sich dem Thema der Hexerei widmen. Allen Artikeln gemeinsam ist das moralisierende Anliegen, Hexerei (unter Zuhilfenahme oftmals stark überzeichneter Stereotype) als ‚Aberglaube' in neue Erklärungszusammenhänge einzubetten. In dieser Hinsicht ähneln sie als Quelle dem standardisierenden gelehrten Traktatdiskurs der Dämonologie des 15. bis 17. Jahrhunderts, berücksichtigt man die differierende inhaltliche Stoßrichtung beider Textgattungen. Ähnlich problematisch ist in beiden Quellensorten die Narration von konstruierten Exempeln, die nicht im Sinn einer Realfiktion zu verstehen sind. Dennoch ermöglichen diese Texte Einblick in die Existenz und Verbreitung spezifischer Topoi des aufklärerischen Hexereidiskurses, die hier vor allem in ihrer Abgrenzung zur Diskussion während der Hexenverfolgung analysiert werden können.

Markant ist der glatte Bruch zu den Narrativen und Stereotypen des Hexenglaubens im Kontext der Hexenprozesse und Injurien des 17. Jahrhunderts. Überaus sinnfällig steht dafür das im 18. Jahrhundert einsetzende Stereotyp der alten, rotäugigen bzw. triefäugigen[69] sowie insgesamt körperlich überaus auffälligen Hexe.[70] Fast keine Schilderung aus der Zeit der Aufklärung kam ohne entsprechende Verbildlichungen aus. Wohl erst Mitte des 19. Jahrhunderts trat noch das eher märchenhafte Motiv der großen, krummen und warzenbesiedelten Nase hinzu.[71] Kaum zufällig erscheinen hier die klar vernehmbaren antisemitischen Töne Mitte des 19. Jahrhunderts, da nun die Herkunft des Hexenglaubens aus den kabbalistischen

---

[68] Retrospektive Digitalisierung wissenschaftlicher Rezensionsorgane und Literaturzeitschriften des 18. und 19. Jahrhunderts aus dem deutschen Sprachraum. Universitätsbibliothek Bielefeld 2000–2008, URL: http://www.ub.uni-bielefeld.de/diglib/aufklaerung/index.htm [01.06.2011]. Vgl. dazu Sabine Rahmsdorf: Zeitschriften der Aufklärung im Netz – Retrospektive Digitalisierung wissenschaftlicher Rezensionsorgane und Literaturzeitschriften. In: Geschichte im Netz. Praxis, Chancen, Visionen. Beiträge der Tagung. hist 2006. Teilband 2007. Hg. v. Daniel Burckhardt. Berlin 2007, S. 308–321.

[69] Dieses Motiv findet sich sowohl in zahlreichen aufklärerischen Schriften wie auch in den weitgehend im 19. Jahrhundert entstandenen Märchen und Sagensammlungen, so z.B. in Jacob und Wilhelm Grimms *Kinder- und Hausmärchen*. Vgl. Wiedemann: Rassenmutter (wie Anm. 6), S. 59. In den aufklärerischen Zeitschriften prägnant: Vom Aberglauben zu Osterode am Harze. In: Journal von und für Deutschland 5 (1788), S. 425–431; Beytrag zum Aberglauben in und um Bielefeld in Westfalen. In: Journal von und für Deutschland 7/10 (1790), S. 389f.; Ein Hexenschwank. In: Lausizisches Wochenblatt 1/2 (1790), S. 8f. (Beiträge, die ohne Verfasserangabe erschienen sind, werden hier und im Folgenden nur mit dem Titel zitiert).

[70] Zusammenfassend dazu Hermann Heinrich Ploss: Das Weib in der Natur- und Völkerkunde. Anthropologische Studien. Bd. 2. Berlin 1927, S. 554ff.

[71] Burghart Schmidt: Ludwig Bechstein und die literarische Rezeption frühneuzeitlicher Hexenverfolgungen im 19. Jahrhundert. Hamburg 2004, S. 101ff.

Schriften Überbetonung erfuhr.[72] Dass die Assoziierung der Juden als Stifter des Hexenglaubens letztlich auch die Übertragung des Motivs der langen Nase von den Juden auf die Hexen initiierte, bleibt an dieser Stelle allerdings eine reine Mutmaßung.[73] Die Motivbildung der physischen Markierung der Hexe hebt sich deutlich von Narrativen aus der Zeit der Hexenverfolgung ab. Dort war zwar die körperliche Zeichnung der Hexen durch das Teufelsmal ebenfalls präsent, dieses war jedoch weder öffentlich sichtbar noch vom bloßen Augenschein her zu beurteilen und symbolisierte damit den okkulten Charakter der Hexerei. Vor allem die Schmerzunempfindlichkeit dieser Körperzeichen taugte in der zweiten Hälfte des 17. Jahrhunderts lokal begrenzt als gerichtliches Indiz. Dabei war die Rotäugigkeit der Hexen durchaus gelegentlich Diskussionsgegenstand der antiken und frühneuzeitlichen Dämonologie:[74] Für den öffentlichen Diskurs oder gar die nachbarschaftliche Verdachtsgenese blieb das Aussehen der Hexen jedoch völlig untergeordnet.

Die hässliche Hexe lediglich als Metapher für ihre Bösartigkeit im Sinne der Märchen zu lesen, ginge allerdings an den Interpretationsansätzen des 18. Jahrhunderts vorbei. Die Neuausrichtung des Hexereistereotyps steht für eine ganz substantiell gedachte Pathologisierung und Pädagogisierung des Magieglaubens. Die falsche Erziehung führte im neuen Verständnis zur Unordnung der Körpersäfte und -strömungen, die ihrerseits wiederum eine Verwirrung des Geistes und damit zum magischen Denken als einer Geisteskrankheit führte.[75] Das Immaterielle ließ sich auf diese Weise weiterhin in materielle Daseinsformen überführen. Nicht die Existenz materieller und imaginärer Sphären findet sich daher aufgehoben, sondern lediglich der Mechanismus der Konvertierung von der einen Daseinsform in die andere. Bereits am Ende des 17. Jahrhunderts finden sich Argumentationsmuster, welche diese Pathologisierung betrieben und Hexerei als Produkt falscher Erziehung mit eklatant wahrnehmbaren psychisch-physischen Folgen deuteten.[76]

Die Einfallsschneise solcher Erklärungsansätze bildeten zunächst die im Hexereidiskurs intensiv betriebenen Systematisierungsbemühungen von magischen und natürlichen Krankheiten. Wie auch in England lässt sich im deutschsprachigen Raum eine klarer werdende Ausdifferenzierung spezifisch magisch verursachter Krankheiten ausmachen, deren sorgfältige Herleitung zur Legitimierung von Hexereiverdächtigungen im späten 17. Jahrhundert betrieben wurde. Dies betraf etwa

---

[72] Wiedemann: Rassenmutter (wie Anm. 6), S. 48–50.
[73] Eine andere Erklärung favorisiert die Maskenträger „abergläubischer" Heischebräuche. Vgl. dazu Marianne Rumpf: Perchten. Populäre Glaubensgestalten zwischen Mythos und Katechese. Würzburg 1991, S. 179.
[74] Siegfried Seligmann: Die Zauberkraft des Auges und das Berufen. Ein Kapitel aus der Geschichte des Aberglaubens. Hamburg 1922, S. 233f.
[75] Exemplarisch: Die schädlichen Folgen der Rockenphilosophie. Eine wahre Geschichte. In: Hannoverisches Magazin 28 (1790), S. 865–876; Uebergang des Aberglaubens in Wahnwitz. In: Magazin zur Erfahrungsseelenkunde 9, 2. St. (1792), S. 26–40.
[76] Moeller: Willkür (wie Anm. 23), S. 130f.

Krampfanfälle (Epilepsie), Alpdruck[77] und Halluzinationen. Genau diese Krankheiten, die zuvor als Ausdruck magischer Wirkungen galten, gerieten bereits im späten 17. Jahrhundert daher auch in den Fokus der Gegner des Hexenglaubens. Der Leipziger Medizinprofessor Andreas Petermann etwa deutete den ‚Alpdruck' 1701 medizinisch unter Verweis auf Johann Weyers *De praestigiis daemonorum* (1583) als Erklärungskonzept für Imaginationen von Anfechtungen des Teufels um, da die Schlafparalyse Empfindungen einer vermeintlichen Teufelsbesitzung nahelegte:

> Der Alp ist ein Zufall einer verminderten Action (nehmlich) des Athemholens welcher die Schlaffenden mit der grausamsten Dreng- und Zwengung der Brust / Verhinderung der Rede und falschen Einbildung, als wenn ihnen etwas schweres auff der Brust lege beföllet herrührende von denen convulsionen (Zuckungen) derer jungen Musculen (Mäuslein) welche zur Respiration dienen, man siehet daß dergleichen Patienten denen so die schwere Noth haben, nicht ungleich sind, denn sie bemühen sich zwar öffters Athem zu holen, aber alles vergebens.[78]

Ein weiteres Beispiel repräsentieren Krankheiten um ‚Herzangelegenheiten', die im 18. Jahrhundert weit prominenter als zuvor Liebeszauberimaginationen veranlassten[79] bzw. an die sich neue medizinische Erklärungskonzepte anschlossen. Der Liebeszauber etablierte sich auf diese Weise als eine der dominanten Formen des Schadenszaubers überhaupt. Im Sinne der ganzheitlichen Interpretation bewirkten auch hier psychisch-seelische Prozesse körperliche Veränderungen bzw. Auswirkungen. Einen sehr ähnlichen Werdegang erfuhr die Besessenheit, die weitgehend als Hysterie Deutung fand.[80] In ihren Erklärungen blieben die neuen medizinischen Einsichten noch an das Objekt des Schadenszaubers, also den Schaden, bzw. an Imaginationen des Hexenglaubens gebunden. Erst im 19. Jahrhundert suchte man nun weitergehend nach den Ursachen solcher Krankheitsbilder, die etwa in sexuellem Missbrauch oder der Wirkung halluzigener Drogen gefunden wurden.[81]

Interessanterweise übernehmen die Aufklärer damit genau die Argumentationsprinzipien, welche zuvor für die Begründung von Zauberpraktiken[82] Anwendung fanden. Hier lässt sich also weit weniger eine Rationalisierungsleistung als vielmehr ein rasanter Prozess der diskursiven Verkehrung ausmachen. Magie degene-

---

[77] Ähnlich auch Bachter: Anleitung, (wie Anm. 66), S. 167.
[78] Andreas Petermann: Curiose Gedanken von Alpe. Dresden 1701, bes. S. 9.
[79] Owen Davies: Hexereivorwürfe im England des 19. und frühen 20. Jahrhunderts. In: Wunderwelten. Religiöse Ekstase und Magie in der Moderne. Hg. v. Nils Freytag u. Diethard Sawicki. München 2006, S. 143–162, hier S. 157ff.
[80] H. C. Erik Midelfort: Exorcism and Englightenment. Johann Joseph Gassner and the demons of eighteenth-century Germany. New Haven 2005, S. 87ff. Vgl. auch Renko Geffarth: Von Geistern und Begeisterten. Semler und die ‚Dämonen'. In: Aufklärung und Esoterik. Rezeption – Integration – Konfrontation. Hg. v. Monika Neugebauer-Wölk u. Mitarb. v. Andre Rudolph. Tübingen 2009 (Hallesche Beiträge zur Europäischen Aufklärung 37), S. 115–130.
[81] Wiedemann: Rassenmutter (wie Anm. 6), S. 53. Insgesamt bedeutet dies jedoch nicht, dass die Argumente völlig neu waren.
[82] Ausführlich etwa zur physiologischen Erklärung des ‚Bösen Blicks' Seligmann: Zauberkraft (wie Anm. 74), S. 460–466.

riert in diesem Verständnis zur pathologischen Erkrankung des Schädigenden und äußert sich im krankhaften Erscheinungsbild des Akteurs. Darin wird der grundlegend geänderte Status der Hexe sichtbar: Aus einer vormals im Geheimen agierenden Sekte von gefährlichen Schadenszauberinnen erwuchs aus der Sicht der Aufklärer eine überaus klar zu identifizierende Gruppe krankhaft Magiegläubiger mit markanter Physiognomie. In dieser Hinsicht beendete der Diskurs der Aufklärung rigoros jeden Anklang an Okkultismus oder gar an eine Geheimsekte. Eine ähnliche soziale Logik entfaltete vermutlich auch das im gesamten 18. Jahrhundert häufiger zu findende Stereotyp der Sichtbarmachung des Hexenfluges durch spezifische neue Methoden der Hexereiidentifikation[83] und seine Eingrenzung auf die Walpurgisnacht mit klarem Ziel des Harzer Blocksbergs.[84] Das Treiben der Hexen unterliegt hier einer strikten Einhegung und Reglementierung. Anklänge an Konzepte der ‚Andersartigkeit' der Hexen lassen sich bis in die moderne historische Forschung verfolgen, etwa wenn die Hexen zu den Randgruppen gezählt werden, gleich einer anhand deskriptiver Merkmale zu klassifizierenden Gruppe.[85]

Allein ihre öffentliche Sichtbarkeit machte die Hexe allerdings noch lange nicht ungefährlich, sondern auch dieses Motiv erfuhr eine Verkehrung: So markierten viele Aufklärer Hexerei als lediglich gefährlich für die Verursacher der Zauberei. Statt der Opfer starben in den neuen Narrativen der Aufklärung die Urheber und Nutzer der Magie aufgrund ihrer kaum tauglichen ‚Aftermedizin' oder eben gesundheitsgefährlichen Praktiken: Beispielsweise Wahrsagepraktiken, bei denen der Proband seinen Kopf in einem abgedichteten Raum über Nacht ins Ofenrohr steckte und erstickte. Rigoros konstruierte der Text hier Ritualtechniken, die dem moralisierenden Zweck angemessen erschienen. Viel häufiger gerieten die Abergläubischen jedoch derart in Gefühlswallungen, dass sie aufgrund dieser Ektase oder Hysterie verstarben.[86] Auch hier gerät die Magiegläubigkeit zu einem psychi-

---

[83] C. U. Grupen: Anmerkung von der Hexenfahrt nach den Broccen. In: Hannoverische Gelehrte Anzeigen 1 (1751), S. 829f.; J. St. Tychsen: Aberglauben in Holstein. In: Schleswig-Holsteinische Provinzialberichte 11/2 (1797), S. 234–245.

[84] Thomas P. Becker: Mythos Walpurgis. URL: http://www.thomas-p-becker.de/TPB/Hexen/walpurgis.html, 2007 [01.06.2001].

[85] Gerd Treige: Hexen – Opfer theologischer Konstruktion und sozialer Alltagskonflikte. In: Randgruppen der spätmittelalterlichen Gesellschaft. Hg. v. Bernd-Ulrich Hergemöller. Warendorf 1990, S. 277–315. Dem widersprechend bereits Walz: Hexenglaube (wie Anm. 30), S. 513f.

[86] Vgl. hierzu beispielsweise: Macht der Vorurtheile und des Aberglaubens. In: Journal von und für Franken 3 (1791), S. 333–340; Aberglauben und Mißbräuche am Mittelrhein. In: Journal von und für Deutschland 7, 10. St. (1790), S. 348–350; Ein Beytrag zur Geschichte des Aberglaubens. In: Hannoversches Magazin 16 (1778), S. 533–544; G. F. Palm: Die Schazgräber. Ein Auszug aus Criminalakten. In: Deutsches Magazin 15 (1798), S. 200–210; Versuch zu moralischen Schilderungen. In: Hannoverische Beyträge zum Nutzen und Vergnügen 3 (1761), S. 1305–1314; D. Nootnagell: Vorschlag Aberglauben und Vorurtheile auszurotten. In: Deutsches Museum 1 (1778), S. 148–155; A. F. E. Langbein: Kriminalgeschichten. In: Für Aeltere Litteratur und Neuere Lectüre 3/7 (1785), S. 68–72; K. W. Brumbey: Etwas über Revolutionen

schen Zustand, der die physische Existenz des Individuums unterminierte. Die geistige Verfassung bestimmt damit die Materie.

Besonders gut belegt ist für das 18. bis 20. Jahrhundert die Tätigkeit von Hexenbannern,[87] die oftmals im Zentrum von Beleidigungsklagen standen oder deren Tätigkeit mediales (aufklärerisches) Interesse erfuhr. In der Zaubereiliteratur dieser Zeit stellen Gegenzaubermaßnahmen und Hexereiidentifikation häufig die einzigen Bezüge zum Schadenszauber überhaupt her,[88] sieht man von den unter rigider Zensur stehenden dezidierten Zauberbüchern ab.[89] Bemerkenswert sind die stark individualisierten und damit überaus spezifischen Verhaltensregeln, die zur Identifikation von Hexerei und Bannung derselben dienen.[90] Sie deuten auf das stark kriminalisierte Umfeld, in dem Hexenbannerei nunmehr stattfand. Eine Anknüpfung an einen überregional geformten Berufsstand mit normierten und tradierten Praktiken war unter solchen Umständen offenbar weniger möglich.

Fast paradox wirkt es aufgrund dieser Stigmatisierung des Hexenglaubens, dass die Aufklärung zugleich das weiträumige, temporeiche Zurückweichen der schädigenden Hexerei gegenüber zahlreichen Formen des Hilfs- und Heilzaubers fortschrieb. Selbst aus der Perspektive der Aufklärer bildete der Schadenszauber in der zweiten Hälfte des 18. Jahrhunderts kaum noch Anlässe, um sich mit der Thematik der Hexerei zu beschäftigen. Schwarze Magie gehörte damit nicht mehr in erster Linie zu den Anknüpfungspunkten des Hexenglaubens, obwohl gerade dieser ja dazu geeignet war, sich kritisch mit ihm auseinanderzusetzen. Dennoch bot das gleichzeitige Ziel der Entkriminalisierung des Hexereiverbrechens hier offenbar wenig argumentativen Spielraum.

Weit mehr Raum als schwarzmagische Künste nehmen so positiv besetzte Formen der Heilmagie, des Hilfszaubers oder des Schutzzaubers ein, die sich rasch weiter ausdifferenzierten und neue ‚moderne' Spielarten (etwa Kaffeesatzleserei

---

der Gemüther bey jetzigen Revolutionen der Erde und dahin einschlagenden Sachen. In: Allerneueste Mannigfaltigkeiten 3 (1784), S. 465–476.

[87] Johann Kruse: Hexen unter uns? Magie und Zauberglauben in unserer Zeit. Hamburg 1951; Inge Schöck: Hexen heute. Traditioneller Hexenglaube und aktuelle Hexenwelle. In: Hexenwelten. Magie und Imagination. Hg. v. Richard van Dülmen. Frankfurt a.M. 1987, S. 282–305; Hexen heute (wie Anm. 42); Thomas Hauschild: Hexen in Deutschland. In: Der Wissenschaftler und das Irrationale. Hg. v. Hans Peter Duerr. Bd. 1: Beiträge aus Ethnologie und Anthropologie. Frankfurt a.M. 1981, S. 537–564; Willem de Blécourt: Four Centuries of Frisian Witch Doctors. In: Witchcraft in the Netherlands from the fourteenth to the twentieth century. Hg. v. Marijke Gijswijt-Hofstra u. Willem Frijhoff. Rotterdam 1991, S. 157–166; Jürgen Scheffler: Hexenglaube in der ländlichen Gesellschaft. Lippe im 19. und 20. Jahrhundert. In: Hexenverfolgung und Regionalgeschichte. Die Grafschaft Lippe im Vergleich. Hg. v. Gisela Wilbertz, Gerd Schwerhoff u. Jürgen Scheffler. Bielefeld 1994, S. 263–296, hier S. 271–276.

[88] Bibliothek der Zauber=Geheimniß und Offenbarungs-Bücher und der Wunder-Hausschatz=Literatur aller Nationen in allen ihren Raritäten und Kuriositäten. Hg. v. Johann Scheible. Bd. 15: Die sympathetisch-magnetische Heilkunde in ihrem ganzen Umfange oder die Lehre von der Transplantation der Krankheiten [...]. Stuttgart 1851, S. 308–314.

[89] Freytag: Aberglauben (wie Anm. 6), S. 157f.

[90] Dazu auch Davies: Hexereivorwürfe (wie Anm. 80), S. 148f.

oder Liebeszauber) entwickelten. Dies gilt sowohl für die Durchsicht der Zauberliteratur des 18./19. Jahrhunderts,[91] als auch für einschlägige Ritualpraktiken.[92] Insgesamt gibt es wohl mehr Neuansätze, als dass an älteren Formen des Magierituals angeknüpft wurde. Der Klassiker des frühneuzeitlichen Schadenszauberrituals, der Unwetterzauber, scheint im späten 18. Jahrhundert etwa kaum noch irgendeine Attraktivität zu entfalten. In den Beiträgen der Aufklärungszeitschriften erscheint er überaus selten, vor allem noch im Kontext von Ausführungen zur Aufstellung von Blitzableitern ab 1769.[93] Stattdessen richten sich die aufklärenden Stimmen gelegentlich gegen den aufkommenden Zweig der ‚Wetterpropheten', deren Bemühungen zur Vorhersage des Wetters als einem der abergläubischen Praxis fast analogen Verfahren disqualifiziert werden.[94] Ansonsten dienen Wetterzeichen allenfalls als sehr allgemeines Prognostikum für Epidemien[95] oder taugen zur Erläuterung als natürliche Phänomene, was nicht heißt, dass sich diese von modernen Erklärungen nicht deutlich unterschieden.[96]

Auch andere typische Schadenszaubergebräuche lassen sich in den öffentlichen Medien des 18. Jahrhunderts nicht mehr antreffen. Ist vor allem im 16. Jahrhundert der Zauberguss – als phänomenologische Herleitung aus der Vergiftung[97] – gängige Methode des von der Hexe eigenmächtig verübten Schadenszaubers, veränderten sich die Imaginationen hier bereits im 17. Jahrhundert erheblich. Sukzessiv übernahm der Teufel den eigentlichen magischen Akt, indem er über das Anblasen, Stoßen oder Zermartern ein nicht eindeutig definiertes Gemisch von physisch-magischen Gewalttaten gegen die Opfer richtete. Hier lässt sich im 18. Jahrhundert eine wesentliche Humanisierung des Schadenszauberwirkens ausmachen: Magische Gewaltakte wichen, wie auch von Eva Labouvie herausgestellt, der nun klas-

---

[91] Bachter: Anleitung (wie Anm. 66), S. 137f.
[92] Freytag: Aberglauben (wie Anm. 6), S. 252–315.
[93] Von Wetterableitern und dem hierüber noch immer im Schwange gehenden Aberglauben. In: Ephemeriden der Menschheit 2 (1783), S. 618–622; Natürliche Zeichen der Witterung. In: Oekonomische Beiträge und Bemerkungen zur Landwirtschaft 3 (1772), S. 1–21. Zur Einseitigkeit der Debatte in den aufklärerischen Zeitschriften auch: Playing with fire. Histories of the lightning rod (2002 conference on the history of the lightning rod at the Bakken Museum). Hg. v. Peter Heering, Oliver Hochadel u. David J. Rhees. Philadelphia 2002; Olaf Briese: Die Macht der Metaphern. Blitz, Erdbeben und Kometen im Gefüge der Aufklärung. Stuttgart 1998.
[94] Ein Wort über Wetter und Witterung. In: Schleswig-Holsteinische Provinzialberichte 12 (1798). Bd. 2, S. 267–271.
[95] G. H. Piepenbring: ‚Ueber Aberglauben insgesammt'. In: Oeconomische Nützlichkeiten 1 (1790), S. 81–92.
[96] Zur Erklärung des Gewitters: „Es entsteht, wenn eine Menge brennbarer Dünste von der Erde in die Luft gestiegen sind, sich in Wolken sammeln und verdicken, durch den Wind getrieben sich an einander reiben, sich entzünden, und verbrennen"; G. H. Piepenbring: ‚Ueber Aberglauben insgesammt'. In: Oeconomische Nützlichkeiten 3 (1791), S. 105–121, hier S. 117.
[97] Dagmar Unverhau: Von ‚Toverschen' und ‚Kunstfruwen' in Schleswig 1548–1557. Quellen und Interpretationen zur Geschichte des Zauber- und Hexenwesens. Schleswig 1980, S. 37–42.

sisch werdenden fernmagischen Beschreiung und Berufung durch die Hexe bzw. wurden nun unter Rückgriff auf den Vorwurf der Vergiftung erklärt.[98]

Mit dieser Neuformatierung erfolgte eine Ordnung von Schadenszauberanlässen, die sich vor allem an demografisch wichtigen Ereignissen von Geburt, Hochzeit und Tod festmachten. Alle drei Lebensstationen galten nun als Einflugschneisen ‚abergläubischen' Handelns, sind sie doch häufig mit besonderen Verhaltensmaßregeln und Sinnsprüchen versehen. Auch hier entwickelte das Aufklärungszeitalter eine systematischere Imagination der Schadenszauberanlässe als die Zeit der Hexenverfolgung. War Schadenszauber zuvor unberechenbar, da er letztlich in jeder Lebenssituation Anwendung finden konnte, konzentrieren sich magische Handlungen nun auf einschneidende Lebensereignisse. Bereits hier lässt sich eine Art Vorformulierung der These von der Hebamme als weiser Frau finden, die allerdings eher einer rigiden Kritik am latent magieaffinen Berufsstand gleicht.[99]

Der Teufel, wiewohl im späten 18. Jahrhundert selbst in zahlreichen Berichten der Aufklärer präsent, wird durch eine Motivik ersetzt, die für die Zeit der Hexenverfolgung häufig ohne jeden Beleg vermutet wird: Er findet seinen diesseitigen Doppelgänger im Betrüger. Eine drastische Erzählung im *Hannoverischen Magazin* berichtet etwa von einer Tochter aus durchaus gutem Hause, die über falsche Erziehung auf die ‚wahnhafte' Bahn des Aberglaubens geriet. Ihre Vermählung fand schließlich nicht mit dem Teufel, sondern mit einem ‚realen' Betrüger und Hochstapler statt, der sie anschließend nicht nur um ihren Besitz, sondern zugleich um Ehre und Anstand brachte.[100] Die Symbolik gleicht damit dem typischen Teufelspakt, der hier aber vollkommen auf die diesseitige Handlungsebene verlagert wird. Insgesamt ist erstaunlich, wie oft das Wirken des Teufels in einer reinen Umdefinition als Gespenster- bzw. Geisterglauben gipfelt, der seinerseits durch zahlreiche natürlich-magische Phänomene zu erklären war. Unter Verweis auf Optik, Mechanik, Elektrizität und Akustik entstanden zahlreiche Aufklärungsschriften, die nicht das Vorkommen von ‚Gespenstererscheinungen' demontierten, sondern die Phänomene mittels eines natürlich-magischen anstelle eines dämonisch-magischen Erklärungsmodells deuteten.[101] Auf diese Weise umging die aufklärerische Publizistik noch im späten 18. Jahrhundert anhaltende Debatten

---

[98] Verzeichniß einiger, theils sonderbaren, Theils abergläubischen Gewohnheiten und Meinungen des Westphälischen Landmanns. In: Westphälisches Magazin zur Geographie, Historie und Statistik 3/12 (1787), S. 710–721; Tychsen: Aberglauben (wie Anm. 83); Abergläubische Meinungen und Gebräuche, welche in Thüringen, besonders in dem Herzogthum Saalfeld herrschend sind. In: Journal von und für Deutschland 7/7 (1790), S. 26–30; Carl Friedrich Pockels: Volksaberglauben. In: Magazin zur Erfahrungsseelenkunde 6/1 (1788), S. 17–26.

[99] Ebd., sowie: Louis-Sébastien Saucerotte: Untersuchung vieler Vorurtheile und Mißbräuche, welche die Schwangern, Kindbetterinnen, und die zartesten Kinder betreffen. Erfurt 1780.

[100] Folgen (wie Anm. 76).

[101] Bachter: Anleitung (wie Anm. 66), S. 189f.

*Aufgeklärter Hexenglaube?*

über die Präsenz des Teufels, indem sie das neue Motiv des Gespenstes radikal in andere Sinnbezüge einpasste.[102]

In den aufklärerischen Schriften taucht das Motiv des Teufels als Akteur des Schadenszaubers nicht mehr auf. Auch hier findet keine Auseinandersetzung mit dem Diskurs des christlichen Schadenszaubers statt, sondern man ersetzt diesen stattdessen durch natürlich-magische Repräsentationsformen, die weitgehend seit dem späten 17. Jahrhundert kursieren. Der tendenziell antiklerikale Diskurs der Aufklärung befeuert auf diese Weise zusätzlich die Entchristlichung der Magiebegründung, weil er strikt auf solche Erklärungsansätze baut.[103]

Ein geläufiger Erzähltopos des Schadenszaubers im späten 18. Jahrhunderts ist der Federkranz, der sich im Bett der Geschädigten findet und das Symbol der Verhexung repräsentiert. Gelegentlich bleibt es nicht allein bei dieser Verballung der Bettfedern, sondern es finden sich zusätzlich Fremdkörper und Materialien, die kaum etwas in einem weichen Kissen zu suchen haben und damit die bewirkte Magie exemplarisch symbolisieren. In einem aus dem Münsterland stammenden Fall zählt der Berichterstatter etwa neben den gebundenen Kränzen Holzsplitter, kleine Nägel und Knochen sowie Kohlen auf.[104] Solche Imaginationsformen ähneln in bemerkenswerter Weise Schilderungen von Besessenen aus dem 17./18. Jahrhundert.[105] Diese relativ neue Form des Schadenszaubers bot zweierlei Vorteile. Einerseits lässt sich hier problemlos die negative mechanisch-physische Wirkung des Phänomens darstellen, andererseits konnte das Wirken von Magie unabhängig von dämonischen Einflüssen erklärt werden. Konstruiert sind solche Wirkungsweisen analog der physischen Veränderungen durch den moralisch verwerflichen Hexenglauben.

Ganz ähnliche Grundzüge zeigen sich im Übrigen in den späten Hexenprozessen, obwohl hier der Teufel immerhin eine Nebenrolle besetzt. Überaus exemplarisch fielen etwa die Hexereibeschuldigungen und ihre Bewertungen gegen Daniel Schleyermacher, Mitbegründer der radikal-pietistischen Sekte der Zioniten in Ronsdorf (Wuppertal) und Großvater des berühmten Theologen Friedrich Schleiermacher, im Jahr 1750 aus.[106] Diese gipfelten im Vorwurf, er hätte „mit einem

---

[102] Ulrich Stadler: Gespenst und Gespenster-Diskurs im 18. Jahrhundert. In: Moritz Baßler, Bettina Gruber u. Martina Wagner-Egelhaaf: Gespenster. Erscheinungen – Medien – Theorien. Würzburg 2005, S. 127–140.
[103] Ähnlich beobachtet für das 19. Jahrhundert: Wiedemann: Rassenmutter (wie Anm. 6), S. 40–50.
[104] G. A. Gramberg: Krankheit aus Aberglauben. In: Blätter vermischten Inhalts 1 (1787), S. 128–135, hier S. 130 u. 132.
[105] Rychlak: Hexenfieber (wie Anm. 46), S. 55, 62 u.a.
[106] Die Anschuldigungen werden vom Verfasser der Schrift, Knevels, klar als Instrumentalisierung beklagt. Elias Eller, Prophet der Sekte, steuerte danach die Anschuldigungen gegen Schleyermacher und andere Abtrünnige der Sekte über einen Kinderprozess. 160 kurpfälzische Soldaten sollten schließlich die tumultuarischen Zustände in Ronsdorf beenden und die Verdächtigen verhaften. Diese entflohen jedoch in die Niederlande. Johann Werner Knevels: Geheimnis der

großen Dorn in der Hand, oder mit einer Mistgabel sich zu Ronsdoff auf die Schornsteine" gesetzt und Gift in die Häuser, Brunnen und Gärten geworfen. Teilweise schrieben die Denunzianten diese Variation des Brunnenvergiftungsmotivs auch dem Teufel zu. Überdies verdächtigte man Schleyermacher der Tierverwandlung. Die beiden gutachtenden Instanzen, die Juristenfakultät Marburg und die Theologische Fakultät Herborn, kamen hier zu höchst unterschiedlichen Ergebnissen, indem sie einerseits die physische Existenz des Teufels bekräftigten (Marburg), andererseits verneinten (Herborn). Beide jedoch bestätigten die Unmöglichkeit der Bewirkung eines Schadens durch Zauberei oder die Tierverwandlung. In Berufung auf Spener argumentierten etwa die Marburger Juristen, dass „die Zauberer nicht anders als durch Beibringung gewissen Gifts in den Leib oder mit äusserlicher Applicirung, nicht aber aus blosem Anwünschen Schaden zu thun vermögen".[107] Überaus plastisch erweist sich in solchen und ähnlichen Argumentationen, dass Teufels- und Schadenszauberglauben hier nicht nur vollkommen auseinanderfallen, die Ablehnung des Schadenszauberglaubens erfolgte weit konsequenter als die der physischen Existenz des Teufels.

Ebenso wie sich die Formen und Rituale des Schadenszaubers verändern, gelten nunmehr auch neue Bestandteile als Ingredienzen der Magie. Fanden noch im 16. Jahrhundert vor allem Gifte bzw. als Gifte imaginierte Substanzen Verwendung, waren dies im 17. Jahrhundert meist dämonisch geweihte spezifische Mittel wie Teufelsdreck oder Neunerleikraut. Die Aufklärer dagegen verweisen dezidiert auf menschlichen und tierischen Kot und Urin als wichtige Zutaten der Heil- und Schadenszaubermagie.[108] Hier bleibt allerdings unklar, ob sich diese Analogie eher neueren alternativmedizinischen bzw. naturalmagischen Konzepten[109] oder der von der Aufklärung durchaus inszenierten Diskreditierung der ‚Aftermedizin' verdankt. Zusammenfassend lässt sich eine dezidierte Rückführung des Schadenszaubers auf das Vergiftungsmotiv aus dem Blickwinkel der aufklärerischen Publizistik belegen. Nicht zuletzt erweist dies etwa die Präsentation eines Vergiftungsprozesses, dem zwar alle Elemente eines Hexenprozesses fehlen, der in seiner Logik jedoch sehr exakt einem Liebeszauberprozess folgt.[110] Zwar erinnern diese Prozesse stark an die Anfänge der Verfolgung *in puncto veneficii* [wegen Vergiftung] im 15. und 16. Jahrhundert, in denen eine klare Zuordnung als Vergiftungs- oder Zaubereifall

---

Bosheit der Ellerianischen Secte zu Ronsdorff im Herzogtum Berg, worinnen derselben Irrtümer, Ursprung, Wachstum und Verfall entdeckt werden. Marburg 1751, S. 618f.

[107] Ebd., S. 657.

[108] Osterödisches Wunderkind. In: Journal von und für Deutschland 3/9 (1786), S. 237–240, hier S. 239: „man trinkt seinen Urin auf echt Tibertanisch"; Aberglauben in medicinischen Dingen. In: Almanach für Aerzte und Nichtaerzte (1782), S. 151–178; Tychsen: Aberglauben (wie Anm. 84), S. 234–245; A. W. Roth: Vom Vieh, das bezaubert seyn soll. In: Blätter vermischten Inhalts 2 (1788), S. 131–138.

[109] Jütte: Geschichte (wie Anm. 49), S. 23–26.

[110] E. F. Klein: Urthel über die Vergifterin Frickin, nebst Anmerkungen des Herausgebers über diesen Rechtsfall. In: Annalen der Gesetzgebung und Rechtsgelehrsamkeit 15 (1797), S. 3–30.

schwerfällt, die Phänomenologie des Schadenszauberprozesses ist jedoch eine umfassend andere. Hier wird eine Vergiftung nicht mehr als schwarzmagische Handlung eingeordnet, sondern in einen natürlich-magischen Zusammenhang gerückt. Damit wird der Schadenszauber zwar nicht rationaler im Sinne Webers erklärt, denn in beiden Fällen bleibt es bei einer ‚magischen' Verortung der Erklärung. Der Schadenszauber wird jedoch humanisiert, da er an Schrecklichkeit verliert und auf den Kompetenzbereich des menschlichen Individuums in einer ganzheitlichen Wirkung von Geist und Materie zielt.

Grundsätzlich lässt sich also ein funktionales Aufsplittern des Hexereidenkens beobachten. Dämonische Magie und Schadenszauberwirkung traten weit auseinander. Der Schadenszauber selbst machte allerdings schon für sich eine intensive Legitimationskrise durch, da seine Wirksamkeit nicht aus konzeptionell passfähigen Erklärungssystemen der Zeit der Hexenverfolgungen herzuleiten war. Der ursprüngliche Definitionsraum der Hexerei zerfiel in ganz unterschiedliche Teilbereiche magisch konnotierter Wissensräume. Dies zeigt sich beispielhaft in Beiträgen zur Beantwortung der 1783 von der Akademie der Wissenschaften in Berlin gestellten Frage nach der besten Art der Aberglaubensbekämpfung in zivilisierten und unzivilisierten Kulturen. Hier sortierte etwa der Aufklärer und Philanthrop Friedrich Eberhard von Rochow (1734–1805) die Teufels- und Gespensterlehre in ein anderes Handlungssystem als Magie, Sympathie und Astrologie.[111] Sympathie (als nunmehr gängiges System von Heil-, Schutz- und Schadenszauber) und Teufelslehre erscheinen als vollkommen bezugslose Bereiche des ‚Aberglaubens'. Der Aufklärer wendet sich zwar gegen den Aberglauben, gleichzeitig wirkt er jedoch an einer neuen Systematik und Auffächerung magischen Denkens mit, die letztlich eine Trennung von Teufelsglauben und Schadenszauber vorantreiben.

Resümierend lässt sich feststellen, dass neue Argumente intensiv die Ausgestaltung des Hexenglaubens am Ende des 17. Jahrhunderts prägten. Als weiterführende Fragestellung zur Entfaltung des christlich-dämonischen Magieglaubens der Neuzeit bleibt konzeptionell die Verknüpfung von Teufels- und Schadenszauberglauben zu hinterfragen. Beim gegenwärtigen Stand der Forschungen lässt sich die Hypothese aufstellen, dass sich wesentliche Differenzierungen bereits im späten 17. Jahrhundert in einer Trennung von Teufelspakttheorie und Schadenszauberglauben manifestierten. Dabei scheint mir noch längst nicht ausgemacht, ob tatsächlich die von Balthasar Bekker und Christian Thomasius pointiert geführte Diskussion um die Realpräsenz des Teufels[112] mit langen Ausläufern im 18.

---

[111] Friedrich Eberhard von Rochow: Beantwortung der Frage, welche die Academie der Wissenschaften zu Berlin fürs Jahr 1783 aufgegeben hat. In: Braunschweigisches Journal 1 (1788), S. 45–64, hier S. 59.
[112] Siehe dazu den Aufsatz von Markus Meumann in diesem Band.

Jahrhundert[113] den einzigen zentralen bzw. dominanten Reibungspunkt zwischen Hexenglaube und ‚Aufklärung' markierte. Auch wenn diese Diskussion prominent geführt (und historiografisch verarbeitet) wurde, weil sie ein wichtiges Themenfeld im Schnittpunkt zur christlichen Religion besetzte, erfolgte – vielleicht sogar zeitlich vorgelagert – bereits die Etablierung neuer Schadenszauberkonzepte, die dem dämonischen Hexenglauben sukzessive Legitimationskraft entzogen. Ihnen wäre durch die Forschung wesentlich mehr Aufmerksamkeit zu widmen. Die Verbreitung von Hinweisen auf die natürliche Magie als nichtdämonisches, dennoch durchaus magisches und zugleich sukzessiv schwindend okkultes Phänomen lässt sich in rasantem Tempo verfolgen.

In diesem Kontext wandelten sich die Form und der Inhalt des Schadenszaubers erheblich. Sollte der hier skizzierte Diskurs der aufklärerischen Zeitschriften des 18. Jahrhunderts sogar Anleihen bei der ‚Volksmagie' machen, zeigt sich, wie Magie als wenig persistentes, vielmehr höchst dynamisches und flexibles System auf die neuen Rahmenbedingungen reagierte. Dominante Symboliken des Schadenszaubers wie der Schadenszauberguss, der Milch- und Wetterzauber oder die Schädigung durch den Teufel verschwanden, weil Erklärungsmodelle offenbar nicht erfolgreich in die neuen Argumentationsstrategien der Aufklärung eingepasst werden konnten bzw. auf diese Weise klassische Erklärungskonzepte negiert werden konnten. Das 18. Jahrhundert vollzog einen Bruch mit Stereotypen und Symboliken des dämonischen Hexenglaubens, indem neue Magieformen Ausbildung fanden, die sich vom Hexenglauben absetzten, bzw. alte Motive des Hexenglaubens eine radikale Inversion erlebten. Insgesamt verlor der Schadenszauber erheblich an Attraktivität. Stattdessen etablierten sich dominant Magieformen mit Event-, Hilfs- und Heilcharakter.

Dieser Prozess der Neuausrichtung des ‚Schadenszaubers' lässt sich nur sehr bedingt als Rationalisierungsleistung beschreiben, wohl aber als Modernisierung des Magieglaubens. Einerseits erfolgte eine dezidierte Neusystematisierung in dämonische, magisch-natürliche, theologisch konforme und experimentell bestätigte physikalisch-chemische Erklärungsansätze, die entlang des zeitgenössischen Wissens vorgenommen wurden. Kennzeichen der neuen Systematik war die ideelle Ablehnung dämonischer Magie, während andere Spielarten magischen Denkens eine Aufwertung und breitere Anhängerschaft erfuhren. Andererseits offenbart etwa der Topos von der aufgrund ihres magischen Denkens physiognomisch gezeichneten Hexe die tiefe Verankerung aufklärerischen Wissens in Kontexten, die eine ganzheitliche Sichtweise von Körper (Natur) und Geist entfalten. Auf diese Weise etablierte die Aufklärung zwar eine entdämonisierte Magie, zugleich passte sie jedoch die Formen, Inhalte und Ingredienzien des Schadenszaubers nunmehr

---

[113] Wolfgang Behringer: Der ‚Bayerische Hexenkrieg'. Die Debatte am Ende der Hexenprozesse. In: Das Ende der Hexenverfolgung (wie Anm. 21), S. 287–313; Geffarth: Von Geistern und Begeisterten (wie Anm. 81); ders.: Teufel, Geister, Dämonen (wie Anm. 62).

dem Wesen des ‚Afterglaubens' an. D.h. auch jetzt folgten die Symboliken und Signaturen der spezifischen Vorstellung als Entsprechungen eines ganzen Deutungskosmos und damit Prinzipien spiritueller Vorstellungen. Das äußerliche Wesen der Hexen im Aufklärungszeitalter repräsentierte eine Offenbarung.[114] Insofern könnte man das Hexenbild der Aufklärung zwar als Produkt einer entchristlichten oder entdämonisierten Projektion bezeichnen, es erfuhr aber eine neue spirituelle Signierung. Die Diskussion um den Hexenglauben bewegte sich damit immer auch in einem religiösen Kontext. Während sich in der christlichen und spirituellen Deutung teuflischer Mächte und Kräfte die pluralen Stimmen der Aufklärung bei verschiedenen religiösen Protagonisten und Strömungen markant abzeichneten, war im Kontext der ‚natürlichen' Deutung des Schadenszaubers offenbar mehr Übereinstimmung herzustellen.

Den markantesten Bruch erfuhr der Hexenglaube jedoch weder auf der Ebene von Teufelspaktvorstellungen noch auf der Ebene von Schadenszaubertheorien, sondern in seiner Interpretation als häretisches Kollektivverbrechen. Während über den Teufelspakt und mit deutlichen Abstrichen über den Schadenszauber das ganze 18. Jahrhundert intensiv gestritten wurde, geriet der Aspekt des Sektenverbrechens nach Einstellung der ‚Massenverfolgung' im 17. Jahrhundert scheinbar spurlos ins Abseits. Im Kontext religiöser Devianz verwob der Hexenprozess völlig neu gewichtete Elemente des kollektiven Sammelverbrechens (Häresie) mit Elementen der individuellen Zuschreibung. Künftige Forschungen zur religiösen Devianz der Frühen Neuzeit sind daher aufgefordert, die Genese vom Kollektiv- zum Individualverbrechen aufzuzeigen, was vermutlich wesentliche Einsichten im Zusammenhang mit generellen Prozessen der Individualisierung erbringen dürfte.[115]

## IV Moderner Hexenglauben: Ein Ausblick

Der Dämonen- bzw. Schadenszauberglaube ‚alten' Typs, also im Sinne der zugeschriebenen Hexerei, verschwand zwar nicht – wie sich am Beispiel von Hexenbannern, Besessenheit und Exorzismus, kommerziell motiviertem Betrug sowie Beleidigungsklagen wegen Hexerei bis in die Gegenwart zeigt. Ihm gesellten sich jedoch sukzessiv Varianten der selbstermächtigenden Hexerei hinzu, die sich gerade nicht an traditionelle Formen der Hexereivorstellung anschlossen. Im Gegensatz zu den Teufelsbündnern des späten 17. und frühen 18. Jahrhunderts weisen neuere Bezüge auf den Hexenglauben seit dem frühen 19. Jahrhundert weitgehend auf das positiv gedeutete und zunehmend romantisch-mythisch verklärte ‚okkulte'

---

[114] Wilhelm Schmidt-Biggemann: Philosophia perennis. Historische Umrisse abendländischer Spiritualität in Antike, Mittelalter und Früher Neuzeit. Frankfurt a.M. 1998, S. 16ff.
[115] Zu beachten sind hier sicherlich die Ergebnisse des Teilprojekts des SfB 804: Gottlosigkeit und Eigensinn. Religiöse Devianz in der Frühen Neuzeit (URL: http://www.sfb804.de/index.php?id=47) unter Leitung von Gerd Schwerhoff.

Wissen der Hexen hin. Wegbereiter einer von aufklärerischer Religionskritik, romantischer Naturphilosophie, konfessionellen Streitigkeiten sowie nationalistischen Volkstums- und Germanenideologien geprägten Etablierung des romantischen Hexenbildes wurden vor allem Jacob Grimm (1785–1863), Johann Jakob Bachofen (1815–1887) und Jules Michelet (1798–1874).[116] Entlang von naturphilosophischen und vor allem pantheistischen Vorstellungen eines erlösenden Heilwissens durch die ganzheitliche Wahrnehmung und Interaktionen der beseelten Natur griffen solche Entwürfe vorzugsweise auf hermetisches bzw. esoterisches Wissen und – im Sinne kritischer Rekurse – auf aufklärerische Hexenbilder zurück. Die rezeptiven Wurzeln der Romantik offenbaren sich zudem in der spezifischen Verknüpfung von Weiblichkeit und Magie. Die romantisch idealisierte Rolle der Mutter als Lebensspenderin, Urmutter und Schöpferin fand hier in vielfältiger Weise eine Einschreibung in den Magieglauben. Gleichzeitig finden sich erste Überlegungen zur Rolle der Hexe als Sozialrebellin.[117]

Während positiv konnotierte Selbstermächtigungsstrategien bereits in der Romantik Seherinnen und Schamanen hervorbrachten, fehlen solche Entwürfe entlang der dämonischen Magie vermutlich ganz. Okkultismus im Sinne eines dezidierten Satanismus blieb bis zum späten 19. Jahrhundert offenbar unpopulär.[118] In verschiedenen Intensitätsphasen rezipierten zahlreiche heterogene okkultistische Strömungen[119] und Einzelpersonen des 19. und vor allem des 20. Jahrhunderts die romantischen Mythen zunehmend als vermeintlich historisch verbürgte Deutungen der Hexen.

Seit den 1960er Jahren definieren sich Frauen und Männer selbst nicht nur zunehmend als Hexen, sondern versammeln sich für bestimmte Ritualpraktiken oder organisieren sich in Gruppen, etwa neuheidnische und schamanistische Strömungen bzw. Wicca.[120] Zum Teil gehen sie nicht nur von der realen Existenz eigenbestimmter historischer Hexensekten aus, sondern berufen sich auf diese magische – allerdings erst in der Aufklärungskritik konstruierte – Tradition. Sie nutzen zudem synkretistische Ritualpraktiken und Magieformen, die auf den dezidiert antichristlichen Charakter ihrer Glaubensformen verweisen. Der Anklang an vormoderne Ritualtechniken bleibt rein nominell. Die ‚Freifliegenden Hexen' heute markieren mit der Bezeichnung ihre persönliche Ungebundenheit, längst aber keine inhaltlichen Prägungen.

In dieser Hinsicht gleicht auch der moderne Satanismus mit seinen zahlreichen auch institutionell angelegten Organisationen den ‚Hexenkulten', obwohl er mit

---

[116] Wiedemann: Rassenmutter (wie Anm. 6), S. 115ff.
[117] Ebd., S. 335.
[118] Fügmann: Zeitgenössischer Satanismus (wie Anm. 51), S. 19–21.
[119] Etwa Treitel: Science (wie Anm. 50), bes. S. 217ff. u. 241ff.
[120] Kathrin Fischer: Das Wiccatum. Volkskundliche Nachforschungen zu heidnischen Hexen im deutschsprachigen Raum. Würzburg 2007; Birgit Neger: Moderne Hexen und Wicca. Aufzeichnungen über eine magische Lebenswelt von heute. Wien u.a. 2009.

seiner Zelebrierung des Individuums anders akzentuierte Rezeptionsmuster der Aufklärung nahelegt. Im Mittelpunkt stehen vor allem der Mensch, als sein eigener Gott, und das Ausleben eines kontrollierten Hedonismus. Insgesamt ist der Satanismus auf das Diesseits orientiert und verfolgt zum Teil strikt antichristliche Prämissen (etwa die Verkehrung der sieben Todsünden in Lebensmaximen).[121] Der Bezug auf den Teufel markiert hier vorwiegend die diskursive Verkehrung christlicher Moralvorstellungen. Ins Extreme übersteigert erscheinen in dieser Weise Motive von Individualität, die im historischen Hexenglauben geradezu negiert wurden.

Beide Formen des gegenwärtigen ‚Hexenglaubens' lassen sich auf diese Weise als rezeptive Muster einer modernen Fassung von ‚esoterisch inspirierter Hexerei' identifizieren, die nicht substantiell mit der vormodernen dämonischen Interpretation von Schadenszauber und dem konstitutiven Charakter des Teufelspakts in Verbindung zu bringen sind. Aus der Negierung des gelehrten Konzepts des dämonischen Schadenszaubers erwuchs eine Vielzahl synkretistischer Erklärungskonzepte. Eine Zunahme von Rationalität lässt sich in der Vielfalt des modernen Schadenszauber- und esoterischen Hexenglaubens aber wohl nicht konstatieren.

---

[121] Fügmann: Zeitgenössischer Satanismus (wie Anm. 51), S. 335.

TATIANA ARTEMYEVA

# Robert Fludd and the Hermetic Tradition in Russia in the Enlightenment

After the Petrine epoch European philosophy became more and more popular in Russia. Some of its ideas were disseminated via the Petersburg Academy of Sciences and Moscow University, some of them circulated via various groups in society. State institutions provided rational forms of philosophising. It was understood as 'philosophy as science' (or 'transcendent knowledge') and could be attained by various approaches, experiences or rational conclusions and logical deductions.[1]

Irrational forms of philosophy, including the hermetical and mystical tradition, could be described as 'philosophy as vision' (or 'immanent knowledge') and attained by immediate understanding. The result of this way of cognition was intimate knowledge. It could be attained by mystical tradition.[2]

Rational philosophy concerned itself with 'edification of reason'. It was represented traditionally and included metaphysics, physics and logic. Physics presented itself as 'knowledge of natural bodies', in the broad sense it was identified with natural philosophy and included all natural sciences. The subject of logic was the laws of human reason. Metaphysics formed the central part of rational philosophy. Metaphysics included 'natural', or 'rational', theology (rational and 'natural' knowledge of God), 'ontology' (knowledge of universal laws of being), and psychology, or pneumatology, or pneumatics (knowledge of the soul).[3] Philosophy

---

I would like to express my gratitude to the Helsinki Collegium for Advanced Studies for the excellent opportunities for research.

[1] A detailed analysis of institutional philosophising may be found in: Владимир Федорович Пустарнаков. Университетская философия в России: идеи, персоналии, основные центры. Санкт-Петербург 2003. (Vladimir F. Pustarnakov: Philosophy at Universities in Russia: Ideas, People, Principal Centers. St. Petersburg 2003), and in my book about philosophy at St. Petersburg Academy of Sciences: Татьяна Владимировна Артемьева: Философия в Петербургской академии наук в XVIII веке. Санкт-Петербург 1999. (Tatiana V. Artemyeva: Philosophy at Petersburg Academy of Sciences in the 18th Century. St. Petersburg 1999).

[2] The problem of vision in Russian 18th-century philosophy, as well as a 'visible' character of the truth, became an object of modern discussions. Authors analyse, first of all, non-academic philosophical ideas reflected in the forms of literature. See Marcus Levitt: The "Obviousness" of the Truth in the Eighteenth-Century Russian Thought. In: The Philosophical Age. Almanac 24. History of Philosophy as Philosophy. Part 1. Ed. by Tatiana V. Artemyeva, Mikhail M. Mikeshin. St. Petersburg 2003, pp. 236–245; Михаил Маяцкий: Некоторые подходы к проблеме визуальности в русской философии. Логос 6 (1995). С. 47–76. (Mikhail Mayatsky: Some Problems of the Visual in Russian Philosophy. In: Logos 6 [1995], pp. 47–76).

[3] The system of philosophy and its divisions, as well as its role as a universal approach to cognition, was analysed in details in the Chapter III "Theoretical and practical philosophy. The system of metaphysics" in my book: Татьяна Владимировна Артемьева: История метафизики в России XVIII века. Санкт-Петербург 1996. (Tatiana V. Artemyeva: A History of Metaphysics in Eighteenth-Century Russia. St. Petersburg 1996).

was understood as a kind of meta-epistemology, as a way to understand the world and a way to understand the ability of the human being to understand.

Such philosophers as Yakov Kozelskii (c1728–c1794), Vasilii Trediakovskii (1703–1769), and Grigorii Teplov (1717–1779) gave their own classifications, but they all were based on Wolffian principles of cognition which were described in details in Grigorii Teplov's book *Matters concerning philosophy* (1751).[4] After Christian Wolff, he wrote about three ways of cognition: historical, philosophical and mathematical. Historical knowledge was knowledge about facts and concrete details. Philosophical cognition was knowledge about reasons, and mathematical cognition was knowledge about quantities.[5]

In spite of clear and traditional classifications, the real being of philosophy was very special and every aspect of it developed in its own way.

It is possible to mark out several intellectual networks in Russia in the Enlightenment.[6] One of them was the system of academic institutions that included both 'visible' and 'invisible colleges'. It was connected with the Petersburg Academy of Sciences (established in 1724) and Moscow University (established in 1755).[7] The second was represented by theologians from church schools, first of all in Kiev and Moscow, and so-called 'learned monks'.[8] The third was developed in the circles of

---

[4] See a recent republication of that work in: Григорий Николаевич Теплов: Знания, касающиеся вообще до философии. Общественная мысль России XVIII века. В двух томах. Составление, подготовка к печати, вступительная статья, комментарии Татьяны Владимировны Артемьевой. Т. 2. Москва 2010, С. 49–163. (Grigorii N. Teplov: Matters Concerning Philosophy in General. In: The Russian Social Thought in the 18th Century. 2 vols. Ed. by Tatiana V. Artemyeva. Vol. 2, Moscow 2010, pp. 49–163).

[5] Ibid., pp. 68f.

[6] The importance of an analysis of intellectual and even philosophical networks for understanding the manner of circulation of ideas and the problem of intellectual communication was demonstrated by American sociologist Randall Collins. See Randall Collins: The Sociology of Philosophies: A Global Theory of Intellectual Change. Cambridge, MA 1998.

[7] See an analysis of the intellectual status of academic institutions in: Ирина Павловна Кулакова: Университетское пространство и его обитатели. Московский университет в историко-культурной среде, XVIII в. Москва 2006. (Irina P. Kulakova: The University Space and Its Inhabitants. Moscow University in the Historical and Cultural Milieu in the 18th Century. Moscow 2006); Андрей Викторович Панибратцев: Просвещение разума. Становление академической науки в России. Санкт-Петербург 2002. (Andrei V. Panibratsev: The Enlightenment of Reason. The Formation of Academic Researches in Russia. St. Petersburg 2002); Галина Ивановна Смагина: Сподвижница великой Екатерины: Очерки о жизни и деятельности директора Петербургской академии наук княгини Екатерины Романовны Дашковой. Санкт-Петербург 2006. (Galina I. Smagina: A Companion of Catherine the Great: Essays on the Life and Work of the Director of St. Petersburg Academy of Sciences Princess Ekaterina Romanovna Dashkova. St. Petersburg 2006). In the last book international connections of the St. Petersburg Academy of Sciences are demonstrated with an example of E. Dashkova who was an important person in the academic management.

[8] Still one of the best and detailed books is: Георгий Васильевич Флоровский: Пути русского богословия. Париж 1937. (Georgii V. Florovskii: The Ways of Russian Theology. Paris 1937). See also: Евгений Евсигнеевич Голубинский: История русской церкви. Москва 1901. (Evgenii E. Golubinskii: A History of the Russian Church. Moscow 1901); Маргарита Анатольевна Корзо: Украинская и белорусская катехетическая традиция конца XVI–

the enlightened noble elite.[9] Each of these networks had its own media-system, its own range of problems and even its own language. For many reasons all of them were quite separate from each other.

Because of the weakness of the academic institutions and due to the strong spiritual censorship, many metaphysical problems, for example the problem of the immortality of the soul, God's existence, theodicy, etc., were studied and discussed more often in the secret Masonic documents or metaphorical literary forms than in special university editions.[10] For nobles Masonic lodges were sometimes the only places where they could discuss these problems and make contact with representatives of other circles, for example, with academics.[11] Masonic magazines, first of all *The Morning Light* (*Utrennii svet*), *The Dusk* (*Vechernyaya zarya*), *A Hard-Working Man at Rest* (*Pokoyashiisya trudolyubets*), edited by the eminent Moscow Mason Nikolai Novikov (1744–1818), published various articles on philosophical problems. His activity as a publisher provided the generation of Russian intellectuals with special materias, including favorite Masonic authors, and created a special interest in moral and spiritual problems.[12]

Almost all representatives of the Russian intellectual and political elite were more or less active members of Masonic lodges.[13] Masonic fraternity gave Russian

---

XVIII вв.: становление, эволюция и проблема заимствований. Москва 2007 (Margarita A. Korzo: The Ukrainian and Byelorussian Tradition of Catechization in 16$^{th}$–18$^{th}$ Centuries: the Formation, Evolution and the Problem of Receptions. Moscow 2007).

[9] See Агамалян Лариса Георгиевна: "Дворянское философствование" эпохи Просвещения. Философский век. Альманах 24. История философии как философия. Часть 1. Ред. Татьяна Владимировна Артемьева, Михаил Игоревич Микешин. Санкт-Петербург 2003, С. 228–235. (Larisa G. Agamalyan: Noble philosophising of the Enlightenment. In: The Philosophical Age (see note 2), pp. 228–235).

[10] See Lauren G. Leighton: The Esoteric Tradition in Russian Romantic Literature: Decembrism and Freemasonry. University Park, PA 1994; Artemyeva: History of Metaphysics (see note 3).

[11] The intellectual atmosphere of Russian society in the Enlightenment and the importance of Masonry for elites is described in: Георгий Владимирович Вернадский: Русское масонство в царствование Екатерины II. Петроград 1917. (Georgii V. Vernadskii: Russian Masonry during the Reign of Catherine II. Petrograd 1917); Joseph Smith: Working the Rough Stone: Freemasonry and Society in Eighteenth-Century Russia. DeKalb, IL 1999. Special importance of Masonry for the faculty of Moscow university is analysed in: Владимир Иванович Новиков: Масоны и Московский университет. Русский переплет. (Vladimir I. Novikov: Masons and Moscow University. URL: http://pereplet.ru/text/novikov23fev02.html [30.03.2011]).

[12] See Иван Федорович Мартынов: Книгоиздатель Николай Новиков. Москва 1981. (Ivan F. Martynov: Book Publisher Nikolai Novikov. Moscow 1981); Михаил Николаевич Лонгинов: Новиков и московские мартинисты. Санкт-Петербург 2000. (Mikhail N. Longinov: Novikov and Moscow Martinists. St. Petersburg 2000); Александр Ильич Незеленов: Н. И. Новиков, издатель журналов. Санкт-Петербург 1875. (Aleksandr I. Nezelenov: N. I. Novikov as a Publisher of Journals. St. Petersburg 1875); Gleb Butuzov: The Hermetic Tradition in Eighteenth-Century Russia and the Ukraine. In: Cauda pavonis 19/1, pp. 11–16; Владимир Николаевич Тукалевский: Искания русских масонов. Санкт-Петербург 1911. (Vladimir N. Tukalevskii: Strivings of Russian Masons. St. Petersburg 1911).

[13] See Татьяна Алексеевна Бакунина: Знаменитые русские масоны. Москва 1991 (Tatiana A. Bakounine: Famous Russian Masons. Moscow 1991); Андрей Иванович Серков: Русское

nobles the feeling of European intellectual and spiritual identity. Many philosophical, political, cosmological, ethical and aesthetical ideas were transferred to Russian culture via Masonry.[14] It was the only way to come for some complexes of ideas, for example, hermetical philosophy.[15] The Russian intellectual elite of the Enlightenment, which consisted mainly of nobles, was included into the international process of ideas exchange partly by Masonry.

'Professional' philosophising and the 'classical' image of an eccentric professor who expounded ex cathedra just another and 'the newest' system, were not relevant for Russia where a teacher of philosophy (as distinct from a philosopher) was mainly an official, a bearer of the state ideology. He was placed in this position by the existing system of higher education and research.[16]

The hermetic tradition was practically expelled from the official institutions, but its ideas were popular among Russian intellectuals.[17] Thus they needed special

---

масонство 1731–2000. Энциклопедический словарь. Москва 2001. (Andrei I. Serkov: Russian Masonry 1731–2000. Encyclopedic Dictionary. Moscow 2001); Андрей Иванович Серков: Российское масонство. Звезда 7–8 (2000). (Andrei I. Serkov: Russian Masonry). URL: http://magazines.russ.ru/zvezda/2000/8/mason.html [30.03.2001].

[14] Николай Иванович Барсов: К истории мистицизма в России. Христианское чтение 1 (1876). (Nikolai I. Barsov: On the History of Mysticism in Russia. In: Christian Reading 1 [1876]); Сергей Владимирович Аржанухин: Философские взгляды русского масонства: По материалам журнала "Магазин свободнокаменщический". Екатеринбург 1995. (Sergei V. Arzhanukhin: Philosophical Views of Russian Masonry: According to Materials from the Journal "Magazin Svobodnokamenshchicheskii". Yekaterinburg 1995); Павел Петрович Аникиев Мистицизм в эпоху Александра I. Москва 1912. (Pavel P. Anikiev: Mysticism in the Epoch of Alexander I. Moscow 1912).

[15] Александр Александрович Фёдоров: Европейская мистическая традиция и русская философская мысль: последняя треть XVIII — первая треть XIX века. Нижний Новгород 2001. (Aleksandr A. Fedorov: The European Mystical Tradition and the Russian Philosophical Thought: The Last Third of the 18$^{th}$ – the First Third of the 19$^{th}$ Century. Nizhnii Novgorod 2001); Филипп Алексеевич Терновский: Материалы для истории мистицизма в России (Записки К. А. Лохвицкого). Труды Киевской Духовной Академии 3 (1863), С. 161–203. (Filipp A. Ternovskii: Materials for the History of Mysticism in Russia (Notes of K. A. Lokhvitskii). In: Proceedings of Kiev Church Academy 3 [1863], pp. 161–203); Алексей Дмитриевич Галахов: Обзор мистической литературы в царствование императора Александра I. Журнал министерства народного просвещения 11 (1875), С. 87–175. (Aleksei D. Galakhov: A Review of Mystical Books in the Reign of Alexander I. In: The Journal of the Ministry of Education 11 [1875], pp. 87–175); Николай Федорович Дубровин Наши мистики-сектанты: А.Ф. Лабзин и его журнал "Сионский вестник". Русская старина 82 (1894), 9, С. 145–203; 10, С. 101–126; 11, С. 58–91; 12, С. 98–132; 83 (1895), 1, С. 56–71; 2, С. 35–52. (Nikolai F. Dubrovin: Our Mystics-Sectarians: A. F. Labzin and his journal "The Herald of Zion". In: Russkaia Starina 82 [1894], 9, pp. 145–203; 10, pp. 101–126; 11, pp. 58–91; 12, pp. 98–132; 83 [1895], 1, pp. 56–71; 2, pp. 35–52).

[16] I have analysed institutional traditions of philosophy in Russia in: Татьяна Владимировна Артемьева: Кафедральная философия в России. Истоки и традиции. Сфинкс. Петербургский философский журнал 2 (1994), С. 7–45. (Tatiana V. Artemyeva: The Departmental Philosophy in Russia. Its Origins and Traditions. In: Sphinx. A St. Petersburg Philosophical Journal 2 [1994], pp. 7–45).

[17] See Владимир Владимирович Кучурин: Мистицизм и западноевропейский эзотеризм в религиозной жизни русского дворянства в последней трети XVIII – первой половине XIX в.: опыт междисциплинарного исследования. Слово и мысль в междисциплинарном

means and institutions. Often philosophical ideas penetrated via literature, poetry, art, science, politics, personal contacts, education, etc. They were transferred not 'from treatise to treatise', but via 'texts of culture'.[18]

All branches of Masonry shared ideas of Neo-Platonism, in particular, metaphysics of light, an orientation towards symbology and visualisations of abstract notions and a special 'mystical rationalism'. The European Hermetic tradition was studied by Russian Masons extensively and thoroughly. Carlos Gilly noted that "almost all significant European mystical and theosophical works of the modern era were well known in Russia."[19]

It is worth noting that among all mystical writers who were traditionally authorities in Masonic circles – Emanuel Swedenborg (1688–1772), Jacob Böhme (1575–1624), Louis Claude de Saint-Martin (1743–1803), Theophrastus Paracelsus (1493–1541), Johann Arndt (1555–1621), et al. – we can find names of British mystics and spiritual writers: Roger Bacon (1214[?]–1294), Thomas Bromley (1629–1691), John Bunyan (1628–1688), William Dergham (1657–1735), Robert Fludd (1547–1637), William Hutchinson (1732–1814), John Mason (1706–1763), John Pordage (1607–1681), Thomas Vaughan (1622–1666) and, possibly, others.

The most important of them were the Englishmen Robert Fludd and John Pordage. Pordage was seen more as a follower of Böhme. Works by these thinkers were represented first of all in Russian manuscript translations. That is why they are not only well-known, but even known in modern literature.[20]

At the Russian National Library in St. Petersburg one can find nine huge manuscript volumes that contain different parts of translations into Russian of Fludd's *Utriusque cosmi historia...* (Oppenheimi [et] Francofurti, 1617–1738) and *Tractatus apologeticus integritatem societatis de Rosae Cruce defendens*.[21] There are also a dozen translations of Pordage's *Theologia mystica, Sophia, The Angelical World, The Dark Fire World, The Incarnation of Jesus Christ, A Treatise of Eter-*

---

пространстве образования и культуры. Под ред. М. С. Уварова и В. Я. Фетисова. Санкт-Петербург 2005. (Vladimir V. Kuchurin: Mysticism and Western European Esotericism in the Religious Life of the Russian Nobility in the Last Third of the 18th – the First Half of the 19th Century: An Attempt at an interdisciplinary research. In: The Word and the Thought in the Interdisciplinary Space of Education and Culture. Ed. by M. S. Uvarov and V. Ya. Fetisov. St. Petersburg 2005). URL: http://sofik-rgi.narod.ru/avtori/slovo_misl/kutchurin.htm [30.03.2011]).

[18] See Татьяна Владимировна Артемьева: Проблемы интеллектуальной коммуникации. Wiener Slawistischer Almanach 59. München 2007, S. 113–128. (Tatiana V. Artemyeva: The problems of Intellectual Communications. In: Wiener Slawistischer Almanach 59. München 2007, pp. 113–128).

[19] Carlos Gilly: Iter Gnostico-Russicum. In: 500 Years of Gnosis in Europe. Exhibition of Printed Books and Manuscripts from the Gnosis Tradition. Amsterdam 1993, p. 55.

[20] The Rosicrucian tradition in Russia is comprehensively studied in: Rafaella Faggionato: A Rosicrucian Utopia in Eighteenth-Century Russia: The Masonic Circle of N. I. Novikov. Dordrecht 2005.

[21] See Роберт Фладд: История микрокосма, сочиненная Робертом Флюд. Отдел рукописей Российской национальной библиотеки F III 18. (Robert Fludd: A History of the Microcosm. The Manuscript Department of the Russian National Library. F III 18).

*nal Nature*.²² Pordage's *Metaphysica vera et divina* was translated (from German!) by I.P. Turgenev (1752–1807) and printed in Russia in 1787 by a secret Masonic publishing house.²³ These translations are witnesses of a great interest in hermetic and mystic philosophy, but this evidence has never been the object of any systematical or even superficial investigation.

Some mystic books and manuscripts were presented and described at the huge 1993 exhibition in Moscow and St. Petersburg,²⁴ but these were primarily collections from Moscow libraries, and manuscript volumes of Russian translations of Fludd's *Utriusque cosmi historia...* were not included: Fludd's role in the development of Russian hermetic tradition was simply omitted. Robert Fludd, however, was too important a figure in the world of philosophical and hermetical traditions to be neglected.

Fludd graduated from St. John's College of the University of Oxford at about 1596. About 1605 he received his degrees of Bachelor of Medicine and Doctor of Medicine. As a physician he followed the Paracelsian tradition. He was also interested in Rosicrucian philosophy, and later he was one of the most enthusiastic supporters of the movement. He devoted himself to searching after the truth and understanding of God. He wrote:

> I am of a distinguished noble race. My spouse is called 'desire of wisdom'; my children are the fruits produced by it [...] I have experienced and fortunately overcome the stormy sea, the steep mountains, the slippery vallies, ignorance on land, and the coarseness of the towns; the haughtiness and pride of the citizens, avarice, faithlessness, ignorance, foulness, almost all human inconveniences [...]. I have found that almost everywhere vanity rules and triumphs. All seems to be self-assertive misery and vanity itself.²⁵

Fludd believed in the real existence of the Rosicrucian Society and was very popular among English and German pietists who published his apology in 1782 in German.²⁶ It was translated into Russian, but not published. Fludd was important

---

²² Отчет Императорской публичной библиотеки за 1874 г. Санкт-Петербург 1875. (The Report of the Imperial Public Library for 1874. St. Petersburg 1875).
²³ Джон Пордедж: Божественная и истинная метафизика, или Дивное и опытом приобретенное ведение невидимых и вечных вещей. Москва: Тайная масон. тип., Б.г. (John Pordage: Divine and True Metaphysics, or Amazing and Empirical Understanding of Invisible and Eternal Things. Moscow n.d.). It is important to note that the translator, eminent Mason Ivan Turgenev, was in 1796–1803 the director of Moscow University.
²⁴ 500 years of gnosis in Europe (see note 19).
²⁵ See James B. Craven: Doctor Robert Fludd. York 1902, pp. 42–45. See his biography and analysis of his works also in: Joscelyn Godwin: Robert Fludd. Hermetic Philosopher and Surveyor of Two Worlds. London 1979; William H. Huffman: Robert Fludd and the End of the Renaissance. London, New York 1988.
²⁶ Robert de Fluctibus: Schutzschrift für die Aechtheit der Rosenkreutzer Gesellschaft aus dem Lateinischen mit Anm. v. Adamah Booz (A. M. Birkholz). Leipzig 1782.

for Russian Masons as a fervid preacher of the 'old Rosicrucian'. Ideas from his works were included into principal Masonic documents.[27]

Mysticism attracted Russian thinkers first of all because it was an immediate way to achieve the truth and to understand God. This view corresponded to the apophatic tradition of the Russian mentality.[28] Thus translators tried to reproduce visual texts as a narrative. In the manuscript of Fludd's *History of Microcosm* the pictures were copied with the same care as the text. It was very important because Fludd used visual images as an essential part of his text.

There was a discussion between Fludd and Johannes Kepler (1571–1630) about the meaning and reality of visual images. Both agreed that the intelligible Kingdom of the non-sensible qualities and forces existed.[29] One of the most important questions was a problem of the status of the visualisation. Both thinkers tried to understand how it was possible to reveal essences in visual images. For both of them it was important to reflect some essential moments of the Universe construction.

Fludd was extremely skilled at finding graphical images for abstract notions, because one of the major principles of his epistemology presupposed that the occult, mystical, dark could be pictured and consequently understood. Albrecht Dürer's (1471–1528) works were the main iconographical source for Fludd as well as for other representatives of emblematic thought.[30]

The central image of Fludd's visual system, the iconographical basis of his philosophy, was a structure made of two interpenetrative pyramids. They represented the unity of the opposite fundamentals: light and darkness, form and matter. This image came from Neo-Platonism and was also used by Nicholas of Cusa (1401–1464).[31] Applying this model – called the 'Diagram P', 'the pyramid of

---

[27] See Тира Оттовна Соколовская: Масонские системы. Масонство в его прошлом и настоящем. Москва 1991. (Tira O. Sokolovskaia: Masonic Systems. In: Freemasonry in Its Past and Present. Moscow 1991); Ефим Иванович Тарасов: Московское общество розенкрейцеров. Масонство в его прошлом и настоящем. Москва 1991, С. 15. (Efim I. Tarasov: Moscow Rosicrucian society. Masonry in Its Past and Present. Moscow 1991, p. 15). See also: Александр Николаевич Пыпин: Русское масонство XVIII и первой четверти XIX в. Петроград 1916. (Aleksandr N. Pypin: Russian Freemasonry in the 18th and the First Quarter of the 19th century. Petrograd 1916).

[28] See Timothy Ware: The Orthodox Church. London 1997; Charles Barber: From Transformation to Desire: Art and Worship after Byzantine Iconoclasm. In: The Art Bulletin 75/1 (1993), pp. 8–16; Henry Maguire: Image and Imagination in Byzantine Art. Aldershot 2007; Robert S. Nelson: To Say and to See: Ekphrasis and Vision in Byzantium. In: Visuality before and beyond the Renaissance: Seeing as Others Saw. Ed. by idem. Cambridge, New York 2000.

[29] See Robert S. Westman: Nature, Art and Psyche: Jung, Pauli, and the Kepler-Fludd Polemic. In: Occult and Scientific Mentalities in the Renaissance. Ed. by Brian Vickers. Cambridge 1986, pp. 177–229.

[30] Westman: Nature, Art and Psyche (see note 29).

[31] "So since you have now come to the point that you see surmisingly that all things are from oneness and otherness, conceive (1) that oneness is a certain formal light and is a likeness of the First Oneness but (2) that otherness is a shadow and is a withdrawing from the most simple First and is material grossness. And conceive of a pyramid-of-light as progressing into

light', or 'the paradigm' – Nicholas of Cusa analysed and explained pairs of 'light and darkness', 'oneness and otherness', 'unity and anotherness', 'God and nothing', etc.[32] This image was widely spread in the Masonic symbolism, though it may be also seen in Orthodox icons.

It was a well-known Russian Masonic authority of German origin Johann-Georg Schwarz (1751–1784)[33] who used the image in his explanations of the connection between the soul and the body.[34] In the manuscript collections of the Russian National Library in St. Petersburg one may find a student's notes of his lectures.[35] During 1782–1784 he delivered at Moscow University lectures in aesthetics (aesthetical criticism) and privately a course about "three types of cognition" and "philosophical history". He described the human being as a "threefold magnet" that consisted of the spirit (given by God), the body (given by Nature) and the soul which was something specially human. The soul was like a tree which grew simultaneously up to the celestial (divine) world and down to the corporeal (physical) world. Thus the human being was a connecting link between the world of spirit and the world of corporeality.[36] To show this, he employed the 'Diagram P'.[37] This symbol also was used in various Masonic images. Fludd's ideas and his

---

darkness and of a pyramid-of-darkness as progressing into light; and reduce to [that] figurative conception everything that can be investigated, so that by guidance from what is perceptible you can turn your surmise toward hidden [truths]." (Nicholas of Cusa: De Coniecturis [On Surmises]. In: Metaphysical Speculations. Six Latin Texts. Translated into English by Jasper Hopkins. 2 vols. Vol. 2. Minneapolis 1998–2000, p. 182 [I, 9, 41]).

[32] Jasper Hopkins: A Concise Introduction to the Philosophy of Nicholas of Cusa. 3rd ed. Minneapolis 1986. The problem of Renaissance symbols as a visualisation of philosophical notions is discussed in: Frances A. Yates The Art of Memory. London 1966; Idem: The Rosicrucian Enlightenment. London, Boston 1972.

[33] Johann-Georg Schwarz was called in Russia Иван Григорьевич Шварц (Ivan Grigor'evich Shvarts). See about him: Александр Ильич Незеленов: Литературные направления в екатерининскую эпоху. Санкт-Петербург 1889 (Aleksandr I. Nezelenov: Literary Trends in Catherine's Era. St. Petersburg 1889). Some of Schwarz's works have been published recently: Иван Григорьевич Шварц: Лекции. Составитель Александр Дмитриевич Тюриков. Донецк 2008 (Ivan G. Schwarz: Lectures. Compiled by Aleksandr D. Tiurikov. Donetsk 2008); Иван Григорьевич Шварц: Беседы о возрождении и молитве. Записки. Речи. Материалы для биографии. Составитель Александр Дмитриевич Тюриков. Донецк 2010. (Ivan G. Shvarts: Conversations about the Revival and Prayer. Notes. Speeches. Materials for a Biography. Compiled by Aleksandr D. Tiurikov. Donetsk 2010).

[34] Detailed analysis of his explanation was done in my book: Татьяна Владимировна Артемьева: "Область дай уму…". Мысли о душе. Русская метафизика XVIII века. Санкт-Петербург 1996. (Tatiana V. Artemyeva: "Область дай уму…". Meditations about the Soul: Russian 18th-Century Metaphysics. St. Petersburg 1996).

[35] [Иван Григорьевич Шварц]: Разные замечания покойного Шварца. Отдел рукописей Российской национальной библиотеки ОIII 112 ([Ivan G. Shvarts]: Various remarks of the Late Shvarts. The Manuscript Department of the Russian National Library. ОIII 112).

[36] Шварц: Лекции (see note 33), C. 112 (Schwarz: Lectures, p. 112).

[37] Ibid., p. 14.

system of visual images were important, however, not only for Masonry, but for various trends of culture – for philosophy, visual arts, and literature.[38]

Schwarz's name was very important for the educational process at Moscow University as well as for the Masonic movement. He was a really important agent for the intellectual communication in hermetic philosophy which was taught by him at the university and later in his private lectures.[39]

The Russian historian Vasilii Kluchevskii (1841–1911) thought that Schwarz' establishment of the *Conference of the University Pupils*[40] in 1781 was particularly important. He noted that "the students' society was intended to educate members' minds and taste, to perfect their moral qualities and to exercise them in philanthropic exploits."[41]

Among the faculty of Moscow University there were such Masons as philologist Matvei Gavrilov (1759–1829), historian (and in 1808–1818 the rector) Ivan Geim (1759–1821), professor of German Fedor Kister (1772–1849), professors of Antique Studies Christian-Friedrich Mattei (1744–1811) and Roman Timkovskii (1785–1820), professor of natural history Anton Prokopovich-Antonskii (1763–1848) (and in 1818–1821 the rector), professor of philosophy Pavel Sokhatskii (1765–1809), professor of experimental physics (and in 1805–1807 the rector) Petr Strakhov (1757–1813), professor of history and rhetoric (the first elected rector – in 1803) Khariton Chebotarev (1746–1815) as well as the professor of civil and Roman law Yakov Schneider.[42] Of course they did not teach hermetic philosophy in their lectures, but their participation in the Masonic network created a special spiritual and ethical atmosphere at the university. Besides, we should not forget the tradition of private lectures delivered by professors of Moscow University.

---

[38] Mundus Symbolicum российского Просвещения. Интермедиальность в русской культуре XVIII–XX веков. Санкт-Петербург 2009, С. 6–36. (Mundus Symbolicum of the Russian Enlightenment. In: Intermediality in Russian Culture of the 18th to the 20th Century. St. Petersburg 2009, pp. 6–36).

[39] Михаил Николаевич Лонгинов: Новиков и Шварц. Материалы для истории русской литературы в конце XVIII века. Русский вестник 11 (1857), С. 548–549. (Mikhail N. Longinov: Novikov and Shvarts. Materials for the History of Russian Literature of the End of the 18th Century. In: Russkii Vestnik 11 [1857], pp. 548–549); Степан Петрович Шевырев: История императорского Московского университета, написанная к столетнему его юбилею 1755–1855. Москва 1855. (Stepan P. Shevyrev: A History of the Imperial Moscow University. Written on its Centenary 1755–1855. Moscow 1855).

[40] Собрание университетских питомцев.

[41] "Это студенческое общество имело целью образование ума и вкуса своих членов, их нравственное усовершенствование, упражнение в человеколюбивых подвигах." Василий Осипович Ключевский: Воспоминание о Н. И. Новикове и его времени. Василий Осипович Ключевский: Сочинения в восьми томах. Том 8. Москва 1959, С. 251. (Vasilii O. Kluchevskii: Memoirs about N. I. Novikov and His Time. In: Idem.: Works in eight vols. Vol. 8. Moscow 1959, p. 251).

[42] See Tatiana Bakounine: Répertoire biographique des francs-maçons russes (XVIIIe et XIXe siècles). Paris 1967; Владимир Иванович Новиков: Масоны и Московский университет. Русский переплет. (Vladimir I. Novikov: Masons and Moscow University) URL: http://pereplet.ru/text/ novikov23fev02.html [30.03.2011].

A good example of using emblems as 'little metaphysical essays' was the edition of Gavriil Derzhavin's (1743–1816) complete works. He thought that emblems were able to complete his 'spiritual poems': God, The Immortality of the Soul, Christ, Pray, Greatness of God, The Proof of God's existence etc. Every poem was put into a peculiar 'frame' made from allegorical pictures that presented symbols of 'eternality', 'greatness', 'love', 'power', 'Light' or 'Truth'.[43]

Some painters, who were co-thinkers of the poet (Nikolai Lvov [1751–1803/04], Aleksei Olenin [1763–1843], Aleksei Egorov [1776–1851], Ivan Ivanov [1782–1848], Salvatore (Nikolai) Tonci [1756–1844]), helped him to realise the idea of joining philosophical and poetical forms of reflection with art. The double metaphorising turned definitions of God into poetical and visual images and reflected them in a non-conversational, unusual, but 'secret' and 'sacral' language.[44] Of course, it was not a direct influence of Fludd. Furthermore, Derzhavin never was a Mason. But it is a good example of how the hermetic transformed into an open cultural system.

Moreover, the visualisation of abstract notions was characteristic for Russian thinking in general. It was based on the tradition of apophatic theology. The tradition of the apophatic vision as immediate knowledge that did not need proofs and demonstrations was the basis of the symbolic and emblematic world-view. In Russia it was borrowed from the works of Dionysius Areopagita and even received official status inside the Orthodox Church via Byzantine theology.[45] Dionysius' principal work was *De caelesti hierarchia* (*On the Celestial Hierarchy*) from the *Corpus Areopagiticum*. It was translated into Russian in 1786 in a Masonic publishing house in Moscow.[46] Russian thinkers were interested in metaphysics of light and the Neo-Platonic doctrine of symbol and symbolism. This treatise explained the meanings of various sensual images. Celestial beings, including God, were represented as human beings because this was granted by reason and capacity to meditate about sublime matters. Every part of the human body and its qualities could represent divine forces and qualities. For example, eyes were the symbol of seeing and recognising the divine light, teeth were the symbol of the possibility to break down spiritual food, arms could symbolise the ability to create, to act and to

---

[43] Гавриил Романович Державин: Сочинения Державина с объяснительными примечаниями Якова Карловича Грота: В 9 т. Санкт-Петербург 1864–1883. (Gavriil R. Derzhavin: Works in 9 vols. Ed. by Yakov K. Grot. St. Petersburg 1864–1883). Illustrations may be found in vols. 1–2.

[44] Яков Карлович Грот: Введение. Сочинения Державина (see note 43). Т. 1, С. XXX. (Yakov K. Grot: Introduction. In: Derzhavin: Works. Vol. 1, p. XXX).

[45] Alexander Golitzin: Et introibo ad altare Dei: the mystagogy of Dionysius Areopagita, with special reference to its predecessors in the Eastern Christian tradition. Tessalonike 1994; Jaroslav Jan Pelikan: Imago Dei. The Byzantine Apologia for Icons. Princeton, NJ 1990.

[46] Святаго Дионисия Ареопагита О небесной иерархии, или священноначалии. Перевод с греческаго [иеромонаха Моисея (Гумилевского)]. Москва: Иждивением Типографической компании, Тип. Комп. типографич. 1786.

realise, the heart embodied godlike life, etc. Dionysius' treatise contained archetypes of European iconography, represented these symbols and their meanings in religious and secular art. However, there was a difference: The Russian tradition gave the first place to colour (meditations [speculations] in colours),[47] whereas the western tradition emphasised the details of drawing.

According to the Orthodox Church tradition, any rational investigation of God was a great sin. This prohibition applied to any visual image of God. The Russian iconographical tradition had strong rules about how to portray God and saints. The only possible way was to reproduce the Byzantine patterns.[48] In the end of the 18th century the Orthodox tradition became too narrow to reflect the outstanding thinkers' and artists' imaginary of God. Thus they used allegorical, metaphorical and emblematic ways to express their ideas. Rational theology changed into poetry, icon-painting into emblem-painting.[49] The European Emblem tradition became very popular in Russia. It gave Russian painters a new 'art language' (the Russian philosopher and theologian Pavel Florensky called it the "universal language of humankind") to express transcendent ideas.[50] Very often emblems illustrated books devoted to philosophical problems. Fludd's visual language helped Russian intellectuals Semen Gamaleia (1743–1822), Ivan Lopukhin (1756–1816) and Ivan Elagin (1725–1793) (who possibly was an initiator of translations of Fludd's works) to understand important spiritual matters.[51]

---

[47] See Евгений Николаевич Трубецкой: Умозрение в красках: Вопрос о смысле жизни в древнерусской религиозной живописи. Москва 1916. (Evgenii N. Trubetskoi: Speculation in Colour: The Question about the Meaning of Life in Ancient Russian Religious Paintings. Moscow 1916).

[48] Ibid.

[49] See Ифика Іерополитика, или философия нравоучительная, символами и пріуподобленіями изъясненная, сочиненная монахами Кіевопечерскаго монастыря с фигурами. Кіев 1712. (Political Ethics and Ethical Philosophy Explained by Symbols. Composed by Monks of Kiev Pecherskii Monastery. Kiev 1712); Нестор Максимович Максимович-Амбодик: Емвлемы и символы избранные. Санкт-Петербург 1788, С. X. (Nestor M. Maksimovich-Ambodik: Selected Emblems and Symbols. St. Petersburg 1788, p. X).

[50] See Екатерина Алексеевна Некрасова Неосуществленный замысел 1920-х годов создания "Symbolarium'a" (Словаря символов) и его первый выпуск "Точка". Памятники культуры. Новые открытия. Ленинград 1984, С. 102. (Ekaterina A. Nekrasova: The Unrealised Plan of 1920s to Create "Symbolarium" [Dictionary of symbols] and Its First Issue "Point". In: Treasure of Culture. New discoveries. Leningrad 1984, p. 102).

[51] Вернадский: Русское масонство (see note 11), С. 437–492. (Vernadskii: Russian Masonry, pp. 437–492); Тира Оттовна Соколовская Статьи по истории русского масонства. Москва 2008. (Tira O. Sokolovskaia: Papers in the History of Russian Masonry. Moscow 2008); Михаил Александрович Дмитриев: Главы из воспоминаний моей жизни. Москва 1998. (Mikhail A. Dmitriev: Chapters from My Memoirs. Moscow 1998); Иван Перфильевич Елагин: Учение древнего любомудрия и богомудрия, или наука свободных каменщиков, из разных творцев светских, духовных и мистических собранная и в 5 частях преложенная И.Е., великим российским провинциальным ложи мастером. Начато в MDCCLXXXVI г. Русский архив 1 (1864), С. 104. (Ivan P. Elagin: The Doctrine of Ancient Philosophy and Theosophy, or the Teaching of Free Masons Collected from Different Secular, Spiritual and Mystical Authors, and Rearranged in five parts by I. E., the Grand Russian

The general public used less spiritual editions of the visual language. The first Russian edition of *Symbola et Emblemata Selecta* was printed in Amsterdam in 1705 according to Peter I's special order. The origins of this edition were *Divises et Emblemes* selected by Daniel de la Feuille (1640–1709) (Amsterdam 1691), Iconologies by Jean Varin (1604–1672) and Cesare Ripa (1560–1622).[52]

The main works by Fludd were also written as comments to the general images. Fludd was sure he had an adequate method to demonstrate God's wisdom and power. His visual method was to depict key notions as three-dimensional images. Fludd represented the Creation of the World as an act of 'painting'. God 'painted', but He painted 'white' on 'black', with 'light' on the 'absolute darkness'. Fludd wanted to reflect visual meanings of 'metaphysics of the light' – and these attempts were very familiar to Russian Masons. Emblematic and symbolic mentality was widely spread in Masonic circles as a kind of a 'special language' that was understood by the inner circles.[53]

Fludd represented the 'absolute darkness' as a 'black square' (this image may be more understandable to a modern writer after the *Black Square* by the Russian painter Kazimir Malevich). On every side of it was a short Latin inscription: "Et sic in infinitum". The next stage represented "Fiat lux". The Divine Light cut the darkness, *materia prima*, which was an emanation of God's essence. The Darkness was "noluntas divina", "nothing", "emptiness", but as a result of the interaction between Light and Darkness the World appeared with the first elements and qualities.

The part of Fludd's manuscript devoted to the problem of coordination between Microcosm and Cosmos (*The History of Microcosm*) was translated and rewritten with great care. The "body-mind problem" or, to express it in 18th-century terms, the problem of the connection between the soul and body, or God and the world, was central to Russian metaphysics.[54] Fludd represented this problem in the idea of the Divine Harmony: the unity and likeness between God and the human being and between the human being and the material world. Introspective studies are, at the

---

Master of the Provincial Lodge. Begun in 1786. In: Russkii Arkhiv 1 [1864], p. 104); Иван Перфильевич Елагин: Опыт повествования о России. Подготовка текста, прим., послеслов. Татьяны Владимировны Артемьевой. Литература и история 3 (2001), С. 446–523. (Ivan P. Elagin: An Attempt of a Narration about Russia. Ed. by Tatiana V. Artemyeva. In: Literature and History 3 [2001], pp. 446–523).

[52] Алексей Иванович Маркушевич Об источниках амстердамского издания "Символы и эмблемата". Книга: исследования и материалы 8 (1981), С. 279–290. (Aleksei I. Markushevich: On the sources of the Amsterdam Edition of "Symbols and emblemata". In: Book: Researches and Materials 8 [1981], pp. 279–290).

[53] See Масонские труды Ивана Владимировича Лопухина. Москва 1913. (Ivan V. Lopukhin's Masonic Studies. Moscow 1913); Иван Перфильевич Елагин Опыт повествования о России (see note 51). (Ivan P. Elagin: An Attempt at a Narration about Russia).

[54] See details in: Tatiana V. Artemyeva: Eighteenth-Century Russian Philosophy on the Immortality of the Soul. In: Topic. A Journal of the Liberal Arts 51 (2001), pp. 62–67.

same time, the investigation of God and of the Cosmos. That was the reason why Fludd's meditations were so interesting to Russian Masons who were "searching after the light of the truthful knowledge".[55]

For Fludd, God existed simultaneously in three worlds: the Empyrean World, the World of the Ethers, and the Earthly World. God was the Creator and the pattern, or the archetype, of the created world. It is very likely that the notion of 'archetype' was incorporated into Russian philosophical discourse from Fludd. In Nikolai Yanovsky's (d. 1826) New Dictionary[56] of foreign terms, 'archetype' was explained as the idea of God in accordance with which He created the world.

Fludd was sure that his philosophy represented a description of God's revelation which was entrusted to Adam and then passed to Moses. Jesus Christ gave it to humankind for the second time, but from ancient times it had still been preserved in the works of Pythagoras, Plato, and Hermes Trismegistus. These ideas were shared by Russian Masons who also were trying to find ancient knowledge.[57]

The study of Fludd and the receptions of his ideas in Russia were important not only because of their content, but also because of the interesting way they were borrowed. His ideas came to Russia via an alternative route. As I have mentioned, they were transferred not 'from treatise to treatise', but via 'texts of culture': via literature, poetry, art, science, politics, personal contacts, education, etc.

The ideas of British mystics were important for reflections upon the main philosophical problems. Thus they had to be studied in a more careful and detailed way. Nevertheless, noblemen tried to realise their spiritual and religious intentions. They were not fully satisfied with the Orthodox doctrine. Sometimes they used Masonic societies to achieve the goal. Masonry was an important institution to unite the nobility in intellectual and spiritual societies and many (we may say almost all) noble intellectuals were Masons. In that culture, where the system of spiritual education had been destroyed by Peter the Great's reforms, intellectuals resorted to marginal forms to realise their spiritual needs.[58]

Russian Masonry was different from the western type (in spite of the fact that they were interconnected) and originated in Britain (both in English and in Scottish

---

[55] See Сергей Владимирович Аржанухин: Философские взгляды русского масонства. Екатеринбург 1995. (Sergei V. Arzhanukhin: Philosophical Views of Russian Masonry. Yekaterinburg 1995).

[56] Николай Максимович Яновский: Новый словотолкователь. Ч. 1. Санкт-Петербург 1803, C. 233 (Nikolai M. Yanovskii: A New Dictionary. Part 1. St. Petersburg 1803, p. 233).

[57] Вячеслав Всеволодович Иванов: Россия и гнозис. (Vyacheslav V. Ivanov: Russia and Gnosis). In: 500 Years of Gnosis in Europe (see note 19), pp. 12–21; Иван Перфильевич Елагин: Учение древнего любомудрия и богомудрия, или наука свободных каменщиков (see note 51), C. 93–110. (Ivan P. Elagin: The Doctrine of Ancient Philosophy and Theosophy, or the Teaching of Free Masons, pp. 93–110).

[58] Георгий Владимирович Вернадский: Русское масонство в царствование Екатерины II. (Georgii V. Vernadskii: Russian Masonry during the Reign of Catherine II); Александр Николаевич Пыпин: Русское масонство (see note 27 [Aleksandr N. Pypin: Russian Freemasonry]).

Masonry). The founder of English Masonry in Russia was Ivan Elagin. This direction of Masonry was founded upon

> the Constitutions of the ancient and honorable Fraternity of free and accepted Masons containing their History, Charges, Regulations etc. collected and digested, by order of the Grand Lodge, from their old Records, faithful Traditions and Lodge-Books, for the use of the lodges, by James Anderson, D.D. and Carefully Revised, continued, and Enlarged by John Entick, M.A

In 1770 the Grand Provincial Lodge was established in Russia. In 1772 Elagin received a diploma as "the Provincial Grand Master of and for all Russians", the title was conferred on him by the Grand Master of the Grand Lodge of England Henry Somerset, Duke of Beaufort.[59]

Elagin took his position seriously and tried to learn more about the essence of Masonry. He was sure that Masonry was the essence of all the intellectual history of humankind, but he saw the origin of human wisdom in ancient history and, in the first instance, in the history of Ancient Egypt and Judaism. Under the supervision of Stanislaus Pinas Ely[60] (Masonic name Seddag) he studied Hebrew to read the principal Judaic books in the original.[61]

In his principal work *A History of Russia* he included Russia in the intellectual history of the world, and the former title of his work was *An Attempt to Tell Wisely and Politically about the Russian State*. Elagin starts his history of Russia with an analytical history of universal religions. An important part of his description is devoted to the history of Judaism. Elagin believes that religious ideas are strictly connected with a political system. The search for the true, 'unharmed' religion is the only way to the perfect society founded upon real virtues. Studies of history would help to find the true, 'natural' stage of a society and faith.

Elagin begins his book with "A Sacrifice to Sophia-Wisdom." It is curious that this preface has an ambivalent character and is dedicated to St. Sophia, a popular

---

[59] In the archive of the Grand Lodge of England there are letters of Elagin's where he wrote: "I am fully persuaded that Unity and Order will be fully erected among the Northern Brothers." (Freemasons' Hall, London. Letter from Elagin to Grand Lodge of England. August 1776, p. 1, on the reverse side). See also Александр Владимирович Семека: Русское масонство в XVIII веке. Масонство в его прошлом и настоящем. Москва 1991, С. 141. (Aleksandr V. Semeka: Russian Masonry in the 18th Century. In: Masonry in the Past and Present. Moscow 1991, p. 141).

[60] I could not find the biographical data of S. P. Ely.

[61] Николай Васильевич Дризен: Иван Перфильевич Елагин. Русская старина 80 (1893). (Nikolai V. Drizen: Ivan Perfilievich Elagin. In: Russkaia starina 80 [1893]); Петр Петрович Пекарский: Дополнения к истории масонства в России XVIII столетия. Сборник статей, читанных в Отделении русского языка и словесности 7/4 (1869). (Petr P. Pekarsky: Additions to the History of Freemasonry in Russia in the 18th Century. In: Sbornik statei, chitannyh v Otdelenii russkogo yazyka i slovesnosti [Collection of Papers Delivered at the Department of Russian Language and Literature] 7/4 [1869]); Konstantin Burmistrov, Maria Endel: The Place of Kabbalah in the Doctrine of Russian Freemasons. In: Aries. Journal for the Study of Western Esotericism 4/1 (2004), pp. 27–68.

saint in the Orthodox tradition. Sophia-Wisdom is also a traditional image in the mystic movement. Ivan Elagin was under the influence of Böhme and Pordage. The most popular of John Pordage's works were *Divine metaphysics* and *Sophia*. The image of Divine Sophia, or Wisdom, was used not only in 18th-century Russian philosophy, but also by thinkers of the 19th and even the 20th century. 'Sophiology' became a special and very important direction in Russian philosophy.[62]

The Russian philosopher Vladimir Soloviev (1853–1900) was also greatly impressed by John Pordage, but not as a successor of the 18th-century tradition.[63] Soloviev would refer to Elagin's speculation if he had known it. But he knew nothing about it. It is interesting why. Here ignorance was the result of an ideological position. It was the position of a generation influenced greatly by positivists who denied any mysticism, metaphysics and even philosophising. One of them was Vladimir Soloviev's father Sergei Soloviev (1820–1879), an eminent Russian historian.

After reading Hegel's *Philosophy of history* Sergei Soloviev wrote that abstract meditations on history did not suit him. Thus he gave a very negative description of Russian thinkers who meditated on history writing their own histories of Russia. In his paper *The Writers of Russian History in the 18th Century* he analysed historical works of Mikhail Lomonosov (1711–1765), Vasilii Tatishchev (1686–1750), Vasilii Trediakovskii, Ivan Boltin (1735–1792), Fedor Emin (1735–1779), Ivan Elagin and others, and they all earned the most negative comments. In Sergei Soloviev's words, Elagin wrote *An Essay on Russian history* "having nothing better to do."[64] For Sergei Soloviev speculative meditations were meaningless and stupid. Naturally, the negative assessment of such a well-known historian influenced even the next generation of philosophers and, very possible, his son.

A certain similarity of intentions in thinkers from different epochs does not mean, of course, a direct influence 'from treatise to treatise', but there are common philosophical and cultural tendencies.

This interest in the past was an attempt to grasp the present or to justify it by the historical tradition. The problems and their solutions were then formulated with general philosophical and methodological principles in mind. German historians, who worked in Russia (Gottlieb Siegfried Bayer [1694–1738], Gerhardt Friedrich Müller [1705–1783], August Ludwig von Schlözer [1735–1809]), tried to attain

---

[62] Павел Никитич Сакулин: Из истории русского идеализма. Князь В.Ф. Одоевский мыслитель-писатель. Т. 1. Ч. 1. Москва 1913. (Pavel N. Sakulin: From the History of Russian Idealism. Prince V. F. Odoevskii as a Thinker and a Writer. Vol. 1. Moscow 1913, p. 1).

[63] Алексей Федорович Лосев Владимир Соловьев и его время. Москва 1990, С. 192. (Aleksei F. Losev: Vladimir Soloviev and His Time. Moscow 1990, p. 192).

[64] Сергей Михайлович Соловьев: Писатели русской истории XVIII века. Архив историко-юридических сведений, относящихся до России. Кн. II. Отд. III. Москва 1855, С. 132. (Sergei M. Soloviev: Writers of Russian 18th-Century History. In: The Archive of Russian Historical and Legal Sources. Book 2. Part. 3. Moscow 1855, p. 132).

new knowledge. Russian historiosophers, on the contrary, believed that the main function of a historical work was moral teaching (Vasilii Tatishchev [1686–1750], Fedor Emin), recovering the past emotional experience (Nikolai Karamzin [1766–1826]), understanding laws of social changes (Mikhail Shcherbatov [1733–1790]) or searching for analogies for the existing political system (Catherine II [1729–1796]).[65] The idea of historical process as a result of interactions of leading political figures, the class-conscious and personalistic mood of Shcherbatov's philosophy of history inspired researches in genealogy. This last, in turn, became itself a methodology of historical studies.

The major part of Elagin's thoughts, as well as works of other Russian mystic writers, are still in manuscript form. Among them are ideas about the principles of faith and philosophical musings on God in a special 'Masonic' Neo-Platonism. They tried to find in Masonry answers to philosophical questions that were so important to them.

---

[65] For a detailed analysis of various schools in Russian history (historiosophy) see my book: Татьяна Владимировна Артемьева: Идея истории в России XVIII века. Санкт-Петербург 1998. (Tatiana V. Artemyeva: The Idea of History in 18th-century Russia. St. Petersburg 1998).

THEODOR HARMSEN

# Fiction or a much stranger Truth. Sources and Reception of the *Geheime Figuren der Rosenkreuzer* – Secret Symbols of the Rosicrucians in the 18th, 19th and 20th Centuries

> Ob ich gleich weder ein Rosenkreutzer, noch Freymäurer bin, sondern nur ein Liebhaber der Naturwissenschaft; so will ich Ihnen, meine Herren vom goldenen Geschlecht, dennoch ein ganzes Verzeichnis von dergleichen Schriften in die Hände geben, welches Sie in Ihren Bibliotheken aufstellen können.[1]

## I Historicity and Identity: Manuscript Evidence for the Assembly of the *Geheime Figuren*

When Johann Christoph Lenz (1748–1795)[2] published a new edition of the pseudonymous author Polycarpus Chrysostomus's 1710 missive to the Rosicrucians,[3] he added a bibliographical listing of a substantial corpus of Rosicrucian literature which included under entry number 142 a detailed description of a large folio manuscript containing secret theosophical, alchemical, kabbalist, and magical symbols. Lenz presented his edition of *Missiv* and the added bibliography to the Masonic order of the Gold- und Rosenkreuzer in 1783 and he may have known of renewed plans to print the *Einfältig A.B.C. Büchlein, das ist, die Lehre der fratrum Roseae Crucis für junge Schüler*.[4] Different manuscript versions of the symbols, combinations of texts and images partly garnered from 16th- and 17th-century printed sources existed from at least the early 1730s. They were copied and distributed among Böhmist, Theosophist, Rosicrucian, and Radical Pietist groups before a selection was finally printed by the Gold- und Rosenkreuzer in Altona in

---

[1] [Polycarpus Chrysostomus]: Missiv an die Hocherleuchtete Brüderschaft des Ordens des Goldenen und Rosenkreutzes ... Nebst einem noch nie im Druck erschienenen vollständigen historisch-kritischen Verzeichniß von 200 Rosenkreutzerschriften vom Jahre 1614 bis 1783. Ed. by T.Y.R. [Johann Christoph Lenz]. Leipzig 1783; Lenz's comment: Vollständiges Verzeichniß von Rosenkreutzerschriften. In: [Lenz]: Missiv, p. 35.

[2] Johann Christoph Lenz was a collector and editor of Hermetic, alchemical and theosophical literature. He published his work under the anagram T.Y.R. or J.Y.R. [Jetunn Ytlikhmet Ronb] which has been deciphered by Carlos Gilly. Cf. Heinrich Khunrath: Amphitheatrum sapientiae aeternae. Schauplatz der ewig alleinwahren Weisheit. Ed. by Carlos Gilly et al. Stuttgart-Bad Cannstatt 2012. I thank Dr. Gilly for his many comments and suggestions.

[3] Polycarpus Chrysostomus may be identified as the Radical Pietist Georg Christoph Brendel (circa 1668 – died after 1722). I am currently preparing an article on the editions of Polycarpus Chrysostomus.

[4] [Lenz]: Missiv (see note 1), pp. 87–95; Carlos Gilly reprinted Lenz's description of the manuscript secret symbols in: Magia, Alchimia, Scienza dal '400 al '700. L'influsso di Ermete Trismegisto / Magic, alchemy and science 15th–18th centuries. The influence of Hermes Trismegistus. Ed. by Carlos Gilly and Cis van Heertum. Vol. II. Florence 2002, pp. 235–245.

Mysterium Magnum Studium Universale. Bibliotheca Philosophica Hermetica MS M320.

1785–1788.⁵ The printed edition provided an additional title page and introduced three longer theo-alchemical texts⁶ for what was originally meant to be a three-part publication. It is mostly referred to in the literature as the *Geheime Figuren der Rosenkreuzer* (Secret symbols of the Rosicrucians).⁷

The symbols are presented in a schoolbook for beginners or young pupils. Claiming universal (true) wisdom, the book contains explicit Rosicrucian elements in several symbolic plates which, through imagery and text, appear to establish historical continuity with the 17th-century Brotherhood. In fact, already in its various manuscript versions, the entire initiatory *ABC book* presents a reception history of religious dissent with elements drawn from Weigelian mystical theology, Christian and Böhmist theosophy, Radical Pietism, chiliasm, Hermetic and Paracelsian natural philosophy and alchemy, Christian Kabbalah and magic. One of the closest models for the *ABC Büchlein* may be the Pseudo-Weigelian *Liber vitae aureus*, published in Erfurt in 1621.⁸ Awareness of the Rosicrucian phenomenon is obvious in much of the related literature soon after the publication of *Fama Fraternitatis* and was developed within European Christian theosophy and Freemasonry throughout the 18th century.⁹ After the symbols were printed in 1785–1788, a se-

---

5   In my forthcoming study *Codex Rosae Crucis. Die geheimen Figuren der Rosenkreuzer* I will describe these circles in more detail. The study will present a critical history of the manuscripts and the first printed edition as well as an analysis of the symbols and their sources.
6   Adrian von Mynsicht: Aureum seculum redivivum, d.i. Die uhralte entwichene Güldene Zeit, n.p. 1621; Johannes Rhenanus: Ein güldener Tractat vom Philosophischen Steine. In: Johannes Rhenanus (or Hermann Condeesyanus [Johann Grasshoff]): Dyas chymica tripartita, das ist sechs herrliche teutsche philosophische Tractätlein. Frankfurt a.M. 1625. I have not yet identified the third anonymous alchemical text.
7   The newly added general title page was based on the manuscript version described by Lenz (cf. Missiv (see note 1), p. 87). Die Lehren der Rosenkreuzer aus dem 16ten und 17ten Jahrhundert. Oder, Einfältig ABC Büchlein für junge Schüler so sich täglich fleissig üben in der Schule des H. Geistes. [title page:] Geheime Figuren der Rosenkreuzer aus dem 16ten und 17ten Jahrhundert. Erstes Heft. Aus einem alten Mscpt. zum erstenmal ans Licht gestellt. Altona 1785; [title page:] Geheime Figuren der Rosenkreuzer aus dem 16ten und 17ten Jahrhundert. Zweites Heft. Aus einem alten Mscpt. zum erstenmal ans Licht gestellt. Altona 1788; [title page:] Geheime Figuren der Rosenkreuzer aus dem 16ten und 17ten Jahrhundert. Drittes und letztes Heft [1788].
8   [Pseudo-Weigel]: Liber vitae aureus. Gülden Büchlein des Lebens, mit sieben eröffneten Siegeln, Darinn findet ein frommes Hertz I. Die siebende Vision im 21. 22. Apoc. Joh: ... II. Itinerarium oder Wegzeiger ... ê Collegio Spiritus Sancti, Der Gemeine im Reich Christi zum newen Jahr geschenkt, per Christianum Theophilum è saniore Fraternitate Christi. Erfurt 1621. Cf. [Lenz]: Missiv (see note 1), p. 55. Descriptions of a schoolbook for the School of the Holy Spirit can be found in works by Valentin Weigel, Pseudo-Weigel, Paul Nagel, Paul Felgenhauer, Daniel Mögling and Jacob Böhme. I will analyse these texts in my forthcoming study.
9   For the background, cf. Siegfried Wollgast: Philosophie in Deutschland zwischen Reformation und Aufklärung 1550–1650. Berlin 1988; Carlos Gilly: Cimelia Rhodostaurotica. Die Rosenkreuzer im Spiegel der zwischen 1610 und 1660 entstandenen Handschriften und Drucke. Amsterdam 1995; Christopher McIntosh: The Rose Cross and the Age of Reason. Eighteenth-century Rosicrucianism in Central Europe and its relationship to the Enlightenment. Leiden 1992.

cond (modern) phase in its reception history can be distinguished in both esoteric and academic circles.

To attempt to lay bare the transmission of religious ideas within theosophical and Masonic Rosicrucianism from the 17th century to the Enlightenment and through to modern times is an ambitious as well as a hazardous undertaking. Is it possible to define and trace Rosicrucian teachings in different time periods and within the wider context of Western esotericism? Helpful models of what generally defines esotericism have been provided by Antoine Faivre and Monika Neugebauer-Wölk. Renko Geffarth, in his recent study on the 18th-century Gold- und Rosenkreuzer has tested them with regard to his subject, the secret order of the Gold- und Rosenkreuzer.[10] I cannot deal with the complex issues of definition here but instead will attempt to show how spiritual knowledge was expressed and transmitted through the well-known Rosicrucian secret symbols. The following essay is one of the first results of the current research project of the Bibliotheca Philosophica Hermetica which aims to present the manuscript history as well as the reception of the *Geheime Figuren der Rosenkreuzer*; so far, conclusions can only be preliminary.

With regard to historical continuity, historians of Rosicrucianism have addressed several questions. Was there a continuous connection between the 17th-century European (but mainly German) phenomenon of Rosicrucianism and later movements, specifically the Gold- und Rosenkreuzer, a secret order modelled after the grade system of Freemasonry? A related question concerns the polemics on truth and fiction: who were the real Rosicrucians or Freemasons – and were these Freemasons really Rosicrucians? What about their beliefs or belief systems that appealed to religious and philosophical traditions to establish identities but that were at the same time recognised as competing constructions of legends of origin and transmission? If there was any continuity, it is to be found in the polemical debates surrounding the phenomenon. True or false, Rosicrucians and Freemasons were equally real in so far as most of them actively engaged in Christian theosophy. Finally, the parallel issue of the obscure beginnings of both the 17th-century Rosicrucian Brotherhood and the Gold- und Rosenkreuzer secret society has complicated questions of historicity as well as religious identity. The *Geheime Figuren* plays a part in all these discussions.

When and in what context did the *Geheime Figuren* come into being and who assembled the work? Views on Gold- und Rosenkreuzer involvement differ. Geffarth suggests that it may have been printed under the aegis of the Gold- und Rosenkreuzer. Arnold Marx on the other hand doubted there was any connection

---

[10] Cf. Monika Neugebauer-Wölk: Esoterik und Christentum vor 1800. Prolegomena zu einer Bestimmung ihrer Differenz. In: Aries. Journal for the Study of Western Esotericism 3 (2003), pp. 127–165; Renko D. Geffarth: Religion und arkane Hierarchie. Der Orden der Gold- und Rosenkreuzer als Geheime Kirche im 18. Jahrhundert. Leiden, Boston 2007, ch. 1.

between the secret symbols and the order.¹¹ The publisher, Johann David Adam Eckhardt, published Masonic literature and is mostly known today as a publisher of the poet Friedrich Gottlieb Klopstock (also a Freemason from Hamburg).¹² However, the earliest manuscript versions of the *Geheime Figuren* were not compiled by the Freemasons or the Gold- und Rosenkreuzer. Will-Erich Peuckert in his pioneer study on the Rosicrucians took the reference in *Geheime Figuren* to Michael Sendivogius's *12 Traktate*, first published, he thought, in ca. 1620, as its earliest possible date of composition. Peuckert conveniently situated the work after the Thirty Years' War which could be regarded to have (naturally) interrupted the Rosicrucian tradition he was trying to establish. The argument as such makes sense: Sendivogius could easily have been consulted later but not any earlier. However, Peuckert based his conclusion on a single manuscript copy in Wrocław University Library and was unaware of other manuscript copies.¹³ In addition he failed to link his copy with the Altona edition of the *Geheime Figuren* of 1785–1788.

The German American Freemason and historian of Pennsylvania, Julius Friedrich Sachse (1842–1919), owned a copy of the same version Peuckert had access to. He dated his family heirloom to the early 1690s and (mistakenly) placed it in the context of the 17th-century immigrant and hermit Johannes Kelpius and his followers who settled in the Wissahickon valley in Pennsylvania. Following Sachse, the English Rosicrucian writer Arthur Edward Waite described Sachse's copy as "the Kelpius manuscript".¹⁴ American Rosicrucians who based themselves on Sachse's study later claimed their origins from the community at Ephrata. More interesting than this Rosicrucian fable about Kelpius is the actual history of the Böhmist theosophical community at Ephrata under the Radical Pietist Johann Conrad Beissel (1691–1768). If Sachse inherited the manuscript through his family background in Germany, it may have been handed down in the context of German-American relations in (Radical) Pietism (which covers the period 1680–1740/1760).¹⁵ It is a tempting surmise though Sachse's family may have acquired

---

11 Cf. Geffarth: Religion (see note 10), p. 208; Arnold Marx: Die Gold- und Rosenkreuzer. Ein Mysterienbund des ausgehenden 18. Jahrhunderts in Deutschland. In: Das Freimaurer-Museum 5 (1930), pp. 132, 163.
12 Eckhardt (fl. 1778–1810) published e.g. Klopstock: Messias. Altona 1780; a translation of Jean de la Bruyère: Geschichte der Abschaffung des Tempelherren-Ordens, Altona 1780; [Konrad Friedrich Uden]: Ephemeriden der gesamten Freimaurerei in Deutschland: auf das Logenjahr 5786. Altona [1786].
13 Will-Erich Peuckert: Die Rosenkreutzer. Zur Geschichte einer Reformation. Jena 1928, pp. 435–439. For Sendivogius, see note 57 below. *12 Tractätlein* was in fact first published in German in Strasbourg 1613.
14 Julius Friedrich Sachse: The German Pietists of provincial Pennsylvania 1694–1708. Philadelphia 1895, pp. 7–10; A.E. Waite: The Brotherhood of the Rosy Cross, being records of the House of the Holy Spirit in its inward and outward history. London 1924, ch. 23.
15 See Jeff Bach: Voices of the Turtledoves. The sacred world of Ephrata. University Park, PA 2003; cf. A. Gregg Roeber: Der Pietismus in Nordamerika im 18. Jahrhundert. In: Geschichte

the manuscript later. The period 1680–1740, however, is crucial for the manuscript history of the *Geheime Figuren*.

Technically, the historian of Rosicrucianism is left with a gap of half a century or more, from the end of the Thirty Years' War (1648) to the first decades of the 18th century.[16] With regard to the dating of the earliest manuscript versions of the *Geheime Figuren* it can be argued that the assembly of the secret symbols and the interpretative process that accompanied it at various stages cannot have started any earlier than 1695. The earliest dateable manuscript copy of the *Geheime Figuren* belongs to a version of the manuscript entitled *Mysterium Magnum Studium Universale* (version A) and was described in a bookseller's catalogue in 1731.[17] This was before the Freemasons organised themselves in Hamburg (1737) and some thirty years before the Gold- und Rosenkreuzer began to successfully organise their secret order. All known copies of this version, which neither Peuckert nor Sachse had seen, contain the well-known symbol of the *Baum der Erkäntniss* from Pseudo-Weigel's (i.e. Benedikt Biedermann's) *Studium Universale* that was first printed in the 1695 edition.[18]

The date of 1731 can perhaps be pushed back a little more if we consider the reference on the title page (*Mysterium Magnum Studium Universale*) of the A version to the Rosicrucian order rules published in 1710 by the Silesian pastor Samuel Richter (died 1722) under the pseudonym of Sincerus Renatus. The reference is to the Rosicrucian greeting. Part of the text, "Benedictus Dominus Deus noster, qui dedit nobis signum", is placed on the Cross worn by the Brothers.

Mysterium Magnum Studium UniversaleTinctura rubra. Tinctura alba
Das ist das Güldene Rosen Creutz, welches ein Jeder Bruder von seinem Golde auff seiner Brust träget.
Magister Jesus Christus
D[eus] et H[omo]

---

des Pietismus. Ed. by Martin Brecht and Klaus Deppermann. Vol. 2: Der Pietismus im achtzehnten Jahrhundert. Göttingen 1995, pp. 665–699. On Sachse's manuscript, see Codex Rosae Crucis. D.O.M.A. A rare & curious manuscript of Rosicrucian interest. Now published for the first time in its original form. Ed. by Manly P. Hall. Los Angeles, CA 1938 (1971), pp. 33–38.

[16] The gap was not filled in by historians of German-based Rosicrucianism. Cf. Marx: Gold- und Rosenkreuzer (see note 11), pp. 3–20; Will-Erich Peuckert: Exkurs Gold- und Rosenkreuzer. In: Das Rosenkreutz. Ed. by Rolf Christian Zimmermann. Berlin 1973, pp. 329–350; Francis Yates: The Rosicrucian enlightenment. London 1972, p. 100; McIntosh: The Rose Cross (see note 9), pp. 23–37; Geffarth: Religion (see note 10), ch. 1 and pp. 41–49.

[17] [Lenz]: Missiv (see note 1), p. 124. Lenz in his MS catalogue (cf. note 46) described the catalogue of the Teubnerische Buchladen in Leipzig, of which he owned a copy. Cf. Gilly: Khunrath (see note 2).

[18] Valentin Weigel [i.e. Benedikt Biedermann]: Studium universale, Das ist, Alles dasjenige, so von Anfang der Welt biß an das Ende je gelebet, geschrieben, gelesen, oder gelernet, und noch geschrieben oder gestudiret werden möchte. Franckfurt, Leipzig 1695. Cf. Theodor Harmsen: Of Good and Evil: Pseudo-Weigel's Tree of Knowledge. In: Similitudes of the Sublime: Esotericism and Magic in Images. Ed. by Joyce Pijnenburg and Egil Asprem. (Seattle 2013: forthcoming).

Benedictus Dominus Deus Noster, qui dedit nobis Signum.
Frater Rosae et Aureae Crucis
Glaube, Hoffnung, Liebe, Gedult
Tinctur[19]

Richter's rules seem to imply a full-blown secret Rosicrucian Society. Though research has generally accepted Richter's publication as indicating the beginning of organised 18th-century Rosicrucianism, the date of 1710 is merely convenient as clearly there is a wider basis in history for the spate of theo-alchemical publications and the manuscripts disseminated from the European courts of the time.[20] Further study of Richter and his circle of Radical Pietists does not provide any evidence for his actual involvement with the foundation of the Gold- und Rosenkreuzer order (which never used the rules he published as such). The 18th-century theologian Johann Salomo Semler speculated that Richter's myth paralleled that of the Brotherhood and the response to its call for reformation and that Richter intended to celebrate a Rosicrucian "Jubilee": 1614 being the significant date of printing of the *Fama* a hundred years before Richter's work.[21] Indeed, the pseudonymous Radical Pietist Polycarpus Chrysostomus answered Richter with a *Missiv* and desired to join this newly revealed Rosicrucian order.[22] Polycarpus's response appears to fit Semler's scenario of a renewed Rosicrucian fiction.

But were these rules entirely fictitious? As Carlos Gilly has shown, Richter consulted an older Italian and Catholic manuscript copy of the same rules dated as early as 1678. The rules may have originated with Italian-German Rosicrucian alchemical groups.[23] It is likely, however, that it was Richter's German-language and Protestant publication that was used as a source both for the *Geheime Figuren* and the by then still fictitious Rosicrucian Brotherhood of the 1720s. Thus the period during which the *Geheime Figuren* was first compiled can be confined to the years 1710–1730.

The oldest dateable copy (version A) so far definitely existed in 1748 when the otherwise unknown Joseph Wilhelm Ernst Böhler bought it from the Amsterdam

---

[19] Amsterdam, BPH MS M320; cf. Sincerus Renatus [Samuel Richter]: Die wahrhaffte und vollkommene Bereitung des philosophischen Steins, der Brüderschafft aus dem Orden des Gülden- und Rosen-Creutzes. Breslau 1710. Cf. rules 11, 24, pp. 104f., 108.

[20] Rolf Christian Zimmermann. Das Weltbild des jungen Goethe. München 2002, pp. 118–144; II, pp. 331–352; Roland Edighoffer: Rosicrucianism II; idem: Sincerus Renatus [Samuel Richter]. In: Dictionary of Gnosis and Western Esotericism. Ed. by Wouter J. Hanegraff et al. Leiden, Boston 2005, pp. 1014–1017, 1073–1074.

[21] Johann Salomo Semler: Unparteiische Samlungen zur Historie der Rosenkreuzer. Leipzig 1786–1788. Part 1 (1786), pp. 125, 132. Semler consulted the second edition of Richter's work (1714) and printed and annotated Richter's rules in part 1, pp. 122–182.

[22] [Polycarpus Chrysostomus]: Missiv. In: [Johannes Hiskias Cardilucius], Antrum naturae & artis reclusum. n.p. 1710.

[23] Osservationi inviolabili da osservarsi dalli fratelli dell' Aurea Croce o vero dell' Aurea Rosa. Naples, Biblioteca Nazionale, Cod. XII–E–30. For the context, see the contributions by Laura Balbiani and Carlos Gilly. In: Magia II (see note 4), pp. 207–228.

bookseller Bidstrup in Deventer in the Netherlands.[24] A more elaborate version (of which Peuckert and Sachse owned copies) with additional symbols worked out in more detail was probably created not long after and is known as *Physica, Hyperphysica et Metaphysica* (version B).[25] A first attempt to print the symbols was made in the 1760s and this version of the compilation assembled by 1766 was described bibliographically by Johann Christoph Lenz (version C).[26] Although unpublished, I have identified most of the plates listed by Lenz, of which about ten have not made it into the final printed edition of 1785–1788 (version D). Between 1766 and 1785 remarkable editorial changes were made to a work that was received amidst considerable confusion about its meaning in both esoteric and enlightened contexts.

For the origin of the manuscript *Geheime Figuren*, other manuscripts and their contexts also need to be taken into account and, if possible, the individuals or groups working with them must be identified. An example of such a source would be the illustrated compendium entitled *Gemma sapientiae et prudentiae*. Written in a single (anonymous) hand, internal evidence dates it to ca. 1720–1730.[27] It contains chapters on alchemy, theosophy, Christian Kabbalah and magic, biblical and mystical numerology, chiliasm (with references to Paul Nagel, Ezechiel Meth, Paul Felgenhauer, J.V. Andreae), chapters on the Reformations of Luther and Calvin, the Apocalypse, and the true school of wisdom (*Von der wahren Schule der Weisen*). Towards the end of the manuscript follows a discussion referring to Pietists of the Herrnhuter movement in Bohemia and Moravia. The symbols are integrated into the text and vary only slightly from those in the earliest manuscript versions of the *Geheime Figuren*. Among them are: *Der Baum des Lebens; Der Baum der Erkänntnüs Gutes und Böses Micro Cosma 1. 2. 3.; Figura Divina Theosophia nec non Cabalia atque Chimia; Jungfrau Sophia, die Himmlische und Irdische Eva, die Mutter aller Creaturen*. The *Gemma* is clearly relevant to the genesis of the *Geheime Figuren*.

---

[24] Den Haag, Koninklijke Bibliotheek: MS 78 D 28. Michael David Nicolas Bidstrup came to Amsterdam from Copenhagen in 1738. Bidstrup sold the manuscript for 50 guilders to Böhler in Deventer on 19 September 1748. The transaction is noted in the manuscript. It is not mentioned in: Bidstrup: Bibliotheca Chymica et Cos Hermetica of Chymische Bibliotheek. Amsterdam 1744.

[25] Amsterdam, BPH: MS M467. Physica Metaphysica et Hyperphysica. D.O.M.A. Einfältig A.B.C. Büchel für Junge Schüler, so sich Täglich Fleißig üben in der Schule des Heiligen Geistes, Gantz Einfältig Bildnüs-weise für die Augen gemahlet. Zum Neuen Jahres Exercitio. In dem Natürlichen und Theologischen Lichte.

[26] In January 1766 the Hamburg bookseller Friedrich Christian Ritter published an advertisement announcing the publication. [Lenz]: Missiv (see note 1), pp. 88, 95.

[27] Gemma sapientiae et prudentiae. London, Wellcome Library, MS 2492. The date of 1733 is mentioned on p. 140 as recently passed. Thought the first recorded MS *Mysterium Magnum* (1731), existed (at least in part) before this copy, some of the images in it are older.

## II The 17th Century: Daniel Mögling's *ABC Book* and Jacob Böhme's *Sophia*

Naturally, the imagery of the *Geheime Figuren* suggests many connections. In the *Geheime Figuren*, *Sophia* is a complex theo-alchemical and soteriological symbol which can be associated with the alchemical Virgin, the Virgin of the Apocalypse, the theosophical Sophia, the Mother of all Beings, and the equally theosophical (old and new) Virgin Eve. Peuckert recognised similarities, mainly with the figure of *Sophia* in Mögling's *Speculum Sophicum Rhodostauroticum* (1618) but he failed to notice the textual references to Mögling's work in his manuscript symbol.[28] Mögling and his friend from the Tyrol, the chiliast Stephan Michelspacher, were moving in artistic circles close to the Weigelian and Rosicrucian sympathisers, their printers and their publishers. Together they were responsible for the beginnings of Rosicrucian revelatory theo-alchemical iconography. Both Mögling in his *Speculum* and Michelspacher in his *Cabala, Spiegel der Kunst und Natur: in Alchymia* (1616) cited figurative elements from Heinrich Khunrath's famous engravings in the *Amphitheatrum*. Thus the Khunrath lineage can be traced in Rosicrucian theo-alchemy from the 17th century to the *Geheime Figuren*.[29]

Apart from these Rosicrucian-oriented icons addressing the main themes of Creation, Nature and cosmogony, Revelation and Christian soteriology, theosophical imagery was also being developed by Böhmists and Radical Pietists attempting to visualise Böhme's thought from the 1640s onwards.[30] The early Rosicrucian sympathisers (including Mögling and Michelspacher, Paul Nagel, Paul Felgenhauer) will not have known Böhme before the first manuscript copies of his works were disseminated from ca. 1619. Most important in the context of the influence of Sophic literature (Böhme, Pordage, Arnold, Gichtel, Beissel) in this case is that the

---

[28] [Daniel Mögling] Theophilus Schweighardt: Speculum sophicum Rhodo-stauroticum. Das ist: Weitläuffige Entdeckung dess Collegij unnd axiomatum von der sondern erleuchten Fraternitet Christ-RosenCreutz: allen der wahrn Weissheit Begirigen Expectanten zu fernerer Nachrichtung, dem unverständigen Zoilis aber zu unausslöschlicher Schandt und Spott. Frankfurt 1618; cf. Mögling's descriptions of his symbols in chapters 1, 2.

[29] I will deal with the influence of Khunrath's images in more detail in my forthcoming study. On Daniel Mögling, see Ulrich Neumann: "Olim, da die Rosen Creutzerey noch florirt, Theophilus Schweighart genant": Wilhelm Schickards Freund und Briefpartner Daniel Mögling (1596–1635). In: Zum 400. Geburtstag von Wilhelm Schickard. Zweites Tübinger Schickard-Symposion. Ed. by Friedrich Seck. Sigmaringen 1995, pp. 93–115; Richard van Dülmen: Daniel Mögling, 'Pansoph' und Rosenkreuzer. In: Blätter für Württembergische Kirchengeschichte, 72. Jhrg. (1972), pp. 43–70; on Michelspacher's images, see Urszula Szulakowska: The Apocalyptic Eucharist and Religious Dissidence in Stefan Michelspacher's Cabala: Spiegel der Kunst und Natur, in Alchymia (1616). In: Aries. Journal for the Study of Western Esotericism 3 (2003), pp. 200–223.

[30] For examples, see Christoph Geissmar: Das Auge Gottes. Bilder zu Jakob Böhme. Wiesbaden 1993.

Fig. 1: Daniel Mögling: Speculum Sophicum Rhodostauroticum. 1618

Weigelian and Rosicrucian sympathisers and chiliasts of the 17th century studied Böhme's theosophy (and theo-alchemy). *Sophia* was not depicted by Böhmist illustrators such as Michael Andreae[31] but Böhme's and Böhmist use of theo-alchemical language will have informed the same revelatory symbol in the *Geheime Figuren*.[32]

As observed above, Samuel Richter's theosophical work was closest in time to the first compilation of the *Geheime Figuren*. Richter studied under Pietists in Halle and most of his other works are Böhmist in inspiration.[33] In his foreword to *Goldene Quelle der Natur und Kunst* Richter described *Sophia* in similar terms as the *Geheime Figuren*. He described himself as a priest of Melchisedek who has exchanged the earthly for the heavenly tincture and who can only be comforted by the eternal heavenly Virgin Sophia:

> Wenn ich auch über diß meinen Beruff von GOTT betrachte, der ich itzo auf den unsichtbaren GOTT allein zu sehen, und vor die Presse meiner Brüder als ein geistlicher Melchisedischer Priester zu stehen, mich von GOTT mit gantzer Macht durch seinen Geist gezogen finde, also, dass um des edlen Perleins willen alle meine Erfahrung und Wissenschaften nur vor Koth achte, und mich nichts, als meine ewige himmlische Jungfrau *Sophia*, in Christo JESU offenbahr, vergnügen und beruhigen kann; So habe gleichfalls auch vor recht befunden, meine Gabe, so ich besitze, andern, die sie besser als ich besitzen und anwenden können, mitzutheilen. Ich habe die irdische *Tinctur* vor die himmlische verwechselt, und hat mich mein Tausch noch nicht gereuet, zumal da ich mich darzu gar innigst gezogen und geruffen befunden.[34]

Mögling's Weigelian and Rosicrucian pansophy and imagery was central to the *Geheime Figuren* series of secret symbols from the beginning. Mögling's symbols (executed by Matthäus Merian) were emblematic renderings of what he offered in his texts: reformist ideas and a programme that to him constituted the Rosicrucian thought of the *Pansophiae studiosi*. A century and a half later, it inspired others who were looking to provide their convictions with a historical Rosicrucian context. To the creators of the *Geheime Figuren*, Mögling had produced an influential and concisely-written lyrical and meditative text that offered the entire concept for

---

[31] Frank van Lamoen: Der unbekannte Illustrator: Michael Andreae. In: Jacob Böhmes Weg in die Welt. Zur Geschichte der Handschriftensammlung, Übersetzungen und Editionen von Abraham Willemsz van Beyerland. Ed. by Theodor Harmsen. Amsterdam 2007, pp. 255–307.

[32] The influence of (Pseudo-)Paracelsus, Arndt and (Pseudo-)Weigel is relevant, also to Böhme's theo-alchemical writings. The secret symbol of *Sophia* incorporated such concepts as macrocosmos-microcosmos, gnothi seauton, the personified Sophia, old and new birth of Adam and Eve, the light (or book) of nature and grace, from theosophical literature. On Sophia and sophiology in the works of Böhme and Böhmists, see Bach: Voices (see note 15); Antoine Faivre: Sensuous relation with Sophia in Christian theosophy. In: Hidden Intercourse. Eros and sexuality in the history of Western Esotericism. Ed. by Wouter J. Hanegraaff, Jeffrey J. Kripal. Leiden 2008, pp. 281–307.

[33] For Richter, see note 20, and cf. Joachim Telle: Zum Opus mago-cabbalisticum et theosophicum von Georg v. Welling. In: Euphorion 77 (1983), pp. 359–379.

[34] Sincerus Renatus [Samuel Richter]: Goldene Quelle der Natur und Kunst. Breslau 1711, sig. A3r–v, and cf. Idem: Theo-philosophia theoretico-practica, oder Der wahre Grund göttlicher natürlicher Erkänntniss. Breslau 1711, ch. 1.

the book of secret symbols as a book of spiritual or theosophical wisdom. Elements can be traced not only in *Sophia* but in related symbols such as *Vier Elemente, Drei Reiche / Welten, Figura Divina* and the series of chiliast-alchemical symbols addressing the theme of Revelation, although Pseudo-Paracelsian and Pseudo-Weigelian concepts also derived from other sources. Mögling and his inspirational source Julianus de Campis both described the *Buch des Lebens*.[35] The programmatic character of their Rosicrucian works may also have influenced the didactic character of the *ABC book*.[36] Rather than the Rosicrucian Manifestos (*Fama, Confessio, Chymische Hochzeit*) Mögling's images and textual elements appeared to provide the compilers (as well as the later editors and publishers) of the secret symbols with explicit references to the 17th-century Brotherhood and thus cemented a historical continuity with earlier Rosicrucianism.

## III The 18th Century: Printing the *Einfältig ABC Büchlein*

The B version of the manuscript formed the basis for the Altona printed edition. If the symbols absent in A were truly additions, some of them may have been devised by Gold- und Rosenkreuzer. In this case, B (1740s–1760s) should be dated later than A (1710s–1720s). The manuscript ready for printing in 1766 (C version) contained the B plates and much more. The complication is that A may be an incomplete copy of an older manuscript, or it may itself have been compiled from other symbolic workbooks. Information that can be gathered from one of the sources used, i.e. Pseudo-Weigel's edition of Paul Lautensack's mystical theological works (see below), suggests that there may have been a transcription error in the symbols concerning the open and closed Book of Revelation. There is no evidence to suggest that B was any older than A: rather, B appears to be an elaboration of A that came into being at much the same time or only somewhat later. In turn this elaboration may have been worked out on the basis of an existing manuscript, from which certain other symbols were removed. Versions A and B may

---

[35] Julianus de Campis: Sendbrief oder Bericht an Alle, welche von der neuen Brüderschaft des Ordens vom Rosenkreutz genannt, etwas gelesen. N.p. 1615, (sig. A7v, A8r–v); Lenz recommended the work in: Missiv (see note 1), nr. 11: "Verdient gelesen zu werden, denn es sind wichtige Stellen darinnen." Also in: *Fama Fraternitatis*. Cassel 1616. The identity of De Campis is still uncertain.

[36] On the theme of the *Buch des Lebens*, see e.g. Hermann Geyer: Libri Dei. Die Buchmetaphorik von Johann Arndts ‚Vier Büchern von wahren Christentum' als theosophisch-theologisches Programm. In: Frömmigkeit oder Theologie. Johann Arndt und die ‚Vier Bücher vom wahren Christentum'. Ed. by Hans Otte and Hans Schneider. Göttingen 2007, pp. 129–161.

have had common models. In any case, the Revelation series in B was expanded or completed from the same printed source used for A.[37]

Most of the additions in the B version appear modelled after the mirror images in Georg von Welling's *Opus mago-cabbalisticum*. The plates of the *Figurae cabbalisticae* series also introduce this theo-alchemical and kabbalistic mirroring of the *Buch der Natur* and the *Buch der Gnade*. Welling's famous book was well-known among the Gold- und Rosenkreuzer. The first edition of part one came out in 1719 and was published by Samuel Richter who added a preface explaining about the high costs of producing the coloured images after Welling's originals.[38] Clearly Richter was involved with their production. After Richter (who died 1722), the Radical Pietist Christoph Schütz edited the complete edition, with additional symbols, of 1735.[39] The same Schütz and some of his Pietist writings were known in Beissel's Böhmist community at Ephrata.[40] Though no direct borrowings from Welling's symbols can be established and most of them only appeared in the complete edition of 1735, Welling's theo-alchemy and its Radical Pietist reception as well as the visualisation of the ideas were relevant to the reception history of the *Geheime Figuren*.

It is clear also from Geffarth's study that the initiatory teachings of the Gold- und Rosenkreuzer were offered in stages to the different grades in a programme that proceeded from an introduction to alchemy and the four elements to alchemical theory and practice in the laboratory and finally to the higher powers of prophecy and magic for the highest grade. This "elementary" schoolbook was therefore not for the highest grades.[41] The character of the *Einfältig ABC Büchlein* is nevertheless that of the theosophical *Book of Life*,[42] and its students were not academics but believers. None of the 18th-century polemics and embattled positions of enlightened or unenlightened religious thinkers precluded the recognition and reception of Rosicrucian, Böhmist and Radical Pietist theosophy, alchemy and

---

[37] Valentin Weigel [Benedikt Biedermann]: Ander Theil, Darinn begrieffen die Erklehrung mit Figuren und Sprüchen Heyliger Schrifft uber vorgehende Bücherlein Pauli Lautensacci. Frankfurt 1619, pp. 166–169.

[38] Gregorius Anglus Sallwigt [Georg von Welling]: Opus mago-cabalisticum et theologicum. Vom Uhrsprung und Erzeugung des Saltzes, dessen Natur und Eigenschafft, wie auch dessen Nutz und Gebrauch. Franckfurt: Anton Heinscheidt 1719. Vorrede: S.R. [Sincerus Renatus].

[39] Georg von Welling: Opus mago-cabbalisticum et theosophicum. Darinnen der Ursprung, Natur, Eigenschafften und Gebrauch, des Saltzes, Schwefels und Mercurii, In drey Theilen beschrieben, Homburg vor der Höhe 1735. Vorrede C.S. [Christoph Schütz].

[40] Joachim Telle: Zum Opus mago-cabbalisticum et theosophicum (see note 33), pp. 359–379; Bach: Voices (see note 15), pp. 125, 189–190.

[41] Geffarth: Religion (see note 10), pp. 55, 58, 213, 224, 240; Bernard Beyer: Das Lehrsystem des Ordens der Gold- und Rosenkreuzer. Freimaurer-Museum. Bd. 1. Leipzig 1925.

[42] Cf. Sibylle Rusterholz: Zum Verhältnis von *Liber Naturae* und *Liber Scripturae* bei Jacob Böhme. In: Gott, Natur und Mensch in der Sicht Jakob Böhmes und seiner Rezeption. Ed. by Jan Garewicz and Alois Maria Haas. Wiesbaden 1994, pp. 129–146.

chiliasm in the *ABC Book* that now became available in print to the Freemasons, Gold- und Rosenkreuzer and related esoteric movements alike.[43]

Evidently, collectors' tastes were still influenced by theosophy and theosophical alchemy, next to Christian Kabbalah and magic. The Danish Freemason and collector Otto Thoth, the Freemasons Johann August von Starck, Friedrich August Herzog von Braunschweig-Lüneburg-Oels, Ernst von Gotha, Charles Rainsford and Johann Christoph Bode amongst others either knew about or possessed manuscript copies of the *Geheime Figuren*.[44] Another copy of version B of the manuscript now in the Staatsbibliothek in Berlin carries the name of the copyist, J.P. Köckritz. So far I have not been able to identify this otherwise unknown copyist as a Gold- und Rosenkreuzer. His copy, largely based on the B version but with considerable textual additions, is dated 1787, i.e. a year before part two of the *Geheime Figuren* was published at Altona.[45]

From the catalogues of his private library (now in the Masonic library in The Hague) it is clear that Johann Christoph Lenz was one of most erudite bibliographers and collectors of Freemasonry and Rosicrucianism.[46] Lenz published several textual editions e.g. of works by Swedenborg and Khunrath, while he also moved in Masonic and Gold- und Rosenkreuzer circles. Inspired by the bibliographer and theo-alchemist Hermann Fictuld [Johann Heinrich Schmidt von Sonnenberg or Johann Ferdinand von Meinstooff] (circa 1700–1777),[47] Lenz printed the first 18th-century bibliography of Rosicrucian literature in his edition of *Missiv* as a "Beytrag zum Fictuldischen Probierstein" in 1783, a year after the Gold- und

---

[43] Cf. Gottfried Arnold: Unpartheyische Kirchen- und Ketzerhistorie, vom Anfang des Neuen Testaments biss auf das Jahr Christi 1688. Frankfurt 1699–1700; orthodox critics: Nicolaus Hunnius: Christliche Betrachtung Der Newen Paracelsischen und Weigelianischen Theology. Wittenberg 1622; Daniel Ehregott Colberg: Das Platonisch-Hermetische Christenthum. Frankfurt, Leipzig 1690–1691, and Johann Georg Walch: Historische und theologische Einleitung in die vornehmsten Religions-Streitigkeiten. Jena 1724; after publication of the Geheime Figuren: Semler (see below). For the positioning of the Gold- und Rosenkreuzer in the 18th-century enlightened context, see Geffarth: Religion (see note 10); for subsequent reception among modern Rosicrucians, see Harald Lamprecht: Neue Rosenkreuzer. Ein Handbuch. Göttingen 2004.

[44] Otto Thoth owned MS Thott 89 2°, now in the Royal Library, Copenhagen. On J.A. von Starck, cf. Carlos Gilly. In: Magia II (see note 4), p. 249; Ernst von Gotha owned MS 147.22, now in Stockholm, Masonic Library. For the collections of the Gold- und Rosenkreuzer Herzog Friedrich August von Braunschweig in Wolfenbüttel, see the HAB and Novissimi catalogue. The collections of the Freemason and Swedenborgian, general Charles Rainsford, are at Alnwick Castle, Alnwick Castle library. For Christoph Bode see Renate Endler: Zum Schicksal der Papiere von Johann Joachim Christoph Bode. In: Quatuor Coronati 27 (1990), pp. 9–35.

[45] Berlin, Staatsbibliothek: MS Germ. fol. 1697.

[46] For Lenz, cf. Gilly: Khunrath (see note 2); Den Haag, Cultureel Maçonniek Centrum Prins Frederik. J.C. Lenz, Verzeichnis von meinen alchymistischen und theosophischen [...] Büchern. MS 240.A.42; Idem: Handschriftliches Verzeichniss von alchymistischen [...] Büchern. MS 240.C.10; Idem: Catalogus librorum alchymisticorum. MS 210.A.37.

[47] On Fictuld, see Antoine Faivre: Fictuld. In: Dictionary of Gnosis and Western Esotericism (see note 20), pp. 367–370. Carlos Gilly has cracked the cryptographical reference to the author's name at the back of Fictuld's *Azoth et Ignis*, Leipzig 1749 (cf. Faivre, p. 368).

Rosenkreuzer had attempted but failed to take control of the organisation of German Freemasonry at the *Wilhelmsbader Konvent*.[48] Lenz in his introduction to the catalogue appears amused by the Rosicrucian myth of Christian Rosencreutz as recounted in a garbled Masonic version of the story of the uncovering of the tomb in 1604.[49] Nevertheless, he offers his list including various editions of the *Fama*, *Confessio* and *Chymische Hochzeit*, as a valuable corpus of literature. Lenz wisely left value judgements to the Gold- und Rosenkreuzer, whom he regarded as insufficiently aware of their 17th-century forebears and their literary output.[50]

Even though Marx expressed doubts as to whether the *Geheime Figuren* publication was at all connected to the order, Gold- und Rosenkreuzer archival materials and evidence gathered from a comparison of the manuscripts and the Altona edition show that members of the order copied and adapted symbols or combined them with other elements from printed or manuscript sources. These materials were studied along with other manuscripts and books in the various grades of the order. On the basis of the manuscripts and the planned Hamburg edition of 1766, it is possible to reconstruct the genesis of the Altona edition. Sources I have identified thus far allow me to trace the editorial changes and additions that were made to most of the symbols in the 1760s and again in the last stages before printing in 1785 (part one) and 1788 (parts two and three). An analysis of the motivation behind these emendations will prove that the Gold- und Rosenkreuzer were actively engaged with the manuscripts over a longer period of time and that even if part two was published after the official demise of the order, the printed symbols were fully in line with its teachings and reflected the individual religious experience of its members.

18th-century Böhmists, Freemasons, members of the Asiatic Brotherhood and even the Illuminaten may indeed also have taken an interest in the alchemical-magical-kabbalist symbolic language and symbols. One might say they had 'universal' esoteric appeal, though Masonic critics also expressed reservations about secret societies and the secrets they claimed to possess.[51] The author of *Was sucht*

---

[48] On this background, see Marx: Gold- und Rosenkreuzer (see note 11), pp. 36–37; Ludwig Hammermayer: Der Wilhelmsbader Freimaurerkonvent von 1782. Ein Höhe- und Wendepunkt in der Geschichte der deutschen und europäischen Geheimgesellschaften. In: Geheime Gesellschaften. Ed. by Peter Christian Ludz. Heidelberg 1980 (Wolfenbütteler Studien zur Aufklärung 5/2).

[49] This version of the myth was cited from [Karl Friedrich Köppen]: Viertes bis Achtes Schreiben eines Profanen über die glückliche Entdeckung der Freymäurerey. Frankfurt, Leipzig 1770, pp. 65–69. Lenz was mildly critical of this Masonic fantasy: Missiv (see note 1), p. 42.

[50] [Lenz]: Missiv (see note 1), pp. 35–43.

[51] For an example of a critical review of the Geheime Figuren, see: Journal für Freimaurer 3/11, Vienna (1786), pp. 187–189. Masonic interest in Rosicrucianism is apparent in Lenz and e.g. also in [Adolf von Knigge]: Über Jesuiten, Freymaurer und deutsche Rosenkreutzer. Leipzig, [Frankfurt] 1781; Johann Gottlieb Buhle: Ueber den Ursprung und die vornehmsten Schicksale der Orden der Rosenkreuzer und Freymaurer. Eine historisch-kritische Untersuchung. Göttingen 1804; works by Johann Joachim Christoph Bode, Friedrich Nicolai, Christoph

*der wahre Freymaurer noch zu seiner Vollkommenheit?* had joined the order but after some time he was less impressed: "Es wurden mir wie gewöhnlich die geheime Bilder und Zeichen vorgelegt, aber deren Erläuterung traf nicht mit meinem Erwarten überein [...], nur hieroglyphische Schattenbilder ohne Wesen."[52] A full analysis of Gold- und Rosenkreuzer involvement in the production of the *ABC Book* requires more research but here I will present some instances of editorial activity and draw some preliminary conclusions.

## IV Some examples of Editorial Involvement

More than one symbol was selected from printed books that contained complex symbols reflecting Paracelsian, Weigelian, Rosicrucian and Böhmist influences. The Böhmist influence dominated the theo-alchemical interests of the Gold- und Rosenkreuzer.[53] Some of the symbols that first occur in the Altona edition were devised by Abraham von Franckenberg and appeared in texts either by him or attributed to him. A set of nine symbols attributed to Franckenberg and based on Böhmist thought was joined with a symbol of Christ in a rose which can be associated with the figure of Christ in the Paracelsian or Böhmist circles (worlds, spheres or principles) of fire (in darkness) and light. It is a conscious reference to Pseudo-Weigel's theo-alchemical Christ, the Tincture or Lapis Philosophorum, Khunrath's or Michelspacher's Christ, or to the image devised by Franckenberg, which was added to the series in 1766 (C version) but later discarded: *Tabula vniversalis Theosophiae mystica et cabalistica Christianismi catholici.*[54] What was left of this complex symbol was added to the elements from a Pseudo-Franckenberg publication entitled *9 Figuren von dem göttlichen Wesen.*[55] The symbol thus

---

Gottlieb von Murr; cf. Marx: Gold- und Rosenkreuzer (see note 11); Geffarth: Religion (see note 10).

[52] [Gerard von Cronenberg]: Was sucht der wahre Freymaurer noch zu seiner Vollkommenheit? Germanien [Frankfurt] 1782, pp. 5f.

[53] Geffarth: Religion (see note 10), pp. 28, 198; Marx: Gold- und Rosenkreuzer (see note 11), pp. 51–52; Theodor Harmsen: The reception of Jacob Böhme and Böhmist theosophy in the Geheime Figuren der Rosenkreuzer. In: Offenbahrung und Episteme. Zur europäischen Wirkung Jakob Böhmes im 17. und 18. Jahrhundert. Eds. Wilhelm Kühlmann and Friedrich Vollhardt. Berlin 2012 (Frühe Neuzeit 173), pp. 183-206.

[54] [Pseudo-Weigel]: Himmlisch Manna, Azoth et Ignis, das ist: güldenes Kleinod, handelnde von dem köstlichen Eckstein der Natur. Amsterdam, Frankfurth, Leipzig 1787 (cf. Siebmacher, note 58 below); for the images of Khunrath, *Amphitheatrum*, and Michelspacher, see note 29; On Franckenberg's image, see Carlos Gilly: Abraham von Franckenberg und die Rosenkreuzer. Zur Datierung der Tabula Universalis Theosophica Mystica et Cabalistica von 1623. In: Rosenkreuz als europäisches Phänomen im 17. Jahrhundert. Ed. by Carlos Gilly and Friedrich Niewöhner. Amsterdam 2002, pp. 212–232.

[55] [Pseudo-] Abraham von Franckenberg: Nosce te ipsum. Das ist: gruendliche Durchsuchung und eigentliche Nachforschung. Frankfurt 1675; Sibylle Rusterholz: Abraham von Francken-

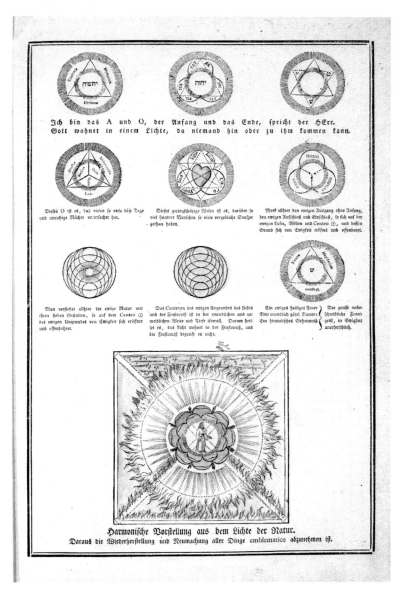

Fig. 2: Geheime Figuren. 1785–1788: 9 Figuren (sources: Ps.-Franckenberg, Nosce te Ipsum; Franckenberg, Tabula Universalis)

bergs Verhältnis zu Jacob Böhme. In: Kulturgeschichte Schlesiens in der Frühen Neuzeit. Ed. by Klaus Garber. Bd. 1. Tübingen 2005 (Frühe Neuzeit 111), pp. 205–241.

covered the entire Rosicrucian iconographic tradition, while it lost explicit reference to its specific textual sources.

Popular alchemical works like the *Zwölf Tractätlein* and *Novum lumen chymicum* attributed to the Polish alchemist Michael Sendivogius were published in many editions throughout the 17$^{th}$ and 18$^{th}$ centuries, including those by the Gold- und Rosenkreuzer editor Adam Michael [or Melchior] Birkholz (1746–1818), pseud. AdaMah Booz.[56] The image of the philosophical mirror, the *Speculum Philosophicum*, figured in the earliest manuscripts of the *Geheime Figuren* in the symbol entitled *Wunderzahl Vier*, although in the manuscripts the scheme mostly occurs on the *Wunderzahl Drey* page. It contains a schedule of the four elements based on Sendivogius's or Alexander Seton's *Zwölf Tractätlein* printed in *Tripus Chimicus Sendivogianus*.[57] The verses that accompany the scheme were not found in any of the *Geheime Figuren* manuscripts but were included from the printed source and added just before printing the *Geheime Figuren*. For the printed edition the entire symbol may in fact have been taken from a fold-out plate in Johann Ambrosius Siebmacher, *Das güldne Vlieβ*, or again, from a later edition of Sendivogius (Nürnberg 1766). Siebmacher's text dated from the early 17$^{th}$ century but was first printed in 1736 and again in 1737.[58] The editors took other elements from this source text to be included in additional symbols. In *Wasserstein der Weisen* (attributed to Siebmacher) the 40-day series in the Old and New Testaments was compared with the alchemical process and this may have influenced the *Geheime Figuren*.[59] *Von der Wunderzahl Vier* in manuscript and printed versions lists the 40-days series with reference to biblical and mystical numerology. A second alchemical scheme appearing on *Wunderzahl Vier* entitled *Der philosophische Ofen* was also added to the Altona printed edition and does not occur in the manuscripts.

---

[56] Adam Michael Birkholz published e.g.: A.B.C. vom Stein der Weisen, 4 vols. Berlin 1779, and an augmented edition of Compaß der Weisen. Berlin 1782.

[57] Michael Sendivogius: Tripus Chimicus Sendivogianus, Dreyfaches chimisches Kleinod. Das ist Zwölff Tractätlin, von dem Philosophischen Stain, der alten Waisen ... tr. Hisaiam Sub Cruce, Ath [Isaac Habrecht]. Straßburg 1628, sig. A7v. The schedule and poem are presented as „Kurtzer Innhalt dises gantzen Tractats". For Habrecht, cf. Gilly: Cimelia (see note 9), pp. 82, 135–139.

[58] Cf. Johann Ambrosius Siebmacher: Das güldne Vließ. Leipzig 1736 and Nürnberg 1737; idem: Wasserstein der Weisen. Frankfurt 1619, pp. 95–96. The identity of Siebmacher (Johann, circa 1561–1611?; Wolfgang, 1572–1633?), the editor of Pseudo-Paracelsus and Pseudo-Weigel texts, has not been settled. The editor published under the anagram Huldrich Bachsmeier [or Meirsbach] von Regenbrunn and may have known Sendivogius or his work. Cf. Carlos Gilly. In: Magia II (see note 4), pp. 151–153; Wollgast: Philosophie (see note 9), p. 584; Johann Valentin Weigel: Sämtliche Schriften. Ed. by. Horst Pfefferl. Vol. 7. Stuttgart-Bad Cannstatt 2002, p. xv. Also see below, note 94.

[59] The Gold- und Rosenkreuzer MS from the Masonic collections once in the Freimaurer Museum in Bayreuth also contained a parallel 40-days series to indicate the alchemical process. Bernhard Beyer: Das Lehrsystem des Ordens der Gold- und Rosenkreuzer. In: Freimaurer-Museum 1 (1925), p. 184.

# Secret Symbols of the Rosicrucians

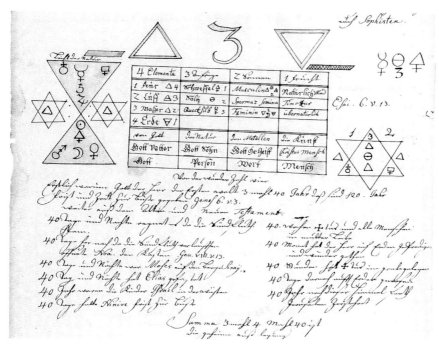

Fig. 3: Von der Wunderzahl vier. BPH MS 320 (fragment)

There is a clear Gold- und Rosenkreuzer connection in this case, as the symbol was described in a publication of texts attributed to Trithemius by a Gold- und Rosenkreuzer using the pseudonym of "Jamimah KoranhapuCH" in 1782, two years before part one of the *Geheime Figuren* was published.[60]

It is possible to conclude from instances similar to these that the editors worked according to their own fixed plan. Sendivogius's ideas concerning Nature were referred to by Mögling in the context of his Rosicrucian pansophy in *Speculum Sophicum Rhodostauroticum* and the same reference to the *Zwölf Tractätlein* occurs in the *Geheime Figuren*.[61] Not only does it show another instance of possible borrowing from Mögling's *Speculum* but it also reveals how the earliest Hermetic-alchemical symbols of the *Geheime Figuren* were interrelated: *Vier Elemente*, *Sophia*, *Aus Gott und der Natur*, and the interconnected series on the magical-kabbalist number symbolism. Tracing the publications of Sendivogius, Siebmacher and Böhme in 18th-century theo-alchemical book production among Freemasons

---

[60] [Jamimah KoranhapuCH]: Trithemii de Sponheim, Abts zu Kreuzburg: Güldenes Kleinod, oder Schatzkästlein … von Fr. Basilio Valentino. Leipzig 1782, pp. 16–18.

[61] Daniel Mögling: Speculum, sig. C1v–C2.

and Rosicrucians alike reveals more of the Gold- und Rosenkreuzer formation of a canon of literature and shows how their kabbalist inspired symbolism was made to fit theo-alchemical ideas in the *Geheime Figuren*.

## V  Scholar of Rosicrucianism: Johann Salomo Semler

The first critical accounts on the Gold- und Rosenkreuzer came from former members of the order. In 1786 the statesman, Freemason and onetime Gold- und Rosenkreuzer Christian Ulrich von Eggers (1758–1813) in one of the earliest accounts describing the activities of the secret order dated its origin to 1763, discussing its organisation, publications, rituals and the 1763 *Tabella pro Concordia fratrum rosae et aureae Crucis post Revolutionem universalem* from a Prague lodge of Gold- und Rosenkreuzer published first in 1781.[62] This date 1763 is generally accepted as possibly the first beginnings of the order. Eggers, bitter perhaps and certainly a disenchanted man, called into question its origin and with it the historicity of the rules.[63] This Prague table is sometimes found with manuscripts of
the *Geheime Figuren*.[64] Eggers was caught up in the controversies about the true and false Freemasons and Rosicrucians of the time. He was aware of the 17th-century forebears but remarked that in the past, as in his own time, there were fake Rosicrucians, swindlers who mocked and deceived people instead of serving their true calling. He concluded the original movement had come to a complete stop just before the beginning of the 18th century.[65] From about the 1730s–1740s, a renewed interest for Rosicrucianism and alchemy developed among English, French and German Freemasons.[66] In *Rudolf II and his World* Robert John Weston Evans referred to the esotericising of alchemy from the Renaissance onwards, describing Khunrath's *Amphitheatrum* as a "Sophic utopia".[67] Alchemy for the Gold- und Rosenkreuzer, however, was also a practical pursuit. As Geffarth has shown, the alchemical experiments of Gold- und Rosenkreuzer as performed by Francois Du

---

[62] [Christian Ulrich Detlev von Eggers]: Probierstein für ächte Freymaurer. Ein Denkzettel für Rosenkreuzer, Illuminaten und irrende Ritter. Kopenhagen 1786, I, ch. 4. The Tabella was first published in: Magister Pianco [Hans Heinrich von Ecker und Eckhoffen]: Der Rosenkreuzer in seiner Blösse. Amsterdam, [Nuremberg] 1781, facing p. 84. Cf. Marx: Gold- und Rosenkreuzer (see note 11), pp. 18, 36, 38.
[63] [Eggers]: Probierstein (see note 62), I, pp. 290, 297, 313–321.
[64] E.g. Amsterdam, BPH, MS M320. The copy of the scheme appears to be a later addition on different paper; it is not bound in. It may predate the publication of 1781.
[65] [Eggers]: Probierstein (see note 62), I, pp. 287–289.
[66] Marx: Gold- und Rosenkreuzer (see note 11), pp. 20–26, 38. This interest existed among British Freemasons from the 1620s. Cf. Marsha Keith Schuchard: Restoring the Temple of Vision. Cabalistic freemasonry and Stuart culture. Leiden 2002, chs. 7, 10.
[67] R.J.W. Evans: Rudolf II and his world. A study in intellectual history 1576–1612. Oxford 1973, p. 214.

Bosc and even Johann Christoph von Wöllner served the creation of medicines but ultimately also their coherent theosophical beliefs. Next to Lavoisier's new science of chemistry, alchemy was and remained an esoteric pursuit, also in the laboratory.[68] Eggers, writing after the collapse of the order, denounced the Gold- und Rosenkreuzer as a despotic and intolerant organisation practising fake magical-alchemical secret science and proclaiming Faustian powers divine.[69]

The theologian Johann Salomo Semler (1725–1791) surprised his contemporaries with a historical study of Rosicrucianism, *Unparteiische Samlungen zur Historie der Rosenkreuzer*, revealing a serious interest in the contributions of Hermetic natural philosophy and alchemy to religious history.[70] In recent studies, Semler's later alchemical cogitations are shown to have played a part in the development of his theology and his sense of the private experience of religion as opposed to the public religion of the established church.[71] Semler was one of the first to review the publication of the first part of the *Geheime Figuren* in his *Unparteiische Samlungen*, and one of the first also to link the secret symbols to the Gold- und Rosenkreuzer. He speculated on the party-political motivation behind the production of the *Geheime Figuren*. In order to gain power and control over Freemasonry in Germany, the publication of a deliberately complex symbolism was meant to impress the Masonic lodges. Semler contrasted the Gold- und Rosenkreuzer unfavourably with their 17th-century forebears:

> Wie man hier ausruft, *o arcanum*, oder Geheimnis, und gleichwol gar keinen leichtern Unterricht gibt, zu dieser natürlichen Chymie sich selbst zu schicken; sondern es alles in tiefer Unterwerfung von dem Obern erbeten und geschenket werden sol: so hat die Kirche ehedem durch solche harte ungeistliche Obern, mancherley *Mysteria* und Geheimnisse den Christen vorgesagt, die sie glauben solten, ohne etwas selbst zu denken. Dis war keinesweges die Absicht, die Anstalt, der Vorsatz der ersten Rosenkreuzer; sie wolten die völlige Freiheit, die eigene Anwendung des Verstandes, ausbreiten und schaffen; der Enthusiasmus verfürte einige Mitglieder zur kosmopolitischen Uebertreibung; andere zum ganz unpolitischen Haß des Pabsttums; zur Uebereilung mit dem Churfürst von der Pfalz. Die Jesuiten wurden nun nach und nach Meister des verunglükten Ordens, und traten selbst in eben diese nun sehr abgeänderte Verbindung, um den ganz andern Endzwek einer Religionsmonarchie, nun besser zu bearbeiten. Man behielt die

---

[68] Cf. Geffarth: Religion (see note 10), pp. 242–265; Rudolf Schlögl: Alchemie und Avantgarde. Das Praktischwerden der Utopie bei Rosenkreuzern und Freimaurern. In: Die Politisierung des Utopischen im 18. Jahrhundert. Ed. by Monika Neugebauer-Wölk and Richard Saage. Tübingen 1996.
[69] Eggers I, ch. 4; especially Egger's discussion on Pianco and Phoebron, and: Endurtheil über die Rosenkreuzer, pp. 437–356.
[70] Semler: Samlungen (see note 21).
[71] Markus Meumann: Hermetische Grundlagen der ‚Privatreligion' bei Johann Salomo Semler. URL: http://www.francke-halle.de/main/con_pdf/thyssen_meumann.pdf [03.08.2011]; Peter Hanns Reill: Religion, Ideology, and the Hermetic Imagination in the late German Enlightenment: The Case of Johann Salomo Semler. In: Lehmann Antike Weisheit und kulturelle Praxis. Ed. by Anne-Charlott Trepp and Hartmut. Göttingen 2001, pp. 219–233.

gleissende Gestalt, die aus dem warmen, andächtigen Gebrauch der Bibel sehr gut unterstützt wurde; und schwazte von Alchymisten Geheimnissen, von Magie, von Erscheinungen etc.[72]

Semler acknowledged the importance of Mögling's work in Rosicrucian history and iconography as well as the origins of the ideas reflected in the *Geheime Figuren*, namely the works of Paracelsus, Lautensack, Weigel and Böhme. He commented critically on these *Schwärmer* in his *Lebensbeschreibung*.[73] Other graphic elements in the *Geheime Figuren* do indeed originate with the dramatic and apocalyptic drawings of the already mentioned artist Paul Lautensack (1478–1558), a contemporary of Luther and an amateur theologian from Bamberg and Nürnberg.[74] The materials were especially available through the works of Pseudo-Weigel (Benedikt Biedermann). Lautensack's mystical theology and his imagery were also transmitted through the works of Paul Kaym, Paul Nagel and other early Rosicrucians, chiliasts and Böhmists: apart from Pseudo-Weigel there are clear Lautensackian elements in some of the works traditionally attributed to (Pseudo-) Abraham von Franckenberg.[75] Semler may have found some of his information on the religious enthusiasts in Samuel Richter's Böhmist works with which he was familiar, or from such orthodox theologians as Hunnius, and Colberg who also mentioned Lautensack.[76] Through Semler's detailed account we know exactly what the Altona edition of part one looked like and which symbols it contained. We can be less sure about the order of the plates, for Semler's copy may not have been representative (as he wrote himself).[77] Semler's critical evaluation of the symbols is historically extremely interesting and in this context of the transmission of the theosophical ideas more important than the criticism which the professional theologian publicly levelled at the Gold- und Rosenkreuzer organisation.

## VI  19th to 20th Centuries: Fictionalising History or Historicising Fiction?

Renewed 19th-century involvement with the *Geheime Figuren* can be seen e.g. in the abovementioned writings of Julius Sachse, Will-Erich Peuckert and Arthur Edward Waite, again in the context of a search for Rosicrucian historical connections. My primary concern is the historiography and iconography traced in both the contemporary scholarship and the esoteric approaches specifically with regard to

---

[72] Semler: Samlungen (see note 21), part 2, pp. 118–120, 128; quotation: pp. 158–159.
[73] Semler: Lebensbeschreibung. Vol. 2. Halle 1782, p. 103.
[74] Berthold Kreß: The Manuscripts and Drawings by Paul Lautensack and his Followers. PhD thesis. Cambridge University 2006. I thank Dr. Kreß for information concerning Lautensack.
[75] Cf. Pseudo-Franckenberg: Trias Mystica. Amsterdam 1650; Nosce te ipsum. Frankfurt 1675; Oculus aeternitate. Amsterdam 1677.
[76] Semler: Lebensbeschreibung (see note 73); for Hunnius and Colberg, see note 43.
[77] Semler: Samlungen (see note 21), part 2, pp. 112–113, 143. Semler did not describe the general title-page, which proves it was added after the publicaton of *Erstes Heft* (1785).

the *Geheime Figuren*. Finally, the interplay between the two approaches reveals the influence of the *Geheime Figuren* up to this day.

An interesting point of departure in post-enlightenment reception of the *Geheime Figuren* appears to be Julius Friedrich Sachse's manuscript and the modern esoteric reproductions and interpretations that followed his *The German Pietists of provincial Pennsylvania*. Most of the modern esoteric historians who concerned themselves with the *Geheime Figuren* referred to Sachse's reproductions though at this point these symbols were new to them. Except for Peuckert, who relied on the Wrocław manuscript of the *Geheime Figuren*, A.E. Waite, Franz Hartmann, Heinrich Tränker, Spencer Lewis, Manly P. Hall (who acquired and published his own copy of the manuscript), and Paul M. Allen (the latter a follower of Rudolf Steiner), referred to Sachse's copy as their first source.[78] The theosophical Rosicrucian Franz Hartmann (1838–1912) was an influential and prolific esoteric writer who touched on many subjects and disciplines, from Indian mysticism and Buddhism to theosophy and modern Rosicrucianism. After a sojourn in the United States and Mexico he played a major role in the modern theosophical movement in Germany. He published in his own periodical *Lotusblüten* (1892–1900) and was actively involved with other theosophical publishers.[79] Hartmann wrote one Rosicrucian novel which he first published in English, *An adventure among the Rosicrucians* in Boston (1887) and in German as *Ein Abenteuer unter den Rosenkreuzern* (Leipzig 1899). The fantasy can be placed in the tradition of esoteric fiction from Andreae's *Chymische Hochzeit* to the romances and novels of Karl von Eckartshausen, Paschal Beverly Randolph, Edward George Bulwer-Lytton and Gustav Meyrink. In his novel Hartmann introduced the *Geheime Figuren der Rosenkreuzer*:

> Mit diesen Worten reichte mir Theodorus ein Buch, das eine Anzahl farbiger Tafeln mit Symbolen und Zeichen enthielt. Es war ein altes Buch und trug den Titel: „Die geheimen Figuren der Rosenkreuzer des sechzehnten und siebzehnten Jahrhunderts." Ich dankte dem Adepten und betrachtete noch einmal das geheimnisvolle Buch, durchflog die Titel der Seiten und sah, dass sie von den größten Mysterien, vom Makrokosmos und Mikrokosmos, von Zeit und Ewigkeit, von okkulten Zahlen, den vier Elementen, der Dreiheit im All, von Wiedergeburt, Alchemie, Philosophie und Kabbala handelten; es war in der Tat ein Buch über Universalwissenschaft.[80]

---

[78] Arthur Edward Waite: The Brotherhood of the Rosy Cross. London 1924, ch. 23; Franz Hartmann: Cosmology, or universal science. ... Explained according to the religion of Christ, by means of the secret symbols of the Rosicrucians of the sixteenth and seventeenth centuries, Boston 1888; Manly P. Hall: Codex Rosae Crucis (see note 15); Heinrich Tränker (see notes 82, 84, 85); A Christian Rosenkreutz Anthology. Ed. by Paul M. Allen. 3rd rev. ed. New York 1981 [1968].

[79] On Franz Hartmann, see Nicholas Goodrick-Clarke: Hartmann. In: Dictionary of Gnosis and Western Esotericism (see note 20); Lamprecht: Neue Rosenkreuzer (see note 43), pp. 172–181; Corinna Treitel: A science for the soul. Occultism and the Genesis of the German Modern. Baltimore, London 2004, pp. 71–72, 94–97.

[80] Franz Hartmann: Ein Abenteuer unter den Rosenkreuzern. Leipzig 1899, p. 111.

The adept then explains how the symbols are to be approached, rehearsed and, finally, experienced. It may serve here as an indication of Hartmann's inspiration.

> Die Symbole, die diese Tafeln enthalten, müssen voll mit dem Geiste erfasst werden. Um dir das klarzumachen, wisse, dass jedes okkulte Symbol drei Bedeutungen hat. Die erste ist die äußere, die man leicht versteht, die zweite ist die innere oder geheime Bedeutung, die man intellektuell auslegen kann, die tiefste und geheimnisvollste ist die dritte, der geistige Sinn, der nicht erklärt werden kann, sondern nur praktisch durch den Geist erfahren werden muss.[81]

A year later Hartmann published an English edition of the symbols together with an elaborate interpretative introduction and a theosophical glossary (Boston 1888).[82] The adept in the novel explains how the symbols are to be understood at different spiritual levels and these fictional descriptions serve as an indication of Hartmann's theosophical inspiration. The first edition of the novel included an advertisement announcing the publication of the symbols discussed at the end of the novel. The occultist Manly P. Hall considered this novelistic effort a flagrant commercial undertaking to promote Hartmann's own theosophical edition of the *Geheime Figuren*.[83] While Hall may have been right about the commercial motives behind the added announcement of the forthcoming edition, the theosophist Hartmann, who also knew Sachse's copy, may nevertheless have been sincerely interested in the mysticism of the manuscript. That he took certain liberties as an editor is obvious from a comparison between this edition and others. Even though Hartmann's edition is incomplete, the glossary with its modern theosophical reading of the symbols is of considerable interest in the light of the reception history of the *Geheime Figuren*.

A somewhat younger esoteric writer from Berlin, the antiquarian bookseller Heinrich Tränker (1880–1956), was much influenced by the writings of Franz Hartmann and founded his own (fairly short-lived) pansophic Rosicrucian movement.[84] He developed plans to reprint and add to the known series of secret symbols, announcing a nine-volume publication in *Alchemistische Blätter* (1927–1930).[85] Unfortunately, for it might have provided a further insight at least into the development of Tränker's ideas, this book was never published. We learn more about Tränker's plans from his edition of Hartmann's *Im Vorhof des Tempels der Weisheit enthaltend die Geschichte der wahren und falschen Rosenkreuzer*. The Boston edition of 1890 was translated by Tränker under the religious name of Bruder Recnartus for his series *Pansophia* published by Otto Wilhelm Barth in

---

[81] Ibid, p. 112.
[82] Hartmann: Cosmology (see note 78).
[83] Manly P. Hall: The Franz Hartmann Hoax. In: Codex Rosae Crucis (see note 15), pp. 29–32.
[84] On Tränker, see: Das Beste von Heinrich Tränker. Ed. by Peter R. König. Munich 1996; Horst E. Miers: Lexikon des Geheimwissens. München, Wien 1959. Under: Pansophia; Tränker, Heinrich; Krause, Karl Christian Friedrich (and literature cited).
[85] See for a reproduction of the advertisement Cis van Heertum: Exploring alchemy in the early 20th century. II. URL: http://www.ritmanlibrary.nl/c/p/h/bel_19.html [03.08.2011].

Munich in 1924.[86] In his commentary, Tränker explained about his planned publication of the *Geheime Figuren*, also to be published by Barth. In the process Tränker redefined Hartmann's theosophy as pansophy, a term he may have adopted from Comenius, or from Mögling or even Böhme, as his work predates Peuckert.[87]

Tränker wished to use his edition of the symbols as an initiatory book for his Rosicrucian society. He had distinct ideas about the order in which the unnumbered plates should be reflected on. He thought the order had been confused from the beginning and that the students could not really work with them. His suggested order of the plates was not published though it has been preserved in a typescript now in the Oskar Schlag collection in the Zentralbibliothek, Zürich.[88] Tränker's ideas about the order and use of the secret symbols served his own esoteric insights and do not correspond with the order that can be reconstructed on the basis of the known copies of the manuscripts and the Altona edition. In 1925 Tränker's fellow Rosicrucian and bibliographer Bernhard Beyer published textual materials of the 18th-century order of the Gold- und Rosenkreuzer[89] and this set off discussions about the value and use of the secret symbols which will have further influenced their own ideas.

The occultist Antonius von der Linden joined the surge in theosophical publishing at the turn of the century and edited a series of esoteric source texts for Hermann Barsdorf Verlag in Berlin.[90] The first of some 19 volumes of the series *Geheime Wissenschaften* contains an edition of the 17th-century Rosicrucian manifestos with a foreword by Ferdinand Maack, a theosophical Rosicrucian from Hamburg.[91] Maack and friends such as Ernst Kurtzahn, Franz Freudenberg and Alfred Müller-Edler were much interested in the Gold- und Rosenkreuzer and the alchemical and Rosicrucian literature published towards the end of the 18th century.

---

[86] Franz Hartmann: In the pronaos of the temple of wisdom containing the discovery of the true and the false Rosicrucians. With an introduction into the mysteries of the Hermetic philosophy. Boston 1890; idem: Im Vorhof des Tempels der Weisheit enthaltend die Geschichte der wahren und falschen Rosenkreuzer. In: Bruder Recnartus [Heinrich Tränker] (ed.): Pansophia 2, 1. Munich 1924; the series: Heinrich Tränker (ed.): Pansophia. Urquellen inneren Lebens zum Heile der Welt neu kundgegeben von einem „Collegium Pansophicum". Ein Archiv in zwangloser Folge. Vols. 1–2. Munich. Vols. 3–6. Leipzig 1923–1925.

[87] Tränker's comments are in: Hartmann: Im Vorhof (see note 86), pp. 177–187; Peuckert: Die Rosenkreutzer. Jena 1928; idem: Das Leben Jacob Böhmes. Jena 1924.

[88] Heinrich Tränker: Der Schlüssel zu den geheimen Figuren der Rosenkreuzer aus dem XVI. und XVII. Jahrhundert. In: Zürich, Zentralbibliothek, MS Sch C10261. Published privately by Walter Ogris, Archiv Hermetischer Texte: Heinrich Tränker: Der Schlüssel zu den geheimen Figuren der Rosenkreuzer aus dem XVI. und XVII. Jahrhundert. Vienna 1990.

[89] See note 41.

[90] Barsdorf Verlag, Berlin; contributing authors: Erich Bischoff, Ferdinand Maack, Franz Freudenberg. The series contained studies on mystical, alchemical, magical and kabbalistic subjects and reproduced works by such writers as Jacob Böhme and Agrippa von Nettesheim as well as the alchemical and Gold- und Rosenkreuzer source texts by J.B. Kirchweger and Adam Michael Birkholz.

[91] On Ferdinand Maack, see Lamprecht: Neue Rosenkreuzer (see note 43), pp. 189–191.

Thus they in fact also rediscovered and claimed a historical continuity between the two Rosicrucian movements. Of this group, Maack offered the most detailed survey of the interconnected Rosicrucian branches in his foreword to his edition of the Rosicrucian Manifestos.[92]

In Kurtzahn's and Maack's schemes, the year 1622 appears to be a significant point of demarcation. In their search through the labyrinths of historical and secret Rosicrucian orders they found the Halle professor Semler's *Unparteiische Samlungen* most helpful. At the centre of Maack's scheme is the rise and development, or a branching off, of the "Wahre R.C. 1622 ff. im Haag etc. XVII. Jahrhundert". To Maack, this branching off into Germany and the Netherlands was partly a transition from the early Rosicrucians from Tübingen which, along with the influence of English Freemasonry, led to the third historical period of Rosicrucianism, the period after Andreae, named "Neue Rosenkreuzer", or the Gold- und Rosenkreuzer. Maack gives no concrete date for the first beginnings of the Gold- und Rosenkreuzer and places them in the 18th century, improving on Kurtzahn's date for the beginning of this order in 1610 but still glossing over the historical facts. Along this line Maack finally arrives at his own modern period of the "Moderne Rosenkreuzer".[93]

The crucial year 1622 may in fact be a reference to the same year mentioned by Semler in the *Unparteiische Samlungen*. Maack may have based his information on Semler who linked a group of Rosicrucians – who allegedly seceded in The Hague in 1622 – to the organised Gold- und Rosenkreuzer and their regulations.[94] In 1622 Ludwig Conrad Montanus (or Orvius) was expelled from a Rosicrucian group in The Hague. Montanus's tale of his experiences was published first in 1737.[95] It was edited by Johann Ludolph ab Indagine (or Jäger) in *Gründliche Anweisung zu der Hermetischen Wissenschaft* who claimed it was based on a manuscript written in 1635.[96] The account mentioned various loosely organised centres of the society in

---

[92] Cf. Ernst Tristan Kurtzahn: Die Rosenkreuzer. Lorch 1920 [2. ed. 1926]; Die Johann Valentin Andreä zugeschriebenen vier Hauptschriften der alten Rosenkreuzer. Ed. by Ferdinand Maack. Berlin 1913; idem: Zweimal gestorben! Die Geschichte eines Rosenkreuzers aus dem XVIII. Jahrhundert. Leipzig 1912; Franz Freudenberg: Aus der älteren Geschichte der Rosenkreuzer. [Dresden? ca. 1919], reprints part of the Gold- und Rosenkreuzer order rules from Samuel Richter (see note 21).

[93] Cf. the schemes in Kurtzahn: Rosenkreuzer (see note 92), p. 9; Maack: Zweimal (see note 92), p. 37; idem: Johann Valentin Andreä (see note 92), p. liii.

[94] Semler: Samlungen (see note 21). Part 1, p. 114, pp. 122–124.

[95] Ludwig Conrad Orvius: Occulta philosophia. [Erfurt] 1737. The edition was suppressed. Cf. [Lenz]: Missiv (see note 1), p. 102–104; John Ferguson: Bibliotheca Chemica. Vol. 2. Glasgow 1906, pp. 158f.

[96] Ludwig Conrad Montanus: Gründliche Anweisung zu der wahren hermetischen Wissenschaft. Ed. by Johann Ludolph ab Indagine [Johann Ludolph Jäger]. Frankfurt, Leipzig 1751, sig. b4: the author, L.C. von Bergen, is said to have sent his work to his friend Sonneberger, or, Ich Sags Nicht, in Bamberg. This pseudonym was also used by Siebmacher: Das güldne Vließ, reprinted as: Das allerhöchste, edelste, kunstreichste Kleinod. Frankfurt, Leipzig 1755. Cf. note 58; Ferguson: Bibliotheca Chemica (see note 95), p. 101.

The Hague, Hamburg, Amsterdam, Nuremberg, Danzig, Mantua, Venice, and Erfurt and referred to rituals and order rules.[97] The information is anecdotal (and possibly, indeed, largely fictitious), but Semler relied on it to describe these groups, quoting Montanus in his effort to further trace the Rosicrucians adhering to the order rules published by Richter. In all likelihood, and this has been overlooked by some modern historians of Rosicrucianism, it was the pseudonymous Orvius / Montanus or his editor who based the 1737 account on Richter's order rules as published in German in 1710 rather than Richter (as Semler believed) using any manuscript rules dating back to 1622.[98] Moreover, the Orvius publication appears to fit a series of theosophical, alchemical, and kabbalist publications in the 1730s that were given a Rosicrucian connotation.[99]

Maack appears to have adopted Semler's year 1622 as a crucial turning point. He is confirmed by the information provided by Freudenberg in his 'historical survey', a Rosicrucian chronology which begins with the year 1182, the year when Morienus [Morieno Romanus] was said to have obtained his Hermetic wisdom in Arabia, and ends with 1785: "Die Rosenkreuzer lassen geheime Figuren und chymische Bilder in Kupfer stechen", which is a literal citation from Semler. Freudenberg accepted Semler's conclusions and went further: If Montanus's account stemmed from 1635 (or 1622), the fact that this ousted Rosicrucian referred to a period of 30 years of harassment by the Society meant that the Brotherhood had existed at least from 1592 or from 1605 and that it had not been founded by Johann Valentin Andreae.[100]

---

[97] Cf. Orvius: Occulta philosophia, pp. 8–9, 15–16; Montanus: Gründliche Anweisung, sigs. b5–b7. Orvius's account is in the Vorrede, pp. 2–22, and cited details from Samuel Richter's order rules on pp. 16–17. The passages concerning the rules were excised in Jäger's edition.

[98] Cf. [Lenz]: Missiv (see note 1), nr. 150 (pp. 102–104); Semler: Samlungen (see note 21), part 1, pp. 122–182; Johann Gottlieb Buhle: Ueber den Ursprung und die vornehmsten Schicksale der Orden der Rosenkreuzer und Freymaurer. Eine historisch-kritische Untersuchung. Göttingen 1804, pp. 232–235; cf. Peuckert: Das Rosenkreutz, pp. 333–339; Richter's order rules have been traced to an Italian MS in Naples 1678 by Carlos Gilly in: Magia II (see note 4), pp. 221–223. The date mentioned in Richter's opening paragraph describing the expansion and organisation of the Brotherhood is 1624. Richter: Bereitung des philosophischen Steins (see note 19), p. 101.

[99] I will deal with this literature and the roles of Federico Gualdi and Hermann Fictuld in my forthcoming publication. Cf. Marx: Gold- und Rosenkreuzer (see note 11), pp. 154f.; Magia II (see note 4). In J.G. Toeltius [Toelten]: Des welt-berühmten Philosophi Coelum Reseratum Chymicum. Erfurt 1737. Johann Carl von Friesau, J.F.R.C., who provided a preface and commentaries, is presented as Head (Haupt) of the Rosicrucians. The editor claimed the text was ready to be printed in Nuremberg in a German translation made in Dordrecht 1612 but the publication of these arcana had been hindered by the Rosicrucian Brotherhood. Cf. Vorrede and Sigs. X2v, X4, X6v. Cf. London, Wellcome Library, MS 4808. Both Toeltius and Orvius were announced by the Erfurt bookseller Augustinus Crusius in his edition of Abraham Eleazar: Uraltes chymisches Werck. Erfurt 1735, sigs. X3v; X6. Cf. [Lenz]: Missiv (see note 1), pp. 101–103.

[100] Freudenberg: Aus der älteren Geschichte (see note 92), p. 16. Cf. Semler: Samlungen (see note 21), part 1, p. 115f.

Modern Rosicrucians sought to assimilate or incorporate a wide esoteric spiritual tradition: looking for multiple origins, whether historical or in part also mythical, was crucial in that sense. The search for sources is demonstrated by the 20th-century authors associated with Barsdorf Verlag. In 1919 Barsdorf published what would become the standard edition of the *Geheime Figuren der Rosenkreuzer*, a facsimile edition of the Altona publication in two parts.[101] This edition thus became part of the publishing campaign of modern theosophical Rosicrucians who sought continuity with the theosophy and alchemy of the 18th-century Gold- und Rosenkreuzer as well as with the fictitious Brotherhood from Tübingen. But for all that, Freudenberg, distinguishing two kinds of Rosicrucianism, favoured the 17th-century Brotherhood. Following Semler, he recognized a crisis in the Gold- und Rosenkreuzer movement culminating in a hierarchical clerical church suffering from occultist and spiritist eccentricities. Freudenberg saw the publication of the *Geheime Figuren* as a final gesture of a group heading in the wrong direction and ending up in a blind alley of Rosicrucian history. He did not share Semler's ideas about practical alchemy or his criticism with regard to the value of the secret symbols, but wished to salvage what to him was true Rosicrucianism for his own modern age. Thus, he once more turned against the fictionalizers, the swindlers and the cheats:

> Wer gewissermassen am Grabe des Rosenkreuzertums stehend sich anschicken wollte, diesem eine Leichenrede zu halten, müsste sich vor allem hüten, ihm allzu viele Steine nachzuwerfen. Trotz der fraglosen Verirrungen und menschlichen Schwächen einzelner wird es ein vorurteilsfrei und gerecht Urteilender freimütig bekennen, dass sein Kern echt, „goldecht", fromm, tiefsittlich war, dass die Rosenkreuzer eine ruhige Fortentwicklung in Religion, Wissenschaft und Kunst erstrebten, und in vielen Punkten gerade das wollten, was unsere heutigen ethischen Gesellschaften auf ihr Panier schreiben. Menschliches war es, ist es und wird es sein, was jede Zeit in ihrer eigentümlichen Weise anstrebt, und in der Rosenkreuzerei haben wir ein schönes Blatt echten Menschentums und edler Menschlichkeit vor uns.[102]

In the broad Hermetic tradition of religious experience, text and image have mutually reinforced each other ever since the Middle Ages. The *Geheime Figuren* reflects a process of visualisation of theosophical ideas relating to the *Buch der Natur* and the *Buch der Gnade* and is the product of the successful amalgam of Paracelsian, Weigelian, Rosicrucian, Böhmist and Radical Pietist theo-alchemical, chiliast and magic-kabbalistic metaphorical languages developed in the first half of the 17th century. The symbols compiled and edited in the 18th century are based on 16th–17th-century textual (historical) sources, but move in the direction of the all-encompassing (timeless) symbol. The resulting compendium of theo-alchemical and magic-kabbalist imagery was seen as a new *Buch des Lebens*, the *ABC Book*, which in its mirroring of grace and nature (the mystical and theosophical book metaphors) and A & O, beginning (creation, birth) and end (revelation, rebirth) also explains its appeal to modern esotericism.

---

[101] Geheime Figuren der Rosenkreuzer. Berlin 1919.
[102] Freudenberg: Aus der älteren Geschichte (see note 92), p. 43.

FRANK HATJE UND FRANK EISERMANN

# Kosmologisch-metaphysische Vorstellungen im hansestädtischen Bürgertum des späten 18. und frühen 19. Jahrhunderts

## I Facetten der Aufklärung in Hamburg und Bremen

Mit dem Hamburger und Bremer Bürgertum des späten 18. und frühen 19. Jahrhunderts verbindet sich unerschütterlich die Vorstellung, es sei fest in der auf praktische Reformen zielenden Spätaufklärung verwurzelt. Dieses Bild wird nicht allein durch die Forschung untermauert,[1] sondern wurde bereits von den Zeitgenossen gepflegt. Im *Hanseatischen Magazin*, das der Bremer Theologe und nachmalige Senator und Bürgermeister Johann Smidt mit dem Ziel herausgab, eine die Hansestädte übergreifende Identität zu befördern, schrieb Ferdinand Beneke, von dem bald noch mehr die Rede sein wird, über das Vierteljahrhundert zwischen dem Siebenjährigen Krieg und der Französischen Revolution:

> Nach und nach schwanden sklavische Gewohnheiten und thörigte Vorurtheile. Nützliche Kenntniße und vernünftige Speculationen traten an ihren Platz. Der bessere Geschmack räumte in seinem Wirkungskreise auf und gab den Menschen ihren natürlichen Sinn wieder. Das Herkommen verlohr seine Zauberkraft aber das Nachdenken gab dem, was gut war, einen festeren Grund, indem es seine Ursachen und Zwecke erforschte. Die Wissenschaften erweiterten das Augenmerk des Menschen, und weckten den Bürger=Sinn wieder. Kultur ward der Maaßstab der Achtung. Kultur und Gemeinnützigkeit die Loosung der vornehmern Bürger.[2]

In demselben Periodikum fasst der Bremer Arzt Arnold Wienholt die Geschichte des *Museums* in Bremen, einer geradezu typischen Aufklärungsgesellschaft, mit den Worten zusammen:

> So wird sich zum Beispiel aus dieser Geschichte doch wohl ergeben, daß auch hier schon längst die Stralen einer ächten Aufklärung durchgedrungen waren, und schon lange nicht mehr der Nebel herrschte, in dem wir nach dem Ausspruch einiger Schriftsteller, noch vor einiger Zeit begraben liegen sollten: ein Boden, wo Naturkunde und Geschichte, diese beiden Hauptfeinde des Aberglaubens, der Dummheit, und des Betruges sich so vest wurzeln, und so stark emporschießen konnten.[3]

---

[1] Vgl. Franklin Kopitzsch: Grundzüge einer Sozialgeschichte der Aufklärung in Hamburg und Altona. 2. erg. Aufl. Hamburg 1990; Hamburg im Zeitalter der Aufklärung. Hg. v. Inge Stephan u. Hans-Gerd Winter. Berlin, Hamburg 1989; Herbert Schwarzwälder: Geschichte der Freien Hansestadt Bremen. 5 Bde. Bd. 1: Von den Anfängen bis zur Franzosenzeit (1810). 3. erw. u. verb. Aufl. Bremen 1995, S. 533–538.

[2] Ferdinand Beneke: Briefe eines Hanseaten. In: Hanseatisches Magazin 5 (1801), S. 200–270, hier S. 239–242.

[3] Arnold Wienholt: Geschichte des Museum in Bremen. In: Hanseatisches Magazin 2 (1799), S. 177–264, hier S. 186.

Dahinter stehen beispielsweise in Hamburg die physikalischen Experimente des Kaufmanns Nikolaus Anton Kirchhoff,[4] die öffentlichen mathematischen Vorlesungen von Johann Georg Büsch, seines Zeichens Professor am Akademischen Gymnasium sowie Gründer und Leiter der Handlungsakademie,[5] die Gewerbe- und Berufsschulprojekte der Patriotischen Gesellschaft[6] und nicht zuletzt das große Reformprojekt der Allgemeinen Armenanstalt von 1788.[7] Bremerseits lassen sich dem an die Seite stellen das Vorlesungsprogramm der Gesellschaft *Museum* und der *Physicalischen Gesellschaft*, die sich später dem *Museum* anschloss,[8] die Seefahrtsschule von 1799,[9] eine von den beiden Theologen Johann Ludwig Ewald und Johann Caspar Häfeli nach den Grundsätzen Pestalozzis gegründete Musterschule[10] oder das Hausarmeninstitut von 1774.[11] Von den Kanzeln der beiden Städte wurde – ob nun vor einem lutherischen oder reformierten konfessionellen Hintergrund – überwiegend im Sinne der Neologie oder des Rationalismus gepredigt, so jedenfalls die gängige Lesart.[12]

---

[4] Hans-Dieter Loose: Nicolaus Anton Johann Kirchhof – Kaufmann, Senator, Gelehrter. In: Gelehrte in Hamburg im 18. und 19. Jahrhundert. Hg. v. dems. Hamburg 1976, S. 107–131.

[5] Frank Hatje: Ökonomie und Patriotismus. Zum 200. Todestag von Johann Georg Büsch. In: Hamburger Wirtschafts-Chronik N. F. 1 (2000), S. 7–48 mit weiteren Literaturhinweisen.

[6] Den nach wie vor umfassendsten Überblick über die ganze Bandbreite der Aktivitäten einschließlich der berufsbildenden Schulen bietet Franklin Kopitzsch: Die Hamburgische Gesellschaft zur Beförderung der Künste und nützlichen Gewerbe (Patriotische Gesellschaft von 1765) im Zeitalter der Aufklärung. Ein Überblick. In: Deutsche patriotische und gemeinnützige Gesellschaften. Hg. v. Rudolf Vierhaus. München 1980, S. 71–118 mit allen einschlägigen Literaturangaben.

[7] Siehe dazu u.a. Mary Lindemann: Patriots and Paupers. Hamburg 1712–1830. Oxford 1990; Frank Hatje: Das Armenwesen in Hamburg und die Ausbreitung der Aufklärung in Bürgertum und Unterschichten zwischen Integration und Abgrenzung. In: Das Volk im Visier der Aufklärung. Studien zur Popularisierung der Aufklärung im späten 18. Jahrhundert. Hg. v. Anne Conrad, Arno Herzig u. Franklin Kopitzsch. Münster, Hamburg 1998, S. 163–197; ders.: Zwischen Republik und Karitas. Karitative Ehrenamtlichkeit im Hamburg des 18. und 19. Jahrhunderts. In: Westfälische Forschungen 55 (2005), S. 239–266.

[8] Der Club zu Bremen 1783–2008. 225 Jahre in vier Jahrhunderten. Hg. v. Rüdiger Hoffmann. Bremen 2009.

[9] Schwarzwälder: Bremen (wie Anm. 1), S. 525.

[10] Renate Hinz: Johann Heinrich Pestalozzi. Ein Beitrag zur Rezeptionsgeschichte in Bremen (1798–1813). In: Studien zur Pestalozzi-Rezeption im Deutschland des frühen 19. Jahrhunderts. Hg. v. Fritz-Peter Hager u. Daniel Tröhler. Bern 1995, S. 9–76. Zur Beförderung des Projekts hielt Johann Ludwig Ewald im Winter 1804/05 zehn Vorträge zur Pestalozzischen Pädagogik in der Gesellschaft ‚Museum': Johann Ludwig Ewald: Geist der pestalozzischen Bildungsmethode nach Urkunden und eigener Ansicht. Zehn Vorlesungen. Bremen 1805.

[11] Neuere Untersuchungen dazu fehlen, siehe aber Christian Abraham Heineken: Geschichte der Freien Hansestadt Bremen von der Mitte des 18. Jahrhunderts bis zur Französenzeit. Bearb. v. Wilhelm Lührs. Bremen 1983, S. 192–198 sowie die einschlägigen Bemerkungen bei Wilhelm Arnold Walte: Dieser Stat Armenhaus zum Behten und Arbeyten. Geschichte des Armenhauses zu Bremen 1698–1866 mit weiteren Beiträgen zur bremischen Sozialgeschichte. Bremen 1979 und Dietmar von Reeken: Von der ‚Gotteskiste' zur Sozialfürsorge. 475 Jahre Liebfrauendiakonie in Bremen. Bremen 2000.

[12] Zu Bremen siehe Otto Wenig: Rationalismus und Erweckungsbewegung in Bremen. Vorgeschichte, Geschichte und theologischer Gehalt der Bremer Kirchenstreitigkeiten von 1830 bis

Doch zeigt der Firnis dieses Bildes Risse und gibt den Blick frei auf eine weitaus farbigere Pigmentierung. Der eingangs zitierte Arnold Wienholt gehörte zu den wichtigsten Exponenten bei der Anwendung des tierischen Magnetismus als Heilmethode und war maßgeblich daran beteiligt, Bremen zur Hochburg des Magnetismus in Deutschland zu machen.[13] Dass er Naturkunde und Geschichte zu den Motoren erklärt, die eine „ächte Aufklärung" heraufführten, zu einem Antidot gegen Aberglaube und Dummheit, spiegelt sich in den Vorträgen des *Museums* zwischen ca. 1785 und ca. 1810. Der Physik, Optik, Akustik, Astronomie und Meteorologie galten 83 Vorträge, der Erdkunde, Naturgeschichte und Botanik 81, der Geschichte 53, der Philosophie 26. Doch finden sich darunter auch Themen wie Elektrizität und Feuer, tierischer Magnetismus und Somnambulismus, die Seele und die Verbindung zwischen Leib und Seele, das Paradies, „reizbare Pflanzen", das Einhorn oder die Seele der Tiere.[14] Die in der Regel für den Bremer Rationalismus vereinnahmten Pfarrer Johann Jakob Stolz und Johann Caspar Häfeli waren explizit deswegen berufen worden, weil sie Schüler Johann Caspar Lavaters waren.[15] 1786 wurde Lavater selbst auf die vakante Pfarrstelle von St. Ansgarii gewählt, lehnte aber den Wechsel von der Limmat an die Weser ab. Dass er es sich nicht nehmen ließ, gerade deswegen Bremen einen persönlichen Besuch abzustatten, führte zu einem regelrechten Lavater-Fieber in der Reichsstadt, das seinen auffälligsten Niederschlag in der schon erwähnten aufsehenerregenden Beschäftigung mit dem tierischen Magnetismus fand.[16] Zu diesem Zeitpunkt hatten die *Historische Lesegesellschaft* bzw. die mit ihr verbundene *Physicalische Gesellschaft* bereits begonnen, die Werke Charles Bonnets und Emanuel Swedenborgs *Principia rerum naturalium* zur Kenntnis zu nehmen.[17]

In einer Rückschau auf diese Zeit unterteilt Johann Smidt das Bremer Bürgertum in drei religiös-weltanschauliche Lager, nämlich „die streng Rechtgläubigen […] diejenigen, die sich damals Aufgeklärte nannten" und die „Lavaterische Be-

---

1852. Bonn 1966. Zu Hamburg Kopitzsch: Grundzüge (wie Anm. 1), passim; Georg Daur: Von Predigern und Bürgern. Eine hamburgische Kirchengeschichte von der Reformation bis zur Gegenwart. Hamburg 1970; Johann Heinrich Hoeck: Bilder aus der Hamburgischen Kirche seit der Reformation. Hamburg 1900.

[13] Tilman Hannemann: Die Bremer Magnetiseure. Ein Traum der Aufklärung. Bremen 2007.
[14] Hoffmann: Club zu Bremen (wie Anm. 8), S. 76f.
[15] Zu Johann Jacob Stolz siehe Allgemeine Deutsche Biographie. Hg. durch die Historische Commission bei der Königlichen Akademie der Wissenschaft (im Folgenden ADB). Bd. 37. Leipzig 1894, S. 764f.; Biographisch-Bibliographisches Kirchenlexikon. Begr. u. hg. v. Friedrich Wilhelm Bautz. Fortgef. v. Traugott Bautz (im Folgenden BBKL). Bd. 10. Herzberg 1995, Sp. 1555–1559 mit weiterführender Literatur. Zu Johann Caspar Häfeli siehe ADB 10 (1879), S. 314–316; BBKL 19 (2001), Sp. 619–623 mit weiterführender Literatur. Zu Lavater siehe den Aufsatz von Annette Graczyk in diesem Band.
[16] Hannemann: Magnetiseure (wie Anm. 13), passim; Andreas Schulz: Vormundschaft und Protektion. Eliten und Bürger in Bremen 1750–1880. München 2002, S. 175–182.
[17] Hoffmann: Club zu Bremen (wie Anm. 8), S. 31f.; Staatsarchiv Bremen (StAHB) 7,1067: Protokoll v. 9.10.1775 und „Verzeichniß der in der Sammlung der physikalischen gesellschaft befindlichen Bücher". Bremen 1799.

wegung".[18] Smidt fährt an der Stelle fort: „Dagegen reih'ten sich die aus der Lavaterischen Schule und die, welche Aufgeklärte heißen wollten, eine Zeitlang im guten Vertrauen" um die Prediger Stolz, Häfeli und Johann Ludwig Ewald,[19] bis das Einvernehmen zwischen den Protagonisten aufgrund theologischer und politischer Auseinandersetzungen litt. Das übergreifende Band zwischen den verschiedenen Richtungen bildete die Freimaurerloge *Zum Silbernen Schlüssel*, deren Mitgliederzahl sich infolge des Wilhelmsbader Konvents von 1782 innerhalb eines Jahres mehr als verdoppelte – auf 120.[20] Parallel dazu war es dem in Bremen residierenden hannoverschen Oberhauptmann Adolph Freiherr von Knigge gelungen, Mitstreiter für den Illuminatenorden zu gewinnen, so etwa die Senatoren Johann Gildemeister, Georg Oelrichs, Arnold Gerhard Deneken und den Bürgermeister Johann Pundsack.[21] Freimaurer und Lavaterianer dominierten übrigens die Gründungsphase des *Museums*, das jedoch bald eine weit darüber hinausreichende Anziehungskraft entwickelte.[22]

Für Hamburg zeigen sich bei näherer Betrachtung mindestens ebenso klare Indizien für eine vielgestaltige Ausprägung der Aufklärung, und zwar schon seit dem Beginn des 18. Jahrhunderts. So waren die vielleicht bedeutendsten deutschsprachigen Vertreter der Physikotheologie in Hamburg beheimatet. Erinnert sei hier an Johann Albert Fabricius und dessen alchemistisch inspirierte *Pyrotheologie*[23] sowie Barthold Hinrich Brockes, auf dessen Auseinandersetzung mit der

---

[18] [Johann Smidt:] Gamaliel und seiner Freunde Abendunterhaltungen über die bevorstehende Predigerwahl der Bremischen Kirchengemeinde zu St. Ansgarii. Hg. v. Heinrich Rump. Bd. 2. Bremen 1836, S. 8.

[19] Zu Ewald siehe u.a. Hans-Martin Kirn: Deutsche Spätaufklärung und Pietismus. Ihr Verhältnis im Rahmen kirchlich-bürgerlicher Reform bei Johann Ludwig Ewald (1748–1822). Göttingen 1998; Johann Anselm Steiger: Johann Ludwig Ewald (1748–1822). Rettung eines theologischen Zeitgenossen. Göttingen 1996.

[20] Marcus Meyer: Bruder und Bürger. Freimaurerei und Bürgerlichkeit in Bremen von der Aufklärung bis zum Wiederaufbau nach 1945. Bremen 2010; ders. u. Heinz-Gerd Hofschen: Licht ins Dunkel. Eine kleine Geschichte der Bremer Freimaurer. Bremen 2006.

[21] Meyer, Hofschen: Licht (wie Anm. 20), S. 32; vgl. Hermann Schüttler: Die Mitglieder des Illuminatenordens 1776–1787/93. München 1991, S. 200; Hoffmann: Club zu Bremen (wie Anm. 8), S. 401f. – Zu Knigges Wirken insgesamt Richard van Dülmen: Der Geheimbund der Illuminaten. Darstellung, Analyse, Dokumentation. Stuttgart-Bad Cannstatt 1975, S. 43–82; Ingo Hermann: Knigge. Die Biographie. Berlin 2007, S. 59–141; Adolph Freiherr Knigge. Neue Studien. Hg. v. Harro Zimmermann. Bremen 1998.

[22] Dies jedenfalls ergibt sich aus dem Abgleich der jeweiligen Mitgliederlisten.

[23] Erik Petersen: Johann Albert Fabricius. En humanist i Europa. 2 Bde. Kopenhagen 1998; Kopitzsch: Grundzüge (wie Anm. 1), S. 262–269; Kurt Detlev Möller: Johann Albert Fabricius 1668–1737. In: Zeitschrift für Hamburgische Geschichte 36 (1937), S. 1–64; Hans Schröder: Lexikon der hamburgischen Schriftsteller bis zur Gegenwart. Bd. 2. Hamburg 1854, Nr. 984. Fabricius besorgte nicht nur die deutschen Ausgaben von William Derhams *Astrotheologie* (Hamburg 1728) und *Physicotheologie* (Hamburg 1730), sondern knüpfte mit eigenen Schriften daran an: Johann Albert Fabricius: Hydrotheologie, oder Versuch, durch aufmerksame Betrachtung der Eigenschaften, Austheilung und reichen Bewegung der Wasser die Menschen zur Liebe und Bewunderung ihres gütigsten, weisesten, mächtigsten Schöpfers zu ermuntern […]. Hamburg 1730 (2. Aufl. 1734, frz. Übersetzung La Haye 1741); ders.: Pyrotheologiae sciagra-

hermetischen und alchemistischen wie chemischen Literatur seiner Zeit Hans-Georg Kemper hingewiesen hat. Zentral war hier die Erschließung einer – neben der Bibel – zweiten, womöglich noch wichtigeren Offenbarungsquelle, nämlich der Natur, aus deren Betrachtung in ihren Details wie ihren Zusammenhängen der Betrachtende zur Erkenntnis des Schöpfers und dessen Eigenschaften gelangt, als deren vornehmste die Liebe, Güte und Allmacht herausragen.[24] Hinzuzufügen ist mit Blick auf die Nachfrage am Büchermarkt, dass Hamburg sich in den ersten Jahrzehnten des 18. Jahrhunderts zu dem – neben Frankfurt und Leipzig – wichtigsten Publikationsort für Hermetica entwickelte.[25]

Auch eine andere Sparte des Hamburger Büchermarktes und ihre Implikationen sind bislang wenig beachtet worden: die *Pietistica* im weiteren Sinne. Gemessen an der Zahl der Streitschriften für und wider den Pietismus waren die Auseinandersetzungen nur noch in Leipzig heftiger.[26] Immerhin waren zeitweilig vier der fünf Hauptpastorate mit Pietisten besetzt,[27] und es ist kaum wahrscheinlich, dass sich die pietistischen Strömungen mit der Befriedung der Lage um 1710 über Nacht in Luft aufgelöst haben.[28]

---

phia, oder Versuch, durch nähere Betrachtung des Feuers die Menschen zur Liebe und Bewunderung ihres gütigsten, weisesten, mächtigsten Schöpfers anzuflammen. Hamburg 1732.

[24] Hans-Georg Kemper: Aufgeklärter Hermetismus. Brockes' ‚Irdisches Vergnügen in Gott' im Spiegel seiner Bibliothek. In: Aufklärung und Esoterik. Hg. v. Monika Neugebauer-Wölk unter Mitarb. v. Holger Zaunstöck: Hamburg 1999 (Studien zum achtzehnten Jahrhundert 24), S. 140–169; Barthold Heinrich Brockes (1680–1747) im Spiegel seiner Bibliothek und Bildergalerie. Hg. v. Hans-Georg Kemper unter Mitarb. v. Christine Krotzinger. Wiesbaden 1998. Zu Brockes allgemein siehe Hans-Georg Kemper: Deutsche Lyrik der Frühen Neuzeit. Bd. 5/2: Frühaufklärung. Tübingen 1991, bes. S. 109–127; Harold P. Fry: Physics, Classics, and the Bible. Elements of the Secular and the Sacred in Barthold Hinrich Brockes' ‚Irdisches Vergnügen in Gott' 1721. New York 1990; Hans-Dieter Loose: Barthold Hinrich Brockes (1680–1747). Dichter und Ratsherr in Hamburg. Neue Forschungen zu Persönlichkeit und Wirkung. Hamburg 1980; Eckart Kleßmann: Barthold Hinrich Brockes. Hamburg 2003.

[25] Kemper: Hermetismus (wie Anm. 24), S. 149f.; Monika Neugebauer-Wölk: ‚Denn dis ist müglich, lieber Sohn!' Zur esoterischen Übersetzungstradition des *Corpus Hermeticum* in der Frühen Neuzeit. In: Esotérisme, gnoses & imaginaire symbolique. Mélanges offerts à Antoine Faivre. Hg. v. Richard Caron u.a. Leuven u.a. 2001 (Gnostica 3), S. 131–144, bes. S. 133–135.

[26] Vgl. Martin Gierl: Pietismus und Aufklärung. Theologische Polemik und die Kommunikationsreform der Wissenschaft am Ende des 17. Jahrhunderts. Göttingen 1997.

[27] Der Forschungsstand zum Pietismus in Hamburg ist dürftig. Im Allgemeinen muss immer noch zurückgegriffen werden auf Hermann Rückleben: Die Niederwerfung der Ratsgewalt. Kirchliche Bewegungen und bürgerliche Unruhen im ausgehenden 17. Jahrhundert. Hamburg 1970. Immerhin sind zwei der wichtigsten Protagonisten des Pietismus in Hamburg in kirchengeschichtlichen Dissertationen behandelt worden, die freilich weit davon entfernt sind, die Lücken umfassend zu füllen. Claudia Tietz: Johann Winckler (1642–1705). Anfänge eines lutherischen Pietisten. Göttingen 2008; Frank Hartmann: Johann Heinrich Horb (1645–1695). Leben und Werk bis zum Beginn der Hamburger pietistischen Streitigkeiten 1693. Tübingen 2004.

[28] Darauf deutet u.a., dass John Bunyans *A Pilgrim's Progress* nicht nur 1694 seine erste deutsche Übersetzung in Hamburg erfuhr, sondern dass diese Übersetzung auch noch bis mindestens 1776 in wenigstens zwölf weiteren Auflagen nachgedruckt wurde. John Bunyan: Eines Christen Reise Nach der seeligen Ewigkeit, Welche in unterschiedlichen artigen Sinnen-Bildern den gantzen Zustand Einer bußfertigen und Gott-suchenden Seelen vorstellet. Hamburg 1694 [1696, 1699, 1711, 1716, 1718, 1732, 1733, 1739, 1742, 1752, 1764, 1776].

Bekannt ist, dass 1737 in Hamburg die erste Freimaurerloge Deutschlands gegründet wurde, der 1743 und 1774 zwei weitere Logengründungen folgten, bekannt sind auch die Bemühungen des Theaterdirektors Friedrich Ludwig Schröder und des Kaufmanns Georg Heinrich Sieveking um die Reform der Freimaurerei.[29] Wenig bekannt dagegen ist die Präsenz des Illuminatenordens in Hamburg. Zu den Illuminaten gehörten wiederum Schröder und Sieveking neben einer Reihe von Kaufleuten, Juristen und Ärzten, unter denen Jakob Mumssen und der sich zeitweilig in Hamburg aufhaltende Johann Joachim Christoph Bode erwähnenswert sind, weil sie zusammen mit Knigge zu den rührigsten Protagonisten der Illuminaten in Norddeutschland gehörten.[30]

Diese wenigen Schlaglichter müssen genügen, um einen Eindruck vom Facettenreichtum der Aufklärung in Hamburg und Bremen zu vermitteln. Ein beträchtlicher Teil der Befunde passt freilich nicht recht in das Schema eines rationalistisch geprägten Aufklärungsbegriffs und ist deshalb von der Forschung lange weitgehend übergangen worden. Subsumiert man diese Befunde jedoch unter den seit einiger Zeit etablierten systematischen Begriff der Esoterik, gewinnen diese Phänomene Kontur. Zudem wird erkennbar, wie eng Aufklärung und Esoterik zumindest in Teilen des hansestädtischen Bürgertums miteinander verflochten waren. Der erwähnte Arnold Wienholt ist hierfür nur ein besonders prägnantes Beispiel. Freilich ist gerade auch im Hinblick auf die Breitenwirkung von Aufklärung und Esoterik im Bürgertum noch viel grundlegende Arbeit zu leisten. Im Folgenden soll dieser Zusammenhang im Denken einiger Hansestädter vorgeführt werden, und zwar insbesondere unter dem Aspekt des individuell-biographischen wie des politisch-diskursiven Sitzes im Leben. Im Zentrum sollen dabei die Schriften und Tagebücher Ferdinand Benekes sowie die Predigten und Kleinschriften Gottfried Menkens und Johann Heinrich Bernhard Dräsekes stehen.

---

[29] Der Forschungsstand zu den Freimaurern in Hamburg und den drei Logen „Absalom zu den drei Nesseln" (1737), „St. Georg zur Grünenden Fichte" (1743) und „Emanuel zur Mayenblume" (1774) lässt sehr zu wünschen übrig, da es bislang an einer systematischen geschichtswissenschaftlichen Aufarbeitung fehlt. Zur Orientierung vgl. Ein Vierteljahrtausend Freimaurer in Hamburg 1737–1987. Aus dem Leben und Wirken der ältesten deutschen Loge. Hg. v. Rolf Appel. Münster 1987; Wilhelm Hintze: Friedrich Ludwig Schröder. Der Schauspieler – der Freimaurer. Hamburg 1974; Karl Schaub: 175 Jahre Dienst am Menschen. Das Freimaurer-Krankenhaus in Hamburg von 1795–1970. Hamburg 1970; Friedrich Wilhelm Düver: Johannis-Loge ‚St. Georg zur Grünenden Fichte'. Or. Hamburg 1743–1963. Hamburg 1963; Felix Hecht: Die Loge Ferdinande Caroline. Or. Hamburg von 1776 bis 1926. Festschrift zum 150jährigen Stiftungsfest. Hamburg 1926; Karl Wahlstedt: Geschichte der Logen Absalom zu den Drei Nesseln und Ferdinand zum Felsen. Festschrift zum 175jährigen Stiftungsfeste der Loge Absalom zu den Drei Nesseln und zum 125jährigen Stiftungsfeste der Loge Ferdinand zum Felsen. Hamburg 1912.

[30] Schüttler: Mitglieder (wie Anm. 21), S. 200, 207; van Dülmen: Geheimbund (wie Anm. 21), S. 64f.; Hermann: Knigge (wie Anm. 21), S. 117–119; Kopitzsch: Grundzüge (wie Anm. 1), S. 315f. Zu Bode siehe Hermann Schüttler: Johann Christoph Bodes Wirken im Illuminatenorden. In: Der Illuminatenorden (1776–1785/87). Ein politischer Geheimbund der Aufklärungszeit. Hg. v. Helmut Reinalter. Frankfurt a.M. u.a. 1997, S. 307–322.

Von Breitenwirkung lässt sich hier insofern sprechen, als man sich erstens bei allen drei Personen nicht mehr auf der Ebene der Höhenkamm-Literatur bewegt, sondern auf der Ebene einer populären Aneignung esoterisch-aufklärerischen Gedankenguts, sodass Rückschlüsse vom Exemplarischen auf die allgemeine Rezeption erlaubt sind. Zweitens fungierten der Hamburger Jurist Beneke und die Bremer Prediger Menken und Dräseke als Multiplikatoren, die in ihren Städten wie auch über die Stadtgrenzen hinaus Teil von Kommunikationsnetzen waren, in denen auch weltanschauliche Fragen verhandelt wurden. Gerade was die Breitenwirkung von Aufklärung und Esoterik und insbesondere den Verbreitungsgrad esoterischer Konzepte jenseits der gelehrten und gebildeten Welt angeht, scheint noch einiger Klärungsbedarf zu bestehen,[31] besonders wenn man die Frage beantworten will, ob, wie und in welcher Gestalt die esoterische Tradition ihren Weg von der Aufklärung in die ‚Moderne' gefunden hat, zumal die ‚Moderne' in ihrer Genese eng verbunden ist mit der kulturellen, wirtschaftlichen und schließlich auch politischen Hegemonie des Bürgertums.[32]

Dabei ist nicht zu übersehen, dass die im Grenzbereich von Naturwissenschaft und Esoterik siedelnden Erkenntnisse und Einsichten des 18. Jahrhunderts zu spekulativen Systementwürfen führten, die mit ihren Auswirkungen auf Anthropologie und Sittenlehre auch auf die Sphäre gesellschaftlicher und politischer Diskurse Einfluss nahmen.[33] Um es an einem Beispiel zu skizzieren: Charles Bonnet gelangte über den Erklärungsansatz zur Fortpflanzung der Blattläuse zu einer evolutionstheoretischen Betrachtung der Naturgeschichte, die gerade noch mit der biblischen Schöpfungslehre vereinbar war, wandte seine Einsichten auf den Menschen und mit sensualistisch-spiritualistischem Einschlag speziell auf die Seelenlehre an, um schließlich in seiner *Palingénésie philosophique* (1769) zu einer systematischen Verknüpfung von Wissenschaftsdisziplinen unter Einschluss der Metaphysik zu gelangen, die wiederum von Johann Caspar Lavater nicht nur umgehend ins Deutsche übersetzt, sondern in einer Weise aufgegriffen wurde, die sie für den

---

[31] Einen bedeutenden Beitrag dazu leistet Diethard Sawicki: Leben mit den Toten. Geisterglauben und die Entstehung des Spiritismus in Deutschland 1770–1900. Paderborn 2002. Vgl. auch Sabine Doering-Manteuffel: Das Okkulte. Eine Erfolgsgeschichte im Schatten der Aufklärung. Von Gutenberg bis zum World Wide Web. München 2008; Anne Conrad: Umschwebende Geister und aufgeklärter Alltag. Esoterik als Religiosität der Spätaufklärung. In: Aufklärung und Esoterik (wie Anm. 24), S. 397–415.

[32] Zu den Möglichkeiten eines kulturwissenschaftlichen und eines diskursanalytischen Ansatzes in der Esoterik-Forschung siehe Michael Bergunder: Was ist Esoterik? Religionswissenschaftliche Überlegungen zum Gegenstand der Esoterikforschung. In: Aufklärung und Esoterik. Rezeption – Integration – Konfrontation. Hg. v. Monika Neugebauer-Wölk unter Mitarb. v. Andre Rudolph. Tübingen 2008 (Hallesche Beiträge zur Europäischen Aufklärung 37), S. 477–507.

[33] Vgl. Robert Darnton: Der Mesmerismus und das Ende der Aufklärung in Frankreich. München 1983; Anneliese Ego: Die Revolutionierung eines Heilkonzepts. Politische Implikationen des Mesmerismus. In: Aufklärung und Esoterik (wie Anm. 24), S. 442–454.

Mesmerismus fruchtbar machte,³⁴ der nun wieder in Paris eine Reihe von Geistern vereinte, die über die Kontroversen um den Mesmerismus mit dem Establishment in grundlegende Opposition zum Ancien Régime gerieten und schließlich zu den eifrigsten vorrevolutionären Pamphletisten, teilweise dann auch zu revolutionären Aktivisten wurden.³⁵ Eine Neuauflage erlebte der Mesmerismus in Verbindung mit anderen esoterischen Traditionen mit dem Ende der napoleonischen Ära, und es waren die esoterischen Anteile, die ihn anschlussfähig an die Verhältnisse der Restaurationszeit und an die Romantik machten.³⁶

Dass politische Philosophie im Gewand des Esoterischen daherkommen kann, zeigen beispielsweise auch *Les Ruines, ou: Méditations sur les révolutions des empires*.³⁷ Constantin François Chasseboeuf Boisgirais de Volney verhandelt darin die Frage nach der bestmöglichen Verfasstheit von Staat und Gesellschaft sowie in einem zweiten, sehr viel umfänglicheren Teil deren religiös-metaphysische Grundlegung, die im Postulat religiöser Toleranz gipfelt. Das Werk verkörpert geradezu die Nahtstelle zwischen vor- und nachrevolutionärer Epoche.³⁸ Im ersten Teil lässt Volney das Erzähler-Ich in den Ruinen von Palmira von einem Geist („démon") zu einer geschichtsphilosophischen Schau über Länder, Reiche und Zeiten führen und aus der Abfolge von Aufstieg und Niedergang seine Schlüsse ziehen. Im zweiten, religionsphilosophischen Teil geleitet der Geist das Erzähler-Ich durch die Traumschau einer Versammlung von Vertretern aller Völker und Religionen, in denen Wesen und Grundlagen der Religionen erörtert werden. Die Argumentation stützt sich jedoch gerade nicht auf die Kategorie des Vernunftgemäßen, sondern auf die Verknüpfung von anthropologischen, ethnologischen, soziologischen, ökonomischen, ethischen, aber auch klimatischen und geographischen Gesichtspunkten, um die Menschheitsideale der Französischen Revolution zu begründen. Georg Forster lässt in seinem Vorwort zur deutschen Übersetzung Vorbehalte erkennen, was aber der Rezeption offenkundig keinen Abbruch getan hat. *Die Ruinen* erlebten sowohl in Deutschland als auch in Frankreich das gesamte 19. Jahrhundert hindurch Neuauflagen.

---

[34] Vgl. Gisela Luginbühl-Weber: Johann Kaspar Lavater – Charles Bonnet – Jacob Bennelle. Briefe 1768–1790. Ein Forschungsbeitrag zur Aufklärung in der Schweiz. Bern 1997; Charles Bonnet. Savant et philosophe (1720–1793). Hg. v. Marino Buscaglia. Genf 1994.
[35] Darnton: Mesmerismus (wie Anm. 33), S. 75f. und vor allem Kap. III und IV.
[36] Ebd., S. 111–136.
[37] Das 1791 in Paris erschienene Werk wurde umgehend von Dorothea Margaretha Liebeskind ins Deutsche übersetzt und von Georg Forster mit einer Vorrede herausgegeben. Constantin François de Volney: Die Ruinen. Berlin 1792.
[38] Das gilt schon mit Blick auf die Entstehungsgeschichte, weil Volney den Plan dazu 1784 entworfen, die Arbeit daran während der ersten Phase der Revolution unterbrochen und es nach seinem Ausscheiden aus der Nationalversammlung 1791 vollendet hat, wie er im Vorwort berichtet. Es gilt aber auch im Hinblick auf den Revolutionsbegriff des Untertitels, der übrigens in den deutschen Ausgaben weggelassen wurde. „Révolutions" bezeichnet hier eher „[Gesetzmäßigkeiten von] Aufstieg und Niedergang", denn „Umwälzung" oder gar „Revolution" im modernen Sinne.

Was die Rezeption aufklärerisch-esoterischen Gedankenguts angeht und die Integration zu einer je eigenen ‚Weltanschauung', so lässt sich zumindest anhand der hier untersuchten Beispiele erkennen, dass individuelle Voraussetzungen und biographische Zufälligkeiten ihren Anteil daran hatten – und doch in der Summe zu Ergebnissen führten, die gleichwohl als repräsentativ gelten können. In diesem Zusammenhang erweist sich nicht nur die Französische Revolution als Zäsur, sondern auch die Erfahrung aus der Zeit der Befreiungskriege und ihre Verarbeitung, die zu einer Neugruppierung der Vorstellungen führten. *Grosso modo* wird sich im Folgenden erstens erweisen, dass es eine Linie gibt, die von der Aufklärung zur Erweckungsbewegung führt, und zweitens, dass es sich dabei nicht um eine Randnote der Geschichte handelt, sondern um einen Beitrag zu den Grundlagen der Moderne in der bürgerlichen Gesellschaft.

## II Ferdinand Beneke – ein Aufklärer?

Ferdinand Beneke – 1774 in Bremen geboren, 1848 in Hamburg gestorben – studierte in Rinteln und Halle Jurisprudenz und wurde in Göttingen zum Doktor beider Rechte promoviert. Zwischen den Optionen einer wenig aussichtsreichen und als noch weniger attraktiv empfundenen Karriere im preußischen Staatsdienst, der Auswanderung nach Frankreich oder Amerika und einer Existenz als Advokat und – im vollen emphatischen Sinne – Bürger einer Stadtrepublik schwankend, entschied er sich 1796 für Hamburg. Durch den Niedergang des väterlichen Handelshauses praktisch mittellos, blieb ihm nichts anderes übrig, als rasch umfassende Netzwerke aufzubauen. Beneke erwies sich darin als so erfolgreich, dass er binnen weniger Jahre in die bürgerliche Elite Hamburgs integriert war, als Jurist zu Ansehen gelangte und 1816 in das Amt des Oberaltensekretärs gewählt wurde, also in die politisch einflussreiche Position eines Geschäftsführers und Rechtskonsulenten der Bürgerschaft, die in etwa auf einer Stufe stand mit der eines Senatssyndikus. Beneke hegte starke Sympathien für die Französische Revolution, rückte aber mit der Kaiserkrönung Napoleons von seiner Haltung ab und verteufelte ab 1806 alles Französische, allem voran Napoleon und dann das Regime, das Frankreich in den annektierten Hansestädten errichtete. Ungebrochen blieb indes sein stadtrepublikanischer Patriotismus, der nach und nach von einem deutschen Nationalgedanken überwölbt wurde, was ihn 1813/14 ins Exil und zur Teilnahme an den Befreiungskriegen trieb.[39]

---

[39] Zur Biographie Joist Grolle: Art. Beneke, Ferdinand. In: Hamburgische Biografie. Hg. v. Dirk Brietzke, Franklin Kopitzsch. Bd. 1. Hamburg 2001, S. 41f.; Lexikon hamburgischer Schriftsteller. Hg. v. Hans Schröder. Bd. 1. Hamburg 1851, S. 216f.; ADB (wie Anm. 15) 2 (1875), S. 327; Friedrich Georg Buek: Die Hamburgischen Oberalten, ihre bürgerliche Wirksamkeit und ihre Familien. Hamburg 1857, S. 387–390; Theodor Fr. Böttiger: Hamburgs Patrioten 1800–1814. Berlin, Leipzig 1826, bes. S. 47–75.

Beneke ist ein nachgerade klassisches Beispiel für die herkömmliche Lesart der Spätaufklärung: Seine Tagebücher spiegeln sein Bemühen um eine rationale Lebensführung wider, sind Instrument seiner Rechenschaftspflicht sich selbst gegenüber und Mittel der Selbstprüfung. Mit seiner Existenz als Bürger einer Republik verbindet er ein hohes gemeinnütziges Engagement, verwaltet als Armen- und Schulpfleger nicht nur zwei Ämter, sondern auch noch zwei Distrikte der Allgemeinen Armenanstalt, gehört einer Reihe von freien Assoziationen an, beschäftigt sich hier mit den klassischen Reformfeldern Handel und Gewerbe, Schule und nicht zuletzt Verfassung und Verwaltung, ist selbstverständlich Mitglied der *Patriotischen Gesellschaft*, konzipiert zu verschiedenen Gelegenheiten Verfassungsentwürfe, die Errungenschaften der Französischen Revolution in eine Umstrukturierung der hamburgischen Konstitution zu übersetzen trachten, und setzt sich auch als Oberaltensekretär für Reformen im Sinne einer ‚defensiven Modernisierung' ein.

Dazu scheint sehr gut zu passen, dass Beneke im November 1796 zum Abendmahl geht, um seinen „jetzigen Mitbürgern" seinen „guten Willen" zu zeigen, „Theil an ihrer, hier in H. noch ziemlich engen christlichen Verbrüderung zu nehmen, von der sich itzt so Mancher aus inhumanem Vernunftfanatismus, aus dummen Stolz, oder aus kindischer Grosthuerey ausschließt."[40] Auch zwei Jahre zuvor hatte er aus ähnlichen Motiven in Minden gehandelt und dazu notiert:

> Als vernünftiger Mann kann ich es gar meinen Beyfall nicht versagen, daß eine Gesellschaft religiöser Christen das Andenken des großen Stifters ihrer Religion feiert; so werde auch ich durchdrungen von Liebe, und Achtung gegen einen der edelsten, u. weisesten Männern, die nur die Jahrbücher D[er] M[enschheit] aufweisen seine Gedächtnisfeier beginnen.[41]

Im Übrigen könnte die Feier ihren Zweck, manchem „Leichtsinnige[n] [...] Anlaß zur Selbstprüfung und Beßerung" zu geben, besser erfüllen, wenn die „Ceremonie" zweck- und zeitgemäßer eingerichtet wäre. Diese Formulierungen erinnern an das Programm von Carl Friedrich Bahrdts „Deutscher Union"[42] und könnten ein treffli-

---

[40] Ferdinand Beneke: Die Tagebücher. Erste Abteilung. 4 Bde. Hg. v. Frank Hatje u.a. Bd. I/2 Göttingen 2012, Eintrag v. 19.11.1796. Die bislang unveröffentlichten Tagebücher Ferdinand Benekes befinden sich im Staatsarchiv Hamburg (StAHH), Familienarchiv Beneke. Seit 2001 wird an ihrer vollständigen, kritischen Edition unter Einschluss sämtlicher Beilagen und korrespondierender Texte gearbeitet. Nach dieser Edition wird hier zitiert. Die Edition erscheint in vier Abteilungen (I: 1792–1801, II: 1802–1810, III: 1811–1816, IV: 1817–1848) mit insg. ca. 20 Bden. und soll bis 2015 vorliegen.

[41] Beneke: Tagebücher (wie Anm. 40) I/1, 17.10. 1794.

[42] Bahrdt formulierte in *An die Freunde der Vernunft, Wahrheit und Tugend* (1787) als Ziel der Vereinigung, „den großen Zweck des erhabenen Stifters des Christenthums, Aufklärung der Menschheit und Dethronisirung des Aberglaubens und Fanatismus durch eine stille Verbrüderung Aller, die Gottes Werk lieben, durchzusetzen" (Friedrich August Gotttreu Tholuck: Abriß einer Geschichte der Umwälzung, welche seit 1750 auf dem Gebiete der Theologie in Deutschland stattgefunden. In: Ders.: Vermischte Schriften größtentheils apologetischen Inhalts. 2 Teile. Teil 2. Hamburg 1839, S. 1–147, hier S. 115). Ob Beneke den späten Bahrdt in Halle noch kennengelernt hat, ist fraglich; dass er in *Bahrdts Weinberg* verkehrte, dagegen gewiss. Beneke: Tagebücher (wie Anm. 40) I/1, 16.07.1792.

cher Beleg für eine rationalistische Denkungsart sein, wenn nicht ein kleiner Zusatz aufhorchen ließe: „um 10 Uhr kam ich mit meinen Eltern wieder aus der Kirche – Fast kam mir's vor, als müßte Christi verklärter Geist gegenwärtig seyn."[43]

## III Ferdinand Beneke: *Mein Glaubenssystem*

Noch während seines Studiums in Halle vom September 1791 bis Oktober 1793 verfasste Ferdinand Beneke ein Manuskript, das er mit *Mein Glaubenssystem* überschrieb. Der Anlässe dazu lassen sich mehrere ausmachen. Da ist zunächst die grundstürzende Erfahrung des nur mit Mühe abgewendeten väterlichen Bankrotts, das seinem Lebensentwurf die materielle Basis entzieht und eine Neuorientierung notwendig macht, in die er ausführlich – und im Briefwechsel mit einem Freund – auch die Perspektive des Suizids einbezieht. Da ist zweitens der frühe Tod jüngerer Geschwister – eine Erfahrung, die ihn zur Beschäftigung mit den Themen Tod und Jenseits, Seele, Geist und Körper drängt. Zumal sich diese Erfahrung mit einem Erlebnis verbindet, in dem geheimnisvolle Weissagung und Vorahnung in einer Weise eine Rolle spielen, die uns aus Schillers *Geisterseher*, E. T. A. Hoffmanns *Sandmann* und *Majorat* oder Brentanos *Bettelweib von Locarno* geläufig ist. Bei Beneke aber handelt es sich um biographisch beglaubigte Realität, und zwar bevor er überhaupt Schiller, Hoffmann oder Brentano gelesen hat. Und drittens ist es das geistige Klima der Universität Halle, aus dem er seine Anregungen bezieht, die jakobinisch aufgeladene Politisierung, der Kontakt mit Karl Friedrich Reichardt und dessen Stiefsohn Wilhelm Hensler, mit dem Beneke befreundet ist, die Beschäftigung mit Physik und Chemie im Austausch mit Friedrich Albert Carl Gren, der Diskurs über Psychologie mit Johann Christian Gottlieb Schaumann, dem nachmaligen Gießener Kriminalpsychologen – und schließlich der Kontakt zur Freimaurerloge *Zu den drei Degen*, in die er am Vorabend des Johannistags 1793 eintritt. Der äußere Anstoß, das *Glaubenssystem* zu formulieren und sich über seine religiösen, philosophischen und politischen Grundsätze klarzuwerden, nach denen er handelt bzw. zu handeln gedenkt, ist die einfache Frage eines (leider ungenannten) Gesprächspartners: „[W]ie können Sie Demokrat – als Kameralist im P–schen [Preußischen] Staate Ihr Glück suchen?"[44]

Beneke antwortet darauf kosmologisch mit dem Credo: „Ich glaube an eine geläuterte Subordinazion, und an eine stuffenweise Fortdauer aller Geister – ins Unendliche, das heißt, so weit der Menschliche Verstand es begreifen kann."[45] Die Welt, Zeit und Raum seien unbegrenzt, also nicht erschaffen, weswegen in dem ge-

---

[43] Beneke: Tagebücher (wie Anm. 40) I/1, 17.10.1794.
[44] Ferdinand Beneke: Mein Glaubenssystem (1. Fassung, Fragment, August 1793). In: Ders.: Tagebücher (wie Anm. 40) I/4. Wahrscheinlich handelt es sich bei dem Ungenannten um Johann Christian Reil.
[45] Ebd., (2. Fassung, Februar 1794), fo. 1. In: Ders.: Tagebücher (wie Anm. 40) I/4.

samten Text Gott nicht ein einziges Mal erwähnt wird. Benekes zweiter Glaubenssatz lautet: „[I]ch glaube an eine Geisterwelt." Diese Geisterwelt sieht er nicht prinzipiell geschieden von der materiellen Welt. Während er die materielle Natur als „grobstofflich" auffasst, versteht er Geist und Seele nicht als un-, sondern als feinstofflich. Der Mensch ist demzufolge „eine grobe Kopie oder lieber der unausgearbeitete Riß" des Geistes, der „Inbegriff" der Eigenschaften und Wirkungen des Geistes dagegen das „Original". Die Seele gilt als unterste Stufe der Geister, ist also empfänglich für Impulse aus der Geisterwelt und befähigt zur Erkenntnis – ja, „der eigentliche irdische Zweck der Seele" sei die „Veredlung unsrer Moral, Vervollkomnung, u. Erweiterung unsrer Kenntnisse aller Art."[46] Die freie Wahl des Menschen zwischen Gut und Böse ist Teil des Veredlungsprozesses. Von hier aus gibt es für Beneke drei Entwicklungen: eine spiralförmige, eine zyklische und eine lineare:

*spiralförmig:* Der „Fortpflanzungs Saame", der die „Quintessenz aller edeln Theile des M[enschlichen] Körpers, folglich auch der Seele" sei, speist die erworbenen Seelenvermögen in die nächste Generation ein.

*zyklisch:* Nach dem Tode verfällt der Körper in seine grobstofflichen Elemente, aus denen sich dann der gesamte Entwicklungsgang der Natur von den Mineralien über Pflanzen und Tiere zum Menschen wiederholt.

*linear:* Die Seele selbst geht nach dem Tode ihren eigenen Entwicklungs- bzw. Stufengang, der sich durch zunehmende Grade von Feinstofflichkeit auszeichnet.

Diesen Vorgang sieht Beneke in Analogie zur Astronomie: Mit zunehmender Veredlung (und Verfeinstofflichung), also mit zunehmender „Vergeistigung", entfernt sich die Seele von der Sonne zu den Rändern des Planetensystems, da die „Weltkugeln, u. ihre bildende Materie" desto feiner seien, je weiter sie von der Sonne entfernt sind.[47] Die christlich-moralphilosophische Frage von Himmel und

---

[46] Ebd., fo. 4.
[47] Ebd., fo. 5. Beneke zitiert in diesem Zusammenhang ein Gedicht August von Kotzebues (aus: Die Leiden der Ortenbergischen Familie. 2 Teile. Teil 2. Frankfurt a.M., Leipzig 1804, S. 216), ersetzt aber bezeichnenderweise den dort genannten „Jupiter" durch den entfernteren „Uranus". „Freud und Leid sind gleich vertheilet / Wer auf Rosen nur zum Grabe eilet / Der entgehet drum den Dornen nicht. / Wer auf diesem thörigten Planeten / Einst auf Stelzen nur einher getreten, / Scheut im Uranus vielleicht das Tageslicht. / Kein Gesetz der Schwere wird dich binden, / Geist, der diesen Körperbau bewohnt! / Wiederfinden! wiederfinden / Werden wir uns dort, wo ew'ge Ruhe thront. / Diese gröberen Organe / Bilden stufenweise sich; / Daß Verwesung einst den Weg uns bahne, / Daß sich dann entkerkre unser Ich! / Immer fesselfreyer werde unser Geist, / Immer minder dichte seine Hülle –".
Dass Beneke dem 1781 von Wilhelm Herschel entdeckten Planeten Uranus den Vorzug gibt, dürfte nun wieder in der darin angelegten antiken Göttergenealogie begründet liegen, da Uranus der Vater des Saturn und Saturn der Vater des Jupiter war. Die von Beneke im *Glaubenssystem* formulierte Vorstellung war um 1800 auch sonst literarisch präsent, so etwa in den 1793 publizierten Predigten, die Gustav Ernst Wilhelm Dedekind in den Vorjahren gehalten hatte. Siehe dazu Diethard Sawicki: Die Gespenster und ihr Ancien régime. Geisterglauben als ‚Nachtseite' der Aufklärung. In: Aufklärung und Esoterik (wie Anm. 24), S. 364–396, hier S. 377–379. Vgl. auch Friedrich Gottlieb Klopstock: Die unbekannten Seelen. In: Hanseatisches Magazin 5/2 (1801), S. 173–177.

Hölle als Sanktion der „moralischen Verdorbenheit" reduziert sich auf ein früheres oder späteres Erreichen der höheren Stufen der Vergeistigung. Der im Leben Böse erreicht *post mortem* die Stufen der Verfeinstofflichung einfach nur später. Im Übrigen nimmt Beneke an, dass die Geister (der Verstorbenen) auf die Seelen (der Lebenden) zurückwirken können. Hier, 1794, bleibt die Vorstellung noch sehr abstrakt. Als drei Jahre später Catarina Lampe, die Frau seines Freundes, stirbt und ihm im Moment ihres Todes klar wird, dass er sie unsterblich geliebt hat, äußert er erstmals den Gedanken, dass besonders geläuterte Seelen sich im „Hinübergehen" zu Schutzengeln verwandeln, die mit den Zurückgelassenen in Kontakt stehen, sodass eine fortdauernde Kommunikation der Seelen über die Schwelle des Todes hinweg stattfinden kann.[48]

Doch auch *prae mortem* schreibt Beneke den geläuterten Seelen eine bedeutende Rolle zu und knüpft damit an Vorstellungen der Freimaurerei an, die zumindest an diesem Punkt eine über die Johannismaurerei hinausgehende Affinität zu den Hochgradsystemen verrät. Genauer gesagt: Beneke nimmt zwischen Menschen und Geistern „Mittelwesen" an, durchaus Menschen, „die sich im Besitz einer geläuterten Weisheit, u. Tugend, durch unablässiges reines heiliges Bestreben bis zum Begriff grosser, wichtiger Naturkenntnisse, u. physischer Wahrheiten selbst herdurch gearbeitet" haben, die „der Vernunft den Weg zur Uebereinstimmung mit einem geläuterten Glauben, oder mit einer reinen Religion" gebahnt hätten.[49] Als solche Mittelwesen sieht er die „geheimen Oberen" an, bezeichnet sie als „Werkzeuge der Vorsehung", indem sie durch direkte oder indirekte Einwirkung dem Menschen, seiner Erkenntnis und seinem Handeln den Weg weisen. Ihren Rang erhalten die „geheimen Oberen" gleichsam als Belohnung für Weisheit und Menschenfreundlichkeit. Allerdings vermutet er die „geheimen Oberen" nicht unter Staatsbediensteten und Personen in einem öffentlichen Wirkungskreis und damit gerade nicht unter denjenigen, die in den Logen prominent vertreten waren, sondern „im Mittelstande obskurer, isolirter Privatmenschen" und zwar „in einer Larve welche dem Profanen am allerwenigsten den innern Gehalt vermuthen

---

[48] Ferdinand Beneke: Über den Tod Catarina Lampes, 24./25.02.1797. In: Ders.: Tagebücher (wie Anm. 40) I/4: „Ja, geliebter Geist! wir wollen uns trösten, daß du ungestört Deine neuen Verhältnisse beginnest, und uns einst freundlich willkommenheissest, wenn auch Wir dahinkommen, wo Du bist. *Dahin! Dahin!* Und so lange wird mich oft dein Bild umschweben und ach vielleicht auch: wenn du kannst, *Du selbst*. bittere Erinnerungen aus der Vergangenheit werden sich *dann in süße Ahndungen der Zukunft verlieren*. Freundschaft bleibe unser Verhältniß, und *Sehnsucht* sein Wesen ... ... ... Und so beschließe ich, *meinen Umgang mit der Verstorbenen fortzusetzen*. Sie heisse von nun an in meinem Tagebuche: *Catharina!* So taufte man sie einst ... die nun Verklärte!!" Vgl. u.a. auch Beneke: Tagebücher (wie Anm. 40) IV, 31.03.1839; ders.: WeltAnsichten von dem Standpunkte des Christen aufgefaßt in stillen, und hellen, Gott zugewandten Andachts Stunden. Zweyter Theil: Gedanken auf BergGipfeln, geschrieben zwischen 1806 und 1820, S. 62–66, 98. Die *Gedanken auf BergGipfeln* werden in einem Supplementband zur Edition der Tagebücher herausgegeben. Die Zitation folgt den für die Edition bereits erstellten Transkriptionen.

[49] Beneke: Mein Glaubenssystem (wie Anm. 45), fo. 9.

läßt".⁵⁰ Über die Frage, aus welchem Kontext der Gedanke vom in besonderer Weise ausgezeichneten Unscheinbaren stammt, lässt sich nur spekulieren. Im Gewand christlicher Theologie – dass nämlich die Gaben des Geistes unabhängig von Stand und Amt zu prophetischem Lehren befähigen – finden sich ähnliche Vorstellungen im Spiritualismus, in der radikalen Reformation und im Pietismus. Unzweifelhaft aber eröffnet diese Sicht Beneke die Hoffnung, dermaleinst vielleicht selbst zu den „geheimen Oberen" aufzusteigen.

Die Auffassungen, die Beneke hier vertritt, sind eklektisch. Wir finden theosophische Elemente darin, die wohl aus dem swedenborgschen Diskurszusammenhang stammen, die gedankliche Grundfigur der Physikotheologie, aber auch Elemente, die an Bonnet oder Lavater erinnern und die er als Schüler am Bremer Domgymnasium aufgeschnappt haben könnte. Einschlägige Lektüren lassen sich zu diesem Zeitpunkt hingegen nicht nachweisen. Allerdings eröffnen frühe Gedichte, die mindestens zum Teil Paraphrasen von Texten darstellen, die ihm seine Lehrer zu lesen gegeben haben müssen, überraschende Anhaltspunkte. Neben einem *Die Vorsehung Gottes* überschriebenen Gedicht, zu dem Beneke selbst vermerkt, dass es „nach dem Gellert" sei, findet sich die Bearbeitung eines Prosatextes, der freimaurerisch gefärbte Tugendlehre als arabische Weisheitslehren darbietet.⁵¹

Was Beneke im Umfeld des *Glaubenssystems* selbst notiert, ist die Lektüre von Grens *Journal der Physik* und vor allem Schillers *Philosophischen Briefen* aus der *Thalia* von 1786 und hier besonders die „Theosophie des Julius",⁵² die in Vielem Parallelen zu Benekes Gedanken aufweist. Aber ob er den Vermerk im Manuskript als Quellenangabe angebracht hat oder weil er sich nachträglich von Schiller bestätigt fühlte, muss offenbleiben. Am 21. Februar 1794 notiert Beneke ein Gespräch mit seinem Freund von der Leyen über „Robert Bako, [Vincenzo] Viviani, (Nathan d. W.) und – Weishaupt", das die beiden anderntags fortsetzen als „Allg[emeine] Kosm[ologische] u. Theos[ophische] u. F. M. O. [Freimaurerordens] Gespräche".⁵³

Über die Quellen, aus denen Beneke und von der Leyen ihre Kenntnisse bezogen, wissen wir nichts. Doch muss man damit rechnen, dass sie die genannten Autoren nicht studiert hatten, sondern nur aus zweiter Hand kannten. In einer mit „Bonmots" überschriebenen Kladde Benekes aus der Zeit um 1799/1800, in die er Lesefrüchte und Aperçus notierte, finden sich Hinweise auf den Rosenkreuzer Robert Fludd, auf den Naturphilosophen Kenelm Digby, auf Campanella ebenso wie auf Vorstellungen Bonnets oder die „Chemiatrische-Iatromathematische

---

⁵⁰ Ebd., fo. 11.
⁵¹ Ferdinand Beneke: Die Vorsehung Gottes (1788, nach einer bislang noch nicht identifizierten Vorlage Christian Fürchtegott Gellerts) und ders.: Die Arabischen Weisen. Eben=Zaid's Traum (1789) nach Anon.: Das Gesicht des Ebn=Zaid. Aus einer Arabischen Handschrifft. Kempten 1775. Beide Gedichte in Beneke: Tagebücher (wie Anm. 40) I/4.
⁵² Friedrich Schiller: Philosophische Briefe. In: Thalia 1/3 (1786), S. 100–139, bes. S. 114–139.
⁵³ Beneke: Tagebücher (wie Anm. 40) I/1, 21. und 22.02.1794.

Schule".⁵⁴ Bei näherem Hinsehen ergibt sich, dass es sich um Notate aus Kurt Polycarp Joachim Sprengels *Versuch einer pragmatischen Geschichte der Arzneikunde* handelt.⁵⁵ Wer hier eine profundere, ad fontes gehende Rezeption erwartet hat, dürfte von diesem Befund enttäuscht sein. Doch ist das Ergebnis bemerkenswert genug, macht es doch deutlich, auf welch' verschlungenen Pfaden esoterisches Gedankengut seinen Weg zum Rezipienten fand. Und der Umstand, dass sich Benekes Notizen einzig und allein auf die Esoterika beziehen, lässt darauf schließen, dass die entsprechenden Passagen seine Aufmerksamkeit auf sich gezogen haben, wenn er nicht überhaupt darin gefunden hat, wonach er speziell suchte. Sein Interesse an diesen Wissensbeständen können wir also konstatieren, auch wenn es vorderhand wenig darüber sagt, *wie* er sie rezipierte.

Ferdinand Beneke war Freimaurer und nahm Schriften und Lehre der Maurerei durchaus ernst. Zumindest in seiner Hallenser Zeit beschäftigte er sich intensiv mit freimaurerischem Schrifttum und integrierte die Lektüre in seinen Arbeitsrhythmus.⁵⁶ Ob das gnostische, theosophische, rosenkreuzerische, illuminatische Gedankengut, das sich teils schon im *Glaubenssystem*, teils erst ein bis zwei Jahrzehnte später in den *BergGipfeln* ausmachen lässt,⁵⁷ aus diesem Kontext stammt, wird man nicht mehr abschließend feststellen können. Wesentliche Grundlagen dürften hier jedoch gelegt worden sein für Benekes Denken. Andererseits muss man sein Verhältnis zur Freimaurerei als eher ambivalent bezeichnen. Ein Gespräch, das er mit einem Maurer der Strikten Observanz über Illuminaten, „Religion u. Frömmigkeit" und maurerische Themen führt, kommentiert er mit dem Nachsatz: „Mon dieu was giebt es doch für canonisirungswürdige Narren unter den Fr. M."⁵⁸ Und anschließend liest er zusammen mit einem Freund einen Teil aus Schillers *Geisterseher*. Der genannte Freimaurer gibt Beneke übrigens Friedrich Hennings *Stimme eines Wanderers im Thale Josaphat* zu lesen, auf das Beneke im *Glaubenssystem* ebenfalls ausdrücklich Bezug nimmt – allerdings nur auf den Schluss des Buches,

---

⁵⁴ Ferdinand Beneke: Bonmots, Nr. 90–100. In: Ders.: Tagebücher (wie Anm. 40) I/4.
⁵⁵ Kurt Polycarp, Joachim Sprengel: Versuch einer pragmatischen Geschichte der Arzneikunde. 4 Teile. Halle 1792–1799. Teil 4: Halle 1799, S. 344–351. Zu Sprengel ADB (wie Anm. 15) 35 (1893), S. 296–299.
⁵⁶ Dies spricht durchaus nicht gegen die „Leere im Zentrum" der Freimaurerei, also gegen das Fehlen einer konkreten Lehre, wie sie pronounciert von Florian Maurice (Die Mysterien der Aufklärung. Esoterische Traditionen in der Freimaurerei? In: Aufklärung und Esoterik [wie Anm. 24], S. 275–287) herausgestellt worden ist. Wohl aber veranschaulicht der Befund, dass die Freimaurerei ihren Anteil an individueller Suche nach Sinn und Orientierung haben konnte und auf diesem Wege Topoi, Gedankenfiguren oder ganze Konzepte in das Denken eines einzelnen Freimaurers Eingang fanden.
⁵⁷ Eine detailliertere Zuordnung der jeweiligen „Mosaiksteine" würde hier zu weit führen. Ein auch nur kursorischer Vergleich des hier Dargelegten mit den von Monika Neugebauer-Wölk (Esoterische Bünde und Bürgerliche Gesellschaft. Entwicklungslinien zur modernen Welt im Geheimbundwesen des 18. Jahrhunderts. Göttingen 1995, passim) dargestellten und für Freimaurerei bzw. Illuminatentum virulenten Vorstellungen ergibt jedenfalls eine Vielzahl von Übereinstimmungen.
⁵⁸ Beneke: Tagebücher (wie Anm. 40) I/1, 19.04.1794.

wo es um die Gelassenheit im Leben und Sterben eines weisen Meisters vom Stuhl geht.[59] Benekes Verhältnis zur Maurerei ist offenkundig von der Suche nach Orientierung bestimmt, die ihn bewusst aus dem Angebot sinngebender Vorstellungen auswählen lässt.

Gerade in den Jahren, in denen er um eine Neuformulierung seines Lebensentwurfs rang, konsultierte er auffallend oft Männer, die als Menschen und als Freimaurer sein Vertrauen genossen – hier übrigens vor allem Bremer Bekannte (und zugleich bekannte Bremer).[60] Überdies verkehrte er nicht nur mit Freimaurern, sondern auch mit Illuminaten. Von den 17 namentlich bekannten Illuminaten, die Schüttler für Hamburg verzeichnet, kannte Beneke acht gut, von den Bremer Illuminaten kannte er alle und mit dem Präfekten der Braunschweiger Illuminaten, Johann Friedrich von Schwartz, war er entfernt verwandt.[61] Ebenso auffallend ist, dass er solche Gespräche im Tagebuch oft in Geheimschrift verzeichnet,[62] obwohl ihr Inhalt selten von dem abweicht, was man auch im Klartext lesen kann. Andererseits kommt er im *Glaubenssystem* zu dem Schluss, die Maurerei sei zwar ehedem ein Instrument der „geheimen Oberen" gewesen, jetzt allenfalls ihre „Pflanzschule" und für die Wirksamkeit der „geheimen Oberen" eigentlich überflüssig. Die Freimaurerei habe, so lässt Beneke durchscheinen, ihre historische Mission im Bezug auf das Heraufführen von Erkenntnis und Menschenfreundlichkeit erfüllt. Darum kann er nunmehr sein allgemeines *Glaubenssystem* in sein „politisches Glaubenssystem" münden lassen, in dem er sich zu „Freyheit, Gleichheit und Demokratie" bekennt und den Staatszweck einzig in der Beförderung der „physischen, moralischen, u. scientiven Vervollk[ommnung] der Bürger" sieht.[63] Von

---

[59] Ebd.; Beneke: Mein Glaubenssystem (wie Anm. 45), fo. 12; Friedrich Hennings: Stimme eines Wanderers im Thale Josaphat. Leipzig 1793, S. 135–175.

[60] Hier sind nach Ausweis der Tagebücher an erster Stelle zu nennen der Kaufmann und Segelmacher, Eltermann und spätere Senator Johann Vollmers und der Tabakfabrikant Wilhelm Heinrich Daniel Keidel. Zu Vollmers siehe Monika M. Schulte, Nicola Wurthmann: Nachlass Johann Smidt (1773–1857). Bürgermeister der Freien Hansestadt Bremen. Bremen 2004 (Staatsarchiv Bremen Bestand 7, 20), S. 341; Markus Meyer: Bruder und Bürger. Freimaurerei und Bürgerlichkeit in Bremen. Bremen 2010, S. 61–63. Zu Keidel siehe die verstreuten Informationen bei Andreas Fritz: Georg Kerner (1770–1812). Fürstenfeind und Menschenfreund. Eine politische Biographie. 4. erw. Aufl. Ludwigsburg 2003.

[61] Schüttler: Mitglieder (wie Anm. 21), S. 200, 207, 234. Johann Friedrich von Schwartz war mit Benekes Großtante, Sophia Dorothea zu der Horst, verheiratet (vgl. Beneke: Tagebücher [wie Anm. 40] I/1, 27, 29.10.1793 und Bericht der Reise von Halle nach Minden, 22.10.–03.11.1793. In: Ders.: Tagebücher [wie Anm. 40] I/1).

[62] Beneke verwendet zwei unterschiedliche Codes, die aber beide jedem Buchstaben des Alphabets ein bestimmtes Zeichen zuordnen. Der formal anspruchsvollere, von Beneke aber nur kurzzeitig benutzte Code besteht aus einer Sonne für A und verschieden ausgerichteten Mondsicheln für die weiteren Vokale. Die häufigsten Konsonanten werden hier aus den geometrischen Grundformen Dreieck, Quadrat und Kreis abgeleitet. Im zweiten, von Beneke deutlich öfter angewandten Code werden die Vokale durch unterschiedliche Füllung der Kreisform und die Konsonanten teils durch eine geometrisierende Verfremdung des lateinischen Buchstabenäquivalents, teils durch Einzelsymbole (Kreuz, Dreieck usw.) dargestellt.

[63] Beneke: Mein Glaubenssystem (wie Anm. 45), fo. 13.

dem Gedanken her, dass sich alles Existierende letztlich auf dem Wege der Erkenntnis zu einer Einheit zusammenfügt, gründet Beneke sein Staatsverständnis gleichzeitig auf ein Naturrecht des Staates und ein Naturrecht des Bürgers, die durch reine abstrakte und nach Erfahrungsregeln angewandte Vernunft in Gesetze gegossen werden und damit die bestehenden bürgerlichen Verhältnisse einem solchen umfassenden Naturrecht anpassen sollen.[64] In der Zeit, in der Beneke sich mit diesem Komplex beschäftigt, nimmt er auch Volneys *Ruinen* zur Kenntnis, und es ist nicht unwahrscheinlich, dass er auch dessen 1793 erschienenen *Katechismus des Französischen Bürgers* gelesen hat, der bald schon als Anhang in die Neuauflagen der *Ruinen* aufgenommen wurde.[65]

Dass Beneke ein solches Credo am ehesten durch die Französische Revolution verwirklicht sah, liegt auf der Hand. Dass er gleichwohl vorübergehend in preußische Dienste trat, hatte allein materielle Gründe. Dass er in Deutschland die besten Chancen zur Verwirklichung seiner persönlichen Ideale in den norddeutschen Stadtrepubliken erblickte, war nicht allein dem Umstand geschuldet, dass deren Verfassungen ihm erlaubten, im emphatischen Sinne des Wortes „Bürger" zu sein, sondern auch der Tatsache, dass es in beiden Städten eine bürgerliche Oberschicht gab, die den Idealen der Französischen Revolution positiv gegenüberstand. Dass er sich für Hamburg entschied, hatte pragmatische Gründe. Gleichwohl gewinnt man den Eindruck, dass Beneke sich auch und gerade im Hinblick auf sein politisches Denken und seine philosophisch-weltanschaulichen Spekulationen eher von seinen vielfältigen Bremer Gesprächs- und Korrespondenzpartnern verstanden fühlte. Hier nur zwei Beispiele: Exzerpte eines Aufsatzes über den „Lebenszweck des Menschen", den der Bremer Senator Deneken im *Genius der Zeit* veröffentlicht hatte, zeigen Beneke sichtlich begeistert vom Maß der Übereinstimmung mit seinen Gedanken zur postmortalen Existenz der menschlichen Seele.[66] Und der Briefwechsel mit Minna Heineken, die sich über einen langen Zeitraum mit dem tierischen Magnetismus behandeln ließ,[67] kreist letztlich um Fragen nach den Eigenschaften der Seele und der Wirkung des Magnetismus auf diese. Allerdings konnte Beneke dann auch feststellen, dass seine Auffassungen über den Magnetismus mit den Vorstellungen übereinstimmten, die Caroline Philippine de la Motte Fouqué in ihrer 1812 veröffentlichten *Magie der Natur* geäußert hatte.[68]

---

[64] Ebd.
[65] Vgl. Beneke: Tagebücher (wie Anm. 40) I/1, 29.03.1794. Aus dem Eintrag geht allerdings nur mit Sicherheit hervor, dass Beneke die *Ruinen* kannte.
[66] Arnold Gerhard Deneken: Gedanken über den Lebenszweck des Menschen. Ein Fragment. In: Genius der Zeit. Bd. 7. Altona 1796; vgl. Ferdinand Beneke: Exzerpte zur Lektüre periodischer Schriften, 01.05.1795, fo. 2–7. In: Ders.: Tagebücher (wie Anm. 40) I/4.
[67] Vgl. Ferdinand Beneke: WeltAnsichten (wie Anm. 48), S. 87–90. *Die Gedanken auf BergGipfeln* werden in einem Supplementband zur Edition der Tagebücher herausgegeben. Die Zitation folgt den für die Edition bereits erstellten Transkriptionen.
[68] Caroline de la Motte Fouqué: Werke und Schriften. 10 Bde. Hg. v. Thomas Neumann. Bd. 2: Magie der Natur. Norderstedt 2007.

## IV Ferdinand Beneke: *Gedanken auf BergGipfeln*

1806 begann Ferdinand Beneke, sich erneut intensiv mit religiös-philosophisch-psychologisch-weltanschaulichen Fragen zu beschäftigen. Über weite Strecken widmete er dieser Beschäftigung seine Sonntagmorgende – als bewussten Ersatz zum Kirchgang. Bis etwa 1820 erwuchs daraus eine Fragmentensammlung von 69 Betrachtungen, die er *Gedanken auf BergGipfeln* überschrieb, was in feiner Doppeldeutigkeit nicht nur andeutete, dass er hier eine von der Tagtäglichkeit seiner Tagebuchreflexionen abgehobene Warte einnahm, sondern auch auf einen tatsächlich erlebten Moment der Erhebung anspielte,[69] der mit dem von Hölderlin so apostrophierten Gefühl, eins zu sein mit allem, was lebt, wohl einigermaßen zutreffend beschrieben ist. Das Manuskript erschien zwar nicht im Druck. Doch gab Beneke es einer ganzen Reihe von Personen zu lesen, darunter Jean Paul, der sich interessanterweise ebenso positiv dazu äußerte wie später Friedrich de la Motte Fouqué oder der Hamburger Verleger Johann Daniel Runge, Bruder des Malers Philipp Otto Runge.[70] Jean Paul schätzte besonders Benekes Gedanken zum Gottesdienst und zum Stufengang der Vervollkommnung der Seelenvermögen, bei dem die mit „Vernunft" bezeichnete Stufe noch deutlich unter der höchsten Stufe („Liebe") rangierte, womit, wie Jean Paul feststellt, Beneke „mit vielen Jetzigen" übereinstimme.[71] In dem diesbezüglichen Schreiben fährt Jean Paul übrigens weiter fort:

> Der gesunkenen Religion hilft schwerlich irgend ein Wille auf – wie wol doch jeder einzelne für sie zu arbeiten und zu säen nicht laß werden darf –; aber da auf der andern Seite die Menschheit ohne das Athmen dieses Aethers nicht bestehen kann: so dürfen wir durchaus auf große Eingriffe des Schicksals – wie die Reformazion z.B. war – rechnen und hoffen. Himmel! wir können jetzt kaum die nächste politische Zukunft weissagen, wie viel weniger die religiöse. – Ich werde einiges darüber in einer Fortsetzung meiner FriedensPredigt sagen.[72]

Der äußeren Anlässe zur Arbeit an den *BergGipfeln* gab es zwei: die erwiderte Liebe zu Caroline von Axen, die er dann 1807 heiratete, und der Sieg Napoleons bei Jena und Auerstedt, den Beneke (und natürlich nicht nur er) als eine der größtmöglichen Katastrophen ansah. Die Hauptursache für die Niederlage der Deutschen sieht er in den Auswirkungen einer einseitigen Aufklärung, die dem sehr ähnlich sieht, was Schiller in den schon erwähnten *Philosophischen Briefen* als „halbe Aufklärung" bezeichnet, nämlich in der Verabsolutierung der Vernunft (oder besser: des Verstandes) auf Kosten der Begeisterung, der Poesie und der Religion, oder anders ausgedrückt: auf Kosten all dessen, was den Menschen über sich selbst und das Alltägliche erhebt, ihn zu Tugend, Selbstlosigkeit, Liebe und

---

[69] Beneke: Tagebücher (wie Anm. 40) II, 08.08.1806.
[70] Vgl. Beneke: BergGipfel (wie Anm. 48), S. 11f., 113.
[71] Jean Paul an Ferdinand Beneke, 01.09.1808. In: Beneke: Tagebücher (wie Anm. 40) II.
[72] Ebd.

letztlich auch zur Vaterlandsliebe befähigt.[73] In einer kleinen Druckschrift vom Januar 1809 schreibt Beneke:

> Will ich die Aufklärung anfeinden? o der herrlichen Sache und des sündigen Worts! Ihr habt der Nahrung des Hungrigen die Kraftbrühe abgeschöpft, und reicht ihm den schalen Wasserrest, – und die *Ab*klärung nennt Ihr voll thörichten Dünkels *Auf*klärung. Eine stupide Eitelkeit hat euch geleitet, und um Eurer endlichen Vernunft ein Kompliment zu machen, habt ihr dem Menschen seine unendliche Wesenheit streitig gemacht, bloß, weil jene keinen Maaßstab dafür hatte.[74]

Eine vollendete Aufklärung besteht für Beneke darin, den Menschen die Religion als Quelle der „Beseelung" wiederzugeben, nicht allein als Grundlage der Sittlichkeit, Moral und allenfalls Nächstenliebe, sondern als Quelle der Begeisterung „für das Göttliche und das höchste Menschliche". Nicht von ungefähr spricht er von der „Poesie", die sie in das Dasein bringe, von ihrer Wahrnehmbarkeit als „Zauberlicht in den Thälern", „Dämmerung in den Wäldern", „Aurora an den Berggipfeln".[75] Beneke spricht ausdrücklich von „Christ=Religion", versteht sie explizit als über-, oder besser: unkonfessionell, denn jede Kirche habe „Raum für wahre Religion". Zur Erklärung dessen, was er darunter versteht, setzt er bei der – nicht verwunderlich: positiv konnotierten – Frömmigkeit des Mittelalters an, wertet auch die Reformation Luthers positiv und unterzieht die seitherige Entwicklung einer ausführlichen Kirchenkritik. Am Ende steht der Vorschlag, eine deutsche Nationalkirche auf der Grundlage der „wahren Religion" zu gründen und ihr an zentraler Stelle einen eigenen Kirchenbau zu weihen.

Wie diese „wahre Religion" beschaffen sein soll, bleibt unklar. Sicher ist, dass sie nur ein Angebot sein kann. Denn trotz der Aufklärungskritik geht Beneke – gut nachkantianisch – davon aus, dass sich religiöse Anschauung nicht zu einem objektiven System zusammenfügen lasse, dass sie nur subjektiv für wahr gehalten werden kann, weil sie der subjektiven empirischen Prüfung standgehalten hat. Dementsprechend fasst Beneke den Zielpunkt seiner *BergGipfel* als ein „System", das er anderen zur *Aneignung* empfehlen kann, weil sich seine Glaubensüberzeugungen in der Lebenspraxis bewährt haben.[76]

Folgerichtig spricht Beneke in seinen *Gedanken auf BergGipfeln* von einer „inneren Offenbarung", bei der Vernunft und Gefühl einander ergänzen und kontrollieren. Da der Radius des durch die Vernunft Erkennbaren begrenzt ist, bedarf es des Gefühls, dem erheblich weiter gefasste Regionen zugänglich sind. Da das Gefühl jedoch getäuscht werden kann, bedarf es der Kontrolle durch die Vernunft – allerdings mit einer Einschränkung: Die Vernunft, so Beneke, dürfe nur verwerfen, was ihr eindeutig widerspricht. Was dagegen „innig gefühlt", also nur

---
[73] Vgl. Schiller: Philosophische Briefe (wie Anm. 51), passim.
[74] Ferdinand Beneke: Ergüsse über das jezzige Verhältniß der Religion zu dem Deutschen National=Charakter. o.O. 1809, S. 5f.
[75] Ebd., S. 2f.
[76] Beneke: BergGipfel (wie Anm. 48), S. 5.

dem Gefühl und nicht dem Verstand zugänglich ist, müsse die Vernunft hinnehmen. Denn, so Beneke weiter, „Gott spricht in uns durch Vernunft und Gefühl". Deshalb könne es genaugenommen auch keinen Widerspruch zwischen beiden geben. Kritik der Vernunft ist nur in ihrem Bereich zulässig. Ihre Aufgabe sei, „in den Tieffen der stillen, befriedeten Brust die geheime Stimme der eignen Natur im Einklange mit der Urschrift an den erforschten Werken der Schöpfung" zu vernehmen.[77] Offenbarungsquellen sind also die Erkenntnis des Subjekts seiner selbst und die Erkenntnis des Schöpfungsplans aus der Erkenntnis der Natur.

Für die „innere Offenbarung" nennt Beneke vier „HauptInhalte" oder „Evangelien":[78]

Ein „Ur- und Grundwesen ewiger Liebe, und Gerechtigkeit" waltet über allem und alle immer und überall in der Weise, „daß Alles darin sich harmonisch auflöse, nichts in Streit und Widerspruch damit bleiben könne". Darin sind zwei zentrale Begriffe des Textes – und in Benekes Denken überhaupt – angesprochen: Liebe und Harmonie.

Die Unbegrenztheit von Zeit und Raum kennen wir schon aus Benekes *Glaubenssystem*. An ihr hält er ebenso fest wie am Stufengang der natürlichen Existenzen vom Mineral über Pflanzen, Tiere, Menschen bis zu den Geistern. Diese Vorstellungen werden in den *BergGipfeln* eigentlich nur weiter elaboriert und hie und da erweitert – so etwa um die Frage nach der Perfektibilität der Tierseelen.

Die Überwindung von „Haß, und Selbstsucht" hin auf „Liebe, und Gerechtigkeit" verwandelt den Tod in eine Schwelle zum Leben. In einer an barocke Erbauungs- und Predigtliteratur erinnernden Formulierung führt Beneke hier einen Gedanken ein, den er noch im *Glaubenssystem* verworfen hatte, nämlich den Gedanken der Belohnung *post mortem*. In diesem Kontext steht auch der vierte Punkt: „daß des Unschuldigen Schmerz läutre, befruchte, und tausendfältige Erndte erwerbe". Hier geht es um den ebenfalls für Beneke zentralen Zusammenhang von Leiden und Läuterung.

Was die geistesgeschichtliche Zuordnung dieses Zusammenhangs angeht, ist indes Vorsicht geboten.[79] Die nachfolgenden Verse bemühen nacheinander und miteinander verschränkt alchemistische Metaphorik, pietistische Bewährung im Leiden und theosophische Engelslehre:

---

[77] Ebd., S. 2f.
[78] Ebd., S. 3f.
[79] Die hier nur knapp skizzierten Vorstellungen finden u.a. Parallelen zum einen in Konzepten von Hamann und Herder, die Kemper als „christlichen Hermetismus" umschrieben hat, zum anderen in Swedenborgs Seelenlehre und zum dritten im „aufgeklärten theologischen Hermetismus", wie ihn Reill im Hinblick auf Semlers Bonnet-Rezeption herausgearbeitet hat. Siehe dazu Hans-Georg Kemper: Eins in All! Und all in Eins! Christliche Hermetik als trojanisches Pferd der Aufklärung. In: Aufklärung und Esoterik. Rezeption – Integration – Konfrontation (wie Anm. 32), S. 29–52; Friedemann Stengel: Swedenborg als Rationalist. In: Ebd., S. 149–203; Peter Hanns Reill: The Hermetic Imagination in the High and Late Enlightenment. In: Ebd., S. 317–330, hier S. 325f.

> Wie Gottes Scheidekunst im Feu'r der Seelen Leiden
> Des Geistes reines Gold vom irdschen Erze reint,
> So strebt der Krankheit Pein, vom Stoffe auch zu scheiden,
> Was sich, für höher'n Zweck zum künftgen Seyn nicht eint
> Dass sich im Körper schon am künftgen Flügelkleide
> Das schwere Irdsche von der Engel Hülle scheide.[80]

Beneke harmonisiert hier die Vorstellung von der Ewigkeit der Seele mit dem klassischen Belohnungs-/Bestrafungsmuster qua Himmel und Hölle. Die durch Leiden geläuterte Seele wird jenseits der Todesschwelle zum Engel, der mit den Hinterbliebenen kommunizieren kann – ein Umstand, den Beneke nach Ausweis seiner Tagebücher als durch das Gefühl beglaubigt weiß.[81] Dies sei nur wenigen auf direktem Wege vergönnt. Die meisten Seelen müssen, so Beneke, auf dem Weg zu ihrer Vervollkommnung reinkarniert werden und mehrere irdische Existenzen durchlaufen.[82] Dabei wird der Seele die Aufgabe gestellt, sich der Erfahrung ihrer vorherigen Existenz erinnernd zu versichern,[83] womit Beneke einen Modus gefunden hat, der über kurz oder lang für jeden zur (Selbst-)Erlösung führt. Anknüpfend an die Vorstellung von der Analogie zwischen Mikro- und Makrokosmos spekuliert Beneke über die Möglichkeit, dass auch der Kosmos verschiedene „Schöpfungszyklen" durchlaufe, von denen derjenige zwischen Genesis 1 und Apokalypse 22 nur ein Durchgang sei.[84]

Die Denkrichtung der *BergGipfel* erfährt 1813/14 noch einmal eine grundlegende Wende. Von Benekes empirischem Ansatz her kann es auch gar nicht anders sein. Die Lebensbedingungen unter französischer Herrschaft, Befreiung und Rückeroberung Hamburgs, seine Zeit im Exil, der eine Phase schwerer physischer und psychischer Erschöpfung folgt, und vieles andere mehr lassen ihn die Erfahrung der „schlechthinnigen Abhängigkeit" (Schleiermacher) machen. Zugleich erlebt er die Befreiungskriege als die opferbereite Vereinigung der Deutschen im Kampf gegen Napoleon, die 1806 noch völlig außer jeder Reichweite schien, und Beneke beschreibt den Geist dieses Moments der Weltgeschichte als ein Wiedererstehen mittelalterlichen Ritter- und Christentums.[85]

---

[80] Beneke: BergGipfel (wie Anm. 48), S. 16.
[81] Vorstellungen dieser Art waren allerdings weit verbreitet. Vgl. Conrad: Geister (wie Anm. 31).
[82] Beneke: BergGipfel (wie Anm. 48), S. 85–87.
[83] Ebd., S. 117–119.
[84] Ebd., S. 117.
[85] In seiner Übersicht über das Jahr 1817 konstantierte Beneke mit einer gewissen Enttäuschung, dass „der beßere ZeitGeist von 1813, nachdem er damals mit Gottes Hülfe den äußeren Feind vertrieben, und gedemüthigt, seitdem noch immer nicht viel gewonnen hatte gegen den alten inneren FeindeBund unchristlichen, undeutschen und unfreyen Wesens derer, welche an der Spitze der Völker, und ihrer StaatsEinrichtungen stehen. Herzlose, und lügenhafte Politik verdirbt wieder, was das Schwerdt eingeleitet hatte, und schnöder ErdenDünkel mit grobem Egoismus im Bunde will wieder das kindliche Christenthum und das ritterliche Wesen ersticken, welches auf den Schlachtfeldern des heiligen Krieges so herrlich aufblühte" (Beneke: Tagebücher [wie Anm. 40] IV).

Während er in einem *BergGipfel*-Fragment vor 1813 jedes direkte Eingreifen Gottes in die Welt verworfen hatte, weil es dafür keinen Anhaltspunkt gebe, weil es mit dem Wesen Gottes unvereinbar und überdies überflüssig sei,[86] so vertrat er hernach einen diametral entgegengesetzten Standpunkt. Seine Gottesbeziehung wird sowohl in den *BergGipfeln* als auch in seinen Tagebüchern personaler; vor allem aber rückt Christus weit stärker in sein Blickfeld, und zwar nicht als „weiser Lehrer", sondern als Gottessohn und Erlöser. 1816 formuliert er in einer Beilage zu den *BergGipfeln* ein spiritualistisches Verständnis von Beichte und Abendmahl, dessen Bedeutung er dadurch unterstreicht, dass er diese Beilage bis zu seinem Tod mit jedem Empfang des Abendmahls um einen Eintrag erweitert.[87] 1817 setzt er sich erstmals mit der Frage auseinander, ob seine Vorstellungen von der Seele nach dem Tode „bibelfest" seien.[88] Interessant ist hier vor allem Benekes Antwort auf die Frage nach dem Stellenwert der Bibel an sich. Denn Beneke erkennt ihr zwar zu, Offenbarung Gottes zu sein, aber eine durch „Mittelspersonen" vermittelte Offenbarung, die letztlich, wie die anderen Offenbarungsquellen, den Instanzen Vernunft und Gefühl untergeordnet ist,

> denn nicht der Buchstaben der Schrift, sondern ihr Sinn, u. Geist, wie er unser innerstes Wesen in dem verwandten Tone erklingen macht, ist der feste Boden, worinn unser Glauben wurzeln muß, wenn er nicht dem Unglauben zum Raube, in Aberglauben ausarten soll.[89]

Dies ist alles andere als der Biblizismus des Pietismus oder der Erweckungsbewegung, und obschon es die historisch-kritische Methode der aufklärungstheologischen Bibelwissenschaft im Grundsatz anzuerkennen scheint, ist Benekes Haltung doch von Positionen des theologischen Rationalismus weit entfernt. Tatsächlich unterstützt Beneke seit 1814 zentrale Anliegen der Erweckungsbewegung, insbesondere die Innere und Äußere Mission, in der Bibelgesellschaft, der Missionsgesellschaft, in der Armenfürsorge, und hält – mit einer Reihe von Verbündeten in Senat und Bürgerschaft – zäh an der frühneuzeitlichen Verwobenheit von Staat und lutherischer Kirche in der hamburgischen Verfassung fest.[90]

---

[86] Beneke: BergGipfel (wie Anm. 48), S. 22f.
[87] Ebd., Beilage No. 13.
[88] Ebd., S. 113–120. Zur Bestimmung seines Verhältnisses zur Bibel wurde Beneke durch eine Bemerkung Fouqués angeregt, der ihm in einer Reaktion auf die *BergGipfel* schrieb: „Vieles hat mich in diesen *tief* angeregt, Vieles ist wie aus meiner Seele geschrieben, Andres ist mir nicht *bibelfest* genug, so z.B. die Meinung, oder doch Ahndung wir hätten schon früher einmal gelebt. Ich hegte wohl früher auch dergleichen Gedanken, aber vor der Sonne der heiligen Schrift und vor dem dadurch erweckten innern Wort sind sie mir alle wie Nebel verwallt" (Friedrich de la Motte Fouqué an Ferdinand Beneke, 03.10.1817. In: Beneke: Tagebücher [wie Anm. 40] IV).
[89] Beneke: BergGipfel (wie Anm. 48), S. 113f.
[90] Ingrid Lahrsen: Zwischen Erweckung und Rationalismus. Hudtwalcker und sein Kreis. Hamburg 1959; Hartwig Harms: Hamburg und die Mission zu Beginn des 19. Jahrhunderts. Kirchlich-missionarische Vereine 1814–1836. Hamburg 1973; Stephen Pielhoff: Religiosität und Gemeinsinn. Über Ideal und Praxis der Armenpflege bei Ferdinand Beneke (1822–1832). In: Zeitschrift für Hamburgische Geschichte 92 (2006), S. 33–51.

## V Menken, Dräseke und das Reich Gottes zu Bremen

Während die Erweckungsbewegung in Hamburg nur eine, wenn auch hinter den Kulissen einflussreiche Minderheit darstellte, dominierte sie in Bremen nach dem Ende der französischen Besatzung die öffentlichen Diskurse. Wie Theologen der Erweckungsbewegung in Nordwestdeutschland das Verhältnis von Individuum, Religion und Staat dachten, zeigt ein Blick auf die Predigten der Bremer Pastoren Gottfried Menken[91] und Johann Heinrich Bernhard Dräseke.[92] Dass auch in diesem Zusammenhang theosophisch-esoterische Einflüsse eine bedeutende Rolle spielten, wird besonders an der Reich-Gottes-Theologie deutlich. Denn die Konkretisierung des Reiches Gottes als Zielpunkt der Geschichte im Sinne einer endlosen harmonischen Kette aller intelligenten Geister unter der Regierung des Gottessohnes,[93] die damit korrelierende Ablehnung der Prädestinationslehre,[94] die Vorstellung einer sich durch Leiden läuternden, durch ihr Handeln zur eigenen Erlösung beitragenden Menschheit sowie die Eingrenzung des Gottesbildes auf den all-liebenden Charakter[95] wurzeln eher in einem theosophisch-esoterischen Boden als in der protestantischen Tradition. Was die Erweckungsbewegung dagegen von anderen Religionskonzepten, mit denen sie solcherart Vorstellungen teilt, scheidet und einen explizit christlich-dogmatischen Bezug herstellt, sind zum einen die Betonung der Christologie und zum anderen die Überordnung der Bibel als Offenbarungsquelle über die Vernunft.

Die christlich-theosophische Perspektive auf das Reich Gottes begegnet uns in Bremen bereits im Kontext der Lavater-Begeisterung. Offensichtlich waren die entsprechenden heilsgeschichtlichen Überlegungen des Lavater-Schülers Johann Jakob Stolz ein Grund unter anderen, ihn nach Bremen zu berufen.[96] Auch scheint versucht worden zu sein, vermittelst des Magnetismus Näheres über den Zeitpunkt und die Umstände des bevorstehenden Gottesreiches in Erfahrung zu bringen.[97]

---

[91] Zu Menken allgemein BBKL (wie Anm. 15) 5 (1993), Sp. 1266–1268.
[92] Zu Dräseke allgemein Neue Deutsche Biographie. Bd. 4. Leipzig 1959, S. 96f.
[93] Gottfried Menken: Beitrag zur Dämonologie. Oder Widerlegung der exegetischen Aufsätze des Herrn Professors Grimm von einem Geistlichen. Non quis? non quomodo? sed quid? In: Ders.: Schriften. Vollständige Ausg. 7 Bde. Bd. 7. Bremen 1858, S. 1–76, hier S. 72. Die Erstveröffentlichung der Einzelausg. erfolgte 1793. Ebenso: Johann Heinrich Bernhard Dräseke: Das Himmelreich leidet Gewalt und die Gewalt thun reissen es zu sich. In: Ders.: Christus an das Geschlecht dieser Zeit. Vier evangelische Vorträge in der freien Gemeinde einer freien Stadt, zu St. Ansgarii in Bremen. Lüneburg 1819, S. 9–30.
[94] Gottfried Menken: Der Messias ist gekommen. Nach 1 Joh. 5, 6–12. Nach der zweyten vermehrten Ausg. In: Ders.: Schriften (wie Anm. 93). Bd. 6. Bremen 1858, S. 301–347, hier S. 344f. Die Erstveröffentlichung der Einzelausg. erfolgte 1809.
[95] Wenig: Rationalismus (wie Anm. 12), S. 101.
[96] Johann Jakob Stolz: Einige Blicke auf die Gegenwart und Zukunft in Beziehung auf das Reich Jesu. In: Christliches Magazin. Hg. v. Johann Konrad Pfenninger. Bd 2. 1. Stück. Zürich, Winterthur 1779, S. 73–108.
[97] Hannemann: Magnetiseure (wie Anm. 13), S. 121f.

Eine besonders prononcierte Position innerhalb des Lagers der „Lavaterianer" – sowohl in erkenntnistheoretischer als auch in politischer Hinsicht – nahm Gottfried Menken ein. So kritisierte Menken Lavater, weil dieser Christentum und Wissenschaft auf unstatthafte Weise vermenge. Ausgehend von „gewisse[n] Ideen und Ansichten der Bonnet'schen Philosophie", so Menken in einem Brief an Samuel Collenbusch,[98] sei Lavater „entgangen, daß Entwicklung und Verwandelung zwey sehr verschiedene Dinge sind, daß die Schrift von Verwandlung, aber nicht von Entwicklung redet, und daß des Menschen Verhalten anders sein muß, wenn ihm auf dem Wege der Entwicklung, und anders, wenn ihm durch Verwandlung geholfen werden soll".[99]

Trotz dieser Kritik an Lavater jedoch versteht sich auch Menken keineswegs als Gegner von Vernunft und Aufklärung. Allerdings insistiert Menken darauf, mit dem biblizistischen Anspruch, die Bibel sei als geoffenbartes Wort Gottes die einzige sichere Quelle der Wahrheit, ernst zu machen, und – von ihrem Wortlaut ausgehend – den Wahrheitsgehalt philosophischen und naturwissenschaftlichen Denkens zu beurteilen. So weist Menken in seinem Erstlingswerk *Beitrag zur Dämonologie* darauf hin, dass die Wissenschaft in der Lage sei, in zahlreichen Fällen das Verhalten von Menschen zu erklären, die man in früherer Zeit für Besessene gehalten hätte.[100]

Im Falle des Beispiels aus der Psychologie wirken die Konsequenzen Menkens relativ defensiv, wenn er nämlich anzuerkennen fordert, dass, auch „wenn es bei neunundneunzig Fällen erwiesen werden kann, daß Epilepsie und Wahnsinn eine von den Dämonen ganz unabhängige (somatische) Ursache haben", „im hundertsten Falle diese Uebel in der Einwirkung eines Dämons ihren Grund (eine pneumatische Ursache) haben können".[101] Doch tatsächlich läuft das Programm Menkens auf eine Überprüfung und (Neu-)Hierarchisierung des gesamten Wissens seiner Zeit aus einer christlich-biblizistischen Perspektive hinaus.

Deutlich werden die Konsequenzen dieses Anspruchs im Zusammenhang mit Menkens Konzept der unsichtbaren Welt. Wie die theosophisch-esoterische Tradition ging auch Menken davon aus, dass – über die uns bekannte, sichtbare Welt hinaus – eine unsichtbare, von zahllosen Geistwesen bevölkerte Sphäre existiere, die mit der sichtbaren Welt in Verbindung stehe und auf diese einwirke. In dieser unsichtbaren Welt tobe, so Menken, seit dem Abfall Luzifers ein unversöhnlicher Kampf zwischen Gut und Böse, Engeln und Dämonen, der erst mit seiner endgülti-

---

[98] Zu Collenbusch allgemein BBKL (wie Anm. 15) 1 (1990), Sp. 1097f.
[99] Gottfried Menken an Samuel Collenbusch, 17.01.1801. Zit. nach Carl Hermann Gildemeister: Leben und Wirken des Dr. Gottfried Menken, weiland Pastor Primarius zu St. Martini in Bremen. 2 Bde. Bd. 1. Bremen 1860, S. 238.
[100] Menken: Dämonologie (wie Anm. 93), S. 32.
[101] Ebd., S. 32f.

gen Vernichtung beendet sein werde.[102] Doch auch wenn Menken vor dem aus seiner Sicht zu sorglosen Umgang mit der unsichtbaren Welt durch so manchen Esoteriker warnte,[103] die eigentliche Gefahr ging für ihn von denen aus, die die Existenz dieser unsichtbaren Welt, die Existenz der Engel und Teufel verleugneten und so die Menschheit schutzlos dem Wirken Satans auslieferten, nämlich den Vertretern der rationalistischen Theologie.[104]

Der philosophische und theologische Rationalismus bildet in Menkens Augen die weltanschauliche Grundlage für den „Illuminatismus", dessen Ideale in der Französischen Revolution praktisch umgesetzt worden seien.[105] Diese Kausalkette war keineswegs ungewöhnlich.[106] Selbst der einstige Illuminat Landgraf Karl von Hessen-Kassel konstatierte 1833, dass der Jakobinismus aus dem „Illuminatismus" entstanden sei.[107] Doch Menkens Argumentation bleibt hier nicht stehen: Der Versuch, das Reich Gottes auf Erden zu verwirklichen, indem man – allein auf die für autonom erklärte menschliche Vernunft gestützt – sowohl die christliche Religion als auch gottgewollte soziale und politische (Herrschafts-)Verhältnisse infragestellte, konnte für Menken nur in seinem Gegenteil enden: dem Sieg der Hölle auf Erden.[108] Allerdings begriff Menken diesen Sieg nur als einen vorläufigen. Denn da er Satan bereits durch Jesus überwunden sah, sei dieser „vielmehr genöthigt, alle seine Wirksamkeit auf die Erde zu koncentriren"[109] und führe letztlich einen aussichtslosen Kampf. Damit aber oblag es der Menschheit selbst, geläutert durch die leidvolle Erfahrung des jakobinischen Terrors, zurück zu Gott zu finden und so das Heranbrechen des Reiches Gottes auf Erden nicht weiter hinaus zu zögern.[110]

Dass der unmittelbar bevorstehende Anbruch des Gottesreiches mehr war als nur eine Möglichkeit, beschwor Menken in seiner Schrift *Das Monarchienbild* (1802/03). Die Auslegung des zweiten Kapitels aus dem Buch Daniel, die er darin vorträgt, ist für sich genommen wenig originell: Das vierte und letzte Weltreich, auf das das Gottesreich folgen werde, sei das Römische Reich, das durch die translatio imperii nicht untergegangen sei, sondern als das Heilige Römische Reich

---

[102] Gottfried Menken: Schriftstellen die unsichtbare Welt und ihre Verbindung mit der sichtbaren betreffend (Fragment). In: Ders.: Schriften (wie Anm. 94), S. 206–234, hier S. 214f. [zuerst 1805].
[103] Menken: Schriftstellen (wie Anm. 102), S. 219.
[104] Menken: Dämonologie (wie Anm. 93), S. 11ff.
[105] Gottfried Menken: Ueber Glück und Sieg der Gottlosen. Eine politische Streitschrift aus dem Jahre 1795. In: Ders.: Schriften (wie Anm. 94), S. 77–104, hier S. 88f.
[106] Die Sichtweise Menkens ist insofern nicht aus der Luft gegriffen, als die Führung der Illuminaten nach dem Verbot des Ordens in Kurbayern einen Paradigmenwechsel von Weishaupt auf Kant (in der Lesart Karl Leonhard Reinholds) vollzog. Vgl. hierzu Martin Mulsow: ‚Steige also, wenn du kannst, höher und höher zu uns herauf.' Adam Weishaupt als Philosoph. In: Die Weimarer Klassik und ihre Geheimbünde. Hg. v. Walter Müller-Seidel u. Wolfgang Riedel. Würzburg 2003, S. 27–66.
[107] Van Dülmen: Geheimbund (wie Anm. 21), S. 95.
[108] Menken: Glück und Sieg (wie Anm. 104), S. 103.
[109] Menken: Dämonologie (wie Anm. 93), S. 62, Fußnote *).
[110] Ebd., S. 8.

bis in die Gegenwart fortdauere. Interessant ist freilich Menkens Definition des letzten Weltreichs als christliches Europa, als ein „mannichfaltig verbündetes Gemeinwesen vieler Monarchen und Fürsten",[111] in dem „der römische Kaiser den Vorsitz hat". Als einen Beleg für dieses Kontinuum führt Menken die fortdauernde Gültigkeit des Römischen Rechts und des Kirchenrechts (sic) an.[112] Auf die Zerstörung dieses Reiches, d.h. auf die Auflösung der europäischen Ordnung, so Menken weiter, werde unmittelbar das Reich Gottes folgen. Es ist nicht verwunderlich, dass Menken seine Prognosen in der zweiten überarbeiteten Auflage (1809) als von der Wirklichkeit eingeholt betrachtet, nachdem das Heilige Römische Reich 1806 sein Ende gefunden hatte und auf dem europäischen Kontinent neue Staaten kreiert worden waren.

Hiermit aber sah Menken keineswegs die unmittelbare Wiederkunft Christi verbunden. Anknüpfend an das Konzept des doppelten Chiliasmus Johann Albrecht Bengels erwartete Menken den Anbruch einer tausend Jahre währenden Theokratie, die sich – ausgehend von Europa – über die ganze Welt ausbreiten werde. In diesem Millenium werde Satan gefangen sein und „aller Einfluß der unsichtbaren, bösen Geisterwelt auf die Erde aufgehört"[113] haben. Erst nachdem Satan erneut für kurze Zeit losgelassen würde, bräche mit der Wiederkehr Christi und dem endgültigen Sieg über Satan das zweite Tausendjährige Reich und mit ihm das himmlische Jerusalem und die Zeit der leiblichen Wiederauferstehung an.[114]

Wenngleich die Infragestellung tradierter sozialer Hierarchien durch das in der Jakobinerherrschaft gipfelnde Aufbegehren der Unterschichten in Frankreich für das chiliastische Denken Menkens ein zentrales Moment darstellte, blieb dieser im Hinblick auf die gesellschaftlichen Verhältnisse des Gottesreichs auf Erden vage. Deutlicher äußerte sich hier der aus Braunschweig stammende Lutheraner Johann Heinrich Bernhard Dräseke, der zunächst in Mölln und dann in Ratzeburg tätig war, bis er Ende 1814 an die Bremer Ansgarii-Gemeinde berufen wurde. Dräseke, der zunächst von der rationalistischen Theologie geprägt war, lehnte wie Menken die Französische Revolution ab.[115]

Doch während Menken in Napoleon ein Werkzeug der Hölle sah, verstand Dräseke ihn zunächst als den Heros einer heraufziehenden Theokratie. Er sah in ihm nicht nur den „merkwürdige[n] Mann, den die Vorsehung ersehen hatte, jenen zerrütteten und in einer schrecklich gährenden Auflösung begriffenen Staat wieder herzustellen", und der „das verirrte Volk auch wieder zurück in die Mutterarme der

---

[111] Gottfried Menken: Das Monarchienbild. In: Ders.: Schriften (wie Anm. 94), S. 105–166, hier S. 152 (erstmals in zwei Teilen im April 1802 und im Mai 1803 veröffentlicht).
[112] Ebd., S. 152.
[113] Ebd., S. 164.
[114] Ebd., S. 164–166.
[115] Wolfgang Nixdorf: Bernhard Dräseke (1774–1849). Stationen eines preußischen Bischofs zwischen Aufklärung und Restauration. Bielefeld 1981 (Unio und Confessio 7), S. 47.

Religion" führte.[116] Dräseke hoffte auch, dass der französische Kaiser „[e]in Gemeinwesen unter Gottes unmittelbarer Aufsicht und Leitung" schaffen werde, in dem „ein neues Band die Hohen und die Niedrigen, [...] die Reichen mit den Armen" verbinde. Und in diesem Staatswesen werde, wie Dräseke mit Bezug auf Platon hinzufügt, „der E r s t e unter vielen Brüdern, und vor allen der Weiseste und der Beste [...] der Monarch seyn".[117] Erst mit dem Beginn des Russlandfeldzugs 1812, mit dem Napoleon Dräseke bewies, dass auch er nur eigennützige Machtpolitik betrieb, näherte sich Dräseke der Erweckungsbewegung an.

In den Predigten des frühen Dräseke stand die persönliche Vervollkommnung des Individuums im Vordergrund. Dieser lebenslange Prozess zielte auf die Entwicklung der kulturellen, ästhetischen und moralischen Anlagen des Menschen und hatte die Schaffung nützlicher Mitglieder der Gesellschaft zum Ziel.[118] Doch spätestens mit den Befreiungskriegen nahm dieser Prozess der Selbsterziehung bei Dräseke auch eine spirituelle Färbung an. Präsentierte Dräseke seinen Zuhörern Jesus vordem als Matrix, nach dessen Ebenbild sich der Gläubige umzubilden habe,[119] entwarf er nun das Bild eines diesen Prozess initiierenden Christus.[120] Während der Gottessohn apriorisch im Herzen des Menschen wohne, liege es an der Entscheidung des Individuums, seinerseits die Kommunikation mit Christus durch Gebet und Meditation aufzunehmen und sich einem auf die „Imitatio Christi" zielenden Transformationsprozess zu öffnen.[121] Zielpunkt sei, dass Christus vom Individuum Besitz ergreife und sein Handeln bestimme.[122]

Die Stufen auf dem Weg dorthin definiert Dräseke nicht zufällig in Analogie zum freimaurerischen Hochgradsystem. Dräseke trat 1809 der Lübecker Loge *zum Füll-*

---

[116] Johann Heinrich Bernhard Dräseke in seiner Predigt zum 1. Advent 1811, zit. nach Nixdorf: Dräseke (wie Anm. 115), S. 49.

[117] Johann Heinrich Bernhard Dräseke: ‚Es ist ein Fest für die Völker, wenn ihre Fürsten dem Meister der Welt huldigen.' Zum Trinitätsfest 1811. In: Ders.: Predigten für denkende Verehrer Jesu. 2 Bde. Hg. v. Theodor Heinrich Dräseke. Bd. 2: Die Predigten vom Trinitätsfeste bis zum Ende des Jahres. Neueste Ausg. Lüneburg 1836, S. 1–15, hier S. 8.

[118] Nixdorf: Dräseke (wie Anm. 115), S. 47.

[119] Ebd.

[120] Johann Heinrich Bernhard Dräseke: ‚Den Jüngern wird bange, von welchem er redete'. Zweite Passionspredigt. In: Ders.: Predigten über die letzten Schiksale unsers Herrn. Vor der St. Ansgarii-Gemeinde in Bremen gehalten von Johann Heinrich Bernhard Dräseke. 3 Bde. Bd. 1: Predigten über die letzten Schiksale unsers Herrn. Nach Anleitung des Evangeliums Matthäi. Erster Theil. 3. Aufl. Lüneburg 1826 [zuerst 1815], S. 24–46, hier S. 25.

[121] Johann Heinrich Bernhard Dräseke: Sechste Predigt. Am elften Februar. In: Ders.: Predigten über freigewählte Abschnitte der heiligen Schrift, vor der St.-Ansgariii Gemeinde zu Bremen gehalten von Johann Heinrich Bernhard Dräseke. 5 Jge. zu 2 Bden. Bd. 2. Ersten Jahrgangs zweiter Theil. Lüneburg 1817, S. 97–112. Ebenso Johann Heinrich Bernhard Dräseke: Glaube, Liebe, Hoffnung. Ein Handbuch für junge Freunde und Freundinnen Jesu. 6. Aufl. Lüneburg 1834 [zuerst 1813], S. 112–114.

[122] Johann Heinrich Bernhard Dräseke: Elfte Predigt. Am fünfzehnten September. In: Ders.: Predigten über freigewählte Abschnitte (wie Anm. 121). Bd. 1. Ersten Jahrgangs erster Theil, S. 161–176, hier S. 166. Ebenso ders.: Sechzehnte Predigt. Am fünften November, ebd., S. 241–256, hier S. 255.

*horn* bei und saß von 1826–1829 der Bremer Loge *zum Ölzweig* als Meister vom Stuhl vor. Vor diesem biographischen Hintergrund wird verständlich, warum er einer Betätigung als Freimaurer für den Transformationsprozess des Menschen generell eine hilfreiche Wirkung zuschrieb. Die christliche Maurerei überrage alles, „was von Menschenbildungsanstalten unter den Menschen vorhanden ist, und die sichtbare Kirche, als Erzieherin für die unsichtbare, ist nur ihre größere Schwester."[123]

Da der Mensch ein Mängelwesen sei, brauche dieser als Voraussetzung individueller Entwicklung Staatlichkeit.[124] Der Staat, als Bildungsanstalt des Reiches Gottes, entspricht demnach in seiner konkreten Verfasstheit dem Entwicklungsstand der jeweiligen Nation, oder anders gesagt: Despotien, (konstitutionelle) Monarchien und Republiken entsprechen dem jeweils erreichten Grad der Sittlichkeit ihrer Gesellschaften. Der Übergang von einer Stufe zur nächsten könne nur evolutionär erfolgen.[125] In diesem heilsgeschichtlichen Prozess spielten, so Dräseke, die Deutschen eine herausragende Rolle. Dies belegt Dräseke in einem ersten Schritt historisch: Von Deutschland sei die Reformation ausgegangen und mit dem Protestantismus sei der Höhe- und Endpunkt des religiösen Entwicklungsprozesses erreicht.[126] Obschon die Reformation zunächst nur wenige Menschen wirklich ergriffen habe, sei durch sie ein wesentlicher Impuls im heilsgeschichtlichen Prozess ausgegangen, der in der Gegenwart offenbar werde.[127] Und damit ist er bei seinem zweiten Argumentationsschritt angelangt.

Während nämlich das französische Volk durch seine Revolution nur seinen Hochmut bewiesen habe, habe das deutsche, so Dräseke, mit den Befreiungskriegen seine Reifeprüfung abgelegt. Nicht nur, dass es sich, beseelt von erneuerter Religiosität, mit eigener Hand von den Fesseln befreit habe, die die Entwicklung seiner nationalen Individualität eingeschränkt hätten;[128] es habe die errungene Macht aus freien Stücken zurück in die Hände seiner legitimen Herrscher gelegt. Damit aber habe es sich mit Blut reingewaschen von den Sünden einer einseitig

---

[123] Johann Heinrich Bernhard Dräseke: Kirche und Loge. In: August Wilhelm Müller: Der Bischof Dr. Dräseke als Maurer. Eine Sammlung seiner Vorträge und Festreden in der Loge. Magdeburg 1851, S. 277–284, hier S. 281. Die Predigt hielt Dräseke für Freimaurer des Meister-Grades.
[124] Johann Heinrich Bernhard Dräseke: Vom Reich Gottes. Betrachtungen nach der Schrift mit denkenden Christen angestellt und zur Feier des Augsburgischen Bekenntnisses im dritten Jubeljahr herausgegeben. 3 Bde. Bd. 2: Anwendungen. Tätigkeiten die den Weg zum Reich Gottes öffnen. Bremen 1830, S. 409.
[125] Ebd., S. 408–426.
[126] Johann Heinrich Bernhard Dräseke: ‚Des Herrn Wort bleibt ewig'. In: Ders.: Christus an das Geschlecht dieser Zeit. Vier evangelische Vorträge in der freien Gemeinde einer freien Stadt, zu St. Ansgarii in Bremen. 3. Aufl. Lüneburg 1819 [zuerst 1819], S. 49– 69, hier S. 62.
[127] Dräseke: Glaube, Liebe, Hoffnung (wie Anm. 121), S. 137.
[128] Johann Heinrich Bernhard Dräseke: ‚Auch unsre Stund' ist da.' Predigt vom Sonntag Jubilate 1814. In: Ders.: Deutschlands Wiedergeburt. Verkündigt und gefeiert durch eine Reihe evangelischer Reden im Laufe des unvergeßlichen Jahres 1813. Zweites Heft. Lübeck 1814, S. 22–47, hier S. 29–31.

verstandenen Aufklärung, die die Bindung an die christliche Religion aufgegeben habe, und so seinen Bund mit Gott erneuert.[129]

Auf der politischen Ebene verband Dräseke – und mit ihm der Bremer Senat – mit dieser Reifeprüfung den Anspruch des Bürgertums auf Verfassungen in Deutschland.[130] Doch damit sollte nicht das letzte Wort der Geschichte gesprochen sein. In der Republik sah Dräseke die Staatsform, die die höchstmögliche Vervollkommnung des Bürgers zum Subjekt ermöglichte.[131] Auf dem evolutionären Weg dorthin aber spielten die Hansestädte als bürgerlich-republikanische Staatswesen eine zentrale Rolle – als „eine ‚Colonie' für das Reich Gottes"[132] – die auf ihre Umgebung ausstrahlten und somit die Entwicklung der gesamten Nation vorantrieben.

## VI Zusammenfassung

Dass die Verschränkung von politischem und religiösem Diskurs in der Zeit der Befreiungskriege sowohl der Erweckungsbewegung als auch dem Nationalgedanken in Deutschland starken Auftrieb gegeben hat, ist hinlänglich bekannt.[133] Dass sich die religiöse Deutung des Geschehens seit dem Winter 1812/13 in Preußen nicht grundlegend von derjenigen unterschied, die man in den Hansestädten antreffen konnte, kann hier nicht näher ausgeführt werden – ebenso wenig wie die Parallelen in der militärischen wie propagandistischen oder auch ‚geistigen' Mobilmachung gegen Napoleon.[134] Dieses Denken kam jedoch nicht einfach über Nacht oder aus dem Nichts, sondern wurzelt in einer Vorgeschichte, an der die esoterische Seite der Aufklärung einen gewichtigen Anteil hatte.

Der Verbreitungsgrad esoterischer Konzepte und Wissensbestände war bemerkenswert hoch. Denn sie sprudelten aus einer Vielzahl von Quellen, aus denen, wer

---

[129] Johann Heinrich Bernhard Dräseke: Nun danket alle Gott. Predigt, zur Feier des herrlichen Sieges der guten Sache, am Sonntage nach Trinitatis in der St. Ansgariikirche gehalten. Bremen 1815, S. 5f.; ebenso Dräseke: Reich Gottes (wie Anm. 124), S. 444f. Dieser Gedankengang weist bemerkenswerte Ähnlichkeiten mit dem späten Saint-Martin auf, der seinerseits aber verständlicherweise das französische Volk als das von Gott auserwählte betrachtet. Jochen Schlobach: Theosophie und Revolution bei Saint-Martin. In: Aufklärung und Esoterik (wie Anm. 24), S. 455–467, hier S. 465.

[130] Nixdorf: Dräseke (wie Anm. 115), S. 61. Ebenso Dräseke: Geschlecht dieser Zeit (wie Anm. 93), S. 36f.

[131] Dräseke: Reich Gottes (wie Anm. 124), S. 429–443.

[132] Ebd., S. 429.

[133] Vgl. u.a. Hartmut Lehmann: Pietism and Nationalism. The Relationship between Protestant Revivalism and National Renewal in Nineteenth-Century Germany. In: Ders.: Religion und Religiosität in der Neuzeit. Hg. v. Manfred Jakubowski-Tiessen u. Otto Ulbricht. Göttingen 1996, S. 232–259.

[134] Vgl. Gerhard Graf: Gottesbild und Politik. Eine Studie zur Frömmigkeit in Preußen während der Befreiungskriege 1813–1815. Göttingen 1993; Katherine Aaslestad: Place and Politics. Local identity, civic culture, and German nationalism in North Germany during the revolutionary era. Leiden 2005; dies.: Krieg und Identität. 1806, Wirtschaftskrieg und moderner hanseatischer Regionalismus. In: Hamburger Wirtschafts-Chronik N.F. 6 (2006), S. 45–75.

immer ein Interesse daran hatte, schöpfen konnte. Man musste nicht Swedenborg oder Bonnet selbst gelesen haben, denn es gab jenseits des gelehrten Diskurses ein popularisierendes Schrifttum, Gespräche und Vorträge (wie im Bremer *Museum*) oder auch Predigten, aus denen man bruchstückhafte oder zusammenhängendere Kenntnisse ziehen konnte, und zweifellos verhalfen auch die Esoterikkritiker unter den Aufklärern durch ihre Publizistik esoterischen Ansichten zu einer gewissen Aufmerksamkeit im lesenden Publikum. Wie die verschiedenen Ansätze und Richtungen im Einzelfall rezipiert, kompiliert, kombiniert und amalgamiert wurden, um am Ende zu einer ‚Weltanschauung' zu gelangen, konnte am Beispiel Ferdinand Benekes gezeigt werden. Während dabei der Gegenstandsbereich über das Diesseits hinaus zu einer Kosmologie ausgedehnt wird, sinkt der Anspruch, ein kohärentes System auszuformulieren, mit der Einsicht in dessen Unmöglichkeit. Die adäquate Grundform ist das Fragment, aus dem die ‚Weltanschauung' durch eine Verdichtung der Beziehungen, durch ein Netzwerk aus Querverweisen entsteht – gleichsam als eine Republik der Fragmente unter den Idealen von Freiheit, Gleichheit und Brüderlichkeit.

Die hier vorgestellten Beispiele aus dem hansestädtischen Bürgertum vereint ihre Kritik an einer einseitigen Aufklärung, will heißen: an einer Aufklärung, die sich auf vernunftgemäße Rationalität beschränkt, Religion auf Nützlichkeitserwägungen reduziert und Metaphysik als spekulativ aus ihrer Weltsicht ausklammert. Damit richtet sich die Kritik auch gegen Strömungen im hansestädtischen Bürgertum, die – nach allem, was wir wissen – in Hamburg verbreiteter waren als in Bremen. Zugleich ist diese Kritik die selbstkritische Reflexion einer im Geist der Spätaufklärung aufgewachsenen Generation und ihrer sozialen, kulturellen und politischen Erfahrungen in den Jahren während und nach der Französischen Revolution. Doch ist diese Kritik nicht anti-aufklärerisch. Denn tatsächlich schreibt die Erweckungsbewegung Positionen der Aufklärung ins 19. Jahrhundert fort.

Da ist erstens die Vorstellung vom Stufengang der Entwicklung des Individuums, der Gesellschaft und der Menschheit. Menken hat hier die zweifellos konservativste, theologisch orthodoxeste Haltung, auch wenn er hinsichtlich der Geisterwelt, des Kampfes von Gut und Böse und des doppelten Chiliasmus an esoterische Konzepte anknüpft. Bei Dräseke und Beneke dagegen nimmt der Entwicklungsgang durch Vervollkommnung eine zentrale Stellung ein. Anders als die Predigt des theologischen Rationalismus stellen Dräseke und Beneke weniger individuelle Tugendhaftigkeit und Verbesserung diesseitiger Verhältnisse in den Mittelpunkt. Sie betrachten Entwicklung *sub specie aeternitatis* – Dräseke teleologisch auf das Reich Gottes bezogen und Beneke, der vollständig auf chiliastische Vorstellungen verzichtet, in einem kosmologischen Kontinuum, das auf (Selbst-)Erlösung zusteuert. Und sie beziehen über das Individuum hinaus die gesellschaftlichen und politischen Verhältnisse in ihr Konzept ein.

Damit steht zweitens in Zusammenhang, dass besonders Beneke und Dräseke die Republik für die höchstentwickelte Staatsform halten und keineswegs die Ideale der Französischen Revolution ablehnen. Die Republik schafft nach ihrer Überzeugung die Bedingungen, in denen sich das Individuum in all seinen Kräften bestmöglich entfalten und vervollkommnen kann. Die Republik setzt aber zu ihrer Funktionsfähigkeit voraus, dass ihre Glieder einen bestimmten Grad an ‚Reife' erreicht haben. Damit treffen sich diese Ansichten etwa mit Fichte, der in den *Reden an die deutsche Nation* nicht etwa Freiheit, Gleichheit und Brüderlichkeit an sich als Ideale ablehnte, sondern behauptete, die Franzosen hätten es nur falsch angefangen und das deutsche Volk sei von jeher dazu berufen, es nunmehr besser zu machen, indem es bei der Verwirklichung der Ideale beim Individuum ansetze.[135]

Und drittens ist Religion für den Einzelnen wie für das Gemeinwesen unverzichtbar. Johann Ludwig Ewald hatte schon 1792 auf das Problem aufmerksam gemacht, dass Vernünftigkeit allein die Befolgung von Gesetzen nicht herbeiführen könne, geschweige denn ihnen dauerhafte Gültigkeit verleihen würde.[136] Die Stabilität einer gesellschaftlichen und politischen Ordnung beruhe auf Religion, wobei mit Religion ein transkonfessionelles Christentum gemeint ist.[137] Ähnlich argumentiert Constantin François de Volney, nur dass ihm eine Art von Urreligion vorschwebt. Auf derselben Linie lässt sich Benekes spiritualistisch-romantisches Plädoyer für eine Nationalkirche verorten. Wie auch immer man das Wesen, die Aufgabe und Funktion von Religion in diesem Zusammenhang definierte, unverkennbar ging die Erweckungsbewegung noch über die für die Aufklärung so wichtige Forderung nach religiöser Toleranz hinaus, indem sie nicht allein für Duldung plädierte, sondern für eine Verbrüderung der Frommen über die Konfessionsgrenzen hinweg. Das einigende Band dieser Verbrüderung war und ist allerdings schwer zu bestimmen. Denn schon über der Frage, ob die Bibel die höchste und einzig verlässliche Quelle der Offenbarung sei oder nur die wichtigste oder gar nur eine unter anderen, schieden sich die Geister. Viel eher war es ein schwerlich in Worte zu fassender, „unnennbarer", in jedem Fall supranaturaler Kern von Religion. Benekes Versuch, das „Unnennbare" durch die Einführung des Gefühls in die

---

[135] Zit. nach Graf: Gottesbild (wie Anm. 134), S. 76.
[136] Johann Ludwig Ewald: Über Revolutionen, ihre Quellen und die Mittel dagegen. Den menschlichsten Fürsten gewidmet. Berlin 1792, S. 29–34.
[137] „Sorget, dass die reine Lehre Jesus Euren Unterthanen bekannt und heilig sey! ich sage: die reine Lehre Jesus! also nicht die Vorstellungsarten einzelner Menschen, die Schutzwehr gegen die Ketzereien ihrer Zeit seyn, oft auch das Unerklärliche erklären, das Unbestimmbare bestimmen sollten; nicht die Formeln einseitiger Zeitphilosophie, die auf einzelne Systeme Bilder baute, und Menschenentwickelung wie einen chemischen Prozess beschrieb; sondern die himmlische, vom Himmel stammende, und zum Himmel erziehende, die, unter allen Schicksalen des Lebens frei, dass kein Beamter berauben, kein Despot drücken, ‚kein Haar von unserem Haupte fallen könne, ohne den Willen unsers Vaters im Himmel'; die Lehre, die uns so sinnlich, durch so mannichfaltige Beispiele jene grosse, und für Erdenruhe so unentbehrliche Wahrheit ins Herz pflanzt: alles was dir weh thut auf Erden, ist Mittel zu Entwickelung deiner Kräfte, ist Arzenei, die dir zu voller Genesung helfen muss! An das Wort eines Grossen, Edlen, Weisen; an das Wort des höchsten Menschenwohlthäters wird diese Wahrheit geknüpft, damit sie sich jedem einpräge, der eine Theodizee nicht fassen würde, der aber Weisheit und Grösse und Wohlthat fühlen kann" (ebd., S. 311f.).

Wesensbestimmung der Offenbarung in Worte zu fassen, trifft die Sache durchaus. Überdies denkt Beneke damit nur einen Gedanken weiter, den Lessing schon im Zusammenhang mit seiner Theorie des bürgerlichen Trauerspiels formuliert hatte, indem er im Anschluss an die englischen Sensualisten die Schulung der Empfindung als das sicherere Mittel identifiziert hatte, den Menschen zu bessern und tugendhafter zu machen – verlässlicher jedenfalls als die auf Vernunft zielende Bewunderung in der Dramentheorie Gottscheds.[138] Und keineswegs zufällig gehören Lessings *Nathan der Weise* und Mozarts *Don Giovanni* zu den Werken, die Beneke am meisten beeindruckten – und nicht nur ihn, wie Liebhaberaufführungen in den Häusern der bürgerlichen Elite Hamburgs beweisen.[139]

Im Hinblick auf diese Punkte lässt sich ein regelrechtes Beziehungsnetz zwischen den Hansestädten ausmachen.[140] Auffällig ist, daß etliche Protagonisten der Erweckungsbewegung ehemals oder noch immer Freimaurer waren. Das gilt für Beneke und Dräseke, denen man Hans Ernst von Kottwitz[141] oder Jean Henri Merle d'Aubigné[142] als weitere, willkürlich gewählte Beispiele an die Seite stellen kann. Es scheint also, als ob die Freimaurerei ein Zwischenstadium oder Katalysator auf dem Weg zu einer „erwecklichen" Religiosität gewesen sei, jedenfalls individuell-biographisch betrachtet. Will man noch einen Schritt weitergehen, so könnte man zugespitzt formulieren: Esoterische Denk- und Verhaltensmuster bilden die Brücke zwischen Aufklärung und Erweckungsbewegung und sind damit zumindest einer der Wege, die in die bürgerliche Gesellschaft des 19. Jahrhunderts führen.

---

[138] Vgl. u.a. Hans-Jürgen Schings: Der mitleidigste Mensch ist der beste Mensch. Poetik des Mitleids von Lessing bis Büchner. München 1980; Gotthold Ephraim Lessing, Moses Mendelssohn, Friedrich Nicolai: Briefwechsel über das Trauerspiel. Hg. u. komm. v. Jochen Schulte-Sasse. München 1972.

[139] Beneke: Tagebücher (wie Anm. 40) I/1, 21.021794, 13./14.03.1794; I/2, 09.06.1796, 12.03.1798; I/3, 17.03.1799, 30.05.1799, 20.03.1800, 02.05.1800, 08.05.1800.

[140] Zu diesem Netzwerk gehörten in Hamburg neben Beneke u.a. Karl und Amalie Sieveking, Ami Henri de Chapeaurouge, Johann Georg Rist, Martin Hieronymus Hudtwalcker, Friedrich Perthes, Johann Daniel Runge, in Lübeck Johannes Geibel, Carl Georg Curtius und Carl Wilhelm Pauli; Beziehungen bestanden aber auch nach Berlin zu dem aus Hamburg stammenden August Johann Wilhelm Neander, Friedrich August Gotttreu Tholuck u. Hans Ernst von Kottwitz. Vgl. Rudolf Kayser: Friedrich Perthes und das religiöse Leben seiner Zeit. In: Zeitschrift für Hamburgische Geschichte 25 (1924), S. 89–109; ders.: Henri Merle d'Aubigné und die Anfänge der Erweckung in Hamburg. In: Zeitschrift für Hamburgische Geschichte 30 (1929), S. 106–135.

[141] Vgl. Peter Maser: Hans Ernst von Kottwitz. Studien zur Erweckungsbewegung des frühen 19. Jahrhunderts in Schlesien und Berlin. Göttingen 1990.

[142] Vgl. Kayser: Merle d'Aubigné (wie Anm. 140).

MERET FEHLMANN

# Die Argumentation mit dem Matriarchat im Spannungsfeld zwischen Aufklärung und Esoterik

Im Internet eröffnet sich eine ‚matriarchale Landschaft'. Mit seinen Möglichkeiten, Informationen zu vermitteln, Netzwerke aufzubauen und gleichgesinnte Menschen zu erreichen, kann das Internet zu einer zweiten Heimat für neue religiöse Bewegungen werden, denen es als interaktives Gefäß für religiöse Praxis und Ritualausübung dient.[1] Eine dieser neuen religiösen Bewegungen stellt der spirituelle Feminismus dar, in dessen Weltanschauung das Matriarchat eine wichtige Rolle spielt. Auf der Seite *Gynozentrisches Knistern – Kessel der Inspiration für Hexenweiber*[2] begegnen uns zentrale Elemente der gegenwärtigen Argumentation mit dem Matriarchat:

> Unsere VorfahrInnen kannten sie gut, die allgegenwärtige weibliche Kraft. Auf dieser Kraft beruhte die Ordnung - der Rhythmus von Leben und Vergehen, von Ebbe und Flut, vom Aufgang und vom Untergang der Sonne. [...] Und weil die frühen Menschen die Analogien zwischen den Naturerscheinungen und der Frau erkannten, wurde die Frau zum Symbol kosmischer, weiblicher Schöpfungskraft. Die Große Mutter oder Große Göttin war der Inbegriff aller Lebensordnung, die schöpferische Urkraft, die matriarchale Weisheit.[3]

Dieser Textausschnitt stammt von Hannelore Vonier (*1951), die mehrere Homepages zum Thema unterhält.[4] Der Text weist eine für den spirituellen Feminismus charakteristische Engführung von Weiblichkeit und Natur auf, die sich im gleichen Rhythmus befinden sollen. Aus der postulierten Naturnähe der Frau resultiert die ihr zugeschriebene Heiligkeit. Dabei handelt es sich um ein typisches Argumentationsmuster innerhalb des Matriarchatsdiskurses. Dieses Beispiel zeigt, dass sich die matriarchale Argumentation stark auf die traditionellen Geschlechtscharaktere stützt, wo Weiblichkeit mit Körperlichkeit und Emotionen in Verbindung gebracht wird. In der westlichen Welt ist bis heute eine Dichotomie von als weiblich und als männlich verstandenen Eigenschaften auszumachen, diese Zuschreibungen bezeichnet man als Geschlechtscharaktere. Sie entstanden im 18. Jahrhundert, verfestigten sich im 19. Jahrhundert und konnten sich bis heute halten, obwohl sie im

---

[1] Douglas E. Cowan: Cyberhenge. Modern Pagans on the Internet. New York 2005, S. 18f., S. 113–116.
[2] URL: http://www.spiritvoices.de/knistern/hanne.html [19.02.2010].
[3] Ebd.
[4] In deutscher Sprache die beiden Domains URL: http://www.matriarchat.info [13.11.2009] und URL: http://www.matriarchat.net [13.11.2009]. Auf Englisch führt sie URL: http://promatriarchy.net [13.11.2009]. Alle drei Websites sind auf ihren Namen, also Hannelore Vonier, eingetragen. Matriarchat.net und promatriachy.net sind seit 2002 auf ihren Namen eingetragen, matriarchat.info erst seit dem Jahr 2005. Überprüft mit URL: http://domains.whois.com/domain.php?action=whois [13.11.2009].

Laufe des 20. Jahrhunderts zunehmend kritisiert und hinterfragt wurden.[5] Innerhalb des Matriarchatsdiskurses ist eine Umkehrung der traditionellen Wertung festzustellen: Alles Weibliche ist positiv konnotiert, das Männliche umgekehrt wird als negativ gebrandmarkt.

Im spirituellen Feminismus – einem separatistischen, auf Frauen und auf religiöse Aspekte fokussierenden Zweig der „zweiten Frauenbewegung" in den 1960er und 1970er Jahren[6] – sowie anderen esoterischen Kreisen ist der Glaube an die Existenz eines vorchristlichen Matriarchats weit verbreitet. Gemäß dieser Vorstellung soll das Matriarchat in früheren Zeiten weltweit dominierend gewesen sein. Es habe sich durch Gewaltfreiheit und Klassenlosigkeit ausgezeichnet. Ein weiteres zentrales Merkmal bildet der Kult einer Großen Göttin – verstanden als Herrin über den ewigen Kreislauf von Leben und Tod.[7] Die religiöse Vormacht des weiblichen Geschlechts habe ihre Entsprechung im sozialen und politischen Bereich gehabt. Diese Gesellschaftsordnung soll in (proto-)historischen Zeiten durch das Patriarchat abgelöst worden sein. Eine solche Evozierung des Matriarchats verrät mit Zuschreibungen wie Klassenlosigkeit, Kult einer Göttin, Vormacht des Weiblichen und Verortung in der Vergangenheit die Abstammung aus verschiedensten Bereichen, darunter zahlreichen Wissenschaftszweigen und sozialen Bewegungen.

Und noch ein weiteres Charakteristikum der Argumentation mit dem Matriarchat manifestiert sich in *Gynozentrisches Knistern – Kessel der Inspiration für Hexenweiber*: „Im matriarchalen Bewusstsein bewegt sich die Welt in Zyklen. Alles Vergangene kehrt wieder! Und unsere Reise zu den Ursprüngen ist zugleich der Weg in unsere Zukunft."[8] Der Bezug auf das Matriarchat spricht die Hoffnung auf die Rückkehr dieser Gesellschaftsordnung aus. Ein Rückbezug auf das als besser empfundene Matriarchat ist typisch innerhalb der sozialen Bewegungen, wie sie beispielsweise der spirituelle Feminismus darstellt. So galt und gilt ihnen das

---

[5] Cornelia Klinger: 1800 – Eine Epochenschwelle im Geschlechterverhältnis? In: Revolution und Emanzipation. Geschlechterordnung in Europa um 1800. Hg. v. Katharina Rennhak u. Virginia Richter. Köln 2004 (Literatur-Kultur-Geschlecht. Große Reihe 31), S. 17–32, hier S. 19f.

[6] Die neue oder zweite Frauenbewegung entstand im Westen in den späten 1960er und den 1970er Jahren. Ihr ging es darum, die traditionellen Geschlechterrollen aufzubrechen und aufzuheben, um so eine Emanzipation der Menschheit insgesamt zu erreichen. Im Laufe der 1970er Jahre teilte sich die zweite Frauenbewegung in verschiedene Zweige – auch mit unterschiedlichen Zielen und Bestrebungen – auf. Einer dieser Zweige ist der spirituelle Feminismus. Regina Dackweiler: Ausgegrenzt und eingemeindet. Die neue Frauenbewegung im Blick der Sozialwissenschaften. Diss. Frankfurt a.M. 1995, hier S. 7f., 120–123 und Kristina Schulz: Frauen in Bewegung. Mit der neuen Linken über die Linke(n) hinaus. In: 1968. Handbuch zur Kultur- und Mediengeschichte der Studentenbewegung. Hg. v. Martin Klimke u. Joachim Scharloth. Stuttgart 2007, S. 247–257, hier S. 247f., 253f.

[7] Hans G. Kippenberg, Kocku von Stuckrad: Geschlechterperspektiven: Auf der Suche nach der Muttergottheit. In: Dies.: Einführung in die Religionswissenschaft. Gegenstände und Begriffe. München 2003, S. 81–93, hier S. 83–85.

[8] Siehe Anm. 2.

Matriarchat als Orientierung für die Zukunft. Mit dem Matriarchat waren und sind Heilsversprechen für die Menschheit verbunden.

Im Folgenden soll die Argumentation mit dem Matriarchat näher untersucht werden. Da das Matriarchat momentan eine feste Heimstatt im spirituellen Feminismus hat, dem esoterische Züge nicht abzusprechen sind, wird zuerst die Affinität der Argumentation mit dem Matriarchat zu esoterischen Denkformen behandelt. Da die Argumentation mit dem Matriarchat auf eine über 150 Jahre alte Geschichte zurückblicken kann, die immer wieder zu Ergänzungen und Erweiterungen ihrer Inhalte geführt hat, fasst man sie am besten als Konstrukt auf. Sodann folgt ein Überblick über die Anfänge des Matriarchats, die einerseits bei wissenschaftlichen Schriften, andererseits bei sozialen Bewegungen liegen. Zu einer Begeisterung für das Matriarchat kam es in der „ersten Frauenbewegung", der angelsächsischen Frauenbewegung des ausgehenden 19. Jahrhunderts,[9] die die Argumentation mit dem Matriarchat für ihren Kampf für Frauenrechte entdeckte und teilweise bereits für eine Aufladung des Matriarchats mit esoterischen Inhalten sorgte. Da die Vorstellung vom Matriarchat sich kontinuierlich weiterentwickelt hat, wurden auch problematische Argumentationsweisen, eurozentristische, rassistische oder gar antisemitische, aufgenommen.

# I Matriarchat und Esoterik

In den 1990er Jahren schlug Antoine Faivre vor, unter Esoterik eine spezifische Denkform zu verstehen. Faivre entwickelte sechs seiner Meinung nach charakteristische Eigenschaften oder Merkmale dieser Denkform.[10] Innerhalb der aktuellen Matriarchatsargumentation tauchen einige dieser Elemente mit großer Regelmäßigkeit auf, vor allem das Denken in Entsprechungen, das Verständnis der Erde als lebender Organismus und die Transmission.

---

[9] Die erste Frauenbewegung im 19. Jahrhundert kämpfte vor allem gegen rechtliche und soziale Einschränkungen. Frauen hatten keine politischen Rechte, ihre Bildungsmöglichkeiten waren stark eingeschränkt. In der Ehe war die Frau dem Mann zu Gehorsam verpflichtet, der Mann verfügte über das Verwaltungs- und Nutzungsrecht ihres Vermögens sowie über die elterliche Gewalt. Uneheliche Kinder galten in den europäischen Ländern per Gesetz als nicht mit dem Vater verwandt, sie waren nicht erbberechtigt, die Mutter hatte für sie aufzukommen. Zeitlich lässt sich der Beginn der ersten Frauenbewegung nicht klar festlegen, denn die theoretische Beschäftigung mit der Rolle und Stellung der Frau in der Gesellschaft geht den konkreten Forderungen und der Bildung von Organisationen und Vereinen voraus (Theresa Wobbe: Gleichheit und Differenz. Politische Strategien von Frauenrechtlerinnen um die Jahrhundertwende. Frankfurt a.M. 1989 [Campus Forschung 620], S. 46f.; Ann Taylor Allen: Feminism and Motherhood in Western Europe. 1890–1970. The Maternal Dilemma. New York 2005, S. 42; Elaine Showalter: Sexual Anarchy. Gender and Culture at the Fin de Siècle. Hammondsworth 1990, S. 19f.).

[10] Siehe Antoine Faivre: Esoterik im Überblick. Freiburg i.Br. 2001 (Herder Spektrum 4961), S. 24–32. Die sechs Elemente sind: Denken in Entsprechungen/lebende Natur/Imagination und Mediation/die Erfahrung der Transmutation/Konkordanzbildung/Transmission.

Weit verbreitet unter den Exponentinnen und Exponenten des Matriarchats ist ein Denken in Entsprechungen, wonach alle Teile der realen und der unsichtbaren Welt miteinander in Verbindung stehen. Deutlich bringt Christa Mulack (*1943), eine deutsche Theologin und Autorin, in *Die Wurzeln weiblicher Macht* (1996) die Überzeugung zum Ausdruck, dass die matriarchale Kultur um diese Verbindung wusste:

> Ein Blick auf das Weltbild dieser Menschen zeigt, dass sie sich an der einfachen Formel orientierten: Wie im Kleinen, so im Großen, wie unten, so oben, wie auf Erden, also auch am Himmel. Nach dieser Regel wurde in Anlehnung an den Körperraum der Frau auch der kosmische Raum als weiblich aufgefasst.[11]

Ebenfalls ein wiederkehrendes Motiv ist die Überzeugung der durchgängigen Beseeltheit der Natur. Diese wird gekoppelt mit dem vorgeblichen Wissen darum, dass die Menschen in den alten Matriarchaten im Einklang mit der Erde und der Natur und ihren Rhythmen lebten und dass die Frauen durch ihre Menstruation in den Zyklus der Natur eingebunden waren.[12] Es kann aber auch die Vorstellung auftreten, dass das Patriarchat nur eine vorübergehende Epoche sei, bevor sich das Matriarchat wieder ausbreiten werde. Sehr deutlich findet sich diese Haltung in Elizabeth Gould Davis' (1910–1974) *Am Anfang war die Frau* (1977).[13] Wegen seines Lobgesanges auf die Größe der alten Matriarchate und die Bedeutung der Frau als erstem Geschlecht gilt dieses Buch häufig als Ausgangspunkt des spirituellen Feminismus. Davis zufolge sind Frauen die Initiatorinnen sämtlicher kultureller Errungenschaften, und die patriarchale Ära stelle nur eine vorübergehende, von der Sternenkonstellation verursachte Epoche dar, auf die bessere Zeiten folgen werden: „Heute wie damals sind die Frauen die Vorkämpferinnen der heraufdämmernden neuen Zivilisation; und die Frauen sind es, auf die wir bauen bei der Erlösung in den heilenden und erneuernden Wassern des Wassermanns."[14]

Der Bezug auf das astrologische Wassermannzeitalter verweist auf einen esoterischen Kontext, denn die moderne Theosophie und weitere esoterische Weltanschauungen verknüpften den Anbruch dieses Zeitalters in der Mitte des 20. Jahrhunderts mit der Hoffnung auf einen tief greifenden sozialen Transformationsprozess, der viele positive Veränderungen mit sich bringen werde. Diese Idee griffen die kalifornischen Protestbewegungen der 1960er und 1970er Jahre auf und verbreiteten sie.[15] Bei Gould Davis bezog sich dieser Transformationsprozess der

---

[11] Christa Mulack: Die Wurzeln weiblicher Macht. München 1996, S. 81.
[12] Cynthia Eller: Living in the Lap of the Goddess. The Feminist Spirituality Movement in America. New York 1993, S. 168f; dies.: The Myth of Matriarchal Prehistory. Why an Invented Past Won't Give Women a Future. Boston 2000, S. 46f., 56f.
[13] Das amerikanische Original erschien 1971 u.d.T. *The first sex.*
[14] Elizabeth Gould Davis: Am Anfang war die Frau. München 1977, S. 349.
[15] Christoph Bochinger: ‚New Age' und moderne Religion. Religionswissenschaftliche Analysen. Diss. München. Gütersloh 1994, S. 308f., 333–338 und Kocku von Stuckrad: Was ist Esoterik? Kleine Geschichte des geheimen Wissens. München 2004, S. 228f.

Menschheit auf die baldige Rückkehr zum Matriarchat und damit die Genesung von Natur und Menschen; in ihrem Verständnis oblag den Frauen die Hauptaufgabe bei der Errichtung dieses besseren Zeitalters. Den Frauen wurde die Fähigkeit zur Reparatur der Zivilisationsschäden zugeschrieben, als weiblich verstandene Eigenschaften wurden zur Heilung benötigt. Beides lässt sich bis zu den Anfängen der Matriarchatsbezüge zurückverfolgen.

Esoterik an sich ist ein unscharfer Begriff, der verschiedenste Inhalte und Lehren umfasst. Von früheren Definitionsversuchen, die unter Esoterik eine Lehre verstanden, die einzig den Eingeweihten zugänglich ist, hat man sich mittlerweile als zu eng verabschiedet. Dennoch bezieht sich die Argumentation mit dem Matriarchat gerne auf die Vorstellung, dass das alte matriarchale Wissen im Verborgenen überdauert habe und nur darauf warte, von den richtig vorbereiteten, das heißt von den aus patriarchalen Zwängen befreiten Menschen verstanden und erneut erweckt zu werden. Was in anderen esoterischen Schulen oft die geheimen Bücher sind, wird in der Argumentation mit dem Matriarchat zum heimlich bewahrten Wissen in Märchen und anderen mündlichen Überlieferungen. Dies verweist wiederum auf die oftmals anzutreffende Überzeugung, dass sämtliches esoterisches Wissen seinen Ursprung in einer fernen Vergangenheit habe.[16] Diese Denkfigur, dass altes, vorzeitliches Wissen in den mündlich tradierten Erzählstoffen seiner Entschlüsselung harre, erinnert stark an die Überzeugungen, die im 19. Jahrhundert die sogenannte Mythologische Schule hegte. Diese entwickelte sich aus der deutschen Philologie der Romantik und ging davon aus, dass sich in der mündlichen Überlieferung noch älteres, heidnisches, insbesondere germanisches Gedankengut auffinden lasse und so Zeugnis von den heidnischen Ursprüngen ablege. Ihr Streben richtete sich darauf, diese Überlieferung zu sichern, um aus ihr heraus die Urform zu suchen und zu rekonstruieren.[17] Die Mythologische Schule sollte mit diesem Ansatz einen nicht zu unterschätzenden Einfluss auf die Matriarchatsdebatte ausüben. Oft genug ist das Heilsversprechen des Matriarchats an die Überzeugung gekoppelt, dass das matriarchale Geheimwissen im Verborgenen schlummere und nur darauf warte, wiederentdeckt und entschlüsselt zu werden, um seine heilsame Wirkung zu entfalten. Bis heute gilt Matriarchatsverfechterinnen und -verfechtern das angenommene Weiterleben heidnischer, matriarchaler Überlieferung in Sagen, Märchen und anderen literarischen Gattungen als wichtiges methodisches Rüstzeug, auf das sie ihre Überlegungen und Arbeiten stützen. Viele

---

[16] Vgl. Pierre A. Riffard: The Esoteric Method. In: Antoine Faivre, Wouter J. Hanegraaff (Hg.): Western Esotericism and the Science of Religion. Leuven 1998, S. 63–74, hier S. 65, 67; Antoine Faivre: Questions of Terminology Proper to the Study of Exoteric Currents in Modern and Contemporary Europe. In: Ebd., S. 1–10, hier S. 1–7.

[17] Siehe Kathrin Pöge-Alder: Mythologische Schule. In: Enzyklopädie des Märchens. Handwörterbuch zur historischen und vergleichenden Erzählforschung. [Bisher erschienen] 13 Bde. Hg. v. Rolf Wilhelm Brednich u.a. Bd. 9: Magica-Literatur – Nezāmi. Berlin, New York 1999, S. 1086–1092, hier S. 1086f.

Werke, die vom Geist des spirituellen Feminismus geprägt sind, postulieren, dass Märchen und Sagen Reste der matriarchalen Weltsicht und Weisheit enthalten. Ihre Deutungsweise geht weiter, indem sie diesen Resten bis heute ein subversives, revolutionäres Potential zuschreiben, das es wiederzuerwecken gelte. So lässt Heide Göttner-Abendroth (*1941), die ‚grande dame' der deutschsprachigen ‚Matriarchatsforschung', in *Das Matriarchat* (1988) verlauten, dass sich Überreste der ‚matriarchalen Kulturepoche' nicht nur in der Vergangenheit finden lassen, sondern in geographischen Randzonen und in Subkulturen bis in die Gegenwart hinein lebendig blieben, denn da sei der Anpassungsdruck durch das Patriarchat weniger stark ausgefallen.[18] Als Trägerschaft macht sie unter anderem die Bauern aus. Damit nimmt sie ein weiteres zentrales Element der Mythologischen Schule auf, die überzeugt war, dass die Bauern als statischer Stand von Urbanisierung und Industrialisierung nicht betroffen waren und so die alten Überlieferungen in besonders reiner Form bewahrten. Dieser Mechanismus zeigt auch, wie sich veraltete, innerhalb der Wissenschaft verabschiedete Vorstellungen weiter verbreiten können. Göttner-Abendroth versteht die Zaubermärchen und die höfischen Epen des Mittelalters als Hort dieser versteckten und verdrängten Überlieferungen.[19]

Seit einiger Zeit erfreuen sich in der Belletristik Romane, die das Zusammentreffen und den anschließenden Kampf der frauenzentrierten Gesellschaft mit dem Patriarchat schildern, großer Beliebtheit. Dieses Erzählmuster ist insbesondere seit den 1980er Jahren durch das Erscheinen von Marion Zimmer Bradleys (1930–1999) Neubearbeitung der Artussage *Die Nebel von Avalon*[20] populär geworden. Das Buch deutet die Artussage als Zeugnis des Kampfes der matriarchalen Naturreligion mit dem patriarchalen Christentum, und die Wiedergabe der Ereignisse erfolgt aus weiblicher Perspektive. Dem Buch kommt zudem eine Rolle zu bei der Verbreitung und Popularisierung eines matriarchalen Weltbildes, und es diente als Vorbild für weitere Bearbeitungen des Artusstoffes mit ähnlicher Stoßrichtung.[21] Wichtig ist festzuhalten, dass in den 1980er Jahren Romane, die diesem Handlungsschema folgten, nicht mehr sonderlich neu waren. Bereits in den 1940er Jahren zeichnete der Dichter Robert Graves (1895–1985), dem eine einflussreiche Rolle bei der Ausgestaltung des Bildes der dreifaltigen Göttin um die Mitte des letzten Jahrhunderts zukam, in Romanen den Zusammenstoß der matriarchalen und patriarchalen Welt nach. Ebenso schuf der US-amerikanische Schriftsteller Vardis Fisher (1895–1968) in den 1940er Jahren mit seinem vierbändigen Werk *The testament of man* einen Zyklus, der die Entwicklung der Welt und Gesellschaft seit den Anfängen bis etwa zum Einsetzen der im Alten Testament geschilderten

---

[18] Heide Göttner-Abendroth: Das Matriarchat. 3. Aufl. Stuttgart 1995, S. 116.
[19] Ebd., S. 116–118, 166.
[20] Das amerikanische Original erschien 1982 unter dem Titel *The mists of Avalon*.
[21] Eller: Living (wie Anm. 12), S. 34; Julia Iwersen: Art. Artusroman. In: Lexikon der Esoterik. Hg. v. ders. Düsseldorf 2001, S. 34; Meret Fehlmann: Frauengestalten in populären Artusromanen der Gegenwart. In: Fabula 46, 3/4 (2005), S. 217–240.

Ereignisse darstellt. Bei einem solchen Unterfangen der Wiedergabe der Geschichte der menschlichen Vorzeit und der alten Kulturen durfte das Matriarchat nicht fehlen: Der vierte Band *Intimations of Eve* (1946) handelt vom Untergang des Matriarchats.[22]

## II Anfänge des Konzepts vom Matriarchat

Dank der Schrift *Das Mutterrecht. Eine Untersuchung über die Gynaikokratie der alten Welt nach ihrer religiösen und rechtlichen Natur* (1861) gilt Johann Jakob Bachofen (1815–1887) als ‚Vater' des Matriarchats. Bachofen entstammt einer reichen Basler Patrizierfamilie. Nach dem Studium der Jurisprudenz in Berlin, Göttingen und Basel wurde er 1841 Professor für Römisches Recht an der Universität Basel, legte aber bereits nach zwei Jahren seine Professur nieder. Die Erträge des Familienvermögens sicherten ein komfortables Leben, und fortan widmete er sich seinen geschichtsphilosophischen Entwürfen und Visionen.[23] Bachofen leitete aus antiken Berichten über mutterrechtliche oder matriarchale Zustände bei fremden Ethnien eine Theorie über die Entwicklung der Menschheit ab und machte drei Entwicklungsstufen aus: Hetärismus, Gynaikokratie und Vaterrecht. Die ersten beiden sind seiner Auffassung nach vom stofflichen Prinzip geprägt, die letzte Stufe, diejenige des Vaterrechts, kulminiert im geistigen, durch den Mann vertretenen Prinzip. Das geistige Prinzip geriet seiner Meinung nach durch die fortschreitende Urbanisierung und Industrialisierung und die damit einhergehenden Veränderungen unter Druck.[24] Auch wenn bei Bachofen das Vaterrecht oder Patriarchat den höchsten Entwicklungsstand einnimmt, so wird doch die Sehnsucht nach der Zeit des Matriarchats deutlich: „Die gynaikokratische Weltperiode ist in der Tat die Poesie der Geschichte. Sie wird dies durch die Erhabenheit, selbst durch die Schönheit, zu der sie das Weib erhebt, durch die Beförderung der Tap-

---

[22] Nicholas Ruddick: The Fire in the Stone. Prehistoric Fiction from Darwin to Jean M. Auel. Middletown 2009, S. 73–75.
[23] Andreas Cesena: Johann Jakob Bachofens Geschichtsdeutung. Eine Untersuchung ihrer geschichtsphilosophischen Voraussetzungen. Diss. Basel. Basel, Boston u. Stuttgart 1983 (Basler Beiträge zur Philosophie und ihrer Geschichte 9), S. 67; Eckhard Heftrich: Johann Jakob Bachofen und seine Bedeutung für die Literatur. In: Mythos und Mythologie in der Literatur des 19. Jahrhunderts. Hg. v. Helmut Koopmann. Frankfurt a.M. 1979 (Studien zur Philosophie und Literatur des 19. Jahrhunderts 36), S. 235–250, hier S. 239; Hans-Jürgen Heinrichs: Einleitung. In: Ders. (Hg.): Das Mutterrecht von Johann Jakob Bachofen in der Diskussion. Überarb. Neuausg. Frankfurt a.M. 1987, S. 7–53, hier S. 12; Uwe Wesel: Der Mythos vom Matriarchat. Über Bachofens Mutterrecht und die Stellung von Frauen in frühen Gesellschaften vor der Entstehung staatlicher Herrschaft. Frankfurt a.M. 1980, S. 9f.
[24] Hartmut Zinser: Mythos des Mutterrechts. Verhandlungen von drei aktuellen Theorien des Geschlechterkampfs. Münster 1996, S. 13–16; Andreas Cesena: Johann Jakob Bachofens Geschichtsdeutung (wie Anm. 23), S. 61; Brigitte Röder, Juliane Hummel u. Brigitta Kunz: Göttinnendämmerung. Das Matriarchat in archäologischer Sicht. Krummwisch 1996, S. 25.

ferkeit und ritterlichen Gesinnung unter den Männern".[25] Die in dieser Evokation des vergangenen matriarchalen Zeitalters zu spürende Sehnsucht, die die einstige Größe dieser verschwundenen Zeit aufschimmern lässt, sorgt dafür, dass *Das Mutterrecht* bis heute in Kreisen rezipiert wird, die eine ganz andere Instrumentalisierung der Vorstellung vom Matriarchat im Sinne haben.

Mit ihrem Erscheinungsjahr 1861 verweist Bachofens Schrift darauf, dass in dieser Zeit die Begeisterung für Matriarchales in der Luft lag. Als Folge der Ablösung der mosaischen Chronologie erhöhte sich das Wissen um das Alter der Welt und der Menschheit,[26] und so kam die Idee einer matriarchalen oder frauenzentrierten Vergangenheit auf. Seit der Mitte der 1860er Jahre verbreitete sich in der angelsächsischen Welt der kulturelle Evolutionismus, der von einer unilinearen, stufenweisen Entwicklung der gesamten Menschheit und ihrer Sozialorganisationen ausging und überzeugt war, dass in der Vergangenheit promiskuitive Sitten herrschten. Ausgangspunkt war das 1865 erschienene Buch *Primitive Marriage* von John Ferguson McLennan (1827–1881). Ihm ging es darum aufzuzeigen, dass die patriarchale, monogame Familie nicht die ursprüngliche soziale Einheit darstellte, sondern die Menschheit sich von der Stufe allgemeiner Promiskuität, die keinerlei Form der Ehe und Verwandtschaftssysteme kannte, zunächst zu einer Verwandtschaftsregelung über die weibliche Linie, dann zu einer Verwandtschaftsregelung über die väterliche Seite entwickelt habe. Nach McLennan stellte die erste Form der Ehe die Raubehe dar, da früher die Frauen durch weiblichen Infantizid in der Minderheit gewesen seien.[27] Zahlreiche Schriften mit ähnlichem Inhalt über die Entstehung der Familie und der menschlichen Sozialform sollten im angelsächsischen Sprachraum bis zum Ende des 19. Jahrhunderts folgen.

Die Vorstellung einer graduellen Entwicklung der Menschheit geht auf die schottischen Aufklärer des späten 18. Jahrhunderts zurück, die als Väter der modernen Sozialanthropologie gelten. Sie gingen von einer Abfolge von Wildheit, Barbarei und Zivilisation im Laufe der Menschheitsgeschichte aus.[28] Im Zusammenhang mit der Vorstellung einer einstigen höheren Sozialstellung der Frau ist besonders die Schrift *Observations Concerning the Distinction of Ranks in Society* (1771) von John Millar (1735–1801) erwähnenswert. Millar ging von einer allmählichen Degradierung der Stellung und Bedeutung der Frau in der Gesell-

---

[25] Johann Jakob Bachofen: Das Mutterrecht. Eine Untersuchung über die Gynaikokratie der alten Welt nach ihrer religiösen und rechtlichen Natur. Hg. v. Hans-Jürgen Heinrichs. Frankfurt a.M. 1982 [1861], S. 17.
[26] Donald K. Grayson: The Establishment of Human Antiquity. New York 1983, S. 5f.; Stephen Jay Gould: Time's Arrow, Time's Cycle. Cambridge 1987, hier S. 8–14.
[27] John Ferguson McLennan: Primitive Marriage. Hg. v. Peter Rivière. Chicago 1970 [1865], S. 57f., 63–65; Peter Rivière: Introduction. In: Ebd., S. VII–XLVII, hier S. XX.
[28] Thomas R. Trautmann: Lewis Henry Morgan and the Invention of Kinship. Berkeley 1987, S. 9; Thomas R. Trautmann: The Revolution in Ethnological Time. In: Man, New Series 27/2 (1992), S. 379–397, hier S. 381.

schaft aus, die sich erst mit zunehmendem Grad der Zivilisation umkehre.[29] Bei ihm findet sich die Interpretation, dass die einst hohe Stellung der Frau aus der Ignoranz des Zusammenhanges von Geschlechtsverkehr und Schwangerschaft resultiere und man die Kinder als zur Mutter gehörend verstand.[30] Auf solchen Vorstellungen bauten die kulturellen Evolutionisten auf, wenn sie annahmen, dass in der Vergangenheit der Beitrag des Mannes zur Reproduktion nicht erkannt wurde und die monogame Ehe nicht bekannt war. Für die Entwicklung der Familie sahen sie ein Dreistufenschema – analog zu Wildheit, Barbarei und Zivilisation – über allgemeine Promiskuität und Polygamie zu Monogamie. Die Mutter-Kind-Bindung galt ihrer Auffassung nach als einzige Gewissheit und stellte aus diesem Grund den Ausgangspunkt der Familie und der Gesellschaft dar. Mit dieser Vorstellung ging ein Lob der Mutterschaft einher, die das Werden der Menschheit und ihrer Sozialstruktur ermöglichte.[31] Das Lob der Mutterschaft passt in den Zeithorizont des 19. Jahrhunderts, der den Frauen kaum andere Lebensentwürfe als Ehe und Mutterschaft zubilligte.

Den Nachweis matrilinearer Verwandtschaftssysteme bei indigenen Ethnien betrachteten die kulturellen Evolutionisten als Beleg für die einstige Vormacht des weiblichen Geschlechts. Ihr Matriarchat beschränkte sich auf Matrilinearität, das heißt Systeme, die die Verwandtschaft nach der Mutter bestimmten, und eventuell Matrilokalität, also die Wohnsitznahme des Mannes bei seiner Frau. Den meisten der kulturellen Evolutionisten galt die monogame Ehe des Westens als Klimax der Entwicklung, und so ist ihren Vorstellungen ein gewisser Eurozentrismus nicht abzusprechen.[32]

## III Erste Anwendungsversuche

Die Vorstellung einer allen Menschen gemeinsamen matriarchalen Entwicklungsstufe in der Entstehungsgeschichte der Gesellschaft wurde von verschiedenen sozialen Bewegungen aufgegriffen. Die erste soziale Bewegung, die das Matriarchat in ihre Programmatik einband, war der Sozialismus. Das Matriarchat beziehungsweise die evolutionistischen Theorien galten ihm als Beweis, dass gesellschaftliche Zustände nicht gegeben, sondern konstanten Veränderungen unterworfen seien. Seine Argumentation knüpfte an die Vorstellung vom Matriarchat als

---

[29] Simon Pembroke: The Early Human Family. In: Classical Influences on Western Thought 1650–1870. Hg. v. R. R. Bolger. Cambridge 1979, S. 275–291, hier S. 276–280.
[30] John Millar: The Origin of Distinction of Ranks. Bristol 1990 [1779], S. 47.
[31] Rivière: Introduction (wie Anm. 27), S. XX; Michèle Crampe-Crasnabet: Aus der Philosophie des 18. Jahrhunderts. In: Geschichte der Frauen. 5 Bde. Hg. v. Georges Duby, Michelle Perrot. Bd. 3: Frühe Neuzeit. Frankfurt a.M. 1994, S. 333–366, hier S. 344f.
[32] Elizabeth Fee: The Sexual Politics of Victorian Anthropology. In: Feminist Studies 1, 3/4 (1973), S. 29–39, hier S. 34.

egalitärer und privateigentumsfreier Gesellschaftsform an.[33] Die sozialistische Perspektive auf das Matriarchat übte auf das Matriarchatskonzept einen spürbaren Einfluss aus: Das im spirituellen Feminismus verbreitete Lob des Matriarchats als egalitärer Gesellschaftsform ist wohl als direktes Erbe des Sozialismus zu betrachten.

In Frankreich erschienen im Umfeld des utopischen Frühsozialismus Schriften, die eine radikale Umgestaltung der Gesellschaft vorschlugen, mit dem Ziel sie gerechter zu gestalten. Dazu zählen die Saint-Simonisten, benannt nach ihrem Gründer Claude Henri de Rouvroy, Comte de Saint-Simon (1760–1825). Gegen Ende seines Lebens beschäftigte sich Saint-Simon zunehmend mit Religion. In seinem *Le nouveau christianisme* (1824) ging es ihm um eine Hinterfragung der verschiedenen Erscheinungsformen des zeitgenössischen Christentums. Allgemein lässt sich in den 1820er und 1830er Jahren in Europa ein gesteigertes Interesse am Religiösen ausmachen, das nach einer Erneuerung des Christentums strebte.[34] Saint-Simon nahm nie direkt zur Frauenfrage Stellung, er ging aber von einer speziellen Form der Unterdrückung von Frauen und Arbeitern im herrschenden System aus. Seine Anhänger – die Saint-Simonisten – gingen in ihren Forderungen nach Gleichberechtigung der Frau noch weiter als er. Die Kritik der Ehe zielte hauptsächlich auf die herrschende Doppelmoral ab, die Gehorsamkeitspflicht der Frau gegenüber dem Mann und die ungleichen Besitzrechte der Eheleute. Nach Saint-Simons Tod 1825 übernahmen Barthélémy Prosper Enfantin (1796–1864) und Armand Bazard (1791–1832) die Leitung der Bewegung, 1829 wandelten sie sie in eine Kirche um. Bereits 1831 kam es zu einer Trennung von Enfantin und Bazard, weil sich Enfantin zum Priester dieser Kirche ernannte. Er und seine Ge-

---

[33] Sehr bedeutsam und viel gelesen sind Friedrich Engels' (1820–1895) *Der Ursprung der Familie, des Privateigentums und des Staates* (Erstausgabe 1884) und August Bebels (1842–1913) *Die Frau und der Sozialismus* (Erstausgabe 1879, ab der dritten Auflage von 1891 übernahm Bebel Engels' Vision der matriarchalen Urzeit, siehe Edgar Weiss: Die Frau und der Sozialismus – Variationen eines Themas bei Bebel, Paulsen und Tönnies im Kontext ihrer Zeit. Kiel 1990 [Rote Reihe, Phänomenologische und hermeneutische Pädagogik, Pädagogische Anthropologie, Ethik der Erziehung 7], hier S. 1–2). In Frankreich waren die Schriften von Paul Lafargue (1840–1911, Schwiegersohn von Karl Marx) recht verbreitet, darunter *La propriété. Origine et évolution* (1895) oder *Le droit à la paresse* (1880). Direkt mit dem Thema Matriarchat beschäftigt sich sein gleichnamiger Artikel *Le matriarcat*, der 1886 in der Zeitschrift *Nouvelle Revue* erschienen ist. Ebenfalls viel gelesen in Frankreich war Benoît Malon (1841–1893); seine Hauptwerke sind *La morale sociale* (1886) und *Le socialisme intégral* (2 Bde. 1890/91). Bei Malon ist ein deutlicher Einfluss des frühsozialistischen Gedankengutes des Saint-Simonismus und des Fourierismus auszumachen, siehe Chanial Philippe: L'ère altruiste ou le socialisme selon Benoît Malon. Revue du MAUSS 31/1 (2008), S. 155–174, hier S. 157–162.

[34] Elke Kleinau: Die freie Frau. Soziale Utopien des frühen 19. Jahrhunderts. Düsseldorf 1987 (Geschichtsdidaktik: Studien, Materialien 46, Reihe Frauengeschichten), S. 29–33; François Dagognet: Trois philosophies revisitées: Saint-Simon, Proudhon, Fourier. Hildesheim 1997 (Europaea Memoria. Studien und Texte zur Geschichte der europäischen Ideen, Reihe 1: Studien 1), S. 5; Christian Laval: L'ambition sociologique. Saint-Simon, Comte, Tocqueville, Marx, Durkheim, Weber. Paris 2002 (Recherches), S. 45–49.

treuen warteten gespannt auf das Erscheinen des weiblichen Messias, denn seiner Meinung nach bedurfte die Welt zur Heilung einer Feminisierung. Die Umwandlung in eine Kirche und die Hoffnung auf den weiblichen Messias sorgten in weiten Kreisen für eine negative Einschätzung des Saint-Simonismus.[35]

Von der Thematik her ist die Schrift *La femme est la famille* (1834) von Madame E. A. Casaubon in diesem Umfeld zu verorten. Über die Verfasserin ist weiter nichts in Erfahrung zu bringen. Casaubon vertrat die Meinung, dass Kinder unabhängig vom Zivilstand der Mutter deren Familiennamen tragen sollten, somit wäre die Benachteiligung außerehelicher Kinder wie Mütter aufgehoben:

> LA FEMME EST LA FAMILLE. *L'enfant doit porter son nom. La certitude* EST *où nul doute n'existe* et le fruit doit porter le nom de l'arbre qui lui donna la vie, non celui du jardinier qui y greffa le bourgeon. *La fécondité est sainte.*[36]

Casaubon singt ein Loblied auf die Mutterschaft, die im Gegensatz zur Vaterschaft immer nachweisbar sei, und sie sieht die Frauen geheiligt durch ihre Fruchtbarkeit. Ihr Engagement galt nicht nur der Familie, die Menschheit insgesamt sollte durch diese Reform, die die Bedeutung der weiblichen Fruchtbarkeit betont, friedlicher werden, Frauen in ihrer Funktion als Mütter sollten Kriege unterbinden, indem sie den Männern – oder der Menschheit insgesamt – Nächstenliebe und gegenseitigen Respekt vermittelten: „Mères, n'avez-vous pas assez souffert pour élever vos enfants? Opposez-vous donc à ces hécatombes humaines, les siècles à venir vous en béniront! Faites comprendre aux hommes qu'ils doivent s'aimer entre eux et non s'entredéchirer."[37] Dieser interessante Text geriet in Vergessenheit, obwohl er inhaltlich und von der Argumentationsweise her, die auf das edle Wesen der Frau als Mutter und als Friedensbringerin abzielt, eine gewisse Ähnlichkeit zu aktuellen Bezugnahmen auf das Matriarchat aufweist. Ganz ähnlich liegt der Fall von *La politique universelle* (1852) des Zeitungsmachers Emile de Girardin (1806–1881). Der Verfasser ist nicht direkt dem sozialistischen Umfeld zuzuordnen. Aber seine Schrift sieht in utopischer Weise ebenfalls eine umfassende Umgestaltung der Gesellschaft vor. Ein Kapitel befasst sich mit der Ungerechtigkeit der französischen Gesetze gegenüber außerehelich Geborenen. Die steigende Zahl illegitimer Geburten interpretierte Girardin als Folge von Industrialisierung und Urbanisierung. In bekannter Weise argumentierte er, dass mit einer Umstellung der Familienzugehörigkeit der Kinder zur Mutter das Problem der Unehelichkeit gelöst sei und die Gesellschaftsordnung auf Gewissheit basiere, zudem stärke eine solche Entwicklung die Rolle der Frau, was seiner Meinung nach zu einer Genesung der Gesamtgesellschaft führen werde:

---

[35] Kleinau: Die freie Frau (wie Anm. 34), S. 49–51.
[36] E. A. Casaubon: La femme est la famille. Paris 1834, S. 8.
[37] Ebd., S. 4f., 8, 11.

> Ainsi, par la maternité, ce puissant instinct, ce noble sentiment, se régénera l'humanité. [...] La maternité est un moule déformé auquel il faut rendre sa forme si l'on veut arrêter le déclin visible des générations asservies par l'industrie.[38]

Casaubon wie Girardin zelebrieren die Mutterschaft als gerechte(re)s Fundament der Gesellschaft. In dieser Tendenz des Geschlechter- wie des Matriarchatsdiskurses kommt eine frühe Modernitätskritik zum Ausdruck.[39] Schriften wie die beiden genannten werden heute innerhalb des Matriarchatsdiskurses nicht rezipiert. Mit ihrem Insistieren auf dem besseren Wesen der Frau, das seinen Platz in der Gesellschaft verloren habe, was den reformbedürftigen Zustand der Gesellschaft erkläre, stehen sie den gegenwärtigen Bezügen auf das Matriarchat selbst aber näher als die Schriften, auf die sich die aktuelle Argumentation mit dem Matriarchat bezieht. Gegenwärtig sind die Bezugspunkte meist Texte, die dem wissenschaftlichen Bereich zuzuordnen sind, darunter die Schriften Bachofens oder der kulturellen Evolutionisten, denen das Matriarchat als vergangene, wenn auch schillernde und manchmal melancholisch-sehnsüchtig evozierte Epoche gilt.

Auch die erste Frauenbewegung im ausgehenden 19. Jahrhundert entdeckte das Matriarchat für ihre Zwecke – vor allem in den angelsächsischen Ländern, da dort evolutionistische Sichtweisen stärker verbreitet waren. Das Matriarchat diente dieser Bewegung als Beleg dafür, dass die rechtlose Situation der Frau nicht immer die Regel gewesen sei, sondern die Frauen einst die Rechte innehatten, für die sie jetzt kämpften. Die Argumentation mit dem Matriarchat diente der ersten Frauenbewegung dazu, ihre Ansprüche auf Frauenrechte historisch zu verankern und so zu legitimieren.

Seit den 1870er Jahren kritisierten Teile der amerikanischen Frauenbewegung Kirche und Staat als Ursache der Unterdrückung der Frau. Sie suchten nach einer den Frauen gerechteren (christlichen) Religion. Als Frucht dieser Anstrengungen kann *Woman, Church and State* (1893) von Matilda Joslyn Gage (1826–1898) gelten. Dieses Buch, in dem sie sich gegen die von ihr als Ursache der Unterdrückung der Frau ausgemachten Institutionen Kirche und Staat wandte, gilt als ihr Hauptwerk. Ihr Kampf gegen Institutionen und Usancen, die sie als gegen Frauen gerichtet empfand, zeigte sich auch im Privaten. Nach einer in jungen Jahren geschlossenen Ehe mit Henry H. Gage, nannte sie sich zuerst Matilda E. J. Gage, doch seit den 1870er Jahren schrieb sie konsequent ihren Mädchennamen aus und nannte sich Matilda Joslyn Gage. In der Übernahme des Namens des Mannes sah sie eine die Frauen unterdrückende und sie ihrer Identität beraubende Sitte, die für die Identitätskonfusion der Frauen mitverantwortlich sei.[40] *Woman, Church and State* beginnt mit einem Lobgesang auf das Matriarchat, das als verlorenes Paradies

---

[38] Emile de Girardin: La politique universelle. Décrets de l'avenir. 3. Aufl. Paris 1854, S. 212.
[39] Klinger: 1800 (wie Anm. 5), S. 19f.; Susanne Heine: Wiederbelebung der Göttinnen? Zur systematischen Kritik einer feministischen Theologie. 2. Aufl. Göttingen 1989, S. 29.
[40] Leila Brammer: Excluded from Suffrage History. Westport 2000 (Contributions in Women's Studies 182), S. 43f.

eingeführt wird: „and never was justice more perfect, never civilization higher than under the Matriarchate."⁴¹ Bei dem Werk handelt es sich um ein frühes Stück feministischer Literatur, das zugleich eine reimaginierte Geschichte der Frauen darstellt.

Matilda Joslyn Gage ist eine wichtige, erst in den 1980er Jahren der Vergessenheit entrissene Exponentin der ersten US-amerikanischen Frauenbewegung. Seit den 1870er Jahren ging sie allerdings zunehmend auf Distanz zur Frauenbewegung, sie empfand diese nicht mehr als progressiv wegen der ihrer Meinung nach einseitigen Fokussierung auf die Erlangung des Wahlrechts. Diese zunehmende Distanzierung war mitverantwortlich dafür, dass sie als Exponentin der ersten Frauenbewegung fast vollständig vergessen wurde. Sie konzentrierte sich in der Folge mehr auf spirituelle Belange und bemühte sich in ihren Werken aufzuzeigen, was die Frauen im Laufe der Geschichte alles erreicht hatten.⁴² Zeitgleich begann Matilda Joslyn Gage eine Suche nach den Wurzeln der Unterdrückung der Frau, die sie im Patriarchat ausmachte: „The sacrifice of woman to man's baser passions has ever been the distinguishing characteristic of the Patriarchate."⁴³ Ihre Argumentation baut auf einer alle Lebensbereiche prägenden Dichotomie zwischen den beiden Gesellschaftsformen auf. Ihrer Auffassung nach richtete sich das Patriarchat explizit gegen Frauen, und sämtliche negativen Erscheinungen der Gesellschaft waren auf das Patriarchat zurückzuführen:

> The theory of a male supreme God in the interests of force and authority, wars, family discord, the sacrifice of children to appease the wrath of an offended (male) deity are all due to the Patriarchate. These were practices entirely out of consonance with woman's thought and life.⁴⁴

Diese Beschreibung des Patriarchats, dem die Schuld für alle Übel zugewiesen wird, weist eine Nähe zur Argumentation der zweiten Frauenbewegung auf, die oftmals das Patriarchat als Ursache sämtlicher Probleme festmachte.⁴⁵ Von der zweiten Frauenbewegung wurde Joslyn Gage mit großer Begeisterung wiederentdeckt und als Vordenkerin gefeiert. Für das Revival ist besonders die Neuauflage von *Woman, Church, and State* von 1980 wichtig. Die Wiederentdeckung von Matilda Joslyn Gage wurde auch durch den Umstand erleichtert, dass die Familie Gage ihre Schriften und Korrespondenzen aufbewahrt hatte.⁴⁶ Mary Daly (1928–2010) ist in *Gyn/Ecology* (1979) voll des Lobes für Matilda Joslyn Gage und feiert sie als „Hag" (Hexe), was Gage in ihrem Verständnis zu einem Vorbild für selbst-

---

41 Matilda Joslyn Gage: Woman, Church and State. The Original Exposé of Male Collaboration against the Female Sex. Hg. v. Sally Wagner Roesch. Watertown 1980 [1893], S. 9.
42 Brammer: Excluded (wie Anm. 40), S. 1–4, 11, XIV.
43 Gage: Woman, Church and State (wie Anm. 41), S. 21.
44 Ebd.
45 Yasemine Ergas: Der Feminismus der siebziger Jahre. In: Geschichte der Frauen. 5 Bde. Hg. v. Georges Duby u. Michelle Perrot. Bd. 5: 20. Jahrhundert. Frankfurt a.M. 1995, S. 559–580, hier S. 571, 579f.
46 Brammer: Excluded (wie Anm. 40), S. 109–113.

ständige, vom unterdrückenden Geist des Patriarchats befreite Frauen macht: „A great Hag herself, Matilda Joslyn Gage wrote with impressive erudition and passion."[47] Das Stichwort ‚Hag' in diesem Lobgesang auf Gage und ihr Werk eröffnet eine weitere Ebene ihres Schaffens. Gage prägte die Ausgestaltung des Hexenbildes mit, wie es in der Wicca-Bewegung und im spirituellen Feminismus gepflegt wird.[48] In einer an Jules Michelets (1798–1874) *La sorcière* (1862) gemahnenden Schilderung begriff sie die Hexen als Priesterinnen einer Naturreligion: „witch, primarily signified priestess, a wise superior woman who in a sylvan landscape worshipped those gods and goddesses that together governed earth and heaven."[49] Gage war es auch, die als eine der Ersten zur Genese dieses Hexenbildes beitrug, wonach die Hexen weise Kräuterfrauen und Heilerinnen waren, die den Frauen gegen den Willen der Kirche und ihrer Repräsentanten zu schmerzfreien Geburten verhalfen. Sie war überzeugt, dass die als Hexen verfolgten Frauen über außerordentliches medizinisches Wissen verfügten: „The use of pain-destroying medicaments by women, can be traced back from five hundred to a thousand years. […] women doctors employed anaesthetics to mitigate the pains and perils of motherhood, throwing the sufferer into a deep sleep when the child entered the world."[50] Mit solchen Ausführungen prägte sie die Formierung des in esoterischen Kreisen gegenwärtig vorherrschenden Hexenbildes und wurde von der zweiten Frauenbewegung rezipiert, die sie auch wegen ihrer Verurteilung des Patriarchats als Vorläuferin reklamierte.[51]

Wie sehr oft innerhalb der ersten Frauenbewegung gilt Gages Bemühung nicht so sehr den Frauen wie den Müttern, denn die Gebärfähigkeit unterscheidet die Frau fundamental und unleugbar vom Mann. Gage singt das Lied der ehemals anerkannten, mächtigen Mutterschaft in einer Gesellschaft, die der Frau als Ganzes und Heiliges huldigte:

> Ancient motherhood was represented by a sphere or circle. The circle, like the mundane egg, which is but an elongated circle, contains everything in itself and is the true microcosmos. It is eternity, it is feminine, the creative force, representing spirit.[52]

---

[47] Mary Daly: Gyn/Ecology. The Metaethics of Radical Feminism. Boston 1978, S. 217. Das Buch erschien 1981 auf Deutsch als *Gyn/Ökologie. Eine Metaethik des radikalen Feminismus*. Gage wird als „Häxe" gelobt. Siehe dies.: Gyn/Ökologie. Eine Metaethik des radikalen Feminismus. 5. erw. Aufl. München 1991, S. 236.
[48] Siehe dazu Ronald Hutton: The Triumph of the Moon. A History of Modern Pagan Witchcraft. Oxford 1999, bes. S. 205ff.
[49] Gage: Woman, Church and State (wie Anm. 41), S. 103.
[50] Ebd., S. 104.
[51] Felix Wiedemann: Rassenmutter und Rebellin. Hexenbilder in Romantik, völkischer Bewegung und Feminismus. Diss. Berlin. Würzburg 2007, S. 92–105; Brammer: Excluded (wie Anm. 40), S. 36.
[52] Gage: Woman, Church and State (wie Anm. 41), S. 12.

Diese Ausführungen machen deutlich, dass die Mutterschaft als identisch mit der kreativen Kraft der Frau verstanden wird. Mutterschaft steht schließlich für den Geist, der wieder als die Beseeltheit der Natur verstanden werden kann.

Elizabeth Cady Stanton (1815–1902), eine weitere wichtige Exponentin der ersten US-amerikanischen Frauenbewegung, ging davon aus, dass Frauen durch vier Beschränkungen an ihrer vollen Entwicklung gehindert wurden: Familie, Politik, Gesellschaft und Religion. Trotzdem erkannte sie an, dass die Religion den Frauen ein wichtiges Bedürfnis sei. Für diese Haltung zeugte ihre Verbindung zu Annie Besant (1847–1933), einer ehemaligen Neo-Malthusianerin und Sozialistin, die sich zur Theosophie bekehrt und nach Helena Petrovna Blavatskys (1831–1891) Tod die Leitung der *Theosophischen Gesellschaft* übernommen hatte.[53] Durch Besant wurde Cady Stanton mit dem Konzept der Reinkarnation bekannt, dem sie positiv gegenüberstand. Gleichzeitig schätzte sie aber die Möglichkeit zur Veränderung der Rolle der Frau durch den Sozialismus als wahrscheinlicher ein als eine Veränderung der Stellung der Frau durch die Theosophie. Die Suche nach einer frauengemäßen Religion betrachtete sie dennoch als legitim und war federführend an einem Versuch zur Ausgestaltung einer frauengerechteren Religion beteiligt.[54] Als typisches Beispiel für ein solches Unternehmen kann *The Woman's Bible* gelten, die Cady Stanton unter Mitarbeit anderer Frauen 1895 herausgab, mit dem Ziel, ein ausgeglichenes Bild der Frau in der Bibel zu zeichnen. Das Projekt war umstritten, die Kritik unterstellte dem Werk Blasphemie. Innerhalb der *Woman's Bible* wurde in der Regel das Neue Testament gnädiger beurteilt als das Alte Testament. Letzteres verstand Cady Stanton als barbarisches Zeugnis einer längst vergangenen Epoche.[55]

## IV  Übernahme völkischer Ideologie

Die zweite Frauenbewegung entdeckte die erste Frauenbewegung als Vorläuferin, und wie dieser galt ihr das Matriarchat als einst gegebenes Gesellschaftsmodell, das erneut umgesetzt werden sollte. Mit seiner Vision einer friedlichen, nachhalti-

---

[53] Martin Green: Eine neue Ära. New Age und ‚Neue Lebenszentren' 1890–1920. In: Sinnsuche und Sonnenbad. Experimente in Kunst und Leben auf dem Monte Verità. Hg. v. Andreas Schwab u. Claudia Lafranchi. Zürich 2001, S. 205–221, hier S. 209; Ulrich Linse: Der Rebell und die ‚Mutter Erde'. Asconas ‚Heiliger Berg' in der Deutung des anarchistischen Bohémien Erich Mühsam. In: Monte Verità – Berg der Wahrheit. Hg. v. Harald Szeemann. Milano 1978, S. 26–37, hier S. 30.
[54] Alex Owen: The Place of Enchantment. British Occultism and the Culture of the Modern. Chicago 2004, S. 24; Kathi Kern: ‚Free Woman is a Divine Being, the Savior of Mankind': Stanton's Exploration of Religion and Gender. In: Elizabeth Cady Stanton. Feminist as Thinker. Hg. v. Ellen Carol Du Bois u. Richard Cándida-Smith. New York 2007, S. 93–110, hier S. 94f., 102.
[55] Kern: ‚Free Woman' (wie Anm. 54), S. 93.

gen und von Frauen geprägten Ursprungskultur Europas enthält die Argumentation mit dem Matriarchat eurozentristische Züge. In den 1980er Jahren verstärkte die Kritik von Vertreterinnen und Vertretern indigener Ethnien vor allem aus Nordamerika, die sich gegen einen vereinnahmenden Zugriff auf ihre spirituellen und kulturellen Traditionen durch eine weiße Mittelschicht verwahrten, die Tendenz esoterischer Kreise, sich auf als ‚ureuropäisch' verstandene Traditionen zu berufen.[56] So fordert Zsuzsanna Budapest (*1940), eine der Gründungsfiguren der ausschließlich auf Frauen fokussierenden ‚Dianic Witchcraft', in *Herrin der Dunkelheit, Königin des Lichts* (1980) ihre Leserschaft auf, sich auf das spirituelle Erbe der weißen Menschen zurückzubesinnen, und es neu zusammenzustellen:

> Lasst uns also unser eigenes Erbe betrachten. Denn wir wissen mehr über den indianischen Schamanismus, als über unseren eigenen. Wir haben ehrbare spirituelle Wurzeln, also lasst sie uns zurückerobern! Die weißen Menschen verehrten das Leben und die Elemente der Natur; sie sagten die Zukunft voraus, indem sie die Vögel und den Wind beobachteten; sie praktizierten Runenmagie. Das Wichtigste aber, sie nutzten Gesang und Tanz als magische Werkzeuge.[57]

Dieses Interesse an ‚eigenen' Praktiken läuft häufig auf eine undifferenzierte Selbstbedienung bei angenommenen Traditionen hinaus, die vom vermuteten Schamanismus des Paläolithikums über spirituelle Praktiken wie das Baumkreishoroskop der Kelten und die Runenorakel der Germanen reichen.

In der ersten Frauenbewegung der deutschsprachigen Länder war der Bezug auf das Matriarchat seltener gewesen. Dafür hatte dort der Matriarchatsdiskurs Impulse aus der Lebensreform und der völkischen Bewegung des frühen 20. Jahrhunderts aufgenommen. Dies war durchaus anschlussfähig, weil in Teilen der völkischen Bewegung wiederum ein Interesse am Matriarchat vorhanden war.[58] Das Matriarchat hatte dazu gedient, eine andere Gesellschaftsordnung zu entwerfen, die auf eine Unterscheidung von matriarchal und patriarchal auf der Basis von ethnischer Zugehörigkeit hinauslief. Dabei wurde für einen ursprünglich gleichberechtigten oder matriarchalen Norden optiert, der durch das östliche und südliche Patriarchat unter Druck geraten war. Auch noch innerhalb der deutschsprachigen Matriarchats-

---

[56] Eduard Gugenberger, Roman Schweidlenka: Mutter Erde, Magie und Politik. Zwischen Faschismus und neuer Gesellschaft. Wien 1987, S. 121f.

[57] Zsuzsanne E. Budapest: Herrin der Dunkelheit. Königin des Lichts. Das praktische Anleitungsbuch für die neuen Hexen. Darmstadt 2006, S. 486. Das amerikanische Original erschien ursprünglich 1980 unter dem Titel *The Feminist Book of Light and Shadows* und wurde als *The Holy Book of Women's Mysteries* neu aufgelegt.

[58] Einige der wichtigen Quellen aus dem völkischen Bereich zum Thema Matriarchat: Lenore Kühn: *Magna Mater*. Jena 1928; Ernst Bergmann: Erkenntnisgeist und Muttergeist. Eine Soziosophie der Geschlechter. Breslau 1932; Sophie Rogge-Börner: An geweihtem Brunnen. Weimar 1928. Eine Replik auf Bergmann ist Rogge-Börners *Zurück zum Mutterrecht?* Leipzig 1932. In dieses Feld gehören auch die Schriften von Herman Wirth, darunter: Der Aufgang der Menschheit. Untersuchungen zur Geschichte der Religion, Symbolik und Schrift der Atlantisch-Nordischen Rasse. 2. Aufl. Jena 1934 [1928] oder Die heilige Urschrift der Menschheit. Symbolgeschichtliche Untersuchungen diesseits und jenseits des Nordatlantik. Leipzig 1932.

literatur der zweiten Frauenbewegung kommt oft ein unreflektiertes und undifferenziertes Sich-Bedienen bei dieser ideologisch gefärbten Literatur vor.[59] Auch Heide Göttner-Abendroth mischte sich in diese in den 1980er Jahren geführte Debatte ein:

> Der oberflächlichste und übelste Vorwurf ist der, matriarchale Spiritualität habe etwas mit der Ideologie der Nazis und Neonazis zu tun. Diese Verdächtigung gründet sich auschließlich auf zufällige Ähnlichkeiten wie zum Beispiel die gelegentliche Beschäftigung mit germanischer Mythologie, die gelegentliche Beschreibung germanischer Symbole, der gelegentliche Rückbezug auf heimische Folklore und auf alte Feste. [...] Aber die gleichen Bilder und gleichen Themen bedeuten noch längst nicht das gleiche.[60]

Sie weist Vorwürfe, die Inhalte des Matriarchatsdiskurses als nationalsozialistisch kritisieren, ganz von der Hand, was einem verbreiteten Muster des Umgangs mit dieser Kritik entspricht. Die Anhängerinnen und Anhänger des Matriarchats deuten solche berechtigten Kritikpunkte als Versuche, ihre Überzeugungen zu diskreditieren und/oder als Versuche, die Frauen gegeneinander auszuspielen.[61]

## V  Orte des Matriarchats

Da das Matriarchat als Tatsache der Vorgeschichte galt, zog es auch das Interesse der archäologischen Forschung auf sich. Besonders gewisse Fundkategorien und Fundorte galten als Beweise für die einstige Existenz einer matriarchalen Kultur. Zu den Fundgegenständen, die in diesem Sinne gedeutet wurden, zählen die paläolithischen Venusfiguren, über deren Bedeutung und Funktion inner- und außerhalb der Forschung bis heute kontrovers diskutiert wird. Neben Interpretationen als Pornographie paläolithischer Männer oder Ausdruck sexueller Nöte männlicher Jugendlicher gibt es Ansätze, die die Venusfiguren als Ahnfrauen und Göttinnen oder als erste Selbstporträts von Frauen sehen.[62] Ebenso galt das Neolithikum als

---

[59] Ilse Korotin: ‚Die mythische Wirklichkeit eines Volkes'. J. J. Bachofen, das Mutterrecht und der Nationalsozialismus. In: Der feministische ‚Sündenfall'? Antisemitische Vorurteile in der Frauenbewegung. Hg. v. Charlotte Kohn-Ley. Wien 1994, S. 84–130, hier S. 111; Eva-Maria Ziege: Sophie Rogge-Börner – Wegbereiterin der Nazidiktatur und völkische Sektiererin im Abseits. In: Zwischen Karriere und Verfolgung. Handlungsräume von Frauen im nationalsozialistischen Deutschland. Hg. v. Kirsten Heinsohn, Barbara Vogel u. Ulrike Weckel. Frankfurt a.M. 1997 (Geschichte und Geschlechter 20), S. 44–77, hier S. 61–64.

[60] Heide Göttner-Abendroth: Die tanzende Göttin. 2. überarb. u. erw. Aufl. München 1984 [1982], S. 285f.

[61] Susannah Heschel: Konfigurationen des Patriarchats, des Judentums und des Nazismus im deutschen feministischen Denken. In: Der feministische ‚Sündenfall'? (wie Anm. 59), S. 160–184, hier S. 175–178; Heine: Wiederbelebung (wie Anm. 39), S. 15f.

[62] Der Ansatz der Pornographie wird vertreten in: Russel Dale Guthrie: Ethological Observations from Palaeolithical Art. In: La contribution de la zoologie et de l'éthologie à l'interprétation de l'art des peuples chasseurs préhistoriques. Hg. v. Hans-Georg Bandi, Walter Huber u. Marc-Roland Sauter. Fribourg 1984, S. 35–74. Ebenso vertritt er den Ansatz der paläolithischen Kunst als von Jugendlichen geschaffen in *The Nature of Palaeolithic Art*. Chicago 2005. Als

matriarchal geprägt. In der Archäologie wurde bis in die Mitte des 20. Jahrhunderts von einer einheitlichen Kultur, Gesellschaft und Religion des neolithischen Europas ausgegangen, obwohl sich dessen Gestaltungsweisen in Nord- und Südeuropa deutlich unterscheiden. Im südlichen und südöstlichen Europa wurden Idole gefunden, die als Abbildungen einer Göttin interpretiert wurden, in einer Kontinuitätslinie als Nachfolgerinnen der Venusfiguren des Paläolithikums gedeutet wurden und so als Beweise für die einstige Religion einer Großen Göttin oder gar eines Matriarchats galten. In Laienkreisen sind solche Sichtweisen noch heute verbreitet.[63]

Das Bild der matriarchalen Vorzeit prägten einzelne, spektakulär rezipierte Ausgrabungen, so um 1900 die Ausgrabung und umfangreiche Rekonstruktionsarbeit des Palastes von Knossos durch Sir Arthur Evans (1851–1941). Das bronzezeitliche Kreta fungierte für ihn als Paradies, geprägt durch den Kult einer Großen Göttin, die über den ewigen Zyklus von Leben und Tod wachte. Mit dieser Evokation der kretischen Vorzeit sagte Evans jedoch vermutlich mehr über seine eigenen Sehnsüchte nach einer friedlichen Welt als über die Kultur des bronzezeitlichen Kreta aus.[64]

Eine weitere Fundstelle, die ihrem Ausgräber als Beweis für das Matriarchat galt, war Çatal Hüyük. Der britische Archäologe James Mellaart (*1925) leitete in den 1960er Jahren die erste Ausgrabung dieser anatolischen Siedlung aus dem 8. bis 6. Jahrtausend v. Chr. Er erblickte in den Funden Hinweise auf den Kult einer Göttin des Lebens und des Todes. So begriff er diese Kultur als „ackerbautreibende Gesellschaft mit einem Fruchtbarkeitskult, in dem eine Göttin als Hauptgottheit verehrt wurde".[65] Nach Mellaart fungierte Çatal Hüyük als Bindeglied zwischen der alten, jägerischen Lebensweise des Paläolithikums und den sesshaften, Ackerbau treibenden Kulturen des Neolithikums. In seiner Vorstellung bestand zusätzlich eine religiöse und soziale Kontinuität zur rund 5000 Jahre jüngeren bronzezeitlichen Kultur Kretas und Festlandgriechenlands.[66] Die Verehrung dieser

---

erster schlug Leroy McDermott in den 1980er Jahren eine Interpretation der Venusfiguren als Selbstporträts vor, und zwar in seiner Dissertation: *Self-Generated Information and Representation of the Human Figure During the European Upper Paleolithic.* o. O. 1985.

[63] Die Kritik dieser Vorstellung ist v.a. mit den Namen der beiden Archäologen Peter J. Ucko und Andrew Fleming verbunden, die im Fach in den 1960er Jahren den Abschied von dieser undifferenzierten Sichtweise einläuteten. Andrew Fleming: The Myth of the Mother-Goddess. In: World Archaeology 1/2 (1969), S. 247–261; Peter J. Ucko: The Interpretation of Prehistoric Anthropomorphic Figurines. In: The Journal of the Royal Anthropological Institute of Great Britain and Ireland 92/1 (1962), S. 38–54.

[64] Siehe Kenneth Lapatin: Mysteries of the Snake Goddess. Art, Desire and the Forging of History. Boston 2002, S. 131–133; Cathy Gere: Knossos and the Prophets of Modernism. Chicago 2009, S. 22f.

[65] James Mellaart: Çatal Hüyük – Stadt aus der Steinzeit. Bergisch Galdbach 1967, S. 272. Das englische Original erschien ebenfalls 1967 als *Çatal Hüyük – A Neolithic Town in Anatolia.*

[66] Ebd., S. 272.

Göttin drückte sich seiner Meinung nach in den Gipsreliefs und Wandverzierungen aus:

> Ihre Verbindung mit dem Leben hat ihr unvermeidliches Gegenstück in ihrer Verbindung mit dem Tode. Man sieht sie einen Sohn gebären, der in zahlreichen Kultstätten in menschlicher Gestalt, als Stier oder als Widder dargestellt wird, und der der Geburt unmittelbar vorausgehende Zustand, die Schwangerschaft, kommt ebenso sehr in Statuetten wie in Gipsreliefs zum Ausdruck. Da sie wahrscheinlich auch Todesgöttin ist, wird sie von einem Raubvogel, möglicherweise einem Geier, begleitet, und ihr grimmiger Ausdruck lässt an hohes Alter denken – die grimmige Alte späterer Mythologie.[67]

In Mellaarts Deutung galten die für Çatal Hüyük charakteristischen Verzierungen der Wände mit remodellierten Schädeln von Tieren als Symbole der Göttin und ihres Begleiters. Es handelt sich dabei hauptsächlich um Schädel von Rindern, Geiern und Füchsen. Die Rinderschädel oder Bucrania verstand er als Symbole des Männlichen.

Die Deutung der Wandverzierung in Çatal Hüyük als Abbild der Göttin und ihrer Religion fand Eingang in den spirituellen Feminismus. Die Archäologin Marija Gimbutas (1921–1994) spielte für die Argumentation mit dem Matriarchat in den 1980er und 1990er Jahren eine bedeutende Rolle, da sie durch ihren Status als Universitätsprofessorin dem Glauben an das Matriarchat einen Anstrich von Wissenschaftlichkeit zu geben vermochte. Sie bezog sich ebenfalls auf die Funde von Çatal Hüyük. Die dortigen Wandfresken nehmen in ihrer Argumentation für Religion und Kultur der Göttin einen zentralen Raum ein: Sie versteht die Bucrania als Abbilder der Göttin und schmückt diese Umdeutung weiter aus. So schreibt sie in *Die Sprache der Göttin*, dass der Rinderschädel den Reproduktionsorganen und ergo der Fruchtbarkeit der Göttin entspreche und sie untereinander als auswechselbar zu gelten haben:

> Warum spielt der Stier unter den Symbolen des Werdens eine so herausragende Rolle? Und wie erklärt sich seine enge Assoziation mit der Göttin? Eine Antwort auf diese Frage liegt vielleicht in der auffallenden Ähnlichkeit der inneren weiblichen Geschlechtsorgane mit einem Stierkopf.[68]

Bei ihrer Herleitung der Überlegung, dass der Rinderschädel identisch mit den weiblichen Geschlechtsorganen sei, stützte sie sich auf die Arbeit der Kunsthistorikerin und Urgeschichtlerin Dorothy Cameron, die 1981 in *Symbols of Birth and Death in the Neolithic Era* ähnliche Gedankengänge verfolgte und zu dem Schluss kam, dass die patriarchale Kultur diese Ähnlichkeit bekämpfte, bis der Stier einzig als Symbol für Männlichkeit galt.[69]

---

[67] Ebd., S. 234.
[68] Marija Gimbutas: Die Sprache der Göttin. Das verschüttete Symbolsystem der westlichen Zivilisation. Frankfurt a.M. 1995, S. 265. Das amerikanische Original erschien 1989 u.d.T. *The Language of the Goddess*.
[69] Dorothy O. Cameron: Symbols of Birth and Death in the Neolithic Period. London 1981, S. 4f., 43.

Auch Überlegungen zur Heiligkeit der Gebärmutter finden sich in Schriften aus dem Spektrum des spirituellen Feminismus in großer Zahl. So gelten die im nordwestlichen Europa verbreiteten Megalithbauten des Neolithikums als Abbilder des Körpers der Göttin, worin die Menschen ihre Toten betten, damit sie im Schoß der Mutter und Göttin zur Ruhe finden mögen. In diesem Sinne deutet auch Christa Mulack in *Die Wurzeln weiblicher Macht* (1996) die Gebärmutter als ersten heiligen Raum und Erfahrung, die allen Menschen gemeinsam ist:

> Hier wird demnach eine Verbindung erkennbar zwischen dem Spiel heutiger Mädchen und den Empfindungen der Menschen vergangener Epochen, für die die Weiblichkeit des Raumes gar keine Frage war, zumal der Ur-Raum des Menschen – die Gebärmutter – zweifellos weiblichen Geschlechts ist.[70]

Aus diesem Umstand erklärt sich ihrer Meinung nach die Analogie zwischen Frau und Gefäß, da neolithische Töpfe manchmal die Form eines Frauenkörpers aufweisen. Das obige Zitat verweist darauf, dass wiederum die Vorstellung vom Überdauern gewisser matriarchaler Inhalte im Verborgenen verwendet wird. Mulack ist der Überzeugung, dass die Spiele heutiger Mädchen die Weisheit der matriarchalen Zeit enthalten. Ihrer Auffassung nach schaffen Mädchen beim Spielen am liebsten einen abgeschlossenen Raum, der symbolisch für ihren eigenen Körperraum – die Gebärmutter – steht.

Das Bild der immer wieder erwähnten Großen Göttin als Herrin über Leben und Tod sowie als Verkörperung der Natur ist seit der Mitte des 19. Jahrhunderts nachweisbar, eine Vertiefung erfuhr es aber erst ab 1900.[71] Typischerweise tritt diese Göttin in drei Gestalten auf, die für die biologischen Lebensalter der Frau stehen: Jungfrau, Mutter und Alte. Für die Ausgestaltung dieses Bildes spielte die Altertumswissenschaftlerin Jane Ellen Harrison (1850–1928) eine entscheidende Rolle. In *Prolegomena to the Study of Greek Religion* (1903) und weiteren Schriften legte sie dar, dass in Griechenland vor den Olympiern andere Gottheiten weiblicher, chthonischer Art verehrt wurden und entwickelte die Vorstellung, dass die Göttin in mehrfacher Form auftrat:

> So far we have seen that a goddess, to the primitive Greek, took twofold form, and this twofold form, shifting and easily interchangeable is seen to resolve very simply into the two stages of a woman's life, as Maiden and Mother.[72]

Ihrer Interpretation nach wurden damals nur die Aspekte der Jungfrau und Mutter kultisch verehrt.[73] Die Erscheinung der Göttin als Alte wurde in der ersten Hälfte des 20. Jahrhunderts noch in einen vierten Aspekt unterteilt: die Todesbringerin. Für die Vertiefung dieses Aspektes spielte der Dichter Robert Graves (1895–1985)

---

[70] Mulack: Wurzeln (wie Anm. 11), S. 80.
[71] Siehe Hutton: The Triumph of the Moon (wie Anm. 48), S. 37, 189–191.
[72] Jane Ellen Harrison: Prolegomena to the Study of Greek Religion. Princeton 1991, S. 286.
[73] Ebd., S. 262f.

eine wichtige Rolle mit seinem Buch *The White Goddess* (1948), das sich mit der Bedeutung des Poeten und seiner Beziehung zur Muse der Dichtkunst, der „Weiße[n] Göttin des Todes und der Inspiration"[74] beschäftigte. Die Muse fasste er als den Zerstörung, Schmerzen und Tod bringenden Aspekt der Göttin auf, die ihre Anbeter dafür mit ihrer wertvollsten Gabe – der Poesie – belohnte.

## VI  Fazit

Der Einblick in die Argumentation mit dem Matriarchat mag aufgezeigt haben, in welch unterschiedlichen Kontexten das Konzept von einem historisch ursprünglichen Matriarchat verwendet wurde und wird. Verstand der kulturelle Evolutionismus im ausgehenden 19. Jahrhundert unter Matriarchat hauptsächlich die Feststellung der Abstammung nach der Mutter und/oder die Wohnsitznahme des Mannes bei der Frau oder ihrer Familie – zwei Erscheinungen, die heute mit den Begriffen Matrilinearität bzw. -lokalität bezeichnet werden – so ist gegenwärtig die Matriarchatsvorstellung sehr viel umfassender. Sie beinhaltet die Überzeugung von der einstigen Vormacht des weiblichen Geschlechts im sozialen, kulturellen, religiösen sowie politischen Bereich. Die Gegenüberstellung der Inhalte der Matriarchatsvorstellung zwischen Entstehungszeit und neuesten Ausprägungen zeigt, dass sich die Argumentation mit dem Matriarchat seit ihrem ersten Auftreten konstant weiterentwickelt hat, sodass die Forschung dieses Konzept heute als wandelbares Konstrukt auffasst.[75] Diese Offenheit der Vorstellung vom Matriarchat, der man unterschiedliche Bedeutungen einschreiben konnte und immer noch kann, kann mit Eric Hobsbawm „invention of tradition" genannt werden. Damit ist das nachträgliche Konstruieren von Traditionen gemeint, die über eine postulierte Kontinuität zur Vergangenheit verfügen.[76] Die Verbindung ergibt sich daraus, dass das Matriarchat historisch-konkret in der Vergangenheit vermutet wurde und noch wird. Archäologische Funde erfuhren oftmals eine entsprechende Deutung als wissenschaftliche Beweise. Auch das von Guy P. Marchal am Beispiel der Schweizer Geschichte aufgezeigte Prinzip der Gebrauchsgeschichte lässt sich auf das Matriarchat übertragen. Gebrauchsgeschichte bezeichnet einen Umgang mit Geschichte, der die Vergangenheit wie einen Gebrauchsgegenstand instrumentalisiert, dem neue Bedeutungen eingeschrieben werden können. Die vermittelten Inhalte müssen nicht richtig und historisch nachweisbar sein, sondern es reicht, wenn sie einem allgemeinen Bedürfnis oder einer Sehnsucht entsprechen.

---

[74] Robert Graves: Die weiße Göttin. Sprache des Mythos. Berlin 1981, S. 77. Das englische Original erschien 1947 als *The White Goddess*.
[75] Guy P. Marchal: Schweizer Gebrauchsgeschichte. Geschichtsbilder, Mythenbildung und nationale Identität. Basel 2006, S. 13f.
[76] Siehe Eric Hobsbawm: Introduction. Inventing Tradition. In: The Invention of Tradition. Hg. v. dems., Terence Ranger. Cambridge 1984 (Past and Present Publications 15), S. 1–14, hier S. 1–4.

# Personenregister

Kursive Seitenzahlen beziehen sich auf Nennungen in den Anmerkungen. Soweit möglich, wurden die Lebensdaten ermittelt; bei noch lebenden Personen wurde allerdings auf die Angabe des Geburtsdatums verzichtet.

Abdülhamid II. (1842–1918), Sultan d. Osman. Reiches 399
Abu Mashar, Jafar ibn Muhammad (787–886) 201
Achermann, Eric *479*
Adorno, Theodor W. (1903–1969) 2, 28f., 291, 294, 297f., 300–305, *300*, 307f.
Agrippa von Nettesheim, Heinrich Cornelius (1486–1535) 79, 81, *92*, 94, 121, 232, *370*, 530f., 533, 535f., 538, 542, 545f., 549f., 658, 749
Ahnert, Thomas *657*
Akbar (der Große) (d.i. Jalaludin Muhammad, 1542–1605), Moghulherrscher 261
Albrecht, Michael 653, 655
Alexander von Aphrodisias (2./3. Jh.) *373*
Allen, Paul Marshall 747
Alliez, Eric 378f., 382, *382*
Allkemper, Alo *514*
Alsted, Johann Heinrich (1588–1638) 311
Anaximander (610 v. Chr. – um 546 v. Chr.) *199*
Anderson, James (um 1680–1739) 723
Andreae, Johann Valentin (1586–1654) 540, 732, 747, 750f.
Andreae, Michael 735
Anquetil-Duperron, Abraham Hyacinthe (1731–1805) 28, 238, *238*, 259–277, *260*, *264f.*, *267*, *269*, 419
Apollonius von Tyana (1. Jh.) *397*
Appelfeld, Aharon 278
Aristoteles (384 v. Chr.–322 v. Chr.) 66, *85*, *92*, 104, *143*, *276*, *351*, 372f., *373*, 531
Arndt, Ernst Moritz (um 1900), Gymnasiallehrer in Parchim 563, *563*
Arndt, Johann (1555–1621) 128, 318, *318*, 655, 714, *735*
Arnold, Gottfried (1666–1714) 516, 519–522, *519*, 535, 540, 549, 653, 655, 733

Arouet, François Marie *siehe* Voltaire
Arrhenius, Svante (1859–1927) 376, *376*
Artemyeva, Tatiana 32
Atkinson, William Walker (*siehe auch* Dumont, Theron Q., und Ramacharaka [Yogi]) 428f., *429*
Augustinus (354–430) 67, 163, 519, 551
Avalon, Arthur (d.i. Sir John Woodroffe, 1865–1936) 421
Avicenna (980–1037) *85*
Axen, Maria Magdalena Caroline von (1788–1865) 770

Baader, Franz von (1765–1841) 16, 207, 233, *308*
Baal Shem Tov, Israel (um 1698–1760) 280, 285f.
Bach, Johann Sebastian (1685–1750) 197
Bachofen, Johann Jakob (1815–1887) 708, 791f., 796
Bacon, Francis (1561–1626) 256, *364*
Bacon, Roger (um 1214– um 1292) 32, 714
Baer von Mesritsch, Dow (um 1704–1771) 280, 287
Bahr, Hermann (1863–1934) 605f.
Bahrdt, Karl Friedrich (1741–1792) 762, *762*
Baier, Karl 29, *346*
Bako, Robert 766
Ballanche, Pierre-Simon (1776–1847) 258
Barkhoff, Jürgen 414,
Barlet, François-Charles (d.i. Alfred Faucheux, 1838–1921) 30, 381, 396–399, 401f., 405f., *405*
Barth, Otto Wilhelm (*1882) 748f.
Basilius der Große (um 330–379) 269
Baßler, Moritz *489*
Baudelaire, Charles (1821–1867) 305
Baumgarten, Alexander Gottlieb (1714–1762) 330f., *331*, 368

*Personenregister*

Baumgarten, Siegmund Jakob (1706–1757) 267
Bausinger, Hermann 292
Bayer, Gottlieb Siegfried (1694–1738) 724
Bayle, Pierre (1647–1706) *364*
Bazard, Armand (1791–1832) 794
Bebel, August (1840–1913) *794*
Beck, Lewis White (1913–1997) 215
Becker, Louise 616, *616*
Becker-Cantarino, Barbara 546
Beckett, Samuel (1906–1989) 304
Beetz, Manfred 30f., 160
Behm, Hans Wolfgang (*1890) 493, 496
Behringer, Wolfgang 686
Beissel, Johann Conrad (1691–1768) 729, 733, 737
Bekker, Balthasar (1634–1698) 340, 540, 648f., *648*, 651, 657f., 665, 667–675, *672*, 677, 679f., 705
Bellingradt, Daniel *659*
Belyj, Andrej (1880–1934) *556*, 580
Beneke, Ferdinand (1774–1848) 32, 753, 758f., 761–774, *762*, *764*, *768f.*, *773f.*, *782ff.*, *784*
Bengel, Johann Albrecht (1687–1752) 29, 311ff., *313*, 315, 317ff., *318*, *345*, 778
Benjamin, Walter (1892–1940) 305, 307, *588*
Benz, Ernst (1907–1978) 319, 346, *346*
Bergengruen, Maximilian 328
Bergier, Jacques (1912–1978) 136, 138–143, 145f., 148, *149*
Bergman, Samuel Hugo (1883–1975) 279, 285
Bergunder, Michael 48ff., *115*
Berkeley, George (1685–1753) 249, 359f.
Berlichius, Matthias (1586–1638) 669
Berlin, Isaiah (1909–1997) 17
Bernard, Alexis 390
Bernier, François (1625–1688) 417, *417*
Berns, Michael (1657–1728) 669
Besant, Annie W. (1847–1933) 584f., 591, 593–603, *593*, *595*, 799
Bessarion (1395–1472) 192
Beverland, Adriaan (1650–1716) 669
Beyer, Bernhard (1879– nach 1951) 749
Bidstrup, Michael David Nicolas 732, *732*
Biedermann, Benedikt (1543–1621, Pseudo-Weigel) 730, 746
Bilfinger, Georg Bernhard (1693–1750) 354
Binder, Dieter A. *642*

Binder, Wolfgang (1916–1986) *529*, 544, 546f.
Bjerknes, Christopher Jon *457*
Blair, Tony 109
Blankenburg, Martin 328, *331*
Blavatsky, Helena (1831–1891) 29ff., 397, 403, 419f., 422f., 426, 431, 444f., 564f., *563f.*, 576, 579, 585f., 589, *589*, 591f., *591*, 595, 599, *602*, 612, 623f., 799
Bleuler, Eugen (1857–1939) 587
Blok, Alexander (1880–1921) 580
Blum, Paul Richard *77f.*
Blumenberg, Hans (1920–1996) 139f., 144f.
Bode, Heinrich (von) (1652–1720) 665, *665*, 667f., *667*, 670–673, *672*, 676–679
Bode, Johann Joachim Christoph (1731–1793) 738, 758, *758*
Bodin, Jean (1529–1596) 662, 669
Bodmer, Johann Jakob (1690–1783) 333
Boëthius, Anicius Manlius Severinus (um 480–524) 522
Böhler, Joseph Wilhelm Ernst 731, *732*
Böhme, Gernot 11
Böhme, Hartmut 10f., 327, 336, 546, *547*
Böhme, Jakob (1575–1624) 123, 229, 232f., *232*, 235, 239, 247, 255, 314ff., 318ff., 325, *364*, 365, 368f., *511*, 517, 519, 522, 535, 541, 544, 552, *635*, 653, 655, 714, 724, *727*, 733, 735, *735*, 743, 746, 749, *749*
Böhmer, Philipp Adolph (1717–1789) 360
Boltin, Ivan N. (1735–1792) 724
Bonald, Louis-Gabriel-Ambroise de (1754–1840) 243
Bonnet, Charles (1720–1793) 159, 175ff., *175*, *179*, 334, 336, 345, *351*, 362ff., *362ff.*, 366, 371, 755, 759, 766, 782
Bonus, Petrus (14. Jh.) 82
Booz, Adamah (d.i. Adam Michael Birkholz, 1746–1818) 742
Bopp, Franz (1791–1867) 612
Borch, Christian 378
Borch, Ole siehe Borrichius, Olaus
Borelli, Giovanni Alfonso (1608–1679) *343*, 373
Borgia, Cesare (1475/76–1507) 163
Borrichius, Olaus (1626–1690) 85, *85*
Boulliau, Ismaël (1606–1694) *188*
Bourignon, Antoinette (1616–1680) 123
Bouvet, Joachim (1656–1730) 239
Bradley, Francis Herbert (1846–1924) 208

Bradley, Marion Zimmer (1930–1999) 790
Brähm, Felix Martin  667
Brahm, Otto (1856–1912)  610f.
Brecht, Michael  653
Bréhier, Emile (1876–1952)  *273*
Brendel, Georg Christoph (1668–1722) 173, *726*
Brentano, Clemens (1778–1842)  763
Breton, André (1896–1966)  139
Breuer, Stefan  145
Brockes, Barthold Hinrich (1680–1747) 756, *757*
Bromley, Thomas (1629–1691)  714
Brucker, Jacob (1696–1770)  64f., 83f.
Brunnemann, Jakob (1674–1735) (*siehe auch Charitinus, Aloysius*)  667, 677, *677*
Bruno, Giordano (1548–1600)  61f., *62*, 126, 232, 535, 541
Buber, Martin (1878–1965)  28, 278–290, 609, *609*, 618
Buber, Solomon (1827–1906)  279
Budapest, Zsuzsanna  800
Budde, Johann Franz (1667–1729)  267, 384, 659, 674
Budé, Guillaume (um 1467–1540)  68
Buffon, Georges Louis Le Clerc de (1707–1788)  322, *364*
Bulwer-Lytton, Edward George (1803–1873) 747
Bunge, Wiep van  670
Bunyan, John (1628–1688)  714, *757*
Burnet, Thomas (1635–1715)  *267f.*
Büsch, Johann Georg (1728–1800)  754
Buschhoff, Wilhelm (Willy)  616

Cagliostro, Alessandro di (d.i. Giuseppe Balsamo, 1743–1795)  150, *150*, *516*
Calvin, Jean (1509– um 1564)  *377*, 732
Camerarius, Elias (1673–1734)  675f.
Cameron, Dorothy O.  803
Campanella, Tommaso (1568–1639)  *79*, 766
Campe, Joachim Heinrich (1746–1818) 127
Campis, Julianus de (d.i. Julius Sperber, †1616)  736, *736*
Candea, Matei  378
Canetti, Elias (1905–1994)  293
Canz, Israel Gottlieb (1690–1753)  349, *349*

Cardanus, Girolamo (1501–1576)  *323*, *370*
Carpzov, Benedikt (1595–1666)  662, 668f.
Carus, Carl Gustav (1789–1869)  *340*
Casanova, Giacomo Girolamo (1725–1798) 150
Casanova, José  98
Casaubon, E. A.  795f.
Casaubon, Isaac (1559–1614)  60f., 86, 121, 133, 329
Cassirer, Ernst (1874–1945)  7, *8*, 12–15, 139, 146, 183
Castel, Louis-Bertrand (1688–1757)  599
Cellier, Léon (1911–1976)  243, 245
Celsius, Anders (1701/05–1744)  375
Champollion, Jean François (1790–1832) 245
Chamuel, Lucien (d.i. Lucien Mauchel, †1936)  397
Chapeaurouge, Ami Henri de  784
Charcot, Jean-Martin (1825–1893)  389, 588
Charitinus, Aloysius (d.i. Jakob Brunnemann, 1674–1735)  677
Chebotarev, Khariton (1746–1815)  718
Chemnitz, Martin (1522–1586)  *377*
Chirlandus, Paulus (eigtl. Paolo Grillandi) (um 1490–nach 1536)  669
Chodowiecki, Daniel (1726–1801)  *335*
Choffin, David Etienne (1703–1773)  369
Chopin, Frédéric (1810–1849)  553
Chrysippos (Solensis) (um 281 v. Chr. – um 208 v. Chr.)  250
Chrysostomus, Polycarpus (d.i. Georg Christoph Brendel, 1668– nach 1722) 726, *726*, 731
Čiurlionis, Mikalojus K. (1875–1911)  599
Clarke, Samuel (1675–1729)  *365*
Claudius, Matthias (1740–1815)  57, *635*
Clausberg, Karl  588
Clavius, Andreas (um 1692–1755)  *405*
Clemens von Alexandrien (um 150–um 215)  66f., *66*, *269*, *276*
Clemm, Heinrich Wilhelm (1725–1775) *349*
Clinton, Bill  109
Coccejus, Johannes (1603–1669)  311, 313
Colberg, Ehregott Daniel (1659–1698)  25, 122–126, *122f.*, 128f., 135, 203, *203*, 746
Collenbusch, Samuel (1724–1803)  776, *776*

Collins, Francis C. 109–112
Colquhoun, John Campbell (1785–1854) 419
Comenius, Johann Amos (1592–1670) 183, 311, 749
Comte, Auguste (1798–1857) *556*
Conring, Hermann (1606–1681) 85, *85*
Constant, Alphonse Louis *siehe Lévi, Eliphas*
Coomaraswamy, Ananda Kentish (1877–1947) *143*
Cope, Edward Drinker (1840–1897) 470, 472, 475, 484, *484*, *496*
Corbin, Henry (1903–1978) 143, *143*
Corsetti, Jean–Paul *67*
Cotta, Johann Friedrich von (1764–1832) 542
Cotugno, Domenico (1736–1822) 376
Court de Gébelin, Antoine (1719–1784) 241, 243
Craig, Edward Gordon (1872–1966) 605
Crispo, Giovanni Baptista (1550 – 1595) *122*
Crowley, Aleister (1875–1947) 151, *151*
Crusius, Jakob Andreas (1636–1680) 689
Cudworth, Ralph (1617–1688) 60, *195*, 253, *253*, *351*
Curry, Patrick *89*
Curtius, Carl Georg (1771–1857) *784*
Cusanus, Nicolaus *siehe Nikolaus von Kues*
Cuvier, Frédéric Georges (1773–1838) 337
Cyranka, Daniel 159, 179

Dacqué, Edgar (1878–1945) 499ff., *499*
Dale, Antonius van (1638–1708) 668
Daly, Mary (1928–2010) 797
Dammbeck, Lutz *149*
Däniken, Erich von 141
Darjes, Joachim Georg (1714–1791) *405*
Darnton, Robert *5*
Darwin, Charles (1809–1882) 467, *467*, 475, 484, 499f.
Dass, Kaler Mohun 422
Datta, Narendranath *siehe Vivekananda*
Dauthendey, Max (1867–1918) 478–481
Davis, Andrew Jackson (1826–1910) 342
Davis, Elizabeth Gould (1910–1974) 788
Dayananda Saraswati (1824–1883) 422
Debus, Allen G. (1926–2009) 85
Dee, John (1527–1608) 121
Dehmel, Richard (1863–1920) 485
Delboeuf, Joseph-Remi-Léopold 389

Deleuze, Gilles (1925–1995) 378f., 382
Delisle, de Sales, Jean-Baptiste-Claude (1741–1816) 241
Della Porta, Giovan Battista (1535–1615) 80, 328, 332, 534
Delrio, Martin (1551–1608) 662, 669
Delson, Wladimir 571
Delville, Jean (1867–1953) 570
Democritus Abderita (um 460 v. Chr. – um 370 v. Chr.) 249, 447
Deneken, Arnold Gerhard (1759–1836) 756, 769
Dergham, William (1657–1735) 714
Derrida, Jacques (1930–2004) *22*
Derzhavin, Gavriil (1743–1816) 719
Descartes, René (1596–1650) *78*, 163, *163*, 177, 183, 211, 311, 320, 344, *344*, 351–354, *358*, 359, 362, *362*, *364*, 369f., 376, 658
Dickens, Charles (1812–1870) 461
Diderot, Denis (1713–1784) 19, *364*
Dieterich, Johann Christian (1722–1800) 42
Dionysius Areopagita (um 500) 121, 264, 268, 719f.
Dohm, Burkhard 328
Dorn, Gérard (1530–1584) 82
Dörner, Christian Heinrich (1793–1878) 39f.
Douglas, Mary (1921–2007) 143
Dräseke, Johann Heinrich Bernhard (1774–1849) 758f., 775, *775*, 778–782, 784
Du Halde, Jean Baptiste (1674–1743) 238
DuBosc, François 744f.
Dumont, Louise (1862–1932) 605, 607, *608ff.*, 609, *613*, 615ff., 619
Dumont, Theron Q. (d.i. William Walker Atkinson, 1862–1932) *429*
Duncan, Isadora (1877–1927) 605
Dürckheim, Karlfried (Graf) (1896–1988) 435–438, *435f.*
Dürer, Albrecht (1471–1528) 716
Durkheim, Emile (1858–1917) 101, *303*, *382*

Eberspächer, Fritz 432, *432*
Eckartshausen, Karl von (1752–1803) 328, 747
Eckhardt, Johann David Adam (1743–1807) 729
Eckhardt, Wilhelm A. *188*
Eckhart (Meister E.) (um 1260– um 1327) 229, 232f., 235, 522

Eco, Umberto *291*
Edelmann, Johann Christian (1698–1767) 128
Eggers, Christian Ulrich Detlev von (1758–1813) 744f.
Egorov, Aleksei (1776–1851) 719
Ehrard, M. Jean 85
Eibl, Karl *465*, 466, 528, 547
Eichhorn, Johann Gottfried (1752–1827) 41
Einstein, Albert (1879–1955) 30, 441f., 447, 456f., *456f.*, 460, 490
Eisermann, Frank 32
Elagin, Ivan P. (1725– um 1793) 720, 723ff., *723*
Eliade, Mircea (1907–1986) 22, 143, *143*, 145
Eller, Elias (1690–1750) *703*
Ellington, Andy 111
Ely, Stanislaus Pinas 723, *723*
Emin, Fedor A. (um 1735–1779) 724f.
Emmel, Felix (1888–1960) 605, 617
Emrich, Hinderk 586
Encausse, Gérard Analect Vincent, *siehe Papus*
Enfantin, Barthélemy Prosper (1796–1864) 794
Engels, Friedrich (1820–1895) *794*
Ennemoser, Joseph (1787–1854) 274, *418*, 419f.
Entick, John (um 1703–1773) 723
Epikur (um 341 v. Chr. – um 270 v. Chr.) 249
Erdbeer, Robert Matthias 30
Ernesti, Johan August (1707–1781) 363, *363*, *369*
Ernst II. Ludwig von Sachsen-Gotha-Altenburg (1745–1804) 738, *738*
Ernst, Wolf-Dieter 31
Eschenmayer, Carl August (von) (1768–1852) 341, *414*
Ette, Ottmar 463, 482
Euler, Leonhard (1707–1783) 369, 383, *384*
Evans, Robert John Weston 744
Evans, Sir Arthur (1851–1941) 802
Evola, Julius (1898–1974) 143
Ewald, Johann Ludwig (um 1747–1822) 754, *754*, 756, *756*, 783

Fabre d'Olivet, Antoine (1767–1825) 28, 237, 240–247, 249–258, 397, *397*

Fabricius, Johann Albert (1668–1736) 200f., 203, 539, 756, *756*
Faivre, Antoine 11–16, *15*, 18, 43–47, *46*, 67, 113–116, 118f., 121f., 135, *141*, *143*, 144, *330*, *346*, 373, *373*, 528, 537, 554, 622, 624f., 728, 787
Fantis, Antonius de (1460–1533) *81*
Faucheux, Alfred *siehe Barlet, François-Charles*
Fechner, Gustav Theodor (1801–1887) 386, *386*, 464, *471*, 485
Fehlmann, Meret 32
Felgenhauer, Paul (1593–1677) 732f.
Fernelius, Johannes (1497–1558) *370*
Ferri, Enrico (1856–1929) 390
Feuille, Daniel de la (um 1640–1709) 721
Feynman, Richard (1918–1988) 111
Fichte, Johann Gottlieb (1762–1814) 31, 127, 320, 556f., *556*, 560, 565, 783
Ficino, Marsilio (1433–1499) *80*, *92*, *95*, 121, 192, 200, 205, 246, 254, 264, 320, *347*, *370*, 539, 541, 544, *547*, 549
Fictuld, Hermann (d.i. Johann Heinrich Schmidt, um 1700–1777) *509*,738, *738*, *751*
Fischer, Emil (1852–1919) 440f., *440f.*
Fischer, Hanns (1898–1947) 461, 491f.
Fischer, Kuno (1824–1907) *555f.*
Fisher, Vardis (1895–1968) 790
Flammarion, Camille (1842–1925) 474
Fleck, Ludwik (1896–1961) *7f.*, 108
Fleischbein, Johann Friedrich von (1700–1774) 513, *513*
Fleming, Andrew 802
Florensky, Pavel (1882–1937) 720
Flournoy, Théodore (1854–1920) 587f.
Fludd, Robert (1574–1637) 32, 122, 368, 544, 655, 710, 714–717, 719, 721f., 766
Focht, Boris (1875–1946) 555–558, *556*, 570
Fontane, Theodor (1819–1898) 501
Forster, Georg (1754–1794) 760
Förster, Johann Christian (1735–1798) *367*
Foucault, Michel (1926–1984) 9, *22*, *46*, 98, 103, 118, 139, 147, 660f., 670
Fouqué, Caroline de La Motte (um 1773–1831) 769
Fouqué, Friedrich de la Motte (1777–1843) 770, *774*
Fourier, Charles (1772–1835/37) *150*, 243, 258

Francke, August Hermann (1663–1727) 654
Franckenberg, Abraham von (1593–1652) 740, *740*, 746
Frank, Othmar (1770–1840) *207*
Franz, Michael 205
Freimark, Hans (1881–1945) 430, *430*
Freud, Sigmund (1856–1939) 295, 480, *481*
Freudenberg, Franz 749, 751f.
Friderus (Mindanus), Peter (um 1570–1616) 669
Friedrich August (1740–1805), Herzog von Braunschweig-Lüneburg-Oels 738
Friedrich II., der Große (1712–1786), König von Preußen 69
Friedrich Wilhelm I. (1688–1740), König von Preußen *664*
Friedrich Wilhelm II. (1744–1797), König von Preußen *70*
Friedrich Wilhelm III. (1770–1840), König von Preußen 70
Fries, Jakob Friedrich (1773– um 1843) 340, *341*

Gabler, Johann Philipp (1753–1826) 41, *43*
Gage, Henry Hall (1791–1877), 4th Viscount Gage 796
Gage, Matilda Joslyn (1826–1898) 796ff., *798*
Gaier, Ulrich *534*, 536, 543f., *543*, 546ff., *550*
Gaius *366*
Galenos von Pergamon (Galen) (2. Jh.) 68, 77, *77*, *85*, 358, *358*, 362, 370, *370*, 376
Galilei, Galileo (1564–1642) 109
Gall, Franz Joseph (1758–1828) 326, *326*, 386, *386*
Galton, Francis (1822–1911) 587, 590
Gamaleia, Semen (1743–1822) 720
Gandhi, Mohandas Karamchand (Mahatma) (1869–1948) *428*
Gansser, Emil (1874–1941) 442, *442*
Garofalo, Raffaele (1852–1934) 390
Gassner, Johann Joseph (1727–1779) 367, *411*
Gavrilov, Matvei (1759–1829) 718
Gedike, Friedrich (1754–1803) 652
Geertz, Clifford (1926–2006) 102
Geffarth, Renko 30, *492*, 728, 737, 744
Gehrcke, Ernst (1878–1960) 457, *457*

Geibel, Johannes (1776–1853) 784
Geim, Ivan (1759–1821) 718
Gellert, Christian Fürchtegott (1715–1769) 766, *766*
Gellner, Ernest (1925–1995) *89*
Gennep, Arnold van (1873–1957) 629
Geppert, Alexander 148
Gesenius, Justus (1601–1673) *377*
Geyer, Hermann 128
Gibbon, Edward (1737–1794) *417*
Gichtel, Johann Georg (1638–1710) 733
Giddens, Anthony 101
Gildemeister, Johann (1753–1837) 756
Gimbutas, Marija (1921–1994) 803
Giorgi(o), Francesco (1466–1540) *81*
Girardin, Émile de (1806–1881) 795f.
Gisselmann, Jürgen (1954–1979) *152*
Glanvill, Joseph (1636–1680) 669, 671, *672*
Gleibman, Shlomo S. 34
Glisson, Francis (1597–1677) 356, 358, 373
Gmelin, Eberhard (1751–1808) 370, *370*
Goclenius, Rudolf (der Jüngere) (1572–1621) 270f., *270*
Gödelmann (auch Godelmann), Johann Georg (1559–1611) 669
Goethe, Johann Wolfgang von (1749–1832) 30f., 57, 151, *314*, 321, *323*, 328, 333, 414, 449ff., *450*, 462, 498, 509–513, *513*, 515, 528–531, *528*, 533ff., *534*, 537, 539–552, *540*, *547*, *552*, 594, 602f., *603*, 605f., 635, *635*
Goldast, Melchior (1578–1635) 669
Goldenbaum, Ursula 185
Göldi, Anna (1734–1782) 682f.
Goldschmidt, Peter (1662–1713) 669ff., *671f.*, 675
Gombrich, Ernst H. (1909–2001) 583, *583*
Goodrick-Clarke, Nicholas (1953–2012) 16, 18
Görres, Johann Joseph (1776–1848) 274, *274*
Göttner-Abendroth, Heide 790, 801
Gottsched, Johann Christoph (1700–1766) 183, 605, 784
Gottsched, Luise (1713–1762) 204
Graczyk, Annette 29
Grafton, Anthony 73f., 87f., 90, 92
Graves, Robert (1895–1985) 790, 804
Gray, John Edward (1800–1875) 473
Gren, Friedrich Albert Carl (1760–1798) 763, 766

Grillandi, Paolo *siehe Chirlandus, Paulus*
Grimm, Jakob (1785–1863) 708
Groß, Barbara 687
Groth, Friedhelm 318
Grotius, Hugo (1583–1645) 361
Grumach, Ernst (1902–1967) 546f.
Gründgens, Gustaf (1899–1963) 608
Grünschloss, Andreas *180*
Guaita, Stanislas de (1861–1897) 258
Guénon, René (1886–1951) 143, 258
Gugomos, Gottlieb Franz Xaver (1742–1816) 150, *150*
Gundling, Nikolaus Hieronymus (1671–1729) 676
Gurdjew, Georg I. (1866?–1949) 142, 151
Gusdorf, Georges (1912–2000) *8*, *13*
Guyon de Chesnoy, Jeanne Marie (1648–1717) 513, *513*

Habermas, Jürgen 23, 107, 301f., 305, *659*
Haeckel, Ernst (1834–1919) 444, *496*
Häfeli, Johann Caspar (1754–1811) 754ff.
Hagner, Michael *463*
Hahn, Johann Michael (1758–1819) 366
Hahn, Philipp Matthäus (1739–1790) 366
Hahn, Robert *199*
Halbfass, Wilhelm (1940–2000) *261*
Halbwachs, Maurice (1877–1945) *132*
Hall, Manly P. (1901–1990) 747f.
Haller, Albrecht von (1708–1777) 333, *343*, 344, 356–366, *358–361*, *365*, 371, 374, *384*, 376
Halleux, Robert *85*
Hamann, Johann Georg (1730–1788) 51ff., *51*, 56f., 59, 126, 541, 549, *772*
Hamberger, Georg Albrecht (1662–1716) 197
Hammer, Olav 17f., 101
Hanegraaff, Wouter J. 17f., 25f., 38, 43, 46, *46*, *60*, 117, *122*, 622
Hannak, Kristine 30
Hardenberg, Georg Friedrich Philipp Freiherr von *siehe Novalis*
Hardenberg, Karl August Freiherr von (1750–1822) 70
Harenberg, Johann Christoph (1696–1774) *194*
Harmsen, Theodor 32
Harrison, Jane Ellen (1850–1928) 804
Hartbecke, Karin 195
Hartkopf, Winfried *628*
Hartmann, Franz (1838–1912) 747ff., *747*
Harvey, William (1578–1657) 343

Hatje, Frank 32
Hauber, Eberhard David (1695–1765) 677
Hauffe, Friederike (1801–1829) 343, 345
Hawking, Stephen W. 112
Hawkins, Benjamin Waterhouse (1807–1889) 473, *473f.*, 475ff., 494
Hazard, Paul (1878–1944) *8*
Hebbel, Friedrich (1813–1863) 606
Hederich, Benjamin (1675–1748) 547
Hegel, Georg Wilhelm Friedrich (1770–1831) 205ff., 224–236, *224*, *226*, *231*, 346, 724
Heidegger, Martin (1889–1976) 183
Heineken, Minna 769
Heinroth, Johann Christian August (1773–1843) 340, *340*
Heinzmann, Johann Georg (1757–1802) *7*
Heisenberg, Werner (1901–1976) 136, 441
Helmholtz, Hermann von (1821–1894) 197, *606*
Helmont, Franciscus Mercurius van (1614–1699) 123, 402, 405, 546
Helmont, Johann Baptist van (um 1579–1644) 172, *172*, 192, 270, 413, 534f. 549
Hempel, F. C. *610*
Henning, Friedrich (1765–1817) 767
Hennings, Justus Christian (1731–1815) 351f., *352f.*, 361, 366–369, *366–369*, 371, 374
Hense, Martin 28
Hensler, Gustav Wilhelm (1774–1835) 763
Herbert, David 98
Herder, Johann Gottfried (1744–1803) 57, 70, 174, *175*, *179*, *238*, 321, 333, 373, 511f., *511*, 523, 540f., 543, 547, *772*
Hesiod (8./7. Jh. v. Chr.) 552
Heumann, Christoph August (1681–1763/64) 83
Hierokles († 431/32) 251, *351*
Hiller, Philipp Friedrich (1699–1769) 318, *318*
Hinske, Norbert 8, 14
Hippius-Dürckheim, Maria (1909–2003) 436
Hirschen, Leopold von (2. H. 18. Jh.) 509
Hirzel, I. E. G. (d.i. Johann Heinrich Ziegler, 1857–1936) *457*
Hitler, Adolf (1889–1945) 442, *443*
Hobsbawm, Eric (1917–2012) 805
Hoburg, Christian (1607–1675) 123

Hoffmann, Ernst Theodor Amadeus (1776–1822) 763
Hoffmann, Friedrich (1660–1742) 660, 674f., 677, *358*
Höflein, Johann Wilhelm (1689–1739) 184f.
Hölderlin, Friedrich (1770–1843) 205, 225, 770
Hölscher, Lucian 128
Holz, Arno (1863–1929) 462
Homer (8. Jh. v. Chr.) 545
Hooke, Robert (1635–1703) 356, 373
Hörbiger, Hanns (1860–1931) 30, 148, *148*, 455, 461, 490, 492ff., *492*, 496f., 499
Horkheimer, Max (1895–1973) 2, 23, 294, *294*, 297, *297*, 300ff., *300*, 305f., *307*
Horton, Robin *89*
Hudtwalcker, Martin Hieronymus (1787–1865) *784*
Huizing, Klaas *335*
Humboldt, Wilhelm von (1767–1835) 612
Hume, David (1711–1776) *364*
Hutchinson, William (1732–1814) 714
Hutchison, Keith *77f.*
Huxley, Thomas Henry (1825–1895) 476
Huygens, Christiaan (1629–1695) *344*

Ibsen, Henrik (1828–1906) 609, *609*
Ignatius von Loyola (1491–1556) *376*
Indagine, Innocentius Liborius ab (d.i. Johann Ludolph Jäger, 1728–1787) 750
Innozenz VIII. (1432–1492), Papst 1484–1492 541
Irenäus von Lyon (140–202) *369*, *366*, *377*
Isidor von Sevilla (560–636) 76
Israel, Jonathan I. *3*
Ivanov, Ivan (1782–1848) 719
Ivanov, Wjatscheslaw (1866–1949) 580

Jacobi, Friedrich Heinrich (1743–1819) 529
Jaeger, Werner (1888–1961) *373*
Jäger, Johann Ludolph siehe *Indagine, Innocentius Liborius ab*
Jakob I. (1566–1625), König von England (seit 1603) und Schottland (seit 1567 als Jakob VI. ) 669
Jamblich(os) (um 250– um 330) 67, *188*, *346*, *372*
Jaucourt, Louis de (1704– um 1779) 322

Jean Paul (d.i. Johann Paul Friedrich Richter, 1763–1825) 127, 168, 515, 770
Joas, Hans 301
Johach, Eva *150*
Johannes Scotus Eriugena (um 810– um 877) 239
Johnson, Gregory R. 28
Jones, William (1746–1794) *238*, 244
Joseph II. (1741–1790), Kaiser d. Hl. Röm. Reiches 292
Joyce, Gerald 110
Joyce, James (1882–1941) 111
Judge, William Quan (1851–1896) 423, *423*
Juhl, Eduard (1884–1975) 681, *681*
Jung, Carl Gustav (1875–1961) 73f.
Jungk, Robert (1913–1994) 136
Jung-Stilling, Johann Heinrich (1740–1817) *311*, 341, 345, 352, 357, 366, 416, 426, 438, *590*
Jürgens, Heinrich (1880–1966) 431, *431*, 433
Justinus (der Märtyrer; † um 165) *377*

Kaiser, Georg (1878–1945) 607
Kaluszynski, Martine *390*
Kandinsky, Wassily (1866–1944) 583ff., 600
Kant, Immanuel (1724–1804) 4, 7, 19, 28, 106, 127, 208ff., *209*, 213–223, *215ff.*, 233, 249f., 255, 279–285, 289, 341, *345*, 349, 351f., 361, 375f., 443, 510, 551, *777*
Kanta, Bharada 421
Karamzin, Nikolai M. (1766–1826) 725
Karl (1744–1836), Landgraf von Hessen-Kassel 777
Karl Wilhelm Friedrich (1712–1757), Markgraf von Brandenburg-Ansbach 184
Kästner, Abraham Gotthelf (1719–1800) *351*
Katharina II., die Große (1729–1796), Zarin von Russland 725
Käuser, Andreas 327
Kaym, Paul (1571–1633) 746
Keidel, Wilhelm Heinrich Daniel *768*
Keightley, Julia W. siehe *Niemand, Jasper*
Keill, John (1671–1721) 197
Kelkel, Manfred (1929–1999) *579*
Keller, Werner 545
Kelpius, Johannes (1673–1708) 729

Kemper, Hans-Georg 757, *772*
Kepler, Johannes (1571–1630) 199, 201, 205f., 321, 530f., 716
Kerner, Justinus (1786–1862) 341ff., 345, *345*, 350, 352, 355, 357, 366, *409*
Kessler, Harry Graf (1868–1937) 609
Khunrath, Heinrich (1560–1605) 121, 733, *733*, 738, 740, 744
Kieckhefer, Richard 75
Kieser, Dietrich Georg (1779–1862) *409*, *437*
Kilcher, Andreas B. 134
Kirchberger, Niklaus Anton (1739–1799) *635*
Kircher, Athanasius (1602–1680) *124*, 270, 346, *346*, 370, *370*, 571
Kirchhoff, Nikolaus Anton (1725–1800) 754
Kirchweger, Anton (†1746) 545
Kister, Fedor (1772–1849) 718
Klaproth, Martin Heinrich (1743–1817) 509
Klee, Paul (1879–1940) 583
Kleinert, Andreas 51
Klettenberg, Susanna Katharina von (1723–1774) 534
Kleuker, Johann Friedrich (1749–1827) 16, 57
Klibansky, Raymond (1905–2005) 207
Klopstock, Friedrich Gottlieb (1724–1803) 57, 729
Kluchevskii, Vasilii O. (1841–1911) 718
Kluge, Carl Alexander (1782–1844) 414, *414*, *590*
Knevels, Johann Werner (Mitte 18. Jh.) *703*
Knigge, Adolph Freiherr von (1752–1796) 756, *756*, 758
Knipe, Henry Robert 489
Knorr von Rosenroth, Christian (1636–1689) 267, 548
Koch, Josef (1885–1967) *230*
Koken, Ernst (1860–1912) 468, 472
Konfuzius 247, 257
KoranhapuCH, Jamimah (Pseudonym) 743
Koselleck, Reinhart (1923–2006) *58*, 119, 128
Kottwitz, Hans Ernst von (1757–1843) 784, *784*
Kozelskij, Yakov (um 1728– um 1794) 711

Krüger, Johann Gottlob (1715–1759) 360, *360*
Kurtén, Björn (1924–1988) 466
Kurthen, Martin *148*
Kurtzahn, Ernst (1879–1939) 749f.
Kussevitzky, Sergej (1874–1951) 556

La Mettrie, Julien Offray de (1709–1751) *360*, *364*
La Tierce, Louis François Marquis de (1699–1782) 63f.
Labouvie, Eva 695, 701
Lacan, Jacques (1901–1981) *480*
Lacassagne, Alexandre (1843–1924) 390f., *390*
Lafargue, Paul (1842–1911) 794
Lamarck, Jean Baptiste de (1744–1829) 471, 484, *496*, 499f., *500*
Lampe, Catarina (†1797) 765
Lamprecht, Karl (1856–1915) *22*
Lancre, Pierre de (1553–1631) 669
Lange, Joachim (1670–1744) 194, *194*, 384, *384*, 659, 674ff.
Langer, Ernst Theodor (1743–1820) 535
Lanjuinais, Jean-Denis (1753–1827) 261
Lanz, Adolf Josef (1874–1954) *613*
Laplace, Pierre Simon de (1749–1827) 376
Lareveillère-Lepeaux, Louis Marie (1753–1824) *242*
Larmandie, Leonce de (1851–1921) 397, *397*
Laßwitz, Kurd (1848–1910) 461, 467, *467*, 470, 472f., 477, 481f., 484–489, 494f., 497–501
Latour, Bruno 378
Lau, Theodor Ludwig (1670–1740) 173
Laughlin, Robert B. *442*
Laurant, Jean-Pierre 38f., 44f., 63f.
Lautensack, Paul (1478–1558) 736, 746
Lavater, Johann Caspar (1741–1801) 29f., 32, 57, 177, *311*, 322–328, *325*, 330–339, *333*, *335*, 345, *351*, 363, 365f., 512, 755, *755*, 759, 766, 775f.
Lavoisier, Antoine Laurent (1743–1794) 745
Law, Esteban 28, *62*, *255*, *400*
Le Cat, Claude-Nicolas (1700–1768) 355ff., 359ff., 364ff., *365*, 371, 373f.
Leadbeater, Charles (1847–1934) 584f., *585*, 591–603, *595*, *597*, *602*
Leade, Jane (1623–1704) 127f.

Leeuwenhoek, Antoni van (1632–1723) 358
Leibniz, Gottfried Wilhelm (1646–1716) 159f., 165, 169–172, *171f.*, 174f., 190, 195, 197, 233, 249, 314, 333, 347ff., 351f., 361, *364f.*, 368, 371, 379ff., 383ff., 389, 393, 402f., *405*, 406, 551
Leisegang, Hans (1890–1951) 7, 14
Leloup, Yvan siehe Sédir, Paul
Lemonnier, Pierre Charles (1715–1799) 369
Lenard, Philipp (1862–1947) 457
Lennhoff, Eugen (1891–1944) 623
Lenz, Johann Christoph (1748–1795) 726, *726*, 732, 738f.
Lessing, Gotthold Ephraim (1729–1781) 31, 57, 175, 362, *377*, 518, 523, 586, 605f., 784
Leukipp (5. Jh. v. Chr.) 249f.
Lévi, Eliphas (d.i. Alphonse Louis Constant, 1810–1875) 274, *397*
Lévi-Strauss, Claude (1908–2009) 139, *143*, 151, 299
Lévy-Bruhl, Lucien (1857–1939) 89, *89*, *91*
Lewis, Spencer (1883–1939) 747
Ley, Willy (1906–1969) 148, *148*
Leyen, Johann (Thomas) von der (1771–1831) 766
Libavius, Andreas (um 1560–1616) *370*
Lichtenberg, Georg Christoph (1742–1799) 326, 337
Lieberwirth, Rolf 649, 658f., 662, *663*, 664f., *665*
Lindemann, Bernhard 496
Lindemann, Gustav (1872–1960) 605, 607–615, *608ff.*, *613*
Linden, Antonius von der 749
Linné, Carl von (1707–1778) 375, 481
List, Guido (1848–1919) *608*, 611ff., *612f.*
Liszt, Franz (1811–1886) 553
Locke, John (1632–1704) 159–172, *163ff.*, *168*, *171f.*, 174, 176f., *364*
Lomazzo, Giovanni Paolo (1538–1600) 594, 597, 603
Lombroso, Cesare (um 1836–1909) 326, *326*, 386, *386*, 390ff.
Lomonosov, Michail V. (1711–1765) 724
Lopukhin, Ivan V. (1756–1816) 720
Lottes, Günther *58*
Lovecraft, Howard Phillips (1890–1937) 151

Löwenthal, Leo (1900–1993) *308*
Ludovici, Carl Günther (1707–1778) 188, 190, 205
Lukrez (um 94 v. Chr. – um 55 v. Chr.) 249
Lupasco, Stéphane (1900–1988) *143*
Luria, Isaac (1534–1572) 229f., *230*
Luther, Martin (1483–1546) *83*, 377, *377*, 732, 746, 771
Lvov, Nikolai (1751–1803/04) 719

Maack, Ferdinand (1861–1930) 749ff., *749*
Machen, Arthur (1863–1947) 151
Magee, Glenn Alexander 28
Maier, Michael (1569–1622) 121
Maistre, Joseph Marie de (1753–1821) 16, 243, 258
Majer, Friedrich (1772–1818) *238*
Maldoner, Helmuth *426*
Malebranche, Nicolas (1638–1715) 354, 359f., 362, 366, 669
Malevich, Kazimir S. (um 1878–1935) 721
Malinowski, Bronislaw (1882/84–1942) *89*, *91*
Malon, Benoît (1841–1893) *794*
Malpighi, Marcello (1628–1694) 356, 358, 373
Manegold, Ingemarie 57
Manetho (4. Jh.) 200f.
Manteuffel, Ernst Christoph Graf von (1676–1749) 203
Marc, Franz (1880–1916) 583
Marchal, Guy P. 805
Markner, Reinhard 43
Marques, Auguste Jean Baptiste (1841–1929) 595
Marsay, Charles Hector de Saint George (1688–1753) *513*
Martersteig, Max (1853–1926) 605
Martinez de Pasqually (um 1715–1779) *635*
Marx, Arnold 728, 739
Marx, Karl (1818–1883) *143*, 295
Mason, John (1706–1763) 714
Mattei, Christian-Friedrich (d.i. Christian Friedrich [von] Matthäi, 1744–1811) 718
Matter, Jacques (1791–1864) 38–41, 44, 49
Mauchel, Lucien siehe Chamuel, Lucien

Maupertuis, Pierre Louis Moreau de (1698–1759) 355, *364*
McLennan, John Ferguson (1827–1881) 792
Meckel, Philipp Friedrich (um 1755–1803) *358*
Mede, Joseph (1586–1638) 311
Medici, Cosimo de' (1389–1464) 121
Meiners, Christoph (1747–1810) 42, *43*, 51–55, 59, 63, 362, *362*, 364
Melanchthon, Philipp (1497–1560) *377*
Mellaart, James (1925–2012) 802f.
Mendelssohn, Moses (1729–1786) *4*, 7, 57, 278, 280, 284, 286f., 595
Menke, Friedrich Otto (1703–1754) *190*
Menken, Gottfried (1768–1831) 758f.,775–778, *775*, *777*, 782
Merian, Matthäus (1593–1650) 735
Merle d'Aubigné, Jean Henri (1794–1872) 784
Merleau-Ponty, Maurice (1908–1961) 13, *13*
Mesmer, Franz Anton (1734–1815) 29, 32, 270, 340f., 344, *344*, 346, 352, 355, 360, 365, 369ff., *370*, 373ff., *377*, 408–413, *409*, *411f.*, 430f., 433, 436, 439
Meth, Ezechiel (†1640) 732
Metz, Johann Friedrich (1724–1782) *314*, 510, 534
Meumann, Markus 31, 58
Meyer, Georg Christoph (1. H. 18. Jh.) *188*
Meyrink, Gustav (1868–1932) 747
Michelet, Jules (1798–1874) 708, 798
Michelspacher, Stephan (1. H. 17. Jh.) 733, *733*, 740
Millar, John (1735–1801) 792
Mindanus siehe *Friderus, Peter*
Mitchell, William John Thomas 466
Mizauld, Antoine (1510–1578) 272, *272*
Mizler von Kolof, Lorenz Christoph (1711–1778) 197, *197*
Moeller, Katrin 32, 648
Moerbeke, Wilhelm von (1215–1286) 121
Mögling, Daniel (1596–1635) *727*, 733, *733*, 735f., 743, 746, 749
Mohammed (um 570– um 632) 255
Mondrian, Piet (1872–1944) 583
Montanus, Ludwig Conrad 750f.
Montesquieu, Charles Louis de Secondat de (1689–1755) 176
More, Henry (1614–1687) 192, 311, 671
Morienus Romanus (7. Jh.) 751

Moritz, Karl Philipp (1756–1793) 30, 507f., *508*, 510–515, *511*, *513*, 518ff., 523–526
Morris, William (1834–1896) 546, 595
Mortimer, Cromwell (1698–1752) 191, 199f.
Moschus (phönizischer Philosoph) 249f.
Moser, Friedrich Carl von (1723–1798) 57
Moses 244f., 247f., 250ff., 254, 256, 722
Mosheim, Johann Lorenz von (um 1694–1755) *351*
Mozart, Wolfgang Amadeus (1756–1791) 523, 784
Mulack, Christa 788, 804
Müller, Gerhard Friedrich (1705–1783) 724
Müller-Edler, Alfred 749
Mulsow, Martin 28, 63, 133, 159f., 174
Mumssen, Jakob (1737–1819) 758
Mure, Geoffrey R. G. (1893–1979) 232
Musschenbroek, Pieter van (1692–1761) 356, 369, 373
Mylius, Christlob (1722–1754) 605

Nadaud, Alain 30, 620–627, *620f.*, 635–641
Nagel, Paul (†1621) 732f., 746
Napoleon I. (1769–1821), Kaiser der Franzosen 761, 770f., 778f., 781
Nasr, Seyyed H. *143*
Naudé, Gabriel (1600–1653) 669
Neander, August Johann Wilhelm (1789–1850) 784
Nees von Esenbeck, Christian Gottfried Daniel (1776–1858) 342, *342*
Nell, Werner 28f.
Neugebauer-Wölk, Monika 24, 302, 403, 645, 728
Neuhaus, Constantin (1. H. 20. Jh.) 130f.
Neumann, Hanns-Peter 25, 29, 41, 60f., 194
Newman, William R. 73f., *78*, 84, 86ff., 90, *91*, 92, *92*
Newmarch, Rosa (1857–1940) 570, *570*
Newton, Isaac 122, 205f., 311, 321, 344, 353, *358*, *364f.*, 365, 369f., 571
Niemand, Jasper (d.i. Julia W. Keightley) 423
Nietzsche, Friedrich (1844–1900) *489*, 551
Nikolaus von Kues (Cusanus) (1401–1464) 522

Nikomachos von Gerasa (2. Jh.) 195
Njemtin, Alexander (1936–1999) 579
Nostradamus (d.i. Michel de Notre Dame, 1503–1566) 543
Novalis (d.i. Georg Friedrich Philipp Freiherr von Hardenberg, 1772–1801) 126, 581
Novikov, Nikolai (1744–1818) 712

Obama, Barack 110
Oberlin, Johann Friedrich (1740–1826) 365
Oberth, Hermann (1894–1989) 148
Obrist, Barbara 81f.
Obst, Helmut 159, 180f., *181*
Oelrichs, Georg (1754–1809) 756
Oetinger, Friedrich Christoph (1702–1782) 29, 311–320, *314*, *319*, 345, *345*, 349, *349*, 352, 357, *360*, *363–366*, 364ff., 369, 371, 374, *374*, 377, 534, 539, 552, 586
Olcott, Henry Steel (1832–1907) 420ff., *421*, 424, 592, 624
Olenin, Aleksei (1763–1843) 719
Oppenheimer, Robert (19041967) 111
Origenes (um 185–254) 248, 268f., 273, 275, *372*, 552
Orwell, George (1903–1950) 230
Ostwald, Wilhelm (1853–1932) 456f., *457*, *606*
Owen, Richard (1804–1892) 473

Papus (d.i. Gérard Analect Vincent Encausse, 1865–1916) 258, 380f., 397–402, *397*, *400*, 405f.
Paracelsus (d.i. Theophrast Bombast von Hohenheim, 1493/94–1541) 94, *94*, 232, 328, 340f., 346, 368, *370*, 414, *509*, 534f., 537, 549, 714, *735*, 746
Parmenides (um 515 v. Chr. – um 445 v. Chr.) 250
Passavant, Johann Carl (1790–1857) 274, 416ff., *416*
Patañjali (2. Jh. v. Chr.) 423
Patrizi, Francesco (1529–1597) *188*
Pauli, Carl Wilhelm (1792–1879) *784*
Pauwels, Louis (1920–1997) 136, 138–143, 145f., 148, *149*
Pelagius (†422) 248
Pernety, Antoine-Joseph (1716–1801) 328
Perthes, Friedrich (1772–1843) 784
Pestalozzi, Johann Heinrich (1746–1827) 754

Petavius, Dionysius (1583–1652) 264, 268
Peter I., der Große (1672–1725), Zar von Russland 721f.
Petermann, Andreas (1649–1703) 698
Petersen, Johann Wilhelm (1649–1727) *203*
Petrus de Abano (um 1250– um 1315) 669
Peuckert, Will-Erich (1895–1969) 729f., 732f., 746f., 749
Peuschel, Christian Adam (1712–1770) 323f., *323*, 329, 332
Pfaff, Christoph Matthäus (1686–1760) 267, *267*
Pfanner, Tobias (1641–1716) 187
Pfeiffer, August (1640–1698) 669
Philo(n) von Alexandrien (um 20 v. Chr. – um 20 n. Chr.) 193, 198, *199*
Philolaos (470 v. Chr. –399 v. Chr.) 54
Pichler, Johann Friedrich Christian (1754–1807) *370*
Pick, Bianca 62, 64, 68
Pico della Mirandola, Giovanni (1463–1494) 79, *80*, 276, 539, 541
Piepmeier, Rainer 318
Pingree, David (1933–2005) 74
Pintschovius, Hans-Joska 688
Planis Campy, David de (1589–1644) 87
Plato(n) (um 428 v. Chr. – um 348 v. Chr.) 53f., *53*, 62, 214, 246f., 249, 254, *370*, 372f., *372*, 530, *555*, 722, 779
Plotin (205–270) 120f., 192, 273, 512, 535, 540
Ploucquet, Gottfried (1716–1790) 350f., *350*
Plutarch (um 46– um 120) 54
Poe, Edgar Allan (1809–1849) 138
Poiret, Pierre (1646–1719) 653–656, *653*, 669, 671f., *672*
Polhem, Christopher (1661–1751) *344*
Pomponazzi, Pietro (Petrus Pomponatius, 1462–1525) 270, 669
Pontius Pilatus (1. Jh.) 163
Pontoppidan, Erik (1698–1764) 351, *377*
Ponzinibio, Gianfrancesco (16. Jh.) 669
Pope, Alexander (1688–1744) 109f.
Pordage, John (1607–1681) 714f., 724, 733
Posner, Oskar (1878–1932) 623
Pott, Martin *647*, *653*, *656*, 657ff.
Poulat, Emile 11–14
Praxiteles (4. Jh. v. Chr.) 483, *483*

Pregizer, Christian Gottlob (1751–1824) 319, *319*
Priestley, Joseph (1733–1804) 354, 352
Principe, Lawrence 73, 84, *84*, 86, 90, *91*, *134*
Proklos (412–485) 54, *54*, 121, 205
Prokopovich-Antonskii, Anton (1763–1848) 718
Prozor, Maurice (1849–1928) 597
Pundsack, Johann (1729–1787) 756
Purnananda (Swami) (Mitte 16. Jh.) 421
Puységur, Armand Marie Jaques de Chastenet (1751–1825) 343, 370, 410
Pyrrho (um 360 v. Chr. – um 275 v. Chr.) 211
Pythagoras (570 v. Chr. –510 v. Chr.) 54, 57–62, 64f., 67, *197*, 240, 245, 247, 249, 252, 254f., 257, 400, 402f., 405, *405*, 530, 620, 722

Quételet, Adolphe (1796–1874) 386
Quimby, Phineas P. (1802–1866) 427

Raabe, Wilhelm (1831–1910) 501
Rainsford, Charles 738, *738*
Ramacharaka (Yogi) (d.i. William Walker Atkinson, 1862–1932) 428
Ramsay, Andrew Michael (1686–1743) 191, *191*
Randolph, Paschal Beverly (1825–1875) 747
Ranft, Michael (1700–1774) *194*
Reddewitz, Henricus Georgius *79*
Reich(e), Johann(es) (um 1700) 661, 676
Reichardt, Karl Friedrich 763
Reichardt, Rolf 58
Reichenbach, Karl von (1788–1869) 431, *431f.*, 446
Reil, Johann Christian (1759–1813) 414, *414*, 427, *763*
Reill, Peter Hanns 371
Reinbek, Johann Gustav (1683–1741) 351
Reinhardt, Max (1873–1943) 609
Reißer, Ulrich 329
Remigius, Nicolaus (Nicolas Rémy) (1530–1612) 669
Reuchlin, Johannes (1455–1522) 121, 538
Richter, Samuel (†1722) 510, 730f., 735, 737, 746, 751, *751*
Rickert, Heinrich (1863–1936) 546f., *556*
Riedl, Peter Philipp 546
Riffard, Pierre A. 39, 59, *59f.*, 66f., *66*
Rimbaud, Arthur (1854–1891) 305

Ringbom, Sixten (1935–1992) 583ff., *583ff.*, 596, 600
Riou, Edouard (1833/38–1900) 474
Ripa, Cesare (um 1560– um 1622) 721
Rist, Johann Georg (1775–1847) 784
Rixner, Thaddae Anselm (1766–1838) *262*, 273, *273*
Robinet, Jean-Baptiste (1735–1820) *364*
Robinson, Frederick B. (1854–1910) 427
Rochow, Friedrich Eberhard von (1734–1805) 705
Romanus, Carl Friedrich (um 1680-1749) 675, *675*
Ronb, Jetunn Ytlikhmet (d.i. Johann Christoph Lenz, 1748–1795) *727*
Röntgen, Wilhelm Conrad (1845–1923) 593
Rosenberg, Raphael 31
Rosenmüller, Johann Georg (1736–1815) 343, 354, *370*
Rosenzweig, Franz (1886–1929) 278
Rotth, Albrecht Christian (1651–1701) *679*
Rousseau, Jean-Jacques (1712–1778) 106, 208–211, *209*, 213f., 217, 221, 223, 241, *364*
Rüdiger, Andreas (1673–1731) 351f., 366f., 377
Runge, Johann Daniel (1767–1856) 770, *784*
Runge, Philipp Otto (1777–1810) 450f., *450*, 770

Sabanejew, Leonid (1881–1968) 555, *572*
Sabhapatti (Svami) 422, 424
Sacharow, Boris (1899–1959) 435
Sachse, Julius Friedrich (1842–1919) 729f., 732, 746ff.
Saint-Germain, Leopold-Georg Graf von (1698–1784) 150
Saint-Martin, Louis-Claude de (1743–1803) 16, 242, 635, *635*, 714, *781*
Saint-Simon, Henri de (1760–1825) 243, 794
Saint-Yves d'Alveydre, Joseph-Alexandre (1842–1909) 258, 381, 397, *400*
Salman von Liadi, Schneur (1745–1812) 280f.
Sanjivi, T. R. *428*
Sarasin, Philipp 108
Sawicki, Diethard 26f., 660f.
Scaliger, Julius Caesar (1484–1558) *76*, 205

Schade, Georg (1712–1795) 173
Schaeffer, Albrecht (1885–1950) *609*
Schaumann, Johann Christian Gottlieb (1768–1821) 763
Scheffel, Joseph Victor von (1826–1886) 480
Scheithauer, Lothar Johannes (1923–2008) 546f.
Schelling, Friedrich Wilhelm Joseph (1775–1854) 29, 205ff., *206*, 225, 233, 311, 319f., 366, 539, 551
Scheuchzer, Johann Jakob (1645–1688) *363*
Schiller, Friedrich (1759–1805) 510, 605f., 610, 619, 763, 766f., 770
Schings, Hans-Jürgen 10
Schlegel, Friedrich (1772–1829) *238*
Schleiden, Matthias Jakob (1804–1881) 340ff., *340f.*, 375
Schleiermacher, Friedrich (1768–1834) 105, 703, 773
Schleyermacher, Daniel (1697–1765) 703f., *703*
Schloezer, Boris de (1881–1969) 557
Schlosser, Johann Georg (1739–1799) 362
Schlözer, August Ludwig von (1735–1809) 724
Schmidt, Alfred (1931–2012) 23
Schmidt, Georg 4
Schmidt, Jochen 550
Schmidt, Johann Lorenz (1702–1749) 184–188, *184*, 192
Schmidt, Karl Otto (1904–1977) 432, *432*
Schmidt, Wilhelm (1868–1954) 246
Schmidt-Biggemann, Wilhelm 10, 16, 18, 61, 655
Schneider, Yakov 718
Schneiders, Werner 656, *657*
Scholem, Gershom (1897–1982) 93, 298, 307
Schönberg, Arnold (1874–1951) 553
Schöne, Albrecht 542, 547, *550*
Schoonhoven, Evert Jansen (1904–1995) 53, 56
Schopenhauer, Arthur (1788–1860) 31, 261, 273, 396, *555*, 560–563, 624, 636, 639, 641
Schrepfer, Johann Georg (1730–1774) 367
Schröckh, Johann Matthias (1733–1808) 652f.
Schröder, Friedrich Ludwig (1744–1816) 758

Schubert, Anselm *122*
Schubert, Gotthilf Heinrich (von) (1780–1860) *414*
Schuler, Alfred (1865–1923) 151
Schultz, Johannes Heinrich (1884–1970) 434f., *434*
Schuon, Frithjof (1907–1998) *141*, 143
Schuré, Édouard (1841–1929) 258
Schüttler, Hermann 768
Schütz, Christoph (1690–1750) 737
Schwab, Raymond 245, 276f., *276*
Schwartz, Johann Friedrich von (2. H. 18. Jh.) 768
Schwarz, Johann-Georg (1751–1784) 717f., *717*
Schwerhoff, Gerd *645*, 649, 652, 658
Scot, Reginald (um 1538–1599) 669
Search, Edward *siehe* Tucker, Abraham
Sédir, Paul (d.i. Yvan Leloup, 1871–1926) 258
Semler, Johann Salomo (1725–1791) 19, 345, 369, 509, 731, 744ff., 750ff.
Senancour, Étienne Pivert de (1770–1846) 258
Sendivogius, Michael (1566–1636) 729, 742f.
Serrarius, Petrus (1600–1669) 311
Servier, Jean (1918–2000) 622f., 625
Shaw, George Bernard (1856–1950) 595
Shcherbatov, Michail M. (1733–1790) 725
Shumaker, Wayne 88, *88*
Siebmacher, Johann Ambrosius (1561– um 1611) 742f., *742*
Sieveking, Amalie (1794–1859) 784
Sieveking, Georg Heinrich (1751–1799) 758
Sieveking, Karl (1787–1847) 784
Simmel, Georg (1858–1918) 100, 292, 540, 614
Simonis, Linda 30, *521*, 540
Simplicius (490–560) *188*
Sincerus Renatus *siehe* Richter, Samuel
Sinnett, Alfred Percy (1840–1921) 591–595, 624
Sivananda (Swami) (1887–1963) 435
Skrjabin, Alexander N. (1872–1915) 31, 553–565, *555ff.*, *561*, *564*, 569–574, *572*, 577–580
Smidt, Johann (1773–1857) 753, 755f.
Snow, Charles Percy (Baron von Leicester, 1905–1980) 86
Sokhatskii, Pavel (1765–1809) 718

Sokrates (um 470 v. Chr.–399 v. Chr.) 64, 163, 249, *405*
Solis, Virgil (um 1514–1562) *483*
Soloviev, Sergej M. (1820–1879) 724
Soloviev, Vladimir S. (1853–1900) 724
Somerset, Henry, 5th Duke of Beaufort (1744–1803) 723
Spee, Friedrich (1691–1635) 649, 668f., 679
Spence, Lewis (1874–1955) 274
Spener, Philipp Jakob (1635–1705) 704
Spielhagen, Friedrich (1829–1911) 462
Spindler, David Wendelin (†1710) 313
Spinoza, Baruch de (1632–1677) 230, 249, 529, 635
Sprengel, Kurt (1766–1833) 369f., *369f.*, 767, *767*
Stäheli, Urs 379
Stahl, Georg Ernst (1713–1772) 343f., *343*, 358, *358*
Stanley, Thomas (1625–1678) 59f., *61*, 62, 65, 199f.
Stanton, Elizabeth Cady (1815–1902) 799
Starck, Johann August (1741–1816) 51–57, *52*, 738
Steffens, Henrik (1773–1845) 450f.
Steiner, Rudolf (1861–1925) 128–132, 134, 151, *376*, 585, 601ff., *601f.*, 747
Steinwehr, Wolf Balthasar von (1704–1771) 190, *190*, 204
Stengel, Friedemann 29, 48
Stephan, Erik 327
Steucho, Agostino (1497–1548) *260*
Stolz, Johann Jakob (1753– um 1822) 755f., 775
Stolzenberg, Jürgen 31, *450*
Strabo (um 63 v. Chr. – um 19 v. Chr.) 249
Strakhov, Petr (1757–1813) 718
Strato Lampsacenus (um 340 v. Chr. – um 270 v. Chr.) *384*
Strelka, Joseph *528*
Strindberg, August (1849–1912) *613*
Stübner, Friedrich Wilhelm (1710–1736) *190*
Stuckrad, Kocku von 26, *46*, 76, 115f., *116*, 119, 121f., 548
Swedenborg, Emanuel (1688–1772) 19, 28ff., 47f., 208ff., 215, *220*, 223, 314, 327, 330, 335, 339, 341, *341*, 345, *345*, 350, 352, 354, *355*, *357*, *368*, 369, 373–377, *374*, *376*, 535, 542, *542*, 546, 586, 714, 738, 755, 782

Swieten, Gerard van (1700–1772) *409*
Synesius von Kyrene (um 370 – nach 412) 193, 264ff., *264f.*, 275
Szapary, Franz von *342*

Tafel, Johann Friedrich Immanuel (um 1796–1863) *341*
Tarde, Gabriel (1843–1904) 29f., 378–403, *378*, *382*, *389*, *392*, 405f.
Tatishchev, Vasilij N. (1686–1750) 724f.
Taylor, Bert Leston (1866–1921) 470
Taylor, Charles 101, 303
Teed, Cyrus Reed (1839–1908) 455
Telesio, Bernardino (um 1508–1588) *373*
Teplov, Grigorij (1717–1779) 711
Tertullian (um 160– um 220) 75, *366*
Theon von Smyrna (2. Jh.) 195
Thimus, Albert von (1806–1878) 197
Tholuck, Friedrich August Gotttreu (1799–1877) 784
Thomas von Aquin (1225–1274) 77
Thomas, Keith 88, *88*
Thomasius, Christian (1655–1728) 19, 31, 333, 340, *358*, 645, 647–680, *648f.*, *653*, *661*, *664*, *667*, *672*, *679*, 705
Thorndike, Lynn (1882–1965) 74, *77*
Thoth, Otto 738, *738*
Thummius, Theodor (1586–1630) 669
Timkovskii, Roman (1785–1820) 718
Toland, John (1670–1722) 61–64
Tonci, Salvator (Nikolai) (1756–1844) 719
Tönnies, Ferdinand (1855–1936) 100
Torreblanca Villalpando, Francisco (†1645) 662, 669
Tränker, Heinrich (1880–1956) 747ff., *748*
Trediakovskii, Vasilij K. (1703– um 1768) 711, 724
Trepp, Anne-Charlott 37
Trithemius, Johannes (1462–1516) 533, 743
Trombetti, Alfredo (1866–1929) 612
Tucker, Abraham (1705–1774) 68
Turgenev, Ivan P. (1752–1807) 715, *715*
Tylor, Edward Burnett (1832–1917) 89, *92*

Ucko, Peter J. (1938–2007) 802
Unzer, Johann August (1727–1799) 344, 361f., *361f.*, 364, 366f., *366*, 371
Ursinus *85*
Usher, James (1720–1772) 594, 603

*Personenregister*  821

Valier, Max (1895–1930) 148, *148*
Valsalva, Antonio M. (1666–1723) *376*
Varin, Jean (1604–1672) 721
Vaughan, Thomas (1622–1666) 714
Veaumorel, Louis Caullet de (*1743) *370*
Velde, Henry van de (1863–1957) 609
Velkley, Richard 210, *210*
Venter, J. Craig 109–112
Venzky, Georg (1704–1757) *349, 369*
Viatte, Auguste (1901–1993) 245
Vickers, Brian 74, 88f., *88–93*, 91, 93f.
Vierhaus, Rudolf (1922–2011) 6
Vieussens, Raymond (1641–1715) 356, 358, 373
Vigenère, Blaise de (1523–1596) 80f., *80f.*, 91
Vital, Hayim ben Yosef (um 1542–1620) 280
Vivekananda (d.i. Narendranath Datta, 1863–1902) 425ff., *425*, 433f., 436, 438
Viviani, Vincenzo (1622–1703) 766
Vogt, Carl (1817–1895) 461f.
Vogt, Gottlob Heinrich (1. H. 18. Jh.) *194*
Vogt, Oscar (1870–1959) 434
Vollmers, Johann (1753–1818) *768*
Volney, Constantin François Chasseboeuf Boisgirais de (1757–1820) 760, *760*, 769, 783
Voltaire (d.i. François Marie Arouet, 1694–1778) 42
Voltmer, Rita *645*
Vondung, Klaus 29
Vonier, Ansgar (1875–1938) 458f.
Vonier, Hannelore 785, *785*

Wachsmuth, Andreas B. (1890–1981) 546
Wagner, Johann Jakob (1775–1841) 70
Wagner, Richard (1813–1883) 553, 599
Waite, Arthur Edward (1857–1942) 729, 746f.
Walther, Johann Gottfried (1684–1748) *197*
Walz, Rainer 686
Warburg, Aby (1866–1929) 13
Warin, Marie (*1786) 242
Warneck, Gustav Adolf (1834–1910) 129
Wazeck, Milena 442
Webb, James (1846–1980) *403*
Weber, Max (1864–1920) 100, *100*, 292, 296f., 626, 681, 705
Webster, John (1610–1682) 666, 671ff., 676f., 677

Wedler, Karl *152*
Weigel, Valentin (1533–1588) 368, 522, 525, *525*, 655, 727, *727*, 746
Weinberg, Steven *442*
Weishaupt, Adam (1748–1830) 20, 766, *777*
Weißmüller, Sigmund Ferdinand (1700–1748) 28, 183–207, *183*, *191*, *193*, *195*, *198f.*
Welling, Georg von (1655–1727) 534f., 546, 549, 737
Weyen, Jean van der 669
Weyer, Johann *siehe Wier, Johan*
White, Hayden 102
Wiedeburg, Johann Bernhard (1687–1766) 187, *188*
Wiedersheim, Robert (1848–1923) 469, *469*
Wieland, Christoph Martin (1733–1813) *405*
Wienholt, Arnold (1749–1804) 753, 755, 758
Wier, Johan (Johann Weyer) (um 1515–1588) 649, 668f.
Wilford 244
Wilke, Max 433, *433*
Wilkin 244
Willis, Thomas (1621–1675) *358, 376*
Wilson, Colin 141, *141*
Wilson, Horace H. (1786–1860) *238*
Windelband, Wilhelm (1848–1915) *555f.*
Windischmann, Carl Joseph H. (1775–1839) 274, *415*, 418f., *418*, 427
Winter, Franz 28
Wolfart, Karl Christian (1778–1832) *417*
Wolff, Caspar Friedrich (um 1733–1794) 376
Wolff, Christian (1679–1754) 19, 28, 183–197, *188*, *192*, *194*, *197*, 200–204, 207, 333, *333*, *349*, 351f., 363, 366, 368, *368*, 381, 711
Wolff, Johann Christoph (1683–1739) 267
Wolleb, Emanuel (1706–1788) 368, *368*
Wöllner, Johann Christoph von (1732–1800) 745
Woodroffe, Sir John (*siehe auch Avalon, Arthur*) 421
Woodward, Alice B. (1862–1911) 475
Worringer, Marta (1881–1965) *609*
Worringer, Wilhelm (1881–1965) 609, *609*, 617
Wronski, Josef Hoëné (1776–1853) 258

Wübben, Yvonne 159
Wundt, Wilhelm (1832–1920) *468*, 588
Wünsch, Christian Ernst (1744–1828) 69f.

Yanovsky, Nikolai (†1826) 722
Yates, Frances A. (1899–1981) 92

Zallinger, Rudolph Franz (1919–1995) 476
Zander, Helmut 26, 40, 159f., 180f., *180f.*, 586
Zarathustra *siehe* Zoroaster
Zedler, Johann Heinrich (1706–1763) 68
Zedlitz, Karl Abraham von (1731–1793) 69
Zelter, Carl Friedrich (1758–1832) 528
Zenker, Kay *655f.*
Zeno (Eleaticus) (um 495 v. Chr. – um 445 v. Chr.) 250

Ziegler, Johann Heinrich (1857–1936) (*siehe auch Hirzel, I. E. G.*) 30, 440–460, *440*, *443*, *446*, *449*, *451*, *457ff.*, *492*
Ziegler, Leopold (1881–1958) 440
Zillmann, Paul (1872– nach 1931) 607
Zimmermann, Johann Georg (1728–1795) 333
Zimmermann, Reinhard 584
Zimmermann, Rolf Christian 328, *534*, *552f.*
Zinser, Hartmut 49f.
Zinzendorf, Nikolaus Ludwig von (1700–1760) 314
Žižek, Slavoj *148*
Zoroaster (Zarathustra) 54, *54*, 60, *61*, 79, 187, 200, *238*, *254*, 539, 623, *623*

# Danksagung

Wie immer haben auch an der Herstellung dieses Bandes eine Reihe von Personen und Institutionen mitgewirkt, denen wir an dieser Stelle Dank sagen wollen. Dieser gilt zuallererst den Autorinnen und Autoren unseres Bandes, die sich mit bewundernswerter Geduld auf unsere Nachfragen und Vorschläge eingelassen haben. Kenneth Caskie hat freundlicherweise bei der Redaktion der englischsprachigen Beiträge seine Kompetenz als *native speaker* eingebracht. Bianca Pick sorgte mit großem Einsatz für die Anpassung des Fußnotenapparates an die Vorgaben der Schriftenreihe.

Begleitend zur Redaktionsarbeit haben Julia Thiemann und Christoph Valentin die fertigen Beiträge bereits gesetzt und eingerichtet, sodass es uns möglich war, die Druckvorlage trotz der nicht unbeachtlichen Gesamtzahl von 33 Aufsätzen schon zwei Jahre nach der Übersendung des ersten Manuskripts der Geschäftsführung des Interdisziplinären Zentrums für die Erforschung der Europäischen Aufklärung einzureichen. Hier wurde die Schlussredaktion durchgeführt, und allen daran beteiligten Kolleginnen sei ganz herzlich gedankt: Dr. Erdmut Jost für die engagierte Aufsicht über alle Abläufe und reibungslose Kommunikation mit dem Verlag, Kornelia Grün für die Satzkorrektur und Isabel Thomas für das abschließende Lektorat seitens der Schriftenreihe. Christiane Wichmann hat in Abstimmung mit den Herausgebern das Register erarbeitet. Voraussetzung für diese Kooperation war natürlich die Aufnahme des Bandes in die Schriftenreihe der *Halleschen Beiträge zur Europäischen Aufklärung* durch das Direktorium des IZEA. Für die Übernahme des Gutachtens danken wir Professor Dr. Andreas Pečar. Mit nicht selbstverständlicher Bereitschaft und Flexibilität hat der Verlag Walter de Gruyter es schließlich ermöglicht, die zahlreichen Farbtafeln so zu platzieren, dass sie von den Leserinnen und Lesern in ihrem textlichen Zusammenhang wahrgenommen werden können.

Abschließend geht unser Dank noch einmal an die Deutsche Forschungsgemeinschaft, die mit ihrer Bewilligung der Forschergruppe und der Finanzierung aller Redaktions- und Druckkosten die unverzichtbare Basis dafür gelegt hat, dass die Arbeit so vieler Beteiligter darauf aufbauen konnte. Wir hoffen, dass die Aufnahme des Bandes durch die *Scientific Community* diese vereinten Anstrengungen rechtfertigen wird.

Halle, im November 2012                                        Die Herausgeber

# Autorenverzeichnis

Dr. habil. Tatiana Artemyeva ist Professorin an der Russischen Staatlichen Herzen-Universität und Projektleiterin am St. Petersburg Center for the History of Ideas. *Wichtigste einschlägige Publikation*: Utopian Spaces of Russian Masons in the Enlightenment. In: Sheffield Lectures on the History of Freemasonry and Fraternalism. Bd. 2: Freemasonry and Fraternalism in Eighteenth-Century Russia. Hg. von Andreas Önnerfors u. Robert Collins. Sheffield 2009, S. 63–84.

Dr. Karl Baier ist Professor am Institut für Religionswissenschaft der Katholisch-Theologischen Fakultät der Universität Wien. *Wichtigste einschlägige Publikation*: Meditation und Moderne. Zur Genese eines Kernbereichs moderner Spiritualität in der Wechselwirkung zwischen Westeuropa, Nordamerika und Asien. 2 Bde. Würzburg 2009.

Dr. Manfred Beetz ist emeritierter Professor am Institut für Germanistik der Martin-Luther-Universität Halle-Wittenberg und Mitglied der DFG-Forschergruppe „Die Aufklärung im Bezugsfeld neuzeitlicher Esoterik". *Wichtigste einschlägige Publikation*: Johann Georg Hamann. Religion und Gesellschaft. Hg. zus. mit Andre Rudolph. Berlin, Boston 2012.

Frank Eisermann M.A. ist Historiker und Wissenschaftlicher Angestellter der Hamburger Stiftung zur Förderung von Wissenschaft und Kultur für die Beneke-Edition. *Wichtigste einschlägige Publikation*: Kreuzzug gegen Bonaparte. Individuum, Gesellschaft und Heiliger Krieg in der frühen Bremer Erweckungsbewegung. In: Bremer Religionsgeschichten. Kontinuitäten und Wandel zwischen Religion und Gesellschaft. Hg. v. Tilman Hannemann. Bremen 2012, S. 63–79.

Dr. Robert Matthias Erdbeer, Germanist und Wissenschaftshistoriker, ist Max Kade Distinguished Visiting Professor an der University of Illinois. *Wichtigste einschlägige Publikation*: Die Signatur des Kosmos. Epistemische Poetik und die Genealogie der Esoterischen Moderne. Berlin, Boston 2010.

Dr. Wolf-Dieter Ernst ist Professor für Theaterwissenschaft an der Universität Bayreuth. *Wichtigste einschlägige Publikation*: Rhetorik und Wissensdynamik in der Schauspielerausbildung. Ernst Possart, Julius Hey und die Rutz-Sieversche

Typenlehre. In: Theater / Wissenschaft im 20. Jahrhundert. Hg. v. Stefan Hulfeld u. Birgit Peter. Wien 2009, S. 285–302.

Dr. Meret Fehlmann ist Volkskundlerin und leitet die Bibliothek des Instituts für Populäre Kulturen der Universität Zürich. *Wichtigste einschlägige Publikation*: Die Rede vom Matriarchat. Zur Gebrauchsgeschichte eines Arguments. Zürich 2011.

Dr. Renko Geffarth, Historiker und Chemiker, ist Redakteur in der Presse- und Öffentlichkeitsarbeit der Nationalen Akademie der Wissenschaften Leopoldina in Halle und Mitglied der DFG-Forschergruppe „Die Aufklärung im Bezugsfeld neuzeitlicher Esoterik". *Wichtigste einschlägige Publikation*: Religion und arkane Hierarchie. Der Orden der Gold- und Rosenkreuzer als Geheime Kirche im 18. Jahrhundert. Leiden 2007.

Shlomo S. Gleibman M.A. ist Doktorand am Department of Humanities der York University, Toronto.

Dr. habil. Annette Graczyk, Germanistin / Komparatistin, ist assoziiertes Mitglied am IZEA Halle und Mitglied der DFG-Forschergruppe „Die Aufklärung im Bezugsfeld neuzeitlicher Esoterik". *Wichtigste einschlägige Publikation*: Anfänge des Menschlichen – Reste des Göttlichen. Hieroglyphik zwischen Aufklärung und Esoterik. Erscheint 2013 in den *Halleschen Beiträgen zur Europäischen Aufklärung*.

Dr. Wouter J. Hanegraaff ist Professor for the History of Hermetic Philosophy and Related Currents an der University of Amsterdam. *Wichtigste einschlägige Publikation*: Esotericism and the Academy. Rejected Knowledge in Western Culture. Cambridge 2012.

Dr. Kristine Hannak ist Studienrätin in Reutlingen und assoziiertes Mitglied des Exzellenz-Netzwerks „Aufklärung – Religion – Wissen" an der Martin-Luther-Universität Halle-Wittenberg. *Wichtigste einschlägige Publikation*: Geist=reiche Critik. Hermetik, Mystik und das Werden der Aufklärung in spiritualistischer Literatur der Frühen Neuzeit. Berlin 2013.

Dr. Theodor Harmsen ist Teacher of English language and literature an der University of Amsterdam. *Wichtigste einschlägige Publikation*: Der magische Schriftsteller Gustav Meyrink. Seine Freunde und sein Werk beleuchtet anhand eines Rundgangs durch die Meyrink-Sammlung der Bibliotheca Philosophica Hermetica. Amsterdam 2009.

Dr. Frank Hatje ist Privatdozent für Neuere Geschichte am Historischen Seminar der Universität Hamburg und Projektleiter der Beneke-Edition an der Hamburger Stiftung zur Förderung von Wissenschaft und Kultur. *Wichtigste einschlägige Publikation*: Ferdinand Beneke (1774–1848). Die Tagebücher. Begleitband zur ersten Abteilung. Göttingen 2012.

Martin Hense M.A. ist Literaturwissenschaftler und Informatiker, Wissenschaftlicher Mitarbeiter am Institut für deutsche und niederländische Philologie der Freien Universität Berlin (bis 2012) und Trainer für Cloud-Computing. *Wichtigste einschlägige Publikation*: „Embryonen von Begriffen". Anmerkungen zur Herausbildung von Herders Konzept medienbasierter Kulturtransfers. In: Herder Jahrbuch / Herder Yearbook 10 (2010), S. 113–141.

Gregory Johnson PhD ist Philosophiehistoriker. *Wichtigste einschlägige Publikation*: A Commentary on Kant's 'Dreams of a Spirit-Seer'. PhD Diss. Washington, D.C. 2001.

Dr. Esteban Law ist Philosophiehistoriker am Institut für Philosophie der Freien Universität Berlin. *Wichtigste einschlägige Publikation*: Die hermetische Tradition. Wissensgenealogien in der alchemischen Literatur. In: Konzepte des Hermetismus in der Literatur der Frühen Neuzeit. Hg. v. Peter-André Alt u. Volkhard Wels. Göttingen 2010, S. 23–70.

Glenn Alexander Magee PhD ist Associate Professor und Chairman of the Department of Philosophy am C.W. Post Campus der Long Island University in Brookville, NY. *Wichtigste einschlägige Publikation*: Hegel and the Hermetic Tradition. 2. Aufl. Ithaca, NY 2008.

Dr. Markus Meumann ist Historiker und Mitglied der DFG-Forschergruppe „Die Aufklärung im Bezugsfeld neuzeitlicher Esoterik". *Wichtigste einschlägige Publikation*: Ordnungen des Wissens – Ordnungen des Streitens. Gelehrte Debatten des 17. und 18. Jahrhunderts in diskursgeschichtlicher Perspektive (Hg.). Berlin 2013.

Dr. Katrin Moeller, Wirtschafts- und Sozialhistorikerin, ist Leiterin des Historischen Datenzentrums an der Martin-Luther-Universität Halle-Wittenberg. *Wichtigste einschlägige Publikation*: „Dass Willkür über Recht ginge". Hexenverfolgung in Mecklenburg im 16. und 17. Jahrhundert. Bielefeld 2007.

Dr. Martin Mulsow ist Professor für Wissenskulturen der europäischen Neuzeit und Direktor des Forschungszentrums Gotha der Universität Erfurt. *Wichtigste einschlägige Publikation*: Prekäres Wissen. Eine andere Ideengeschichte der Frühen Neuzeit. Berlin 2012.

Dr. Werner Nell ist Professor für Allgemeine und Vergleichende Literaturwissenschaft an der Martin-Luther-Universität Halle-Wittenberg. *Wichtigste einschlägige Publikation*: Der Atlas der fiktiven Orte. Mannheim 2012.

Dr. Monika Neugebauer-Wölk ist emeritierte Professorin für die Geschichte der Frühen Neuzeit an der Martin-Luther-Universität Halle-Wittenberg und Sprecherin der DFG-Forschergruppe „Die Aufklärung im Bezugsfeld neuzeitlicher Esoterik". *Wichtigste einschlägige Publikation*: Aufklärung und Esoterik. Rezeption – Integration – Konfrontation. Hg. unter Mitarb. v. Andre Rudolph. Tübingen 2008.

Dr. Hanns-Peter Neumann ist Privatdozent am Institut für Philosophie der Freien Universität Berlin und Wissenschaftlicher Mitarbeiter im Forschungsprojekt „Historisch-kritische Edition des Briefwechsels zwischen Christian Wolff und Ernst Christoph Graf von Manteuffel" am IZEA in Halle. Mitglied der DFG-Forschergruppe „Die Aufklärung im Bezugsfeld neuzeitlicher Esoterik". *Wichtigste einschlägige Publikation*: Monaden im Diskurs. Monas, Monaden, Monadologien (1600 bis 1770). Stuttgart 2013.

Dr. Raphael Rosenberg ist Professor am Institut für Kunstgeschichte der Universität Wien und Ordentliches Mitglied der Heidelberger Akademie der Wissenschaften. *Wichtigste einschlägige Publikation*: Turner – Hugo – Moreau: Entdeckung der Abstraktion. München 2007.

Dr. Diethard Sawicki, Historiker und Russist, ist Programmleiter Geschichte im Verlag Ferdinand Schöningh in Paderborn. *Wichtigste einschlägige Publikation*: Leben mit den Toten. Geisterglauben und die Entstehung des Spiritismus in Deutschland 1770–1900. Paderborn 2002.

Dr. Linda Simonis ist Professorin für Allgemeine und Vergleichende Literaturwissenschaft an der Ruhr-Universität Bochum. *Wichtigste einschlägige Publikation*: Die Kunst des Geheimen. Esoterische Kommunikation und ästhetische Darstellung im 18. Jahrhundert. Heidelberg 2002.

Dr. Friedemann Stengel ist Privatdozent an der Theologischen Fakultät der Universität Heidelberg und vertritt seit Wintersemester 2010/11 den Lehrstuhl für Neuere Kirchengeschichte an der Martin-Luther-Universität Halle-Wittenberg. Mitglied der DFG-Forschergruppe „Die Aufklärung im Bezugsfeld neuzeitlicher Esoterik". *Wichtigste einschlägige Publikation*: Aufklärung bis zum Himmel. Emanuel Swedenborg im Kontext der Theologie und Philosophie des 18. Jahrhunderts. Tübingen 2011.

Dr. Jürgen Stolzenberg ist Professor für Geschichte der Philosophie an der Martin-Luther-Universität Halle-Wittenberg und Korrespondierendes Mitglied der Philologisch-Historischen Klasse der Akademie der Wissenschaften zu Göttingen. Mitglied der DFG-Forschergruppe „Die Aufklärung im Bezugsfeld neuzeitlicher Esoterik". *Wichtigste einschlägige Publikation*: Christian Wolff und die Europäische Aufklärung. Hg. zus. mit Oliver-Pierre Rudolph. 5 Bde. Hildesheim, Zürich u. New York 2007–2010.

Dr. Kocku von Stuckrad ist Professor für Religionswissenschaft und Leiter des Instituts für Vergleichende und Historische Religionswissenschaft an der Universität Groningen. *Wichtigste einschlägige Publikation*: Locations of Knowledge in Medieval and Early Modern Europe. Esoteric Discourse and Western Identities. Leiden 2010.

Dr. Klaus Vondung ist emeritierter Professor für Germanistik / Neuere Literaturwissenschaft an der Universität Siegen und Gastprofessor an der Zhejiang Universität in Hangzhou (China). *Wichtigste einschlägige Publikation*: Die Apokalypse in Deutschland. München 1988. Engl. Ausg. 2000.

DDr. Franz Winter ist Privatdozent am Institut für Religionswissenschaft der Universität Wien und Wissenschaftlicher Referent an der österreichischen Bundesstelle für Sektenfragen. *Wichtigste einschlägige Publikation*: Hermes und Buddha. Die neureligiöse Bewegung Kofuku no kagaku in Japan. Münster 2012.

DDr. Helmut Zander ist Professor für Vergleichende Religionsgeschichte und Interreligiösen Dialog an der Université de Fribourg / Universität Freiburg i.Üe. *Wichtigste einschlägige Publikation*: Anthroposophie in Deutschland. Theosophische Milieus und gesellschaftliche Praxis, 1884 bis 1945. 2 Bde. 3. Aufl. Göttingen 2008.